中国老龄工作年鉴

(2018)

全国老龄工作委员会办公室　编

华龄出版社

责任编辑 李英卓
责任印刷 李未圻

图书在版编目（CIP）数据

中国老龄工作年鉴．2018／全国老龄工作委员会办公室编．—北京：华龄出版社，2018.12
ISBN 978-7-5169-1341-3

Ⅰ.①中… Ⅱ.①全… Ⅲ.①老年人—工作—中国—2018—年鉴 Ⅳ.①D669.6-54

中国版本图书馆CIP数据核字（2018）第279033号

书　　名：中国老龄工作年鉴（2018）
作　　者：全国老龄工作委员会办公室　编

出 版 人：胡福君
出版发行：华龄出版社
地　　址：北京市东城区安定门外大街甲57号　　**邮　　编**：100011
电　　话：58122246　　**传　　真**：58122264
网　　址：http：//www.hualingpress.com

印　　刷：北京市大宝装璜印刷厂
版　　次：2019年4月第1版　　2019年4月第1次印刷
开　　本：787×1092mm　1/16　　**印　　张**：35.25
字　　数：1250千字
定　　价：280.00元

中国老龄工作年鉴（2018）

主　编：胡福君　苏　辉

编　委：（按姓氏笔划排序）

马李骏　马和平　王　勇　王　薇　王小娥　王宗民　王爱民　方少雄
申江波　皮宇飞　师中荣　乔　良　任继民　刘　轶　刘西成　刘伟昭
闫　鹏　许长林　许宏彬　苏　丽　苏长聪　杜文革　李　霄　李文萃
李玉峰　李丽阳　李作忠　李金铸　李雅珍　李端莹　杨　奇　肖振亚
吴晓甜　徐昌榕　沈瑞琤　张文达　张正永　张君玲　张晋川　张新星
陈　斌　陈开勇　林　刚　林忠海　罗良意　和向群　宗成伟　赵汝鹏
赵宝玲　赵琳琳　赵新方　胡福金　徐力钧　郭　宁　唐志峰　曹映红
曹晨冉　符运炜　梁丽玲　梁亨通　蒋志强　韩爱兴　喻尊平　靳　强
赖虔慧　廉月胜　蔺全锁　谭玉娟　颜全驰

特约编辑：（按姓氏笔划排序）

马晓路　姜　琳　黄　清　谭　华

撰稿人：（按姓氏笔划排序）

余山川

统　筹：李　丽　孟　夏　王　成

4 月 20 日，全国老龄工作委员会第十九次全体会议在京召开。国务委员、全国老龄工作委员会主任王勇主持会议并讲话

5月5日，全国老龄办主任会议在京召开。民政部党组书记、部长、全国老龄委副主任、全国老龄办主任黄树贤出席会议并讲话

7月2日，第三届全国老年人体育健身大会在天津开幕

10 月 25 日，在老年节来临之际，全国老龄办党组书记、常务副主任王建军同志到北京市房山区看望慰问高龄老人，代表全国老龄办向老人们致以节日的祝福和亲切的问候

目　录

领导批示及讲话

法规、文件选编

老龄工作综述

领导批示及讲话

致全国公安机关离退休干部的新年慰问信

国务委员 公安部部长 郭声琨

（2017 年 1 月 1 日）

全国公安机关离退休老同志：

一元复始，万象更新。

值此 2017 年新年来临之际，我谨代表公安部党委，向全国公安机关离退休老同志致以美好的祝福和亲切的慰问！

刚刚过去的 2016 年，是进入决胜全面小康阶段、全面实施"十三五"规划的开局之年，也是我们党和国家发展历史上具有重要意义的一年。我们党成功召开了十八届六中全会，确立了习近平总书记在党中央和全党的核心地位，反映了全党全军全国各族人民的共同心愿，对于确保我们党始终成为中国特色社会主义事业的坚强领导力量，更好地进行具有新的历史特点的伟大斗争、推进党的建设新的伟大工程、推进中国特色社会主义伟大事业，实现"两个一百年"奋斗目标和中华民族伟大复兴的中国梦，具有重大而深远的意义。

2016 年，也是公安工作取得新发展、迈上新台阶的一年。全国公安机关在以习近平同志为核心的党中央的坚强领导下，深入贯彻习近平总书记系列重要讲话精神，坚持一手抓当前影响国家安全和社会稳定突出问题的集中治理，一手抓全面深化公安改革、大力推进"四项建设"等长远性工作的深入推进，圆满完成了 G20 杭州峰会等系列重大安保任务，确保了社会大局持续稳定，向党和人民交出了一份满意的答卷。这些成绩的取得，是以习近平同志为核心的党中央统揽全局、坚强领导的结果，是全国公安机关和广大公安民警顽强拼搏、无私奉献的结果，同时也离不开广大离退休老同志的关心支持和鼎力帮助。

老干部是党和国家的宝贵财富。回溯历史，在革命、建设和改革开放的不同历史时期，广大离退休老同志为了民族独立解放、国家繁荣富强、公安事业发展壮大，披肝沥胆、呕心沥血，作出了巨大贡献，立下了不朽功勋。俯瞰今朝，我们备受鼓舞，广大离退休老同志虽然已经离开工作岗位，但仍老骥伏枥、志在千里，继续以高度的政治责任感和历史使命感关心着公安工作和队伍建设，为推动公安事业发展进步贡献着经验智慧，为我们提供了强大的精神支撑和前行动力。展望未来，我们更加坚信，只要我们时刻铭记老同志的历史功绩和巨大贡献，始终秉承老同志的优良传统和过硬作风，不断把老同志们留给我们的精神财富发扬光大，公安事业必将蓬勃发展、再攀高峰。

尊重老同志，就是尊重党的光荣历史；爱护老同志，就是爱护党和国家的宝贵财富；重视老同志，就是重视我们党的执政基础和执政资源。各级公安机关要进一步加强和改进离退休工作，始终坚持在政治上尊重老同志、思想上关心老同志、生活上照顾老同志、精神上关怀老同志，多为老同志办实事、做好事、解难事，努力让老同志安享幸福晚年。

2017 年我们党要召开十九大，做好公安工作具有特殊的重要意义。全国公安机关要全面贯彻党的十八大和十八届三中、四中、五中、六中全会精神，深入学习贯彻习近平总书记系列重要讲话精神，进一步增强"四个意识"特别是核心意识、看齐意识，更加紧密地团结在以习近平同志为核心的党中央周围，紧紧围绕统筹推进"五位一体"总体布局和协调推进"四个全面"战略布局，牢牢把握为党的十九大胜利召开创造和谐稳定社会环境的总目标，从严从实从细抓好维护国家安全和社会稳定各项工作措施的落实，努力以党和人民满意的优异成绩迎接党的十九大胜利召开。诚恳希望广大离退休老同志一如既往地关心、支持公安工作，不断为公安事业发展进步出谋划策、贡献智慧。

祝全国公安机关离退休老同志在新的一年里，身体健康、阖家幸福、万事如意！

在公安部机关离退休干部2017年新春团拜会上的致辞

国务委员　公安部部长　郭声琨

（2017年1月22日）

尊敬的各位老领导、老同志：

再过几天，我们就送走了猴年，迎来了中国人民的传统佳节——鸡年春节。今天，我们在这里欢聚一堂、辞旧迎新，共话过去、畅想未来，充满了喜悦之情。看到各位老领导、老同志身体健康、精神矍铄，我们感到非常高兴、非常欣慰。在这里，我首先同部党委的同志一起，向尊敬的各位老领导、老同志致以新春的良好祝福和诚挚的慰问！向全国公安机关广大离退休干部致以亲切的问候和崇高的敬意！

过年，是我们盘点旧岁的时刻。刚刚过去的2016年，对公安工作来说是非凡的一年、难忘的一年。面对错综复杂的国际形势和繁重艰巨的国内改革发展稳定任务，全国公安机关在以习近平同志为核心的党中央的坚强领导下，我们狠抓维护国家安全和社会稳定各项措施的落实，圆满完成了各项公安保卫任务，以实际行动向党和人民交上了一份满意的答卷。对今年工作部署和去年的工作总结，我们已经准备了一份汇报稿，已经发到各个支部，也准备发给各位老领导、各位老同志，请你们多多批评指正，提出意见建议。下面我代表部党委将去年的工作做个简要的总结，对今年的工作安排向各位做个简要汇报。

（公安工作略）

这些成绩的取得，从根本上说是得益于习近平总书记系列重要讲话精神特别是关于公安工作重要指示精神的科学引领，得益于以习近平同志为核心的党中央的坚强领导，同时也是各级党委和政府高度重视、有关部门密切配合大力支持、人民群众鼎力相助、广大民警顽强拼搏的结果，在这其中也凝聚了我们历届老领导、老同志以及广大离退休干部的关心支持和经验智慧。广大离退休老干部既是公安事业的开创者、实践者，也是人民公安历史的见证者、书写者。正是由于广大离退休老干部艰苦创业、夯基打垒，正是由一代又一代公安人矢志不移、接续奋斗，人民公安事业才能取得今天这样的发展进步。

“莫道桑榆晚，为霞尚满天”。老同志、老干部是我们党和国家的宝贵财富，是我们党执政兴国的重要资源，是推进中国特色社会主义伟大事业的重要力量。过去，在革命、建设和改革开放的不同历史时期，广大离退休老干部怀着对党和人民的无限忠诚，为了民族独立解放、国家繁荣富强、公安事业发展壮大，披肝沥胆、呕心沥血，为公安事业奋斗一生，作出了巨大的贡献，立下了不朽功勋。今天，广大离退休老干部虽然离开了工作岗位，但依然老骥伏枥、志在千里，以对党和人民事业高度负责的精神关心关注公安工作，为公安事业的发展进步发挥了光和热。广大离退休老干部的优良传统和经验智慧，依然是激励我们走好新长征路的强大动力。我们要铭记老干部的历史功绩和巨大贡献，秉承老干部的优良传统和过硬作风，不忘初心、继续前进，薪火相传、接续奋斗，不断开创人民公安事业新局面。

尊重和关心老干部，是我们党的优良传统，也是我们的共同责任。我们要深入贯彻习近平总书记重要指示精神，高度重视、不断加强和改进老干部工作，积极引导老干部发扬政治强、觉悟高、党性好的优势，老干部工作部门和老干部工作者要用心用情做好服务工作，认真落实各项有关政策，多办实事好事，让老干部在政治上有荣誉感、组织上有归属感、生活上有幸福感。要不断丰富和活跃老干部的精神文化生活，努力为老同志颐养天年创造良好的环境，让他们的生活充满暖意、充满爱心，既感受到家庭的温暖，更感受到组织的关怀。

过年，也是我们谋划未来、开启新篇的时刻。2017年是我们党和国家历史上具有特殊重要意义的一年，我们党要召开十九大，这是全党全国各族人民政治生活中的一件大事。为党的十九大胜利召开创造安全稳定的社会环境，是党和人民交给我们的一项重大政治任务。习近平总书记深刻指出：“世界正处于百年不遇的大变局之中。”这是党中央对当前国际形势的重大战略判断，这种变局既孕育着巨大机遇，也蕴含着极大风险和挑战。从当前国内外形势的新变化看，今年公安机关维护国家安全和社会稳定的任务艰巨繁重。面对新形式新任务提出的新要求新挑战，部党委明确提出了今年公安工作的奋斗目标。

（公安工作略）

做好今年公安工作，任务异常艰巨、责任尤为重大。我们坚信，在以习近平同志为核心的党中央的坚强领导下，在全国公安机关和广大公安民警的共同努力下，在全体老同志、老领导的鼎力相助下，我们一定能够完成好党和人民交给我们的重大政治任务，向党和人民交上一份满意的答卷，以优异成绩迎接党的十九大胜利召开。在这里，我们也真诚地希望各位老领导、老同志一如既往地关心、支持公安工作，积极为公安事业发展进步献计献策，共同创造人民公安事业更加辉煌灿烂的明天。

最后，在春节到来之际，我和部党委同志一起，向各位老领导、老同志拜年，祝各位老领导、老同志节日快乐、身体健康、阖家幸福、万事如意！

国务委员、公安部部长赵克志对离退休干部工作做出重要批示

2017年11月3日，国务委员、公安部部长赵克志对离退休干部工作做出重要批示：老干部是党和国家的宝贵财富，是公安事业的开拓者和见证者。我们要认真学习贯彻党的十九大精神，认真贯彻落实习近平总书记关于做好老干部工作的重要指示精神，不断加强和改进老干部工作，切实做到政治上尊重、思想上关心、生活上照顾、精神上关怀，努力为老同志发挥余热、颐养天年创造更好条件，切实把老同志的智慧、经验和力量凝聚到深入学习贯彻党的十九大精神、为新时代中国特色社会主义事业保驾护航上来，让广大老同志有更多的获得感和幸福感。

关于2016年全国老龄工作和2017年工作安排的报告

黄树贤

（2017年4月20日）

尊敬的王勇国务委员，各位副主任，各位委员，同志们：

按照会议安排，受王勇国务委员的委托，我向全体会议报告2016年全国老龄工作和2017年工作安排。

一、2016年全国老龄工作

党的十八大以来，党中央、国务院高度重视老龄工作，作出一系列战略部署。习近平总书记对加强老龄工作作出重要指示，“有效应对我国人口老龄化，事关国家发展全局，事关亿万百姓福祉。要立足当前、着眼长远，加强顶层设计，完善生育、就业、养老等重大政策和制度，做到及时应对、科学应对、综合应对。此事要提上重要议事日程，‘十三五’期间要抓好部署、落实”；在中央政治局第三十二次集体学习时他强调，“坚持党委领导、政府主导、社会参与、全民行动相结合，坚持应对人口老龄化和促进经济社会发展相结合，坚持满足老年人需求和解决人口老龄化问题相结合，努力挖掘人口老龄化给国家发展带来的活力和机遇，努力满足老年人日益增长的物质文化需求，推动老龄事业全面协调可持续发展”。李克强总理要求，“要围绕科学应对人口老龄化问题，结合‘十三五’规划编制实施，抓紧研究提出相关政策建议，并注重可操作性”。一年来，在王勇国务委员的领导下，全国老龄委各成员单位、各级老龄委认真学习贯彻习近平总书记、李克强总理关于加强老龄工作的重要指示批示和讲话精神，统一思想，提高认识，聚焦重点难点问题，突出重要领域改革，老龄工作取得明显成效。

（一）深入学习贯彻习近平总书记、李克强总理重要指示批示和讲话精神。习近平总书记、李克强总理关于加强老龄工作的重要指示批示和讲话，是党中央、国务院高瞻远瞩、审时度势，站在实现“两个一百年”奋斗目标、实现中华民族伟大复兴的全局和战略高度作出的科学判断和重大决策。王勇国务委员专门组织民政部、全国老龄办

认真学习，明确提出具体贯彻落实意见。民政部、全国老龄办及时向国务院呈报了《关于学习贯彻习近平总书记在中央政治局第三十二次集体学习时重要讲话精神的报告》，提出起草《中共中央 国务院关于进一步加强老龄工作的意见》、编制颁布老龄事业发展“十三五”规划、举办学习习近平总书记重要讲话精神高层论坛及专题培训班等14条措施，目前都在落实之中。各成员单位结合自身职能，认真贯彻落实党中央、国务院决策部署，按照全国老龄委第十八次全体会议和《全国老龄工作委员会2016年工作要点》要求，全年完成主要任务57项。发展改革委、人力资源社会保障部、卫生计生委等部门制订了贯彻落实中央领导指示批示精神的具体方案。中央组织部在全国离退休干部中持续开展为党和人民的事业增添正能量活动。辽宁、黑龙江、河南、湖北、云南等省党政主要领导就加强老龄工作作出批示，要求加快顶层设计，突出重点、补齐短板，以实际行动增强老年群体获得感。北京、湖南、四川等省（市）的老龄委主要领导召开全委会，带头传达、学习、解读和宣传习近平总书记、李克强总理关于老龄工作的重要指示批示和讲话精神，部署落实具体工作。

（二）进一步健全完善老年人社会保障体系。2016年以来，我国社会保险、社会福利、社会救助覆盖面持续扩大，参保人员待遇水平不断提高，有力推动老年人的基本生活、基本医疗、基本照护等需求得到切实保障。加快实施全民参保计划，整合城乡居民基本医保制度，实现大病保险全覆盖，2016年底基本养老保险参保人数约8.8亿，基本医疗保险参保人数超过13亿。退休人员基本养老金按时足额发放，企业和机关事业单位退休人员基本养老金首次同步调整并发放到位，城乡居民养老金水平和基本医疗保险财政补助标准持续提升，截至2016年11月，全国城乡居民月人均养老金水平为118元，城乡居民医保财政补助标准提高到420元。深化医保支付方式改革，推进医保信息联网，符合规定的省内异地就医住院费用可直接结算，15个城市开展长期护理保险制度试点工作，进一步保障和改善了老年民生。加强老年医疗卫生服务体系建设，加大慢性病防控工作力度，提高社区居家健康养老服务能力，健康养老服务水平明显提升。深化商业养老保险供给侧改革，扩大了老年人住房反向抵押养老保险试点范围。截至2016年底，全国27个省份建立了80周岁以上高龄老年人津贴制度，17个省份建立了失能老年人护理补贴制度，1859万农村老年人享受低保补助，74.4万老年人在当年农村危房改造工作中受益，特殊老年群体的基本生活权益得到更好保障。

（三）大力推动养老服务业重点领域改革。养老服务业加快制度创新步伐，加强“放管服”改革，加大放开市场力度，加速专业人才队伍建设，有效缓解了养老服务供需矛盾。国务院办公厅印发了《关于全面放开养老服务市场 提升养老服务质量的若干意见》，全国老龄办、住房城乡建设部等25个部门联合印发了《关于推进老年宜居环境建设的指导意见》，工业和信息化部牵头起草了《智慧健康养老产业发展行动计划（2017－2020年）》，为养老服务业健康发展提供了有力的制度保障。继续推进养老服务业综合改革试点，财政部、民政部启动中央财政支持居家和社区养老服务改革试点工作，相关部委落实和完善医养结合政策，组织开展医养结合中期评估，促进中医药与养老结合，确定90个地级市（区）作为国家级医养结合试点单位，重点领域改革为养老服务业发展增添新动力。发展改革委、民政部等部门印发《“十三五”社会服务兜底工程实施方案》，安排中央预算内投资加大对养老服务体系建设的支持力度，国土资源部创新PPP养老项目供地方式，明确此类项目可以国有土地作价出资或入股建设，2016年全国养老服务设施用地供应宗数、面积同比双升。社会资本参与养老服务业发展渠道持续拓宽，核准批复养老产业专项债12支，8个省区深入推进以市场化方式发展养老服务产业试点，各地产业基金已投入养老项目20个，实际投入近17亿元。启动健康医疗大数据中心及产业园建设国家试点工程，编制《老年残疾服务领域技术成果目录》，促进先进成果转化和产业化，科技创新能力彰显“互联网＋养老”的优势。全国现有养老护理人员40多万，近300所学校开设涉老服务专业，专业人才队伍规模不断扩大。

（四）切实维护老年人的合法权益。围绕《老年人权益保障法》的深入实施，老年法配套政策法规进一步完善，老年法宣传教育活动广泛开展，老年维权工作力度不断加大，老年优待和志愿服务工作不断深入，老年人合法权益得到有效保障。中央全面深化改革领导小组审议通过了《关于制定和实施老年人照顾服务项目的意见》，全国老龄办、公安部、司法部等六部门联合出台了《关于进一步加强老年法律维权工作的意见》，20个省份出台了《老年人权益保障法》地方性配套法规，老年维权的制度基础进一步夯实。各地区各有关部门严厉打击侵害老年人合法权益的违法犯罪活动，不断扩大老年法律服务和法律援助范围，截至2016年底，全国法律援助机构为12万多老年人提供法律援助，解答老年人法律咨询41万人次，依法维权的社会环境明显改善。全国人大常委会王胜俊副委员长，王勇国务委员出席了“纪念《老年人权益保障法》颁布实施20周年座谈会”并讲话，教育部推进尊老敬老教育内容融入中小学相关课程标准，老年人法治宣传被列为“七五”普法工作重点，全国7个省份集中开展老年人权益保障法律法规宣讲活动，老年法宣传教育工作更加深入人心。目前，全国所有省会城市、计划单列市对65周岁以上老年人都实行减免公交票价，风景名胜区也对老年人实行门票减免或不同程度优惠。全国老年人注册志愿者达到245万，18个省16个市颁布志愿服务地方立法，把为老服务列为重点内容，有力地推动了志愿者为老服务的法制化和制度化。

（五）不断丰富老年人的精神文化生活。2016年以来，老年教育发展更加贴近实际，老年文化服务更加贴近基层，老年体育活动更加贴近群众，老年人更广泛地共享改革发展成果。国家制订出台了《全民健身计划（2016－2020年）》和《老年教育发展规划（2016－2020年）》，印发了《教育部等九部门关于进一步推进社区教育发展的意见》，明确了优先发展社区老年教育的具体要求，全国老年大学（学校）达到7.6万所。各级各类公共文化设施基本实现了免费向老年人开放，普遍设置了便于老年人参与的公共文化服务项目和标准，服务老年人的公共文化设施网络进一步完善。开展“银龄行动”，提倡老有所为，在全社会树立积极老龄化、健康老龄化理念，老年人积极参与社会发展的方法途径日益广泛。中央宣传部、新闻出版广电总局积极推动老年文化产品的创作生产，2016年专门面向老年人群体推出570余种图书和30余种音像电子出版物，面向老年读者推荐50种优秀出版物。文化部、中央军委政治工作部、体育总局等部门组织开展了中国老年合唱节、纪念红军长征胜利80周年、建党95周年系列活动、老年体育示范活动、健康中国行等老年文体活动，充分展现出老年群体积极向上的精神风貌。全国各地继续开展“敬老月”、全国敬老爱老助老模范人物暨第二届全国“敬老文明号”评选表彰、寻找“最美家庭”活动和“好家风好家训”宣传展示等活动，践行社会主义核心价值观，营造孝亲敬老的良好社会氛围。

此外，各地区各有关部门着力加强老龄工作基础建设，实施老龄信息化建设工程，开发利用第四次中国城乡老年人生活状况抽样调查成果。老龄领域双边、多边国际交流与合作不断扩大，推动更深层次更高水平的对外开放。

在充分肯定成绩的同时，我们也要清醒地看到老龄工作中存在一些亟待重视和解决的问题。一是对老龄事业和产业发展的规律性认识不够，一些长期困扰老龄工作的思想观念和体制机制问题仍未得到有效解决，一些成员单位未将老龄工作纳入本部门重点工作，老龄委工作合力不够，综合协调、督促检查没有形成长效机制。二是老龄政策之间的配套衔接有待完善，在制度刚性、市场开放、服务质量、投资效益、人才培养等方面，改革举措和政策落实不到位，解决“最后一公里”问题成为老年群众最关切的问题。三是养老服务供给侧结构性矛盾仍然存在，养老床位空置与“一床难求”并存，养老服务质量和水平仍有待提高，农村养老服务薄弱，长期照护服务短缺，老年人贫困值得关注，老年宜居环境仍须加力，老年人力资源亟待开发。

二、2017年全国老龄工作安排

今年将召开党的十九大，是党和国家事业发展中具有重大意义的一年。做好2017年全国老龄工作，要全面贯彻党的十八大和十八届三中、四中、五中、六中全会精神，深入贯彻习近平总书记系列重要讲话精神和治国理政新理念新思想新战略，以推动制定《中共中央　国务院关于进一步加强老龄工作的意见》，实施《“十三五”国家老龄事业发展和养老体系建设规划》为主线，聚焦老龄事业与产业发展短板，聚智推进老龄工作创新发展，聚力解决老年群众普遍关心的突出问题，切实抓好各项政策措施落地落实，不断增强老年人的幸福感和获得感，以优异的成绩迎接党的十九大胜利召开。

第一，深入贯彻落实习近平总书记、李克强总理关于加强老龄工作的重要指示批示和讲话精神。

习近平总书记、李克强总理关于加强老龄工作的重要指示批示和讲话，是当前和今后一段时期做好老龄工作的总纲领总遵循总指导，我们要在深入学习领会的基础上，把习近平总书记提出的“五个着力”变成工作动力、工作任务和工作要求，采取针对性更强、覆盖面更大、作用更直接、效果更明显的举措，集中力量做好普惠性、基础性、服务性民生建设，解决老年群众最关心最直接最现实的利益问题。各地区各有关部门要认真贯彻落实党中央、国务院关于加强老龄工作的决策部署，积极实施《“十三五”国家老龄事业发展和养老体系建设规划》，认真完成全国老龄委2017年工作要点任务，筹备召开第四次全国老龄工作会议。要根据老龄工作面临的新形势新任务，加强调查研究，加强政策统筹，增强政策制度的针对性、协调性和系统性，在老龄事业发展的重点任务、难点问题上实现新突破。要贯彻落实习近平总书记提出的“城乡社区老龄工作有人抓、老年人事情有人管、老年人困难有人帮”的要求，高度重视基层老龄工作，加大工作力度，多为老年人办实事、解难事、做好事。

第二，按照“十三五”时期老龄事业发展的统筹部署安排今年重点工作任务。

一是进一步织密老年人社会保障安全网。稳步推进基本养老保险制度改革，继续提高退休人员基本养老金。研究制定城乡居民养老保险待遇确定和基础养老金标准正常调整机制政策，推动各地提高城乡居民养老保险最低缴费档次和基础养老金最低标准。确保养老金按时足额发放。继续实施社会服务兜底工程，安排中央预算内投资提升兜底服务能力和水平，健全医疗保险制度，全面推进城乡居民基本医保整合，研究建立长期护理保险制度，指导地方规范开展试点，做好与经济困难高龄和失能老年人补贴等政策的整合衔接。全面落实地方出台的高龄津贴、针对经济困难老人的养老服务补贴和针对失能老人的养老护理补贴等福利政策，继续改善困难老年人生活。加快农村养老服务发展，研究制定农村留守老年人关爱服务政策，夯实特困人员供养服务机构托底保障职能，加强农村低保制度与扶贫开发政策衔接，带领特殊老年群体同步进入小康社会。

二是继续推进养老服务业供给侧结构性改革。深入推进养老服务业“放管服”改革，开展提升养老院服务质量建设专项行动，制定完善养老机构、社区居家养老服务和养老服务需求评估等标准。引导民间资本参与养老服务精准、有效供给，研究开展个人税收递延型商业养老保险试点工作。继续实施国家级医养结合试点工作，健全医养结合政策体系及考核评估体系。运用“互联网＋养老”新模式，在更广阔领域实现养老供需对接。围绕老年疾病、老年健康、老年康复辅助器具等方面加快核心关键技术及产品突破，促进成果转化和推进科技创新示范。

三是维护好保障好老年群体的合法权益。持续深入开展老年法宣贯活动，依法严厉打击侵害老年人合法权益的违法犯罪活动，继续扩大老年法律服务和法律援助范围，树立老年维权先进典型，强化全社会维护老年人合法权益的法治观念。推动制定《关于制定和实施老年人照顾服务项目的意见》，重点关注高龄、失能、贫困、伤残、计划生育特殊家庭等困难老年人的特殊需求。开展老年人监护调查研究，探索开展老年人监护试点工作。开展老年宜居环境建设示范行动，推进无障碍设施和小城镇无障碍环境建设，加强老年旅游规范服务和安全监管，为广大老年人提供更安全、便利、舒适的宜居环境。

四是积极推动老年人参与融入社会发展。完善公共文化设施为老服务功能，扩大老年教育供给，开展老年大学规范化试点工作。广泛组织主题鲜明、内容健康的老年文体活动，举办第三届全国老年人体育健身大会、第十九届中国老年合唱节等。积极推进“银龄行动”，制定《志愿服务条例》。大力弘扬孝亲敬老传统美德，践行社会主义核心价值观，开展人口老龄化国情教育和老龄政策法规教育，深入开展“敬老月”、创建第三届全国“敬老文明号”等活动，促进代际和谐与社会稳定。实施基层老年协会规范化建设工程，积极推进基层老年协会党建工作，促进老年人通过社会组织实现自我管理、自我教育、自我服务。

第三，增强责任意识，齐抓共管推动各项工作任务落实完成。

《全国老龄工作委员会2017年工作要点》将在这次会议后印发，从纳入工作要点的任务来看，今年老龄工作任务重、时间紧、要求高，各地区各有关部门要注意把握好以下几点：一是统一思想，提高认识，要把思想和行动统一到习近平总书记、李克强总理关于加强老龄工作的重要指示批示和党中央、国务院决策部署上来，把今年相关的老龄工作纳入本部门的年度工作计划，列为重点工作内容，加强组织领导，稳步有序推进。二是结合实际，抓好落实，各地区各有关部门要本着对党和人民高度负责的精神，围绕今年重点工作任务，各司其职，密切配合，把工作做细做实，特别要把社会呼声较高、与老年人切身利益密切相关的政策制度落地落实。三是要更好地发挥全国老龄委议事协调的作用，在完成跨部门协作、多部门合作的重点任务和难点问题时，形成工作合力。全国老龄办要充分履行职能，做好综合协调和服务工作，对全国老龄委2017年工作要点的落实情况进行督促检查，确保今年的各项工作任务圆满完成。

以上汇报，提请全会审议。

提高站位　主动作为
努力开创老龄工作新局面

——在2017年全国老龄办主任会议上的讲话

黄树贤

（2017年5月5日）

同志们：

这次会议的主要任务是：深入学习贯彻习近平总书记系列重要讲话精神特别是关于加强老龄工作的重要指示精神，传达落实全国老龄委第十九次全委会精神，安排部署2017年和“十三五”时期的重点工作，研究更好地发挥各级老龄办职能作用，努力开创老龄事业改革发展新局面。

刚才，北京等9个省（市）交流了在当地党委、政府领导下积极作为、大胆探索的经验做法，值得各地学习借鉴。晓兵同志传达了全国老龄委第十九次全委会精神，特别是王勇国务委员讲话精神，相关材料已经印发，大家要认真学习贯彻。

过去一年多时间，全国老龄工作取得重大进展。中央政治局首次就我国人口老龄化形势及对策进行了集体学习，习近平总书记主持中央深改组会议和中央财经领导小组会议审议研究全面放开养老服务市场、老年人照顾服务等政策文件和提高养老院服务质量等问题。全国人大听取和审议国务院关于研究处理老年人权益保障法执法检查报告。国务院印发了《“十三五”国家老龄事业发展和养老体系建设规划》。居家和社区养老服务改革试点、医养结合试点、长期护理保险制度试点陆续启动。养老服务、老年教育、老年宜居环境、老年人权益保障、智慧健康养老、健康老龄化等方面的规划、政策相继出台。老年人社会保障、公共服务的水平继续提升。社会各界广泛关注、关心老龄事业，积极应对人口老龄化的社会共识进一步形成。这些成绩的取得，是以习近平同志为核心的党中央统揽全局、正确领导的结果，是各级党委政府高度重视、大力推动的结果，是老龄委各成员单位和相关部门密切配合、共同奋斗的结果，也与各级老龄办认真履职、辛勤工作密不可分。在此，我向全国老龄系统的同志们表示衷心感谢和敬意！

下面，我讲几点意见。

一、深入学习领会习近平总书记系列重要讲话精神特别是关于加强老龄工作的重要论述

习近平总书记系列重要讲话是当代中国的马克思主义，是与马列主义、毛泽东思想、邓小平理论、“三个代表”重要思想、科学发展观既一脉相承又与时俱进的科学理论体系。系列重要讲话涉及改革发展稳定、内政外交国防、治党治国治军等各个方面，也包含了关于老龄工作的重要论述。我们从事老龄工作的同志既要全面系统学习领会系列重要讲话精神，又要重点学习把握关于老龄工作的新理念新思想新要求，切实将讲话精神作为我们统一思想、协调工作、推进老龄事业改革发展的强大动力和思想武器。

总书记关于老龄工作的重要论述内容非常丰富，今天我们从三个方面学习领会。

一要充分认识老龄工作在党和国家事业发展全局中的重要地位。习近平总书记深刻指出，“有效应对我国人口老龄化，事关国家发展全局，事关亿万百姓福祉”。这“两个事关”，把老龄工作提升到战略和全局的高度，是总书记着眼“两个一百年”奋斗目标、实现中华民族伟大复兴中国梦的全局对我国人口老龄化形势及影响作出的科学判断，体现了党中央站在统筹推进“五位一体”总体布局和协调推进“四个全面”战略布局的高度对做好老龄工作的战略定位和殷切期望。各级老龄办都要深刻领会开展积极应对人口老龄化行动的重要战略意义和现实紧迫性，以对国家发展全局、对亿万百姓福祉高度负责的态度，切实增强做好老龄工作的责任感、使命感。要自觉把老龄工作放在大局中去谋划、去推进，从政治上考量、在大局下行动，使老龄工作与党和国家的中心工作在指导思想上相一致，在目标要求上相呼应，在工作举措上相协调。要在大局中找准结合点，实现老龄工作与发展大局的深度对接、高度融合。

二是深刻领会以人民为中心是老龄事业发展的根本要义。2013年8月习近平总书记在北京考察时指示，要完善制度、改进工作，推动养老事业多元化、多样化发展，让所有老年人都能老有所养、老有所依、老有所乐、老有所安，让每一位老人都能生活得安心、静心、舒心，都能健康长寿、安享幸福晚年。2015年6月，习近平总书记在贵州考察时，对关爱农村留守老人提出要求，指出要关心留守老人，完善工作机制和措施，加强管理和服务，让他们感受到社会主义大家庭的温暖。去年12月，总书记对全国老干部工作作出重要指示，指出老干部是党执政兴国的重要资源，是推进中国特色社会主义伟大事业的重要力量，要求用心用情做好老干部工作。2013年2月总书记视察兰州一家虚拟养老院时，亲自为72岁的老年人杨林太端上饭菜。总书记的这些讲话、指示和行动，都体现了他对老年人真挚的感情，体现了他对人民深厚的感情，体现了以人民为中心的思想。我们每位老龄工作者都要向总书记学习，将总书记的这些思想和要求作为必备的素养和操守，记在心上，落实到行动上。

三是正确把握积极应对人口老龄化的方向和重点。在合理借鉴各国应对人口老龄化经验、深入分析我国人口老龄化特点的基础上，习近平总书记作出“三个应对”、“五个着力”的重要论述，强调要及时应对、科学应对、综合应对我国人口老龄化，要求从思想观念、政策制度、产业发展、老年人积极作用、老龄工作体制机制等五个方面重点着力。“三个应对”中，“及时应对”就是要早做准备、提前谋划，抓住用好战略窗口期，夯实应对人口老龄化的各项基础，掌握战略主动权；“科学应对”就是要尊重老龄问题发展规律，加强科学研究、推进科学决策、实施科学行动、建立科学制度，提高应对人口老龄化战略举措的精准性和实效性；“综合应对”就是要统筹多种手段综合施策，完善多种政策组合，动员多方面力量集中用力，提高应对人口老龄化行动的全面性、系统性和协同性。“五个着力”中，追求最大公约数、凝聚社会共识是积极应对人口老龄化的基础，构建系统完备的老龄政策制度体系是积极应对人口老龄化的关键，推动老龄事业和产业协同发展是积极应对人口老龄化的有效路径，发挥老年人积极作用是积极应对人口老龄化的内生动力，健全老龄工作体制机制是积极应对人口老龄化的重要保障。“三个应对”、“五个着力”从不同层次、不同侧面指明了中国特色积极应对人口老龄化道路的战略方向和重点，体现了总书记高瞻远瞩、统揽全局的战略思维，是我们加强老龄工作、发展老龄事业的思想遵循和行动指南。

学习贯彻总书记系列重要讲话精神以及加强老龄工作的重要论述没有止境。这次会议后，各级老龄办要把学习贯彻总书记系列重要讲话精神作为当前首要政治任务，学在前列、走在前列、贯彻落实在前列。要自觉增强“四个意识”，真正在思想上政治上行动上同以习近平同志为核心的党中央保持高度一致。要与正在开展的“两学一做”学习教育常态化、制度化结合起来，进一步梳理研究，不断深化学习、指导行动。

二、大力推动“十三五”国家老龄事业发展和养老体系建设规划的贯彻落实

国家将“十三五”国家老龄事业发展规划和养老体系建设规划合二为一，任务要求更加集中、更加突出。当前和今后一个时期，各级老龄办要以落实《“十三五”国家老龄事业发展和养老体系建设规划》（以下简称《国家规划》）为主线，推动做好各项工作。

第一，要做好地方规划与国家规划的衔接。《国家规划》明确提出，县级以上地方政府要结合实际制订本规划实施方案。地方各级老龄办尤其是省级老龄办要着力推进本级老龄规划、实施方案的制定实施。还没有出台老龄规划的省份，要积极争取本级党委政府尽快制定本省（区、市）规划，务必保证今年全部出台。要指导各市县出台相应规划，尽快跟《国家规划》衔接起来，形成衔接配套、上下贯通的规划体系。全国老龄办要加强对各地规划制定工作的督导。

第二，推动规划重点任务的落实。重点任务有五个方面：一是完善老龄政策制度。在健全重要政策制度、强化政策衔接配套、促进政策落实落地上发挥好牵头协调作用。二是加强社会保障和公共服务供给。积极协调有关部门，保障好老年群众特别是困难老年人的基本生活和基本公共服务需求，同时与有关部门一道做好老年人精神关爱和健康促进服务。三是发挥老年人的积极作用。积极协调有关部门抓紧制定发挥老年人积极作用的政策，继续开展好“银龄行动”，研究探索“年轻老人”照顾“老老人”的有效帮扶机制，使老年人更大程度、更广范围、更加有序参与社会发展。四是繁荣老年消费市场。深入推进养老服务供给侧结构性改革，精准对接、有效满足老年人服务需求；推动制定优惠政策，支持企业研发生产老年人适用的康复辅具、智能穿戴设备等产品用品，提升老年消费市场规模与质量。五是优化老龄事业发展社会环境。继续推动开展人口老龄化国情教育、老龄政策法规宣传教育和各类敬老养老助老主题教育，使积极应对人口老龄化理念成为全社会唱得响、有共识的主流思想认识，让敬老养老助老成为国家意志、公民素养、社会风尚；同时加快推进居家、社区、公共生活环境的适老化改造，开展老年宜居环境建设示范行动，为老年人居住、出行、交流和参与社会生活创造更加安全、便利、舒适的环境和条件。

第三，要完善规划推进实施机制。一要强化目标管理。通过老龄委全会或专题会议，将规划目标任务逐年逐项逐级分解下去，督促各有关部门制订好年度工作计划，充分运用老龄委联络员会议、信息员会议等制度，进行定期或不定期协调沟通，及时解决规划实施中的困难和问题，确保规划目标任务顺利推进。二要加强督查评估。推进规划督查评估工作制度化，运用综合督查、专项督办、日常督促、第三方评估等举措，做好年度监测、中期评估和末期全面评估，准确分析掌握实施进度和实施成效，及时跟进和调整落实措施。三要加强宣传引导。积极开展规划重点任务、重大举措的宣传和解读，加强规划实施、监测评估、监督考核全过程的舆论宣传，营造良好舆论氛围；及时报道规划实施新做法、新进展、新成效。四要鼓励开拓创新。各地在规划执行过程中，要结合本地实际，创造性开展工作，在做好“规定动作”的基础上，探索实施“自选动作”，使工作举措更加精准地对接事业所需、基层所盼、民心所向，形成一批可复制、可推广的新经验、新做法、新模式。

三、切实发挥各级老龄办职能作用

当前，我国正处于全面建成小康社会的决胜阶段，也是应对人口老龄化的重要时期，以习近平同志为核心的党中央对老龄工作提出了更高要求，广大老年人过上更加体面生活的愿望对老龄工作寄予了更高期待，人口老龄化的快速发展对老龄工作提出了新的要求，同时老龄工作中也面临许多潜在问题和新的矛盾。多年来，各级老龄办在党委、政府及老龄委的领导下，推动健全老龄议事规则以及老龄委会议、联络制度，建立上下贯通高效、部门协同有力的老龄工作体制机制，取得了很多成绩。同时，积极通过老龄委，争取党委政府对老龄工作的支持、重视，创造了许多好的经验。总体上看，各地党委政府在党中央、国务院领导下，十分重视老龄工作，许多省委、省政府主要负责同志对老龄工作亲自过问、作出批示，为我们推动工作创造了有利条件。但也要看到，现在还有一些地方对老龄工作重视不够，全国老龄系统还存在体制机制不顺、工作手段不足等困难，部分老龄工作人员开展工作的底气不足。我们要按照总书记“扑下身子抓改革”、“撸起袖子加油干”的指示要求，进一步解放思想、创新思路、聚焦主业，下大决心、花大力气推动老龄工作改革创新，竭尽全力发挥好职责作用。

一是发挥好科学决策的智囊作用。全国老龄办要为党中央、国务院相关决策出主意、当参谋。各级老龄办要发扬过去好的传统和做法，大兴调查研究之风，努力向研究型、智库型机关转变，要着眼人口老龄化的长远应对，开展战略性调研；着眼党委、政府中心工作，开展决策性调研；着眼老年群众所盼所急所忧的问题，开展针对性调研；着眼典型案例，加强经验性调研。要深入基层、深入实际、深入群众，把广大老年人的苦处、难处，把老龄事业发展中的难点、薄弱点收集上来，把真实情况反映上去，使党委、政府关于老龄问题的决策更科学、更高效、更贴近实际。目前我们正在代拟《中共中央国务院关于进一步加强老龄工作的意见》，全国老龄办的同志们要一门心思把这个文件写好。各地老龄办也要积极参与，共同努力写好这个文件。

二是发挥好综合协调作用。老龄办是老龄委的办事机构，老龄委部署的大量工作任务，都需要老龄办去落实、协调、收集、掌握、反映、报告。各级老龄办对老龄委决策部署的落实情况要及时掌握、主动向老龄委主任报告。要树立“一盘棋”意识，善于借力借势借智，通过科学有效的工作机制把任务分配好、把责任落实好，更好地把各方面资源利用起来、力量凝聚起来、积极性调动起来，努力形成党委领导、政府主导、社会参与、全民行动相结合的老龄工作新格局。要加强对工作进展情况的梳理总结，及时向老龄委主任报告并提出意见建议。

三是发挥好老龄信息调查发布作用。及时准确掌握和发布老龄工作信息，对于老龄工作具有重要引领、促进、推动作用。各级老龄办要围绕中央关心、社会关注、工作需要的信息、数据，加强调查收集和发掘应用，使人口老龄化状况底数清、情况明。对调查收集的有关数据、信息要及时呈送领导参考，为领导决策服务。要及时向社会发布有关信息，让全社会尤其是老年群众感受到党和国家对老龄工作的重视，感受到老龄事业的进步，增强过上更好生活的信心。要把网络用好，让群众及时在网上了解老龄工作动态，了解需求信息。

四是发挥好宣传引导作用。宣传是老龄办的一项重要职能，也是老龄工作的重要载体和手段。我们要在用好自身宣传力量的基础上，综合相关宣传部门和传统媒体、新媒体，壮大宣传力量。要利用敬老月、“两会”、重大纪念活动等重要时间节点开展宣传，广泛开展人口老龄化国情宣传教育活动，弘扬孝亲敬老传统美德，营造舆论声势，推动全社会重视、关注、支持老龄工作。

五是发挥好督查督办作用。进一步加强和改进督查工作，根据老龄委的安排部署，着重做好党委、政府关于老龄工作的重大决策部署、交办的重点专项任务的督查督办，做好老龄委年度会议、专题会议决策部署事项以及重要涉老法律法规、规划、政策文件等的督查督办，及时发现典型、总结经验、查找差距、鞭策后进、提出建议。对工作任务完成好的地方和单位要大力表扬，对完成不好、出现重大问题的要及时通报批评，确保各项决策部署和法规政策落地生根。

在发挥好上述作用的同时，我们要着重加强老龄办自身建设。一是要强化职责担当。老龄事业是大事业、大战略，老龄工作是党和国家的一项重要工作，老龄办的干部要按照忠诚、干净、担当的要求，强化责任担当，坚持“干”字当头，自觉把贯彻落实党中央、国务院关于老龄工作的重大决策部署扛在肩上、抓在手上、落实在行动上，以工作实绩赢得党委、政府的重视和支持。二是强化作风建设。老龄工作是一项面向社会、面向群众、面向广大老年人的工作，是需要投入感情、付出心血和汗水的德政善举。全体老龄干部必须深入落实中央八项规定精神，持之以恒反对“四风”，巩固深化作风建设成果。要时刻把广大老年人放在心上，怀着对老年人的真情大爱，多为老年人办一些有影响、看得见、摸得着、感受得到的实事、好事，作出无愧于国家、无愧于广大老年人的新业绩。三是要提高工作能力。事业要发展，干部是关键。各级老龄办要突出能力建设，加强学习研究和实践锻炼，着力提升干部的宏观谋划能力、文字综合能力、调查研究能力、沟通协调能力、组织动员能力和善抓落实能力，加强学习型机关建设，善用有限的资源、有限的人力、有限的条件，作出更多更好更大的事情。

同志们，今年和“十三五”时期老龄事业改革发展的任务已经明确，让我们紧密团结在以习近平同志为核心的党中央周围，鼓足干劲、拼搏进取、求实创新，把各级老龄办的工作做得更好，以更加优异的成绩向党的十九大献礼！

全国老龄工作委员会第十九次全体会议精神传达提纲

高晓兵

（2017 年 5 月 5 日）

同志们：

根据会议安排，现将全国老龄工作委员会第十九次全体会议的主要精神传达如下：

4 月 20 日，全国老龄工作委员会第十九次全体会议在京召开。这次全会的主要任务是全面贯彻党的十八大及十八届历次全会的精神，认真学习贯彻习近平总书记系列重要讲话精神和治国理政新理念新思想新战略，深入贯彻党中央、国务院关于加强老龄工作、推动老龄事业发展的决策部署，回顾总结 2016 年和近年来工作成绩，研究部署 2017 年和今后一个时期老龄工作重点任务。

会上，民政部部长、全国老龄委副主任黄树贤同志代表全国老龄委作了关于 2016 年全国老龄工作和 2017 年工作安排的报告。发展改革委、教育部、科技部、工业和信息化部、民政部、司法部、人力资源社会保障部、国土资源部、卫生计生委等 9 个部门负责同志作了会议发言。会议讨论通过了《全国老龄工作委员会 2017 年工作要点》。国务委员、全国老龄委主任王勇主持会议并作了重要讲话。全国老龄委委员、联络员等 90 余人出席了会议。

一、会议回顾总结了 2016 年全国老龄工作

全会指出，党的十八大以来，以习近平同志为核心的党中央高度重视老龄事业的发展，就有效应对人口老龄化、加快完善养老保障和服务体系、发展养老服务产业等作出了一系列安排部署。2016 年 5 月 27 日，中央政治局就我国人口老龄化形势与对策举行第 32 次集体学习，习近平总书记发表重要讲话，对我国人口老龄化形势作了科学研判，对老龄工作的方针、思路、重点和体制机制创新等作了明确的部署和要求。习近平总书记还主持中央深改组会议审议全面放开养老服务市场、老年人照顾服务等政策文件，主持中央财经领导小组会议专题研究提高养老院服务质量问题。李克强总理在每年政府工作报告和相关专题会议中也对老龄事业重点领域改革发展进行强调，提出明确要求。习近平总书记、李克强总理的指示要求为做好老龄工作提供了基本遵循，指明了正确方向。

黄树贤部长指出，2016 年，各地区各有关部门认真贯彻党中央、国务院的决策部署，统一思想，提高认识，聚焦重点难点问题，突出重要领域改革，老龄工作取得明显成效。主要表现在：一是深入学习贯彻习近平总书记、李克强总理重要指示批示和讲话精神落在实处，各成员单位共完成主要任务 57 项，北京、辽宁、黑龙江等 8 省（市）以实际行动加强老龄工作，增强老年群体获得感。二是进一步健全完善老年人社会保障体系，社会保险、社会福利、社会救助覆盖面持续扩大，参保人员待遇水平不断提高，有力推动老年人的基本生活、基本医疗、基本照护等需求得到切实保障。三是大力推动养老服务业重点领域改革，养老服务业加快制度创新步伐，加强放管服改革，加大放开市场力度，加速专业人才队伍建设，有效缓解了养老服务供需矛盾。四是围绕《老年人权益保障法》的深入实施，老年法配套政策法规进一步完善，老年法宣传教育活动广泛开展，老年维权工作力度不断加大，老年优待和志愿服务工作不断深入，老年人合法权益得到有效保障。五是老年教育发展更加贴近实际，老年文化服务更加贴近基层，老年体育活动更加贴近群众，老年人精神文化生活不断丰富，更广泛地共享改革发展成果。

二、会议深刻分析了我国老龄事业发展面临的形势

王勇国务委员指出，我国人口老龄化正处于快速发展期，影响持续加深，问题不断显现。习近平总书记在加强老龄工作的重要指示中明确提出，满足数量庞大的老年群众多方面需求、妥善解决人口老龄化带来的社会问题，事关国家发展全局，事关百姓福祉，需要我们下大气力来应对。

王勇国务委员要求，应清醒认识我国人口老龄化面临的新形势新挑战新任务：从老年人口规模看，我国是目前世界上唯一一个老年人口过两亿的国家，预计到 2050 年，我国老年人口将约占全球老年人口的四分之一。从老龄化速度看，在 2000 年到 2050 年间，我国人口老龄化水平上升速度将是世界平均速度的 2 倍。从应对任务的艰巨性看，我国是典型的“未富先老”、“未备先老”国家，在思想认识、物质保障、政策制度、养老服务等方面准备还不充分，工作中还存在体制机制不健全、基层基础薄弱等突出短板。各地区各有关部门要在人口老龄化新形势下勇于担当、主动作为，抓住积极应对人口老龄化的重要战略窗口期，坚持问题导向，抓紧补齐短板，推动老龄事业全面协调可持续发展。

三、会议部署当前和今后一个时期的老龄工作

今年我们党要召开十九大，做好今年老龄事业发展各项工作、促进社会和谐稳定意义更加重大。全会提出，“十三五”时期，老龄工作要着力抓好以下几方面：一是加快完善老龄政策制度，补齐老龄法律法规、政策制度方面存在的薄弱环节和突出短板，强化既有老龄政策和保障制度的配套衔接，加大推动养老服务发展相关政策的执行力度。二是加强老年人社会保障和公共服务，切实兜住特困、失能等特殊老年群体的基本生活底线，加强老年人精神关爱和健康促进，为老年人提供连续性、多样化的健康管理服务、医疗服务和志愿者服务。三是进一步健全养老服务体系，加强居家社区养老服务，加快提升养老院服务质量，尽快建立起全国统一的养老服务质量标准和评价体系，大力繁荣老年消费市场，努力提升老年消费市场规模与质量。四是持续优化老龄事业发展的环境和氛围，进一步增强全社会积极应对人口老龄化的共识和行动自觉，以主题教育、评选表彰活动为抓手，弘扬敬老养老助老社会风尚，提倡“老有所为”，充分发挥老年人的积极作用。

王勇国务委员强调，2017年要抓紧做好《中共中央国务院关于进一步加强老龄工作的意见》等重要文件的起草工作；认真筹备第四次全国老龄工作会议；围绕中央关于全面放开养老服务市场、制定和实施老年人照顾服务项目、提高养老院服务质量等决策部署，抓好各地区各相关部门的落实；尽快确定“十三五”国家老龄事业发展和养老体系建设规划的任务分工和实施机制，科学推进，按时完成。

四、会议要求强化对老龄事业发展的组织领导和工作保障

王勇国务委员要求，各地区各有关部门要加强组织领导，进一步完善党委统一领导、政府依法行政、部门密切配合、群团组织积极参与、上下左右协同联动的老龄工作机制，形成老龄工作大格局。《全国老龄工作委员会2017年工作要点》中任务分工的牵头单位要做好组织协调工作，确保重点工作任务圆满完成。要加强督促落实，将老龄事业发展重点任务纳入各级政府部门责任清单和绩效考核内容，狠抓责任落实，各级老龄委要完善考核机制，对重点任务完成情况要有考核、有反馈、有通报，形成闭环，持续跟踪问效，及时发现和解决问题。要加强重大问题研究，深入学习研究习近平总书记关于老龄工作的重要指示和讲话所蕴含的科学内涵、创新意义和实践要求，继续深化老龄领域的基础性、前瞻性、战略性问题研究，筹备编制积极应对人口老龄化中长期规划，健全重大决策专家咨询制度，进一步提高老龄问题决策的科学化水平。要加强老龄干部队伍建设，努力培育打造一支政治坚定、业务过硬、作风优良、勇于担当的老龄工作队伍，特别是要充实基层老龄工作队伍，更好地为广大老年人办实事、解难事、做好事。

吃透精神　狠抓落实
出色完成2017年各项工作任务

——在2017年全国老龄办主任会议上的总结讲话

王建军

（2017年5月5日）

同志们：

在大家的共同努力下，2017年全国老龄办主任会议完成了各项议程，即将闭幕。上午，民政部部长、全国老龄委副主任、全国老龄办主任黄树贤同志作了讲话；民政部副部长、全国老龄办副主任高晓兵同志传达了全国老龄委第十九次全会精神，主要是国务委员、全国老龄委主任王勇同志的重要讲话精神；北京、黑龙江、上海、浙江、江苏、湖北、江西、广东、陕西等9个省市作了大会交流。下午，大家围绕学习全国老龄委第十九次全会精神和黄树贤部长的讲话，结合《“十三五”老龄事业发展和养老体系建设规划》，进行了热烈讨论。大家普遍感到，这次会议时间不长，但内容充实，信息量大，尤其是黄树贤部长的讲话站位很高，政治性、思想性、指导性、针对性很强，既有理论深度，又有工作方法，大家很受教育，深受鼓舞。普遍认为，这是一次统一思想、凝聚共识的会议，是一次指引方向、明确任务的会议，是一次增强信心、振奋精神的会议。

一是提高了认识。王勇国务委员在全国老龄委第十九次全会上的重要讲话、黄树贤部长在今天上午的讲话中，都深刻阐释了习近平总书记关于老龄工作重要讲话和指示精神的科学内涵、创新意义和实践要求，强调了习近平总书记关于加强老龄工作的重要讲话和指示精神，站在全球视野和时代发展高度审视人口老龄化问题，围绕群众热切关心、理论亟待回答、工作亟须破解的重大问题，提出了一系列新理念新思想新战略，开辟了党的老龄工作理论发展的新境界，丰富了我们党治国理政的思想宝库，是新时期老龄工作的根本指针和基本遵循。两位领导的讲话，既是对习近平总书记系列重要讲话精神和治国理政新理念新思想新战略的专题辅导，又是深入贯彻落实习近平总书记关于加强老龄工作重要讲话和指示精神的明确要求。大家表示，一定要深入学习、深刻领会、提高站位，切实把思想和行动统一到总书记重要讲话和指示精神上来，绝不辜负习近平总书记的热切期望，不忘初心，继续前行，以科学务实的精神谋划好老龄事业，以只争朝夕的劲头出色完成2017年各项工作任务。

二是增强了信心。十八大以来，以习近平同志为核心的党中央高度重视老龄工作，习近平总书记先后主持召开中央政治局集体学习会议、中央深改领导小组会议、中央财经领导小组会议研究部署老龄工作，《国民经济和社会发展“十三五”规划纲要》，对积极应对人口老龄化作出整体安排，《“十三五”国家老龄事业发展和养老体系建设规划》，对发展老龄事业作出了全面部署。全国老龄委第十九次全会，充分肯定了党的十八大以来老龄事业发展取得的显著成绩，高度评价了各地、各有关部门所做工作。党中央、国务院和中央领导对老龄工作的高度重视，极大地增强了大家干事创业的信心。大家认为，现在是发展老龄事业的最好时期，表示一定要抓住机遇，顺势而为，主动从全局和战略高度来认识老龄工作、把握老龄工作、推进老龄工作，不断增强做好新形势下老龄工作的责任感、使命感。

三是明确了任务。王勇国务委员在全国老龄委第十九次全会讲话中，以积极应对人口老龄化为主线，提出了扎实做好当前和今后一个时期老龄工作的四项任务要求，即加快完善老龄政策制度，切实加强老年人社会保障和公共服务，进一步健全养老服务体系，持续优化老龄事业发展环境。今天上午，黄树贤部长又从深入学习领会习近平总书记系列重要讲话精神特别是关于加强老龄工作的重要讲话和指示精神，狠抓《“十三五”国家老龄事业发展和养老体系建设规划》任务落实，充分发挥老龄办职能作用等三方面对做好今后一个时期老龄工作进行安排部署。这既是我们研究确定的目标任务，也是深入贯彻习近平总书记重要讲话和指示精神，全面落实党中央、国务院决策部署的具体行动。大家表示，一定要认真学习贯彻会议精神，细化分解工作任务，层层传导工作压力，以抓铁有痕，踏石留印的精神推动各项工作任务落实。

四是凝聚了共识。黄树贤部长在讲话中，就更好发挥各级老龄办职能作用，提出了“五个发挥”和“三个着力”的要求，体现了形势发展的需要，贯彻了全面从严治党要求。大家普遍感到责任重大，使命光荣。北京、黑龙江、上海、浙江、江苏、湖北、江西、广东、陕西等9个省市的大会发言，会议印发的各地工作亮点，重点突出，内容丰富，各具特色，基本反映了我们创新实践成果。大家表示，一定要履职尽责，积极作为，对标先进、比学赶超，通过真学实做，开创本地区老龄工作的新局面。在刚才的学习讨论中，大家又从进一步深化学习，加快老龄政策顶层设计，推动政策制度衔接，不断优化完善各级老龄委和老龄办职责，建立健全老龄工作体制机制，着力解决影响老龄工作发展的“瓶颈”和短板，尽快建成全国老年人数据平台，高度重视基层老龄工作，认真组织实施《“十三五”国家老龄事业发展和养老体系建设规划》等方面提出了很好的意见建议，全国老龄办将尽快梳理，研究吸纳，并及时向王勇国务委员、黄树贤部长汇报。

大家回去后要将会议精神及时向省市区老龄委领导汇报，重点汇报好王勇国务委员、黄树贤部长的讲话精神，以及当前需要制定实施的本地老龄事业发展和养老服务体系建设“十三五”规划、《老年人权益保障法》配套法规、提升养老院服务质量等重点老龄工作任务，要按照王勇国务委员和黄树贤部长的统一要求，推动各地党委、政府把老龄事业发展重点任务纳入政府部门责任清单和绩效考核内容，一级抓一级，层层抓落实。老龄媒体要加大学习宣传力度，发现、总结和推广老龄工作的先进经验。

今年2月14日，王勇国务委员在《全国老龄办2016年工作总结报告》上批示：“过去一年来，老龄办会同老龄委各成员单位团结协作、扎实工作，推动老龄事业发展取得积极成效，向同志们表示感谢和慰问！新的一年要全面贯彻党中央、国务院的部署要求，认真谋划和切实抓好各项工作落实，全面从严加强党的建设和反腐倡廉工作，为推动老龄事业持续健康发展作出更大贡献。”今年初，黄树贤部长对老龄工作作出批示：“党中央、国务院高度重视老龄工作。总书记关于老龄工作的重要讲话及中央领导同志的重要批示，为老龄工作指明了方向，提供了强大动力。老龄办要深入学习，提高认识，依据职责、积极作为，突出重点，狠抓关键，全力推进党中央、国务院关于老龄工作决策部署的贯彻落实。”近日，黄树贤部长又在全国老龄办上报的居家养老服务专题调研报告上批示：“开展专题调研做法很好。可选择安排对全国一些大中城市进行养老工作专题调研，总结创新经验、发现共性问题、提出意见建议，推进党中央、国务院关于老龄、养老、提高养老院质量决策部署的落实。”下面，我就如何贯彻落实此次会议精神，结合学习王勇国务委员和黄树贤部长的批示精神，再谈几点意见。

第一，深入学习，提高认识。学习是终身大事，是我们安身立命之本、履职尽责之基。要树立在学中干，在干中学意识，通过理论学习，武装头脑，指导实践，推动工作。一是全国老龄办要带头学。习近平总书记关于加强老龄工作的重要讲话和指示精神思想深邃，内涵丰富，博大精深。全国老龄办要在巩固前期学习成果的基础上，结合“两学一做”学习教育常态化制度化，将学习习近平总书记关于老龄工作的重要讲话和指示精神引向深入。按照王勇国务委员的批示和黄树贤部长的要求，创新学习形式，深化学习内容，优化学习氛围，提升学习效果。为全面深化学习，全国老龄办正组织力量汇总习近平总书记关于老龄工作的重要讲话指示，汇编党中央、国务院关于老龄工作的法规政策，特别是围绕经中央批准、中宣部组织实施的“习近平总书记关于有效应对人口老龄化新理念新思想新战略研究”重大课题，组织力量，集体攻关，努力完成这一重大而又光荣的政治任务。二是老龄系统要上下一起学。习近平总书记的重要指示和重要讲话发表后，全国老龄系统组织了两次较大规模的集中学习，形成了一些学习成果，但从老龄系统来看，在学习的广度、深度、高度上仍然要下功夫。省级老龄办要认真研究，制订计划，通过研讨会、培训班等多种形式，组织成员单位和县以上老龄干部深入学习，学深悟透，形成系统上下全员学习的浓厚氛围。三是要推动各级老龄委和党政干部共同学。要积极推动把习近平总书记关于老龄问题的最新理论成果纳入各级党校、行政学院、干部学院和社会主义学院教学内容，争取各级党政干部培训都有老龄专题，各级党委（党组）中心组理论学习都有老龄内容，不断强化党政干部加强老龄工作的意识和责任。黑龙江省委主办的“龙江发展论坛”，把积极应对人口老龄化、发展老龄事业纳入课程体系，效果良好，值得各地学习借鉴。要推动有关部门把弘扬孝亲敬老纳入社会主义核心价值观教育，在全社会开展人口老龄化国情教育、老龄政策法规教育，增加全社会积极应对人口老龄化的思想观念。

第二，履职尽责，担当作为。担当作为不是空话，爱岗敬业并非虚词。各级老龄办要按照黄树贤部长提出的“五个发挥”和“三个着力”的工作要求，不断提高履职尽责的能力。一是认真落实全面从严治党主体责任。去年中央专项巡视中，指出全国老龄办存在党的领导弱化、党的建设缺失、全面从严治党不力等问题，针对这些突出问题，我们正在持续进行深入整改。各地要按照全面从严治党的要求，深入贯彻党的十八届六中全会精神和中纪委第七次全会精神，牢固树立“四个意识”，严格执行中央“八项规定”精神，持续纠正“四风”，认真履行全面从严治党主体责任和监督责任，从严从实加强党员干部教育管理，教育引导广大党员干部严格遵守党规党纪，自觉在思想上政治上行动上同习近平同志为核心的党中央保持高度一致。要全面落实党中央、国务院关于老龄工作的决策部署，树立以人民为中心的发展理念，以保障和维护老年人合法权益，增强老年人获得感和幸福感作为我们工作的出发点和落脚点。二是加大改革创新力度。惟改革者进，惟创新者强，惟改革创新者胜。在新的历史条件下，我们要解决在发展中遇到的问题，就要有改革创新的勇气和魄力。我们要树立新观念、打开新思路、寻找新办法，要用改革的思路和创新的办法去研究解决问题。要抓住老龄工作的“薄弱点”，用“啃硬骨头”、“涉险滩”的干劲，做到改革有成绩、创新有业绩、担当有实绩，在重点领域和关键环节取得突破。要运用市场机制，支持社会力量参与，构建政府、部门、社会、市场共同推进老龄事业发展的格局，不断激发老龄事业发展的活力。三是主动做好综合协调。作为全国老龄委的办事机构，我们要认真履行综合协调职能，不断推动完善党委统一领导、政府依法行政、部门密切配合、群团组织积极参与、上下左右协同联动的老龄工作机制，形成老龄工作大格局。近年来，北京全面推行“北京通—养老助残卡”、上海实施老年人综合津贴制度、20个省市区出台了《老年人权益保障法》配套法规等，这些都离不开老龄办的综合协调。因此，我们要强化综合协调意识，敢于协调、主动协调、善于协调，把综合协调能力作为各级老龄办的主要职责和全体老龄干部必备的素质能力。

第三，突出重点，抓住关键。突出重点，就是抓住了事物的主要矛盾，就会一点突破，全盘皆活；抓住关键，就是牵住了“牛鼻子”，就会牵一发而动全身。在第十九次全委会上，王勇国务委员的重要讲话、黄树贤部长的工作报告及这次会上的讲话，都明确了当前及今后一个时期的重点工作。各地要结合实际，按照工作部署，研究制定工作方案，细化工作举措，落实目标责任，强化监督考核，逐项做好任务分解，对接落地，确保各项重点工作如期完成。一是要聚焦规划抓落实。国务院将《“十三五”国家老龄事业发展和养老体系建设规划》作为22项重点专项规划已颁布实施，规划确立了老龄事业发展的“四梁八柱”目标任务，即：“多支柱、全覆盖、更加公平、更可持续的社会保障体系更加完善；居家为基础、社区为依托、机构为补充、医养相结合的养老服务体系更加健全；有利于政府和市场作用充分发挥的制度体系更加完备；支持老龄事业发展和养老体系建设的社会环境更加友好等四项发展目标。以及健全完善社会保障体系、健全养老服务体系、健全健康支持体系、繁荣老年消费市场、推进老年宜居环境建设、丰富老年人精神文化生活、保障老年人合法权益等八大任务。”同时，规划明确全国老龄办为牵头部门，负责对规划落实情况进行指导、检查和督促。地方各级老龄办同样面临着要着力推进本地老龄规划制定实施的重任。这是“十三五”期间各级老龄办的一项重点任务。各地要认真做好地方规划与国家规划的有效衔接，抓好规划重点任务的贯彻落实，加强规划推进实施机制建设，确保省市区全部出台本级“十三五”发展规划，确保规划确定的各项目标任务如期完成。二是要聚焦短板抓落实。老龄事业薄弱环节很多，明显的短板主要是：涉老法规政策系统性、协调性、针对性、可操作性不强；城乡区域老龄事业发展和养老体系建设发展不平衡；养老服务有效供给不足，质量效益不高，人才队伍短缺；老年用品市场供需矛盾比较突出；老龄工作体制机制不健全，社会参与不充分，基层基础比较薄弱等。老龄工作存在的短板，正是我们各级老龄办工作的重点和着力点。我们要坚持问题导向、目标导向和底线思维，主动作为，推动政策衔接，促进政策整合，力争在全面提高老龄事业发展的平衡性、协调性、可持续性上取得突破性进展，不断夯实积极应对人口老龄化的物质基础、制度基础、组织基础。三是要聚焦基层抓落实。习近平总书记高度重视老龄基层工作，他在去年“5·27”重要讲话中明确要求“要保证城乡社区老龄工作有人抓、老年人事情有人管、老年人困难有人帮”。基层是我们工作的基础和工作重点，工作的贯彻落实重心在基层。今年以来，黄树贤部长亲自组织安排多个工作组，深入一线，蹲点调查，掌握第一手资料，帮助解决基层民政工作困难，夯实基层工作基础。我们要牢固树立关爱基层、服务基层的理念，用心用情用力做好基层老龄工作，不断充实基层力量，切实解决基层困难，着力提高基层老龄工作水平。

第四，着眼问题，深入调研。黄树贤部长对调研工作的批示指向明确、要求具体。面对人口老龄化的严峻形势，要推进老龄事业的发展和重点工作落实，老龄干部队伍离不开调查研究这个基本功。一是要抓好智库型机关建设。作为老龄委的办事机构，尤其部省两级老龄办要按照黄树贤部长要求，找准定位，发挥优势，加快向学习型、研究型、智库型机关转变。要全面掌握老年群体的需求，实时掌握老龄数据信息和老龄舆情，跟踪涉老法规政策实施情况，时刻关注老龄理论研究前沿动态，及时向党委政府提供长远性、战略性、针对性的研究成果和政策建议，为各级党委、政府决策提供科学依据。二是要抓好重点问题调研。老龄办具有综合掌握老龄工作情况和协调推动工作的职能优势，要打牢调查研究基本功，真正迈开双脚，真接地气，深入基层，了解实情。今年，我们将筹备召开国务院第四次全国老龄工作会议，出台进一步加强老龄工作的意见，开展养老院质量提升专项行动，各地老龄办要抓紧时间、积极行动，聚焦这些重点任务，集中时间，集中人力，深入调研，不断提供破解难题、创新发展的思路措施。三是要抓好调研成果转化运用。最近几年，围绕《“十二五”老龄事业发展规划》执行评估，《“十三五”国家老龄事业发展和养老体系建设规划》编制，各级老龄办进行了许多卓有成效的调研，形成了一大批调研成果，尤其是举全系统之力，完成的第四次全国老年人生活状况抽样调查，形成的海量数据，不能束之高阁，要积极开发利用，力争早出成果，将其转化为不断推进老龄事业发展的新思路新举措。

同志们，新形势下老龄工作责任重大、使命光荣、前景光明。让我们更加紧密地团结在以习近平同志为核心的党中央周围，深化学习，改进作风，积极作为，不断进取，努力开创老龄事业发展新局面，以优异成绩迎接党的十九大胜利召开！

履职尽责　增强合力
努力构建老龄工作大格局

——在全国老龄联络协调工作座谈会上的讲话

王建军

（2017 年 6 月 15 日）

同志们：

今天，我们在湖北武汉市召开全国老龄联络协调工作座谈会。这是全国老龄委成立以来，全国老龄办首次就加强联络协调工作召开专门会议，这既是新时期老龄事业发展新形势新任务的需要，也是落实中央巡视整改要求的实际举措。这次会议的主要任务是：深入学习贯彻习近平总书记系列重要讲话精神，以总书记关于加强老龄工作重要讲话和指示精神为指导，以全面落实党中央、国务院关于老龄工作重大决策部署为目标任务，按照《全国老龄办关于加强联络协调工作的指导意见》，立足本职，发挥优势，主动作为，推动各成员单位、各有关部门履职尽责、担当作为、相互配合、增强合力，全面落实“十三五”时期老龄工作重点任务，共同推进老龄事业健康发展，努力形成老龄工作大格局。

近年来，各地老龄工作部门立足老龄委办事机构职能，在联络协调工作方面积极争取党政领导重视，大胆创新工作理念，积极探索有效方法，创造出许多新经验和好做法，使联络协调工作迈上了一个新台阶。刚才，湖北省童道驰副省长发表了热情洋溢的致辞，重点向大家介绍了本省经济社会发展情况和应对人口老龄化的积极行动，言简意深。我们还传达学习了黄树贤部长在全国老龄办党组（扩大）会议上的讲话精神，深化提升了对老龄工作及老龄办职能职责的认识。围绕会议主题，湖北、上海、陕西及长春、晋城、鸡西、宜宾 7 个地方分别做了典型发言；编印了 18 个省区市老龄委与联络协调工作相关的材料。应该说，大会发言和材料各有侧重，各具特色，其共同特点是，在联络协调中搭建了老龄工作的平台，丰富了老龄工作的手段，提升了老龄工作的水平，值得各地认真相互学习借鉴。下面，我讲三点意见。

一、要充分认识加强老龄联络协调工作的重要意义

党中央、国务院对应对人口老龄化，发展老龄事业高度重视，在我国进入人口老龄化的世纪之交，就成立了全国老龄工作委员会及其办事机构，统筹协调和推动开展全国老龄工作。尤其是党的十八大以来，以习近平同志为核心的党中央高度重视老龄工作，党中央、国务院对积极应对人口老龄化，发展老龄事业作出了一系列重大决策部署。从 2015 年底至今，全国老龄工作委员会及其办公室已召开两次全国老龄委全体会议、两次全国老龄办主任会议，一次省级老龄办主任学习专题培训，一次高峰论坛，全面深刻领会习近平总书记、李克强总理的指示批示和讲话精神，明确部署落实相关工作。贯彻中央和总书记要求，加强老龄工作，发展老龄事业，责任重大，使命光荣，既是各级各部门及全社会的共同责任，更是各级老龄工作委员会及办公室和成员单位的庄严使命，在落实推进党中央国务院各项老龄工作决策部署的过程中，加强老龄联络协调工作至关重要。

第一，这是贯彻落实习近平总书记关于加强老龄工作重要讲话指示精神的要求。

习近平总书记对老龄工作高度重视。2015 年 10 月，他对加强老龄工作作出重要指示强调，有效应对我国人口老龄化，事关国家发展全局，事关亿万百姓福祉。要立足当前、着眼长远，加强顶层设计，完善生育、就业、养老等重大政策和制度，做到及时应对、科学应对、综合应对。2016 年 5 月，围绕我国人口老龄化的形势和对策，中央政治局举行第三十二次集体学习，习近平总书记深刻指出，要着力增强全社会积极应对人口老龄化的思想观念，着力完善老龄政策制度，着力发展养老服务业和老龄产业，着力发挥老年人积极作用，着力健全老龄工作体制机制，强调“要完善党委统一领导、政府依法行政、部门密切配合、群团组织积极参与、上下左右协同联动的老龄工作机制，形成老龄工作大格局。要保证城乡社区老龄工作有人抓、老年人事情有人管、老年人困难有人帮。要健全社会参与机制，发挥有关社会组织作用，发展为老志愿服务和慈善事业”。2016 年 10 月，习近平总书记在主持召开全面深化改革领导小组第二十八次会议上强调，要紧紧围绕老年群体多层次、多样化的服务需求，降低准入门槛，

引导社会资本进入养老服务业，推动公办养老机构改革，提升居家社区和农村养老服务水平，推进养老服务业制度、标准、设施、人才队伍建设，繁荣养老市场，提升服务质量，让广大老年人享受优质养老服务。2016年12月，习近平总书记在主持召开中央全面深化改革领导小组第三十次会议时指出，要从我国国情出发，立足老年人服务需求，整合服务资源，拓展服务内容，创新服务方式，提升服务质量，让老年人享受到更多看得见、摸得着的实惠。要重点关注高龄、失能、贫困、伤残、计划生育特殊家庭等困难老年人的特殊需求。同月，习近平总书记在主持召开中央财经领导小组第十四次会议时指出，提高养老院服务质量，关系2亿多老年人口特别是4000多万失能半失能老年人的晚年幸福，也关系他们子女工作生活，是涉及人民生活质量的大事。要按照适应需要、质量优先、价格合理、多元供给的思路，尽快在养老院服务质量上有个明显改善，加快建立全国统一的服务质量标准和评价体系，加强养老机构服务质量监管，坚决依法依规从严惩处欺老、虐老行为。在一年多的时间里，党的总书记对加强老龄工作密集作出讲话指示，前所未有。可以说，我国老龄事业发展进入最好时期。我们要提高站位，充分利用应对人口老龄化的有限窗口期，充分发挥老龄办职能作用，抓紧抓实抓好联络协调工作，落实好习近平总书记的重要讲话和指示精神。

第二，这是贯彻落实党中央国务院关于老龄工作决策部署的要求。

党的十八大以来，党中央、国务院对老龄工作作出了一系列决策部署。党的十八届五中全会通过的《中共中央关于制定国民经济与社会发展十三个五年规划的建议》，围绕人口、就业和养老政策制度建设，对积极应对人口老龄化，发展老龄事业作出重点部署。包括促进人口均衡发展，全面实施一对夫妇可生育两个孩子政策；实施全民参保计划，出台渐进式延迟退休年龄政策；特别指出要积极开展应对人口老龄化行动，弘扬敬老、养老、助老社会风尚，建设以居家为基础、社区为依托、机构为补充的多层次养老服务体系，推动医疗卫生和养老服务相结合，探索建立长期护理保险制度，全面放开养老服务市场，通过购买服务、股权合作等方式支持各类市场主体增加养老服务和产品供给。《国民经济和社会发展“十三五”规划纲要》进一步将积极应对人口老龄化单列一章，提出了“开展积极应对人口老龄化行动，加强顶层设计，构建以人口战略、生育政策、就业制度、养老服务、社保体系、健康保障、人才培养、环境支持、社会参与等为支撑的人口老龄化应对体系”。《“十三五”国家老龄事业发展和养老体系建设规划》确立了未来五年老龄事业发展的“四梁八柱”目标任务，四梁即：“多支柱、全覆盖、更加公平、更可持续的社会保障体系更加完善；居家为基础、社区为依托、机构为补充、医养相结合的养老服务体系更加健全；有利于政府和市场作用充分发挥的制度体系更加完备；支持老龄事业发展和养老体系建设的社会环境更加友好”。八柱即：“健全完善社会保障体系、健全养老服务体系、健全健康支持体系、繁荣老年消费市场、推进老年宜居环境建设、丰富老年人精神文化生活、保障老年人合法权益等。”从中央“十三五”规划建议，到国民经济和社会发展纲要，再到老龄事业发展建设规划，内容全面，思路清晰，目标明确，重点突出，为今后的老龄事业发展描绘了美好的蓝图，也需要我们加强统筹协调，采取切实措施逐项落实。

第三，这是落实今年老龄委全会和全国老龄办主任会议精神的要求。

王勇国务委员在老龄委第十九次全体会议讲话中，以积极应对人口老龄化为主线，将当前和今后一个时期的重点工作任务，概括为四个方面共11项；黄树贤部长在全国老龄办主任会议讲话中，将今年老龄工作的重点任务概括为三个方面共11项。全国老龄委第十九次全体会议审议通过的2017年全国老龄委工作要点共九个方面30项，涉及32个成员单位；经全国老龄办党组研究，黄树贤部长同意的2017全国老龄办工作要点共七个方面26项。这些任务，尤其是年内必须完成的推动各省出台《老年人权益保障法》地方配套法规和制定省级“十三五”时期老龄事业发展专项规划，要求明确，迫切需要老龄办加强联络、强化联系、形成联动。

从以上三方面情况看，无论是认真贯彻习近平总书记关于发展老龄事业的系列重要讲话指示精神，还是落实党中央、国务院关于做好老龄工作的重大决策部署，圆满完成今年的各项重点工作任务，都不是哪一个部门、哪一个单位能独立承担的，而是需要多部门、多单位相互配合、协同推进才能实现。因此，加强老龄联络协调工作、构建老龄工作大格局，这既是新形势新任务的要求，也是老龄事业发展的需要，更是应对人口老龄化的时代使命和责任。作为主管老龄工作的机构，各级老龄委、老龄办和全体老龄工作者要深刻领会，学深悟透，主动将习近平总书记的系列重要讲话精神转化为我们的自觉行动，用心用情用力做好老龄工作，努力为广大老年人谋福祉，为发展老龄事业勇担当，创造出无愧于这个时代的业绩；要提高政治站位，切实从老龄委、老龄办的职能职责出发，把握大势、顺势而为，通过有力的联络协调工作，建立起上下贯通高效、部门协同有力的老龄工作体制机制，形成思想合力、制度合力、工作合力，从而推动党中央、国务院决策部署在各地区各部门有效贯彻落实；要从使命担当出发，通过扎实的联络协调工作，多谋落实之策、多干落实之事、多求落实之效，促进各方面资源力量相辅相成、相互促进、相得益彰，真正构建起新形势下符合中央要求、符合老龄事业发展需要、符合广大老年人诉求的工作格局。

二、要准确把握老龄联络协调工作的重点任务

2016年，根据中央巡视反馈意见要求，在总结各地有益经验的基础上，经过反复调研、认真研究，全国老龄办制定出台了《全国老龄办关于加强联络协调工作的指导意见》（以下简称《指导意见》）。《指导意见》篇幅虽然不长，但却是老龄系统关于联络协调工作的第一个文件，是面对实际，面向未来，以构建老龄工作大格局为目标，在现有体制机制下更好发挥职能作用的指导性文件。《指导意见》全面扩展了老龄联络协调工作范围，将当地党委政府、人大政协、老龄委成员单位、司法行政部门、社会组织、企事业单位、科研机构、新闻媒体、老年群体等9个方面都纳入了联络协调范畴，明确了联络协调工作的基本内容和工作任务。《指导意见》虽然不具有强制性，但具有重要的引导作用，为各地老龄办厘清自身职能定位，加强联络协调工作提供了基本遵循，希望各级老龄办认真贯彻，并结合各自实际，创造出更新更好的实践经验。

第一，要主动作为，把争取党委政府领导重视放在更加突出位置上。

办好中国的事情关键在党。老龄工作好不好，与党委政府领导的重视和支持程度息息相关。当前，老龄委成员单位已涉及党政军群四大领域，只有将老龄工作纳入党委统一领导之下，才能实现全面可持续发展。各地党委政府工作千头万绪，老龄工作要争取党政领导重视，必须围绕中心，聚焦短板，集中发力。围绕中心，就是各级老龄办要学会工作，自觉站在党委政府全局的高度考虑问题，主动争取将老龄工作融入地方经济社会发展大局，在围绕中心中定位，在服务大局中尽责，在重大决策中发声，在落实工作中有为。比如：养老产业是地方党委政府关注的重大问题，湖北老龄办顺势成立了省产业协会，通过协会的桥梁纽带作用带动优质企业做大做强老龄产业市场，这种做法既受到党委政府的重视，也体现出老龄办的参谋助手作用。聚焦短板，目前老龄事业发展存在着区域发展不平衡，精神保障有空白，管理体制方面比较薄弱等众多短板，推动老龄工作必须解决这些短板问题，要通过深入调查研究，确保我们提出的意见和建议既符合当地的实际情况，又能对老龄事业和老龄工作发展产生长远和重大影响。比如：养老院服务质量问题，多年来一直没有得到有效解决，这次专项整治行动，老龄办牵头搞质量万里行活动，既参与解决短板问题，也能发挥自身优势。集中发力就是在看准大势、看准环境、看准问题的情况下花大力解决实际问题，以钉钉子的精神推动工作。仍以湖北为例，省老龄办为了使高龄津贴制度能以省委省政府名义下发，既讲道理，也讲感情，通过各种方式让党政主要领导、主要部门都了解人口老龄化的基本国情和省情，知晓老龄工作的重点任务和重点要求，深切感受高龄老年群体的迫切需求，这样集中发力才能效果显著。

第二，要突出主业，把密切成员单位联系的重点放在推进工作上。

习近平总书记在中央政治局集体学习的讲话中明确提出，要着力完善老龄政策制度，促进各种政策制度衔接，增强政策合力，这就是我们老龄办工作的主业。据统计，2013年《国务院关于加快发展养老服务业的若干意见》下发后，国务院办公厅和相关部门及各省级人民政府在两年多时间里出台了300多个配套文件，但从基层的反映看，相关政策制度相互衔接和整体融合不够，碎片化、职能冲突情况依然存在。各级老龄办要充分发挥部门优势、职责优势，针对现有矛盾、困难和问题，有目标、有重点、有任务的联络协调，主动推动这些政策制度整合融合。成员单位是老龄委的重要组成部分，是贯彻落实老龄委决定的具体实施部门，一些成员单位按职能承担着与老龄工作密切相关的养老、医疗、保障等重要职责，是各级老龄办推动老龄事业发展和老龄工作进步的关键环节。各级老龄办在加强与成员单位联络协调的过程中，要在推动政策制度衔接、促进工作整体融合、形成落地落实合力上下功夫。比如：江苏省老龄办在推动出台地方“十三五”老龄事业发展规划的过程中，就充分发挥了成员单位的作用，成立了由人社、财政、卫计等多家成员单位组成的规划起草小组，从而确保了规划高质量完成和顺利出台。

第三，要善于借力，把动员社会力量参与定位在搭建共享平台上。

中国是世界上唯一一个老年人口超过2亿的国家，我国面临的人口老龄化问题是其他任何一个国家都没有遇到过的，有些先期进入人口老龄化的国家积累了一些经验，我们可借鉴但不能完全照搬，因此要正确认清我国国情，建立以居家为基础、社区为依托、机构为补充、医养相结合的养老服务体系，这是发展目标，是推进方向，“十三五”期间也会逐步加大对居家社区养老服务的支持力度。按照新修订的《老年法》相关条款的规定，涉老政策制度还有很大完善空间，《老年法》虽然没有明确行政执法部门，但老龄办责无旁贷。在财力、人力、物力有限的情况下，各级老龄办在“十三五”期间如何完成这些重要任务，主要是搭平台、促融合，让各种社会资源和力量在我们搭建的平台上围绕广大老年群体需求，按照老龄事业发展布局，依据自身职能职责来做好各项工作，形成共建共享共赢局面。要善于借力，有效应对人口老龄化，单靠政府、家庭、市场、社会哪一方都不可能完成，各级老龄办要扩展渠道，创新形式，引导社会公益慈善组织、行业协会组织参与涉老事务，提供更贴近基层的为老服务；引导家政、餐饮、物业等服务企业参与居家和社区养老服务；支持高校、科研院所开展老龄领域的应用型研究、基础性研究、前沿性研究、技术性研究，为政府决策提供智力支撑。广东省开展的“银龄安康行动”，就是集中了各方面社会力量参与为老服务，目前已成为促进省内老龄事业发展的重要举措，为老服务的创新品牌，其经验成效，需要认真总结推广。

第四，要建章立制，把做好联络协调工作的着力点放在加强自身建设上。

“无以规矩，不成方圆”。对于开展工作而言，制度建设就是规矩，没有完善的工作制度，就很难达到预期的工作效果。《指导意见》提出了会议制度、调研制度、督查制度、报告制度、信息公开制度等几项工作制度，这不仅仅是加强联络协调工作要完善的制度，也应该是各级老龄办要建立健全的基本工作制度，只有依规做事，习惯成自然，才能提升办事机构能力和履职效率。今年北京“两会”期间其主要领导答记者问时提出，养老是北京经济发展的新动能，最大民生着力点是养老，这与北京市老龄办以制度建设为牵引，强势推进老龄工作的做法密不可分。近几年，北京市先后落实了市老龄委全体会议、专项会议、联络员专项工作组以及督查考核等制度，并以此为依据开展工作，去年北京市老龄委召开了全会2次，主任扩大会议3次，成员单位联络员会议、老龄办主任调度会等各级各类工作推进会20余次，仅一项会议制度就把老龄工作变成了隔月统筹、每月督导、每周调度的重点工作，也将联络协调工作从文件要求变成了实际行动。这样的做法值得各地借鉴。

三、要不断提升老龄联络协调工作能力水平

随着人口老龄化快速发展和社会发展进步，老龄联络协调工作的思想观念、任务要求、工作内容、联络载体、实施机制等，都发生了很大变化，联络协调已不是虚的工作，这就要求我们要站在新的历史起点，以更高的站位，依据自身职能来适应时代要求，创新工作实践，改进工作方式，与时俱进地加强联络协调工作。

一是始终保持积极有为的工作状态。习近平总书记反复强调“空谈误国、实干兴邦”、“一分部署、九分落实”。我们做任何工作，如果没有主动意识，没有干事创业的激情，再美好的发展蓝图也难实现。黄部长说，“老龄办不是养老办”。因此，各级老龄办首先要从自身做起，要有精气神儿，主动向党委政府领导汇报工作，主动邀请人大政协领导参与涉老重大问题调研，主动多研究、多宣传、多干事，发挥工作韧劲，认真做好每一个细节，抓住每一次机会，用积极的作为营造有利的氛围。比如：鸡西市社区助老服务站的创建过程，就显示出鸡西市老龄办持之以恒、以点带面的成功创新。江西省老龄办为了使地方老年法实施办法突破部门利益，锲而不舍、反复多次地去有关部门登门宣传，使实施办法中的很多亮点最终得以理解、保留。这说明，有难题不可怕，要用真抓实干的态度、敢啃硬骨头的精神去攻坚克难，就能解决问题。

二是不断发挥联合调研的推动作用。老龄工作大格局，是以推动老龄事业发展为核心的一种工作机制，是以老龄工作为纽带建立起来的一种密切联系。这种机制和联系，需要各级老龄办针对老龄工作中的重点难点，不断加强多部门、多方面参与联合调研来实现。通过联合调研来掌握大量第一手材料，及时总结基层探索出来的新经验、新方法，准确把握影响和制约老龄事业发展的突出问题，增强老龄事业发展的主动权和话语权，既可以为加强既有政策制度有效衔接和整体整合创造条件，扩大共识，也可以为推动社会力量多渠道、多形式参与老龄事业和产业发展提供新动能。比如：养老机构问题，福建晋江市大部分养老机构都在农村且实现了医养结合，这与当地民营经济发达、民营资本雄厚、富有公益捐赠传统直接相关，如果不去调研我们就掌握不了这些情况，在制定养老政策过程中就避免不了主观想象和模式遗漏。再比如：老年人力资源开发利用问题，以色列全民创新特征突出，在所有创新成果中，中老年、退休人士占了半壁江山。我国有2亿多老年人口，但发挥老年群体优势、余热、潜能作用的政策还是空白，需要我们通过深入调研、深入分析、深入研判来寻求解决方案。实践证明，开展联合调研，已经成为构建老龄工作大格局的有效手段，在提升老龄事业社会关注度，解决老龄工作难点焦点问题过程中，发挥着特殊的积极作用。

三是巩固提高老龄信息提供的精准水平。人类正进入高度信息化时代，以因特网为主要特征的数字化引发了经济社会的深刻变革。我们要意识到谁掌握了老年人数据谁就占领了制高地，就掌握了老龄社会未来发展的主动权。黄树贤部长在今年全国老龄办主任会议上提出，老龄办要发挥好老龄信息调查发布作用，要加强数据信息的调查收集和发掘应用，使人口老龄化状况底数清、情况明。至今为止，全国老龄办已经组织过四次老年人生活状况抽样调查，前三次的利用率都不高，第四次调查样本规模大，涉及范围广，数据很有价值，成果不仅要报送给党中央国务院，还要通报给成员单位和地方党委政府，为党中央、国务院和各级党委政府统筹制定应对人口老龄化战略、规划和政策提供数据参考。各级老龄办要充分发挥互联网作用，尽快建成老龄基础信息平台，加强基础信息统计分析，促进多层级、多部门间的基础信息交流，建立老龄信息共享和信息化协同推进机制。目前，北京、辽宁、上海等省市每年都发布年度老年人口统计数据，这项工作逐渐被社会认可，要坚持下去，常做常新；河南、安徽等省不断加强养老服务信息化建设，利用“互联网＋养老”精准服务老年群体，社会反响良好，要继续探索，不断创新发展。

四是善于运用督促检查的职能优势。前不久，中共中央印发了《关于加强新形势下党的督促检查工作的意见》，对加强新形势下党的督促检查工作提出明确要求，做出具体部署。近几年，我们在推动联合督促检查、建立督查督导机制方面进行了一些积极探索，比如：《老年法》执法检查、国务院35号文专项督查、“十二五”规划检查评估、无障碍设施建设专项检查等等，效果明显。国务院印发的《“十三五”国家老龄事业发展和养老体系建设规划》明确提出，由全国老龄办负责牵头对各地进行指导督促，及时检查并向国务院报告工作进展情况。这项工作必须高度重视，我们要以此为抓手，着力发挥老龄办的职能作用，着力提高老龄工作督促检查能力，着力提升督促检查工作科学化、规范化、制度化水平，确保党中央国务院有关老龄工作的决策部署不折不扣贯彻落实。北京、湖北、云南等地将老龄工作纳入地方政府绩效考核，每年组织开展督查工作，有力地推动了老龄工作在各地各有关部门的落实。

同志们，积极应对人口老龄化是国家的一项长期战略任务，全面加强老龄联络协调工作，积极构建老龄工作大格局，是贯彻落实习近平总书记重要讲话指示精神、开创老龄工作新局面的重要举措。让我们更加紧密地团结在以习近平同志为核心的党中央周围，抓住机遇，主动作为，更好地推动老龄事业全面协调可持续发展，以优异成绩迎接党的十九大胜利召开！

在贯彻落实《关于制定和实施老年人照顾服务项目的意见》暨第三届全国敬老爱老助老创建表彰活动启动会议上的讲话

王建军

（2017年7月20日）

同志们：

在全国上下喜迎党的十九大胜利召开之际，我们在美丽的滨海城市大连，召开老龄系统贯彻落实国务院办公厅《关于制定和实施老年人照顾服务项目的意见》暨第三届敬老爱老助老创建表彰活动启动会议，这次会议的主要任务是：以习近平总书记关于加强老龄工作重要讲话和指示精神为指导，紧紧围绕贯彻落实《关于制定和实施老年人照顾服务项目的意见》、全国敬老爱老助老模范人物表彰和第三届“敬老文明号”创建活动启动，总结交流经验，研究推进措施，部署工作任务，不断开创老龄工作新局面。

刚才，辽宁省政府段君明副秘书长发表了热情洋溢的致辞，向大家介绍了辽宁省的基本省情和振兴东北老工业基业的积极进展，尤其是辽宁省的老龄工作，相信给大家留下了深刻印象。辽宁、江苏、福建、陕西、贵州、重庆、杭州，以及厦门市鼓浪屿街道社区卫生服务中心、兴业银行成都分行分别介绍了老年优待服务、组织创建表彰活动的经验和体会，内容各有侧重，经验各具特色，成绩可圈可点，既反映了大家的责任担当，又充满了为老服务的深厚感情，创新性、示范性、教育性都很强，值得各地学习借鉴。

2017年，老龄工作开局良好，形势喜人，催人奋进。2月，国务院印发《“十三五”国家老龄事业发展和养老体系建设规划》。6月，经党中央、国务院同意，国务院办公厅印发了《关于制定和实施老年人照顾服务项目的意见》。贯彻《关于制定和实施老年人照顾服务项目的意见》、开展“敬老文明号”创建和“敬老爱老助老模范人物”表彰，两项工作是高度融合的，统筹推进两项工作，既是各级老龄办的职责所在，也是进一步提升老年人幸福感、获得感，动员全社会积极开展应对人口老龄化行动的重要举措。下面，我讲四点意见。

一、更加自觉地以习近平总书记关于加强老龄工作的重要讲话和指示精神为指导扎实推进各项工作

习近平总书记对老龄工作高度重视。党的十八大以来，习近平总书记从完善和发展中国特色社会主义制度，推进国家治理体系和治理能力现代化的战略高度，对加强老龄工作作了一系列重要讲话和指示，充分体现了以习近平同志为核心的党中央，不忘初心、人民至上的思想情怀。

（一）《关于制定和实施老年人照顾服务项目的意见》是贯彻落实习近平总书记关于加强老龄工作重要讲话和指示精神的具体行动。党中央、国务院对老龄工作历来高度重视。早在20世纪90年代，就颁布施行了《老年人权益保障法》；在我国进入人口老龄化社会的世纪之交，党中央、国务院就制定出台了《关于加强老龄工作的决定》，并从“十五”以来相继印发老龄事业发展规划；2012年，颁布施行了新修订的《老年人权益保障法》，组织完成了国家应对人口老龄化战略研究重大课题。这些有力举措，为我国在“未富先老”、“未备先老”背景下应对人口老龄化创造了有利条件。党的十八大以来，习近平总书记高瞻远瞩，审时度势，及时将老龄工作提升到了事关国家发展全局，事关亿万百姓福祉的战略高度。针对老年照顾服务工作，强调要从我国国情出发，立足老年人服务需求，整合服务资源，拓展服务内容，创新服务方式，提升服务质量，让老年人享受到更多看得见、摸得着的实惠；要重点关注高龄、失能、贫困、伤残、计划生育特殊家庭等困难老年人的特殊需求。《关于制定和实施老年人照顾服务项目的意见》是继2013年全国老龄办等25个部门和单位联合下发《关于进一步加强老年人优待工作的意见》之后，第一个经党中央、国务院同意，以国务院办公厅名义下发的老年人照顾服务的政策文件，行政层级高，法律效力强，涵盖领域广，受益人数多，社会各界广泛关注。《关于制定和实施老年人照顾服务项目的意见》是学习贯彻习近平总书记关于加强老龄工作重要讲话和指示精神，落实《老年人权益保障法》和《“十三五”国家老龄事业发展和养老体系建设规划》要求，聚焦老年人照顾服务需求的实际行动和重要举措。

（二）开展敬老爱老助老创建表彰活动是贯彻落实习近平总书记关于加强老龄工作重要讲话和指示精神的生动实践。广泛深入开展创建表彰活动，对全社会树立积极应对人口老龄化的思想观念，弘扬敬老爱老助老社会风尚有着重要的作用。《老年人权益保障法》规定，各级人民政府对维护老年人合法权益和敬老、养老成绩显著的组织、家庭或者个人给予表扬或者奖励。2000年，中共中央、国务院《关于加强老龄工作的决定》，要求大力弘扬中华民族传统美德，在全社会广泛开展敬老、养老、助老的道德教育。党的十八大以后，习近平总书记进一步强调，要把弘扬孝亲敬老纳入社会主义核心价值观宣传教育，建设具有民族特色、时代特征的孝亲敬老文化，着力在全社会形成积极应对人口老龄化的思想观念。将“全国敬老爱老助老模范人物”评选和“全国敬老文明号”创建表彰合并，统一由全国老龄办组织，由全国老龄工作委员会表彰，充分反映了党中央、国务院对老龄部门的重视和关怀。

（三）自觉从贯彻落实习近平总书记关于加强老龄工作重要讲话和指示精神的政治高度推进工作。习近平总书记关于加强老龄工作的重要讲话和指示精神思想深邃、内涵丰富，是对中国特色社会主义理论和实践的创新发展，是我们进一步做好老龄工作的总纲领、总遵循。总书记的重要讲话和指示精神既有站在实现“两个一百年”奋斗目标、实现中华民族伟大复兴中国梦的战略高度，对老龄工作的宏观思考，又有聚焦老龄工作矛盾短板，加快老龄政策制度衔接的具体安排。习近平总书记心系百姓，从广大老年人最直接最现实最根本的利益出发，对养老服务体系、健康支持体系、老年人照顾服务体系格外关注。各级老龄部门要更加自觉地将思想和行动统一到习近平总书记关于加强老龄工作重要讲话和指示精神上来，充分认识党中央、国务院制定实施《关于制定和实施老年人照顾服务项目的意见》的重大意义，充分认识深入开展创建表彰活动的重要作用，在全面推进落实今年老龄工作任务中，将《关于制定和实施老年人照顾服务项目的意见》的贯彻落实和创建表彰活动作为有机整体，摆上更加突出的位置。通过《关于制定和实施老年人照顾服务项目的意见》的落实，让广大老年人得到更多实惠；通过创建表彰活动的深入开展，让敬老爱老助老的中华民族优良传统充分弘扬；通过这两项工作的整体推进，让全社会切实感受到以习近平同志为核心的党中央对全体老年人的亲切关怀。

二、紧紧围绕《关于制定和实施老年人照顾服务项目的意见》重点任务和创建表彰活动关键环节聚焦发力

近年来，我国老年优待服务工作和敬老爱老助老创建表彰活动取得了长足进步。老年人优待服务政策法规更加完备，优待服务内容更加丰富，创建表彰活动更加规范，敬老爱老助老氛围更加浓厚，为全面贯彻落实《关于制定和实施老年人照顾服务项目的意见》，深入开展创建表彰活动创造了条件，积累了经验。

（一）要认真总结老年优待服务工作和创建表彰活动的成功经验。老年优待服务和创建表彰是老龄领域的两项传统工作。一方面，《老年人权益保障法》通篇体现了照顾服务老年人、大力弘扬敬老爱老助老社会风尚的价值取向。为贯彻《老年人权益保障法》要求，2013年底，全国老龄办等25个部门和单位联合印发了《关于进一步加强老年人优待工作的意见》。据统计，目前全国已有21个省（区、市）出台了贯彻《老年人权益保障法》的地方法规，31个省（区、市）出台了老年优待政策。27个省（区、市）出台了高龄津贴政策，17个省（区、市）建立了护理补贴制度，20个省（区、市）建立了养老服务补贴制度。另一方面，从2003年起，全国老龄办、中宣部、教育部、共青团中央和全国妇联联合发起了“全国青少年敬老爱老助老主题教育活动”。2005年，活动更名为“全国敬老爱老助老主题教育活动”，活动范围扩展到全社会，主办单位扩展为7家，增加了民政部和中国关心下一代工作委员会。2011年，经中央批准，中央评选达标协调小组将主题教育活动上升为“全国敬老爱老助老模范人物评选表彰”，并增设面向基层单位、窗口行业的“敬老文明号”子项目。2014年，为贯彻中央要求，全国老龄委对全国“敬老文明号”和“敬老爱老助老模范人物”进行了合并，从部门联合表彰上升为全国老龄委统一表彰。经过多年努力，老年优待服务和敬老爱老助老创建表彰工作取得显著成绩，影响不断扩大。据统计，截至2016年，全国共评选出18377名敬老爱老助老模范人物、2483个“敬老文明号”。在2016年“敬老月”活动期间，各地走访慰问高龄、空巢、失独、特困、残疾和功勋老年人2850万人，发放慰问金和各类物品价值38.62亿元，组织开展各类为老志愿服务1357万人次，老年优待、法律援助、文化活动、为老服务等惠及8648万老年人。这些工作的推进、成绩的取得，大家倾注了汗水，贡献了智慧，需要认真梳理总结。

（二）要准确把握老年人照顾服务项目和创建表彰活动的目标导向。我国是发展中人口大国，老年人口基数大、增长速度快，照顾服务任务重，这是我们面临的重要国情。因此，《关于制定和实施老年人照顾服务项目的意见》确定的20项重点任务，既有刚性要求，又有鼓励倡导；既通盘考虑60周岁以上老年人多层次、多样化需求，切实推进基本公共服务均等化，大力促进老年人共享经济社会发展成果，又特别注重高龄、失能、贫困、伤残、计划生育特殊家庭等困难老年人的特殊需要。这种制度安排，既有利于织密筑牢老年人的基本民生保障网，确保广大老年人同步进入全面小康社会，又为各地创新丰富老年人照顾服务工作预留了广阔空间。同样，敬老爱老助老创建表彰，从面向青少年教育，扩展到面向全社会教育，从单一面向个人的评选表彰，扩展到个人和单位共同评选表彰，从部门联合评选表彰上升为全国老龄委、老龄办统一评选表彰，这不只是形式变化，更是中央对这项工作的高度肯定和更高要求。各级老龄部门一定要提高站位，创新形式，丰富内容，聚焦全社会参与，突出营造氛围，凸显老年人收获，高标准推进《关于制定和实施老年人照顾服务项目的意见》落实和创建表彰活动。

（三）要在重点任务和关键环节上统筹兼顾、精准发力。从老年人照顾服务项目看，《关于制定和实施老年人照顾服务项目的意见》所确定的健康、生活、交通、宜居、法律、文教等六大领域，20项重点任务，涵盖老年人医、食、住、用、行、娱等方方面面，但项目、标准、要求不尽相同。各地务必吃透精神，掌握要义，首先是完善法规政策，抓好制度衔接。制度带有根本性，要做好涉老服务领域政策衔接工作。已经出台《老年人权益保障法》配套地方法规、“十三五”老龄事业发展规划和老年优待服务政策的地方，或者照顾服务项目、标准已达到甚至高于多于《关于制定和实施老年人照顾服务项目的意见》项目标准的地方，要对照《关于制定和实施老年人照顾服务项目的意见》要求，做好制度项目细化优化和巩固提高工作。还没有制定出台《老年人权益保障法》地方配套法规、“十三五”老龄事业发展规划和老年优待服务政策的，要按照《关于制定和实施老年人照顾服务项目的意见》精神和黄树贤部长在今年全国老龄办主任会上的要求，抓紧时间，勤奋工作，尽快研究，早日出台。其次是坚持均等化、均衡化发展，努力实现全覆盖。从“十二五”老龄事业发展规划检查评估看，城乡、区域老年人照顾服务工作项目不统一、标准差异大、发展不平衡的问题还比较突出。各地要立足当前，着眼长远，按照“普惠性、保基本、均等化、可持续”的方向和要求，针对政策和工作盲点，精准发力，确保全体老年人共享发展成果。第三是履职尽责，优先保障重点老年群体。《关于制定和实施老年人照顾服务项目的意见》确定的照顾服务对象，虽然是全体老年人，但项目的选择、照顾服务的标准不尽相同。各地要统筹兼顾，因地制宜，将政策、投入和工作的重点向特殊老年群体集中倾斜，重点满足高龄、失能、贫困、伤残和计划生育特殊家庭的特殊需求。

这一届创建表彰活动要突出三个关键点。一是突出人口老龄化国情教育。广泛开展人口老龄化国情教育是习近平总书记的重要指示，近期，全国老龄办将联合中宣部等多个部门下发通知，全面启动这一活动。各地在组织创建表彰活动中，要按通知要求，加强引导，强化宣传，丰富内容，创新形式，将人口老龄化国情教育贯穿始终。二是突出提升养老院服务质量。习近平总书记在2016年12月中央财经领导小组会议专题研究并对提高养老院服务质量提出要求。为配合当前正在组织开展的养老院服务质量提升行动，各地要以创建“敬老文明号”为契机，将各类养老机构作为重点，专题研究部署，扩大数量规模，着力提升养老院服务质量。三是突出“敬老月”活动。今年的“敬老月”，恰逢喜迎党的十九大胜利召开，意义重大。各地要抓住机遇，精心策划，选好主题，集中行动，通过“敬老月”活动，树立品牌，扩大声势，将创建表彰活动引向深入、推向高潮。

三、切实加强《关于制定和实施老年人照顾服务项目的意见》贯彻落实与创建表彰活动的协同推进

《关于制定和实施老年人照顾服务项目的意见》虽然由全国老龄办牵头研究起草，但涵盖范围广，涉及部门多。创建表彰活动虽然由全国老龄办负责组织，但各部门、各行业、各单位，甚至全社会都参与其中。因此，抓好两项工作的协同推进，既是我们的职责和优势，也是落实任务的内在要求。关于充分发挥老龄办职能作用，王勇国务委员、黄树贤部长已多次强调，并且上个月我们专门在武汉开会研究。各级老龄办要深入贯彻学习习近平总书记系列重要讲话精神，按照王勇国务委员、黄树贤部长的明确要求，注重工作推进的系统性、整体性、协同性，切实在加强《关于制定和实施老年人照顾服务项目的意见》贯彻落实与创建表彰活动中发挥出整体效益。

（一）要争取重视。党政领导重视是推进工作的关键。《关于制定和实施老年人照顾服务项目的意见》是中央确定的改革任务，体现的是以人民为中心的发展思想。创建表彰活动，是中央批准保留的项目，是大力弘扬孝亲敬老文化的生动实践。各级老龄办要履职尽责，主动作为，通过老龄委积极向当地党委政府主要领导汇报，推动党委政府将老龄工作摆上更加突出位置，将《关于制定和实施老年人照顾服务项目的意见》落实列入重要议事日程和民心工程，列入老龄事业发展规划和年度计划；把创建表彰活动纳入社会主义核心价值观宣传教育，纳入国民教育体系，列入文明城市创建和政府工作目标责任考核。

（二）要主动协调。《关于制定和实施老年人照顾服务项目的意见》涉及各个部门，活动覆盖方方面面，推动《关于制定和实施老年人照顾服务项目的意见》落实，深化创建表彰活动，是全社会的共同责任，老龄办责无旁贷，其他部门和社会各界也要积极行动，主动作为。各级老龄办要认真贯彻“党委领导、政府主导、社会参与、全民行动”的老龄工作方针，健全工作协同机制，特别是要发挥好老龄委成员单位的作用，形成推动两项工作的联动机制。推动社会各界广泛参与，激发创建单位的积极性和主动性，把创建表彰与本单位的中心工作有机结合，形成工作合力。

（三）要改革创新。2017年，老龄工作任务繁重，使命光荣，既要完成《老年人权益保障法》地方配套法规制定任务，出台“十三五”老龄事业发展规划，落实好全国老龄办主任会议部署的各项任务，又要抓好《关于制定和实施老年人照顾服务项目的意见》贯彻落实，深入开展创建表彰活动。各级老龄办要从当地实际出发，在深入调查研究的基础上，形成有思想、有分量、易操作的贯彻落实方案，解放思想，大胆实践，丰富内容，创新形式真正使两项工作落到实处，明确时间表、路线图和责任状。

四、以更大力度抓好督查问效推进任务落实

一分部署，九分落实。各级老龄办要按照习近平总书记强调的“督查是抓落实的重要手段，各地区各部门要把抓改革落实摆到重要位置，投入更多精力抓督查问效”要求，自觉把思想统一起来，把力量凝聚起来，把责任担当起来，把任务落实下去，加大督促检查工作力度，确保《关于制定和实施老年人照顾服务项目的意见》落实和敬老爱老助老创建表彰两不误、双丰收。

（一）要建立督查机制。各级政府和职能部门是贯彻落实《关于制定和实施老年人照顾服务项目的意见》的责任主体，行业部门是抓创建表彰活动的责任主体。这个责任主体，既是抓推进落实的责任主体，也是抓督查问效的责任主体。各级老龄办要切实履行督促检查职能，通过各级老龄委努力推动将《关于制定和实施老年人照顾服务项目的意见》落实和创建表彰活动纳入各地党委政府督查范围，及时解决《关于制定和实施老年人照顾服务项目的意见》实施和活动推进中遇到的困难和问题。同时，还要督促各部门履行对本行业的督查指导职责，发挥好各部门的督查作用。

（二）要明确督查内容。要在吃透文件精神的基础上，明确督查内容。要重点督查是否结合实际制定了《关于制定和实施老年人照顾服务项目的意见》实施方案、创建表彰活动的实施方案；要督查《关于制定和实施老年人照顾服务项目的意见》和创建表彰活动的部署情况；要督查《关于制定和实施老年人照顾服务项目的意见》的重要任务是否纳入各级党委政府的重要议事日程和民心工程、纳入目标管理绩效考核内容；要督查是否建立健全了工作考核指标体系和考核办法；要督查是否细化了相关指标，责任是否落实到位、工作是否安排到位、投入是否保障到位；要督查《关于制定和实施老年人照顾服务项目的意见》提出的政策要求和创建表彰活动的基本要求是否已经形成实际的贯彻措施；要督查“敬老文明号”创建单位有没有制定照顾服务清单和办事指南，是文字创建还是行动创建等。

（三）创新督查方式。既充分发挥政府部门直接评定的督查方式，针对突击迎检、后劲不足的问题，要建立健全激励约束和监督检查机制，既要注重考核验收，也要注重平时督导；对开展照顾服务和创建表彰活动中的经验做法要通过制度建设固定下来，形成长效机制，变为常态化工作，坚决防止“牌子到手、创建到头”现象的发生。要组织各地区和各部门进行“互查互检”，加强互学互鉴，帮助当地找准《关于制定和实施老年人照顾服务项目的意见》贯彻落实和创建工作中的不足和问题，实现互促进、共提高。要发挥好第三方评估的作用，引入第三方评价机制，接受社会监督。

同志们，2017年是老龄事业发展具有特殊重要意义的一年，也是全面实施“十三五”老龄事业发展规划的重要一年。认真抓好《关于制定和实施老年人照顾服务项目的意见》贯彻落实和深入开展创建表彰活动，任务繁重，意义深远。各地要自觉树立“一盘棋”思想，按照总书记“扑下身子抓改革”、“撸起袖子加油干”的要求，敢于担当，勇于作为，不辱使命，不负重托，以优异的成绩迎接党的十九大胜利召开！

谢谢大家！

在全国养老院服务质量建设专项行动动员部署视频会上的讲话

国家卫生计生委副主任　王培安

（2017 年 3 月 23 日）

按照会议安排，就卫生计生系统贯彻落实习近平总书记关于提高养老院服务质量的系列重要讲话精神，配合开展好养老院服务质量建设专项行动，讲几点意见：

一、充分认识医养结合机构提高医疗服务质量的重要意义

当前，我国老年人口快速增长、老龄化压力日益凸显。老年人慢性病患病率高、失能率高，对健康服务的需求不断增加，迫切需要医疗卫生与养老服务融合发展。2015 年，国务院办公厅转发了卫生计生委等部门关于推进医疗卫生与养老服务相结合的指导意见，明确要求，建成一批兼具医疗卫生与养老服务资质和能力的医疗卫生机构或养老机构，即医养结合机构。2017 年 50%以上的养老机构能够以不同形式为入住老年人提供医疗卫生服务，2020 年所有养老机构能够以不同形式为入住老年人提供医疗卫生服务。卫生计生和民政部门密切配合、强力推进，各地勇于创新、积极探索，初步形成了医养结合协同发展的良好局面。

医养结合，养是基础，医是支撑。医疗卫生服务与老年人的生命安全和身心健康息息相关，及时便捷、优质安全的医疗卫生服务是入住养老机构老年人的现实需求，是老有所养、老有所医的具体体现，是养老机构实现自身发展的必然要求，更是建设健康中国、维护社会和谐稳定的重要举措。

二、做好养老机构设立医疗机构的设置审批和日常监管

医养结合有多种实现形式，其中养老机构开办或内设医疗机构具有普遍性。养老机构设置的医疗机构，本质上仍是医疗机构，是开展专业性强、技术性强的诊疗活动的主要场所，是医疗服务体系的组成部分。对养老机构设置医疗机构的审批和管理要遵循医疗机构管理的相关法律法规和规章制度。各级卫生计生部门要按照《民政部　国家卫生计生委关于做好医养结合服务机构许可工作的通知》精神，做好医养结合机构许可的政策宣讲、筹建指导工作，积极支持养老机构开办或内设医疗机构，按照首接责任制原则，优化审批程序，减少繁文缛节，提高办事效率，并且加强业务指导和日常监管。对不符合医疗机构基本标准以及人员、技术等管理要求的，坚决不予批准或予以取缔。同时，要强化所设医疗机构与养老机构的协调配合，明确服务对象以入住机构的老年人为主，重点保障入住老年人所需的必要的医疗卫生服务。

三、多措并举，提升医养结合机构的医疗服务质量

各级卫生计生部门要将医养结合机构的医疗服务质量作为生命线，常抓不懈。一要高度重视，履职尽责。要将医养结合机构的医疗服务纳入深化医药卫生体制改革的统一部署和管理中，围绕中心服务大局，积极开展签约服务，成立医联体或医共体，实施远程医疗会诊，开展医师多点执业，推进分级诊疗，发展老年护理，落实医改任务，享受医改成果，实现养老机构中的老年人慢病有管理、急病早发现、小病能处理、大病易转诊，确保医疗质量和医疗安全。二要建章立制，加强管理。要指导各级医养结合机构严格执行相关规章制度、诊疗规范和技术规程，完善相关管理制度、岗位职责等，做到各项医疗服务有章可循。健全质量控制体系，强化各环节的质量管理，提高科学化管理水平。三要需求导向，明确重点。医养结合机构要以老年人的健康服务需求为出发点，针对老年人疾病谱变化的特点，有针对性地加强基础设备设施建设和人员队伍配备，为老年人提供所需的综合连续的健康管理和医疗卫生服务。重点对病情危重、失能、失智老人做好巡查，及时组织会诊、按规定转诊，确保医疗服务质量安全。四要加强培训，提高能力水平。建立医疗卫生机构与医养结合机构人员进修轮训机制，促进人才有序流动。采取走出去、请进来等办法，大力培养专业医护人员，加强医德医风教育，规范医疗服务行为。

各级卫生计生部门要按照《关于开展养老院服务质量建设专项行动的通知》要求，及时部署，扎实推进，督促落实，配合好民政部门对照影响养老院服务质量的医疗服务内容开展自查和整治，切实提升医疗服务质量，努力让所有入住养老机构的老年人享受到高质量的医疗服务，推动医养结合工作健康可持续发展，助力实现健康老龄化、健康中国的战略目标。

在2017年全国医养结合工作会议上的讲话

国家卫生计生委副主任　王培安

（2017年4月26日）

今天，国家卫生计生委、民政部在这里联合召开全国医养结合工作会议，主要任务是深入学习领会习近平总书记关于应对人口老龄化、做好医养结合工作、提高健康养老服务质量等指示批示及系列讲话精神，全面贯彻落实国办《关于推进医疗卫生与养老服务相结合指导意见》的要求，总结2016年医养结合工作，分析形势，明确思路，部署做好2017年的医养结合工作，以优异成绩迎接党的十九大胜利召开。

这次会议得到了发改委、工信部、人社部、国土资源部、住建部、全国老龄办、国家中医药管理局、国家开发银行、国家行政学院等相关部门的高度关注和大力支持，安排相关负责同志与会指导，在此，我代表国家卫生计生委向各部门长期以来对医养结合工作的关心支持表示衷心感谢。一会儿高晓兵副部长还要作重要讲话，希望大家认真学习贯彻。下面我代表国家卫生计生委讲四点意见。

一、准确把握，充分认识做好医养结合工作的重要意义

党中央、国务院始终高度重视人民健康，重视老龄工作，特别是党的十八大以来，以习近平同志为核心的党中央，更加重视保障和改善民生，出台了一系列利当前、惠长远的政策措施，医养结合工作面临前所未有的重大历史机遇。我们要站在全面建成小康社会、实现“两个一百年”奋斗目标的高度，科学界定推进医养结合的战略定位和现实意义，准确把握“十三五”时期的人口老龄化发展形势，深刻认识做好医养结合工作的重要性和紧迫性，切实把思想和行动统一到中央的决策部署上来，以积极、主动、负责任的态度做好医养结合各项工作。

（一）做好医养结合工作是全面贯彻落实中央决策部署的重要举措。近年来，中央领导同志多次对医养结合工作做出重要批示指示。2016年第32次政治局集体学习时，习近平总书记指出要着力增强全社会积极应对人口老龄化的思想观念，构建居家为基础、社区为依托、机构为补充、医养相结合的养老服务体系，更好地满足老年人养老服务需求。首次将医养结合作为养老服务体系的重要支柱提到了新的高度。在2016年全国卫生与健康大会上，习近平总书记强调，要把人民健康放在优先发展的战略地位，努力为人民群众提供全生命周期的卫生与健康服务，为老年人提供连续的健康管理服务和医疗服务。在中央全面深化改革领导小组会议和中央财经领导小组会议上，习近平总书记多次作出指示，强调大力发展养老服务业，提高养老院服务质量，要求在病有所医、老有所养等方面持续取得新进展。

李克强总理、刘延东副总理、王勇国务委员也多次要求，促进医疗与养老融合，发展健康养老产业。今年的政府工作报告明确提出，推动服务业模式创新和跨界融合，发展医养结合、文化创意等新兴消费。4月20日李克强总理考察山东威海孙家疃医院时指出，我国老年人口已超2亿，发展好医养结合这一大产业，切实保障老有所养老有所医，才能让老人安心、子女放心。刘延东副总理强调，推动医疗服务与养老、旅游等行业深度融合，促进老年护理、医养结合等新产业、新业态发展。

党中央国务院领导的指示批示精神为我们的工作指明了方向。我们要认真学习、深刻领会，进一步增强“四个意识”，在实际工作中抓好贯彻落实。

（二）做好医养结合工作是积极应对人口老龄化的战略选择。我国正处于人口老龄化快速发展期。截至2016年年底，全国60岁以上老年人口已经达到2.3亿，占总人口的16.7%，65岁及以上人口达1.5亿，占总人口的10.8%。近年来，我国老年人健康状况有所改善，但仍不容乐观，慢性病患病率高成为影响老年人群健康的主要问题，患有慢性病的老人接近1.5亿，失能、部分失能老人近4000万，完全失能老年人近1000万。到2020年，我国人口老龄化水平将达到17.8%，2021－2035年将是我国老年人口第二次增长的高峰期。面对人口老龄化形势，既要高度重视，也不要过度焦虑，“十三五”时期正是我们做好各项政策研究、制度设计的窗口期。在科学评估人口老龄化给经济社会和家庭发展带来的影响的同时，迫切需要根据老年人的健康特点及服务需求，进一步推进医疗卫生与养老服务相结合，完善政策制度，健全服务体系，满足老年人的健康养老服务需求。

（三）做好医养结合工作是建设健康中国的必由之路。党的十八届五中全会作出“推进健康中国建设”的重大决策，这是以习近平同志为核心的党中央在新的历史起点上作出的重大战略抉择。建设健康中国是全面建成小康社会、基本实现社会主义现代化的重要基础，是全面提升中华民族健康素质、实现人民健康与经济社会协调发展的国家战略。健康中国以全民健康为根本目的，立足全人群和全生命周期，强调突出解决好老年人等重点人群的健康问题。推进医养结合，为老年人提供治疗期住院、康复期护理、稳定期生活照料、安宁疗护一体化的健康养老服务，可以有效提高老年人的健康水平、改善老年人的生活质量、延长健康预期寿命、促进实现健康老龄化，这是健康中国建设的重要内容，更是全面建成小康社会的基础性工程。

（四）做好医养结合工作是促进经济转型发展的必然要求。当前，我国经济发展进入新常态，需要以创新为驱动力、以提高质量、满足需求为目标，推进各领域的深化改革。医养结合，是医疗与养老行业深度融合、创新发展形成的新业态、新产业，从老年人多层次、多样化的健康养老服务需求出发，不断调整健康养老服务和产品供给结构，丰富产品和服务种类，提高产品和服务质量，在更好地满足老年人健康养老服务需求的同时，也形成经济转型发展的重要增长点。医养结合工作坚持政府引导、市场驱动、深化改革、创新机制的发展原则，政府在制定规划、出台政策、引导投入、规范市场、营造环境等方面加以引导和扶持，充分发挥市场在资源配置中的决定性作用，可以激发社会化服务主体的潜力和活力，创造更多就业岗位，促进经济结构调整，推动互联网加医疗、加养老的智慧健康养老模式加速发展，以良性有序的产业发展模式落实供给侧结构性改革的具体要求，助力我国经济持续健康发展。

二、攻坚克难，2016 年医养结合工作取得明显成效

一年多来，卫生计生和民政部门密切协作，围绕既定目标，扎实推进医养结合各项工作，老年人的生活质量逐步得到改善，老年人对健康养老服务的满意度不断提高。

（一）医养结合工作合力得到强化。卫生计生委和民政部先后联合印发了《医养结合重点任务分工方案》《关于做好医养结合服务机构许可工作的通知》及《关于开展养老院服务质量建设专项行动的通知》，与 25 部门联合制定了《关于推进老年宜居环境建设的指导意见》，联合发改委等部门研究并提请国办印发了《关于进一步激发社会领域投资活力的意见》，13 个部门联合印发了《“十三五”健康老龄化规划》等一系列重要规划和政策文件，推动医养结合工作的部门合力得到加强。各地也通过建章立制、召开联席会议等方式强化组织保障，明确责任目标和任务分工，共同推进医养结合工作。四川省制定省级医养结合发展规划（2016－2020 年），设立 30 亿元规模的健康服务业产业发展投资引导基金，建立健康养老服务业重大项目库，对 21 个医养结合项目给予 5750 万元的省级财政补助；河北省协调建立了以政府分管领导为召集人的部门联席会议制度；新疆自治区党委将医养结合列入深化医改重点任务之中；内蒙古将做好医养结合工作纳入自治区党委政府与盟市签订的目标管理责任书；河南、山西、甘肃等省卫生计生委、民政厅联合召开医养结合工作会议，统一部署工作，有力促进了医养结合工作的发展。

（二）医养结合政策体系逐步完善。国家层面加强顶层设计，统筹谋划医养结合工作，将医养结合作为重点内容纳入《“健康中国 2030”规划纲要》《“十三五”国家老龄事业发展和养老体系建设规划》《“十三五”深化医药卫生体制改革规划》《“十三五”卫生与健康规划》等国家战略和重要规划中，以规划为引领，完善政策制度。工信、民政、卫生计生三部门联合制定了《智慧健康养老产业发展行动计划（2017－2020 年）》，在杭州、青岛、武汉、广州、绵阳、厦门等 6 个城市启动智慧健康养老示范项目。制定印发《医疗机构设置规划指导原则（2016－2020 年）》，针对老年人健康特点，积极支持康复医院、护理院发展，鼓励医疗资源丰富地区的部分二级医院转型为慢性病医疗机构，切实加强老年医疗服务体系建设。修订《护理院基本标准》，组织起草《护理员培训大纲》，制定印发《安宁疗护中心基本标准和管理规范（试行）》及《安宁疗护实践指南（试行）》等，进一步规范老年护理等相关服务工作。江苏等省印发加强老年人医疗服务工作的通知；青海省印发了《医养结合机构护理指南（试行）》；上海市制定实施老年医疗护理体系建设规划，明确医疗机构和养老机构护理床位的设置数量及比例，并给予一次性补贴；山东省青岛市出台促进医养结合服务发展若干政策，进一步细化各项政策措施，医养结合配套政策体系日益完善。

（三）医养结合工作能力不断提高。多措并举，进一步加大科研培训、示范推广等工作力度。在北京医院设置国家老年医学中心，积极开展老年相关疾病的诊断和治疗，示范、推广适宜有效的高水平诊疗技术，开展高层次老年医学人才教学，培养临床骨干和学科带头人。围绕对老年健康有重大影响的疾病组织开展相关科学研究，构建老年疾病防治网络，预测我国老年重大疾病发病和死亡、疾病负担、危险因素流行和发展趋势。在全系统开展“敬老文明号”评选表彰工作，在全国老龄办的支持下，经过层层把关、公开公示、评估审核等程序，推荐表彰了 200 个卫生计生系统先进单位，卫生计生系统敬老爱老意识和为老服务能力显著提升。举办多期医养结合培训班，提高各级干部的政策理论水平和业务实践能力。云南、广西、辽宁等地也举办了全省医养结合培训班；黑龙江等省成立“医养结合专家组”，为开展医养结合工作提供决策参考和专业指导；重庆市构建县乡联合服务网络，大力发展社区居家医养服务；北京市建立市级、区级老年健康服务指导中心，健全服务网络，提升服务能力。

（四）各地医养结合工作蓬勃开展。去年，卫生计生委和民政部联合遴选了90个国家级医养结合试点市（区），各地先行先试，积极探索符合本地实际的医养结合模式，出台了一批可持续、可复制的政策措施和创新成果，促进了当地医养结合工作的健康发展。陕西省铜川市积极探索企业医院转型发展的医养结合模式；湖南省长沙市健全完善政府购买医养结合服务制度；湖北省咸宁市着力发展居家健康养老、养老机构医疗托管服务等模式；山东省威海市打造连锁康养服务平台，二级以下医院、基层医疗机构积极举办医养结合机构，转型发展医养结合服务；广东省广州市初步形成了“分散型”、“紧密型”、“虚拟化”三种医疗养老联合体构建模式，并明确合作形式和权利义务、落实属地管理相关政策，确保服务落到实处。

据各地上报的医养结合监测数据显示（上海、海南、西藏未报），目前全国开设老年病科的二级以上医院有3179家，占二级以上医院的40%左右；医养结合机构共有5570家，其中纳入医保定点的医养结合机构有2117家，占比为38.01%；医养结合机构床位总数为115.21万张，其中医疗床位25.63万张，养老床位89.58万张；开设老年人绿色通道的医疗机构有73825家，占比为7.68%；全国出台省级医养结合实施意见的有29个省（区、市）；有21个省设立了省级试点单位，有17个省建立了跨部门协调工作机制；90个国家级医养结合试点市中出台贯彻意见的有78个。

一年来，卫生计生和民政两个系统坚决贯彻落实党中央、国务院决策部署，紧紧围绕老年人健康养老服务需求，团结协作，攻坚克难，医养结合工作取得明显成效。这些成绩的取得，得益于相关部门和社会各界的大力支持，凝聚着两个系统各级工作人员的心血和汗水，在此向大家表示衷心的感谢和诚挚的问候！

在肯定成绩的同时，我们也要清醒地看到工作中存在的不足。医养结合工作涉及面广、综合性强，在政策衔接、部门协调、服务能力、人员培训等方面仍跟不上人口老龄化的快速发展，老年人的健康养老需求短时间内还难以充分满足；老年人健康养老方面的法律保障和制度支持有待加强，亟待尽快建立符合国情的长期护理保障制度体系；医养结合机构的医保报销政策有待进一步衔接；社会力量参与医养结合产业发展的积极性有待充分调动；投融资、财政税收、土地使用、合理定价等方面还需进一步明确支持政策；专业护理人员培训培养力度有待加强。对这些问题，我们要高度重视，并下大力气推动解决。

三、突出重点，推动医养结合工作实现新的突破

今年将召开党的十九大，是全面实施“十三五”规划的重要一年，是推进供给侧结构性改革的深化之年，也是推进健康中国建设、深化医养结合工作的关键一年。党中央国务院高度重视医养结合工作，社会广泛关注，群众热切期盼，我们要按照党中央、国务院的决策部署，遵循统筹协调、整合资源、齐抓共管、扎实推进的总体思路，突出重点，务求实效。

（一）建机制，为医养结合事业发展提供制度支撑。“制之有衡，行之有度”，制度是管理的基石和保障，要实现有效的管理，必须首先建章立制。要加强调查研究力度，深入了解当前存在的突出问题、成因及发展规律，在此基础上，有针对性地完善相关制度，制定解决措施。要健全部门协作机制，建立联合指导、联席会议、会商协调等制度，明确责任分工，确定联络员负责，共同推进医养结合领域“放管服”工作。要健全社会资本投入机制，在医保政策衔接、财税金融政策、土地供应、人才培养、建设规划等方面细化政策措施，在准入、许可、用水、用电等方面给予政策支持，鼓励社会力量开展多种形式的医养结合服务。要研究制定医养结合机构管理制度和服务规范，进一步完善老年人健康分级、能力评估、护理服务等行业标准体系。

（二）保基本，满足大多数居家老人健康养老服务需求。我国老年人大多选择“9073”或“9064”模式的养老，也就是约有90%的老人选择居家养老，6%－7%的老人选择社区养老，3%－4%的老年人选择在机构中养老。医养结合工作的重点也要以居家为基础，将居家老人的医养结合服务抓紧抓好。要把家庭医生签约服务作为重要抓手，将老年人作为重点签约人群，今年要实现60%的签约覆盖率。进一步规范服务项目、完善服务流程、细化服务内容、提升服务标准，使居家老人在家就能享受到高品质、连续性且方便快捷的医疗服务。同时要突出做好老年人的健康管理和疾病预防工作，重点开展老年人心血管病、脑卒中高危人群早期筛查干预、癌症早诊早治、肿瘤随访登记、慢性病综合干预等工作。要充分依托社区，推进分级诊疗，鼓励医师多点执业，大力发展老年护理，成立医联体或医共体，实施远程医疗会诊，使社区和居家养老的老人慢病有管理、疾病早发现、小病能处理、大病易转诊，保障老年人享有基本医疗和健康服务。

（三）求创新，探索多种形式医养结合。创新是引领发展的第一动力，要大兴创新之风，从老年群体最需要的环节出发，以需求为指引，以问题为导向，探索创新多种医养结合模式。继续推进国家级和省级医养结合试点工作，在政策创制、资金保障、机构建设、服务供给方式等方面不断探索创新，形成适应医养结合发展的政策环境和市场环境。推动新一代信息技术在健康养老服务中的创新应用，加强医养结合服务体系智能化建设，培育一批智慧健康养老应用示范基地和具有示范引领作用的行业领军企业，打造一批智慧健康养老服务品牌，研究制定智慧健康养老产品和服务标准，不断提升智慧健康养老服务质量。积极配合做好长期护理保险制度试点工作，构建以社区为基础的老年长期照护服务体系。

（四）重培养，强化医养结合队伍建设。人才是事业发展的前提和政策落实的保障。要进一步推进老年医学相关学科建设与发展，加强老年医学、康复、护理、营养、安宁疗护等方面专业人才的培养和培训。要研究出台激励倾斜政策，完善薪酬制度，推进医养结合机构中的医护人员在职称评定等方面与医疗机构执业人员享受同等待遇，鼓励医护人员到医养结合机构执业，不断增加行业吸引力，促进人才有序流动，为行业发展积累人才。要通过强化学历教育、在职培训、交流合作等方式，提高从业人员业务能力和服务水平，造就一支素质好、能力强、靠得住、顶得上的医养结合服务人才队伍。

四、求真务实，确保如期完成医养结合工作任务

大道至简，实干为要。今年是国家卫生计生委确定的“工作落实年”，也是医养结合工作中期目标考核年，卫生计生系统要强化实干争先，强化协调配合，强化质量监管，强化宣传倡导，确保如期完成各项目标任务。

（一）高度重视，协调配合。医养结合工作涉及的部门多、政策多、环节多，是一项系统工程，需要各级党委政府的统一领导，统筹部署。各级卫生计生部门要胸怀全局，主动争取党委政府的支持，主动协调相关部门，建立完善部门协作议事制度，形成长效机制，定期沟通反馈工作情况，及时研究解决存在的问题。要加强系统内各部门各单位的协调配合，形成工作合力，不断将医养结合工作推向深入。

（二）立足实际，扎实推进。要着眼于老龄人口的实际需求，着眼于现实的发展阶段，戒除急躁和畏难情绪，牵住牛鼻子，抓住制约发展的重点问题，挂图作战，逐一突破。按照安排，今年将对国办 84 号文的落实情况进行中期评估，国家层面制定了评估指标体系，下半年将联合相关部门赴各地评估督查，各地要对照文件要求的中期目标和工作任务逐项检查，查缺补漏，对标先进，加快落实，确保如期完成任务目标。

（三）加强监管，质量为先。要切实摸清底数，严格按照两部委《关于开展医养结合监测工作的通知》，认真开展基础摸底和数据收集工作，按时汇总上报数据，确保监测数据准确、真实，为完善医养结合政策措施、规范服务行为、提高服务质量等提供数据依据和科学支撑。各地要将医养结合机构的医疗服务质量作为生命线常抓不懈，按照《开展养老院服务质量建设专项行动》和医养结合机构医疗卫生管理专项检查的总体部署，加强监管和巡查，及时排查医养结合机构中医疗服务和安全生产方面的风险隐患，及时整改。要指导医养结合机构严格执行相关规章制度、诊疗规范和技术规程，完善相关管理制度和岗位职责。要健全质量控制体系，强化质量管理，重点对病情危重、失能、失智老人做好服务管理，确保医疗服务质量安全。

（四）注重宣传，凝聚共识。要组织力量广泛宣传健康老龄化的理念和实践，宣传科学的健康意识和健康习惯，提高老年人健康素养；倡导适度医疗、科学就医、合理用药的就诊理念，有效利用医疗资源；宣传国家为老年人提供的健康管理服务及相关优惠政策，宣传医疗卫生机构为老年人就诊建立绿色通道、提供优先便利和医养结合方面的典型案例，讲述基层卫生计生和民政部门服务老年人的感人故事，加大舆论引导力度，营造良好的社会氛围。

同志们，医养结合是任重而道远的伟大事业，是惠及亿万老龄人口的重大民生工程。让我们携手共进，凝神聚力，改革创新，抓紧抓好医养结合的各项工作，以优异的成绩迎接党的十九大胜利召开！

在全国养老院服务质量推进会上的讲话

国家卫生计生委副主任　王培安

（2017 年 8 月 18 日）

为贯彻落实习近平总书记关于提高养老院服务质量的重要指示精神，从今年 3 月开始，全国卫生计生系统积极配合民政部门开展了养老院服务质量建设专项行动，已取得阶段性进展。按照会议安排，讲几点意见。

一、开展专项检查，加强医养结合机构医疗卫生管理

养老院服务质量建设专项行动启动后，国家卫生计生委于4月至6月在全国组织开展了医养结合机构医疗卫生管理专项检查。我委召开视频会议专题部署，印发通知提出明确要求，并组织开展对天津等10个省（市）的专项督查。各地高度重视，明确分工，精心组织，制定了切实可行的自查方案，采取突击检查、明察暗访等多种形式，对本省（市）所有医养结合机构中的医疗卫生机构存在的安全隐患和问题逐一排查，将隐患消除在萌芽中，将发现的问题逐一整改，并进一步健全管理制度，加强监管，制定完善医疗管理制度、操作规程及应急预案。一些地方结合工作实际，探索多种服务模式。天津市建设“医养护一体化服务病房”，为老年人提供安全、可靠、便捷的医疗卫生服务；重庆市青杠老年护养中心建立了完善的内部循环转区机制，有效保障医养结合机构老年人的医疗质量和安全。

这次专项检查和民政部组织的养老院服务质量大检查反映出共性的问题主要包括：部分养老机构不具备医疗卫生服务资质，医护人员缺乏，相关医疗制度规范执行不到位，管理和服务能力不足等，希望各地进一步规范管理，改进服务，下大力气解决困难问题，确保整改效果。

二、进一步规范养老机构内设医疗机构开展医疗服务

养老机构设置的医疗机构要符合国家法律法规和卫生计生行政部门、中医药管理部门的有关规定，符合医疗机构基本标准，并按规定实施管理，依法依规开展医疗卫生服务。近期国家卫生计生委出台了《关于深化“放管服”改革激发医疗领域投资活力的通知》，明确提出取消养老机构内设诊所的设置审批，实行备案制。但养老机构内设的医疗机构执业仍然需要登记并领取《医疗机构执业许可证》。未取得《医疗机构执业许可证》，不得开展诊疗活动。医疗机构执业，必须按照核准登记的诊疗科目开展诊疗活动。不得使用非卫生技术人员从事医疗卫生技术工作。各级卫生计生部门要继续按照《民政部　国家卫生计生委关于做好医养结合服务机构许可工作的通知》精神，加强沟通、密切配合，对不具备医疗卫生服务资质的养老机构，应当指导其与周边医疗机构签订合作协议，或托管其内设医务室（诊所）、选派医护人员等方式开展医疗服务。

三、加强领导，切实做好医养结合机构的医疗服务工作

医疗服务质量是医养结合机构生存发展的重要保障，各级卫生计生行政部门要进一步加强组织领导，认真总结督查中发现的问题，进一步整改落实，确保医养结合机构的医疗服务工作规范有序开展。一要提高重视程度。医养结合机构的医疗服务质量与老年人的生命安全和身心健康息息相关。各级卫生计生部门要将医养结合机构的医疗服务纳入医改等中心工作统筹部署、统一要求，以及时便捷、优质安全的医疗服务保障医养结合机构健康发展。二要加大监管力度。各级卫生计生部门要切实履行监督管理、行业规范、业务指导等职责，指导医养结合机构严格按照相关规章制度、诊疗规范和技术规程，完善相关管理制度、岗位职责，并建立监督评估机制，定期开展督导检查，发现问题及时整改。养老机构内设诊所实行备案制后，要加强事中事后监管。三要增强服务能力。加强医养结合机构基础设施建设、设备标准化配备和人员队伍建设，对机构中老年人做好签约服务工作。要做好老年人的健康管理和疾病预防工作，重点做好对病情危重、失能、失智老人的服务管理，确保医疗服务质量安全。对患有慢性病的老年人，要提供综合、连续、方便、价廉的医疗卫生服务。医疗机构要开设绿色通道，为老年人提供挂号、就医等便利服务。四要加大培训力度。加强老年医学、康复、护理、营养、安宁疗护等方面专业人才的培养和培训。出台激励倾斜政策，完善薪酬制度，鼓励医生多点执业，推进医养结合机构中的医护人员在职称评定等方面与医疗机构执业人员享受同等待遇。加强医德医风教育，规范医护人员医疗服务行为。

各级卫生计生部门要按照《关于做好全国养老院服务质量整治工作的意见》要求，统一部署，扎实推进，督促落实，积极配合民政部门做好养老院服务质量建设提升工作，切实提高养老机构内设医疗机构的服务质量，推动医养结合工作健康有序发展。

在智慧健康养老产业发展大会上的讲话

国家卫生计生委副主任　王培安

（2017 年 12 月 28 日）

尊敬的罗文副部长、高晓兵副部长，同志们：

按照会议安排，我就卫生计生系统做好智慧健康养老工作讲几点意见。

一、充分认识做好智慧健康养老工作的重要意义

（一）做好智慧健康养老工作是贯彻落实习近平新时代中国特色社会主义思想和党的十九大精神的重要举措。习近平总书记在党的十九大报告明确提出，深化供给侧结构性改革，推动互联网、大数据、人工智能和实体经济深度融合，并强调实施健康中国战略，积极应对人口老龄化，推进医养结合。近日，习近平总书记再次强调，实施国家大数据战略，加快建设数字中国，推进“互联网＋医疗”，推进社保、医药卫生等领域大数据普及应用。这一系列重要部署体现了习近平总书记和党中央对民生、健康及老龄工作的关注，为我们做好智慧健康养老工作提供了遵循，指明了方向，坚定了信心。智慧健康养老工作是健康中国、数字中国的重要组成部分，体现了“以人民为中心”的发展思想，是我们三部门以实际行动贯彻落实十九大精神的具体实践。

（二）做好智慧健康养老工作是实现健康老龄化战略目标的有效途径。目前，我国 2.3 亿老年人中，患有慢性病的接近 1.5 亿，失能、部分失能老人近 4000 万，完全失能老年人近 1000 万。为进一步改善我国老年人的生活质量，国家卫生计生委联合相关部门在“十三五”时期启动健康老龄化工程，从生命全过程的角度，对所有影响健康的因素进行综合、系统的干预，以延长健康预期寿命，维护老年人的健康功能，提高老年人的健康水平。智慧健康养老，是利用智能化手段，创新提供符合需求的健康养老服务和产品，可以提升服务质量、效率和水平，更好地满足广大老年人的健康养老服务需求，助力实现健康老龄化。

（三）发展智慧健康养老产业是深化供给侧结构性改革、促进健康服务业发展的新的增长点。智慧健康养老产业是现代服务业的重要组成部分。发展智慧健康养老产业，一方面可以丰富产品供给，推进健康养老供给侧结构性改革，满足老年人及其家庭多层次、多样化的健康养老服务需求；另一方面可以发挥信息技术对健康产业的提质增效支撑作用，提升现有健康资源优化配置和使用效率，促进健康产业转型升级，形成经济发展的重要增长点，是进一步扩大内需、促进就业、转变经济发展方式的重要举措，对于稳增长、调结构、促改革、惠民生具有重要意义。

二、部门通力协作，智慧健康养老工作取得积极进展

国家卫生计生委高度重视智慧健康养老工作，与工信部、民政部密切配合，协力推进，组织各地卫生计生部门科学规划、积极部署、稳步推进，取得了明显成效。

（一）加强顶层设计，以规划引领重点工作。联合 12 个部门共同印发《“十三五”健康老龄化规划》，明确提出“推进信息技术支撑健康养老发展，发展智慧健康养老新业态。”会同工信部、民政部印发《智慧健康养老行动计划（2017－2020 年）》，明确到 2020 年智慧健康养老工作的目标、任务和重点项目，并将智慧健康养老工作纳入“健康中国”等一系列国家重点战略规划。不断完善政策制度，为及早应对、科学应对、综合应对人口老龄化奠定坚实基础。

（二）抓好试点示范，建立部门协作工作机制。三部门联手推进各项试点示范工作，选定杭州、厦门、青岛、武汉、广州和绵阳 6 个城市组织开展智慧健康养老示范项目；联合开展智慧健康养老示范企业、示范社区、示范基地的评选活动，推选智慧健康养老产品和服务目录；联合召开推进会议，为示范单位授牌等，都体现了部门合作的强大合力，产生了良好的社会效益。地方层面也普遍建立起长效合作机制，如厦门市成立智慧健康养老试点示范项目工作领导小组，出台文件，明确部门分工，合力推进有效服务。

（三）积极探索，多种形式开展智慧健康养老服务。各地因地制宜，积极探索开展多种形式的智慧健康养老服务，满足老年人的不同需求。武汉市采用健康手环、监护设备等，对社区居家老年人的血压、血糖等生理参数和健康信息进行实时监测，实现在线即时管理和预警，与大医院医生实时互动、图文问诊，使老年人不出社区即可享受优质的医疗服务，有效提升了老年人健康养老服务的获得感。

（四）多方参与，鼓励社会力量提供智慧健康养老服务。多地打破由政府单方提供服务的传统框架，采取政府搭建平台、购买专业服务等方式，鼓励社会力量针对老年人健康养老需求，提供智慧健康养老服务。四川省绵阳市游仙区政府通过购买服务的方式，搭建“智慧健康养老服务云平台”，实现了老人健康档案的实时更新，提高了基本医疗与基本公共卫生服务环节的诊疗效率和服务质量。

三、抓住机遇，乘势而上，加快推进智慧健康养老产业发展

各级卫生计生部门要按照党中央、国务院的决策部署，加快健康养老服务领域的智慧建设和升级，形成政企合作、齐抓共管的强大合力，加快推进智慧健康养老产业发展。

一是加强组织领导。各级卫生计生部门要高度重视智慧健康养老工作，将其纳入深化医改的重点任务，以老年人为重点人群，提供“互联网＋医疗”服务。强化政府部门在制度建设、政策制定、规划设计、规范管理、行业监管等方面的职责，大力支持智慧健康养老产业发展。

二是加强部门协调。各级卫生计生部门要主动与工信、民政等部门建立沟通协调机制，统筹各方资源，强化部门合力，完善政策制度，共同推进智慧健康养老各项工作。

三是加强创新发展。要以老年人的健康需求为导向，以健康老龄化为目标，以创新为动力，以质量为底线，充分发挥市场主体作用，丰富智慧健康养老服务供给。针对家庭、社区、机构等不同需求，研发应用各种健康管理类可穿戴设备、便携式健康监测设备、自助式健康检测设备等。推动企业和健康养老机构创新发展慢性病管理、居家健康养老、个性化健康管理、互联网健康咨询等服务模式，不断提升服务质量和服务水平，努力使2亿多老年人在科技发展中享有更多的获得感，享受更加健康、幸福的晚年生活。

谢谢大家！

在北京市老龄委2017年第一次全体会议上的讲话

北京市副市长　王宁

（2017年2月28日）

同志们：

两个月以前，我们召开了市老龄委2016年第二次全会，目的是规划2017年的工作。今天的会主要就是全面部署和落实今年的养老工作任务。总的来说，今天的会有三个目的。

一是认真贯彻落实中央和市委市政府关于养老工作的总体部署，进一步聚焦养老工作。上周，习近平总书记刚刚视察了北京，各单位都在深入学习贯彻总书记重要讲话精神。总书记讲话中有一个重要内容就是提出“要提升民生的保障和服务水平”，同时也给首都提出了要求，指出“要用群众的满意度来衡量我们的工作”。养老与民生息息相关，所以我觉得全面落实今年的工作任务，就是在深入贯彻落实总书记重要讲话精神。

二是分解和落实各项具体工作。今天会上印发了2017年老龄工作要点，同时也把重点任务进行了分解，明确了各项工作任务的主责单位、协作单位和完成时限。请大家按照要求一项一项地推进落实。这些工作，不仅是一个部门、一个区的事，而是涉及老龄委很多成员单位和各个区。

三是认真办好今年市十四届人大五次会议主席团确定的“扶持专业运营，发展居家养老服务业”议案。市人大提出的议案既体现了对老龄事业的高度关注，也体现了对我们工作一贯的高度支持。《北京市居家养老服务条例》实施后，今年是市人大第三年把居家养老作为重点议案交由市政府办理，体现了对养老的大力支持。市人大内司委维林同志已经介绍了关于扶持专业运营专题询问相关工作的安排。明天上午市人大刘伟副主任还要主持召开听取和审议市政府关于扶持专业运营，发展居家养老服务业情况及议案办理情况的报告工作启动会。所以，我觉得今天会很重要，也很及时。

刚才，万钧同志代表市老龄委部署安排了2017年老龄工作任务，市人社局、市卫计委、石景山区、密云区汇报了2017年老龄工作安排，东城区、西城区等单位分别提出了对今年工作的建议和想法，讲得很好，我都同意。大家要按照部署，扎扎实实推动我们的各项工作。

下面，就做好2017年的工作，我再重点强调两点意见，供大家理解和参考。

一、突出重点，推动养老工作全面落实

关于今年的工作，万钧同志在工作报告里已经作了详细的说明，我就不再重复了。以往的工作我也不再重复，包括上次全会讲到的“三边四级”居家养老服务体系以及我们的服务如何延伸等问题。大家按照要求去认真落实。这里，我重点强调希望大家关注的几个问题。

第一，关注养老服务质量的问题。去年 12 月份，中央财经领导小组召开第十四次会议，会上习近平总书记发表了重要讲话，专门论述了养老院服务质量的问题。全国老龄委的同志向我们介绍，总书记高度重视养老工作，而在中央财经会议上专门讲到养老院质量问题，这是第一次。

总书记指出，提高养老院服务质量，关系 2 亿多老年人口特别是 4000 多万失能半失能老年人的晚年幸福，也关系他们子女工作生活，是涉及人民生活质量的大事。总书记提到，我国已经步入人口老龄化社会，但是养老服务发展还处于起步阶段，养老服务供给质量滞后的问题还十分突出，质量低、收费高，欺老、虐老等行为时有发生，群众反映强烈。当然这是就全国而言来讲的。总书记还讲到要聚焦养老院服务质量，要按照适应需要、质量优先、价格合理、多元供给的思路，尽快在养老院服务质量上有个明显改善，来回应群众的期待。也提出加快建立全国统一的服务质量标准和评价体系，加强养老机构服务质量监管，坚决依法依规从严惩处欺老、虐老行为。提高养老服务质量的关键在人，要加强养老服务护理人员的培养，提高他们的专业技能和职业道德，完善职业技能等级与护理人员薪酬待遇挂钩机制，探索将养老护理员纳入城市积分入户政策范围等相关激励机制。更提出要建立健全医疗卫生机构和养老机构合作的机制，推行医养结合的模式等。

这是总书记专门提到的养老服务质量问题。这两年我们一直在强调居家养老服务，强调的一个重要的关键点就是服务。谈服务首先就要谈质量，这也是我们居家养老服务体系能不能有生命力，能不能推进的一个很关键的问题。质量是服务的生命，养老机构建得越来越多了，服务质量也要越来越好。北京的养老工作要走在全国前面，需要健全体系来回应人民的期待。我们的工作也需要用群众的满意度来衡量，所以一定要把服务质量摆在第一位。

研究提高服务质量的问题，有这么几个环节要把握。一是服务标准。标准是检验养老服务是否合格的尺子，是衡量养老服务质量高低的基准，是加强行业管理的准则和依据。刚才东城、西城都谈到了建立养老服务标准问题，讲得很对。我们现在在标准问题上的确还有欠缺。衡量首都养老服务，要有高标准。中央财经工作会议提出，“要加快建立全国统一的服务质量标准和评价体系”，我觉得标准体系是基础性工程，这个要抓好。今年我们市级层面要在这个方面下功夫。同时，各区以及养老社会组织、企业等在标准的顶层设计上也要下功夫，这是提高服务质量的一个关键。我在调研当中发现，目前我们的养老服务标准还是参差不齐，有的服务标准很好，老年人满意度高，有的不尽如人意，老年人不满意。对此，务必提高对标准重要性的认识，要把标准建立好。二是人才。提高养老服务质量的关键在人，要加强养老服务护理人员的培养，提高他们的专业技能和职业道德。以前我也多次强调过人的问题，第一个是来源。去年我们在这方面下了一些功夫，但是现在还不够，人才的来源还很缺乏。怎么解决来源问题？各区、各部门还要继续下功夫研究。第二个是培训。人有了，紧接着就是培训专业技能和职业道德。怎么培养？要提高人的服务水平。第三个是留住人。需要政府下力气解决这个问题，特别是专业部门要好好地研究到底怎么才能留住人。我们在调研中发现，有些养老服务机构反映，刚招来了人，干得不错，过了几天就又走了。留不住人，怎么办？今年要探讨解决这个问题。特别是要探索研究完善职业技能等级与护理人员薪酬待遇挂钩机制等。研究好了才能把队伍建立起来。另外，还要研究激励机制，怎么才能让更多的人投身到养老行业来？这个层面上也要研究。三是加强监管。中央财经工作会议提到了提高服务质量问题，那么作为首都，更要重视。北京的养老服务质量应该更高。这里面既有自我约束的问题，也有加强各级监管的问题。我们要处理好“放开”和“监管”的关系，两者并不矛盾。监管主要是质量、安全、标准等方面的监管，特别是对欺老、虐老等严重损害老年人利益的违法行为要依法依规从严惩处。

第二，关注放开市场的问题。目前，我市养老服务还处于起步阶段，质量不高，市场供给不足的问题比较突出，专业化也不够。这就需要放开市场，鼓励社会力量进入养老服务业。去年，中央深改组审议了《关于全面放开养老服务市场提升养老服务质量的若干意见》，以国务院办公厅名义印发。我们要深入贯彻落实中央政策要求，深入推进供给侧结构性改革，让民间资本进得来、留得住、发展得好，尽快丰富服务供给，增加服务总量，提升服务质量。

在这方面需要我们把握这么几个环节。一是放宽市场准入。简化审批程序，积极推进养老机构的并联审批，打破部门界限，压减和理顺审批事项的前置条件，让想进入养老服务领域的民间资本首先能进得来，留得住。二是制定落实优惠政策。要在投资融资、土地规划、税收优惠、财政支持、人才培养等方面研究制定优惠政策措施，扶持市场主体品牌化、连锁化、规模化、专业化发展。三是对接供需双方。要加强全市统一的养老信息平台建设，充分利用大数据、云计算等技术，提升养老服务的信息化水平，推动养老新产品、新应用研发创新。刚才西城的同志谈到了利用大数据技术问题，这会为社会力量进入养老服务市场提供便利，也可以让老年人能够方便、快捷找到物美价廉的产品和服务。国管局的同志也提到中央部委的很多养老资源可以通过信息平台进入我们的市场。这很好，放开市场就是要共享尽可能多的养老服务资源。

第三，关注扶持专业运营的问题。这几年的实践证明，扶持专业运营，是养老服务可持续发展的关键问题。只有专业化运营，才可能让养老服务机构有生命力。过去的教训告诉我们，正是因为过去没有专业化运营，所以不少建起来的养老服务机构，很快又倒下去了。去年我专门强调过这个问题，今年市人大的议案也在关注这个主题，就是要通过议案来督促我们做好扶持养老服务专业运营。今天上午市政府常务会上，蔡奇市长提到了老旧小区加装电梯的问题，特别要求今年的养老工作要有更多的突破。关于电梯问题，从前年开始，我们就向社会承诺要推动加装电梯的工作。通过两年的努力，前年没做成，一直到去年年底在海淀区北下关街道终于有一部电梯建成了。对于这部电梯，蔡市长给予高度评价。那么，这部电梯是怎么取得突破的呢？这部电梯是刷卡式低噪声电梯，运营的公司是从老龄产业切入的专门做电梯的一家公司，主要采取“租赁式”，他们把与楼门所在的住户沟通工作做到位了，居民全部同意安装，这就做成了。这给我们的启示就是要突出专业运营，对养老工作来说非常重要。去年我们已经建成150家社区养老服务驿站，今年还要准备建200家驿站。我们要不断地引入专业化运营，而且要培育连锁化经营，真正培育出品牌来。去年有的区在这方面做了尝试，现在有的品牌已经有了知名度。我们就是要放开手脚鼓励社会资金进入，通过连锁经营，连锁经营的越多，服务质量服务会越好，有了规模以后，可持续发展也会更好。所以，在专业化、品牌化、连锁化、规模化上，今年还要下功夫。

第四，关注农村养老服务的问题。农村养老问题是今年要关注的一个重点。这几年，我们的养老工作重心主要在城区，养老服务发展城乡差异较大，农村养老服务成了短板、薄弱环节，存在不少困难，最突出的特点就是基本公共服务设施短缺、老年人分布松散、老年人需求比较单一、社会力量不愿意进入等。农村养老属于典型的“小群体、大民生”，虽然人数不如城市多，但很关键。去年年底，我调研了怀柔、平谷等区，看了几种不同的农村养老模式，各有各的优势。今年还要有所突破，而且要达到一定的覆盖面。怎么做？刚才密云的同志也讲了，我觉得他们的一些工作思路很不错。我们既要研究农村养老的模式，同时也要研究创新的问题。农村养老和城市养老有差异，农村老年人容易满足，去年也提到过，比如伦理、观念、需求等不一样。

这里，也请大家把握好这么几个环节：一是要统筹城乡养老服务发展。制定农村养老服务机构建设、管理服务标准和建设运营扶持政策，鼓励村集体、村民整合利用农村闲置设施建设养老服务机构。中央已经提出允许农村集体建设用地用于建设养老服务设施。场地问题很重要，调研中我看有的村很重视，有的特别腾出村委会用房来从事养老服务。但这可能是个别例子，可能要取决于人，因为那个村的村支部书记支持养老工作。但是不是应该建立有一种普遍性的机制呢？这就需要大家进行研究。二是农村养老实现不出村、不出乡。要在设施建设、服务人员、运行模式等方面实现不出村、不出乡。城市养老是需要跨地域的，但农村不行，农村养老不能出村、出乡，怎么解决？大家要探索解决这个问题。三是要探索多种服务模式。要探索研究集中照料、互助养老、志愿服务等多种类型的农村养老服务模式。要针对不同地域特点，探索多种服务模式。重视农村养老，有关部门也要聚聚焦，给予政策的支持和倾斜。要在探索机制上给予关注，争取有突破性进展。

第五，关注监管的问题。政府的监管一定不能缺位，要把监管作为提升养老服务质量的关键，作为养老工作可持续发展的关键。过去那种建一批养老服务设施就倒掉一批的情况，绝对不能出现。一定要把监管问题放在重要的位置上，努力做好我们的工作。

第六，关注老年人“小事”问题。有些事可能是小事，但对于老年人来说却是大事。在老年人普遍关注的问题上，老年人特别关心的一些小事，要解决好。比如老年人日常用药拿药问题，另外还有老年助餐、助浴、加装电梯、家庭适老化改造、老旧小区综合整治等问题，这些是支撑养老服务体系的关键。针对这些“小事”，我们要不断加大工作力度努力回应群众的期待。

二、明确职责任务，加强工作统筹

第一，加强组织领导形成合力。养老工作不是民政一个部门的工作，也不是几个部门的工作，而是全社会的问题。各级政府要加强统筹，各区要把区级涉老部门统筹到老龄委这个平台上来，努力形成合力。市里各部门，要把任务部署到下级单位，这样条块结合有利于更好地抓好落实。刚才我讲到的六个问题，不是哪一个部门能做好的，都需要统筹，都是需要各个部门相互配合才能做好。

第二，将议案办理工作跟我们的工作紧密结合起来。这几年市人大非常关注和重视养老问题，连续多年将养老作为一号议案提交市政府办理。今年市十四届人大五次会议主席团确定了“扶持专业运营，发展居家养老服务业”议案，这个题目范围很广。刚才维林同志提出了办理要求。明天上午市人大要召开启动会部署落实议案的相关细节问题。同时，今年还会有人大代表的执法检查。关于议案的落实，今年7月底，政府就要向人大报告议案办理情况。我们要把办理议案与政府履行职能紧密结合起来，全力推进各项重点工作的开展。

第三，进一步发挥好老龄委平台作用。养老是一项专业性、综合性都很强的工作。今年有不少部门、区都在面临换届问题，市、区老龄委成员也会有不少的变化。老龄委成员单位和各区老龄委，要切实做好养老工作的“交接棒”，要保持各项工作的连续性、稳定性。今年会新聘请一批专家组成市老龄委专家委员会。我们要将专家委员会的决策咨询作用充分发挥好，建议各成员单位、各区在中心组学习等合适的会议上，邀请我们的专家讲讲课，加强领导班子和干部队伍对人口老龄化形势和养老问题的认识；在推进各项工作中，邀请我们的专家为大家出谋划策，介绍经验，分析问题，把握关键，少走弯路。

第四，注重强化街乡镇职责作用。街乡镇是社会治理中的枢纽，作为基层的行政组织，是政府各项工作的重要基础，也是我们养老工作的重要基础。这两年我市密集出台了不少涉老政策，但由于实施时间短，政策效果在基层尤其是街乡镇层面上可能还没有体现。街乡镇要统筹利用好各种养老服务资源，要考虑为养老社会机构无偿提供场地的问题，政府购买服务的问题等等，这些都是需要街乡镇要抓的工作。也只有街乡镇的积极性充分调动起来了，我们今年的各项养老工作基础才会更扎实。

总的来讲，今年养老工作任务很重，责任大。我希望市老龄委各成员单位、各区要集中力量，凝神聚力，撸起袖子加油干，把我们今年的工作做得更好，使北京的养老工作再上一个新台阶。

我就讲这些，谢谢大家！

在北京市老龄委2017年第二次全体会议上的讲话

北京市副市长　王宁

（2017年12月8日）

同志们：

时至年末，各项工作也进入总结和收尾阶段。今天，我们在这里召开市老龄委2017年第二次全体会议，主要是对全年工作进行盘点、总结和收官，分析、研究、解决工作中存在的短板，谋划明年的工作思路。

刚才，万钧同志通报了16区2017年老龄重点工作任务完成情况。市卫生计生委、市住房城乡建设委、顺义区作了典型发言。很多同志也谈了想法、看法，包括工作落实中遇到的问题。我觉得大家讲得都很好，我们要把一些好的建议充实到明年的老龄工作中去。现在正在筹备明年年初的市人代会，市政府也正在起草政府工作报告。昨天下午，陈吉宁市长召集有关分管副市长研究政府工作报告，特别提出，在2018年的政府工作报告里，关于老龄问题，要专门写一段，这充分体现了市委市政府对老龄工作的高度重视。今天正好专题研究这项工作。明天下午，政府工作报告起草组还要一起研究明年老龄工作的基本思路，以及在政府工作报告中的要点，所以今天大家很多的想法和建议，我们也会充分地吸纳和研究，争取体现到明年的整个政府工作当中去。

一年来，在市委市政府的正确领导下，在各成员单位和16区的共同努力下，全市老龄工作取得了丰硕的成果。年初，我们确定了47项老龄工作任务，与各成员单位、各区老龄委签订了任务书，同时结合市人大议案办理工作，确定了30项养老重点工作。刚才，万钧同志通报了调研督查各区2017年老龄重点工作任务完成情况。现在梳理一下，绝大多数任务都已经完成，还有个别任务，正在收尾。取得这样的成绩来之不易，也证明了各成员单位、各区政府是用“抓铁有痕、踏石留印”的工作精神，使全市老龄工作有了很大的提高，而且是在扎实稳步向前推进。

在大家刚才发言的基础上，下面我再强调两个方面的意见，供大家参考。

一、充分肯定今年的工作成绩

成绩我不展开讲，但有些工作还是要强调一下。因为今年取得的成绩，明年还要继续巩固和保持，也为做好明年工作提供一些可借鉴的经验。今年的老龄工作，我们紧紧围绕“巩固、完善、创新、提高”八字方针来做文章，这也是2016年底我在老龄委全会上提出的八个字。今天，我就从这几个方面来说一说。

第一，从巩固来说，巩固了居家养老“三边四级”服务体系

这个体系应该是北京的首创，也紧紧结合了首都老龄工作的特点。去年以来，我们着力在养老领域构建“三边四级”服务体系框架，努力把老年人周边、身边、床边的养老服务做好。当然，这个体系目前还是初步的，明年还要继续加大力度来推进。

今年，市级财政拿出专项资金，支持区级养老服务指导中心建设。截至目前，朝阳、房山、顺义、怀柔、密云、延庆6个区已建成并开始试运营，其他区也正在加速向前推进。

从街乡层面来看，今年出台了《街乡镇养老照料中心建设资助和运营管理办法》，印发了《北京市基层公办养老机构建设资助工作实施办法》，在这个环节的建设当中，进入了健康、常态化的轨道。

居村社区层面，截至11月底，全市累计实现运营230家养老服务驿站。上周末，蔡奇书记和陈吉宁市长调研民生的时候，专程去了东城区东花市养老服务驿站。今年已提前、超额完成年初既定的200个建设任务，加上去年的150家，全市驿站运营数达380家，实现了一定的覆盖面。同时，对已建成并运营的街乡养老照料中心和社区养老服务驿站，也拿出专项资金，增强其辐射居家养老服务的能力。

应该说，养老服务驿站现在发展的态势很好，而且巩固的内容和服务的水平也在不断提高。当然，还有一些短板，一会儿我还要专门讲到。全市的养老服务设施现在已经达到了一定的覆盖面，虽然这个覆盖面和市民的需求还有一定的距离。通过各部门的扎实稳步推进，在未来几年，我们一定会进一步完善"三边四级"养老服务体系。

居家养老"三边四级"服务体系已初现成果，驿站建设已按部就班走向正轨，但体系的巩固不是一朝一夕的事，还要"一件事情接着一件事情办，一年接着一年干"，不能仅仅满足于把体系建起来，而且要把根扎下去，实现驿站的可持续发展，这个是我一直强调的，驿站必须可持续发展。决不能再走过去的老路，有些服务设施建好了，几年以后，就倒闭了、关张了，或者改作他用了，所以必须要坚持可持续发展！而且要实现养老照料中心、养老服务驿站间的互补协调服务，来实现街乡镇区域内各种养老服务的整合。从今年开始老百姓身边周边将有越来越多的"老联体"，也就是区域养老服务联合体的出现。

第二，从完善来讲，完善了老龄政策法规体系

这也是今年取得的很大成绩。今年，在市级层面，各成员单位根据职责分工，并结合2017年北京市老龄工作要点，陆续出台了全面放开养老服务市场、规划建设社区养老服务驿站、开展养老机构服务质量建设专项行动、推进农村养老服务改革试点等一系列政策措施。这些政策已经在基层得到了进一步落实。区级层面，16区也加大了养老政策创制力度。截至11月底，各区已累计出台110多个涉老文件，涵盖了老龄规划、机构调整、驿站建设、适老化改造、服务标准、质量监管、托底保障、老年照护、资金管理等方方面面，为保障各项养老工作落实落地奠定了制度基础。

这些年，各单位、各部门出台了很多涉老政策措施。我们统计了一下，从市级层面到区级层面，政策创制力度都很大，但由于阶段不同，政策之间存在衔接和整合方面的问题，呈现一定程度的碎片化。从今年开始，我们已经把这些年的政策加以整合和综合，使其上下融为一体，横向与其他政策进行衔接，以后还要继续加大整合力度。刚才，大家在讨论当中，有些同志提出要加强统筹和整合的问题，其中也包括政策的统筹和整合。养老工作不是靠一个部门，涉及多个部门，涉及方方面面，要把各部门的涉老政策整合在一起，合力发挥它的作用。比如，很多涉及养老机构的政策，需要整合。今年出台的农村公办养老机构的改革意见，就兼顾了对周边养老服务发展的支撑，而不仅仅是内部养老机构的改革。在明年的工作中，要进一步完善，避免政策的碎片化。

第三，从创新来谈，创新突破了发展瓶颈

养老服务是近年来新面临的社会问题，可借鉴的经验很少，但同时也为改革创新提供了广阔空间。今年，我们重点推进东城、朝阳、海淀区的国家级医养结合试点，丰台、石景山区的国家级养老综合改革试点，平谷、怀柔、密云区的农村养老服务模式试点，全市养老工作可以说是各具特色，亮点纷呈。

在组织机构方面，效能得到全面提升。市老龄办今年增设协调督查处、养老社会化工作处，"统筹、协调、组织、指导"的职能得到进一步增强。刚才，王德司长也谈到，国管局财务司在西城、海淀、朝阳区选择5个中央单位离退休干部集中的住宅区试点建设养老服务驿站，为构建央地养老一体化格局做了积极的探索和实践。顺义区也讲到，顺义养老工作发展得很快，不仅包括养老照料中心，也包括驿站的建设，特别是顺义区把老龄工作纳入"大党建"格局，区委区政府把老龄工作作为"大党建"工作督导、督查、考评的一项内容，大大促进了老龄工作任务的落实。

这里最值得一提的是适老化改造工作。刚才，市住房城乡建设委的同志讲到了，老旧小区加装电梯工作迈出了新的步伐。今年，我对这项工作信心十足，也比较踏实。每年两会，这是代表和委员最关心的问题之一。从2015年开始，到去年，连续两年大家都很关心，但每年我们都说有这样的那样的困难。2016年，我们说要试点24部，但没能落实。在市委市政府的坚强领导下，特别是在蔡奇书记亲自关心、推动下，今年这项工作取得了很大的进展。现在全市已完成电梯安装并投入使用186部，预计年底前还能再完成94部，这是非常了不起的成绩！原来只是在24部上做试点。现在通过总结经验，特别是建立了切实可行的模式以后，很快就发展起来了。现在不光在建的问题上，在管的问题上也做了很多基础性的工作，为可

持续发展进行了深入探讨。明年预计可以完成167部，我估计可能会突破这个数字。前几天我看了一个材料，讲老旧小区加装外挂电梯大大方便了老年人的出行，我觉得这个确实是解决瓶颈问题的一个很大突破。按照计划，在“十三五”期间，将对老旧小区增设电梯采用政府支持、企业投资、受益业主付费的模式，通过PPP方式，引入社会资本推进改造实施。除了加装外挂电梯以外，我们也因地制宜，通过打“组合拳”的方式来解决老人上下楼不便的问题。比如，丰台区在低层老楼加装外挂电梯、在楼道内加装智能代步器，石景山区在养老服务驿站配备爬楼机。我实地调研过石景山，每个驿站都配备爬楼机，虽然用人工服务，但是简便易行，这个也不错，方便了老年人出行。这件事应该说是我们今年取得的一个重大突破，我相信这项工作也会在明年年初的两会上得到委员的赞赏和支持。

在资金投入和预算执行方面，市区两级也持续加大养老专项资金保障力度。2017年，市财政安排养老服务资金预算12.81亿元，较上一年增长17.73%，增幅比较大。刚才市财政局师淑英同志也介绍了，今年着力改革资金投入方式，强化全过程绩效管理，加强市级养老服务专项资金转移支付“项目法+因素法”的统筹应用，督促各区结合自身实际自主决策、统筹财力，并加强全过程预算绩效和监督管理。这里，我还要再强调一下，明年还要继续考虑如何把钱用到点子上，既要保证资金安全，保证预算执行进度，又要保证有效发挥资金的效益。

在医养结合方面，入户上门医疗服务有了新进展。刚才市卫生计生委的同志也讲了，今年各区日益重视医养结合工作，不同程度加大了工作力度。比如，西城区试点为失能和半失能老人提供服务。丰台区结合家庭医生签约服务，探索入户护理服务有偿购买机制。前段时间和市人大李伟主任沟通养老工作，对医养结合，李伟主任非常支持，明年可能要将医养结合、居家健康管理作为督导重点继续推进。

在创新方面，今年对农村养老服务工作进行了全面部署，也取得了积极的进展。今年，我们制定了《关于加强农村养老服务工作的意见》、《关于做好农村幸福晚年驿站建设工作的通知》等文件，从设施规划、土地保障、建设支持、运营资助、税费减免、金融支持等方面，加大农村养老服务设施建设，通过反哺农村，弥补农村公共服务设施亏欠的短板，加快建设与城市同步、服务同质的农村养老服务体系。截至11月底，全市已建成农村幸福晚年驿站113家，就近为农村老人提供就餐送餐、文化娱乐等服务。

这是在创新方面所做的努力，当然还有很多创新，我就不一一点了，特别是各区、各个部门在创新养老服务体系、体制、机制、方式，还有办法上，都做了很多有益的尝试，这些也需要我们继续坚持和巩固。

第四，从提高来看，提高了养老服务水平和服务质量

其具体体现，就是从数量到质量的转变，养老服务质量是养老工作的关键，直接影响到老百姓的获得感、幸福感和安全感。在今年实际工作中，我们不仅抓了硬件的质量建设，也提高了软件的服务水平。特别是在工作推进中，以办理市人大议案为契机，扎实开展了养老机构服务质量建设行动，以“五查五改、对标达标”为重点，围绕影响养老机构服务质量的运营管理、生活服务、健康服务、社会工作服务、安全管理等五个方面，开展全市养老机构服务质量大检查、大整治活动。今年，在大检查专项整治行动期间，全市共有497家养老机构参与整治活动，其中，需要整治的机构428家，需要整治的项目6179项。这个数字，既反映了工作成绩，也需要认真地正视问题。单从数字上看，绝大多数都需要整治，要着力提升养老服务的质量和水平。另一方面，大家也要看到，目前养老机构发展还不完善，发展的水平和质量本身还不够高。在发展养老事业和产业的时候，着力培育养老机构，让其健康发展，也是下一步要关注的问题。通过这次专项整治，未来在提高养老服务的水平和质量上应该有一个很大的提升。截至11月中旬，全市需整治的428家养老机构中，质量不达标、无法整治合格的49家养老机构，或自愿注销，或由政府责令关停、正在停业搬迁或重建，所以我们的任务还是很重。现在经整治合格的养老机构共339家，整治率达到79.2%；累计整改后合格的项目6014项，整治率达到97.3%，这也是先保质量再提升数量的体现。通过大检查、大整治，一大批制约养老机构服务质量的问题得到了整改，养老机构服务质量有了明显的提升。质量工作一会儿我还要在2018年工作思路中专门强调，这是明年一项很重要的工作，还要继续加大养老机构的规范化工作力度，特别是要提高养老机构的服务质量，这样才能取信于民。

总的来说，在大家的共同努力下，今年的工作做得很扎实，步子很牢固。按照这种思路扎扎实实地做下去，我相信“十三五”期间，北京的养老工作一定会打下非常坚实的基础，也会得到人民群众的支持。回顾今年所取得的成绩，离不开大家的辛勤工作和努力付出，特别是各区政府，还有老龄委各成员单位，大家做了大量的工作。在此，我向在座的成员单位和各区老龄委、民政老龄系统的同志们表示崇高的敬意和衷心的感谢！

二、按照党的十九大的部署要求，结合北京实际，扎实推进明年的老龄工作

2017年，主要的任务是进一步总结经验，固化模式。关于2018年的老龄工作，明年年初在召开老龄委全会的

时候，我们还要进一步做整体部署。今天，我主要提供一个思路性的想法，供大家研究。明年老龄工作一个主要基调就是要紧紧围绕党的十九大作出的总体部署，结合北京实际，推进好明年的老龄工作。

党的十九大报告，作出了中国特色社会主义进入新时代这个重大政治判断，特别是指出我国社会主要矛盾已经转化为人民日益增长的美好生活需要和不平衡不充分的发展之间的矛盾，明确了我国各项事业发展所处的新的历史方位，为谋划老龄工作确立了最根本的出发点、立足点。

党的十九大报告指出，要“积极应对人口老龄化，构建养老、孝老、敬老政策体系和社会环境，推进医养结合，加快老龄事业和产业发展”。这是党中央对新时代老龄工作提出的新的部署、新的要求，我们必须进一步提高认识，开阔思路，统筹做好养老、孝老、敬老工作，加强政策体系构建，营造良好社会环境，不断提升首都老龄事业发展水平。明年的老龄工作，我们要按照党的十九大的总体部署，结合十九大提出的对社会主要矛盾发生的变化和判断，作为研究确定重点工作的基础。

按照市委市政府工作安排，今年我考察了国内外一些地方的养老情况，去了欧洲养老发展最快的一些国家，考察他们养老体系的建设，看完以后挺有感触。北京养老发展遇到的问题，发达国家也同样遇到过。比如，服务人才的短缺问题、服务体系的配套问题等等。看过这些国家之后，我觉得对养老服务体系的建设，养老事业和产业的发展，应该充满信心。我们要结合北京的实际，按照党的十九大提出的目标和方向，扎扎实实把工作做好。重点是做好以下两个方面：

首先，深入分析老龄工作面临的形势和挑战。我初步思考了一下，从北京的情况来看，不平衡不充分主要表现在以下几个方面。

从不平衡方面来讲：

一是城乡老龄事业发展不平衡。这是目前北京的短板。我们对城市养老服务关注度高、投入力度大，集约化、专业化发展程度相对较高。从发展来看，一些专业服务机构更愿意在城市发展，包括运营一些养老驿站。而农村老年人口分布广，农村养老服务缺手段、缺支柱、缺人才，而且养老服务发展成本较高，服务项目较少，专业化水平很低。今年我们提出的重点就是在农村养老方面必须有一个实质性的推进。今后几年，我们要在解决城乡之间的不平衡上重点下功夫。

二是养老体系发展不平衡。机构养老起步早、发展快，社区居家养老起步很晚、欠账较多。机构养老目前每百名老年人拥有养老床位3.8张，而且还在增长。但“三边四级”居家养老服务体系起步较晚，覆盖面和服务质量还上不去，按照北京“9064”养老模式来衡量，96%的老人还是要通过居家和社区来解决养老问题，养老服务体系内部的建设不平衡。

三是事业和产业发展不平衡。养老事业发展快，产业发展慢，老龄产业还缺乏有力的支撑。养老服务正在大力向前推进，可是为老年人提供服务产品的产业不足，能够满足老年人需求的一些产品短缺，不是那么丰富，从北京的情况看，这方面还有很大的缺口，市场空间还很大。另外，在为老服务上，我们可能更多的服务集中在老年人的健康需求上，精神需求考虑较少。比如，在推进医养结合上比较积极，但是在关注老年人活动场所，老年人精神生活方面着力点不够。

从不充分方面来看：

一是养老服务供给不充分。老年人需求和服务是多方面的。比如供给，现在要求全市的养老服务驿站规范用餐、家政等6项服务，但实际上老年人需求的服务不仅仅是这些，多层次、多样化的服务供给还不够。而且在供给当中，也有不平衡的问题，在养老服务驿站当中做得最好的是送餐、家政服务和文体娱乐，其次是日间照料、精神慰藉和紧急救援，但在家庭护理等方面还比较难，人才也很短缺。

二是信息化发展水平不高。刚才很多同志都提到了，特别是利用大数据，精准化服务现在做得还不够。很多基层单位，很多养老服务驿站，包括很多养老设施还停留在手工统计填报数据阶段，信息化管理做得不够。再过两三年，到2020年，全市达到400多万老年人，若不是靠大数据管理，不是靠信息化管理，很难做到精准化服务。

三是老龄工作力量比较薄弱。老龄人才还很急缺。现在关于老龄的服务人才，还没有一个精准的统计数据，到底还需要多少老年服务人才。根据市政府工作分工，我分管“一老一小”。最近，学前教育成为一个热点。目前学前教育从业人员大概有6万，至少还有3万缺口。体系不健全，薪资待遇偏低，社会地位不高，承担的责任大，所以没有人愿意从事这个职业。近段时间学前教育伤害事件集中爆发，一个主要问题就是人才短缺，这反映了我们的短板。同样，“一老”的短板可能更大，现在护理人才奇缺，是现在面临的一个非常大的问题。

我把北京养老面临的不平衡不充分的问题简单分析了一下，也是为了确定明年和今后一个时期老龄工作的重点，给大家作为参考。我们要按照什么样的方针来解决这种不平衡不充分，着力点在哪儿？只有找准问题，才能有的放矢。

其次，关于2018年老龄重点工作。要在以下四个方面重点下功夫。

第一，要补短板。这个短板就是根据刚才讲的不平衡不充分，针对这些问题，来补齐短板。比如，怎样进一步完善养老服务体系，进一步解决城乡不平衡；怎么样把政策、资金、人才向农村地区倾斜，通过什么样的政策把专业机构更好地引入农村。这些是要着力解决、要补齐短板的问题，也是明年工作的重点。围绕这个重点，各区、各部门明年要有一些具体的、政策上的、部署上的、布局性的工作。当然我们也要认清，补短板不是一蹴而就，特别要抓住当前最重要的问题，来解决主要矛盾。

第二，要提高质量。刚才我讲到，今年在提升服务质量上，做了一些工作，在质量提升的过程当中，也看到了存在的不足，所以明年，数量的发展要服从于质量提升。这几年，我们都在强调数量的发展，强调规模的扩张，今年制定了200个驿站建设目标，大家积极性很高，目前已超额完成。明年，数量必须服从质量，要把质量的提升作为明年工作的重中之重，这样才能让发展可持续。提升质量要抓好几个方面的工作：一是要固化已有的好经验、好做法。现在已运营的300多家养老驿站，各有各的好办法，各有各的好经验，而且有的深受老百姓欢迎，好的经验和做法一定要巩固住，一定要做实。二是要做好服务标准的制定工作。关于标准的问题，国家层面正在研究养老服务的标准，由民政部、国家标准委等几个部门联合制定。对一个老人的护理，包括穿衣、洗脸、生活服务等，都要制定完善的标准，这样才能体现服务质量。在强化标准上，现在很多区也都在做自己的标准。特别是东城区，大力推动养老服务标准化。三是要提高服务水平。现在养老驿站的主要服务内容是6项，作为服务的保底内容，这6项服务水平都要提高，不能只提供某一项或者某几项自己比较专长的服务。养老服务驿站是老年人体验感最强的地方，所以一定要提高服务水平。在这个基础上，还要不断丰富它的服务内容，丰富内容也是提升质量一个很重要的方面。所以，明年不一定在数量上有更多的扩张，但是在质的提升上，明年一定要把它做实。这是必须要做的，必须把步子走稳，走扎实，这也符合党的十九大精神。

第三，要在普惠上下功夫。关于普惠，要让老百姓养老养得起，在这方面要积极加强引导。目前养老总的方针是“党委领导，政府主导，专业运营，社会参与”。现在我们鼓励社会多兴办普惠制养老服务机构，包括养老驿站购买社会服务，也要向普惠制发展，让更多的老人能够享受到养老服务机构带来的优质服务，这是很重要的。所以既要引导社会力量，引导服务机构满足不同层次的老年人的需求，更要引导更多服务机构进入到普惠的养老体系当中来。明年应该在财政和社会补贴方面有所引导。普惠除了购买服务以外，也可以给予适当的补贴，通过补贴来引导社会进入。要构建普惠体系，让社会参与到普惠体系建设中来。

第四，要牢记安全。安全问题要作为明年特别强调的一项工作。前不久，西红门“11·18”大火，给我们提出了深刻警示，就是必须要牢牢记住安全，时时抓安全，要把养老领域的安全工作做到万无一失。但是，养老的安全工作有一些先天不足，目前部分养老机构是在没有通过消防验收条件下建设运营，在这个问题上，要结合疏解整治促提升，从优化城市服务功能入手，切实把安全问题解决。明年，对这项工作，要综合施策，提出切实可行的政策和措施。既不能简单地关停，也不能忽视安全。目前，正在进行全市大排查大清理大整治工作。各区要结合养老机构安全问题，做一次全面检查，确保养老设施安全万无一失。昨天，河南养老院火灾案件已经宣判，这给我们提了个醒，要特别关注养老驿站和农村的养老设施。防火安全工作和其他方面要结合起来，进一步做好。

总的来说，我们要按照党的十九大精神，提前谋划安排好明年的养老工作。养老工作任务艰巨，百姓关注度高，社会期望值高。所以，希望大家回去后按照今天的会议精神，结合各地区、各部门的工作，谋划好明年的老龄工作。明年两会以后，还要召开一次老龄委全会，主要是按照市委市政府的要求，特别是按照明年两会对老龄工作的新要求，来部署明年的老龄工作。今天我主要是讲讲思路，希望大家按照这个思路提前谋划，为明年工作打好基础。

河北省省委原书记、省长关于加强老龄工作的重要批示

赵克志书记批示

有效应对人口老龄化，是关系全局、影响深远的一件大事。各级党委、政府要深入学习贯彻习近平总书记重要指示精神，认真落实全国老龄会议精神，牢固树立以人民为中心的发展思想，切实把老龄工作摆上重要议事日程，坚持党委领导、政府主导、社会参与、全民行动，加强顶

层设计，推进改革创新，强化政策支撑，健全服务体系，培育壮大养老服务产业，积极弘扬尊老养老助老的社会风尚，推动我省老龄事业全面协调可持续发展，在全面建成小康社会的进程中，让所有老年人老有所养、老有所依、老有所乐、老有所安。

（2017年6月12日，原省委书记、省人大常委会主任赵克志在省民政厅《关于深入学习习近平总书记重要指示贯彻落实全国老龄会议精神的报告》上作出。）

许勤省长批示

老龄工作事关千家万户、事关民生福祉。近年来，我省老龄事业发展取得长足进步，全社会尊老敬老、养老助老的氛围日益浓厚。新形势下，各级政府要认真学习领会习近平总书记关于加强老龄工作的重要指示精神，按照总书记提出的“三个应对”“五个着力”要求，更加科学有效应对人口老龄化挑战，进一步完善多层次的养老体系，大力推进养老服务供给侧结构性改革，促进养老与旅游、健康、体育等产业融合发展，努力让老人们生活得更有质量、更有品位、更加幸福安康。

（2017年6月9日，省委副书记、省长许勤在省民政厅《关于深入学习习近平总书记重要指示贯彻落实全国老龄会议精神的报告》上作出。）

在河北省老龄工作委员会全体会议上的讲话

河北省副省长　张古江

（2017年6月21日）

同志们：

这次会议的主要任务是，深入学习贯彻习近平总书记关于加强老龄工作的重要指示精神，传达落实全国老龄委第十九次全体会议精神，安排部署2017年和“十三五”时期的重点工作。刚才，彦民同志传达了习近平总书记关于老龄工作的重要指示精神和克志书记、许勤省长重要批示精神；风楼厅长传达了全国老龄委第十九次全体会议精神，总结了去年工作，对今年工作作了安排；省人社厅、省卫计委、省住建厅分管负责同志汇报了去年重点工作情况；会议还审议了“十三五”全省老龄事业发展和养老体系建设规划重点任务分解和省老龄委2017年重点工作及任务分工，各成员单位要结合各自职能，认真抓好落实。

去年以来，省老龄委紧紧围绕中央和省决策部署，发挥议事协调作用，推动各项任务落实，全省老龄工作取得重大进展。一是养老政策体系不断完善。去年12月省人大颁布了《河北省居家养老服务条例》，已于今年1月起正式施行，标志着我省居家养老工作进入依法行政的轨道；各有关部门相继制定出台了关于加强养老服务设施建设、加快养老服务人才培养和政府购买服务等一系列配套政策措施。二是社会保障水平持续提升。全省城镇职工基本养老保险参保人数达到1320万，城乡居民基本养老保险覆盖面达到98.6%，基本医疗保险覆盖面达到95%，166个县（市、区）建立了80岁以上高龄津贴制度。三是养老体系建设加快推进。以居家为基础、社区为依托、机构为补充、医养相结合的养老服务体系基本建立，与京津签署了养老协同发展合作协议及试点方案，石家庄、邯郸、邢台、保定、承德等市被分别列为国家级居家和社区养老改革服务、医养结合、长期护理保险制度试点城市。四是老年人合法权益得到有效维护。各地普遍将涉老法律法规列入普法内容，所有的县（市、区）全部开通了老年人维权通道，对符合法律援助条件的老年人，做到了应援尽援。五是敬老助老爱老氛围更加浓厚。老年人优待项目更加丰富，宜居环境建设持续推进，社会参与条件不断优化，社会各界关注、关心老龄事业，积极应对人口老龄化的社会共识进一步形成。这些成绩的取得，是省委、省政府正确领导的结果，是各成员单位密切配合的结果。在此，我代表省政府向大家表示感谢！

下面，我就做好当前和今后一个时期全省老龄工作讲四点意见：

一、增强四个意识，深入学习领会习近平总书记关于加强老龄工作的重要论述

面对人口老龄化的严峻形势，习近平总书记高瞻远瞩，站在全球视野和时代发展高度审视人口老龄化问题，提出了一系列新理念新思想新战略，为我们做好新时期老龄工作提供了根本指针和基本遵循。大家一定要深入学习贯彻总书记关于老龄工作的重要论述，切实作为我们统一思想、协调工作、推进老龄事业改革发展的强大动力和思想武器，以实际行动向总书记看齐、向党中央看齐。

一要充分认识老龄工作在全省大局中的重要地位。习近平总书记指出，“有效应对我国人口老龄化，事关国家发展全局，事关亿万百姓福祉”。这“两个事关”，把老龄工作提升到战略和全局的高度。人口老龄化是个重大问题，涉及经济、政治、文化和社会的各个领域。老年人口的快速增长，将会对劳动就业、消费结构、产业发展、社会保障、社会治理等产生全方位的影响。我们必须把老龄工作放在大局中去谋划、去推进，从政治上考量、在大局上行动，坚持高点定位、高层推动，找准结合点，选好突破口，实现老龄工作与全省大局的深度对接、高度融合。

二要深刻领会以人民为中心是老龄事业发展的根本要义。2013年2月习近平总书记视察兰州一家虚拟养老院时，亲自为72岁的老年人杨林太端上饭菜。2014年元旦前夕，总书记在北京视察时，深入敬老院慰问老年群众，提出要“让每一位老人都能生活得安心、静心、舒心，都能健康长寿、安享幸福晚年”。2015年6月，习近平总书记在贵州考察时，专门对关爱农村留守老人提出要求。总书记的这些讲话、指示和行动，都体现了对老年人真挚的感情，体现了以人民为中心的思想。古人以孝道治天下。尊老、敬老、爱老历来是中华民族的传统美德。老年人为社会创造物质文化财富，为抚养儿女忙碌操劳，理应享受改革发展成果，受到社会尊重关爱。我们要向总书记学习，将总书记的这些思想和要求作为必备的素养和操守，完善制度、改进工作，推动养老事业多元化、多样化发展，让所有老年人都能老有所养、老有所依、老有所乐、老有所安。

三要正确把握积极应对人口老龄化的方向和重点。习近平总书记提出的“三个应对”、“五个着力”重要论述，强调要及时应对、科学应对、综合应对我国人口老龄化，要求从思想观念、政策制度、产业发展、老年人积极作用、老龄工作体制机制等五个方面重点着力。我理解，“三个应对”中，“及时应对”就是要早做准备、提前谋划，掌握战略主动权；“科学应对”就是要尊重规律.科学决策，提高工作实效性；“综合应对”就是要统筹多种手段综合施策，提高工作协同性。在“五个着力”中，追求最大公约数、凝聚社会共识是应对老龄化的基础，构建系统完备的老龄政策制度体系是应对老龄化的关键，推动老龄事业和产业协同发展是应对老龄化的有效路径，发挥老年人积极作用是应对老龄化的内生动力，健全老龄工作体制机制是应对老龄化的重要保障。“三个应对”、“五个着力”从不同层面指明了积极应对人口老龄化的战略方向和重点。我们要将其作为做好老龄工作的总纲领、总要求、总遵循，认真学习、反复研读，深刻领会、抓好落实。

二、强化责任担当，切实增强做好老龄工作的责任感和紧迫感

“十三五”时期是全面建成小康社会的决胜阶段，既是人口老龄化形势日益严峻、老龄问题日益凸显的关键时期，也是应对人口老龄化的重要时期。

一要充分认清人口老龄化带来的严峻形势。近年来，我省人口老龄化呈现持续、快速、深度发展趋势。自2015年起，我省老年人口占比首次超过全国平均水平。2016年底，我省60岁及以上老年人已达1269万人，老年人口比重为16.9%。其中，80岁以上高龄老年人150多万，失能半失能老年人140多万。据预测，“十三五”期间老年人口将以4%－6%左右的速度递增，到2020年达到1500万人，老年人口比重提高到18%左右。

二要充分认清人口老龄化带来的深刻影响。当前，我省正在走加快转型、绿色发展、跨越提升新路，正在加快推进京津冀协同发展、冬奥会和雄安新区建设。人口老龄化程度不断加深，一方面，将改变劳动力供给结构，加重社会保障负担。另一方面，又会扩大社会养老服务需求，蕴含着巨大的增长动力。对于我们来说，这既是挑战，也是机遇。

三要充分认清应对人口老龄化的艰巨任务。我省人口老龄化与工业化、城镇化相伴随，与家庭小型化、少子化相叠加，与经济发展新常态和社会转型相交织，具有典型的“未富先老”、“未备先老”特点，我们将面临实现经济转型发展与发展老龄事业、保障老年人民生的双重压力。

四要充分认清应对人口老龄化存在的薄弱环节。与应对人口老龄化的复杂形势相比，我们在思想认识和工作上都还存在一些不足，比如：全社会对老龄化问题的严重性和紧迫性认识不足，关注不多，准备不够；应对人口老龄化的服务体系建设还相对滞后，养老服务供给总量不足、结构不合理等问题还比较突出；老龄工作体制机制还需要进一步完善，人才队伍建设亟待加强，全社会共同应对人口老龄化的合力尚未形成，等等。

三、突出工作重点，扎实做好当前和今后一个期间老龄工作

今年是党的十九大胜利召开之年，做好今年老龄工作，具有特殊重要意义。总的要求就是深入学习贯彻习近平总书记关于做好老龄工作的重要讲话精神，以推动实施《“十三五”河北省老龄事业发展和养老体系建设规划》为主线，聚焦老龄事业与产业发展短板，聚智推进老龄工作创新发展，聚力解决老年群众普遍关心的突出问题，促进老龄事业全面协调可持续发展。

（一）在完善老龄工作政策体系上实现新突破。一要加强政策研究。要着眼人口老龄化的长远应对，针对老年群众所盼，所急、所忧的问题，开展战略性、决策性、针对性的研究，全面客观分析人口老龄化对经济社会发展的影响，从经济、文化、社会发展等各个领域全面作出安排，不断完善老年人家庭赡养和抚养、社会救助、社会福利、社会优待、宜居环境、社会参与等政策。二要完善配套法规。《河北省老年人保护条例》实施已近30年，随着经济社会发展，近年来我省相继出台了一系列关于发展老龄事业、维护和保障老年人合法权益的政策规定，创新了一批先进经验做法，迫切需要通过立法形式加以规范和巩固。目前《条例》已正式列入力争2017年内完成的重点立法项目。要广泛听取社会各界意见，特别是要深入了解广大老年人的所思所想所盼，加快推进《条例》修订工作，确保尽快颁布实施。三要加强政策衔接。各成员单位要结合部门实际，针对《“十三五”河北省老龄事业发展和养老体系建设规划》，研究具体贯彻意见，出台相应配套措施，协同推进规划重点任务的落实。

（二）在健全养老服务体系建设上实现新突破。养老服务业既是关系群众福祉的民生事业，也是具有巨大发展潜力的朝阳产业。要围绕老年群体多层次、多样化的服务需求，加快推进养老服务业“放管服”改革，努力构建以居家为基础、社区为依托、机构为补充、医养相结合的养老服务体系。一是加快发展居家养老服务。要依托城乡社区公共服务综合信息平台，推动社区养老服务向家庭延伸，为老年人提供个性化、精准化、专业化服务。要加强社区养老服务设施建设，凡新建小区都要按要求同步配套建设养老服务设施，已建小区也要通过购置、置换、租赁等方式逐步配置。石家庄作为居家和社区养老服务改革试点，要支持其创新理念、改革创新、大胆探索，为全省乃至全国创出一些能借鉴、可推广的经验做法。二是大力发展农村互助养老。农村互助幸福院既有养老机构的特点，又符合农村老年人的居家养老习惯，既解除了老年人孤独、寂寞的烦恼，又解除了外出务工经商子女的后顾之忧，这一模式已在全国各地广泛推开。要通过举办农村互助幸福院等方式和邻里互助、亲友相助等模式，提升质量、补齐短板，着力解决农村高龄、失能、贫困、空巢老年人实际问题。三是积极推动养老服务业综合改革。在强化公办养老机构托底功能的同时，全面放开养老服务市场，完善落实优惠扶持政策，采取公建民营、公办民营、民办公助等方式，引导社会力量参与，通过市场提高养老服务供给能力和水平。四是加快推进医养结合。抓好石家庄、邯郸、邢台、保定4个国家级医养结合试点和22个省级试点建设，打造养老服务新模式新业态，助力京津冀养老服务业融合发展。

（三）在提升养老院服务质量上实现新突破。提高养老院服务质量，关系老年人口特别是失能半失能老年人的晚年幸福。我们要按照习近平总书记“适应需要、质量优先、价格合理、多元供给”的要求，着力解决影响养老院服务质量的突出问题，努力让养老院中的每一位老年人都能生活得安心、静心、舒心。今年3月，民政部等六部委印发了《关于开展养老院服务质量建设专项行动的通知》，各有关部门要共同抓好落实。一是开展专项整治。全面排查养老院服务质量问题与不足，明确整治方向和内容，推进养老院服务质量大转变。二是加强安全管理。强化全员风险防范意识，加强安全设施改造和设施配备，完善安全应急应对机制，提升风险防范能力，特别是要落实好养老机构消防安全主体责任。三是强化监督检查。要加强养老服务行业自律和信用体系建设，探索建立养老服务行业黑名单制度，维护老年人合法权益，依法查处养老院违法违规行为，坚决防止欺老、虐老现象发生。

（四）在落实老年人优待保障政策上实现新突破。保证老年人正常生活，不断提高老年人生活质量，是老龄工作的出发点和落脚点。要进一步加快完善以社会保险、社会救助、社会福利为基础，以基本养老、基本医疗、最低生活保障为重点，以商业养老保险为补充的社会保障制度体系，让老年人享受到更多看得见、摸得着的实惠。要加大困难老年人扶持力度，确保所有符合条件的老年人按规定纳入最低生活保障、特困人员救助供养等社会救助制度保障范围。要进一步落实老年人优待办法，建立健全老年人养老服务补贴、残疾人补贴、高龄津贴、计划生育家庭奖励补贴等制度，建立补贴标准稳定提高机制，不断提高老年人社会福利水平。要以开展无障碍建设城市创建为载体，推动设施无障碍建设和改造，为老年人营造安全绿色便利的生活环境。

（五）在丰富老年人精神文化生活上实现新突破。在生活节奏很快的今天，老年人缺少陪伴特别是精神孤独的问题比较突出，在提升养老服务水平的同时，还应注重对老年人的精神关爱。要探索制定完善相应制度设计，创造条件增加子女亲属与老年人的陪护，发挥家庭成员间情感关爱、精神慰藉的基础作用。要广泛开展老年文化、教育、体育活动，通过“敬老文明号”创建、“敬老月”活动、中老年人才艺风采大赛、老年健康之星等形式，丰富老年人精神文化生活。要积极开展老年社会工作，建立老年人精神关爱、心理疏导、危机干预服务网络，重点针对独居、留守、失独、失能老年人提供专业服务和志愿服务，防止冲击社会道德底线的事件发生。同时，不断扩大老年人社会参与，深入开展“银龄行动”，引导老年人参与教育培训、技术咨询、医疗卫生、科技应用等活动，充分发挥他们在关心教育下一代、维护社会治安、调解邻里纠纷、参与公益服务等方面的积极作用，为实现老有所为搭建平台和载体。

四、密切协作配合，形成推动老龄事业发展的工作合力

家家都有老人，人人都会老。关爱今天的老年人，就是关爱明天的自己。希望大家真正把这项工作放在心上、落到实处，强化举措，协作配合，共同把老龄事业各项工作做深做细做好。

一要强化责任落实。省老龄委各成员单位要切实把老龄工作摆上重要议事日程，与其他工作一同布置、一同检查、一同落实，及时沟通情况，研究解决老龄事业发展中遇到的新情况、新问题。要结合各自职能，认真梳理当前和今后一个时期涉及本部门本单位的老龄工作重点任务，细化责任分工，明确时间进度，确保规划目标任务顺利推进。省老龄办要发挥好统筹协调作用，做好推动、督促、沟通工作，为省委、省政府科学决策出好主意、当好参谋。

二要强化宣传引导。要在全社会开展老龄化国情省情教育，增强全社会积极应对老龄化的思想观念。要大力开展社会主义核心价值观和孝亲敬老教育，弘扬孝亲敬老传统美德。要加强老龄工作法律法规、政策的宣传，增强群众维护保障老年人权益的法律意识。要广泛发动社会团体、组织和个人积极投身老龄慈善事业，努力营造全社会关注、重视、支持老龄工作的浓厚氛围。

三要强化督导检查。省老龄办要会同有关部门，加强对各地的指导、督促，指导各地出台相应规划，共同推进“十三五”规划及今年重点任务的落实，及时检查并向省政府报告工作进展情况。要及时发现典型、总结经验，查找差距、鞭策后进。对工作任务完成好的地方和单位要大力表扬，对完成不好、出现重大问题的要及时通报批评，直至约谈、问责，确保各项决策部署落地生根。

同志们，老龄事业任务艰巨、责任重大、影响深远。大家要以“扑下身子抓落实”的干劲，“撸起袖子加油干”的决心，攻坚克难、真抓实干，不断把全省老龄事业推向前进，为建设经济强省、美丽河北、全面建成小康社会作出新的更大贡献，以优异成绩迎接党的十九大胜利召开！

在江苏省老龄委全体会议上的讲话

江苏省副省长　陈震宁

（2017年11月10日）

同志们：

前不久，省老龄委作了充实调整，成员单位从26个增加到40个，这是根据老龄工作新的形势任务变化作出的部署，也体现了老龄工作的新特点新要求。今天召开的省老龄委全体会议，也是调整充实后的第一次全体会议。会议的主要任务是，深入贯彻落实党的十九大精神，总结回顾省老龄委前期工作，分析形势，部署新一届老龄委重点任务。刚才，学元同志报告了全省老龄工作情况，省发改委、财政厅、人社厅、卫计委作了交流发言，讲得都很好，我都赞成。在省委省政府强有力领导下，在前几届老龄委负责同志及各成员单位的共同努力下，全省老龄事业取得了长足发展，老龄事业顶层设计更加完备，老年民生保障水平持续提升，社会养老服务体系日趋完善，老年人权益保障切实增强，老年宜居环境建设加速推进。这些成绩的取得离不开包括在座各位在内广大老龄工作者的辛勤付出。在此，我代表省政府和省老龄委，向关心、支持、参与老龄事业发展的各单位各部门各有关方面表示衷心的感谢！

人口老龄化现象是普遍性的全球现象，对经济增长、社会管理、投资消费、劳动力市场、税收及世代转接等方方面面都有深刻而长远的影响。在世界范围横向比较，我国人口老龄化速度之快前所未有，只用了18年时间走完了发达国家一百多年的进程，与欧美发达国家特别不一样的是，我国的老龄化现象呈现出“未富先老”的明显特征，这成为我国现代化进程中重大的挑战和隐患，成为一个不容忽视的重大社会问题。从全国范围加以考量，我省是最早进入人口老龄化的省份，人口老龄化规模大、速度快、比重高，且呈不均衡性。截至2016年底，全省60周岁以上老年人口达到1719万，占户籍人口的22.1%，高于全国5.4个百分点，居全国各省、区之首，已迈入中度老龄化阶段。未来我省老龄化仍将呈加剧态势，据测算，2020年老龄化比例将达到25%，2030年这一比例将超过30%。由此可见，“十三五”时期既是老龄化进程的新阶段，也是发展老龄事业的“重要窗口期”，我们要牢牢把握新的形势变化，抓住有利条件，既要主动应对，更要科学应对，聚合各方面积极因素，推动我省老龄事业再上新台阶，努力满足老年人对美好生活的期盼。

下面，我讲三点意见，供大家参考。

一、深化认识，提高站位，认真贯彻习近平总书记关于老龄工作的战略思想

党的十八大以来，以习近平同志为核心的党中央高度重视人口老龄化问题和老龄工作，提出了一系列新理念新思想新战略。党的十九大又对加快发展老龄事业做出部署，强调要“积极应对人口老龄化，构建养老、孝老、敬老政策体系和社会环境，推进医养结合，加快老龄事业和产业发展”，成为新时期我们做好老龄工作的根本遵循。我们要深入学习、深刻领会，结合实际贯彻落实，努力开创我省老龄工作的新局面。

第一，深刻领会“两个事关”的重大意义。习近平总书记强调，有效应对我国人口老龄化，事关国家发展全局，事关亿万百姓福祉。人口老龄化，既是民生问题，也是经济问题，更是社会问题。应对得当，老年人的生活将会更加幸福，社会将更加和谐，经济转型升级的内生动力也将更加强劲；应对失策，不仅老年人的获得感无从谈起，还会对经济发展、社会治理造成严重冲击。世界上一些较早进入老龄社会的发达国家也走过弯路，深受老龄化拖累，经济发展乏力，社保压力加大，财政不堪重负。人口老龄化是一个关系到国计民生和国家长治久安的综合性重大战略问题，各级各部门都不能置身事外，必须以高度负责的态度，自觉把老龄工作放到大局中去谋划和推进，实现老龄工作与改革发展大局的深度对接、高度融合，不断提升老龄工作在服务大局中的站位。

第二，准确理解发展老龄事业的方针和原则。习近平总书记在十八届中央政治局第三十二次集体学习时强调“坚持党委领导、政府主导、社会参与、全民行动相结合，坚持应对人口老龄化和促进经济社会发展相结合，坚持满足老年人需求和解决人口老龄化问题相结合，努力挖掘人口老龄化给国家发展带来的活力和机遇，努力满足老年人日益增长的物质文化需求，推动老龄事业全面协调可持续发展”。总书记的重要讲话充分体现了积极老龄化的思想，明确了老龄工作的方针和原则。我们分析研判老龄工作的形势任务，不仅要正视挑战，更要看到蕴藏的机遇。将满足老年人物质文化需求，作为经济转型、产业布局、文化创新的新动能、新引擎，努力消除人口老龄化的消极因素，挖掘积极因素，大力改革创新，切实到位履行新时代赋予的新使命。

第三，正确把握老龄事业的发展方向和重点。习近平总书记借鉴各国应对人口老龄化经验，深入分析我国人口老龄化特点，强调要及时应对、科学应对、综合应对我国人口老龄化，要求从思想观念、政策制度、产业发展、发挥老年人积极作用、健全老龄工作体制机制等五个方面重点着力。所谓及时应对，就是要提前谋划，用好战略窗口期，掌握战略主动权。所谓科学应对，就是要尊重老龄问题发展规律，科学研究、科学决策，提高应对老龄化的精准性和实效性。所谓综合应对，就是要统筹多种手段综合施策，完善多种政策组合，动员多方面力量，提高应对老龄化行动的全面性、系统性和协调性。发展老龄事业，凝聚社会共识是积极应对人口老龄化的基础，构建系统完备的老龄政策制度体系是关键，推进老龄产业协同发展是有效途径，发挥老年人积极作用是内生动力，健全老龄工作体制机制是重要保障。各级各部门要深刻领会总书记重要讲话的内涵，紧扣发展方向和重点，强化部门协同，共同为全省老年人更加幸福美好的生活发挥积极作用。

二、精准施策，有效作为，扎实做好当前和今后一个时期全省老龄工作

党的十九大指出，中国特色社会主义进入新时代，我国社会主要矛盾已经转化为人民日益增长的美好生活需要和不平衡不充分的发展之间的矛盾。我们要清醒地认识到，在我省老龄工作领域，不平衡和不充分的问题同样存在，主要表现为：养老保障水平还有待进一步提高，养老服务供给不足、结构不够合理的矛盾仍然突出，家庭和居家养老支持政策不够完善，医养融合还不够深入，农村养老服务体系建设相对滞后，基层老龄工作基础较为薄弱、体制机制还不健全等等。我们要强化积极老龄化思想，聚焦老龄工作的不平衡不充分问题，深化改革，精准施策，进一步提升老龄事业发展水平，增进老年人的获得感和满意度。

（一）认真落实“十三五”老龄事业发展规划。规划涉及的25项发展指标、十大任务、八项工程已经逐一落实牵头单位、责任单位。各单位要对照各自职责，加快制定具体执行和细化措施，明确时间表、路线图，确保责任到位、工作到位、投入到位、见到实效。要围绕老龄工作和老龄事业发展的热点难点问题，聚焦老年人最急需解决的实际问题，进行定向研究攻关，争取有更大的突破。要准确分析掌握规划实施进度和实施成效，对重点任务完成情况要有考核、有反馈、形成闭环，持续跟踪问效，及时调整落实措施，确保规划各项任务不折不扣地按时完成。

（二）加快完善老龄政策制度。针对老龄法律法规、政策制度方面存在的薄弱环节和突出短板，重点围绕家庭养老支持、老年人长期照护、农村留守老人关爱服务等方面，加快制定相关政策制度，逐步消除重要制度空白，形成系统完备的养老、孝老、敬老政策体系。部门之间要加大协调联动力度，实现老龄政策之间、老龄政策与其他社会政策之间、新政策与原有政策之间的配套衔接，整合并用好现有政策，适时应势创新政策，强化政策的引导推动效应，当前要把抓政策落实摆到突出位置，投入更多精力抓督查问效，使各项老龄政策措施真正落地，尽快发挥效益。

（三）统筹加强老年人物质和文化生活保障。一方面，要切实加强老年人社会救助、社会保险、社会福利的衔接，统筹提升老年社会保障水平。进一步完善企业职工基本养老保险省级统筹，着力提升城乡居民基本养老保险制度一体化水平。进一步提高老年人医疗保障待遇，落实享受最低生活保障的老年人和其他低收入家庭老年人参保资助政策，全面实现老年人医疗保险省内和跨省异地就医联网结算。将符合条件的老年人纳入最低生活保障范围，加大对困难老年人的救助力度，健全养老服务补贴制度。切实落实老年人各项优待服务政策，提高老年人社会福利水平。另一方面，要更加关注老年人的精神文化需求，广泛开展多种形式的精神文化活动。着力加大宣传力度，引导全社会树立积极的老龄观。进一步推动老年教育事业发展，精心组织各种老年文化和体育活动。加强基层老年协会规范化建设，充分发挥老年群众组织的积极作用。扶持开展老年精神关爱创新试点和示范项目，加强高龄、空巢、失能半失能等重点老年人的精神关爱。

（四）着力深化养老服务业改革。今年，省政府出台了《关于全面放开养老服务市场提升养老服务质量的实施意见》，进一步深化养老服务领域改革创新。各级各有关部门要切实解放思想，按照全面放开养老服务市场的要求，以市场化思维推进养老服务业“放管服”改革。全面落实扶持社会力量参与养老服务业的各项政策，放宽准入条件，简化许可程序，优化审批流程。建立统一、开放的市场环境及公开、透明的政策环境，促进公平竞争，充分发挥市场在养老服务资源配置中的决定性作用。要进一步加强养老服务体系建设，切实强化对家庭养老的政策支持，加快推进老年人宜居环境建设，引导老年人优先选择居家养老。持续推进社区居家养老服务设施网络建设，优先满足老年人的助餐、日间照料等基本服务需求，逐步向其他服务形态形式拓展。要着力提升机构养老服务质量，对入住养老机构实施评估，把宝贵的机构养老资源留给最需要的失能、部分失能群体。要深入推进医养融合，大力发展护理型床位，建立特困、失能半失能老人集中托养机制，稳步扩大长期护理保险制度试点范围。要加强养老服务标准化和人才队伍建设，进一步提高养老服务水平。需要特别强调的一点是养老人才队伍建设是发展养老服务业的基础性工作，目前我省总体上养老人才比较缺乏，层次不高，直接制约和影响养老事业和产业的发展。人才队伍建设是需要一定周期的，有关部门要加强研究，积极想办法、求突破，在培养培训、待遇保障、技能评定等方面落实更多得力有效举措，吸引和留住更多的青年人，特别是有一定学历层次的青年人投身养老事业，促进养老服务业持续健康发展。

（五）大力推进老龄产业发展。要强化民生经济理念，充分发掘老龄产业这个“富矿”，实现民生改善与经济发展双促进、双提高。要加强老龄产业发展的顶层设计，切实解决缺乏规划引导、缺乏空间布局等问题。围绕老年人的衣、食、住、行、医等需要，支持相关企业利用新技术、新工艺、新材料开发为老年人服务的产品用品。要鼓励有条件的地区设立“老龄产业发展投资基金”。推进建设“省级健康养老服务业集聚区”“省级养老服务业综合发展示范基地”和“省级养老服务业创新示范企业”，为养老服务产业发展提供载体和平台。

三、齐抓共管，同心协力，形成发展老龄事业的强大合力

老龄工作是一项综合性工作，涉及各行各业、方方面面。各级各部门及全社会都要积极参与、协同发力，共同推进老龄事业稳健发展。

（一）加强组织领导。进一步完善党委统一领导、政府依法行政、部门密切配合、群团组织积极参与、上下左右协同联动的老龄工作机制。各个层级、各相关部门都要把老龄工作列入重要议事日程，纳入经济社会发展总体规划，推动解决重点难点问题。老龄委各成员单位要积极履责，尤其是今年新纳入省老龄委的成员单位要结合自身职能，尽快梳理应该承担的工作任务，制定并落实相应措施。老龄办要做好协调、沟通、推动、督促工作，为老龄委决策和成员单位履职做好服务。

（二）加强督促落实。要将老龄事业发展重点任务纳入各级政府部门责任清单和绩效考核内容，按照责任分工，一级抓一级，层层抓落实。各级老龄委要积极发挥督促、检查和指导职能，建立健全激励、督导和考核评估等机制，对党委、政府决定的重大事项和出台的重要文件，对规划和文件中的约束性指标，强化督促检查，加强跟踪指导，确保落到实处。

（三）加强队伍建设。老龄工作做得好不好，人是关键因素。要适应形势发展的新要求，建立一支政治强、业务精、作风实、效率高、讲奉献的老龄工作队伍，特别是要充实基层老龄工作队伍，确保城乡基层老龄工作有人抓、老年人事情有人管、老年人困难有人帮。要积极改进工作作风，落实全面从严治党责任，创建为民、务实、清廉的老龄工作机关，更好地为广大老年人办实事、解难事、做好事。

同志们，老龄工作责任重大、使命光荣。我们要全面贯彻落实党的十九大精神，始终坚持以人民为中心的发展思想，落实省委、省政府关于老龄工作的部署要求，攻坚克难，真抓实干，不断开创我省老龄工作新局面，为建设“强富美高”新江苏贡献力量。

在福建省老龄工作委员会第十三次全体会议上的讲话

福建省副省长　黄琪玉

（2017 年 7 月 7 日）

今天，我们召开省老龄委全体会议，主要任务是深入学习贯彻习近平总书记关于加强老龄工作的重要指示和重要讲话精神，传达贯彻全国老龄委第十九次全体会议精神，回顾总结 2016 年老龄工作，研究部署 2017 年老龄工作。

刚才，方少雄同志传达了全国老龄委第十九次全体会议精神，池秋娜同志作了 2016 年全省老龄工作主要情况和今年工作安排的报告，同志们提出了很多很好的意见和建议，我都赞成。下面我讲几点意见。

一、充分肯定 2016 年我省老龄工作取得的成绩

去年以来，各级各有关部门认真贯彻中央和省委、省政府关于老龄工作的决策部署，努力推动老龄事业全面协调可持续发展，“十三五”实现了良好开局。主要体现在以下方面：

一是老年社会保障体系不断健全。基本养老、基本医疗保险制度全面建立，保障水平稳步提升，全民参保计划顺利实施。企业退休人员基本养老金总体增长 6.5%，城乡居民基础养老金月人均最低标准提高到 100 元。大病医疗保险进一步完善，城乡差距逐步缩小。社会救助体系不断完善，城乡低保制度与扶贫开发政策有效衔接，贫困老年人通过低保兜底等措施逐步实现脱贫，特困救助供养老人供养标准进一步提高，农村留守老人、计划生育家庭老人、重点优抚对象、革命“五老”人员和高龄、空巢老人得到更多关爱和帮扶。

二是养老服务水平不断提高。落实中央全面放开养老服务市场、老年人照顾服务和提高养老院服务质量的决策部署，出台居家社区养老补短板意见。积极引导社会力量参与养老服务工作，每千名老年人拥有床位数达到 31 张。将老年人医疗健康养老服务和老年人健康管理服务分别列入卫生事业总体规划和专项规划，积极推动医疗机构与养老机构合作共建，鼓励养老机构设置医疗机构。持续加大老年人慢性病防治力度，基层医疗卫生服务机构为老服务能力显著提升。

三是老年人权益保障力度日益加大。进一步完善老年人权益保障立法工作，《福建省老年人权益保护条例》修订施行。依法打击侵害老年人合法权益的违法犯罪活动，强化对困难老年人群体合法权益的保障，为生活困难老年人减免、缓交诉讼费，为老年人提供法律服务和法律援助，减免律师代理费。

四是老年人参与社会活动渠道不断拓展。发挥老年专家作用，组织“银龄行动”专家服务团赴农村基层开展栽培技术讲座、义诊等活动。各地推进基层老年协会、老年体育协会和老年大学建设，整合资源，加大投入，千方百计满足老年人的教育、健身等需求。

这些成效的取得，是各级各有关部门合力推进和社会各界关心支持的结果，特别是省老龄委各成员单位和全省广大老龄工作者辛勤付出、共同努力的结果。借此机会，我代表省政府和省老龄委，向各成员单位和全省广大老龄工作者表示衷心的感谢！

二、深刻认识当前我省人口老龄化形势

当前，我省人口老龄化正处于快速发展期，影响持续加深，新情况新问题不断显现。

从老年人数量看，我省现有 60 岁及以上老年人口 532 万人，占全省常住人口 13.8%。到 2050 年前后，我省老年人口预计将达到 1211.46 万，占总人口的 30.37%，老年抚养比由现在的 12.64%提升到 35.06%。

从老龄化速度看，1953 年至 2000 年间，我省老年人口由 73 万增加到 325 万，年均增加 5.36 万；从 2000 年到 2050 年，年均将增加 17.72 万。以 2000 年为分界线，后 50 年的年均增速是上个 50 年的 3.3 倍。从横向国内、国际比较看，我省人口老龄化水平与全国水平接近，是世界平均速度的 2 倍。

从高龄化程度看，我省 80 周岁及以上的高龄老人 2000 年时 33 万人，2010 年时 60.2 万人，2016 年达到 92.4 万人，高龄化增速加快。目前，我省有 44.77 万名残疾老人，有 31.92 万名失能老人，近半数老年人患有高血压、糖尿病等慢性病。此外，我省空巢老人数量已接近 50%。

从城乡分布上看，我省人口老龄化地区差异较大，目前，农村人口老龄化水平为 17.49%，城市为 10.98%，随着年轻人口迁入城镇，城镇老龄化水平上升步伐将逐步放缓，而农村老龄化将不断加剧。

面对老龄化过程中出现的新情况新问题，中央和省委、省政府领导高度重视。去年5月，中央政治局就我国人口老龄化形势与对策举行第三十二次集体学习，习近平总书记发表了重要讲话。他明确指出，满足数量庞大的老年群众多方面需求、妥善解决人口老龄化带来的社会问题，事关国家发展全局，事关百姓福祉，需要我们下大气力来应对。省委、省政府主要领导亲自过问，多次听取汇报，专题研究，提出明确要求。

三、扎实做好当前及今后一个时期的老龄工作

各级各有关部门要认真学习贯彻习近平总书记重要讲话精神，认真贯彻落实中央和省委、省政府关于老龄工作的一系列决策部署，清醒认识新形势下我省人口老龄化面临的新挑战新任务，坚持问题导向，认真研究，主动作为，抓紧补齐短板，努力推动老龄事业全面协调可持续发展。

一要加大老年人社会保障力度。不断健全老年人基本生活保障、医疗保障、护理保障、住房保障等社会保障制度，稳步提升保障水平。当前，要突出做好贫困老年人的兜底保障工作，采取政府帮扶、慈善救助等多种方式，加大对其基本生活、医疗、照护、住房等保障力度，让贫困老年人共享经济社会发展成果。要不断巩固和提升家庭养老功能，充分发挥家庭为老年人提供经济供养、生活照料、精神慰藉中的基础性作用。

二要推进养老服务工作。认真落实中央和省委、省政府关于大力发展养老服务业的要求，一方面要积极履行职责，在制定规划、健全制度、出台政策、引导投入、规范市场、营造环境等方面发挥主导作用，着力增加面向老年人的公共服务产品、公共服务供给。另一方面，要发挥市场机制作用，大力推进“简政放权、放管结合、优化服务”改革，放宽市场准入，加强事中事后监管，加大对市场主体的引导、培育和扶持，调动好、保护好各类市场主体的参与积极性，不断满足老年人多层次的养老需求。今年，要开展养老院服务质量建设专项工作，全面提升养老机构服务质量；要加强居家养老补短板工作，推进专业化服务组织落地服务，开展居家社区养老服务站星级评定，提升规范化水平，推动居家养老服务工作提档升级。

三要为老年人参与社会发展提供平台。老年人是社会的宝贵资源，要充分发挥老年人的积极性、能动性、创造性，为老年人发挥作用创造更多的机会和条件。注重发展各种形式的老年志愿服务，深入开展“银龄行动”，加大对公益性、服务性、专业性基层老年社会组织的培育力度。同时要完善老有所为的激励机制，对在经济社会发展中作出突出贡献的老年人进行表彰和宣传，使广大低龄、健康、有意愿的老年人更深入、更广泛地参与经济社会发展，在参与中更好地融入社会、在参与中提升生活满意度和幸福感。

四要抓好老龄政策落实。省政府办公厅印发了《关于加快推进居家社区养老服务十条措施的通知》（闽政办〔2017〕67号）、《关于进一步促进养老机构健康发展十条措施的通知》（闽政办〔2017〕68号），《“十三五”福建省老龄事业发展和养老体系建设规划》也已经省政府常务会议研究通过，即将下发。下半年，还有几份关于养老的文件要出台，各级各有关部门要认真抓好落实。根据安排，下半年省人大常委会要专题听取《福建省老年人权益保障条例》实施情况的报告，各级各有关部门要制定完善《条例》的配套法规政策，明确老年人家庭赡养和扶养、社会保障、社会服务、社会优待、宜居环境、社会参与等政策。在完善法规政策体系的基础上，加大贯彻执行和执法力度，健全执法机制，确保相关法规政策落地生根。这项工作由省老龄办负责督促检查，相关单位密切配合，共同推动法规政策的贯彻落实。

五要引导全社会共同应对人口老龄化。积极应对人口老龄化是一项国家战略，需要全社会的共同努力。在全社会开展人口老龄化国情教育，引导全社会辩证看待人口老龄化带来的挑战和机遇，深化对积极应对人口老龄化重要性、紧迫性的认识。加大宣传、大力弘扬孝亲敬老传统美德，引导全社会更加尊重和更好接纳老年人。引导中青年群体积极看待老年生活，树立终身养老准备意识，提前规划老年生活。要大力培育积极老龄观，引导老年人自立、自信、自尊、自强，乐于安享老年生活，继续发挥正能量，奉献家庭社会。

四、切实加强对老龄事业发展的组织领导

老龄事业发展面临着新的形势，老龄工作任务重、要求高、难度大。各地、各相关部门和各级老龄委的同志们要把思想和行动统一到中央的决策部署和要求上来，推动解决重点难点问题，确保各项任务落到实处。

一要把老龄工作放在更加突出的位置。各地、各相关部门要把老龄工作摆上重要议事日程，将老龄事业发展重点任务纳入政府部门责任清单，一级抓一级，层层抓落实。老龄委各成员单位要结合自身职责，认真梳理当前和今后一个时期涉及本部门本单位的老龄工作重点任务，制订落实方案，抓好各项任务的落实。

二要健全老龄工作机制。完善老龄委议事规则和协调联络、监督检查等制度，形成上下贯通高效、部门协同有力的老龄工作机制。各级老龄办要切实履行职能，做好推动、督促、沟通工作，充分发挥作用。于伟国省长在省政府第98次常务会议研究《“十三五”福建省老龄事业发展和养老体系建设规划》时指出，老龄办不是边缘部门，而是省委、省政府关心关注的部门，要切实掌握情况，推动相关部门每年取得实实在在、看得见的成效。于省长年内要专门听取省老龄办的汇报，老龄办要做好充分准备，有关部门要积极配合。

三要抓好工作队伍建设。各级各有关部门要把老龄工作队伍建设摆在突出位置，加强教育培训，建设一支讲政治、懂业务、作风实、讲奉献的老龄工作队伍。广大老龄工作者要主动适应新形势，不断加强学习，注重调查研究，真抓实干，把对老年人的关爱体现在实际行动上、落实到具体工作中，为老龄事业出谋划策，为老年人办实事、解难事、做好事。

老龄事业发展事关社会和谐稳定，事关广大老年人幸福安康。我们要按照中央和省委、省政府的部署要求，真抓实干，积极作为，不断开创老龄工作新局面，以优异成绩迎接党的十九大胜利召开。

在山东省庆祝老年节大会上的讲话

山东省副省长　王随莲

（2017 年 10 月 12 日）

尊敬的各位老领导、老年朋友，同志们：

在全省上下喜迎党的十九大胜利召开之际，我们在这里召开大会，共同庆祝第五个国家法定“老年节”。会前，刘家义书记、龚正省长专门发来慰问信，向全省老年人致以节日的祝福。在此，我代表省政府，向全省 2000 多万老年人表示亲切的问候，向关心支持老龄事业发展的社会各界人士表示衷心的感谢，向受到表彰的单位和个人表示热烈的祝贺！

党的十八大以来，党中央将老龄工作纳入党和国家工作全局，习近平总书记多次对加强老龄工作作出重要指示，主持召开专题会议研究部署老龄工作，提出了加强老龄工作、发展老龄事业的一系列新理念、新思想、新要求，形成了加强老龄工作、有效应对人口老龄化的最顶层设计，为做好老龄工作提供了根本遵循和行动指南。省委、省政府高度重视老龄工作。刘家义书记在省第十一次党代会报告上提出，要积极应对人口老龄化，推进医养结合，健全多层次养老服务体系，切实做到老有所养，老有所依，老有所乐，老有所安。今年的政府工作报告中，对养老机构改革、引入社会资本、发展医养融合、提升居家养老等工作作出新的安排。近年来，全省各级按照“党委领导、政府主导、社会参与、全民行动”的工作方针，持续增加老年民生领域投入，不断加大优待老年人力度，积极拓展老年人参与社会渠道，着力丰富老年人精神文化生活，社会敬老爱老助老风气更加浓厚，老年人晚年生活更加幸福，全省老龄事业发展取得了新的明显成效。

当前，我们已经进入全面建成小康社会的决胜阶段，也正处于积极应对人口老龄化的重要窗口机遇期，截至 2016 年底，我省 60 岁以上老年人口已达 2061 万，占总人口的 20.7%，已经进入中度老龄化社会。做好新形势下的老龄工作，让老年人共享改革发展成果、健康幸福地安度晚年，既是各级党委、政府义不容辞的责任，也对推动我省实现创新发展、持续发展、领先发展具有重要意义。我们要进一步增强责任感和紧迫感，坚定信心，真抓实干，努力推动全省老龄事业再上新台阶。

一要在全省大局中推进老龄工作迈出新步伐。习近平总书记指出，“有效应对我国人口老龄化，事关国家发展全局，事关亿万百姓福祉”。做好老龄工作，积极应对老龄化问题，必须把老龄工作放到大局中、全局中来考量、来定位、来谋划、来推进。当前，我省最大的大局，就是由大到强、走在前列，奋力开创经济文化强省建设新局面，这也是省第十一次党代会的主题。老龄工作要牢牢把握全省工作大局，紧紧围绕加快新旧动能转换、增进民生福祉、脱贫攻坚等重点工作，既立足当前，保障好老年人基本需求，又着眼长远，妥善应对老龄化带来的挑战，使老龄工作与全省中心工作在指导思想上相一致，在目标要求上相呼应，在工作举措上相协调，实现老龄工作与全省发展大局的深度对接、高度融合。

二要在保障和改善老年民生上取得新成效。民生改善是我们建设经济文化强省最真切、最生动、最温暖的诠释。要认真履行政府兜底线、保基本职责，持续改善老年民生。在制定完善社会养老保险、医疗保险、住房保障、社会救助等社会保障政策措施时，要注意考虑老年人的特殊情况，有针对性地进行倾斜。城乡居民基础养老金、高龄津贴、城乡低保、农村“五保”等保障标准，要随着经济社会发展同步增长。要加强对老年人的精神关爱和健康促进，进一步健全老年人精神关爱、心理疏导、危机干预服务网络，支持和鼓励社会各界为老年人提供心理关怀和精神关爱。要强化政策衔接配套，为老年人提供丰富便捷的公共服务，让老年人共享改革发展成果，拥有更多幸福感、满足感和获得感。

三要在养老服务业和老龄产业发展上实现新突破。我省老年群体数量庞大，老年人用品和服务需求巨大，老龄服务事业和产业发展空间十分广阔。要深入推进养老服务业“放管服”改革，加大市场开放力度，逐步健全以居家为基础、社区为依托、机构为补充、医养相结合的养老服务体系，有效缓解养老服务供需矛盾。要进一步完善老龄产业支持政策，从财政、税费、土地等方面采取措施，鼓励和引导企业开发医疗卫生、康复辅具、互联网平台、休闲旅游等老年服务产品，在养老服务领域培养一批优秀企业和知名品牌。要不断激发养老服务业发展动能，加快实施转型升级，推进公办养老服务机构和养老服务市场供给侧结构改革，大力发展医养结合养老模式，优化市场布局。

四要在老有所为环境营造上得到新改善。“莫道桑榆晚，为霞尚满天”。老年是人的生命的重要阶段，仍然可以有作为、有进步、有快乐。老年人经过岁月的洗礼，积累了丰富的人生阅历，有威望、有经验、有智慧，在很多领域具有独特的优势。要积极为老年人发挥作用创造条件，搭建老年人才交流平台，大力发展老年志愿服务和社团组织，让更多公益性、互助性、服务性、专业性老年社会组织，在宣传科普、人才培养、课题研究、文化惠民等方面发挥积极作用。要深入开展人口老龄化国情、省情教育，大力弘扬孝亲敬老传统美德，严打各类侵害老年人合法权益的违法犯罪活动，让敬老养老助老成为国家意志、公民素养和社会风尚。要营造敬老爱老社会氛围，引导老年人保持老骥伏枥、老当益壮的健康心态和进取精神，鼓励老年人参与全面小康社会建设，不断发挥正能量，作出新贡献。

五要在构建老龄工作大格局上展现新作为。老龄工作是一项系统工程，涉及面广、牵涉部门多。做好老龄工作，需要各方面的共同努力。要完善党委统一领导、政府依法行政、部门密切配合、群团组织积极参与、上下左右协同联动的老龄工作机制，形成老龄工作大格局。各级要将老龄工作纳入经济社会发展规划，纳入工作考核内容，激励引导企事业单位、社会组织特别是慈善公益、社区社会组织参与涉老事务，多渠道、多形式地提供为老服务，协同推进老龄事业和产业发展。各有关部门要把老龄工作摆在更加重要的位置，结合各自职能，主动参与、积极作为、通力合作，认真抓好相关任务落实，形成强大的工作合力。要加大对基层老龄组织的支持和保障力度，提升基层落实国家各项老龄政策，开展为老服务的能力，保证城乡社区老龄工作有人抓、老年人事情有人管、老年人困难有人帮，确保各项老龄工作任务落到实处。

同志们，老年人像翠绿的松柏，历经风雪，愈加苍劲；老龄事业是火红的朝阳，生机勃勃，充满希望。齐鲁大地自古就有孝亲敬老的传统美德，新的时代又赋予它新的内涵。希望全省各级、社会各界在省委、省政府的正确领导下，深入贯彻落实习近平总书记系列重要讲话精神和治国理政新理念新思想新战略，努力推动我省老龄事业全面协调可持续发展，以优异成绩迎接党的十九大胜利召开！

最后，祝全省老年人节日快乐、生活幸福、健康长寿！

湖南省老龄委主任杨光荣副省长在《湖南日报》署名刊发慰问信

2017 年 10 月 28 日，是我国第五个法定“老年节”。省人民政府副省长、省老龄委主任杨光荣在《湖南日报》署名发表《给全省老年朋友的慰问信》，代表省人民政府和省老龄委向全省广大老年朋友致以节日的祝贺和诚挚的问候！全文如下。

岁岁重阳喜，九九丹桂香。值此全国第五个法定“老年节”之际，我谨代表省人民政府向全省 1200 多万老年朋友们致以节日的问候和良好的祝愿，向所有关心支持老龄事业发展的各界人士表示崇高的敬意和衷心的感谢！

人生最美桑榆晚，最是夕阳红满天。老龄事业是社会主义建设事业的重要组成部分，老年人是社会的宝贵财富，是推动经济发展和维护社会稳定的一支重要力量，尊老敬老爱老助老是中华民族优秀的传统美德和全社会义不容辞的责任。近年来，党中央、国务院，省委、省政府高度重视老龄工作，出台了一系列政策和措施，促进养老事业加快发展。

去年5月27日，习近平总书记在中共中央政治局集体学习时强调：坚持党委领导、政府主导、社会参与、全民行动相结合，坚持应对人口老龄化和促进经济社会发展相结合，坚持满足老年人需求和解决人口老龄化问题相结合，努力挖掘人口老龄化给国家发展带来的活力和机遇，努力满足老年人日益增长的物质文化需求，推动老龄事业全面协调可持续发展。2013年，国发35号文件《国务院关于加快发展养老服务业的若干意见》指出：积极应对人口老龄化，加快发展养老服务业，不断满足老年人持续增长的养老服务需求，是全面建成小康社会的一项紧迫任务，有利于保障老年人权益，共享改革发展成果，有利于拉动消费、扩大就业，有利于保障和改善民生，促进社会和谐，推进经济社会持续健康发展。2014年，湖南省人民政府出台了《关于加快推进养老服务业发展的实施意见》，大力推进老年社会福利事业发展，提高老年人生活质量，推动经济社会持续健康发展。

当前，我省老龄化的形势日趋严峻，老龄工作任重道远。全省要积极应对人口老龄化的严峻挑战，从经济社会全面协调可持续发展的高度认识老龄工作，从改革发展稳定的大局安排部署老龄工作，在全省上下大力营造敬老、养老、助老的浓厚氛围，千方百计为老年人办实事、解难题、谋福祉，让每一位老年人都能幸福安康、颐养天年。

老骥骨奇心尚壮，青松岁久色逾新。老年是人的生命的重要阶段，仍然可以有作为、有进步、有快乐，仍然应当自尊、自立、自强。衷心感谢全省广大老年朋友为湖南改革发展稳定所作出的历史贡献。真诚希望全省广大老年朋友青松不老、古枫吐艳，一如既往地关心和支持全省经济社会发展，为建设富饶美丽幸福新湖南发挥余热、再作贡献。

最后，祝全省老年朋友们节日愉快、生活幸福、健康长寿！

在贵州省老龄工作会议上的讲话

贵州省民政厅厅长、省老龄办主任　罗宁

（2017年4月13日）

同志们：

这次会议的主要任务是：总结回顾2016年全省老龄工作，安排部署2017年工作。刚才，黔西南州、毕节市、铜仁市老龄办负责同志分别介绍了老龄工作的一些好经验和做法，春兴同志通报了市（州）老龄办2016年度老龄工作业务目标管理考评情况。下面我讲几点意见。

一、2016年全省老龄工作回顾

2016年是“十三五”的开局之年，在省委、省政府的正确领导下，全省各级老龄工作部门深入学习贯彻习近平总书记在中央政治局第三十二次集体学习时的重要讲话精神，紧紧围绕全省经济社会发展大局和“五个老有”工作目标，着力保障和改善老年民生，抢抓机遇，锐意进取，各项老龄工作取得显著成绩，开创了老龄事业发展新局面。

（一）老龄事业发展步入新阶段。过去一年，是令老龄工作者为之振奋的一年。党中央、国务院聚焦老龄工作，作出系列重要部署。5月27日，习近平总书记在主持中央政治局第三十二次集体学习时强调，要着力增强全社会积极应对人口老龄化的思想观念，要着力完善老龄政策制度，要着力发展养老服务业和老龄产业，要着力发挥老年人积极作用，要着力健全老龄工作体制机制。10月11日，习近平总书记在中央全面深化改革领导小组第二十八次会议上指出，养老服务业既是关系亿万群众福祉的民生事业，也是具有巨大发展潜力的朝阳产业。过去一年，各地党委、政府认真贯彻落实总书记的指示精神，将老龄工作纳入重要议事日程，放在经济社会发展全局进行部署，老龄工作理念创新的维度前所未有，审视和定位老龄工作的高度前所未有，决策部署的广度前所未有，制度建设的深度前所未有，抓组织保障和贯彻落实的力度前所未有，我省老龄事业步入了崭新的发展阶段。

（二）养老保障体系建设迈上新台阶。城乡社会保障不断扩面提标。截至2016年底，全省基本养老保险、基本医疗保险参保人数分别达到2124.87万人、973.63万人，同比分别增长4.1％、1.9％；全省企业和机关事业单位130万退休人员基本养老金水平较去年进一步提高，月人均增加190元；新型农村合作医疗参会农民2023.25万人，参合率99.2％，比上年提高0.1％；城镇居民基本医疗保险政府补助标准提高到420元；各地调整完善居民大病保险政策并出台实施办法，其中，贵阳、遵义、毕节、黔南4个市（州）新农合大病保险不设封顶线；城镇

（乡）参保居民基本实现省内异地就医即时结算。老年人优待工作成效明显。《贵州省老年人优待办法》于2016年1月1日起正式实施。各地积极落实《优待办法》规定的各项政策，70岁以上老年人免费乘坐市内公共交通工具实现了全覆盖。此外，各地在推动65周岁以上老年人享受社区卫生健康管理和保健服务、游览旅游景点优惠、建立养老服务补贴制度、老年人优待服务窗口和服务场所设置明显优待标志、标识以及公布优待内容等政策落实方面取得了良好进展。普惠型高龄老人补贴制度逐步建立。截至2016年底，贵阳、遵义、六盘水、毕节、铜仁、黔东南建立了市（州）级层面统一的80周岁以上高龄津贴制度，黔南、黔西南建立了州级层面针对低收入或者非财政供养80岁以上老年人高龄津贴制度。81个县（市、区）建立了80周岁以上高龄津贴制度；83个县（市、区）建立了90周岁以上高龄津贴制度；84个县（市、区）在省级每年1200元百岁老人津贴制度的基础上建立了百岁老人津贴制度。老年人社会救助水平稳步提升。各地将符合条件的城乡老年人以及特困老年人全部纳入低保范围，切实做到“应保尽保”。困难失能老年人护理补贴制度逐步建立，“两线合一”稳步推进，全省城乡低保平均标准分别提高到510元/月、3184元/年，增幅分别达10%、18.2%。继续实施计划生育家庭补助“四项制度”，2016年全省落实该项政策资金共计26693万元，“失独家庭”扶助标准从每月135元提高到400元。

（三）老年人权益保障展现新力度。《贵州省老年人权益保障条例》立法工作顺利完成。11月24日，《贵州省老年人权益保障条例》经省第十二届人大常务委员会第二十五次会议表决通过，于2017年1月1日正式施行。《条例》结合我省实际，在大数据运用和扶贫开发助推老龄事业发展、老年人精神慰藉和生活照料、彩票公益金保障养老服务业发展、高龄补贴制度建立、医养融合发展、老年人医疗保险待遇和异地结算、农村留守老人关爱服务体系建设、老年人文体休闲优待等方面充分体现了我省老年人权益保障立法的特点和亮点，为我省老年人合法权益的维护提供了强有力的法律保障。老年人法律援助工作扎实开展。截至2016年底，省、市（州）、县（市、区）、乡（镇、街道）、村（社区）五级共建立法律援助工作站（联络点）22965个，实现了老年人法律援助工作网络城乡全覆盖，形成“城镇半小时、乡村一小时”的老年人法律援助便民服务圈。法律援助渠道进一步畅通。各地开辟法律援助“绿色通道”，对经济困难、无固定生活来源的老年人追索赡养费等案件减免法律服务收费；对老年人提出的法律咨询和诉讼代理申请，简化程序，优先办理；对经济困难无能力支付律师费用的，经当事人申请由各地法律援助中心指派律师减免其费用；在涉老案件审判执行工作中坚持以事实为根据，依法维护老年人合法权益，确保涉案老年人老有所养、安度晚年。

（四）养老服务体系建设取得新实绩。2016年，全省健康养老产业总投资136.35亿元。争取国家发改委下达中央预算内投资1.33亿元，支持老年养护院、荣誉军人干休所和社区日间照料中心项目建设，新增养老床位1万张，总床位达到17万张以上；各地积极推进医养融合发展，贵阳市、铜仁市被国家卫计委、民政部列入国家级第一批医养结合试点单位，遵义市被列入国家级第二批医养结合试点单位，10家单位被明确为省级医养结合试点示范单位；在城市，新增社区日间照料中心21个、总量达到350个，建成社区养老服务中心682个；新增农村幸福院1067个、总量达到4049个。城市社区日间照料中心、农村幸福院及城市社区养老服务中心的建成使用，为老年人搭建了就近、便捷的互助养老平台，提供了周到、高效的养老服务。

（五）老年文体事业开创新局面。老年教育工作不断加强。全省建成各类老年大学（学校）3000余所，学员逾30万人。市、县老年大学（学校）实现全覆盖，社区老年学校建设工作顺利推进，基本形成了多层次、多形式、多学制、多学科的老年教育体系，逐步满足老年人日益增长的知识更新和兴趣发展的要求。老年文体活动广泛开展。各地不断加强基层文化站、老年活动室和健身点设施建设，为老年人提供就近、便利的文体娱乐平台。各地老年体育活动中心建设有序推进，全社会老年体育健身意识不断增强，开展体育文化活动氛围日益浓厚。“敬老月”活动高潮迭起。各级党委政府及有关部门在“敬老月”期间，广泛开展走访慰问、为老志愿服务、敬老爱老助老宣传、义诊义演等活动。省老龄办、省民政厅、省文联、省养老服务行业协会联合举办“敬老爱老·大孝贵州”主题宣传活动，省老龄办在贵阳成功举办了第三届贵州省老龄产业博览会。各级医疗卫生机构举办“服务百姓健康行动”大型义诊活动，全年共计服务老年人23万余人次，减免患者费用54万元。毕节市老龄办、市老年学学会、试验区杂志社联合开展了“2016寻找毕节试验区最美老人”“最美老人风采”采访报道、“家风记忆”征文、老年学术论文和调研报告研讨、“银发沙龙”和市情宣传走进老年群体等六项活动。

（六）老有所为书写新篇章。基层老年协会、老体协、老舞协、老书协、老科协等老年组织快速发展，为广大老年人搭建了展示自我、发挥余热的广阔舞台，老年人参与社会管理和各类活动的热情日益高涨，老年人才资源得到更加合理地开发和利用。各级老龄办扎实推动基层老年协会建设，建立健全老年协会组织机构，制订完善各项制度，狠抓活动场所及设施建设，组织老年人开展丰富多彩的活动。截至2016年底，全省成立农村老年协会15582个，占行政村总数的94%；成立城市社区老年协会1548个，占城市社区总数的97%。各地注重发挥老年人在社会主义核心价值体系教育、创新社会管理等方面的独特优势，积极组织“五老”到青少年中间广泛开展法制教育和帮教工作，在预防和减少青少年违法犯罪方面发挥了积极作用。各级人民法院扩大将离退休“五老”纳入人民陪审员的选任和参与审判活动的范围，保障了老年人参与社会事务的合法需求和权利。老年志愿者队伍日渐发展壮大，形成了省、市（州）、县（市、区）、乡（镇、街道）、村（社区）的五级组织体系，为提升城乡社会管理和加强精神文明建设做出了积极贡献。

2016年全省老龄工作取得的成绩得益于各级党政领导的重视支持，得益于各成员单位和相关部门的通力协作，得益于老龄系统干部职工的奋力拼搏。回顾2016年的工作，我们要有三点清醒的认识：一是党和国家对老龄工作愈发关注重视，做好老龄工作，必须坚持在各级党委、政府的正确领导下，发扬钉钉子精神，抓铁有痕、踏石留印，善作善成，把各项工作任务落细落小落实；二是做好老龄工作，必须坚持把为老年人服务放在心中最高位置，始终把满足老年人日益增长的物质文化生活需要作为我们的奋斗目标和一切工作的中心，千方百计让老年人分享到更多改革发展成果、得到更多实惠；三是做好老龄工作，必须坚持争取领导重视，并切实按照年度工作目标任务，充分发挥各级老龄委成员单位作用，紧密协作，联手促进，有序落实，形成齐抓共管的大老龄工作格局，共同推进老龄事业的全面发展。

在肯定成绩的同时，我们更要清醒地看到存在的困难和问题：对老龄工作面临的形势研究不够深入、各县（市）区老龄事业发展不平衡、老年宜居环境建设滞后、老龄工作基础还比较薄弱等等。我们要高度重视，采取有效措施，切实加以解决。

二、2017年主要工作任务

2017年，是实施“十三五”规划的重要一年，也是推进供给侧结构性改革的深化之年。今年全省老龄工作的总体思路是：全面贯彻落实党的十八大和十八届四中、五中、六中全会与省委十一届五次、六次全会精神，牢固树立“五大发展理念”，坚持“党委领导、政府主导、社会参与、全民行动”的老龄工作方针，紧紧围绕“五个老有”工作目标，以宣传贯彻《贵州省老年人权益保障条例》为主线，以编制老龄事业发展“十三五”规划、推进城乡居家养老服务工作、加强基层老年协会和农村幸福院建设为重点，加快推进养老服务体系建设，切实加强老龄宣传、文化、体育和维权工作，着力保障和改善老年民生，进一步提升老龄工作管理服务水平，推动我省老龄事业持续健康发展，以优异的成绩迎接党的十九大胜利召开。

2017年，我们要着力推进六个方面的工作。

（一）着力完善社会养老保障体系，切实做好老年人保障服务工作。一是进一步提高老年人基本生活保障水平。强化老年人基本养老、医疗保障和基本公共服务，加大对困难老年人的社会救助和精准帮扶力度，织密织牢老年人特别是困难老年人民生安全网。健全困难老年人基本养老服务补贴、高龄津贴、计划生育家庭奖励扶助等制度。农村、城市低保标准分别提高15%和10%。提高城乡居民基本医疗保险政府补助标准。二是加强对老年人特别是农村留守老年人的精神关爱和保护。依托社区居家养老服务站点、老年活动场所、社区卫生服务中心，探索创建老年精神关爱示范基地和示范点，引进社工专业人员，为老年人提供心理健康等方面的教育咨询服务。大力宣传倡导孝亲敬老传统美德，发挥家庭成员间情感关爱、精神慰藉的基础作用。广泛开展老年文化、教育、体育活动，丰富老年人精神文化生活。积极开展老年社会工作，建立老年人精神关爱、心理疏导、危机干预服务网络，重点针对独居、留守、失独、失能老年人提供专业服务和志愿服务，防止冲击社会道德底线的事件发生。

（二）着力编制《贵州省老龄事业发展“十三五”规划》，确保老龄工作目标任务稳步推进。围绕促进全省经济社会发展大局和脱贫攻坚、同步小康的总体要求，在国家“十三五”老龄事业发展和养老体系建设规划与我省国民经济和社会发展“十三五”规划的总体框架下，坚持长远与近期目标相结合，上下级规划相衔接，深入调查研究，科学分析论证，加强统筹谋划，精心编制“十三五”规划，确保规划的前瞻性、科学性和可操作性。省老龄办要在《“十三五”中国老龄事业和养老体系建设规划》框架下，重点加强与承担制定全省社会保障、医疗卫生、基本公共服务、人才规划等重要专项规划的有关部门对接，在充分征求意见的基础上，形成《规划（代拟稿）》，力争年内以省政府名义出台下发。各市（州）也要结合实际，适时制定本地区发展规划和实施方案。

（三）着力推进养老服务业发展，切实解决社会关注的重点问题。一是着力加强居家养老服务工作。按照《贵州省养老服务体系建设“十三五”规划》要求，继续开展社区老年人日间照料中心、社区居家养老服务中心（站）项目建设，逐步建立和完善社区居家养老服务网络。积极推动养老服务业综合改革和公办养老机构改革，积极采取政府购买服务、公建民营、民办公助、以奖代补等形式，鼓励和引导社会力量参与居家养老服务，不断扩大覆盖面，增加服务产品供给。加强对已投入使用服务设施的规范管理，激发养老服务设施良性运营的内生活力。加快建立健全医养结合政策体系、标准规范和管理制度，探索医养结合多元化的有效实现模式。二是继续推进农村互助幸福院建设。积极整合资源，加大资金投入，提高建设标准，保质保量完成中央和省级福彩公益金支持农村互助幸福院建设任务。鼓励老年协会依托幸福院开展为老服务和老年互助活动，支持其参与营运管理，形成建管融合、资源共享的运行管理机制，保障幸福院持续健康运行。三是加强基层老年协会规范化建设。完善“双登记”管理制度，鼓励有条件的登记注册为社会组织，引导条件暂不具备的实施备案登记管理；以“乐龄工程”的实施为抓手，多渠道筹集资金，完善基础设施，着力发掘和培育典型，积极组织争创省星级老年协会，充分发挥示范引领作用。

（四）着力加大老年人权益保障力度，及时反映老年人正当诉求。一是增强全社会老龄法制意识。《贵州省老年人权益保障条例》的宣传实施是今年的一项重点工作。各地要采取切实有力措施，认真宣传贯彻落实。要贯彻落实全国老龄办等 24 部门《关于进一步加强老年人优待工作的意见》和《贵州省老年人优待办法》，推动各地各有关部门制定完善老年人优待工作的实施办法和配套政策，加强督促检查，确保老年优待政策落到实处。二是不断提升老年人社会福利水平。继续推动各地建立 80 岁以上高龄老人补贴制度，鼓励已经建立高龄补贴制度的地方根据经济社会发展水平提高补贴标准。及时做好百岁老人等补贴对象的统计、审核、建档和补贴发放工作。三是加大对侵害老年人权益案件的处理力度。充分发挥各级老龄办老年人法律援助工作站的作用，加强与司法部门法律援助机构的联系协作，积极为符合条件的老年人提供法律援助和法律服务，切实维护老年人的合法权益。

（五）着力开展老龄工作调查研究，充分发挥参谋助手作用。调查研究是谋事之基、成事之道。为及时准确把握老龄工作面临的新形势、新任务，各地要围绕惠老政策措施、居家养老支持政策、老年人保障制度、老年人精神文化生活等老龄工作的热点、难点和重点问题积极开展调查研究，掌握当地老龄工作的真实情况，为各级党委、政府为研究制定惠老政策提供翔实资料。要善于紧跟热点，攻坚难点，聚焦重点，捕捉亮点，有效推动调研成果转化为工作成果。要着力围绕城乡养老服务体系建设、老年协会建设和农村互助幸福院建设等重点工作，扑下身子，沉下心思，挖掘和提炼一批有参考价值、有借鉴意义、有针对性和影响力的调研报告。积极发挥老年学学会、大专院校及科研院所作用，对重大老龄研究课题进行集中攻关，不断提高应对人口老龄化研究的质量和水平。要动员社会力量广泛参与，调动包括老年人在内的广大市民积极性，使他们主动参与到老龄问题研究中来，为应对人口老龄化出谋划策、贡献力量。

（六）着力推动老龄宣传工作，努力营造良好社会氛围。“一流的工作，需要一流的声音。”要讲好贵州老龄好故事，传播贵州老龄好声音。一是继续重点抓好人口老龄化形势、老龄问题、老龄政策、老龄产业的宣传，大力倡导“健康老龄化”理念，引导全社会树立积极的老龄观，让社会各界了解和关注老龄问题。二是开展好“敬老月”系列活动，举办好第五届贵州“福彩杯”老年文化艺术节，做好全国“十大老龄新闻”和“老龄新闻宣传好作品”评选推荐工作，全力提升全社会老龄意识和老龄工作影响力。三是加强老龄重点工作、重点内容、重点时段宣传，加大老龄宣传教育工作力度，及时回应社会关注和热点问题。

三、着力推进老龄办自身建设，巩固老龄事业发展保障能力

“打铁还需自身硬”。新常态要有新状态，新实践要有新作为。各级老龄工作部门要按照省委、省政府决策部署，切实增强责任感和紧迫感，主动面对新形势、适应新常态、贯彻新理念，努力保持老龄事业发展强劲势头。一是坚决贯彻从严治党。各级老龄办要深入学习贯彻党的十八届六中全会、习近平系列重要讲话精神和省委十一届八次全会精神，全面落实从严治党要求，加强党的领导和党风廉政建设。要坚持把政治纪律和政治规矩挺在前面，严守党章、敢于担当。要加强对老龄项目资金使用的监管力度，及时开展专项检查，确保自检安全规范运行。二是加强综合协调。各级老龄办要积极主动向当地党委、政府汇报老龄工作情况，争取党委、政府将老龄工作摆上重要议事日程。要加强和老龄委成员单位的沟通协作，大力推进各项老龄工作部署落实到位，确保全年工作目标任务圆满完成。三是加快推进全省老龄工作信息平台建设。全省老龄系统要积极参与大数据战略行动，主动对接“大数据”。年内要力争建成全省老龄工作信息平台，推动老龄工作数据向“云上贵州”系统平台集聚，有序开发老年人口数据，有效应用老年人口数据，推动老年人口“条数据”向“块数据”转变。认真做好老龄信息和统计工作。四是强化督促检查。各级老龄办要建立工作台账，强化责任担当，细化责任分工，一级盯牢一级，层层传导压力。要密切联合老龄委成员单位，创新督促检查方式，强化督查抓落实，确保各项目标任务高效优质扎实推进。

同志们！凝心聚力谋发展，砥砺奋进谋新篇。新形势下老龄工作责任重大，使命光荣、前景美好。让我们在省委、省政府的坚强领导下，胸怀功成不必在我、功夫必须在我的大境界，撸起袖子加油干，迈开步子加快赶，锐意创新，开拓进取，奋力推进我省老龄事业再上新台阶，为积极应对人口老龄化、同步全面建成小康社会做出新的更大贡献！

我就讲到这里，谢谢大家！

在2017年云南省老龄委全体会议上的讲话

云南省副省长、省老龄委主任　张祖林

（2017年6月21日）

同志们：

今天，我们召开省老龄委全体会议，主要任务是：认真学习习近平总书记系列重要讲话精神，深入贯彻党中央、国务院和省委、省政府关于加强老龄工作、推动老龄事业发展的决策部署，回顾总结2016年工作，研究部署2017年和今后一个时期我省老龄工作重点任务。刚才，向群同志代表省老龄委作了工作报告，省委老干部局、省司法厅、省财政厅、云南保监局负责同志作了交流发言，讲得都很好，我完全同意，大家要认真学习领会，并落实到年度工作中。老年人的今天，就是我们的明天。老龄工作事关亿万人民福祉，事关中华民族伟大复兴“中国梦”和全面建成小康社会大局。今天我们研究老龄工作，就是要进一步夯实老龄事业发展基础，为长远发展做好铺垫。下面，我讲三点意见。

一、2016年老龄工作成效显著

2016年，在省委、省政府的坚强领导下，省老龄委各成员单位和全省老龄系统认真贯彻落实党中央、国务院系列决策部署，扎实工作，狠抓落实，在增强应对老龄化思想观念、制度构建、政策支持等方面取得了明显成效。

（一）老龄法制建设取得重大进展。省人大内司委和法制委、省法制办、省民政厅、省老龄办高度重视，及时启动了《云南省老年人权益保障条例》修订工作。《条例》对有关制度进行了科学设计，创新性地增设监督管理专章，对失独老人照顾拟从法律上作出安排，捋顺社区居家养老服务机构的身份地位，符合云南省情，也符合当前的发展形势。

（二）养老服务业改革持续深化。紧盯养老服务业重点领域改革，出台系列政策措施，大力引进养老项目PPP模式，积极开展医养服务和居家养老试点，以“放管服”为主的养老服务体系改革提速增效，全省养老服务业发展环境更加优化。曲靖市综合养老服务国家试点工作取得阶段性成果，昆明、曲靖、西双版纳等州市19个县的医养结合试点稳步推进，昆明市居家养老服务国家试点工作全面展开。4809家“两定机构”实现省内异地就医联网结算，与16个省（区、市）签署了异地就医即时结算合作协议或实现了互联互通。

（三）老年人获得感、幸福感进一步增强。全省社会保险、社会福利、社会救助覆盖面持续扩大，社会保障能力水平不断提高，老年人享受的优待项目越来越多。2016年中央、省级共投入4.98亿元，新增养老床位1.6万张。全省城乡居民基本医疗保险人均补助标准达到每人每年420元，普遍提高10—15个百分点。全省五大社会保险参保达4908.35万人次，全民参保登记工作基本完成。企业年金受托管理基金规模市场占比64%、企业数市场占比72%，投资管理基金规模市场占比44%。以养老保障为主要功能的寿险产品实现保费收入218.63亿元，同比增长28.26%。150多万城乡生活困难老年人纳入最低生活保障，近12万特困老年人全部纳入财政供养范围。

（四）老年人权益保障更加有力。在统筹推进老年人社会保障、社会服务、社会优待、社会参与、宜居环境等领域持续发力，老年人教育发展更加贴近实际，老年人文化服务更加贴近基层，老年人体育运动更加贴近群众，老年人参与社会发展更加充分深入。省政府印发《云南省“十三五”基本公共服务体系建设规划》，省政府办公厅印发《云南省养老服务体系建设“十三五”规划》《关于加快发展生活性服务业促进消费结构升级的指导意见》《关于金融支持重点产业发展的实施意见》《关于推进基层文化服务中心建设的实施意见》等文件，省卫生计生委、省金融办等部门出台《关于推进医疗卫生与养老服务相结合的实施意见》《关于金融支持养老服务业加快发展的实施意见》，涉老基本公共服务体系建设目标和任务更加明确，养老服务抓手更加有力。

这些成绩的取得，是省委、省政府科学决策、正确领导的结果，是省老龄委各成员单位、各级各部门共同努力、广泛参与的结果，是广大老龄工作者开拓创新、辛勤工作的结果。在此，我代表省老龄委，向关心、支持、参与老龄事业发展的同志们表示衷心的感谢！

二、深刻认识和把握我省老龄事业发展面临的新形势新要求

（一）党中央、国务院和省委、省政府对推动老龄事业发展提出了新要求。2016 年 5 月 27 日，习近平总书记在中央政治局第 32 次集体学习会上发表了重要讲话，要求从思想观念、政策制度、产业发展、老年人积极作用、老龄工作体制机制等 5 个方面重点着力，“保证城乡社区老龄工作有人抓、老年人事情有人管、老年人困难有人帮”。这些对老龄工作最具体、最直接的指示，是习近平总书记系列重要讲话的重要组成部分，是我们做好老龄工作的根本遵循。李克强总理多次对老龄事业重点领域改革发展进行了强调，提出了明确要求。2016 年 5 月 5 日，时任省长的陈豪书记批示强调，要围绕“五个老有”目标，着力解决老年人最关心、最直接、最现实的利益问题，不断增强广大老年人的获得感和幸福感。阮成发省长也多次对做好老龄工作提出要求。中央和省委、省政府领导的重要批示指示为我们推动老龄事业发展指明了方向。

（二）全省老龄工作仍然存在许多问题和不足。一是对老龄工作的极端重要性认识不足。当前，我省老年人口数量规模大、增长速度快，高龄空巢和失能老人占比高，“未富先老”“未备先老”问题更加突出。但是，许多部门和领导干部并未真正认识到老龄化加速发展带来的社会问题的严重性，对老龄事业和产业发展的规律性、紧迫性认识不到位，理念不新、合力不足、督导乏力。二是推进老龄事业发展的基础薄弱。老龄法规政策建设前瞻性、系统性、适配性不强，支撑力、强制力、影响力有限，老龄工作体制机制不健全、基层基础薄弱，城乡、区域养老服务业发展不平衡。三是养老服务供给侧结构性矛盾仍然突出。老年人教育、五保老人和特困老人养老保障、养老服务设施建设、养老服务产业发展滞后，性价比合适的养老服务机构少，不能有效提供老年人舒心选择的养老服务机构仍然是养老服务供给的短板。养老床位闲置与“一床难求”并存，农村养老服务发展滞后，保障和改善老年人生活、提升老年服务水平、满足老年人多层次多样化物质文化需求的差距较大，任务十分艰巨。

省老龄委各成员单位和各级各有关部门，要充分认清当前老龄工作面临的新形势、新任务、新要求，进一步增强责任感、使命感、紧迫感，加快推进全省老龄事业创新发展。

三、2017 年老龄重点工作

2017 年，全省老龄工作要以贯彻落实党和国家关于加强老龄工作的重大决定和我省老龄事业发展“十三五”目标任务为主线，聚焦老龄事业与产业发展短板，聚智推进全面深化改革，聚力解决老年群众普遍关心的突出问题，确保老年人得到更多实惠。

（一）不断提高认识，统筹推动老龄事业健康发展。省老龄委各成员单位要充分认识老龄工作在党和国家事业发展全局中的重要地位，牢固树立改革意识、创新意识，坚持党委领导、政府主导、社会参与、全民行动相结合，应对人口老龄化和促进经济社会发展相结合，满足老年人需求和解决人口老龄化问题相结合，主动推进大老龄工作格局由单兵分散作战向统筹协调转变，由单纯关注老龄阶段养老储备向加强全生命周期养老准备转变，由侧重满足老年人物质需求向全面提升生活质量转变，努力解决好老年人最迫切的健康、教育、文化、娱乐等需求，加快形成顺应改革发展时代洪流，符合云南经济社会发展形势，有效满足老年人服务需求的云南思路和云南方案。

（二）不断完善法规政策，构建老龄事业发展制度体系。一是继续推进《云南省老年人权益保障条例》修订工作。坚持遵循老龄事业发展规律和老年人权益保障的法治原则，立足云南经济社会发展现状与趋势，坚持问题导向，从老年人最直接最关心最迫切的问题入手，解决好老年人权益保障与服务保障等方面的问题。省老龄办、省民政厅要会同省老龄委各成员单位，加强与相关方面的沟通协调，加快《条例》修订进度，按照立法程序，尽快出台一部高质量的地方配套法规。二是编制好全省老龄事业发展“十三五”规划。省老龄办、省民政厅要会同省老龄委各成员单位，加强政策统筹，突出事业产业融合，注重解决问题、补齐短板，无缝对接国家规划和省级相关规划，年内尽快出台具有云南特色、务实管用的老龄事业“十三五”规划。三是抓紧做好我省加强新时期老龄工作实施意见的起草工作。今年，党中央、国务院将出台《关于进一步加强老龄工作的意见》，这是做好老龄工作、发展老龄事业的一件大事。省老龄办、省民政厅要会同省老龄委各成员单位，充分调研、充分借鉴、充分论证，切实把我省人口老龄化基本情况、老年人生活基本状况、养老服务体系建设基本现状等底数弄清楚，把工作中存在的根本性问题搞精准，把做好老龄工作的措施方法找对路；要加强与省委政策研究室等有关单位的沟通衔接，落实好研究起草我省贯彻实施意见的各项工作，力争提出一个好思路、拿出一套好办法、出台一个好意见。

（三）深入贯彻落实《关于制定和实施老年人照顾服务项目的意见》。今年 6 月份，国务院办公厅印发《关于制定和实施老年人照顾服务项目的意见》（国办发〔2017〕52 号，以下简称《意见》），从国情出发，立足老年人服务需求，明确了老年人照顾服务工作的指导思想、基本原则，明确提出了 20 项老年人照顾服务的重点任务。各级要从加强组织领导、健全保障机制、营造浓厚氛围、强化督促检查等方面保障好《意见》的组织实施，将老年人照顾服务工作列入议事日程、民心工程和目标管理绩效考核内容，及时研究解决工作中遇到的困难和问题。县级以上政府要把老年人照顾服务工作所需资金和工作经费纳入财政预算。省民政厅、省老龄办要尽快研究提出我省的贯彻实施意见。省老龄委各成员单位、省老龄办要进一步强化服务意识，推动公共服务行业履行社会责任，加大检查指导力度，健全综合督查、专项督查、第三方评估等工作机制。

（四）推进养老服务业供给侧结构性改革。一是深入推进养老服务业“放管服”改革。省老龄办、省民政厅要会同省老龄委各成员单位，扎实开展提升养老院服务质量建设专项行动，制定完善养老机构、社区居家养老服务、养老服务需求评估等标准。加快公办养老服务机构改革步伐，推进公建民营、民办公助、股份制合作运营方式，提升公办养老服务机构服务保障功效。二是推动养老服务业与有关产业融合发展。省发展改革委、省财政厅、省国土资源厅等部门，要积极引导社会资本参与养老服务精准有效供给。三是推动养老服务业发展。省卫生计生委、省民政厅、省老龄办等部门，要大力推广居家养老、幸福餐桌、医养结合试点成功经验，探索运用“互联网＋养老”服务模式。2017 年要建设 20 个社会福利机构、80 所农村敬老院、300 个城乡居家养老服务中心（农村互助养老服务站），民办养老床位力争突破 1 万张。推进基层医疗卫生机构、医务人员与社区、居家养老相结合，与老年人家庭建立签约服务关系，为老年人提供连续性的健康管理服务和医疗服务。制定居家养老服务标准，进一步规范全省居家养老服务工作。四是探索建立老年人保险有关制度。省人力资源社会保障厅、云南保监局、省老龄办，要探索建立老年人长期护理保险制度，完善医疗保险、养老保险体系，拓宽老年人的康复养老护理筹资渠道，持续推进老年人意外伤害保险项目。五是推动老龄事业多方参与、协调发展。省发展改革委、省旅游发展委、省老龄办，要积极推动建立政府引导、部门推动、行业管理、社会参与、市场竞争的老龄产业发展机制。探索试点项目，引进投资主体，推动试点工作开展。深入进行市场调研，积极协调有关部门构建以养老设施、生活照料、健康管理、疾病护理、文化教育、体育健身、旅游观光等为突破口的老龄产业体系。大力发展老年旅游，推出适合老年人特点的精品线路和服务产品。要明确各项试点工作的目标、内容、时限要求，以州市、县、乡镇为试点单位，探索建立老龄产业发展机制体制，成熟以后再全面推开推广。

特别强调的是，随着时代的发展，老年人对学习教育的需求越来越大，一方面，老年人的学习劲头值得我们还在岗位上工作的同志们尊敬；另一方面，老年教育供给不足的问题迫切需要切实加以解决。为此，2017 年还要突出抓好两项重点工作：一是加强老年大学建设，实现老年教育供需平衡。要盘活老年教育资源存量，把老年大学底数摸清楚，把老年人对老年教育的需求搞清楚，由老龄办牵头，会同省委老干部局、省教育厅等部门，力争在 2－3 个月时间内提交精准的调研报告。二是加强养老机构建设，用好有限的财政资金为老年人提供更好的优质服务。

（五）进一步提升老年社会保障能力水平。一是加强老年人社会保障工作。省民政厅、省卫生计生委、省人力资源社会保障厅、省文化厅、省老龄办等部门要按照职能职责，加强对老年人的精准救助，建立完善普惠型与特困救助型相结合的救助保障制度，切实兜住特困、失能等特殊老年群体的基本生活底线，加强老年人精神关爱和健康促进，确保养老金按时足额发放。健全完善高龄津（补）贴制度，加大筹资和协调工作力度，推进高龄津（补）贴的信息化管理、社会化发放和资金使用绩效评价工作，不断提升管理水平。落实家庭赡养责任等措施，不断拓宽老年人经济保障渠道。二是推进公共服务均等化。省财政厅、省人力资源社会保障厅、省民政厅、省公安厅、省文化厅、省旅游发展委、省民族宗教委、省统计局、省体育局、省新闻出版广电局、省老龄办，要逐步缩小城乡间、区域人群间生活水平和公共服务的差距，在交通出行、文体休闲、卫生保健、商业服务等方面，对常住老年人给予本地居民同等优待，并根据实际情况逐步拓展同等优待事项范围。住房城乡建设部门要在完善老年设施、无障碍通行等方面与残疾人设施建设实现更好融通，卫生计生部门要为便利老年人看病就医多想招数，工商部门要为老年人参与二次创业创造条件。三是依法保障老年人合法权益。省老龄办、省公安厅、省司法厅、团省委、省妇联等部门，要广泛开展老年人权益保障法律法规宣传教育活动，探索建立老年人法律援助长效机制，严厉打击侵害老年人合法权益的违法行为。对不赡养甚至虐待老年人的行为依法追究法律责任，依法审理涉老民事案件、维护老年人合法权益，落实减免老年人诉讼费等优待政策，组织志愿者开展农村老年人关爱服务活动，为农村老年人提供法律援助和法律服务。

（六）切实加大老龄工作宣传力度。要将深入学习贯彻习近平总书记关于加强老龄工作重要指示和讲话精神作为当前和今后一个时期的重要宣传主题，及时组织开展《关于制定和实施老年人照顾服务项目的意见》宣传工作。省委宣传部、省文明办、省老龄办要按照全国老龄办统一安排，切实开展好“两教两增”活动（开展人口老龄化国情教育和老龄政策法规教育，引导全社会增强接纳、尊重、帮助老年人的关爱意识，引导老年人增强自尊、自立、自强的自爱意识），深入开展“敬老月”、创建“敬老文明号”等活动，促进代际和谐与社会稳定。要举办一次以解读老龄事业“十三五”规划等为主要内容的新闻发布会。

（七）切实加强老龄工作组织领导。要进一步完善党委统一领导、政府依法行政、部门密切配合、群团组织积极参与、上下左右协同联动的老龄工作机制，形成老龄工作大格局。省老龄办要强化责任担当意识，发挥好牵头作用，主动作为、善于借力，做好沟通协调、情况通报、监督检查等工作。各成员单位要结合自身职能，发挥部门优势，认真落实工作要求，确保各项任务保质保量按时完成。各级老龄办要立足本职、与时俱进，主动汇报、主动调研、主动宣传，始终保持积极有为的工作状态。

（八）切实强化老龄工作督促落实。各地区各有关部门要将老龄事业发展重点任务纳入各级政府部门责任清单和绩效考核内容，狠抓责任落实，一级抓一级，层层抓落实。各级老龄委要完善考核机制，对重点任务完成情况要有考核、有反馈、有通报，形成闭环，持续跟踪问效，及时发现和解决问题。省老龄委要率先垂范，对工作任务完成好的要大力表扬，完成得不好的、出现重大问题的要通报批评。宣传部门要拟定好有关宣传方案，对落实不力的地区和部门，该曝光的要坚决曝光。

老龄工作责任重大、使命光荣。我们要在省委、省政府的坚强领导下，从党和国家事业全局出发，把思想和行动统一到党中央、国务院和省委、省政府的决策部署上来，锐意进取、真抓实干，不断推进我省老龄事业发展再上新台阶，以实际行动、优异成绩迎接党的十九大胜利召开！

在青海省老龄工作委员会第十二次全体会议上的讲话

青海省副省长　匡湧

（2017 年 5 月 17 日）

刚才，卫星同志回顾总结了 2016 年全省老龄工作，安排部署了 2017 年五个方面的重点工作，我完全赞同。会后，请省老龄办抓紧制定任务分工意见，各成员单位认真抓好落实。部分成员单位围绕完善社会保障体系、推进养老服务工作、保障老年群体权益、推进社区无障碍环境建设等方面，结合各自的工作实际作了交流发言。总的来看，2016 年，在省委、省政府的坚强领导下，在各级党委政府、各成员单位的共同努力下，全省各项涉老政策和制度不断完善和落实，促进了全省老龄事业与经济社会协调发展，取得了显著成效。借此机会，我代表省老龄委向大家表示衷心的感谢！下面，我就做好今年全省老龄工作讲三点意见。

一、准确把握老龄工作面临的新形势和新任务

2000 年，中共中央、国务院印发了《关于加强老龄工作的决定》，指出老龄问题涉及政治、经济、文化和社会生活等诸多领域，是关系国计民生和国家长治久安的一个重大社会问题。全党全社会必须从改革、发展、稳定的大局出发，高度重视和切实加强老龄工作。

党的十八大以来，党中央、国务院对老龄事业的重视程度、关心程度、推动程度前所未有，创新提出新的发展理念和推动思路，并制定出台了一系列政策，在有效应对人口老龄化、加快完善养老保障服务体系、大力发展养老服务产业等方面做出了安排部署。省委、省政府对全省老龄工作的方针、思路、重点和体制机制创新等方面提出了明确要求，相应制定了政策措施，各地区、各成员单位一定要认真学习贯彻，切实统一思想，提高对老龄工作的认识。总体要求是，今年的老龄工作要进一步聚焦重点、难点问题，突出抓好重要领域的改革。

二、切实增强做好全省老龄工作的责任感和紧迫感

当前，人口老龄化问题的影响正在持续加深，一些突出问题不断显现。习近平总书记指出，满足数量庞大的老年群体多方面需求，妥善解决人口老龄化带来的社会问题，事关国家发展全局，事关百姓福祉，需要我们下大气力来应对。

我省 2009 年进入老龄化社会。截至 2016 年底，全省 60 周岁以上的老年人口已经达到 72.5 万人，占全省总人口的 12.2%（按照国际标准，老年人口数超过总人口的 10%即进入老龄化社会）。根据预测，到“十三五”末，全省老年人口将达到 81.67 万人，约占全省总人口的 13.4%。除了数量的增长以外，我省人口老龄化还呈现一些阶段性的特征，与其他地区不尽相同。一是老龄化起步晚、进程快，2009 年到 2016 年间，全省 60 周岁以上老年人口从 56.32 万人增加到了 72.5 万人，增加了 16.18 万人，平均每年增长 2.6 万人；二是老龄化是在“未富先老”的状况下出现的；三是老龄化分布非常不均匀、不平衡，西宁、海东市老龄化程度均已高出全省平均水平，集中了全省近 70%的老年人；同时，全省 57%的老年人生活在农牧区，这些老年人大多经济基础比较薄弱，养老问

题日益突出。我省空巢老人的比例也比较高。我省老龄工作面临的任务十分艰巨，形势非常紧迫，各级党委政府、各有关部门要有充分的思想准备，高度重视，采取切实有效的措施，进一步加强对老龄工作的领导，认真扎实地做好老龄工作。

三、全面推动落实老龄工作各项目标任务

2017年，我们将迎来党的十九大和省十三次党代会胜利召开，做好全省老龄事业发展各项工作意义更加重大。各地区、各成员单位要切实增强责任感和使命感，强化协调，主动作为，重点做好以下几个方面的工作：

一是要加快健全完善我省老龄政策体系，补齐涉及老年人保障、服务、优待等各方面存在的薄弱环节和突出短板。省老龄办要聚焦重点问题，切实加强统筹协调，认真梳理目前我省老龄工作政策体系在老年人保障、服务、优待、环境治理等各个方面存在的突出短板和问题。同时，要强化对既有老龄政策和保障制度的配套衔接，抓好落实。老龄工作涉及方方面面，认真贯彻落实各项政策、制度和措施，是当前我们面临的一项重要而紧迫的任务，各成员单位要积极配合，认真履行职责。

二是要加强对涉老政策制度执行的考核和督查，要进一步完善党委统一领导、政府依法行政、部门密切配合、群团组织积极参与、上下左右协同联动的老龄工作机制。各地区要把老龄事业发展重点任务纳入各级政府部门的责任清单和绩效考核内容，狠抓责任落实。各级老龄委要建立完善考核督查机制，对年度重点任务完成情况有考核、有反馈、有通报。省老龄办要抓紧制定2017年重点工作任务分工安排，对各地区、各部门完成情况进行考核，适时通报。

三是要深入开展对相关重大问题的研究，面对老龄工作的新形势、新任务，结合省情实际，充分发挥专家、学者、咨询机构、社会组织的作用，组织开展应对人口老龄化的基础性、前瞻性、战略性重大问题的研究。省老龄委要建立健全重大决策专家咨询制度，进一步提高全省老龄问题决策的科学化水平。针对老龄工作的基础性、前瞻性、战略性问题选择课题，每年组织开展前瞻性研究。

四是要把加强老龄工作队伍建设作为一项重点工作推进。我省老龄工作队伍比较薄弱，具有一支专业性强、业务精、能力水平高的老龄工作者队伍，是提升老年保障服务水平的一个重要环节，要做优增量，提升存量，一方面通过培训现有的队伍，尽快提升其能力素质，另一方面通过积极发展，培养一支新生的涉老工作者队伍，培养一支热爱老龄事业，能够全心全意为老年人服务的干部队伍。

同志们，发展老龄事业，事关国家发展全局，事关百姓福祉，面临的任务重、要求高、难度大。各地区、各单位要按照省委、省政府的决策部署，开拓创新，扎实工作，使全省老龄工作再上新台阶，取得新的更大的成绩。

在宁夏回族自治区老龄工作委员会第八次全体会议上的主持讲话

宁夏回族自治区政府副主席　许尔锋

（2017年5月3日）

这次老龄委全体会议的主要任务是，深入学习贯彻习近平总书记、李克强总理等中央领导同志关于加强老龄工作的重要讲话和指示批示精神，认真贯彻落实全国老龄委第十九次全委扩大会议精神，总结十八大以来全区老龄工作，分析我区老龄工作面临的形势，安排部署2017年及今后一段时期重点工作。刚才，我们传达学习了习近平总书记、李克强总理的重要讲话、指示批示和全国老龄委第十九次全委会精神，研究审议了《自治区老龄工作委员会工作制度》和《自治区老龄委2017年工作要点》，杜正彬同志代表自治区老龄委作了工作报告，全面客观地总结了近年来全区老龄工作取得的成效，分析了存在的问题，对今后工作作了整体安排部署，我都同意。中央和自治区的部署要求，我们的工作制度和工作要点，都是做好今后工作的政策依据和制度保障，特别是习近平总书记、李克强总理的讲话和指示批示精神，更为新形势下做好老龄工作指明了方向，提供了遵循。我们要认真学习领会，切实贯彻落实。

党中央、国务院十分重视老龄事业发展。仅2016年以来，习近平总书记先后四次在中央政治局集体学习、中央深改组会议和中央财经领导小组会议上，就老龄工作和养老服务发表重要讲话，并对全国老干部工作先进集体和先进工作者表彰大会作出重要指示。党的十八大以来，在自治区党委、人民政府的坚强领导下，各地、各部门认真学习贯彻习近平总书记系列重要讲话特别是对老龄工作和养老事业发展的重要指示精神，坚持“党委领导、政府主导、社会参与、全民行动”的老龄工作方针，不断完善政策措施，持续加大工作力度，狠抓任务目标落实，推动全区老龄事业实现新的发展。主要体现在五个方面：一是应对人口老龄化的政策框架基本形成。先后出台了《自治区养老服务促进条例》《老龄事业发展十二五规划》《养老服务体系建设十二五规划》《关于加快发展养老服务业的实施意见》等一批法规政策和指导文件，为老龄事业持续发展注入了活力，提供了保障。二是老年人优待关爱权益得到有效保障。立足于老有所养、老有所医、老有所为，制定出台了养老保障、养老服务、老年人维权、健康服务、老年教育、老年人优待等一批政策措施，老年人权益保障的政策制度逐步完善。各地相关职能部门组建了老年维权服务中心，司法行政机关“12348”法律服务平台受理涉及老年人权益保障的民事案件8198件，为老年群众特别是边远地区、行动不便的老年人提供了及时、便捷的法律服务。三是老年人民生保障水平不断提高。建立了全区统一的职工基本养老保险、城乡居民养老保险、城乡居民医疗保险等重大保障制度，连续12次调整企业退休人员基本养老金，提高至每人每月2688元，连续4次调整居民基础养老金标准，月人均134元，位居西北前列。城乡低保、农村五保、高龄津贴等标准进一步提升，临时救助、医疗救助、灾害救助等各项老年人兜底保障政策全面落实。四是养老服务业加快发展。投入力度逐年加大，2015年自治区一次性投入10亿元，利用两年时间加强养老机构和养老设施建设，全区养老床位数达到28661张，每千名老年人拥有养老床位34.2张，高出全国平均水平。社区居家养老服务设施建设、智能化服务方式快速发展。通过公建民营、民办公助等方式，调动社会力量参与养老服务，民办养老机构积极发展。五是敬老爱老助老社会氛围日渐浓厚。以孝亲敬老文化建设为抓手，打造了“敬老文明号”“孝亲敬老之星”“尊老敬老宣传月”“银龄行动”以及老年健康文化节、扶老助残志愿服务、老年书法美术大赛、老年人体育运动会等一批老龄工作特色品牌，大力弘扬尊老敬老养老助老的良好社会风尚，起到了很好的示范带动作用，促进了家庭和睦与社会和谐。取得这样的成效，凝聚着各级党委、人民政府的重视关怀，凝聚着各有关部门和社会各界的大力支持，凝聚着广大老龄工作者的辛勤付出。在此，我代表自治区党委和人民政府，代表自治区老龄工作委员会，向你们并通过你们向长期以来关心支持、积极参与老龄工作的社会各界、广大老龄工作者和志愿者表示衷心的感谢！

在肯定成绩的同时，我们也要清醒地认识到，我区老龄工作还面临一些突出困难和问题。一是人口老龄化形势严峻。截至2016年底，全区60岁以上户籍老年人口达87.95万人，占总人口的13.1%。按照国际标准，这意味着宁夏已经进入到老龄化社会。二是养老服务业整体水平不高。支持养老服务业发展的政策措施特别是土地、税费、补贴等方面优惠政策没有落实到位，相关配套政策跟不上。养老服务机构存在结构性矛盾，供给不足与床位过剩并存，部分养老院服务质量不高，难以满足老年人日益增长的多元化需求。三是城乡发展不均衡。农村养老服务设施、养老服务项目不足，日间照料、医疗康复、文化娱乐和精神慰藉等方面的需求难以有效满足。农村留守老人数量不断增加，贫困老年人数量较多，等等。对这些问题和短板，我们要认真研究，细化措施，着力解决。

就加强全区老龄工作，我再强调几点意见。

一、深刻认识老龄工作的重要意义，进一步加强老龄事业发展的组织保障

人口老龄化是21世纪的全球性挑战，我国也正处于应对人口老龄化的关键时期，老龄问题是关系国计民生和国家长治久安的重大问题。2016年底，我国60周岁及以上老年人口达到2.3亿人，占总人口的16.7%，是目前世界上唯一老年人口超过两亿的国家。不断满足老年人的物质文化需求，使经济社会发展成果惠及老年人在内的全体人民，既是统筹协调各方面利益关系的重要内容，也是维护社会公平正义的重要方面，更是党和政府坚持以人为本、执政为民的具体体现。当前，我区正处在全面建设小康社会和加快建设开放富裕和谐美丽宁夏的关键时期，和全国的大形势一样，也面临着劳动力老化、人口抚养比增高、公共财政压力增大、公共服务供给不足等突出问题。大力加强老龄工作，加快发展老龄事业，认真解决人口老龄化带来的各种矛盾和问题，对于促进全区经济繁荣、民族团结、人民富裕、社会和谐，实现与全国同步建成全面小康的目标具有重要意义。

老龄工作是一项长期复杂的系统工程，涉及面广、牵涉部门多，需要全社会、各方面的共同努力。各相关部门要站在全局和战略的高度，着眼于改革发展稳定大局，充分认识加强老龄工作、推进老龄事业发展的重要意义。要深刻领会、坚决贯彻习近平总书记、李克强总理重要讲话和指示批示精神，按照党中央、国务院的决策部署，在自治区党委、人民政府的统一领导下，在自治区老龄委的协调推动下，把老龄工作摆在更加重要的位置，加强组织领导和工作保障，大力促进老龄事业再上新水平。老龄委各成员单位要主动担当，积极作为，结合各自职责，认真抓好任务落实。老龄办要认真履职尽责，抓好推动、督促、调度工作，加强沟通协调，形成工作合力。要加强对老龄工作的研究，建立老年人状况统计调查和发布制度，为党委、政府科学决策提供依据。要弘扬中华民族尊老敬老的传统美德，营造关爱老年人的良好社会风尚，给予老年人更多帮助和抚慰，确保他们过上健康、充实、有保障的生活，提高老年人的幸福感和满意度。

二、注重改善民生，着力提升老年人生活质量

老年人既是全面小康社会的建设者，也是全面小康社会的共享者。没有老年人的小康，就不是全面的小康。提高老年人生活质量，要从物质和精神两方面下功夫。一方面，要落实好各项惠老政策。在制定完善和出台养老、医疗、住房保障、社会救助等政策措施时，充分考虑老年人的特殊性，加大倾斜力度，根据经济社会发展水平的不断提高，相应同步提高城乡低保、农村“五保”老人的供养和生活补助等保障标准，完善贫困老人服务补贴和失能老人护理补贴制度，增强困难老年人经济保障能力。要突出做好贫困老年人脱贫工作。截至2016年底，我区还有38.8万贫困人口，其中60岁以上的老年贫困人口6.04万人，占比15.6%，老年人脱贫任务还很重。要坚持精准扶贫、精准脱贫，针对贫困老年人的不同情况，一户一策，一人一策，充分发挥居民养老保险、农村低保、居民基本医保、大病保险、临时救助、慈善救助的作用，织牢兜住贫困老年人的民生网底，不让一个老年人在小康路上掉队。另一方面，要加强对老年人的精神关爱。我区空巢老年人、农村留守老人家庭逐年增多，独居老年人的寂寞生活状况、农村老人单调的文化生活状况，需要引起全社会的高度关注。要发挥好家庭成员间情感关爱、精神慰藉的基础作用，广泛开展老年文化、教育、体育活动，积极开展老年社会工作，建立老年人精神关爱、心理疏导、危机干预服务网络，重点针对独居、留守、失独、失能老年人提供专业服务和志愿服务，最大限度地解决老年人的后顾之忧。同时，还要充分调动老年人的积极性，让他们发挥余光、散发余热。老年人在长期的社会实践中积累了丰富的经验，老年群体中蕴藏着丰富的人才资源，让有知识、有技术、有经验的老年人参与力所能及的工作，既发挥他们的特长，实现自我管理、自我服务、互助互动，又弥补我区人才资源的不足，将人口老龄化的压力转化为促进全区社会经济发展的动力。

三、注重老有所养，着力加快养老服务基础建设

解决好养老问题，是老龄工作的重中之重。要构建起居家为基础、社区为依托、机构为补充、医养相结合的养老服务体系，更好地满足老年人养老服务需求。一是夯实居家社区养老服务基础。不管是从国际上看，还是从国情区情看，居家养老始终是养老的主流模式。做好居家养老，关键是解决好老年人生病急救、日常就餐、家政服务等方面的问题。要进一步提高社区日间照料中心、农村互助养老院、老饭桌的覆盖率，开展“助餐、助浴、助洁、助行、助医、助急”等养老服务，解决老年人的实际需求。《自治区人民政府关于加快发展养老服务业的实施意见》明确提出，要按照人均用地不少于0.1平方米的标准，分区分级规划建设养老服务用房和设施。新建城区和新建居住（小）区，要根据规划要求和建设标准，配套建设养老服务设施，并与住宅同步规划、同步建设、同步验收、同步交付使用。老城区和已建成居住（小）区无养老服务设施或现有设施没有达到规划和建设指标要求的，要通过购置、置换、租赁等方式建设养老服务设施。这是一条硬措施，住房城乡建设、国土资源等部门要认真督导落实，避免“旧账未除，又增新账”。二是补齐农村养老短板。要充分发挥农村敬老院示范引领作用，大力发展农村互助养老服务设施建设，重点解决好留守、高龄、失能等老人的养老问题。加快推进具备向社会提供养老服务条件的公办养老机构转制成为企业或开展公建民营，积极鼓励和引导各类社会资本进入养老服务业，落实土地、税收、财政等方面的扶持政策，逐步使社会资本成为发展养老服务业的主体，提高养老服务供给能力和水平。三是努力提高养老服务质量。要以2017年民政部、公安部、卫生计生委、质监总局等6部委开展的养老院服务质量建设专项行动为契机，逐步完善养老服务体系、政策支撑体系、质量标准体系、监测管理体系、考核评价体系等五个工作体系，实现全区养老服务质量标准统一、养老院服务质量达标、公办养老机构改革基本完成、社区居家养老服务功能完善、全业态养老服务信息化平台建成、养老服务业人才队伍满足需要等六项目标，促进养老服务业健康、规范、有序发展，全面提升我区养老服务整体水平。

四、注重身体健康，着力加强老年人健康促进工作

伴随人口老龄化的进程，老年人口健康需求增长快、压力大，必须科学谋划、积极应对。一要坚持预防为主。大力开展老年人健康教育，普及健康知识，引导老年人养成健康生活方式，提高老年人健康素养。落实好65岁以上老年人定期免费体检制度，建立健康档案，开展健康管理服务。加强对老年人心脑血管疾病、糖尿病等常见病、慢性病的综合干预，及时发现健康风险因素，做到早发现、早诊断、早治疗。二要推进医养结合。2016年3月，自治区出台了《关于加快推进医疗卫生与养老服务相结合的实施意见》。各有关部门要按照就近就便、互利互惠的原则，推进二级以上医院与养老机构建立合作机制，签订长期合作协议，为老年人提供治疗期住院、康复期护理、稳定期生活照料以及临终关怀一体化的健康养老服务。在养老床位设置中，要优先发展医养结合型养老床位，更好地满足失能半失能老年人的需求。力争到2020年，护理型床位占养老床位总数的30%以上。三要开展体育健身。

要积极引导老年人参加体育健身活动，做好自己的第一健康责任人。继续抓好老年体育组织建设、适老健身设施建设、适老健身活动普及等工作，给老年人开好运动处方，让更多的老年人动起来、乐起来。

五、注重市场导向和行业自律，着力加快老龄产业和社会组织发展

老年群体的日益扩大，必然带来老龄服务需求的日益增长和老年消费市场的不断拓展。我们要抓住机遇，大力发展“银龄经济”，把老龄产业打造成新的经济增长点，使其成为转方式、调结构、稳增长的新动力和新优势。一是增加老年用品供给。老年用品业市场需求很大。要以老年人需求为导向，积极引导企业在老年人衣、食、住、行、医、文化娱乐等需要的各类老年产品方面加大研发、生产、供给力度，不断丰富老年人产品供给。二是促进产业融合发展。加快养老与房地产、医疗、旅游、金融保险、老年教育、咨询服务等融合步伐，大力发展候鸟式养老、旅游养老、农家养老、会员制养老等新兴业态，拉长产业链条，增加就业岗位，提高产业聚集度。三是发挥社会力量作用。培育发展养老服务行业协会、基层老年协会、养老研究会、养老服务中心等社会组织，发挥社会组织在行业自律、监督评估、服务中介、沟通协调等方面的作用，搭建政府与养老服务组织之间沟通合作的桥梁。依托各级养老服务协会等组织定期对养老机构、社区居家养老服务设施运营情况进行调查评估，形成政府指导、行业自律、社会监督相结合的监管体系，促进养老服务业健康发展。

人人都会老、家家有老人，养老问题是我们每一个人都必将面对和亲身经历的问题，做好老龄工作是各级各有关部门义不容辞的责任。只要我们认真贯彻落实中央和自治区的部署要求，主动作为、扎实工作，就一定能够推动全区老龄事业开创新局面、取得新成效，为加快“四个宁夏”建设、与全国同步建成全面小康社会作出新的贡献！

在新疆维吾尔自治区老龄工作会议上的讲话

新疆维吾尔自治区副主席　吉尔拉·衣沙木丁

（2017 年 2 月 24 日）

同志们：

这次会议的主要任务是：深入学习贯彻自治区第九次党代会和自治区维护稳定工作电视电话会议精神，回顾总结老龄工作的成绩和经验，分析研判当前的形势，紧紧围绕总目标，按照自治区党委“学讲话、转作风、促落实”的要求，全面安排部署下一步工作任务，推动自治区老龄事业取得新进展，为新疆社会稳定和长治久安作出新贡献。

2016 年，在自治区党委、自治区人民政府的正确领导下，各级老龄工作部门认真贯彻党的老龄工作方针政策，以老年人的社会保障、养老服务、老年维权、老年精神文化生活等工作为突破口，求真务实，开拓创新，取得了显著的成绩。各地党委政府把老龄工作摆上重要议事日程，完善扶持养老服务业的政策措施，大力推进养老服务工作，对老年福利服务设施统一规划，纳入城乡公共设施布局，深入开展养老服务社会化示范活动，使更多老年人得到了更便捷的服务，被各项社会保障制度覆盖的老年人越来越多。继续完善老年维权网络，保障老年人合法权益，出台更优惠的政策措施，提高补贴标准，扩大老年优待的范围。加大老龄工作宣传力度，提高全社会的老龄意识，营造各级党委政府高度重视发展老龄事业、全社会积极参与老龄工作、全民热情关怀老年人的良好社会氛围。老龄工作的方向定位越来越科学、思路目标越来越明确、路径措施越来越清晰、工作环境越来越有利、发展势头越来越强劲。这些成绩的取得，是自治区党委、人民政府坚强领导的结果，是各级老龄办积极进取、扎实工作的结果，也是各级老龄委成员单位密切配合、共同努力的结果。在此，我代表自治区老龄委，向同志们并通过你们向在老龄工作岗位上辛勤工作的全体同志，向重视和支持老龄工作的相关部门和社会各界表示衷心的感谢！

为做好 2017 年的老龄工作，下面我讲几点意见。

一、深刻认识新形势下做好老龄工作的重大意义

老龄工作涉及政治、经济、文化和社会生活等诸多领域，是关系国计民生和国家长治久安的一项重大社会工作。特别是在当前，我区正处在实现总目标的关键时期，人民群众特别是老年人对老龄工作的期望和要求越来越高，老龄工作任务越来越繁重，我们一定要站在全局的高度、战略的高度，强化责任意识，充分认识做好新形势下老龄工作的重要意义。

（一）做好老龄工作是贯彻习总书记重要讲话精神的重要举措。

2016年，习近平总书记先后三次对加强老龄工作做出了指示或讲话提出要求，这在老龄事业发展史上是前所未有的。学习贯彻习近平总书记关于老龄工作重要讲话精神，是新时期做好老龄工作的政治要求和实践指引。总书记关于加强老龄工作的重要讲话，是我们党在人口老龄化新时期关于老龄工作的新思想、新论述、新部署，贯穿着唯物辩证法的深刻哲理和以人民为中心的发展思想，体现了鲜明的问题导向，具有很高的理论价值和很强的现实针对性，充分证明党中央已经把发展老龄事业提高到了全面实现小康社会的国家战略高度进行安排部署，是我们及时科学综合应对人口老龄化的行动指南。一分部署，九分落实。各级老龄工作部门要坚定坚决维护核心，牢固树立政治意识、大局意识、核心意识、看齐意识，把维护习近平总书记这个核心作为最大的政治、最重要的政治纪律，在思想上政治上行动上同以习近平同志为核心的党中央保持高度一致，按照总书记的重要讲话精神，增强紧迫感、使命感、责任感，进一步理清思路，加大力度，着力推进老龄事业的创新发展。

（二）做好老龄工作是应对人口老龄化的客观要求。

目前，我区60周岁以上老年人口已突破262.91万人，占总人口的11.32%。根据预测，2040年全区60岁以上老年人口占总人口的比例将超过四分之一，2050年达到三分之一。老龄化社会的到来，一方面反映了我区经济社会和各项事业的蓬勃发展和人民生活水平的显著提高，另一方面会给经济和社会发展带来重大影响。我区的经济还不够发达，老年法律法规体系、老年社会保障制度还不够完善，快速增长的老年人口给社会保障体系带来巨大的压力。人口老龄化快速发展的同时，还伴随着高龄化和空巢化，老年人不仅在物质文化、医疗卫生、精神文化方面的需求越来越高，对社会服务的需求量也越来越大。充分认识人口老龄化发展趋势，积极应对人口老龄化挑战，不仅关系到我区老龄事业的长远发展，也关系到新疆社会稳定和长治久安总目标的实现，我们必须充分认识解决老龄问题的重要性和紧迫性，居安思危，及早谋划，统筹协调，趋利避害，在应对人口老龄化挑战中赢得主动权。

（三）做好老龄工作是改善民生的重要内容。

老龄工作必须紧紧围绕党和政府的中心工作，服从和服务于党和政府工作的大局。当前，我区正处在实现社会稳定和长治久安的重要阶段，也是应对人口老龄化十分关键的一个时期。关注民生、保障民生、改善民生，是当前党和政府工作的重要内容，民生问题与老龄事业紧密相连，与老年人的生活息息相关。人口老龄化“未富先老”的现状，不仅是改善民生需要重点关注的发展态势，也是重要的现实问题。关注老年人的生活，保障老年人的生活，改善老年人的生活，已经成为各级党委、政府关注民生、保障民生和改善民生的重要内容。加强老龄工作，发展老龄事业，不仅是坚持以人为本的重要体现，也是关注民生、保障民生、改善民生的重要举措。我们一定要把民生问题和老龄问题有机结合起来，把做好老龄工作作为保障和改善民生的有力抓手，研究解决人口老龄化带来的新情况、新问题，为党和政府分忧，为老年人解难，使老年人真正得到实惠，保障好老年群体的民生问题。

（四）做好老龄工作是各级政府应尽的职责。

老龄问题是一个重大的社会问题，和全社会每个人的切身利益息息相关，和我们的未来紧密相连。做好老龄工作，不仅关系到维护社会稳定、促进社会文明进步、实现经济协调发展，也是衡量政府执政能力的显著标志。随着人口老龄化形势的发展，老龄问题越来越成为整个社会关注的热点问题，老年人已成为政府加强社会管理和公共服务的重点对象和重要群体。广大老年人为自治区的经济建设和社会发展做出过重要贡献，他们的青春和汗水都献给了社会主义建设事业，应当给予他们特殊的关注和照顾。如何全面加强养老服务体系建设，为老年群体提供医疗卫生、健康娱乐、养老保障等方面服务，让老年人和青年人、中年人一样均等享受政府提供的社会化服务，共享改革开放和社会发展成果，是各级政府和各有关部门义不容辞的责任。

（五）做好老龄工作是促进民族团结、维护社会稳定的重要保障。

稳定是新疆的大局，是第一要务。当前，我们与境内外“三股势力”争夺人心的斗争依然十分尖锐和激烈。分裂与反分裂的斗争是长期的、复杂的、尖锐的，有时甚至是十分激烈的，是不以我们的意志为转移的。我区各族老年人对党、对祖国、对人民有着深厚的感情，对社会稳定和祖国统一有着牢固的思想基础，反对民族分裂、保持新疆和谐稳定与长治久安，是各族老年人的共同愿望和根本利益所在。我们要充分认识到，老年人作为稳定社会的一支重要力量，不仅维系着家庭的稳定，而且维系着社会的稳定。确保二百多万人庞大老年群体的稳定，发挥老年群体在维护社会稳定中的重要作用，是老龄工作服务于自治区党委中心工作的首要任务和基本立足点。老年人有着丰富的阅历和经验，在家庭和社会中有着较高的威望和影响，发挥老年人的积极作用，通过老年人的辐射带动作用，可以通过他们带动身后的千千万万家庭成员认识到反分裂反暴恐斗争的长期性、复杂性、尖锐性，始终保持清醒头脑，凝聚起维护社会稳定的强大力量。各级老龄工作部门一定要站在全局和战略的高度，充分认识肩负的重要政治责任和重大历史使命，更加自觉主动地做好老龄工作，引导各族老年群众成为维护社会稳定的可靠力量，坚定理想信念，自觉站到反分裂斗争的第一线，在事关国家最高利益和各族人民根本利益的大是大非问题上，始终做到认识不含糊、态度不暧昧、行动不动摇，始终做到旗帜十分鲜明、立场十分坚定，争当维护社会稳定的践行者、传播者、捍卫者。

二、加强制度体系建设，促进老龄事业又好又快发展

今年老龄工作的目标任务已经明确，各级老龄办要紧紧围绕自治区党委、政府的中心工作，坚持“党政主导、社会参与、全民关怀”的工作方针，全面落实自治区老龄事业发展“十三五”规划，突出重点，强化措施，立足当前，放眼长远，促进老龄事业与经济社会同步协调发展。

（一）要紧紧围绕“一个中心”。

社会稳定和长治久安总目标是引领新疆工作的旗帜和方向，新疆的一切工作都要紧紧围绕社会稳定和长治久安来谋划来推进。老龄工作部门必须紧紧围绕总目标，充分发挥服务保障作用。要深刻认识到，社会稳定和长治久安的总目标是以习近平同志为总书记的党中央治疆方略的核心要义；深刻认识到，在新疆没有稳定一切皆为零，必须坚持稳定压倒一切；深刻认识到，只有保持社会稳定，我们才有可能集中财力人力解决人口老龄化带来的一系列问题，没有稳定的局面，老龄事业的发展就会受到严重影响，甚至我们已经取得的发展成果也会丧失殆尽。在深化对总目标的认识上要有高起点，在学习上要有高标准，做到融会贯通，在学以致用、学用结合、学用相长上狠下功夫。要站在讲政治的高度，主动地服从大局、融入大局、服务大局，跟进形势的发展变化，主动把老龄工作放在大局中思考，放在大局中安排，放在大局中去推进，找准老龄工作的切入点，强化总目标、聚焦总目标、服务总目标、落实总目标。要跳出老龄工作的局限和范围，正确处理整体利益与局部利益、长远利益与眼前利益的关系，必要时甚至要牺牲部门利益和个人利益，做到有令则行、有禁则止。要牢固树立“一盘棋、一条心、一股劲”的思想，始终坚定不移地以大局为重，坚持上下共同努力，集中力量打整体战，不折不扣、坚定坚决地把党中央关于新疆工作的大政方针落到实处，团结带领全区各族老年人把维护社会稳定的各项工作抓紧抓实，以良好作风确保总目标落地生根、开花结果。

（二）要全面完善“三大体系”。

一是完善养老保障体系。让老年人享有社会保障，是老年人最为关注的核心问题，是保障和改善民生的重要基础。当前，老年人社会保障领域还存在着覆盖范围比较窄、城乡发展不平衡、制度不够健全等问题。各地、各有关部门要结合实际，继续完善基本养老保险制度、最低生活保障制度，探索建立新型农村养老保险制度，全面推进城镇职工基本医疗保险、城镇居民基本医疗保险、新型农村合作医疗制度和农村计划生育家庭奖励扶助制度，研究制定针对高龄老人、失能老人及空巢老人的社会福利制度，切实解决他们的基本生活问题。各有关部门要加强沟通，统筹协调，确保各项制度之间的衔接与延续，避免交叉重叠，在推进和完善各项制度时，一定要认真研究确保老年人的基本权益，使广大老年群众共享经济社会发展成果。

二是完善为老服务体系。今后一个时期，加快为老服务体系的建设步伐，是老龄工作的重点。各地要坚持政府主导、社会参与，积极走社会化、产业化的路子，完善养老服务体系。我们出台了一些很好的政策，要认真加以落实，措施要有力。为老服务业的优惠政策出台，是一种导向，也是一种鼓励，各地、各有关部门要认真研究、具体规划，采取可行措施，发挥政策优势，引入市场机制，把社会力量动员起来，把为老服务业这块“蛋糕”做大做强。各级政府要发挥主导作用，抓好为老服务设施建设，统筹规划、合理布局，尽可能在靠近社区、交通便利、环境良好的地方筹建老年福利服务设施。要动员和鼓励集体、个人以多种形式捐助社会福利事业或投资兴办老年福利机构，提供有偿服务，实行自负盈亏。要通过规划引导养老服务业和养老机构的发展，引入市场机制，鼓励社会力量参与，多渠道兴办养老服务业，积极探索以居家养老为基础、社区服务为重点、机构养老为辅助的养老新模式。在坚持社会化养老服务的同时，政府要拿出专项资金，为符合条件的残疾老人、孤寡老人等困难群体购买服务，提高政府公共服务的能力。

三是完善老年维权体系。保障老年人合法权益，是构建社会主义和谐社会的重要基础性工作，必须努力形成保障老年人权益的大环境，全面加强老年维权体系建设。各级老龄委成员单位要充分发挥职能作用，进一步贯彻落实老年法律法规，根据分工分解责任，层层抓好落实，努力推动我区老年维权工作再上新台阶。要把贯彻落实老年法规政策作为重要内容，加强对广大群众尤其是青少年的宣传教育，从基层抓起，从家庭抓起，从学生抓起，大力弘扬敬老传统美德。要进一步加强与司法、公安及有关新闻媒体的联系协作，将正面宣传与批评曝光相结合，充分发挥舆论的激励和监督作用。要大力开展法律援助，积极整合法律服务资源，拓宽法律援助渠道，适当降低援助条件，充分发挥基层法律服务工作者和法律服务站点的作用，主动为老年人提供法律服务。要重视基层老年维权网络建设，利用现有的老年活动室，设立老年维权咨询、投诉和涉老纠纷调处小组，接待老年人来访，调解涉老矛盾和纠纷，听取老年人的意见和建议，解除老年人的后顾之忧。

（三）要突出“四个重点”。

一是要认真贯彻落实老龄事业发展“十三五”规划。老龄事业发展“十三五”规划对于加快老龄事业的发展，促进全面建设小康社会，构建社会主义和谐社会具有重要意义。各地要根据规划要求，提早动手，进行逐年任务分解，对规划的执行情况及时进行评估检查、重点检查和评估老年人养老、医疗、服务设施、贫困救助、合法权益维护等方面的保障情况，对存在的突出问题要尽快提出解决意见报当地党委、政府，并推动有关部门加以解决。在规划落实中，要贯彻“五个统筹”，突出改革创新，正确处理老龄事业与经济社会发展的关系，抓住老龄事业发展中普遍存在的突出问题，在公共财政投入、项目安排和政策引导上，充分体现向基层、农村和困难老年群体倾斜。各级老龄办要积极争取党委、政府和有关部门的重视、支持，确保老龄事业发展规划落到实处。

二是要加强老龄宣传工作。做好老龄宣传工作，是弘扬敬老爱老助老传统美德的重要途径。老龄宣传工作搞好了，将为老龄工作的开展提供强大的精神动力、思想保证和舆论支持。各地各单位要大力开展老龄宣传，建立全方位、多层次、立体化的老龄宣传网络，充分发挥新闻媒体的舆论宣传优势，围绕老龄工作的重心搭建宣传平台，广泛宣传党的老龄工作方针政策，宣传老龄工作法律法规，宣扬尊老敬老先进典型，特别是要发挥好《老年康乐报》在政策导向、答疑解惑和丰富老年精神文化生活等方面的宣传主阵地作用。要把道德教育和法制宣传有机结合，通过学校、家庭、媒体等多种途径，加强对青少年的敬老教育，提高敬老意识、养老意识和依法保护老年人合法权益的法律意识，促进社会公众的老龄意识实现大的转变和提高，在全社会树立关心老年人、支持老龄工作、发展老龄事业的良好风气。

三是大力发展老年文化教育工作。要建立和规范老年文化体育组织，开展适合老年人特点的文化娱乐和体育健身活动，充分展示广大老年人与时俱进、乐观向上的精神风貌，丰富生活内容，促进身心健康。要研究探索发挥老年人作用的有效途径和方式，满足老年人参与社会的要求，支持老年人参加各种公益活动和精神文明建设，引导、鼓励老年人为经济社会发展多做贡献，始终保持科学、文明、健康的生活方式和积极向上、与时俱进的良好心态。要进一步办好各类老年大学，扩大老年大学的办学规模，开办适合老年人特点的专业课程，丰富教学内容，加强老年教育规范化建设，发展面向老年人的广播、电视、网络和函授教育，满足老年人求知求新的愿望，通过多层次、多形式地发展老年教育，寓教于乐，使更多的老年人能够就地就近参加学习。

四是要做好老龄理论研究工作。加强对老龄问题的调查研究，是把握老龄工作的规律和特点，及时发现和解决问题，提高老龄工作水平的基本途径。当前，老龄工作的环境、形势、任务发生了很大的变化，更加需要加强理论研究，指导工作实践。各级老龄工作部门要紧紧围绕大局，组织力量，加强老龄科学理论研究和政策研究，科学分析人口老龄化发展趋势，充分认识和把握新形势下老龄问题的特点和规律，加强对人口老龄化过程中的全局性、前瞻性、战略性的课题研究，围绕总目标找准老龄工作与党委政府中心工作的结合点，抓住老龄事业发展中带有普遍性和倾向性的重点、难点、热点问题，有针对性地进行调查研究和理论研究，提出切实可行的意见和建议，为做好新形势下的老龄工作提供有力的理论支持，为各级党委政府决策老龄问题发挥参谋助手作用。

四、加强组织领导，全面构建大老龄工作格局

加强老龄工作，发展老龄事业，是各级党委、政府和全社会的共同责任，要切实加强领导，本着对党和人民高度负责的精神，下更大的决心，花更大的气力，抓薄弱环节，抓措施到位，抓任务落实，更好地调动方方面面的积极性，凝聚方方面面的力量，激发方方面面的创造性，形成强大合力，不断推进老龄工作向前发展，努力开创老龄工作的新局面。

（一）各级党委政府要高度重视老龄工作。

老龄工作是党和政府的一项重要工作，是社会主义现代化建设的重要组成部分。实践证明，做好老龄工作，党政主导是关键，只有党政领导认识到位了、真正重视了、摆上位置了，老龄工作才能顺利推进。各级党委政府要坚决克服对老龄工作边缘化、简单化、部门化、弱势化的错误认识，站在为党的事业负责的高度，充分认识老龄工作在构建和谐社会全局中所发挥的不可或缺、不可替代、不可低估的作用，增强抓好老龄工作的自觉性和主动性。要切实加强组织领导，把老龄工作纳入整体工作部署和重要议事日程，确保认识到位、责任到位、措施到位、投入到位，切实抓紧、抓好，抓出成效。主要领导要关心老龄事业发展，经常过问和检查指导老龄工作，分管领导要认真履行职责，把老龄工作作为分内之事、应尽之责，真正放在心上、抓在手上，真正把担子担起来，种好自己的“责任田”。要通过资金投入发挥主导作用，根据科学发展观和改善民生的要求把财政资金向农村倾斜，向社会事业倾斜，增加老龄事业经费投入，加强老年文化设施、养老设施、教育设施建设，满足老年人日益增长的物质文化需要，提高城乡老年人的基本生活保障水平。要重视老龄工作机构建设和老龄工作干部队伍建设，在政治上多关心、爱护老龄工作干部，加强培养教育，真正让老龄工作干部有作为、有地位。

（二）老龄委成员单位要切实履行职责。

这些年来，在老龄工作方面，各级成员单位都发挥了积极的作用，但还远远不能适应我区人口老龄化形势对老龄工作的要求。各级老龄委成员单位要有全局意识和大局意识，从全局上来思考、来布局我区老龄工作，立足各自职能，全力支持配合、主动协调跟进。只要有利于老龄事业发展，有利于创新突破，能让老年人真正得到实惠，就要服从大局，不能局限于部门利益，切实形成齐抓共管的整体合力，实现大综合、大协调、大推进。老龄委成员单位的职责早已经明确，不能光写在纸上，还要落实到行动中去。老龄委委员是抓好本部门老龄工作的直接责任人，要充分发挥主观能动性，采取多种形式，身怀爱老之心，恪守敬老之责，善谋养老之策，多办助老之事。明确了职责，还要结合本部门老龄工作职责和实际情况，制订具体的老龄工作计划。计划要有科学性和可行性，横向要结合全区老龄工作要点，纵向要涵盖本系统所有单位，并根据年度计划，落实好优待老人、服务老人、关怀老人的办法措施，积极主动地为老年人提供更多更好的优先、优待、优质高效服务。

（三）老龄工作部门要发挥桥梁纽带作用。

老龄工作既具有鲜明的政治性又具有突出的社会性，既具有较强的科研性又具有丰富的实践性，既具有一定的从属性又具有相对的独立性，这就要求各级老龄办工作中一定要把握好“度”。老龄办不同于其他党政部门，是议事协调办事机构，没有审批权、决策权，但有参与权、建议权，恰恰是这种综合协调职能，才能承连上下、沟通左右、办好大事。老龄办要转变观念，主动作为，切实发挥“参谋助手、综合协调、督促检查”职能作用，充分运用参与权和建议权，加强调查研究，主动及时向各级党委、政府汇报老龄事业发展的新情况、新问题，争取各级党委、政府的重视、关心和支持，努力解决老龄工作中的实际困难。要积极协调成员单位制定综合性的涉老政策，通过政策的出台，催生一批老龄产业，惠及一大批老年人。要克服片面发展、只顾眼前发展的问题，既要下力气解决当前老龄事业发展中存在的突出问题，又要着眼长远制定促进老龄事业发展的战略规划，既要做好城市的老龄工作，又要统筹做好农村的老龄工作，通过多做打基础、利长远的实事，使各级老龄工作部门的发展与人口老龄化发展形势相适应、与各族老年人的期盼和要求相适应、与经济社会发展相适应，真正成为连接老年人与各级党委政府的桥梁纽带。

（四）全社会要共同关注老龄事业发展。

做好老龄工作是党委、政府和有关部门的责任，同时也是全社会的共同责任。要坚持齐抓共管、合力推进的原则，加强社会动员，强化社会参与老龄事业的良性互动机制，营造良好的老龄事业发展氛围。社会各界都要积极关心、支持和推动老龄工作，多帮助出一些好主意，多给予一些资源支持。要通过政策引导，大力宣传，策划有影响的活动，充分调动企事业单位、社会组织和社会各界关心老年人、支持老龄工作、参与发展老龄事业，充分利用社会资源为老年人办实事，加快老龄事业社会化、市场化、产业化进程。要努力拓宽筹资渠道，吸引更多社会组织投入资金，建设老年服务设施和服务网络，生产老年消费用品，为老年人提供各种社会服务和消费产品。要在全社会树立起关心老年人、支持老龄工作、参与发展老龄事业，是责任之所在，使命之所在，追求之所在，更是光荣之所在，幸福之所在的理念，形成多层次、全方位，上下贯通、左右纵横、多方协作的大老龄工作格局。

（五）要建设一支高素质的老龄工作队伍。

培养和造就一支政治思想坚定、工作思路清晰、综合协调能力强、善于解决难题、热爱本职工作、勇于开拓奉献的老龄工作队伍，是做好老龄工作的前提和基础。当前，老龄工作面临许多新情况、新问题，遇到许多可以预料或难以预料的困难和风险，更需要一种敢于拼搏、敢于创新的闯劲，自强不息、永不满足的韧劲，艰苦奋斗、有所作为的干劲。各级老龄工作干部要热爱老龄工作，把老龄工作当作接受锻炼的“大熔炉”、提升能力的“大课堂”和施展才华的“大舞台”，以时不我待、只争朝夕的精神，钻研业务知识，改进思想方法，掌握工作技巧，熟悉基层情况，提高工作能力，努力成为老龄工作的行家里手。要提高认识，在统一思想上下功夫；健全体制机制，在完善制度上下功夫；工作深入，在求实效上下功夫；抓基层，在打基础上下功夫；把握重点，在突破难点上下功夫；适应新形势，在提高自身素质上下功夫；服务大局，在做好本职工作上下功夫；总结经验，在开拓创新上下功夫；改变工作作风，在抓落实上下功夫。要努力夯实基层老龄工作基础，以饱满的精神状态去推动问题的解决，以工作实绩去争取党政领导和社会各界对老龄工作的重视和支持，整体推动我区老龄工作上水平、上档次、上台阶。

同志们，自治区党委、人民政府对老龄工作寄予了厚望，我们投身老龄工作这份光荣的事业，担负着重要的使命和责任。机遇和挑战考验着我们的意志和勇气，使命和责任召唤着我们的智慧和能力。让我们在自治区党委的坚强领导下，以更加饱满的精神状态、更加扎实的工作作风、更加有为的工作业绩，努力开创老龄事业的崭新局面，为推动新疆社会稳定和长治久安总目标做出新的更大的贡献，以优异的成绩向党的十九大献礼。

在2017年厦门市老龄委全体扩大会议上的讲话

厦门市副市长　卢江

（2017年5月10日）

同志们：

刚才，我们书面传达了全国会议精神；进春同志代表市老龄办对去年全市老龄工作进行了总结，对今年工作作了安排，我都同意。请大家回去以后认真抓好落实。下面我讲三点意见。

一、2016全市老龄工作成绩显著

2016年，在市委、市政府的高度重视和正确领导下，我市老龄工作紧紧围绕建设“五大发展”示范市目标，为切实增进老年人民生福祉，不断开创工作新局面，做出了突出成绩。我市养老保障水平稳步提升，退休人员养老金和城乡居民基础养老金连年增长。建立了全市统一的高龄津贴制度和城乡居民养老保险丧葬补助金制度。创新医养融合的养老模式，养老机构内设医疗机构，全面开展家庭医生签约服务老年人工作。完善了厦门市老年人幸福安康险，年满60周岁的户籍老年人均获得保障。建立了困难失能老人数据库，实施精准帮扶。下放老年人优待证办理权限，方便了老年人就近办证。完善养老服务设施，推进了市老年活动中心改扩建、爱鹭老年养护中心、爱心护理院扩建等养老机构建设，建设了农村幸福院和社区老年人日间照料中心。配备了社区助老员，推出厦门市民养老服务卡。举办“2016年海峡两岸（厦门）老龄产业博览会”，推动了老年用品业发展。落实老年人优待政策，开展“敬老月”系列活动，评选出第二届敬老文明号，全社会敬老氛围日益浓厚。举办银龄梦想秀、银龄好声音、新光旧影摄影展，创建老年人健身康乐家园、基层老年学校示范校活动，推广老年教育云课堂教学，丰富了老年人精神文化生活。老年人的幸福感和获得感显著提升。在我国首个“城市养老指数”排名中，厦门市以94.1分在4个直辖市、27个省会城市和5个计划单列市中位居首位。这一系列成绩的取得，与各级各部门、全体老龄工作者的辛勤努力，与广大老年人的支持参与是分不开的。借此机会，我代表市政府、市老龄委向全市老龄工作干部职工表示衷心的感谢！向关心支持老龄事业发展的社会各界朋友们表示感谢！

二、认真贯彻习总书记讲话精神，明确老龄工作的形式与任务

人口老龄化是我国21世纪的基本国情，也是人类共同面临的重大课题。我市早在1994年就已跨入人口老龄化城市的行列。现有60周岁以上户籍老年人口30.87万人，占户籍总人口的14.19%，人口结构老龄化、高龄化的同时，伴随着家庭结构小型化，且养老功能弱化，失独家庭、空巢老人、失能半失能老人迅速增加等问题，老龄问题已成为党政领导高度重视，社会各界高度关注的重大民生问题。

习总书记强调要坚持党委领导、政府主导、社会参与、全民行动相结合，坚持应对人口老龄化和促进经济社会发展相结合，坚持应对人口老龄化和促进经济社会发展相结合，坚持满足老年人需求和解决人口老龄化问题相结合，努力挖掘人口老龄化给国家发展带来的活力和机遇，努力满足老年人日益增长的物质文化需求，推动老龄事业全面协调可持续发展。习总书记关于老龄工作系列讲话，深刻阐述了新形势下老龄工作的指导思想、基本方针和重大举措，是我们进一步做好老龄工作的总纲领，各级各部门要深入学习，领会精神，充分认识老龄人口的严峻形势，从增强全社会积极应对人口老龄化的思想观念，完善老龄政策制度，发展养老服务业和老龄产业，发挥老年人积极作用，以及健全老龄工作体制机制五个方面下功夫，推进我市老龄工作。

三、精准破解新形势下老龄工作的重点难点问题

今年是贯彻落实“十三五”规划的重要之年。我们要根据党中央、国务院部署和老龄法律法规要求，认真落实全国老龄办主任会议精神，找准我市老龄工作的重点难点问题，逐一下大力气破解。

（一）修订完善老年人权益保障法规。

《中华人民共和国老年人权益保障法》1996年10月1日正式实施，2015年4月24日第二次修正。《福建省老年人权益保障条例》2017年3月1日起施行。目前我市实施的《厦门市实施〈中华人民共和国老年人权益保障法〉若干规定》是1999年2月1日施行的，有些规定与新修订的全国、省老年法规的精神不相适应，亟待修订。今年市老龄办要牵头组织调研，征集惠老政策，启动法规的修订工作。一是要着眼于“针对问题立法，立法解决问题”，收集和研究当前我市老龄工作中存在的问题，争取通过立法促进热点问题的解决；二是要在保证不违背上位法的基本原则和具体规定的前提下突出地方特色，把厦门好的经验、做法纳入到法规中，体现厦门特色，体现厦门的标准和要求；三是要把调查研究贯穿立法的全过程，提高针对性和实效性。立法工作是一项复杂的系统工程，计划性、综合性、专业性都很强，市老龄委成员单位、各有关部门要给予积极配合，争取明年完成地方法规的修订工作，依法维护老年的权益。

（二）全面提升养老服务质量。

目前，我市已初步形成了以居家为基础、社区为依托、机构为补充、医养相结合的养老服务体系，但与老年人日益紧迫和多样化的养老需求相比仍有较大差距。要认真贯彻近期国务院办公厅《关于全面放开养老服务市场提升养老服务质量的若干意见》和《关于推进医疗卫生与养老服务相结合的指导意见》精神，要着力加强居家养老服务的有效供给，提升农村养老服务能力和水平，推动社会力量参与养老服务；要强化养老服务技术产品研发应用，推动智慧养老服务创新，促进老年用品升级；要发展适老金融产品，鼓励金融、保险机构开发适老产品；要提供便捷的医疗服务，促进医养结合；要抓紧建立长期护理保险制度，解决失能老年人基本生活照料和医疗护理支付问题。要在统筹规划、政策扶持、土地支持、人才培养及营造公平竞争环境等方面下功夫，让我市的养老服务业有人做、能发展、得实惠。

（三）启动老年宜居环境建设。

去年，全国老龄办、国家发改委等25家单位联合印发《关于推进老年宜居环境建设的指导意见》，这是我国发布的首个关于老年宜居环境建设的指导性文件。《意见》要求2025年，基本建立安全、便利、舒适的老年宜居环境体系。重点任务是建设适老居住、出行、就医、养老等的物质环境和包容、支持老年人融入社会的文化环境。今年市老龄办启动适老化改造试点，对试点小区的公共设施和老年人的家庭进行适老化改造，体现社会对老年人的关爱，也为城市增加老龄光彩用于宣传。前不久我们到思明区海洋新村小区现场观摩，效果很好。下一步，要加强组织领导、规划统筹、政策支持、示范引领、宣传推广，发改委、民政局、老龄办、建设局、卫计委、体育局等单位在老年宜居环境建设中承担较重的任务，要将这一工作列入本单位的工作计划，财政局在经费上要给予支持，宣传部门要多做些宣传，同时引导社会力量参与，多听老年人的意见，大家齐心协力推进我市老年宜居环境建设，推动城市文明创建。

（四）促进老年教育事业科学发展。

发展老年教育，是满足老年人学习需求、提升老年人生活品质、促进社会和谐的必然要求。去年10月，国务院办公厅印发了《老年教育发展规划（2016—2020年）》，这是我国历史上第一个专门为老年教育制定并颁布的国家专项规划。我市老年教育工作在市老龄办、市委老干部局多年的共同努力下，已取得一定的成效，普及率较高、质量较好，但也存在着一些不足。下一步要重点推进社会主义核心价值观培育，提升老年人的综合素质。要提升老年教育机构基础能力，把基层老年学校与社区书院资源有效整合，改善基层老年学校办学条件。进一步探索互联网＋老年教育模式，通过电视、网络普及老年教育。要积极搭建服务平台，组织有专长的老同志兼职教学，解决基层老年教育师资不足问题。要从丰富老年教育内容和形式上下功夫，积极开展老年人思想、科技、文化、保健等多方面教育。力争到2020年基本形成覆盖广泛、灵活多样、特色鲜明、规范有序的老年教育新格局。

（五）构建大老龄工作格局。

老龄工作要放到“五位一体”总体布局和“四个全面”战略布局中去谋划和推进，在思想认识、行动做法上主动与“五大发展理念”对表，做到服从大局、服务大局、维护大局。老龄工作涉及部门多、领域宽，各部门要理顺关系、相互协作，建立健全工作机制。老龄办要强化与老龄委成员单位的联络协调，推动成员单位制定出台涉老政策。要充分利用春节、老年节等重要节日，联合成员单位开展走访慰问、法律援助、文体教育等活动。要搭建社会参与平台，引导社会慈善公益组织、行业协会组织积极参与涉老事务，推动企事业单位开拓养老服务市场。要充分发挥高校、科研院所作用，通过联合调研、课题委托、承办项目等方式，推动老龄科研工作的开展及成果的转化。各级党委政府要把老龄工作列入议事日程，纳入经济社会发展的整体规划。老龄委各成员单位要履职尽责，主动作为，认真落实老龄委的重点工作任务，齐心协力共同为老龄事业出力。

同志们，习总书记的系列讲话为老龄工作指明了方向，今后一个时期老龄事业改革发展的任务已经明确。我们要按照《厦门市老龄事业发展“十三五”规划》和《厦门市养老服务发展规划（2016—2020）》绘制的蓝图，鼓足干劲、求实创新，全面落实老龄事业发展“十三五”规划，积极化解人口老龄化带来的社会问题，努力提升老年人的幸福感、获得感，为我市“五大发展”示范市的建设添砖加瓦！

谢谢大家！

在厦门市 2017 年老年节庆祝大会上的讲话

厦门市副市长 国桂荣

（2017 年 10 月 24 日）

尊敬的各位老领导、各位来宾、老年朋友们：

丹桂飘香，又迎重阳。在举国上下欢庆党的十九大胜利召开之际，经市委市政府同意，我们在这里隆重举行“2017 年全市老年节庆祝大会”。在此，我代表市委、市人大、市政府、市政协向全市 40 多万老年朋友致以节日的祝贺和美好的祝愿！向多年来关心支持厦门老龄事业发展的各界人士及辛勤工作在老龄战线上的同志们表示诚挚的问候和衷心的感谢！

老年群体是社会的重要组成部分，老龄工作是党和政府的一项重要事业。各位老领导、老同志，过去你们在各自的岗位为厦门经济和社会各项事业的发展，呕心沥血，奉献了自己的青春和才华。今天，你们虽然离开了工作岗位，但仍然“老骥伏枥，志在千里”，用你们丰富的知识和宝贵的经验，服务我市的产业发展，传授科学文化知识，化解社会矛盾、为社会公益事业和文明城市创建工作再立新功，为特区的发展、稳定做出贡献。特别是金砖国家领导人会晤在厦门成功举办，更是与老同志的理解、支持、参与分不开。我代表市委、市政府表示衷心感谢，同时真诚希望各位老领导、老同志一如既往地关注我市的发展，在安享晚年的同时继续发挥余热，共同为厦门这座高素质的创新创业之城，高颜值的生态花园之城，发挥正能量，做出新贡献。

积极应对人口老龄化已列入我国国家发展战略。习近平总书记强调，“满足数量庞大的老年群众多方面需求、妥善解决人口老龄化带来的社会问题，事关国家发展全局，事关百姓福祉，需要我们下大气力来应对”。近年来，市委市政府高度重视老龄事业，积极采取措施改善老年民生。建立健全养老、医疗保障体系，老有所养、老有所医得到落实；实施低保重病老人社会救助，困难老人获得精准帮扶；发放高龄津贴，为全市户籍老人投保意外伤害险，免费乘车、免费进公园景点，老年人的优待政策落到实处；开展居家养老服务，兴建养老机构、活动场所，试点适老化改造，老年宜居环境建设进一步推进；举办老年春晚、大型文体活动，组织老年文化下基层，开办网上课堂，老年人精神文化生活丰富多彩；创建“敬老文明号”，联合媒体举办助老公益活动，全社会敬老氛围更加浓厚，老年人的“幸福感”和“获得感”不断提升。

发展老龄事业需要政府、社会和家庭方方面面共同努力。各级党政部门要高度重视老龄工作，学习贯彻习近平总书记关于老龄工作的系列重要论述，把老龄工作与部门工作有机结合，坚持“党委领导、政府主导、社会参与、全民行动”的工作方针，坚持应对人口老龄化和促进经济社会发展相结合，增强自觉，乘势而为，突出重点，狠抓落实。从老年人最关心的利益问题入手，不断完善老年人家庭赡养和扶养、社会救助、社会福利、社会优待、宜居环境、社会参与等政策，增强政策制度的针对性、协调性、系统性，维护老年人尊严和权利。大力发展养老服务业和老龄产业，努力满足老年人日益增长的物质文化需求，提升老年人生活质量，推动老龄事业全面协调可持续发展，多为老年人办一些看得见、摸得着感受得到的实事、好事，使广大老年人共享全市改革发展成果。

最美不过夕阳红，温馨又从容。最后，再一次衷心祝福各位老领导、老同志健康长寿、阖家幸福！谢谢大家！

法规、文件选编

全国老龄工作委员会关于表彰第二届全国“敬老文明号”和全国“敬老爱老助老模范人物”的决定

全国老龄委发〔2017〕1号

各省、自治区、直辖市老龄工作委员会，各计划单列市老龄工作委员会，新疆生产建设兵团老龄工作委员会，全国老龄工作委员会各成员单位，各全国性老年社会组织：

2014年以来，全国各地广泛开展了第二届“敬老文明号”创建活动和敬老爱老助老主题教育活动。在各级党委政府的正确领导下，各级老龄工作委员会高度重视，认真组织，社会各行业部门积极支持、踊跃参与，有效地推动了老年优待政策的落实，提升了社会为老服务水平，进一步弘扬了尊老敬老传统美德。在活动开展过程中，涌现出一大批先进单位和个人。为表彰先进，激励和动员全社会进一步重视、支持和参与为老服务，推动为老服务创新发展，营造敬老爱老良好社会风尚，全国老龄办下发了《关于开展全国敬老爱老助老评选表彰工作的通知》（全国老龄办发〔2016〕42号）。经过逐级推荐、审核和公示，全国老龄工作委员会决定，授予北京电台《老年之友》栏目组等1271个集体全国“敬老文明号”称号，授予孙强等1959人全国“敬老爱老助老模范人物”称号。

希望受到表彰的先进集体和先进个人珍惜荣誉，再接再厉，保持先进。各地区、各部门要向受到表彰的先进单位和先进个人学习，深入贯彻落实老年人权益保障法，深入学习贯彻落实习近平总书记关于加强老龄工作的重要指示批示和讲话精神，积极参与为老服务，弘扬敬老爱老助老社会风尚，建设新时代的孝亲敬老文化，为全面提升老年人生活质量、推动老龄事业全面协调可持续发展作出新贡献。

附件：1. 第二届全国“敬老文明号”名单（略）

2. 全国“敬老爱老助老模范人物”名单（略）

全国老龄工作委员会

2017年3月23日

全国老龄工作委员会关于印发《全国老龄工作委员会2017年工作要点》的通知

全国老龄委发〔2017〕2号

各省、自治区、直辖市老龄工作委员会，各计划单列市老龄工作委员会，新疆生产建设兵团老龄工作委员会，全国老龄工作委员会各成员单位：

《全国老龄工作委员会2017年工作要点》已经全国老龄工作委员会第十九次全体会议审议通过，现印发给你们，请认真贯彻落实。

全国老龄工作委员会

2017年5月15日

全国老龄工作委员会2017年工作要点

2017年，全国老龄工作委员会工作的总体思路是：全面贯彻党的十八大和十八届三中、四中、五中、六中全会精神，以习近平总书记、李克强总理关于加强老龄工作重要指示批示和讲话精神为指导，认真落实党中央国务院关于老龄工作的决策部署，以贯彻落实国务院印发的《“十三五”国家老龄事业发展和养老体系建设规划》（国发〔2017〕13号）为主线，抓好各项改革举措和政策措施落实落地，切实解决老年群众普遍关心的突出问题，使改革政策惠及全体老年人，增强老年人的获得感和幸福感，以优异的成绩迎接党的十九大胜利召开。

一、深入学习贯彻党的十八届六中全会精神，贯彻落实党中央国务院关于老龄工作的决策部署

（一）深入学习贯彻党的十八届六中全会精神，强化“四个意识”，坚定维护以习近平同志为核心的党中央权威。深入学习习近平总书记系列重要讲话精神和治国理政新理念新思想新战略，坚持党委领导、政府主导、社会参与、全民行动，加强全社会积极应对人口老龄化的各方面准备工作。着力完善老龄政策制度，着力加强老年人民生保障和服务供给，着力发挥老年人积极作用，着力改善老龄事业发展支撑条件，不断开创中国特色的老龄事业发展新局面。（全国老龄委各成员单位）

（二）贯彻落实党中央国务院关于老龄工作的决策部署。推动出台《关于进一步加强老龄工作的意见》、《关于制定和实施老年人照顾服务项目的意见》，贯彻落实国务院印发的《“十三五”国家老龄事业发展和养老体系建设规划》（国发〔2017〕13号）、国务院办公厅印发的《关于全面放开养老服务市场提升养老服务质量的若干意见》（国办发〔2016〕91号）等一系列政策文件，完善相关配套政策，加强政策解读和学习培训，强化实施效果评估，适时开展专项督查，确保各项政策措施落到实处。（全国老龄委各成员单位）

（三）筹备召开第四次全国老龄工作会议。深入总结过去五年老龄工作经验，全面部署今后一个时期老龄工作，表彰全国老龄工作先进集体和先进工作者。（全国老龄办、人力资源社会保障部）

二、健全完善社会保障体系，筑牢老年民生保障网

（四）完善养老保险制度。稳步推动养老保险制度改革，调整企业和机关事业单位退休人员基本养老金标准，研究建立城乡居民基本养老保险待遇确定和基础养老金正常调整机制。推动企业年金和职业年金发展，落实机关事业单位养老保险制度改革措施。（人力资源社会保障部、财政部、中国保监会）推动发展老年人综合养老保障计划，稳步推进老年人住房反向抵押养老保险。（中国保监会、民政部、全国老龄办）开展个人税收递延型商业养老保险试点。（财政部、税务总局、中国保监会、人力资源社会保障部）

（五）健全医疗保险制度。全面推进城乡居民基本医疗保险整合，完善大病保险，推进医疗保险支付方式改革，逐步解决跨省异地安置退休人员异地就医住院医疗费用直接结算，年底扩大到符合转诊规定人员的异地就医住院医疗费用直接结算。（人力资源社会保障部、国家卫生计生委、中国保监会）开展长期护理保险试点，加强对地方试点工作的指导。（人力资源社会保障部、民政部、财政部、国家卫生计生委）

（六）完善社会福利政策。落实老年人照顾服务项目的政策要求，创新和优化照顾服务方式。（全国老龄委各成员单位）编制老年人优待工作评估指标体系。（全国老龄办）以省级为单位建立健全经济困难的高龄、失能等老年人补贴制度，做好与长期护理保险的衔接。（民政部、财政部、全国老龄办）

（七）完善社会救助政策。加强农村低保制度与扶贫开发政策衔接，确保农村贫困老年人通过低保兜底实现脱贫。（民政部、财政部、人力资源社会保障部）研究制定农村留守老年人关爱服务政策。（民政部、全国老龄办）

三、加快构建养老服务体系，满足老年人迫切需求

（八）深入推进养老服务业放管服改革。贯彻落实民政部、国家发展改革委、公安部等部门《关于加快推进养老服务业放管服改革的通知》（民发〔2017〕25号），完善养老院设立许可制度，全面清理、取消申办养老机构的不合理前置审批事项，优化审批程序，简化审批流程。（民政部、国家发展改革委、公安部、国土资源部、住房城乡建设部）

（九）加大养老服务供给。推动实施居家社区养老服务工程，深化居家和社区养老服务改革，总结推广成熟的居家和社区养老服务模式和经验。（民政部、财政部、商务部、中国保监会、全国老龄办）继续加大中央投资力度，拓宽养老服务投融资渠道。（民政部、国家发展改革委、财政部）继续推进养老服务业综合改革试点。（民政部、国家发展改革委）落实民政部、国家发展改革委、国土资源部等部门《关于支持整合改造闲置社会资源发展养老服务的通知》（民发〔2016〕179号），进一步加大养老用地支持力度，科学确定各类用地的规模、结构、布局和时序，指导各地落实好养老用地政策。（国土资源部、民政部）出台《关于加快发展商业养老保险的若干意见》，鼓励符合条件的商业保险机构投资养老服务产业。（中国保监会、财政部、民政部、全国老龄办）

（十）提升养老院服务质量。开展全国养老院服务质量建设专项行动，全面掌握全国养老机构状况，开展全国养老院服务质量大检查、大整治，加大舆论引导力度，组织实施“养老院服务质量万里行”活动。（民政部、全国老龄办、公安部、国家卫生计生委）

（十一）繁荣养老服务市场。贯彻落实工业和信息化部、民政部、国家卫生计生委《智慧健康养老产业发展行动计划（2017－2020年）》（工信部联电子〔2017〕25号），发展智慧家庭健康养老产业，指导企业开展智慧健康养老产业公共服务平台建设，促进成果转化和推进科技创新示范。（工业和信息化部、民政部、国家卫生计生委、科技部）研究出台《关于促进老年旅游健康发展的指导意见》。（国家旅游局、全国老龄办）推动落实国务院印发的《关于加快发展康复辅助器具产业的若干意见》（国发〔2016〕60号）。（民政部、国家发展改革委）促进老年用品产业创新发展，提升有效供给水平。（工业和信息化部）实施国务院办公厅印发的《老年教育发展规划（2016－2020年）》（国办发〔2016〕74号），扩大老年教育供给。（教育部、中央组织部、民政部、文化部、全国老龄办）加强面向老年人的公共文化服务和产品供给，为老年人提供丰富多样、健康向上的精神文化产品。（文化部、新闻出版广电总局、全国老龄办）

四、健全健康支持体系，提升老年人健康水平

（十二）加快推进医养结合。贯彻落实国务院办公厅转发国家卫生计生委等部门《关于推进医疗卫生与养老服务相结合的指导意见》（国办发〔2015〕84号），推行医养融合模式，推动国家级医养结合试点工作，举办医养结合论坛和系列专题培训，开展医养结合工作中期评估，建立全国医养结合工作数据监测制度。（国家卫生计生委、民政部）组织开展医养结合机构服务规范和管理制度研究。协调推进健康教育、健康管理、医疗救治、康复护理、安宁疗护等相关工作。（国家卫生计生委）

（十三）加强老年人健康促进和疾病预防。贯彻落实中共中央、国务院印发的《健康中国“2030”规划纲要》，国家卫生计生委、体育总局、全国老龄办等部门《“十三五”健康老龄化规划》（国卫家庭发〔2017〕12号），积极推进健康老龄化，提升老年人健康素养。（国家卫生计生委、体育总局、全国老龄办）做好老年常见病、慢性病等疾病防控工作及老年人心理健康服务。（国家卫生计生委、全国老龄办）落实国务院印发的《中医药发展战略规划纲要（2016—2030年）》（国发〔2016〕15号），国家中医药局、全国老龄办、国家卫生计生委等部门《关于促进中医药健康养老服务发展的实施意见》（国中医药医政发〔2017〕2号），发展中医药健康养老服务。（国家卫生计生委、全国老龄办）

（十四）加强老年体育健身工作。落实体育总局、国家发展改革委、全国老龄办等部门《关于进一步加强新形势下老年人体育工作的意见》（体群字〔2015〕155号），加强老年人体育设施建设，鼓励研发适合老年人体育锻炼的室内外健身器材，举办第三届全国老年人体育健身大会。（体育总局、工业和信息化部、全国老龄办）

五、加强法制保障，维护老年人合法权益

（十五）完善老龄事业法规政策。加快推进地方出台老年人权益保障法配套法规政策。开展老年人监护和老年维权调查研究，探索开展老年人监护试点工作。（全国老龄办、公安部、民政部、司法部）

（十六）深入开展老龄法律服务和法律援助活动。落实全国老龄办、司法部、公安部等部门《关于进一步加强老年法律维权工作的意见》（全国老龄办发〔2016〕102号），强化对困难老年人群体合法权益的保障，逐步扩大老年人法律援助范围，降低老年人法律援助门槛。（司法部、公安部、民政部、全国老龄办）按照“七五”普法规划要求，依托“法律六进”活动平台，组织开展老年人主题法治宣传活动。（司法部、全国老龄办）树立和表彰老年人法律服务和法律援助维权先进典型。（司法部、全国老龄办、公安部、民政部、人力资源社会保障部）

（十七）强化老年人安全保障。进一步增强治安、刑侦、交管、消防等部门警种为老服务意识，落实快速通报和及时预警的工作机制，重点加大老年人防范网络、电信诈骗的预警宣传工作力度，对老年人群体开展“点对点”的精准宣传，提高防范意识。（公安部、工业和信息化部、全国老龄办、民政部）依法严惩侵害老年人合法权益的违法犯罪活动，依法依规从严惩处欺老、虐老行为。（公安部、司法部）

六、扩大老年人社会参与，充分发挥老年人积极作用

（十八）积极开展人口老龄化国情宣传教育活动。开展“两教两增”主题教育活动，即在全社会开展人口老龄化国情教育、老龄政策法规教育，引导全社会增强接纳、尊重、帮助老年人的关爱意识和老年人自尊、自立、自强的自爱意识。（全国老龄办、中央组织部、中央宣传部）

（十九）优化老年人社会参与环境。探索“老有所为”新形式，开展“老有所为”优秀人物推荐宣传活动。（全国老龄办、中央宣传部）进一步改善少数民族和民族地区老年人平等参与社会生活的环境。（国家民委）实施基层老年协会规范化建设工程，加强老年社会组织的培育扶持和登记管理，促进老年人通过社会组织实现自我管理、自我教育、自我服务。（全国老龄办、民政部）

（二十）发展老年志愿服务。组织开展“银龄扶贫行动”，支持老年知识分子援助欠发达地区经济社会发展。（全国老龄办）倡导志愿服务，积极引导更多的健康低龄老人注册为志愿者，开展老年人互助志愿服务。（中央宣传部、共青团中央、民政部、全国老龄办）

（二十一）加强老年人思想政治建设。积极推动基层党组织建设，深入开展为党和人民事业增添正能量活动，引导老年党员深入学习全面从严治党要求，切实增强“四个意识”，不断充实党性认知和强化党性观念，充分发挥老同志的独特优势和作用，为十九大胜利召开营造良好氛围。（中央组织部、中央宣传部、中直机关工委、中央国家机关工委）

七、推进老年宜居环境建设，营造适老环境氛围

（二十二）深入推进无障碍设施建设。落实中国残联、住房城乡建设部、全国老龄办等部门《无障碍环境建设“十三五”实施方案》（残联发〔2016〕50号），加快推进公共场所和住宅小区无障碍设施建设改造，研究养老服务设施规划建设、老年人家庭与公共设施无障碍建设改造协同推进措施，加快推进涉及老年人日常起居、基本生活等方面的家庭无障碍设施建设与改造。（住房城乡建设部、民政部、工业和信息化部、全国老龄办）

（二十三）开展老年宜居环境建设示范行动。开展老年友好城市、老年宜居社区示范创建活动。（全国老龄办）继续做好符合城镇住房保障和救助条件的老年人的住房保障工作，进一步加大农村贫困老年人家庭危房改造力度，合理制定补助标准。（住房城乡建设部、财政部）采用多种方式满足老年人“行有所乘”的出行需求，加大服务老年人交通出行宣传。（交通部、新闻出版广电总局、全国老龄办）

（二十四）弘扬孝亲敬老传统美德。印发新修订的普通高中课程标准，进一步完善尊老敬老教育要求，大力宣传敬老爱老助老优秀青少年典型事迹。（教育部、共青团中央）开展“全国敬老养老助老公益广告”作品征集展播活动。（新闻出版广电总局、全国老龄办）启动第三届“敬老文明号”创建活动，开展“敬老月”系列活动。开展寻找“最美家庭”、“好家风好家训”系列宣传展示活动。举办喜迎党的“十九大”老年读书活动、第十九届中国老年合唱节以及慰问老年人活动。（中央宣传部、民政部、文化部、新闻出版广电总局、全国妇联、全国老龄办）

八、夯实基础基层，强化事业发展能力

（二十五）完善老龄工作体制机制。（中央组织部、国家发展改革委、民政部、财政部、全国老龄办）调整充实全国老龄委成员单位，修订完善成员单位工作职责，加强成员单位的联络协调，增强工作合力。（全国老龄办）

（二十六）加强基层老龄工作。落实中共中央办公厅、国务院办公厅印发的《关于加强乡镇政府服务能力建设的意见》要求，科学整合力量，创新思路方式，强化服务基层导向，提升基层工作效能。（全国老龄委各成员单位）推进基层老年协会规范化建设，切实保障城乡社区老龄工作有人抓、老年人事情有人管、老年人困难有人帮。（民政部、全国老龄办）

（二十七）壮大人才队伍。实施人才培养工程，加大养老服务人员培训，完善评价标准，创新评价方式，健全激励机制。（民政部、人力资源社会保障部、财政部、全国老龄办）加强涉老学科建设，引导高等院校稳步扩大涉老相关专业学位研究生招生规模。（教育部）研究制定加快发展老年社会工作的专项政策，加大养老服务机构社会工作专业岗位开发与社会工作专业人才配备使用力度。（民政部）

（二十八）加强老龄科学研究。深入开展国家应对人口老龄化战略研究，成立全国老龄工作委员会专家委员会。（全国老龄办）做好老年人口最新数据统计发布工作，研究制定老龄统计数据体系，健全完善老年人状况统计调查和发布制度。（全国老龄办、国家统计局）开发利用第四次中国城乡老年人生活状况抽样调查和2015年全国1%人口抽样调查等统计调查数据，做好成果转化与应用。（全国老龄办、国家统计局）

（二十九）推进信息化建设。推进实施老龄信息化建设工程，建设老龄基础信息平台，探索老龄信息共享机制。（全国老龄办、财政部、工业和信息化部、人力资源社会保障部、国家卫生计生委、民政部、公安部、中国保监会）

（三十）拓展老龄领域国际及地区合作。做好2030年可持续发展议程涉老龄领域目标落实工作，深入参与老龄问题国际交流与合作，推动双边框架下老龄问题合作；推进老龄问题国际论坛的创设；密切跟踪老年人权利国际法律文书制定走向。（全国老龄办、外交部、民政部）

全国老龄工作委员会关于学习宣传贯彻《国务院办公厅关于制定和实施老年人照顾服务项目的意见》的通知

全国老龄委发〔2017〕4号

各省、自治区、直辖市老龄工作委员会，各计划单列市老龄工作委员会，新疆生产建设兵团老龄工作委员会，全国老龄工作委员会各成员单位：

6月6日，国务院办公厅印发了《关于制定和实施老年人照顾服务项目的意见》（国办发〔2017〕52号，以下简称《意见》），这是2013年老年人权益保障法修订施行以来第一个经党中央、国务院批准，以国务院办公厅名义印发的老年人照顾服务领域的专项文件，对推动老龄工作、提升广大老年人的获得感和幸福感具有重大意义。为切实把《意见》学习好、宣传好、贯彻好，现就有关工作通知如下：

一、充分认识《意见》的重要意义

《意见》以习近平总书记系列重要讲话精神和治国理政新理念新思想新战略为指导，全面贯彻党的十八大和十八届三中、四中、五中、六中全会精神，统筹考虑我国经济社会发展状况和人口老龄化形势，从解决好老年人最关心最直接最现实的利益问题入手，以老年人权益保障法为依据，明确提出老年人照顾服务工作的指导思想、基本原则和重点任务，对老年人家庭赡养、社会保障、社会服务、社会优待、宜居环境和参与社会发展等方面提出了具体要求。制定和实施老年人照顾服务项目是社会主义制度优越性的具体体现，是社会主义核心价值观的内在要求，是实现脱贫攻坚、全面建成小康社会的重要任务，是积极应对人口老龄化，推动民生改善、促进社会和谐的客观需要。各地各部门要充分认识《意见》的重要意义，切实增强做好老年人照顾服务工作的责任感和使命感，确保这一重要民生政策更多更好地惠及广大老年群体，不断提升老年人的获得感和幸福感。

二、准确把握《意见》重点任务要求

《意见》从我国国情出发，立足老年人需求，对老年人照顾服务工作做出总体部署和具体安排，是做好老年人照顾服务工作的基本遵循。《意见》提出的20项重点任务涵盖了老年人医、食、住、行、用、娱各个方面，涉及民政、交通运输、卫生计生、司法等多个部门，中央重视，社会关注，百姓关心。各地各有关部门要提高政治站位，自觉将思想和行动统一到习近平总书记关于加强老龄工作重要讲话指示精神上来，认真学习，准确把握，主动作为。各牵头部门要认真负责，将学习贯彻《意见》列入重要工作日程，抓紧制订方案，及时出台配套政策，尽快完善制度；其他成员单位要完善政策措施，主动配合工作，形成齐抓共管合力。各地要加快研究提出具体实施办法，明确职责分工、重点任务和保障措施。各地各部门要准确把握照顾服务项目政策导向，注重与现有政策衔接，提升老年人照顾服务的可及性。要加大基本公共服务资源向农村倾斜配置力度，重点关注高龄、失能、贫困、伤残、计划生育特殊家庭等困难老年人的特殊需求，让老年人获得更多看得见、摸得着的实惠，确保党中央、国务院对广大老年人的关心关怀落到实处。

三、切实加强《意见》的组织实施

各地各部门要切实加强组织领导，把《意见》实施作为贯彻落实习近平总书记关于加强老龄工作重要讲话指示精神和党中央、国务院关于老龄工作决策部署的实际行动。要积极推动党委政府把贯彻实施《意见》列入重要日程。要充分发挥老龄工作委员会议事协调作用，做好统筹工作。要搞好调查研究，及时掌握本地区、本系统落实《意见》情况，加强工作指导，有针对地解决问题。要充分发挥新闻媒体作用，做好文件解读，推广有益经验，对在老年人照顾服务工作中涌现出的先进集体和先进个人，按有关规定予以表彰，努力营造全社会关心、支持、参与老年人照顾服务工作的良好社会氛围。

请各地各部门于2017年12月底前将贯彻落实《意见》情况形成文字材料并报全国老龄办。

全国老龄工作委员会

2017年7月28日

全国老龄工作委员会关于深入开展2017年全国“敬老月”活动的通知

全国老龄委发〔2017〕5号

各省、自治区、直辖市老龄工作委员会，各计划单列市老龄工作委员会，新疆生产建设兵团老龄工作委员会，全国老龄工作委员会各成员单位：

为全面贯彻实施《中华人民共和国老年人权益保障法》，大力弘扬敬老爱老助老社会风尚，喜迎党的十九大胜利召开，全国老龄工作委员会决定，今年10月1日至31日，深入开展以“关爱老年人　欢庆十九大”为主题的“敬老月”活动，现将有关事项通知如下：

一、活动宗旨

“敬老月”活动要以习近平总书记系列重要讲话精神为指导，按照习近平总书记提出的“党委领导、政府主导、社会参与、全民行动”和“尊老敬老是中华民族的传统美德，爱老助老是全社会的共同责任”的要求，紧紧围绕《“十三五”国家老龄事业发展和养老体系建设规划》、国务院办公厅《关于制定和实施老年人照顾服务项目的意见》目标任务，结合敬老爱老助老创建表彰活动，组织动员各级党政机关、企事业单位、社会组织以及其他社会力量，聚焦主题，集中时间，贴近实际，创新形式，积极营造敬老爱老助老社会氛围，广泛开展敬老爱老助老活动，为老年人送温暖、办实事、做好事、解难事，引导老年人自觉践行“积极老龄观”，发挥正能量，层层传递以习近平同志为核心的党中央对老年人的关心关爱，不断增强老年人的获得感和幸福感，全力营造喜迎十九大胜利召开的社会氛围。

二、活动内容

（一）积极营造敬老爱老助老社会氛围。各地、各部门要加大宣传引导力度，广泛组织主流媒体、老年媒体、新媒体，紧紧围绕主题，集中宣传习近平总书记关于加强老龄工作重要讲话和指示精神，集中宣传党中央、国务院关于加强老龄工作的决策部署，集中宣传十八大以来我国老龄事业取得的辉煌成就，集中宣传中华民族敬老爱老助老传统美德，集中宣传敬老爱老助老先进事迹。要创新宣传形式，发挥各自优势，集中集体发声，形成宣传高潮，唱好时代主旋律，传递社会正能量，讴歌老龄事业新成就，讲好敬老爱老助老新故事。

（二）广泛组织走访慰问老年人活动。各级党政领导和老龄工作委员会成员单位要带头作敬老爱老助老的模范，走进老年人家庭、老年人社区、养老机构、老年大学等，倾听老年人心声，关心老年人生活，特别要重点走访慰问贫困、高龄、失能等困难老年人及计划生育特殊家庭老年人，帮助他们解决实际困难。

（三）着力开展敬老爱老助老活动。各级老龄工作委员会要统筹协调，结合养老院服务质量建设专项行动，将敬老爱老助老纳入“工人先锋号”、“青年文明号”、“巾帼建功岗”、“敬老文明号”等创建条件，纳入“老年维权示范岗”、“老年优待服务窗口”等示范内容，为广大老年人提供优惠、便利和维权服务。各地、各部门要组织共产党员、共青团员、学生和各类志愿者，走进城乡社区、养老服务机构和老年人家庭，真心实意为老年人做实事、办好事，让老年人得到看得见、摸得着的实惠，切实感受到党和政府的关怀和温暖。

（四）大力宣传倡导积极老龄观。大力宣传积极老龄化理念，倡导积极老龄观，引导全社会积极看待老龄社会，积极看待老年人和老年生活，深刻理解老年是人的生命的重要阶段，是仍然可以有作为、有进步、有快乐的重要人生阶段的内涵。组织开展“老有所为”先进典型人物推荐活动，大力宣传其先进事迹。开展老年人“感谢党、颂党恩”主题征文活动，抒发老年人对党的关怀感激之情，弘扬主旋律，传递正能量。

（五）深入开展老年文化教育活动。“敬老月”期间，全国老龄工作委员会办公室和相关部门将重点推出“人口老龄化国情教育”专题宣讲活动，宣讲我国人口老龄化基本国情和应对人口老龄化取得的成就，老龄政策法规等。组织媒体充分利用自身平台，集中展播敬老养老助老公益广告和敬老微电影，办好“第三届全国老年人体育健身大会”，广泛开展书画、剪纸、摄影、小微电影、工艺品创作等展览展示活动，集中展示老年人风采和才艺，不断丰富老年人精神文化生活。

三、工作要求

（一）高度重视，精心组织。今年“敬老月”活动正逢党的十九大召开，各地、各部门要充分认识今年“敬老月”活动的重要意义，高度重视，加强领导。各级老龄工作委员会及其办公室要认真履行综合协调职能，精心组织，统筹推进，各成员单位要充分发挥各自职能优势，分工协作，密切配合，形成合力。

（二）立足基层，注重实效。各地、各部门要把“敬老月”活动的着力点放在基层，深入实际，深入群众；以老年人需求为导向，以维护老年人合法权益为目的，扎实抓好活动内容的落实，切实为老年人解决实际困难，让老年人感受到全社会的关怀和温暖。

（三）督促检查，抓好落实。各级老龄工作委员会及其办公室要抓好“敬老月”活动的督促检查，把“敬老月”活动往深里抓，往实处做。全国老龄工作委员会办公室要对活动开展好的省（区、市）和成员单位进行通报表扬。

各省（区、市）老龄工作委员会办公室要在2017年11月20日前将“敬老月”活动总结报全国老龄工作委员会办公室。

全国老龄工作委员会

2017年9月5日

全国老龄工作委员会关于落实《“十三五”国家老龄事业发展和养老体系建设规划》成员单位分工的意见

全国老龄委发〔2017〕6号

全国老龄工作委员会各成员单位：

《“十三五”国家老龄事业发展和养老体系建设规划》已经国务院印发，为实现老龄事业发展和养老体系建设预期目标，现就落实《“十三五”国家老龄事业发展和养老体系建设规划》主要任务和有关保障措施进行分解。各成员单位要根据职责分工，加强领导、高度重视、密切配合，切实把相关工作落到实处，确保规划各项目标任务全面完成。

一、健全完善社会保障体系

（一）社会保险制度

1. 完善养老保险制度。制定实施完善和改革基本养老保险制度总体方案。完善社会统筹与个人账户相结合的基本养老保险制度，构建包括职业年金、企业年金，以及个人储蓄性养老保险和商业保险的多层次养老保险体系。推进个人税收递延型商业养老保险试点。建立基本养老金合理调整机制，适当提高退休人员基本养老金标准。加快健全社会保障管理体制和经办服务体系。建立更加便捷的养老保险转移接续机制。（人力资源社会保障部、财政部牵头，税务总局、保监会等按职责分工负责）

2. 健全医疗保险制度。健全稳定可持续筹资和报销比例调整机制，完善缴费参保政策。加快推进基本医疗保险全国联网和异地就医结算，实现跨省异地安置退休人员住院费用直接结算。鼓励有条件的地方研究将基本治疗性康复辅助器具按规定逐步纳入基本医疗保险支付范围。巩固完善城乡居民大病保险。鼓励发展补充医疗保险和商业健康保险、老年人意外伤害保险。（民政部、财政部、人力资源社会保障部、卫生计生委、保监会、全国老龄办等按职责分工负责）

3. 探索建立长期护理保险制度。开展长期护理保险试点的地区要统筹施策，做好长期护理保险与重度残疾人护理补贴、经济困难失能老年人护理补贴等福利性护理补贴项目的整合衔接，提高资源配置效率效益。鼓励商业保险公司开发适销对路的长期护理保险产品和服务，满足老年人多样化、多层次长期护理保障需求。（民政部、财政部、人力资源社会保障部、卫生计生委、保监会等按职责分工负责）

（二）社会福利制度

4. 制定实施老年人照顾服务项目，鼓励地方丰富照顾服务项目、创新和优化照顾服务提供方式。着力保障特殊困难老年人的养老服务需求，确保人人能够享有基本养老服务。在全国范围内基本建成针对经济困难的高龄、失能老年人的补贴制度。对经济困难的老年人，地方各级人民政府逐步给予养老服务补贴。完善农村计划生育家庭奖励扶助和特别扶助制度。（民政部、财政部、卫生计生委、全国老龄办等按职责分工负责）

（三）社会救助制度

5. 确保所有符合条件的老年人按规定纳入最低生活保障、特困人员救助供养等社会救助制度保障范围。完善医疗救助制度，全面开展重特大疾病医疗救助，逐步将低收入家庭老年人纳入救助范围。完善临时救助制度，加强对老年人的“救急难”工作，按规定对流浪乞讨、遭受遗弃等生活无着老年人给予救助。落实农村最低生活保障制度与扶贫开发政策有效衔接有关政策要求，确保现行扶贫标准下农村贫困老年人实现脱贫。（民政部牵头，财政部、人力资源社会保障部、卫生计生委、保监会等按职责分工负责）

（四）公益慈善事业

6. 鼓励面向老年人开展募捐捐赠、志愿服务、慈善信托、安全知识教育、急救技能培训、突发事故防范等形式多样的公益慈善活动。依法加强对公益慈善组织和公益慈善活动的扶持和监管，依法及时查处以公益慈善为名实施的侵害老年人合法权益等违反法律法规、违背公序良俗的行为。加强民政部门与公益慈善组织、社会服务机构之间的信息对接和工作衔接，实现政府救助与社会帮扶有机结合。（民政部牵头，教育部、公安部、司法部、卫生计生委、全国老龄办、共青团中央等按职责分工负责）

二、健全养老服务体系

（一）夯实居家社区养老服务基础

7. 大力发展居家社区养老服务。逐步建立支持家庭养老的政策体系，支持成年子女与老年父母共同生活，履行赡养义务和承担照料责任。支持城乡社区定期上门巡访独居、空巢老年人家庭，帮助老年人解决实际困难。支持城乡社区发挥供需对接、服务引导等作用，加强居家养老服务信息汇集，引导社区日间照料中心等养老服务机构依托社区综合服务设施和社区公共服务综合信息平台，创新服务模式，提升质量效率，为老年人提供精准化个性化专业化服务。鼓励老年人参加社区邻里互助养老。鼓励有条件的地方推动扶持残疾、失能、高龄等老年人家庭开展适应老年人生活特点和安全需要的家庭住宅装修、家具设施、辅助设备等建设、配备、改造工作，对其中的经济困难老年人家庭给予适当补助。大力推行政府购买服务，推动专业化居家社区养老机构发展。（民政部牵头，发展改革委、财政部、住房城乡建设部、全国老龄办、共青团中央等按职责分工负责）

8. 加强社区养老服务设施建设。统筹规划发展城乡社区养老服务设施，新建城区和新建居住（小）区按要求配套建设养老服务设施，老城区和已建成居住（小）区无养老服务设施或现有设施未达到规划要求的，通过购置、置换、租赁等方式建设。加强社区养老服务设施与社区综合服务设施的整合利用。支持在社区养老服务设施配备康复护理设施设备和器材。鼓励有条件的地方通过委托管理等方式，将社区养老服务设施无偿或低偿交由专业化的居家社区养老服务项目团队运营。（发展改革委、民政部、财政部、住房城乡建设部、商务部、卫生计生委等按职责分工负责）

（二）推动养老机构提质增效

9. 加快公办养老机构改革。加快推进具备向社会提供养老服务条件的公办养老机构转制为企业或开展公建民营。实行老年人入住评估制度，优先保障特困供养人员集中供养需求和其他经济困难的孤寡、失能、高龄等老年人的服务需求。完善公建民营养老机构管理办法，鼓励社会力量通过独资、合资、合作、联营、参股、租赁等方式参与公办养老机构改革。政府投资建设和购置的养老设施、新建居住（小）区按规定配建并移交给民政部门的养老设施、党政机关和国有企事业单位培训疗养机构等改建的养老设施，均可实施公建民营。（民政部牵头，发展改革委、财政部、全国老龄办等按职责分工负责）

10. 支持社会力量兴办养老机构。贯彻全面放开养老服务市场、提升养老服务质量的有关政策要求，加快推进养老服务业“放管服”改革。对民间资本和社会力量申请兴办养老机构进一步放宽准入条件，加强开办支持和服务指导。落实好对民办养老机构的投融资、税费、土地、人才等扶持政策。鼓励采取特许经营、政府购买服务、政府和社会资本合作等方式支持社会力量举办养老机构。允许养老机构依法依规设立多个服务网点，实现规模化、连锁化、品牌化运营。鼓励整合改造企业厂房、商业设施、存量商品房等用于养老服务。（发展改革委、公安部、民政部、财政部、人力资源社会保障部、国土资源部、住房城乡建设部、卫生计生委、税务总局等按职责分工负责）

11. 全面提升养老机构服务质量。加快建立全国统一的服务质量标准和评价体系，完善安全、服务、管理、设施等标准，加强养老机构服务质量监管。建立健全养老机构分类管理和养老服务评估制度，引入第三方评估，实行评估结果报告和社会公示。加强养老服务行业自律和信用体系建设。支持发展养老机构责任保险，提高养老机构抵御风险能力。（民政部牵头，发展改革委、公安部、卫生计生委、保监会、全国老龄办等按职责分工负责）

（三）加强农村养老服务

12. 推动农村特困人员供养服务机构服务设施和服务质量达标，在保障农村特困人员集中供养需求的前提下，积极为低收入、高龄、独居、残疾、失能农村老年人提供养老服务。通过邻里互助、亲友相助、志愿服务等模式和举办农村幸福院、养老大院等方式，大力发展农村互助养老服务。发挥农村基层党组织、村委会、老年协会等作用，积极培育为老服务社会组织，依托农村社区综合服务中心（站）、综合性文化服务中心、村卫生室、农家书屋、全民健身等设施，为留守、孤寡、独居、贫困、残疾等老年人提供丰富多彩的关爱服务。（民政部牵头，中央组织部、发展改革委、文化部、卫生计生委、体育总局、全国老龄办、共青团中央等按职责分工负责）

三、健全健康支持体系

（一）推进医养结合

13. 完善医养结合机制。统筹落实好医养结合优惠扶持政策，深入开展医养结合试点，建立健全医疗卫生机构与养老机构合作机制，建立养老机构内设医疗机构与合作医院间双向转诊绿色通道，为老年人提供治疗期住院、康复期护理、稳定期生活照料以及临终关怀一体化服务。大力开发中医药与养老服务相结合的系列服务产品，鼓励社会力量举办以中医药健康养老为主的护理院、疗养院，建设一批中医药特色医养结合示范基地。（卫生计生委牵头，发展改革委、民政部、财政部、全国老龄办等按职责分工负责）

14. 支持养老机构开展医疗服务。支持养老机构按规定开办康复医院、护理院、临终关怀机构和医务室、护理站等。鼓励执业医师到养老机构设置的医疗机构多点执业，支持有相关专业特长的医师及专业人员在养老机构开展疾病预防、营养、中医养生等非诊疗性健康服务。对养老机构设置的医疗机构，符合条件的按规定纳入基本医疗保险定点范围。（民政部、人力资源社会保障部、卫生计生委、全国老龄办等按职责分工负责）

（二）加强老年人健康促进和疾病预防

15. 开展老年人健康教育，促进健康老龄化理念和医疗保健知识宣传普及进社区、进家庭，增强老年人的自我保健意识和能力。加强对老年人健康生活方式和健身活动指导，提升老年人健康素养水平至10%。基层医疗卫生机构为辖区内65周岁以上老年人普遍建立健康档案，开展健康管理服务。加强对老年人心脑血管疾病、糖尿病、恶性肿瘤、呼吸系统疾病、口腔疾病等常见病、慢性病的健康指导、综合干预。指导老年人合理用药，减少不合理用药危害。研究推广老年病防治适宜技术，及时发现健康风险因素，促进老年病早发现、早诊断、早治疗。面向老年人开展中医药健康管理服务项目。加强老年严重精神障碍患者的社区管理和康复服务。（卫生计生委牵头，教育部、科技部、民政部、体育总局、全国老龄办等按职责分工负责）

（三）发展老年医疗与康复护理服务

16. 加强老年康复医院、护理院、临终关怀机构和综合医院老年病科建设。有条件的地区可将部分公立医院转为康复、护理等机构。提高基层医疗卫生机构康复护理床位占比，积极开展家庭医生签约服务，为老年人提供连续的健康管理和医疗服务。到2020年，35%以上的二级以上综合医院设立老年病科。落实老年人医疗服务优待政策，为老年人特别是高龄、重病、残疾、失能老年人就医提供便利服务。鼓励各级医疗卫生机构和医务工作志愿者为老年人开展义诊。加强康复医师、康复治疗师、康复辅助器具配置人才培养，广泛开展偏瘫肢体综合训练、认知知觉功能康复训练等老年康复护理服务。（卫生计生委牵头，教育部、民政部、全国老龄办、共青团中央等按职责分工负责）

（四）加强老年体育健身

17. 结合贯彻落实全民健身计划，依托公园、广场、绿地等公共设施及旧厂房、仓库、老旧商业设施等城市空置场所，建设适合老年人体育健身的场地设施，广泛开展老年人康复健身体育活动。支持乡镇（街道）综合文化站建设体育健身场地，配备适合老年人的设施和器材。支持公共和民办体育设施向老年人免费或优惠开放。加强老年人体育健身方法和项目研究，分层分类引导老年运动项目发展。继续举办全国老年人体育健身大会。鼓励发展老年人体育组织，到2020年，90%的街道和乡镇建立老年人基层体育组织，城乡社区普遍建立老年人健身活动站点和体育团队。（体育总局牵头，国家民委、住房城乡建设部、文化部、全国老龄办等按职责分工负责）

四、繁荣老年消费市场

（一）丰富养老服务业态

18. 大力发展养老服务企业，鼓励连锁化经营、集团化发展，实施品牌战略，培育一批各具特色、管理规范、服务标准的龙头企业，加快形成产业链长、覆盖领域广、经济社会效益显著的养老服务产业集群。支持养老服务产业与健康、养生、旅游、文化、健身、休闲等产业融合发展，丰富养老服务产业新模式、新业态。鼓励金融、地产、互联网等企业进入养老服务产业。利用信息技术提升健康养老服务质量和效率。（发展改革委、工业和信息化部、民政部、住房城乡建设部、商务部、文化部、卫生计生委、体育总局、旅游局等按职责分工负责）

（二）繁荣老年用品市场

19. 增加老年用品供给。引导支持相关行业、企业围绕健康促进、健康监测可穿戴设备、慢性病治疗、康复护理、辅助器具和智能看护、应急救援、通信服务、电子商务、旅游休闲等重点领域，推进老年人适用产品、技术的研发和应用。支持老年用品制造业创新发展，采用新工艺、新材料、新技术，促进产品升级换代。丰富适合老年人的食品、药品、服装等供给；加强老年用品测试和质量监管，鼓励开辟老年用品展示、体验场所，发展老年用品租赁市场，支持办好老龄产业博览会。（发展改革委、科技部、工业和信息化部、民政部、商务部、卫生计生委、旅游局、全国老龄办等按职责分工负责）

20. 提升老年用品科技含量。加强对老年用品产业共性技术的研发和创新。支持推动老年用品产业领域大众创业、万众创新。支持符合条件的老年用品企业牵头承担各类科技计划（专项、基金等）科研项目。支持技术密集型企业、科研院所、高校及老龄科研机构加强适老科技研发和成果转化应用。落实相关税收优惠政策，支持老年用品产业领域科技创新与应用项目。（发展改革委、教育部、科技部、工业和信息化部、民政部、税务总局、全国老龄办等按职责分工负责）

五、推进老年宜居环境建设

（一）推动设施无障碍建设和改造

21. 严格执行无障碍环境建设相关法律法规，完善涉老工程建设标准规范体系，在规划、设计、施工、监理、验收、运行、维护、管理等环节加强相关标准的实施与监督。加强与老年人自主安全地通行道路、出入相关建筑物、搭乘公共交通工具、交流信息、获得社区服务密切相关的公共设施的无障碍设计与改造。加强居住区公共设施无障碍改造，重点对坡道、楼梯、电梯、扶手等公共建筑节点进行改造。探索鼓励市场主体参与无障碍设施建设和改造的政策措施。（住房城乡建设部牵头，发展改革委、工业和信息化部、民政部、财政部、交通运输部等按职责分工负责）

（二）营造安全绿色便利生活环境

22. 在推进老旧居住（小）区改造、棚户区改造、农村危房改造等工程中优先满足符合住房救助条件的老年人的基本住房安全需求。加强对养老服务设施的安全隐患排查和监管。加强养老服务设施节能宜居改造，将各类养老机构和城乡社区养老服务设施纳入绿色建筑行动重点扶持范围。推动老年人共建共享绿色社区、传统村落、美丽宜居村庄和生态文明建设成果。支持多层老旧住宅加装电梯。引导、支持开发老年宜居住宅和代际亲情住宅。继续推进街道、社区"老年人生活圈"配套设施建设，为老年人提供一站式便捷服务。（住房城乡建设部牵头，发展改革委、民政部、财政部、全国老龄办等按职责分工负责）

（三）弘扬敬老养老助老的社会风尚

23. 把敬老养老助老纳入社会公德、职业道德、家庭美德、个人品德建设，纳入文明城市、文明村镇、文明单位、文明校园、文明家庭考评。利用春节、清明节、中秋节、重阳节等传统节日，开展创意新、影响大、形式多的宣传教育活动，推动敬老养老助老教育进学校、进家庭、进机关、进社区。继续开展"敬老月"和全国敬老爱老助老评选表彰活动。推进非本地户籍常住老年人与本地户籍老年人同等享受优待。到 2020 年，老年人优待制度普遍建立完善。（中央宣传部、教育部、国家民委、人力资源社会保障部、文化部、新闻出版广电总局、全国老龄办、全国总工会、共青团中央、全国妇联等按职责分工负责）

六、丰富老年人精神文化生活

（一）发展老年教育

24. 落实老年教育发展规划，扩大老年教育资源供给，拓展老年教育发展路径，加强老年教育支持服务，创新老年教育发展机制，促进老年教育可持续发展，优先发展城乡社区老年教育，促进各级各类学校开展老年教育，部门、行业企业、高校举办的老年大学要进一步提高面向社会办学开放度，支持鼓励各类社会力量举办或参与老年教育。实施社会主义核心价值观培育、老年教育机构基础能力提升、学习资源建设整合、远程老年教育推进等计划。到 2020 年，基本形成覆盖广泛、灵活多样、特色鲜明、规范有序的老年教育新格局。全国县级以上城市至少应有一所老年大学。（教育部牵头，中央组织部、中央宣传部、中直机关工委、中央国家机关工委、文化部、全国老龄办、全国妇联等按职责分工负责）

（二）繁荣老年文化

25. 完善覆盖城乡的公共文化设施网络，在基层公共文化设施内开辟适宜老年人的文化娱乐活动场所，增加适合老年人的特色文化服务项目。推动公共文化服务设施向老年人免费或优惠开放，为老年人开展文化活动提供便利。文化信息资源共享、农村电影放映、农家书屋等重大文化惠民工程增加面向老年人的服务内容和资源。广泛开展群众性老年文化活动，培育老年文化活动品牌。鼓励创作发行老年人喜闻乐见的图书、报刊以及影视剧、戏剧、广播剧等文艺作品。鼓励制作适合微博、微信、手机客户端等新媒体传播的优秀老年文化作品。加强数字图书馆建设，拓展面向老年人的数字资源服务。加强专业人才和业余爱好者相结合的老年文化队伍建设。（文化部牵头，中央宣传部、工业和信息化部、新闻出版广电总局、全国老龄办、全国妇联等按职责分工负责）

（三）加强老年人精神关爱

26. 健全老年人精神关爱、心理疏导、危机干预服务网络，督促家庭成员加强对老年人的情感关怀和心理沟通；依托专业精神卫生机构和社会工作服务机构、专业心理工作者和社会工作者开展老年心理健康服务试点，为老年人提供心理关怀和精神关爱；支持企事业单位、社会组织、志愿者等社会力量开展形式多样的老年人关爱活动。鼓励城乡社区为老年人精神关爱提供活动场地、工作条件等支持。（民政部、卫生计生委、全国老龄办、全国总工会、共青团中央、全国妇联等按职责分工负责）

七、扩大老年人社会参与

（一）培育积极老龄观

27. 引导老年人树立终身发展理念，始终保持自尊自爱自信自强的精神状态，积极面对老年生活，参与社会发展，发挥正能量，作出新贡献。引导全社会正确认识、积极接纳、大力支持老年人参与社会发展。（中央组织部、中央宣传部、教育部、国家民委、文化部、新闻出版广电总局、全国老龄办、全国总工会、共青团中央、全国妇联

等按职责分工负责）

（二）加强老年人力资源开发

28. 将老年人才开发利用纳入各级人才队伍建设总体规划，鼓励各地制定老年人才开发利用专项规划。鼓励专业技术领域人才延长工作年限。鼓励各有关方面建立老年人才信息库，实现互联互通、资源共享。支持老年人才自主创业，帮助有意愿且身体状况允许的贫困老年人和其他老年人接受岗位技能培训或农业实用技术培训，通过劳动脱贫或致富。推动用人单位与受聘老年人依法签订书面协议。依法保障老年人在生产劳动过程中的合法收入、安全和健康权益。对老有所为贡献突出的老年人和在老有所为工作中贡献突出的单位、个人，可按规定给予表彰或奖励。（中央组织部、公安部、司法部、人力资源社会保障部、全国老龄办、全国总工会、全国妇联等按职责分工负责）

（三）发展老年志愿服务

29. 支持老年人积极参与基层民主监督、社会治安、公益慈善、移风易俗、民事调解、文教卫生、全民健身等工作。发挥老年人优良品行传帮带作用，支持老党员、老专家、老军人、老劳模、老干部开展关心教育下一代活动。深入开展“银龄行动”，组织医疗卫生、文化教育、农业科技等老专家、老知识分子参与东部援助西部、发达地区援助落后地区等志愿服务。推行志愿服务记录制度，鼓励老年人参加志愿服务，到2020年老年志愿者注册人数达到老年人口总数的12%。（中央组织部、教育部、国家民委、公安部、民政部、司法部、文化部、卫生计生委、体育总局、全国老龄办、中央军委政治工作部、全国总工会、全国妇联等按职责分工负责）

（四）引导基层老年社会组织规范发展

30. 坚持扶持发展和规范管理并重，加强老年社会组织的培育扶持和登记管理。采取政府购买服务等措施加大对公益性、互助性、服务性、专业性基层老年社会组织的支持力度。继续推动老年社会组织加强能力建设和规范化建设，提高专业素质、服务能力和社会公信力，促进老年人通过社会组织实现自我管理、自我教育、自我服务。支持老年社会组织参加或承办政府有关人才培养、项目开发、课题研究、咨询服务等活动。（民政部牵头，中央组织部、财政部、全国老龄办等按职责分工负责）

八、保障老年人合法权益

（一）完善老龄事业法规政策体系

31. 完善老年人权益保障配套法规，积极听取老年人的意见建议，研究建立老年人监护制度，加快老年人社会服务、社会优待、社会参与等制度建设。健全优待老年人的财政投入、服务评价、检查监督、奖励表彰等政策。（全国老龄办牵头，民政部、财政部、人力资源社会保障部等按职责分工负责）

（二）健全老年人权益保障机制

32. 健全贯彻老年人权益保障法律法规的联合执法、执法检查、综合评估等制度。充分发挥基层党组织、基层群众性自治组织、老年社会组织作用，完善维护老年人合法权益社会监督、矛盾纠纷排查调解、多部门快速反应联合查处综合治理等机制。做好老年人来信来访工作。建立老年人法律维权热线，加强老年人法律服务和法律援助，针对老年群体特点开展适应老年人特殊需求的专项法律服务活动。扩大老年人法律援助范围，拓展基层服务网络，推进法律援助工作站点向城市社区和农村延伸，方便老年人及时就近寻求法律帮助。重点做好农村和贫困、高龄、空巢、失能等特殊困难老年群体的法律服务、法律援助和司法救助。（中央组织部、公安部、民政部、司法部、全国老龄办、全国妇联等按职责分工负责）

（三）加大普法宣传教育力度

33. 落实国家“七五”普法规划要求，加强老年人权益保障法律法规普法宣传教育，深入结合“法律六进”活动，推动普法宣传教育规范化、常态化，强化全社会维护老年人合法权益的法治观念。开展更多适合老年人的法治宣传活动，帮助老年人学法、懂法、用法，提高守法意识和依法维权意识。（司法部牵头，国家民委、公安部、民政部、全国老龄办、全国总工会、全国妇联等按职责分工负责）

九、强化工作基础和规划实施保障

（一）强化工作基础保障

34. 推进信息化建设。落实促进大数据发展行动纲要，在切实保障数据安全的前提下，着力推动各有关部门涉及老年人的人口、保障、服务、信用、财产等基础信息分类分级互联共享，消除信息孤岛。在此基础上推动搭建全国互联、上下贯通的老龄工作信息化平台，加强涉老数据、信息的汇集整合和发掘运用，建立基于大数据的可信统计分析决策机制。支持各地积极推进为老服务综合信息平台在城市社区全覆盖、在农村地区扩大覆盖，推进信息惠民服务向老年人覆盖、数据资源向社会开放，更好地服务于保障改善老年人民生和大众创业、万众创新。（发展改革委、工业和信息化部、公安部、民政部、人力资源社会保障部、住房城乡建设部、卫生计生委、统计局、全国老龄办等按职责分工负责）

35. 完善投入机制。各级政府要根据经济社会发展状况和老年人口增长情况，建立稳定的老龄事业经费投入保障机制。民政部本级彩票公益金和地方各级政府用于社会福利事业的彩票公益金，50%以上要用于支持发展养老服务业，并随老年人口的增加逐步提高投入比例。落实和完善鼓励政策，引导各类社会资本投入老龄事业，倡导社会各界对老龄事业进行慈善捐赠，形成财政资金、社会资本、慈善基金等多元结合的投入机制。（财政部牵头，发

展改革委、民政部、全国老龄办等按职责分工负责）

36. 壮大人才队伍。推进涉老相关专业教育体系建设，加快培养老年医学、康复、护理、营养、心理和社会工作、经营管理、康复辅具配置等人才。建立以品德、能力和业绩为导向的职称评价和技能等级评价制度，拓宽养老服务专业人员职业发展空间。推动各地保障和逐步提高养老服务从业人员薪酬待遇。（教育部、民政部、人力资源社会保障部、卫生计生委、全国老龄办等按职责分工负责）

37. 加强基层工作。进一步完善老龄工作机制，保证城乡社区老龄工作有人抓、老年人事情有人管、老年人困难有人帮。建立基层老龄工作先进典型激励机制。继续推进离退休人员管理服务社会化，建立健全老年人原工作单位、居住社区、老年社会组织和基层党组织齐抓共管的工作机制。总结创建离退休干部基层服务型党组织的好经验好做法，积极探索老年社会组织党建工作的新途径新办法。探索建立工会、共青团、妇联、残联等群团组织参与老年人管理服务的常态化机制和制度化渠道。（中央组织部、民政部、人力资源社会保障部、全国老龄办、全国总工会、共青团中央、全国妇联等按职责分工负责）

38. 加强科学研究和调查统计。按照深化中央财政科技计划（专项、基金等）管理改革的总体部署，通过优化整合后的国家科技计划（专项、基金等）、社会科学基金等支持老龄事业领域的科技创新、基础理论研究和政策应用研究。完善老龄科学学科体系，加快老龄科学人才培养。在高校、研究机构、企业和地方，设立一批老龄科学理论研究基地、老龄产业实践研究基地、老龄政策创制试点基地。组建高层次老龄问题智库，健全重大决策专家咨询制度。加强国家人口老龄化中长期应对策略研究。完善老龄事业统计指标体系，建立老龄事业统计公报定期发布制度。推动城乡老年人生活状况抽样调查制度化、常态化、规范化。（发展改革委、教育部、科技部、财政部、统计局、全国老龄办等按职责分工负责）

39. 加强宣传和国际合作。坚持正确舆论导向，充分发挥各类媒体作用，加大对人口老龄化国情、老龄政策法规、老龄事业发展重大主题以及老龄工作典型人物、事迹、经验等的宣传报道力度，提升舆情研判引导能力，营造全社会关注老龄问题、关心老龄事业、支持老龄工作的良好氛围。加强对外宣传，适时向国际社会推介老龄事业发展中国模式，进一步提升我国在国际老龄领域影响力。积极参与全球及地区老龄问题治理，加强与联合国有关机构、国际涉老组织和有关国家的交流与合作。研究筹办应对人口老龄化相关国际会议。推动中国老龄事业发展与落实2030年可持续发展议程相关目标有机对接。（中央宣传部、外交部、新闻出版广电总局、全国老龄办等按职责分工负责）

（二）强化规划实施保障

40. 加强组织领导。坚持党对老龄工作的统一领导，发挥各级党委总揽全局、协调各方的领导核心作用，为规划实施提供坚强保证；强化各级政府落实规划的主体责任，将本规划主要任务指标纳入当地经济社会发展规划，纳入为民办实事项目，纳入政府工作议事日程和目标责任考核内容。健全老龄工作体制机制，形成推进规划实施的合力。加强专家支持系统建设，建立由多学科、多领域专家参与的专家顾问制度，为规划实施提供技术咨询、评估和指导。（中央组织部、发展改革委、民政部、全国老龄办等按职责分工负责）

41. 加强督促检查。全国老龄办、民政部、国家发展改革委会同有关部门，加强对各地的指导、督促，及时检查并向国务院报告工作进展情况。搭建社会监督平台，健全第三方评估机制，适时对规划执行情况进行评估，向社会公布评估结果。县级以上地方政府要结合实际制定本规划实施方案，细化相关指标，确保责任到位、工作到位、投入到位、见到实效。鼓励各地积极探索，勇于创新，创造性地实施规划。（发展改革委、民政部、全国老龄办等按职责分工负责）

全国老龄工作委员会

2017年10月17日

全国老龄办关于开展加强老年人防范电信网络诈骗宣传教育活动的通知

全国老龄办发〔2017〕7号

各省、自治区、直辖市老龄办，各计划单列市老龄办，新疆生产建设兵团老龄办：

近年来，以虚假信息诈骗为代表的电信网络新型违法犯罪来势凶猛、愈演愈烈，严重危害老年人财产安全，扰乱正常生活秩序，已成为影响老年人安全感和社会稳定的突出问题。为贯彻落实党中央、国务院关于开展打击治理电信网络新型违法犯罪工作要求，进一步提高广大老年人识骗防骗能力，从源头上有效遏制电信网络诈骗案件的发生，切实维护老年人的切身利益，全国老龄办决定开展加强老年人防范电信网络诈骗宣传教育活动。现将有关事项通知如下：

一、活动宗旨

以国务院打击治理电信网络新型违法犯罪工作部际联席会议第三次会议精神为指导，利用多种形式、多条渠道、多项措施广泛开展宣传教育活动，提高老年人的防骗意识和能力，自觉抵制电信网络诈骗犯罪活动，积极检举揭发电信网络诈骗犯罪线索，推动建立加强老年人防范电信网络诈骗宣传教育工作长效机制，动员全社会共同参与营造老年人幸福晚年生活的氛围。

二、活动主题

“谨防电信网络诈骗，提高老年人防骗意识”。

三、时间安排

2017年1月15日至5月31日，有条件的地区可酌情延长活动时间。

四、宣传重点

贯彻落实国务院打击治理电信网络新型违法犯罪工作部际联席会议第三次会议精神，大力宣传近年来打击治理电信网络诈骗犯罪的主要做法和取得成效；重点反映当前常见的电信网络诈骗犯罪分子作案手段，以各种名义实施的诈骗犯罪活动；集中宣传识别常见电信网络诈骗犯罪的方法，需采取的防范措施、注意事项等；突出宣传老年人受骗后，应该采取的补救措施、报案渠道和举报电信网络诈骗犯罪线索的方式等。

五、工作要求

（一）高度重视，精心组织。各地老龄办要充分认识开展加强老年人防范电信网络诈骗宣传教育活动的重要意义，充分履行综合协调职能，充分发挥公安、司法等部门职能优势，充分调动“敬老文明号”窗口单位、老年大学（学校）、城乡社区老年协会的积极性，及时制订宣传教育活动工作方案，明确分工，协调行动，认真做好组织实施，确保宣传教育活动广泛、深入、扎实开展。

（二）创新宣传，营造氛围。各地要结合春节、“五一”国际劳动节等重大节日，积极创新宣传形式，采用多种方式增强宣传教育活动的针对性、有效性和吸引力，形成全社会关注防范电信网络诈骗，重视提高老年人防骗意识，共同参与营造老年人幸福晚年生活的氛围；充分发挥报刊、广播、电视、网络、短信、微信、微博、宣传栏等传播平台的作用，通过宣传短片、公益广告、图书、海报、标语等形式多渠道发布提示通告和辨别常识；要广泛组织专业机构、学术团体等，通过举办专题讲座，发放科普资料，开展咨询等形式向老年人普及防范和辨别常识；要深入社区、乡镇、公园、市场等人流密集场所，组织好宣传教育活动，开展好老年人法律维权、法律援助服务，严厉打击侵害老年人合法权益的行为。

（三）面向基层，注重实效。各地老龄办要把宣传教育活动的着力点放在基层，面向社区，面向农村；要以提高老年人的防骗意识和能力、有效减少案件发生为导向，因地制宜，注重实效；要把活动重点放在维护广大老年人的切身利益上，扎扎实实为老年人排忧解难，真真切切让老年人感受到党和政府以及全社会的关怀和温暖。

全国老龄办已将统一设计的宣传海报上传官网，供各地下载制作，并将在官网开辟宣传专栏，实时反映各地的阶段性成果。各省（区、市）老龄办要认真收集整理本地宣传教育活动情况，将有关工作措施、动态和成效及相关图片、视频等资料报全国老龄办宣传部。

全国老龄办
2017年1月13日

全国老龄办关于公布2016年全国“老有所为”先进典型人物推选结果的通知

全国老龄办发〔2017〕12号

各省、自治区、直辖市老龄办，各计划单列市老龄办，新疆生产建设兵团老龄办；全国性老年社会组织：

全国“老有所为”先进典型人物宣传活动，自2014年开展以来，受到全社会广泛关注和赞誉。为继续做好此项工作，全国老龄办于2016年7月18日印发了《全国老龄办关于开展2016年“老有所为”先进典型人物宣传活动的通知》。截至2016年10月3日，各省级老龄办及全国性老年社会组织，择优推荐了94位“老有所为”先进典型人物，其中个人91位、集体3个。经研究，全国老龄办推选出许玉贤等9位同志和新疆维吾尔自治区乌鲁木齐市“银龄行动”宣讲团1个集体为2016年“全国老有所为楷模”，卢景辉等82位同志和山东省济南市泉映晚霞志愿团等2个集体为2016年“全国老有所为先进典型人物”。

“全国老有所为楷模”和“全国老有所为先进典型人物”是着力发挥老年人积极作用的先进典型，是支持“老有所为”、参与“老有所为”、宣传“老有所为”的典型代表。他们在社区拥军、老年协会建设、老年教育、扶贫创业、关心下一代、学习雷锋、志愿服务、“银龄行动”、守边护边等领域，充分发挥了对社会成员的言传身教作用和传帮带作用，充分展现了在开创社会新风、弘扬传统文化、化解社会矛盾、维护社会稳定的经验优势和威望优势，以老骥伏枥、老当益壮的健康心态和进取精神，不忘初心，继续前进，为广大老年人树立了学习的榜样，也为全社会注入了正能量。

希望“全国老有所为楷模”和“全国老有所为先进典型人物”珍惜荣誉、再接再厉，继续以饱满的热情参与经济社会发展，以“夕阳更红”为目标，发挥主体性、能动性、积极性、创造性，做社会文明新风尚的倡导者、实践者、先行者，为积极应对人口老龄化作出更多贡献。

各级老龄工作部门要全面学习、宣传“全国老有所为楷模”和“全国老有所为先进典型人物”的典型事迹和先进经验，注重发现典型、培育典型、宣传典型，注重发掘先进、总结先进、推广先进，进一步激发广大老年人发挥自身价值、奉献社会的积极性，进一步完善“老有所为”激励机制，扎实推动“老有所为”宣传工作迈上新的台阶，以更加出色的成绩迎接党的十九大胜利召开。

附件：2016年“全国老有所为楷模”“全国老有所为先进典型人物”名单

全国老龄办

2017年2月24日

附件

2016年“全国老有所为楷模”“全国老有所为先进典型人物”名单

“全国老有所为楷模”

许玉贤　吉林省吉林市延江街道铁江社区“大妈拥军队”队长

赵银根　浙江省丽水市缙云县壶镇镇湖川村老年协会会长

杨启村　江西省景德镇市老年大学校长

严四毛　湖北省孝感市大悟县绿茶集团公司总经理

曾华美　重庆市未成年犯管教所《爱心家人》负责人

高虎子　青海省青海油田生活服务处原干事

孙仙梅　宁夏回族自治区银川市西夏区老年综合服务中心负责人

魏德友　新疆生产建设兵团第九师161团兵二连护边员

胡大一　北京大学人民医院心血管疾病研究所所长

新疆维吾尔自治区乌鲁木齐市“银龄行动”宣讲团

“全国老有所为先进典型人物”

卢景辉　北京市房山区疾病预防控制中心宣传科原科长

温中田　北京市西城区什刹海街道野鸭岛义务电影放映员

马芳菲　天津市和平区五大道街道育文坊社区义务法律顾问

田秀玲　天津市津南区辛庄镇鑫旺里社区老年协会会长

高　英　河北省邯郸市转业退伍军人创业孵化基地主任

刘树欣　河北农业大学老教育工作者协会副会长

李金泉　山西金盛联盟集团董事长

苏裕田　山西省大同银星金店有限公司董事长

云曙碧　内蒙古自治区红十字会会长、老卫生科技工作者协会会长

佟海瑞　辽宁省葫芦岛市建昌县文化馆原馆长

徐艳坤　辽宁省铁岭市调兵山市宏大社区书记、主任

金英淑　吉林省梅河口市技术监督局退休干部

张连贵　黑龙江省齐齐哈尔市美术家协会名誉主席

金德光　黑龙江省双鸭山市饶河县老科技工作者协会会长

王国才　上海市杨浦区老年志愿者协会理事

刘红娣　上海市眼病防治中心眼科退休医师

潘洪强　江苏省常州市现代农业科学院水产研究所所长

顾竞能　浙江省杭州市志愿者协会理事

程晓冬　浙江省衢州市助老助残助学爱心协会秘书长

董　彝　安徽省阜阳市家畜检疫站原副站长

郭光梅　安徽省淮北矿业集团教育处原处长

朱金斗　安徽省铜陵市义安区五松镇城东村老年协会会长

李宗顺　江西省老科技工作者协会理事

司兆俊　山东省德州市禹城市关心下一代工作委员会普法宣传员

安立盛　山东省烟台市安立盛学雷锋志愿大队党支部书记

马常修　山东省菏泽市定陶区孟海镇马楼村党员

田孝忠　河南省济源市诗联协会秘书长

毕世玉　河南省新乡市中级人民法院机关党委原专职副书记

陈怡敏　湖北医药学院退休副教授

杨　凡　湖北省大冶钢厂钢研所不锈钢研究室原主任

萧光盛　湖南省涟源市国家税务局退休干部

彭忠秋　湖南省长沙市雨花区东塘街道“老首长”工作室法人代表

陈光保　广东省湛江市关心下一代协会会长

丁桂培　广东省佛山市老年学学会顾问委员会主任

陈尚根　广东省南雄市水口镇沙园老人协会副会长兼秘书长

罗应丽　广西壮族自治区河池市老科技工作者协会会长

黄吉明　广西壮族自治区老科技工作者协会建设分会会长

陈国才　海南省海口市第一军休所退休第二党支部书记

王大森　海南省海口市夕阳红艺术团团长

吴忠扬　四川省内江市资中老年大学校长

奉孝仪　四川省成都市晚霞社会养老服务中心院长

黄明光　贵州省黔东南州见义勇为基金会理事长

王辅华　贵州省遵义市遵义县南白镇党委原副书记

李伯藩　云南省大理州宾川县中医院名誉院长

解培惠　云南省德宏农垦分局科技办公室原主任

潘连生　陕西省老年人体育协会主席

常宗堂　西北农林科技大学园艺学院退休副研究员

张玉成　陕西省咸阳市泾阳县桥底镇沟而上村老年协会会长

鲁　挺　甘肃省老教授协会名誉会长

苏永祺　甘肃省临夏州永靖县农机局退休干部

黄才郎吉　青海省西宁市志愿者协会理事

吴玉霞　宁夏医科大学附属医院总院护理部原主任

库尔班·买买提　新疆维吾尔自治区科技报社原编辑

马富贵　新疆维吾尔自治区阜康市老年协会副会长

李宗伟　新疆生产建设兵团第十三师老年人体育协会主席

李光祥　大连市关心下一代工作委员会副主任、老战士报告团团长

孟继胜　大连市福港老年大学校长、老帮老爱心会会长

阎世忠　大连市瓦房店市慈善总会会长

邵恩志　青岛市儿童保健所原所长

张　朴　青岛市老年生活报金色年华俱乐部会长

郑德发　厦门市集美区原区委书记

陈子韻　厦门市老年志愿者协会常务副会长兼秘书长

林水簿　厦门市翔安区清风莲塘促进会会长

王义德　宁波市北仑区小港街道红联社区老年人协会常务副会长

严婉贞　宁波市严婉贞志愿服务社负责人

陈国荣　宁波市江东区白鹤街道丹顶鹤社区党员

初世俊　北京市海淀区老龄大学副校长

陆剑杰　江苏省南京市金陵老年大学副校长

王喜光　吉林省老年书画研究会常务副会长

杨理衡　中国石油天然气集团公司华北油田管理局老干部处原副处长

杨希哲　中国石油天然气集团公司吉林石化公司电石厂原副主任

李永荣　江苏省老科技工作者协会薄壳山核桃科技示范基地主任

胡祖秦　甘肃省天水地区医院原副主任医师

黄柏春　中国人民解放军总参作战部驻廊坊1206厂原机械工程师

刘恩泰　新华社吉林分社摄影部原主任

蔡　怡　浙江省衢州市江山市文联原副主席

田砚亭　北京林业大学关心下一代工作委员会大学生村官工作组组长

程利清　民革福州大学支部主委、福州大学老教授协会副会长

胡英泽　湖南省衡阳市衡南县老年人体育协会主席

王泽会　贵州省毕节市大兰村老年人体育协会会长

赵家培　云南省德宏州老年人体育协会主席

刘端祺　北京军区总医院肿瘤科原主任

山东省济南市泉映晚霞志愿团

重庆市大渡口区八桥镇老年人协会

全国老龄办关于印发《全国老龄工作委员会办公室二〇一七年工作要点》的通知

全国老龄办发〔2017〕17号

各省、自治区、直辖市老龄办，各计划单列市老龄办，新疆生产建设兵团老龄办：

现将《全国老龄工作委员会办公室二〇一七年工作要点》印发你们，请结合实际，参照执行。

全国老龄办

2017年3月20日

全国老龄工作委员会办公室二〇一七年工作要点

2017年全国老龄办总体工作思路是：全面贯彻党的十八大和十八届三中、四中、五中、六中全会精神，深入学习贯彻习近平总书记系列重要讲话精神和治国理政新理念新思想新战略，特别是关于加强老龄工作的重要指示讲话精神，按照统筹推进“五位一体”总体布局和协调推进“四个全面”战略布局要求，牢固树立和贯彻落实新发展理念，根据全国老龄委年度工作安排部署，突出重点，狠抓落实，夯实基层基础，提高履职能力，发挥职能作用，以优异的成绩迎接党的十九大胜利召开。

一、坚定不移推进全面从严治党

（一）深入学习贯彻党的十八届六中全会精神，切实加强办直属机关党的领导、党的建设和全面从严治党各项工作。严格落实《党章》《关于新形势下党内政治生活的若干准则》《中国共产党党内监督条例》等党内法规制度，坚持民主集中制原则，严肃党内政治生活，牢固树立“四个意识”，坚定维护以习近平同志为核心的党中央权威。进一步落实巡视整改要求，建立巡视整改长效机制，持续推进整改任务落实。深化落实中央“八项规定”精神和纠正“四风”工作，坚持不懈抓好党风廉政建设，健全反腐败预防机制。

（二）加强党组自身建设，发挥党组的领导核心作用。落实《中国共产党党组工作条例（试行）》和党组理论学习中心组制度，强化党政同责，一岗双责。充分发挥党建工作领导小组的作用，加强对直属机关党建工作的领导，党组成员以身作则、以上率下，层层传导压力，压实各级党组织全面从严治党主体责任。

（三）加强干部队伍和直属单位领导班子建设。贯彻《党政领导干部选拔任用条例》，树立正确用人导向，配齐配强办机关、直属单位领导班子。加强干部队伍教育、培养、激励和监督，打造忠诚干净担当的干部队伍，构建风清气正的政治生态。

（四）加强基层党组织建设。推进“两学一做”学习教育常态化制度化，按时换届，健全支部，坚持“三会一课”制度，坚持民主生活会和组织生活会制度，坚持谈心谈话制度，进一步加强对基层党组织的检查指导和监督考核，充分发挥基层党组织的战斗堡垒作用和党员的先锋模范作用，实现党的组织和党的工作全覆盖。

二、全力以赴做好党中央国务院老龄工作决策部署的贯彻落实

（五）深入贯彻落实习近平总书记关于加强老龄工作的重要指示和讲话精神，贯彻落实《关于进一步加强老龄工作的意见》《“十三五”国家老龄事业发展和养老体系建设规划》《关于制定和实施老年人照顾服务项目的意见》《关于全面放开养老服务市场提升养老服务质量的若干意见》，做好政策宣传解读，制定配套落实措施，推进重大工程建设，推动老龄事业全面协调可持续发展。

（六）做好第十九次全国老龄委全体会议筹备召开相关工作，研究制定老龄委议事规则，发布全国老龄工作委员会2017年工作要点。做好与全国老龄委成员单位、老龄工作系统的联络协调工作。

（七）筹备第四次全国老龄工作会议，总结过去五年全国老龄工作经验，深入分析当前老龄工作面临的新形势新任务新要求，全面部署今后一个时期的老龄工作，表彰全国老龄系统先进集体和先进工作者。

（八）深入开展全国养老院服务质量建设专项行动，组织全国养老院服务质量大检查活动，开展全国养老院服务质量万里行宣传活动。

三、持续深化积极应对人口老龄化政策研究

（九）组织实施中宣部关于"习近平总书记关于有效应对人口老龄化新理念新思想新战略研究"重大研究课题，提出贯彻行动方案和政策建议，及时上报研究成果。

（十）深化积极应对人口老龄化重点课题研究。集中力量，聚焦短板，围绕推动养老服务业供给侧结构性改革、促进老年人参与社会发展、加强老龄工作基层基础建设以及国际社会应对人口老龄化经验等，开展专题研究，为推动出台相关政策提供参考。

（十一）完善老龄政策研究机制。制定全国老龄办政策理论研究基地管理办法、课题发布和评审办法，发挥基地功能作用，提升课题发布和研究质量。建立老龄政策研究协调机制。

（十二）做好第四次中国城乡老年人生活状况抽样调查数据成果转化与应用。组织实施第四次老年人生活状况抽样调查数据研究开发工作。实施2017年城乡老年人生活状况监测调查，建立老年人生活状况数据平台。

四、着力构建老龄宣传大格局

（十三）开展"两教两增"宣传教育活动，在全社会开展人口老龄化国情教育、老龄政策法规教育，引导全社会增强接纳、尊重、帮助老年人的关爱意识和老年人自尊、自立、自强的自爱意识。

（十四）开展"敬老月"活动，协调中宣部对"敬老月"宣传进行总体部署，开展新闻联合报道活动，组织主流媒体开展走基层系列活动。组织开展全国"十大老龄新闻"和"老龄新闻宣传好作品"评选工作。与国家新闻出版广电总局联合开展2017年全国敬老养老助老公益广告作品征集和展播活动。

（十五）做好全国敬老爱老助老评选表彰工作。召开第二届全国"敬老文明号"和全国"敬老爱老助老模范人物"表彰大会，持续开展全国"老有所为"先进典型人物宣传活动。

五、切实维护老年人合法权益

（十六）研究起草《关于制定老年人权益保障法配套法规政策的指导意见》，积极参与推动相关部门完善和出台老年人权益保障法配套法规政策。联合有关部门开展立法工作调研，指导和推动地方修订或出台老年人权益保障法配套法规和政策。

（十七）依据《民法总则》和《老年人权益保障法》，进一步加强老年人监护工作研究，探索开展老年人监护试点工作。贯彻落实《关于进一步加强老年法律维权工作的意见》，加强舆论引导，建立工作机制，协调相关部门做好预防老年人的网络电信诈骗、非法集资等工作。

（十八）开展入住医养机构和社区养老服务老年人合法权益保障专题调查研究，加强老年维权和优待政策督查督办工作，维护老年人合法权益。

六、加强基层老龄工作

（十九）推进基层社区老年文化建设。贯彻落实《老年教育发展规划（2016－2020年）》，适时召开城乡社区老年教育经验交流会。与国家体育总局、中国老年人体育协会联合举办第三届老年体育健身大会。

（二十）深化基层老年协会改革，组织实施"基层老年协会规范化工程"，提升基层老年协会能力，编印《城乡社区基层老年协会工作读本》，召开城乡社区基层老年协会发展专题工作会。

（二十一）深入开展"银龄扶贫行动"工作，召开全国"银龄扶贫"经验交流会，推动地方"银龄扶贫"联系点和"银龄扶贫行动"基地建设，与全国性老年社会组织联合开展全国"银龄扶贫"志愿服务团活动。

（二十二）开展基层老龄服务工作创新模式推荐宣传活动。开展老年宜居环境建设示范行动和老年友好城市、老年宜居社区示范创建活动。

七、提高机关能力建设水平

（二十三）以提升工作能力、规范工作秩序、整洁工作环境为重点，大力加强机关作风建设，激发机关内生动力。加强调查研究，严格会议管理。建立督查督办机制。

（二十四）认真做好《马德里国际老龄行动计划》执行情况第三次评估，积极参与联合国评估活动及后续工作。研究创设常态化老龄问题国际论坛的可行性。

（二十五）统筹推进老龄信息化工作。完善老龄事业统计指标体系，推动建立老龄事业统计公报定期发布制度。

（二十六）强化提高机关后勤保障和服务能力。做好离退休干部服务和管理工作。加强对直属单位财务、资产及人事管理的指导监督。加强所属社会组织管理。

全国老龄办关于开展第三届全国“敬老文明号”创建活动的通知

全国老龄办发〔2017〕40号

各省、自治区、直辖市老龄办，各计划单列市老龄办，新疆生产建设兵团老龄办，各部门、各单位，各全国性老年社会组织：

为贯彻落实习近平总书记关于加强老龄工作重要指示和讲话精神，进一步推动落实老年优待政策，提升基层涉老单位为老服务水平，营造全社会尊老敬老良好氛围，全国老龄办决定启动第三届全国“敬老文明号”创建活动。现就有关事项通知如下：

一、指导思想

深入贯彻习近平总书记系列重要讲话精神和治国理政新理念新思想新战略，统筹推进“五位一体”总体布局和协调推进“四个全面”战略布局，牢固树立和贯彻落实“创新、协调、绿色、开放、共享”的发展理念，大力弘扬尊老敬老传统美德，积极倡导敬老养老助老社会风尚，全面落实老年优待政策，着力加强老年人服务供给，维护老年人合法权益，满足老年人物质文化需求，全面提升老年人生活质量，为实现社会和谐、代际和谐作出新贡献。

二、创建范围及时间

创建范围为基层涉老部门、为老服务组织、公共服务窗口单位，各级党政机关、老龄工作部门不作为被评选单位。创建时间为2017年至2019年。

三、创建内容

围绕贯彻落实习近平总书记关于加强老龄工作重要指示和讲话精神，按照《全国“敬老文明号”创建和管理办法》明确的五项基本条件，贯彻落实《中华人民共和国老年人权益保障法》和配套法规政策，开展人口老龄化国情教育和孝亲敬老宣传教育活动，开展老年优待服务和志愿服务活动。创新为老服务方式，开展为老服务岗位创优、岗位能手活动。深入社区广泛开展为失能半失能老人、贫困老人提供物质帮扶和精神关爱的“双关爱”活动。

四、创建要求

（一）加强领导，精心组织。“敬老文明号”创建是凝聚社会力量发展老龄事业的重要举措。各级老龄工作部门要高度重视，加强领导，精心组织。要把创建活动纳入本地区、本部门精神文明建设工作总体规划。要着力完善跨部门的组织协调机制，加强对涉老部门创建工作的指导，推动各涉老部门把创建工作作为重要工作内容，全面推动涉老行业窗口单位和基层为老服务组织参与创建活动，切实落实各项为老服务政策，提升为老服务水平。

（二）注重实效，创新方法。要推动各行业部门围绕老年人实际需求，结合地区特色和行业特点，制订创建方案，细化创建标准和办法。着力抓好涉老重点行业窗口单位创建工作，推动创建活动制度化、常态化。要推动创建工作重心下移，广泛动员一线基层服务单位和个人立足岗位、立足本职、从细从小、从实从严开展创建，提高创建的参与率和实效性。要突出重点，养老院要按照“全国养老院服务质量建设专项行动”要求，创新服务方式，提升创建质量。

（三）加强监督，规范管理。各级老龄工作部门要制定考评标准，加强对创建全过程的监督管理和信息公开。把“敬老文明号”创建活动纳入各地精神文明建设体系考核范畴，引入第三方考评机制。加强群众监督，把群众评议特别是老年群众的评议情况作为评选的重要依据。要对第一届、第二届各级“敬老文明号”进行不定期抽查考核，实现动态管理、规范管理。

（四）强化宣传，加强引导。组织新闻媒体，加大宣传力度，注重运用新媒体传播手段，讲好敬老文明故事，营造浓厚的尊老敬老社会氛围。要定期组织“敬老文明号”创建单位开展交流，总结发掘和广泛宣传为老服务经验和做法，推广先进、树立榜样。

附件：全国“敬老文明号”创建和管理办法（2017年修订）

全国老龄办

2017年6月27日

附件

全国“敬老文明号”创建和管理办法

（2017 年修订）

为推动全国“敬老文明号”创建活动深入持久开展，规范评选表彰工作，制定本办法。

第一章 总 则

第一条 “敬老文明号”是指在经营、管理和服务等工作岗位上，积极开展优质为老服务的先进集体。

第二条 “敬老文明号”创建活动旨在深入贯彻落实中央关于老龄工作的方针政策，积极应对人口老龄化，进一步弘扬尊老敬老的传统美德，广泛动员社会各界参与尊老敬老社会活动，落实老年优待政策，推动基层老龄工作，促进社会主义精神文明建设和社会和谐。

第三条 “敬老文明号”创建活动在基层涉老部门、为老服务组织、公共服务窗口行业开展。

第二章 基本条件

第四条 “敬老文明号”基本条件：

（一）参与“敬老文明号”创建活动的集体，积极践行社会主义核心价值观，扎实开展人口老龄化国情教育和尊老敬老主题教育活动，弘扬中华民族尊老敬老传统美德，宣传“敬老文明号”创建活动的重要意义。

（二）围绕本单位中心工作开展创建活动，有明确的创建目标和办法，有规范的为老服务制度和标准，有具体的为老服务内容和条款，有固定的为老服务窗口和场所。

（三）认真贯彻落实《中华人民共和国老年人权益保障法》及相关政策规定，自觉执行本部门或行业规章制度和服务规范。

（四）积极创新为老服务方式方法，按照优先、优惠、优待的原则，拓展对老年人的服务范围和内容，努力为老年人提供热情周到的服务。

（五）全体成员熟悉创建要求，弘扬文明新风，爱岗敬业，具有良好的职业道德和能力素质，群众评价良好，老年人满意度高，社会效益显著。

第三章 评选与表彰

第五条 “敬老文明号”的评选，采取单位申报、逐级推荐、公众评议的程序开展。

第六条 全国“敬老文明号”每三年表彰一次，由全国“敬老文明号”创建活动领导小组统一组织评选。“敬老文明号”的评定，要规范程序，控制数量，保证质量。

第七条 已经全面开展创建活动的行业（系统），由行业（系统）主管部门归口，会同老龄部门进行评选；尚未全面开展创建活动的行业（系统），由老龄部门单独组织评选。

第八条 “敬老文明号”评选表彰主要面向基层和工作一线。基层单位、窗口服务单位要占本地推荐全国“敬老文明号”总数的70%以上，各级党政机关、老龄工作机构不作为被评选单位。

第九条 要采取听取汇报、查阅资料、征求服务对象意见等多种方式，对申报单位进行全面、细致的评定。评定结果要进行公示，公示时间一般为七天。

第十条 建立和完善精神奖励和物质奖励相结合的激励机制。全国“敬老文明号”以精神奖励为主，进行通报表彰，并授予“敬老文明号”牌匾。各地、各部门或行业可将“敬老文明号”纳入本地区、本部门精神文明创建活动奖励体系，根据实际情况给予相应的精神和物质奖励。

第十一条 基层单位要制定并落实奖励措施，从工资奖金、学习深造、晋级晋职等方面对“敬老文明号”实行奖励，并纳入本单位奖励序列。

第十二条 各级“敬老文明号”创建活动组织管理部门可在表彰“敬老文明号”的同时，表彰在组织开展“敬老文明号”活动中业绩突出的单位。

第十三条 “敬老文明号”实行挂牌制度。凡获得“敬老文明号”称号的集体，应将牌匾悬挂在醒目位置，以便接受社会监督。

第四章 考核与管理

第十四条 “敬老文明号”实行动态管理。创建活动领导小组对已经挂牌的“敬老文明号”要定期进行考核，符合标准的继续认定为“敬老文明号”。机构调整、重组、撤销的单位自动取消“敬老文明号”。对存在问题的要求限期整改，达不到整改要求的撤销“敬老文明号”并收回牌匾。

第十五条 “敬老文明号”实行分级管理和协助管理相结合的管理办法。全国“敬老文明号”由全国“敬老文明号”创建活动领导小组委托省（区、市）级创建活动领导小组和部门或行业主管单位考核与管理。部门或行业主管的“敬老文明号”，由主管单位考核与管理，同级创建活动领导小组协助管理。

第十六条　加强对“敬老文明号”档案管理。建立健全“敬老文明号”档案资料和信息库，保证资料齐全、分类科学、立卷完备，使管理工作科学化、制度化、规范化，确保信息资料全面反映创建成果。

第五章　附　则

第十七条　各级“敬老文明号”创建活动领导小组办公室要建立信息反馈和监督机制，设立服务和接待热线，及时受理、依法解决举报和投诉问题。

第十八条　“敬老文明号”牌匾材料为铜牌。“敬老文明号”字体统一使用隶书，字体颜色为红色。落款及日期字体统一使用黑体，字体颜色为黑色。国家级“敬老文明号”牌匾尺寸为65×40cm。

第十九条　各地可参照本办法制定“敬老文明号”创建标准及管理办法。

第二十条　本办法由全国老龄工作委员会办公室负责解释。

第二十一条　本办法自发布之日起施行。

国家卫生计生委等13部门关于印发“十三五”健康老龄化规划的通知

国卫家庭发〔2017〕12号

各省、自治区、直辖市、新疆生产建设兵团卫生计生委（卫生局、人口计生委）、发展改革委、教育厅（教委）、工业和信息化主管部门、民政厅（局）、财政（务）厅（局）、人力资源社会保障厅（局）、国土资源主管部门、住房城乡建设厅（建委、规划国土委、建设局）、体育局、中医药管理局、残联、老龄办：

为贯彻落实《中华人民共和国国民经济和社会发展第十三个五年规划纲要》精神，积极应对人口老龄化，维护老年人的健康功能，提高老年人的健康水平，特制定《“十三五”健康老龄化规划》（可从国家卫生计生委网站下载）。现印发给你们，请结合各地、各部门的工作实际，认真贯彻执行。

国家卫生计生委、国家发展改革委、教育部、工业和信息化部、民政部、财政部、人口资源和社会保障部、国土资源部、住房城建设部、国家保障总局、国家中医药局、中国残联、全国老龄办

2017年3月9日

“十三五”健康老龄化规划

健康老龄化，即从生命全过程的角度，从生命早期开始，对所有影响健康的因素进行综合、系统的干预，营造有利于老年健康的社会支持和生活环境，以延长健康预期寿命，维护老年人的健康功能，提高老年人的健康水平。

“十三五”时期是全面建成小康社会的决胜阶段，也是我国老年人口快速增长、老龄化压力日益凸显的时期。为积极应对人口老龄化，实现健康老龄化，根据《中华人民共和国国民经济和社会发展第十三个五年规划纲要》《“健康中国2030”规划纲要》《“十三五”国家老龄事业发展和养老体系建设规划》《“十三五”深化医药卫生体制改革规划》《“十三五”卫生与健康规划》《老年教育发展规划（2016—2020年）》等规划要求，制定本规划。

一、规划背景

（一）“十二五”期间取得的成就。

1. 基本医疗保障制度框架基本形成，医疗保障水平不断提高。基本医疗保险制度进一步完善，基本实现了医疗保险全覆盖。“十二五”期末，我国城乡居民（包括老年人①）医保覆盖率达到95%以上，待遇保障水平持续提高，城乡居民住院医疗费用政策范围内报销比例达

① 本文除特殊标注外，老年人指60周岁及以上人口。

到75%。

2. 老年医疗卫生服务体系逐步健全，服务能力不断加强。专业康复护理机构不断增加。截至2015年，全国共建有康复医院453所，护理院168所，护理站65所，比“十一五”期末分别增加了69.0%、242.9%、16.1%。康复护理人才队伍进一步壮大。2015年，康复医院、护理院、护理站从业卫生人员分别为36441人、11180人、316人，比“十一五”期末分别增加了96.5%、286.7%、69.9%。基层医疗卫生机构为老服务不断深化，为辖区内65周岁及以上老年人开展健康管理，每年1次免费健康体检，2015年接受体检老年人数达1.18亿。养老机构医疗卫生服务能力不断增强，全国有23%的养老机构设有医务室、护理站等医疗机构。

3. 老龄健康政策不断完善，老年健康权益得到更好保障。2014年，国家卫生计生委成立老龄工作领导小组，统筹推进老年健康相关工作。组织开展《中国健康老龄化战略研究》，明确“健康老龄化”的核心要义，作出关注生命全程、提高老年人健康水平和生命质量的战略部署。启动“新家庭计划——家庭发展能力建设”和“计划生育家庭养老照护试点”项目，着重培养并提高家庭养老照护能力。2015年11月，国务院办公厅转发了卫生计生委等部门《关于推进医疗卫生与养老服务相结合的指导意见》（国办发〔2015〕84号），明确了医养结合工作目标、重点任务和保障措施。文件印发后各部门明确分工，各自结合职责抓紧落实。卫生计生委和民政部联合出台《关于做好医养结合服务机构许可工作的通知》，明确首接责任制，提高办事效率。启动国家级医养结合试点工作，在全国遴选确定90个试点城市（区），探索建立符合国情的医养结合服务模式。各地医养结合工作扎实起步，以多种形式围绕老年人的健康养老需求提供综合连续的医养结合服务。

（二）“十三五”时期面临的挑战。

“十三五”时期，人口老龄化程度持续加深，高龄和失能老年人数量增加，对老年健康服务的刚性需求不断释放，伴随家庭结构的变化，给老年健康服务带来严峻挑战。

1. 老龄化程度不断加深，老年健康服务需求日益增加。截至2015年，中国60岁及以上人口已达2.22亿，占总人口的16.1%，65岁及以上人口达1.44亿，占总人口的10.5%。“十三五”期间，我国60岁及以上老年人口平均每年约增加640万，到2020年将达到2.55亿左右，占总人口的17.8%左右。与此同时，失能和部分失能老年人越来越多，残疾老年人逐年增加，2015年失能和部分失能老年人约4063万人，持残疾证老人达到1135.8万。伴随老龄化的不断加深，老年人对于医疗保健、康复护理等服务的刚性需求日益增加。而且，老龄化进程与城镇化、家庭小型化、空巢化相伴随，与经济社会转型期各类矛盾相交织，流动老人和留守老人规模不断增加，越来越多的家庭面临照料者缺失的问题。老年人的健康服务需求已成为“十三五”期间迫切需要解决的重要问题。

2. 老年健康服务体系亟待完善，老年健康服务提供能力有待加强。我国目前尚未建立起适应老年人健康需求的包括保健－预防－治疗－康复－护理－安宁疗护的综合性、连续性的服务体系。老年医疗卫生服务机构、康复医院、残疾人专业康复机构、护理院等机构数量有限且地区分布不均，失智照护、安宁疗护等机构严重缺乏，为社区和居家老人提供健康服务的能力亟待加强。从事老年健康服务的人员数量不足，尤其是基层人才严重缺乏。医养结合服务工作刚刚起步，政策体系尚不健全，老年健康的评价体系等有待完善。

3. 老年健康保障政策效率有待提高，老年健康制度体系有待进一步完善。老年人是医疗服务利用的高频次人群，老年人门诊和住院需求及医疗费用均高于社会平均水平。目前我国老年健康保障制度总体上仍滞后于人口老龄化和社会发展的要求，政策效率不高，尤其是失能老人、残疾老人迫切需要的长期护理保险制度尚未建立，老年人的长期护理费用没有制度性保障来源。

二、指导思想、基本原则和发展目标

（一）指导思想。全面贯彻党的十八大和十八届三中、四中、五中、六中全会精神，深入落实习近平总书记系列重要讲话和全国卫生与健康大会精神，以维护老年健康权益和满足老年健康服务需求作为出发点和落脚点，大力推进老年健康服务供给侧结构性改革，实现发展方式由以治病为中心转变为以人民健康为中心，服务体系由以提高老年疾病诊疗能力为主向以生命全周期、健康服务全覆盖为主转变，保障老年人能够获得适宜的、综合的、连续的整合型健康服务，提高老年人健康水平，实现健康老龄化，建设健康中国。

（二）基本原则。

1. 以人为本，改善民生。以提高老年人健康水平为目标，本着为老年人办实事、做好事、解难事的原则，充分考虑老年人的健康特征和诉求，努力满足老年人不断增长的健康需求，提高老年人健康生活质量。

2. 政府引导，社会参与。积极发挥政府在制定规划、出台政策、引导投入、规范服务、监督管理等方面的职责，加快老年健康服务体系建设。发挥市场在资源配置中的决定性作用，广泛动员专业化社会组织的力量，激发社会活力，鼓励社会投资，满足多层次、多样化的健康养老服务需求。

3. 因地制宜，突出重点。根据各地发展水平，结合老年人的物质和精神文化需求，分类别、多层次、有针对性地开展为老健康服务。重点做好对有需求的经济困难的失能、失智、计划生育特殊家庭老年人的健康保障和服务关爱工作。

4. 整合资源，统筹兼顾。统筹城市和农村资源，发挥城乡社区基础性作用，促进医疗卫生与养老服务相结合。统筹健康服务和养老服务资源，实现合作共赢。

（三）发展目标。

“十三五”期间，围绕国民经济和社会发展目标，优化老年医疗卫生资源配置，加强宣传教育、预防保健、医疗救治、康复护理、医养结合和安宁疗护工作，建立覆盖城乡老年人的基本医疗卫生制度，构建与国民经济和社会发展相适应的老年健康服务体系，持续提升老年人健康水平。

——公平可及、兼顾质量的老年公共卫生服务体系不断完善，老年人健康服务水平不断提升。

——有序衔接、综合连续的老年健康服务体系基本形成，为老年人提供综合连续的整合型服务，基本满足老年人健康服务需求。

——更加公平、更可持续的基本医疗保障制度体系不断完善，探索建立长期护理保险制度。

——老年健康相关政策制度体系更加完善，健康老龄化各项工作全面推动、持续发展。

专栏1　主要指标

序号	指标	2020年	属性
1	65周岁及以上老年人健康管理率	70%	预期性
2	65周岁及以上老年人中医健康管理率	65%	预期性
3	二级以上综合性医院设老年病科比例	35%	预期性
4	医疗机构设置老年人绿色通道	100%	预期性
5	老年人健康素养	10%	预期性

三、主要任务

围绕老年健康工作的重点难点与薄弱环节，将老年健康服务作为中心任务，优化老年健康和养老资源配置与布局，补齐短板，加快推进整合型老年健康服务体系建设。

（一）推进老年健康促进与教育工作，提升老年人健康素养。

1. 加强老年健康教育。开展老年健身、老年保健、老年疾病防治与康复、科学文化、心理健康、职业技能、家庭理财等内容的教育活动。健全老年人身边的体育健身组织，丰富老年人身边的体育健身活动，支持老年人身边的体育健身赛事，建设老年人身边的体育健身设施，加强老年人身边的体育健身指导，弘扬老年人身边的健康文化。倡导积极健康的生活方式，提高老年人的健康水平和生活质量。积极发展社区老年教育，引导开展读书、讲座、学习共同体、游学、志愿服务等多种形式的老年教育活动，面向全社会宣传倡导健康老龄化的理念，营造老年友好的社会氛围。开展老年健康保健知识进社区、进家庭活动，针对老年人特点，开发老年健康教育教材，积极宣传适宜老年人的中医养生保健方法，加强老年人自救互救卫生应急技能训练。

（二）加强老年健康公共卫生服务工作，提高老年健康管理水平。

2. 做好老年疾病预防工作。做好国家基本公共卫生服务项目中的老年人健康管理服务工作，适当调整老年人健康体检的项目和内容。推广老年痴呆、跌倒、便秘、尿失禁等防治适宜技术，开展老年常见病、慢性病、口腔疾病的筛查干预和健康指导，做到老年疾病早发现、早诊断、早治疗，促进老年人功能健康。

3. 推动开展老年人心理健康与关怀服务。启动老年人心理健康预防和干预计划，为贫困、空巢、失能、失智、计划生育特殊家庭和高龄独居老年人提供日常关怀和心理支持服务。加强对老年严重精神障碍患者的社区管理和康复治疗，鼓励老年人积极参与社会活动，促进老年人心理健康。

专栏2　老年心理关爱项目

老年心理健康与心理关怀服务项目：对老年人进行心理健康评估和必要的随访管理。开展老年痴呆筛查。推广老年精神疾病的医院—社区系统诊疗管理技术。

“十三五”期间，计划选择合适省份或地区开展老年心理健康管理项目试点。到2020年，老年心理健康管理试点覆盖全国1600个城市社区（每省50个）、320个农村社区（每省10个）。

（三）健全老年医疗卫生服务体系，提高服务质量和可及性。

4. 加强医疗卫生服务体系中服务老年人的功能建设。加强康复医院、护理院和综合性医院老年病科建设。推动基层医疗卫生机构积极开展老年人医疗、康复、护理、家庭病床等服务，提高老年人医疗卫生服务的可及性。推动安宁疗护服务的发展。倡导为老年人义诊，为行动不便的老年人提供上门服务。到2020年，医疗机构普遍建立为老年人提供挂号、就医等便利服务的绿色通道。

（四）积极推动医养结合服务，提高社会资源的配置和利用效率。

5. 大力发展医养结合服务。建立健全医疗卫生机构与养老机构合作机制，鼓励多种形式的签约服务、协议合作。支持有条件的养老机构按相关规定申请开办康复医院、护理院、中医医院、安宁疗护机构或医务室、护理站等，重点为失能、失智老人提供所需的医疗护理和生活照护服务。

公立医院资源丰富的地区可积极稳妥地将部分公立医院转为老年康复、老年护理等机构。推进医疗卫生服务延伸至社区、家庭。推进基层医疗卫生机构和医务人员与居家老人建立签约服务关系，为老年人提供连续性的健康管理和医疗服务。提高基层医疗卫生机构为居家老人提供上门服务的能力。鼓励社会力量以多种形式开展医养结合服务。研究出台老年人健康分级标准，健全相关服务规范、管理标准及监督评价机制，研发相应的质量管理办法。

专栏3　医养结合示范工程

医养结合能力建设。建立医疗机构与养老机构合作机制，推动医疗卫生服务延伸至社区、家庭，鼓励医疗卫生机构与养老服务融合发展。医疗机构与养老机构开展对口支援、合作共建。

老年照护能力及信息化建设。开展家庭老年人照护能力培训。促进信息共享，建立医养结合信息系统和老年人健康数据库。

“十三五”期间，重点支持有一定医养结合服务基础以及需求较大的地区及医养结合试点城市（区）建设。建设一批综合性医养结合服务机构示范基地和社区示范基地。建设医养结合监测平台，开展医养结合试点监测及评估工作。

6. 推动居家老年人长期照护服务的发展。强化基层医疗卫生服务网络功能，积极推广家庭医生签约服务，为老年人提供综合、连续、协同、规范的基本医疗和公共卫生服务。充分利用社区卫生服务体系，培育社会护理人员队伍，为居家老年人提供长期照护服务，为家庭成员提供照护培训，探索建立从居家、社区到专业机构的比较健全的长期照护服务供给体系。

7. 加强老年健康相关科研工作。开展大型队列研究，研究判定与预测老年健康的指标、标准与方法，研发可穿戴老年人健康支持技术和设备。探索老年综合征和共病的发病过程与规律，研发综合防治适宜技术、指南和规范，构建老年健康管理网络。

（五）加强医疗保障体系建设，为维护老年人健康奠定坚实基础。

8. 健全基本医疗保障制度，巩固提高保障水平。全面实施城乡居民大病保险制度。在地方试点基础上，探索建立长期护理保险制度。实现符合条件的跨省异地住院老年人医疗费用直接结算。鼓励发展与基本医保相衔接的老年商业健康保险，满足老年人多样化、多层次的健康保障需求。

9. 进一步加大对贫困老年人的医疗救助力度。在做好低保对象、特困人员中老年人医疗救助工作基础上，将低收入家庭老年人纳入重特大疾病医疗救助范围。对符合条件的计划生育特殊困难家庭老年人给予相应医疗救助。

（六）发挥中医药（民族医药）特色，提供老年健康多元化服务。

10. 开展老年人中医药（民族医药）健康管理服务项目。扩大中医药健康管理服务项目的覆盖广度和服务深度，不断丰富老年人中医健康指导的内容，推广老年中医体质辨识服务，根据老年人不同体质和健康状态提供更多中医养生保健、疾病防治等健康指导。

专栏4　老年中医药（民族医药）健康服务项目

面向老年人群进行中医药知识规范化传播及健康教育。开发并推广老年常见病中医适宜技术服务包。开展中医治未病工程进社区、进家庭活动，为居民提供中医药康复护理服务。开展中医药与养老相结合服务试点，探索形成中医药与养老服务相结合的主要模式与内容。鼓励社会资本新建以中医药健康养老为主的护理院、疗养院，探索设立中医药特色医养结合机构，建设一批医养结合示范基地。

11. 推动发展中医药（民族医药）特色医养结合服务。鼓励新建以中医药健康养老为主的护理院、疗养院，有条件的养老机构设置以老年病、慢性病防治为主的中医诊室。推动中医医院与老年护理院、康复疗养机构等开展合作。推动二级以上中医医院开设老年病科，增加老年病床数量，开展老年病、慢性病防治和康复护理，为老年人就医提供优先优惠服务。促进中医医疗资源进入养老机构、社区和居民家庭。支持养老机构开展融合中医特色的老年人养生保健、医疗、康复、护理服务。支持养老机构与中医医疗机构合作。鼓励社会资本进入（新建）以中医药健康养老为主的护理院、疗养院，探索建立一批中医药特色医养结合服务示范基地。

（七）以老年人多样化需求为导向，推动老年健康产业发展。

12. 积极发展老年健康产业。结合老年人身心特点，大力推动健康养生、健康体检、咨询管理、体质测定、体育健身、运动康复、医疗旅游等多样化健康服务。大力提升药品、医疗器械、康复辅助器具、保健用品、保健食品、老年健身产品等研发制造技术水平，扩大健康服务相关产业规模。

专栏5　开展智慧健康养老示范项目

基于互联网、物联网、大数据及多媒体影像术等网络信息技术平台，运用可穿戴设备等移动信息采集终端，实现老年健康状态信息的动态监测，将老年慢性病健康管理和社区居家养老服务相结合，依托社区养老服务机构和基层医疗卫生服务机构，建设“健康管理＋养老服务”信息化智慧健康养老服务体系。

“十三五”期间，在6个城市开展智慧健康养老服务的试点工作。

13. 推进信息技术支撑健康养老发展，发展智慧健康养老新业态。充分运用互联网、物联网、大数据等信息技术手段，创新健康养老服务模式，开展面向家庭、社区的智慧健康养老应用示范，提升健康养老服务覆盖率和质量效率。搭建智慧健康养老服务平台，对接各级医疗卫生及养老服务资源，建立老年健康动态监测机制，整合信息资源，实现信息共享，为老年人提供健康指导、慢病管理、安全监护等服务。推进医疗机构远程医疗建设，为机构养老人群提供便利服务。

（八）推进适老健康支持环境建设，营造老年友好社会氛围。

14. 推进老年宜居环境建设。建设老年人社会参与支持环境，从与老年健康息息相关的各方面入手，优化“住、行、医、养”等环境，营造安全、便利、舒适、无障碍的老年宜居环境体系。推进老年人住宅适老化改造，支持适老住宅建设。弘扬敬老、养老、助老的社会风尚，强化家庭养老功能，完善家庭养老政策支持体系。

（九）加强专业人员队伍建设，提高队伍专业化、职业化水平。

15. 切实加强老年健康服务人员队伍建设，尽快培养一批有爱心、懂技术、会管理的老年人健康服务工作者。将老年医学、康复、护理人才作为急需紧缺人才纳入卫生计生人员培训规划，加强专业技能培训，大力推进养老护理从业人员职业技能鉴定工作。采取积极措施保障护理人员的合法权益，合理确定并逐步提高其工资待遇。支持高等院校和职业院校开设相关专业或课程，加快培养老年医学、康复、护理、营养、心理和社会工作等方面的专业人才。鼓励医养结合服务机构参与人才培养全过程，为学生实习和教师实践提供岗位。重点建设一批职业院校健康服务类与养老服务类示范专业点。

四、保障措施

（一）加强组织领导。各地要高度重视人口老龄化问题，加强老年健康工作部署。切实把“十三五”健康老龄化规划纳入重要议事日程，列入经济社会发展总体规划，及时解决老年人健康服务体系建设中的重大问题，把老年健康产业发展作为推动产业结构调整、拉动经济、扩大就业的主要内容。健全政府主导、部门协作、社会参与的工作机制。各地要结合实际制定“十三五”健康老龄化规划与具体实施办法。

（二）加大政策支持力度。各地要积极出台扶持政策，促进“十三五”健康老龄化规划目标的实现。进一步加大政府财政投入，支持老年健康服务体系基础设施建设。在投融资、土地供应、落实税费优惠、人才培养、政策保障等方面对老年健康服务工作予以支持和倾斜，出台政府购买服务的具体政策。

（三）强化部门分工协作。各级卫生计生、发展改革、教育、工业和信息化、民政、财政、人力资源社会保障、国土资源、住房城乡建设、体育、中医药管理、残联、老龄等部门要加强协调，分工合作，落实老年健康相关政策，共同为实现健康老龄化规划目标提供支持。

（四）发挥社会力量作用。支持社会资本进入老年健康产业市场，鼓励社会力量积极兴办老年健康服务机构，提供老年健康服务。积极引导和支持社会服务机构、公益慈善组织和志愿服务组织等各类社会组织开展老年人健康关爱服务活动。充分发挥基层老年协会作用，组织老年人开展互帮互助活动。支持专业社会工作者组织各类爱心人士关爱老年人，开展“一助一”“多助一”等多种形式的结对关爱服务活动。

（五）建立检查评估机制。建立健全监测检查评估机制，定期监督重大项目、重大工程的实施情况。建立中期和末期评价制度，组织开展规划实施进度和实施效果的全面检查评估。

国家卫生计生委办公厅、民政部办公厅关于开展医养结合监测工作的通知

国卫办家庭函〔2017〕207 号

各省、自治区、直辖市卫生计生委、民政厅（局）：

为掌握各地医养结合工作进展情况，根据《国务院办公厅转发卫生计生委等部门关于推进医疗卫生与养老服务相结合指导意见的通知》（国办发〔2015〕84 号）、《国家卫生计生委办公厅 民政部办公厅关于遴选国家级医养结合试点单位的通知》（国卫办家庭函〔2016〕511 号）、《关

于确定第一批国家级医养结合试点单位的通知》(国卫办家庭函〔2016〕644号)和《关于确定第二批国家级医养结合试点单位的通知》(国卫办家庭函〔2016〕1004号)等文件精神，国家卫生计生委、民政部决定开展医养结合监测工作。现将有关事项通知如下：

一、监测目的

利用监测数据，定期分析和评估医养结合工作的实施效果，为健全和完善医养结合政策措施、优化和改善服务模式、规范和评价服务行为、提高服务质量效率等提供数据依据与支撑。

二、监测内容和数据来源

(一)医养结合动态监测的重点是对医疗卫生、养老服务资源供应及利用情况进行动态了解，掌握各地医养结合工作进展情况、机构建设情况、服务提供及利用情况等。

(二)医养结合监测数据主要来源于地方卫生计生部门、民政部门统计和医养结合机构填报等，通过多渠道收集相应数据，掌握工作动态进展。

三、监测工作要求

(一)数据收集。各省(区、市)卫生计生行政部门每半年填报并提交一次省(区、市)级总体情况(附件1)。90个国家级医养结合试点市(区)卫生计生部门每季度填报并提交一次本地区数据(附件2)。国家级医养结合试点市(区)所有医养结合机构需按季度填报并提交机构信息表(附件3)。

(二)国家卫生计生委家庭司和民政部社会福利与慈善事业促进司负责总体组织协调工作。国家卫生计生委卫生发展研究中心承担具体监测工作与技术支持，负责数据收集、审核、订正、汇总、分析等工作。

(三)各级卫生计生行政部门与民政部门要加强组织领导，明确责任，指定专人负责工作协调和数据报送工作。重点做好组织协调、数据催报、数据汇总、质量控制、按时报送等工作。涉及相关业务的数据，各级卫生计生行政部门与民政部门应统一数据口径，共同核对一致。各参与单位要认真配合，做好衔接。各级填报单位要保证数据报送的及时性、真实性、完整性和逻辑合理性。

(四)国家卫生计生委与民政部将联合开展督导工作，定期通报各地监测和统计数据质量，对重视程度不够、存在问题较多的省份将予以重点督办。统计数据由各级卫生计生行政部门与民政部门共享。各级要充分利用监测数据，寻找工作中存在的问题和差距，善于发现进展缓慢指标，加大推进力度，保质保量完成医养结合工作任务。

四、具体报送要求

(一)建立联系人制度。请各省(区、市)级卫生计生部门确定负责医养结合监测工作的联系人，具体负责督促医养结合监测数据的填报，并于2017年3月15日前将名单(附件4)传真至国家卫生计生委家庭司。

(二)首次报送时间安排。请各单位接到本通知后即填报相应信息表，于2017年3月24日前完成在线填报工作。数据统计时间为2016年1月1日—12月31日。

(三)常规报送时间安排。除首次报送外，其他报送均按半年(省级)或季度(市级和机构)正常报送。监测数据的统计时间省级为1月1日—6月30日和7月1日—12月31日，市级和机构为1月1日—3月31日、4月1日—6月30日、7月1日—9月30日和10月1日—12月31日。报送时间省级为7月10日和次年1月10日，市级和机构为4月10日、7月10日、10月10日和次年1月10日。

(四)数据报送形式为在线填报，请各单位按时登陆网址：http：//222.135.143.148：8080/，进行在线填报并及时上传。

国家卫生计生委卫生发展研究中心联系人：刘志、郝晓宁

联系电话：010—82805759

国家卫生计生委家庭司联系人：塔娜、徐冲、郑春梅

联系电话：010—62030764、62030882、62030589

民政部社会福利和慈善事业促进司联系人：李天骄、马雅欣

联系电话：010—58123250

附件：1.省(区、市)级医养结合工作监测表(试行)

2.地市级医养结合工作监测表(试行)

3.医养结合机构信息表(试行)

4.联系人回执

国家卫生计生委办公厅　民政部办公厅

2017年3月7日

附件 1

省（区、市）级医养结合工作监测表（试行）

行政区划代码□□□□□□

__________省（区、市）　　　　填报单位（签章）：________________

序号	监测内容	结果
1	本省基本情况	
1.1	本省（区、市）常住老年人口数量（人）	
1.2	本省（区、市）城镇老年人口数量（人）	
1.2.1	其中，65 岁以上的老年人口数量（人）	
1.3	本省（区、市）农村老年人口数量（人）	
1.3.1	其中，65 岁以上的老年人口数量（人）	
1.4	本省（区、市）常住人口年人均收入（元/年）	
1.4.1	其中，城镇人口年人均收入（元/年）	
1.4.2	农村人口年人均收入（元/年）	
2	相关保障措施	
2.1	是否建立医养结合工作跨部门协调工作机制或跨部门综合领导小组（Y 是 N 否）	
2.2	是否制定并印发贯彻落实《国务院办公厅转发卫生计生委等部门关于推进医疗卫生与养老服务相结合的指导意见》（国办发〔2015〕84 号）的实施意见（Y 是 N 否）	
2.3	本省（区、市）是否制定出台推进本地区医养结合的政策措施、规划制度和具体工作方案（Y 是 N 否）	
2.4	是否把推进医养结合工作纳入深化医药卫生体制改革和促进养老、健康服务业发展的总体部署中（Y 是 N 否）	
2.5	是否设立省级医养结合试点单位（Y 是 N 否）	
2.5.1	如果是，设立了______个	
2.6	是否在土地利用总体规划和城乡规划中统筹考虑医养结合机构发展需要，做好用地规划布局（Y 是 N 否）	
2.7	是否制定本地区医养结合机构设置规划或在卫生计生规划中涵盖医养结合规划内容（Y 是 N 否）	
2.8	是否推进医养结合机构布局调整（新建、迁建、整合、转型等）（Y 是 N 否）	
3	机构及服务情况	
3.1	全省（区、市）医疗卫生机构总数	
3.1.1	其中，护理院数量（个）	
3.1.1.1	护理中心（站）数量（个）	
3.1.1.2	康复医院数量（个）	

续表

序号	监测内容	结果
3.1.2	开设老年病科的二级以上医院数量（个）	
3.2	全省（区、市）养老机构总数（个）	
3.3	全省（区、市）医养结合机构总数（个）	
3.3.1	其中，医疗机构设立养老机构的数量（个）	
3.3.2	养老机构设立医疗机构的数量（个）	
3.3.3	纳入医保定点的医养结合机构数量（个）	
3.3.4	医养结合机构中的医疗机构数量（个）	
3.3.4.1	其中，属于营利性机构个数（个）	
3.3.4.2	属于非营利性机构个数（个）	
3.3.5	医养结合机构中的养老机构数量（个）	
3.3.5.1	其中，公办公营机构个数（个）	
3.3.5.2	公办民营机构个数（个）	
3.3.5.3	民办民营机构个数（个）	
3.3.5.4	其他（个）	
3.3.6	医养结合机构的床位总数（张）	
3.3.6.1	其中，医疗床位总数（张）	
3.3.6.2	养老床位总数（张）	
3.4	医养结合培训基地数（个）	
3.5	报告期内接受医养结合培训的人次（个）	
3.6	报告期内培训经费投入额（万元）	
3.7	开设老年人绿色通道的医疗机构数（个）	
3.8	医疗机构与养老机构建立合作关系/签订合作协议情况	
3.8.1	其中，签约的医疗机构数（个）（请附具体名单）	
3.8.2	签约的养老机构数（个）（请附具体名单）	
3.9	65岁以上老年人健康管理率（%）	
3.10	老年人家庭的家庭医生签约率（%）	
4	相关配套政策措施	
4.1	是否建立医养结合服务质量监管制度（Y是N否）	
4.2	是否制定落实或完善为居家老年人提供上门医疗和护理服务的标准规范（Y是N否）	

续表

序号	监测内容	结果
4.3	是否制定医养结合机构筹建指导书（Y是 N否）	
4.4	本省（区、市）安排的医养结合财政投入（万元）	
4.5	政府是否有相关产业基金支持医养结合发展（Y是 N否）	
4.6	有无政府购买医养结合服务项目（Y有 N无）	
4.6.1	如是，请列出：购买服务的内容：____________；	
4.6.2	政府购买投入资金：________万元；	
4.6.3	服务人群的数量：________人	
4.7	社会福利事业的彩票公益金用于支持开展医养结合服务的金额（万元）	
4.8	是否出台长期（医疗）护理（照护）保险制度（Y是 N否）	
4.9	是否开展长期护理商业保险（Y是 N否）	
4.10	是否有其他形式的老年护理保险产品（Y是 N否）（如是：请注明________）	
4.11	是否制定专业化医养结合人才培养计划（Y是 N否）	
4.12	是否建立医疗卫生机构与医养结合机构人员进修轮训机制（Y是 N否）	
4.13	是否建立完善医养结合机构人员薪酬、职称评定等激励机制（Y是 N否）	
4.14	是否将老年医学、康复、护理人才作为急需紧缺人才纳入卫生计生人员培训规划（Y是 N否）	
4.15	是否广泛开展医养结合政策宣传工作（Y是 N否）	
4.16	是否设立医养结合有关科研项目（Y是 N否）	
4.16.1	如是，请注明项目数量：________	
4.16.2	项目研发总金额（万元）：	
4.17	是否设有医养结合重点项目库（Y有 N否）	
4.17.1	如是，请注明重点项目数量：________	
4.17.2	重点项目总金额（万元）：	
4.18	有无亮点及经验推介（Y是 N否，如有请附有关材料）	

单位负责人： 填表人： 联系电话： 报出日期： 年 月 日

注：1. 本监测中所指的医养结合机构是指兼具医疗卫生与养老服务资质和能力的机构。包括医疗机构设立养老机构及养老机构设立医疗机构（设立老年病医院、康复医院、护理院、中医医院、临终关怀机构，或内设门诊部、诊所、医务室、护理站等）。

2. 本表要求全国各省（区、市）卫生计生部门负责填写，涉及养老的数据由民政部门提供给本级卫生计生部门。

3. 请于表后附印发的制度文件材料。

4. 如无特殊说明，本监测表涉及的老年人指60周岁以上（含60周岁）的人。

5. 表中涉及一定时期内的量的统计均以本报告期为统计时间，第一次填报统计时间为2016年全年，其余均为本填报期（半年）。

附件 2

市级医养结合工作监测表（试行）

行政区划代码□□□□□□

____________省（区、市）____________市（区）　　填报单位（签章）：

序号	监测内容	结果
1	本市基本情况	
1.1	本市（区）常住老年人口数量（人）	
1.2	本市（区）城镇老年人口数量（人）	
1.2.1	其中，65 岁以上的老年人口数量（人）	
1.3	本市（区）农村老年人口数量（人）	
1.3.1	其中，65 岁以上的老年人口数量（人）	
1.4	本市（区）常住人口年人均收入（元/年）	
1.4.1	其中，城镇人口年人均收入（元/年）	
1.4.2	农村人口年人均收入（元/年）	
2	相关保障措施	
2.1	是否建立医养结合工作跨部门协调工作机制或跨部门综合领导小组（Y 是 N 否）	
2.2	是否制定并印发贯彻落实《国务院办公厅转发卫生计生委等部门关于推进医疗卫生与养老服务相结合的指导意见》（国办发〔2015〕84 号）的实施意见（Y 是 N 否）	
2.3	本市（区）是否制定出台推进本地区医养结合的政策措施、规划制度和具体工作方案（Y 是 N 否）	
2.4	是否把推进医养结合工作纳入深化医药卫生体制改革和促进养老、健康服务业发展的总体部署中（Y 是 N 否）	
2.5	是否在土地利用总体规划和城乡规划中统筹考虑医养结合机构发展需要，做好用地规划布局（Y 是 N 否）	
2.6	是否制定本地区医养结合机构设置规划或在卫生计生规划中涵盖医养结合规划内容（Y 是 N 否）	
2.7	是否推进医养结合机构布局调整（新建、迁建、整合、转型等）（Y 是 N 否）	
3	机构及服务情况	
3.1	全市（区）医疗卫生机构总数	
3.1.1	其中，护理院数量（个）	
3.1.1.1	护理中心（站）数量（个）	
3.1.1.2	康复医院数量（个）	
3.1.2	开设老年病科的二级以上医院数量（个）	
3.2	全市（区）养老机构总数（个）	
3.3	全市（区）医养结合机构总数（个）	
3.3.1	其中，医疗机构设立养老机构的数量（个）	

续表

序号	监测内容	结果
3.3.2	养老机构设立医疗机构的数量（个）	
3.3.3	纳入医保定点的医养结合机构数量（个）	
3.3.4	医养结合机构中医疗机构数量（个）	
3.3.4.1	其中，属于营利性机构个数（个）	
3.3.4.2	属于非营利性机构个数（个）	
3.3.5	医养结合机构中的养老机构数量（个）	
3.3.5.1	其中，公办公营机构个数（个）	
3.3.5.2	公办民营机构个数（个）	
3.3.5.3	民办民营机构个数（个）	
3.3.5.4	其他（个）	
3.3.6	医养结合机构的床位总数（张）	
3.3.6.1	其中，医疗床位总数（张）	
3.3.6.2	养老床位总数（张）	
3.4	医养结合培训基地数（个）	
3.5	报告期内接受医养结合培训的人次（个）	
3.6	报告期内培训经费投入额（万元）	
3.7	开设老年人绿色通道的医疗机构数（个）	
3.8	医疗机构与养老机构建立合作关系/签订合作协议情况	
3.8.1	其中，签约的医疗机构数（个）（请附具体名单）	
3.8.2	签约的养老机构数（个）（请附具体名单）	
3.9	65岁以上老年人健康管理率（%）	
3.10	老年人家庭的家庭医生签约率（%）	
4	相关配套政策措施	
4.1	是否建立医养结合服务质量监管制度（Y是N否）	
4.2	是否制定完善为居家老年人提供上门医疗和护理服务的标准规范（Y是N否）	
4.3	是否制定医养结合机构筹建指导书（Y是N否）	
4.4	本市（区）安排的医养结合财政投入（万元）	
4.5	是否有相关产业基金支持医养结合发展（Y是N否）	
4.6	有无政府购买医养结合服务项目（Y有N无）	
4.6.1	如是，请列出：购买服务的内容：________________；	

续表

序号	监测内容	结果
4.6.2	政府购买投入资金：________万元；	
4.6.3	服务人群的数量：________________人	
4.7	社会福利事业的彩票公益金用于支持开展医养结合服务的金额（万元）	
4.8	是否出台长期（医疗）护理（照护）保险制度（Y是N否）	
4.9	是否开展长期护理商业保险（Y是N否）	
4.10	是否有其他形式的老年护理保险产品（Y是N否）	
4.10.1	如是，请注明________________	
4.11	是否制定专业化医养结合人才培养计划（Y是N否）	
4.12	是否建立医疗卫生机构与医养结合机构人员进修轮训机制（Y是N否）	
4.13	是否建立完善医养结合机构人员薪酬、职称评定等激励机制（Y是N否）	
4.14	是否将老年医学、康复、护理人才作为急需紧缺人才纳入卫生计生人员培训规划（Y是N否）	
4.15	是否广泛开展医养结合政策宣传工作（Y是N否）	
4.16	是否设立医养结合有关科研项目（Y是N否）	
4.16.1	如是，请注明项目数量：________个	
4.16.2	项目研发总金额：________万元	
4.17	是否设有医养结合重点项目库（Y有N否）________	
4.17.1	如是，请注明重点项目数量 ：________个	
4.17.2	重点项目总金额：________万元	
4.18	是否设有医养结合重点项目库（Y有N否）	
4.19	有无亮点及经验推介（Y是N否，如有请附有关材料）	
1.6	卫生计生部门负责医养结合工作的处室	

单位负责人：　　　　填表人：　　　　联系电话：　　　　　　报出日期：　　年　　月　　日

注：1. 本表由90个国家级医养结合试点市（区）卫生计生部门负责填写，涉及养老的数据由民政部门提供给本级卫生计生部门。

2. 如无特别说明，本监测表涉及的老年人指60周岁以上（含60周岁）的人。

3. 本监测中所指的医养结合机构是指兼具医疗卫生与养老服务资质和能力的机构。包括医疗机构设立养老机构及养老机构设立医疗机构（设立老年病医院、康复医院、护理院、中医医院、临终关怀等，或内设门诊部、诊所、医务室、护理站等）。

4. 医养结合服务形式包括：(1) 医养结合机构为入住老年人直接提供服务；(2) 医疗机构与养老机构通过签约、对口支援、建立医养结合联合体、建立绿色通道等形式，为老年人提供医疗和养老服务；(3) 医疗卫生服务机构面向社区、居家老年人提供服务。

5. 请于表后附各制度文件材料。

6. 表中涉及一定时期内的量的统计均以本报告期为统计时间，首次填报统计时间为2016年全年，其余均为本填报季度。

附件 3

医养结合机构信息表（试行）

本监测中医养结合机构是指兼具医疗卫生与养老服务资质和能力的机构。包括医疗机构设立养老机构（取得养老机构资质，面向老年人开展集中居住和照料服务等）及养老机构设立医疗机构（设立老年病医院、康复医院、护理院、中医医院、临终关怀等医疗机构或内设门诊部、诊所、医务室、护理站等）。

<table>
<tr><td>机构名称</td><td></td><td></td></tr>
<tr><td>内容</td><td>填报内容及说明</td><td>结果</td></tr>
<tr><td colspan="3">一、医养结合机构基本情况</td></tr>
<tr><td>1. 机构形式</td><td>1. 医疗卫生机构设立养老机构
2. 养老机构设立医疗卫生机构
2.1 老年病医院
2.2 康复医院
2.3 护理院
2.4 中医医院
2.5 门诊部
2.6 医务室
2.7 卫生所
2.8 护理站
2.9 诊所
2.10 其他（请注明）：____________</td><td></td></tr>
<tr><td>2. 机构性质</td><td>1. 养老机构设立的医疗卫生机构
1.1 属于营利性机构
1.2 属于非营利性机构
2. 医疗卫生机构设立的养老机构
2.1 公办公营机构
2.2 公办民营机构
2.3 民办民营机构
2.4 其他（请注明）：________________</td><td></td></tr>
<tr><td>3. 机构属性</td><td>1. 公办机构 ；2. 民营机构；3. 集体；4. 合资；5. 外资；6. 其他</td><td></td></tr>
<tr><td>4. 机构资产</td><td>固定资产值（万元）</td><td></td></tr>
<tr><td>5. 房屋性质</td><td>1. 自有；
2. 租用，________元/年；
3. 政府免费提供；
4. 其他（请注明）：____________</td><td></td></tr>
<tr><td>6. 机构床位数</td><td>机构总床位数（张）</td><td></td></tr>
<tr><td>6.1</td><td>机构医疗床位数（张）</td><td></td></tr>
<tr><td>6.1.1</td><td>其中，安宁疗护床位数（张）</td><td></td></tr>
</table>

续表

内容	填报内容及说明	结果
7. 本机构人员	本机构工作人员总数（人）	
7.1	医务人员（医、药、护、技）人数（人）	
7.1.1	其中，医师人数（人）	
7.1.2	药剂师人数（人）	
7.1.3	护士人数（人）	
7.1.4	医技人数（人）	
7.2	康复治疗师人数（人）	
7.3	护理员（护工）人数（人）	
7.4	管理及后勤人数（人）	
7.5	社工人员数量（人）	
7.6	稳定志愿者人数（人）	
二、机构医养结合服务开展情况		
1. 培训人员数	本报告期内接受医养结合培训的人次	
2. 培训投入	本报告期内培训经费投入额（元）	
3. 工资水平	本机构职工月平均收入（元）	
3.1	本机构从事医养结合服务医务人员的月平均收入（元）	
3.1.1	其中，医师月平均收入（元）	
3.1.2	药剂师月平均收入（元）	
3.1.3	护士月平均收入（元）	
3.1.4	医技月平均收入（元）	
3.1.5	康复治疗师月平均收入（元）	
3.1.6	护理员（护工）月平均收入（元）	
3.1.7	社工月平均收入（元）	
4. 医疗收入		
4.1	其中：药品收入（万元）	
4.2	门诊收入（万元）	
4.3	住院收入（万元）	
5. 医疗支出		
5.1	其中：药品支出（万元）	
5.2	人员支出（万元）	
5.3	其他（万元）	
6. 服务人数	统计日在院老年人总人数（人）	

续表

内容	填报内容及说明	结果
6.1	其中，失能（部分失能）老年人数量（人）（失能界定 ADL 量表几分以上请注明）	
6.1.1	完全失能老年人数量（人）	
6.1.2	部分失能老年人数量（人）	
7. 住院数量	报告期内入院老年人数量（人次）	
8. 出院数量	报告期内出院老年人数量（人次）	
9. 死亡数量	报告期内死亡老年人数量（人）	
10. 住院时间	平均住院天数（天）（报告期内所有出院老年人住院总天数/出院老年人数量）	
11. 费用情况	住院老年人日均费用（元）（报告期内出院老年人人均总花费/ 平均住院天数）	
12. 服务内容	（可多选）1. 康复护理；2. 预防保健；3. 生活照料；4. 急诊急救；5. 中医养生保健；6. 预约就诊；7. 健康管理；8. 保健咨询；9. 心理关怀疏导；10. 预约就诊绿色通道；11. 安宁疗护；12. 药事服务；13. 健康教育；14. 文娱活动；15. 其他（请注明：________）	

单位负责人：　　　　填表人：　　　　联系电话：　　　　报出日期：　　年　　月　　日

注：1. 安宁疗护床位：主要为患有不可治愈疾病的患者在临终前提供减轻痛苦的医疗护理服务的床位，也称临终关怀床位。

2. 稳定志愿者：指不计物质报酬为老年人提供生活照料、疾病诊疗、康复护理及精神慰藉等服务的人员，也称义工。在这统计的是每季度稳定的义工人数，能够持续提供服务的义工人员，不包括短期的、一次性的志愿者行为。

3. 如无特别说明，本监测表涉及的老年人指 60 周岁以上（含 60 周岁）的人。

4. 表中涉及一定时期内的量的统计均以本报告期为统计时间，第一次填报统计时间为 2016 年全年，其余均为本填报季度。

附件 4

联系人回执

填报单位：　　　　省（区、市）

姓名	单位	职务	电话	手机	邮箱

国家卫生计生委办公厅关于开展流浪乞讨人员医疗卫生服务和医养结合机构医疗卫生管理专项检查的通知

国卫办家庭函〔2017〕317号

各省、自治区、直辖市、新疆生产建设兵团卫生计生委（卫生局、人口计生委）：

按照2017年3月30日关于加强流浪乞讨人员医疗卫生服务和医养结合机构医疗卫生管理工作电视电话会议要求，做好流浪乞讨人员医疗卫生服务，全面排查医养结合机构的医疗卫生管理问题和隐患，我委拟于近期开展流浪乞讨人员医疗卫生服务和医养结合机构医疗卫生管理专项检查，现将有关事项通知如下：

一、总体要求

根据国务院领导同志和委领导关于做好流浪乞讨人员医疗卫生服务、对医养结合机构进行全面排查的批示精神，按照“全覆盖、零容忍、严执法、重实效”的总体要求，全面排查流浪乞讨人员医疗救治定点医疗机构和医养结合机构医疗卫生管理工作存在的问题和隐患，及时整改、防范风险，依法严肃查处违法违纪行为，为流浪乞讨人员和老年人提供安全、可靠、便捷的医疗卫生服务。

二、时间安排

2017年3月下旬至5月底。

三、检查范围

全国所有流浪乞讨人员医疗救治定点医疗机构和医养结合机构中的医疗卫生机构。

四、检查内容

（一）流浪乞讨人员医疗救治定点医疗机构

根据《社会救助暂行办法》《关于进一步做好城市流浪乞讨人员中危重病人、精神病人救治工作的指导意见》（民发〔2006〕6号）等有关规定，重点检查督导以下内容：

1. 流浪乞讨人员医疗救治定点医疗机构设立情况。

2. 在制度建设、日常管理等方面，针对流浪乞讨人员医疗卫生服务开展工作情况。

3. 不得推诿、拒绝向流浪乞讨人员提供医疗卫生服务。

4. 按照规定做好卫生防疫及传染病监测报告工作。

5. 保障患重大躯体性疾病患者、精神病人和智力残疾人得到及时有效的救治。

（二）医养结合机构中的医疗卫生机构

1. 医疗机构管理

（1）是否取得医疗机构执业许可证，符合卫生计生部门的相关规定；

（2）医疗机构的负责人是否参加过相关培训，并具有医疗服务管理的相关专业知识；

（3）是否按照批准的医疗机构的类别、规模、诊疗科目和开展的医疗服务需求配备相关的卫生专业技术人员，达到相关数量要求，并具有相应执业资格或任职资质；

（4）是否按照要求配备相应的医疗管理、后勤等人员；

（5）院内医疗机构是否与附近医疗机构建立协作关系，并具备完善的会诊、转诊机制，协助老年人及家属办理入、出、转院手续。

2. 医疗场所管理

（1）整体设计是否满足无障碍设计要求；

（2）院内是否设有相应的医疗活动区域，地面是否做防滑处理，并有醒目、规范、易懂的标志标识；

（3）院内是否设有医疗废物存放点，是否与治疗区域隔开。

3. 医疗制度管理

（1）是否建立完善的医疗管理制度，制定具有与功能任务相适应的医师查房、交接班、会诊、转诊、三查七对、药品开具、药品登记发放、健康教育、医疗垃圾处理等各项规章制度；

（2）是否建立急救流程、临床诊疗技术操作规范、人员岗位职责等相关制度规范，是否明确院内医师、护士、康复治疗人员、护理员以及相应服务人员职责并建立沟通机制；

（3）是否建立突发事件处理的应急预案，对传染病、跌倒、坠床、噎食、误吸、烫伤、食物中毒等事件是否有明确的防范制度、措施、应急处理流程和报告制度。

4. 医疗服务管理

（1）医疗服务过程中，是否严格落实《执业医师法》《医疗机构管理条例》《护士条例》等法律、法规、规章制度；

（2）医疗服务中是否遵守临床诊疗指南、技术操作规范和临床路径。

5. 仪器设备管理

（1）是否按照批准的医养结合机构开展的诊疗技术项目和实际需求配备基本诊疗设备、急救设备及其他有关设备；

（2）是否对医疗仪器设备建立完善的操作规程、维修保养制度，并严格按照有关适应症和操作规程使用医疗仪器设备；

（3）是否定期对配备的医疗设备进行经常性日常维修保养、自检，并做好记录。

6. 药事管理

（1）药品购置、存放、调剂、应用是否符合《中华人民共和国药品管理法（2015年修正）》《医疗机构药事管理规定》《处方管理办法》等规定；

（2）麻醉药品、精神药品专用处方与专用账册管理是否符合麻醉药品和精神药品的管理规定；

（3）是否定期清点储存药品的种类、数量，检查储存药品的质量、有效期，保持定位存放，是否有对报废药品的审核记录；

（4）是否根据患者病情和药品适应症，安全、有效、经济地使用药物；

（5）是否凭医生处方提供处方药物，并注意药物的禁忌、慎用、注意事项、不良反应和药物间的相互作用等事项；

（6）医师是否按照《处方管理办法》要求，依据患病的适应症及需求开具处方提供药品，是否在取得相应资格后使用抗菌药物、麻醉药品、精神类药品、激素类药物等；

（7）药品存放是否科学、妥善，有无因存放不当导致服用变质或失效药物。

7. 医院感染管理

（1）是否落实医院感染管理的有关规定要求，建立相应的规章制度，完善消毒管理、医疗废物管理和传染病预防等措施；

（2）是否建立院内个人卫生制度，落实"手卫生"操作标准、配置必要防护性物品，规范使用一次性使用器械耗材，做到"一人一用一抛弃"；

（3）是否开展感染管理知识全员培训，并做好培训的工作计划、实施和总结记录；

（4）发生感染或疑似传染病是否及时报告；

（5）是否设立专人负责院内感染控制，并做好记录。

8. 教育培训工作

（1）是否定期组织三基三严培训，是否有培训记录；

（2）医务人员是否按规定参加医学继续教育。

9. 医德医风教育

（1）是否定期开展医学道德教育、自我道德修养教育和廉洁自律教育等医德医风教育、培训，并做好相关记录；

（2）医护人员是否坚持以人为本、以病人为中心的服务理念，做到因病施治；

（3）医护人员是否遵守廉洁自律各项规定、社会服务承诺内容及规范化服务要求，是否拒绝接受患者及亲属各种形式的"红包"、物品和宴请，以及拒绝药商以各种名义给予的回扣和好处，有无开单提成和指定地点购药问题；

（4）医护人员对待患者是否着装整洁、举止文明、态度和蔼、体贴入微，有无话难听、脸难看、推诿、训斥、刁难、争吵等行为；

（5）是否开展人文理念和临终关怀培训，树立以人为本、爱老尊老孝老服务理念。

10. 医疗文书管理

（1）是否按照《执业医师法》《医疗机构管理条例》《医疗机构病历管理规定》《病历书写规范》《电子病历管理规范》等要求，规范书写、保存、使用病历；

（2）是否按照《病历书写规范》要求，及时完善门诊病历、住院病历等医疗文书的记录，有无伪造和篡改医疗文书现象，医疗文书是否妥善储存管理。

五、工作安排

（一）请各省（区、市）卫生计生部门按通知要求，立即对本省（区、市）所有流浪乞讨人员医疗救治定点医疗机构和医养结合机构中的医疗卫生机构组织开展自查排查，对排查出的问题隐患列出清单，建立台账，制定整改方案。请各省（区、市）卫生计生部门于2017年4月30日前将自查报告和整改方案加盖公章后报送至国家卫生计生委，同时发送电子版。

（二）2017年5月，各地开展整改工作。

（三）2017年5月，国家卫生计生委组织专项督查组，赴部分省（区、市）进行抽查督导。

（四）5月31日前，各省（区、市）卫生计生部门将整改落实情况报告加盖公章后报送至国家卫生计生委，同时发送电子版。

六、工作要求

（一）高度重视，精心组织。各地要充分认识这次专项检查的重要意义，结合本地实际，制定切实可行的自查方案；精心组织实施，确保工作规范、有序、高效进行。

（二）严格要求，不走过场。各地要采取行之有效的措施组织开展自查排查，做到全覆盖、无死角。及时发现医疗卫生管理中存在的安全隐患和问题，建立整改台账。能立即整改的要立即整改，不能立即整改的，要下达"整改通知书"，落实整改期限、责任、措施，并加强督查。杜绝弄虚作假、隐瞒不报、敷衍塞责等现象，务求实效。

（三）密切配合，形成合力。各地卫生计生部门要加强组织领导，抽调精干力量，明确责任分工。相关处（室）要密切配合，形成合力，共同完成好专项检查任务。

（四）认真总结，力求长效。各地要全面梳理专项检查中发现的问题和隐患，认真分析原因，研究解决对策，形成长效机制。要完善相关管理制度、岗位职责，健全质量控制体系，强化质量管理，提高科学化管理水平。

国家卫生计生委办公厅

2017年3月30日

国家卫生计生委办公厅关于开展安宁疗护试点工作的通知

国卫办家庭函〔2017〕993 号

各省、自治区、直辖市及计划单列市卫生计生委，新疆生产建设兵团卫生局：

为适应老龄化社会需求，深入贯彻落实《“健康中国 2030”规划纲要》和《国务院办公厅转发卫生计生委等部门关于推进医疗卫生与养老服务相结合指导意见的通知》（国办发〔2015〕84 号）中“推动医养结合，为老年人提供治疗期住院、康复期护理、稳定期生活照料、安宁疗护一体化的健康和养老服务”的要求，我委决定在全国开展安宁疗护试点工作，现将有关事项通知如下。

一、试点目的

安宁疗护旨在为疾病终末期或老年患者在临终前通过控制痛苦和不适症状，提供身体、心理、精神等方面的照料和人文关怀等服务，以提高生命质量，帮助患者舒适、安详、有尊严地离世。安宁疗护服务有助于提高生命质量，维护人的基本尊严，也有助于减少无意义的过度治疗，减少资源浪费，促进社会文明进步。为探索研究安宁疗护相关政策和工作机制，在全国部分有工作基础的地方先行试点，通过政府引导，鼓励试点地区积极稳妥地推进安宁疗护工作，逐步积累，不断完善，形成有价值、可借鉴的经验做法，并向更大范围推广。

二、试点地区

选定北京市海淀区、吉林省长春市、上海市普陀区、河南省洛阳市和四川省德阳市作为全国第一批安宁疗护工作试点市（区）。各省（区、市）可结合实际，自行选定本省（区、市）的试点地区组织开展安宁疗护工作试点。

三、试点任务

（一）开展基线调查。各试点市（区）对本地区安宁疗护服务现状开展基线调查，重点摸清机构和居家提供安宁疗护服务情况、相关政策措施、安宁疗护服务提供者的认知和服务情况、患者及其家属的需求、社会舆论情况等。

（二）建设服务体系。将安宁疗护工作纳入区域卫生规划。支持在医养结合机构、社区卫生服务中心（乡镇卫生院）开展安宁疗护服务，支持开展居家上门安宁疗护服务；结合实际，有条件的可在二级医院开展安宁疗护服务。大力支持社会力量举办安宁疗护服务机构，根据需求，设置独立的安宁疗护中心，逐步推动形成举办主体多元、服务形式多样的安宁疗护服务体系。

（三）明确服务内容。以“提高临终患者生命质量”为目标，为生命终末期或老年患者提供切实有效的减轻身体、心理方面痛苦的诊疗、护理服务，并对患者及其家属提供相应的人文关怀。

（四）建立工作机制。探索建立机构和居家安宁疗护相结合的工作机制。机构与机构间、机构与居家间要形成通畅合理转介制度。

（五）探索制度保障。

1. 构建价格体系。探索制定安宁疗护治疗和护理收费项目及标准，推动心理疏导、上门服务等项目纳入收费范围。探索推动将居家和机构安宁疗护服务费用逐步纳入基本医疗保险、长期护理保险以及其他补充医疗保险范畴。

2. 保障药物配备。对安宁疗护服务中所需的止痛、镇痛、麻醉等药物给予政策支持，并加强监管。建立科学合理的药物配送流程。

3. 加大资金支持。积极争取财政资金支持建设安宁疗护机构、设置安宁疗护床位等。探索以政府购买服务形式，为所需患者提供支持。

4. 支持社会力量参与。拓宽融资渠道，提供政策支持，改进政府服务，鼓励支持社会力量举办安宁疗护服务机构，提供安宁疗护服务。

（六）加强队伍建设。

1. 建立安宁疗护专家库。成立国家级和地方安宁疗护专家库，加强与国内外专业机构和专家团队的交流和合作。

2. 加强安宁疗护专业人员的教育培训。结合继续医学教育基地遴选建设，设立安宁疗护教育培训基地。在医学教育培训工作中增加安宁疗护有关知识技能的教育。在继续医学教育基地体系建设、培训教材设置等方面充分考虑从业人员的培训需求。探索由行业组织开展专业资质认证的可行性，不断提高医疗照护质量。

3. 鼓励社会组织和志愿者共同参与安宁疗护服务。

（七）研究制定标准规范。参照《安宁疗护中心基本标准（试行）》《安宁疗护中心管理规范（试行）》和《安宁疗护实践指南（试行）》，开展安宁疗护服务标准研究，研究建立进入安宁疗护阶段的标准和办法，探索符合中国国情的规范化、专业化的安宁疗护服务模式，建立科学的安宁疗护监督评估和质量评价体系。

（八）加强宣传教育。对医护人员和社会大众开展安宁疗护相关理念和知识等宣传普及和教育，逐渐得到社会的广泛认可。

四、工作要求

（一）加强组织领导。各试点地区省级和市级卫生计生行政部门要高度重视，建立完善的工作机制，明确任务目标和职责分工，稳妥有序推进试点工作开展。省级卫生计生行政部门要加强对试点工作的指导和督导检查，确保试点工作取得实效。各试点地区要结合实际，以需求为导向制定本市（区）试点工作具体实施方案，经省级卫生计生行政部门审核后，于 11 月 20 日前报我委家庭司。

（二）抓好试点示范。试点地区要积极探索促进安宁疗护服务发展的有效形式，积累工作经验；要充分发挥试点地区先行先试的特点和优势，找准制约发展的关键点，集中力量，争取有所突破；要全面掌握试点工作进展，及时发现并解决试点过程中出现的新情况、新问题，及时推广好的经验和做法，完善相关政策措施。

（三）建立效果评价和报告制度。各试点地区要对安宁疗护试点工作进行客观的质量和效果评价，总结取得的成绩和经验，研究分析存在的问题，提出解决办法和建议。加强信息报告，定期通过省级卫生计生行政部门向我委家庭司报告试点工作进展情况。我委将组织工作培训和交流，总结推广好的经验和做法，2018 年底将对试点地区进行督导评估和工作总结。

国家卫生计生委办公厅

2017 年 10 月 27 日

国家卫生计生委关于深化“放管服”改革激发医疗领域投资活力的通知

国卫法制发〔2017〕43 号

各省、自治区、直辖市卫生计生委，新疆生产建设兵团卫生局、人口计生委，委机关各司局，委监督中心：

深化“放管服”改革是党中央、国务院作出的重大决策部署，是经济新常态下激活市场活力、创造就业、推动“双创”、培育经济发展新动能的重大战略举措，是推进卫生计生部门政府职能转变，实现卫生计生领域治理体系和治理能力现代化的迫切要求。为深入贯彻落实全国深化简政放权放管结合优化服务改革电视电话会议精神，落实《国务院办公厅关于印发全国深化简政放权放管结合优化服务电视电话会议重点任务分工方案的通知》（国办发〔2017〕57 号），现就进一步深化卫生计生系统“放管服”改革的措施通知如下：

一、取消养老机构内设诊所的设置审批，实行备案制。各级卫生计生部门做好相关政策落实情况督导及加强事中事后监管，推动健康养老服务业的发展。

二、国家卫生计生委在已有医学影像诊断中心、病理诊断中心、血液透析中心、医学检验实验室、安宁疗护中心等五类独立设置机构基本标准及管理规范的基础上，再制定独立设置的康复医疗中心、护理中心、消毒供应中心、健康体检中心、中小型眼科医院等机构的基本标准及管理规范，拓展社会投资领域，推动健康服务业新业态发展。

三、各级卫生计生部门要加快推进医疗机构、医师和护士电子化注册管理改革进程。在 2017 年 7 月 1 日各省份启动电子化线上注册管理的基础上，全国 3715 个开设医疗机构、医师、护士注册的政务服务大厅全部联网注册，为医疗机构执业登记和医师、护士执业注册提供快速便捷的服务。

四、进一步简化医疗机构审批程序。对二级及以下医疗机构的设置审批与执业登记“两证合一”，进一步简化三级医院的设置审批。各级卫生计生部门积极配合相关部门建立医疗机构审批工作协作机制，推动审批信息共享。

五、将妇产科医师执业证书与母婴保健技术考核合格证书“两证合一”。符合条件的人员，在医师执业证书加注母婴保健技术服务相关内容。

六、进一步提升医疗领域对外开放水平。外国医疗机构、公司、企业和其他经济组织以合资或者合作形式设立的诊所，放宽外方投资股权比例不超过 70% 的限制。香港特别行政区、澳门特别行政区在内地，以及台湾地区投资者在大陆投资举办医疗机构分别按照《内地与香港关于建立更紧密经贸关系的安排》《内地与澳门关于建立更紧密经贸关系的安排》（CEPA）和《海峡两岸经济合作框架协议》（ECFA）执行。

七、探索在国务院批准的自由贸易试验区内对社会办医疗机构配置乙类大型医用设备实行告知承诺制，省级卫生计生部门要制定相应的事中事后监管措施并加强监管。

八、各级卫生计生部门要全面清理相关文件或规范中存在的各种无谓证明。取消医疗机构申请医疗广告时提交的《医疗机构执业许可证》复印件加盖卫生计生行政部门公章，改为加盖申请人公章。开展社会办医疗机构需出具验资证明的相关材料清理取消工作，加强后续监管。

九、推进信息共享和办事承诺制，为群众办事生活增便利。取消农村部分计生家庭奖扶申请人提交的计生相关证明材料，取消西部地区“少生快富”工程申请人生育史、落实长效避孕节育措施证明等相关材料，相关信息由卫生计生行政部门通过卫生计生信息系统查验。做好流动人口异地婚育信息查询，推动信息共享，取消纸质婚育证明。

十、各级卫生计生部门要加强事中事后监管，全面推进全国卫生计生系统“双随机一公开”工作。在国家监督抽检工作中全面使用“双随机一公开”方式，做到“两个全覆盖”，即覆盖全国 31 个省份、覆盖卫生计生监督执法工作所有领域。根据 2017 年工作重点，对新修订的《疫苗流通和预防接种管理条例》、抗菌药物使用、血站核酸检测等三项内容使用“双随机一公开”方式开展督导检查。

各级卫生计生行政部门要高度重视，落细落实各项改革举措，明确责任分工和时间节点，确保改革举措落地见效，更好地方便市场主体，更大激发市场活力和社会创造力。要加大宣传力度，通过在门户网站、微信公众号、官方报刊公开发布相关政策、开展政策解读，在办事大厅张贴、摆放宣传页，加强行政审批办事人员和卫生计生热线工作人员的政策培训，及时为当事人提供政策咨询，使社会和广大群众广泛知晓。要注重法制保障，对推进改革中涉及的法律法规，及时提请有权机关修订，做到重大改革于法有据。要同步推进卫生计生部门规章、规范性文件等清理工作。

国家卫生计生委

2017年8月8日

国家卫生计生委办公厅关于养老机构内部设置医疗机构取消行政审批实行备案管理的通知

国卫办医发〔2017〕38号

各省、自治区、直辖市卫生计生委，新疆生产建设兵团卫生局：

为加快推进医疗领域“放管服”改革，进一步促进医养结合发展，根据《国家卫生计生委关于深化“放管服”改革激发医疗领域投资活力的通知》（国卫法制发〔2017〕43号）要求，养老机构内部设置诊所、卫生所（室）、医务室、护理站，取消行政审批，实行备案管理。现就有关事项通知如下：

一、养老机构内部设置的诊所、卫生所（室）、医务室、护理站应当符合相应的医疗机构基本标准（见附件1），主要为服务对象提供健康管理、疾病预防、老年保健，常见病、多发病的一般诊疗、护理，诊断明确的慢性病治疗，急诊救护，安宁疗护等服务，有条件的可以采取家庭病床、巡诊等服务方式。

二、养老机构内部设置诊所、卫生所（室）、医务室、护理站的，应当向所在地的县区级卫生计生行政部门（含中医药管理部门，下同）备案，并提交设置单位或者其主管部门设置医疗机构的决定和设置医疗机构的备案材料（见附件2）。

三、卫生计生行政部门收到备案材料后，对材料齐全且符合本通知要求的，应当在10个工作日内发放《医疗机构执业许可证》；材料不全或者不符合本通知要求的，应当当场或在5个工作日内一次性告知备案人需要补正的全部材料及内容。

四、在发放《医疗机构执业许可证》后，卫生计生行政部门应当加强事中事后监管，卫生计生监督机构每年现场监督检查不少于2次，在开业后3个月内进行第一次现场检督检查。养老机构内部设置的诊所、卫生所（室）、医务室、护理站应当与周边医疗机构建立转诊协作机制，不断提升医疗服务能力，确保医疗质量安全。

附件：

1. 养老机构内部设置诊所、卫生所（室）、医务室、护理站的基本标准依据
2. 养老机构内部设置诊所、卫生所（室）、医务室、护理站提交的备案材料样式

国家卫生计生委办公室

2017年11月8日

附件1

养老机构内部设置诊所、卫生所（室）、医务室、护理站的基本标准依据

一、养老机构内部设置诊所、卫生所（室）的基本标准按照《卫生部关于印发〈诊所基本标准〉的通知》（卫医政发〔2010〕75号）执行。

二、养老机构内部设置医务室、护理站的基本标准按照《国家卫生计生委办公厅关于印发〈养老机构医务室基本标准（试行）〉和〈养老机构护理站基本标准（试行）〉的通知》（国卫办医发〔2014〕57号）执行。

附件 2

养老机构内部设置诊所、卫生所（室）、医务室、护理站提交的备案材料样式

设置医疗机构备案书

________卫生计生委：

经我单位研究决定，设置一所为____服务的医疗机构，该医疗机构选址在________________；投资总额为____。请予以备案，并请核定以下项目：

类别：

名称：

诊疗科目：

床位（牙椅）：

其他

备案单位：________（章）

年　　月　　日

民政部、全国老龄办等 13 部门关于加快推进养老服务业放管服改革的通知

民发〔2017〕25 号

各省、自治区、直辖市民政厅（局）、发展改革委、公安厅（局）、财政厅（局）、国土资源主管部门、环境保护厅（局）、住房城乡建设厅（建委、建交委、规划委、市政管委）、卫生计生委、工商局、食品药品监督管理局、银监局、老龄办；中国人民银行上海总部，各分行、营业管理部，各省会（首府）城市中心支行，各副省级城市中心支行；新疆生产建设兵团民政局、发展改革委、公安局、财务局、国土资源局、建设局（环保局）、卫生局、人口计生委、工商局、食品药品监督管理局、老龄办：

为尽快破除养老服务业发展瓶颈，激发市场活力和民间资本潜力，促进社会力量逐步成为发展养老服务业的主体，现就在社会领域推进养老服务业简政放权、放管结合、优化服务改革有关事项通知如下：

一、总体要求

全面贯彻落实党的十八大和十八届三中、四中、五中、六中全会精神，按照国务院关于深化简政放权、放管结合、优化服务改革的部署要求，坚持问题导向，创新工作思路，进一步调动社会力量参与养老服务业发展的积极性，降低创业准入的制度性成本，营造公平规范的发展环境，培育和打造一批品牌化、连锁化、规模化的养老服务企业和社会组织。

推进养老服务业放管服改革的指导原则是：

——流程简化优化。整合养老投资项目报建手续，优化养老机构相关审批条件，精简办事环节，加快业务流程再造，明确标准和时限。没有法律法规或规章依据以及能够通过与其他部门信息共享获取相关申请信息的，原则上不再要求提交申请材料。

——管理依法合规。严格遵循法律法规，坚持运用法治思维和法治方式，规范养老服务行业管理，确保养老服务和产品质量，营造安全、便利、诚信的服务环境。

——服务便捷高效。拓展服务渠道，创新服务方式，建立健全首问负责、一次性告知、并联办理、限时办结等制度。促进办事部门审批和服务相互衔接，让群众办事更方便、创业更顺畅。

——政策衔接有效。强化服务意识，推动各项扶持政策相互衔接、落地管用，增强政策针对性操作性，切实解决重点难点问题，提高服务创新能力。

二、加大简政放权力度

（一）规范养老服务投资项目审批报建手续。

1. 整合审批流程。将投资建设养老服务设施工程项目审批流程整合为项目审批（或项目核准、备案）、用地审批、规划报建、施工许可 4 个阶段。

2. 明确牵头部门。发展改革部门负责牵头项目审批（或项目核准、备案）阶段工作。国土资源部门负责牵头用地审批阶段工作。城乡规划部门负责牵头规划报建阶段工作。住房城乡建设部门负责牵头施工许可阶段工作。

3. 实行并联审批。打破部门界限，压减和理顺审批事项的前置条件，每个审批阶段由牵头部门统一受理申请材料、统一组织其他审批部门开展并联审批、督促协调审批进度、在流程限定的时间内完成审批并统一告知项目建设单位审批结果。

4. 探索实行养老服务建设工程项目区域评估。凡是符合已经批复的控制性详细规划的区域，不再对区域内具体养老投资项目进行交通影响、水影响、地震安全性等方面的评估审查。

（二）简化优化养老机构相关审批手续。

5. 简化设立养老机构的申请材料。申请人设立养老机构许可时，能够提供服务设施产权证明的，不再要求提供建设单位的竣工验收合格证明。

6. 食品经营实行“先照后证”。养老机构从事餐饮服务活动，应当依法先行取得营业执照等合法主体资格后，申请食品经营许可证。

7. 简化环境影响评价。对养老机构环境影响评价实施分类管理，对环境影响很小需填报环境影响登记表的养老机构实施备案管理。

8. 取消部分机构的消防审验手续。1998 年 9 月以前建设使用，且未发生改、扩建（含室内外装修、建筑保温、用途变更）的，不需要办理消防设计审核、消防验收或备案手续；建筑面积在 300 平方米以下或者投资 30 万元以下的养老机构、设施，不需要办理消防设计、竣工验收备案手续。其他养老机构依法办理消防审验或备案手续。

9. 支持加快完善服务场所的产权登记手续。对于新建养老机构或者利用已有建筑申请设立养老机构涉及办理不动产登记的，不动产登记机构要通过“首问负责”“一站式服务”等举措，依法加快办理不动产登记手续，提供高效便捷的不动产登记服务，支持申请设立和建设养老机构。对于相关手续不完善，暂时无法办理不动产登记的，支持其依法加快完善相关手续后办理。

三、强化监督管理能力

10. 提升行政监管能力。各级民政部门加强对养老服务的指导、监督和管理，其他有关部门依照职责分工对养老服务实施监管。加强监管能力建设，整合充实工作力量，加强业务培训，确保事有人管、责有人负。

11. 规范行政执法行为。推行“双随机、一公开”监管模式，制定养老机构管理行政执法工作指南，对养老机构行政违法案件严格按照法定权限和程序办理，主动公开违法案件办理流程、明确告知当事人做出行政处罚决定的事实、理由、依据和依法享有的权利。对养老服务企业做出的行政处罚信息，通过国家企业信用信息公示系统和“信用中国”网站依法予以公示。

12. 建立社会评估机制。发挥行业自律、群众举报、媒体监督等方面的作用。鼓励通过政府购买服务方式，委托第三方机构定期对养老服务机构的人员、设施、服务、管理、信誉等情况进行综合评价，评估结果应当向社会公布。

13. 畅通投诉渠道。各有关部门应当建立养老服务举报和投诉制度，接到举报、投诉后应当及时核实、处理。

四、提升政府服务水平

（一）加强政府信息公开力度。

14. 及时发布供需信息。各地应当及时、主动公布当地养老服务相关的供需信息，便于社会力量和公众了解、查询和利用。

15. 加强许可信息公开。创新政务公开方式方法，各地应普遍将法律法规、规章规定的设立养老机构有关行政许可的事项、依据、条件、数量、程序、期限以及需要提交的材料目录和申请书示范文本等，在办事服务窗口及政务网站公开。对养老服务企业做出的行政许可信息，通过国家企业信用信息公示系统和“信用中国”网站依法予以公示。

16. 强化政策宣传引导。对有意设立养老机构和发展社区居家养老服务的自然人、法人或其他社会组织，各地要做好相关法律法规和政策措施的宣传解释。各地可制定统一的筹建指导书，方便申请人到相关部门办理相关行政许可手续。

17. 实现登记信息共享。按照统一归集、及时准确、共享共用的原则，积极做好经营性养老机构信息统一归集公示工作，明确归集的具体内容，建立数据比对工作机制，促进协同监管和信用约束。

（二）提高政府精准推动养老服务发展能力。

18. 转变运营补贴发放方式。各地养老服务机构运营补贴发放方式应逐步由“补砖头”“补床头”向“补人头”转变，依据实际服务老年人数量发放补贴。对服务失能老年人的补贴标准应予以适当倾斜，对提供相同服务的经营性养老机构应享受与公益性养老机构同等补贴政策。

19. 创新服务设施供给方式。多渠道筹集资金，加强社区综合为老服务设施建设。现有居住（小）区未配套建有养老服务设施的，各地应通过置换、租赁、购置等方式提供。鼓励各地采取公建民营等方式，将产权归政府所有的养老服务设施委托企业或社会组织运营。

20. 加大优惠扶持力度。梳理政府购买社区居家养老服务内容，并列入政府购买服务指导性目录，培育和扶持合格供应商进入。

21. 推进连锁化经营。进一步完善制度、规范流程，鼓励养老机构和服务企业依法设立分支机构，实现连锁化、规模化、品牌化发展。

22. 鼓励发起设立采取股权投资等市场化方式独立运作的养老投资基金，吸引社会力量进入养老服务基础设施和服务领域。

五、工作措施

（一）加强组织领导。各地区、各有关部门要高度重视养老服务业放管服改革，主要领导要亲自抓，及时协调解决改革中遇到的重大问题。发展改革、民政、公安、住房城乡建设、工商行政管理等部门要各负其责、协同配合，确保改革顺利推进。发挥好老龄工作机构的组织、协调、指导、督促职能。对于与改革精神不相适应的部门规章和政策措施，要及时修订和完善。

（二）加强督促检查。各地区、各有关部门要适时对养老服务业放管服改革进展情况进行督促检查，畅通社会监督渠道。对工作积极主动、成效明显的地区，要予以表扬和激励；对落实不力、延误改革进程的，要严肃问责。

（三）加强宣传引导。各地区、各有关部门要充分认识推进养老服务业放管服改革的重要意义，积极推广行之有效的经验做法，及时解答和回应公众关切，在全社会营造理解和支持改革的良好氛围。

民政部　发展改革委　公安部
财政部　国土资源部　环境保护部
住房城乡建设部　卫生计生委　中国人民银行
工商总局　食品药品监管总局　银监会　全国老龄办
2017 年 1 月 23 日

国家卫生计生委办公厅关于印发“十三五”健康老龄化规划重点任务分工的通知

国卫办家庭函〔2017〕1082 号

发展改革委、教育部、科技部、工业和信息化部、民政部、财政部、人力资源社会保障部、国土资源部、住房城乡建设部、体育总局办公厅，国家中医药管理局办公室，中国残联办公厅，全国老龄办综合部：

为贯彻国家卫生计生委等 13 部门《关于印发“十三五”健康老龄化规划的通知》（国卫家庭发〔2017〕12 号）精神，确保各项重点任务落到实处，我委研究制定了《“十三五”健康老龄化规划重点任务分工》。经征求你部门意见并达成一致，现印发给你们，请按照职责分工推进各项任务的落实。

国家卫生计生委办公厅
2017 年 11 月 2 日

“十三五”健康老龄化规划重点任务分工

一、重点任务及分工

1. 加强老年健康教育。开展老年健身、老年保健、老年疾病防治与康复、科学文化、心理健康、职业技能、家庭理财等内容的教育活动。（全国老龄办牵头，教育部、民政部、财政部、体育总局、国家卫生计生委配合）健全老年人身边的体育健身组织，丰富老年人身边的体育健身活动，支持老年人身边的体育健身赛事，建设老年人身边的体育健身设施，加强老年人身边的体育健身指导，弘扬老年人身边的健康文化。（体育总局牵头，全国老龄办配合）倡导积极健康的生活方式，提高老年人的健康水平和生活质量。积极发展社区老年教育，引导开展读书、讲座、学习共同体、游学、志愿服务等多种形式的老年教育活动，面向全社会宣传倡导健康老龄化的理念，营造老年友好的社会氛围。开展老年健康保健知识进社区、进家庭活动，针对老年人特点，开发老年健康教育教材，积极宣传适宜老年人的中医养生保健方法，加强老年人自救互救卫生应急训练。到2020年，老年人健康素养达到10%或以上。（全国老龄办、教育部、国家卫生计生委、国家中医药局等部门按职责分别负责）

2. 做好老年疾病预防工作。做好国家基本公共卫生服务项目中的老年人健康管理服务工作，适当调整老年人健康体检的项目和内容。推广老年痴呆、跌倒、便秘、尿失禁等防治适宜技术，开展老年常见病、慢性病、口腔疾病的筛查干预和健康指导，做到老年疾病早发现、早诊断、早治疗，促进老年人功能健康。2020年，65周岁及以上老年人健康管理率达到70%及以上。（国家卫生计生委）

3. 推动开展老年人心理健康与关怀服务。启动老年人心理健康预防和干预计划，为贫困、空巢、失能、失智、计划生育特殊家庭和高龄独居老年人提供日常关怀和心理支持服务。加强对老年严重精神障碍患者的社区管理和康复治疗，鼓励老年人积极参与社会活动，促进老年人心理健康。（国家卫生计生委）

4. 加强医疗卫生服务体系中服务老年人的功能建设。加强康复医院、护理院和综合性医院老年病科建设。推动基层医疗卫生机构积极开展老年人医疗、康复、护理、家庭病床等服务，提高老年人医疗卫生服务的可及性。推动安宁疗护服务的发展。倡导为老年人义诊，为行动不便的老年人提供上门服务。到2020年，医疗机构普遍建立为老年人提供挂号、就医等便利服务的绿色通道，二级以上综合性医院设老年病科比例达到35%及以上。（国家卫生计生委）

5. 大力发展医养结合服务。建立健全医疗卫生机构与养老机构合作机制，鼓励多种形式的签约服务、协议合作。支持有条件的养老机构按相关规定申请开办康复医院、护理院、中医医院、安宁疗护机构或医务室、护理站等，重点为失能、失智老人提供所需的医疗护理和生活照护服务。公立医院资源丰富的地区可积极稳妥地将部分公立医院转为老年康复、老年护理等机构。推进医疗卫生服务延伸至社区、家庭。推进基层医疗卫生机构和医务人员与居家老人建立签约服务关系，为老年人提供连续性的健康管理和医疗服务。提高基层医疗卫生机构为居家老人提供上门服务的能力。鼓励社会力量以多种形式开展医养结合服务。研究出台老年人健康分级标准，健全相关服务规范、管理标准及监督评价机制，研发相应的质量管理办法。（国家卫生计生委、民政部、国家中医药局按职责分工负责）

6. 推动居家老年人长期照护服务的发展。强化基层医疗卫生服务网络功能，积极推广家庭医生签约服务，为老年人提供综合、连续、协同、规范的基本医疗和公共卫生服务。充分利用社区卫生服务体系，培育社会护理人员队伍，为居家老年人提供长期照护服务，为家庭成员提供照护培训，探索建立从居家、社区到专业机构的比较健全的长期照护服务供给体系。（国家卫生计生委、民政部、人力资源社会保障部按职责分工负责）

7. 加强老年健康相关科研工作。开展大型队列研究，研究判定与预测老年健康的指标、标准与方法，研发可穿戴老年人健康支持技术和设备。探索老年综合症和共病的发病过程与规律，研发综合防治适宜技术、指南和规范，构建老年健康管理网络。（科技部、工业和信息化部、国家卫生计生委按职责分工负责）

8. 健全基本医疗保障制度，巩固提高保障水平。全面实施城乡居民大病保险制度。在地方试点基础上，探索建立长期护理保险制度。实现符合条件的跨省异地住院老年人医疗费用直接结算。鼓励发展与基本医保相衔接的老年商业健康保险，满足老年人多样化、多层次的健康保障需求。（人力资源社会保障部、国家卫生计生委按职责分工负责，财政部、民政部、全国老龄办等配合）

9. 进一步加大对贫困老年人的医疗救助力度。在做好低保对象、特困人员中老年人医疗救助工作基础上，将低收入家庭老年人纳入重特大疾病医疗救助范围。对符合条件的计划生育特殊困难家庭老年人给予相应医疗救助。（民政部牵头，财政部、国家卫生计生委配合）

10. 开展老年人中医药（民族医药）健康管理服务项目。扩大中医药健康管理服务项目的覆盖广度和服务深度，不断丰富老年人中医健康指导的内容，推广老年中医体质辨识服务，根据老年人不同体质和健康状态提供更多中医养生保健、疾病防治等健康指导。65周岁及以上老年人中医健康管理率2020年达到65%及以上。（国家中医药局负责）

11. 推动发展中医药（民族医药）特色医养结合服务。鼓励新建以中医药健康养老为主的护理院、疗养院，有条件的养老机构设置以老年病、慢性病防治为主的中医诊室。推动中医医院与老年护理院、康复疗养机构等开展合作。推动二级以上中医医院开设老年病科，增加老年病床数量，开展老年病、慢性病防治和康复护理，为老年人就医提供优先优惠服务。促进中医医疗资源进入养老机构、社区和居民家庭。支持养老机构开展融合中医特色的老年人养生保健、医疗、康复、护理服务。支持养老机构与中医医疗机构合作。鼓励社会资本进入（新建）以中医药健康养老为主的护理院、疗养院，探索建立一批中医药特色医养结合服务示范基地。（国家中医药局、民政部分别负责）

12. 积极发展老年健康产业。结合老年人身心特点，大力推动健康养生、健康体检、咨询管理、体质测定、体育健身、运动康复、医疗旅游等多样化健康服务。大力提升药品、医疗器械、康复辅助器具、保健用品、保健食品、老年健身产品等研发制造技术水平，扩大健康服务相关产业规模。（国家发展改革委牵头，国家卫生计生委、科技部、工业和信息化部、民政部、财政部、国家体育总局、国家中医药局、中国残联、全国老龄办分别负责）

13. 推进信息技术支撑健康养老发展，发展智慧健康养老新业态。充分运用互联网、物联网、大数据等信息技术手段，创新健康养老服务模式，开展面向家庭、社区的智慧健康养老应用示范，提升健康养老服务覆盖率和质量效率。搭建智慧健康养老服务平台，对接各级医疗卫生及养老服务资源，建立老年健康动态监测机制，整合信息资源，实现信息共享，为老年人提供健康指导、慢病管理、安全监护等服务。推进医疗机构远程医疗建设，为机构养老人群提供便利服务。（工业和信息化部、国家卫生计生委牵头，国家发展改革委、财政部、民政部、国家中医药局、全国老龄办配合）

14. 推进老年宜居环境建设。建设老年人社会参与支持环境，从与老年健康息息相关的各方面入手，优化“住、行、医、养”等环境，营造安全、便利、舒适、无障碍的老年宜居环境体系。推进老年人住宅适老化改造，支持适老住宅建设。弘扬敬老、养老、助老的社会风尚，强化家庭养老功能，完善家庭养老政策支持体系。（全国老龄办牵头，国家发展改革委、财政部、民政部、国土资源部、住房城乡建设部、国家卫生计生委配合）

15. 切实加强老年健康服务人员队伍建设，尽快培养一批有爱心、懂技术、会管理的老年人健康服务工作者。将老年医学、康复、护理人才作为急需紧缺人才纳入卫生计生人员培训规划，加强专业技能培训，大力推进养老护理从业人员职业技能鉴定工作。采取积极措施保障护理人员的合法权益，合理确定并逐步提高其工资待遇。支持高等院校和职业院校开设相关专业或课程，加快培养老年医学、康复、护理、营养、心理和社会工作等方面的专业人才。鼓励医养结合服务机构参与人才培养全过程，为学生实习和教师实践提供岗位。重点建设一批职业院校健康服务类与养老服务类示范专业点。（教育部、人力资源社会保障部牵头，国家发展改革委、民政部、财政部、国家卫生计生委、国家中医药局、全国老龄办配合）

16. 建立健全监测检查评估机制，定期监督重大项目、重大工程的实施情况。建立中期和末期评价制度，组织开展规划实施进度和实施效果的全面检查评估。（国家卫生计生委牵头，国家发展改革委、教育部、工业和信息化部、民政部、财政部、人力资源社会保障部、国土资源部、住房城乡建设部、国家体育总局、国家中医药局、中国残联、全国老龄办配合）

二、重点工程及分工

17. 老年心理健康与心理关怀服务项目：对老年人进行心理健康评估和必要的随访管理。开展老年痴呆筛查。推广老年精神疾病的医院—社区系统诊疗管理技术。“十三五”期间，计划选择合适省份或地区开展老年心理健康管理项目试点。到2020年，老年心理健康管理试点覆盖全国1600个城市社区（每省50个）、320个农村社区（每省10个）。（国家卫生计生委牵头，国家发展改革委配合）

18. 医养结合示范工程。医养结合能力建设。建立医疗机构与养老机构合作机制，推动医疗卫生服务延伸至社区、家庭，鼓励医疗卫生机构与养老服务融合发展。医疗机构与养老机构开展对口支援、合作共建。老年照护能力及信息化建设。开展家庭老年人照护能力培训。促进信息共享，建立医养结合信息系统和老年人健康数据库。“十三五”期间，重点支持有一定医养结合服务基础以及需求较大的地区及医养结合试点城市（区）建设。建设一批综合性医养结合服务机构示范基地和社区示范基地。建设医养结合监测平台，开展医养结合试点监测

及评估工作。（国家卫生计生委牵头，民政部、国家发展改革委配合）

19. 老年中医药（民族医药）健康服务项目。面向老年人群进行中医药知识规范化传播及健康教育。开发并推广老年常见病中医适宜技术服务包。开展中医治未病工程进社区、进家庭活动，为居民提供中医药康复护理服务。开展中医药与养老相结合服务试点，探索形成中医药与养老服务相结合的主要模式与内容。鼓励社会资本新建以中医药健康养老为主的护理院、疗养院，探索设立中医药特色医养结合机构，建设一批医养结合示范基地。（国家中医药局牵头，国家发展改革委、民政部配合）

20. 开展智慧健康养老示范项目。基于互联网、物联网、大数据及多媒体影像术等网络信息技术平台，运用可穿戴设备等移动信息采集终端，实现老年健康状态信息的动态监测，将老年慢性病健康管理和社区居家养老服务相结合，依托社区养老服务机构和基层医疗卫生服务机构，建设“健康管理＋养老服务”信息化智慧健康养老服务体系。“十三五”期间，在6个城市开展智慧健康养老服务的试点工作。（工业和信息化部牵头，民政部、国家卫生计生委、国家发展改革委配合）

民政部、全国老龄办等6部门关于开展养老院服务质量建设专项行动的通知

民发〔2017〕51号

各省、自治区、直辖市民政厅（局）、公安厅（局）、卫生计生委、质量技术监督局（市场监督管理部门）、老龄办，新疆生产建设兵团民政局、公安局、卫生局、质量技术监督局、老龄办：

为全面贯彻落实习近平总书记在中央经济工作会议关于“开展质量提升行动”的部署要求和第14次中央财经领导小组会议关于提高养老院服务质量的重要讲话精神，加快建立全国统一的服务质量标准和评价体系，加强养老院服务质量监管，坚决依法依规从严惩处欺老、虐老行为，尽快在养老院服务质量上有明显改善，民政部、公安部、国家卫生计生委、质检总局、国家标准委、全国老龄办决定在全国开展养老院服务质量建设专项行动，现就有关问题通知如下：

一、指导思想

深入贯彻落实党中央、国务院决策部署，坚持以人民为中心的发展理念，按照以人为本、安全为先、诚信守法、以质取胜的工作原则，着力解决影响养老院服务质量的突出问题，建立以质量和效益为导向的养老院服务发展机制，塑造养老院“安全、诚信、优质”的服务品质，打造人民群众住得起、住得好的养老院，让养老院中的每一位老年人都能生活得安心、静心、舒心，都能健康长寿、安享幸福晚年。

二、工作目标

到2017年底，养老院服务质量明显改善，各项服务质量基础进一步夯实，全国统一的服务质量标准和评价体系初具雏形，50％以上的养老院能够以不同形式为入住老年人提供医疗卫生服务。涌现一批质量有保证、服务有标准、人员有专长的专业化养老院。

到2020年底，基本建立全国统一的养老服务质量标准和评价体系，养老服务质量治理和促进体系更加完善，养老院服务质量总体水平显著提升，所有养老院能够以不同形式为入住老年人提供医疗卫生服务，形成一批品牌形象突出、服务功能完备、质量水平一流的连锁化养老院，质量建设成果更好地惠及全体老年人及其家庭，为积极应对人口老龄化，全面建成小康社会奠定坚实基础。

三、重点行动内容

（一）开展全国养老院服务质量大检查、大整治活动。全面排查养老院服务质量问题与不足，明确整治方向和内容，推进养老院服务质量大转变，夯实养老院服务质量可持续改善基础。

（二）加快养老院服务质量标准化和认证建设。建立全面涵盖养老院服务质量的标准化和认证工作体系，按照改革要求推进政府标准和市场标准科学供给，积极推进养老机构在“企业标准信息公共服务平台”上公开服务标准，接受社会监督，推动形成养老院分类等级服务标准及监管机制，探索开展养老院服务质量认证工作。

（三）开展医疗卫生服务。通过兴办医疗机构或与医疗机构开展多种合作等方式，提升养老院医疗卫生服务和健康管理水平，增强养老院服务失能部分失能老年人的能力。

（四）加强养老院安全管理。树立全员风险防范意识，加强安全设施改造和设施配备，完善安全应急应对机制，提升风险防范能力，把养老院服务质量建立在牢固的安全

管理基础上。

（五）提高养老院管理服务人员素质能力。全面贯彻以人为本、以需求为导向的服务理念，建立部、省、市、县、机构分级培训体系，完善专业人员保障和激励政策措施，支持养老院引入医生、护士、社会工作者等专业人员，支持养老院不断提高持有国家养老护理员职业证书的养老护理员比例。

（六）建立全国养老院业务管理系统。实时监控养老院服务质量动态，加强养老院运营管理及服务质量大数据管理。

（七）开展养老院服务质量万里行活动。组织协调中央、省和重点市主要新闻媒体、行业媒体，有计划、有步骤地开展针对性宣传，扩大专项行动影响力，培育质量第一的强烈意识。

（八）开展“敬老文明号”创建活动。把养老院服务质量建设专项行动作为“敬老文明号”的重要创建内容，对在提升养老院服务质量工作中成效明显的养老院，以及组织工作得力、推进有序的部门，优先纳入“敬老文明号”推荐范围，广泛培育并宣传专项行动中涌现的先进典型，努力形成争取先进、力创一流的气氛。

（九）加强养老院服务质量监督。将存在严重违法违规行为且不整治以及因违法违规行为导致事故的养老院，及时向社会公告并通报相关部门。整合相关资源建立区域养老服务质量监督热线平台，建立养老院服务质量纠纷调解机制，加强老年人合法权益维护工作，防止欺老、虐老现象发生。

四、2017 年主要任务

养老院服务质量建设专项行动从 2017 年开始，暂定四年。根据工作需要，以问题为导向，每年确定专项行动主要任务并制定实施方案，逐一解决养老院服务质量建设中的重大问题，实现养老服务质量年年有提升。为贯彻落实习近平总书记关于尽快在养老院服务质量上有个明显改善的指示要求，2017 年养老院服务质量建设专项行动以“五查五改、对标达标”为主要内容，对照影响养老院服务质量的运营管理、生活服务、健康服务、社会工作服务、安全管理等五个方面（具体见附件），开展养老院服务质量大检查、大整治，推进养老院服务质量大转变。2017 年养老院服务质量建设专项行动从 2017 年 3 月开始，具体分为三个阶段。

（一）动员部署和自查自纠阶段（5 月底前完成）。

1. 各地民政、老龄牵头，联合公安、卫生计生、质量技术监督等部门成立领导机构，在调查摸底基础上，制定实施方案，层层动员部署，广泛宣传发动。

2. 4 月 20 日前，民政部及各省级民政部门开展养老院服务质量专项行动培训，重点学习习近平总书记关于全面提升养老院服务质量的重要指示精神，明确大检查大整治工作要求。培训对象为各级民政、老龄部门业务干部、养老院院长、养老院护理员，贯彻落实提高养老院服务质量规范及相关要求。

3. 5 月 31 日前，依托全国养老院业务管理系统开展养老院信息第一轮摸底工作，并针对养老院服务质量存在的突出问题开展专项调研。有条件的地区也可以委托权威第三方机构开展养老院服务质量评估。

4. 5 月 31 日前，组织辖区内所有养老院、包括未取得设立许可证的养老院对照《养老院服务质量大检查指南》认真自查，不符合相关法律法规规章、规范性文件、强制性标准的要立即整治；不能立即整治的，要确定整治方案及期限。养老院应向负责设立许可的民政部门报告自查结果及整治方案。

（二）核查整治阶段（6 月至 10 月底）。

1. 对照《养老院服务质量大检查指南》，对辖区内所有养老院自查情况进行逐一核查。核查结果应予公布，质量优秀的养老院要给予表彰，并在相关激励扶持措施中给予适当倾斜；不符合相关法律法规规章、规范性文件、强制性标准的养老院要督促指导整治；存在违法违纪违规的养老院，要依法处置。

2. 根据核查结果形成整治方案并组织实施。对普遍性问题，要统一部署研究解决；对个性化问题，要一院一策，针对性研究解决。

3. 民政部、全国老龄办联合公安部、国家卫生计生委、质检总局、国家标准委对各地大检查、大整治进行督促指导，对存在严重违法违规行为且不整治以及因违法违规行为导致事故的养老院进行集中曝光，纳入全国统一的信用信息共享交换平台。

（三）巩固深化阶段（10 月至 2017 年底）。

1. 10 月，民政部、全国老龄办联合公安部、国家卫生计生委、质检总局、国家标准委组成督查组，对各地养老院服务质量建设专项行动进行督查。

2. 11 月上旬，依托全国养老院业务管理系统，对全国养老院进行第二轮基本情况摸底，并与第一轮摸底情况进行对比分析。对照整治方案，盘点整治进度及成果。

3. 11 月底，各地对开展专项行动情况进行全面总结，进一步完善相关制度措施，推动建立常态化工作机制。

4. 12 月上旬，总结分析工作成效，确定 2018 年养老院服务质量建设专项行动主要内容。

五、组织领导和职责分工

（一）全国专项行动的组织领导。民政部、公安部、国家卫生计生委、质检总局、国家标准委、全国老龄办统一组织开展，民政部、全国老龄办组成养老院服务质量推进工作小组，办公室设在民政部，具体负责统筹协调和检查评估。

（二）有关职能部门的职责分工。

各级民政部门按照权限负责养老院设立许可和日常监管工作，牵头组织开展养老院服务质量检查和整治，对违反《养老机构设立许可办法》《养老机构管理办法》的行为依法进行处罚。

各级公安部门依法对养老院进行消防监督检查，加强对民政部门业务指导和培训，依法查处消防安全违法行为。对涉嫌犯罪的欺老、虐老案件及时介入，并依法移送检察机关提起公诉。

各级卫生计生部门负责养老院开办医疗机构的设立许可和日常监管工作，加强业务指导和培训，与民政部门联合推动建立健全医疗机构与养老院合作机制。

各级质量技术监督部门要加强养老院服务质量标准体系建设，完善服务质量满意度测评管理，推动服务质量对比提升，对养老院服务质量认证进行监督管理。

各级老龄办负责组织、协调、指导、督促有关部门做好入住养老院的老年人权益保障工作，组织好养老院服务质量万里行和“敬老文明号”创建活动，会同民政部门统筹协调养老院服务质量专项行动。

六、有关要求

各地、各有关部门要高度重视，认真组织开展好专项行动。对专项行动中发现的普遍性问题，需要当地党委政府支持整治的，应积极汇报。各级民政部门要争取当地政府财政投入，加大对养老院服务质量建设的支持。民政部本级补助地方的福利彩票公益金及各地留成的福彩公益金应优先安排用于养老院服务质量建设。

各省（自治区、直辖市）民政厅（局）、新疆生产建设兵团民政局要依照本通知要求，牵头制定本地区具体实施方案，于4月20日前报送民政部（电子邮箱：ylyzl2017@163.com）。各省（自治区、直辖市）民政厅（局）、新疆生产建设兵团民政局要于10月30日前将专项行动总结报告报送民政部。

附件：养老院服务质量大检查指南

民政部　公安部　国家卫生计生委
质检总局　国家标准委　全国老龄办
2017年3月22日

附件

养老院服务质量大检查指南

养老院名称：　　　　　检查时间：　　　　　检查人：

检查条款	序号	检查内容		是否具备	整改建议
		服务社会老年人的养老院	农村特困人员供养服务机构（敬老院）		
依法取得相应服务资质	1	依法办理养老机构设立许可证			
	2	提供餐饮服务的养老院，应当依法办理食品药品监督管理部门颁发的《食品经营许可证》			
	3	如有内设医疗机构，应取得医疗机构执业许可证			
配备适应服务需要的服务人员	4	负责人应参加相关培训，具有养老服务专业知识			
	5	持有国家职业资格的养老护理员占养老护理员总数的比例不低于30%或所有养老护理员经过专业技能培训合格	养老护理员应接受岗前培训		
	6	餐饮服务人员必须经体检取得健康合格证后上岗			
	7	在养老院内开展服务的医生、护士等依法需要持证上岗的专业技术人员应持有与其岗位相适应的专业资格证书或执业证书			
	8	配备社会工作者、康复师、营养师等专业人员			
	9	定期开展人员培训，培训内容包括以人为本、爱老尊老孝老服务理念、相关政策法规及管理服务技能			
	10	建立服务人员绩效考核、优秀员工奖等激励制度			

续表

检查条款	序号	检查内容		是否具备	整改建议
		服务社会老年人的养老院	农村特困人员供养服务机构（敬老院）		
规范服务管理	11	对老年人进行入院评估，根据老年人需求特点提供服务			
	12	老年人确认入住后签署入住合同	特困人员入住办理入院手续		
	13	有负责接待和处理老年人投诉建议的专门部门、人员或电话			
	14	建立老年人入院、出院制度，协助老年人及家属办理入出院手续			
	15	建立老年人生活和健康档案，包括入住合同、入住人员及其家属（监护人）或代理人（机构）基本信息、老年人身份证及户口本复印件等有关资料，并妥善保存			
	16	养老院服务费原则上按月度收取，价格变动应提前告知老年人，不得强制收费	收住社会老年人的敬老院应符合此要求		
	17	未经老年人及监护人同意，不得泄露老年人及监护人个人信息			
	18	对入住老年人定期开展评估			
	19	对初次入住的老年人开展短期试入住服务			
	20	定期对服务质量进行评估或考核，无虐老、欺老现象			
	21	至少每年开展一次服务质量满意度调查			
	22	委托第三方服务的应签订外包合同			
	23	积极推进养老院标准化建设			
	24	对外公开养老院基本信息，包括地理位置、联系方式、服务时间等			
	25	院内公布服务管理信息，包括服务管理部门、人员资质、相关证照、服务项目及流程等			
设施设备及物品要求	26	养老院接受社会捐赠应统一登记，按捐赠方意愿和相关规定使用受赠物资			
	27	老年人居室面积适宜，自理、部分失能老年人的房间不超过4张床位，失能老年人的房间不超过6张床位，老年人房间床位平均使用面积不低于6平方米，配备相应生活设施设备和物品			
	28	设置公共浴室、公共卫生间、接待室、餐厅等共同活动区，并配备相应设施设备和物品			
	29	配备厨房、洗衣房、垃圾处理场所（存放点）等服务运营需要的后勤保障设施设备和物品			
	30	食品管理应符合监督管理部门规定			
	31	老年人能接触到的各种设备无尖角凸出部分			
	32	地面做防滑处理			
	33	老年人床头、使用的厕所安装呼叫装置			
	34	药品管理应符合监督管理部门规定			
营造安全、舒适的服务环境	35	机构不设置在自然灾害易发、存在污染的地域			
	36	因地制宜进行适老化改造，实现无障碍环境			
	37	有醒目、规范、易懂的标志标识			
为自理老年人提供基础生活照料服务	38	每日送开水到楼层或房间			
	39	提醒和指导老年人做好洗漱、沐浴等个人清洁卫生。保持口腔清洁、容貌整洁、无长指（趾）甲、身体清洁无异味			
	40	定期更换、清洗、晾晒老年人衣物及床上用品			
	41	及时维修或更换居室、护理区域设施、设备及物品			
	42	每日房间巡查，观察老年人的身心状况，特殊情况及时报告并协助处理			
	43	提供24小时当班、值班服务，并做好记录和交接班			

续表

<table>
<tr><th rowspan="2">检查条款</th><th rowspan="2">序号</th><th colspan="2">检查内容</th><th rowspan="2">是否具备</th><th rowspan="2">整改建议</th></tr>
<tr><th>服务社会老年人的养老院</th><th>农村特困人员供养服务机构（敬老院）</th></tr>
<tr><td rowspan="8">为部分失能老年人提供基础生活照料服务</td><td>44</td><td colspan="2">每日订餐、送餐、送开水、打洗漱用水</td><td></td><td></td></tr>
<tr><td>45</td><td colspan="2">提醒如厕，清洗便器</td><td></td><td></td></tr>
<tr><td>46</td><td colspan="2">协助老年人做好洗漱、理发、修剪指（趾）甲等个人清洁卫生。保持口腔清洁、容貌整洁、无长指（趾）甲、身体清洁无异味</td><td></td><td></td></tr>
<tr><td>47</td><td colspan="2">及时整理床铺，及时更换、清洗、晾晒老年人衣物及床上用品，保持床铺整洁</td><td></td><td></td></tr>
<tr><td>48</td><td colspan="2">指导老年人使用拐杖、步行器、轮椅等辅助器具</td><td></td><td></td></tr>
<tr><td>49</td><td colspan="2">及时维修或更换居室、护理区域设施、设备及物品</td><td></td><td></td></tr>
<tr><td>50</td><td colspan="2">注意观察老年人身心状况，发现异常及时处理并通知监护人</td><td></td><td></td></tr>
<tr><td>51</td><td colspan="2">提供 24 小时当班、值班服务，并做好记录和交接班</td><td></td><td></td></tr>
<tr><td rowspan="9">为失能老年人提供基础生活照料服务</td><td>52</td><td colspan="2">协助老年人用餐、饮水</td><td></td><td></td></tr>
<tr><td>53</td><td colspan="2">提醒、协助老年人如厕，清洗便器</td><td></td><td></td></tr>
<tr><td>54</td><td colspan="2">为老年人穿（脱）衣、洗漱、剪指（趾）甲、剃须、理发、洗浴（擦浴）、清洁会阴部。保持口腔清洁、容貌整洁、无长指（趾）甲、身体清洁无异味</td><td></td><td></td></tr>
<tr><td>55</td><td colspan="2">及时整理床铺，及时更换、清洗、晾晒老年人衣物及床上用品，保持床铺整洁</td><td></td><td></td></tr>
<tr><td>56</td><td colspan="2">协助老年人按时服药</td><td></td><td></td></tr>
<tr><td>57</td><td colspan="2">及时维修或更换居室、护理区域设施、设备及物品</td><td></td><td></td></tr>
<tr><td>58</td><td colspan="2">注意观察老年人身心状况，发现异常及时处理并通知监护人</td><td></td><td></td></tr>
<tr><td>59</td><td colspan="2">提供 24 小时服务，并做好记录和交接班</td><td></td><td></td></tr>
<tr><td>60</td><td colspan="2">做好褥疮的护理及预防工作。褥疮发生率Ⅱ、Ⅲ度为 0，Ⅰ度低于 5%</td><td></td><td></td></tr>
<tr><td rowspan="9">提供安全、营养均衡膳食服务</td><td>61</td><td colspan="2">建立膳食服务制度、流程及岗位职责</td><td></td><td></td></tr>
<tr><td>62</td><td colspan="2">根据老年人身体状况及需求、地域特点、民族、宗教习惯提供膳食</td><td></td><td></td></tr>
<tr><td>63</td><td colspan="2">食谱每周至少更换一次，向老年人公布并存档</td><td></td><td></td></tr>
<tr><td>64</td><td colspan="2">建立食品留样备查制度，留样时间不少于 48 小时</td><td></td><td></td></tr>
<tr><td>65</td><td colspan="2">做好餐（饮）具消毒，餐厨垃圾每日处理，餐（饮）具、厨房和就餐区卫生应符合国家相关规定</td><td></td><td></td></tr>
<tr><td>66</td><td colspan="2">做到生与熟、成品与半成品分开制作、存储</td><td></td><td></td></tr>
<tr><td>67</td><td colspan="2">膳食的采购、处理、储存、烹饪、供应过程全程可控</td><td></td><td></td></tr>
<tr><td>68</td><td colspan="2">每周至少检查 1 次老年人房间有无过期食品，提醒老年人处理过期腐烂的食品</td><td></td><td></td></tr>
<tr><td>69</td><td colspan="2">建立老年人伙食（膳食）委员会，监督膳食质量，定期了解老年人膳食需求</td><td></td><td></td></tr>
<tr><td>提供居室清洁卫生服务</td><td>70</td><td colspan="2">每日定期清扫房间、整理老年人个人物品及生活用品、清洗消毒卫浴设备，保持老年人居室整洁、地面干燥、无异味</td><td></td><td></td></tr>
<tr><td>提供公共服务区域清洁卫生服务</td><td>71</td><td>定期对走廊、功能活动区及设施设备进行清洁和消毒，保持公共服务区域整洁卫生、无异味</td><td></td><td></td><td></td></tr>
<tr><td>提供物品洗涤服务</td><td>72</td><td>提供衣物、被褥、尿布等织物的收集、分类、清点、清洗、消毒与送回等服务，保证洗涤后的织物干净整洁</td><td>为失能部分失能老年人提供衣物、被褥、尿布等织物的收集、分类、清点、清洗、消毒与送回等服务，保证洗涤后的织物干净整洁</td><td></td><td></td></tr>
<tr><td rowspan="2">开展医疗卫生服务</td><td>73</td><td colspan="2">设立院内医疗机构或与医疗机构建立协作关系</td><td></td><td></td></tr>
<tr><td>74</td><td colspan="2">院内医疗机构管理服务符合卫生计生部门规定</td><td></td><td></td></tr>
</table>

续表

<table>
<tr><th rowspan="2">检查条款</th><th rowspan="2">序号</th><th colspan="2">检查内容</th><th rowspan="2">是否具备</th><th rowspan="2">整改建议</th></tr>
<tr><th>服务社会老年人的养老院</th><th>农村特困人员供养服务机构（敬老院）</th></tr>
<tr><td rowspan="5">促进老年人健康管理</td><td>75</td><td colspan="2">定期为老年人体检</td><td></td><td></td></tr>
<tr><td>76</td><td colspan="2">建立老年人健康档案</td><td></td><td></td></tr>
<tr><td>77</td><td colspan="2">配备适合老年人需要的基本健身器具和康复辅助器具，并指导老年人正确使用</td><td></td><td></td></tr>
<tr><td>78</td><td colspan="2">开展健康管理、健康咨询、健康教育等工作</td><td></td><td></td></tr>
<tr><td>79</td><td>对失智老年人进行非药物干预益智康复训练</td><td></td><td></td><td></td></tr>
<tr><td rowspan="4">防止养老院内感染</td><td>80</td><td colspan="2">建立机构内感染预防和处理办法，有消毒和隔离制度</td><td></td><td></td></tr>
<tr><td>81</td><td colspan="2">有养老院内个人卫生的规定，包含洗手操作标准、配置手套口罩等必要防护性物品的规定</td><td></td><td></td></tr>
<tr><td>82</td><td colspan="2">有传染病预防措施</td><td></td><td></td></tr>
<tr><td>83</td><td>有专人负责机构内感染控制，做好记录</td><td></td><td></td><td></td></tr>
<tr><td>协助新入住老年人适应养老院生活</td><td>84</td><td colspan="2">帮助新入住老年人及亲属认识和熟悉机构的生活环境，使其尽快适应机构生活</td><td></td><td></td></tr>
<tr><td rowspan="5">为老年人提供心理疏导、矛盾调处、危机干预等服务</td><td>85</td><td colspan="2">了解掌握老年人心理状况，对出现的心理和情绪问题，提供相应服务，必要时请专业人员协助</td><td></td><td></td></tr>
<tr><td>86</td><td colspan="2">开展社会工作专业服务</td><td></td><td></td></tr>
<tr><td>87</td><td colspan="2">为临终老年人提供关怀服务</td><td></td><td></td></tr>
<tr><td>88</td><td colspan="2">有危机预警报告制度，对老年人可能出现的情绪危机或心理危机及时发现、及时预警、及时干预</td><td></td><td></td></tr>
<tr><td>89</td><td>应家属要求，可以协助老年人去世后的后事处理</td><td>办理机构内特困人员去世后的丧葬事宜</td><td></td><td></td></tr>
<tr><td rowspan="5">开展适合老年人身心特点的文化娱乐活动</td><td>90</td><td colspan="2">开展适合老年人身心特点的歌舞、书画、手工、棋牌等文化娱乐活动和康乐活动，培养老年人兴趣爱好</td><td></td><td></td></tr>
<tr><td>91</td><td colspan="2">开展节日、特殊纪念日活动</td><td></td><td></td></tr>
<tr><td>92</td><td colspan="2">通过讲座、培训班、老年大学等形式，开展各种教育培训活动</td><td></td><td></td></tr>
<tr><td>93</td><td colspan="2">为失能（失智）老年人提供有助于感知觉恢复的文化娱乐活动</td><td></td><td></td></tr>
<tr><td>94</td><td colspan="2">为卧床老年人提供电视、广播、阅读等文化娱乐项目</td><td></td><td></td></tr>
<tr><td>组织志愿者服务老年人，倡导老年人互帮互助、老有所为</td><td>95</td><td colspan="2">组织志愿者为老年人提供服务；倡导老年人参与力所能及的志愿服务</td><td></td><td></td></tr>
<tr><td rowspan="7">确保消防安全</td><td>96</td><td colspan="2">制定消防安全、特种设备设施安全、突发事件等相关管理制度、预警机制及应急预案</td><td></td><td></td></tr>
<tr><td>97</td><td colspan="2">配备有资质的专（兼）职消防管理人员，按规定建立微型消防站，并达到“三知四会一联通，处置要在三分钟”要求</td><td></td><td></td></tr>
<tr><td>98</td><td colspan="2">人员住宿和主要活动场所严禁使用易燃可燃装饰装修材料，严禁采用夹芯材料燃烧性能低于A级的彩钢板搭建有人居住或者活动的建筑</td><td></td><td></td></tr>
<tr><td>99</td><td colspan="2">对不需要设置自动消防系统的建筑，应当加强物防、技防措施，在人员住宿和主要活动场所安装独立式感烟火灾探测报警器和简易喷淋装置，配备应急照明和灭火器材</td><td></td><td></td></tr>
<tr><td>100</td><td colspan="2">每月至少组织一次防火检查，每日防火巡查，夜间防火巡查不少于两次，并做好记录</td><td></td><td></td></tr>
<tr><td>101</td><td colspan="2">加强消防设施设备运行和维护保养，每年至少全面检查一次，参加区域联防组织，实行联防联治联控</td><td></td><td></td></tr>
<tr><td>102</td><td colspan="2">保持安全出口、疏散通道、消防车通道畅通，应急照明、安全疏散指示标志完好。保证常闭式防火门处于关闭状态</td><td></td><td></td></tr>
</table>

续表

检查条款	序号	检查内容		是否具备	整改建议
		服务社会老年人的养老院	农村特困人员供养服务机构（敬老院）		
确保消防安全	103	制定消防演练、应急疏散和灭火预案，每半年至少演练一次。每半年至少开展一次消防安全教育培训活动			
	104	设立吸烟室，人员住宿和公共场所禁止吸烟			
	105	定期组织对电器产品及其线路、管路进行维护保养和检测，及时整改电气火灾隐患			
	106	燃气安全应符合国家相关规定，设置可燃气体报警装置			
	107	定期维护保养燃气设施设备			
	108	燃气设施使用正确，无私自拆、移、改动燃气装置，无私自使用燃气热水器、取暖器和其他燃气器具等			
	109	燃气设施清洁干净卫生，周围无可燃物品和其他杂物堆放			
确保特种设备安全	110	购置、使用和更换电梯、锅炉、压力容器（含气瓶）、压力管道等特种设备，应符合安全监督管理部门的相关规定			
	111	对特种设备进行经常性日常维修保养，定期自检，有记录			
	112	指定（有资质）机构对特种设备进行定期检验，有检查报告并备案			
妥善处理突发事件	113	建立出入、探视、请销假等制度，防止老年人走失			
	114	建立视频监控系统，对养老院公共区域进行全方位监控或实行24小时巡查			
	115	建立突发事件处理的应急预案，对自伤、伤人、跌倒、坠床、噎食、误吸、走失、烫伤、食物中毒等事件有明确应急处理流程和报告制度			

注：1. 养老院是养老机构的通俗称谓，具体是指符合《养老机构设立许可办法》规定的养老机构。

2. 入住社会老年人超过60%的农村特困人员供养服务机构（敬老院），应按照养老院检查内容开展检查。

3. 没有配备相关设施设备的养老院，针对该类设施设备的管理内容不做检查。

4. 对不具备的服务项目，如果属于法律法规规章、规范性文件、强制性标准要求具备的，应督促被检查单位整改；如果不属于法律法规规章、规范性文件、强制性标准要求具备的，鼓励被检查单位提升改进。

民政部、公安部、全国老龄办等9部门关于加强农村留守老年人关爱服务工作的意见

民发〔2017〕193号

各省、自治区、直辖市民政厅（局）、公安厅（局）、司法厅（局）、财政厅（局）、人力资源社会保障厅（局）、文化厅（局）、卫生计生委、扶贫办、老龄办、新疆生产建设兵团民政局、公安局、司法局、财务局、人力资源社会保障局、文化局、卫生计生委、扶贫办、老龄办：

农村留守老年人问题是我国工业化、城镇化、市场化和经济社会发展的阶段性问题，是城乡发展不均衡、公共服务不均等、社会保障不完善等问题的深刻反映。农村留守老年人关爱服务是农村养老服务体系的重要组成部分。关爱服务体系的完善关乎广大农村留守老年人的晚年幸福生活，关系到脱贫攻坚的目标实现，关系到社会和谐稳定和全面建成小康社会大局。党中央、国务院高度重视农村留守老年人关爱服务工作，党的十九大报告明确要求加快建立健全农村留守老年人关爱服务体系。为贯彻落实党中央、国务院决策部署，进一步加强农村留守老年人关爱服务工作，现提出以下意见：

一、把握农村留守老年人关爱服务工作的总体要求

加强农村留守老年人关爱服务工作，要深入贯彻党的

十九大精神和习近平新时代中国特色社会主义思想，以促进农村留守老年人安享幸福晚年生活为落脚点，着力完善关爱服务网络，提升关爱服务能力，健全关爱服务体制机制，切实把握好四方面原则与要求：

一是明确职责、完善机制。强化家庭和子女在赡养、扶养留守老年人中的主体责任和法定义务，落实县乡两级政府在维护留守老年人权益中的基本职责，充分发挥老年人组织、村民互助服务组织、社会工作服务机构作用，建立健全家庭尽责、基层主导、社会协同、全民行动、政府支持保障的农村留守老年人关爱服务工作机制。

二是突出重点、强化服务。各地要加强资源统筹，以防范留守生活安全风险为重点内容，以经济困难家庭的高龄、失能留守老年人为重点对象，督促各方履行关爱职责，增强生活照料、精神慰藉、安全监护、权益维护等基本服务，防止冲击社会道德底线的问题发生。

三是因地制宜、改革创新。各地区要结合当地经济社会发展水平，结合当地人文风俗文化习惯，结合当地人口老龄化形势趋势，深入研究、开拓创新，积极探索有效管用的农村留守老年人关爱服务政策措施与实践模式。

四是加强统筹、综合施策。将农村留守老年人关爱服务体系纳入养老服务体系统筹设计，做好政策衔接；与城乡一体化、基本公共服务均等化和农业现代化发展相适应，与信息化、智能化等现代技术推广应用相同步，从城市和农村两端发力逐步解决农村老年人留守问题。

力争到2020年，农村留守老年人关爱服务工作机制和基本制度全面建立，关爱服务体系初步形成，关爱服务普遍开展，养老、孝老、敬老的乡村社会氛围更加浓厚，农村贫困留守老年人全部脱贫。

二、强化家庭在农村留守老年人赡养与关爱服务中的主体责任

家庭是农村留守老年人赡养和关爱服务的责任主体。子女或其他赡养人要依法履行对老年人经济上供养、生活上照料和精神上慰藉的义务，扶养人要依法履行扶养义务。子女或其他赡养人、扶养人应当经常看望或者问候留守老年人，不得忽视、冷落老年人。支持家族成员和亲友对留守老年人给予生活照料和精神关爱，鼓励邻里乡亲为留守老年人提供关爱服务，避免让生活不能自理的老年人单独居住生活。在尊重老年人意愿的前提下，赡养义务人可与亲属或其他人签订委托照顾协议，相关情况应向村民委员会报备。提高子女或其他赡养人的守法意识，增强村规民约对家庭赡养义务人的道德约束，发挥孝亲敬老典型的示范引导作用。对赡养人、扶养人不履行赡养、扶养义务的，村民委员会、老年人组织或者赡养人、扶养人所在单位应当监督其履行；情节严重的，相关执法部门要依法追究其法律责任。

三、发挥村民委员会在农村留守老年人关爱服务中的权益保障作用

村民委员会要在县乡两级政府的统筹协调和组织引导下，加强留守老年人关爱服务工作。协助做好辖区内留守老年人基本信息摸查；以电话问候、上门访问等方式，定期探访留守老年人，及时了解留守老年人生活情况，将存在安全风险和生活困难的留守老年人作为重点帮扶对象，村民委员会要及时通知并督促其子女和其他家庭成员予以照顾，同时报告乡镇人民政府。将关爱服务纳入村规民约，推动形成孝敬父母、尊重老人、互帮互助、邻里相亲的良好乡村社会风尚。鼓励乡贤人士、社会爱心企业和个人资助开展留守老年人关爱服务。

四、发挥为老组织和设施在农村留守老年人关爱服务中的独特作用

增强农村老年协会对留守老年人的关爱服务能力。支持乡镇、村建立老年协会或其他老年人组织，鼓励留守老年人入会互助养老。鼓励和引导农村老年协会积极参与和组织留守老年人关爱服务，开展老年人喜闻乐见的文体娱乐、教育培训、知识讲座等活动，提供权益维护、互助养老等服务。鼓励各地将农村互助幸福院等养老服务设施委托交由老年协会等社会力量运营管理，面向留守老年人提供服务，把具备资质的老年协会纳入政府购买服务承接主体。

发挥农村特困人员供养服务机构和养老服务设施在留守老年人关爱服务中的重要作用。鼓励有条件的农村特困人员供养服务机构在满足特困人员集中供养需求的基础上，发挥辐射功能，为经济困难家庭的高龄、失能留守老年人提供服务。持续推进农村互助幸福院建设，有条件的地方，可将日常运行维护费用纳入财政预算支持范围。

发挥农村各类公共服务设施在留守老年人关爱服务中的支持作用。支持农村卫生服务中心提升服务能力，拓展服务范围，为农村留守老年人提供健康管理、基本医疗和长期护理服务。支持农村综合性文化服务中心、农村社区综合服务设施、老年学校、党员活动室等公共服务设施建设，鼓励各有关部门和组织下沉基层的公共服务项目面向留守老年人开展服务。

五、促进社会力量广泛参与留守老年人关爱服务

广泛开展关爱农村留守老年人志愿服务。鼓励农村基层组织组建志愿者队伍，为志愿服务活动开展提供场所和其他便利条件，完善志愿服务信息网络，建立健全农村志愿服务体系。引导城市和农村志愿者和志愿服务组织为留守老年人提供内容丰富、形式多样、符合需要的志愿服务。鼓励低龄健康老年人为高龄、失能留守老年人提供力所能及的志愿服务，探索建立志愿服务互助循环机制。

探索推动社会工作专业力量参与留守老年人关爱服

务。加大农村社会工作专业人才培养力度，支持农村基层组织、为老服务组织根据需要配备使用社会工作专业人才。发挥社会工作人文关怀、助人自助的专业优势，通过设立社会工作站点、政府购买服务等方式，及时为留守老年人提供心理疏导、情绪疏解、精神慰藉、代际沟通、家庭关系调适、社会融入等服务。

支持社会组织为留守老年人提供关爱服务。落实税费减免等优惠政策，加快孵化培育专业化为老社会服务机构，提升其开展农村留守老年人安全防护、生活照料、紧急援助、康复护理等专业服务的能力。鼓励农村经济合作社、农村电商组织等其他社会力量参与关爱留守老年人。

六、加强政府对农村留守老年人关爱服务的支持保障

加强组织领导。各地要建立健全党委领导下的政府支持保障、部门协同配合、群团组织积极参与、村民委员会和老年协会发挥骨干作用、社会力量广泛参与的农村留守老年人关爱服务工作机制。各级老龄工作委员会、养老服务业发展领导小组要将农村留守老年人关爱服务纳入统筹指导范围，推进留守老年人关爱服务与老龄工作、养老服务协调发展。鼓励各地建立健全工作考核、责任追究和奖惩机制。

明确职责分工。公安部门要依法严厉打击侵害留守老年人合法权益的违法犯罪行为，督促、指导乡镇政府落实农村为老设施的消防设施器材建设、日常消防安全管理和老年人消防安全宣传教育工作。民政部门牵头做好工作协调，培养壮大农村养老服务和社会工作专业人才队伍，加强农村养老服务设施建设，将农村留守老年人关爱服务体系纳入农村养老服务体系统筹考虑。司法行政部门要做好法治宣传教育工作，依法为留守老年人提供法律援助服务。财政部门要积极支持农村留守老年人关爱服务工作，完善政府购买服务制度。人力资源社会保障部门要建立健全覆盖城乡居民基本养老保险、基本医疗保险等社会保障公共服务体系，逐步提升社会保障水平。文化部门要依托基层综合性文化服务中心，为农村留守老年人提供丰富多彩的文化服务，丰富老年人精神文化生活。卫生计生部门要落实基本公共卫生服务项目，为65岁以上农村留守老年人提供健康管理服务，会同民政等部门推进医养结合工作。扶贫部门要落实脱贫攻坚政策，支持做好贫困留守老年人脱贫工作。老龄工作机构要统筹协调留守老年人关爱工作，培育和发展老年协会，做好留守老年人权益维护，加强孝亲敬老社会宣传与人口老龄化国情教育。

加强资源支持。地方各级财政要优化和调整支出结构，支持做好留守老年人关爱服务工作。鼓励有条件的地区通过购买服务形式开展留守老年人关爱服务。不断完善基本医疗、基本养老、社会救助、社会福利等社会保障制度，落实相关社会保障政策，切实维护农村留守老年人基本权益。坚持应扶尽扶，精准识别农村贫困人口，将符合条件的农村留守老年人全部纳入建档立卡范围，给予政策扶持，帮助其脱贫增收。鼓励有条件的地区统筹辖区为老服务资源，探索建立留守老年人关爱服务清单制度，定期梳理并发布留守老年人关爱服务项目内容和资源获取渠道。鼓励有条件的地区将村集体收入按一定比例用于农村留守老年人关爱服务。支持利用移动互联网、物联网等现代科学技术，依托城乡社区为老服务设施，为留守老年人获取有关服务以及与其外出工作子女亲情交流等，搭建高效、便捷、适用的智能服务网络平台。

建立信息台账与定期探访制度。建立信息共享和动态管理的农村留守老年人信息台账。乡镇政府要定期组织排查，对农村留守老年人进行摸底，掌握辖区农村留守老年人的家庭结构、经济来源、健康状况、照料情况、存在困难问题等动态信息；重点排查经济困难家庭的高龄、失能留守老年人，做到精准到村、到户、到人。省市县级层面要掌握辖区留守老年人的数量规模、基本分布、主要特征等总体信息。以县为单位，由乡镇人民政府统筹指导，由村民委员会协助实施，建立农村留守老年人定期探访制度，及时了解或评估农村留守老年人生活情况、家庭赡养责任落实情况，将相关信息及时更新到留守老年人信息台账，并为留守老年人提供相应援助服务。有条件的地区可探索建立留守老年人风险评估制度，制定风险等级标准，对风险等级高的留守老年人及时进行干预，实施关爱救助。

做好宣传引导。及时研究总结与宣传推广各地农村留守老年人关爱服务实践先进经验。大力宣扬积极老龄化理念，倡导健康生活理念，开展健康生活知识教育，引导留守老年人保持身心健康。加强《中华人民共和国老年人权益保障法》等法律法规宣传，提高子女或其他赡养人守法意识，督促落实赡养义务；加强孝亲敬老传统美德宣传，形成互帮互助、助老爱老的良好风尚，营造全社会正确对待、积极接纳、关心关爱留守老年人的友好环境。

各省（自治区、直辖市）民政部门要主动会同有关部门根据此意见，结合当地实际，抓紧制定和出台具体实施意见或实施细则，加快建立和完善农村留守老年人关爱服务制度。

民政部　公安部　司法部　财政部

人力资源社会保障部　文化部　卫生计生委

国务院扶贫办　全国老龄办

2017年12月28日

民政部办公厅、全国老龄办综合部关于在养老院服务质量建设专项行动中加大欺老查处整治力度的通知

民电〔2017〕209号

各省、自治区、直辖市民政厅（局）、老龄办，新疆生产建设兵团民政局、老龄办：

在今年全国养老院服务质量建设专项行动中，媒体相继曝光一些养老院欺老虐老事件，造成恶劣社会影响。按照习近平总书记关于提高养老院服务质量，坚决依法依规从严惩处欺老虐老行为的重要指示精神，以及民政部、公安部等部门《关于开展养老院服务质量建设专项行动的通知》（民发〔2017〕51号）《关于做好全国养老院服务质量整治工作的意见》（民发〔2017〕157号）的部署安排，现就在养老院服务质量建设专项行动（以下简称专项行动）中加强欺老虐老现象查处整治工作提以下要求：

一、高度重视，严守红线。欺老虐老是侵犯老年人合法权益的违法行为，是养老服务不可逾越的红线。严厉查处和整治养老服务中的欺老虐老行为，是贯彻落实习近平总书记重要指示精神、维护老年人合法权益的职责要求。各级民政部门、老龄办必须高度重视，吸取相关事件教训，举一反三做好养老院欺老虐老行为查处整治工作；必须保持高度的敏感性，密切关注养老服务中的欺老虐老行为，一经发现，必须立即查处、严惩不贷。

二、持续深入实施专项行动，确保各项要求落实到位。欺老虐老是专项行动大检查、大整治的重要内容，对评定养老院服务质量是否合格有“一票否决权”。专项行动及日常监管中要广泛听取老年人及家属建议意见，将老年人及家属服务满意度作为养老服务质量重要评价标准。对出现欺老虐老行为、安全责任事故等情况的养老院，要依据《养老机构管理办法》依法查处，并将其纳入黑名单，取消其承接政府购买服务和享受补贴资金等资质。

三、加强防范，完善综合监管制度。要建立健全养老院防范欺老虐老行为的监管制度，营造孝老敬老良好氛围。一是加强社会监督。市县级民政局、老龄办要整合相关资源，设立养老院服务质量投诉举报电话并向社会公开，有条件的地区可以设立网络投诉平台，及时受理欺老虐老举报投诉。二是加强养老院内部监督。鼓励养老院建立老年人参加的院务管理委员会，定期听取老年人和家属的意见。养老院要建立健全服务管理制度，加强工作人员培训，牢固树立孝老敬老服务理念和职业道德。三是加强行政监管。履行养老机构设立许可职权的民政部门要加强行政执法人员专业能力建设，熟练掌握养老院行政执法程序要求，建立“双随机”检查机制。要联合有关部门进一步加大对欺老虐老行为的查处和整治力度，建立综合监管机制。有条件的地区，要通过购买服务等形式，开展养老院服务质量巡察。

四、明确任务，履职到位。养老院及其工作人员侵害老年人人身和财产权益，或者未按照约定提供服务的，依法承担民事责任；有关主管部门依法给予行政处罚；构成犯罪的，依法追究刑事责任。民政部门及其工作人员违反有关规定的，由上级行政机关责令改正；情节严重的，对直接负责的主管人员和其他责任人员依法给予行政处分；构成犯罪的，依法追究刑事责任。

民政部办公厅
全国老龄办综合部
2017年12月7日

国家发展改革委、全国老龄办等13部门关于开展《国务院办公厅关于全面放开养老服务市场提升养老服务质量的若干意见》落实情况督察工作的通知

发改办社会〔2017〕1661号

各省、自治区、直辖市发展改革委、公安厅、民政厅、财政厅、人力资源社会保障厅（局）、国土资源主管部门、住房城乡建设厅（建委、规委）、卫生计生委、质量技术监督局（市场监督管理部门）、食品药品监管局、银监会、老龄办：

按照中央领导同志关于“把抓改革落实摆到重要位置，投入更多精力抓督察问效，加强和改进督察工作，拓展督察工作广度和深度”和“提高养老院服务质量”的重要指示精神，为抓好中央重点改革任务落实，做好《国务院办公厅关于全面放开养老服务市场提升养老服务质量的若干意见》（国办发〔2016〕91号，以下简称《意见》）推进实施工作，国家发展改革委、公安部、民政部、财政部、人力资源社会保障部、国土资源部、住房城乡建设部、国家卫生计生委、质检总局、食品药品监管总局、银监会、国家标准委、全国老龄办等部门将对各地、各有关部门落实情况组织开展专项督察。现将有关事宜通知如下。

一、督察形式

本次督察采取普遍自查和实地督察相结合的形式。

（ ）普遍自查。请各省（区、市）抓紧开展《意见》落实情况的自查工作，形成自查报告。请国务院有关部门结合《意见》重点任务落实和本部门推进实施举措形成自查报告。

（二）实地督察。由国务院有关部门组成10个督察组，原则上由各牵头部门负责同志带队，相关部门和地方发展改革部门有关同志参加，赴20个省（区、市）开展实地督察（分组安排见附件）。

二、督察时间

本次督察拟于10月10日正式启动，11月10日前完成，具体实地督察时间和安排由各督察组牵头部门与各省（区、市）对口部门（负责本地区督察牵头工作）沟通确定。

三、督察内容

（一）普遍自查。各省（区、市）提交的自查报告内容主要包括《意见》总体落实情况（含养老院服务质量建设专项行动情况）、改革效果和创新经验做法、存在问题及原因、下一步工作安排等四方面。国务院有关部门提交的自查报告内容主要包括：部门相关工作情况、《意见》重点任务分工落实情况、存在的问题及下一步工作打算等四方面。

（二）实地督察。重点督察有关省（区、市）配套措施出台情况，“十三五”时期养老服务体系建设目标、任务和进度安排，以及已出台重点改革举措和存在的问题等。

四、督察要求

（一）提交自查材料。

请各省（区、市）发展改革委、民政厅、老龄办，国务院各有关部门于11月17日前将自查材料报送至国家发展改革委（社会发展司）、民政部（社会福利和慈善事业促进司）、全国老龄办（政策研究部），电子版请一并发送。

（二）实地督察。一是召开座谈会。请省（区、市）发展改革、公安、民政、财政、人社、国土、住建、卫计、质检、食药、银监、老龄等有关部门同志参加，请各省（区、市）认真准备会议书面材料，会上提交督察组。二是现场调研。各督察组赴一市一县实地督察调研。三是请各督察组于督察结束后一周内提交督察报告。

五、其他要求

（一）请各地、各部门高度重视，加强组织领导，认真做好各项准备工作。请各地发改、民政、老龄等部门配合本地区督察牵头部门，做好相关安排。

（二）请严格遵守中央八项规定精神等相关要求。

（三）国家发展改革委等部门将根据本次督察情况形成《意见》落实情况报告，上报国务院。

联系人及联系方式：国家发展改革委社会发展司 鲍文涵 010－68502647，baowh@ndrc. gov. cn；民政部社会福利和慈善事业促进司 孙文灿 010 － 58123275，

laonianrenchu@163.com；全国老龄办政策研究部 张一鸣 010－58122069，zhangyiming@cncaprc.gov.cn

附件：督察工作分组安排

国家发展改革委办公厅　公安部办公厅
民政部办公厅　财政部办公厅
人力资源社会保障部办公厅　国土资源部办公厅
住房城乡建设部办公厅　国家卫生计生委办公厅
质检总局办公厅　食品药品监管总局办公厅
银监会办公厅　国家标准委办公室
全国老龄办综合部
2017 年 10 月 10 日

附件

督察工作分组安排

本次督察共分 10 组，分赴 20 个省（区、市），其中：

（一）第一组地点：广东、福建

国家发展改革委带队，民政部、全国老龄办、重庆市发展改革委各派 1 人参加。

（二）第二组地点：贵州、广西

公安部带队，民政部、全国老龄办、四川省发展改革委各派 1 人参加。

（三）第三组地点：海南、天津

民政部带队，人力资源社会保障部、全国老龄办、河北省发展改革委各派 1 人参加。

（四）第四组地点：湖南、湖北

全国老龄办带队，住房城乡建设部、江西省、西藏自治区发展改革委各派 1 人参加。

（五）第五组地点：辽宁、吉林

人力资源社会保障部带队，全国老龄办、国家卫生计生委、黑龙江省发展改革委各派 1 人参加。

（六）第六组地点：内蒙古、陕西

国土资源部带队，国家发展改革委、全国老龄办、北京市发展改革委各派 1 人参加。

（七）第七组地点：山东、山西

住房城乡建设部带队，国家发展改革委、财政部、质检总局、云南省发展改革委各派 1 人参加。

（八）第八组地点：安徽、浙江

卫生计生委带队，民政部、全国老龄办、食品药品监管总局、青海省发展改革委各派 1 人参加。

（九）第九组地点：甘肃、宁夏

国家发展改革委带队，全国老龄办、国家标准委、新疆自治区发展改革委各派 1 人参加。

（十）第十组地点：江苏、上海

全国老龄办带队，国土资源部、住房城乡建设部、河南省发展改革委各派 1 人参加。

国家发展改革委办公厅、民政部办公厅、全国老龄办综合部关于请报送养老服务业发展典型案例的通知

发改办社会〔2017〕769 号

各省、自治区、直辖市，新疆生产建设兵团、黑龙江农垦总局发展改革委、民政厅（局）、老龄办：

为贯彻落实《国务院关于加快发展养老服务业的若干意见》（国发〔2013〕35 号）和《国务院办公厅关于全面放开养老服务市场 提升养老服务质量的若干意见》（国办发〔2016〕91 号），总结各地养老服务业发展的有效

做法，现在全国范围内征集一批养老服务业发展典型案例，以形成一批可复制可推广的成果，为全国养老服务业发展提供示范经验。现将有关事项通知如下。

一、案例要求

（一）典型案例要紧密围绕全面放开养老服务市场提升养老服务质量等重点改革任务要求，可涉及但不局限于健全养老服务体系、引导社会力量参与、完善发展政策、强化设施布局、培育养老产业集群、加强养老服务队伍建设、加强市场监管和行业自律等内容，以及政府和社会资本合作（PPP）、“互联网＋”养老服务、医养结合等服务供给方式创新的内容。

（二）典型案例既要有实践内容，又要有理论剖析，文字要求重点突出、言简意赅、逻辑严密，具有较强的可读性，能从方法上启发思路，从模式上提供借鉴，从实践上引导创新，具有一定代表性和标志性。字数请控制在3500字左右，可配图说明。

（三）典型案例要确保真实性，模式清晰，数据准确，杜绝一切虚假案例。

二、报送要求

（一）请参照模板（见附件）要求编写案例材料。

（二）每个省（区、市）报送3－4个典型案例，其中，养老服务业综合改革试点地区必须报送1个典型案例。

（三）请各省（区、市）发展改革委、民政厅、老龄办于6月9日前将案例材料报送至国家发展改革委（社会发展司）、民政部（社会福利和慈善事业促进司）、全国老龄办（政策研究部）。电子版请一并发送，并在电子邮件标题中注明“养老服务案例”字样。

三、其他事项

（一）请各地紧密结合工作实际，深入调查比较，遴选典型案例，认真做好报送工作。

（二）国家发展改革委、民政部、全国老龄办将组织有关专家对典型案例进行遴选，其中优秀案例将汇总形成《养老服务业发展典型案例汇编》，在三部门网站上陆续公布，并通过适当方式在全国范围内宣传推广。

特此通知。

联系人及联系方式：国家发展改革委社会发展司 鲍文涵 010－68502647，baowh@ndrc.gov.cn；民政部社会福利和慈善事业促进司 马雅欣 010－58123250，laonianrenchu@163.com；全国老龄办政策研究部 张一鸣 010－58122069，zhangyiming@cncaprc.gov.cn

附件：养老服务业发展典型案例撰写模板（略）

国家发展改革委办公厅

民政部办公厅

全国老龄办综合部

2017年5月4日

司法部关于进一步做好老年人照顾服务工作的通知

司发通〔2017〕100号

各省、自治区、直辖市司法厅（局），新疆生产建设兵团司法局：

今年6月6日，国务院办公厅印发了《关于制定和实施老年人照顾服务项目的意见》（国办发〔2017〕52号）（以下简称《意见》），这是2013年老年人权益保障法修订施行以来第一个经党中央、国务院批准，以国务院办公厅名义印发的老年人照顾服务领域的专项文件。为切实把《意见》学习好、宣传好、贯彻好，现就有关工作通知如下：

一、充分认识贯彻落实《意见》的重要意义

《意见》以习近平总书记系列重要讲话精神和治国理政新理念新思想新战略为指导，全面贯彻党的十八大和十八届三中、四中、五中、六中全会精神，统筹考虑我国经济社会发展状况和人口老龄化形势，从解决好老年人最关心最直接最现实的利益问题入手，以老年人权益保障法为依据，明确提出老年人照顾服务工作的指导思想、基本原则和重点任务，对老年人家庭赡养、社会保障、社会服务、社会优待、宜居环境和参与社会发展等方面提出了具体要求。法律服务和法律援助工作肩负着做好为老服务、维护老年人合法权益的光荣使命和重要职责。引导律师、公证员、基层法律服务工作者、法律援助人员和司法鉴定人员贯彻落实好《意见》，做好老年人照顾服务工作，是社会主义司法制度优越性的具体体现，是社会主义核心价值观的内在要求，是适应我国老龄事业发展新形势，应对人口老龄化，推动民生改善、促进社会和谐稳定、实现社会公平正义的客观需要，是法律服务和法律援助队伍践行职责使命的生动实践。各级司法行政机关要充分认识《意见》的重要意义，自觉将思想和行动统一到习近平总书记关于加强老龄工作重要讲话指示精神上来，切实增强做好老年人照顾服务工作的责任感和使命感，确保这一重要民生政策更多更好地惠及广大老年群体，不断提升老年人的获得感和幸福感。

二、认真贯彻落实《意见》精神精准做好老年人照顾服务工作

各级司法行政机关要根据党中央、国务院关于老年人照顾服务工作的决策部署，从我国国情出发，立足老年人法定权益保障和服务需求，整合资源，拓展内容，创新方式，提升质量，最大限度发挥法律服务和法律援助在老龄照顾服务工作中的积极作用，让老年人享受更多看得见、摸得着的实惠。

（一）突出服务重点。各地要结合实际，组织引导广大律师事务所、公证处、基层法律服务所、法律援助机构、司法鉴定机构及人员参与涉及老年人合法权益的诉讼、调解、仲裁和法律咨询等活动。要兼顾不同年龄特点，重点关注高龄、失能、贫困、伤残、计划生育特殊家庭等困难老年人的特殊需求，着力解决医疗、保险、救助、赡养、婚姻、财产继承和监护等老年人最关心、最直接、最现实的法律问题。要认真办理涉老不动产公证事项，严格审查核实相关证明材料，切实维护老年人财产权益。推动相关部门认真落实“谁执法谁普法”普法责任制，把老年人权益保障法宣传列入普法责任清单，积极开展以案释法，确保党中央、国务院对广大老年人的关心关怀落到实处。

（二）加大惠民力度。进一步鼓励律师事务所、公证处、司法鉴定机构、基层法律服务所等法律服务机构对不符合法律援助条件但确有经济困难的老年人提供免费或优惠服务。推行小额遗产继承公证费用减免制度。继续倡导各地对80岁以上的老年人办理遗嘱公证免收公证费；鼓励各地结合实际，进一步降低老年人免费遗嘱公证年龄门槛。进一步推动扩大法律援助覆盖面，降低法律援助门槛，有条件的地方可适度放宽老年人申请法律援助的经济困难标准和受案范围。不断扩大与老年人权益保护密切相关的法律援助补充事项范围，把婚姻家庭、人身伤害赔偿等方面涉老侵权纠纷纳入法律援助补充事项范围。对70岁以上老人、“三无”老人（无劳动能力、无生活来源、无赡养人和抚养人）、失能半失能老人、空巢老人和享受低保待遇、特困供养待遇的老人、有特殊困难的老人以及老年人因家庭暴力、虐待、遗弃主张权利申请法律援助，免予经济困难审查，直接给予法律援助，努力实现“应援尽援”。

（三）不断优化服务。建立“涉老法律服务、法律援助绿色通道”，建立健全“四优先”服务机制，对老年人申请法律服务和法律援助的案件，普遍实行优先受理、优先审查、优先指派、优先办理，对行动不便的老年人申请法律援助和法律服务事项实行电话预约、上门服务。要提高工作效率，尽量缩短工作周期，能尽快办理的尽快办理。要进一步简化公证办证流程，老年人申办公证时，公证机构应当一次性明确告知所需材料及获取途径和方式，对于法律关系简单、事实清楚、无争议的公证事项，只要申请材料齐全、真实，符合法定受理条件，应当场受理，让老年人“最多跑一次”。要提升服务质量，注重指派有爱心、擅长与老年人沟通、办案经验丰富的法律服务和法律援助人员办理老年人案件，在办证接待大厅设立专人、专岗负责接待咨询。在等候区配备座椅、饮水机、纸笔等适老用品。充分发挥“互联网＋”优势，通过官方网站、微信公众号、老年人法律服务和法律援助微信群、手机APP等方式，建立老年人法律服务和法律援助业务网上预约办理平台及网上咨询平台，有效满足老年人需要，真正将便民利民服务理念落到实处。

（四）开展专项活动。在今年10月重阳节期间，组织开展以“关爱老年人 欢庆十九大”为主题，以“法治护航夕阳红”为重点的“敬老月”活动。要切实为老年人送温暖、办实事、做好事、解难事，层层传递以习近平同志为核心的党中央对老年人的关心关爱，让广大老年人切实感受到党和政府的关怀和温暖，使老年人共享经济社会发展成果，安享幸福晚年生活。要搭建服务平台，集中开展服务活动，方便老年人进行法律咨询和寻求法律服务。充分发挥“老年维权示范岗”和“老年优待服务窗口”作用，积极开展为老志愿服务活动，组织动员法律服务、法律援助人员走进城乡社区、农村的养老服务机构和老年人家庭，开展法律服务和法律援助志愿者活动，为老年人接受法律服务和法律援助提供便利。

三、切实抓好《意见》的贯彻落实

各级司法行政机关要切实加强组织领导，全面推动《意见》的贯彻落实。要将学习贯彻《意见》列入重要工作日程，抓紧制定方案，明确职责分工、重点任务和保障措施，确保党中央、国务院对广大老年人的关心关怀不折不扣落到实处。要培育遴选一批老龄法律服务和法律援助示范机构，打造一系列老年法律服务和法律援助精品项目，充分发挥典型示范引领作用。要充分发挥新闻媒体作用，加大宣传力度，努力打造全社会关心、支持、参与老年人照顾服务工作的良好社会环境，全力营造喜迎十九大胜利召开的社会氛围。

请各地于2017年11月15日前将贯彻落实《意见》情况报部。

司法部

2017年9月21日

人力资源社会保障部、全国老龄工作委员会关于表彰全国老龄系统先进集体和先进工作者的决定

人社部发〔2017〕65 号

各省、自治区、直辖市及新疆生产建设兵团人力资源社会保障厅（局）、老龄工作委员会，全国老龄工作委员会各成员单位：

近年来，在党中央、国务院的正确领导下，在地方各级党委、政府的大力支持下，全国老龄工作系统广大干部职工高举中国特色社会主义伟大旗帜，全面贯彻党的十八大和十八届三中、四中、五中、六中全会精神，以邓小平理论、“三个代表”重要思想、科学发展观为指导，深入学习贯彻习近平总书记系列重要讲话精神，坚持“党委领导、政府主导、社会参与、全民行动”相结合，以对党和人民事业高度负责的态度，紧紧围绕老龄工作目标，凝心聚力，履职尽责，开拓创新，为推进老龄事业科学发展，确保全体老年人共享全面建成小康社会新成果作出了突出贡献，涌现出一大批先进集体和先进工作者。

为表彰先进、弘扬正气，发挥先进典型引领和示范作用，进一步激励各级老龄工作部门和广大干部职工发扬爱岗敬业、无私奉献的精神，人力资源社会保障部、全国老龄工作委员会决定，授予北京市朝阳区老龄工作委员会办公室等 40 个单位“全国老龄系统先进集体”荣誉，授予李金兰等 35 名同志“全国老龄系统先进工作者”荣誉，享受省部级先进工作者和劳动模范待遇。

希望受表彰的先进集体和个人珍惜荣誉、发扬成绩、再接再厉，不断为老龄事业科学发展创造新的业绩。全国老龄系统各级工作部门和广大干部职工，要以受到表彰的先进集体和先进工作者为榜样，紧密团结在以习近平同志为核心的党中央周围，牢固树立和贯彻落实“创新、协调、绿色、开放、共享”的发展理念，以改革创新的精神，真抓实干，推动老龄事业发展再上新台阶，以优异成绩迎接党的十九大胜利召开，为全面建成小康社会、实现中华民族伟大复兴的中国梦作出新的更大贡献！

附件：1. 全国老龄系统先进集体名单

2. 全国老龄系统先进工作者名单

人力资源社会保障部

全国老龄工作委员会

2017 年 8 月 23 日

附件 1

全国老龄系统先进集体名单（共 40 个）

北京市朝阳区老龄工作委员会办公室
天津市和平区老龄工作委员会
河北省石家庄市行唐县老龄工作委员会
山西省忻州市原平市老龄委员会办公室
内蒙古自治区巴彦淖尔市五原县民政局
辽宁省鞍山市老龄工作办公室
辽宁省朝阳市喀左县老龄工作委员会办公室
吉林省通化市通化县老龄工作委员会办公室
黑龙江省黑河市老龄工作委员会办公室
上海市徐汇区老龄工作委员会办公室
江苏省苏州市老龄工作委员会办公室
江苏省如皋市老龄工作委员会
浙江省台州市玉环市老龄工作委员会办公室
浙江省丽水市老龄工作委员会办公室
安徽省安庆市桐城市老龄工作委员会办公室
福建省厦门市老年活动中心
福建省宁德市柘荣县老龄工作委员会办公室
江西省宜春市老龄工作委员会办公室
山东省潍坊市老龄工作委员会办公室
山东省临沂市老龄工作委员会办公室
河南省洛阳市民政局
湖北省孝感市老龄工作委员会办公室

湖北省鄂州市老龄工作委员会办公室
湖南省株洲市茶陵县老龄工作委员会办公室
广东省佛山市老龄工作办公室
广西壮族自治区桂林市秀峰区老龄工作委员会
海南省昌江黎族自治县老龄工作委员会办公室
重庆市云阳县老龄工作委员会办公室
四川省南充市西充县老龄工作委员会办公室
四川省眉山市老龄工作委员会办公室
贵州省铜仁市老龄工作委员会办公室
贵州省六盘水市钟山区老龄工作委员会办公室
云南省文山壮族苗族自治州老龄工作委员会办公室
西藏自治区日喀则市老龄工作委员会办公室
陕西省西安市碑林区老龄工作委员会办公室
甘肃省酒泉市老龄工作委员会办公室
青海省海北州门源回族自治县老龄工作委员会办公室
宁夏回族自治区青铜峡市老龄工作委员会
新疆维吾尔自治区昌吉回族自治州老龄工作委员会办公室
新疆生产建设兵团第八师老龄工作委员会办公室

附件 2

全国老龄系统先进工作者名单（共 35 名）

李金兰（女）北京市顺义区社区服务总中心副主任
于曼（女）天津市河西区老龄工作委员会办公室科长
刘玉太　河北省邯郸市魏县民政局老龄工作委员会办公室负责人
郝志萍（女）山西省晋中市灵石县老龄工作委员会办公室主任
杨春雨（女，蒙古族）内蒙古自治区兴安盟扎赉特旗民政局老龄委员会办公室主任
薛惠斌　辽宁省丹东市东港市老龄工作委员会办公室主任
张玉敏（女）吉林省梅河口市老龄工作委员会办公室主任
王国栋　黑龙江省牡丹江市阳明区老龄工作委员会办公室主任
景玉龙　上海市松江区老龄工作委员会办公室副主任
郝苏明　江苏省南京市鼓楼区老龄工作委员会办公室主任科员
何旭红　浙江省金华市武义县老龄工作委员会办公室专职副主任
高维富　安徽省滁州市老龄工作委员会办公室副主任
商黎霖（女）福建省泉州市老龄工作委员会办公室副主任
李丽娟（女）江西省新余市分宜县分宜镇老龄工作委员会办公室主任
张振涛　山东省新泰市老龄工作委员会办公室副主任
葛继锋　河南省漯河市老龄工作委员会办公室专职副主任
胡小波　湖北省宜昌市老龄工作委员会办公室副主任
洪英（女）湖南省湘潭市老龄工作委员会办公室主任
黄育民　广东省江门市老龄工作办公室主任
劳春燕（女）广西壮族自治区钦州市灵山县老龄工作委员会办公室主任
庞青智　海南省琼海市老龄工作委员会办公室副主任
钟兰英（女）重庆市渝中区老龄工作委员会办公室主任
黄玖明　四川省成都市金堂县老龄工作委员会办公室主任科员
杜美先（女）贵州省毕节市七星关区老龄工作委员会办公室副主任
王春梅（女）云南省昆明市官渡区老龄工作委员会办公室主任
卫华（女，藏族）西藏自治区那曲地区老龄工作委员会办公室主任
杨映（女）陕西省渭南市老龄工作委员会办公室副主任
周小文　甘肃省陇南市成县老龄工作委员会办公室主任
刘洪　青海省海西州德令哈市老龄工作委员会办公室主任科员
陈桂香（女）宁夏回族自治区石嘴山市平罗县老龄工作委员会办公室主任
石红云（女）新疆维吾尔自治区伊犁哈萨克自治州伊宁市老龄工作委员会办公室专职副主任
蔡震　新疆生产建设兵团第十师老龄工作委员会办公室主任
张晓峰　民政部社会福利和慈善事业促进司老年人福利处处长
刘洋　财政部社会保障司养老保障处副处长
关红雯（女，满族）文化部公共文化司权益保障处处长

住房和城乡建设部、全国老龄办等5部门关于开展《无障碍环境建设条例》贯彻实施情况检查评估工作的通知

建办标函〔2017〕259号

为深入推进我国无障碍环境建设，全面提升城乡无障碍环境建设水平，做好今年全国政协“无障碍环境建设”专题双周协商会准备工作，定于2017年4月组织开展《无障碍环境建设条例》贯彻实施情况检查。现将有关事项通知如下：

一、检查目的

督促《无障碍环境建设条例》有效贯彻实施，保障“十三五”时期全国无障碍环境建设工作各项任务圆满完成，全面提升城乡无障碍环境建设水平，为残疾人、老年人、伤病人和全体社会成员参与社会生活提供更加安全、便利的环境。

二、检查依据

《残疾人保障法》《老年人权益保障法》《无障碍环境建设条例》《无障碍环境建设“十三五”实施方案》等法律、法规、政策及无障碍建设相关标准规范。

三、检查内容

《无障碍环境建设条例》主要制度落实情况。重点检查以下内容：无障碍环境建设工作推进机制建设情况；无障碍环境建设地方配套法规规章制定情况；无障碍环境建设发展规划制定与实施情况；无障碍环境建设共享理念宣传培训情况；无障碍设施建设与改造情况；信息交流无障碍建设情况；社区环境无障碍建设情况；已建无障碍设施使用维护管理情况。(具体内容详见附件2)

四、检查安排

本次检查分为省级检查和部委抽查。

(一) 省级检查

各省（区、市）住房城乡建设、通信、民政、残联和老龄主管部门应对本地区落实《无障碍环境建设条例》情况进行全面检查。对照附件2检查用表的内容，逐一填报，确保检查内容全面、统计数据准确、反映情况真实。

(二) 部委抽查

住房城乡建设部、民政部、中国残联、全国老龄办联合组成5个检查组，选择部分省（区、市）进行抽查。检查组由有关部委司局级领导带队，相关工作人员和全国无障碍建设专家委员会专家共同组成。抽查的省份需检查省会城市和至少1个地级市，具体检查时间由各检查组自行确定。检查组及抽查地区分组详见附件1。

五、检查方式

(一) 听取汇报

听取受检地区贯彻落实《无障碍环境建设条例》、推进本地区无障碍环境建设工作情况汇报。

(二) 查核资料

查阅受检地区无障碍环境建设工作制度建设、机制建立、配套法规规章、专项规划制定实施、无障碍宣传培训、设施建设维护管理等相关材料。

(三) 实地检查

从受检地区提供的城市道路、公共建筑、福利与特殊服务建筑、公共交通设施、居住建筑、居住（小）区项目清单中随机抽选项目，对无障碍设施建设和改造以及信息交流无障碍建设情况进行检查。

六、工作要求

(一) 切实提高认识

党中央、国务院高度重视无障碍环境建设，将无障碍环境作为保障残疾人、老年人等特殊群体共享社会文明成果的重要措施。要充分认识贯彻《无障碍环境建设条例》对落实五大发展理念、推进社会基本公共服务均等化的重要意义，认真履行工作职责，深入推进无障碍环境建设工作。

(二) 加强组织领导

要加强《无障碍环境建设条例》实施情况检查工作的组织领导。住房城乡建设、通信、民政、残联、老龄等部门要充分沟通、密切合作，结合本地区实际，制定详细的检查方案，突出检查的重点内容，明确责任分工，组织好本地区的检查工作，并及时报送检查情况报告，对检查中发现的问题要督促相关责任单位和人员进行整改。

(三) 实施全面检查

要按照本通知要求，对本地区无障碍环境建设情况开展全面摸底，检查报告要有情况、有数据、有分析、有结论，既要全面总结本地区在落实《无障碍环境建设条例》工作中取得的成绩和经验，也要真实反映存在的问题，不

护短、不遮丑，对下一步推进无障碍环境建设工作要有思路、有想法、有措施。

（四）检查工作时限

省级检查应于2017年4月30日前完成并形成本地区检查报告，连同本地区检查表一并报住房城乡建设部标准定额司；部委抽查于2017年4月中旬开展，各检查组在5月中旬完成检查任务，并形成检查工作报告。

（五）检查纪律要求

检查过程中严格遵守中央八项规定精神。

（六）联系人及联系方式

住房城乡建设部标准定额司　谭　华　010－58933319

工业和信息化部信息通信管理局　李秦梓　010－66025853

民政部社会福利和慈善事业促进司　焦佳凌　010－58123278

中国残联维权部　张东旺　010－66580126

全国老龄办事业发展部　周　宏　010－58122078

附件：

1. 部委检查组及抽查地区分组

2. 《无障碍环境建设条例》检查用表

住房城乡建设部办公厅

工业和信息化部办公厅

民政部办公厅

中国残疾人联合会办公厅

全国老龄办综合部

2017年4月17日

附件1

部委检查组及抽查地区分组

第1组：陕西、甘肃、辽宁

组长部门：住房城乡建设部

第2组：河北、山东、山西

组长部门：民政部

第3组：贵州、四川、重庆

组长部门：中国残联

第4组：安徽、湖南、湖北

组长部门：全国老龄办

第5组：广西、广东、福建

组长部门：住房城乡建设部

附件2

《无障碍环境建设条例》检查用表

2017年4月

表1　《无障碍环境建设条例》主要制度落实情况检查表

检查地区＿＿＿＿＿　　检查人员＿＿＿＿＿　　日期＿＿＿＿＿

序号	检查项目	重点检查内容	检查结果	备注
1	工作机制	建立政府统一领导，住房城乡建设、工业和信息化、民政、残联、老龄等部门参加的无障碍环境建设组织协调机构	有□ 无□	
		建立各司其职、协调配合的工作机制	有□ 无□	
		各职能部门在推进无障碍环境工作中发挥组织、协调作用	有□ 无□	
2	配套政策	出台无障碍环境建设地方性法规或规章	有□ 无□	
		发布实施推进无障碍环境建设政策文件	有□ 无□	
		制定无障碍环境建设地方标准	有□ 无□	

续表

序号	检查项目	重点检查内容	检查结果	备注
3	发展规划	组织编制和实施无障碍环境建设发展规划	有□ 无□	
		该规划纳入国民经济和社会发展规划	是□ 否□	
		该规划纳入城乡发展规划	是□ 否□	
4	工作经费	无障碍环境改造项目资金：年平均经费______万元	有□ 无□	
		固定的经常性工作经费：年平均经费______万元	有□ 无□	
5	宣传培训	利用电视、报纸、网络等媒体，宣传普及《无障碍环境建设条例》	有□ 无□	
		组织开展宣贯培训，普及无障碍知识和技术、标准	有□ 无□	
6	设施建设	新建道路、公共建筑、公共交通设施、居住建筑、居住区全面实现无障碍化	是□ 否□	
		新建工程无障碍设施与主体工程同步设计、同步施工、同步验收投入使用	是□ 否□	
		无障碍设施间系统连接，与周边的无障碍设施衔接协调	是□ 否□	
7	设施改造	县级以上人民政府制定既有道路和建筑物无障碍设施改造计划	有□ 无□	
		按照无障碍设施改造计划组织实施	是□ 否□	
8	信息交流	无障碍信息交流建设纳入信息化建设规划，并采取措施推进信息交流无障碍建设	有□ 无□	
		县级以上人民政府及有关部门发布重要政府信息和与残疾人相关信息提供语音、文字和手语信息交流服务	有□ 无□	
		视力残疾人参加升学、职业资格、任职考试提供盲文、电子试卷或工作人员予以协助	有□ 无□	
		电视台播出电视节目配备字幕、加配手语，影像类录像制品配备字幕	有□ 无□	
		公共图书馆开设视力残疾人阅览室，提供盲文读物、有声读物	有□ 无□	
		主要政府网站、残疾人组织的网站和政府公益网站达到无障碍网站设计标准	是□ 否□	
		公共服务机构和公共场所提供语音和文字提示、手语、盲文等信息交流服务，对工作人员进行无障碍服务技能培训	有□ 无□	
		电信业务经营者为有需求的听力、言语残疾人提供文字信息服务，为有需求的视力残疾人提供语音信息服务	有□ 无□	
9	社区环境	社区公共服务设施完善无障碍服务功能	有□ 无□	
		完善报警、医疗急救等紧急呼叫系统，方便残疾人等社会成员报警、呼救	有□ 无□	
		开展贫困残疾人、老年人家庭无障碍设施改造	有□ 无□	
		推进社区选举无障碍，为视力残疾人提供盲文选票	有□ 无□	
10	维护管理	相关主管部门制定无障碍设施的维护和监管制度	有□ 无□	
		建立社会监督机制	有□ 无□	
		设施所有权人或者管理人对无障碍设施的管理维护	是□ 否□	
		监督机构开展无障碍设施建设情况监督检查，依法查处侵占、破坏无障碍设施的行为	有□ 无□	
		建成的无障碍设施功能完好、正常使用	是□ 否□	

表 2　主要无障碍设施建设情况数据统计表

检查地区_________　　检查人员_________　　日期_________

<table>
<tr><th>序号</th><th>项目</th><th>子项</th><th>统计内容</th></tr>
<tr><td rowspan="4">1</td><td rowspan="4">城市道路</td><td>缘石坡道</td><td>新建、扩建和改建道路人行道，在各种路口、出入口及人行横道等处设置缘石坡道共________处，设置率________%</td></tr>
<tr><td>盲道</td><td>市中心位置新建、扩建和改建主干道及主要商业街、步行街的人行道设置提示盲道共________处，设置行进盲道共________米</td></tr>
<tr><td rowspan="2">人行过街设施</td><td>新建、扩建和改建道路主要位置的人行横道设置过街音响提示装置________处，设置率________%</td></tr>
<tr><td>扩建和改建的主要道路的人行天桥和人行地道设置轮椅坡道或无障碍电梯________处，设置率________%</td></tr>
<tr><td rowspan="12">2</td><td rowspan="12">公共建筑</td><td>办公科研
司法建筑</td><td>新建、扩建和改建项目数量：________个，设置无障碍设施的项目所占比例：________%</td></tr>
<tr><td>教育建筑</td><td>新建、扩建和改建项目数量：________个，设置无障碍设施的项目所占比例：________%</td></tr>
<tr><td>医疗康复建筑</td><td>新建、扩建和改建项目数量：________个，设置无障碍设施的项目所占比例：________%</td></tr>
<tr><td>体育建筑</td><td>新建、扩建和改建项目数量：________个，设置无障碍设施的项目所占比例：________%</td></tr>
<tr><td>观演建筑</td><td>新建、扩建和改建项目数量：________个，设置无障碍设施的项目所占比例：________%</td></tr>
<tr><td>文化纪念建筑</td><td>新建、扩建和改建项目数量：________个，设置无障碍设施的项目所占比例：________%</td></tr>
<tr><td>商业服务建筑</td><td>新建、扩建和改建项目数量：________个，设置无障碍设施的项目所占比例：________%</td></tr>
<tr><td>城市广场</td><td>新建、扩建和改建项目数量：________个，设置无障碍设施的项目所占比例：________%</td></tr>
<tr><td>城市绿地</td><td>新建、扩建和改建项目数量：________个，设置无障碍设施的项目所占比例：________%</td></tr>
<tr><td>汽车加油加气站</td><td>新建、扩建和改建项目数量：________个，设置无障碍设施的项目所占比例：________%</td></tr>
<tr><td>高速公路服务区</td><td>新建、扩建和改建项目数量：________个，设置无障碍设施的项目所占比例：________%</td></tr>
<tr><td>室外公共厕所</td><td>新建、扩建和改建项目数量：________个，设置无障碍设施的项目所占比例：________%</td></tr>
</table>

续表

序号	项目	子项	统计内容
3	福利和特殊服务建筑	特殊教育学校	新建、扩建和改建项目数量：_______个，设置无障碍设施的项目所占比例：_______%
		残疾人综合服务设施	新建、扩建和改建项目数量：_______个，设置无障碍设施的项目所占比例：_______%
		残疾人福利机构	新建、扩建和改建项目数量：_______个，设置无障碍设施的项目所占比例：_______%
		儿童福利机构	新建、扩建和改建项目数量：_______个，设置无障碍设施的项目所占比例：_______%
		养老机构和老年人服务设施	新建、扩建和改建项目数量：_______个，设置无障碍设施的项目所占比例：_______%
4	公共交通设施	轨道交通车站	新建、扩建和改建项目数量：_______个，设置无障碍设施的项目所占比例：_______%
		民用机场旅客航站区	新建、扩建和改建项目数量：_______个，设置无障碍设施的项目所占比例：_______%
		铁路旅客车站	新建、扩建和改建项目数量：_______个，设置无障碍设施的项目所占比例：_______%
		公共汽车站	新建、扩建和改建项目数量：_______个，设置无障碍设施的项目所占比例：_______%
		港口客运站	新建、扩建和改建项目数量：_______个，设置无障碍设施的项目所占比例：_______%
		公共停车场	新建、扩建和改建项目数量：_______个，设置无障碍设施的项目所占比例：_______%
		长途汽车客运站	新建、扩建和改建项目数量：_______个，设置无障碍设施的项目所占比例_______%
		公交车	新投入无障碍公交车：_______辆，占总量比例_______%
		出租车	新投入无障碍出租车：_______辆，占总量比例_______%
5	居住小区与居住建筑	居住小区	新建、扩建和改建的居住小区数量：_______，设置无障碍设施的项目所占比例：_______%
		居住建筑	新建、扩建和改建的居住建筑数量：_______，设置无障碍设施的项目所占比例：_______%

注：新建、扩建和改建项目界定，以《无障碍环境建设条例》2012年8月1日施行日期为节点。

表 3　主要无障碍设施改造情况数据统计表

检查地区________　　检查人员________　　日期________

序号	项目	子项	统计内容
1	既有城市道路	缘石坡道	列入改造计划的人行道及人行横道各种路口数量共_____处，已实施坡化改造数量共_____处，坡化改造率_____%
		人行过街设施	列入改造计划的人行横道路口数量共_______处，已加装过街音响提示装置_______处，改造率_______%
			列入改造计划的人行天桥和人行地道数量共_______处，设置轮椅坡道或无障碍电梯_______处，改造率_______%
2	既有公共建筑	办公科研司法、教育、医疗康复、体育、观演、文化纪念、商业服务建筑以及城市广场、城市绿地、汽车加油加气站、高速公路服务区、室外公共厕所	列入改造计划的公共建筑项目数量共：_______个，实施无障碍改造项目数量共：_______个，改造率：_______%
3	既有福利和特殊服务建筑	特殊教育学校、残疾人综合服务设施、残疾人福利机构、儿童福利机构、养老机构和老年人服务设施	列入改造计划的福利和特殊服务建筑项目数量共：_______个，实施无障碍改造项目数量共：_______个，改造率：_______%
4	既有公共交通设施	轨道交通车站、民用机场旅客航站区、铁路旅客车站、公共汽车站、港口客运站、公共停车场、	列入改造计划的公共交通设施项目数量共：_______个，实施无障碍改造项目数量共：_______个，改造率：_______%
		轨道交通车辆	无障碍改造数量：_______占纳入无障碍改造计划的轨道交通车辆的比例：_______%
		公共汽车	无障碍改造数量：_______占纳入无障碍改造计划的公共汽车的比例：_______%
		电车	无障碍改造数量：_______占纳入无障碍改造计划的电车的比例：_______%
		客运船舶	无障碍改造数量：_______占纳入无障碍改造计划的客运船舶的比例：_______%
5	既有居住小区与居住建筑	居住小区	列入改造计划的居住小区数量共：_______个，实施无障碍改造项目数量共：_______个，改造率：_______% 其中：老旧小区加装电梯的小区数量_______个、比例：_______%
		居住建筑	列入改造计划的居住建筑数量共：_______个，实施无障碍改造项目数量共：_______个，改造率：_______% 其中：更换电梯选用无障碍电梯的建筑物比例：_______%
6	家庭无障碍改造	贫困重度残疾人家庭	无障碍改造户数：_______占全部贫困重度残疾人家庭的比例：_______%
		老年人家庭	无障碍改造户数：_______占全部老年人家庭的比例：_______%

注：既有项目界定，以《无障碍环境建设条例》2012 年 8 月 1 日施行日期为节点。

表 4　信息交流无障碍环境建设情况数据统计表

检查地区________　　检查人员________　　日期________

序号	项目	统计内容
1	电视节目字幕、手语	电视台播放配播手语节目______个，每次时长______分钟
		电视台播放加配字幕节目______个，占总节目______%
2	图书馆开设盲人阅览室	图书馆开设盲人阅览室______个，占图书馆______%
3	无障碍网站	新建或改造无障碍网站______个
4	公共服务机构和公共场所信息无障碍	为残疾人等提供语音和文字提示、手语、盲文等信息交流的公共服务机构、场所______个，占总数______%
5	电信服务无障碍	电信运营商为残疾人等提供______________服务
6	无障碍报警、医疗急救	开设残疾人短信报警、医疗急救等呼叫号码______个

国家新闻出版广电总局、全国老龄办关于公布2016年全国敬老养老助老公益广告作品征集评选结果的通知

新广电发〔2017〕6号

各省、自治区、直辖市及新疆生产建设兵团新闻出版广电局、老龄工作委员会办公室，计划单列市老龄工作委员会办公室，中央三台，电影频道节目中心，中国教育电视台：

为充分利用好广播电视公益广告这一载体，发挥其形象化、可视性、传播快等特点，深入宣传贯彻中央领导同志的指示精神，推进社会主义核心价值体系建设，培育知荣辱、讲正气、作奉献、促和谐的良好风尚，弘扬敬老养老助老的中华民族传统美德，今年5至9月份，国家新闻出版广电总局、全国老龄工作委员会办公室联合开展了2016年全国敬老养老助老主题公益广告作品征集评选活动。活动共评出一、二、三类作品及优秀类、鼓励类作品共59件，优秀组织机构15家。现将评选结果予以公布（参见附件1、2、3）。

根据《国家新闻出版广电总局 全国老龄工作委员会办公室关于联合举办2016年全国敬老养老助老公益广告作品征集暨展播活动的通知》（新广电发〔2016〕98号）要求，此次活动评选出的一、二、三类作品将纳入“全国优秀广播电视公益广告作品库”。自即日起至2017年10月31日，全国各级广播电视播出机构可以从作品库中下载相关作品进行集中展播。各级新闻出版广电和老龄部门要遵照《通知》要求，认真做好展播的组织监督工作。

展播活动结束后，各级老龄部门要会同各级播出机构如实填写《2016年全国敬老养老助老公益广告展播情况统计表》，经双方签字盖章确认后分别上报省级广播影视部门及老龄部门。省级部门在汇总统计后，于2017年11月15日前将统计结果报送至国家新闻出版广电总局和全国老龄工作委员会办公室。国家新闻出版广电总局和全国老龄工作委员会办公室将根据作品展播情况，评选出“优秀展播机构”，并给予相应资金扶持。

附件1：2016年全国敬老养老助老主题公益广告作品征集活动广播类优秀作品名单

附件2：2016年全国敬老养老助老主题公益广告作品征集活动电视类优秀作品名单

附件3：2016年全国敬老养老助老主题公益广告作品征集活动优秀组织机构名单

附件4：2016—2017年全国敬老养老助老公益广告作品展播情况统计表（略）

国家新闻出版广电总局

全国老龄工作委员会办公室

2017年1月5日

国家新闻出版广电总局联系人：许旭，010—86098540。

全国老龄工作委员会办公室联系人：李伟旭，010—58122106。

附件 1

2016 年全国敬老养老助老公益广告作品征集活动 广播类优秀作品名单

类别	作品名称	报送单位
一类作品	等一等父母	北京广播电视台
二类作品	数字篇	中央人民广播电台
	让父母与时俱进	北京广播电视台
三类作品	孝字篇	中央人民广播电台
	没事儿 有我呢	云南广播电视台
	最干净的那双手	山东省老龄办山东人民广播电台经济广播
优秀类	孝是最温馨的事	中央人民广播电台
	原来那么美	北京广播电视台
	父母的两面	天津广播电视台
	老年新手司机	杭州市广播电视台综合广播
	爷爷泡的茶	广西人民广播电台
	陪伴	上海广播电视台
	回家吃饭	陕西广播电视台
	按响门铃	山西广播电视台
	关爱老人“卡拉 OK”篇	湖北广播电视台楚天交通广播
鼓励类	妈妈和我	北京广播电视台
	守岁篇	中央人民广播电台
	陈斌强篇	中央人民广播电台
	孝老爱亲之购物	中央人民广播电台
	关爱空巢老人之时间篇	中央人民广播电台
	我们想做得再多一点	中央人民广播电台
	你的声音	北京广播电视台
	关爱老人	辽宁广播电视台
	有问必答的男人	贵州广播电视台经济广播
	最好的爱是陪伴	重庆市铜梁区广播电视台
	关爱老人 让爱回家	长沙市人民广播电台
	别让爱 再等待	嘉峪关市广播电视台交通广播
	时间	内蒙古锡林郭勒盟多伦县广播电视台
	常回家看看 多尽尽孝心	沙雅县广播电视台
	陪伴是对父母最长情的告白	吉林省白山市人民广播电台

附件 2

2016 年全国敬老养老助老公益广告作品征集活动电视类优秀作品名单

类别	作品名称	报送单位
一类作品	父亲的旅程	中央电视台
二类作品	善待老人就是善待明天的自己系列	湖南广播电视台公共频道
	教爸爸走路	个人
三类作品	时光倒流	中央电视台
	反哺少年 孝心无价	北京市房山区广播电视台
	爱不止	江苏卡龙动画影视传媒股份有限公司
优秀类	孝道 A	北京市石景山区广播电视台
	敬爱老人 不只在重阳	上海幻维数码创意科技有限公司
	不要让她太孤单	黑龙江广播电视台
	社区养老 身边都是老街坊 B	北京市石景山区广播电视台
	孝亲敬老 从沟通开始	安阳市广播电视台
	爱在席间	芒市广播电视台
	时光流变 守望不变	长沙市电视台
	黄手环在行动 把爱带回家	济宁市任城区老龄办
鼓励类	陪伴是最好的爱	山东省老龄办山东电视台少儿频道
	孝敬老人乖宝宝	山东电视台少儿频道
	时间不等人	宁波市暴风动漫有限公司
	我们的中国梦 责任篇	上海东方电视购物有限公司
	关爱老人——记得常回家看看	湖州市广播电视台
	让敬老的阳光洒满龙江大地	黑龙江省老龄工作委员会办公室
	妈妈的味道 家的味道	黑龙江广播电视台
	倾听也是孝 B	北京市石景山区广播电视台
	感恩父母 他们给过我们全部的爱	天津广播电视台新闻频道
	点亮	云南广播电视台
	别让回家成了老人最孤单的时刻	荆门市广播电视台
	多看看父母 趁他们还年轻	嘉峪关市广播电视台
	剪·爱	重庆市江津区广播电视台
	从“心”认识你的父母	陕西广播电视台公共频道
	他在等你 记得回家	辽宁省辽阳市老龄办辽阳市广播电视台

附件 3

2016 年全国敬老养老助老公益广告作品征集活动优秀组织机构名单

类别	机构名称
一类	中央人民广播电台
二类	北京市新闻出版广电局
	东莞市老龄工作委员会办公室
三类	北京市石景山区广播电视台
	杭州市广播电视台
	中央电视台
优秀类	黑龙江广播电视台
	山东省新闻出版广电局
	河北省新闻出版广电局
	甘肃嘉峪关市广播电视台
	甘肃省新闻出版广电局
	山东省老龄工作委员会办公室
	青岛市老龄工作委员会办公室
	吉林省白城市老龄工作委员会办公室
	辽宁省辽阳市老龄工作委员会办公室

国家新闻出版广电总局、全国老龄办关于联合举办 2017 年全国敬老养老助老公益广告作品征集暨展播活动的通知

新广电发〔2017〕65 号

各省、自治区、直辖市新闻出版广电局、老龄工作委员会办公室，新疆生产建设兵团新闻出版广电局、老龄工作委员会办公室，计划单列市老龄工作委员会办公室，中央三台，电影频道节目中心，中国教育电视台：

2016 年，国家新闻出版广电总局、全国老龄工作委员会办公室联合举办了全国敬老养老助老公益广告作品征集暨展播活动，涌现出一批主题突出、社会效应好、群众认可度高的优秀作品，受到社会各界广泛好评。为充分利用好公益广告这一载体，发挥其形象化、可视性、传播快等特点，深入宣传贯彻习近平总书记关于推动老龄事业全面协调可持续发展的重要讲话精神，推进社会主义核心价值体系建设，培育知荣辱、讲正气、作奉献、促和谐的良好风尚，弘扬敬老养老助老的中华民族传统美德，国家新闻出版广电总局、全国老龄工作委员会办公室决定联合开展

2017年全国敬老养老助老公益广告作品征集暨展播活动。现将有关事宜通知如下：

一、总体要求

以弘扬敬老养老助老社会风尚为主题，活动采取向社会公开征集的方式进行，引导提升敬老公益广告设计创作水平，推出一批导向正确、创意新颖、表现丰富、群众接受度高的优秀敬老广播电视公益广告作品。获奖作品组织在全国进行展播，以弘扬正风正气，推动各地更加重视老龄工作，推动全社会更加孝亲敬老，关爱老年人，促进代际和谐与家庭和睦，为积极开展应对人口老龄化行动，促进老龄事业持续健康发展营造良好社会氛围。

二、宣传主题

要充分落实和体现习近平总书记关于“坚持党委领导、政府主导、社会参与、全民行动相结合，坚持应对人口老龄化和促进经济社会发展相结合，坚持满足老年人需求和解决人口老龄化问题相结合，努力挖掘人口老龄化给国家发展带来的活力和机遇，努力满足老年人日益增长的物质文化需求，推动老龄事业全面协调可持续发展”的总要求，挖掘和阐发中华优秀传统文化讲仁爱、重民本、守诚信、崇正义、尚和合、求大同的时代价值，大力凸现敬老养老助老的主要内涵、实践要求、行为方式，引导全社会自觉敬重老年人，传承中华文化，使敬老养老助老成为社会风尚。大力凸现中华民族传统家庭美德，引导人们注重家庭、注重家教、注重家风，弘扬中华孝道，使社会主义核心价值观在家庭亲情里生根开花。大力凸现助人为乐、团结友善、济困帮贫的价值追求，引导助老志愿服务，给予老年人更多生活上的帮助和精神上的安慰，让老年人有更多温暖感、获得感，使所有的老年人都能安享幸福晚年。

三、活动时间

全国敬老养老助老公益广告作品征集评选时间：2017年4月至2017年11月。

全国敬老养老助老公益广告优秀作品展播时间：2017年12月至2018年11月。

四、活动组织

（一）本次活动由国家新闻出版广电总局和全国老龄办联合主办。其中，国家新闻出版广电总局负责活动宣传报道、组织刊播机构参与创作、协调优秀作品展播等工作；全国老龄办负责协调落实活动资金，组织各级老龄办和社会各界力量创作公益广告等工作。此外，各级新闻出版广电部门和老龄办参照上述分工，分别负责本辖区内有关工作。

（二）本次活动由中国传媒大学全国公益广告创新基地承办。负责整个征集活动（包括初选、复选、网络投票评选等活动）的策划与执行工作，负责联合有关机构与同业人士共同完成上述工作。

五、参加方式

（一）参加对象：面向全国各级老龄部门及社会各界征集优秀敬老公益广告作品，电台、电视台、新闻出版单位、影视制作机构、高等院校及个人均可报名参加，鼓励各级老龄部门与电台、电视台联合制作老龄公益广告作品。

（二）报名方式：参加本次作品征集活动人员需认真填写活动报名表，连同作品的图音视频光盘、设计说明一同寄到组委会进行报名，同时将以上资料电子版发送至组委会指定邮箱，邮件标题格式为“2017年全国敬老养老助老公益广告征集活动作品－作者名－作品名”。提交作品文件名称需与参赛表中的名称保持一致。报名截止时间为2017年9月30日。

组委会联系人（收件人）：和群坡，刘林清，010—65783234、13801318145、18500298052；报名邮寄地址：北京市朝阳区定福庄东街1号中国传媒大学广告学院（全国公益广告创新研究基地），邮编：100024；邮箱：ssgygg2016@163.com

国家新闻出版广电总局联系人：许旭 010—86098540

全国老龄办联系人：李伟旭 010—58122106

附件：

1.2017年全国敬老养老助老公益广告作品创作要求

2.2017年全国敬老养老助老公益广告作品征集活动评审办法

3.2017年全国敬老养老助老公益广告作品征集活动展播安排

4.2017年全国敬老养老助老公益广告作品征集活动报名表（略）

5.2017年全国敬老养老助老公益广告作品展播情况统计表（略）

国家新闻出版广电总局

全国老龄工作委员会办公室

2017年3月31日

附件 1

2017 年全国敬老养老助老公益广告作品创作要求

本次活动征集的作品共分电视类公益广告、广播类公益广告和平面设计类公益广告三种形式。其中，电视类公益广告和广播类公益广告时长分别为 15 秒、30 秒、45 秒、1 分钟；平面设计类公益广告作品尺寸为 A1（841×594mm）幅面。相关要求如下：

一、创作要求

设计制作全国敬老养老助老公益广告，要紧扣敬老养老助老主题，凝聚正能量，弘扬新风尚，回应社会各界和广大老年人密切关注的重点、热点和难点问题，贴近大众审美情趣，做到思想性、艺术性和观赏性的有机统一，做到“美起来”、“动起来”、“活起来”。

（一）征集活动要遵守法律法规，创作单位和个人应签署原创承诺，保证对作品拥有完全知识产权，不得抄袭、模仿。

（二）公益广告创作要善于从基层一线以及老年人身边选取题材，情景交融地展示改革所带来的变化，使受众爱听爱看。

（三）提倡风格多样、百花齐放，可将各地民族、文化和地方特色融入到广告中来，可选取实景、动漫、乐曲等多种表现形式，使公益广告易于被不同受众群体接受和喜好。

（四）公益广告创作中可积极探索运用现代科技手段，为广告注入现代气息和时尚元素，运用新颖别致的表现形式吸引人、打动人。

二、技术标准

（一）电视类作品。1. 高清：分辨率不得低于 1280×720（16∶9）或 960×720（4∶3），码率不得低于 8M/秒，格式以 MP4 等主流高清通用格式为主。2. 动画：需转换为相应视频格式后提交，如 AVI、MP4 等视频格式（高清标准参照第一条）。请勿提交 flv 等动画格式。

（二）广播类作品。不低于 16 位，比特率不低于 128kbps，采样频率不低于 22.05khz，格式应以 MP3、WMA 等主流音频格式为主。

（三）平面设计类作品。光盘报送作品图片格式为 jpg，色彩模式 RGB，分辨率 300 像素/英寸，规格 A1（841×594mm）。电子邮件提交格式为 jpg，色彩模式 RGB，分辨率 72 像素/英寸，规格 A4（297×210mm）。评审组委会确定拟入围作品后，组委会向参评者调取原始数据文件（分层文件或矢量文件等），未按期提供者视为自动放弃入围资格。

附件 2

2017 年全国敬老养老助老公益广告作品征集活动评审办法

本次全国敬老养老助老公益广告作品征集活动评审工作由活动组委会统一组织部署，采取组委会评审、社会公众评审和专家组评审相结合的方式，坚持公平、公正、公开原则，通过竞争择优的方式，最终确定优秀作品名单。

一、项目设置

（一）广播类优秀作品：一类作品 1 个，扶持资金 1 万元；二类作品 2 个，扶持资金 5000 元；三类作品 3 个，扶持资金 2000 元；优秀作品 9 个，扶持资金 1000 元。

（二）电视类优秀作品：一类作品 1 个，扶持资金 10 万元；二类作品 2 个，扶持资金 5 万元；三类作品 3 个，扶持资金 2 万元；优秀作品 9 个，扶持资金 2000 元。

（三）平面设计类优秀作品：一类作品 1 个，扶持资金 1 万元；二类作品 2 个，扶持资金 5000 元；三类作品 3 个，扶持资金 2000 元；优秀作品 9 个，扶持资金 1000 元。

（四）优秀组织机构：一类 1 个，扶持资金 5 万元；二类 2 个，扶持资金 3 万元；三类 3 个，扶持资金 1 万元；优秀类 9 个，扶持资金 2000 元。

（五）优秀展播机构：一类 1 个，扶持资金 20 万元；二类 1 个，扶持资金 10 万；三类 1 个，扶持资金 5 万元。

对优秀作品及单位由国家新闻出版广电总局和全国老

龄办联合颁发荣誉证书。

二、评审安排

本次征集活动评审分为作品评审和优秀组织机构、优秀展播机构评审两个部分。

（一）作品评审。分为初选、复选、终评三个阶段进行。

1.初选阶段（2016年10月1日至15日）：组委会首先对征集作品进行初选，评分后进入复选，复选不限名额。

2.复选阶段（2016年10月16日至11月15日）：进入复选的作品将在合作网站上进行展播，通过网站、报纸、广播、电视媒体宣传此次投票活动，征集全国公众投票，最终根据作品得票数及初选得分情况确定进入终评100部，其中包括50部电视类作品和50部广播类作品。

3.终评阶段（2016年11月16日至30日）：由组委会组织专家评委进行评分，并结合初选、复选成绩确定一二三类及优秀类作品。

（二）优秀组织机构、优秀展播机构评审

1.优秀组织机构将根据作品征集组织和优秀作品情况，由组委会综合进行评定。

2.优秀展播机构将根据公益广告作品展播次数、时长、时段、覆盖范围、宣传效果、征集活动宣传力度，以及本台新闻专题等其他节目形式配合老龄宣传工作等情况，由组委会在展期后综合进行评定。

三、网络投票方式

复赛阶段网络投票环节，社会公众可以登录全国老龄工作委员会办公室官方网站（www. cncaprc. gov. cn）和广告博物馆官方网站（www. admuseum. cn）参与投票。

四、作品使用

（一）一、二、三类作品将在全国各级电台、电视台、报纸、期刊集中展播。

（二）一、二、三类作品将推荐给高铁、航空、地铁移动电视、电影院线、视频网络、社会媒介等平台播出。

（三）全部优秀作品将纳入国家新闻出版广电总局“优秀公益广告作品库”，供全国各类播出机构下载播出。

（四）全部优秀作品将在老龄系统各级官方网站、微信平台等展播。

五、相关要求

（一）参加本次征集活动的作品必须由作者本人参与创作（合作作者可联名参加），作者应确认拥有其作品的著作权，如因此引起任何相关法律纠纷，由作者本人承担法律责任。

（二）作者应保证送选作品将不会涉及肖像权、名誉权、隐私权、著作权、商标权等法律纠纷，否则由作者本人承担法律责任。

（三）本次征集活动拒绝任何可能与国家法律法规相抵触的作品。

（四）除非特别申明，送选作品可被主办单位无偿用于与本次征集活动相关的宣传活动；主办单位拥有将优秀作品出版音像制品的优先权利。

（五）活动规则最终解释权归主办单位；凡递交作品，即视为同意上述法律问题说明。

附件3

2017年全国敬老养老助老公益广告作品征集活动展播安排

为进一步扩大本次敬老养老助老公益广告作品征集活动影响力，提升宣传效果，由国家新闻出版广电总局统一部署，在全国各级电台、电视台、报纸、期刊等集中展播敬老养老助老公益广告，展播时间为2017年12月至2018年11月。现就有关事项通知如下：

一、各级老龄工作委员会办公室要高度重视本次敬老养老助老公益广告征集活动作品展播工作，把作品展播作为推动各地更加重视老龄工作，推动全社会更加孝亲敬老，关爱老年人，促进代际和谐与家庭和睦的重要途径，加强同新闻出版广播影视部门的联系沟通，力争将展播活动做好、做强、做出影响。

二、敬老养老助老公益广告作品可从国家新闻出版广电总局“优秀公益广告作品库”中下载播出，同时鼓励各级展播机构自制敬老养老助老公益广告作品并刊播。

三、各级新闻出版广电部门要积极同老龄部门进行合作，组织协调所辖电台、电视台、报纸、期刊参与敬老公益广告征集活动作品展播工作。取得老龄部门资金补贴的展播机构，电台、电视台每周播出敬老公益广告数量不少于3次，其中，黄金时段不少于1次；各省（区、市）和省会、副省级城市党报、晚报、都市报，每月刊登总量不少于4个整版；各省（区、市）和省会、副省级城市时政类期刊，每期至少刊登1个页面；其他大众生活、文摘类期刊，每两期至少刊登1个页面。

四、各级老龄部门在与展播机构合作开展展播活动过程中，有条件的地区，可结合敬老公益广告刊播次数、时长及新闻专题等其他形式的老龄宣传节目播出情况，给予一定资金补贴。电视类播出机构参考资金补贴标准为：省级电视台每年每台3万元、地市级电视台每年每台2万元、县级电视台每年每台1万元；广播类播出机构参考资金补贴标准为：省级电台每年每台2万元、地市级电台每年每台1万元、县级电台每年每台0.5万元；平面设计类刊播机构参考资金补贴标准为：省级报刊每年每种1万元、其他各级报刊每年每种0.5万元。

五、各级展播机构负责敬老公益广告播出统计工作，老龄部门负责公益广告展播的监听、监看工作。敬老公益广告征集活动作品展播工作结束后，各级展播机构同老龄部门要认真填写《全国敬老养老助老主题公益广告展播情况统计表》，经双方签字盖章确认后分别上报省级新闻出版广播影视部门和老龄部门，省级部门在汇总统计后，于2018年12月15日前将统计结果报送至国家新闻出版广电总局和全国老龄办。

国家新闻出版广电总局联系人：许旭，联系电话：010－86098540。

全国老龄办联系人：李伟旭，联系电话：010－58122106。

国家新闻出版广电总局办公厅、全国老龄办综合部关于开展2017年向全国老年人推荐优秀出版物活动的通知

新广出办发〔2017〕44号

各省、自治区、直辖市新闻出版广电局、老龄工作委员会办公室，新疆生产建设兵团新闻出版广电局、老龄工作委员会办公室，中央军委政治工作部宣传局，中央和国家机关各部委、各民主党派、各人民团体出版单位主管部门，中国出版集团公司，中国教育出版传媒集团有限公司，中国科技出版传媒集团有限公司：

为全面贯彻落实党的十八大和十八届三中、四中、五中、六中全会精神，深入学习贯彻习近平总书记系列重要讲话精神和治国理政新理念新思想新战略，大力推动全民阅读，进一步丰富老年人的精神文化生活，为党的十九大召开营造良好文化氛围，国家新闻出版广电总局与全国老龄工作委员会办公室决定，2017年继续开展向全国老年人推荐优秀出版物活动。现将有关事项通知如下：

一、组织申报工作

各地新闻出版广电行政部门和中央出版单位主管部门，要以高度的责任感，周密部署，精心组织，充分调动出版单位的积极性，加强对所辖、所属出版单位申报优秀出版物工作的指导，认真审核各出版单位报送的样本和材料，并集中报送。

二、申报范围和重点

申报范围为2016年1月以来出版发行的优秀出版物，包括图书、音像制品和电子出版物。每家出版单位报送图书数量不超过3种，同时报送图书、音像或电子出版物的出版单位报送数量不超过5种。

报送出版物要反映时代风貌，贴近百姓生活，符合老年人的阅读特点和需求。注重思想性、艺术性、可读性相统一，有利于开展习近平总书记系列重要讲话精神和治国理政新理念新思想新战略等主题宣传，有利于加强中国梦和社会主义核心价值观宣传教育，有利于弘扬中华民族优秀文化和传统美德，有利于丰富老年人的阅读和精神文化生活，有利于引导老年人树立积极老龄化、健康老龄化的理念，有利于倡导老年人终身学习、奉献社会、自尊自爱的时代风尚。在内容上可涉及老年人生活的医、食、住、用、行、娱等各个方面，在形式上要便于老年人阅读，提倡大字号本、有声读物。

三、申报程序和时间

出版单位申报时需要填报《向全国老年人推荐优秀出版物申报表》（见附件），并提供样本每种3册（盘）。各出版单位的申报材料由各地新闻出版广电行政部门或中央出版单位主管部门汇总审核、盖章后，于2017年8月15日前统一邮寄、报送至华龄出版社（地址：北京市朝阳区东大桥斜街4号；邮编：100020；联系人：李梦娇；电

话：010－84033707 或 13521677935；传真：010－84049572。申报表及电子版文件于 8 月 15 日前发至邮箱：554501563@qq. com。

总局和全国老龄办将组织有关专家对各出版单位报送的出版物进行评议，向全国老年人推荐一批优秀出版物，并在 10 月份“敬老月”期间组织开展主题阅读活动。相关部门要充分发挥中央和地方各级党报、党刊、电台、电视台及网络媒体的宣传作用，开设活动专题和专栏，宣传推介优秀出版物，引领老年人阅读风尚。

附件：1. 向全国老年人推荐优秀出版物（图书）申报表（略）

2. 向全国老年人推荐优秀出版物（音像电子出版物）申报表（略）

国家新闻出版广电总局办公厅
全国老龄工作委员会办公室综合部
2017 年 6 月 28 日

国家新闻出版广电总局办公厅、全国老龄办综合部关于公布 2017 年向全国老年人推荐优秀出版物的通知

新广出办发〔2017〕70 号

各省、自治区、直辖市新闻出版广电局、老龄工作委员会办公室，新疆生产建设兵团新闻出版广电局、老龄工作委员会办公室，中央军委政治工作部宣传局，中央和国家机关各部委、各民主党派、各人民团体出版单位主管部门，中国出版集团公司，中国教育出版传媒集团有限公司，中国科技出版传媒集团有限公司：

为全面贯彻落实党的十九大精神，深入贯彻习近平新时代中国特色社会主义思想，弘扬孝老爱亲中华优秀传统文化，大力推动全民阅读，进一步丰富老年人的精神文化生活，国家新闻出版广电总局与全国老龄工作委员会办公室共同开展了 2017 年向全国老年人推荐优秀出版物活动。经专家评审、质量检查和媒体公示等严格程序，最终确定了 2017 年向全国老年人推荐的优秀出版物（目录详见附件）。现将有关要求通知如下。

一、切实加强宣传推广

各省级新闻出版广电局和老龄工作委员会办公室要积极开展向全国老龄读者宣传推荐入选的优秀出版物，组织各类媒体加强对入选出版物的宣传推介，把优秀出版物推荐给广大老龄读者，并可将这批优秀出版物纳入农家书屋、社区书屋目录，充分发挥引领示范作用。

二、广泛举办展示展销

各省级新闻出版广电局要组织出版单位、发行单位认真做好入选出版物的展示展销工作。在“敬老月”期间，各实体书店和网络书店要开展优秀出版物展示展销活动，中心城市新华书店要设立专柜、专架，集中展示展销向全国老年人推荐的优秀出版物。各相关单位要切实做好优秀老年人出版物的出版、供货、货源储备等工作，以优质的服务、优惠的价格向广大老龄读者提供更好更多的优秀出版物。

三、深入开展阅读活动

各省级新闻出版广电局和老龄工作委员会办公室要结合全民阅读活动、“敬老月”活动以及其他部门组织的敬老助老活动，充分利用向老年人推荐的优秀出版物，开展形式多样的阅读活动，吸引老龄读者积极参与，不断丰富老年人的精神文化生活。

四、认真做好总结工作

国家新闻出版广电总局和全国老龄工作委员会办公室将对入选出版物的出版单位予以表扬，并颁发入选证书。各省级新闻出版广电局和中央出版单位主管部门也要认真总结本地区本部门的推荐工作，表扬在此次活动中表现突出的出版单位。各相关出版单位要认真学习借鉴这批优秀出版物的出版经验，重视和加强老龄读物出版工作，为营造敬老养老助老的和谐社会风尚贡献力量。

附件：2017 年向全国老年人推荐优秀出版物目录

国家新闻出版广电总局办公厅
全国老龄工作委员会办公室综合部
2017 年 10 月 25 日

附件

2017年向全国老年人推荐优秀出版物目录

图书类			
序号	书名	作者	出版单位
人文历史类			
1	习近平讲故事	人民日报评论部著	人民出版社
2	习近平的七年知青岁月	中央党校采访实录编辑室 著	中共中央党校出版社
3	中国共产党的九十年	中共中央党史研究室 著	中共党史出版社　党建读物出版社
4	周恩来最后600天	顾保孜 著　杜修贤 摄	中国青年出版社
5	世界是这样知道长征的：长征叙述史	丁晓平 著	中国青年出版社
6	穿越历史时空看长征	王新生 著	中共党史出版社
7	红色家书	《红色家书》编写组编	党建读物出版社
8	邮票上的人民军队	福建省政协文史和学习委员会等 编	福建人民出版社
9	讲传统 话作风——家风的故事	中共北京市委市直属机关工作委员会 编	北京工艺美术出版社
10	中国家规	中央纪委监察部网络中心 编	中国方正出版社
11	乡愁·中国	《乡愁·中国》编委会 编　李谨羽 译	北京出版社
12	中国故事：中华文明五千年	中共北京市委宣传部等组织编写	北京出版社
13	历史从未走远——王立群读史札记	王立群 著	大象出版社
14	五百年来王阳明	郦波 著	上海人民出版社
文学艺术类			
1	“中国传统文化经典选读”丛书	谢思炜 陈祖美等 选注	人民文学出版社
2	朗读者	董卿 主编	人民文学出版社
3	中国纹样	欧文·琼斯 著　侯晓莉 译	上海古籍出版社
4	珍物：中国文艺百人物语	《生活月刊》编著	上海译文出版社
5	旧京图说	北京日报《旧京图说》编写组 编著	北京日报出版社
6	春秋五霸	袁阔成 袁田 著	北方文艺出版社
7	身边汉字·花草字传	张一清 著　梁艳 读	山东友谊出版社
8	品园	陈从周 著	江苏凤凰文艺出版社
9	学古琴：古琴自学教程	杨青 主编	人民音乐出版社
10	中国绘画史	郑为 著	中国美术学院出版社
11	成人学书法	岳崇 著	现代出版社
养生保健类			
1	全民健康十万个为什么（第二辑）	钟南山 主编	北京出版社
2	爱上慢慢变老的自己：专业医生给你的57个实用身心提醒	刘秀枝 著	电子工业出版社
3	微养生	杨力 著	河南科学技术出版社

续表

序号	书名	作者	出版单位
4	健康人生 快乐百年（第3版）	马有度 著	重庆大学出版社
5	150个特效穴位对症按摩	吴中朝 主编	江苏凤凰科学技术出版社
6	胡大一医生浅谈心脏健康	胡大一 主编	中国轻工业出版社科学技术文献出版社
7	中老年人健康攻略	熊旭东 朱梅萍 主编	上海科学技术文献出版社
生活休闲及其他类			
1	听戏慢时光	石呈祥 著	北京联合出版公司
2	广场舞健康跳	蔡向红 编著	科学技术文献出版社
3	带好孙，教好孙——隔代教育好方法	黄芳 张国杰 著	广东人民出版社
4	老有所乐——爷爷奶奶去哪儿	刘新华 编著	西南财经大学出版社
5	中国老年人居家照护指南	史宝欣 主编	华龄出版社
6	银发声音	马全祥 著	华龄出版社
7	让您的岁月更优雅——漫话老年礼仪	冯兰 李荣建 关一鸿 编著	湖北科学技术出版社
8	家·养老：居家养老住宅适老化改造	林曦 姚琪 章曲 主编	中国建材工业出版社
9	金色年华读本丛书	王胜今 主编	学习出版社
10	味蕾的乡愁	谈正衡 著	万卷出版公司
11	中国的文化养老	《中国的文化养老》课题组 著	人民出版社　杭州出版社
12	新编老年学词典（第2版）	李旭初 刘兴策 主编	武汉大学出版社
13	银发中国：从全面二孩到成功老龄化	穆光宗 著	中国民主法制出版社

电子音像类

序号	出版物名称	制作单位（出品）	出版单位	载体
1	膳食营养与糖尿病　膳食营养与高血压　膳食营养与冠心病和脑卒中	大连医科大学公共卫生学院　大连医科大学现代教育技术中心	人民卫生电子音像出版社	DVD
2	百集大型系列人物传记纪录片——百年巨匠	连辑等	上海音像有限公司	DVD
3	我的音乐厅——外国经典音乐欣赏	中央音乐学院　上海音乐学院　中央歌剧院	高等教育电子音像出版社	DVD
4	指尖上的传承	五洲传播中心	五洲传播出版社	DVD
5	中国高速铁路（音像片）	中国铁道出版社　先行音像出版社	中国铁道出版社　先行音像出版社	DVD
6	第五届全国少数民族文艺会演剧目集锦	第五届全国少数民族文艺会演组委会	民族音像出版社	DVD
7	造物的智慧——中国传统器具原理与设计	北京印刷学院　人民教育电子音像出版社	人民教育电子音像出版社	DVD—ROM
8	中国通史——百集大型历史纪录片	国家新闻出版广电总局电影卫星频道节目制作中心	现代出版社	DVD
9	站在贫困线上奔小康——我去做第一村书记	吴文阁	吉林音像出版社有限责任公司	DVD
10	家风·家教·家训	邵骏	上海教育音像出版社	DVD

北京市老龄工作委员会办公室关于开展为老志愿服务活动的通知

京老办发〔2017〕15号

各区民政局、老龄办：

为贯彻落实《北京市居家养老服务条例》（以下简称《条例》）、《北京市志愿服务促进条例》《关于贯彻落实〈北京市居家养老服务条例〉的实施意见》（京政办发〔2016〕48号）文件精神，根据全市老龄工作整体安排，围绕打造“三边四级”养老服务体系的总体要求，坚持积极老龄化理念，从社会实际和老年人需求出发，进一步弘扬中华民族尊老、敬老的社会风尚和传统美德，传承奉献、友爱、互助、进步为主要内容的志愿精神，提高老年人的获得感和幸福感，现就开展大中院校学生为老志愿服务及低龄老年人扶助高龄老年人活动的有关事项通知如下：

一、为老志愿服务活动内容

各级民政、老龄部门分类引导、扶持、规范热心公益的大中院校学生以及低龄老年人积极参与志愿服务，围绕老年人需求设计扶助内容，根据志愿者自身特点专长创建符合实际的为老服务模式，积极组织开展形式多样的服务活动，鼓励社会力量广泛参与、助力推进。

（一）倡导大中院校学生开展为老志愿服务活动。重点为独居老人、高龄老人、失能半失能老人、贫困老人等特殊老人提供生活照料、心理慰藉、法律援助、咨询陪护等服务，主要包括以下服务形式：

1. 科技助老。组织大中院校学生志愿者对老年人进行电脑、智能手机教学活动，让老年人了解并熟练使用网络，进行包括网上挂号、网上缴纳水电费、网上聊天、微信、QQ、支付宝等常用软件使用，方便老年人日常生活，

2. 普法讲堂。组织高校法律专业类大学生志愿者，搞好普法宣讲，开展电信防诈骗讲座等内容。

3. 健康养生。组织高校医学专业类大学生志愿者开展公益体检活动，免费进行常规检查、推拿、中医按摩等内容，讲授四季养生知识。

4. 知识讲堂。组织大中院校学生志愿者依据自身专业特长，为老年人讲解书法、绘画、音乐、珠宝基本知识。

5. 精神关怀。组织高校心理专业类大学生志愿者，为老年人进行心理健康讲座，疏导老人心理困惑，打消心理焦虑。

6. 网络服务。组织大中院校学生志愿者通过帮助养老服务单位建立微信群、QQ群等方式，凝聚服务老人，开展线上帮扶活动，让社区老年人享受养老服务项目。

7. 文化活动。组织大中院校学生志愿者与老年人开展文娱联欢活动，鼓励老年人自编自导自演节目，在活动中自我实现。

8. 亲情陪伴。组织大中院校学生志愿者开展读书读报、陪伴聊天、热线问候、陪伴户外娱乐等活动。

（二）倡导低龄老年人（60岁—69岁）扶助高龄老年人。充分发挥老年人自身特长、优势，调动老年人的积极性、主动性，重点围绕生活照料、精神慰藉、困难互助等方面开展力所能及的互助关爱服务。主要包括以下服务形式：

1. 生活辅助服务。鼓励低龄老年人结对扶助社区内高龄老年人，提供买菜烧饭、缴纳水电费、代买生活用品等服务。

2. 互助陪伴。鼓励低龄老年人与扶助对象自由组合，开展谈心交流、结伴锻炼、休闲娱乐等活动，加强邻里关系，促进邻里守望。

3. 知识共享。鼓励低龄老年人发挥自身技能、特长优势，开展咨询服务和短时知识讲座。

二、为老志愿服务活动安排

通过购买第三方社会组织服务的方式，以养老机构、社区养老服务驿站为平台，在全市开展大中院校学生为老志愿服务及低龄老年人扶助高龄老年人活动。

（一）前期准备（6月上旬前）。细化项目目标，制定项目方案，设计活动主题、流程，精心组织安排，联系相关大中院校，对接养老服务机构和社区养老服务驿站。

（二）骨干培养（6月中旬）。第三方社会组织开展为老志愿者岗前基础知识、技能培训，不断提升为老志愿者服务能力。

（三）项目实施（6月下旬至11月底）。组织启动仪式，开展项目实施，做好相关组织策划、运行管理，定期开展相关活动。

（四）总结成果（12月底前）。完成项目整体总结工作，固化服务成果，完成项目结题，为全市开展为老志愿

服务提供可借鉴的工作模式。

三、保障措施

（一）加强组织引导。开展大中院校学生为老志愿服务及低龄老年人扶助高龄老年人志愿活动，是落实《条例》的具体体现，有利于扩大养老服务覆盖面，弥补政府服务和市场服务的不足。各区民政、老龄部门要高度重视，抓住契机，广泛动员，周密策划，精心组织，加强为老志愿服务工作的组织和引导工作，做好本区域的养老服务资源统筹工作，建立良好的为老需求与志愿服务的信息互通渠道，确保为老志愿服务活动实现有效对接，探索为老志愿服务工作模式。充分发挥基层老年协会的桥梁纽带作用，提高老年人的自我管理、自我服务能力。

（二）做好宣传动员。充分利用各类新闻媒体、网络等宣传阵地，围绕为老志愿服务的先进典型、重大活动、重点项目等加大舆论引导，不断扩大为老志愿服务的社会影响，形成有利于志愿服务的敬老、为老、助老的良好文化氛围，引导广大群众关注、支持、参与活动。大力宣传健康老龄化、积极老龄化的理念，倡导科学、文明、健康的生活方式，倡导符合社会实际的养老创新模式。

（三）建立志愿服务记录制度。各级民政、老龄部门应指导第三方社会组织和养老机构、社区养老服务驿站对志愿者的服务进行完整、准确记录，认真填写《开展为老志愿服务活动情况统计表》，每季度末由各区统一报市老龄办备案。

（四）强化监管保障。各区民政、老龄部门要安排专人负责此项工作，履行监管责任，及时跟踪、反馈活动进展情况。第三方社会组织和养老机构、社区养老服务驿站要为志愿者提供必要的工作、生活便利措施，为活动的顺利实施创造良好条件。

附件：1. 开展为老志愿服务活动情况统计表（略）

2. 开展为老志愿服务的养老服务机构信息表（略）

北京市老龄工作委员会办公室

2017 年 6 月 7 日

北京市民政局、北京市财政局、北京市老龄工作委员会办公室关于建立居家养老巡视探访服务制度的指导意见

京民老龄发〔2017〕498 号

各区民政局、财政局、老龄办：

为贯彻落实《北京市居家养老服务条例》关于“为独居、高龄老年人提供关怀访视、生活陪伴、心理咨询、不良情绪干预等精神慰藉服务”的有关规定，按照市政府《关于印发〈北京市“十三五”时期老龄事业发展规划〉的通知》（京政发〔2016〕59 号）、市政府办公厅《关于贯彻落实〈北京市居家养老服务条例的实施意见〉的通知》（京政办发〔2016〕48 号）的文件精神，结合本市实际，现就建立居家养老巡视探访服务制度提出如下意见。

一、总体要求

（一）指导思想

深入学习宣传贯彻党的十九大精神，坚持以习近平新时代中国特色社会主义思想为指导，落实党中央、国务院关于加强老龄工作的决策部署，紧紧围绕建设国际一流的和谐宜居之都，整合服务资源，拓展服务内容，创新服务方式，提升服务质量，让日常生活照料存在困难、有精神慰藉需求的独居、高龄等老年人享受到政府和社会的关爱服务以及个性化、精准化的养老服务，使老年人共享改革发展成果。

（二）基本原则

坚持党政主导。坚持党委领导、政府主导，发挥党委和政府在统筹规划、监督管理等方面的作用，建立健全巡视探访服务制度，通过政府购买服务、以奖代补等方式，引导、支持社会力量开展专业化、多元化的巡视探访服务。

坚持社会主体。通过政府购买服务，依托社区养老服务机构，充分发挥社会力量的积极作用，整合现有资源，挖掘服务潜力，参与巡视探访服务。

坚持重点保障。巡视探访服务面向全市有需求的独居、高龄以及其他困境的老年人，重点保障家庭照护资源缺失、迫切需要关怀访视的特殊困境老年人的精神慰藉和需求对接服务。

（三）总体目标

2018 年，居家养老巡视探访服务工作在各区全面开

展。2020年，居家养老巡视探访服务制度基本建立，巡视探访重点保障对象实现基本覆盖，经费保障有力，服务机制健全，服务对象获得感明显提升。

二、巡视探访服务对象

巡视探访服务面向本市有需求的独居、高龄以及其他困境的老年人，主要包括以下服务对象：

（一）80岁及以上的独居老年人；

（二）与重度残疾子女共同居住的老年人；

（三）无子女或子女不在本市的独居老年人；

（四）身体状况和精神状况较差的独居老年人。

各区可根据本区实际，将服务对象拓展到失能、失独等有服务需求的老年人。

三、巡视探访服务组织实施

居家养老巡视探访服务原则上由被巡访老人所在的街道办事处、乡镇人民政府组织实施。各街道、乡镇委托或指定就近的社区养老服务驿站、农村幸福晚年驿站、街道（乡镇）养老照料中心作为巡视探访服务机构开展服务。

四、巡视探访服务方式和内容

（一）巡视探访服务方式

开展居家养老巡视探访服务，应普遍巡访和重点巡访相结合，根据老年人的实际需求，采取电话问候、上门巡访等多种形式。

各区可根据本区实际，对普遍巡访对象和重点巡访对象的探访频次和要求做出具体的规定，对重点巡访对象要适当增加上门巡访次数，保证巡视探访的服务效果。对于能够自理的独居老人，重点提供精神关怀、需求信息对接等服务；对于需要养老服务支持的独居老人，可依托养老服务驿站、养老照料中心等专业服务机构开展巡访，提供后续专业化服务。对每位巡视探访对象，要根据其困难程度、不同需求，制定专门的服务方案。

（二）巡视探访服务内容

开展巡视探访服务，应根据巡访对象的实际情况，对老年人的健康状况、精神状态、安全情况、卫生环境、居住环境等方面进行询问、提醒和评估，并对重点情况进行记录、汇总和处理。

1. 健康状况：表达能力、行动能力、疾病状况。

2. 精神状态：情绪状态、思维状态、压力状态。

3. 安全情况：燃气安全、水暖安全、用电安全。

4. 卫生状况：个人卫生、家庭卫生、周边卫生。

5. 居住环境：室内环境、室外环境、邻里关系。

在汛期，要特别注意检查评估服务对象家庭的电路、防汛安全。在供暖季，要特别注意检查评估服务对象家庭的室内温度和取暖安全。

五、巡视探访服务机制

（一）各区民政局、老龄办要会同区有关部门，建立本区居家养老巡视探访服务制度和具体实施办法，逐步完善本区巡访制度的管理标准和规范。乡镇人民政府、街道办事处负责具体实施，摸清本区域巡视探访服务对象底数，划分巡视探访服务区域，与巡视探访服务机构签订委托服务协议，约定责任区域、服务对象、服务频次、服务标准、监督检查等内容。

各区可依托信息化手段，通过居家养老巡视探访服务系统、手机APP应用程序等，建立巡视探访服务台账，保管好各种与巡视探访工作有关的资料，对巡视探访服务进行规范化管理。引导和鼓励各区为巡访服务对象购买老年人意外伤害保险。

（二）巡视探访服务机构是承接政府购买巡视探访服务的主体，应建立巡访探访服务档案，加强过程管理，确保巡视探访服务无空档；应与服务对象签订巡视探访服务协议，在服务对象自愿的前提下开展服务；定期开展服务人员业务培训和纪律教育，为巡视探访服务人员购买开展巡视探访服务期间的人身意外伤害保险。各机构聘用巡视探访服务人员时，应严格考察其履职能力、身体状况以及相关条件。

（三）各区根据本区实际，合理配备巡视探访服务人员数量，应对巡访人员着装、标识等作出规范要求，方便老人识别。巡视探访服务人员应尽职尽责，举止端正，文明礼貌，尊重老年人隐私、生活习惯、宗教信仰及文化习俗，维护老年人的人身、财产安全及人格尊严。

巡视探访服务人员对巡视探访服务过程中发现的问题、老年人的服务诉求，应及时向巡视探访服务机构报告；紧急情况下应立即拨打紧急求助电话向公安、消防、医疗等部门报告。对服务对象提出的居家养老服务需求，由巡视探访服务机构区别经济困难、失能、失独、普通社会老人等不同情况，对接本区特殊困难群体“精准帮扶”机制，按相关政策或由市场提供相应服务。

六、保障措施

（一）加强组织领导

开展居家养老巡视探访服务，是政府为老年人提供基本养老公共服务的重要内容，是保障和改善独居等老年人居家生活质量的重要举措。各区民政局、老龄办作为居家养老巡视探访服务的责任部门，务必高度重视，加强调研，加大宣传，建立健全本区居家养老巡视探访服务制度，制定年度工作方案，并于每年11月30日前将下一年度巡视探访服务工作方案报市民政局、老龄办备案。各乡镇人民政府、街道办事处作为具体组织实施部门，要将巡访工作列入区域居家养老服务工作重点，对巡视探访服务机构和巡视探访服务对象进行统筹安排，检查、评估巡视探访服务效果。

（二）健全保障机制

开展居家养老巡视探访服务所需政府购买服务经费，

由所在区财政负担，纳入年度区级预算统筹安排，并纳入本区养老服务资金预算管理和使用。各区民政局、老龄办应主动协商财政部门确定本区巡视探访服务的补贴标准并向社会公布。各区在制定本区发展居家养老巡视探访服务具体规定或实施方案时，要严格按照财政财务相关管理规定，制定巡视探访服务项目资金使用及监管方案，严格履行本区购买服务、政府采购等规定程序，原则上采取后补助结算，按照巡视探访服务的实际完成数量、服务质量和成效等给予资金补助，并确保补助资金与相关政策及事项投入不重复、不交叉。

（三）强化督促检查

市民政局、市老龄办将把居家养老巡视探访服务工作纳入市级年度重点工作进行绩效考评，对服务开展和资金使用情况，进行跟踪、监督、评价。各区要建立巡视探访服务工作督查考核和绩效评价机制，加强对巡视探访服务机构的监督管理，对服务过程中老年人反映的问题要妥善解决。强化问责机制，对违反有关规定泄露个人隐私、侵害老年人权益的机构和个人要严肃追究责任。相关单位及工作人员在巡视探访服务经费的分配、复核、拨付、监管等工作中，违反规定分配资金或向不符合条件的单位、个人分配资金以及滥用职权、玩忽职守、徇私舞弊的，按照《预算法》《公务员法》《行政监察法》《财政违法行为处罚处分条例》等国家有关法律规定追究责任，并视情提请同级政府进行行政问责；涉嫌犯罪的，移送司法机关依法处理。

（四）加强宣传推广

各区要加大对巡视探访工作的宣传力度，使尽可能多的独居、高龄、失能等特殊困难老年人知晓政策，尤其对高龄独居、身体精神状况较差、需求强烈的老年人应做到应晓尽晓。要充分挖掘推广先进做法和经验，对热心公益服务、悉心巡访独居老年人的优秀服务单位和工作人员给予表扬和奖励。

北京市民政局　北京市财政局
北京市老龄工作委员会办公室
2017 年 12 月 15 日
北京市民政局办公室
2017 年 12 月 28 日印发

河北省人民政府办公厅关于印发河北省“十三五”老龄事业发展和养老体系建设规划的通知

冀政办字〔2017〕105 号

各市（含定州、辛集市）人民政府，省政府各部门：

《河北省“十三五”老龄事业发展和养老体系建设规划》已经省政府同意，现印发给你们，请认真贯彻执行。

河北省人民政府办公厅
2017 年 8 月 23 日

河北省“十三五”老龄事业发展和养老体系建设规划

为贯彻落实《国务院关于印发“十三五”国家老龄事业发展和养老体系建设规划的通知》（国发〔2017〕13 号）精神，积极应对人口老龄化，加快我省老龄事业全面协调可持续发展，健全养老体系，制定本规划。

一、总体要求

（一）指导思想。

高举中国特色社会主义伟大旗帜，全面贯彻党的十八大和十八届三中、四中、五中、六中全会精神，深入贯彻习近平总书记系列重要讲话精神和治国理政新理念新思想新战略，统筹推进“五位一体”总体布局和协调推进“四个全面”战略布局，坚持“党委领导、政府主导、社会参与、全民行动”的老龄工作方针，努力适应我省老龄事业发展和养老体系建设新形势、新变化和京津冀协同发展战略定位，全面放开养老服务市场，加快推进居家养老服务，着力加强农村老龄工作，提升养老服务质量，进一步壮大老龄产业，大幅增加养老服务和产品供给，满足老年人多样化需求，确保老年人生活更加幸福、更有尊严，共同迈入全面小康社会。

（二）基本原则。

以人为本，共建共享。把实现好、维护好、发展好老年人切身利益作为老龄工作的根本出发点和落脚点，落实好“五个老有”目标。尊重老年人的社会地位，充分发挥老年人参与社会发展的积极性，构建人人共建共享的和谐社会，让老年人有更多获得感和幸福感。

保障基本，适度普惠。切实保障经济困难、高龄、失能、失智、失独、空巢等特殊老年群体的基本生活，满足他们的基本养老服务需求。推动老龄公共服务均等化，建立健全不同层次老年人分类保障和服务制度，不断提升老年人的福利水平。

政府主导，社会参与。落实政府在老龄事业和养老体系建设中的规划引领、政策调控、资金投入、督促检查等方面的职责，充分发挥市场机制在资源配置中的作用，激发社会各方参与的积极性，形成推动老龄事业发展的强大合力。

精准发力，协调推进。坚持问题导向，针对老龄事业发展和养老体系建设的短板和薄弱环节，统筹兼顾、突出重点，综合施策，推动老龄事业全面协调发展。

（三）发展目标。

到2020年，老龄事业发展整体水平明显提升，养老体系更加健全完善，及时应对、科学应对、综合应对人口老龄化的社会基础更加牢固。

构建更加完备的老年人社会保障体系。多支柱、全覆盖、可持续的养老保障体系更加完备，城乡老年人的生活水平和质量普遍提升。

全面建立以居家为基础、社区为依托、机构为补充、医养相结合的多层次养老服务体系。老年人多样化的养老服务需求得到更好满足。每千名老年人口拥有养老床位40张以上，政府运营的养老床位数占当地养老床位总数的比例不超过50%；护理型床位占当地养老床位总数的比例不低于30%；65岁以上老年人健康管理率达到75%。

基本建立结构合理、标准规范、竞争有序的老龄产业发展体系。老龄产业市场、产业集群初具规模。京津冀养老服务协同发展机制基本形成，三地老龄产业深度融合、协同有序，老龄产业成为我省服务业新的发展支柱。

建立基层组织完善、精神文化生活丰富、社会各界广泛参与、合法权益有效保障的老龄社会管理体系。基本实现村（居）老年社会组织全覆盖，全面推广“大健康”观念，积极倡导健康生活方式，老年人生命生活质量不断提升。老年文化生活更加活跃，老年人参与社会发展更加充分，敬老爱老助老社会氛围更加浓厚，老年人合法权益得到有效保护。

健全与人口老龄化发展要求相适应、职责明确、协调运转高效的老龄工作体系。老龄工作体制机制更为健全，老龄事业基础更加坚实。

“十三五”期间全省老龄事业发展和养老体系建设主要指标

类别	指 标	目标值
社会保障	城乡居民基本养老保险参保人数（万人）	3490
	城镇职工基本养老保险参保人数（万人）	1600
	基本医疗保险参保人数（万人）	7200
养老服务	政府运营的养老床位占比	不超过50%
	护理型养老床位占比	不低于30%
健康支持	老年人健康素养	提升至10%以上
	65岁以上老年人健康管理率	达到75%
	二级以上综合医院设老年病科比例	35%以上
精神文化生活	建有老年学校的乡镇（街道）比例	达到50%
	经常性参与教育活动的老年人口比例	20%以上
合法权益	基层老年法律援助覆盖面	95%以上
社会参与	老年志愿者注册人数占老年人口比例	15%以上
	城乡社区基层老年协会覆盖率	90%以上

二、主要任务

（一）建立更加公平的养老保障制度。

1. 完善基本养老保险制度。实施全民参保计划，基本实现法定人员全覆盖。推进机关事业单位养老保险制度改革，做好新老制度衔接。完善社会统筹个人账户结合的职工基本养老保险制度。完善职工基本养老保险缴费政策，健全参保缴费激励约束机制。根据国家顶层设计和总体要求，推动职工基础养老金全国统筹，研究遗属抚恤和病残津贴政策。逐步建立覆盖全体参保人员的基本养老保险待遇合理调整机制，适当提高退休人员基本养老金和城乡居民基础养老金标准，稳步提高保障水平。加快发展企业年金、职业年金，鼓励发展商业养老保险，推出个人税收递延型养老保险，促进商业保险与社会保险、补充保险相衔接，健全多层次的养老保险体系。

2. 深化基本医疗保险制度改革。按照国家统一部署，建立统一的城乡居民基本医疗保险制度。健全医疗保险稳定可持续筹资和报销比例调整机制，开展门诊费用统筹。改革医保支付方式，发挥医保控费作用。保持我省城乡居民基本医疗保险政策范围内支付比例达到国家要求，减轻老年人医疗费用负担。全面实施城乡居民大病保险制度，做好医疗保险关系转移接续和异地就医直接结算服务，全面实现省内异地就医直接结算，推进跨省异地安置退休人员住院医疗费用直接结算。

3. 健全老年人社会救助体系。进一步完善城乡居民最低生活保障制度，将符合条件的贫困老年人全部纳入保障范围。落实特困人员救助供养制度，建立城乡一体化救助供养保障机制，强化政府托底保障职责，做到应救尽救、应养尽养。全面开展重特大疾病医疗救助工作，对重点救助对象中的老年人政策范围内住院自负医疗费用的救助比例不低于70%。推动重特大疾病医疗救助与基本医疗保险、城乡居民大病保险、疾病应急救助、商业保险的有效衔接，保障贫困老年人的合法权益。建立救急难工作长效机制，确保因各类突发事件导致生活困难的老年人得到及时救助。

4. 提高老年社会福利水平。完善高龄老年人生活津贴制度。建立经济困难老年人养老服务补贴制度和经济困难失能老人护理补贴制度。开展长期护理保险试点，探索建立老年长期照护保险制度。落实《河北省老年人优待办法》，完善优待政策，推动老年优待工作城乡、区域之间平衡发展。

（二）加快老年医疗卫生保健事业发展。

1. 重视老年医疗保健机构建设。将老年医疗卫生服务纳入各级卫生事业发展规划，鼓励社会资本兴办护理院、康复医院和安宁疗护中心。发展社区健康养老服务，提高社区卫生服务机构为老年人提供日常护理、慢性病管理、康复、健康教育和咨询、中医保健等服务能力。大力推进家庭医生签约服务工作，力争将签约服务扩大到全人群，基本实现家庭医生签约服务制度全覆盖。到2020年，35%以上的二级以上综合性医院设立老年病科。推进分级诊疗改革，形成“健康进家庭、小病在基层、大病到医院、康复回社区”的新格局。

2. 加强老年疾病防治工作。将老年人常见病、慢性病预防纳入政府基本公共卫生服务项目。重视对健康高危老年人群的干预和监测。加强对主要慢性病老年病人健康指导、管理与综合干预，高血压、糖尿病患者管理率分别达到40%和35%，提高阿尔茨海默病、抑郁等老年精神疾病的早期发现率，登记在册的严重精神障碍患者规范管理率达到70%。支持老年医学研究机构和医疗单位开展老年病的防治和康复研究，尤其是与老年人相关疾病的基础研究和临床研究。加强老年病学科建设，将老年病学作为省优先发展的重点学科。

3. 提升老年人康复保健水平。广泛开展老年常见病及伤害、老年营养改善和健康保健宣传，老年人健康素养水平提升至10%以上。适当扩充老年人健康体检项目和内容。基层医疗卫生机构为辖区内65周岁以上常住老年人普遍建立健康档案。充分发挥中医药在保健、康复方面的优势，支持中医医疗机构提供中医药老年保健康复服务。建立以家庭为基础、社区为依托、卫生机构为支撑，企事业单位、社会组织和社会工作者、志愿者参与的老年人精神关爱、心理疏导、危机干预服务网络，开展老年心理健康管理项目试点，重点向贫困、留守、空巢、失能、失智、失独、高龄老年人提供日常关怀和心理支持服务。鼓励有条件的地方建立老年人心理关爱组织，在社区建立老年人心理关爱站。

（三）营造老年宜居生活环境。

1. 推进老年基础设施建设。将社区老年基础设施建设纳入城乡社区发展规划，继续推进街道、社区“老年人生活圈”配套设施建设，整合社区各类服务资源，为老年人提供一站式便捷服务。新开发居民小区按规定配置老年人活动场所。支持老旧住宅加装电梯。加强对居住小区、园林绿地、道路、建筑物，特别是与老年人日常生活密切相关的已建设施的无障碍改造。继续提高新建公共设施和涉老设施无障碍率。推进“无障碍”建设进家庭，优先为贫困、残疾、失能、高龄、空巢等特殊困难老年人家庭进行无障碍设施改造。深入开展全国无障碍建设城市、“老年友好型城市”和“老年人宜居社区”创建活动。积极改善困难老年人居住条件，将符合条件的城镇住房困难老年人纳入住房保障范围；在农村危房改造中将符合条件的农村老年人优先纳入。

2. 开展老年人家庭关爱行动。倡导家庭成员尊重、关心和照料老年人。支持子女履行赡养义务，完善家庭养老功能。支持开发老年宜居住宅和代际亲情住宅，鼓励老年家庭成员共同生活或就近居住。加强家庭美德教育，开展寻找“最美家庭”活动和“好家风好家训”宣传展示活动。组织开展“老年温馨家庭”“老年和谐社区”创建活动。

3. 弘扬敬老爱老助老社会风尚。把敬老爱老助老道德教育纳入社会主义核心价值观教育，列为公民道德建设、党员干部教育、中小学德育和村规民约的重要内容。推动孝亲敬老文化进学校、进家庭、进机关、进社区。继续开展敬老爱老助老主题教育、“敬老月”和“老年节”等系列活动。选树孝亲敬老先进典型，形成全社会敬老爱老助老的良好风尚。

（四）健全社会养老体系。

1. 大力发展居家养老服务。加强社区养老服务设施建设，新建居住区要按照养老服务规划，以每百户不低于三十平方米的标准，配套建设养老服务设施，与住宅同步规划、同步建设、同步验收、同步交付使用。老旧小区没有养老服务设施或者现有设施未达到配套建设指标的，按照每百户不低于二十平方米的标准，由所在地政府通过购置、置换、租赁等方式逐步进行配置。加大农村养老服务设施建设力度。允许村集体经依法批准后，使用集体所有土地依规兴办农村幸福院、养老机构、老年人日间照料站等养老服务设施。鼓励社会力量参与运营，逐步向居家养老服务转变。积极培育和发展社区居家养老服务机构和组织，通过购买服务、公办民营、民办公助、股份合作等方式，支持社会力量参与社区居家养老服务。到2020年，居家养老服务中心覆盖所有城市社区和90%以上乡（镇），农村幸福院等养老服务设施基本实现全覆盖。推进智慧养老社区建设，鼓励支持企业及社会组织运用大数据、智能化、物联网、移动互联网、云计算等技术，构建居家养老服务信息平台、老年人居家呼叫服务系统和应急救援系统，集成养老服务资源，为居家生活的老年人提供紧急呼叫、远程健康监护、紧急援助、居家安防、家政预约、健康咨询、物品代购、服务缴费、O2O等服务项目。

2. 提升机构养老服务能力和质量。加强公办养老机构建设。充分发挥公办养老机构托底保障作用，重点保障特困、失独、经济困难的失能失智老年人和作出特殊贡献老年人的养老需求。积极稳妥推进公办养老机构改革，按照政事分开、管办分离原则，通过委托管理、合作经营等公建民营方式，实现社会化运营。到2020年，建立功能明确、运行高效、权责明晰、监管有力的公办养老机构服务管理体系。全面放开养老服务市场，落实社会办养老机构支持政策。支持采取股份制、股份合作制、PPP等模式建设或发展社会办养老机构。在资金、场地、人员等方面，进一步降低准入门槛，逐步使社会力量成为养老服务供给主体。鼓励民间资本整合和改造企业厂房、商业设施及其他社会资源，兴办规模化、连锁化、品牌化的养老服务机构。支持境外资本投资兴办养老服务机构。做好养老机构安全管理工作。实施养老护理人员培训计划，加强管理人才队伍建设，进一步提升持证上岗人员比例，提高养老护理从业人员工资福利待遇。全面提升养老机构服务质量。按照全国统一的服务质量标准和评价体系，完善安全、服务、管理、设施等标准，加强养老机构服务质量监管。落实养老机构消防安全主体责任，加强消防安全“四个能力”建设，按照国家、行业标准配置消防设施、器材，设置消防安全标志，确保完好有效。建立健全养老机构等级分类管理和养老服务评估制度，引入第三方评估，实行评估报告和社会公示。加强养老服务行业自律和信用体系建设。

3. 探索开展医养结合新模式。支持养老机构开展医疗服务。养老机构可根据服务需求和自身能力，按相关规定申请内设医疗机构，增强养老机构提供基本医疗服务的能力。鼓励没有条件设置内部医疗机构的养老机构与医疗机构签约合作，为老年人提供一体化的健康和养老服务。支持有条件的医疗机构内设养老机构，享受养老机构政策支持。加快推进面向养老机构的远程医疗服务试点建设，落实医疗机构为老年人就医提供优先优惠服务要求。推进基层医疗卫生机构和医务人员与社区、居家养老结合，与老年人家庭建立签约服务关系，为老年人提供连续性的健康管理服务和医疗服务。鼓励医疗机构向老年护理院、老年康复医院转型。持续推进爱心护理工程建设。

4. 助力京津冀养老服务业融合发展。推进京津冀养老服务协同融合发展的顶层制度设计与区域合作机制建设。加强养老制度创新，合力破解跨区域养老服务方面的身份和户籍障碍，逐步缩小区域差异，促进制度体系渐进融合和基本服务均等化。开展跨区域购买养老服务试点，探索建立老年人户籍所在地政府向其实际居住地养老机构发放运营补贴的机制，承接京津养老需求。发挥政府推动、市场主导和社会参与的多重作用，合力撬动社会资本和资源，围绕京津冀协同发展打造互补互利的养老服务集群。鼓励有实力的养老企业走跨区域的品牌化、连锁化发展道路，聚力打造养老服务新模式、新业态。助推京津冀养老服务产业协同发展，发掘市场潜力，发挥行业协会作用，谋划建设养老服务产业园，推动相关产业融合发展，打造完整产业链，促进养老产业发展。

5. 推进养老服务市场化发展。采取政府引导、企业投资、市场化运作的方式，积极推动我省养老服务市场化发展。加快建立全省养老服务企业统计评价系统，科学设立各项指标参数，实现企业数据网上直报。利用大数据、物联网、移动通信、卫星定位等技术，构建覆盖全省城乡的健康养老服务网络。鼓励建设一批功能突出、辐射面广、带动力强的集休闲养生、老年教育、老年体育、特色医疗于一体的养老服务基地和产业群，打造养老产业品牌。吸引养老服务企业入驻，培育养老服务产业链。鼓励竞争力强、有实力的养老服务企业走集团化发展道路，扶持中小型养老服务企业连锁经营。

（五）发展壮大老龄产业。

1. 完善老龄产业政策。建立老龄用品和服务名录，将老龄用品的生产和流通纳入政府相关产业扶持政策范围。研究制定扶持老龄产业发展的金融信贷、财政补贴、土地供应等方面的优惠政策，贯彻落实税费减免政策，促进老龄产业健康发展。

2. 开发老年产品用品。围绕适合老年人的衣、食、住、行、医、文化娱乐等需要，支持有相应资质的企业开发适合老年人需求的康复辅具、食品药品、服装服饰等用品用具和服务产品，引导商场、超市、批发市场设立老年用品专区专柜。鼓励相关企业积极拓展老年文化娱乐、体育健身、休闲旅游、老年教育、健康养生、精神慰藉、异地养老等服务相关的产品用品。积极拓展适合老年人的金融、理财、保险等服务项目。加强老年产品用品市场监管，健全标准规范，严厉打击侵害老年人合法权益的违法行为。

3. 拓宽投融资渠道。金融机构要创新金融产品、服务方式和抵押担保方式，强化同业合作，统筹各类金融资源支持养老服务业发展。融资性担保机构为养老机构提供融资担保，符合条件的可享受省级融资担保风险补偿政策补贴。政府出资建立的融资性担保机构可优先为养老机构提供贷款担保服务。支持保险资金投资建设养老服务社区，探索开展老年人住房反向抵押养老保险试点。鼓励采取股份制、股份合作制、PPP等形式，探索以“建设—运营—移交”模式建设养老服务设施。鼓励养老服务企业上市融资，增强自身“造血”功能。支持慈善公益组织参与养老服务业。

4. 强化行业建设。积极培育社会养老服务行业组织，建立河北省养老产业联合组织，促进行业自我管理、服务和发展。接受政府委托开展培训、研究、交流等工作，实现社会养老服务政事分开、政社分开，逐步建立政府依法管理、行业组织规范自律、服务实体自主运营的管理新格局。大力培育专业性中介机构，鼓励中介机构参与社会养老服务，提供评估、咨询和第三方认证等服务。

（六）丰富老年人精神文化生活。

1. 加强老年教育。将老年教育列入全省教育事业发展规划和终身教育体系。扩大老年教育资源供给，优先发展城乡社区老年教育。促进各级各类学校开展老年教育，推动老年大学面向社会办学。拓展老年教育发展路径，丰富老年教育内容和形式，探索养教结合新模式。加强现代信息技术在老年教育中的推广应用，建设远程老年教育网络，推动各类普通高校、职业院校结合办学特色开发老年教育课程，为社区老年教育机构及养老服务机构等提供教学资源和服务。基本形成覆盖广泛、灵活多样、特色鲜明、规范有序的老年教育新格局。到2020年，县级以上城市原则上至少应有一所老年大学，50％的乡镇（街道）建有老年学校，30％的行政村（社区）建有老年学习点。以各种形式经常性参与教育活动的老年人占老年人总数的比例达到20％以上。

2. 发展老年体育。到2020年，人均体育场地面积达到1.8平方米，城市公共体育场、群众户外健身场地和公共健身活动中心普及，每个社区都有便捷的体育健身设施，每个行政村都有适合老年人的农民体育健身设施。建立健全老年人体育组织网络，到2020年，各市、县都要在民政部门依法登记成立老年人体育协会组织，80％街道和乡（镇）建立老年人基层文化体育组织，城乡社区普遍建立老年人健身活动站点和体育健身团队，逐步形成并完善老年人体育组织网络。继续开展老年体育示范区创建活动。支持和指导老年人参加群众性体育比赛，广泛开展符合老年人生活习惯和生理特点的健身活动，积极倡导老年健身项目品牌活动，推动老年人体育健身常态化。加强老年体育骨干队伍（含老年体育指导员、教练员、裁判员）培训和建设，指导老年人科学健身，提高健康质量。

3. 繁荣老年文化。把老年文化教育纳入终身教育体系，逐步加大对老年文化事业的投入，完善面向老年人的公共文化设施。鼓励扶持影视制作机构、出版部门制作出版更多老龄题材的影视作品、图书、音像制品和电子、网络出版物，增加老年公共文化产品供给。积极支持各级电台、电视台、报刊等新闻媒体开辟老龄专栏，加大老年文化传播和老龄宣传工作力度。支持老年人开展各种文化娱乐活动，丰富老年人的精神文化生活。

4. 提高老年人社会发展参与度。树立“积极老龄化”理念，加强老年人力资源开发。将老年人才开发利用纳入各级人才队伍建设总体规划，鼓励各地建立老年人才信息库。壮大老年志愿者队伍，建立老年志愿者登记制度，到2020年，老年志愿者注册人数超过老年人口的15％以上。加强基层老年社会组织规范化建设，充分发挥其“自我管理、自我教育、自我服务”作用。深入开展“银龄行动”，支持退休专业技术人员开展送医、送科技、送文化活动。充分发挥老年人的优势和特长，鼓励和支持老年人在教育下一代、科技开发、信息服务、维护社会治安、参与社区建设等方面开展社会公益活动。对在经济社会发展中作出突出贡献的老年人和在老有所为工作中作出突出贡献的单位及个人进行奖励。

（七）保障老年人合法权益。

1. 强化老年法律、法规宣传教育。深入开展“法律六进”活动。将有关涉老法规纳入全省“七五”普法规划，充分利用每年的“12·4”全国法制宣传日和河北省“法制月”等活动，运用广播、电视、报刊、网络等媒体，开展老年人权益保障法律知识宣传教育。

2. 加大老年人法律援助力度。加强老年人法律援助体系建设，健全老年人法律援助网络，搭建“阳光问法”网上法律咨询服务平台，拓宽法律援助渠道，扩大法律援助覆盖面。到2020年，老年人法律援助覆盖面达到95%以上。简化老年人申请法律援助程序，对符合法律援助条件且行动不便的老年人，电话预约上门提供办理法律援助手续服务。发挥“12348”法律服务热线、法律援助中心、法律援助工作站作用，为老年人提供免费专业法律咨询。在有条件的养老机构设立法律援助联系点。广泛开展老年人法律援助志愿服务活动，组织法律援助律师等专业人员到社区托老所等老年人比较集中的场所开展上门法律服务。健全多部门老年维权机制，加大侵害老年人权益案件的处理力度，切实保障老年人合法权益。

（八）创新老年社会服务管理。

1. 建立健全各级老龄工作机制。理顺工作职责，明确工作责任，提高老龄工作水平。重点加强县（市、区）、乡镇（街道）老龄工作队伍建设，充实工作力量。保证城乡社区老龄工作有人抓、老年人事情有人管、老年人困难有人帮。建立基层老龄工作激励机制，选树基层老龄工作先进典型。

2. 建立新型老年人社会化服务管理机制。继续推进离退休人员管理服务社会化，建立健全老年人原工作单位、居住社区、老年社会组织和基层党组织齐抓共管的工作机制。到2020年，企业退休人员社区化管理比例达到85%。探索建立工会、共青团、妇联等群团组织参与老年人管理服务的常态化机制和制度化渠道。

（九）实施老龄事业重大工程。

1. 失能老年人照护工程。把失能老人照护作为社会养老服务体系建设重点，建立失能老人长期照护服务机制。加强护理型养老、医养结合养老机构建设，增加照护床位供给，满足失能老人机构照护需求。积极发挥社区卫生服务体系作用，完善社区卫生服务中心（站）医疗照护和康复服务功能，为失能老人开展上门治疗、家庭病床、护理康复等服务。实施家庭服务政策，为失能老人家庭提供“喘息服务”，对家庭主要承担照护者提供免费或低偿照护培训，提高家庭照护质量。建立生活长期不能自理经济困难老年人补贴制度，提高失能老人福利保障水平。建立养老机构综合责任保险制度，支持商业保险机构开设老年人意外伤害保险，降低老年人支付风险。探索建立长期护理保险制度，为失能老人提供稳定的护理保险费用。

2. 养老服务专业培训工程。加强养老机构从业人员队伍建设，不断提高养老服务从业水平。建立养老机构从业人员培训机制，通过院校培养、集中培训和远程教育等形式，有计划、分层次、多渠道增进专业人员数量。省级培训机构重点组织好养老管理人员、中高级养老护理员的培训。市、县培训机构重点组织好初、中级养老护理员的培训鉴定。新从业人员实行先培训后上岗，原有从业人员实施三年轮训计划。引入社会工作的理念和方法，逐步培育建立一支素质较高、结构合理的养老机构从业人员队伍。

3. 老龄产业培育工程。发挥政府宏观指导作用，制定老龄产业发展规划，研究制定扶持老龄产业发展的信贷、投资等优惠政策。鼓励支持社会资本兴办养老服务业，培育一批养老服务业龙头企业，创新养老服务模式，开发养老服务产品，优化养老服务业资源配置，逐步形成产业链条长、覆盖领域广、经济社会效益显著的养老服务产业集群。设立老龄产业发展基金，鼓励引导研发机构、生产企业加强对适应老年人生理心理需要的生活用品和照护产品的研发生产，特别是老年住宅、老年康复辅具的研究开发。积极拓展适合老年人的金融、理财、保险等服务项目。打造、推出一批运动康体、温泉养生、避暑疗养、森林养生、中医药养生等康养旅居养老产品，满足老年人旅游养生养老需求。建立完善老龄产业的相关行业标准和服务规范，培育行业中介组织和社会组织，加强行业服务和监管，促进老龄产业健康发展，为社会服务业发展创造新的增长点。

三、保障措施

（一）强化老龄工作组织领导。坚持党对老龄工作的统一领导，发挥各级党委总览全局、协调各方的领导核心作用，为规划实施提供坚强保证。要将老龄工作纳入国民经济和社会发展总体规划，纳入政府工作目标管理。加强老龄工作队伍建设。将老龄化国情教育纳入组织人事部门培训计划。各级老龄委及其办公室要充分发挥职能作用，及时研究部署工作任务，定期通报老龄事业状况，督促落实有关法规政策，认真解决有关重要问题；要建立成员单位目标责任制，量化细化工作任务，建立健全工作考评机制，齐抓共管，形成合力。调动发挥企业、事业单位和社会组织的作用，引导社会各界力量兴办老龄事业。完善党委统一领导、政府依法行政、部门密切配合、群团组织积极参与、上下左右协同联动的老龄工作机制，形成老龄工作大格局。

（二）加大老龄事业投入。把老龄事业作为重要的民生工程，加大投入力度。鼓励引导社会资金、慈善捐助投入老龄事业，逐步提高福利彩票公益金用于老龄事业的比例，形成政府、社会、家庭、个人等多方投入的多元化经费保障机制。

（三）创新老龄工作宣传方式。充分发挥广播、电视、报刊、网络等媒体作用，加大对老龄工作宣传力度。坚持从保障改善民生的视角，扩大老龄事业宣传的社会影响力。鼓励新闻媒体做好老龄化发展形势、老龄政策、老龄工作和社会为老服务等方面的宣传报道。把敬老爱老活动与全面建设小康社会、美丽乡村建设等活动结合起来，创新宣传形式，提升全社会的老龄意识，营造尊老敬老、养老助老的社会氛围。

（四）深化老龄工作战略性研究。跟踪老龄事业全局性、战略性问题，进一步做好老龄问题科学研究，充分发挥大专院校和科研院所的作用，开展老龄事业重大项目和前瞻性课题攻关。建立老龄科研课题组织引导机制，资助中青年学者和基层老龄工作者开展老龄问题研究。推进老龄事业信息化建设，建立老年人状况统计调查和发布制度。组建省级老龄问题智库，健全重大决策专家咨询制度。拓展老龄工作国际国内交流与合作，借鉴国内外成功经验，推动我省老龄事业发展和养老体系建设。

（五）完善老龄工作督查机制。各地各有关部门要结合老龄事业发展和养老体系建设实际及老龄工作职能，按照本规划的要求，制定本地的规划或实施方案，建立完善目标考核制度，对规划实施情况定期开展自查和监督。省老龄工作机构要会同有关部门对本规划实施情况进行中期和期末检查评估，建立并完善老龄事业的激励机制，对作出突出成绩的地方和部门给予表扬奖励。

山西省“十三五”老龄事业发展规划

为积极应对人口老龄化形势，推动老龄事业全面协调可持续发展，根据《中华人民共和国老年人权益保障法》《“十三五”国家老龄事业发展和养老体系建设规划》及《山西省国民经济和社会发展第十三个五年规划纲要》《山西省实施〈中华人民共和国老年人权益保障法〉办法》，围绕“十三五”时期全国、我省老龄事业发展的形势与任务，制定本规划。

一、“十二五”时期我省老龄事业发展状况及面临的形势

“十二五”期间，我省老龄各项事业取得更大发展。养老保险、医疗保险、社会救助、社会福利制度不断健全完善，老年人社会保障水平逐年提高；社会养老服务不断发展，以居家为基础、社区为依托、机构为补充的多层次养老服务体系初步形成；老年维权、优待工作不断推进，老年人合法权益得到有力保障；老年文化、教育、体育事业不断繁荣，老年人精神文化生活日益丰富；老年基础设施建设不断加强，老年人居住生活环境得到有效改善；基层老年群众组织不断普及规范，老年人社会参与度显著提高；尊老敬老爱老助老社会氛围日渐浓厚，老年人尊严感、幸福感和获得感明显增强。

“十三五”时期是我省老龄事业发展的重大机遇期。党中央、国务院审时度势、高瞻远瞩，站在全国经济社会发展全局和战略高度作出一系列科学判断和重大决策，是我省“十三五”时期老龄事业发展的基本遵循和重要指导，也为我们积极应对人口老龄化、大力发展老龄事业提供了重要机遇和良好契机。同时，“十三五”时期也是我省老龄事业发展面临严峻挑战的重要时期。预计到2020年，全省老年人口将超过600万，高龄、失能、半失能老年人数量将持续增加，社会保障、医疗卫生、养老服务面临巨大压力，人口老龄化与经济发展新常态、城镇化、家庭小型化、少子化等相伴随，老龄事业发展将面对许多新情况、新问题。此外，我省老龄事业发展的协调性、城乡区域的平衡性还有待提高，社会参与不充分、市场机制作用发挥不到位的问题还未得到很好解决，老龄工作体制、机制还亟待理顺，全社会积极应对人口老龄化的意识和行动仍需进一步强化。面对机遇与挑战，必须按照全面建成小康社会的目标要求，开拓创新、锐意进取、奋发有为，扎实做好老龄工作，不断推动全省老龄事业取得新突破、实现新发展。

二、指导思想、基本原则和发展目标

（一）指导思想

全面贯彻党的十八大和十八届三中、四中、五中、六中全会精神，深入学习贯彻习近平总书记系列重要讲话精神，按照“五位一体”总体布局和“四个全面”战略布局，围绕全面建成小康社会目标要求，将创新、协调、绿色、开放、共享五大发展理念融入老龄工作，坚持党委领导、政府主导、社会参与、全民行动相结合，坚持应对人口老龄化和促进经济社会发展相结合，坚持满足老年人需求和解决人口老龄化问题相结合，努力挖掘人口老龄化给经济社会发展带来的活力和机遇，努力满足老年人日益增长的物质文化需求，努力推动全省老龄事业实现全面协调可持续发展，为塑造山西美好形象、实现山西振兴崛起作

出积极的贡献。

（二）基本原则

1. 以人为本，共享发展成果。尊重老年人的社会主体地位，建立健全社会共享机制，确保老年人依法享有从国家和社会获得物质帮助的权利，享有享受社会服务和社会优待的权利，享有参与社会发展和共享发展成果的权利，切实增强广大老年人的获得感，促进社会公平正义。

2. 围绕中心，服务发展大局。围绕全面建成小康社会的中心任务，将老龄工作融入经济社会发展全局，加强顶层设计和制度衔接，充分发挥老龄事业在促进经济转型升级、社会和谐稳定中的重要作用。

3. 协同联动，形成发展合力。落实政府在老龄事业发展中的规划引领、政策调控、资金投入、督促检查等方面的职责，调动社会各界关心、支持、参与老龄事业发展的积极性，形成推动老龄事业发展的强大合力。

4. 深化改革，坚持创新发展。以改革为动力，发挥市场在老龄事业资源配置中的决定性作用，破除不利于老龄事业发展的体制机制障碍，推进老龄事业发展的理论创新、制度创新、文化创新，增添老龄事业发展活力。

5. 精准发力，推进协调发展。坚持目标导向和问题导向相统一，加强老龄事业发展的重点领域和薄弱环节，促进城乡、区域协调发展。加强老年人文体娱乐和精神关爱，促进老年人物质保障和精神生活协调发展。

6. 着眼长远，实现可持续发展。主动适应人口老龄化形势的发展变化，注重现实性与前瞻性的有机结合，采取针对性措施，积极应对和破解人口老龄化带来的困难和问题，推动老龄事业可持续发展。

（三）发展目标

到 2020 年，全省老龄事业发展整体水平达到全面建成小康社会的新要求，积极应对人口老龄化的基础条件基本具备，全体老年人同步进入全面小康社会。老年人生活保障和服务保障体系更加完善，保障水平进一步提升；涉老法规制度建设取得突破，老龄事业法治化水平显著提高；老年人社会参与渠道更加通畅，老年人精神文化生活更加丰富；老年人生活环境明显改善，全社会敬老养老助老的风尚日益浓厚；老龄工作体制机制更加顺畅，老龄事业发展的活力和合力进一步增强。

三、主要任务

（一）完善老年人社会保障体系

1. 提高老年人养老医疗保障水平。完善社会统筹与个人账户相结合的基本养老保险制度，构建包括职业年金、企业年金以及个人储蓄性养老保险和商业保险的多层次养老保险体系。依法将老年人纳入基本养老保险、基本医疗保险和城乡居民大病保险覆盖范围。健全稳定可持续筹资和报销比例调整机制。完善基本养老保险跨地区转移接续制度和医疗保险医药费异地直接结算制度。鼓励有条件的地区将基本治疗性康复辅助器具按规定逐步纳入基本医疗保险支付范围。

探索建立长期护理保险制度。研究制定保险、救助、优抚等相衔接的长期护理保障政策。重点为失能、半失能老年人提供护理和康复服务。推动临终关怀服务机构建设，发展临终关怀服务。鼓励商业保险公司开发长期护理保险产品和服务，满足老年人多样化、多层次的长期护理保障需求。

2. 提高贫困老年人救助水平。将符合条件的城乡老年人全部纳入最低生活保障制度保障范围，通过分类施保等措施提高特困老年人救助水平。对贫困的高龄、失能、半失能老年人实行社保政策兜底，建立健全救助、补贴制度。完善医疗救助制度，全面开展重特大疾病医疗救助，逐步将低收入家庭老年人纳入救助范围。完善临时救助制度，按规定对流浪乞讨、遭受遗弃等生活无着落老年人给予救助。加大对农村贫困老年人家庭发展生产的扶持力度，提高其家庭赡养能力。加强扶贫开发和农村最低生活保障、城乡居民基本养老保险等政策的衔接。

3. 提高老年人经济保障水平。发展补充养老保险和补充医疗保险。推动商业性老年保险产品的开发，研究探索适合老年人需要的其他保险产品。发挥农村土地和集体经济的养老保障作用。

4. 提高公益慈善帮扶水平。鼓励社会组织、爱心企业、爱心人士面向老年人开展募捐捐赠、志愿服务、慈善信托、安全知识教育、急救技能培训、突发事故防范等形式多样的公益慈善活动。依法加强对公益慈善组织和公益慈善活动的扶持和监管，依法及时查处以公益慈善为名实施的侵害老年人合法权益等违法行为。加强民政部门与公益慈善组织、社会服务机构之间的有效衔接，实现政府救助与社会帮扶的有机结合。

（二）健全养老服务体系

构建以居家为基础、社区为依托、机构为补充、医养相结合，功能完善、规模适度、覆盖城乡的养老服务体系。

1. 推进居家养老服务。积极发展居家养老服务，逐步形成以居家养老服务中心为平台和枢纽，由社会养老服务组织、服务供应商、服务人员（包括社会工作者、公益岗位人员、志愿者等）、社区、物业公司、监督管理部门等组成的居家养老服务运行体系，为老年人提供医疗、救护、保健、康复护理、家政服务、家电维修、理发助浴、餐饮配送、代购物品、精神关爱、法律服务、金融服务等服务项目，打造“一刻钟养老服务圈”。到 2020 年，60%以上社区建立居家养老服务中心。推动居家养老服务信息网络建设，建立老年人及其家庭基本信息数据库、居家养老服务综合管理系统、呼叫系统和老年人家庭视频监控系统等。支持企业和机构运用互联网、云计算、大数据、物联网等技术手段与居家养老服务相融合，创新居家养老服务提供方式。

2. 推进社区养老服务。加强社区养老服务设施建设，到2020年，全省城市社区全部建成老年人日间照料机构，农村日间照料幸福工程基本覆盖千人以上的行政村。在老年人日间照料中心、托老所、老年人活动中心等社区养老服务设施中配备医疗护理、康复辅具、文体娱乐等设备。引导支持养老服务企业和社会组织在城乡社区开办日间照料中心、老年餐桌等，为老年人提供餐饮、生活照料、文化娱乐、交通接送等服务。

3. 推进养老机构建设。通过用地保障、民办公助、购买服务、运营补贴、信贷支持等措施，鼓励和支持社会力量兴办养老服务机构。落实社会力量兴办养老机构在资本金、用工、税费、土地等方面的优惠政策。加大财政投入，加强公办保障性养老机构建设，发挥公办养老机构托底作用。市、县两级公办养老机构不能满足当地养老服务需求的，要予以新建或改扩建，重点为“三无”老人、低收入老人、经济困难的失能、半失能老人提供无偿或低偿的供养和护理服务。到2020年，全省养老机构超过1500家，其中民办养老机构和公办民营养老机构占70%以上，全省养老床位达到19.5万张，每千名老年人拥有床位35张。建立健全“公建民营”管理办法，鼓励政府投资新建、改扩建、购置的养老服务设施采取“公建民营”方式，进行社会化运作。制订入住养老机构规范合同，健全养老机构分类管理和服务评估制度，完善老年护理机构服务评估标准和老年人养老服务需求评估标准。

4. 推进医养融合发展。推进医疗卫生与养老服务相结合，建立健全医养结合政策法规和体制机制，推动医疗卫生和养老服务资源有序共享。符合条件的养老机构与基本医疗保险经办机构签订基本医疗保险定点服务协议，为入住老年人提供医保报销。支持养老机构与周边医疗卫生机构开展合作，由医疗卫生机构为入住养老机构的老年人开通挂号、就诊、转诊等绿色通道。支持有条件的养老机构设置医疗机构，完善养老机构服务功能、拓展服务内容，建立“住、养、医、护、康”五位一体养老服务模式。到“十三五”末，每个县（市、区）建有一所医养结合型养老机构或医养联合体，失能半失能型护理床位占养老床位总数的30%以上。

5. 提升医疗卫生服务水平。加强老年疾病预防和重大疾病防控。基层医疗卫生机构为辖区内65周岁及以上常住老年人免费建立健康档案，每年至少提供一次免费体检和健康指导，开展健康管理服务。鼓励各级医疗卫生机构为老年人开展义诊。积极发展老年病专科医院和综合医院老年病科，到2020年，80%以上的三级综合医院、50%以上的二级综合医院开设老年病科。

6. 加强养老服务人才培养。加快推进养老服务相关专业教育培训体系建设，分级分类培养养老服务研究人才、管理人才和专业技能人才。鼓励高等院校、科研院所增设养老服务专业学科、增开养老服务专业课题研究。建立以职业教育为基础，学历教育与职业培训并重，增量人员与存量人员培训并举的养老护理员培训教育和技能提升模式，大幅增加经职业技能鉴定的持证养老护理员，到2020年，从业养老护理人员持证上岗率达到85%以上。

7. 推进产业化进程。发挥市场机制作用，通过用地保障、信贷支持、补助贴息、购买服务等多种形式，支持鼓励社会力量投入养老服务业。对有意愿投身养老服务业的企业法人、社会组织、民间资本，引导其以投资、捐赠捐助、成为签约服务供应商等形式，参与养老服务业运行。可采取集团化、品牌化、连锁化经营，实现规模效益。可引入冠名权等方式，吸引社会力量投资养老服务业。

8. 完善投融资政策。拓宽信贷抵押担保范围，积极支持养老服务业信贷需求。利用财政贴息、小额贷款等方式，加大对养老服务业的有效信贷投入。探索设立养老产业投资基金和公益性养老救助基金。

（三）保障老年人合法权益

1. 做好普法宣传工作。将《中华人民共和国老年人权益保障法》及《山西省实施〈中华人民共和国老年人权益保障法〉办法》纳入“七五”普法规划，提高老年法律法规普及率。充分利用“国家宪法日”“老年节”“敬老月”等重要时点时段，组织开展老龄政策法规宣传、教育、普及活动，提升社会知晓率。

2. 做好老年人法律服务工作。建立健全党政主导、司法保障、社会参与的老年维权工作机制。充分发挥基层党组织、群众性自治组织、老年群众组织在老年维权方面的作用。认真做好老年人来信来访工作，加强老年人法律援助、司法救助等法律服务。针对老年人特点开展适应其特殊需求的专项法律服务，重点做好贫困、高龄、失能等特殊困难老年人的法律服务工作。到2020年，基层老年法律援助覆盖率达到90%。全省119个县（市、区）全部建立老年人遗嘱库，并为老年人设立遗嘱提供法律指导和咨询服务。

3. 做好老年人优待工作。贯彻落实《中华人民共和国老年人权益保障法》《山西省实施〈中华人民共和国老年人权益保障法〉办法》以及省老龄办等24部门《关于进一步加强老年人优待工作的实施意见》（晋老龄办字〔2014〕34号）中各项优待条款。各地根据实际情况，随着经济社会发展水平的逐步提高，不断完善老年人优待政策，降低优待年龄，提高优待标准和覆盖范围。

（四）扩大老年人社会参与

1. 树立积极老龄观。引导老年人树立自力更生、老有所为理念，增强通过自身努力提高生活和生命质量的积极性、主动性和责任感。引导老年人树立终身发展理念，始终保持自尊、自爱、自信、自强的精神状态，积极面对老年生活，参与社会发展，发挥正能量，作出新贡献。引导全社会正确认识、积极接纳、大力支持老年人参与社会发展。

2. 加强老年人力资源开发。将老年人才开发利用纳入各级人才队伍建设总体规划，鼓励各地制定老年人才开发利用专项规划。鼓励专业技术领域人才延长工作年限。支持老年人才参与科技开发和应用、开展咨询服务、从事生产经营活动等。支持老年人才自主创业，帮助有意愿且身体状况允许的贫困老年人和其他老年人接受岗位技能、农业技术等方面的培训，通过劳动脱贫致富。鼓励各有关方面建立健全老年人才信息数据库。推动用人单位与受聘老年人依法签订书面协议，依法保障老年人在生产劳动过程中的合法收入、安全和健康权益。

3. 加强老年人社会管理。鼓励引导老年人参加基层老年协会等基层社会组织，加强老年人自我管理、自我教育、自我服务，支持老年人参与社会治安、环境保护、纠纷调解、邻里互助等事务。加强老年人党组织建设，对老年人中的党员进行教育管理，充分发挥老年人党支部的战斗堡垒作用和老党员的先锋模范作用。推进退休人员服务管理社会化，发挥退休人员在社区治理创新中的积极作用，实现社区对退休人员的服务管理与退休人员发挥特长优势服务社区的双向互动。

加强基层老年协会组织建设，逐步提高城乡社区老年协会覆盖率，“十三五”中期实现城市社区老年协会全覆盖，2020年实现农村老年协会全覆盖。加强基层老年协会规范化建设，鼓励和引导公益性、互助性、服务性老年社会组织健康有序发展，支持各类基层老年组织参与公共服务项目的组织实施，参与城乡社区公共事务和公益事业管理。将城乡社区老年协会纳入公益慈善类或城乡社区服务类社会组织范畴，按照《山西省四类社会组织直接登记管理暂行办法》（晋民发〔2015〕38号），进行直接登记。在法律法规允许的范围内，适当放宽条件、简化手续，做到能登尽登。暂时不具备登记条件的老年协会，应在乡镇（街道）备案。

4. 发展老年志愿服务。支持老年人积极参与基层民主监督、社会治安、公益慈善、移风易俗、民事调解、文教卫生、全民健身等工作。深入开展“银龄行动”，组织医疗卫生、文化教育、农业科技等老专家、老知识分子参与援助落后地区的志愿服务活动。鼓励低龄、健康老年人为高龄、失能、半失能老年人提供志愿服务。推行志愿服务记录制度，到2020年，注册老年志愿者占到老年人口总数的12%以上。

（五）建设老年宜居环境

1. 加强适老居住环境建设。推进老年人住宅无障碍、适老化改造。老年人根据实际需要对住房进行无障碍设施改造的，在不影响安全和他人使用的情况下，房屋管理部门应当允许其进行改造，物业服务者应当为其改造提供便利。优先对贫困、失能、半失能、残疾、高龄、独居等特殊困难老年人家庭进行无障碍改造，有条件的地方可对特殊困难老年人家庭的改造给予适当补助。在城镇住房供应政策中，对开发老年公寓、老少同居的新社区和有适老功能的新型住宅提供政策扶持。在进行老（旧）居住区、棚户区、农村危房改造中，将符合条件的老年人优先纳入住房保障范围。

2. 加强适老出行环境建设。强化社区无障碍通行，重点对坡道、楼梯、电梯、扶手等公共建筑节点进行改造，满足老年人基本的安全通行需求。构建社区步行路网，加强对社区道路系统、休憩设施、标识系统的无障碍改造，保持步行道路平整安全，严禁非法占用步行道路。

发展适老公共交通。加强城市道路、公共交通建筑、公共交通工具的无障碍建设和改造。落实老年人乘车优待政策，简化办理手续，逐步扩大优待范围和力度，按规定设置老年人专座。完善公共交通标志标线，强化对老年人的安全提醒。有条件的地区，在机场、火（汽）车站、旅游景区等场所设立老年人专用等候区和绿色通道等，方便老年人出行。

3. 加强适老生活服务环境建设。加强配套设施规划建设。在市政建设中，统筹规划、同步建设涉老公共服务设施。鼓励利用社区闲置（存量）房屋、设施、土地等服务于老年人。对养老机构、日间照料中心、老年人就餐点、老年人活动中心等为老服务设施与社区配套设施进行集约化建设，加强相关部门沟通协作，实现资源综合利用共享。

加强公共设施无障碍改造。按照无障碍设施工程建设相关标准和规范，加强对银行、商场、超市、便民网点、图书馆、影剧院、博物馆、公园、景区等与老年人日常生活密切相关的公共设施的无障碍设计与改造。社区公共服务设施逐步完善无障碍服务功能，对不符合无障碍设施技术标准的进行改造，为老年人提供便利。

为老年人营造安全生活环境。完善社会治安防控体系，严厉打击侵犯老年人人身安全和合法权益的违法犯罪行为。加强对养老机构等涉老重点场所和设施的安全隐患排查和监管。加强老年人安全知识和急救技能的宣传普及。开展老年人意外伤害保险工作。

（六）发展老龄产业

1. 开发老年用品、产品市场。引导和支持老年用品、产品生产企业的发展，推进品牌战略，培育并形成一批各具特色、管理规范、经营效益好的龙头企业，带动老年用品、产品行业的发展，不断壮大老年用品、产品市场。鼓励开辟老年用品、产品展示和体验场所，发展老年用品、产品租赁市场。加强老年用品、产品的质量监督和市场监管。

2. 增加老年用品、产品供给。引导、鼓励和支持相关行业、企业围绕老年人健康促进、健康监测可穿戴设备、慢性病治疗、康复护理、协助器具和智能看护、应急救援、通信服务、电子商务、旅游休闲等领域，推进老年用品、产品的研发和应用，增加老年用品、产品供给，满足老年人多样化需求。支持和推动老年用品、产品产业领域开展大众创业、万众创新。落实相关税收优惠政策，支持老年用品、产品产业领域科技创新与应用项目。

（七）丰富老年人精神文化生活

积极引导广大老年人参加文明健康、有益身心的文体娱乐活动。鼓励支持老年文化、艺术、体育组织发展，以基层为重点，组织开展丰富老年人精神文化生活的各类活动。通过新建、改扩建、整合等途径，增加老年活动设施和场所。推动各级各类文化、教育、体育等公共服务设施向老年人免费或低收费开放。增加老年公共文化产品供给，文化、新闻出版广电等部门要积极创作老年人喜闻乐见的文艺作品，出版适合老年人特点的图书、音像制品、电子出版物等。发展老年教育，落实老年教育发展规划，扩大老年教育资源供给，拓展老年教育发展路径，促进老年教育可持续发展。充分发挥老年大学、老年远程教育网上学校等老年教育培训机构的作用，满足不同层次老年人多元化求知求学的需要。到2020年，基本形成覆盖广泛、灵活多样、特色鲜明、规范有序的老年教育新格局。发展老年体育，引导支持老年人积极参加各种形式的体育健身活动，增强老年人体质，提高老年人健康水平。鼓励发展老年人体育组织，到2020年，90%的乡镇（街道）建立老年人基层体育组织，城乡社区普遍建立老年人体育健身活动站点和体育团队。

（八）夯实老龄工作基础

1. 加强老龄工作信息化建设。协同统计、公安、民政、人力资源和社会保障、卫生计生等相关部门建立健全老年人状况统计调查制度，促进老龄工作信息互联互通。开展人口老龄化省情调查，重点建立全省失能、半失能老年人生活状况跟踪监测信息数据库。探索开展涉老大数据建设，实现涉老信息的充分整合和深化应用。

2. 加强老龄科学研究。加强老龄科学研究的规划部署和顶层设计，不断完善老年人家庭赡养和扶养、社会救助、社会福利、社会优待、宜居环境、社会参与等政策。老龄部门与科研机构和相关单位建立老龄工作领域重大问题协同研究机制。完善老龄学科体系，加快老龄科学人才培养。

3. 加强老龄事业交流合作。扩大我省老龄事业对外开放程度，加强与国内、国际涉老部门、相关单位及有关机构、组织的交流与合作，积极借鉴各地有益经验，拓展老龄事业发展思路，畅通老龄事业发展渠道。

四、保障措施

（一）加强组织领导，健全工作机制

完善党委统一领导、政府依法行政、部门密切配合、群团组织积极参与、上下左右协同联动的老龄工作机制，形成老龄工作大格局。充分发挥各级党委的领导核心作用，加强对老龄工作的战略部署和统筹指导，强化各级政府落实老龄事业发展规划的主体责任，履行各级老龄工作机构的决策参谋、综合协调、组织实施、督促检查等职能。建立与应对人口老龄化需求相适应和与经济社会发展水平相适应的财政投入机制，发挥财政资金的引领作用，引导社会资金投入老龄事业，建立健全财政资金、民间资本、慈善基金等相结合的投入机制。健全老龄部门执法和监督机制，提高老龄事业发展的法制化、规范化水平。加强全省各级老龄干部队伍建设，提高履职能力，提升工作水平，为老龄事业发展提供重要的人力资源支撑。

（二）加强宣传教育，营造良好环境

广泛开展人口老龄化国情和老龄工作方针政策、法律法规宣传教育活动，增强全社会积极应对人口老龄化的思想观念，增强全社会接纳、尊重、帮助老年人的关爱意识和老年人自尊、自立、自强的自爱意识，营造全社会尊老、敬老、爱老、助老的良好环境。开展形式多样的敬老助老活动，继续开展“敬老月”“敬老文明号”创建等活动。充分发挥各类媒体的积极作用，弘扬和传播孝亲敬老传统美德，宣传和推广扶老助老先进典型事迹，关注和回应老龄热点焦点问题，形成良好的社会舆论氛围。

（三）加强督促检查，推进规划落实

省老龄工作委员会各成员单位，各市、县老龄工作机构、成员单位和相关部门要按照本规划要求，结合实际，制订具体实施方案，确定工作进度安排，认真完成规划任务。省、市、县老龄工作机构加强对本规划实施情况的监督检查。2020年，省老龄工作委员会组织相关部门对本规划执行情况进行全面检查评估。

山西省“十三五”养老服务业发展规划

加快发展养老服务业，是践行“民生优先”理念，满足全省老年人日益增长的养老服务需求的必然要求，也是扩大内需、拉动消费、调整经济结构、转变经济发展方式的重要抓手。为积极应对人口老龄化，建立健全覆盖城乡的养老服务体系，促进养老服务业的健康发展，依据《山西省国民经济和社会发展第十三个五年规划纲要》以及《山西省人民政府关于加快发展养老服务业的意见》、《山西省人民政府关于支持社会力量发展养老服务业若干措施的通知》，制定本规划。

一、总体要求

（一）指导思想。

全面贯彻党的十八大和十八届三中、四中、五中、六中全会精神，深入贯彻习近平总书记系列重要讲话精神，落实党中央、国务院发展养老服务业的具体要求。践行“五大发展理念”，以调整产业结构为主线，本着“政府托底、社会参与、市场调节”的发展思路，充分利用我省资源和区位优势，抓住机遇，创新发展，充分发挥社会力量的主体作用，大力推进民生幸福工程，把发展养老服务业作为保障和改善民生的重要内容，切实提升全省老年人的满意度，增强获得感，建立健全与山西老龄化发展形势相适应、与经济社会发展水平相协调的养老服务体系，做大做强做优养老产业，把养老服务业作为推动现代服务业发展的一项重要内容来布局，为推进全省供给侧结构性改革、促转型、调结构、增新动能出一份力，为“不断塑造山西美好形象，逐步实现山西振兴崛起”作出贡献。

（二）基本原则。

1. 政府主导，市场推动。加大对政府兜底养老保障设施建设的投入，逐步提高对经济困难的失能、半失能老人和失独老人的保障力度，加大对基层和农村养老服务的投入，加强资源的整合和调控，更好地发挥政府在规划引领、政策引导、制度建设等方面的作用，营造良好发展环境，充分发挥社会力量在推动养老服务业发展中的主体作用，增加有效供给，满足多元需求，不断增加康养产业在我省现代服务业中的份额。

2. 深化改革，创新驱动。推进养老服务体制机制改革，在制度创新、模式创新、体系创新等方面进行积极探索，加强管理创新与技术创新，着力营造公平、开放的市场环境和政策环境，激发各类主体的能动性和创造性，增加养老服务和产品供给，提升养老服务业信息化水平，为全省养老服务业发展提供原动力。

3. 统筹兼顾，协调发展。加强社区居家养老的基础性地位，促进居家养老、社区服务和机构养老的协调发展。优化资源配置，促进城乡之间、区域之间养老服务的协调发展。着力推动设施建设的标准化、养老服务运行管理的规范化、从业人员的专业化、服务主体的社会化，实现养老服务业硬件和软件建设同步提升。

4. 突出特色，示范引领。充分发挥比较优势，借助我省气候、旅游、文化等资源优势和历史文化底蕴，突出区域特色，积极构建“一区两片”养老产业战略发展格局，培育产业集群，打造具有山西特色的健康养老发展模式和养老服务品牌，借助京津冀协同发展战略机遇，实现优势地区率先发展，鼓励各地开拓思路、因地制宜，通过实施康养园区、特色康养小镇、养老机构等多个层面的示范带动效应，推动我省养老产业快速发展。

（三）发展目标。

到“十三五”末，全面建成以居家为基础、社区为依托、机构为补充、医养相结合、功能完善、覆盖城乡的养老服务体系，更好地满足老年人养老服务需求。全省养老床位达到19.5万张，每千名老人拥有床位达到35张。充分发挥市场在资源配置中的决定性作用，推动社会力量成为养老服务业发展主体。

机构和社区养老大力发展。到2020年，全省养老机构超过1500家，其中民办养老机构和公办民营养老机构占70%以上。农村日间照料幸福工程基本覆盖千人以上行政村，依托乡镇敬老院打造区域性养老服务中心；城市社区全部建成日间照料机构，60%以上社区建立居家养老服务中心。

医养资源深度结合。基层医疗卫生机构与社区居家养老机构实现服务功能紧密结合，以护理人员上门服务的方式为行动不便的居家老年人提供助医助洁等服务。养老机构实现医疗卫生服务全覆盖，为机构内老年人提供更加完善的医疗、康复护理服务。所有医疗卫生机构开设老年人挂号、就医等绿色通道。到“十三五”末，每个县（市、区）建有1所医养结合型养老机构或医养联合体，失能半失能型护理床位占养老床位总数30%以上。

服务队伍更加专业。完善养老服务专业人才的培养、考核、评定制度。养老护理员入职补贴制度落实到位。养老护理人员劳动报酬的合理增长机制初步形成。到2020年，从业养老护理人员持证上岗率达到85%以上。

产业规模显著扩大。以老年生活照料、医疗护理、产品用品、健康养生、体育文化、金融服务、老年旅游等为主要内容的养老服务业全面发展。力争到2030年，全省培育1个省级康养示范园区，3个省级康养园区、10个特色康养小镇，养老服务提供的就业岗位达到30万个以上。围绕我省“一区两片”战略发展格局，通过实施“1310工程”，扶持培养10—20个行业影响力和竞争力强、具有示范性、带动性的养老服务集团，吸引外省老人到山西旅游旅居、养生养老，拉动消费，健康养老服务业在现代服务业占比提升2到3个百分点。

二、主要任务

（一）完善市、县、乡三级基本养老保障体系建设。履行政府托底保障职责，满足基本养老服务供给。加快市、县、乡三级基本养老保障体系建设，重点保障特困人员中的老年人、经济困难的高龄和失能老年人的养老需求。市级建设一所不少于300张床位的养护院，县级建设一所不少于100张床位的综合性社会福利中心，乡镇建设能满足特困人员集中供养需求的服务设施。对闲置的公办（建）养老服务设施，积极开展公建民营，提高床位使用率，拓展服务功能、扩大服务半径，积极为当地经济困难的失能、失智、高龄、空巢、失独、留守等老年群体提供服务。

（二）推进城市社区居家养老服务。补足城市社区居家养老服务短板，将城市社区居家养老服务置于优先发展的位置，大力推进具有综合功能的城市社区老年人日间照料中心和饮食服务的社区老年餐桌建设，为社区居家老人提供各类服务。要将城市社区养老服务设施建设与教育、医疗机构建设同等摆位，作为提供基本公共服务的重要内容，纳入城市总体规划、控制性详细规划，确保城市社区养老服务设施建设的真正落地。

按照人均用地不少于0.1平方米的标准，分区分级规划设置社区养老服务设施。新建城区和新建居住（小）区，要根据规划要求和建设标准配套建设养老服务设施，并与住宅同步规划、同步建设、同步验收、同步交付使用，由当地统筹安排开展养老服务；老城区和已建成居住（小）区无社区养老服务设施或现有设施不达规划要求的，各地要通过购置、置换、租赁等方式开辟社区养老服务设施。未经法定程序，社区养老服务设施一律不得挪作他用。

鼓励将城市社区养老服务设施委托专业的养老服务组织运营，为社区居家老人特别是高龄、空巢、独居、半失能老人提供以日间托管和上门服务为主要方式，以生活照料、家政服务、精神慰藉、护理保健、紧急救援等为主要内容的专业化和个性化服务。大力培育发展社区居家养老服务组织，为开展社区居家养老服务提供支撑。

（三）提升农村养老服务水平。持续抓好农村老年人日间照料中心幸福工程建设，重点保障农村老年人日间照料中心的长效运行。完善农村老年人日间照料中心各项服务功能，满足广大农村老年人日间用餐、娱乐休闲、图书阅览、健身活动等需求。整合村卫生室医疗资源，在照料中心为老年人提供方便就近的医疗保健服务。继续开展农村老年人日间照料示范创建活动，采取以奖代补的办法，对示范县、示范村给予一定奖励。“十三五”期间，全省创建农村日间照料示范县20个，示范村300个，引领全省农村老年人日间照料中心功能更完善、管理更规范、服务更到位，运行更长效。

（四）推动社会力量发展养老服务业。落实《山西省人民政府关于支持社会力量发展养老服务业若干措施的通知》规定的扶持政策，充分发挥市场在养老服务业发展中的决定性作用，满足多样化养老服务需求，建立养老服务业负面清单制度，清理阻碍养老服务业发展的不合理规定。全面清理、取消申办养老机构的不合理前置审批事项，优化审批程序，简化审批流程。支持各类市场主体举办包括居家、社区、机构在内的多种形式的养老服务组织，切实增加养老服务供给，努力使养老服务业成为扩大内需、增加就业、促进经济发展、推动经济转型的重要力量。鼓励社会力量举办规模化、连锁化、候鸟式异地互动等形式的养老集团，扶持培养一批影响力和竞争力强、知名度高、具有示范性、窗口性的养老服务品牌。组建山西省养老投资公司，作为全省养老服务业发展的省级投融资平台，与商业保险资本和社会资本合作，通过市场化运作，做大做强我省养老服务业。鼓励有条件的市县成立养老服务投融资平台，改变养老服务组织弱、小、散现状，扶持壮大养老服务组织，整体提升养老服务水平，切实满足养老服务需求。

引导支持社会力量通过股份制、股份合作制、公私合作（PPP）等模式，整合改造利用社会闲置资源，支持将部分乡镇医院、办公用房、楼堂馆所、疗养院等闲置资源改造成养老设施。凡通过整合改造闲置社会资源建成的养老服务设施，符合相关政策条件的，均可享受建设补助、运营补贴等资金支持和税费减免、水电气热费用优惠等扶持政策。

（五）构建“一区两片”康养产业战略发展格局。在全省构建

布局合理、适宜养生的“ 区两片”健康养老产业格局。“一区”即以太原为中心，辐射晋中、忻州和吕梁部分市县，构建我省健康养老中心区；“两片”即以大同为核心包括朔州右玉、怀仁的晋北片区和由长治、晋城两市

组成的晋东南片区，规划建设融旅游、度假、养老、医疗为一体的健康养老集群，将旅游与养老有机结合起来，既做夏季候鸟式养老的乐园，又做温暖过冬的家园。抓好养生养老推介，从2017年起，将我省优质养老资源打包推介，到合肥、武汉、南昌、长沙等冬天阴冷、夏天潮热的中部省会城市进行养老宣传展示，吸引当地老人到我省旅居养生养老；与海南省联手合作，共同打造“冬居海南，夏养山西”的健康养老品牌，抢占市场先机，促进我省旅游和养生养老产业的发展。

（六）提升医养结合纵深发展。落实《山西省人民政府办公厅转发省卫生计生委等部门关于推进医疗卫生与养老服务相结合实施意见的通知》规定，全面加强养老机构医疗服务能力建设，大力拓展医疗卫生机构养老服务功能，实现医疗资源与养老服务的无缝对接，为全省老年人提供安全、舒适的养老环境和规范、便捷的医疗卫生服务。优先发展养老机构设置医疗机构，推动医疗卫生机构开展养老服务，提高医疗卫生机构的老年服务能力和水平，加强医疗养老联合体建设。推进医疗资源向社区、家庭流动延伸，依托基层医疗卫生计生机构和网络，开展家庭医生签约服务，为社区居家老人提供健康档案管理、健康教育、家庭病床、基层护理等基本医疗卫生服务。有条件的地方试点建立符合当地实际的长期照护保险制度，着力破解失能半失能老人的长期照料护理难题，有效缓解失能半失能老人的支付压力。

支持社会力量开办具有医疗卫生和养老服务资质和能力的医养结合机构，医养结合机构同等享受医疗卫生和养老服务的优惠政策，切实提高以收住失能、失智、高龄老人为主的护理型床位在整个养老床位数中的占比。

（七）推进“互联网＋养老”信息化建设。积极推进“互联网＋”的应用，发挥“大数据”等信息科技引领作用，构建现代化互联网服务管理平台，以信息化养老终端采集数据为基础，利用互联网、物联网等手段建立系统服务与互动平台，通过整合公共服务资源和社会服务资源满足老年人在安全看护、健康管理、生活照料、休闲娱乐、亲情关爱等方面的养老需求。推行“互联网＋养老”，加快社区居家养老信息网络建设，依托现有互联网基础设施，构建居家养老服务信息平台、老年人居家呼叫服务系统和应急救援服务网络，提供紧急呼叫、家政预约、健康咨询、物品代购、服务缴费、线上线下（O2O）等老年服务项目，发展智慧养老社区。省级层面重点推动养老信息化管理平台建设，市级层面重点做好数据录入和更新工作，推动社区居家养老服务信息平台建设，全面推动养老信息化工程。

（八）推进公办养老机构改革。加大公办养老机构“公建民营”力度，盘活现有存量，特别是床位空置率较高的公办养老机构，按照试点先行、总结经验、全面推开的步骤，以养老用途不改变、国有资产不流失、服务水平明显提高为原则，通过招投标或委托经营的方式，依法合规交由社会力量进行运营。通过给予运营补贴、政府购买服务等方式，支持公建民营机构发展。应由公办养老机构提供无偿或低偿托底保障的供养服务对象，可通过政府购买服务的方式委托民办养老机构供养。鼓励公办养老机构以政府采购方式实行服务外包，更好地为入住老年人提供优质、高效、便利的服务。

（九）加强养老服务人才培养。加快推进养老服务相关专业教育培训体系建设，分级分类培养养老服务研究人才、管理人才和专业技能人才。鼓励高等院校、科研院所增设养老服务专业学科、增开养老服务专业课题研究，在老年医学、康复护理、膳食营养、心理咨询、社会工作、老年康复辅具研发配置等方面培养养老服务专业人才。开展养老服务管理人才培训，提高养老服务管理人员综合管理能力，探索培养具有整合资源、拓展市场、创新技术能力的养老服务业发展高级管理人才，为养老服务业发展提供人才支撑。建立以职业教育为基础，学历教育与职业培训并重，增量人员与存量人员培训并举的养老护理员培训教育和技能提升模式，大批量增加经职业技能鉴定的持证养老护理员，使广大老年人享受到专业的护理服务。

鼓励学校与养老服务机构通过定向培养、共建实训基地等方式，实现教学与就业的无缝衔接，提高就业能力、拓宽就业渠道。继续实施养老护理员免费培训，加强营养配餐师、保健按摩师、康复理疗师等专业人才培训。鼓励各地建立专业技术人才激励制度，包括养老护理员与专业技术人员“入职奖补”、特岗津贴和工龄津贴等制度，提高养老从业人员薪酬待遇。综合运用媒体、保险、法律、表彰等手段，维护养老从业人员合法权益，树立先进典型，增强职业荣誉感，提升社会地位。

（十）提高养老服务标准化管理水平。研究制定涵盖基础通用标准，居家、社区、机构服务设施建设、服务和管理地方标准，优先制定老年人服务需求评估、服务规范、服务质量监管和等级评定、养老服务安全管理等标准。重点制定居家养老服务、社区老年人日间照料中心服务、养老机构服务、老年人入院评估、服务合同示范文本等标准。结合养老服务发展需要，不断完善养老服务标准体系。鼓励支持养老服务组织固化服务规范、梳理服务流程，将企业标准上升为地方标准。加强标准化宣传培训工作，普及标准化知识，强化标准化理念，推动各项标准的贯彻实施。

（十一）全面推进养老机构责任保险。总结全省养老机构责任统保保险试点工作经验，广泛征求养老机构、入住老年人的意见建议，完善保险条款，全面实施养老机构责任保险。从2017年起，养老机构责任保险覆盖全省11个市。探索拓展保险范围，支持引导保险公司进行产品创新，按照公平公正、保本微利原则，合理设计保险产品、科学厘定费率，满足养老机构、社区居家养老服务组织、老年人等多方、多样化责任保险需求，构建养老服务业风险分担机制，维护老年人合法权益。

（十二）建立养老服务需求和供给评估制度。培育和发展养老服务评估机构，定期对老年人能力状况、经济收入情况开展评估，根据评估结果确定其接受服务的层次类型、轮候顺序及政府补助资格。制定完善政府、社会和市场分类轮候及机构、社区、家庭和个人分类养老的评估标准和办法。在政府购买服务、养老服务补贴、托底养老服务对象核定等方面强制使用评估结果，同时，推广评估结果使用，在居家、社区、机构养老服务中适用评估结果，使养老服务更具公正性和客观性，也使老年人获取养老服务准确预期。进一步健全第三方评估机制，对养老服务机构的服务技能和服务质量开展评估评审，推动养老服务机构达标升级。

三、重点工程

立足全省养老服务业的基础和发展趋势，根据养老服务业发展需要，组织实施养老服务十大工程，推动行业加速发展、转型发展和创新发展。

（一）实施市县两级公办养老机构全覆盖工程。加快推进太原、朔州、忻州、晋中、临汾五个市级公办养老机构以及清徐县、山阴县、祁县、长治县、沁源县、高平市、古县、曲沃县、襄汾县九个县级社会福利中心建设，市级公办养老机构不少于300床，县级社会福利中心不少于100床。到2020年，使市、县两级公办养老机构实现100％全覆盖。

（二）实施城市社区养老服务示范工程。按照“示范引路、以点带面、逐步推广”的推进原则，采取政府扶持、社会参与的发展思路，鼓励社会力量参与建设、管理，实现投资和经营主体多元化，举办品牌化、规范化、连锁化的城市社区养老服务网点。全省11个设区市和市辖区在2020年底以前建成至少2—3个方便实用、功能齐全、规模适度、长效运行、具有示范作用的综合性社区服务中心和3—5个管理到位、服务规范、规模适度、有示范效应的城市日间照料中心，并给予一定的运营扶持政策。鼓励没有条件建设照料中心的社区建设老年餐桌，到2020年，全省城市社区养老服务基本实现全覆盖。

（三）实施农村老年人日间照料中心示范工程。发挥先进典型的引领示范作用，继续开展农村老年人日间照料示范县、示范村创建活动，创建一批各具特色的先进典型和先进做法，总结推广长效运营的机制和措施，力争到2020年在全省创建20个示范县、300个示范村，起好引领和示范作用，实现全省农村老年人日间照料幸福工程基本覆盖千人以上行政村的目标。

（四）实施“一区两片”健康产业规划工程。积极编制我省“一区两片”健康养老产业规划，聚集全省主要的养老优势资源，发挥气候、旅游、文化、区位等资源的支撑作用，以高端养老服务为引领，推进多元化发展，促进相关支撑产业聚集发展，增强核心发展的辐射引领作用，打造全国具有知名度的养生养老目的地。规划实施“1310”工程，即规划建设1个省级康养综合示范园区（大同）、3个省级康养园区（晋中、晋城、忻州）、10个特色康养小镇。

（五）实施大同市康养产业园区建设工程。利用大同的区位优势，充分发挥历史文化、旅游资源、交通区位等优势，抓住京津冀协同发展的战略机遇，把大同融入京津冀发展圈，率先推动大同先行先试，建设大同市康养产业综合园区。园区建设采取“1＋3”模式，市区在云州街北文瀛北路以东约两平方公里规划建设大同市康养产业示范园区，在阳高县罗文皂、大同县火山群、浑源县汤头温泉建设特色养生养老基地。将大同市中医院整体打包，实行康养、医养、智能居家养老服务中心、专用人才培训基地一体化，建立康养产业联盟，推进大同市康养产业融入京津冀发展战略。吸引30万北京、天津老人到大同养老，把大同打造成北方养老之乡。

（六）实施医养结合示范工程。全面加强养老机构医疗服务能力建设，大力拓展医疗卫生机构养老服务功能，实现医疗资源与养老服务的无缝对接。到2020年，所有医疗机构开通老年人优先挂号、优先就医便利服务绿色通道，80％以上的三级综合医院、50％以上的二级综合医院开设老年病科，基层医疗卫生机构为入住养老机构和居家老人提供健康管理服务，65岁以上老年人健康管理率达到70％以上，所有养老机构能够为入住老年人提供医疗卫生服务；各县（市、区）至少建成1个医养结合机构或医疗养老联合体。

（七）实施长期照护保险试点工程。积极开展长期照护保险制度试点工程，确定1—2个市进行试点，探索长期照护保险的保障范围、参保缴费、待遇支付、管理办法、运行机制等体系建设，利用1—2年时间，积累经验，力争在“十三五”期间，形成长期照护保险制度架构体系。

（八）实施养老信息化工程。整合老年人口、养老机构、社区居家养老、老年人能力评估、养老从业人员等数据统计分析，建设集养老机构管理系统、经济困难的高龄失能老年人与百岁以上老人补贴管理系统、社区居家养老服务信息系统、养老评估系统等为一体的省级养老服务信息系统。市县重点加快社区居家养老服务信息平台建设，支持企业、机构及社会组织借鉴引进外省市已经成熟运营的养老服务信息系统和老年电子商务平台，创新养老服务需求和供给模式，为社区居家老人提供配餐送餐、家政预约、物品代购、服务缴费、上门护理等各项服务，通过线上建设平台、线下提供服务，实现“点对点”式的养老服务需求与供给精准对接。

（九）实施公办养老机构改革试点工程。坚持“积极稳妥、公开公正、管办分离、持续发展”原则，按照我省出台的公建民营实施方案，在确保国有资产不流失、养老用途不改变的基础上，将政府出资兴建并拥有所有权的养老机构，通过公开招标，委托给具有一定资质的社会主体进行整体性的运营管理。到2017年底，要完善公建民营实施办法，保障公办养老机构改革顺利推进，每个市确定1—2个公办养老机构进行公建民营试点，原则上今后新建的、已建成尚未投入使用的和运营效果不好的公办养老机构都要逐步实行公建民营模式，到2020年公建民营机构达到各级公办机构总数的30%以上。

（十）实施养老服务人才培养工程。积极探索对养老产业建设领军人才和养老服务经营管理人员的引进、培养、激励工作，吸引懂业务、善经营、会管理的高知人才入职养老产业。加强与有关高校合作，加快培养老年医学、康复护理、膳食营养、心理咨询、社会工作等专门人才。建立护工培养实训基地，对农村转移劳动力开展职业技能培训，解决养老护工短缺问题。按照《山西省人民政府办公厅关于实施“山西护工”培训就业计划促进健康服务业快速发展的指导意见》，“十三五”期间完成3万名养老护理员培训就业。各地结合实际，建立收入与职业资格级别相匹配的薪酬制度和动态调整机制，逐步提高养老从业人员的待遇和地位。建立养老护理人员与专业技术人员“入职奖补”制度、特殊岗位补贴制度和工龄津贴制度。

四、保障措施

（一）加强组织领导。省级层面建立省政府领导为召集人，民政部门牵头，发展改革、财政、卫生计生、人力资源社会保障、住房城乡建设、国土资源、环境保护、公安消防、商务、工商等相关部门参加的联席会议制度，及时研究解决养老服务业发展中遇到的重大问题，将发展养老服务业的目标任务细化分解，列入政府各部门的年度目标责任考核任务予以落实推进。各市、县（市、区）人民政府要从实际出发，对照本规划提出的各项目标，找准“十三五”工作的切入点，制定实施方案、专题规划及年度工作计划，抓好督促检查，推动当地养老服务业持续健康发展。

（二）放宽市场准入。营造平等参与、公平竞争的市场环境和政策环境，进一步放宽健康养老行业准入，实行“先照后证”，法律法规没有明令禁止的养老服务领域，全部向社会力量开放，精简审批流程，激发社会力量投资养老的积极性，按照“谁投资、谁受益、谁负责”的原则，支持社会力量投资养老服务业。加大对民间投资的融资支持，推广PPP模式，推动民间投资项目尽早落地，发挥市场在资源配置中的决定性作用，促进养老机构和企业自主经营、公平竞争，消费者自由选择、自主消费。

（三）加大财政资金支持。县级以上地方人民政府应当加大投入，建立相应的保障机制，支持养老服务业发展。发挥省级财政一次性建设补助、以奖代补等资金的杠杆作用，不断扩大政府购买服务范围，向社区居家养老和农村养老倾斜。各地也要充分发挥财政资金引导作用，加大资金支持力度，发挥引导放大效应，撬动更多信贷资金和社会资金投向养老服务业。支持和鼓励建立养老产业专项引导基金，实行市场化运作、专业化管理。落实福利彩票公益金50%以上用于养老服务的规定。

（四）完善投融资政策。通过创新信贷品种、增加信贷投入、放宽贷款条件、扩大抵押担保范围等方式，加大金融支持力度。支持符合条件的养老服务组织上市，支持符合条件的养老机构通过股权质押、发行债券、众筹平台等方式融资。推动证券市场融资，引导养老服务企业在全省区域股权市场融资。

（五）做好养老设施布局专项规划。加快城市养老服务设施专项规划编制。着眼长远、科学谋划，专项规划要与城乡规划、土地利用规划和经济社会发展相衔接。做好养老服务设施与城镇基础设施、公共服务设施相协调，以及与现有养老服务设施、医疗卫生、公共交通、生活配套等资源的整合利用。2017年到2018年，各市城乡规划部门协同民政部门尽快完成市级养老设施布局专项规划，不得随意改变规划确定的养老设施用地性质，保障养老设施用地，严禁挤占挪用。

（六）落实用地政策。国土资源部门要将我省养老服务设施建设用地纳入市（县、区）土地利用总体规划和年度用地计划，每年安排一定数量用地计划指标，向养老服务业适当倾斜。非营利性养老服务机构设施用地可采取划拨方式供地，营利性养老服务设施用地，应当以租赁、出让等有偿方式供地。围绕“一区两片”养老发展战略格局，土地部门要保障用地供给，解决用地指标，满足养老园区、养生养老社区、特色康养小镇等项目建设用地需求。鼓励盘活存量用地用于养老服务设施建设，企事业单位、个人对城镇现有空闲的厂房、学校、社区用房等进行改造和利用，兴办养老服务机构，经规划批准临时改变建筑使用功能从事非营利性养老服务机构且连续经营一年以上的，五年内可不增收土地年租金或土地收益差价，土地使用性质也可暂不做变更。利用集体建设用地兴办养老服务设施，农村集体经济组织可依法使用本集体所有土地，为本集体经济组织内部成员兴办非营利性养老服务设施。民间资本举办的非营利性养老机构与政府举办的养老机构可以依法使用农民集体所有的土地。每年养老服务机构项目建设涉及新增建设用地，由各市统筹安排，应保尽保。各市用地计划指标确有困难的，可申请使用留省用地计划。养老服务设施的建设用地使用权可以整体转让和转租、不得分割转让和转租，不得改变规划确定的土地用途。

"十三五"辽宁省老龄事业发展和养老体系建设规划

为加快推进我省老龄事业与经济社会全面协调发展，积极应对人口老龄化，依据《中华人民共和国老年人权益保障法》(简称《老年法》)、《"十三五"国家老龄事业发展和养老体系建设规划》、《辽宁省老年人权益保障条例》(简称《条例》)和《辽宁省人民政府关于加快发展养老服务业的实施意见》(简称《意见》)等，制定本规划。

一、"十二五"时期的成就

"十二五"时期，是我省老龄事业整体推进快速发展的五年，也是迎难而上，真抓实干，开拓创新，取得显著成绩的五年。在省委、省政府的正确领导下，在省人大、省政协的关心支持下，经过全省各级涉老部门的通力合作，社会各界的广泛参与和老龄工作者的共同努力，我省老龄事业呈现出前所未有的良好局面。

(一) 党委、政府高度重视，组织领导坚强有力。省委、省政府十分重视老龄工作，把老龄工作摆上重要议事日程，省政府连续多年把发展老龄事业写入《政府工作报告》，并将"高龄津贴发放"、"关爱老年人健康工程"等作为重要民生工程纳入全省经济社会发展总体规划和对各市政府的绩效考评体系。省人大加大了对《老年法》、《条例》执法检查力度，进行了专题问询，形成了决议。省政协就老年民生问题开展专题调研，积极建言献策。每年省市老龄委全委会和重大的老年活动，省市主要领导及省老龄委顾问都带头参加并作报告和讲话。各地都进一步加大了老龄工作的力度，创新落实规章制度。老龄委各成员单位协同配合，各司其职，充分发挥了职能作用。党政主导、社会参与、多方合力推动老龄工作的可持续健康发展已成为"新常态"。

(二) 老龄工作组织机构建设、经费保障取得历史性突破。全省有四个市充实调整了市级老龄工作机构；省人大常委会首次通过决议将老龄事业经费足额纳入同级财政预算，确定了省、市用于社会福利事业的彩票公益金，要将50%以上的资金用于支持发展养老服务业。省直相关部门积极落实人大决议，联合发文，规定市、县(市、区)要设有老龄工作机构。县(市、区)、乡镇(街道)要配备专兼职老龄工作人员；村(社区)要成立老年协会并有专人负责老龄工作；老龄事业专项工作经费要按照每名老年人市本级不低于年均2元、县本级不低于年均3元的标准拨发。这项政策的出台为加强我省老龄工作、促进老龄事业发展提供了坚强的制度保障。目前，全省76%的县(市、区)和70%乡镇的老龄工作机构逐步得到理顺和加强，老年协会建设更加规范，95%的村(社区)建立了基层老年协会组织，约22万名志愿者经常开展为老服务。

(三) 老年人社会养老保障水平大幅提高。全省建立了统筹城乡的以基本养老、基本医疗、社会救助、社会福利等制度为主要内容的养老保障体系。43万城乡低于当地最低生活保障标准的老年人被优先纳入了保障范围，做到了应保尽保。全省604万企业退休人员月人均基本养老金已提高至2200元。全省10552名城市"三无"老人，集中供养与分散供养保障水平年人均分别达到9300元和7380元。全省13.76万名农村五保供养对象，集中供养标准达到年平均6159元/人，分散供养标准达到年平均4057元/人。建立了经济困难的高龄、失能等老年人养老服务补贴制度。"十二五"期间全省建成61所农村困难家庭常年病人托管中心，集中托管常年病人1.6万人次。医疗保险的覆盖面不断扩大，城镇职工和居民医保基本覆盖了全部城镇居民，全省新型农村合作医疗参合人数占农村常住人口的99.3%。

(四) 养老服务体系建设扎实推进。以居家为基础、社区为依托、机构为支撑的，功能完善、规模适度、覆盖城乡的养老服务体系框架基本形成。建立完善了乡镇(街道)居家养老服务中心、城乡社区居家养老服务照料中心等多层次服务与管理网络。"十二五"末，全省各类养老机构达到1735家(公办802家、民办933家)，其中农村敬老院631所(区域中心院279所、乡镇院352所)；全省城乡社区(村)居家养老服务设施8000多个，社区照料床位3.1万张，年服务老年人数达到52万人次，15万困难老年人享受政府购买的服务。社会养老床位总数25.13万张，每千名老年人拥有养老床位30张。开展了居家养老综合信息服务平台建设试点工作。

（五）老年人优待维权工作取得新成效。老年优待范围大幅拓宽，90周岁以上高龄老人长寿补贴政策全面落实；建立了80至89周岁低收入高龄津贴制度，9.7万名80至89周岁低收入高龄老人每人每月享受不低于50元高龄津贴。实施了“关爱老年人健康工程”，8.5万名城乡分散供养特困老人每人免费获得政府购买的一份意外伤害保险。全省60至69岁老年人乘车、参观文化、体育、旅游景点等公共设施和场所半价优惠，70岁以上老年人免费等优待政策全部落实到位。覆盖城乡的老年人维权网络体系基本形成。省、市、县（区）建立了老年人法律援助中心，全部向社会公开了维权电话；乡镇（街道）挂牌成立了老年人维权工作站。司法部门对老年人诉讼案件实行“立案、审理、执行”三优先和诉讼费减、免、缓优待。

（六）老年政策法规体系建设取得新成果。省第十二届人民代表大会常务委员会第十次会议表决通过了《关于进一步促进全省老龄事业发展的决议》，省政府先后出台了《关于加快发展养老服务业的实施意见》（辽政发〔2014〕4号）和《关于加快养老服务业发展若干政策》（辽政办发〔2014〕46号）等推动老龄事业发展的系列政策文件。各地、各部门也相继出台了落实省人大、省政府文件的具体措施和办法。全省老龄工作和老龄事业发展迈上了规范化、法制化的轨道。

（七）老年人精神文化生活更加丰富。老年教育、文化、体育事业加快发展，全省共有市县两级老年大学（老干部大学）150所，在校学员近10万人；各级各类老年学校5000所，参加学习人数超过30万人。全省共有老年文艺体育团体14000个，80多万老年人经常参加以文艺演出、体育比赛和书画大赛为内容，展示当代我省老年人的时代风采和良好精神风貌的“夕阳风采”系列活动。

（八）全社会敬老氛围日益浓厚。积极打造“敬老文明号”创建、“辽宁好人·最美老有所为人物”、“敬老爱老助老模范人物”评选和“敬老月”、“银龄行动”等品牌。有55家单位被全国老龄委授予“敬老文明号”先进单位，166家单位被省老龄委授予“敬老文明号”单位。1人被中央宣传部和全国老龄办命名为全国“最美老有所为楷模”，2人被全国老龄办命名为全国“最美老有所为先进人物”。1人荣获全国“孝亲敬老楷模”荣誉称号，200人被评为全国“孝亲敬老”之星。老龄宣传工作硕果累累，省老龄办连续三年被全国老龄办和全国新闻工作者协会评为“老龄宣传报道先进单位”，多篇文章获“老龄宣传好作品”一、二、三等奖。三篇调研报告获全国老龄办“老龄科研”一等奖。积极与国家、省主流媒体合作，广泛宣传模范人物的先进事迹和崇高精神，在全社会营造了尊老、敬老、爱老的浓厚氛围，老年人的尊严感、幸福感和获得感明显增强。

二、“十三五”时期的形势与挑战

“十三五”时期，是辽宁省全面建成小康社会的决胜期，是全面深化改革和推进转型发展的攻坚期，是加快辽宁新一轮全面振兴的关键期。积极开展应对人口老龄化行动，加快老龄事业改革发展，既面临着重大机遇，又面临着严峻挑战。

一方面，党中央、国务院，省委省政府就积极应对人口老龄化的一系列重大决策部署，为我省老龄事业发展提供了强有力的政治保障。我省经济供给侧结构性改革和转型升级稳步推进，将为促进经济发展、增加公共服务和民生保障领域投入、发展老龄事业提供有力的支持。人口老龄化也蕴藏着发展的活力和机遇，尤其给发展养老服务业和老龄产业带来广阔空间。现代科技手段、互联网技术的广泛运用以及全社会对老龄事业发展的关注和支持为应对人口老龄化提供了有利条件。另一方面，随着生育率偏低、死亡率下降、平均寿命的大幅上升，我省“十三五”时期人口老龄化程度将继续位居全国前列，且呈现增速快、高龄化、失能化、空巢化、家庭小型化加剧的态势。预计到2020年，60岁及以上老年人口将达到1102.7万人，约占全省户籍人口的25.58%。

面对人口老龄化严峻形势，我省老龄事业发展与实现全体老年人同步进入全面小康社会的新要求还存在明显的差距：老龄工作体制机制不健全，基层基础比较薄弱；应对人口老龄化的涉老法规政策系统性、协调性、针对性、可操作性有待增强；城乡、区域老龄事业发展和养老体系建设不均衡，农村老龄问题较为突出；社会各界对人口老龄化给经济社会发展带来的全方位影响认识不足，社会参与不充分，应对人口老龄化的合力尚未形成；社会保障体系不够完善，家庭养老功能弱化；养老服务有效供给不足，质量效益不高，人才队伍短缺；全民参与老年宜居环境建设的良好社会氛围尚未形成，适老化环境、公益性老龄服务网络建设相对滞后；推进老龄产业发展的政策体系尚未建立，老年用品市场供需矛盾比较突出；养老服务标准体系建设亟待加强；医养结合亟须快速推进；面对新形势、新任务，必须切实增强紧迫感和责任感，增强老龄意识，加大老龄事业发展力度。

三、“十三五”期间老龄事业发展和养老体系建设的指导思想、基本原则、总体目标

（一）指导思想。

以邓小平理论、“三个代表”重要思想、科学发展观为指导，深入学习贯彻习近平总书记系列重要讲话、特别是关于加强老龄工作的重要讲话批示精神，按照“五位一体”总体布局和“四个全面”战略布局，牢固树立“五大”发展理念，坚持“党委领导、政府主导、社会参与、全民行动”的老龄工作方针，全面落实《老年法》和《条例》，按照实现“五个老有”和构建社会主义和谐社会的要求，以完善老年人社会保障体系和社会服务体系为重点，健全老龄工作体制，完善老龄政策法规，加强人口老龄化战略研究，大力发展老龄产业，加快老龄事业基础设施建设的投入，着力加强老年人民生保障和服务供给，充分发挥老年人积极作用，努力满足老年人不断增长的物质和文化需求，增强老年人的幸福感和获得感，确保全体老年人共享全面建成小康社会新成果。

（二）基本原则。

1. 坚持以人为本，共建共享。将保障和改善民生、提升老年人获得感和幸福感，作为老龄事业发展的出发点和落脚点。坚持尊重老年人的社会主体地位，建立健全社会共建共享机制，确保全体老年人依法享有从国家和社会获得物质帮助的权利、享受社会服务和社会优待的权利、参与社会发展和共享发展成果的权利。

2. 坚持政府主导，社会参与。加强顶层设计和制度衔接。深化简政放权、放管结合。落实好政府在老龄事业发展中的规划引领、政策调控、资金投入、制度建设和督促检查等方面应尽的职责。充分发挥市场机制在资源配置上的决定性作用，激发社会力量积极参与，加快形成统一开放、竞争有序的市场体系。推进基本养老保障和公共服务普惠化、均等化。广泛调动全社会关心、支持、参与老龄事业发展的积极性，抓好舆论引导，凝聚全社会共识，形成推动老龄事业发展的合力。

3. 坚持补齐短板，提质增效。坚持问题导向，注重质量效益，着力保基本、兜底线、补短板、调结构，不断健全完善社会保障制度体系，促进资源合理优化配置，强化薄弱环节，加大投入力度，有效保障面向老年人的基本公共服务供给。

4. 坚持改善结构，突出重点。着力加强老龄事业发展的重点领域和薄弱环节，夯实基层和农村老龄工作基础。将养老资源向居家社区服务倾斜，向农村倾斜，向失能、半失能老年人倾斜。进一步扩大护理型服务资源，大力培育发展小型化、连锁化、专业化服务机构，促进城乡区域协调发展。

5. 坚持改革创新，激发活力。以创新为引领，全面推进老龄事业发展的理论、制度、科技、文化创新，为老龄事业发展增加动力。以改革为动力，深化养老、健康、服务及相关领域改革。全面放开养老服务市场，降低准入门槛，营造公平竞争环境，积极引导社会资本进入养老服务业，推动公办养老机构改革，充分激发各类市场主体活力。强化科技支撑，引入“互联网＋”思维，加强管理创新和技术创新，培育新业态，促进新增长，推动新发展。

6. 坚持统筹协调，全面提升。把老龄事业发展融入经济社会发展全局，建立经济社会发展与城乡老年人口增长相适应的老龄事业发展战略。加强各地、各涉老部门协调配合，增强综合应对能力，强化责任落实和政策落地。推进城市老龄工作与农村老龄工作、收入保障和服务保障、机构养老和居家养老、老龄事业和老龄产业协调发展，提升老龄工作整体水平。

（三）总体目标。

到2020年，全面建成随着社会经济发展同步增长、覆盖城乡老年人的社会基本养老保障和基本医疗保障体系；建立健全以居家为基础、社区为依托、机构为补充、医养相结合的多层次养老服务体系；加强和完善与人口老龄化发展要求相适应的职能明确、协调高效的老年群众工作体系；构建结构合理、门类齐全、管理规范的老龄产业发展体系；建立健全促进老龄事业发展的政策法规体系；逐步建立基层组织健全、精神文化生活丰富、社会参与广泛、合法权益有效保障的老年社会管理体系，大力营造敬老、爱老、助老的社会氛围，确保老年人都能享有基本生活保障，得到基本公共服务，生活状况得到根本改善。及时应对、科学应对、综合应对人口老龄化的社会基础更加牢固。

四、主要任务

（一）提高老年人社会保障水平。

1. 完善覆盖城乡的老年社会保障制度。按照国家统一部署，适时启动基础养老金全国统筹等相关工作，结合我省实际，研究制定我省实施方案和配套政策。健全多缴多得、长缴多得的基本养老保险激励机制。完善基本养老保险关系转移接续政策，促使参保人员流动顺畅；全面实施城乡居民基本养老保险制度，将非国家机关和事业单位工作人员及不属于职工基本养老保险制度覆盖范围的城乡居民，纳入城乡居民养老保险参保范围，实现城镇职工和城乡居民基本养老保险参保率达到90%，老年人群全覆盖。按时足额为符合城乡居民养老保险待遇领取条件人员发放养老金；逐步建立起兼顾各类人员的养老保障待遇调整机制，继续提高退休人员基本养老金和城乡居民基础养老金标准；坚持市场化、多元化、专业化的原则，积极稳妥推进社保基金投资运营，实现基金保值增值。推进机关事业单位养老保险制度改革。实施职业年金制度，着力扩大企业年金覆盖面。

加强对老年人精准救助。加强政策宣传和督促检查，健全家庭收入状况核对机制，确保所有符合条件的老年人按规定纳入最低生活保障、特困人员救助供养等社会救助制度保障范围。建立健全经济困难的高龄、失能等老年人的养老服务补贴制度。优先安排因各类突发事件导致生活困难老年人的生活救助。完善临时救助制度，加大对符合条件的老年人家庭的临时救助力度，适时调整最低生活保障和特困人员救助供养标准，切实保障困难老年人的基本生活。实施特困老年人精准帮扶，加强对老年人的“救急难”工作，按规定对流浪乞讨、遭受遗弃等生活无着老年人给予救助。落实农村最低生活保障制度与扶贫开发政策有效衔接有关政策要求，确保现行扶贫标准下农村贫困老年人实现脱贫。加强对失独家庭的关爱和帮助。同时鼓励社会力量参与特困老年人生活救助，开展志愿服务活动。

完善住房保障制度，要将符合条件的城镇中低收入和住房困难的纯老年人家庭纳入公租房保障范围，要将符合条件的农村贫困老年人危房户优先纳入农村危房改造工程。倡导全社会开展帮扶、认养、资助等多种形式的慈善救助活动。

全面落实农村老年计划生育家庭奖励扶助制度和进一步完善并落实独生子女死亡伤残家庭特别扶助制度，加强对失独家庭的关爱和帮助。完善多层次的养老保险体系。完善社会统筹与个人账户相结合的基本养老保险制度。构建包括职业年金、企业年金，以及个人储蓄性养老保险和商业保险的多层次养老保险体系。推进个人税收递延型商业养老保险试点。鼓励商业保险公司参与老年人服务产业，利用市场化手段，为老年人提供养老保险保障，减轻政府的社会管理负担。探索建立长期护理保险制度，形成多元化的保险筹资模式。全面建立经济困难高龄失能残疾老人生活补贴和重度残疾老人护理补贴制度，实行统一设计、分类施补，提高补贴政策的精准度，推动解决失能人员基本生活照料和相关医疗护理等所需费用问题。扩大老年人住房反向抵押养老保险试点范围。开展农村以土地养老试点业务。

2. 完善多层次的老年医疗保障体系。进一步完善覆盖城乡居民的多层次医疗保障体系。巩固和完善城镇职工基本医疗保险、城镇居民基本医疗保险、新型农村合作医疗等基本医疗保险制度，逐步统一待遇标准和经办服务模式。基本医疗保险参保率稳定在95%以上，将所有城乡老年人分别纳入城镇基本医疗保险和新型农村合作医疗保险，合理设定职工医保、城镇居民医保、新农合基金最高支付限额和政策范围内住院费用支付比例。全面推进门诊统筹，做好各项制度间的衔接，逐步提高统筹层次，加快推进基本医疗保险全国联网和异地就医结算，实现跨省异地安置退休人员住院费用直接结算。鼓励有条件的地方研究将基本治疗性康复辅助器具按规定逐步纳入基本医疗保险支付范围。巩固完善城乡居民大病保险。鼓励发展补充医疗保险和商业健康保险、老年人意外伤害保险。实现医保关系省内转移接续和医疗费用异地就医直接结算。完善医疗救助制度，健全重特大疾病救助和疾病应急救助制度，做好重特大疾病医疗救助与基本医疗保险、城乡居民大病保险、疾病应急救助、商业保险的有效衔接，逐步将低收入家庭老年人纳入救助范围，确保城乡居民大病保险覆盖所有贫困重特大疾病患者，帮助所有符合条件的困难群众获得保险补偿和医疗救助。解决好重特大疾病老年患者的因病致贫问题。政府要做好民生“兜底”保障工作，扎实推进城乡特困老人相关医保政策落实。

3. 大力推进医疗卫生与养老服务相结合。积极支持养老机构按相关规定申请开办老年病医院、康复医院、护理院、中医医院、临终关怀机构等，床位数在100—200张的养老机构，应根据自身需求设立医务室（或护理站）；床位数在200张以上的养老服务机构，应设置相应的医疗机构或与临近的医疗卫生机构签订协议，为老年人提供优质便捷的医疗服务。各级卫生计生行政部门应给予大力支持，积极为符合条件的办理医疗机构执业许可证。要将符合条件的养老机构内设医疗卫生机构按规定纳入城乡基本医疗保险定点范围。

发挥中医药在老年医疗服务中的积极作用，要将中医药（民族医药）养生保健和“治未病”理念融入养老全过程。支持医疗机构发展养老服务，35%以上的二级以上综合医院设立老年病科。做好老年慢病防治和康复护理。鼓励医疗机构将疾病预防、医疗护理、康复服务等延伸至社区和家庭，为失能、半失能老人设立“家庭病床”。推行家庭医生制度，鼓励符合条件的执业医师到养老机构、社区老年照料机构内设的医疗卫生机构多点执业。鼓励和引导全科医生与居家老年人建立契约服务关系，通过定期体检、上门巡诊、家庭病床等方式，方便老年人在家接受康复护理服务。社区卫生服务机构要为辖区内65岁及以上老年人开展健康管理服务，建立健康档案，每年至少组织老年人进行体检一次，要开展上门诊视、健康查体、保健咨询、康复护理、健康教育等服务，做好老年人常见病、慢性病的健康指导、综合干预和治疗。逐步实现社区首诊、分级诊疗和双向转诊。实施健康扶贫行动计划，对农村贫困老年人白内障患者进行重点救治。落实老年人到公立医疗机构就诊免收普通门诊挂号费；对未参加城乡基本医疗保险的70周岁以上享受城乡居民最低生活保障待遇的老年人，住院期间的手术费、普通床位费、单项单价（基准价）百元以上的检查费，按不超过70%的价格收取等优待。医疗机构要根据自身特点和医养结合工作需要，建立或完善为老年人提供服务绿色通道的规章制度。有条件的要开展导诊、陪诊、饮用水、花镜、推车、轮椅等延伸服务，为老年人特别是高龄、重病、失能老年人挂号（退换号）、就诊、转诊、综合诊疗提供便利条件。鼓励各地医疗机构减免老年人普通门诊挂号费和贫困老年人诊疗费。支持市场主体开发和提供专业化、多形式的家庭健康服务。完善基本药物制度，优化基层医药卫生机构管理机制，确保老年人所需药物的正常供应。大力开展老年疾病防控知识的宣传，实现人人享有基本医疗卫生服务。加快推进面向养老机构的远程医疗服务试点。落实老年人医疗服务优待政策，为老年人特别是高龄、重病、残疾、失能老年人就医提供便利服务。鼓励各级医疗卫生机构和医务工作志愿者为老年人开展义诊，举办老年人健康讲堂，打造敬老爱心团队。加强康复医师、康复治疗师、康复辅助器具配置人才培养，广泛开展偏瘫肢体综合训练、认知知觉功能康复训练等老年康复护理服务。

到2020年，实现医疗卫生和养老服务资源共享，65岁以上老年人健康管理率达到70%。所有医疗机构开设为老年人提供挂号、就医等便利和优先优惠服务的绿色通道，在绿色通道的相应位置设立“老年人优先”的标识。所有养老机构能够以不同形式为入住老年人提供医疗卫生服务，基本适应老年人健康养老服务需求。

4. 鼓励和引导商业保险公司发展商业健康保险。探索建立长期护理保险制度。开展长期护理保险试点的地区要统筹施策，做好长期护理保险与重度残疾人护理补贴、经济困难失能老年人护理补贴等福利性护理补贴项目的整合衔接，提高资源配置效率效益。鼓励商业保险公司开发适销对路的长期护理保险产品和服务，满足老年人多样化、多层次长期护理保障需求。鼓励为老年人家庭成员提供专项培训和支持，充分发挥家庭成员的精神关爱和心理支持作用。

（二）完善老年人社会服务体系。

1. 完善城乡养老服务体系。统筹城乡和区域发展，创新体制机制和运营模式。通过政府主导和社会力量共同参与，有计划、有步骤地推动养老服务体系建设。到2020年，符合标准的日间照料中心、老年人活动中心等服务设施覆盖所有城市社区，90%以上的乡镇和60%以上的农村社区建立包括养老服务在内的社区综合服务设施和站点。

2. 深化社区居家养老服务。加快日间照料中心、互助式社区养老服务中心、托老所、老年活动室、老年食堂等社区养老服务设施建设，确保城市社区每万人拥有养老服务设施面积达到200平方米以上，按照人均用地不少于0.1平方米和套内建筑面积不低于项目总建筑面积的2‰的标准纳入小区配套建设规划。省福彩公益金每年支持各市改造400平方米以上的城市社区服务站100个（含不低于200平方米的养老服务设施）。到2020年全省城市社区养老服务设施达到3000个。

大力发展社区居家养老服务。加快建设社区综合服务信息平台，对接供求信息，积极培育居家养老服务企业和机构为居家老年人提供助餐、助浴、助洁、助急、助医、助购等个性定制服务，提升居家养老服务覆盖率和服务水平。完善政府购买养老服务制度。各地要建立健全针对经济困难的高龄、失能老年人的补贴制度，统一设计、分类施补，提高补贴政策的精准度。对养老机构的运行补贴应根据接收失能老年人等情况合理发放。为居家符合条件的老年人提供无偿、低偿、有偿形式的生活照料、家政服务、康复护理、辅具配置、精神慰藉、法律服务、信息咨询、紧急救援等服务。为有需要经济困难、失能、半失能独居老人安装紧急无线呼叫装置和配置必要的生活辅具。

鼓励有条件的城乡社区各类居家养老服务照料机构开设护理站、医务室，加强老年人情绪疏导、心理咨询、危机干预和精神慰藉等工作。鼓励支持社会组织、大专院校建立志愿老年心理服务组织，为老年人提供专业的心理疏导服务。重点做好病残、空巢、高龄、独居、丧偶、临终老年人的精神关爱工作。

3. 提升农村养老服务能力和水平。省福彩公益金每年支持各市农村建设面积350平方米以上的农村社区服务中心100个（含不低于100平方米的养老服务设施）。在每个村要建设100平方米左右社区养老服务设施。到2020年，全省农村社区养老服务设施达到7000个。依托农村社区综合服务设施，拓展养老服务功能。鼓励各地建设农村幸福院等自助式、互助式养老服务设施，加强与农村危房改造等涉农基本住房保障政策的衔接。农村集体经济、农村土地流转等收益分配应充分考虑解决本村老年人的养老问题。加强农村特困人员供养服务机构建设和改造，推动服务设施达标，满足农村特困人员集中供养需求，为农村低收入老年人和失能、半失能老年人提供便捷可及的养老服务。鼓励专业社会工作者、社区工作者、志愿服务者加强对农村留守、困难、孤寡、独居老年人的关爱保护和心理疏导、咨询等服务。充分依托农村基层党组织、自治组织和社会组织等，开展基层联络人登记，建立应急处置和评估帮扶机制，关注老年人的心理、安全等问题。各类具有为老服务功能的设施都要向老年人开放。无养老服务设施或现有设施未达到规定要求的，要限期开辟养老服务设施。养老服务设施不得挪作他用。

4. 加快市县养老服务机构建设。本着就近、就便、实用和急缺优先原则，每个地级市原则上要建有一所规模适度、功能完善床位不低于500张，重点满足城市贫困家庭失能老人需求，集养护、康复、托管、临终关怀等医养服务和培训功能于一体的综合性老年人养护中心；每个县（市）原则上要建有一所床位不低于300张的综合性社会福利中心。到2020年护理型床位占当地养老床位总数的比例不低于30%。充分发挥公办养老机构托底作用，在满足城乡特困老人集中供养需求基础上，为低收入经济困难的高龄、独居、失能半失能老人提供无偿或低收费的供养、护理服务。推动专业化的临终关怀服务机构建设，发展形式多样的临终关怀服务。优化养老服务机构布局，切实提高床位利用率。到2020年政府运营的养老床位数占当地养老床位总数的比例应不超过50%。

5. 强化家庭在养老方面的责任意识。大力弘扬中华民族敬老养老的传统美德，积极倡导家庭自我照料养老。强化家庭在养老方面的责任意识；强化赡养人对老年人经济供养、生活照料和精神慰藉的义务；强化老年人与配偶之间相互扶养的义务，增强家庭成员之间赡养及扶养的基础功能，鼓励家庭成员与老年人共同生活或就近居住。要建立老年人的长期照护保障制度、老年人监护制度，制定家庭养老支持政策、农村留守老人关爱服务等政策，加强各种政策制度衔接，增强政策合力。

6. 加快公办养老机构改革。加快推进具备向社会提供养老服务条件的公办养老机构转制成为企业或开展公建民营。鼓励社会力量通过独资、合资、合作、联营、参股、租赁等方式，参与公办养老机构改革。完善公建民营养老机构管理办法，政府投资建设和购置的养老设施、新建居民区按规定配建并移交给民政部门的养老设施、国有单位培训疗养机构等改建的养老设施，均可实施公建民营。改革公办养老机构运营方式，鼓励实行服务外包。探索发展社区嵌入式养老机构。鼓励个人举办家庭化、小型化的养老机构，满足老年人就近养老需求，方便亲属照护探视。对已运营的民办非营利性养老机构（含公建民营类），由同级财政按照老人实际入住床位数量给予运营补贴。

7. 推进"互联网+"养老服务创新。发展智慧养老服务新业态，加快老龄工作网、居家养老服务智能化系统和老年人信息数据库建设。支持企业和机构运用移动互联网、云计算、物联网、大数据等与养老服务业结合，创新居家养老服务模式，重点推进老年人健康管理、紧急救援、精神慰藉、服务预约、物品代购等服务，开发更加多元、精准的私人订制服务。支持适合老年人的智能化产品、健康监测可穿戴设备、健康养老移动应用软件（APP）等设计开发。打通养老服务信息共享渠道，推进社区综合服务信息平台与户籍、医疗、社会保障等信息资源对接，促进养老服务公共信息资源向各类养老服务机构开放。

8. 完善人才培养和就业政策。将养老护理员培训作为职业培训和促进就业的重要内容。积极开展社会养老服务从业的队伍的培养和在职培训工作，对参加养老服务技能培训或创业培训且培训合格的劳动者，按规定给予培训补贴。教育、人社、民政等部门要支持高等院校和中等职业技术院校开发养老服务和老年教育课程，加快培养老年医学、康复、护理、营养、心理和社会工作等方面的专门人才，为社区、老年教育机构及养老服务机构等提供教学资源及服务。鼓励有条件的院校开展继续教育和远程学历教育。逐步提高养老护理员培训率和职业资格水平。

完善职业技能等级与养老服务人员薪酬待遇挂钩机制。养老机构应当积极改善养老护理员的工作条件，加强劳动保护和职业防护，依法为其缴纳养老保险、医疗保险、人身意外伤害保险等费用。注重提高养老服务从业人员的薪酬待遇，对于公办养老服务机构，视经费来源和经济社会效益完成情况，可相应核增绩效工资总量，用于发放养老护理员岗位津贴。

建立养老服务行业从业人员奖惩机制，提升养老护理队伍职业道德素养。鼓励引导高校和中职学校老年服务与管理、老年护理等专业或专业方向的毕业生到民办养老服务机构就业。将民办养老机构纳入护理类专业实习基地范围，并按照所在地有关政策给予实习实训补贴。将养老护理员纳入企业新型学徒制试点和城市积分入户政策范围。

鼓励民办养老机构引入社会工作人才。对在民办养老机构就业的专业技术人员执行与公办机构相同的执业资格、注册考核政策。

9. 加快老年人宜居环境体系建设。完善老年宜居环境建设评价标准体系，开展"老年友好型城市"和"老年宜居社区"建设示范行动，继续开展全国无障碍建设城市创建工作。到2020年，60%以上城市社区达到老年宜居社区基本条件，40%以上农村具备老年宜居社区基本条件，大部分老年人的基本公共服务需求能够在社区得到满足。新建城市道路、公共建筑和养老服务场所无障碍率达到100%。加快推进老旧居住小区和老年人家庭的无障碍改造，通过政府补贴、产业引导和业主众筹等方式，重点做好居住区缘石坡道、轮椅坡道、公共出入口、走道、楼梯、电梯候梯厅及轿厢等设施和部位的无障碍改造，优先安排贫困、高龄、失能等老年人家庭设施改造，组织开展多层老旧住宅电梯加装。支持开发老年宜居住宅和代际亲情住宅。各地在推进易地扶贫搬迁以及城镇棚户区、城乡危房改造和配套基础设施建设等保障性安居工程中，要统筹考虑适老化设施配套建设。严禁损坏、擅自占用无障碍设施或者改变无障碍设施的用途。

公共交通工具要适当配备老年人出行辅助器具，设立不低于坐席数10%的"老幼病残孕"专座。铁路部门要为列车配备无障碍车厢和座位，对有特殊需要的老年人订票和选座位提供便利服务。有条件地区公厕应配备便于老年人使用的无障碍设施，并对老年人实行免费。公共场所要为老年人安装休息座椅。

10. 发展适老金融服务。规范和引导商业银行、保险公司等金融机构开发适合老年人的理财、保险产品，满足老年人金融服务需求，鼓励金融机构建设老年人无障碍设施，开辟服务绿色通道。强化老年人金融安全意识，加大金融消费权益保护力度。稳步推进养老金管理公司试点，按照国家有关规定，积极参与养老金管理相关业务，做好相关受托管理、投资管理和账户管理等服务工作。

（三）大力发展老龄服务产业。

1. 鼓励和引导社会力量积极拓展产业规模。培育适合老年人的文化娱乐、体育健身、休闲旅游、健康服务、精神慰藉、法律服务等为载体的产业集群。加强残障老年人专业化服务，支持企业开发康复辅具、自助设备，老年人食品药品、保健品、服装服饰、智能手机等老年用品用具和服务产品，满足社会不同层次老年人的多元化需求。

2. 大力发展老年旅游产业。充分发挥辽宁特有山、海、泉、冰雪、古生物矿藏丰富等资源优势，大力开发适合老年人需求的特色旅游产品，规范旅游市场秩序，加强品牌宣传推广，着力打造一批集休闲、旅游、度假、康复、疗养、养老于一体的生态旅游养老基地。以满足迅速增长的不同层次老年旅游和养老服务需求。各级政府要加大“引客入辽”的力度，加强对老龄服务产业信息服务、政策引导、金融支持和市场监管。

3. 完善扶持老龄产业的优惠政策。要把老龄产业发展纳入经济社会发展总体规划，研究制定、落实引导和扶持老龄产业发展的信贷、投资等支持政策。积极培育和开发老龄产业市场。制定老年用品和服务产品的质量、规格认证标准。培育行业中介组织和行业协会，加强行业自律、服务和监管。

（四）发展老年教育事业。

1. 创新老年教育发展机制。要把老年教育纳入终身教育体系，进一步理顺老年教育管理体制，充分发挥政府在制定规划、营造环境、加大投入等方面的作用，统筹协调各部门老年教育工作。探索和完善政府购买服务机制。通过政府购买服务、项目合作等多种方式，支持和鼓励各类社会力量通过独资、合资、合作等形式举办或参与老年教育。加强规划指导和外部监管。支持老年教育领域社会组织和老年志愿服务团队发展。到 2020 年，全省县级以上城市原则上至少应有一所老年大学，50％的乡镇（街道）建有老年学校，30％的行政村（社区）建有老年学习点。力争全省 50％的县（市、区）可通过远程教育开展老年教育工作。以各种形式经常性参与教育活动的老年人占老年人口总数的比例达到 20％以上。基本形成覆盖广泛、灵活多样、特色鲜明、规范有序的老年教育新格局，带动相关产业发展。

2. 突出重点优化布局。将老年教育的增量重点放在基层和农村。优先发展城乡社区老年教育。整合利用现有的社区教育机构、县级职教中心、乡镇成人文化技术学校等教育资源，以及群众艺术馆、文化馆、体育场、社区文化活动中心（文化活动室）、社区科普学校等，开展老年教育活动。整合利用社区居家养老资源，在社区老年人日间照料中心、托老所等各类社区居家养老场所内，开展形式多样的老年教育。积极探索在老年养护院、城市社会福利院、农村敬老院等养老服务机构中设立固定的学习场所，配备教学设施设备，通过开设课程、举办讲座、展示学习成果等形式，推进养教一体化，推动老年教育融入养老服务体系，丰富住养老人的精神文化生活。关注对农村散居、独居老人及失能、失智及盲聋等特殊老人群体的教育服务。

3. 丰富老年教育内容和形式。积极开展老年人思想道德、科学文化、养生保健、心理健康、职业技能、法律法规、家庭理财、闲暇生活、代际沟通、生命尊严等方面的教育，帮助老年人提高生活品质，实现人生价值。创新教学方法，将课堂学习和各类文化活动相结合，推动信息技术融入老年教育教学全过程，推进线上线下一体化教学，支持老年人网上学习。引导开展读书、讲座、参观、展演、游学、志愿服务等多种形式的老年教育活动。鼓励老年人自主学习，支持建立不同类型的学习团队。支持各类老年教育机构的合作，促进师资与学习资源的共建共享。

（五）丰富老年人精神文化生活。

1. 加强城乡老年文化设施建设。推进各级各类老年活动中心转型升级，整合城乡社区各类老年活动设施资源。各类公共场所为老年人开展文化活动要提供方便。各级政府要加大资金投入，尤其要把财力向农村文化活动设施倾斜。各市、县都要建立老年活动中心并向所有老年人开放，95％以上的街道和乡镇、半数以上的城乡社区要建立老年人活动中心或老年文化活动室（站）。

2. 增加老年基本公共文化产品供给。宣传、出版等部门要组织力量，多出面向老年人的优秀精神文化产品。广播、电视、报纸、网络等媒体要积极创造条件开设贴近老年人生活的专栏专题专版和老年频道。加大财政投入，加强老龄宣传教育作品的创作与生产，推出一批老年人题材和符合老年人特点的优秀剧目、优秀图书、优秀影视片，鼓励制作适合互联网、手机等新兴媒体传播的老年文化作品，鼓励制作老龄公益广告。

文化体育部门要积极组织开展科学、健康、形式多样的老年文化体育活动。深化“文化养老”服务内涵。支持优秀老年文艺团队、文艺节目参加文化广场等活动。要积极组织送文化下乡活动，丰富农村老年人的精神文化生活。

美术馆、图书馆、文化馆（站、中心）、科技馆、博物馆、纪念馆、公共体育设施、爱国主义示范基地、科普教育基地等要向老年人免费开放。

3. 促进老年体育事业发展。大力发展多种类型的面向基层，面向全体老年人的体育组织，逐步形成并完善老年人体育组织网络。全省公共体育设施向老年人开放，并可为老年人提供免费服务项目、免费公益培训等。到 2020 年，90％的街道和乡镇建立多种形式的老年人基层体育组织，城乡社区普遍建立老年人健身活动站点和体育团队。

（六）鼓励和支持老年人参与社会活动。

1. 培育积极老龄观。引导老年人树立终身发展理念，始终保持自尊自爱自信自强的精神状态，积极面对老年生活，参与社会发展，发挥正能量，做出新贡献。引导全社会正确认识、积极接纳、大力支持老年人参与社会发展。

2. 积极营造“老有所为”的社会环境。要发挥老年人优良品行在家庭教育中的潜移默化作用和对社会成员的言传身教作用。鼓励老年人在自愿和量力的情况下参与经济社会发展，参与社会公益事业，实现老有所为。充分发挥老年人在社区服务和管理、关心教育下一代、调解邻里纠纷和家庭矛盾、移风易俗、维护社会治安、社区文化活动等方面的作用。支持离退休干部开展为党和人民事业增添正能量活动。开展“低龄健康老人义工积累和使用”试点，引导老年人开展自助和互助服务。鼓励老专家、老知识分子积极参与面向基层、农村的送医疗、送科技、送文化等志愿服务行动。

3. 积极开发老年人力资源。要把老年人才的开发和利用纳入人才资源开发的总体规划，鼓励各地制定老年人才开发利用专项规划。各类人才市场、人才中介机构应积极把离退休专业技术人员纳入服务范围。政府所属的人才交流中心、专家服务机构要通过设立专门的离退休专业技术人员服务窗口，主动为离退休专业技术人员发挥作用做好服务。鼓励有条件、有能力、有意愿的老年人参加“银龄行动”。建立和完善老年人才开发服务管理体系，建立老年人才供求信息库。

4. 加强科学研究和调查统计。完善老龄科学学科体系，加快老龄科学人才培养。在高校、研究机构、企业和地方，设立一批老龄科学理论研究基地、老龄产业实践研究基地、老龄政策创制试点基地。组建高层次老龄问题智库，健全重大决策专家咨询制度。完善老龄事业统计指标体系，建立老龄事业统计公报定期发布制度。推动城乡老年人生活状况抽样调查制度化、常态化、规范化。

（七）加强老年人社会管理。

1. 加强基层老年群众组织建设。创新社区管理机制，推进基层老年协会规范化建设，充分发挥老年人自我管理、自我教育、自我服务的积极作用。到2020年，成立老年协会的城镇社区达到98%，农村社区（行政村）达到95%以上。2020年老年志愿者注册人数达到老年人口总数的12%。

2. 做好离退休老年人管理服务工作。要把为离退休老年人服务工作纳入社区服务范围。继续推进离退休人员管理服务社会化，建立健全老年人原工作单位、居住社区、老年社会组织和基层党组织齐抓共管的工作机制。探索建立工会、共青团、妇联、残联等群团组织参与老年人管理服务的常态化机制和制度化渠道。

3. 充分发挥村民自治功能和老年协会作用。倡导有赡养纠纷的家庭共同签署赡养协议书，督促家庭成员承担赡养责任。积极倡导和支持老年人广泛开展自助和邻里互助、志愿服务等活动，帮助解决老年人实际生活困难。

（八）加强老年人权益保障。

1. 全面落实《老年法》和《条例》及各项惠老政策。进一步巩固80周岁及以上困难老人高龄津贴发放制度，拓展高龄津贴覆盖范围，提高发放标准，确保按月按标准发放。落实60至69周岁、70周岁及以上老年人乘坐城市公交车、进入旅游景点享受半价、免费等优待。公益性文化体育设施（场所）在规定的时间内实行免费或者优惠开放等优待。长途客运、铁路、水路和航空客运要为老年人提供优先优待服务。外埠来辽的老年人享受本省老年人同等优惠待遇。医疗机构要在挂号、就诊、收费、取药、住院等窗口设置“老年人优先”标志，免收挂号费。

2. 建立全省统一的服务质量标准和评价体系。进一步完善养老服务标准体系，科学制定管理和服务标准，落实养老机构综合评估和报告制度，有条件的地方开展第三方评估并向社会公布，评估结果应与政府购买服务、发放建设、运营补贴等挂钩。政府运营的养老机构要实行老年人入住评估制度，综合评估申请入住老年人的情况，优先保障特困人员集中供养需求和其他经济困难的孤寡、失能、高龄等老年人的服务需求。加强养老机构服务质量监管。维护老年人的生活质量与生命尊严，杜绝歧视、虐待老年人现象。建立健全长期护理服务项目、服务标准及质量评价等行业规范，逐步探索建立失能、失智、精神疾病等丧失自主行为能力的老年人法定监护人制度。坚决依法依规从严惩处欺老、虐老行为。

3. 健全老年维权机制。全面开展涉老政策法规宣传教育，引导全社会增强接纳、尊重、帮助老年人的关爱意识和老年人自尊、自立、自强的自爱意识，更好地履行各方责任和义务，共同做好老年人权益保障工作。加大执法力度，保护老年人医疗、保险、救助、赡养、婚姻、财产等合法权益不受侵犯。鼓励法律工作者积极开展为老志愿者服务活动，为老年人提供法律咨询、防诈骗宣传活动，帮助老年人学法、懂法、守法，提高法律意识，依法维护自身合法权益。

4. 加强各级法律援助站建设。完善法律援助服务机制，加大老年人法律援助的力度，扩大法律援助覆盖面。到2020年，县（市、区）要建立健全法律援助老年工作站，所有乡镇（街道）、村（居）建立工作站或联系点，老年人法律援助服务覆盖面达到98%以上。开通法律援助“绿色通道”。要对老年人法律援助案件，全面实行“优先立案、优先解答、优先指派”政策，对符合减免缓交诉讼费具体条件与标准的老人给予司法救助，扩充援助事项，实现“应援尽援”。

五、保障措施

（一）切实加强组织领导。各级党委政府要切实加强对老龄工作的领导和主导。要将及时应对、科学应对、综合应对人口老龄化，发展老龄事业摆上重要议事日程，纳入政治、经济、社会、文化发展战略。要把老龄工作纳入各级政府的目标责任考核体系。要充分发挥政府在制订规划、出台政策、投入资金、培育市场等方面主导作用。要完善党委统一领导、政府依法行政、部门密切配合、群团组织积极参与、上下左右协同联动的大老龄工作格局。

（二）完善老龄工作体制机制。健全省、市、县（市、区）、乡（街）老龄工作机构，充分发挥其组织、协调、指导、督促职能作用。老龄委成员单位和涉老职能部门要切实履行工作职责，加强沟通、密切协作，努力形成推进老龄事业发展的整体合力。配齐配强各级老龄工作机构人员力量，加强老龄干部自身能力建设和作风建设。确保城乡社区老龄工作有人抓、老年人事情有人管、老年人困难有人帮。

（三）优化市场环境。进一步改进提高政府审批效能，加快推行养老机构申办一站式服务，建立“一门受理、一并办理”的网上并联审批平台。完善价格形成机制。加快建立以市场形成价格为主的养老机构服务收费管理机制。对于民办营利性养老机构，服务收费项目和标准由经营者自主确定。对于民办非营利性养老机构，服务收费标准由经营者合理确定，有关部门对其财务收支状况、收费项目和调价频次进行必要监管，同时加强对价格水平的监测分析。对于政府运营的养老机构，以扣除政府投入、社会捐赠后的实际服务成本为依据，按照非营利原则，实行政府定价或政府指导价；对于以公建民营等方式运营的养老机构，采用招投标、委托运营等竞争性方式确定运营方，具体服务收费标准由运营方依据委托协议等合理确定。

（四）加强行业信用建设。建立覆盖养老服务行业法人、从业人员和服务对象的行业信用体系。加强与全国信用信息共享平台的信息交换和共享。引入第三方征信机构，参与养老行业信用建设和信用监管。建立多部门、跨地区的联合奖惩机制，将信用信息作为各项支持政策的重要衡量因素，对诚实守信者在政府购买服务、债券发行等方面实行优先办理、简化程序等绿色通道支持激励政策，建立养老服务行业黑名单制度和市场退出机制，加强行业自律和监管。

（五）完善市场机制。充分发挥市场在资源配置中的基础性作用，坚持“非禁即入”的原则，全面放宽市场准入。凡国家法律法规未明令禁止的养老服务业领域，全面向外资、社会资本开放，并实行内外资、内外地企业同等待遇，逐步使社会力量成为发展养老服务业的主体；凡是市场能做的政府要创造条件引导民间资本进入，支持各类市场主体以多种形式参与养老项目实施，并获取收益。鼓励有条件的地方积极稳妥地把专门面向社会提供经营性服务的公办养老机构转为企业，完善法人治理结构。政府投资兴办的养老床位应逐步通过公建民营等方式管理运营，积极鼓励民间资本通过委托管理等方式，运营公有产权的养老服务设施。鼓励社会力量举办规模化、连锁化的养老机构。支持新兴养老业态发展，对于养老机构以外的其他提供养老服务的主体，鼓励其依法办理法人登记并享受相关优惠政策。鼓励各地向符合条件的各类养老机构购买服务。

（六）创新投入机制。建立与积极应对人口老龄化需求、社会经济发展水平相适应的财政投入机制；发挥政府资金的引导作用，落实和完善鼓励扶持政策，引导各类社会资金投入老龄事业和产业发展。形成财政资金、民间资本、慈善基金等相结合的多元投入机制。金融机构要加快金融产品和服务方式创新，拓宽信贷抵押担保物范围，积极满足养老服务业的信贷需求。加强养老服务机构信用体系建设，增强对信贷资金和民间资本的吸引力。鼓励和支持保险资金投资养老服务领域。鼓励养老机构投保，保险公司承保责任保险。鼓励和支持养老服务龙头企业上市融资。支持符合条件的养老服务企业通过发行公司债、企业债、私募债融资。地方政府发行债券应统筹考虑养老服务需求，积极支持养老服务设施建设及无障碍改造。

（七）完善土地供应政策。统筹利用闲置资源发展养老服务，将各类养老服务设施建设用地纳入城镇土地利用总体规划和年度用地计划。可将闲置的公益性用地调整为养老服务用地。民间资本举办的非营利性养老机构与政府举办的养老机构享有相同的土地使用政策，可以依法使用国有划拨土地或者农民集体所有的土地。对营利性养老机构建设用地，按照国家对经营性用地依法办理有偿用地手续的规定，优先保障供应，并制定支持发展养老服务业的土地政策。企事业单位、个人对城镇现有空闲的厂房、学校、社区用房等进行改造和利用，举办养老服务机构，经有关部门批准临时改变建筑使用功能从事非营利性养老服务且连续经营一年以上的，五年内土地使用性质可暂不作变更。民间资本举办的非营利性养老机构与政府举办的养老机构可依法使用农民集体所有的土地。对在养老服务领域采取政府和社会资本合作（PPP）方式的项目，可以国有建设用地使用权作价出资或者入股建设。严禁养老设施建设用地改变用途、容积率等土地使用条件搞房地产开发。

（八）完善税费优惠政策。落实好国家现行支持养老服务业的税收优惠政策，对非营利性养老机构的自用房产和土地免征房产税、城镇土地使用税，对符合条件的非营利性养老机构按规定免征企业所得税。对企事业单位、社会团体和个人向非营利性养老机构的捐赠，符合相关规定的，准予在计算其应纳税所得额时按税法规定比例扣除。对非营利性养老机构建设要免征有关行政事业性收费。对营利性养老机构建设要减半征收有关行政事业性收费。对养老机构提供养老服务也要适当减免行政事业性收费。养老服务机构用水、用电、用气、用热按照居民缴费标准执行，安装电话、有线（数字）电视、宽带互联网按照普通住宅用户收费标准执行。境内外资本举办养老机构享有同等的税收等优惠政策。制定和完善支持民间资本投资养老服务业的税收优惠政策。

（九）完善资金支持政策。省、市两级财政要设立养老服务设施建设项目资金专项，落实社会养老服务设施建设项目配套补助资金，根据经济社会发展情况，逐年加大对养老服务业的投入。各项养老服务业发展资金要归口管理，统筹使用。公办养老机构、社区养老服务设施的维护资金、所需工作人员人头费和日常工作经费应列入同级财政预算。完善补贴支持政策。各地要加快建立养老服务评估机制，可根据养老服务的实际需要，推进民办公助，选择通过补助投资、贷款贴息、运营补贴、购买服务等方式，支持社会力量举办养老服务机构，开展养老服务。落实省、市用于社会福利事业的彩票公益金，要将50%以上的资金用于支持发展养老服务业，并随老年人口的增加逐步提高投入比例政策。要根据经济社会发展水平和职工平均工资增长、物价上涨等情况，适时提高养老保障水平。制定政府向社会力量购买养老服务的政策措施。对符合条件的公办养老服务机构中的地市级综合性老年人养护中心、县（市、区）综合性社会福利中心给予建设补助；对养老机构投保综合责任保险给予适当补助，各市按一定比例进行配套。

凡通过整合改造闲置社会资源建成的养老服务设施，符合相关政策条件的，均可依照有关规定享受养老服务建设补贴、运营补贴等资金支持和税费减免、水电气热费用优惠等政策扶持。

（十）鼓励公益慈善组织支持养老服务。健全社会参与机制，发挥有关社会组织作用，积极培育发展为老服务公益慈善组织。引导公益慈善组织参与养老机构建设、养老产品开发、养老服务提供，使公益慈善组织成为发展养老服务业的重要力量。积极扶持发展各类为老服务志愿组织，倡导社会各界爱心人士参加养老服务志愿活动，探索建立健康老人参与志愿互助服务的工作机制，建立为老志愿服务登记、服务储蓄制度。加强基层老年协会建设，保证老年协会有人员、经费、活动场地和定期活动。

（十一）加强老龄科学研究。鼓励涉老部门、大专院校、研究机构及老年学学会，围绕老龄工作的热点、难点问题深入开展应对人口老龄化战略研究，为政府决策和完善为老服务提供理论、信息和技术支持。

（十二）加大宣传力度。积极开展《老年法》和《条例》宣传教育活动。在全社会开展人口老龄化国情、省情教育，并将其纳入干部教育培训课程。将敬老养老助老纳入社会公德、职业道德、家庭美德、个人品德建设，纳入文明城市、文明村镇、文明单位、文明校园、文明家庭考评。充分利用春节、清明节、中秋节、重阳节等传统节日，广泛开展多种形式的为老年人送温暖献爱心活动。继续开展“敬老月”活动，按照有关规定，对推动老龄事业发展和养老体系建设有突出贡献的单位和个人予以表彰奖励。深入开展孝道文化进学校、进家庭、进社区、进机关、进企业、进农村“六进”宣传教育道德实践活动。加强家庭家教家风建设，传承孝老文化，引导子女更好履行赡养责任。大力宣传孝亲敬老先进典型，弘扬尊老敬老传统美德。

（十三）完善监管机制。全面落实《老年法》和《辽宁省老年权益保障条例》，加快紧缺的涉老法规制定和政策研制，加强对养老机构运营和服务的监管。严禁以举办养老机构名义从事房地产开发，严禁利用养老机构的房屋、场地、设施开展与养老服务无关的活动，严禁改变机构的养老服务性质。做好养老服务领域非法集资信息监测和分析工作，做好政策宣传和风险提示工作。对养老服务中虐老欺老等行为，对养老机构在收取保证金、办理会员卡和发行金融产品等活动中的违法违规行为，要依法严厉查处。加强养老设施和服务安全管理，健全“双随机、一公开”执法检查机制。确保老年人人身安全。提高老龄事业发展的规范化和法制化水平。依法打击虐待、伤害老年人及侵害老年人合法权益的行为。

（十四）建立激励、监督、评估机制。各地各有关部门要根据本地人口老龄化形势和老龄事业发展实际，按照本《规划》的要求，制定本地、本部门的规划和实施方案，建立完善老龄事业目标考核制度，将重点工作、重大项目和主要指标列入各级政府考核指标，省、市、县（市、区）老龄办会同有关部门每年至少对各地《规划》实施情况进行一次检查和综合评估，推进规划各项任务的落实。

吉林省人民政府关于完善企业职工基本养老保险省级统筹制度的若干意见

吉政发〔2017〕36号

各市（州）人民政府，长白山管委会，长春新区管委会，各县（市）人民政府，省政府各厅委办、各直属机构：

建立和实施企业职工基本养老保险省级统筹制度，是实现养老保险基金互济的重要手段。我省实施省级统筹以来，通过实施“全额征缴、两级调剂、三级管理、定额补助、自求平衡”的运行机制，确保了省级统筹的平稳运行。但随着经济社会发展进入新常态，受人口老龄化进程加快等因素影响，养老保险基金收支矛盾日益凸显。为了更好地发挥养老保险省级统筹制度功能，确保基金平稳运行，按照人力资源社会保障部、财政部《关于进一步加强企业职工基本养老保险基金收支管理的通知》（人社部发〔2016〕132号）、《关于进一步完善企业职工基本养老保险省级统筹制度的通知》（人社部发〔2017〕72号）要求，现就完善我省企业职工基本养老保险省级统筹制度提出如下意见：

一、完善基金管理机制，提升制度保障能力

（一）健全完善基金预算编制办法。落实各地政府责任，进一步强化基金收支管理，完善基金预算管理办法和编制规程，规范基金预算编制和上报程序，健全预算编制基础数据库，对各地养老保险抚养比、扩面空间和征缴潜力等运行要素开展第三方评估，提高预算编制和扩面征缴等计划指标的科学性。落实基金预算管理规定，原则上不得编制赤字预算，不得以征收计划取代基金预算。强化基金预算执行情况督查制度和绩效考评机制，增强预算刚性约束力。

（二）完善基金调剂制度。为进一步发挥省级统筹的调剂功能，加大调剂力度，将基金省、市两级调剂调整为省对市、县直接调剂，市、县调剂金直接上解到省。调剂金提取比例由15%调整为20%。延边州所辖县（市）省级调剂金的上解和下拨仍实行省对延边州，延边州对所辖县（市）。

（三）健全调剂补助资金分配机制。将中央补助资金和省级调剂金主要用于解决养老保险基金收支缺口，并与各地养老保险抚养比、地方分担缺口资金到位率、地方财政补助资金到位率、扩面征缴指标完成率等情况挂钩，具体分配办法由省人力资源社会保障厅、省财政厅等部门另行制定。

（四）明确缺口资金分担责任。切实履行弥补基本养老金发放缺口的政府兜底责任，按照基金预算安排，完成扩面征缴计划、足额落实各项政府补助资金后产生的养老保险基金收支硬缺口，暂按省和市、县各50%比例共同分担，以后每年具体比例视省级财力等实际情况确定，原则上省级承担最多不超过50%。各级政府分担的收支硬缺口资金通过财政投入、划转企业国有资本、划拨国有土地使用权出让收入、划拨国有资本经营预算收益、统筹使用个人账户做实基金等方式筹集解决。各级财政要调整支出结构，加大对养老保险基金的补助力度，将养老保险补助资金列入预算，建立地方财政定量和定项补助方式。对未完成基金征缴计划或违规支出形成的缺口，由当地政府自行解决。

二、强化扩面征缴措施，依法规范参保缴费行为

（五）健全征缴政策体系，探索新业态下就业群体参保政策。全面推进实施全民参保计划，运用大数据分析参保人员结构，比对核查入库人员基本信息，科学制定相关扩面征缴政策和具体措施，加快推动社会保险费统一征缴。推进企业诚信体系建设，建立健全失信联合惩戒机制，强化法律约束力，加大行政执法力度，开展行政执法专项行动，对拒不履行参保义务的企业实施跨部门联合执法、联合惩戒，并进行媒体曝光，基本实现法定人员全覆盖和精准管理，力争做到应参尽参、应保尽保。创新快递、网络等新业态下就业群体参保政策，健全社会保障体系，促进就业观念转变。

（六）建立参保缴费激励机制。进一步完善基本养老保险待遇调整办法，建立养老待遇与缴费年限、缴费金额相挂钩的激励机制，增强制度吸引力，树立多缴多得、长缴多得的参保意识。进一步完善参保缴费激励政策，鼓励各地政府对以个人身份新参保的人员给予一次性缴费补助，省级视情况给予适当补助。

（七）加强对养老保险违法失信责任主体惩戒力度。要充分利用我省企业信用信息公示系统，按照省工商局等部门《关于印发〈吉林省失信企业协同监管和联合惩戒合作备忘录〉的通知》（吉工商联字〔2016〕5号）要求，将违反《劳动法》《社会保险法》的用人单位列入经营异常名录或严重违法失信企业名单，由相关部门实施联合惩戒。

三、完善养老保险运行体系，增强基金支撑能力

（八）严格执行参保政策。各地要严格落实国家和我省相关参保缴费政策，不得违法或越权减免养老保险费。城镇个体工商户和灵活就业人员不得以事后追补缴费的方式增加缴费年限。要严格执行国家和我省关于职工退休条件的规定，不得自行扩大提前退休的企业、人员范围，加强特殊工种退休管理，完善国有企业特殊工种岗位人员信息库，强化信息比对和备案复核，每年对提前退休人员随机复核比例不得低于30%。

（九）准确核定缴费基数。规范缴费基数申报办法，统一基本养老保险单位缴费基数和个人缴费基数核定办法，建立缴费基数信息共享机制，实现养老保险缴费基数与医疗保险缴费基数、公积金缴存基数、个人所得税纳税基数相衔接，准确核定养老保险缴费基数，确保应核尽核。

（十）加大缴费基数稽核力度。各级社会保险经办机构要联合各相关职能部门开展养老保险缴费基数专项稽核，通过购买社会服务、自主稽核等方式扩大稽核覆盖面，完善稽核手段，达到应核尽核的效果，实现应参尽参、应收尽收。各地政府要将专项稽核经费列入当地财政预算。对稽核中发现的问题，要依法下达社会保险稽核意见书，限期整改。对拒不整改的单位，要进行诚信约谈，并从欠费之日起依法加收滞纳金，暂停办理社会保险相关业务，移交劳动保障监察部门依法对其进行处罚。对拒不执行行政处罚的责任主体列入企业违法失信名单，依法对其实施联合惩戒。

（十一）建立欠费清收长效机制。各地政府要按照属地管理原则，综合运用法律、政策、经济、行政等多种手段，定期开展欠费清收工作，促进清欠增收。落实《吉林省用人单位延期缴纳社会保险费管理暂行办法》（吉政办发〔2017〕70号），严格管控欠费企业缓缴审批。对未按时足额缴纳养老保险费的用人单位，应依法征缴并加收滞纳金；暂无能力缴费的用人单位，可向当地社会保险经办机构申请缓缴，缓缴数额在500万元以上的，需报省级社会保险经办机构审核、备案。欠费企业主要负责人及高级管理人员不得实行年薪制及享受奖金等福利待遇，在欠缴养老保险费期间，企业资金应当依法优先用于偿还欠缴的养老保险费。对有能力缴费拒不缴费的企业，落实《吉林省社会保险基金欺诈骗取案件行政监督办法》（吉人社联字〔2015〕13号），社会保险经办机构暂停办理其相关业务，劳动监察等有关部门依法对其进行查处并采取相关措施，对其进行媒体曝光，对企业负责人出行、消费行为依法进行限制，严格限制企业租赁高档写字楼、宾馆、公寓等场所办公，购买非经营必需车辆，旅游、度假。对拒不履行行政处罚的用人单位，按照《中华人民共和国社会保险法》《中华人民共和国行政处罚法》等法律、法规，向司法机关提请法律诉讼。

（十二）建立基金运行风险管理预案。各地政府要组织编制基本养老保险基金三年收支规划，依据宏观经济、参保缴费、负担指数、基金运行及弹性系数等指标，建立风险评估模型；根据基金运行及预测情况，对可能发生风险的程度进行等级划分，明确处置办法，制定风险应对预案。

（十三）健全基金支撑能力监测机制。进一步强化月调度、月报告、月通报、月安排工作机制，加强基金运行情况的监控调度，制定完善监测分析报告制度，科学设定监测指标，丰富监测分析内容，规范监测分析报告程序。各级社会保险经办机构要按月进行基金支撑能力测算，对确保养老金发放存在的风险进行预报预警，将监测分析情况向同级政府和上级社会保险经办机构报告。

（十四）强化督查工作机制。建立养老保险扩面征缴、确保基本养老金发放督查工作机制。省级社会保险经办机构对各地扩面征缴和确保基本养老金发放进展情况进行日常跟踪督导，省人力资源社会保障厅对企业职工基本养老保险的重大决策、重要文件贯彻落实情况进行督促检查，对扩面征缴进度缓慢、未足额落实缺口分担资金的地区下发行政提示（警示）函，对扩面征缴工作主体责任和确保基本养老金发放兜底责任落实不到位的市（州）、县（市）政府提请省政府实施专项督查。

四、加强组织领导，完善制度保障

（十五）加强组织领导。各地政府要切实落实扩面征缴主体责任，加强基金征缴管理工作，要建立政府负责人牵头的联席会议等部门联动工作机制，落实部门职责，制定落实方案，强化养老保险扩面征缴工作，完善基金征缴激励约束机制，实现养老保险基金收支平衡。

（十六）落实部门职责。

1. 省人力资源社会保障厅负责制定和完善各项参保政策，鼓励多缴多得，长缴多得；会同财政等相关部门研究制定确保养老保险省级统筹平稳运行的长效机制。各级人力资源社会保障部门负责组织实施扩面征缴宣传，提高依法参保和主动缴费意识；规范劳动用工管理，强化劳动执法检查，对管辖范围内用人单位参加基本养老保险情况进行专项执法检查，涉及应参保未参保或有能力缴费而拒缴、欠缴养老保险费的，要及时查处；严格执行提前退休政策，强化特殊工种退休管理；落实预算管理责任。

2. 各级财政部门负责拓宽筹资渠道，通过加大财政投入、推动国有资本划拨等方式，扩大基金规模，提升基金抗风险能力；调整财政支出结构，加大对基金的补助力度，建立省和市、县两级财政调待补助分担机制；加强基金预算收支管理，强化基金预算刚性约束。

3. 省社保局负责进一步规范缴费申报核定程序，强化信息核查比对工作；规范各地动用结余基金程序；完善基金调剂措施和办法；按照国家有关规定开展基金投资运营。各级社会保险经办机构负责全面做好养老保险费的征收和待遇支付工作；采取政府购买服务的方式，加大社会保险稽核力度，严格夯实缴费基数；严格按照基金预算编制要求上报预算草案，原则上不得编制赤字预算。

4. 各级审计部门负责对各地企业职工基本养老保险基金收支运行等情况进行审计；对大中型国有企业养老保险依法参保缴费情况进行审计监督。

5. 各级发展改革部门负责将企业职工基本养老保险抚养比、保费征缴额和硬缺口资金筹措额等指标纳入政府绩效考评体系。

（十七）加快用人单位缴费诚信体系建设。人力资源社会保障部门和社会保险经办机构要结合信息化建设，建立健全企业职工基本养老保险违法信息的归集、交换和更新机制，将查处的违法违规企业信息纳入金融管理、企业管理及工商管理等相关部门的信用信息、数据交换系统和平台，加大对企业失信行为的协同监管和联合惩戒；建立养老保险欠费公示制度，严格落实《重大劳动保障违法行为社会公布办法》（人力资源社会保障部令第 29 号），对未按规定执行的用人单位，要在当地主要报刊、电视、互联网等媒体公布。

（十八）探索建立企业职工基本养老保险战略储备金制度。省级相关部门要着手研究探索建立符合我省实际的养老保险战略储备金制度，建立以财政投入、个人账户做实基金、国有资本划转、国有土地使用权出让收入划拨、国有资本经营预算收益划拨等为资金来源的省级风险储备基金筹集和管理体制，扩大养老保险基金规模，确保基金保值增值，增强养老保险省级统筹基金的保障能力。

（十九）推动建立健全多层次养老保障体系。统筹当前和长远，积极推动多支柱养老保障体系的建立健全，支持和鼓励以企业年金、商业养老保险等为主的补充养老保险发展，构建多层次社会保障体系，实现养老保险制度健康可持续运行。

吉林省人民政府

2017 年 12 月 25 日

吉林省人民政府办公厅转发省人力资源社会保障厅等部门关于进一步推进长期护理保险制度试点实施意见的通知

吉政办发〔2017〕28 号

各市（州）人民政府，长白山管委会，长春新区管委会，各县（市）人民政府，省政府各厅委办、各直属机构：

省人力资源社会保障厅、省财政厅、省民政厅、省卫生计生委《关于进一步推进长期护理保险制度试点的实施意见》已经省政府同意，现转发给你们，请认真贯彻执行。

吉林省人民政府办公厅

2017 年 4 月 16 日

关于进一步推进长期护理保险制度试点的实施意见

为贯彻落实《国务院办公厅关于进一步扩大旅游文化体育健康养老教育培训等领域消费的意见》（国办发〔2016〕85 号）、《人力资源社会保障部办公厅关于开展长期护理保险制度试点的指导意见》（人社厅发〔2016〕80 号）和《吉林省人民政府办公厅关于推进医疗卫生与养老服务融合发展的实施意见》（吉政办发〔2016〕52 号）要求，现就我省进一步推进长期护理保险制度试点提出以下实施意见。

一、指导思想

全面贯彻党的十八大和十八届三中、四中、五中、六中全会精神，以邓小平理论、“三个代表”重要思想、科学发展观为指导，深入贯彻习近平总书记系列重要讲话，特别是在吉林省考察时所作重要讲话精神，按照省委、省政府“三个五”发展战略，积极应对人口老龄化，推动建立符合我省实际的长期护理保险制度，进一步健全更加公平更可持续的社会保障体系，不断增强人民群众在共建共享发展中的获得感和幸福感。

二、目标任务

（一）近期目标。依托现行基本医疗保险制度和管理服务体系，着力推进长期护理保险制度试点，在长春市、吉林市、松原市试点基础上，2017 年进一步扩大试点范围，2018 年试点覆盖全省 80％的统筹地区，力争在“十三五”期末实现全省长期护理保险制度“全覆盖”，建立符合吉林省实际的长期护理保险基本政策制度和管理服务体系。

（二）远期目标。按照国家要求，建立筹资多渠道、保障精准化、具有独立社会保险制度属性的长期护理保险制度，促进我省社会保险体系的进一步完善，推动我省养老健康产业的发展、就业领域的拓展和家庭社会的和谐稳定。

三、基本原则

（一）坚持以人为本。着力解决失能人员长期护理保障问题，提高人民群众生活质量和人文关怀水平。

（二）坚持基本保障。根据吉林省经济发展水平和各方面承受能力，科学确定基本保障范围和待遇标准。

（三）坚持责任分担。遵循权利义务对等，多渠道筹资，合理划分筹资责任和保障责任。

（四）坚持因地制宜。从全省层面统一明确长期护理保险的基本政策制度和管理服务机制，各地结合实际，制定具体的实施办法和政策标准。

（五）坚持机制创新。探索可持续发展的体制机制，提升保障绩效，提高管理水平。

（六）坚持统筹协调。做好各类社会保障制度的功能衔接，协同推进健康产业和服务体系发展。

四、政策制度体系

（一）统筹层次。长期护理保险制度实行地市级统筹，分级经办。市（州）人力资源社会保障部门负责本统筹地区政策制定和组织实施，市（州）本级和县（市、区）医疗保险经办机构分别负责辖区内长期护理保险经办管理工作。

（二）参保范围。长期护理保险参保范围与职工基本医疗保险和城镇居民基本医疗保险参保范围相一致。根据我省整合城乡居民基本医疗保险制度工作进展，适时将原新型农村合作医疗参保人员纳入长期护理保险参保范围。

（三）筹资机制。

1. 筹资渠道。长期护理保险资金，试点阶段主要通过划转基本医疗保险统筹基金结余、调整职工基本医疗保险个人账户计入办法和费率等渠道筹集，鼓励有条件的地区政府给予必要的补助。逐步探索建立以用人单位和个人缴费为主、政府补助等为辅、互助共济的多渠道动态筹资机制。

2. 筹资标准。长期护理保险筹资标准根据当地经济发展水平、护理需求、护理服务成本以及保障范围和水平等因素，按照以收定支、收支平衡、略有结余的原则合理确定。

（四）保障范围。长期护理保险制度以长期处于失能状态的参保人群为保障对象，重点解决长期重度失能人员基本生活照料和与基本生活密切相关的医疗护理等所需费用。有条件的统筹地区可以探索将长期中度失能的老年人纳入保障范围。对短期失能人员的临时性生活照料和医疗护理所需费用，长期护理保险基金不予支付，探索通过逐步扩大基本医疗保险保障范围予以解决。

（五）待遇支付。长期护理保险基金按比例支付长期护理保险定点服务机构（以下简称定点机构）和护理人员为参保人员提供符合规定的护理服务所发生的费用。根据护理等级、服务提供方式等制定差别化的待遇保障政策。对符合规定的长期护理费用，基金支付水平总体上控制在70％左右，具体支付比例由统筹地区确定。长期护理保险不设起付标准，各统筹地区可根据统筹基金收支情况，合理设定长期护理保险待遇项目支付标准。

五、管理服务体系

（一）基金管理。长期护理保险基金参照现行社会保险基金有关管理制度执行。按照“以收定支，收支平衡，略有结余”的原则，编制长期护理保险基金收入和支出计划，实行收支两条线管理，专款专用，自求平衡，不得与其他社会保险基金相互挤占和调剂。按相关规定办理基金存储手续，实现基金保值增值。长期护理保险基金按照规定接受财政、审计部门的监督。

（二）服务管理。长期护理保险定点机构实行协议管理，试点阶段各统筹地区可以参照基本医疗保险定点医药机构协议管理的方式，建立申请、评估、签约、考核、退出等机制。到 2020 年，每个县（市、区）至少有 2 所长期护理保险定点机构。

（三）支付管理。建立长期护理需求认定和等级评定标准体系，制定待遇申请和资格审定及变更等管理办法，综合评估申请人的疾病与健康状况、生活自理能力等情况，作为申请和支付长期护理保险待遇的依据。

长期护理保险付费原则上实行预算管理、总额控制，根据定点机构的服务范围、服务质量、服务能力等实际情况，结合接受护理人员数量等因素探索采取人头付费、床日付费、定额付费等复合式付费方式，加强费用控制管理，提供便捷高效的结算服务。

（四）信息系统建设。依托现有医疗保险管理服务信息系统，实现医疗保险和长期护理保险一体化经办管理。建立“智慧长护”信息服务平台，逐步实现与养老护理机构、医疗卫生机构以及其他相关领域信息服务平台的信息共享和互联互通。

（五）经办能力建设。加强长期护理保险经办管理服务能力建设。制定经办规程，优化服务流程，细化相关标准，创新管理服务机制。

（六）监督管理。建立长期护理保险多层次监管体系，制定完善监管政策。各统筹地区要在长期护理保险基金方面严格监管，严厉打击欺诈骗保等违法违规行为，确保基金运行安全。要规范长期护理保险定点机构准入条件和程序，加强事中事后监管，严格退出机制。要严格待遇资格认定程序和标准，防范道德风险。要充分发挥社会监督作用，通过投诉举报、聘请社会监督员等方式，重点对参保人员享受待遇资格、定点机构提供服务质量等进行监督。经办机构要根据服务协议，通过实地检查、智能监控等措施，加强对定点机构及其护理人员履行协议情况的日常监管。

六、政策制度衔接

（一）已试点地区的过渡办法。长春市、吉林市、松原市等已开展试点的地区，设 2 年过渡期，过渡期间要按照本意见要求调整完善相关政策，确保政策制度和管理服务体系与本意见相一致。

（二）加强与其他保障制度之间的统筹衔接。做好与其他社会保障制度在筹资、待遇等方面的政策与管理衔接。按国家法律规定，应纳入其他社会保障制度保障范围的护理项目和费用，长期护理保险基金不再给予支付，避免待遇重复享受。

（三）探索建立多层次长期护理保障制度。积极发挥社会救助、商业保险、慈善事业等对长期护理保险的有益补充作用，解决不同层面护理需求。鼓励商业保险公司开发适销对路的保险产品和服务，发展与长期护理保险相衔接的商业护理保险，满足多样化、多层次的长期护理保障需求。

（四）协同推进长期护理服务体系建设和发展。积极推进长期护理服务体系建设，引导和鼓励社会力量、社会组织参与支持长期护理服务机构和平台建设，促进长期护理服务产业发展。充分利用促进就业创业扶持政策和资金，鼓励各类人员到长期护理服务领域就业创业，对其中符合条件的，按规定落实相关补贴政策。加强护理服务从业人员队伍建设，加大护理服务从业人员职业培训力度，按规定落实职业培训补贴政策。逐步探索建立长期护理专业人才培养机制。探索保障对象利用居家和社区护理服务，促进长期护理保险服务向社区和家庭延伸。

七、保障措施

（一）提高认识，加强领导。我省是国家确定的长期护理保险制度试点重点联系的两个省份之一。进一步推进长期护理保险制度试点政策性强，涉及面广，各级政府要充分认识试点的重要意义，对试点工作高度重视，建立政府领导牵头的有效工作机制。要明确部门分工，压实相应责任，在人员、经费等方面统筹做好相应安排。人力资源社会保障部门要发挥统筹协调作用，会同有关部门制定长期护理保险制度政策，指导经办机构做好经办管理服务工作。财政部门要做好长期护理保险基金拨付结算工作，对长期护理保险基金管理中的财务会计科目设置作出相应调整，并加强对基金筹集、管理和使用的监督。民政部门要配合人力资源社会保障部门做好长期护理保险与老年护理服务的衔接等工作。卫生计生部门要加强对医疗机构的管理、规范医疗机构的护理服务行为，不断提高护理服务质量。

（二）结合实际，周密部署。各地要根据本意见要求，紧密结合本地实际，制定本地区试点工作实施方案，积极开展长期护理保险试点。要广泛听取各方面意见，积极组织和引导社会各界力量参与试点实施方案制定，试点要在充分论证和周密测算基础上，经当地政府批准后实施。试点工作实施方案要报省人力资源社会保障厅、省财政厅、省民政厅、省卫生计生委备案。

（三）完善机制，稳妥推进。试点地区要建立信息沟通机制，通过简报、情况专报、专题研讨等方式，交流试点情况，总结推广典型经验。要建立工作督导机制，试点地区要按季度向省人力资源社会保障厅报送工作进度和试点情况，同时抄报省财政厅、省民政厅、省卫生计生委。省直相关部门要定期集中组织督导调研，及时总结经验，发现、研究和解决试点中出现的新情况、新问题。试点中遇到重要情况，要及时报告。

（四）加强宣传，营造氛围。要大力宣传建立长期护理保险制度的重要意义、制度功能和试点成效，充分调动广大人民群众参与试点的积极性和主动性，引导社会舆论，凝聚社会共识，为试点顺利推进构建良好的社会氛围。

吉林省人民政府办公厅关于印发吉林省老龄事业发展和养老体系建设“十三五”规划的通知

吉政办发〔2017〕73号

各市（州）人民政府，长白山管委会，长春新区管委会，各县（市）人民政府，省政府各厅委办、各直属机构：

《吉林省老龄事业发展和养老体系建设“十三五”规划》已经省政府同意，现印发给你们，请认真贯彻执行。

吉林省人民政府办公厅

2017年9月30日

吉林省老龄事业发展和养老体系建设“十三五”规划

为有效应对人口老龄化，推动老龄事业全面协调可持续发展，健全完善养老体系，根据《中华人民共和国老年人权益保障法》《“十三五”国家老龄事业发展和养老体系建设规划》和《吉林省国民经济和社会发展第十三个五年规划纲要》，制定本规划。

一、规划背景

（一）发展基础。“十二五”时期我省老龄事业发展和养老体系建设取得显著成效。《吉林省老龄事业发展“十二五”规划》（吉政办发〔2012〕18号）、《吉林省社会养老服务体系建设规划（2012－2015年）》（吉政办发〔2012〕54号）确定的目标任务基本完成，尊老敬老助老社会氛围日益浓厚，老年人的获得感和幸福感明显增强。

1. 法规政策体系进一步完善。《吉林省老年人权益保障条例》正式颁布实施，省政府印发了《吉林省老龄事业发展“十二五”规划》《吉林省社会养老服务体系建设规划（2012—2015年）》，就加快养老服务业发展进行了专门部署，省直相关部门先后制定出台了20余个指导性、规范性配套文件，为老龄事业发展和养老服务体系建设提供了有力的制度支撑。

2. 老机构建设快速发展。全省各类养老机构达到1928个，床位总数14.7万张，分别比“十一五”末增长24%和37%。其中，民办养老机构1258个，占总数的65%。全省每千名老人拥有养老床位32张，高于全国302张的平均水平。

3. 居家养老服务初见成效。城市社区老年人日间照料中心实现全省覆盖。建成农村养老服务大院3770个，占行政村总数的40.4%。社区养老服务能力不断提升，并逐步向居家养老服务拓展，形成了委托运营、延伸服务、资源共享等居家养老服务模式。

4. 困难老人保障更加有力。城乡特困人员实现应保尽保，补助水平不断提高，有入住机构养老需求的全部纳入集中供养范围。在全省建立了贫困老人入住机构补贴和贫困居家失能老人护理补贴制度，为满足生活困难老年人的基本养老需求提供了有力保障。

5. 老年优待政策全面落实。发放老年人免费乘车补贴2.3亿元。全省收费景区（点）、公园全部按老年人优待政策实行减免费。建立各级法律援助机构8938个，切实维护了老年人的合法权益。老年人广泛参与社会的渠道不断拓宽。

6. 多元投入机制初步形成。全省多渠道筹措资金，逐年加大对老龄事业和养老体系建设投入，形成了各级财政、社会投入与国家扶持相结合的多元化投入机制。“十二五”期间，首次将养老服务补贴资金纳入省级财政预算，省级福彩公益金用于养老服务资金年均占比达到75%以上。

（二）发展趋势。“十三五”是全面建成小康社会的决胜阶段，也是加快老龄事业改革发展和养老体系建设的重要战略窗口期。

1. 面临的严峻挑战。受低生育率和人口外流，以及普遍二孩政策对延缓人口老龄化的作用并不明显等因素影响，我省将进入人口老龄化加速发展期，预计到2020年，老年人口将达到665万，约占全省总人口的24%；65周岁以上老年人比例达到15.15%，老年抚养比达到

33.35%。随着人口老龄化的加重，对养老保险、医疗照护、养老服务业和老龄产业发展，老年人权益保护、老年人精神关爱等提出更高要求。

2. 面临的主要问题。涉老法规政策系统性、协调性、衔接性有待增强；养老保障政策城乡、区域发展不均衡；养老服务有效供给不足，质量效益不高，人才短缺；社会活力未充分释放，在以市场化方式发展养老服务和老龄产业方面创新能力不强；老龄工作体制机制不健全，基层基础比较薄弱；传统养老观念根深蒂固，全社会积极应对人口老龄化的意识和行动有待加强。

3. 面临的重大机遇。党中央、国务院高度重视老龄及养老服务工作，习近平总书记、李克强总理作出重要指示批示，对及时、科学、综合应对人口老龄化作出了决策部署，将老龄事业发展提升到前所未有的高度。省委、省政府深入贯彻习近平总书记系列重要讲话和考察吉林时重要讲话精神，主动服务和融入国家发展战略以及经济发展的良好预期，为我省老龄事业发展和养老体系建设奠定了坚实基础。制定实施《吉林省老龄事业发展和养老体系建设“十三五”规划》是贯彻落实党中央、国务院和省委、省政府关于积极应对人口老龄化决策部署的重要措施，对于保障和改善民生，加快实施“五大发展”战略，增强老年人参与感、获得感和幸福感，实现全面建成小康社会奋斗目标具有重要战略意义。

二、总体要求

（一）指导思想。深入贯彻落实党中央、国务院和省委、省政府关于加快老龄事业发展和养老体系建设的决策部署，坚持“党委领导、政府主导、社会参与、全民行动”相结合的老龄工作方针，坚持应对人口老龄化和促进经济社会发展相结合，坚持满足老年人需求和解决人口老龄化问题相结合，着力增强全社会积极应对人口老龄化的思想观念，加强老年人民生保障和服务供给，发挥老年人积极作用，着力健全老龄工作体制机制、完善老龄政策制度、改善老龄事业发展和养老体系建设支撑条件，着力建立与市场经济相适应的养老服务发展模式、管理方式和运行机制，确保全体老年人共享改革发展和全面建成小康社会新成果。

（二）基本原则。

1. 坚持以人为本，共建共享。不断提高老年人的生活和生命质量，维护老年人尊严和权利，确保全体老年人依法享有从国家和社会获得物质帮助的权利、享受社会服务和社会优待的权利、参与社会发展和共享发展成果的权利，增强全体老年人的获得感。

2. 坚持政府引导，社会参与。在党委统一领导下，充分发挥各级政府在老龄事业发展和养老体系建设中的规划引领、政策调控、资金投入、督促检查等方面的职责，充分调动全社会关心、支持、参与老龄事业发展的积极性，形成推动老龄事业发展的强大合力。

3. 坚持深化改革，创新驱动。充分发挥市场在资源配置中的决定性作用，深化简政放权、放管结合、优化服务改革，不断增强政府依法履职能力，加快形成统一开放、竞争有序的市场体系，保障公平竞争，改善营商环境，支持创业创新，激发市场活力。

4. 坚持突出重点，协调发展。着力保基本、兜底线、补短板、调结构，统筹做好老年人经济保障、服务保障和精神关爱等制度安排，统筹城乡养老服务资源，合理布局，优化结构，促进基本养老服务均等化。统筹推进养老服务与相关领域互动发展，形成养老服务新业态。

（三）工作要求。大力推进老龄事业和养老服务体系建设法治化、标准化、社会化、信息化，加快转型升级，增加有效供给，提升服务质量。

1. 推进法治化。落实《中华人民共和国老年人权益保障法》和《吉林省老年人权益保障条例》，加快推进养老服务放管服改革，优化办事流程，规范市场行为，完善监管措施，营造平等、竞争的市场环境。

2. 推进标准化。完善全省居家养老、社区养老、机构养老服务的相关标准，建立相应认证体系，加快建立养老机构等级评定及养老服务资格评估、需求评估、质量评估等制度。

3. 推进社会化。坚持老龄产业与事业双轮驱动、互动发展，充分调动社会力量参与养老服务的积极性，吸引民间投资，丰富养老产品，使社会力量成为发展养老服务业的主体。

4. 推进信息化。充分利用互联网、物联网、云计算等信息技术，建立健全老龄工作和养老服务管理系统，加强部门间信息对接与共享，为老年人提供便捷高效的服务。

（四）发展目标。围绕满足老年人多样式、多层次、个性化的养老服务需求，推动幸福养老工程建设，全面实施“十大计划”，打造吉林养老福地，即基本养老保障计划、养老服务提升计划、健康养老支持计划、养老产业培育计划、老年生活愉悦计划、老有所为行动计划、老年维权援助计划、专业队伍建设计划、规范管理促进计划、事业发展强基计划。到2020年，老年人社会保障体系更加完善，养老服务体系更加健全，为老服务能力不断提升，老年人的社会参与渠道更加通畅，精神文化生活更加丰富，生活环境明显改善，尊老敬老爱老助老风尚日益浓厚，及时科学综合应对人口老龄化的社会基础更加牢固。

“十三五”期间老龄事业发展和养老体系建设主要指标

一级指标	二级指标	目标值
社会保障	基本养老保险参保率	90%左右
	城乡基本医疗保险参保率	90%左右
	城乡最低生活保障标准年均增长率	65%
为老服务	政府运营的养老床位占比	不超过40%
	护理型养老床位占比	不低于30%
	城镇、农村社区养老服务设施覆盖率	城镇100%，农村70%
	基层老年法律援助覆盖率	95%
	已建公共设施无障碍改造率	60%
	新建公共设施和养老场所无障碍率	100%
健康支持	老年人健康素养	提升至10%
	65岁及以上老年人健康管理率	70%
文化生活	经常性参与教育活动的老年人口比例	20%
社会参与	老年志愿者占比（%）	12%
	城乡社区老年协会覆盖率（%）	90%
投入保障	福彩公益金用于养老服务业的比例	50%以上

三、主要任务

（一）健全老年人社会保障体系。

1. 完善养老保险制度。开展全民参保登记。完善统账结合的城镇职工基本养老保险制度。完善职工养老保险个人账户制度。规范职工和城乡居民基本养老保险缴费政策，健全参保缴费激励约束机制。完成机关事业单位养老保险制度改革，实现制度并轨。落实养老保险转移接续政策，建立更加快捷的养老保险转移接续机制。逐步建立基本养老保险待遇合理调整机制，适当提高退休人员基本养老金和城乡居民基础养老金标准。基本养老保险参保率达到90%左右。

2. 完善医疗保障制度。整合城乡居民基本医疗保险制度，巩固完善城乡居民大病保险制度，健全重特大疾病保障机制，减轻重特大疾病参保患者的医疗费用负担。发挥医保控费作用，改革医保支付方式，健全医疗保险可持续筹资和待遇正常调整机制，逐步提高医疗保险待遇水平。完善基本医疗保险关系转移接续，扩大医疗保险异地就医直接结算范围。鼓励发展补充医疗保险和商业健康保险、老年人意外伤害保险。

3. 推行长期护理保险制度。依托现行基本医疗保险制度和管理服务体系，着力推进长期护理保险制度试点，在长春市、吉林市、松原市试点基础上，进一步扩大试点范围。按照“以收定支、收支平衡、略有结余”的原则，通过划转基本医疗保险统筹基金结余、调整职工基本医疗保险个人账户计入办法和费率等渠道筹集资金，鼓励有条件的地方政府给予必要的补助。逐步探索建立以用人单位和个人缴费为主、政府补助为辅、互助共济的多渠道动态筹资机制。适时将新型农村合作医疗参保人员纳入长期护理保险参保范围。

4. 完善社会救助制度。加大对贫困老年人的精准救助，将所有符合条件的老年人及时纳入低保、特困人员救助供养范围，实现应保尽保，应救尽救。完善医疗救助制度，全面开展重特大疾病医疗救助，逐步将低收入家庭老年人纳入救助范围。完善临时救助制度，加强对老年人的“救急难”工作，按规定对流浪乞讨、遭受遗弃等生活无着老年人给予救助。健全特困人员救助供养制度，根据特困人员基本生活需求和照料护理需求，合理确定救助供养标准。

5. 完善社会福利制度。加快发展适度普惠型老年社会福利事业，着力保障特殊困难老年人的养老服务需求，确保人人能够享有基本养老服务。制定实施老年人照顾服务项目，建立以生活照料为基础，专业护理为支撑，多层次、多主体、多模式的老年人照护服务。建立与经济社会发展水平相适应的高龄老人津贴政策，有条件的地区可逐步放宽高龄津贴发放范围。完善经济困难的高龄、失能、计划生育特殊家庭等老年人的养老服务补贴制度。进一步完善老年人优待办法，积极提供多种形式的优先、优惠、优待服务，并逐步实现城乡统一。鼓励面向老年人开展募捐捐赠、志愿服务、慈善信托等形式多样的公益慈善活动，发挥社会慈善的补充作用。

幸福养老——基本养老保障计划

健全城乡养老保险：落实多缴多补、长缴多得、助残扶贫等政策，适时提高最低缴费档次，提升基层经办服务能力。

整合城乡基本医保：整合城镇居民医保和新农合，建立城乡统一的居民医疗保险制度，实现政策和经办管理的统一。

长期护理保险制度：2018年试点覆盖全省80%的统筹地区。2020年力争实现全覆盖，每个县（市、区）至少有2所长期护理保险定点机构。

社会救助兜底保障：每年按照省里确定的最低指导标准确定各地城乡低保标准，确保到2020年农村低保标准不低于扶贫标准，实现“两线合一”，符合条件的困难群众应保尽保。

重特大疾病医疗救助：特困供养人员和城乡低保对象住院年度累计政策范围内自付医疗费超过大病保险起付线部分，救助比例不低于70%。

特困人员救助供养：科学合理制定救助供养标准，基本生活标准参照上年度当地居民人均消费支出、人均可支配收入或低保标准的一定比例确定，原则上不低于当地低保标准的1.3倍；照料护理标准按照差异化服务原则，依据特困人员生活自理能力和服务需求分档制定。

（二）健全养老服务体系。

1.强化家庭养老的基础作用。鼓励家庭成员与老年人共同居住生活，督促老年人的子女及其依法负有赡养、抚养、扶养义务人，履行对老年人的经济供养、生活照料和精神慰藉的义务。为照顾老人的家庭成员和养老服务人员提供养老服务技能培训，对符合条件的，按规定给予培训补贴。创新金融监管政策，发挥土地、住房以及财产性收入的养老保障作用，为反向抵押贷款等以房养老新型养老方式创造宽松环境。

2.加强社区养老服务设施建设。按照人均用地不低于0.12平方米的标准，分区分级规划设置养老服务设施。新建城区和新建居住（小）区，都要按标准要求配套建设养老服务设施，并与住宅同步规划、同步建设、同步验收、同步交付使用。研究制定新建住宅小区配建养老设施建设、移交与管理具体办法。无养老服务设施或未达到标准的老城区和已建居住（小）区，通过购置、置换、租赁等方式补充完善养老服务设施。支持在社区养老服务场所配备康复护理设施设备和器材。

3.提升社区居家养老服务能力。推进社区居家养老一体发展，健全以企业和社会组织为主体、社区为纽带、信息平台为手段、满足老年人各种养老服务需求的社区居家养老服务网络。进一步完善城市社区老年人日间照料中心服务功能，打造城市社区居家养老服务中心，为有需求的老年人提供生活照料、短期托养、康复护理等项目更多、标准更高、范围更广的服务。推行政府购买社区居家养老服务，将社区居家养老服务列入政府购买服务指导性目录。加快推进居家养老服务社会化，通过委托管理等方式，将社区养老服务设施无偿或低偿交由专业化的居家社区养老服务项目团队运营，力争形成“一县（市）一品牌”。

4.支持社会力量兴办养老机构。按照提升存量、保证增量、供需平衡的原则，合理调整养老机构区域布局和结构，提高养老机构床位利用率。贯彻全面放开养老服务市场、提升养老服务质量的有关政策要求，加快推进养老服务业“放管服”改革。对民间资本和社会力量申请兴办养老机构进一步放宽准入条件，加强开办支持和服务指导。落实好对民办养老机构的投融资、税费、土地、人才等扶持政策。鼓励采取特许经营、政府购买服务、政府和社会资本合作等方式支持社会力量举办养老机构。允许养老机构依法依规设立多个服务网点，实现规模化、连锁化、品牌化运营。鼓励整合改造企业厂房、商业设施、存量商品房等用于养老服务。

5.深化公办养老机构改革。结合实际继续开展公办养老机构改革试点，探索形式多样、特色鲜明的公建民营模式，进一步扩大试点成果，积极稳妥地推进公办养老机构改革。对新建的公办机构，采取联合经营、委托运营、合资合作等方式，交由社会组织、企业或有能力的个人运营。新建公办养老机构原则上都要实行公建民营管理体制。对暂不具备公建（办）民营改革条件的地方，采取部分承包、项目委托、一院两制等渐进、过渡方式，分项目、分步骤引入社会优质服务资源，逐步向公建民营发展。完善公建民营养老机构管理办法，政府投资建设和购置的养老设施、新建居民区按规定配建并移交给民政部门的养老设施、国有单位培训疗养机构等改建的养老设施，均可实施公建民营。

6.加快发展农村养老服务。整合农村发展政策和资金，统筹使用集体存量建设用地，加快推进农村养老服务设施建设。实施农村社会福利服务中心改革，跨乡镇整合组建区域性农村社会福利服务中心，闲置床位向社会开放或实施公建民营。支持通过邻里互助、亲友相助、志愿服务等兴办和运营农村养老服务大院，大力发展农村互助养老服务。有条件的地区可探索“1+N”的服务模式，在位置偏远、村民相对集中的自然屯建设若干个农村养老服务站点。鼓励和引导社会力量参与农村养老服务，为农村老年人就地提供就餐服务、生活照顾、休闲娱乐等综合性服务。着力做好农村留守、独居、失能等困难老人的养老服务工作。加强对农村养老服务的业务指导，建立城乡养老机构对口支援和合作机制，采取人员培训、技术指导、设备支援等方式，帮助其提高服务能力。

7.全面提升养老机构服务质量。按照适应需要、质量优先、价格合理、多元供给的要求，2017年至2020年，持续开展养老院服务质量建设专项行动，着力解决影响养老院服务质量的突出问题，实现养老服务质量年年有提升，打造人民群众住得起、住得好的养老院。加强养老服务标准体系建设，建立健全养老机构服务评估制度，建立养老服务行业信用体系、黑名单制度和市场退出机制，建立提高养老院服务质量的激励机制，加强行业自律和监管。支持发展养老机构责任保险，提高养老机构抵御风险能力。

8. 推进老年宜居环境建设。制定出台《吉林省无障碍环境建设管理办法》。严格落实无障碍环境建设相关标准，在城乡基础设施和公共服务场所规划、设计、施工、监理、验收等各环节严格把关；对已建成并投入使用的城乡社区公共设施和涉老设施，进行适老化改造，支持多层老旧住宅加装电梯。通过政府支持、社会参与、家庭自助等方式，逐步推进老年人家庭和社区无障碍设施建设和改造工作，切实加大老年人家庭无障碍改造工作力度。继续开展无障碍市县、"老年宜居社区"创建活动，推动老年人共建共享绿色社区、宜居村庄和生态文明建设成果。引导、支持开发老年宜居住宅和代际亲情住宅。

幸福养老——养老服务提升计划

政府购买居家养老服务：加大公共预算资金和福彩公益金投入，每个县（市、区）至少安排1—2个政府购买居家养老服务项目。

社区居家养老服务社会化：依托社会力量开展居家养老服务的社区，占全省城市社区总数的80%以上。依托街道办事处所在社区或老年人口较多的社区，建设300个城市社区居家养老服务中心，基本实现每个街道建有1个，发挥辐射带动和示范作用。

养老服务机构建设：编制养老服务设施建设区域规划，全省民办养老机构床位占总床位的60%以上，公建民营养老机构占公办养老机构总数的40%以上。

农村养老服务：实施农村社会福利服务中心3年整合改造，通过争取中央预算内投资和增加省级福彩公益金投入予以支持，全面提升床位利用率和服务水平。

养老院服务质量建设专项行动：2017年符合《养老院服务质量大检查指南》基本达标要求的养老院达到60%以上，2020年形成一批品牌形象良好、服务功能完备、质量水平一流的养老院。

老年宜居环境建设：新建公共设施和涉老设施无障碍率达到100%，已建公共设施和涉老设施无障碍改造率达60%。

（三）积极推进医养融合发展。

1. 支持养老机构开展医疗服务。支持养老机构按规定开办医疗机构，开展老年病、康复、护理、中医和安宁疗护等服务，为老年人提供治疗期住院、康复期护理、稳定期生活照料以及临终关怀一体化服务。鼓励养老机构根据实际条件、床位规模和医疗服务需求，申请设置相应的医疗机构。鼓励不具备开办医疗机构条件的养老机构，就近与医疗服务机构签订合作协议，为老年人提供优质便捷的医疗服务。养老机构内设的具备条件的医疗机构可作为老年人后期康复护理场所。

2. 提高医疗机构支持养老服务能力。全面落实老年医疗服务优待政策，对老年人看病就医实行优先照顾，鼓励医疗机构开设为老年人提供挂号、就医等便利服务的绿色通道，所有养老机构能够以不同形式为入住的老年人提供医疗服务。有条件的二级以上综合医院开设老年病科，鼓励医疗机构与周边养老机构开展医疗合作，提供医疗护理服务。鼓励二级以上综合医院与养老机构开展对口支援、合作共建。医疗机构为老年人就医开通预约就诊绿色通道，推动二级以上综合医院与老年护理院、康复疗养机构、养老机构内设医疗机构等之间的转诊与合作。提高基层医疗卫生机构康复、护理床位占比，鼓励其根据服务需求增设老年养护、临终关怀病床。推动中医药与养老结合，充分发挥中医药"治未病"与养生保健优势。鼓励执业医帅到养老机构设置的医疗机构多点执业，支持有相关专业特长的医师及专业人员在养老机构开展疾病预防、营养、中医养生等非诊疗性健康服务。对养老机构设置的医疗机构，符合条件的按规定纳入基本医疗保险定点范围。

3. 加强老年康复服务和健康管理。提高养老机构康复水平，配备专业康复人员或引入专业的康复机构，在取得《医疗机构执业许可证》后，依法依规开展专业化康复服务。提高基层医疗卫生机构康复、护理床位占比，鼓励其根据服务需求增设老年养护、临终关怀病床。重点发展社区健康养老服务，继续做好65周岁以上老年人每年一次免费健康体检及健康危险因素评估工作，为辖区内65周岁以上老年人普遍建立健康档案；提高基层医疗卫生机构为居家老年人提供上门服务能力，建立健全家庭医生签约服务制度，开展老年常见病、慢性病健康指导和综合干预，推广以慢病管理、中医老年营养运动干预为主的适宜技术，65岁以上老年人健康管理率70%以上，有效改善老年人群营养健康状况，降低失能风险。

幸福养老——健康养老支持计划

医养结合机构建设：到2020年，每个市（州）、县（市）至少有1所医养结合机构，至少有1所具备老年疾病专科特色的二级以上医疗机构。全省护理型养老床位占比不低于30%。

医疗与养老服务合作：鼓励医疗机构开设为老年人提供挂号、就医等便利服务的绿色通道，所有养老机构能够以不同形式为入住老年人提供医疗卫生服务。

> 老年康复服务：50%的城市社区和有条件的农村要设立适合老年人的康复场所，有条件的地方可为经济困难的失能、半失能老年人配备康复辅助器具。
>
> 家庭医生签约服务：以提高基层医疗服务能力为重点，以常见病、多发病、慢性病分级诊疗为突破口，建立健全家庭医生签约服务制度，到2017年，家庭医生签约服务覆盖率达到30%以上，重点人群签约服务覆盖率达到60%以上；到2020年，65岁以上老年人家庭医生签约服务覆盖率达到70%以上。

（四）加快培育和发展养老服务产业。

1. 全面放开养老服务市场。凡是法律法规没有明令禁入的养老服务领域，都要向民间资本开放，探索采取多种形式引导社会力量进入养老服务领域。改变以往重建设轻运营、重非营利轻营利的扶持思路，通过调整养老服务补贴资助方式，由“补砖头”“补床头”向“补人头”转变，营利性与非营利性养老机构、养老服务社会组织与企业享受平等待遇。进一步放宽准入条件，简化审批程序，减少审批手续，营造公平竞争环境，充分激发各类市场主体活力。建立以市场形成价格为主的养老服务收费管理机制。

2. 完善养老服务政策。制定市场化发展养老服务产业有关政策，规范市场环境，构建多样化多方位的支持政策体系，充分发挥政策资源的聚集效应。完善土地供应、财政补贴、税费优惠、投融资等支持政策。充分运用吉林省养老服务产业基金，吸引财政资金4倍以上的民间资本投入养老服务产业。支持采取股份制、股份合作制、PPP（政府和民间资本合作）等模式，发展面向大众的社会化养老服务产业，带动社会资本加大投入。加快建立与市场经济相适应的养老服务发展模式、管理方式和运行机制。

3. 繁荣老年用品市场。加强对老年用品产业共性技术的研发和创新。支持推动老年用品产业领域大众创业、万众创新。支持符合条件的老年用品企业牵头承担各类科技计划（专项、基金等）科研项目。支持企业利用新技术、新工艺、新材料和新装备开发为老年人服务的产品用品，研发老年人乐于接受和方便使用的智能科技产品，丰富产品品种，提高产品安全性、可靠性和实用性。鼓励大中型商贸流通企业发展老年用品连锁销售，引导商场、超市、批发市场设立老年用品专区专柜。

4. 发展智慧养老服务。推动移动互联网、云计算、物联网、大数据等与养老服务业结合，加快“智慧养老”进程。创新居家养老服务模式，重点推进老年人健康管理、紧急救援、精神慰藉、服务预约、物品代购等服务，开展“虚拟养老院”建设。支持适合老年人的智能化产品、健康监测可穿戴设备、健康养老移动应用软件（APP）等设计开发。打通养老服务信息共享渠道，推进社区综合服务信息平台与户籍、医疗、社会保障等信息资源对接，促进养老服务公共信息资源向各类养老服务机构开放。

5. 丰富养老服务业态。大力实施“养老+”发展战略，在符合县域、镇域、村庄总体规划前提下，充分发挥区位优势和资源优势，促进养老服务与相关领域深度融合。支持养老服务产业与健康、养生、旅游、文化、健身、休闲等产业融合发展，丰富养老服务产业新模式、新业态。鼓励金融、地产、互联网等企业进入养老服务产业。大力发展养老服务企业，鼓励连锁化经营、集团化发展，实施品牌战略，培育一批各具特色、管理规范、服务标准的龙头企业，加快形成一批产业链长、覆盖领域广、带动性强、经济社会效益显著的养老服务产业集中区。充分利用国家对特色小镇的支持，积极规划和建设具有吉林特色的养老小镇。

> **幸福养老——养老产业培育计划**
>
> 优化养老服务市场环境：加快推进养老服务业放管服改革，制定出台以市场化方式发展养老服务产业实施意见、全面开放养老服务市场提升养老服务质量实施意见等政策文件，创新体制机制，激发社会活力。
>
> 老年用品推介应用：组织省内外养老服务企业、社会组织、科研院所、高校及老龄科研机构，定期举办老年用品及养老服务业博览会，加强适老产品成果转化应用与推广。
>
> 打造养老服务品牌：引导养老服务企业树立“质量第一，品牌至上”的意识，开展“吉林省养老服务十大知名品牌”评选活动，加强品牌培育，增强品牌效应。
>
> 养老信息惠民：研发吉林省老龄信息管理系统平台和养老服务管理平台，实现省、市、县（市、区）、社区互联互通，老年人基本信息、需求信息与养老机构、服务实体互联互通。建立全省城乡老年人电子健康档案信息系统，逐步与基本医疗保障、养护康复机构的电子病历等信息系统互联互通。推进养老服务机构应用基于移动互联网的智能终端设备，打造吉林省养老信息服务产业的重点工程。
>
> 养老服务产业集中区：充分发挥区域资源优势，建设“长春净月休闲养老园区”“长春莲花山养老园区”“长春颐乐老年康复园区”“万昌温泉保健养老园区”“延边民族风情养老园区”“长白山养老园区”“抚松休闲养老园区”“通化生态养生园”“双阳养生园区”等特色园区，打造吉林养老福地。

（五）丰富老年人精神文化生活。

1. 发展老年教育。提升老年教育的服务能力和社会活力，将老年教育列入教育发展规划和终身教育体系。优化老年教育结构体系，创设现代老年教育学习环境，鼓励社会各方参与老年教育，加强老年教育展示与宣传，促进老年教育资源向城乡老年人公平开放。完善基层社区老年教育服务体系，整合利用现有教育资源，开展老年教育活动。探索体验式学习、远程学习、在线学习等模式，积极开展读书、讲座、参观等多种形式的老年教育活动。到

2020年，基本形成覆盖广泛、灵活多样、特色鲜明、规范有序的老年教育新格局。

2. 丰富老年文化。通过新建、改建和整合等途径，增加老年人文化娱乐活动场所；继续推动公共文化服务设施向老年人免费或优惠开放；加强老年人文体活动骨干培训；积极创作老年人喜闻乐见的优秀文艺作品，增加老年公共文化产品供给；鼓励社会力量参与发展老年文体事业；根据实际开展全省性及地方性老年文艺演出活动，丰富老年人精神文化生活。鼓励老年人成立各类文化活动团队，丰富晚年生活，提高生活质量。

3. 强化老年体育。结合贯彻落实全民健身计划，在城市现有符合条件的公园增加体育健身设施，充分利用旧厂房、仓库、老旧商业设施等闲置资源，改造建设健身场地设施加大老年人体育服务供给。加强乡镇、社区公共体育设施与养老服务设施的功能衔接。将适合老年人体育健身的场地设施纳入体育生活化社区建设内容。加强各级老年体育协会和多种类型的老年体育组织建设，加强老年人科学健身指导。开展适合老年人的趣味运动会、单项比赛或健身表演活动。

4. 关注老年心理。鼓励社会组织和专业社工为老年人及其家庭成员开展心理咨询服务，为患病老人的家庭成员提供专门培训和扶持。在有条件的社区探索建立定期巡防制度，重点关注空巢、计划生育特殊家庭、患病等特殊困难老人的心理健康，并及时进行心理疏导和干预。

幸福养老——老年生活愉悦计划

老年教育：落实老年教育发展规划，到2020年，全省县级以上城市至少有一所老年大学。

老年文化：广泛开展社区文化、村镇文化、家庭文化等群众文化创建活动，积极开展面向老年群体的公益性文化服务。加快书香吉林建设，切实保障老年人的基本阅读权益。

体育设施：打造城市社区“15分钟健身圈”，街道（乡镇）、社区（行政村）实现公共体育健身设施100%全覆盖，配备适合老年人的设施和器材，为老年人参与健身创造条件。

体育活动：乡镇（街道）和村（社区）都有老年人体育组织并经常开展活动，经常参加体育锻炼的老年人口比例达到40%以上。每两年举办一次全省老年人趣味运动会，每四年举办一次全省老年人体育健身大会。

体育组织：各级老年体协组织1万个，基层社区、村老年健身活动组织8000个。

（六）积极支持老年人参与社会发展。

1. 充分发挥老年人技术业务专长。引导老年人树立终身发展理念，加强老年人力资源开发，拓展老年人发挥作用的渠道，充分发挥老年人的智力优势、经验优势、技能优势，为老年人参与社会发展创造条件。支持老年人参与科技开发和应用、开展咨询服务、从事经营和生产活动。各类人才市场、人才中介机构要把老年人力资源纳入服务范围，搭建老年人才与社会需求对接的服务平台。各级政府和有关部门对参与社会发展做出突出贡献的老年人，按照国家有关规定给予表彰或者奖励。

2. 鼓励老年人参与基层社会治理。引导和鼓励低龄健康老年人按自愿和量力原则，根据自身特点和业务专长，深入开展“银龄行动”。支持老年人积极参与基层民主监督、社会治安、公益慈善、移风易俗、民事调解、文教卫生、全民健身等工作。发挥老年人优良品行传帮带作用，从事医疗卫生、文化教育、农业科技等方面的社会公益活动；继续推进离退休人员服务管理社会化，充分发挥离退休人员在社区治理创新中的积极作用，实现社区对离退休人员的服务管理与老年人服务社区双向互动。

3. 引导基层老年社会组织规范发展。坚持扶持发展和规范管理并重，加强老年社会组织的培育扶持和登记管理。继续推动老年社会组织加强能力建设和规范化建设，开展基层老年协会骨干培训，实施“乐龄工程”。支持各类基层老年组织参与公共服务项目的组织实施。发挥农村老年协会作用，督促家庭成员履行对老年人的经济供养、生活照料和精神慰藉等赡养义务。

幸福养老——老有所为行动计划

继续开展“银龄行动”：积极引导有专长、身体健康、有能力的老年人在社会各个领域发挥作用。

老年志愿服务活动：状大老年志愿者队伍，老年志愿者数量达到老年人口的12%以上，在社区综合治理、矛盾纠纷调解、未成年教育引导等方面发挥突出作用。

加强基层老年协会建设：改善基层老年协会活动设施，加大对基层老年协会骨干的培训力度。到2020年，基层老年协会规范化标准建设基本实现全覆盖。

（七）切实维护老年人合法权益。

1. 落实完善老龄法律法规。以《中华人民共和国老年人权益保障法》为基础，实施《吉林省老年人权益保障条例》，维护老年人的尊严与权利。将落实老年人权益保障法律法规纳入政府工作目标和绩效考核体系，列入各级人大执法检查、政协依法监督的范围，健全联合执法、综合评估等制度。建立老年人监护制度，制定老年人监护合同范本，加强对老年人选择监护及签订监护合同的指导和帮助。

2. 加大普法宣传教育力度。普及老年人权益保障知识，将老年法律法规宣传教育纳入“七五”普法规划，深入结合法律进机关、进乡村、进社区、进学校、进企业、进单位“法律六进”活动，推动普法宣传教育规范化、常态化，强化全社会维护老年人合法权益的法治观念。开展更多适合老年人的法治宣传活动，帮助老年人学法、懂法、用法，提高守法意识和依法维权意识。

3. 加强老年人法律服务。充分发挥基层党组织、基层群众性自治组织、老年社会组织作用，完善维护老年人合法权益社会监督、矛盾纠纷排查调解、多部门快速反应联合查处综合治理等机制。丰富老年法律服务内容，着力解决医疗、保险、救助、赡养、婚姻、财产继承和监护等老年人最关心的法律问题。依法打击虐待、伤害老年人及侵害老年人合法权益的行为。开辟老年人维权绿色通道，完善"12348"法律服务热线平台，优先受理老年人提出的法律援助申请，对行动不便、患病残疾的老年人提供上门服务。

4. 弘扬敬老养老助老社会风尚。倡导社会各界关爱老年群体，深入开展"敬老月"活动，办好老年刊物，鼓励各级广播电台、电视台、报刊、网站等主流媒体开设敬老文化专栏。继续开展"全省敬老文明号"先进单位（集体）、"吉林敬老好儿女"先进人物评选活动，对维护老年人合法权益和敬老、爱老、助老成绩显著的组织、家庭或个人，按照国家有关规定给予表彰或奖励，推动形成全社会尊重、关心、帮助老年人的良好社会氛围。

幸福养老——老年维权援助计划

落实老年人权益保障法：全面实施《吉林省老年人权益保障条例》，纳入各级政府工作目标和绩效考核体系。

普法宣传教育：各级党校将人口老龄化国情和涉老法律法规纳入公务员培训课程，机关、企事业单位和社会团体将敬老爱老助老宣传教育作为干部职工思想道德建设的重要方面，教育部门要把敬老爱老助老作为中小学德育教育的重要内容。

老年人法律服务：鼓励、支持各地建立老年法律援助工作站，建立以法律援助中心、老年法律援助站（点）、老年法庭为基础的基层老年维权服务网络。

敬老爱老助老评选：每两年开展一次老龄工作先进单位（个人）评选活动，每三年开展一次"全省敬老文明号"先进单位（集体）、"吉林敬老好儿女"先进人物评选活动。

（八）加快推进养老服务队伍建设。

1. 加快人才培养。支持职业院校设立养老服务相关专业，加快发展养老服务专科本科教育，积极发展养老服务研究生教育，培养老年学、人口与家庭、人口管理、老年医学、中医骨伤、康复、护理、营养、心理和社会工作等方面的专业人才。加快全科医生培养培训，为老年人就医提供支持。

2. 强化职业培训。依托职业院校、大型养老机构的师资和实践优势，通过政府购买服务，对新入职养老机构护理员和社区养老服务员进行岗位培训，对符合国家职业标准晋级资格的养老护理员进行职业技能鉴定。充分发挥大专院校作用，开展继续教育和远程教育。支持有条件的养老机构依托人员储备、护理实践和技能优势，设立养老护理培训基地和学生实训基地。

3. 健全激励机制。建立养老服务人员工资待遇与专业技能等级、从业年限挂钩制度，经营管理人员探索以分配股权方式予以激励。养老机构医护人员在资格认定、职称评定和推荐评优等方面纳入人力资源社会保障和卫生计生部门统筹管理。对在民办养老机构就业的专业技术人员执行与公办机构相同的执业资格、注册考核政策。做好养老护理员工资指导价位发布工作，指导民办养老机构积极改善养老护理员工作条件，逐步提高劳动报酬。

4. 加强社会服务。在专业养老服务机构中开发设置社会工作者岗位，在社区建立政府购买社会工作服务机制，鼓励和吸引专业社会工作者和社工专业的高等院校毕业生从事养老服务工作。积极动员、组织、引导企事业单位、社会团体、慈善组织和爱心人士开展形式多样的为老服务活动。加快培育养老服务志愿者队伍，推行志愿者注册制度，促进志愿者服务的经常化、制度化。

幸福养老——专业队伍建设计划

全科医生培养培训：通过开展全科专业住院医师规范化培训、助理全科医生培训、全科医生转岗培训、农村订单定向医生免费培养，培养培训全科医生 2500 名以上。

职业培训：建立省级养老服务实训基地 15 个。全省培训新入职和在岗养老护理员 1 万名，省级培训初级以上养老护理员、养老机构负责人和师资人员 2000 人。

持证上岗：养老机构护理员持证上岗率达到 100%，具有国家初级以上资格的护理员达到 20%。

（九）提高养老服务规范管理能力。

1. 提升监管能力。建立政府、市场、社会三位一体的养老服务监管体系，加强对市场经营主体的事中事后监管。推行"双随机、一公开"监管模式，制定养老机构管理行政执法工作指南，严格按照法定权限和程序办理行政违法案件。加强行业信用建设，建立覆盖养老服务行业法人、从业人员和服务对象的行业信用体系，引导服务机构依法经营、诚信服务，切实维护劳动者和用人单位合法权益，加大对失信服务机构的惩戒力度。各有关部门应当建立养老服务举报和投诉制度，接到举报、投诉后及时核实、处理。

2. 加强行业自律。进一步完善养老服务地方标准体系，研究对服务技能标准、服务机构管理标准、居家养老服务标准、社区养老服务标准、养老服务场所消防管理标准等服务标准的制修订。建立健全养老服务管理制度，完善养老机构和养老服务社会组织行业准入、退出机制。开展民办养老机构集中整治行动，采取"四个一批"（整改一批、取缔一批、疏导一批、新建一批）的办法，逐步解决民办养老机构安全隐患问题。加强养老设施和服务安全管理，定期组织灭火和应急疏散演练及消防安全培训，提高处置和应对火灾及应急情况下的疏导和救护能力。

3. 建立评估机制。鼓励通过政府购买服务方式，委托第三方机构定期对养老服务机构的人员、设施、服务、管理、信誉等情况进行综合评价，评估结果应当向社会公布。从老年人能力评估入手，设立养老服务评估专家库，完善评估指标、评估流程和评估结果综合利用等工作机制，逐步向养老服务需求评估、养老服务质量评估等工作拓展。充分发挥行业自律、群众举报、媒体监督等方面的作用。

幸福养老——规范管理促进计划

养老服务地方标准：研究制定失能人员照护服务、养老机构等级评定、服务对象满意度测评规范等一批地方标准，加强推广和实际应用，提高规范化服务水平。

行业信用体系建设：建立健全养老行业信用信息记录和归集机制，多部门、跨地区的联合奖惩机制，通过企业信用信息公示系统向社会公示相关企业的行政许可、行政处罚等信息。

民办养老机构集中整治：采取“四个一批”办法，切实解决民办养老机构安全隐患，2017 年实现非法运营民办养老机构“清零”。

养老机构分类管理：根据消防法和有关规定，完善养老机构设立许可办法，明确独立式和民宅式养老机构设立条件，既保障安全、又方便实用。

老年人能力评估：覆盖所有入住机构和申请享受护理补贴的老年人，为分级护理和申领补贴提供科学依据。

（十）进一步强化工作基础保障。

1. 加强研究与统计。支持高校和科研机构开展基础理论研究和政策应用研究，各级政府及相关部门应开展人口老龄化中长期应对策略和老龄事业发展研究。注重政府与高校及科研机构之间的合作对接，共同建设老龄科学研究基地。组建高层次老龄问题智库，健全重大决策专家咨询制度。完善老龄事业统计指标体系，建立老龄事业统计制度，定期发布行业运行信息。推动城乡老年人生活状况抽样调查制度化、常态化、规范化。

2. 完善投入机制。各级政府要根据经济社会发展状况和老年人口增长情况，建立稳定的老龄事业经费投入保障机制，确保资金投入向弱势群体倾斜、向薄弱领域倾斜、向农村倾斜、向贫困地区倾斜。省级彩票公益金和各级政府用于社会福利事业的彩票公益金，要将 50%以上的资金用于支持养老服务体系建设，并随老年人口增加逐步提高投入比例。落实和完善鼓励政策，引导各类社会资本投入老龄事业，倡导社会各界对老龄事业进行慈善捐赠，形成财政资金、社会资本、慈善基金等多元结合的投入机制。

3. 注重宣传与合作。坚持正确舆论导向，充分发挥各类媒体作用，加大宣传报道力度，提升舆情研判能力，引导老年人及子女树立健康的养老观念、社会化及市场化养老服务的消费理念。扩大老龄事业对外开放，支持各级政府、社会组织举办老龄事业发展和养老服务行业高端论坛，加强与发达国家、优势省份之间的学术交流与研究合作，积极吸引国内外资金、管理团队和先进技术参与我省养老服务业发展。

幸福养老——事业发展强基计划

老龄事业统计发布：建立健全老龄事业统计制度，每年向社会公布全省老龄事业和养老服务业发展白皮书。

彩票公益金投入：省级彩票公益金和各级政府用于社会福利事业的彩票公益金，要将 50%以上的资金用于支持养老服务体系建设，其中支持民办养老服务发展的资金不得低于 30%。

交流合作：结合贯彻落实党中央、国务院深入推进实施新一轮东北振兴战略，吉林省与浙江省建立发展养老服务业对口合作关系，在设施建设、人才培养、管理团队等领域深度合作。

四、保障措施

（一）加强组织领导。各地要加强对老龄工作的组织领导，强化各级政府落实规划的主体责任，将本规划主要任务指标纳入当地经济社会发展规划，纳入政府工作议事日程和目标责任考核内容。建立健全老龄工作体制机制，形成党委统一领导、政府依法行政、部门密切配合、群团组织积极参与、上下左右协同联动的老龄工作大格局。要加强基层老龄工作队伍，合理调剂配备工作人员，乡镇政府和街道办事处要配备专职老龄工作人员，负责老年人权益保障工作；村（居）民委员会要安排专（兼）职人员，负责老年人服务管理工作，保证城乡社区老龄工作有人抓、老年人事情有人管、老年人困难有人帮。

（二）狠抓工作落实。各地要按照尽力而为、量力而行的原则，每个年度确定一批老龄和养老服务工作纳入当地民生实事，向社会公开作出承诺，全力以赴抓好各项工作的推进落实。加强养老服务项目建设，降低准入门槛，简化审批程序，实行阳光操作，提高办事效率。定期公布养老服务工作推进情况和监测指标，以群众满意度、社会和谐度来衡量工作成效。完善社会公众监督机制，进一步畅通民情民意渠道，对群众关注度高、涉及面广的问题定期开展实地调研和督查。

（三）加强督促检查。各市、县级政府要根据本规划，结合本地实际，制定本行政区域内老龄事业发展和养老体系建设规划，细化相关指标，确保责任到位、工作到位、投入到位、收到实效。省老龄工作部门、民政部门要会同有关部门，加强对各地工作的跟踪指导和绩效考核，监督老龄事业发展指标执行情况。鼓励各地积极探索，勇于创新，推动本规划的全面落实。

吉林省人民政府办公厅关于加快发展商业养老保险的实施意见

吉政办发〔2017〕78号

各市（州）人民政府，长白山管委会，长春新区管委会，各县（市）人民政府，省政府各厅委办、各直属机构：

为贯彻落实《国务院办公厅关于加快发展商业养老保险的若干意见》（国办发〔2017〕59号），促进养老服务业多层次多样化发展，进一步保障和改善民生，建设我省多层次、可持续养老保障体系，经省政府同意，结合实际，就加快发展商业养老保险提出以下实施意见。

一、总体要求

（一）指导思想。

深入贯彻党的十九大精神，以习近平新时代中国特色社会主义思想为指引，以推进供给侧结构性改革为主线，以应对人口老龄化、满足人民群众日益增长的养老保障需求、促进社会和谐稳定为出发点，以完善养老风险保障机制、提升养老资金运用效率、优化养老金融服务体系为方向，依托商业保险机构专业优势和市场机制作用，扩大商业养老保险产品供给，拓宽服务领域，提升保障能力，充分发挥商业养老保险在健全养老保障体系、推动养老服务业发展、促进经济提质增效升级等方面的生力军作用。

（二）基本原则。

——坚持改革创新，提升保障水平。深化商业养老保险体制机制改革，激发创新活力，持续拓展商业养老保险的广度和深度。增加养老保障产品和服务供给，提高服务质量和效率，更好满足人民群众多样化、多层次养老保障需求。

——坚持政策引导，强化市场机制。更好发挥政府引导和推动作用，加强组织保障和部门协同，建立健全扶持优惠政策。充分发挥市场在资源配置中的决定性作用，鼓励市场主体及相关业务实现特色化、差异化发展。

——坚持完善监管，规范市场秩序。坚持底线思维，不断完善制度体系，加强监管协同，切实满足养老保险服务持续化、标准化和高质化发展要求。强化制度执行，营造平等参与、公平竞争、诚信规范的市场环境。

（三）主要目标。

到2020年，基本建立运营安全稳健、产品形态多样、服务领域较广、专业能力较强、持续适度盈利、经营诚信规范的商业养老保险体系，商业养老保险成为个人和家庭商业养老保障计划的主要承担者、企业发起的商业养老保障计划的重要提供者、社会养老保障市场化运作的积极参与者、养老服务业健康发展的有力促进者、金融安全和经济增长的稳定支持者。商业养老保险保费收入在全省保费收入占比稳步提升，商业养老保险赔付支出占养老支出的比重显著提高，参与企业年金计划的企业数量稳步提升，保险资金投入我省经济建设达到100亿元以上。

二、创新商业养老保险产品和服务

（四）丰富商业养老保险产品供给，为个人和家庭提供个性化、差异化养老保障。鼓励商业保险机构提供多样化的商业养老保险产品，满足个人和家庭在风险保障、财富管理等方面的需求，推广安全性高、保障性强、满足长期或终身领取需求的商业养老年金保险。针对农村家庭、独生子女家庭、“失独”家庭、无子女家庭、“空巢”家庭，农村贫困人口，特别是建档立卡贫困人口等特殊群体，提供多层次、差异化的综合养老保障计划，增强弱势群体养老生活保障。开展失能人员长期护理保险，促进“医养融合”新型养老服务模式发展。针对城镇拆迁户、农民特别是失地农民个人和团体的保险保障需求，探索补充养老保险、健康保险、小额人身保险、意外伤害保险等普惠型保险服务。支持商业养老保险机构依法合规发展具有长期养老功能、符合生命周期管理特点的个人养老保障管理业务。（吉林保监局牵头，省民政厅、省卫生计生委配合）

（五）推动商业保险机构提供企业（职业）年金计划等产品和服务。鼓励商业保险机构发展与企业（职业）年金领取相衔接的商业养老保险业务，拓宽保障范围、延长保障年限，强化养老功能。支持我省拥有资质的商业保险机构按照规定程序和公开、公平、透明的原则，积极服务企业年金基金和职业年金基金受托、账户管理、投资管理等工作。加强企业年金方案建立实施和基金委托政策引导，优化企业年金备案服务。深入贯彻落实国家企业年金政策，推动我省具备条件的企业建立企业年金计划。鼓励商业保险机构以提供团体养老保障产品等形式，积极参与国家“双创”战略，参与高新技术企业、科技小巨人企业、战略新兴产业等行业的风险创业基金管理和人力资源管理。不断满足就业群体的市场需求，提供多样化的集养老、健康、意外于一体的“一揽子”保障计划，加快商业养老保险向中小企业覆盖。鼓励机关事业单位为已参加企业职工基本养老保险的编制外人员建立企业年金计划。（省人力资源社会保障厅牵头，吉林保监局、省财政厅配合）

（六）鼓励商业养老保险机构充分发挥行业优势，提供商业服务和专业支持。发挥商业养老保险机构在人才、技术、服务网络等方面的优势，利用商业养老保险机构在精算管理方面的优势，在大数据的基础上建立精确测算模型，为全省养老保险制度改革提供专业的技术支持。支持符合条件的商业养老保险机构利用资产管理优势，依法有序参与我省基本养老保险基金和社会保障基金投资运营，通过市场化竞争和市场化运营促进养老保险基金和社会保障基金保值增值。探索开展各类经办服务、转移支付服务，提高基本养老保险运营效率。（省人力资源社会保障厅牵头，吉林保监局配合）

三、促进养老服务业健康发展

（七）鼓励商业保险机构投资养老服务产业。积极运用政府和社会资本合作的运营模式，通过特许经营、购买服务、股权合作等方式，支持商业保险机构与养老机构共同建设和运营养老服务产业。引入商业保险资金，建设、运营社区养老服务设施和养老机构。积极引导商业保险资金参股或控股我省养老产业相关机构。支持商业保险机构参与我省养老服务业综合改革试点。（省金融办、省民政厅、省商务厅、吉林保监局按职责分工负责）

（八）支持商业保险为养老机构提供风险保障服务。搭建商业保险机构与各类养老机构的合作平台，按照全省统一组织、适当资助、市场运作的原则，推行养老机构综合责任保险。支持商业保险机构发展针对社区日间照料中心、老年活动中心、托老所、互助型社区养老服务中心等老年人短期托养和文体休闲活动机构的责任保险。发挥商业养老保险机构在养老资金资产配置方面的优势，鼓励商业养老保险机构承接我省养老机构的资金管理工作。（吉林保监局牵头，省民政厅、省商务厅配合）

（九）建立完善老年人综合养老保障计划。推进老年人意外伤害保险业务，在意外身故、意外伤残、意外医疗费用、意外伤害住院护理津贴等方面提供多重保障。完善保单贷款、多样化养老金支付形式等配套金融服务。逐步建立老年人长期照护、康养结合、医养结合等综合养老保障计划，健全养老、康复、护理、医疗等服务保障体系。鼓励商业养老保险机构逐步创新服务形式，开发符合老年人使用习惯的互联网服务模块，方便老年人投保和索赔申请等服务。（吉林保监局牵头，省民政厅、省卫生计生委、省老龄办、省人力资源社会保障厅配合）

四、推进商业养老保险资金安全稳健运营

（十）充分发挥商业养老保险资金长期性优势。建立保险资金投资运用服务平台，完善保险资金与我省引资项目对接的长效机制。支持商业养老保险资金通过债权投资计划、股权投资计划、不动产投资计划、资产支持计划、保险资产管理产品等形式，参与我省重大基础设施、棚户区改造、新型城镇化等重大项目和民生工程建设以及国有企业改革，服务科技型企业、小微企业、战略性新兴产业、生活性服务业等发展。（省金融办牵头，省发展改革委、省交通运输厅、省水利厅、省住房城乡建设厅、省能源局、省国资委、省工业和信息化厅、省科技厅、吉林保监局配合）

（十一）促进商业养老保险资金与资本市场协调发展。发挥商业保险机构作为资本市场长期机构投资者的积极作用，依法有序参与股票、债券、证券投资基金等领域投资，促进资本市场投融资整体平衡发展。（省金融办牵头，吉林证监局、吉林保监局配合）

（十二）稳妥开展商业养老保险资金境外投资。在风险可控前提下，积极引导保险资金投资我省与“一带一路”沿线国家的互联互通项目，合理配置境外资产，优化配置结构。按照商业可持续原则，支持商业养老保险资金有序参与丝路基金、亚洲基础设施投资银行和金砖国家新开发银行等主导的投资项目，更好服务我省“走出去”战略。（省商务厅牵头，吉林保监局配合）

五、提升管理服务水平

（十三）提升服务质量。推进我省商业养老保险机构以客户为中心的运营管理体系建设，运用现代技术手段，促进销售渠道和服务模式创新，为保险消费者提供高效便捷的服务。突出销售、承保、赔付等关键服务环节，着力改进服务质量，提升保险消费者消费体验，巩固培育商业品牌和信誉。（吉林保监局牵头负责）

（十四）发展专业机构。鼓励符合条件的商业保险机构在我省发起设立商业养老保险法人机构。拓宽民间资本参与商业养老保险机构投资运营渠道，支持专业能力强、市场信誉度高的境外专业机构投资商业养老保险机构。支持商业养老保险机构在我省设立分支机构。鼓励我省商业保险机构大力引进养老保险专业人才，提升商业养老保险从业人员职业道德和专业素质。依托省内相关高校，加大商业养老保险专业管理人员和技术人才培养力度，切实满足养老保险服务持续化、标准化与高质化发展要求。（吉林保监局牵头，省金融办配合）

（十五）强化监督管理。落实商业养老保险监管政策，加强监督检查，规范商业养老保险市场秩序，强化保险消费者权益保护。落实偿付能力监管制度要求，健全风险监测预警和信息披露机制，强化风险管控能力建设，提升保险保障水平。加快建设商业养老保险服务标准、市场反馈机制和监管整改机制，构建起科学、完善的服务体系。（吉林保监局牵头负责）

六、完善支持政策

（十六）加强组织保障与部门协同。各地区、各有关部门要将发展商业养老保险放在深化养老服务业体制改革和促进养老服务业发展整体布局中统筹考虑，加强沟通配合，创新体制机制，细化完善配套措施，按职责分工共同推进商业养老保险工作，促进我省商业养老保险持续健康发展。（各市、州政府牵头，各有关部门按职责分工负责）

（十七）落实投资和财税等支持政策。全面落实国家、我省关于商业养老保险的各项财政、税收等支持政策，研究制定适合我省省情的商业养老保险服务实体经济的投资支持政策，为商业养老保险资金投资重大项目、民生工程建设等提供绿色通道和优先支持。研究制定商业保险机构参与我省社会保障基金投资运营的相关政策。按照国家统一部署，启动个人税收递延型商业养老保险试点。对保险公司开办的一年期以上人身保险产品取得的保费收入免征增值税。对建档立卡未标注脱贫的贫困人口、低保对象、特困人员等困难群体，参加城乡居民基本养老保险的，地方政府为其代缴不低于最低标准的养老保险费。（省财政厅、省地税局、省国税局、省发展改革委、省交通运输厅、省水利厅、省住房城乡建设厅、省能源局、省人力资源社会保障厅按职责分工负责）

（十八）完善保障支持政策。统筹规划养老服务业发展，鼓励符合条件的商业保险机构投资养老服务业。依法保障养老服务业用地供给，在国有建设用地规划中予以优先安排。落实好养老服务设施的用地保障政策，加强对养老服务设施用地的监管，严禁违规变更土地用途。支持商业保险机构依法依规在投资开办的养老机构内设置医院、门诊、康复中心等医疗机构，符合条件的可按规定纳入城乡基本医疗保险定点范围。支持商业保险机构开展住房反向抵押养老保险业务，在房地产交易、登记、公证等机构设立绿色通道，降低收费标准，简化办事程序，提升服务效率。（省民政厅、省商务厅、省国土资源厅、省卫生计生委、省人力资源社会保障厅、省住房城乡建设厅、省司法厅按职责分工负责）

（十九）营造良好环境。加强宣传力度，增强人民群众商业养老保险意识。依托省内主要媒体和微信、微博等新媒体渠道，通过设立公益栏目或推送信息等方式加强宣传，普及商业养老、企业年金保险知识，提高养老保险投保意识。要完善商业养老保险信息公开渠道和机制，建立社会多方参与的监督制度，自觉接受社会监督。加强保险业诚信体系建设，推动落实守信联合激励和失信联合惩戒机制。及时总结推广成功经验和典型做法，加强行业自律，倡导公平竞争与合作，积极营造发展商业养老保险的良好环境。（省金融办牵头，吉林保监局、省软环境办配合）

吉林省人民政府办公厅

2017 年 12 月 14 日

吉林省人民政府办公厅关于全面放开养老服务市场提升养老服务质量的实施意见

吉政办发〔2017〕87 号

各市（州）人民政府，长白山管委会，长春新区管委会，各县（市）人民政府，省政府各厅委办、各直属机构：

为贯彻落实《国务院办公厅关于全面放开养老服务市场提升养老服务质量的若干意见》（国办发〔2016〕91 号）精神，加快推进养老服务供给侧结构性改革，促进养老服务业更好更快发展，结合我省实际，经省政府同意，现提出以下意见。

一、总体要求

（一）指导思想。深入贯彻党的十九大精神，坚持以习近平新时代中国特色社会主义思想为指导，持续深化简政放权、放管结合、优化服务改革，以不断满足老年人日益增长的养老服务需求为出发点和落脚点，积极应对人口老龄化，构建养老、孝老、敬老政策体系和社会环境，推进医养结合，加快老龄事业和产业发展，激发市场活力、繁荣养老市场，优化供给结构、提升服务质量，让广大老年群体享受优质养老服务，切实增强人民群众的获得感。

（二）基本原则。坚持全面放开市场，进一步降低准入门槛，营造公平竞争环境，充分激发各类市场主体活力；坚持突出发展重点，将养老资源向居家社区服务倾斜，向农村倾斜，向失能、半失能老年人倾斜；坚持提质增效创新，注重管理创新、产品创新和品牌创新，促进老年产品多样化、养老服务专业化；坚持统筹协调发展，加快老龄事业和产业协调发展，促进养老服务与相关领域互动发展。

（三）发展目标。加快推进幸福养老工程建设，到2020年全面建成以居家为基础、社区为依托、机构为补充、医养深度融合，功能完善、服务优良、覆盖城乡的养老服务体系。养老服务市场全面放开，养老服务和产品有效供给能力大幅提升，供给结构更加合理；养老服务政策体系更加完善，行业质量标准更加科学规范，市场监管机构有效运行；服务质量明显改善，群众满意度显著提高，养老服务业成为促进我省经济社会发展的新动能。

二、全面放开养老服务市场

（一）放宽准入条件。自然人、法人和非法人组织设立营利性养老服务机构，均可依法向工商行政管理部门申请注册登记。设立营利性养老机构，按“先照后证”的简化程序执行，在工商行政管理部门办理登记后，在辖区县级以上政府民政部门申请设立许可。在民政部门登记的非营利性养老机构，可依法在其登记管理机关管辖范围内设立多个不具备法人资格的服务网点。营利性养老机构与非营利性养老机构享受同等补贴政策。非本省投资者举办的养老服务项目与本省投资者享受同等政策待遇，当地不得以任何名目加以限制。在鼓励境外投资者举办营利性养老机构的基础上，进一步放开市场，鼓励境外投资者采取独资、中外合资合作模式设立非营利性养老机构。申请设立养老服务类社会组织，符合直接登记条件的可以直接向民政部门依法申请登记，不再经由业务主管单位审查同意。支持新兴养老业态发展，对于养老机构以外的其他提供养老服务的主体，鼓励其依法办理法人登记并享受相关优惠政策。（省民政厅、省工商局、省经合局按职责分工负责）

（二）简化审批手续。落实国家和我省关于清理、取消申办养老机构的不合理前置审批事项相关政策，在申请设立养老机构许可时，能够提供服务设施产权证明的，不再提供建设单位的竣工验收合格证明；取消《卫生许可证》、资金来源证明文件、验资证明和资产评估报告。取消养老机构内设诊所审批，实行备案制度。对建筑面积不超过500平方米并且投资额不超过50万元的养老机构，不需要办理建设工程消防设计备案和竣工验收消防备案手续，但应按监管权限及界定标准纳入公安机关日常消防监督检查单位范围，同时应符合设立许可的其他条件，每张床位建筑面积不得低于25平方米。对建筑面积低于5000平方米的养老机构免予环评。对提供餐饮服务的养老机构，在依法先行取得营业执照等合法主体资格后，申请办理食品经营许可证。符合已经批复的控制性详细规划的区域，不再对区域内具体养老投资项目进行交通影响、水影响、地震安全性等方面的评估审查。（省民政厅、省公安厅、省国土资源厅、省环保厅、省住房城乡建设厅、省卫生计生委、省食品药品监管局，各市〔州〕、县〔市〕政府按职责分工负责）

（三）改进政府服务。加强养老机构筹建指导，提前介入，对拟设立的养老机构依据企业单位和民办非企业单位名称管理等相关规定，预先核准名称。对拟建非营利性养老机构使用划拨用地，在设立指导意见书中载明机构性质、建设工程等约定，作为签订土地供应合同的前提条件，民政部门对兑现情况履行监管责任。规范审批手续，将投资建设养老服务设施工程项目审批流程整合为项目审批（或项目核准、备案）、用地审批、规划报建、施工许可4个阶段，每个审批阶段由牵头部门统一受理申请材料、统一组织其他审批部门开展并联审批、督促协调审批进度、在流程限定的时间内完成审批并统一告知项目建设单位审批结果。养老机构设立审批过程中涉及的各有关部门，应主动公开审批程序和审批时限，有条件的地方应将养老机构设立、登记纳入行政审批服务中心实行窗口统一受理。完善价格形成机制，加快建立以市场形成价格为主的养老服务收费管理机制。（省民政厅、省发展改革委、省公安厅、省国土资源厅、省环保厅、省住房城乡建设厅、省工商局、省物价局，各市〔州〕、县〔市〕政府按职责分工负责）

（四）强化服务监管。加强行业信用体系建设，建立健全信用信息记录和归集机制，依托“吉林信用网”“国家企业信用信息公示系统（吉林）”和“中国社会组织网”向社会公示养老服务相关主体的行政许可、行政处罚等信息，对诚实守信者在政府购买服务、债券发行等方面实行优先办理、简化程序等绿色通道支持激励政策，对失信者予以联合惩戒或市场限入。推行“双随机、一公开”监管模式，制定养老机构管理行政执法工作指南。建立联合执法机制，加强对市场经营主体的事中事后监管，定期开展消防、食品安全等监督检查，确保老年人人身安全，对安全隐患整改不达标或拒不整改的，由相关部门依法按照程序作出处理。对省民政厅、省公安厅、省财政厅等部门《吉林省养老机构设立许可实施办法》（吉民发〔2015〕6号）施行前，老旧养老服务设施因年代久远或其他客观原因无法办理规划、土地、建设、消防、不动产登记等手续问题，由县级以上政府协调相关部门，对房屋建筑安全、消防安全进行认定，对符合安全标准要求的按“一院一策”办法，通过政府会议研究妥善处理。（省民政厅、省公安厅、省住房城乡建设厅、省国土资源厅、省工商局、省食品药品监管局，各市〔州〕、县〔市〕政府按职责分工负责）

三、提升养老服务品质

（五）推进居家社区养老一体化。健全以企业和社会组织为主体、社区为纽带、信息平台为手段，以保障特殊困难老年人为重点，满足广大老年人多样化养老服务需求的社区居家养老服务网络。在社区层面，拓展和规范日间照料中心服务功能，充分利用社区资源，为居家老年人提供生活照护、文体娱乐、健康指导、心理慰藉、助餐服务等，打造成为社区老年人家门口的“服务管家”。在街道层面，加快建设城市社区居家养老服务中心，强化其短期托养、康复护理、技能培训、服务评估、示范引导等功能，打造成为区域性养老服务平台。在县（市）级层面，成立养老服务指导中心，承担制定规划、政策落实、监督管理、行业规范、业务指导等职能，打造成为辖区养老服务体系建设的指挥枢纽。加快建设社区综合服务信息平台，对接供求信息，为老年人提供精准化、个性化、专业化服务，提升居家养老服务覆盖率和服务水平。（省民政厅，各市〔州〕、县〔市〕政府按职责分工负责）

（六）提升农村养老服务能力。构建以县（市）社会福利院、乡镇福利中心、村级养老服务大院和互助养老站点为载体，城乡互动、功能互补的农村养老服务体系。有效衔接农村危房改造、扶贫开发等政策，统筹利用集体存量建设用地，积极推进农村养老服务设施建设。优化农村社会福利服务中心布局，实施三年（2018—2020年）整合改造计划，在满足农村特困人员集中供养需求的基础上向社会开放，有条件的可通过公建民营、购买服务等方式创新管理服务模式，打造农村区域性养老服务中心。鼓励各地因地制宜，利用农村闲置校舍、公共用房和自有房产等资源，建设农村养老服务大院、老年人集中居住区、邻里互助点等自助式、互助式养老服务设施，使农村老年人离家不离村，就近得到便捷的居家养老服务。充分依托农村基层党组织、自治组织和社会组织等，开展基层联络人登记，加强对农村留守、困难、失能等老年人的关爱帮扶和心理疏导。支持城市公办养老机构与农村社会福利服务中心建立对口支援和合作机制，鼓励有服务能力的养老服务企业为农村老年人送商品、送服务。（省民政厅、省发展改革委、省住房城乡建设厅、省国土资源厅、省老龄办，各市〔州〕、县〔市〕政府按职责分工负责）

（七）推进老年宜居环境建设。按照无障碍设施工程建设相关标准和规范，加强对公共场所的无障碍规划、设计和改造，提高老年人生活便捷化水平。鼓励各地通过政府补贴、产业引导和业主众筹等方式，加快推进老旧居住小区和老年人家庭的无障碍改造，重点推进居住区缘石坡道、轮椅坡道、公共出入口、走道、楼梯、电梯候梯厅及轿厢等设施和部位的无障碍改造，优先安排贫困、高龄、失能等老年人家庭设施改造，组织开展多层老旧住宅电梯加装。鼓励和支持城乡社区通过升级改造，建设老年宜居社区，优化老年宜居环境。支持开发老年宜居住宅和代际亲情住宅。各地在推进易地扶贫搬迁以及城镇棚户区、城乡危房改造和配套基础设施建设等保障性安居工程中，要统筹考虑适老化设施配套建设。（省住房城乡建设厅、省发展改革委、省民政厅，各市〔州〕、县〔市〕政府按职责分工负责）

（八）推动养老服务提质增效。深入开展养老机构服务质量建设专项行动，以问题为导向，每年确定主要任务并制定实施方案，实现养老服务质量年年有提升。依托全国养老机构业务管理系统，实时监控养老机构服务质量动态，加强养老机构运营管理及服务质量大数据管理。委托第三方开展养老机构综合评估，评估结果与政府购买服务、财政补贴等挂钩。养老机构应当建立入院评估制度，做好老年人健康状况评估，并根据服务协议和老年人的生活自理能力，实施分级分类服务。公办养老机构要优先保障特困人员集中供养需求和其他经济困难的高龄、失能、计划生育特殊困难家庭等老年人服务需求，充分发挥托底作用。完善养老服务标准体系，加强养老服务标准的推广应用，提高全行业实施标准的自觉性。开展养老服务标准化示范创建活动，在养老服务领域形成一批具有辐射带动作用和推广价值的标准化建设试点示范单位。（省民政厅、省公安厅、省卫生计生委、省质监局、省食品药品监管局、省老龄办按职责分工负责）

四、完善服务供给体系

（九）增加服务设施供给。各地在制定城市总体规划和控制性详细规划时，要按照人均用地不低于0.12平方米的标准，分区分级规划设置养老服务设施。新建小区配套建设养老服务设施，应在规划条件中予以载明，并列入土地出让合同，与住宅同步规划、同步建设、同步验收、同步交付使用。制定新建住宅小区配建养老设施建设、移交与管理具体办法。未达到标准要求的老城区和已建居住（小）区，由县级以上政府通过购置、置换、租赁等方式调剂解决。开展城乡现有闲置社会资源的调查、整理和信息收集工作，摸清底数和相关环境信息，建立台账。有条件的地方，经主管部门、产权单位（个人）同意后，可由政府购置、置换、租赁、收回，城镇中废弃的厂房、医院等，事业单位改制后腾出的办公用房，乡镇区划调整后的办公楼，以及转型中的党政机关和国有企事业单位举办的培训中心、养老院及其他具有教育培训或疗养休养功能的各类机构等，整合改造成养老机构、社区居家养老设施用房等养老服务设施。鼓励建设小型社区养老院，根据相关法律、法规，制定既保障安全，又方便合理的管理办法，满足老年人就近养老需求，方便亲属照护探视。（省民政厅、省公安厅、省住房城乡建设厅、省国土资源厅，各市

〔州〕、县〔市〕政府按职责分工负责）

（十）加快推进医养结合。支持养老机构根据服务需求和自身能力，按相关规定申请开办相应的医疗机构。鼓励不具备开办医疗机构条件的养老机构，就近与医疗服务机构签订合作协议，为老年人提供优质便捷的医疗服务。鼓励医疗机构（社区卫生服务中心等）为日间照料中心、社区居家养老服务中心提供健康检查、指导和管理以及康复护理等健康养老服务。提高基层医疗卫生机构康复、护理床位占比，鼓励其根据服务需求增设老年养护、临终关怀病床。鼓励执业医师到养老机构设置的医疗机构多点执业，支持有相关专业特长的医师及专业人员在养老机构开展疾病预防、营养、中医养生等非诊疗性的健康服务。推动中医药与养老结合，充分发挥中医药"治未病"和养生保健优势。支持符合条件的养老机构内设医疗卫生机构按规定纳入城乡基本医疗保险定点范围，推进全省医保异地就医即时结算。进一步推进长期护理保险制度试点，探索建立多渠道动态筹资机制，推动解决失能老人基本生活及与基本生活密切相关的医疗护理等所需费用问题。（省卫生计生委、省民政厅、省人力资源社会保障厅、省中医药管理局按职责分工负责）

（十一）丰富老年产品用品。支持企业根据老年人习惯和特点，研发日常辅助、康复辅具、保健器材、营养膳食和保健食品等老年产品用品，丰富产品品种，采取新技术、新工艺、新材料和新装备，促进产品升级换代，提高产品安全性、可靠性和实用性。推进"互联网+"养老服务创新，发展智慧养老服务新业态，创新居家养老服务模式，重点推进老年人健康管理、紧急救援、精神慰藉、服务预约、物品代购等服务，开发更加多元、精准的私人订制服务。支持适合老年人的智能化产品、健康监测可穿戴设备、健康养老移动应用软件（APP）等设计开发。支持建设老年产品用品资本投入、研发生产、物流配送、展示体验、销售适配的完整产业链条。支持社会力量建设老年产品用品展示体验中心、专卖店（柜）、连锁店、互联网销售平台，大力发展老年产品用品适配服务。（省民政厅、省工业和信息化厅、省科技厅、省商务厅、省卫生计生委按职责分工负责）

（十二）发展适老金融服务。鼓励金融机构针对不同年龄群体的养老保障需求，积极开发可提供长期稳定收益、符合养老跨生命周期需求的差异化金融产品，满足老年人金融服务需求。丰富商业养老保险产品供给，为个人和家庭提供保障适度、保费合理、保单通俗易懂的适老商业养老保险产品，发展涵盖多种保险产品和服务的综合养老保障。探索开展个人税收递延型商业养老保险试点。推动商业保险机构提供企业（职业）年金计划等产品和服务，支持符合条件的商业保险机构参与企业年金基金和职业年金基金管理，在基金受托、账户管理、投资管理等方面提供优质高效服务。鼓励金融机构优化网点布局，将服务点延伸至养老社区、老年公寓等老年群体较为集中的区域，加强营业网点亲老适老化改造和助老设备设施建设，开辟老年客户服务专区，提供敬老服务专窗、绿色通道等便捷服务。强化老年人金融安全意识，加大金融消费权益保护力度。（省金融办、人民银行长春中心支行、吉林银监局、吉林保监局按职责分工负责）

五、促进社会力量参与

（十三）改革养老设施运营体制。进一步深化公办养老机构改革，在明晰产权的基础上，通过公开招标，加快推进公建民营、公办民营和服务外包。新建公办养老机构原则上都要实行公建民营，对暂不具备条件的可设置改革过渡期，因地制宜分项目、分步骤引入社会资源。鼓励引导社会力量通过独资、合资、合作、联营、参股、租赁等方式，参与公办养老机构改革。有条件的地方可以积极稳妥地把专门面向社会提供经营性服务的公办养老机构转制成为企业，完善法人治理结构。到 2020 年，社会力量举办或运营的养老床位数占全省养老床位总数的 60%以上。制定公建民营养老机构管理办法，政府投资建设和购置的养老设施、新建居民区按规定配建并移交给民政部门的养老设施、国有单位培训疗养机构等改建的养老设施，均可实施公建民营。（省民政厅、省发展改革委，各市〔州〕、县〔市〕政府按职责分工负责）

（十四）壮大养老服务社会组织。加大政府购买服务力度，制定政府向社会组织购买生活照料、康复护理、辅具配置、精神慰藉、法律服务、紧急救援等政策。支持社会组织参与管理运营养老机构和社区养老服务设施，开展养老服务教育培训、研究交流、咨询评估和第三方认证等服务。支持各地建立养老服务行业协会、养老服务产业联合会、老年学专业研究会、专业人员协会等养老服务社会组织，开展养老服务行业标准制定、服务质量评估、服务行为监督及专业职称评定等服务，发挥其在行业自律、监督评估、沟通协调、服务转介等方面的作用，搭建老年人、服务机构、政府部门之间沟通的桥梁，做好养老服务供需衔接。积极扶持发展各类为老服务志愿组织，开展志愿服务活动。（省民政厅，各市〔州〕、县〔市〕政府按职责分工负责）

（十五）培育养老服务龙头企业。坚持养老服务市场化、产业化、社会化运作，扶持发展一批带动力强、影响力大、管理运营好的大型养老机构和居家养老服务企业。引导养老服务企业牢固树立"质量第一、品牌至上"的质量意识，充分发挥品牌引领作用，提高企业竞争实力。建立养老服务品牌社会评价推广机制，在全省打造"养老服务十大品牌"，推动养老服务品牌化、连锁化、规模化发展。鼓励社会资本通过兼并、重组以及输出服务技术和品牌等形式，走集团化发展道路，支持养老企业和社会组织组建产业联盟，促进跨区域联合和资源共享，形成一批产业链长、覆盖领域广、经济社会效益显著的产业集群。支持养老服务行业中符合条件的企业到境内外市场上市融资，借力资本市场发展壮大。（省商务厅、省民政厅、省发展改革委、省金融办、吉林证监局按职责分工负责）

（十六）支持养老与相关领域融合发展。充分发挥区位优势和资源优势，大力实施“养老+”发展战略，激发各类市场主体活力，加快养老服务与相关行业融合发展步伐。支持开发建设集老年文化、教育、康养等功能于一体的银龄社区、养老服务综合体，发展中高端养老产业。建设一批具有示范效应的休闲养老、健康养老等基地，为“旅居养老”“候鸟式养老”创造良好环境。鼓励有条件的地区盘活农业资源，开发经营养老服务，在解决农村养老问题的同时增加农民财产性收入。充分利用国家对特色小镇的支持，积极规划和建设具有吉林特色的养老小镇。积极推动文化养老，不断满足老年人追求精神生活的需要，促进文化繁荣、拉动文化消费。加强国内外交流与合作，积极引进国内外优质养老资源、技术和管理团队，提升养老机构和组织的服务管理水平。（省民政厅、省商务厅、省发展改革委、省旅游发展委、省老龄办，各市〔州〕、县〔市〕政府按职责分工负责）

六、增强政策保障能力

（十七）用地保障政策。在编制、调整土地利用总体规划过程中，优先安排养老服务业建设用地，确保设施用地在年度计划和土地供应计划中得到落实。对非营利性养老、医养结合项目可采取划拨方式供应土地；对营利性养老机构应当以租赁、出让等有偿方式供应土地，养老机构设置医疗机构的，可将在项目中配套建设医疗服务设施相关要求作为土地出让条件，并明确不得分割转让。依法须招标拍卖挂牌出让土地的，应当采取招标拍卖挂牌出让方式。民间资本举办的非营利性养老服务机构改变为营利性养老机构的，养老主管部门以正式文件方式认定后，经市（州）、县（市）政府批准，可为其养老服务设施用地办理协议出让（租赁）手续，并由其补缴土地出让金（租金），其中法律、法规、规章和原《国有建设用地划拨决定书》明确应当收回划拨建设用地使用权的除外。民间资本举办的非营利性养老机构与政府举办的养老机构可依法使用农民集体所有的土地，对需占用耕地且本地补充耕地确有困难的，可通过全省“补充耕地指标交易平台”购买异地指标解决。企事业单位、个人对城镇现有空闲的厂房、学校、社区用房等进行改造和利用，举办养老服务机构，经规划、国土资源部门批准临时改变建筑使用功能从事非营利性养老服务且连续经营一年以上的，五年内土地使用性质可暂不作变更。在符合规划的前提下，在已建成的住宅小区内增加非营利性养老服务设施建筑面积的，可不增收土地价款；若以后调增为营利性养老服务设施的，应补缴相应土地价款。对在养老服务领域采取政府和社会资本合作（PPP）方式的项目，可以用国有建设用地使用权作价出资或入股建设。（省国土资源厅、省住房城乡建设厅、省发展改革委、省财政厅、省农委、省民政厅按职责分工负责）

（十八）投融资支持政策。鼓励社会资本采取建立基金、发行企业债券等方式筹集资金，用于建设养老设施、购置设备和收购改造社会闲置资源等。发挥保险资金长期投资优势，积极推进保险机构在风险可控的前提下，以投资新建、参股、并购、租赁等多样化的方式，促进商业保险与养老服务业融合发展。鼓励银行业金融机构探索以养老服务机构有偿取得的土地使用权、产权明晰的房产等固定资产为抵押，提供信贷支持；积极开展应收账款、动产、知识产权、股权等抵质押贷款创新，满足养老服务企业多样化融资需求。全面推行养老机构综合责任保险，探索针对社区居家养老服务的相关责任保险、意外伤害保险。对符合创业担保贷款条件的个人或中小微企业，可按人民银行长春中心支行、省财政厅、省人力资源社会保障厅《吉林省创业担保贷款实施办法》（长银发〔2016〕279号）相关要求，申请办理创业贷款。支持社会资本单独设立或与金融机构合作设立融资担保公司，为养老企业和社会组织提供各种形式的贷款担保服务。充分发挥吉林省养老服务产业基金作用，重点支持一批可市场化运作的养老服务项目。（省金融办、省财政厅、省人力资源社会保障厅、省商务厅、人民银行长春中心支行、吉林银监局、吉林保监局按职责分工负责）

（十九）税费优惠政策。符合条件的养老机构提供的养老服务免征增值税。养老机构在资产重组过程中，通过合并、分立、出售、置换等方式，将全部或者部分实物资产以及与其相关联的债权、负债和劳动力一并转让给其他单位和个人，其中涉及的不动产、土地使用权转让行为不征收增值税。在养老服务领域落实扶持小微企业相关优惠政策，对符合条件的小型微利养老服务企业，按照相关规定给予增值税、所得税优惠；认定为高新技术企业的，按照相关规定减按15%的税率征收企业所得税。对家政服务企业，由员工制家政服务员提供的老人护理等家政服务免征增值税。养老服务企业因有特殊困难，不能按期缴纳税款且符合税法有关规定的，经省级税务部门批准后，可申请延期缴纳税款，但最长不得超过3个月。养老机构和社区居家养老服务设施用电、用水、用气、用热均享受居民生活类价格，养老机构使用有线（数字）电视基本收视维护费按物价部门相关优惠政策执行。（省国税局、省地税

局、省发展改革委、省财政厅、省国土资源厅、省物价局，各市〔州〕、县〔市〕按职责分工负责）

（二十）人才培养政策。鼓励高等院校、职业院校（含技工学校）围绕养老服务社会需求，设置养老服务相关专业，加快培养老年医学、康复、护理、营养、心理、社会工作等专业人才，开发养老服务和老年教育课程，为社区、老年教育机构及养老服务机构等提供教学资源及服务。加强学生就业指导和就业服务，通过学费补偿、助学贷款代偿等措施，鼓励养老服务相关专业毕业生从事养老服务工作。将养老护理员培训作为职业培训和促进就业的重要内容，对参加养老服务技能培训或创业培训且培训合格的人员，按规定给予培训补贴。扩大养老服务人才来源渠道，鼓励卫生专业技术人才、家政服务人员、社会志愿者、退休医务工作者、低龄老年人从事养老服务；坚持“走出去、引进来”，鼓励向发达国家派送养老护理技能实习生。支持民办养老机构引入社会工作人才，探索在非营利性养老服务机构设立公益性岗位。督促指导民办养老机构和组织合理确定养老护理员劳动报酬，依法足额缴纳社会保险费，对吸纳就业困难人员就业的养老机构，按规定给予社会保险补贴。就业困难人员以灵活就业方式从事居家养老服务的，可按规定享受灵活就业人员社会保险补贴。建立养老护理员工资指导价位发布制度，薪酬待遇原则上不低于当地职工平均工资。（省教育厅、省人力资源社会保障厅、省民政厅、省商务厅按职责分工负责）

（二十一）财政扶持政策。各级政府要通过项目补助、以奖代补、购买服务、贷款贴息等方式加大对养老服务业的投入，落实用于社会福利事业的彩票公益金50%以上用于支持发展养老服务业，并随老年人口增加逐步提高投入比例的相关政策要求，切实发挥好财政资金的引导作用。逐步调整养老机构补贴发放方式，由“补砖头”“补床头”向“补人头”转变，依据实际服务老年人数量发放补贴。充分发挥养老服务设施功能，给予城市社区居家养老服务中心、日间照料中心、农村养老服务大院适当的运营补助，提高使用效率和服务质量。进一步完善针对经济困难、失能等老年人的补助制度，合理认定、分类施补，提高补贴政策的精准度。建立养老护理员入职奖励和职业技能等级与薪酬待遇挂钩制度，根据工作年限、职业资格等因素发放补助。养老服务补助项目和标准由各地结合实际自行确定，省级财政予以适当资助。（省财政厅、省民政厅，各市〔州〕、县〔市〕政府按职责分工负责）

七、强化组织实施

（二十二）健全工作机制。各地政府要将全面放开养老市场、提升养老服务质量摆上重要位置，强化政策落实的主体责任，建立健全组织实施机制，及时制定配套落实措施，加强工作绩效考核，确保责任到位、工作到位、见到实效。各相关部门要加强协同配合，落实和完善相关优惠政策，形成齐抓共管、整体推进的工作格局，共同促进养老服务提质增效。

（二十三）发挥试点作用。长春市、梅河口市、公主岭市作为国家养老服务业综合改革、居家和社区养老服务改革和医养结合试点，要率先按照深化体制改革、坚持保障基本、注重统筹发展和完善市场机制的思路，以改革试点为抓手，大胆创新，先行先试，总结形成一批可持续、可复制的示范项目和典型经验，引领和带动我省养老服务业加快发展。

（二十四）注重宣传引导。坚持以社会主义核心价值观为引领，弘扬中华民族尊老、敬老的社会风尚和传统美德，开展孝敬教育，营造养老、助老的良好社会氛围。加大养老政策宣传力度，提高全社会知晓度。引导老年消费者理性消费、健康消费，提高防范意识和保护意识。深入开展维护老年人合法权益的宣传活动，探索建立老年人消费维权绿色通道，依法打击虐待、伤害老年人及侵害老年人合法权益的行为。

（二十五）加强督促落实。省发展改革委、省民政厅要会同有关部门加强对各地的指导，对政策落实情况进行跟踪分析和监督检查，定期通报各地工作进展情况，重大事项及时向省政府报告。

吉林省人民政府办公厅

2017年12月28日

吉林省人社厅关于印发《吉林省长期护理保险制度试点管理暂行办法》的通知

吉人社办字〔2017〕28号

各市（州）、长白山管委会、梅河口市、公主岭市人力资源和社会保障局：

根据《吉林省人民政府办公厅转发省人力资源社会保障厅等部门关于进一步推进长期护理保险制度试点实施意见的通知》（吉政办发〔2017〕28号）要求，制定了《吉林省长期护理保险制度试点管理暂行办法》，现印发给你们，请遵照执行。

附件：吉林省长期护理保险制度试点管理暂行办法

省人力资源和社会保障厅
2017年4月25日

吉林省长期护理保险制度试点管理暂行办法

第一章 总 则

第一条 为规范我省长期护理保险制度试点管理，保障基金合理支出和安全有效运行，根据《吉林省人民政府办公厅转发省人力资源社会保障厅等部门关于进一步推进长期护理保险制度试点实施意见的通知》（吉政办发〔2017〕28号）要求，特制定本办法。

第二条 本办法适用于我省长期护理保险制度试点阶段，各统筹地区长期护理保险行政主管部门、经办管理机构（以下简称“经办机构”）、长期护理保险参保人员（以下简称“参保人员”）、提供长期护理服务的定点服务机构（以下简称“定点机构”）及其护理服务人员等。

第三条 人力资源和社会保障（以下简称“人社”）部门是长期护理保险工作的行政主管部门，负责长期护理保险制度政策制定、试点组织实施和监督管理工作。省人社厅负责全省长期护理保险制度政策制定、试点组织实施和对各地试点的指导，各市（州）、长白山管委会、梅河口市、公主岭市人社局负责本地长期护理保险制度政策制定、试点组织实施和监督管理。

医疗保险经办机构作为长期护理保险的经办机构，负责长期护理保险经办管理服务工作。省级经办机构负责全省长期护理保险经办管理服务的业务指导，按照市级统筹的要求，地市级经办机构负责本统筹地区内市（州）本级经办管理服务并指导所辖县（市、区）经办机构开展长期护理保险经办管理服务工作，县级经办机构负责本地长期护理保险经办管理服务工作。

第四条 长期护理保险年度与参保人员已参加的基本医保险年度相一致。

第五条 长期护理保险参保缴费、待遇申请和享受的凭证与基本医疗保险相一致，使用社会保障卡。

第二章 参保缴费

第六条 长期护理保险参保范围与职工基本医疗保险和城镇居民基本医疗保险参保范围一致。

第七条 长期护理保险资金，试点阶段主要通过划转基本医疗保险统筹基金结余、调整职工基本医疗保险个人账户计入办法和费率等渠道筹集，有条件的统筹地区政府可给予必要的补助。具体形式和标准由统筹地区确定。

第八条 长期护理保险参保、断保后续保的享受待遇期限与参保人员所参加的基本医疗保险相一致。

第三章 评估认定

第九条 长期护理保险以长期处于失能状态的参保人员为保障对象，上述参保人员接受长期护理服务的，可自愿提出申请，经评估认定（以下简称“评定”）后按规定享受长期护理保险待遇。

第十条 长期失能的参保人员，可在参保地自主选择一家定点机构并委托其进行评定申请。经定点机构初评、经办机构复评认定，符合长期护理保险待遇享受标准的，在其选定的定点机构享受长期护理保险待遇。

有条件的统筹地区经办机构可建立长期护理保险需求评定专家库或委托有资质和具备评定能力的第三方机构进行评定，由评定机构作出是否符合失能标准的评定。

第十一条 评定时，要对申请人的生活自理能力、疾病与健康状况等进行综合评估，作为长期护理保险待遇申请和支付的依据。评定标准可参考使用《日常生活活动能力评定量表》(Barthel 指数）作为评定标准并将评定结果低于一定的分值作为认定失能的标准。针对老年人等特殊群体，各统筹地区可建立健全本地长期护理保险需求评定体系。

第十二条 经办机构要建立长期护理保险待遇定期评定机制，定期追踪享受待遇人员的最新康复情况，及时作出待遇调整。经评定已不符合长期护理保险待遇享受标准的，终止享受相应待遇。

第四章 待遇支付

第十三条 长期护理保险基金支付范围为基本生活照料和与基本生活密切相关的医疗护理等费用。具体范围由省人社厅会同有关部门，结合试点情况另行制定。

第十四条 各统筹地区应结合本地基金收支和护理服务实际情况，制定本地长期护理保险基金支付标准和最高支付限额，并建立待遇正常调整机制。

第十五条 参保人员享受长期护理保险待遇期间发生的应由基本医疗保险、工伤保险、生育保险等其他基金支付的费用，由相应基金按规定支付。

第五章 协议管理

第十六条 长期护理保险定点机构实行协议管理。由各统筹地区人社部门制定相关政策标准，并对经办机构及定点机构签订和履行协议情况进行行政监督。各级经办机构负责受理定点机构申请、考察评估、协商谈判、协议签订、监督考核、费用拨付等工作。

第十七条 经行业主管部门批准成立的养老和护理等机构，符合长期护理保险定点机构基本条件的，均可向所在地经办机构申请成为长期护理保险定点机构。长期护理保险定点机构应具备以下基本条件：

（一）遵守国家相关法律法规和长期护理保险相关政策制度，近一年内未受到行业主管部门行政处罚。

（二）取得有效的养老或护理机构设立许可证。

（三）申请机构负责人及相关人员熟悉长期护理保险的政策与经办管理规定，熟悉护理服务的相关标准和要求。

（四）申请机构的场地使用面积、护理人员数量、服务场所使用权或租赁合同的有效期限应当满足提供稳定的护理服务的需要。

（五）建立了与长期护理保险管理相适应的内部管理和运营制度，配备了必要的管理人员。

（六）信息系统能满足长期护理保险参保人员服务管理和费用结算需求。

（七）申请机构依法与从业人员签订劳动合同并参加社会保险。

第十八条 经办机构应委托专家对申请单位进行考察评估，参考评估结果进行协商谈判、签订服务协议并进行协议管理。

第十九条 省级经办机构应制定长期护理保险协议文本样本，协议文本内容应包括服务人群、服务范围、服务内容、结算方式、服务质量、信息系统建设、日常管理和考核方式等。各统筹地区应结合实际及文本样本制定本地定点机构协议文本。

第二十条 长期护理保险服务内容应包括清洁照料、睡眠照料、饮食照料、排泄照料、卧位与安全照料、病情观察、心理安慰、管道照护、康复照护及清洁消毒等服务项目。具体服务内容由各统筹地区结合本地实际确定。

第二十一条 定点机构应当按照服务协议，落实相关管理要求。在向参保人员提供服务前，应根据评定结果，按照规定的支付时间，结合服务对象实际，制定服务计划，安排护理服务人员按照服务计划提供相应的护理服务。

第二十二条 有条件的地区可以探索拓展长期护理保险服务提供方式，由专业机构服务向社区居家服务延伸。通过社区养老服务机构、社区护理站、社区门诊部、社区卫生服务中心、社区护理院等基层服务机构，采取上门服务或社区轮护等方式，为居家的参保人员提供长期护理保险服务。

第六章 监督管理

第二十三条 各级人社部门可以通过调查、抽查等多种方式对经办机构、定点机构执行长期护理保险相关政策、服务协议签订和履行情况进行监督检查。发现违规、违法问题的，按规定予以严肃处理。

第二十四条 各级经办机构应制定长期护理保险监督管理方案和考核标准。制定考核标准时，要将服务对象健康状况变化、服务对象及家属的服务满意度评价等方面内容纳入，并将考核结果与定点机构费用结算挂钩。经办机构应通过实地检查、智能监控等方式，采取事先告知检查、随机抽查、暗访等形式，加强对定点机构及其护理人员履行协议情况的日常监管。

第二十五条　对违反协议约定的定点机构，经办机构按照服务协议约定，根据情节轻重，相应采取约谈、拒付费用、暂停拨付、扣减保证金、暂停服务限期整改、终止协议等措施。对于定点机构违法违规行为，经办机构应移交人社部门处理，涉嫌犯罪的应通过人社部门及时移送司法机关，依法追究刑事责任。

第二十六条　各地要建立定点机构退出机制。对出现严重违法、违规行为的定点机构，符合解除服务协议条件的，经办机构要与其解除服务协议。对定点机构申请暂停长期护理保险服务的，经办机构应依据协议约定，受理申请并中止服务协议；超过6个月未恢复正常服务的，经办机构应与其解除服务协议。对出现撤销、关闭、分立等情况的定点机构，经办机构应与原定点机构解除服务协议。服务协议暂停或解除后，经办机构与定点机构应共同做好善后工作，保障参保人员的长期护理保险待遇。

第二十七条　经办机构可通过建立投诉举报电话和信箱、聘请社会监督员等方式，动员社会力量对参保人员享受待遇资格、定点机构提供服务质量等进行重点监督。

第七章　结算管理

第二十八条　参保人员持社会保障卡入住定点机构，凭社会保障卡直接结算待遇。结算时，应由长期护理保险基金支付部分由定点机构垫付，其余部分由参保人员个人支付。

第二十九条　定点机构应为享受护理服务人员建立护理档案并如实记录收取的费用。服务期间发生的所有费用及明细项目应及时录入（或传入）长期护理保险收费系统，录入（或传入）费用及明细项目应与实际发生一致，不得混串。

第三十条　定点机构按照国家和省规定的项目收取服务费用，收费价格按照价格主管部门规定执行，实行市场调节定价或自行定价的，应与当地市场水平相适应。定点机构收费项目及价格标准应报当地经办机构备案。

第三十一条　长期护理保险基金实行总额控制下的复合式付费方式。

第三十二条　经办机构每年年初在基金支出预算的基础上，根据定点机构的服务范围、服务质量、服务能力和享受护理服务人员的数量等情况，确定其总额控制指标及付费方式。根据实际情况采用人头付费、床日付费、定额付费等付费方式管理。

第三十三条　经办机构与定点机构按月（季）结算。经核定符合长期护理保险基金支付的，可按协议约定预留一定比例质量保证金后及时拨付。

第八章　基金管理

第三十四条　长期护理保险基金应严格执行《社会保险法》、《会计法》、《社会保险基金财务制度》、《社会保险基金会计制度》、《关于进一步加强社会保险基金安全管理工作的通知》等相关规定。

第三十五条　长期护理保险基金纳入财政专户管理，按月上缴财政专户。经办机构应制定基金用款计划申请基金，并拨付定点机构结算费用。应严格履行支付审批程序，规范基金收支流程。

第三十六条　各级经办机构要确保收支凭证满足基金财务会计核算要求，凭证和数据资料传递准确，做到账实相符、账账相符、账表相符。准确、及时上报基金财务月、季、年报，进行基金收支分析。

第三十七条　经办机构应建立健全长期护理保险基金运行评估和风险预警机制，防范基金风险，提高使用效率。

第三十八条　基金当期出现缺口的，由统筹地区负责解决，不得使用基本医疗保险、工伤保险和生育保险基金等进行调剂。

第九章　信息管理

第三十九条　经办机构应完善现有医疗保险管理服务信息系统，支撑长期护理保险资金归集、参保人员管理、待遇管理、定点机构管理、费用结算等功能，并纳入与医疗、工伤、生育保险一体化的经办管理。

第四十条　定点机构应按本统筹地区医疗保险管理信息系统的技术和接口标准，实现与医疗保险管理信息系统及时、有效对接，配备相关医疗保险联网设施设备，保证网络与互联网物理隔离，与其他外部网络联网采用有效的安全隔离措施。

第四十一条　定点机构应遵守本统筹地区医疗保险信息安全管理规范，制定信息安全管理制度并有效执行。保证参保人员待遇享受、结算等信息的安全，严格执行信息保密制度。定点机构向经办机构传输的参保人员费用情况、结算及其他相关信息均由信息系统自动生成，不得人为篡改造假。

第十章　附　则

第四十二条　本办法印发前尚未启动长期护理保险制度试点的地区，要按照国家、省有关规定和本办法要求，积极创造条件，制定试点政策文件并抓紧启动试点。

本办法印发前已经启动试点的地区，要按照本办法调整完善相关政策，做好政策衔接。

第四十三条　本办法由吉林省人力资源和社会保障厅负责解释。

第四十四条　本办法自发布之日起施行。

吉林省民政厅等10部门关于印发《吉林省养老机构管理实施办法》的通知

吉民发〔2017〕77号

各市（州）民政局、公安局、司法局、财政局、人力资源社会保障局、卫生计生委、工商行政管理局（市场监督管理局）、质量技术监督局、食品药品监管局、物价局，长白山管理委员会社会管理办公室、公安局、司法局、财政局、人力资源社会保障局、工商行政管理局、质量技术监督局、食品药品监管局、物价局，各县（市、区）民政局、公安局、司法局、财政局、人力资源社会保障局、卫生计生局、工商行政管理局（市场监督管理局）、质量技术监督局、食品药品监管局、物价局：

现将《吉林省养老机构管理实施办法》印发给你们，请认真贯彻执行。

吉林省民政厅　吉林省公安厅
吉林省司法厅　吉林省财政厅
吉林省人力资源和社会保障厅
吉林省卫生和计划生育委员会
吉林省工商行政管理局　吉林省质量技术监督局
吉林省食品药品监管局　吉林省物价局
2017年11月30日

吉林省养老机构管理实施办法

第一章　总　则

第一条　为规范养老机构管理，提升养老服务质量，促进养老机构健康发展，维护入住老人和养老机构的合法权益，根据《中华人民共和国老年人权益保障法》、民政部《养老机构管理办法》等有关法律、行政法规，结合我省实际，制定本办法。

第二条　本办法所称养老机构是指依照《吉林省养老机构设立许可实施办法》设立并依法办理登记的为老年人提供集中居住和照料服务的机构。

第三条　省级民政部门负责全省养老机构管理的指导和监督。市（州）、县（市、区）民政部门负责本行政区域内养老机构的指导、监督和管理。其他有关部门依照职责分工对养老机构实施监管。

第四条　市（州）、县（市、区）民政部门应当根据经济社会发展规划和相关规划，会同有关部门按照本行政区域人口、公共服务资源、养老服务需求状况等因素，编制养老机构建设规划，合理布局养老机构。

第五条　公办或实施公建民营的养老机构，应当优先保障孤老优抚对象和经济困难孤寡、失能、高龄、计划生育特殊困难家庭等老年人的服务需求。

第六条　养老机构应当依法保障入住老年人的合法权益。入住养老机构的老年人应当遵守养老机构的规章制度。

第七条　鼓励养老机构加入依法成立的养老服务行业组织。养老服务行业组织应当依照相关法律、法规的规定，制定行业规范，加强行业自律和诚信建设。

第八条　民政部门对在养老机构服务和管理中做出显著成绩的单位和个人，依照国家和我省有关规定给予表彰和奖励。

第二章　服务协议

第九条　养老机构为老年人提供服务，应当与接受服务老年人或者其代理人签订服务协议。

第十条　申请集中供养的特困人员，由特困人员或其代理人户籍所在地的乡镇人民政府（街道办事处）提出书面申请，并提供身份证、《特困人员救助供养证》、体检报告等，报县级民政部门审核后按照“服务优化、就近入住、便于管理”的原则，安排相应的供养服务机构。

集中供养服务协议由县级民政部门、乡镇人民政府（街道办事处）、养老机构和特困人员或其代理人四方共同签署。

第十一条　服务协议应当载明下列事项：

（一）养老机构的名称、住所、法定代表人或者主要负责人、联系方式；

（二）老年人及其代理人和老年人指定的经常联系人的姓名、住址、身份证明、联系方式；

（三）服务内容和服务方式；

（四）老年人生活自理能力和护理服务等级；

（五）收费标准以及费用支付方式；

（六）服务期限和地点；

（七）当事人的权利和义务；

（八）协议变更、解除与终止的条件；

（九）违约责任；

（十）意外伤害责任认定和纠纷解决方式；

（十一）当事人协商一致的其他内容。

服务协议参照民政部和工商总局联合制定的《养老机构服务合同》（示范文本）。对服务协议未尽事宜，在不违反国家法律、法规和双方意愿的情况下，可补充协议内容。

第十二条　养老机构应依据《老年人能力评估》（MZ/T039—2013），对入住老年人生活自理能力进行评估，经老年人或者其代理人确认后，确定护理服务等级，实行分级分类服务。老年人能力评估可委托第三方机构组织实施。

老年人身体状况发生变化，需要变更护理服务等级的，养老机构应当重新进行评估，经老年人或者其代理人确认后，变更服务协议的相关内容。

第十三条　养老机构应当按照服务协议为入住老年人提供生活照料、康复护理、精神慰藉、文化娱乐等服务。

第三章　服务管理

第十四条　养老机构提供的服务应当符合养老机构基本规范等国家、行业及地方标准和规范的要求。委托第三方服务的应当签订外包合同。

第十五条　养老机构应当提供满足老年人日常生活需求的吃饭、穿衣、如厕、洗澡、室内外活动等服务，根据需要为老年人提供情绪疏导、心理咨询、危机干预等精神慰藉服务。

第十六条　养老机构应当提供符合老年人居住条件的住房，自理、部分失能老年人房间不超过4张床位，失能老年人房间不超过6张床位，老年人房间床位平均使用面积不低于6平方米，配备适合老年人需求的设施、设备及用具，定期对老年人的生活、活动场所和使用的物品进行消毒和清洗。

第十七条　养老机构设立的为入住老年人提供就餐服务的食堂，应符合食品安全管理相关规定。鼓励有条件的养老机构实施“阳光厨房”改造、安装远程实时监控系统、设立“电子台账”。

养老机构应当根据老年人身体状况、民族、宗教习惯制定食谱，每周至少更换一次，向老年人公布并存档。有条件的养老机构可单独设立少数民族灶台和就餐区。

第十八条　养老机构每年至少组织一次入住老年人身体检查，做好日常保健知识宣传和疾病预防工作。

第十九条　养老机构应通过设立医疗机构或者采取与周边医疗机构合作的方式，为老年人提供医疗服务。养老机构设立医疗机构办法及执业范围，按照国家和我省医疗机构管理的有关规定执行。

符合条件的内设医疗机构，可向有关主管部门申请纳入相关城乡医疗保险的定点机构范围。纳入定点结算范围的内设医疗机构，为老年人提供医疗服务所发生的医疗费用，按照老年人参加的城乡医疗保险的规定结算。

符合条件的养老机构，可向有关主管部门申请纳入长期护理保险定点机构范围，为长期失能人员提供护理服务，符合规定的护理服务所发生的费用按规定结算。

第二十条　养老机构不具备相应的治疗、隔离和康复条件的，不得接收传染病病人或者精神障碍患者。具备相应的治疗、隔离和康复条件，并接收传染病病人或者精神障碍患者的，应当依照传染病防治、精神卫生等相关法律法规的规定做好治疗、隔离和康复工作，并不得影响其他收住老年人的生活。

第二十一条　对突发危重疾病的老年人，养老机构应当及时通知其子女或者代理人、经常联系人，并协助做好老年人转诊转院工作。对疑似患有传染病或者精神障碍的老年人，养老机构应当按照有关法律、法规的规定处理。

第二十二条　养老机构应当开展适合老年人的文化、健身、娱乐活动，并采取必要的安全防护措施。

第四章　运营管理

第二十三条　养老机构应当按照国家有关规定建立健全安全、消防、卫生、财务、档案管理等制度，制定服务标准和工作流程，并予以公开。

第二十四条　养老机构应当按照应建尽建的原则成立党组织，暂时不具备组建条件的，可通过选派党建工作指导员、联络员或建立联合党组织，对养老机构重要事项决策、重要业务活动、大额经费开支等提出意见。

第二十五条　养老机构法定代表人或主要负责人是安全管理第一责任人，应依法开展安全管理工作。

第二十六条　养老机构应当依法履行消防安全职责，实行消防工作责任制。每半年至少组织一次消防安全宣传教育培训、灭火和应急疏散演练，每月至少组织一次防火检查，每日白天防火巡查、夜间防火巡查各不少于两次，并做好巡查记录。

养老机构应加强对消防设施、器材和特种设备的维护保养，确保完好有效，每年至少全面检测一次。

第二十七条　养老机构应当制定应对自然灾害、事故灾难、公共卫生事件、社会安全事件等突发事件的应急预案。突发事件发生后，养老机构应立即启动应急处理程序，根据突发事件管理职责分工于1小时内向有关部门报告，并将应急处理结果报实施许可的民政部门。

县（市、区）民政部门应当按照事故等级制定养老机构事故应急预案和报告制度，会同相关部门妥善处理养老机构事故，在2小时内向省级民政部门报告事故情况，及时报送调查处理进展和结果。

第二十八条　养老机构应当建立接受社会捐赠登记制度，按捐赠方意愿和相关规定使用捐赠物资。

第二十九条　养老机构申领的财政补贴资金，应当存入依法登记后的开户银行。养老机构使用财政补贴资金应开具正规票据。

第三十条　养老机构应当依照其登记类型、经营性质、设施设备条件、管理水平、服务质量、护理等级等因素确定服务项目的收费标准。养老机构收费按照国家和我省有关规定执行。

养老机构应当在醒目位置公示各类服务项目收费标准和收费依据，主动接受价格、民政部门和社会监督。

第三十一条　养老机构应当建立老年人生活和健康档案，一人一档，并妥善保管原始资料，未经老年人或其代理人同意，不得泄露相关信息。养老机构应当建立安全管理档案，如实记录机构内部和相关部门安全检查等情况。

实施设立许可的民政部门应当建立养老机构档案，记录其设立与变更、日常监督检查、社会信用守诺等情况。

第三十二条　养老机构应当定期开展服务满意度调查，听取老年人或者其代理人的意见和建议，及时改进完善，提升服务质量。应发挥老年人对养老机构服务和管理的监督促进作用。

第五章　服务队伍

第三十三条　养老机构管理人员应当具有相关工作经验，熟悉公共服务、市场营销、照护护理、安全管理等基本知识，应主动参加相关部门组织的专业培训。

第三十四条　养老机构的人力资源配置应当满足养老服务需要，宜配备社会工作者、康复师、营养师等专业人员，接受志愿服务。

养老机构护理员与入住老年人宜按自理老人1∶16、半失能老人1∶8、失能老人1∶3配备。

第三十五条　专业技术人员应当持有与其岗位相适应的专业资格证书。养老护理员应当接受专业技能培训后上岗。

第三十六条　养老机构应当与各类工作人员依法签订聘用合同或劳动合同，提供相应的劳动保护和职业防护，依法缴纳社会保险费，逐步提高工作人员的工资福利待遇。

第三十七条　养老机构应当定期开展工作人员职业道德教育，组织业务技能培训和竞赛，提高其职业道德素养和业务技能。

第三十八条　养老机构护理员以及餐饮服务人员应当持有健康证明，每年进行一次健康体检。对患有可能影响老年人身体健康的疾病的护理员以及餐饮服务人员，应当及时将其调离岗位。

第六章　纠纷处置

第三十九条　养老机构与入住老年人或者其代理人发生纠纷，双方可以选择下列途径解决：

（一）协商解决；

（二）向养老机构住所地村居（社区）、乡镇（街道）人民调解组织申请调解；

（三）向养老机构住所地人民法院提起诉讼；

（四）法律、法规、规章规定的其他途径。

第四十条　因纠纷发生扰乱养老机构正常秩序的行为，养老机构应当及时向所在地公安机关报警，防止事态扩大。

第四十一条　纠纷双方自行协商解决，应当按照下列规定进行：

（一）在养老机构设立的专门接待场所或者双方同意的其他场所进行协商；

（二）双方参加协商的人数均不超过3人；

（三）文明表达意见和要求；

（四）协商一致的，签署书面和解协议。

第四十二条　纠纷双方自愿向人民调解组织申请调解的，应当按照人民调解受理程序，积极配合开展纠纷调解工作。

第四十三条　经双方自行协商、人民调解未达成协议，或者达成协议后履行协议发生争议的，双方当事人可以依法向人民法院提起诉讼。入住老年人或者其代理人也可以在纠纷发生后直接向人民法院提起诉讼。

第七章　监督检查

第四十四条　民政部门应当按照实施许可权限，通过书面检查或者实地查验等方式，加强对养老机构服务质量、安全管理和运营情况等日常监督检查，发现问题及时督促整改。有关部门实施监督检查时，养老机构应当予以配合，如实提供有关材料和情况。

监督检查中发现的重大问题，民政部门应当及时向当地政府报告，依法依规予以处置。

上级民政部门可以委托下级民政部门进行监督检查。

第四十五条　养老机构应当于每年 3 月 31 日之前，向实施许可的民政部门提交上一年度的工作报告。年度工作报告内容包括服务范围、服务项目、收费标准、运营状况等情况。

第四十六条　实行“双随机、一公开”监管模式，对养老机构行政违法案件严格按照法定权限和程序办理，主动公开违法案件办理流程、明确告知当事人做出行政处罚决定的事实、理由、依据和依法享有的权利。依托“吉林信用网”“国家企业信用信息公示系统（吉林）”和“中国社会组织网”向社会公示养老机构的行政许可、行政处罚等信息。

第四十七条　民政部门应当建立养老服务投诉举报制度，公布投诉举报电话、电子邮箱或者其他受理渠道，在 20 个工作日内核实处理，提出整改意见和期限，并将处理结果告知投诉人、举报人。

对拖延或拒不整改的养老机构，民政部门应当通过约谈、通报、督办等方式督促整改。

第四十八条　民政部门应当建立养老机构评估制度，定期对养老机构的人员、设施、服务、管理、信誉等进行综合评价，评估结果应当向社会公布。

养老机构评估工作可以委托第三方实施。

第四十九条　上级民政部门应当加强对下级民政部门的指导和监督，及时纠正养老机构管理中的违规违法行为。

第八章　法律责任

第五十条　《中华人民共和国老年人权益保障法》及其他有关法律、行政法规已有规定的，从其规定。

第五十一条　养老机构有下列行为之一的，由实施许可的民政部门责令改正；情节严重的，处以 3 万元以下的罚款；构成犯罪的，依法追究刑事责任：

（一）未与老年人或者代理人签订服务协议，或者协议不符合规定的。未签人数占入住总数的 10%以上、不满 20%的，或者协议内容中缺 4—6 项规定事项的，处以 0.2 万—1 万元罚款；未签人数占入住总数 20%以上不满 30%的，或者协议内容中缺 7—8 项规定事项的，处以 1 万—2 万元罚款；未签人数占入住总数 30%以上的，或者协议内容中缺 9 项以上规定事项的，处以 2 万—3 万元罚款。

上述“规定事项”指本办法第十一条所规定的 11 项事项。

（二）未按照国家有关标准和规定开展服务的。未按标准和规定开展社交娱乐服务或者预防保健服务的，处以 0.2 万—0.5 万元罚款；未按关标准和规定提供清洁卫生服务的，处以 0.5 万—0.8 万元罚款；未按标准和规定提供膳食服务的，处以 1 万—1.5 万元罚款；未按标准和规定定期开展身体评估服务的，处以 1.5 万—2 万元罚款；未按标准和规定提供日常照护服务的，处以 2 万—3 万元罚款。

（三）配备人员的资格不符合规定的。未取得资格人数占应取得资格人数的比例 20%以上不满 30%的，处以 0.2 万—0.5 万元罚款；比例 30%以上不满 40%的，处以 0.5 万—1 万元罚款；比例 40%以上的，处以 1 万—2 万元罚款。

（四）向负责监督检查的民政部门隐瞒有关情况、提供虚假材料或者拒绝提供反映其活动情况真实材料的。对隐瞒、提供虚假或拒绝提供护理人员真实情况的处以 0.2 万—0.5 万元罚款；对隐瞒、提供虚假或拒绝提供服务合同真实情况的处以 0.5 万—0.8 万元罚款；对隐瞒、提供虚假或拒绝提供收费项目与标准真实情况的处以 0.8 万—1 万元罚款；对隐瞒、提供虚假或拒绝提供责任事故真实情况的处以 2 万—3 万元罚款。

（五）利用养老机构的房屋、场地、设施开展与养老服务宗旨无关的活动的。所占用的建筑面积 50 平方米以上不满 200 平方米的处以 0.5 万—1 万元罚款；所占用的建筑面积 200 平方米以上不满 500 平方米的处以 1 万—1.5 万元罚款；所占用的建筑面积 500 平方米以上的处以 3 万元罚款。

（六）歧视、侮辱、虐待或遗弃老年人以及其他侵犯老年人合法权益行为的。造成较小危害后果的处以 0.5 万—1 万元罚款；造成较大危害后果的处以 1 万—2 万元罚款；造成重大危害后果的处以 2 万—3 万元罚款。

（七）擅自暂停或者终止服务的。擅自暂停服务在 10 日以上、60 日内的处以 0.5 万—1 万元罚款；61 日以上的处以 1 万—2 万元罚款；擅自暂停服务并且社会影响特别恶劣或者造成重大危害后果的处以 2 万—3 万元罚款。擅自终止服务造成危害后果的处以 0.5 万—1 万元罚款；造成较大危害后果的处以 1 万—2 万元罚款；社会影响特别恶劣或者造成重大危害后果的处以 2 万—3 万元罚款。

第五十二条　民政部门及其工作人员违反本办法有关规定，由上级行政机关责令改正；情节严重的，对直接负责的主管人员和其他责任人员依法给予行政处分；构成犯罪的，依法追究刑事责任。

第九章　附则

第五十三条　国家和我省对特困人员供养服务机构、光荣院等养老机构的管理有特别规定的，依照其规定管理。

开展日间照料服务的养老机构，为居家老人提供服务参照入住机构老人管理。

第五十四条　各市（州）、县（市、区）可依据本办法，结合本地实际制定具体的实施细则。

第五十五条　本办法自 2018 年 1 月 1 日起施行。

江苏省政府关于全面放开养老服务市场提升养老服务质量的实施意见

苏政发〔2017〕121号

各市、县（市、区）人民政府，省各委办厅局，省各直属单位：

《省政府关于加快发展养老服务业完善养老服务体系的实施意见》（苏政发〔2014〕39号）出台后，我省养老服务市场环境不断优化，养老服务业发展速度明显加快，服务体系进一步完善。为贯彻落实《国务院办公厅关于全面放开养老服务市场提升养老服务质量的若干意见》（国办发〔2016〕91号）和《江苏省养老服务条例》，进一步扩大养老服务有效供给，不断满足广大老年人多样化养老服务需求，现就全面放开我省养老服务市场，提升养老服务质量提出如下实施意见。

一、总体要求和发展目标

（一）总体要求。深入贯彻落实习近平总书记系列重要讲话特别是视察江苏重要讲话精神，牢固树立创新、协调、绿色、开放、共享的发展理念，以保障优质养老服务供给为根本任务，着力补齐短板，进一步降低政策门槛、优化供给结构、提升服务质量、激发市场活力，使养老服务业真正成为经济结构转型升级的新动能，让广大老年群体享受到优质高效的养老服务，切实增强人民群众的获得感。

（二）发展目标。到2020年，全面建成以居家为基础、社区为依托、机构为补充、医养深度融合，功能完善、服务优良、监管到位、覆盖城乡的养老服务体系。充分发挥政府主导作用和市场在养老服务资源配置中的决定性作用，养老服务市场全面放开，社会力量成为养老服务业发展主体。养老服务对外交流合作更加深入，利用外资发展养老服务业质量不断提升。养老服务业规模和产值不断扩大，质量标准体系进一步完善，信用体系基本建立，市场监管机制有效运行，养老服务业成为我省重要的经济增长极。

二、全面放开养老服务市场

（三）放宽准入条件。设立营利性养老机构，应按"先照后证"的简化程序执行，由工商行政管理部门办理登记后，在辖区县级以上人民政府民政部门申请设立许可。支持养老服务机构连锁化发展，在民政部门登记的非营利性养老机构，可以依法在其登记管理机关管辖范围内设立多个不具备法人资格的服务网点。"十三五"期间，每个设区市至少培育两家以上品牌养老服务机构或组织，一家能连锁5家以上养老机构，一家能连锁10家以上社区居家养老服务中心；每个县（市）至少培育两家以上品牌养老服务机构或组织，一家能连锁3家以上养老机构，一家能连锁5家以上社区居家养老服务中心。非本地投资者举办养老服务项目与当地投资者享受同等政策待遇，项目所在地不得以任何理由对此加以限制。

放宽外资准入。支持外资参与养老服务业发展，在鼓励境外投资者在我省举办营利性养老机构的基础上，进一步放开市场，鼓励境外投资者在我省设立非营利性养老机构，在国家政策允许范围内，享有与省内非营利性养老机构同等的土地政策、税收优惠、财政支持等待遇。对外资投入以自建产权用房举办的养老机构，每张护理型床位给予不低于1万元的一次性建设补助；对符合条件的以租赁用房举办且租期5年以上的养老机构，每张护理型床位给予不低于5000元的一次性改造补助。外资养老机构根据入住老人的实际人数、身体状况、护理级别等因素，同等享受地方养老机构的运营补贴。

优化审批流程。全面清理、取消申报养老机构的不合理前置审批事项，进一步调动社会资本进入养老服务领域的积极性。简化对养老机构内设医疗机构以及康复医院、老年病医院、护理院等为老服务型医疗机构设立的审批手续，并及时进行医保定点评估、签定协议，实行协议管理。相关部门要根据自身职能，对养老机构的设立条件、提交材料、建设标准、服务规范等提供咨询、指导和帮助，提高行政效率，及时办理审批，不得将彼此审批事项互为审批前置条件。各级民政部门要在受理养老机构设立申请之日起5个工作日内，作出是否许可的决定。申请设立养老服务类社会组织，符合直接登记条件的可以直接向民政部门依法申请登记，不再经由业务主管单位审查同意。支持新兴养老业态发展，对于养老机构以外的其他提供养老服务的主体，鼓励其依法办理法人登记并享受相关优惠政策。

（四）营造公开平等的市场环境。建立统一、开放的市场环境及公开、透明的政策环境，促进各类主体公平竞争、有序发展，最大限度激发市场活力，推动形成一批知名养老服务品牌，建设一批具有较强竞争力的养老机构。支持具备条件的民办非营利性养老机构、养老服务组织转变为企业。对不同社会主体投资兴办的护理院和护理型养老机构，实施同等的建设补贴、运营补贴、医保定点等政策。

加快公办养老机构改革。加快推进具备向社会提供养老服务条件的公办养老机构转制成为企业或开展公建民营，到2020年政府运营的养老床位数占当地养老床位总数的比例应不超过30%。鼓励社会力量通过独资、合资、合作、联营、参股、租赁等方式，参与公办养老机构改革。完善公建民营养老机构管理办法，政府投资建设和购置的养老设施、新建居民区按规定配建并移交给民政部门的养老设施、国有单位培训疗养机构等改建的养老设施，均可实施公建民营。改革公办养老机构运营方式，鼓励实行服务外包。

进一步改进政府服务。举办养老机构审批过程中涉及的各有关部门，都要主动公开审批程序和审批时限，推进行政审批标准化，加强对筹建养老机构的指导和服务。加快推行养老机构申办一站式服务，建立“一门受理、一并办理”的网上并联审批平台。社会力量举办的养老机构、日间照料中心等养老服务设施符合规划、国土资源、环境保护和消防安全要求的，有关部门应当予以认可。各级消防部门要加大对养老机构的消防监督执法力度，积极会同民政部门对养老服务设施的消防安全进行专业指导，对防火设施提出明确要求。各地要制定符合当地实际情况，既保障安全、又方便合理的养老机构设立和管理配套办法。对火灾隐患整改后，达到国家工程建设消防技术标准要求和政府相关规定的养老机构等养老服务设施，应及时办理消防设计审核、消防验收或者备案手续。

完善优惠扶持政策。社会力量举办的非营利性养老机构与政府举办的养老机构享有同等的土地使用政策，可以依法使用国有划拨土地或者农民集体所有土地。民办非营利性养老机构依法享有与公办养老机构同等的税费优惠政策。养老机构为收住的老年人提供生活照料、康复护理、精神慰藉、文化娱乐等服务，免征增值税。对民办非营利性养老机构、居家养老服务组织，在扣除举办成本、预留单位发展基金以及提取其他有关费用后，如当年仍有收支结余，经其决策机构同意并经审计符合规定的，可以从收支结余中提取一定比例用于奖励举办人，年奖励总额不超过以举办人累积出资额为基数的同期银行一年期贷款基准利率两倍利息额；投入满5年后，在保证不撤资、不影响法人财产稳定的前提下，经其决策机构同意，出资人产（股）权份额可以转让、继承、赠与。

完善价格形成机制。加快建立以市场形成价格为主的养老机构服务收费管理机制。对于民办营利性养老机构，服务收费项目和标准由经营者自主确定。对于民办非营利性养老机构，服务收费标准由经营者合理确定，有关部门对其财务收支状况、收费项目和调价频次进行必要监管，同时加强对价格水平的监测分析。对于政府运营的养老机构，以扣除政府投入、社会捐赠后的实际服务成本为依据，按照非营利原则，实行政府定价或政府指导价；对于国有资本投资建设的养老机构，可采用招投标、委托运营等竞争性方式确定运营方，具体服务收费标准由运营方依据政府与其签订的委托协议等合理确定。

加强行业信用建设。建立覆盖养老服务行业法人、从业人员和服务对象的行业信用体系。建立健全信用信息记录和归集机制，加强与各级信用信息共享平台以及江苏省市场监管信息平台的信息交换和共享，通过信用江苏网等信用门户网站和企业信用信息公示系统，向社会公示相关企业的行政许可、行政处罚等信息。鼓励引入第三方征信机构，参与养老行业信用建设和信用监管。建立多部门、跨地区的联合奖惩机制，将信用信息作为各项支持政策的重要衡量因素，对诚实守信者在政府购买服务、发放补贴和债券发行等方面实行支持激励政策；建立养老服务行业黑名单制度和市场退出机制，加强行业自律和监管。

三、持续提升养老服务质量水平

（五）完善社区居家养老服务功能。各地应当建立健全居家养老扶持政策，制定居家养老基本服务清单，落实养老服务补贴和护理补贴制度，不断扩大政府购买养老服务范围，积极探索建立失能、失智和高龄独居老年人的家庭照护支持政策，引导老年人优先选择居家养老。改善社区居家养老服务供给结构，努力实现服务供给与老年人需求的精准对接，到2020年，城乡社区居家养老服务实现全覆盖。各地新建住宅小区按每百户20至30平方米的标准配套建设社区居家养老服务用房，已建成的住宅区要按每百户15至20平方米的标准调剂解决。大力推进街道日间照料中心和社区老年人助餐点建设，为有需求的老年人提供日间托养、短期照料以及配餐、送餐等服务。“十三五”期间全省新建街道老年人日间照料中心400个、社区老年人助餐点6000个。积极培育发展基层为老服务组织，立足社区，上门为行动不便的老年人提供助浴、助医、助洁、助购等服务。依托社区服务中心（站）、日间照料中心等资源，为老年人提供健康、文化、体育、法律援助等服务。做好居家重点人群的养老服务，重点满足城市“三无”老人、农村五保老人和经济困难的高龄、独居、空巢、失能、失智等老年人群体的养老服务需求。进一步完善政府购买养老服务制度，扩大服务范围，提升服务质量，到2020年，享受政府购买服务的老年人占老年人总数的10%以上。

推进社区居家养老与机构养老融合。打破社区居家养老和机构养老的边界，实现优势互补、融合发展。打开养老机构的“围墙”，将机构内的助餐、助浴、康复护理等各种专业化服务延伸到周边社区有需求的老年人，充分发挥专业资源的最大效用。大力发展嵌入式医养结合型养老机构，就近就便为社区老年人提供家庭病床、康复护理、精神关爱等专业服务，实现机构养老专业化与居家养老亲情化的有机结合。在街道层面建立养老服务综合体，承担日间照料中心、托老所、养老机构、护理院以及中央厨房等功能。建立养老机构和社区养老服务组织的等级评定制度，将评定的结果作为养老服务收费、政府购买服务和诚信体系建设的考量因素。

（六）提高农村养老服务能力和水平。加大农村养老服务供给，建立广覆盖、保基本、多层次的农村养老服务供给体系，满足广大农村老年人尤其是经济困难老年人的养老服务需求。加强农村为老服务阵地建设，县（市、区）、乡镇人民政府和村级组织要为居家养老提供经费、场地等服务条件。鼓励农村老党员、老干部、低龄健康老年人成立为老服务组织，为困难老年人提供生活照料、短期托养、康复护理等基本养老服务。按照城乡一体化要求，加速推进城镇与农村之间养老服务资源和要素的流动，利用集体土地流转租赁等方式，发展农村养老服务设施。大力发展互助式养老，利用农村闲置的学校、村“两委”用房、医院用房、民房等资源改造成农村养老互助中心，使农村老年人离家不离村，就近得到便捷的居家养老服务。

推动农村五保供养服务机构转型升级。统筹推进农村五保供养服务机构发展，提升机构服务质量，延伸服务范围，积极拓展日间照料、助餐助急、培训指导等综合性养老服务，逐步向区域性养老服务中心转型。大力提高农村五保供养服务机构床位使用率，在保障五保对象供养的基础上，床位面向社会老人开放，不断满足广大农村老年人尤其是经济困难的失能、部分失能老年人的养老服务需求。鼓励有条件的地方对经济困难的失能老人入住机构给予补贴。到2020年，苏南、苏中、苏北农村五保供养服务机构的床位使用率力争达到80%、70%和60%。

（七）推进居住区适老化建设和改造。通过政府补贴、产业引导和业主众筹等方式，加快推进适宜养老的居住区建设。重点做好老旧居住区缘石坡道、轮椅坡道、公共出入口、走道、楼梯等设施和部位的无障碍改造，对无电梯的加装电梯。老年人家庭进行生活设施无障碍改造的，市、县（市、区）人民政府住房城乡建设、民政部门应当给予指导。对于有失能、失智老年人的最低生活保障家庭、最低生活保障边缘家庭以及有重度残疾老年人家庭进行生活设施无障碍改造的，县级以上地方人民政府应当给予资金补助。支持开发老年宜居住宅和代际亲情住宅。到2020年，全省新建和现有社区适老化改造项目达到100个以上。

（八）大力发展智慧养老服务。以“一键化、一体化、综合化”为目标，提升智慧养老服务平台的软硬件水平。加快推行“虚拟养老院”和居家养老服务智能化，努力构建以居家和社区养老服务为重点的信息支持系统。依托养老服务信息平台，拓展服务功能，整合家政预约、医疗保健、商品代购、信息提示、紧急救助等线上、线下服务资源，建立老年人、家庭成员、乡镇（街道）、社区、养老机构和各类服务组织的多方联动机制，不断充实“互联网+养老服务”发展内涵。到2020年底，全面实现养老服务信息平台的多级互通互联和全天候、全方位覆盖。

四、创新发展养老服务产业

（九）深入推进医养融合发展。推动医疗卫生资源向社区、家庭延伸。基层医疗卫生机构要与居家老年人家庭建立签约服务关系，提供定期体检、上门巡诊、上门护理和家庭病床等服务，为老年人提供连续性的健康管理服务和医疗服务。基层医疗卫生机构要主动与嵌入式养老机构、日间照料中心、居家养老服务中心和托老所建立紧密的医养结合关系，为老年人提供医疗康复服务。支持和推广在日间照料中心、社区居家养老服务中心内嵌入“健康卫生小屋”（或开设全科医生工作室），为老年人提供健康检查、指导和管理以及康复护理等健康养老服务，将符合条件的医疗护理费用纳入医疗保险基金支付范围。基层医疗卫生机构要逐步提高康复、护理床位比例，并根据服务需求增设老年养护、临终关怀病床。

推动医疗卫生资源与养老机构深度融合。优先满足失能、部分失能老年人养老医疗服务需求，重点扶持护理型养老机构发展，积极推动医疗、养护、康复融合发展。养老机构应当根据自身规模，在内部设立卫生室、医务室等医疗卫生机构，或建立老年护理院、老年康复医院，为入住老年人提供医疗康复护理服务，符合条件的内设医疗卫生机构和老年护理院应当纳入城乡基本医疗保险定点结算范围。医养结合型养老机构、老年护理院、老年康复医院等要为日间照料中心、社区居家养老服务中心提供指导和服务，为行动不便的独居、失能等老年人提供上门服务。鼓励符合条件的执业医师到医养结合型养老机构、日间照料中心、社区居家养老服务中心多点执业。到2020年底，护理型床位占养老机构床位总数50%以上，每个县（市、区）建有1家以上老年护理院或老年康复医院，全省老年护理院达到200所以上。50%的城市社区和有条件的农村社区设立老年人康复活动场所。

探索建立长期护理保险制度。各地要探索建立政府、社会、单位和个人多方筹资，符合当地实际的长期护理保险制度，着力解决失能、部分失能老年人长期护理保障问题。苏州市、南通市要全面完成国家建立长期护理保险制度试点任务，为全省面上工作开展提供经验借鉴。

（十）大力促进养老产业发展。按照市场化、品牌化、项目化方式，通过实施一批重大项目、培育一批服务业集聚区和创新企业，全面推动养老服务产业规模壮大、水平提升。积极引导养老服务业集聚发展，支持健康养老主导产业明确、产业链完整的园区申报“省级健康养老服务业集聚区”；推动以养老养生为主题，有老年住宅、养老院、护理院（医院）、老年学校等相互作用高度集合的，满足老年人持续照料的养老服务综合体申报“省级养老服务业综合发展示范基地”；推动养老服务业创新发展，引导培育技术先进、创新能力强的养老服务企业创建“省级养老服务业创新示范企业”。对认定为“省级健康养老服务业集聚区”“省级养老服务业综合发展示范基地”和“省级养老服务业创新示范企业”的，由省级现代服务业发展专项引导资金分别给予100万元一次性奖励。优先支持养老服务业企业品牌和标准化建设，对列入省服务业标准化计划的项目，省级现代服务业发展专项引导资金给予20万元一次性奖励，对获得驰名商标的养老服务业企业给予50万元一次性奖励。

（十一）繁荣老年产品用品市场。围绕老年人的衣、食、住、行、医等需要，支持相关企业利用新技术、新工艺、新材料开发为老年人服务的产品用品，重点推进老年服装、老年保健食品、老年电子产品、老年康复辅具的研发、制造和销售。及时更新老年康复辅具配置目录，积极对接老年人需求。探索开发老年用品租赁市场，鼓励老年产品用品生产销售企业发展租赁业务，加强产品流通推广。鼓励商场、超市设立老年用品专柜，为老年人购买产品提供便利。相关老年产品用品企业经认定为高新技术企业的，按规定享受企业所得税优惠。加强老年用品的商贸流通体系建设，建设一批具有区域影响力、以老年用品为主的大型交易市场，构建覆盖全省城乡的老年用品仓储、配送和分销网络，重点建设农村地区的连锁化零售网点。

（十二）强化面向老年人的金融服务。进一步规范并引导银行、保险、信托等金融机构开发适合老年人的风险较低、回报较稳定的金融产品。推动老龄金融与养生、健康、医疗、护理等养老服务业务融合发展。强化老年人金融安全意识，加大金融消费者权益保护力度。鼓励扶持现有金融机构业务向老龄金融领域延伸，引入部分外资金融机构开展老龄金融服务。探索建立老年人住房反向抵押养老保障制度，丰富养老保障方式，发挥保险业的风险和资金管理优势，更好地参与养老服务业发展。

五、切实强化养老服务业发展要素保障

（十三）加强规划引领。各市、县（市）人民政府要认真贯彻《江苏省“十三五”养老服务业发展规划》，编制实施本地区养老服务业发展规划和养老服务设施专项规划。要注重与当地城乡规划、土地利用总体规划、城镇化规划、区域规划等衔接配套，系统提升养老服务能力和水平。

（十四）保障养老服务设施供地。各市、县（市、区）人民政府要将各类养老服务设施建设用地纳入土地利用总体规划和年度用地计划，按照2020年养老床位占老年人口总数40‰的目标，预留养老服务设施建设用地。鼓励盘活存量用地用于养老服务设施建设。统筹利用闲置资源发展养老服务，有关部门应依据规划按程序调整其土地使用性质。鼓励社会力量对闲置的医院、学校、企业厂房、商业设施、农村集体房屋及其他可利用的社会资源，进行整合改造后用于养老服务。营利性养老服务机构利用存量建设用地建设养老服务设施，涉及划拨建设用地使用权出让（租赁）或转让的，在原土地用途符合规划的前提下，允许补缴土地出让金（租金），办理协议出让或租赁手续。企事业单位、个人对城镇现有闲置的厂房、学校、社区用房等进行改造和利用，举办养老服务机构，经有关部门批准临时改变建筑使用功能从事非营利性养老服务且连续经营1年以上的，5年内土地使用性质可暂不作变更。民间资本举办的非营利性养老机构和政府举办的养老机构可依法使用农民集体所有的土地。对在养老服务领域采取政府和社会资本合作（PPP）方式的项目，可以国有建设用地使用权作价出资或者入股建设。

（十五）加强养老服务人才队伍建设。大力推行学历教育，加快培养老年医学、康复、护理、营养、心理、社会工作等专业人才。高等院校、中等职业学校（含技工院校，下同）要围绕社会对养老服务人才的需求，设置养老服务相关专业，加大培养力度，满足社会需求。鼓励省内高等院校、中等职业学校对养老服务类专业学生给予减免学费等政策优惠。各市、县（市）要统筹相关专项资金，支持养老护理人员培训、高技能人才培养和职业技能竞赛活动、实训实习点建设、示范性培训机构建设等。每个设区市至少重点扶持1－2家优质培训机构，建立1个市级养老护理实训实习点。继续开展养老护理员、管理人员免费培训，对取得国家养老护理员技师、高级、中级、初级职业资格证书的，按规定分别给予相应的一次性补贴，将符合条件的失能老年人家庭成员纳入免费养老护理培训范围，完善薪酬、职称评定等激励机制，提高养老服务人员社会地位。鼓励各地制定养老护理员（非事业编制）特殊岗位津贴政策，根据养老护理员的工作年限、职业资格等因素按月发放岗位津贴。对在省内连续从事养老护理岗位工作满5年的高等院校、中等职业学校毕业生，由县级以上地方财政给予一次性入职奖励。养老护理员和养老服务人员应当纳入企业新型学徒制试点和城市积分、准入落户政策范围。制定康复、护理人员服务标准，完善职业技能等级与养老服务人员薪酬待遇挂钩机制。

（十六）落实财政金融支持政策。完善财政支持政策体系，县级以上地方人民政府应当将养老服务事业经费列入同级财政预算，并根据本行政区域老年人口自然增长情况等因素，科学建立经费调整机制。财政资金要优先向居家和社区养老服务、护理型养老机构、护理院、职业培训等养老服务短缺领域倾斜，提高财政资金的使用效率。各级要确保福利彩票公益金50%以上支持养老服务业发展，各地养老服务专项资金要加大对居家和社区养老服务的支持力度。要进一步细化针对经济困难的高龄、失能老年人的补贴制度，实现精准补贴，有条件的地区要向高龄、空巢、独居等重点老年人拓展。进一步完善以入住失能、部分失能老年人数量为主要依据的养老机构运营补贴发放政策。分配省级养老服务体系建设专项资金时，应根据实际情况科学选择分配因素，增强地方养老服务工作的主动性、针对性和灵活性。切实落实养老机构相关税费优惠政策。

加大投融资政策力度。鼓励社会资本采取建立基金、发行企业债券等方式筹集资金，参与养老服务项目建设。鼓励大型养老社区、批量化社区居家养老服务项目、医养结合类项目与国家开发银行合作，争取开发性金融支持。探索对非营利性养老服务机构的非公益资产发放抵（质）押贷款，鼓励银行业金融机构以养老服务机构有偿取得的土地使用权、产权明晰的房产等固定资产和应收账款、动产、知识产权、股权等抵质押，满足养老服务机构多样化融资需求。推广养老服务类项目政府和社会资本合作（PPP）发展模式，鼓励、支持社会资本发挥专业化优势，运用多种运作模式，参与医养结合类、社区居家服务类养老服务项目的合作建设、管理运营。加强中小养老服务企业的培育、筛选和储备，支持符合条件的中小养老服务企业在中小板、创业板上市融资，在全国中小企业股份转让系统挂牌融资。探索利用区域性股权市场，为非上市养老服务企业提供股份转让渠道。全面推行养老服务机构责任保险项目，有效化解养老服务机构风险。

六、着力深化对标监管和宣传引导

（十七）加强标准建设。进一步完善养老服务标准体系建设，加快建设覆盖全面、重点突出、结构合理的养老服务标准体系。重点研制居家养老、机构养老、医养融合、能力评估、教育培训等标准，鼓励基础较好的养老服务企业（机构）标准转化为地方标准，支持养老服务协会、学会制定团体标准。加大养老服务标准的推广力度，定期对贯彻执行效果进行监督评估。深入开展试点示范，引导和鼓励工作基础好的养老服务组织开展省级标准化试点，对获批开展标准化试点的单位，应当给予相应支持。

（十八）加强监督和管理。各地要建立健全养老服务准入、退出、监管机制，有关部门要依照职责分工，加强行业监管，加大对养老服务中食品安全、消防安全、疾病防治、康复护理、服务价格等监管力度，及时查处侵害老年人人身财产权益的违法行为和安全生产责任事故。要坚持正确的养老服务发展方向，严禁以举办养老机构名义从事房地产开发，严禁利用养老机构的房屋、场地、设施开展与养老服务无关的活动。要积极发挥养老服务行业协会作用，加强行业自律，探索建立养老服务纠纷调处机制，依法妥善解决养老服务纠纷，推动养老服务业健康有序发展。

（十九）加强宣传引导。坚持以社会主义核心价值观为引领，大力弘扬敬老、爱老、助老、孝老传统美德。广泛宣传发展养老服务业的重要意义、扶持政策和先进典型事迹，对在养老服务中作出显著成绩的单位和个人给予奖励，形成全社会关心、支持、参与养老服务业发展的浓厚氛围。探索建立健康老年人参与志愿互助服务的工作机制，定期组织开展邻里守望、敬老爱老等志愿服务活动。积极组织开展适合老年人的文化体育娱乐活动，引导老年人参与社区服务、公益活动和健康知识培训，丰富老年人精神文化生活。

附件：重点任务分工及进度安排表

江苏省人民政府

2017年8月25日

附件

重点任务分工及进度安排表

序号	工作任务	负责部门	时间进度
1	鼓励境外投资者设立非营利性养老机构，在国家政策允许范围内，享有与省内非营利性养老机构同等的土地政策、税收优惠、财政支持等待遇	省民政厅、省公安厅、省财政厅、省发展改革委、省商务厅、省国资源土厅、省国税局、省地税局等，各设区市人民政府	2017年12月底前完成
2	优化审批流程，全面清理、取消申报养老机构的不合理前置审批事项，各级民政部门要在受理养老机构设立申请之日起9个工作日内，作出是否许可的决定	各设区市人民政府、省民政厅等	2017年12月底前完成
3	制定符合当地实际情况，既保障安全又方便合理的养老机构设立和管理配套办法	省民政厅、省公安厅、省国土资源厅、省住房城乡建设厅等，各设区市人民政府	2017年12月底前完成
4	支持具备条件的民办非营利性养老机构、养老服务组织转变为企业	省工商局、省地税局、省民政厅等，各设区市人民政府	持续实施
5	完善价格形成机制，加快建立以市场形成价格为主的养老机构服务收费管理机制	省物价局、省民政厅等，各设区市人民政府	持续实施
6	对民办非营利性养老机构、居家养老服务组织，在扣除举办成本、预留单位发展基金以及提取其他有关费用后，如当年仍有收支结余，经其决策机构同意并经审计符合规定的，可以从收支结余中提取一定比例用于奖励举办人，年奖励总额不超过以举办人累积出资额为基数的同期银行一年期贷款基准利率2倍利息额；投入满5年后，在保证不撤资、不影响法人财产稳定的前提下，经其决策机构同意，出资人产（股）权份额可以转让、继承、赠予	省民政厅、省财政厅等，各设区市人民政府	2017年12月底前完成
7	加强行业信用建设，建立覆盖养老服务行业法人、从业人员和服务对象的行业信用体系	省民政厅、省经济和信息化委、省发展改革委、省公安厅、省工商局、人民银行南京分行等，各设区市人民政府	2017年12月底前完成
8	推进居住区适老化建设和改造，支持开发老年宜居住宅和代际亲情住宅。到2020年，全省新建和现有社区适老化改造项目力争达到100个以上	省住房城乡建设厅、省民政厅等，各设区市人民政府	持续实施
9	大力发展智慧养老服务，到2020年底全面实现养老服务信息平台的多级互通互联和全天候、全方位覆盖	省民政厅、省经济和信息化委、省发展改革委、省科技厅等，各设区市人民政府	持续实施
10	支持和推广在日间照料中心、社区居家养老服务中心内嵌入“健康卫生小屋”（或开设全科医生工作室），为老年人提供健康检查、指导和管理以及康复护理等健康养老服务，将符合条件的医疗护理费用纳入医疗保险基金支付范围	省卫生计生委、省民政厅、省人力资源社会保障厅等，各设区市人民政府	持续实施

续表

序号	工作任务	负责部门	时间进度
11	繁荣老年产品用品市场，优先支持养老服务企业品牌建设	省发展改革委、省工商局、省民政厅等，各设区市人民政府	持续实施
12	强化面向老年人的金融服务，开发适合老年人的风险较低、回报较稳定的金融产品，加大老年人金融消费权益保护力度	省金融办、江苏银监局、江苏保监局、人民银行南京分行等，各设区市人民政府	持续实施
13	探索建立长期护理保险制度	各设区市人民政府，省人力资源社会保障厅、省卫生计生委、省财政厅、省民政厅、省发展改革委、江苏保监局等	持续实施
14	统筹地方教育附加等专项资金，支持养老护理人员培训、高技能人才培养和职业技能竞赛活动、实训实习点建设、示范性培训机构建设。每个设区市至少重点扶持1—2家优质培训机构，建立1个市级养老护理实训实习点。鼓励各地制定养老护理员（非事业编制）特殊岗位津贴政策，养老护理员和养老服务人员应当纳入企业新型学徒制试点和城市积分、准入落户政策范围	各设区市人民政府，省财政厅、省公安厅、省教育厅、省民政厅、省人力资源社会保障厅等	2017年12月底前完成
15	落实财政金融支持政策，确保福利彩票公益金50%以上支持养老服务业发展；探索对非营利性养老服务机构的非公益资产发放抵（质）押贷款；鼓励大型项目争取开发性金融支持，推广养老服务类项目政府和社会资本合作（PPP）发展模式	各设区市人民政府，省财政厅、省发展改革委、省民政厅、省金融办等	持续实施
16	支持符合条件的中小养老服务企业在中小板、创业板上市融资，在全国中小企业股份转让系统挂牌融资。探索利用区域性股权市场，为非上市养老服务企业提供股份转让渠道	省金融办、江苏证监局、省财政厅等，各设区市人民政府	持续实施
17	完善土地支持政策，各地要按照2020年养老床位占老年人口总数40‰的目标，预留养老服务设施建设用地。社会力量举办的非营利性养老机构与政府举办的养老机构享有同等的土地使用政策	各设区市人民政府，省国土资源厅、省住房城乡建设厅、省发展改革委、省民政厅等	持续实施
18	进一步完善养老服务标准体系建设，加快建设覆盖全面、重点突出、结构合理的养老服务标准体系；重点研制居家养老、机构养老、医养融合、能力评估、教育培训等养老服务标准	省民政厅、省质监局等	持续实施
19	加强养老服务监督和管理，建立健全养老服务准入、退出、监管机制，加强对养老服务中食品安全、消防安全、疾病防治、康复护理、服务价格等监管力度，及时查处侵害老年人人身财产权益的违法行为和安全生产责任事故	各设区市人民政府，省民政厅、省公安厅、省卫生计生委、省食品药品监管局、省物价局、省工商局等	持续实施
20	加强宣传引导，大力弘扬敬老、爱老、助老、孝老传统美德，对在养老服务中作出显著成绩的单位和个人给予奖励。	各设区市人民政府，省文明办、省民政厅、省人力资源社会保障厅、省新闻出版广电局等	持续实施

江苏省政府办公厅关于印发江苏省“十三五”老龄事业发展规划的通知

苏政办发〔2017〕39号

各市、县（市、区）人民政府，省各委办厅局，省各直属单位：

《江苏省“十三五”老龄事业发展规划》已经省人民政府同意，现印发给你们，请认真组织实施。

江苏省人民政府办公厅

2017年3月15日

（此件公开发布）

江苏省“十三五”老龄事业发展规划

为积极应对人口老龄化，加快老龄事业发展，根据《中国老龄事业发展“十三五”规划》和《江苏省国民经济和社会发展第十三个五年规划纲要》，制定本规划。

一、背景

（一）“十二五”取得的主要成绩。

“十二五”时期，是我省老龄事业快速发展、成果丰硕的五年。在各级党委政府的高度重视和社会各界的大力支持下，社会养老保障和医疗保障更加完善，养老服务水平不断提升，老年人权益保障不断加强，老年教育、文化、体育事业快速发展，老年人的获得感和满意度得到增强。

老龄法规政策体系不断完善。颁布《江苏省老年人权益保障条例》和《江苏省养老服务条例》，出台医养融合、金融支持、产业发展、外资参与等涉老政策文件，形成了较为完善的老龄法规政策体系。

社会养老保障制度更加健全。建立全民养老保险制度，覆盖面不断扩大，保障水平稳步提高。对困难老年人的救助力度加大，全面实现低保对象应保尽保，符合条件的“三无”“五保”老年人全部纳入相应的供养制度，全面落实80周岁以上老年人尊老金发放制度，建立了经济困难的高龄失能等老年人补贴、政府购买养老服务等制度。

医疗保障能力逐步增强。全省城镇职工基本医疗保险、城镇居民基本医疗保险和新型农村合作医疗基本实现老年人全覆盖。老年人健康管理和服务不断加强，医养融合初见成效，老年人意外伤害险“安康关爱行动”广泛实施。

养老服务水平持续提升。全面发展居家养老服务网络，加强机构养老建设，加快农村养老服务业发展，提高养老服务信息化水平，初步形成了以居家为基础、社区为依托、机构为补充、医养融合发展的养老服务体系，养老服务能力和供给水平不断提升，从业人员素质不断提高。

老年人生活环境得到改善。老年人社会参与条件不断优化，适老设施和场所明显增多，在政务服务、卫生保健、交通出行、商业服务、文体休闲等方面的优待水平不断提高。

老年人精神文化生活日趋丰富。老年教育、文化、体育事业不断发展，设施持续增加，老年人精神文化生活更加丰富。深入开展“敬老月”“敬老文明号”创建等活动，营造了良好的敬老、爱老、助老社会氛围。

老年人权益得到有力保障。大力开展多种形式的老年人权益保障法规宣传和教育，全社会维护老年人权益的法治意识显著增强。老年维权组织网络逐步健全，维权工作力度进一步加大，老年人合法权益得到有效维护。

（二）“十三五”面临的形势。

“十三五”时期，是我省高水平全面建成小康社会的决胜阶段。积极开展应对人口老龄化行动，加快老龄事业创新发展，既面临重大机遇，又面临严峻挑战。一方面，党的十八届五中全会对积极应对人口老龄化作出重大决策部署，为全面认识人口老龄化形势，推动老龄事业发展指明了方向；高水平全面建成小康社会，对完善老龄政策、发展老龄事业、增进老年人福祉提出了更高要求；大力推进供给侧结构性改革，为发展老龄事业注入强大动力；新型工业化、信息化、城镇化、农业现代化同步发展，为老龄事业创造了良好环境；人口老龄化尚未达到峰值，劳动年龄人口较为充足，社会抚养负担相对不重，为积极应对人口老龄化提供了难得的机会窗口。另一方面，“十三五”时期老龄化程度持续加深，预计到2020年全省老年人口将达1950万人，占总人口25%，年均净增老年人口近60万人。高龄、空巢、失能半失能老年人数量持续增加，家庭小型化、少子化趋势更加明显。老年人需求多元化和保障多重化更加突出，社会保障、医疗卫生和养老服务等方面任务更加繁重，老年人权益保障、社会参与、社会优待和精神关爱有待加强。必须强化全社会积极应对人口老龄化的意识和行动，进一步完善老龄工作体制机制，深化老龄事业改革，提高老龄事业发展的协调性和平衡性。

综合分析判断，“十三五”时期是全省老龄事业发展的“最佳窗口期”和“改革攻坚期”，必须按照高水平全面建成小康社会的目标要求，奋发有为、开拓进取，不断推动全省老龄事业取得新突破、实现新发展。

二、指导思想、基本原则与发展目标

（一）指导思想。

全面贯彻党的十八大和十八届三中、四中、五中、六中全会精神，深入贯彻习近平总书记系列重要讲话特别是视察江苏重要讲话精神，紧紧围绕“五位一体”总体布局和“四个全面”战略布局，牢固树立并自觉践行新发展理念，按照“两聚一高”新实践要求，坚持党委领导、政府主导、社会参与、全民行动的老龄工作方针，努力把握老龄事业内在发展规律，更加注重顶层设计，更加注重创新发展，更加注重定向施策，更加注重任务落实，以供给侧结构性改革带动和培育需求扩大，以结构优化推进品质提升，以发展加力保障老年人受益，统筹规划，科学安排，精准发力，全面提升老龄事业发展水平，不断满足老年人日益增长的物质和精神文化需求，让老年人共享美好生活。

（二）基本原则。

坚持保障基本、共建共享。在着力保障好特殊、困难老年人养老需求的基础上，提供面向全体老年人的基本养老服务，确保全体老年人依法享有从国家和社会获得物质帮助的权利、享受社会服务和社会优待的权利、参与社会发展和共享发展成果的权利，增强全体老年人的获得感。

坚持多元参与、合力推动。充分发挥党委的领导作用、政府的主导作用、社会的主体作用、市场的决定作用、家庭和个人的基础作用，进一步激发社会活力，形成政府、社会、企业和家庭多方驱动的机制，推动老龄事业均衡、协调、健康、多元发展。

坚持深化改革、创新驱动。充分发挥市场作用，破除不利于老龄事业科学发展的体制机制障碍。全面推进老龄事业发展的理论、制度、科技、文化创新和医疗、照护等养老服务供给创新，激发老龄事业活力。

坚持统筹发展、协调推进。突出目标导向和问题导向，着力加强老龄事业发展的重点领域和薄弱环节，统筹老龄事业城乡、区域协调发展，老龄事业和老龄产业协调发展，老年人物质保障和精神关爱协调发展。

（三）主要发展目标。

——社会养老保障更加完善，保障覆盖率进一步扩大，保障水平进一步提升，企业职工基本养老保险和城乡居民基本养老保险参保率达到98%。

——老年健康保障取得突破，医疗保障和健康服务水平进一步提升，医养融合进一步发展。城乡居民基本医疗保险参保率达到98%，65周岁以上老年人健康档案建档率达到90%。

——养老服务体系更加健全，养老服务能力和供给水平进一步提高。城乡社区居家养老服务覆盖率达到95%以上，养老服务信息系统覆盖率达到95%以上，千名老人拥有各类养老床位数40张以上，护理型床位数占养老机构床位总数比例达到50%以上，养老护理人员岗前培训率达到95%以上，养老护理员持证上岗率达到90%以上。

——老年教育、文化、体育持续发展，老年人精神文化生活进一步丰富。参加老年学校学习的老年人比例达到20%，社区（村）老年文化活动场所建有率达到95%以上，社区（村）老年健身场所建有率达到95%以上。

——老年生活环境明显改善，老年人家庭和社区适老化改造进一步加强。新建适老住区和既有住区适老化改造项目达到100个以上，新建公共设施和养老场所无障碍设施建设达标率达到100%。

——老年人社会管理不断加强，社会参与条件进一步改善。企业退休人员社区化管理率达到95%以上，社区（村）老年人协会覆盖率达到98%，老年志愿者占老年人比例达到15%。

——老年人权益保障不断完善，全社会维护老年人权益的意识进一步提升。建立省、市、县（市、区）、街道（乡镇）、社区（村）五级法律援助网络，逐步扩大老年人法律服务和法律援助的范围。

——老年产业快速健康发展，老年人多样化的养老需求进一步得到满足。培育10个省级健康养老服务业集聚区、20个省级养老服务业综合发展示范基地，以及30家省级养老服务创新示范企业（机构），扶持一批养老服务产业连锁品牌。

三、主要任务

（一）老年社会保障。

完善养老保险制度。健全“全覆盖、保基本、多层次、可持续”的基本养老保险体系，进一步完善企业职工基本养老保险省级统筹，巩固机关事业单位养老保险制度改革成果，着力提升城乡居民基本养老保险制度一体化水平。全面实施机关事业单位职业年金制度，扩大企业年金覆盖面，促进个人储蓄性养老保险发展，积极发展商业养老保险，加快推进多层次养老保障体系建设。建立统筹兼顾各类人员的基本养老金合理调整机制，实现基本养老保险待遇水平稳步增长。完善计划生育家庭养老保障和服务支持政策，加大对计划生育特别扶助对象家庭经济扶助力度，并实行动态调整机制。逐步扩大老年人意外伤害保险覆盖范围。

完善基本医疗保险制度。实现和巩固基本医疗保险制度全覆盖。到2020年，参加城镇职工基本医疗保险和城乡居民医疗保险的老年人，医保政策范围内住院医疗费用医疗保险基金报销比例分别达到80%和75%左右。符合规定的低收入家庭的老年人参加城乡居民基本医疗保险的，其个人缴费部分由政府给予补贴。实现省内和跨省异地就医联网结算，方便老年人跨市（县）、跨省异地就医。

完善困难老年人救助制度。将符合条件的老年人全部纳入最低生活保障范围。按照农村低保制度与扶贫开发政策衔接的要求，对于符合条件的农村低保对象中的老年人，按照规定纳入建档立卡范围，每月增发不低于保障标准10%的保障金，加大精准帮扶力度。建立养老服务需求评估机制。加大对经济困难的高龄、独居、失能、重点优抚对象、计划生育特殊困难家庭中老年人的救助力度。建立健全临时救助制度，切实保障因病等支出性生活困难老年人的基本生活。鼓励农村集体经济组织、爱心人士和爱心企业向困难老年人提供生活补贴和实物救助。

完善老年人社会福利制度。加大对老年福利事业的投入，推动老年社会福利由补缺型向适度普惠型转变。落实80周岁以上老年人尊老金制度，各地可根据经济社会发展情况，提高尊老金发放标准。逐步拓展优待项目和范围，积极为老年人衣、食、住、用、行、娱等方面，提供各种形式的优先、优待服务。各地可根据本地经济社会发展情况，从老年人的实际需求出发，逐步提高老年人的社会福利水平。

（二）老年健康保障。

加强老年健康宣传及疾病预防。开展多种形式的老年健康教育和老年疾病防控知识宣传，增强老年人保健意识和能力，提供疾病预防、伤害预防、自我保健、自救等健康指导服务，做好老年人常见病、慢性病的综合干预，提高老年人健康素质，促进疾病早预防、早发现、早诊断和早治疗。免费建立老年人健康档案，65周岁以上老年人建档率达到90%以上。

提升老年医疗机构服务能力。将老年专业医疗机构建设纳入各地卫生事业发展规划，加强老年康复中心、老年病医院和综合医院老年病科建设，二级以上综合医院开设老年病科。鼓励乡镇卫生院、社区卫生服务机构发展老年医疗护理服务特色科室，鼓励和支持社会力量举办医养结合机构以及老年康复、老年护理等专业医疗机构。到2020年，每个县（市、区）建成1所以上老年护理院或老年康复医院，全省老年护理院达到200所以上，护理型床位占养老机构床位总数50%以上，每个设区市建成2所以上二级老年病专科医疗机构。

推动医养融合深度发展。全面加强养老机构医疗服务能力建设，全省100%的养老机构按照标准内设医务室或与医疗卫生机构签订医疗服务合约。鼓励养老机构和日间照料中心按标准设立护理站，为老年人提供医疗护理、康复指导等服务。鼓励医疗机构开办养老服务机构，促进医疗资源与养老服务的合理对接。大力拓展医疗机构为老服务功能，推动基层医疗卫生机构开展家庭医生签约式服务，为行动不便的居家老年人提供上门服务。鼓励社会资本建立医护型居家养老服务机构，满足老年人日益增长的长期护理、失能康复等需求，50%的城市社区和有条件的农村社区要设立适合老年人的康复活动场所。

探索建立长期护理保险制度。鼓励和支持有条件的地区积极探索建立老年人长期护理保险制度。按照政府主导、社会参与、专业运作、责任共担的机制，探索建立以社会互助共济方式筹集资金，为长期失能人员的基本生活照料和与基本生活密切相关的医疗护理提供资金或服务保障的社会保险制度。按照收支平衡、可持续发展的要求，建立老年人长期护理需求等级评估标准。

（三）养老服务保障。

重点发展社区居家养老服务。大力推进城乡社区居家养老服务中心建设，提升社区居家养老服务中心功能，优先满足老年人的助餐、日间照料等基本服务需求，逐步向其他服务拓展，实现养老服务供给与老年人需求的精准对接。加强社区老年人助餐点建设，支持社会力量兴办连锁中央厨房，为社区老年人助餐点提供配餐服务。加强街道老年人日间照料中心建设，重点为高龄、空巢、独居、半失能老人提供日间照料和短期托养服务。大力培育发展居家养老服务企业和机构，为社区居家养老提供专业服务支撑。到2020年，城乡社区居家养老服务覆盖率达到95%以上，街道开展日间照料服务占比达到90%以上，城市社区开展助餐服务占比达到90%以上。

统筹发展机构养老服务。按照统筹规划、合理布局的原则，加大财政投入，引导社会力量参与，大力推进社区小型化、专业化、连锁化、嵌入式养老机构建设，满足老年人就近养老的需求。加大养老机构床位结构调整力度，发展护理型养老床位，满足失能半失能老年人机构养老的刚性需求。加快公办养老机构改革，充分发挥公办养老机构的托底作用，重点为城乡特困老人、低收入老人、经济困难的失能半失能老人提供无偿或低收费的供养、护理服务。有条件的地区要积极稳妥地把专门面向社会提供经营性服务的公办养老机构转制成为企业或社会组织，完善法人治理结构。积极鼓励民间资本通过委托管理等方式运营公有产权的养老服务设施。大力扶持社会办养老机构，进一步降低准入门槛、简化手续，并在土地保障、规费减免、购买服务等方面给予优惠。鼓励境外资本投资养老服务业。到2020年，千名老人拥有各类养老床位数达到40张以上，社会力量举办或经营的养老床位占养老总床位比例达到70%以上，护理型床位数占养老机构床位总数50%以上。

加快发展农村养老服务。加快建立广覆盖、保基本、多层次的农村养老服务供给体系，满足广大农村老年人尤其是困难老年人群体的养老服务需求。充分发挥农村五保供养服务机构在农村养老服务体系中的骨干作用，在保障供养五保对象的基础上，推动转型升级，使其逐步发展成为区域性养老服务中心。积极稳妥地推进农村五保供养机构改革，通过“公建民营”“公办民营”等方式，转给社会组织、企业或有能力的个人运营。充分利用农村闲置的学校、村“两委”用房、医院用房，以及民房等资源，推进农村小型互助式养老机构建设，并实行规范管理，确保安全运行。充分发挥农村基层老年组织和志愿服务队伍的作用，组织开展邻里互助、志愿服务，切实关爱服务农村留守老年人等。

加快推进“互联网+养老服务”。充分利用信息手段和互联网技术，整合人口管理系统等信息资源，建立省、市、县（市、区）和街道（乡镇）互通互联的养老服务信息管理网络和管理系统。以“智慧社区”建设为依托，积极推动互联网、物联网、大数据、云计算等现代技术手段在养老服务中的推广应用，整合各类资源，完善服务功能，创新服务模式，发展老年电子商务，开发和推广老年家庭医疗监测和传感系统，鼓励和引导依托大数据发展老年综合信息化平台，满足老年人居家生活、医疗保健、代购代缴、紧急救助等多样化多层次的服务需求。到2020年，养老服务信息系统覆盖率达到95%以上。

加强养老服务专业队伍建设。加快推进养老服务相关专业教育体系建设，积极发展面向养老服务从业人员的各类学历和非学历继续教育，大力提升养老服务从业人员的受教育水平和职业能力。以提升就业质量为导向，加强养老服务职业实训基地建设，促进产教融合，提升养老从业人员的职业技能水平。积极搭建养老服务机构与教育机构之间的合作渠道，建立健全养老服务人才培养、使用、评价和激励机制，推行养老服务职业资格证书制度、养老护理员持证上岗制度。严格落实养老服务从业人员保险、奖励和补贴制度，逐步建立养老服务行业相对合理的薪酬体系和动态调整机制，提高养老服务从业人员的工资待遇水平，全面提升养老服务职业化、专业化、规范化水平。到2020年，养老护理人员参加岗前培训率达到95%以上，养老护理员持证上岗率达到90%以上。

加强养老服务规范化管理。建立健全养老服务准入、监管、退出制度，促进养老服务业健康有序发展。加快推进养老服务业的标准化进程，制定出台居家、社区、机构等各类养老服务标准，不断完善养老服务设施建设标准、服务技能标准、机构服务标准、产品质量标准，规范养老服务行为。全面建立科学化、专业化、制度化的评估机制，引入第三方力量，构建评估专家库，对政府购买服务、养老服务补贴、养老服务质量、等级划分评定等工作实行全面评估。完善养老服务监管制度，相关部门要建立健全养老服务发展评价与监测指标体系。

（四）老年家庭建设。

改善老年人居住环境。建设和改造一定比例的子女与老人共同或相邻居住的亲情养老住宅，鼓励家庭成员与老年人共同生活或就近居住。推动和扶持有需求的老年人家庭无障碍设施改造，为其配置轮椅道、扶手、防滑等设施。“十三五”期间，完成一批老年人家庭的适老化改造工程。

建立健全家庭养老支持政策。探索建立家庭养老保障和照料服务扶持政策，通过家庭设施适老化改造补贴政策、子女护理技能免费培训和补贴政策、有利于家庭养老的税收和住房政策、老年人随子女迁移的户籍政策、子女照料失能半失能老人带薪休假制度等，鼓励老年人家庭养老。

弘扬孝亲敬老传统美德。加强尊老、敬老、爱老道德建设，提倡亲情互助，促进家庭和睦、代际和顺，营造温馨和谐的家庭氛围，发挥家庭养老的基础作用。将赡养父母行为纳入公民个人社会诚信档案，定期开展敬老、爱老、助老主题教育活动，努力建设老年温馨家庭，提高老年人居家养老的幸福指数。

（五）老年宜居环境建设。

推进老年公共设施适老化建设和改造。在城乡规划建设中，充分考虑老年人需求，加强街道、社区“老年人生活圈”配套设施建设，着力改善老年人的生活环境。推进老年人住区设施无障碍设计、建设、改造，居住小区道路、园林绿地、建筑物等公共区域全面达到无障碍设计标准。住宅和小区有适合老年人散步、锻炼的户外活动场所，小区环境设计具有明显的指示性，便于老年人识别，照明系统能够满足老年人活动需求，既有住区通过改造加装电梯、扶手等设施，方便老年人日常出行。

开展适宜养老住区建设。为广大老年人提供健康舒适的居住环境和实用便捷的养老服务，有序开展与所在地老年人口比例匹配、软硬件服务配套完善、符合老年人生活需要、满足居家养老和社区养老需求的住宅小区（社区）的建设和改造。加强统筹协调，制定实施方案，完善相关标准，吸引社会力量参与，加大建设适宜养老住区的资金、土地、管理等要素投入。“十三五”期间，新建适老住区和既有住区适老化改造项目达到100个以上。

营造老年人安全生活环境。完善社会治安立体防控体系，严厉打击侵犯老年人人身安全和合法权益的违法犯罪行为。加强对养老机构等涉老重点场所和设施的安全隐患排查和监管，加强老年人安全知识和急救技能普及。开展针对老年人防诈骗宣传活动，增强老年人的安全防范意识。推进老年人紧急求助、跟踪定位、健康监测等安全智能产品的创新和应用。

（六）老龄产业发展。

完善老龄产业政策。加快完善老龄产业相关法律法规，健全老龄产业政策体系，做到有法可依、有章可循，切实发挥政策支撑和法律保障作用。建立老龄产业财政分级补贴制度，对从事老龄产业的企业和社会力量给予相应的税收减免，在用地、用电、用水、用气等方面给予优惠。充分发挥省老龄产业发展引导基金等金融杠杆作用，扶持老龄产业行业和企业发展。

引导老龄产业健康发展。吸引社会资本进入养老市场，支持社会力量参与老龄产业发展，提升养老服务的供结水平。推进一批养老服务业重大项目建设，培育打造一批主导产业突出、产业链条完整、服务功能完善的养老服务业园区。着力培育老龄产业集群，扶持连锁经营并具有一定规模的品牌养老机构，探索建设一批县（市、区）级老年服务产业园区及街道（乡镇）老年服务街区。支持有条件的地区建立老年生活用品用具和服务产品特色产业制造基地，支持设区市建立老年生活体验馆，全力推动养老服务产业规模壮大、水平提升。引导养老服务业企业创新发展，对采用先进技术、创新能力强的养老服务企业，支持其创建“省级养老服务创新示范企业（机构）”。引导养老服务企业和机构在优先满足老年人基本服务需求的基础上，积极开展适合老年人特点的文化娱乐、体育健身、教育培训、金融理财、休闲旅游、健康服务、精神慰藉、法律援助等服务。

培育老年消费市场。引导老年人更新消费观念，促进老年消费市场的繁荣与发展。充分发挥市场在资源配置中的决定作用，营造平等参与、公平竞争的市场环境。健全市场规范和行业标准，确保养老服务和产品质量，营造安全、便利、诚信的消费环境。结合城镇化、信息化、工业化和农业现代化，针对老龄产业自身特点，建立老年专业市场。

（七）老年人精神文化生活。

加快发展老年教育。巩固省、市、县（市、区）老年大学办学成果，改善教学条件，提高教学质量。加强省老年大学建设，发挥其示范作用。优先发展城乡社区老年教育，完善基层社区老年教育服务体系，整合利用现有的社区教育资源，开展老年教育活动。建立健全县（市、区）—街道（乡镇）—村（居委会）三级社区老年教育网络，方便老年人就近学习。充分激发市场活力，通过政府购买服务、项目合作等多种方式，支持和鼓励各类社会力量举办或参与老年教育，不断扩大老年教育供给。利用广播、电视、互联网等手段办好远程老年大学，为更多的老年人居家接受教育创造有利条件。加强优秀老龄出版物出版发行、荐读导读，开展伴读关爱活动。到2020年，全省参加老年学校学习的老年人比例达到20%。市、县（市、区）人民政府重点支持建设1至2所老年大学，满足老年人的学习需要。

丰富老年人文化生活。通过新建、改造和整合等途径，增加老年文化活动设施和场所。推动各级各类文化服务设施向老年人免费、优惠开放。宣传、文化、新闻出版等部门组织力量，支持创作老年人喜闻乐见的文艺作品，增加老年公共文化产品供给。积极推动广播、电视、报纸等媒体开设老年专栏，支持办好省《老年周报》等媒体，鼓励支持新媒体参与发展老年文化。文化部门积极开展形式多样、丰富多彩的老年文化艺术活动。继续办好老年艺术节、老年春晚等老年文体活动。加强老年人文体活动骨干培训。

加强老年体育健身工作。加强适合老年人体育健身的场地设施建设和使用，所有的社区（村）建有老年健身活动场所。鼓励发展多种类型的老年人体育组织，县以上地区成立老年人体育协会，街道和乡镇普遍建立老年人基层文化体育组织，城乡社区广泛建立老年人健身活动站点和体育健身团队，逐步形成完善的老年人体育组织网络。体育部门广泛开展适合老年人特点的体育健身活动，办好老年体育节，推动老年人体育健身活动常态化。加快政府职能转变，创造条件吸引社会力量参与老年人公共体育服务。到2020年，社区（村）老年健身场所建有率达到95%以上。

加强老年人精神关爱。坚持政府关爱为主导，社会关爱为主体，社区关爱为重点，家庭关爱为基础，推进老年精神关爱工作。实施“快乐晚年精神关爱行动”，重点扶持一批品牌老年精神关爱项目。建立老年人精神关爱服务组织，加强老年人生活和思想交流，开展心理讲座和培训，提供专业心理咨询、辅导和康复服务。加强高龄、空巢、失能半失能等重点老年人的精神关爱。

（八）老年社会参与。

注重老年人力资源开发。建立老年人才和专家信息数据库。推行终身职业技能培训制度，鼓励老年人参加职业技能培训。积极搭建老年人才市场，把老年人力资源纳入各类人才中介组织和机构服务范围。鼓励专业技术型、职业技能型老年人才参与科学文化知识传播、专业技能传授、科学研究和咨询服务等活动，充分发挥老年人力资源的作用。

发挥老年社会组织作用。鼓励和引导公益性、互助性、服务性老年社会组织健康有序发展，支持各类基层老年组织参与公共服务项目的组织实施、参与城乡社区公共事务和公益事业管理。加强基层老年协会规范化建设，建立健全省、市、县（市、区）、街道（乡镇）、社区（村）五级老年人协会组织网络，社区（村）老年人协会覆盖率达到98%。

鼓励老年人参与社会发展。支持老年人积极参加基层老年协会等各类基层社会组织，广泛参与社会治安、环境保护、纠纷调解、邻里互助等志愿服务，发挥老年人在关心教育下一代工作中的重要作用。继续推进离退休人员服务管理社会化，实现社区对离退休人员的服务管理与老年人服务社区双向互动。

（九）老年人权益保障。

推进老龄法治化建设。大力开展老龄法制宣传教育活动，积极营造理解、尊重、关心、帮助老年人的良好社会环境和法治氛围，不断提高老年人依法维护自身合法权益的意识和能力，增强全社会维护老年人权益的意识。进一步加强老龄法制体系建设，完善各方面涉老法规规章，深入贯彻《中华人民共和国老年人权益保障法》《江苏省老年人权益保障条例》和《江苏省养老服务条例》。认真开展老年人权益保障执法检查，加大对侵害老年人权益案件的处理力度，切实保障老年人的合法权益。

健全老年维权机制。加强老年人社会保护工作，把高龄、独居、空巢、失能、失智等老年人列为社会维权服务重点对象。健全党政主导、司法保障、社会参与的老年维权机制，建立省、市、县（市、区）、街道（乡镇）、社区（村）五级法律援助网络。完善老年法律援助便利措施，开通法律援助"绿色通道"，畅通老年人诉求表达渠道，教育引导老年人依法诉求。加强基层法律援助机构、网络站点和便民窗口建设，扩大老年法律援助的覆盖面。

做好老年人法律服务工作。加强老年人法律援助、司法救助等法律维权服务，重点围绕生活中涉及老年人的医疗、保险、救助、赡养、婚姻、继承、遗产公证、房屋等相关法律问题开展法律服务。积极引导和推动律师事务所、公证处、司法鉴定机构、基层法律服务所主动参与涉及老年人合法权益的诉讼、调解和法律咨询等，有针对性地开展满足老年人特殊需求的专项法律服务活动。

（十）老龄科学研究。

加强老龄科研基地建设。依托高校、科研机构等建立老龄科研基地，加强老龄科学研究。加强与老龄科研基地的合作，对老龄科研基地给予一定的资金扶持，用于重点课题、重点项目的研究。以科研基地为平台，建立专家学者智库，充分发挥专家学者的作用，开展课题研究和学术交流。

加强老龄重点项目研究。围绕老龄工作和老龄事业发展的热点难点问题，抓好老龄重点项目和课题研究。做好老年人生活状况跟踪调查，健全城乡老年人生活状况跟踪监测系统；加强老龄事业发展的政策规划和顶层设计；加强老龄产业政策研究，推进老龄研究成果产业化；完善老龄学科体系，加快老龄科学人才培养；开展老年人长期护理保险、养老服务标准、老年文化建设、老年宜居环境建设等研究，并促进科研成果的转化和运用，为制定老龄事业发展战略决策提供科学依据。

加强交流与合作。着力开拓老龄事业发展视野，加强与省外、国外涉老组织的交流与合作，研究吸纳省外、国外积极应对人口老龄化的理念和做法，学习借鉴老龄事业发展的有益经验。畅通省外、国外资金和先进技术参与我省老龄事业发展的渠道。

四、重点工程建设

社保服务能力提升工程。进一步提升社保服务能力，社会保障卡覆盖率达到90%以上，基本养老金社会发放率保持100%，企业退休人员社区化管理率稳定在95%以上，城乡居民养老保险经办服务标准化率达到90%以上，城乡居民养老保险"四个不出村"便民服务覆盖率达到100%。

居家养老服务综合支援工程。依托养老机构为周边居家和社区老年人提供日间照料、助餐、助浴和护理等服务，支持物业等服务企业开展住区居家料理、日托等相关服务，增强社区支持下的居家养老服务能力。加快居家、社区、机构的养老服务一体化、网格化和制度化建设。到2020年，街道开展日间照料服务占比达到90%以上，城市社区开展助餐服务占比达到90%以上。

医养融合推进工程。推进医养深度融合，到2020年，全省100张以上床位的养老机构要内设医疗机构，每个县（市、区）建成1所以上老年护理院，护理型床位数占养老机构床位总数比例达到50%以上，每个设区市建成2所以上二级老年病专科医疗机构。全省人口健康信息服务平台实现互联互通，初步形成覆盖城乡的医养融合养老服务网络体系。

养老服务队伍培养工程。充分利用现有培训资源，有计划、分层次、多渠道开展从业人员培训。加快推进养老服务职业培训和技能鉴定工作。加强专业社会工作在养老服务中的应用。建立健全提高养老服务从业人员薪酬待遇体系，加强对养老服务从业人员的社会关怀。开展邻里互助养老，鼓励低龄、健康老年人为高龄、独居、空巢老年人服务。养老护理人员参加岗前培训率达到95%以上。

智慧养老服务工程。依托养老信息服务平台，整合家政预约、医疗保健、商品代购、信息提示、紧急救助等线上、线下服务资源，建立老年人、家庭成员、街道社区和各类服务机构的多方联动机制，不断充实“互联网+养老服务”的发展内涵。加快推行“虚拟养老院”和居家养老服务智能化，努力构建以社区居家养老服务为重点的信息支持系统。到2020年，基本实现养老服务信息平台的多级互通互联和全方位覆盖。

老年宜居建设和改造工程。制定适老住区建设标准、子女与老人共同居住亲情养老模式的支持政策，重点支持特殊困难老年人家庭开展适老化改造，推进城乡社区重点设施、重点部位的适老化改造。到2020年，新建适老住区和既有住区适老化改造项目达到100个以上，新建公共设施和养老场所无障碍设施建设达标率达到100%。

基层老龄协会支持工程。鼓励社会力量支持基层老年协会建设，改善基层老年协会活动设施和条件。加大对基层老年协会建设的投入。加强基层老年协会骨干培训。鼓励专业人士在基层老年协会建设中发挥关键作用。

老年人精神关爱工程。高度关注老年人心理和精神健康问题，在文化教育、舆论宣传、心理咨询、疾病康复、志愿者服务和精神产品提供等方面进行积极的探索和实践。建立健全老年心理服务网络，积极创新老年精神关爱的运行模式。发展老年教育，丰富老年人文化生活。鼓励和支持老年人发挥特长，参与社会公益事业和社区建设等活动。“十三五”期间，重点扶持150个老年精神关爱项目。

五、保障措施

（一）加强组织领导。充分发挥各级党委的领导核心作用，加强对老龄工作的战略部署和统筹协调。强化各级人民政府落实老龄事业发展规划的主体责任。各级老龄工作机构要切实发挥参谋助手、综合协调、督促检查职能。各有关部门要在涉及老龄事业的政策法规、财税金融、信贷保险、土地用房、科技应用等方面发挥职能作用，切实加强项目、服务、安全、环境、资金方面的监管，为全省老龄事业良性发展提供组织保障。

（二）加大资金投入。各级人民政府要加大投入，统筹安排老龄事业发展经费，建立与积极应对人口老龄化需求、社会经济发展水平相适应的财政投入机制。加大老龄工作经费、政策专项资金、福利彩票公益金对老龄事业的投入力度。发挥政府资金的引导作用，落实和完善鼓励政策，引导各类社会资金投入老龄事业和产业发展，形成财政资金、民间资本、慈善基金等相结合的多元投入机制。

（三）健全体制机制。进一步完善党委领导、政府主导、社会参与、全民行动的老龄工作格局，形成推进老龄事业发展的合力。进一步理顺老龄工作管理体制，明确各级老龄工作委员会办公室职责与任务。加强老龄工作委员会办公室建设，充实干部队伍，落实人员编制，提高队伍能力，建立一支综合素质好、业务水平高、工作能力强，开拓创新、锐意进取的老龄工作队伍。

（四）加强督查评估。各地、各部门要按照本规划要求，结合实际，制定具体实施方案。省老龄工作委员会及其办公室要抓好本规划的督促检查工作，适时对规划执行情况进行监测统计，并进行中期评估和总结评估，推动规划的全面落实，对推进工作不力的地区或部门，督促整改落实。

附件：江苏省“十三五”老龄事业主要发展指标

附件

江苏省“十三五”老龄事业主要发展指标

类别	指标	2020年
老年社会保障	企业职工基本养老保险参保率（%）	98
	城乡居民基本养老保险参保率（%）	98
	社会保障卡覆盖率（%）	90以上
	80周岁以上老年人尊老金发放率（%）	100
老年健康保障	城乡居民基本医疗保险参保率（%）	98
	65周岁以上老年人健康档案建档率（%）	90
	人均预期寿命（岁）	80
	每个县（市、区）老年护理院个数（个）	1个以上
养老服务保障	千名老人拥有各类养老床位数（张）（按户籍人口测算）	40张以上
	护理型床位数占养老机构床位总数比例（%）	50以上
	养老护理人员岗前培训率（%）	95以上
	养老护理员持证上岗率（%）	90以上
	社会力量举办或经营的养老床位占养老总床位比例（%）	70以上
	城乡社区居家养老服务覆盖率（%）	95以上
	街道开展日间照料服务占比（%）	90以上
	城市社区开展助餐服务占比（%）	90以上
	养老服务信息系统覆盖率（%）	95以上
老年宜居环境	新建适老住区和既有住区适老化改造项目（个）	100个以上
	新建公共设施和养老场所无障碍设施建设达标率（%）	100
老年社会管理和参与	老年志愿者占老年人比例（%）	15
	参加老年学校学习的老年人比例（%）	20
	社区（村）老年文化活动场所建有率（%）	95以上
	社区（村）老年健身场所建有率（%）	95以上
	企业退休人员社区化管理率（%）	95以上
	社区（村）老年人协会覆盖率（%）	98

江苏省政府办公厅转发省卫生计生委等部门关于深入推进医疗卫生与养老服务相结合实施意见的通知

苏政办发〔2017〕98号

各市、县（市、区）人民政府，省各委办厅局，省各直属单位：

省卫生计生委、省民政厅、省发展改革委、省财政厅、省人力资源社会保障厅、省国土资源厅、省住房城乡建设厅《关于深入推进医疗卫生与养老服务相结合的实施意见》已经省人民政府同意，现转发给你们，请认真贯彻实施。

江苏省人民政府办公厅

2017年7月4日

关于深入推进医疗卫生与养老服务相结合的实施意见

省卫生计生委　省民政厅　省发展改革委　省财政厅
省人力资源社会保障厅　省国土资源厅　省住房城乡建设厅

为深入贯彻《国务院办公厅转发卫生计生委等部门关于推进医疗卫生与养老服务相结合指导意见的通知》（国办发〔2015〕84号）、《中共江苏省委江苏省人民政府关于印发〈“健康江苏2030”规划纲要〉的通知》（苏发〔2017〕5号）、《江苏省养老服务条例》等文件、法规精神，进一步推进医疗卫生与养老服务相结合（以下简称医养结合），满足群众日益增长的健康养老服务需求，结合我省实际，制定本实施意见。

一、基本原则

（一）保障基本，优化服务。把保障老年人基本健康养老需求放在首位，强化居家和社区养老的基础地位，通过医疗和养老有机融合，确保人人享有基本健康养老服务。对有需求的失能、部分失能老年人，以机构为依托，做好康复护理服务，着力保障特殊困难老年人的健康养老服务需求。加大对基本健康养老服务的投入，不断扩大保障范围，增加服务内容，提升服务水平。

（二）政府引导，共建共享。强化政府责任，加强部门协作，提升政策引导、服务监管等工作的系统性和协同性，促进行业融合发展。充分发挥市场机制作用，促进社会力量广泛参与，强化个人和家庭的健康养老责任，形成推动医养深度融合发展的强大合力，满足人民群众多层次、多样化的健康养老服务需求。

（三）改革创新，提质增效。突出问题导向，运用改革思维、创新举措解决健康养老产业发展过程中遇到的矛盾和问题，破除体制机制障碍，加快转变政府职能，创新服务供给和资金保障方式，提高医养结合服务水平和效率。鼓励各地因地制宜，先行先试，探索出可持续、可复制、可推广的经验做法和创新成果。

（四）统筹兼顾，协调发展。加强养老机构与医疗机构的有效衔接，实现养老和医疗康复资源有序整合，促进城乡之间、区域之间的协调发展。统筹处理好当前与长远、局部与整体的关系，推动医疗养老事业与健康养老产业协同发展。

二、发展目标

到2020年，全省医养结合政策体系、标准规范和管理制度基本建立，医疗卫生和养老服务资源实现有效衔接、有序共享。建立健全与“居家为基础、社区为依托、机构为补充、医养深度融合养老服务体系”相适应的，覆盖城乡、规模适宜、功能合理的医养结合服务网络，为老年人提供治疗期住院、康复期护理、稳定期生活照料以及安宁疗护一体化的健康养老服务。基层医疗卫生机构结合实施基本公共卫生服务项目要求，建立老年人健康管理服务制度，为老年人免费建立电子健康档案，加强老年人健康指标监测和信息管理；每年为65岁以上老年人提供一次健康管理服务，开展生活方式和健康状况评估、体格检查、健康教育指导。以家庭医生签约服务方式为行动不便的居家老年人提供上门的健康管理和康复护理等服务，符合规定的费用纳入医疗保险和长期护理保险基金支付范围。养老机构实现医疗卫生服务全覆盖，为机构内老年人提供更加完善的医疗、康复护理服务。所有医疗卫生机构开设老年人挂号、就医等绿色通道。二级以上综合医院和中医医院（含中西医结合医院，下同）逐步开设老年病科，中医药健康养老服务产品逐步丰富。每个设区市至少建立1所安宁疗护中心或有安宁疗护功能的医疗机构，每个县（市、区）建有1所以上护理院或康复医院，全省老年护理院达到200所以上，护理型床位占养老床位的50%以上。

三、重点任务

（一）推动医疗服务向社区、家庭延伸。依托社区各类网络化服务平台，实现基层医疗卫生机构与社区居家养老机构服务有效衔接。基层医疗卫生机构结合基本公共卫生服务项目，由签约家庭医生团队为辖区65岁以上老年人建立健康档案并动态管理。加强老年人健康指标监测和信息管理，开展生活方式和健康状况评估、体格检查、健康教育、中医药养生保健指导。支持和推广在社区居家养老（日间照料）中心嵌入“健康卫生小屋”（或开设全科医生工作室）。研究制定为居家老人提供的医疗护理服务清单和服务规范，优先满足家庭医生签约的低收入老人、高龄老人及患有重病、失能及部分失能、行动不便的65岁以上老年人的居家健康管理、家庭病床等上门服务需求，制定个性化服务包，优化服务流程，不断健全治疗、康复、长期护理服务链。服务费用可通过医保、基本公共卫生服务项目经费、第三方保险、居民自费等方式支付。围绕分级诊疗制度建设目标，以老年人、慢性病人的延续性治疗、康复护理治疗为重点，在基层医疗卫生机构增设康复、护理和安宁疗护床位，推进基层护理和延伸居家护理，实现优质康复和护理服务下沉。结合城乡基层医疗卫生机构特色科室建设和基本公共卫生服务项目，在康复、慢性病精细化管理等领域，优先培育和扶植医养特色服务品牌。

（二）支持养老机构开展医疗服务。将养老机构内设医疗机构纳入区域卫生规划和医疗机构设置规划。按照盘活存量、优化增量的原则，根据养老服务需求，对现有养老服务资源进行功能定位，空置率高的养老床位可转设为护理型床位，新增养老机构优先发展护理型养老床位，提高为失能、部分失能老年人提供养老护理的能力。加大对养老机构内设医疗机构的政策规划支持和技术指导力度，在实施准入和医保定点等方面按有关规定提供便利和帮助。养老机构应当配置医疗器械、康复器具及专业医护人员，推广中医药适宜技术，就近便捷开展医疗卫生服务。100张床位以上的护理型养老机构和助养型养老机构应单独设置护理站（医务室），条件具备的养老机构可申请开办老年病医院、康复医院、护理院、中医医院、安宁疗护机构等。鼓励执业医师到养老机构内设医疗机构进行多点执业，支持具备资质的医师和专业人员在养老机构开展疾病预防、营养、中医养生保健等非诊疗行为的健康服务。

（三）推进老年医疗机构和护理型养老机构建设。加快发展为老年人服务的专业医疗机构，合理规划布局，逐步形成涵盖老年病医院、护理院、康复医院以及综合医院、中医医院老年病科等在内的多层次老年医疗服务体系。规范康复医院、老年病医院、护理院、安宁疗护中心等医疗机构名称和建设标准。在充分利用现有医疗资源基础上，逐步形成有梯度的老年医疗护理体系，积极稳妥地将部分医疗机构转为康复、老年护理等接续性医疗机构，公立医院资源丰富的地区可将部分一级或二级公立医院转型为老年护理服务机构，鼓励社会力量举办老年护理服务机构，为老年患者以及失能、部分失能老年人提供健康管理、康复、长期护理等服务。推动企事业单位职工医院、门诊部向以老年康复护理为主转型，部分非建制镇卫生院可向以康复、老年护理服务为主转型。二级以上综合医院和中医医院要开设老年病科，做好老年慢性病防治和康复护理等工作。全省各级各类医疗卫生机构要全面落实老年医疗服务优待政策，对老年人看病就医实行优先照顾，开通绿色通道，在挂号、收费、取药、住院等窗口明显位置设置“老年人优先”标志。

（四）完善医疗卫生机构与养老机构合作机制。鼓励养老机构与医疗卫生机构开展协议合作、对口支援、合作共建、服务外包、建立医疗养老联合体等多种形式的合作，建立完善可持续的运行机制和服务模式。不具备设置医疗机构条件或医疗服务能力弱的养老机构，可与周边医疗机构签订协议，或者由有能力的医疗机构托管其内设医务室，选派医护人员开展医疗服务。鼓励二级以上综合医院、中医医院与养老机构开展对口支援、合作共建。医疗卫生机构为养老机构开通预约就诊绿色通道，确保老年人能够得到及时有效的医疗救治，承担养老机构医务人员培训任务，提高养老机构医务人员诊疗康复服务能力。养老机构内设的具备条件的医疗机构可作为二级以上综合医院、中医医院收治老年人的后期康复护理场所。建立医养结合联合体，医疗机构可以技术、人才、管理、利益为纽带加强与养老机构内设医疗机构的合作，实现信息共享、服务共享、利益共享；也可通过提供医疗巡诊、健康管理、保健咨询、预约就诊、急诊急救、中医治未病和养生保健等服务，畅通医疗机构与养老机构服务渠道，实现医疗机构与养老机构之间协同发展。

（五）推进“互联网+”智慧健康养老产业发展。大力发展以互联网为载体的信息技术在健康养老服务中的应用。加强医养结合服务体系智能化建设，推动社区养老服务平台与区域人口健康信息平台对接，利用老年人基本信息档案、电子健康档案、电子病历等，依托家庭医生系统，为居家、社区养老人群提供高血压、糖尿病、心脏功能监测等，对突发心脑血管疾病老人实施紧急救援和及时有效转诊。组织医疗机构开展面向养老机构的远程医疗服务。探索基于互联网的医养结合服务新模式，开展网上预约、线上支付、在线随访、健康咨询，以及可穿戴设备、智能健康电子产品和健康医疗移动应用，提高服务的便捷性和针对性，促进个性化健康管理服务发展。

（六）支持社会力量兴办医养结合机构。在制定医疗卫生和养老相关规划时，为医养结合设施留出空间，优先支持社会力量针对老年人健康养老需求，通过市场化运作方式，开办医养结合机构。医疗机构内设养老机构符合条件的，享受养老机构相关建设补贴、运营补贴和其他政策扶持；养老机构内设医疗机构属于社会办医范畴的，按照国家相关规定享受政策扶持。按照“非禁即入”原则，凡符合规划条件和准入资质的，不得以任何理由加以限制。精简审批环节，缩短审批时限，鼓励有条件的地方开展一站式办理，为符合规划条件和准入资质的医养结合机构提供便捷服务。对拟举办医养结合机构的，民政、卫生计生部门应当按照首接责任制原则，根据各自职责办理审批，不得将彼此审批事项互为审批前置条件，不得互相推诿。支持社会力量通过特许经营、公建民营、民办公助等模式，举办医养结合机构。支持企业围绕老年人预防保健、医疗卫生、康复护理、生活照料、精神慰藉等需求，积极开发安全有效的食品药品、康复辅具、日常照护、文化娱乐等老年人用品用具和服务产品。积极培育老年人能力需求评估、健康养老服务评价、市场调查和咨询服务等机构。

四、保障措施

（一）完善投融资和财税价格政策。对符合条件的医养结合机构，按规定落实好相关支持政策。拓宽市场化融资渠道，探索政府和社会资本合作的投融资模式。鼓励和引导各类金融机构创新金融产品和服务方式，加大金融对医养结合领域的支持力度。有条件的地区可通过健康产业投资基金支持医养结合发展。积极推进政府购买基本健康养老服务，逐步扩大购买服务范围，完善购买服务内容，实现各类经营主体平等参与。加大社会福利彩票公益金对开展医养结合服务的支持力度。严格按规定执行对医疗和养老机构建设减免行政事业性收费的政策。

（二）加强规划布局和用地保障。各级政府要在土地利用总体规划和城乡规划中统筹考虑医养结合机构发展需要，在城乡新建住宅区，合理规划具有医疗服务和养老服务功能的医养结合设施。同时根据地域分布、功能定位、服务能力、合作意愿、交通和时间成本等因素，整合医疗、康复、养老和护理资源，在老年人口居住集中地区创造条件增加医养结合机构，满足老年人健康养老需求。对非营利性医养结合机构，可采取划拨方式，优先保障用地；对营利性医养结合机构，应当以租赁、出让等有偿方式保障用地，养老机构设置医疗机构，可将在项目中配套建设医疗服务设施的相关要求作为土地出让条件，并明确不得分割转让，严禁改变用途。依法需招标拍卖挂牌出让土地的，应当采取招标拍卖挂牌出让方式。

（三）建立健全健康养老与基本医疗保险衔接机制。畅通养老照护与医保支付的渠道，对护理院（站）、康复医院、养老机构内设的医疗机构等医养结合机构，符合条件的优先纳入城乡基本医疗保险定点范围。提高基层医疗卫生机构为居家老年人提供上门服务的能力，将符合规定的家庭病床、医疗巡诊等医疗费用纳入医保支付范围。参加城镇职工基本医疗保险、城乡居民基本医疗保险的老年人，入住护理型养老服务机构发生的符合政策的医疗费用，分别按照相关规定报销结算。落实好将偏瘫肢体综合训练、认知知觉功能康复训练、日常生活能力评定等医疗康复项目纳入基本医疗保障范围的政策，为失能、部分失能老年人治疗性康复提供相应保障。

（四）探索建立长期护理保险制度。鼓励和支持有条件的地区积极探索建立老年人长期护理保险制度。按照政府主导、社会参与、专业运作、责任共担的机制，探索建立以社会互助共济方式筹集资金，为长期失能人员的基本生活照料和与基本生活密切相关的医疗护理提供资金或服务保障的社会保险制度。按照收支平衡、可持续发展的要求，建立老年人长期护理需求等级评估标准。厘清老年人医疗护理和长期照护的关系，做好医疗护理和长期照护的有机衔接，建立健全长期照护项目内涵、服务标准以及质量评价等行业规范和体制机制，探索建立从居家、社区到专业机构等比较健全的专业照护服务供应体系。

（五）加强人才队伍建设。加强医养结合人才培养培训，将老年医学、康复、护理人才作为急需紧缺人才纳入卫生专业技术人员教育培训规划。完善培养机制，建立岗前教育、岗中培养、继续教育的培养体系。加强专业技能培训，推进养老护理员等职业技能鉴定工作。支持医药卫生类及相关高校、职业学校按规定增设相关专业及课程，加快培养老年医学、康复、护理、中医养生保健、营养、心理和社会工作等方面专业人才。鼓励相关职业院校和培训机构每年面向老年人及其亲属开设一定学时的老年人护理、保健课程或开展专项技能培训。安排康复护理专业人员参加基层医师务实进修培训计划，将慢性病防治、康复、护理、中医专业内容纳入基层卫生岗位练兵训练课程，加强医护人员康复护理能力培养。养老机构内设医疗机构及其卫生专业技术人员纳入卫生计生部门统一指导，在专业培训、继续教育、专业技术职务评聘和推荐评优等方面，与其他医疗机构及其卫生专业技术人员同等对待。全面落实我省薪酬制度改革意见，完善职称评定等激励机制，鼓励医护人员到医养结合机构执业。卫生专业技术人员在养老机构内设医疗机构从事的专业技术工作可计入总工作量中，所取得的与本专业相关的业绩成果予以认可。鼓励高校医疗护理专业毕业生到医养结合机构就业，吸引高层次健康养老服务人才回国就业。

五、组织实施

（一）加强组织领导。各地各部门要充分认识推进医养结合是积极应对人口老龄化的长久之计，是重大民生问题。要在政府统一领导下，把推进医养结合工作纳入深化医药卫生体制改革以及促进养老、健康服务业发展的总体部署，建立政府主导，部门参与的医养结合联席会议制度，统筹协调各方资源，落实工作职责，及时制定出台推进医养结合的政策措施、规划制度和实施方案，把医养结合作为发展养老服务业、健康服务业的重要内容抓紧、抓实、抓出成效。各相关部门要加强协同配合，落实和完善相关优惠扶持政策，共同支持医养结合发展。

（二）抓好试点示范。明确省级医养结合试点县和省级医养结合试点机构，加强政策扶持和资金补助，力争建设一批特色鲜明、示范性强的医养结合试点项目。各地要结合实际积极探索促进医养结合的有效形式，每个设区市至少确定1个县（市、区）开展试点，积累经验、逐步推开。卫生计生、民政部门要会同相关部门密切跟踪各地进展情况，帮助解决试点中遇到的问题，及时总结推广好的经验做法，完善相关政策措施。

（三）加强考核督查。各地要建立以落实医养结合政策情况、医养结合服务覆盖率、医疗机构和养老机构无缝对接程度、老年人护理服务质量、老年人满意度等为主要指标的考核评估体系。各级有关部门要在当地政府的领导下，依据本意见制定具体实施办法，确保如期完成工作目标。省卫生计生、民政部门要会同相关部门加强对医养结合工作的督导检查，定期通报各地工作进展情况，确保各项政策措施落到实处。

浙江省人民政府关于印发浙江省老龄事业发展“十三五”规划的通知

浙政发〔2017〕21号

各市、县（市、区）人民政府，省政府直属各单位：

现将《浙江省老龄事业发展“十三五”规划》印发给你们，请结合实际，认真贯彻实施。

浙江省人民政府

2017年6月1日

浙江省老龄事业发展“十三五”规划

为加快推进浙江省老龄事业发展，积极、科学、综合应对日趋严峻的人口老龄化形势，全面提升老年人福祉，根据《“十三五”国家老龄事业发展和养老体系建设规划》（国发〔2017〕13号）、《浙江省国民经济和社会发展第十三个五年规划纲要》，制定本规划。

一、发展背景

（一）现实基础。“十二五”时期，各地、各有关部门认真贯彻落实省委、省政府决策部署，深入实施积极应对人口老龄化战略，大力推进老龄事业改革创新，全面提升老年人生活和医疗保障水平，着力增强老龄服务供给能力，全省老龄事业取得了长足发展。老年社会保障体系进一步完善，保障水平稳步提高。截至2015年底，职工基本养老保险参保人数达2398万人，正常缴费企业退休人员月人均养老金为2750元；城乡居民基本养老保险参保人数达1286万人，其中60周岁以上领取养老金人数为550.8万人，基础养老金最低标准提高到120元/人月；机关事业单位工作人员养老保险制度改革稳步推进。在全国率先实现城镇居民基本医疗保险与新型农村合作医疗制度整合，全省基本医疗保险参保人数达5195万人。覆盖城乡的新型社会救助体系进一步完善，全省在册老年低保对象为25.35万人；特困人员救助供养制度进一步完善，集中供养老人3.8万人。多层次的养老服务体系初步形成，全省共有各类养老机构2240家、养老床位34.79万张，每千名老年人拥有养老床位35张；居家养老服务网络基本建立，人群覆盖面不断扩大；享受政府购买养老服务的老年人达25万人。基本医疗卫生为老服务能力不断提升，60岁以上老年人健康管理率达64.3%。老年人意外伤害保险稳步实施，老年宜居环境建设扎实推进，老年教育快速发展，文体活动蓬勃开展，老年人精神文化生活更加丰富。老年人依法维权意识不断增强，基本权益得到有效保障。全社会老龄意识逐步增强，敬老爱老助老的社会氛围日益浓厚。

（二）面临形势。"十三五"时期是我省高水平全面建成小康社会的决胜阶段，也是人口老龄化程度持续加重、老龄工作深化提升的重要时期。预计"十三五"期间老年人口年均增长4%，到2020年，60岁以上老年人口将达到1197万人，约占全省户籍人口的23.39%。一方面，随着人口老龄化进程加快，老年人口尤其是高龄、独居、失能老人数量不断增加，对生活照料、康复护理、健康服务、精神文化、适老化生活环境等需求日益增长，老龄事业发展投入的压力加大。劳动年龄人口比例逐年降低，劳动力供给的结构性矛盾逐步显现，应对人口老龄化的任务日趋繁重。另一方面，人口老龄化也蕴藏着发展的新机遇，为养老服务业和老龄产业带来广阔发展空间。党中央、国务院就积极应对人口老龄化作出了一系列重大决策部署，为老龄事业发展指明了方向。我省深入推进供给侧结构性改革，不断加大公共服务和民生领域投入，为发展老龄事业提供了有力保障。同时，我省在老龄工作方面持续探索实践，为实现老龄事业更高水平发展奠定了良好基础；现代科技手段、互联网技术的广泛运用以及全社会对老龄事业发展的关注和支持，也为应对人口老龄化提供了有利条件。

面对新形势、新要求，我省老龄事业发展还存在一定差距。主要表现在：老龄事业相对滞后于经济发展，推进老龄产业发展的体制机制和政策体系尚不完善；对进入老龄化社会的规律性探索和把握有待深化，社会各界对人口老龄化所带来的影响认识不足，积极应对人口老龄化的意识有待增强；老年人社会保障体系还不够完善，制度的公平性和可持续性有待加强；养老服务与健康服务相对薄弱，医养结合亟须深化推进，养老服务队伍建设尚需加强，居家养老服务与老年人需求还有较大差距；老年宜居环境建设尚缺乏社会共识，适老化环境、公益性老龄服务网络建设相对滞后；老年服务资源投入不足、配置效率不高；老龄工作体制机制不够完善，标准化体系建设需要加强；城乡老龄事业发展尚不平衡，农村老龄问题较为突出。全省各地、各有关部门要切实增强紧迫感和责任感，采取积极有效措施，加快推进老龄事业发展。

二、指导思想、基本原则和总体目标

（一）指导思想。深入学习贯彻习近平总书记系列重要讲话精神，以"四个全面"战略布局为统领，以五大发展理念为引领，以"八八战略"为总纲，坚持党委领导、政府主导、社会参与、全民行动的老龄工作方针，深入实施积极应对人口老龄化战略，及时、科学、综合应对人口老龄化，推进全省老龄事业全面协调可持续发展，着力增强全体老年人的幸福感和获得感，为高水平全面建成小康社会奠定坚实基础。

（二）基本原则。

——坚持政府主导，社会参与。加强政策引导、投入支持、市场培育和监督管理，发挥政府在推进老龄事业发展中的主导作用，充分调动社会各方面力量参与、支持老龄事业发展，满足老年人不断增长的物质文化需求。

——坚持积极应对，共建共享。强化积极应对人口老龄化理念，积极应对人口老龄化带来的问题和挑战，充分挖掘人口老龄化带来的新机遇，使广大老年人共享改革发展成果，并在高水平全面建设小康社会中发挥积极作用。

——坚持统筹协调，全面提升。加强顶层设计和系统谋划，建立与经济社会发展和城乡老年人口增长相适应的老龄事业发展战略。加强协调配合，增强综合应对能力，推进城市老龄工作与农村老龄工作、老年人生活保障与服务保障、机构养老与居家养老、老龄事业与老龄产业协调发展，提升老龄工作整体水平。

——坚持突出重点，有序推进。进一步增强涉老政策制定的针对性、协调性、系统性，加强分类指导，着力补齐短板。建立完善特殊困难老年人关爱服务体系，夯实基层和农村老龄工作基础，推进老年宜居环境建设，培育壮大老龄产业，推进老龄事业协调有序发展。

——坚持创新驱动，科技助力。加强老龄政策研究和国际交流，学习借鉴国内外应对人口老龄化的成功经验，结合浙江实际深入探索实践，推动老龄工作理论创新、制度创新、管理创新、服务创新。积极利用互联网等现代科技手段，打造智能养老平台，提升老龄工作的信息化、科学化水平。

总体目标。到2020年，全省老龄工作体制机制更加健全，老龄化应对体系进一步完善，老龄事业与老龄产业发展水平进一步提升，敬老、养老、助老的社会风尚和代际和谐的社会氛围进一步形成，更高水平的"老有所养、老有所医、老有所为、老有所学、老有所乐"得以实现，老年人更有获得感、幸福感。

专栏1 "十三五"浙江省老龄事业发展主要指标

类别	序号	指标	2015年	2020年
社会保障	1	基本养老保险参保率（%）	84.4	95
	2	基本医疗保险参保率（%）	95以上	95以上
养老服务	3	每千名老年人拥有机构养老床位数（张）	35	40
	4	护理型床位占机构床位比例（%）	35.9	50
	5	职业化为老服务人员持证上岗比例	77.38	95
医疗健康	6	人均预期寿命（岁）	78.22	78.5
	7	二级以上综合医院和中医医院设立老年病科比例（%）		70以上
	8	65岁以上老年人健康管理率（%）		70以上
文化教育	9	建有老年学校的乡镇（街道）比例（%）		60以上
	10	经常性参与教育活动的老年人口比例（%）	12.78	20以上
社会参与	11	农村老年协会依法登记率（%）	8.53	12以上
	12	老年志愿者注册人数占老年人口总数比例（%）		12
宜居环境	13	新建（扩建）公共设施和涉老设施无障碍率（%）		100
投入保障	14	福利彩票公益金用于养老服务业的比例（%）		50以上

三、主要任务

（一）完善老年收入保障制度。坚持全覆盖、保基本、多层次、可持续的要求，健全完善以社会保险、社会救助、社会福利为基础，以公益慈善事业、商业保险为补充的养老保障体系，加强对老年人精准救助工作，稳步提升老年人生活保障水平。

1. 完善基本养老保险制度。按照国家统一部署，建立基本养老保险待遇正常调整机制，有序提高退休人员基本养老金和城乡居民基础养老金标准，逐步缩小老年人群之间养老金待遇差距。继续实施机关事业单位养老保险制度改革。健全多缴多得、长缴多得的基本养老保险激励机制，完善基本养老保险关系转移接续政策，促进人员有序流动。大力实施全民参保计划，推进统一的城乡居民基本养老保险制度建设，加强传统海洋捕捞渔民等重点人群的养老保障，基本实现法定人员全覆盖。坚持市场化、多元化方向，积极稳妥推进社保基金投资运营，实现基金保值增值。

2. 完善困难老年人社会救助体系。着力完善救助政策，建立科学合理的低保标准确定机制，稳步提高低保标准，适当扩大低保覆盖面，推进低保从侧重收入型贫困救助向收入型和支出型贫困救助并重转变。完善特困人员救助标准动态调整机制，健全临时救助制度，完善社会救助信息管理系统，推进社会救助信息部门互通共享和各类救助项目有机衔接。全面提升救助水平。加强政策宣传和督促检查，健全家庭收入状况核对机制，实施特困老年人精准帮扶，确保因各类突发状况导致生活困难的老年人得到及时有效救助。鼓励社会力量参与特困老年人生活救助，开展志愿服务活动。

3. 发展补充性养老保险和老年金融服务。鼓励和引导用人单位建立企业年金、职业年金，鼓励支持商业保险机构开发形式多样的养老保险产品，探索个人税收递延型商业养老保险，实现补充性养老保险与基本养老保险有机衔接，形成多层次的老年收入保障体系。发展有特色的老年金融服务。鼓励金融机构针对老年群体的特点和需求开发各类理财产品，提供相应金融服务。加强金融理财知识宣传，引导老年投资者选择合适的理财产品，逐步树立积极的养老意识。完善老年金融消费政策措施，保护老年投资者的合法权益。

（二）推动养老服务全面发展。全面落实《浙江省社会养老服务促进条例》，推进以居家为基础、社区为依托、机构为补充、医养相结合的养老服务体系建设，到2020年基本形成科学合理、适度超前的养老服务总体格局。

1. 提高养老公共服务水平。完善居家养老服务设施布局，整合社区服务资源，加快城乡居家养老服务综合性设施建设，到2017年，基本实现农村社区居家养老服务照料中心全覆盖，全省城乡社区形成20分钟左右的居家养老服务圈。充分利用服务业发展专项资金，鼓励和引导社会组织、家政服务企业等参与居家养老服务。加强居家养老服务机构专业化建设，加快培训培养护理、保健、家政等各类专业服务人员。建立健全养老护理志愿者制度。开展智慧养老社区建设，提高居家养老服务水平。

优化养老服务机构布局，加快发展民办养老机构，稳妥推进公办养老机构改革，增强机构养老服务能力。新建公办养老机构要以护理型为主。到2020年，每千名老年人拥有机构养老床位达到40张，其中，民办（民营）机构养老床位占比力争达到70%，护理型床位占比不低于50%。探索发展社区嵌入式养老机构。通过公建民营、购买服务等措施，持续推进民办养老机构发展。强化养老服务机构之间的功能整合和资源共享，大力支持社会力量兴办以长期照料、专业护理和临终关怀为主的护理型养老机构。鼓励养老机构继续投保责任保险，鼓励保险公司承保责任保险。

2. 创新养老服务供给方式。大力推进养老服务社会化、市场化、产业化，将养老服务列入服务业发展的重点领域。坚持政府引导与市场化运作相结合，全面放开养老服务市场，创新养老服务供给方式，促进营利性和非营利性养老服务业协调发展。充分发挥社区平台作用，组织引导养老机构、医疗机构、社会力量为居家老年人提供服务。推行家庭医生制度，鼓励城乡社区居家养老服务照料中心等开设护理站、医务室，加强老年人心理疏导、心理咨询、危机干预和精神慰藉等工作。适度发展市场化的中高端养老服务产业，满足多层次、个性化养老服务需求。建立养老服务供给准入标准和服务质量标准体系，完善考核、评价和监督机制。

3. 推进照护服务体系建设。完善养老服务补贴制度，建立健全家庭经济状况核对机制和基本生活能力评估机制，合理制定补贴标准及动态调整办法，为低保、低收入的失能失智老人，以及独居、高龄老人等提供生活补贴。建立完善农村留守老人关爱服务政策。探索建立家庭养老支持政策，完善农村计划生育家庭奖励扶助和特别扶助制度，研究制定独生子女父母特别是独生子女死亡或伤残的老年人生活服务政策。整合社区和社会组织资源，做好高龄独居和丧偶老年人的精神关爱工作。

积极发展长期护理保险，深入调查研究，积极稳妥开展试点，推进长期护理保险制度与家庭养老支持政策体系有机衔接。建立完善医疗卫生机构与养老机构合作机制，支持养老机构提供卫生服务，鼓励社会力量兴办医养结合机构。鼓励养老机构开展中医药特色的养生保健、医疗、康复、护理服务，建立12个省级养老示范医疗机构。

专栏2　老年人照护服务提升工程

1. 社区居家养老服务照料中心能力建设项目。整合社区服务资源，加快完善社区居家养老服务照料中心设施，加强照护功能建设，配备专业护理人员；建立照料服务评估体系，采取政府购买服务的方式，满足老年人日间照料服务需求；制定相关规范，对日间照料中心的服务对象、服务项目、服务标准、运行机制等作出明确规定，提升日间照料服务能力。

2. 长期护理保险试点与推广项目。指导有关地区试行长期护理保险制度，明确参保人员、享受待遇人员、缴费标准、待遇水平等，为推开期护理保险积累经验。

3. 老年人照护服务评估体系建设工程。结合国内外经验，建立老年人照护服务评估体系，统一规范服务对象、服务标准、服务规程、服务质量的评价标准，科学评估老年人的生活自理能力和照护服务需求，并提供相应的照护服务，提升照护服务效率和服务质量。

4. 农村留守老人关爱服务工程。提升农村社区居家养老服务照料中心服务能力，扩大服务覆盖，引导城市养老服务资源向农村延伸，支持居家养老服务企业和为老服务组织为留守老人提供日常探视、生活照料、应急救助和家政服务。支持农村老年协会开展“银龄互助”，动员社会力量为农村留守老人办实事、解难题、送温暖。

（三）提升老年人健康服务。以“健康浙江”建设为引领，健全完善以基本医疗保险为主体、大病保险为延伸、医疗救助为托底、社会慈善和商业保险等其他保障形式为补充的多层次医疗保障体系，提升老年医疗卫生服务能力，满足老年人多元化健康服务需求。

1. 完善基本医疗保险制度。完善参保缴费政策，建立稳定可持续的医疗保险筹资机制。完善职工基本医疗保险个人账户政策，完善门诊统筹，逐步提高统筹层次。加强职工医保与居民医保的衔接。完善城乡居民大病保险政策，逐步提高老年人重特大疾病医疗保障水平。进一步推广慢性病连续处方制度，方便老年人就医。进一步优化基本医疗保险经办管理，建立全省统一的城乡居民基本医疗保险经办管理体制。推进医保支付方式改革，建立复合式医保付费方式，进一步推进跨省异地就医住院医疗费用直接结算。

2. 完善医疗救助制度。健全完善疾病应急救助制度，提高医疗救助水平。引导社会力量参与医疗救助，实现救助需求、资金提供与服务提供三方对接。促进医疗救助制度和基本医疗保险制度、大病保险制度有机衔接，解决困难群众基本医疗保险目录外医疗费用负担重的问题。推进医疗救助与社会慈善有机衔接，使慈善资源成为医疗救助的重要补充。规范医疗救助对象认定办法，将特困供养人员、低保人员、低保边缘家庭老人和因病致贫人员等纳入医疗救助范围。

3. 发展补充性医疗保障。加强政策引导，鼓励发展商业医疗保险、互助合作医疗保险、老年人意外伤害保险和医疗慈善等补充性医疗保障，切实减轻老年人医疗费用负担。

4. 提升老年医疗卫生服务能力。建立健全老年医疗卫生服务体系，鼓励发展老年康复医院、老年保健院、临终关怀医院等机构，为老年人提供综合性健康管理服务。到2020年，70%以上的二级以上综合医院和中医医院设立老年病科。加强养老服务和医疗服务资源布局规划衔接。加强对老年人常见病、慢性病的健康指导和综合干预，推进老年人重大疾病防治工作，重视老年病医学专家培养，发挥中医药在老年医疗服务中的积极作用。拓展社区健康服务，提高社区为老年人提供日常护理、慢性病规范化管理、康复、健康教育和咨询、中医保健等服务的能力。鼓励医疗机构将疾病预防、医疗护理、康复服务等延伸至社区和家庭，为失能、半失能老人设立“家庭病床”，优先对60岁以上老年人提供责任医生签约服务。加强对老年人健康生活方式和健身活动的指导，增强老年人的自我保健意识和能力，提升老年人健康素养。基层医疗卫生机构为辖区内65周岁以上老年人普遍建立健康档案，开展健康管理服务。支持市场主体开发和提供专业化、多形式的家庭健康服务。完善基本药物制度，优化基层医药卫生机构管理机制，确保老年人所需药物正常供应。

专栏3 老年人健康服务提升工程

1. 老年人医疗健康促进计划。到2020年，在全省建成200个有较强服务能力的中心镇医疗卫生机构，强化老年医疗、疾病预防、康复能力建设等技术服务，逐步增加老年病床位。稳步提高各项医疗保障报销比例，逐步降低个人支付比例，进一步完善基本医疗保险家庭病床政策。

2. 老年人慢性病管理计划。重视老年人慢性病防治工作，推进全省老年人慢性病监测体系建设，加强高血压、糖尿病等重点慢性病的社区规范化管理，高血压、糖尿病规范化管理率达到70%以上。推进高危人群社区管理工作，加强医防整合，提高老年人慢性病异地诊疗和管理水平。

3. 老年人意外伤害保险推进计划。逐步建立政府引导、市场运作、体现公益、投保自愿、覆盖全省的老年人意外伤害保险制度，并进一步扩大参保人群，提高统筹层次，推进规范运作。进一步加大财政支持力度，为高龄老人、城乡特困人员、重点优抚对象等群体参加老年人意外伤害保险提供支持。

（四）丰富老年人精神文化生活。保障老年人基本文化权益，满足老年人文化需求，到2020年基本形成老年文化建设新局面，老年人普遍享有基本公共文化服务，老年教育事业更加繁荣，老年特色文化活动广泛开展，老年文化队伍不断壮大，老年文化产业快速发展。

1. 大力发展老年教育。推进老年教育改革创新。把老年教育纳入终身教育体系，进一步理顺老年教育管理体制，加强统筹规划，发挥广播电视大学和社区大学（学院）在老年教育中的带头作用，推进浙江老年电视大学基层分校实体化办学。健全老年大学办学机制，构建面向基层、覆盖城乡、多层次、多形式的老年教育服务体系。到2020年，经常性参加教育活动的老年人口比例达到20%以上；县级以上城市至少有1所老年大学，60%以上的乡镇（街道）建有老年学校。加强各类老年教育机构合作，促进资源共享。

创新老年教育载体，引导公共教育资源向老年人有序开放。推动广播电视大学系统以及浙江老年电视大学利用现代远程教育手段建立远程老年学习支持服务体系，打造在线学习平台和“空中课堂”，推动“互联网＋老年教育”发展。发放统一的市民终身学习卡，推广“终身教育券”。完善老年教育帮扶机制，加大福利彩票公益金等对老年教育的支持力度，改善老年教育机构基础设施和办学条件。

加强老年教育工作者队伍建设。推进老年教育师资库建设，形成数量稳定、规模合理、结构优化，以专职人员为骨干、兼职人员和志愿者相结合的教学和管理队伍。支持高校开发老年教育课程。整合社会优秀人才资源，特别是充分发挥离退休专业技术人员的专业特长和优势，为老年教育提供服务。建立老年教育教师岗位培训和继续教育制度、职称评聘制度，实现专职人员在薪酬福利、业务进修、职称评聘等方面享有同等相关政策。

2. 增加老年基本公共文化产品供给。深入推进公共图书馆、博物馆、文化馆、纪念馆、美术馆等文化设施免费开放工作。整合城乡社区各类老年活动设施资源，支持各类公共场所为老年人开展文化活动提供方便，鼓励报刊、电台、电视台开辟老年专版、老年频道、老年栏目。推进各级各类老年活动中心转型升级，支持开展特色老年文化活动，打造更多老年品牌文艺团队，深化文化养老服务内涵。支持优秀老年文艺团队、文艺节目参加文化广场等活动。加强老龄宣传教育作品的创作与生产，推出一批老年人题材和符合老年人特点的优秀剧目、优秀图书、优秀影视片，鼓励制作适合微博、微信、移动客户端等新兴媒体传播的老年文化作品，鼓励制作老龄公益广告。

3. 促进老年体育事业发展。坚持重在基层、面向全体，发展各种类型的老年人体育组织，逐步形成比较完善的老年人体育组织网络，到2020年，90%的乡镇（街道）建有老年人基层体育活动组织，城乡社区普遍建立老年人健身活动站点和体育团队。加快推进老年体育活动中心（俱乐部）建设，建成达到省级标准的老年体育活动中心（俱乐部）500个。加强老年人体育健身场地设施建设，全省公共体育设施全部向老年人开放，并为老年人提供有关免费服务项目。举办浙江省第七届老年人运动会。广泛开展老年人群众体育品牌建设，设立高水平的老年人特色体育活动项目。加强老年人体质状况监测，开发符合老年人生活习惯和生理心理特点的健身活动项目。

专栏4 老年教育提升工程

1. 老年教育“个十百千”计划。建设1个全省统一的老年教育工作管理体系；建设10个高水平老年学校（老年电大分校），成为老年教育示范窗口；建设100个老年教育示范基地、1000个社区（村）标准化教学点。

2. 老年教育均衡布局计划。所有市、县（市、区）广播电视大学和社区大学（学院）增挂老年开放大学牌子，进一步完善老年教育办学体系。积极推动浙江老年电视大学分校实现实体化办学和单位法人登记。

3. “网上老年大学”建设计划。加大统筹力度，促进现有远程老年教育。网络的互联互通、资源共享，扩大远程老年教育的覆盖面，基本形成覆盖城乡的远程老年学习支持服务体系。

（五）促进老年人社会参与。树立积极应对人口老龄化理念，重视发挥老年人的知识、经验等优势，为老年人参与社会发展营造良好氛围，提供政策支持和服务。

1. 增强积极应对人口老龄化意识。大力宣传积极应对人口老龄化理念和老有所为先进典型，引导全社会正确看待和积极接纳老年人，进一步营造支持老年人参与社会发展的良好氛围。引导广大老年人树立终身发展理念，积极面对老年生活，保持身心健康，参与社会发展，提高生活品质。

2. 开发老年人力资源。将老年人才开发利用纳入各地人才队伍建设总体规划。鼓励支持老年人参与从事生产经营、社会公益和志愿服务活动，充分发挥老年人在技术咨询、教育培训、文化建设、社会治理等方面的积极作用。建立老年人就业权益保障制度，推动用人单位与受聘老年人签订劳动保障相关协议，依法保护其劳动权利和合法收益。将老年人才资源信息纳入统一的人才资源信息平台，鼓励服务机构开展老年人才信息服务，推进老年人才市场建设。

3. 促进老年人积极参与社会事务。积极发挥老年人在家庭教育中的作用以及在化解社会矛盾中的经验和优势。发挥老年人对年轻人的传帮带作用。鼓励机关、企事业单位、社会组织和城乡社区为老年人提供适宜的工作岗位，支持老年人积极参与优良传统教育、社会公益慈善、基层社会治理、精神文明建设等活动。广泛开展“银龄互助”活动，倡导和支持低龄、健康老年人为高龄、失能老年人提供服务。鼓励老专家、老知识分子积极参与面向基层、农村的送医疗、送科技、送文化等志愿服务行动，推行志愿服务记录制度。到2020年，老年志愿者注册人数达到老年人口总数的12%。

4. 培育发展老年社会组织。坚持扶持发展和规范管理并重，加强老年社会组织的登记管理和工作指导，采取政府购买服务等措施，加大对公益性、互助性、服务性、专业性基层老年社会组织的支持力度。发挥老年社会组织的平台作用，参与或承办政府有关人才培养、项目开发、课题研究、咨询服务等活动。加强基层老年协会建设，提升服务能力，规范日常管理。

专栏5 基层老年协会建设促进工程

推动农村老年协会依法登记和备案管理，到2020年依法登记率达到12%以上。支持老年协会建设，开展政府购买老年协会服务和公益项目试点工作，创新老年人互助服务机制，开发一批方便老年协会参与的公益服务项目。引导各方面资源和力量为老年协会提供培训指导和帮助。依托基层老年协会建立为老志愿服务站，带动周边社会组织和机构开展经常性为老志愿服务。

（六）营造老年宜居颐养环境。以安全、便利、舒适为目标，加强老年宜居环境建设，加快实施适老化改造，营造孝亲敬老社会氛围，提升老年人宜居安养水平。

1. 着力推进涉老设施建设与改造。优化老年人生活环境。统筹推进适合老年人的公共基础设施、生活服务设施、医疗卫生设施和文化体育设施建设，提升室外空间、建筑、住所、交通和各类设施建设的适老性、可及性和便利性。新建（扩建）的城市道路、公共设施和养老机构等的无障碍率达到100%。

加快推进适老化改造。严格执行《城市道路和建筑物无障碍设计规范》要求，新建、改建公共建筑、城市道路、公共设施和场所。积极推动扶持残疾、失能、高龄等老年人家庭开展适老化家庭住宅装修、家具设施、辅助设备等建设、配备、改造工作，对困难老年人家庭给予适当补助。积极推进居住区公共设施无障碍改造，重点对坡道、楼梯、电梯、扶手等公共设施接点进行改造。积极推进既有多层住宅加装电梯工作。引导、支持开发老年宜居住宅和代际亲情住宅。加大城镇棚户区改造和村庄整治建设力度，优先满足老年人住房安全需要，解决困难老年人住房突出问题。继续推进农村危房改造，改善农村老年人居住环境。

2. 营造尊老敬老的社会文化环境。加强尊老敬老宣传教育。在全社会开展人口老龄化国情、省情教育，并将其纳入干部教育培训内容。将弘扬孝亲敬老纳入社会主义核心价值观宣传教育，利用传统重要节日，广泛开展多种形式的尊老敬老活动，扎实开展“敬老月”活动。深入推进孝文化进机关、进学校、进社区活动。加强文明家庭建设，传承孝老家风，引导子女更好履行赡养责任。开展“全省敬老养老助老活动”评选表彰，大力宣传孝亲敬老先进典型，弘扬尊老敬老传统美德。

完善老年人社会优待政策。逐步提高老年优待工作法制化水平，修订完善《浙江省优待老年人规定》。改革优待方式，提高优待标准，扩大覆盖面，推进常住老年人与户籍老年人享受同等优待，推动城乡老年优待工作均衡发展。加强老年优待工作的监督检查，确保各项优待政策落到实处。积极组织动员涉老工作部门、为老服务组织和公共服务窗口开展“敬老文明号”建设活动，为老年人提供优先、优惠、优待服务。

深化老年宜居环境建设活动。从老年人实际需要出发，加快老年宜居环境建设，全方位提升人居环境质量。深入推进“老年友好城市”建设，制定建设标准体系，完善建设机制，规范长效管理，提升建设水平。动员各地、各有关部门和社会各界积极支持、参与老年宜居环境建设，为老年人提供安全、便利和舒适的环境。加大老年宜居社区建设力度，到2020年，60%以上城市社区达到老年宜居社区基本条件，40%以上农村具备老年宜居社区基本条件。

专栏6 敬老环境建设工程

1. 开展人口老龄化国情省情教育活动。健全完善老年人口和老年人生活状况统计调查和发布制度，加快推进省老龄统计系统升级，定期开展城乡老年人生活状况抽样调查，每年发布老年人口和老龄事业发展统计公报。加大新闻宣传力度，组织开展以人口老龄化国情省情、老龄政策法规为主要内容的主题宣讲活动，着力增强全社会积极应对人口老龄化的思想观念。

2. 开展孝文化“三进”活动。广泛开展孝文化进机关、进学校、进社区活动，到2020年，孝文化“三进”活动覆盖到90%以上的城乡社区、中小学校和机关事业单位。深入开展“敬老爱老助老”主题教育，挖掘敬老爱老宣传教育资源，开展“全省敬老养老助老活动”评选表彰。

3. 深化“敬老文明号”建设活动，推动涉老部门、为老服务组织、公共服务窗口单位充分利用自身资源和条件，深入社区和家庭为失能半失能老人、贫困老人开展物质帮扶和精神关爱服务。

（七）保障老年人合法权益。全面落实“法治浙江”建设要求，进一步健全老年人权益保障机制，推进老年人法律服务和法律援助工作，切实保障老年人合法权益。

1. 健全涉老法规政策。全面贯彻实施《中华人民共和国老年人权益保障法》，推动修订完善《浙江省实施〈中华人民共和国老年人权益保障法〉办法》。以老年人家庭赡养、社会保障、养老服务、医疗卫生、文化教育、社会参与、宜居环境等为重点，着力推动完善相关法规、制度和政策，加强统筹协调，实现有机衔接，增强合力。

2. 加强老年法规政策宣传教育。全面实施“七五”普法涉老规划，深入开展“国家宪法日暨全国法制宣传日”“浙江法制宣传月”和“敬老月”宣传活动，全面开展涉老法规政策宣传教育，引导全社会增强接纳、尊重、帮助老年人的关爱意识和老年人自尊、自立、自强的自爱意识，共同做好老年人权益保障工作。鼓励法律工作者积极开展为老志愿者服务活动，为老年人提供法律咨询、防诈骗宣传等服务，帮助老年人学法、懂法、守法，提高法律意识，依法维护自身合法权益。

3. 加大法律服务和法律援助力度。加快推进各级法律援助站建设，健全服务网络，创新服务方式，畅通服务渠道。拓宽老年法律服务和法律援助覆盖面，方便基层社区和农村老年人及时就近寻求法律帮助。推行老年法律援助绿色通道，对老年人法律援助案件，实行优先立案、优先解答、优先指派。对高龄、空巢、失独、失能半失能、失智及经济困难等特殊老年群体，进一步降低援助门槛，增加援助项目，减免服务费用；对行动不便、患病残疾老年人实行电话预约和上门服务等，提升便捷服务水平。倡导法律援助服务机构开展为老法律服务专项活动，与当地老龄工作机构或为老服务单位签订法律服务协议，为老年人提供优质高效的法律服务和法律援助。

4. 加大涉老违法行为执法力度。完善执法体系，严厉打击侵害老年人合法权益的各类违法犯罪行为，开展针对老年人的各类诈骗和家庭暴力案件的专项整治。充分发挥基层党组织、群众自治组织和老年社会组织在老年维权方面的作用。构建警民互动的社区治安防控体系，加强社区治安巡逻和小区物业管理，提升老年人居住安全感。加强社区管理机制创新，及时排查和化解涉及老年人的矛盾和纠纷。加大对赡养人承担赡养责任的监督力度。

（八）培育壮大老龄产业。坚持走市场化、社会化、专业化道路，通过制度创新、法律规范、政策扶持和市场培育等方式，进一步优化老龄产业发展环境。

1. 培育老龄产业体系。着力培育老年医疗护理、老年生活照料、老年教育咨询、老年文化娱乐、老年旅游养生、老年保险理财、专业养老地产等领域新的增长点，重点支持智慧养老发展。支持和促进老年护理、康复辅具、电子呼救（叫）等老年用品、服务产品的研发、生产和销售，开展老年人家庭服务、养生保健、旅游休闲、金融理财、临终关怀等特色服务。发展老年旅游市场，为老年人提供更多旅游产品。完善旅游景区、宾馆饭店、旅游线路等涉及老年人的服务设施和项目，规范老年旅游服务市场秩序，推进老年养生旅游示范基地建设。发展面向老年人的数字出版、互动新媒体、移动多媒体等新兴文化产业。鼓励商家设立老年用品专柜、专卖店，支持建立老年用品专业市场和网络交易平台。

2. 完善老龄产业政策。建立政府引导、部门推动、行业管理、社会参与、市场有序竞争的老年产业发展机制。加快制定扶持老龄产业发展的信贷、投资等政策。建立老龄产业发展基金，打造老龄产业园区。制（修）订老年用品和服务产品的质量、规格认证标准，推进老年服务机构的专业化、市场化运作，形成一批老龄产业知名品牌。培育行业中介组织和行业协会，加强行业自律、服务和监管。

四、保障措施

（一）加强组织领导。各地、各有关部门要充分认识发展老龄事业对高水平全面建成小康社会的重要意义，进一步健全党委统一领导、政府依法行政、部门密切配合、群团组织积极参与、上下左右协同联动的老龄工作机制，将老龄事业发展纳入当地经济社会发展总体规划和年度重点工作计划，列入各级政府为民办实事项目。理顺老龄工作管理体制，强化各级老龄工作机构整合资源和综合协调能力，切实保障与老龄工作发展需求相适应的人力、物力和工作经费。完善基层老龄工作组织网络，确保老龄工作在基层得到有效落实。

（二）完善投入机制。根据我省老年人口持续增长的实际，充分考虑经济社会发展水平及城乡、区域的发展差异，建立稳定的老龄事业经费投入保障机制。省本级福利彩票公益金和各级政府用于社会福利事业的彩票公益金，50%以上用于支持发展养老服务业，并随老年人口的增加逐步提高投入比例。积极发展慈善事业，倡导社会各界对老龄事业进行慈善捐赠。吸引社会资金投入，鼓励、支持社会力量兴办老年服务设施，逐步形成多元投入机制。

（三）壮大工作队伍。配齐配强老龄工作力量，加强老龄工作队伍建设。加快养老服务业人才培养，引导并支持高校、中等职业学校开设养老服务相关专业，完善养老护理人员职业培训和职业资格认证工作。到2020年基本实现养老护理人员全部持证上岗，持有初级以上职业资格证书人员占比达到50%以上。加强社会工作者的专业能力建设，充分发挥社会工作者在为老服务中的作用。大力发展为老服务志愿者队伍，开展常态化志愿助老服务。

（四）强化技术保障。利用互联网、大数据等技术，加快信息化建设，积极发展科技养老、智慧养老。在实施“互联网＋”行动计划的基础上，建设科技养老服务平台，完善科技养老服务体系。鼓励研发机构开发标准化、智能化、信息化的高科技养老服务设施。建立覆盖城乡、互联共享的养老服务信息化平台，及时发布相关信息，建立老年人电子信息档案。加强老龄工作信息化建设，推动各级各部门涉及老年人的基础信息按规定要求分类分级互联共享，规范并完善老龄事业统计调查和发布等工作制度。

（五）实施检查评估。各地、各有关部门要根据本地人口老龄化形势和老龄事业发展实际，按照本规划的要求，制定具体的实施方案并加强监督检查。科学设置评估指标体系，健全第三方评估机制，对规划实施情况开展中期评估和年度综合评估工作，及时准确掌握规划实施进展情况，协调解决重大问题，推进本规划各项任务的全面落实。

浙江省人民政府办公厅关于进一步健全特困人员救助供养制度的实施意见

浙政办发〔2017〕1号

各市、县（市、区）人民政府，省政府直属各单位：

为进一步推进我省特困人员救助工作，保障特困人员基本生活，根据国家《社会救助暂行办法》《国务院关于进一步健全特困人员救助供养制度的意见》（国发〔2016〕14号）、《浙江省社会救助条例》，经省政府同意，现提出如下实施意见：

一、把握工作要求

特困人员是指无劳动能力、无生活来源且无法定赡养抚养扶养义务人或者其法定义务人无履行义务能力的城乡老年人、残疾人以及未满16周岁的未成年人。保障城乡特困人员基本生活是完善社会救助体系、保障改善民生的重要举措；是坚持共享发展、建设高水平全面小康社会的必然要求。近年来，全省各地、各有关部门大力推进城乡特困人员救助供养工作，城乡特困人员的集中供养率保持在97%以上，切实保障了特困人员的基本生活。同时，我省特困人员救助供养还存在着供养标准不统一、相关政策不衔接、服务标准不高、管理不规范等问题。对此，各地、各有关部门要引起高度重视，深入贯彻落实中央和省委、省政府的有关部署要求，坚持政府主导、属地管理、社会参与，城乡统筹、政策衔接、水平适度的原则，拉高标杆，补齐短板，建立完善与经济社会发展水平相适应的特困人员救助供养制度，进一步强化特困人员生活保障，提高特困人员照护水平。

二、明确救助供养的内容和标准

特困人员救助供养内容包括提供基本生活条件、对生活不能自理的给予照料、提供疾病治疗、办理丧葬事宜等。同时，对符合规定标准的住房困难的分散供养和“户院挂钩”特困人员，通过配租公共租赁住房、发放住房租赁补贴、农村危房改造等方式给予住房救助；对在义务教育、高中教育（含中等职业教育）阶段就学的特困人员，给予教育救助；对普通高等教育阶段就学的特困人员，根据实际情况给予适当教育救助。

特困人员救助供养标准包括基本生活标准和照料护理标准。城镇特困人员基本生活标准按不低于上年度当地城镇居民家庭人均消费性支出的50%确定，农村特困人员基本生活标准按不低于当地城镇特困人员基本生活标准的80%确定。各市、县（市、区）基本生活标准由市、县（市、区）民政部门会同财政、统计部门拟定，报本级政府批准。特困人员照料护理标准参照我省重度残疾人护理补贴标准执行，分为生活完全不能自理、基本不能自理、部分不能自理三档。

三、做好制度衔接

统筹做好特困人员救助供养制度与城乡居民基本养老保险、基本医疗保障、最低生活保障、孤儿基本生活保障、社会福利等制度的有效衔接。符合相关条件的特困人员，可同时享受城乡居民基本养老保险、基本医疗保险等社会保险和高龄津贴等社会福利待遇。纳入特困人员救助供养范围的，不再适用最低生活保障政策，不再享受养老服务补贴。纳入孤儿基本生活保障范围的，不再适用特困人员救助供养政策。纳入特困人员救助供养范围的残疾人，不再享受困难残疾人生活补贴和重度残疾人护理补贴。

四、强化规范管理

加强特困人员供养服务机构设施、卫生、食品药品、安全等管理工作，确保机构安全运行。针对当前部分集中供养服务机构设施陈旧、条件简陋、消防不规范的问题，按照关停一批、撤并一批、整改一批的要求，加大整改力度，确保集中供养设施符合有关标准和规范。做好特困人员供养服务机构事业单位法人登记工作。

加强特困人员供养服务机构工作人员配备，护理人员与生活自理供养人员、生活不能自理供养人员的比例，分别不低于1∶10和1∶4。

健全供养服务机构内部管理制度，加强对特困人员救助供养资金管理使用情况的监督检查，严肃查处挤占、挪用、虚报、冒领等违纪违法行为。

五、提升服务质量

各地要对现有农村五保对象、城镇“三无”人员，以及其他符合救助供养条件的困难群众进行全面普查，掌握特困人员相关信息，实行“一人一档”。进一步健全特困人员发现、申请、审核、审批和终止救助供养机制，确保符合条件的全部纳入救助供养，不符合条件的及时办理终止救助供养手续，切实做到应救尽救、应养尽养、应退尽退。特困人员救助供养的审核、审批和终止，应按规定予以公示。

对集中供养的特困人员按照养老机构服务标准和分级护理标准开展服务，不断提高服务的规范化、标准化、专业化水平。对少数因特殊原因没有集中供养的特困人员，做好“户院挂钩”工作，由挂钩的供养服务机构做好供养经费的管理使用工作，并将供养经费发放给本人或支付给受委托提供照料服务的机构、组织或个人。积极探索通过政府购买服务、慈善捐赠、志愿服务等方式为特困人员提供服务和帮扶，满足特困人员各类服务需求。提高工作人员薪酬待遇，加强专业人才培训培养，保持管理服务队伍相对稳定，提高服务质量。

六、加强组织保障

各级政府要高度重视特困人员救助供养工作，切实加强组织领导，强化托底保障职责。要强化资金保障，将政府设立的供养服务机构运转费用、特困人员救助供养所需资金列入财政预算。省财政将根据各地财力、特困人员数量，每年在财政预算中安排一定资金转移支付各地，用于特困人员生活、医疗补助。

民政部门要切实履行主管部门职责，发挥好统筹协调作用，加强特困人员救助供养工作日常管理、能力建设。其他相关部门要按照职责分工，积极配合做好特困人员救助供养相关工作，实现信息互联互通、资源共享，形成齐抓共管、整体推进的工作格局。

各地要将特困人员救助供养制度落实情况作为督查督办的重点内容，定期组织开展专项检查。要结合实际制定贯彻实施办法，抓好工作落实。

本实施意见自颁布之日起施行。此前文件规定与本实施意见规定不一致的，按本实施意见执行。

浙江省人民政府办公厅

2017年1月4日

浙江省民政厅等6部分关于做好养老院服务质量整治工作的实施意见

浙民福〔2017〕174号

各市、县（市、区）民政局、公安局、卫生计生委、质量技术监督局、市场监督管理局（食品药品监管局）、老龄办：

今年3月全国养老院服务质量专项行动工作启动以来，我省认真贯彻落实国家养老院服务质量建设专项行动要求，及时制定下发了《浙江省实施养老院服务质量建设专项行动方案》，成立了以省民政厅王剑侯厅长为组长，省级相关部门为成员的全省养老院服务质量推进工作小组，组织了全省养老院服务质量建设专题培训班，并对各地开展养老院服务质量建设专项行动工作进行具体的督查和指导。各级相关部门认真履行职能，按照《浙江省养老院服务质量大检查指南》6个方面120项重点指标，认真开展自查和核查工作，做到边查边整改，收到了良好的效果，目前，专项行动转入大整治大提升阶段。为认真贯彻落实8月18日全国养老院服务质量推进视频会议和民政部等7部（委、局、办）《关于做好全国养老院服务质量整治工作的意见》（民发〔2017〕157号）精神，进一步落实责任，切实做好整改工作。现提出如下实施意见：

一、指导思想

深入贯彻习近平总书记系列重要讲话精神，认真落实党中央、国务院决策部署，树立以人为本、精细管理、持续改善的服务理念，坚持统筹推进、分工协作、全体动员的指导方针，坚持聚焦问题、突出重点、一院一策的工作策略，集中力量、集中时间抓出整治成效。

二、目标任务

10月底前完成2017年养老院服务质量整治的主要工作，实现《浙江省养老院服务质量大检查指南》基础性指标不合格机构整治率达到100%、合格率达到70%以上，养老院安全隐患基本消除，养老院管理制度基本完善，安全设施设备进一步齐备，全省养老院服务质量明显改善，养老院管理服务迈上新台阶，进一步增加老年人养老服务获得感和满意度。

三、组织实施

省民政厅、公安厅、卫生计生委、质量技术监督局、食品药品监管局、老龄办组织部署全省养老院服务质量整治工作，并按职责分工推进所辖业务工作。各地民政部门要认真总结分析辖区内养老院服务质量大检查数据，梳理出问题清单提交各有关部门按照职责分工推进整治，依据《浙江省养老院质量建设整治方案》（附件2），结合当地养老院服务质量整治实际，做到每个市、县（市、区）制定一个整治方案、每个养老院制定一个整治方案。市级专项行动领导小组要加强对下级部门的监督指导，县级民政部门要督促协助养老院做好整治工作，要对照《浙江省养老院服务质量整治指南》（附件3）开展整治工作，做到一级抓一级，层层抓落实。专项行动工作进展及重大问题要及时向当地党委政府汇报，争取重视与支持。

四、主要措施

（一）完善制度设计。各地要认真贯彻落实民政部、质检总局、国家标准委出台的《养老服务标准体系指南》《养老机构服务标准体系指南》《养老机构服务质量基本规范》《养老机构服务质量等级评定与划分》等文件和标准，以及住房和城乡建设部、公安部、民政部《建筑设计防火规范》等相关标准和食品药品监管总局、民政部有关加强养老院食品安全管理的指导意见。深入推进养老服务领域放管服改革，全面放开养老服务市场，不断提升养老服务质量。针对辖区内养老院因制度设计不完善导致的普遍性服务质量问题，各地各部门要研究完善相应制度，建立养老院服务质量提升的长效机制。

（二）加强未许可养老院的分类处置。贯彻落实省民政厅、省发改委等13个部门《转发民政部、发展改革委等13部委关于加快推进养老服务业放管服改革的通知》（浙民福〔2017〕79号），不将食品经营许可作为养老机构设立许可前置条件。对符合相关安全标准要求但因不动产登记、土地规划等行政手续问题不能通过消防审验的养老院，要按照浙民福〔2015〕173号通知精神，进一步简化程序，方便办证。

（三）加强督查评估。全省养老院服务质量推进工作小组将于10月份对各市养老院服务质量建设专项行动进行专门督查（督查要点见附件1）。各市、县（市、区）要组织双随机抽查，抽查比例不低于10%的养老院，抽查发现整治工作不力的地区或养老院，要通报批评，严重的要依法依规追究责任。11月上旬前，各市县要对辖区养老院整治情况做到逐一核查，并依托全国养老院业务管理系统，对全国养老院进行第二轮基本情况摸底。有条件的地区可以通过购买服务的方式或委托第三方机构开展督查、巡查。组织辖区内养老院互评互学，促进相互交流学习。

（四）做好资金支持。各级留成的彩票公益金要优先用于专项行动。各级公安、卫生计生、质监、食品药品监管、老龄等部门要把养老院服务质量建设纳入相关工作部署予以支持。积极争取地方财政资金加大对专项行动的投入，通过政府资助、以奖代补、融资贷款等方式，优先支持养老院安全设施改造和设备添置。

（五）加大舆论宣传力度。继续组织开展养老院服务质量万里行活动和“敬老文明号”创建活动。各地要通过报刊杂志、官网专栏、官方微博、官方微信、自有媒体等平台，加强专项行动和整治工作宣传。通过鼓励和引导公众关注和参与养老院服务质量提升，评选养老服务领军人才、优秀养老院院长、最美养老护理员等多种形式，促进专项行动整治工作与媒体、公众、养老院从业人员的互动，宣传好典型，曝光反面典型，营造有利于提升养老院服务质量的良好社会氛围。

五、要求

（一）强化主体责任。养老机构法定代表人、主要负责人或实际控制人是养老机构管理服务的第一责任人，对养老机构的管理服务质量与安全全面负责。各养老院要根据大检查梳理的问题清单逐项确定整治计划，切实承担整治主体责任。民政、公安、卫生、质监、食品药品监管部门要依法处置养老院大检查中发现的不合法、不合规问题。对整治积极、效果明显的养老院给予表扬激励，对存在严重违法违规行为且不整治以及因违法违规行为导致事故的养老院一律曝光，直至追究法律责任。

（二）加强分级培训。省民政厅将结合我省养老院存在的突出问题，制定省市县分级培训方案，在10月底前完成一次对所有养老院机构负责人及相关工作人员的业务培训，涉及消防安全、医疗卫生、特种设备安全、食品安全等业务的，公安、卫生计生、质监、食品药品监管部门要予以协助配合。公安、卫生计生、质监、食品药品监管部门在本系统业务培训时，可将养老院相关人员纳入培训范围。养老院要建立内部培训制度，加强岗前培训和持续学习。

（三）定期更新业务管理系统数据。各级民政部门要贯彻落实《民政部关于应用全国养老机构业务管理系统加强养老机构发展监测的通知》（民函〔2017〕56号），指导养老院定期更新相关数据，实现对养老服务质量的动态监控。

附件：1. 浙江省养老院服务质量整治工作督查要点（略）

2. 浙江省养老院质量建设整治方案（略）

3. 浙江省养老院服务质量整治指南（略）

浙江省民政厅
浙江省公安厅
浙江省卫生计生委
浙江省质量技术监督局
浙江省食品药品监督管理局
浙江省老龄工作委员会办公室
2017年10月16日

浙江省民政厅等7部门关于扩大老年优待凭证加快老年优待证办理的通知

浙民福〔2017〕206号

各市、县（市、区）民政局、建委（建设局）、交通运输局（委）、文化广电新闻出版局、卫生计生委（局）、旅游局、老龄办：

为贯彻落实党的十九大“构建养老、孝老、敬老政策体系和社会环境”精神，进一步增进老年人福祉，使老年人更便捷地享受优待政策，按照省委、省政府“最多跑一次”改革部署，现就老年优待凭证有关事项通知如下：

一、扩大老年优待有效凭证

鉴于《浙江省优待老年人规定》要求“凡本省常住人口、年满60周岁及以上的公民，不分性别、职业、民族和宗教信仰，均属优待对象”，以及老年人要求减少随身携带证件的实际情况，决定将我省老年人享受老年优待政策的有效凭证从《浙江省老年优待证》（以下简称《优待证》），扩大至身份证、优待证、户口本、市民卡、驾驶证等能够证明年龄的合法证件。凡是持有其中一项证件的，都可享受优待。外地老年人来浙观光旅游、探亲，持有优待证或身份证及其他合法身份证明的，享受与本省老年人同等的优惠待遇。

二、提高《优待证》办理效率

老年优待凭证扩大后，原《优待证》仍然有效。《优待证》办理业务，包括首次办证、补证、换证，实施以下改革：

（一）简化办证材料。办理优待证只需提供身份证明有效证件（身份证、户口本、市民卡、驾驶证均可）复印件和近期的一寸彩照（底色不限）。

（二）缩短办证时间。各县（市、区）全面配备现场制证工具，开展优待证“即办即领”业务，民政（老龄）部门最长办理时间不超过2个工作日。县（市、区）人口多、区域面积大的，要分片建立即办即领网点。因特殊原因确实难以当场领取的，应当通过快递及时送达。

（三）拓展办证形式。老年人可以将办证材料按原来的渠道，通过村（社区）、乡镇逐级递交到县民政局，也可以本人或委托他人直接到即办即领网点办理。有条件的地方，应开通网上受理。

三、加强组织保障

一是加强领导。老年优待涉及民政、建设、交通、文化、卫生计生、旅游等多个部门，请各地各部门高度重视，抓好贯彻落实，确保老年优待凭证扩大和证件办理加速取得实效。要及时将老年优待凭证扩大政策传达至公交公司、旅游景点和文化场馆等各类服务网点，具体提供老年优待服务的单位不得以老年人未出具《优待证》而拒绝给予优待。

二是做好宣传解释。各级民政、老龄部门要通过电视、报纸、网络等平台和村（居）民委员会、村（社区）老年协会，开展《优待证》办理手续简化提速、有效凭证范围扩大和优待项目标准不变的宣传。及时准确发布办证网点、办证流程、服务时间等相关信息。同时，对老年群体可能产生的疑虑做好解释工作。

三是提高老年优待服务质量。各级民政（老龄）部门要按照改革要求切实提升办证时效，为老年人提供更加便捷的服务。要对老年优待凭证扩大后的执行情况进行明查暗访，确保政策落实到位。同时，各地各有关部门要从老年人的实际需求出发，积极完善优待政策措施，拓展细化优待内容、提高优待服务质量，积极营造尊重、关爱和照顾老年人的社会氛围。本通知自发布之日起实施。

浙江省民政厅　浙江省住房和城乡建设厅
浙江省交通运输厅　浙江省文化厅
浙江省卫生和计划生育委员会　浙江省旅游局
浙江省老龄工作委员会办公室
2017年12月25日

安徽省人民政府办公厅关于印发“十三五”安徽省老龄事业发展和养老体系建设规划的通知

皖政办〔2017〕61号

各市、县人民政府，省政府各部门、各直属机构：

《“十三五”安徽省老龄事业发展和养老体系建设规划》已经省政府同意，现印发给你们，请结合实际，认真贯彻执行。

安徽省人民政府办公厅
2017年7月13日

"十三五"安徽省老龄事业发展和养老体系建设规划

为积极开展应对人口老龄化行动，推动老龄事业全面协调可持续发展，健全养老体系，根据《"十三五"国家老龄事业发展和养老体系建设规划》《安徽省实施〈中华人民共和国老年人权益保障法〉办法》和《安徽省国民经济和社会发展第十三个五年规划纲要》，结合我省人口老龄化快速发展的实际，制定本规划。

第一章 规划背景

第一节 "十二五"期间取得的主要成就

"十二五"时期，我省老龄事业呈现全面、快速发展态势，《安徽省老龄事业发展"十二五"规划》《安徽省社会养老服务体系建设规划（2011—2015 年）》确定的目标任务基本完成，老龄事业和老龄工作跃上新台阶。《安徽省人民政府关于加快发展养老服务业的实施意见》（皖政〔2014〕60 号）等政策文件陆续制定实施，完成《安徽省实施〈中华人民共和国老年人权益保障法〉办法》审议前修订工作，老龄事业法规政策体系更加完备。基本养老、基本医疗保障覆盖面不断扩大，保障水平逐年提高，社会保障体系日臻完善。城乡居民基础养老金最低标准由月人均 55 元提高到 70 元，增长了 27.3%，企业退休人员基本养老金由月人均 908 元提高到 2024 元，增长了 122.9%。居家为基础、社区为依托、机构为补充、医养相结合的养老服务体系初步建立。敬老养老助老社会氛围日益浓厚，依法保障老年人权益举措有力，老年人参与社会发展更加充分。老年文化、体育、教育事业快速发展，老年人精神文化生活更加丰富。老龄科研创新发展，信息化建设推进，决策老龄、服务老龄的基础更加扎实。

专栏 1 "十二五"期间安徽省老龄事业发展和养老体系建设主要指标完成情况

主要指标	完成情况	预期目标	完成率（%）
城镇职工基本养老保险参保人数（万人）	857.8	800.0	107
城乡居民基本养老保险参保人数（万人）	3396.6	3300.0	103
企业退休人员社会化管理比例（%）	94.1	80.0	118
离退休人员养老金待遇年均增长率（%）	12.0	7.0	171
农村五保供养平均标准年均增长率（%）	15.0	10.0	150
城乡居民基本医疗保险参保人数（万人）	6925.7	6800.0	102
每千名老年人拥有养老床位数（张）	36.7	40.0	92
基层老年法律援助覆盖面（%）	99.7	75.0	133
新建公共设施和养老场所无障碍率（%）	100.0	100.0	100
老年协会城乡社区创建率（%）	83.0	87.5	95
老年教育参与率（%）	3.5	5.0	70
老年志愿者占比（%）	11.0	10.0	110

第二节 "十三五"时期面临的形势

"十三五"时期是全面建成小康社会的决胜阶段，也是我省老龄事业改革发展和养老体系建设的重要战略窗口期。及时科学综合应对人口老龄化，深入推进老龄事业改革发展，机遇与挑战并存。

人口老龄化形势严峻。"十三五"时期是我省人口老龄化快速发展期。预计到 2020 年底，全省 60 周岁以上年龄人口占常住人口比例 18.4%左右；高龄老人将接近 270 万人，独居和空巢老年人将超过 600 万人，老年抚养比将提高到 30%左右；用于老年人的社会保障支出将持续增长；农村实际居住人口老龄化程度可能进一步加深。

老龄工作存在明显短板。全社会应对老龄化行动的积极性尚未完全调动起来，服务老年人、满足老年人各类需求的能力和措施缺乏完整性和制度安排。老龄事业发展区域之间、城乡之间不平衡、不协调、不可持续等问题明显。老年人权益保障水平偏低，养老服务人才短缺且素质不高，老龄产业发展活力不足，基层老龄组织发展缓慢，老年社会参与不充分，敬老爱老助老氛围不够浓厚，老龄宣传作用发挥不明显。

老龄事业发展迎来重要机遇。党中央国务院、省委省政府越来越重视老龄事业发展和养老体系建设，“十三五”规划纲要对积极应对人口老龄化提出明确要求。如期全面建成小康社会对保障和改善全体老年人的民生提出更高要求。人口老龄化增速短期放缓，为应对人口老龄化提供难得的机会窗口。改革开放以来经济发展的长期积累和未来基本面长期向好为老龄事业改革发展提供物质条件。科技创新成果加快推广应用，劳动年龄人口仍较为充足，社会参与老龄事业发展积极性不断提高。老龄政策体系逐步完善，法治建设得到强化，以《安徽省实施〈中华人民共和国老年人权益保障法〉办法》为核心的政策法规为全省老龄工作发展提供了法制保障。

第二章　指导思想、基本原则和发展目标

第一节　指导思想

高举中国特色社会主义伟大旗帜，全面贯彻党的十八大和十八届三中、四中、五中、六中全会精神，深入贯彻习近平总书记系列重要讲话精神和治国理政新理念新思想新战略，认真落实党中央、国务院决策部署，统筹推进“五位一体”总体布局和协调推进“四个全面”战略布局，牢固树立和贯彻落实创新、协调、绿色、开放、共享的发展理念，坚持党委领导、政府主导、社会参与、全民行动相结合，把老年群体同步进入全面小康社会作为发展老龄事业的出发点和落脚点，挖掘人口老龄化给全省发展带来的活力和机遇，着力加强全社会积极应对人口老龄化的各方面工作，着力完善老龄政策制度，着力加强老年人民生保障和服务供给，着力发挥老年人积极作用，着力改善老龄事业发展和养老体系建设支撑条件，努力满足老年人日益增长的物质文化需求，确保全省老年人共享全面建成小康社会新成果。

第二节　基本原则

以人为本，共建共享。坚持保障和改善老年人民生，逐步增进老年人福祉，大力弘扬敬老养老助老优秀传统文化，尊重老年人社会主体地位，为老年人参与社会发展、社会力量参与老龄事业发展和养老体系建设提供更多更好地支持，实现不分年龄、人人共建共享。

改革创新，激发活力。坚持政府引导、市场驱动，充分发挥市场在资源配置中的决定性作用，深化简政放权、放管结合、优化服务改革，不断增强政府依法履职能力，加快形成统一开放、竞争有序的市场体系，保障公平竞争，改善营商环境，支持创业创新，激发市场活力。

补齐短板，提质增效。坚持目标导向和问题导向相统一，着力保基本、兜底线、补短板、调结构，强化老龄事业发展重点领域和薄弱环节，不断健全完善社会保障制度体系，促进资源合理优化配置，加大投入力度，有效保障面向老年人的基本公共服务供给。

统筹发展，突出特点。紧紧围绕全面建成小康社会的中心任务，把老龄事业发展融入经济社会发展全局。坚持从省情出发，找准老龄事业发展的切入点和着力点，重点打造安徽老龄工作品牌，促进老龄事业发展和养老体系建设城乡协调、区域协调、事业产业协调，统筹做好老年人经济保障、服务保障和精神关爱等制度安排，推动老龄事业全面协调可持续发展。

第三节　发展目标

到2020年，老龄事业发展整体水平明显提升，养老体系更加健全完善，及时应对、科学应对、综合应对人口老龄化的社会基础更加牢固，全省老年人同步进入全面小康。

多支柱、全覆盖、更加公平、更可持续的社会保障体系更加完善。城镇职工和城乡居民基本养老保险参保率稳定在95％以上，基本医疗保险参保率稳定在95％以上，社会保险、社会福利、社会救助等社会保障制度和公益慈善事业有效衔接，老年人的基本生活、基本医疗、基本照护等需求得到切实保障。

居家为基础、社区为依托、机构为补充、医养相结合的养老服务体系更加健全。养老服务供给能力大幅提高、质量明显改善、结构更加合理，多层次、多样化的养老服务更加方便可及，居家养老基础地位更加扎实。符合标准的社区养老服务设施覆盖所有城市社区，乡镇社区养老服务设施覆盖率稳定在90％以上，农村社区养老服务设施覆盖率稳定在80％以上，政府运营的养老床位数占当地养老床位总数的比例不超过30％，护理型床位占养老床位总数的比例不低于30％，65周岁以上老年人健康管理率力争达到80％。

有利于政府和市场作用充分发挥的制度体系更加完备。老龄事业发展和养老体系建设的法治化、信息化、标准化、规范化程度明显提高。政府职能转变、“放管服”改革、行政效能提升成效显著。市场活力和社会创造力得到充分激发，养老服务和产品供给主体更加多元、内容更加丰富、质量更加优良，以信用为核心的新型市场监管机制建立完善。

支持老龄事业发展和养老体系建设的社会环境更加友好。全社会积极应对人口老龄化、自觉支持老龄事业发展和养老体系建设的意识意愿显著增强，老龄事业法治化水平显著提高，敬老养老助老社会风尚更加浓厚，安全绿色便利舒适的老年宜居环境建设扎实推进，老年文化体育教育事业更加繁荣发展，老年人精神文化生活更加丰富，老年人参与社会发展的条件持续改善。

专栏 2 "十三五"期间安徽省老龄事业发展和养老体系建设主要指标

类别	指标	目标值
社会保障	基本养老保险参保率	95%以上
	基本医疗保险参保率	95%以上
养老服务	建立包括养老服务在内的社区综合服务设施和站点的乡镇比例	90%以上
	建立包括养老服务在内的社区综合服务设施和站点的农村社区比例	80%以上
	政府运营的养老床位占比	30%以下
	农村敬老院床位利用率	80%
	护理型养老床位占比	30%以上
	农村特困人员供养服务机构转型升级为区域性养老服务中心的比例	60%
健康支持	老年人健康素养	提升至 10%
	二级以上综合医院设老年病科比例	35%以上
	65 周岁以上老年人健康管理率	力争达到 80%
	建立老年人基层体育组织的乡镇（街道）比例	90%
宜居环境	符合老年宜居社区基本条件的城市社区比例	60%以上
	符合老年宜居社区基本条件的农村社区比例	40%以上
老年教育	建立老年大学的县（市、区）比例	100%
	建立老年学校的乡镇（街道）比例	95%
	建立远程教育老年学习网点的乡镇（街道）比例	100%
	建立老年学习点的行政村（居委会）比例	50%
	经常性参与教育活动的老年人口比例	20%以上
社会参与	老年志愿者注册人数占老年人口比例	15%
	城乡社区基层老年协会规范化建设率	60%以上
投入保障	福彩公益金用于养老服务业的比例	50%以上

第三章 健全完善社会保障体系

第一节 社会保障制度

完善养老保险制度。进一步完善城乡居民基本养老保险制度，建立与国家同步实施基础养老金调整机制，推进城乡居民基本养老保险与城镇职工基本养老保险转移接续。完善职工养老保险个人账户制度，健全多缴多得激励机制。全面实施机关事业单位养老保险制度改革，建立机关事业单位工作人员职业年金制度。逐步提高国有资本收益上缴公共财政比例，划转部分国有资本充实社保基金。积极发展职业年金、企业年金、个人储蓄性养老保险、商业养老保险。推进个人税收递延型商业养老保险试点。加快健全社会保障管理体制和经办服务体系。建立更加便捷的养老保险转移接续机制。

健全基本医疗保险制度。建立全省统一的城乡居民基本医疗保险制度，2017 年完成新型农村合作医疗和城镇居民基本医疗保险制度并轨。健全医疗保险稳定可持续筹资和报销比例调整机制，完善缴费参保政策。加快推进基本医疗保险全省联网和异地就医结算，实现跨省异地安置退休人员住院费用直接结算。积极稳妥地将基本治疗性康复辅助器具逐步纳入基本医疗保险支付范围。巩固完善城乡居民大病保险制度，鼓励发展补充医疗保险和商业健康保险、老年人意外伤害保险。

探索建立长期护理保险制度。开展长期护理保险试点的地区要统筹施策，做好长期护理保险与重度残疾人护理补贴、经济困难失能老年人护理补贴等福利性护理补贴项目的整合衔接，提高资源配置效率效益。积极引导发挥社会救助、慈善事业等的有益补充，鼓励商业保险公司开发适销对路的长期护理保险产品和服务，满足老年人多样化、多层次长期护理保障需求。积极引入商业保险机构承办或参与经办长期护理保险，提高经办服务质量和基金使用效益。

专栏3 银龄安康行动

规范“银龄安康行动”各项程序，总结工作经验，进一步完善政府引导、市场运作、体现公益、投保自愿相结合的老年人意外伤害保险制度。推动落实特殊困难群体和重点优抚对象等老年人的意外伤害保险统保工作，逐步实现老年人意外伤害保险全省覆盖，提高老年人及其家庭的抗风险能力。

第二节 社会福利制度

制定实施本省老年人基本养老公共服务清单，进一步整合服务资源，丰富照顾服务项目，创新和优化照顾服务提供方式。着力保障特殊困难老年人的养老服务需求，确保人人能够享有基本养老服务。完善高龄津贴制度，鼓励有条件的地方逐步降低年龄，提高补贴标准。落实80周岁以上老年人高龄津贴、经济困难的高龄和失能等老年人的养老服务补贴制度；对生活不能自理的特困供养人员给予照料护理，标准按照不低于基本生活标准的10%确定，集中供养对象标准可适当提高。鼓励有条件的地方整合各类津贴、补贴，充分发挥资金使用效益。完善农村计划生育家庭奖励扶助和特别扶助制度。加强对失独家庭的关爱和帮助。

专栏4 基本养老公共服务项目工程

完善高龄津贴制度。为80周岁以上老年人按月发放高龄津贴，标准由设区的市、县（市、区）人民政府制定。

完善低收入老年人养老服务补贴。为经济困难的高龄、失能老年人给予养老服务补贴，标准由设区的市、县（市、区）人民政府制定。

完善特困供养人员中的老年人基本生活和照料保障。对纳入特困供养范围的老年人按照不低于当地人均消费性支出的60%确定基本生活标准，按不低于基本生活标准的10%确定照料护理标准。

结合户籍制度改革和新型城镇化建设，统筹利用各类社会养老资源，推动建立跨地区养老服务协作机制，鼓励城市支援农村、发达地区支援欠发达地区，推进全省基本养老公共服务均等化。

第三节 社会救助制度

确保所有符合条件的老年人按规定纳入最低生活保障、特困人员救助供养等社会救助制度保障范围。完善医疗救助制度，将符合条件的农村贫困老年人全部纳入医疗救助范围。低保对象、特困人员参加当地农村合作医疗或城镇居民医疗保险的，由城乡医疗救助资金代其缴纳个人应负担的全部参合（保）资金。对低保对象、特困人员不设医疗救助起付线，在年度救助限额内，其合规住院自负费用救助比例不低于70%。全面开展重特大疾病医疗救助，逐步将低收入家庭老年人纳入救助范围。完善临时救助制度，全面实施对老年人的“救急难”工作，按规定对流浪乞讨、遭受遗弃等生活无着老年人给予救助。落实农村最低生活保障制度与扶贫开发政策有效衔接有关政策要求，确保现行扶贫标准下农村贫困老年人实现脱贫。

第四节 公益慈善事业

发展老年慈善事业，发挥社会慈善在老年人扶贫济困中的补充作用，鼓励社会组织和个人认捐、认助、认养孤寡或者贫困老年人。健全慈善参与机制，丰富慈善项目内容，规范为老服务志愿者队伍。发挥为老服务公益平台作用，促进供求信息互通，帮助空巢困难老人解决实际问题。开展慈善信托、安全知识教育、急救技能培训、突发事故防范等形式多样的公益慈善活动。依法依规加强对公益慈善组织、公益慈善活动的扶持和监管，依法依规及时查处以公益慈善为名实施的侵害老年人合法权益等违反法律法规、违背公序良俗的行为。民政部门与其他社会救助管理部门实现信息共享，同时建立和完善民政部门与慈善组织、社会服务机构之间的衔接机制，形成社会救助和慈善资源的信息有效对接。对经过社会救助后仍需要帮扶的救助对象，民政部门要及时与慈善组织、社会服务机构协商，实现政府救助与社会帮扶的有机结合。

第四章 健全养老服务体系

第一节 巩固家庭养老传统社会基础

加强家庭建设，引导家庭成员尊重、关心和照料老年人，自觉承担家庭责任、树立良好家风，巩固家庭养老传统社会基础。强化赡养责任，强化成年子女以及其他依法负有赡养义务的人履行对老年人经济供养、生活照料、精神慰藉的义务，照顾老年人的特殊需要。鼓励签订家庭赡养协议书。发挥老年人优良品行在家庭教育中的潜移默化作用。逐步建立支持家庭养老的政策体系。鼓励开发老年宜居住宅和代际亲情住宅，鼓励家庭成员与老年人共同生活或者就近居住，鼓励制定完善带薪休假政策，为子女照顾父母提供条件。鼓励养老机构和社区居家服务平台，为照顾老年人的家庭成员或家政人员提供技能培训。鼓励养老机构和社区养老服务设施提供老年人短期入住床位，为照顾老年人的家庭成员提供支持性服务。

第二节 夯实居家社区养老服务基础

大力发展居家社区养老服务。支持城乡社区发挥供需对接、服务引导等作用，加强居家养老服务信息汇集，引导社区日间照料中心等养老服务机构依托社区综合服务设施和社区公共服务综合信息平台，创新服务模式，提高质量效率，为老年人提供精准化个性化专业化服务。到2018年，全省规划建设50所小区嵌入式、为老年人就近提供集中照护服务的“长者照护之家”。鼓励居家养老服务企业和社会组织上门为居家老年人提供定制服务。积极培育专业居家养老服务企业和机构，大力开发养老服务公益创投项目，探索建立虚拟养老院。支持居民委员会、村民委员会和城乡社区建立日常联系、巡访制度，及时了解老年人特别是困难家庭和单独居住老年人的生活状况，帮助老年人解决实际困难。鼓励老年人参加社区自助互助养老。鼓励有条件的地方推动扶持残疾、失能、高龄等老年人家庭开展适应老年人生活特点和安全需要的家庭住宅装修、家具设施、辅助设备等建设、配备、改造工作，对其中的经济困难老年人家庭给予适当补助。大力推行政府购买服务，完善政府购买服务目录，规范政府购买服务行为，推动专业化居家社区养老机构发展。到2020年，打造10个规模化、品牌化、连锁化的居家养老服务公司（社会组织)，推动养老机构、养老服务供应商走进社区、服务家庭。

健全社区居家养老服务网络。建立老年人需求评估体系，全面开展老年人需求评估。到2020年，全省普遍建立老年人能力和需求评估体系。以需求为导向，在城镇，推进县区居家养老服务指导中心、街道居家养老服务资源整合中心、社区为老服务中心“三个中心”建设；在农村，建立高龄、留守等老年人探视走访网络、居家老年人互助服务网络、不能自理老年人集中住养和照料护理网络“三个网络”。以老年人需求评估体系建设为核心，以“三个中心（网络)”为依托，广泛建立与居家老年人实际需求相适应、与我省居家和社区养老基本公共服务供给能力相匹配的20分钟居家养老服务圈。

加强社区养老服务设施建设。统筹规划发展城乡社区养老服务设施，新建城区和新建居住（小）区要将城乡社区养老服务设施同步规划、同步建设、同步验收、同步交付使用。老城区和已建成居住（小）区无养老服务设施或现有设施未达到规划要求的，通过购置、置换、租赁等方式建设。到2020年，符合标准的社区养老服务设施覆盖所有城市社区，90%以上的乡镇和80%以上的农村社区建立包括养老服务在内的社区综合服务设施和站点。加强社区养老服务设施与社区综合服务设施的整合利用。支持在社区养老服务设施配备康复护理设施设备和器材。鼓励有条件的地方通过委托管理等方式，将社区养老服务设施无偿或低偿交由专业化的居家社区养老服务项目团队运营。

专栏5 居家社区养老信息服务工程

统筹整合利用和依托现有城乡社区公共服务综合信息平台，以失能、独居、空巢老年人为重点，整合建立居家社区养老服务信息平台、呼叫服务系统和应急救援服务机制，方便养老服务机构和组织向居家老年人提供助餐、助洁、助行、助浴、助医、日间照料等服务。鼓励社会资本建立覆盖本区域的养老服务信息化平台。

实施“互联网+”养老工程。支持社区、养老服务机构、社会组织和企业利用物联网、移动互联网和云计算、大数据等信息技术，开发应用智能终端和居家社区养老服务智慧平台、信息系统、APP应用、微信公众号等，重点拓展远程提醒和控制、自动报警和处置、动态监测和记录等功能，为居家老年人提供紧急呼叫、家政服务、生活照料、康复护理、健康咨询、精神慰藉、文体娱乐、物品代购、服务缴费、申请政府补贴和法律咨询等服务。

鼓励运用可穿戴设备等移动信息采集终端，实现老年健康状态信息的动态监测，将老年慢性病健康管理和社区居家养老服务相结合，依托社区养老服务机构和基层医疗卫生服务机构，建设智慧健康养老平台。“十三五”期间在3个城市开展智慧健康养老服务试点工作。

第三节 推动机构养老服务提质增效

加快公办养老机构改革。强化公办保障性养老机构托底保障功能，实行老年人入住评估制度，优先保障特困供养人员集中供养需求和其他经济困难的失能、失智、失独、空巢、留守、高龄等老年人的服务需求。有条件的公办养老机构应设置专护区，优先保障政府供养对象中的失能失智老年人、计划生育特殊困难家庭老年人和老年残疾人集中养护需求。加强残疾人抚养服务机构建设，保障经济困难的重度残疾老年人的托养需求。加快推进具备向社会提供养老服务条件的公办养老机构转制为企业或开展公建民营。制定社会力量运营公办养老机构管理办法，积极推进公建民营。允许公办养老机构以设施设备等作价入股，与社会力量共同建设和运营养老机构。探索以县区为单位的公办养老机构资产统一管理和运营模式。政府投资建设和购置的养老设施、新建居住（小）区按规定配建并移交给民政部门的养老设施、党政机关和国有企事业单位培训疗养机构等改建的养老设施，均可实施公建民营。到2017年底，县级以上公办养老机构全部实现“管办分离”。

支持社会力量兴办养老机构。探索养老机构“一照多址”“先照后证”经营，取消注册资金限制，简化设立许可手续，放宽社区社会组织备案条件。落实全面放开养老服务市场、提升养老服务质量的有关政策要求，加快推进养老服务业“放管服”改革。对民间资本和社会力量申请兴办养老机构进一步放宽准入条件，加强开办支持和服务指导。鼓励采取特许经营、政府购买服务、政府和社会资本合作等方式支持社会力量举办养老机构。允许养老机构依法依规设立多个服务网点，实现规模化、连锁化、品牌化运营。鼓励整合改造企业厂房、商业设施、存量商品房等用于养老服务。

提升养老机构服务质量。开展养老院服务质量建设专项行动。加快制定养老机构管理运营相关规范、标准，推动科技助老新技术、新方法、新产品在养老机构的应用，提高养老机构运营管理和为老服务水平，为入住老年人提供符合标准的多样化、个性化的养老服务，逐步兼具为居家养老提供服务支持的能力。继续规范属地管理、民政牵头、部门协管的养老机构设立许可和监督管理机制，推进不符合条件养老机构限期整改、关停工作，保障入住老年人权益。建立健全养老机构分类管理和养老服务评估制度，引入第三方评估，全面公开第三方评估相关信息。全面施行养老机构综合责任险制度，提升养老机构抗风险能力。

第四节 加强农村养老服务

推动农村特困人员供养服务机构服务设施和服务质量达标，在保障农村特困人员集中供养需求的前提下，积极推进农村敬老院转型成为区域性养老服务中心，为当地高龄、空巢、留守、失能失智老年人提供集中养护服务。着力提升农村敬老院入住率，到2020年底，农村敬老院床位利用率达到80%。支持人口聚集地、中心村建设养老服务设施，支持行政村、较大自然村建设互助性养老服务设施，鼓励整合利用农村社区服务中心、党建活动室、医疗卫生机构、文化教育单位等公共资源，增加为老服务功能，为留守、孤寡、独居、贫困、残疾等老年人提供多种形式的关爱服务。通过各类志愿服务组织和社区邻里互助组、亲友相助、志愿服务等模式和举办农村幸福院、养老大院等方式，大力发展农村互助养老服务。发挥农村基层党组织、村委会、老年协会等作用，积极培育为老服务社会组织。鼓励务工人员回乡创业，参与、培育和发展养老服务，对符合条件的养老服务从业人员，实行就业创业扶持。依托“三农”信息服务站、农村电商平台等，拓展农村养老服务，培育农村养老服务新的增长点。

第五章 健全健康支持体系

第一节 推进医养结合

完善医养结合机制，统筹落实好医养结合优惠扶持政策，打通医疗机构与养老机构融合通道，建立养老机构内设医疗机构与合作医院间双向转诊绿色通道。鼓励养老机构申办医疗机构执业许可证、医疗机构申办养老机构设立许可证，积极构建养老、医护、康复、临终关怀服务相互衔接的服务模式，实现老年人卫生健康服务在养老机构和医疗卫生机构之间的便捷对接。通过建设医疗养老联合体等多种方式，整合医疗、康复、养老和护理资源，为老年人提供治疗期住院、康复期护理、稳定期生活照料以及临终关怀一体化服务。大力发展中医药健康养老服务相结合的系列服务产品，鼓励新建以中医药健康养老为特色的护理院、疗养院。鼓励社会力量举办医养结合机构。

支持养老机构开展医疗服务。支持养老机构按规定开办老年病医院、康复医院、护理院、中医医院、临终关怀机构等，也可内设医务室、护理站等。养老机构内设医疗机构的，应及时纳入当地医疗机构规划布局。鼓励执业医师到养老机构设置的医疗机构多点执业，支持有相关专业特长的医师及专业人员在养老机构规范开展疾病预防、营养、中医调理养生等非诊疗行为的健康服务。养老机构设置的医疗机构，符合条件的应按规定纳入基本医疗保险定点范围。

专栏6 医养结合示范工程

建立家庭医生制度，推行家庭医生签约服务，规范为居家老年人提供的医疗和护理服务项目，对符合规定的医疗费用纳入医保支付范围。到2020年，力争实现家庭医生签约服务制度全覆盖。

推动社区卫生服务中心开展家庭医生、上门巡诊、社区和居家护理等服务，到2020年，65周岁以上老年人健康管理率力争达到80%。

支持有条件的养老机构增加养护型、医护型养老床位，到2020年护理型床位占养老床位的比例不低于30%。150张床位以上的养老机构必须内设医务室或护理站，150张床位以下的养老机构鼓励设医务室或护理站。

深入开展医养结合发展示范区（机构）建设试点。“十三五”期间，全省建立6个省级医养结合综合示范区、20个医养结合示范基地（园区）、100个医养结合示范项目、300个社区医养结合示范中心。

第二节 加强老年人健康促进和疾病预防

开展健康老龄化理念和医疗保健知识宣传普及进社区、进家庭活动，增强老年人的自我保健意识和能力。加强对老年人健康生活方式和健身活动的指导，提升老年人健康素养水平至10%。对辖区内65周岁以上老年人和60周岁以上的计划生育特殊困难家庭老年人，每年免费提供一次生活方式健康状况评估、体格检查、健康指导等健康管理服务。建立健全健康管理服务制度，加强老年人健康档案信息动态管理。开展对老年人心脑血管疾病、糖尿病、恶性肿瘤、呼吸系统疾病、口腔疾病等常见病、慢性病的健康指导和综合干预。指导老年人合理用药，减少不合理用药危害。探索老年综合征和共病的发病过程与规律，研发综合防治适宜技术、指南和规范，促进老年病早发现、早诊断、早治疗。面向老年人开展中医药健康管理服务项目。启动老年人心理健康预防和干预计划，为贫困、空巢、失能、失智、计划生育特殊困难家庭、高龄独居老年人提供日常关怀和心理支持服务。加强对老年严重精神障碍患者的社区管理和康复治疗，鼓励老年人积极参与社会活动，促进老年人心理健康。

第三节　发展老年医疗与康复护理服务

加强老年康复医院、护理院、临终关怀机构和综合医院老年病科建设。有条件的二级以上综合医院要开设老年病科、老年病门诊，增加老年病床数量，到2020年，35%以上的二级以上综合医院设立老年病科。支持部分一、二级医院和专科医院转型为老年人护理院。提高基层医疗卫生机构康复护理床位占比，引导乡镇卫生院、敬老院设立养护型老年医疗护理服务特色科室，开设护理型床位或病区。落实老年人医疗服务优待政策，为老年人特别是高龄、重病、失能、残疾老年人挂号(退换号)、就诊、转诊、综合诊疗提供优先服务。鼓励各级医疗卫生机构和医务工作志愿者为老年人开展义诊。加强康复医师、康复治疗师、康复辅助器具配置人才培养。落实好将偏瘫肢体综合训练、认知知觉功能康复训练、日常生活能力评定等医疗康复项目纳入基本医疗保障范围的政策，为失能、部分失能老年人治疗性康复提供相应保障。

第四节　加强老年体育健身

贯彻落实安徽省全民健身计划，广泛开展老年人康复健身体育活动。统筹规划建设公益性老年健身体育设施，依托公园、广场、绿地等公共设施及旧厂房、仓库、老旧商业设施等城市空置场所，建设适合老年人体育健身的场地设施。支持乡镇（街道）综合文化站建设体育健身场地，配备适合老年人的设施和器材。支持公共和民办体育设施向老年人免费或优惠开放。加强老年人体育健身方法和项目研究，分层分类引导老年运动项目发展，为老年人健身提供科学指导。继续举办全省老年人体育运动会。鼓励发展老年人体育组织，到2020年，90%的街道和乡镇建立老年人基层体育组织，城乡社区普遍建立老年人健身活动站点和体育团队。将留成的体育彩票公益金安排适当资金用于开展老年人体育活动。

第六章　繁荣规范老年消费市场

第一节　丰富养老服务业态

培育老龄产业新的增长点，完善相关规划和扶持政策。实施品牌战略，重点开发为老服务产品和培育养老服务品牌，大力发展养老服务中小企业。发展养老科技、产品研发与装备产业，创新养老健康服务内容，打造各具特色、管理规范、服务标准的养老服务龙头企业。促进养老企业连锁化、集团化发展，形成一批产业链长、覆盖领域广、经济社会效益显著的产业集群和集聚区。鼓励结合中医药、旅游、文化、养生等特色优势，打造健康养老服务产业集群。促进养老服务与旅游、文化等产业融合发展。积极探索候鸟式养老、旅游养老、文化养老等融合发展新模式，开发适老旅游和健康产品。在有条件的地区兴建一批集生活居住、文化娱乐、康复训练、医疗保健等为一体的养老综合体。鼓励金融、地产、互联网等企业进入养老服务产业。积极利用信息技术提升健康养老服务质量和效率。

专栏7　养老服务品牌和产业集群建设工程

重点开发老年人专用智能产品、可穿戴设备、变携式医疗设备、老年人照护康复产品。选择若干地区，建设老年用品产品研发中心、检测中心、养老服务标准制定中心。

依托合芜蚌国家自主创新示范区，建设“合肥—芜湖—蚌埠”基地式、园区式、集聚式养老服务设施示范带，中心带动、辐射全省；加大安庆市、马鞍山市养老服务业综合改革力度，带动沿江地区养老服务产业发展；支持皖东、皖西外向型养老产业发展，打造区域性养老产业集聚区；结合皖南国际文化旅游示范区建设，重点打造养老社区、旅居式养老服务基础设施，发展健康养老产业；支持皖北地区养老基础设施建设，推进城乡统筹。

到2020年，全省建成10个养老服务业发展园区（基地）、50家骨干企业（机构）。培育市场竞争力强、企业成长性好的养老企业上市。

第二节　繁荣老年用品市场

增加老年用品供给。引导支持相关行业、企业围绕智能看护、应急救援、通信服务、电子商务、旅游休闲、服装服饰等领域，推进老年人适用产品、技术的研发和应用。充分利用我省资源优势，开发适合老年人的安全有效方便快捷的休闲养生食品和功能保健食品，发挥中医中药在老年预防保健方面的优势，积极研发中医养生保健产品。支持数字化养老服务产品和适用于个人及家庭的健康促进、健康检测监测等产品的研发，打造一批医养结合数据服务中心、产品用品研发中心、标准制定中心。鼓励企业开发适合老年人特点的可穿戴移动医疗设备，为老年人提供在线健康管理服务。支持康复辅助器具产业发展，建设安徽省康复辅助器具中心，力争成为国家级康复辅助器具科研和生产基地。加强老年用品测试和质量监管，鼓励开辟老年用品展示、体验场所，发展老年用品租赁市场，办好全省老龄产业博览会。

提升老年用品科技含量。加强对老年用品产业共性技术的研发和创新。支持推动老年用品产业领域大众创业、万众创新。支持符合条件的老年用品企业牵头承担各类科技计划（专项、基金等）科研项目。支持技术密集型企业、科研院所、高校及老龄科研机构加强适老科技研发和成果转化应用。落实相关税收优惠政策，支持老年用品产业领域科技创新与应用项目。

第三节　规范养老服务市场秩序

鼓励多元投资参与。支持各类市场主体增加养老产品和服务供给，加快发展各类养老产品和要素市场，打破条块分割、地区封锁、城乡分离的市场格局，构建统一开放竞争有序的现代养老市场体系。明确政府、社会、市场、家庭等主体的责任范围和功能边界。对养老服务市场实行常态化、规范化管理，营造安全、便利、诚信的老年消费环境，完善服务质量满意度测评管理。研究制定涵盖基础通用标准、养老服务标准、管理标准、支撑保障标准以及老年人产品用品标准等互相衔接、覆盖全面、重点突出、结构合理的养老服务标准体系，健全标准实施效果评估机制，推动标准实施。

第七章　推进老年宜居环境建设

第一节　推动设施无障碍建设和改造

严格执行无障碍环境建设相关法律法规，完善涉老工程技术标准规范体系，在规划、设计、施工、监理、验收、运行、维护、管理等环节加强相关标准的实施与监督。结合我省“两治三改”专项行动以及民生工程工作要求，加强居住区缘石坡道、轮椅坡道、人行通道，以及建筑公共出入口、公共走道、地面、楼梯、电梯候梯厅及轿厢等与老年人日常生活密切相关的公共服务设施和老年人家庭无障碍设施的设计与改造。支持公共建筑和其他公共场所，配备轮椅坡道、座椅、扶手等，方便老年人生活。对纳入年度改造计划的贫困老年人家庭给予适当补助。探索鼓励市场主体参与无障碍设施建设和改造的政策措施。

第二节　营造安全绿色便利生活环境

在推进老旧居住（小）区改造、棚户区改造、农村危房改造等工程中优先满足符合住房救助条件的老年人的基本住房安全需求。加强对养老服务设施的安全隐患排查和监管。加强养老服务设施节能宜居改造，将各类养老机构和城乡社区养老服务设施纳入绿色建筑行动重点扶持范围。推动老年人共建共享绿色社区、传统村落、美丽宜居村庄和生态文明建设成果，着力提升绿化品质，创建适老出行环境。支持多层老旧住宅加装电梯。继续推进街道、社区“老年人生活圈”配套设施建设，为老年人提供一站式便捷服务。

专栏8　老年宜居环境建设工程

着力将养老服务设施纳入城乡社区配套设施建设规划，统筹布局适合老年人的公共基础设施、生活服务设施、医疗卫生设施和文化体育设施，推进宜居环境建设。在城市按照人均用地不少于0.2平方米的标准，分区分级规划设置养老服务设施，为老年人提供安全、便利、舒适的环境。

开展老年宜居环境建设示范行动。完善老年宜居环境建设评价标准体系，开展“老年友好型城市”和“老年宜居社区”建设示范行动，继续开展全国无障碍建设城市创建工作。到2020年，60%以上城市社区达到老年宜居社区基本条件，40%以上农村具备老年宜居社区基本条件，大部分老年人的基本公共服务需求能够在社区得到满足。

第三节　弘扬敬老养老助老的社会风尚

把敬老养老助老纳入社会主义核心价值观宣传教育，纳入社会公德、职业道德、家庭美德、个人品德建设，纳入文明城市、文明村镇、文明单位、文明校园、文明家庭考评，建设具有民族特色、时代特征的孝亲敬老文化。充分发挥新闻媒体的主渠道作用和老龄媒体的专业作用，利用春节、清明节、中秋节、重阳节等传统节日，开展宣传教育活动，推动敬老养老助老教育进社区、进企业、进学校、进农村、进家庭。继续开展“敬老月”和全省福星孝星评选、“祝福百岁老人”活动。到2020年，全面建立完善包括政务服务、卫生保健、交通出行、商业服务、文体休闲、维权服务在内的老年人优待照顾服务政策制度体系，落实优待规定，扩大优待范围，提高优待水平。着力推进非本地户籍常住老年人与本地户籍老年人同等享受优待。

第八章　丰富老年人精神文化生活

第一节　发展老年教育

将老年教育纳入终身教育体系，落实老年教育发展规划。扩大老年教育资源供给，拓展老年教育发展路径，加强老年教育支持服务，创新老年教育发展机制，促进老年教育可持续发展。优先发展城乡社区老年教育，建立健全“县（市、区）—乡镇（街道）—村（居委会）”三级社区老年教育网络，到2020年，95%的乡镇（街道）建立老年学校，50%的行政村（居委会）建立老年学习点，方便老年人就近学习。促进各级各类学校开展老年教育，部门、行业企业、高校等举办的老年大学要逐步从服务本单位、本系统离退休职工向服务社会老年人转变，鼓励支持各类社会力量举办或参与老年教育。整合文化体育科技资源服务老年教育，各市、县（市、区）至少建立1个示范性老年教育学习体验基地。利用养老资源推动老年教育，到2020年，建立300个养教结合学习点，32个养教结合示范学习点。发展远程老年教育。到2020年，力争远程老年教育覆盖全省各市、县（市、区），100%的乡镇（街道）建立老年学习网点，形成“省—市—县（市、区）—乡镇（街道）”四级远程老年教育网络。实施社会主义核心价值观培育、老年教育机构基础能力提升、学习资源建设整合等计划。到2020年，逐步实现县（市、区）老年大学全覆盖，基本形成覆盖广泛、灵活多样、特色鲜明、规范有序、具有安徽特色的老年教育新格局。

专栏9　老年教育机构基础能力提升计划

改善现有老年大学的办学条件，提升其教学场所和设施的现代化、规范化水平，进一步增强其社会服务能力。到2020年，省老年大学校舍建筑面积不低于30000平方米，市老年大学校舍建筑面积原则上不低于5000平方米，县（市、区）老年大学校舍建筑面积原则上不低于3000平方米。推进老年教育机构规范化建设，建设一批在本区域发挥示范作用的乡镇（街道）社区老年人学习场所，做到有人员、有经费、有场所、有计划、有教学；建设好村（居委会）老年社区学习点，做到有场所、有教学。探索“养、医、体、文”等场所与老年人学习场所的结合，推出一批创新老年教育办学模式的典型。编辑出版有时代特色、科学内涵、文化品位，适应社会需要的老年教育系列教材。到2020年，初步建立起支撑全省老年教育发展的学习资源库。

第二节　繁荣老年文化

完善覆盖城乡的公共文化设施网络。在基层公共文化设施内开辟适宜老年人的文化娱乐活动场所，增加适合老年人的特色文化服务项目。深化公共文化服务设施免费开放，做好面向老年人的公共文化服务，为老年人开展文化活动提供便利。文化信息资源共享、农村电影放映、农家书屋等重大文化惠民工程增加面向老年人的服务内容和资源。推动群众性老年文化活动蓬勃发展，继续办好全省老年人书画艺术展、全省老年文艺调演和全省老年文化艺术节等省级老年文化活动品牌，充分发挥基层老年文艺团队作用，鼓励支持各地打造特色老年群众文化活动品牌。鼓励制作适合微博、微信、手机客户端等新媒体传播的优秀老年文化作品。加强数字图书馆、数字博物馆、数字文化馆的建设和管理，拓展面向老年人的数字资源服务。加强专业人才和业余爱好者相结合的老年文化队伍建设。

第三节　加强老年人精神关爱

健全老年人精神关爱、心理疏导、危机干预服务网络。依托社会工作服务机构、专业心理工作者和社会工作者开展老年心理健康服务试点，为老年人提供心理关怀和精神关爱。支持专业社会工作者组织企事业单位、社会组织、志愿者等社会力量开展“一助一”“多助一”等多种形式的结对关爱老年人服务活动。鼓励城乡社区为老年人精神关爱提供活动场地、工作条件等支持。

第四节　促进人口均衡发展

做好全生命周期养老准备。坚持计划生育基本国策，全面实施一对夫妇可生育两个孩子政策。改革完善计划生育服务管理。做好相关经济社会政策与全面两孩政策的有效衔接。

完善人口发展战略，建立健全人口与发展综合决策机制。综合应对劳动年龄人口下降，落实渐进式延迟退休年龄政策。开展重大经济社会政策人口影响评估，健全人口动态监测机制。

第九章　扩大老年人社会参与

第一节　培育积极老龄观

引导老年人树立终身发展理念，始终保持自尊自爱自信自强的精神状态，积极面对老年生活，参与社会发展，发挥正能量，作出新贡献。引导全社会正确认识、积极接纳、大力支持老年人参与社会发展。

第二节　加强老年人力资源开发

将老年人才开发利用纳入各级人才队伍建设总体规划，鼓励各地制定老年人才开发利用专项规划。鼓励专业技术领域人才延长工作年限。鼓励各有关方面建立老年人专业人才库，实现互联互通、资源共享，为老年人参与社会发展创造条件。支持老年人才自主创业，帮助有意愿且身体状况允许的贫困老年人和其他老年人接受岗位技能培训或农业实用技术培训，通过劳动脱贫或致富。推动用人单位与受聘老年人依法签订书面协议。依法保障老年人在生产劳动过程中的合法收入、安全和健康权益，不得因老年人参加其他社会活动获得报酬而扣减其养老金或者福利待遇。相关单位对老有所为贡献突出的老年人和在老有所为工作中贡献突出的单位、个人，可按规定给予表彰或奖励。

第三节　发展老年志愿服务

支持老年人积极参与基层民主监督、社会治安、城市治理、公益慈善、移风易俗、民事调解、文教卫生、全民健身等工作。发挥老年人优良品行对社会成员的言传身教作用，发挥老年人在化解社会矛盾和维护社会稳定中的经验、威望优势，支持老党员、老专家、老军人、老劳模、老干部开展关心教育下一代活动。（省关工委）深入开展“银龄志愿行动”。鼓励老年人参加志愿服务，推行志愿服务记录制度，到2020年，老年志愿者注册人数达到老年人口总数的15%。

专栏10　银龄志愿行动

继续组织医疗卫生、文化教育、农业科技等方面的老年专业人才参加援助困难地区的志愿行动。不断创新援助方式，从城市间援助到城乡互助、从知识技能支持到资金项目帮助、从有形援助到网络援助，不断扩大影响力。

第四节　引导基层老年社会组织规范发展

坚持扶持发展和规范管理并重，加强老年社会组织的培育扶持和登记管理。采取政府购买服务等措施加大对公益性、互助性、服务性、专业性基层老年社会组织的支持力度。继续推动老年社会组织加强能力建设和规范化建设，提高专业素质、服务能力和社会公信力，促进老年人通过社会组织实现自我管理、自我教育、自我服务和服务社会。支持老年社会组织参加或承办政府有关人才培养、项目开发、课题研究、咨询服务等活动。

专栏 11　基层老年协会规范化建设工程

强化村（居）两委对城乡社区基层老年协会的组织领导责任，健全协会组织机构和规章制度。多渠道筹措资金支持基层老年协会建设，改善基层老年协会活动设施和条件，加强基层老年协会骨干培训和活动辅导，鼓励专业人士在基层老年协会能力建设中发挥骨干作用。积极推进基层老年协会党建工作，依法组织老年人参与城乡社区建设和管理，参与维护社会治安、关心教育下一代、调节家庭纠纷、养老互助等事务。组织开展为老服务和老年互助活动，提供帮扶服务，解决实际问题。力求做到活动常态化、管理制度化和建设规范化。有计划有步骤地推进基层老年协会规范化建设，制定年度计划，力争2018年底前35%以上、“十三五”末60%以上的基层老年协会符合规范化建设标准。

第十章　保障老年人合法权益

第一节　完善老龄事业法规政策体系

宣传贯彻落实《安徽省实施〈中华人民共和国老年人权益保障法〉办法》，积极听取社会各界尤其是老年人的意见建议，完善配套政策法规，统筹生育、就业、退休、养老等政策。研究建立老年人监护制度，加快老年人家庭赡养和扶养、社会救助、社会福利、社会优待、宜居环境、社会参与等政策，增强政策制度的针对性、协调性、系统性。健全优待老年人的财政投入、服务评价、检查监督、奖励表彰等政策。

第二节　健全老年人权益保障机制

健全贯彻老年人权益保障法律法规的联合执法、执法检查、综合评估等制度。充分发挥基层党组织、基层群众性自治组织、老年社会组织作用，完善维护老年人合法权益社会监督、矛盾纠纷排查调解、多部门快速反应联合查处综合治理等机制。做好信访工作，建立健全信息反馈和监督机制。探索建立老年人法律维权热线，加强老年人法律服务和法律援助，针对老年群体特点开展适应老年人特殊需求的专项法律服务活动。扩大老年人法律援助范围，拓展基层服务网络，推进法律援助工作站点向城市社区和农村延伸，方便老年人及时就近寻求法律帮助。重点做好农村和贫困、高龄、空巢、独居、失能等特殊困难老年群体的法律服务、法律援助和司法救助。

第三节　加大普法宣传教育力度

落实国家、省“七五”普法规划要求，加强老年人权益保障法律法规普法宣传教育，深入结合“法律六进”活动，鼓励报刊、广播、电影、电视、网络等开展维护老年人合法权益的公益宣传。推动普法宣传教育规范化、常态化，强化全社会维护老年人合法权益的法治观念。开展更多适合老年人的法治宣传活动，帮助老年人学法、懂法、用法，提高守法意识和依法维权意识。

第十一章　强化工作基础和规划实施保障

第一节　强化工作基础保障

推进信息化建设。落实促进大数据发展行动纲要，在切实保障数据安全的前提下，健全完善全省老龄基本信息库，拓展信息范围，增强信息准确度、适用性，建立信息发布、使用制度，为决策管理服务，推进信息共享。支持各地积极推进为老服务综合信息平台在城市社区全覆盖、在农村地区扩大覆盖，推进信息惠民服务向老年人覆盖、数据资源向社会开放，更好地服务于保障改善老年人民生和大众创业、万众创新。

专栏 12　全省老龄基本信息库建设工程

完善老年人基本信息，建成覆盖城乡、精准到每一位老年人的全省老龄基本信息库。充实老年优待证管理、高龄津贴发放、老年维权、基层老年协会建设、老年人才、老年教育、老年文体活动等内容，整合涉及老年人的保障、服务、信用、财产等基础信息，实现各类信息互联互通，消除信息孤岛。以全省老龄基本信息库为依托，加强涉老数据、信息的汇集整合和发掘运用，建立基于大数据的可信统计分析决策机制。建立完善全省老龄基础数据年度发布制度。

完善投入机制。各级政府要根据经济社会发展状况和老年人口增长情况，建立与老龄事业发展水平相适应的投入机制。各级民政部门要将福利彩票公益金的50%以上资金用于支持养老服务业，并随老年人口的增加逐步提高投入比例。落实和完善鼓励政策，引导各类社会资本投入老龄事业，倡导社会各界对老龄事业进行慈善捐赠，形成财政资金、社会资本、慈善基金等多元结合的投入机制。

壮大人才队伍。县级以上人民政府要把养老服务人才培养纳入人才培养规划，推进涉老相关专业教育体系建设。鼓励支持高等院校、中等职业学校和职业培训机构设置相关专业或者培训项目，加快培养老年医学、康复、护理、营养、心理和社会工作、经营管理、康复辅助器具配置等人才。拓宽养老服务专业人员职业发展空间，完善以品德、能力和业绩为导向的职称评价和职业技能等级评价制度。有效推动各地保障和逐步提高养老服务从业人员薪酬待遇。

专栏13 人才培训工程

将养老人才培养纳入人才发展中长期规划。在全省遴选10所院校，通过政企合作、院企合作等模式，培养养老服务专业人才；在养老服务、医养结合、科技助老等重点领域，培养、引进高级管理、运营等复合型人才，符合条件的享受人才引进政策，示范带动养老服务业发展；培训中级管理人员、护理师资人员和中级社工师。培训养老护理员、居家养老从业人员。

培养选拔各类养老服务机构中的优秀护理员，提供居住落户、住房保障、子女就学等方面的政策扶持。

鼓励城乡就业人员从事养老服务工作。对符合条件的养老服务从业人员，实行就业创业扶持，纳入政府开发的公益性岗位给予补贴。

举办老龄知识业务培训班，对各级老龄工作机构的人员定期开展老龄政策和相关知识培训。

加强基层工作。进一步完善老龄工作机制，保证城乡社区老龄工作有人抓、老年人事情有人管、老年人困难有人帮。探索建立基层老龄工作先进典型激励机制。继续推进离退休人员管理服务社会化，建立实施老年人原工作单位、居住社区、老年社会组织和基层党组织齐抓共管的工作机制。总结创建离退休干部基层服务型党组织的好经验好做法，积极探索老年社会组织党建工作的新途径新办法。探索建立工会、共青团、妇联、残联等群团组织参与老年人管理服务的常态化机制和制度化渠道。

加强科学研究和调查统计。按照全国统一部署，推动整合优化后的省级科技计划（专项、基金等）、社会科学基金等支持老龄事业领域的科技创新、基础理论研究和政策应用研究。建立全省老龄事业发展报告年度发布制度。完善老龄科学学科体系，加快老龄科学人才培养。在高校、研究机构、企业和地方，设立一批老龄科学理论研究基地、老龄产业实践研究基地、老龄政策创制试点基地。组建全省老龄问题专家智库，健全重大决策专家咨询制度。开展全省老龄专题政策调研，深化调研成果转化与运用。加强人口老龄化中长期应对策略研究。继续开展推动城乡老年人生活状况抽样调查，探索建立省级成果发布制度。

强化老龄宣传。坚持正确舆论导向，充分发挥新闻媒体、老龄媒体等各类媒体的作用，整合涉老部门宣传资源，健全老龄宣传工作机制。加大对人口老龄化省情、老龄政策法规、老龄事业发展重大主题以及老龄工作典型人物、事迹、经验等宣传报道力度，策划主题宣传，提升舆情研判引导能力，营造全社会关注老龄问题、关心老龄事业、支持老龄工作的良好氛围。

第二节 强化规划实施保障

加强组织领导。完善党委统一领导、政府依法行政、部门密切配合、群团组织积极参与、上下左右协同联动的老龄工作机制。坚持党对老龄工作的统一领导，发挥各级党委总揽全局、协调各方的领导核心作用，为规划实施提供坚强保证；强化政府落实规划的主体责任，将本规划主要任务指标纳入经济社会发展规划，纳入政府工作议事日程和目标管理绩效考核内容。健全老龄工作体制机制，形成推进规划实施的合力。加强专家支持系统建设，建立由多学科、多领域专家参与的专家顾问制度，为规划实施提供技术咨询、评估和指导。

加强督促检查。省老龄办、省民政厅、省发展改革委会同有关部门，加强对各地的指导、督促，及时检查并向省政府报告工作进展情况。搭建社会监督平台，健全第三方评估机制，适时对规划执行情况进行评估，向社会公布评估结果。市、县政府要结合实际制定本规划实施方案，分解年度工作计划，细化相关指标，确保责任到位、工作到位、投入到位、见到实效。鼓励各地积极探索，勇于创新，创造性地实施规划。

附件：部门重点任务分工

部门重点任务分工

工作任务		牵头单位	责任单位
类别	内容措施		
老年社会保障	进一步完善城乡居民基本养老保险制度。全面实施机关事业单位养老保险制度改革。积极发展职业年金、企业年金、个人储蓄性养老保险、商业养老保险。推进个人税收递延型商业养老保险试点。	省人力资源社会保障厅	省人力资源社会保障厅、省地税局、省财政厅、省国资委、安徽保监局、安徽银监局、人行合肥中心支行
	建立全省统一的城乡居民基本医疗保险制度，2017年完成新型农村合作医疗和城镇居民基本医疗保险制度并轨。加快推进基本医疗保险全省联网和异地就医结算。巩固完善城乡居民大病保险制度，鼓励发展补充医疗保险和商业健康保险、老年人意外伤害保险。	省人力资源社会保障厅、省卫生计生委	省人力资源社会保障厅、省卫生计生委、省财政厅、省民政厅、安徽保监局、省老龄办
	探索建立长期护理保险制度。积极引导发挥社会救助、慈善事业等的有益补充，鼓励商业保险公司开发适销对路的长期护理保险产品和服务。	省人力资源社会保障厅	省人力资源社会保障厅、省民政厅、省卫生计生委、省财政厅、安徽保监局、省残联
	制定实施本省老年人基本养老公共服务清单。着力保障特殊困难老年人的养老服务需求。确保所有符合条件的老年人按规定纳入最低生活保障、特困人员救助供养等社会救助制度保障范围。完善医疗救助制度和临时救助制度，确保现行扶贫标准下农村贫困老年人实现脱贫。发展老年慈善事业，发挥社会慈善在老年人扶贫济困中的补充作用。	省民政厅	省民政厅、省发展改革委、省财政厅、省人力资源社会保障厅、省卫生计生委、省老龄办
养老服务	加强家庭建设，逐步建立支持家庭养老的政策体系。大力发展居家社区养老服务。引导养老服务机构依托社区综合服务设施和社区公共服务综合信息平台，为老年人提供精准化个性化专业化服务。探索建立虚拟养老院。鼓励老年人参加社区自助互助养老。大力推行政府购买服务，完善政府购买服务目录。推进城镇社区居家养老服务“三个中心”、农村“三个网络”全面建立。普遍建立20分钟社区居家养老服务圈。	省民政厅	省民政厅、省发展改革委、省财政厅、省商务厅、省人力资源社会保障厅、省住房城乡建设厅、省国土资源厅、省教育厅、省文化厅、省体育局、省妇联、团省委、省老龄办
	统筹规划发展城乡社区养老服务设施。	省住房城乡建设厅	省住房城乡建设厅、省国土资源厅、省民政厅、省发展改革委
	强化公办保障性养老机构托底保障功能。加快推进具备向社会提供养老服务条件的公办养老机构转制为企业或开展公建民营。制定社会力量运营公办养老机构管理办法，积极推进公建民营。支持社会力量举办养老机构。开展养老院服务质量建设专项行动。积极推进农村特困人员供养服务机构转型升级为区域性养老服务中心。发展农村互助养老服务。支持人口聚集地、中心村建设养老服务设施，支持行政村、较大自然村建设互助性养老服务设施。	省民政厅	省民政厅、省财政厅、省发展改革委、省公安厅、省卫生计生委、省质监局、省老龄办、省农委

续表

<table>
<tr><th colspan="2">工作任务</th><th rowspan="2">牵头单位</th><th rowspan="2">责任单位</th></tr>
<tr><th>类别</th><th>内容措施</th></tr>
<tr><td rowspan="3">老年健康支持</td><td>统筹落实好医养结合优惠扶持政策，打通医疗机构与养老机构融合通道，建立养老机构内设医疗机构与合作医院间双向转诊绿色通道。建设医养结合示范工程。养老机构按规定开办老年病医院、康复医院、护理院、中医医院、临终关怀机构等，也可内设医务室、护理站等。养老机构内设医疗机构的，应及时纳入当地医疗机构规划布局。养老机构设置的医疗机构，符合条件的应按规定纳入基本医疗保险定点范围。加强对老年人健康生活方式和健身活动的指导，促进老年病早发现、早诊断、早治疗。启动老年人心理健康预防和干预计划。加强老年康复医院、护理院、临终关怀机构和综合医院老年病科建设。提高基层医疗卫生机构康复护理床位占比，引导乡镇卫生院、敬老院设立养护型老年医疗护理服务特色科室，开设护理型床位或病区。</td><td>省卫生计生委</td><td>省卫生计生委、省人力资源社会保障厅、省民政厅、省发展改革委、省体育局、省老龄办</td></tr>
<tr><td>贯彻落实安徽省全民健身计划。统筹规划建设公益性老年健身体育设施。</td><td>省体育局</td><td>省体育局、省发展改革委、省财政厅、省住房城乡建设厅、省国土资源厅</td></tr>
<tr><td>将留成的体育彩票公益金安排适当资金用于开展老年人体育活动。</td><td>省财政厅</td><td>省财政厅、省体育局</td></tr>
<tr><td rowspan="3">老年消费市场</td><td>培育老龄产业新的增长点，完善相关规划和扶持政策。</td><td>省民政厅</td><td>省民政厅、省发展改革委、省经济和信息化委</td></tr>
<tr><td>实施品牌战略，重点开发为老服务产品和培育养老服务品牌，大力发展养老服务中小企业，打造养老服务龙头企业。打造健康养老服务产业集群。促进养老服务与旅游、文化等产业融合发展。增加老年用品供给。提升老年用品科技含量。</td><td>省经济和信息化委</td><td>省经济和信息化委、省民政厅、省发展改革委、省商务厅、省科技厅、省国资委</td></tr>
<tr><td>规范养老服务市场秩序。明确政府、社会、市场、家庭等主体的责任范围和功能边界。研究制定涵盖全面、内容丰富的养老服务标准体系。</td><td>省民政厅</td><td>省民政厅、省质监局、省商务厅、省老龄办、省经济和信息化委</td></tr>
<tr><td rowspan="3">老年宜居环境</td><td>严格执行无障碍环境建设相关法律法规，完善涉老工程技术标准规范体系。加强与老年人日常生活密切相关的公共服务设施和老年人家庭无障碍设施的设计与改造。</td><td>省住房城乡建设厅</td><td>省住房城乡建设厅、省民政厅、省财政厅、省老龄办、省残联、省文化厅、省体育局、省质监局</td></tr>
<tr><td>建设具有民族特色、时代特征的孝亲敬老文化。利用春节、清明节、中秋节、重阳节等传统节日，开展宣传教育活动。</td><td>省委宣传部</td><td>省委宣传部、省老龄办、省新闻出版广电局、省教育厅、省民政厅、省文化厅、省妇联、团省委</td></tr>
<tr><td>全面建立完善包括政务服务、卫生保健、交通出行、商业服务、文体休闲、维权服务在内的老年人优待照顾服务政策制度体系，落实优待规定，扩大优待范围，提高优待水平。</td><td>省老龄办</td><td>省老龄办、省高院、省发展改革委、省科技厅、省公安厅、省民政厅、省司法厅、省财政厅、省人力资源社会保障厅、省住房城乡建设厅、省交通运输厅、省农委、省商务厅、省文化厅、省卫生计生委、省新闻出版广电局、省体育局、省林业厅、省旅游局、上海铁路局合肥铁路办事处、民航安徽监管局、省文物局、省总工会</td></tr>
</table>

续表

工作任务		牵头单位	责任单位
类别	内容措施		
老年人精神关爱	将老年教育纳入终身教育体系，落实老年教育发展规划。扩大老年教育资源供给，创新老年教育发展机制。优先发展城乡社区老年教育。促进各级各类学校开展老年教育。鼓励支持各类社会力量举办或参与老年教育。整合文化体育科技资源服务老年教育。利用养老资源推动老年教育。	省教育厅	省教育厅、省发展改革委、省财政厅、省委老干部局、省文化厅、省民政厅、省科技厅、省体育局、省新闻出版广电局、省老龄办、省残联、省旅游局
	完善覆盖城乡的公共文化设施网络，增加适合老年人的特色文化服务项目。深化公共文化服务设施免费开放，做好面向老年人的公共文化服务。加强数字图书馆、数字博物馆、数字文化馆的建设和管理，拓展面向老年人的数字资源服务。	省文化厅	省文化厅、省住房城乡建设厅、省国土资源厅、省体育局、省新闻出版广电局、省经济和信息化委
	健全老年人精神关爱、心理疏导、危机干预服务网络，开展老年心理健康服务试点。做好全生命周期养老准备。完善人口发展战略，建立健全人口与发展综合决策机制。	省卫生计生委	省卫生计生委、省人力资源社会保障厅、省民政厅、省老龄办、省发展改革委、省财政厅、省统计局
老年人社会参与	将老年人才开发利用纳入各级人才队伍建设总体规划，鼓励各地制定老年人才开发利用专项规划。对老有所为贡献突出的老年人和在老有所为工作中贡献突出的单位、个人给予表彰或奖励。	省委组织部	省委组织部、省人力资源社会保障厅、省发展改革委、省教育厅、省老龄办
	开展“银龄志愿行动”，继续组织医疗卫生、文化教育、农业科技等方面的老年专业人才参加援助困难地区的志愿行动。	省老龄办	省老龄办、省人力资源社会保障厅、省卫生计生委、省文化厅、省教育厅、省科技厅、省农委、省关工委
	推行老年志愿服务记录制度。	省民政厅	省民政厅、省老龄办
	引导基层老年社会组织规范发展，促进老年人通过老年社会组织实现自我管理、自我教育、自我服务和服务社会。	省老龄办	省老龄办、省民政厅
老年人合法权益	宣传贯彻落实《安徽省实施〈中华人民共和国老年人权益保障法〉办法》，完善配套政策法规。健全贯彻老年人权益保障法律法规的联合执法、执法检查、综合评估等制度。做好信访工作。探索建立老年人法律维权热线。扩大老年人法律援助范围。重点做好农村和贫困、高龄、空巢、独居、失能等特殊困难老年群体的法律服务、法律援助和司法救助。加强老年人权益保障法律法规普法宣传教育。	省老龄办	省老龄办、省法制办、省司法厅、省民政厅、省高院、省发展改革委、省科技厅、省公安厅、省司法厅、省财政厅、省人力资源社会保障厅、省住房城乡建设厅、省交通运输厅、省农委、省商务厅、省文化厅、省卫生计生委、省新闻出版广电局、省体育局、省林业厅、省旅游局、省总工会

续表

工作任务		牵头单位	责任单位
类别	内容措施		
老龄工作基础和保障措施	将本规划主要任务指标纳入经济社会发展规划，纳入政府工作议事日程和目标管理绩效考核内容。	省政府督查室、省发展改革委	省政府督查室、省发展改革委、省财政厅
	健全完善全省老龄基本信息库。建立完善老龄基础数据年度发布制度。	省老龄办	省老龄办、省统计局、省发展改革委、省公安厅、省人力资源社会保障厅、省卫生计生委、省司法厅、省教育厅、省文化厅、省体育局
	根据经济社会发展状况和老年人口增长情况，建立与老龄事业发展水平相适应的投入机制。将福利彩票公益金的50%以上资金用于支持养老服务业。形成财政资金、社会资本、慈善基金等多元结合的老龄事业投入机制。	省财政厅	省财政厅、省民政厅
	将养老服务人才培养纳入人才培养规划，推进涉老相关专业教育体系建设。	省委组织部	省委组织部、省人力资源社会保障厅、省发展改革委、省教育厅、省民政厅、省老龄办
	进一步完善老龄工作机制，保证城乡社区老龄工作有人抓、老年人事情有人管、老年人困难有人帮。	省民政厅	省民政厅、省老龄办
	建立全省老龄事业发展报告年度发布制度。组建全省老龄问题专家智库，健全重大决策专家咨询制度。开展全省老龄专题政策调研，深化调研成果转化与运用。	省老龄办	省老龄办、省民政厅、省人力资源社会保障厅、省卫生计生委、省统计局、省财政厅、省科技厅、省住房城乡建设厅、省司法厅、省教育厅、省文化厅、省体育局、省统计局、省旅游局、省农委、省关工委
	坚持正确舆论导向，充分发挥新闻媒体、老龄媒体等各类媒体的作用，整合涉老部门宣传资源，健全老龄宣传工作机制。	省委宣传部	省委宣传部、省老龄办、省新闻出版广电局

安徽省人民政府办公厅关于进一步扩大旅游文化体育健康养老教育培训等领域消费的实施意见

皖政办〔2017〕47号

各市、县人民政府，省政府各部门、各直属机构：

为贯彻落实《国务院办公厅关于进一步扩大旅游文化体育健康养老教育培训等领域消费的意见》（国办发〔2016〕85号），经省政府同意，结合我省实际，提出如下实施意见：

一、着力推进幸福产业服务消费提质扩容

围绕旅游、文化、体育、健康、养老、教育培训等重点领域，积极开发适应消费升级、释放消费潜力的服务产品，以有效供给促进消费提升。

（一）加速升级旅游消费。

1. 实施旅游强省“五个一批”建设工程。加快旅游业供给侧结构性改革，积极构建全域旅游格局，统筹推进皖南国际文化旅游示范区、合肥都市圈休闲旅游区、大别山自然生态旅游区和皖北文化生态旅游区建设，建设一批旅游精品景区，打造一批国际化旅游精品线路，创造一批顺应世界潮流的旅游业态，发展一批具有国际竞争力的特色旅游商品，培育一批具有国际经营实力的领军企业。开展全域旅游示范区创建活动，力争我省“十三五”期间有20个市和县（市、区）纳入国家试点。实施“工业设计＋文化创意＋互联网＋旅游特色产品开发”行动，强化旅游商品的创意设计与产品研发，积极引导旅游企业注册商标，大力开展旅游商品“增品种、提品质、创品牌”活动。深度挖掘我省地方文化内涵，培育具有我省特色的旅游品牌和传统工艺美术精品。加大旅游商品营销力度，举办旅游商品设计大赛和节庆旅游商品展销活动，充分利用电商平台营销旅游商品。深入实施知名旅游商品进商场超市、宾馆酒店、高速公路服务区、机场车站、旅游景区“五进”工程。评选“安徽旅游商品Top100”，探索建立旅游商品地方标准。加强高速公路服务区公共卫生管理，提高服务质量，展示良好形象。

2. 全面提升乡村旅游。加快特色小镇建设，全域推进乡村旅游和休闲农业发展。建设乡村旅游互联网公共服务平台，推广“农业＋旅游”发展模式，创建“中国乡村旅游创客示范基地”。实施休闲农业和乡村旅游提升工程，建设功能完备、特色明显、服务优良的休闲农业聚集村、休闲农业园和休闲农业精品景点。制定乡村民宿服务地方标准，探索中外乡村酒店合作机制。实施乡村旅游后备箱行动。实施皖南乡村旅游优化工程，打造“徽式休闲”品牌，创建“中西合璧”的国际乡村度假区。围绕中心城市建设乡村旅游休闲带，加快推进环巢湖乡村旅游圈建设。实施大别山乡村旅游扶贫示范工程，结合山地特点和山村特色，开发休闲度假和旅居产品。实施皖北乡村旅游提质工程，突出“改厕改厨”重点，提升乡村旅游环境卫生和食品安全水平。开展休闲农业绿色体验模式示范攻关。

3. 大力发展自驾车旅居车旅游。依法办理旅居挂车登记，允许具备牵引功能并安装有符合国家标准牵引装置的小型客车按规定拖挂旅居车上路行驶。建设一批自驾车营地、房车营地、露营地和自驾车综合服务中心，形成皖南、环巢湖、皖江、大别山4大自驾车营地集中区。建设合肥、黄山、宣城、芜湖、蚌埠等自驾游中心城市。推出多样化的自驾游精品线路。

4. 积极发展邮轮游艇旅游。贯彻落实国家邮轮旅游发展总体规划和游艇旅游发展指导意见，推进邮轮游艇旅游快速发展。依托长江黄金水道，优化邮轮港口码头布局，建设池州邮轮母港和马鞍山、芜湖、铜陵、安庆邮轮码头，形成结构合理的邮轮港口体系。创办中国（池州）内河邮轮发展论坛。依托长江、淮河流域拥有特色旅游资源的河湖，建设游艇码头，开展游艇租赁等旅游服务，力争创建2个国家级公共游艇码头和水上运动中心。

5. 加快发展体育旅游。以赛事观光、运动康复、健身培训、登山探险、民俗体验为主题，积极发展体育观赏型、赛事参与型、康体养生型、探险刺激型、民俗体验型等体育旅游新业态，培育体育旅游精品景区和精品项目，推动体育主题酒店餐饮、户外运动装备制造等相关产业发展。加强省级体育旅游基地建设，规划建设体育旅游产业集聚区。

（二）创新发展文化消费。

6. 推动实体书店转型发展。加强城乡实体书店网点建设，创新实体书店经营发展模式，推动实体书店与网络融合发展，支持实体书店融入公共图书馆、文化旅游、创意设计、商贸物流等相关行业发展，建成集阅读学习、展示交流、聚会休闲、创意生活等多功能于一体的复合式文化场所。

7. 引导城乡居民扩大文化消费。持续开展文化惠民消费季活动，巩固提升传统文化消费，培育拓展新型文化消费。深入推进合肥国家文化消费试点城市建设，形成可供借鉴的具有我省特色的文化消费模式。大力发展文化领域大数据，建设文化电子票务、智慧书城、网络游戏、新媒体等新型平台。扩大数字家庭、在线教育等信息消费。引导社会力量利用老厂房、老社区、老码头、老校区、老矿场、老建筑等，打造文化特色街区、特色文化小镇等文化消费集聚区。鼓励新华书店、邮政等知名发行企业大力拓展经营网点，支持大型商贸、餐饮、服务连锁企业开展出版物经营业务。广泛开展公益性文化艺术活动，实施贫困地区百县万村综合文化服务中心示范工程、基层公共文化“四扶一加强”行动计划，推进农民工文化驿站建设，增强文化消费后劲。

8. 强化文化创意设计。开展安徽博物院、省图书馆文化创意产品开发试点。支持试点单位与高校、科研院所和企业合作，注入创意和科技元素，挖掘体现中华文明独特魅力典型文物的内涵，推进文物素材再造和相关设计服务产业化、品牌化。鼓励通过网络众筹、众包等方式，围绕馆藏资源，开发兼具艺术性、趣味性和实用性的文化创意系列产品。引导动漫和游戏企业开发具有徽风皖韵特点的原创动漫、游戏、影视及衍生产品。积极培育以文物为内容、旅游为载体、线上线下相结合的融合发展新模式。

9. 推动文化娱乐行业转型升级。出台推动文化娱乐行业转型升级的实施意见，提升文化娱乐行业的层次和水平。出台推动数字文化产业发展的实施意见，丰富数字文化内容和形式，创新数字文化技术和装备。支持文化娱乐行业开展游戏游艺竞技赛事活动。

（三）大力促进体育消费。

10. 积极扩大体育产品和服务供给。制定实施山地户外运动、冰雪运动、水上运动、航空运动等专项运动产业发展规划。打造五禽戏、马拉松、铁人三项、登山、自行车、汽车等品牌赛事，培育体育用品制造、体育场馆运营服务和自创赛事品牌。加大体育产业扶持力度，支持体育用品制造企业加强研发设计和新产品开发，发展特色产品。丰富重大节假日期间体育赛事活动，定期举办全省足球、篮球等球类联赛。

11. 统筹推进公共体育健身设施建设运营。加强健身步道、全民健身中心、青少年户外活动营地、体育生态公园和体育特色小镇建设，鼓励大型体育场馆和公共体育设施免费或低收费开放，支持体育场馆探索所有权、经营权分离，运用商业运营模式推动体育场馆多层次开放利用。推动有条件的学校体育场馆设施在课后和节假日对本校学生和公众有序开放。加快体育社团组织改革，推动体育社团组织与机关脱钩，扶持和引导基层体育社会组织发展。

12. 完善全民健身网络。普及科学健身知识和健身方法，组织社会体育指导员广泛开展全民健身指导服务，推动全民健身生活化，提升全民“动商”指数。发展群众健身休闲项目，丰富和完善全民健身活动体系，广泛开展学生体育比赛。

（四）加快培育发展健康消费。

13. 扩大健康保险消费。支持商业保险公司投资、参股新型健康管理机构，或与医疗、体检、护理等机构合作，提供健康体检、健康咨询、健康风险评估、健康风险干预、未病管理等服务。鼓励企业、个人参加商业健康保险及多种形式的补充保险，鼓励商业保险公司提供多样化、多层次、规范化的健康保险产品和服务。

14. 加快推进医养结合。加强对池州、芜湖、合肥市国家级医养结合试点地区的指导，改革创新医养结合管理机制和服务模式，力争形成一批创新成果和可持续、可复制的经验。开展省级医养结合发展示范区（机构）建设试点，重点建设6个省级医养结合综合示范区、20个医养结合示范基地（园区）、100个医养结合示范项目、300个社区医养结合示范中心。探索制定医养结合机构建设标准和服务规范。鼓励各地积极探索医养结合发展模式，实施好一批市县级示范项目。推动医疗卫生服务延伸至社区、家庭，依托社区各类服务和信息网络平台，实现基层医疗卫生机构与社区养老服务机构无缝对接。

15. 促进健康医疗旅游。实施中医药养生旅游示范工程。发挥“北华佗、南新安”中医药文化优势，结合亳白芍、霍山石斛、宣木瓜、凤丹皮等中药资源禀赋，依托自然人文等旅游资源，以康体养生、洗浴养生、药膳养生为主题，建设中医药健康旅游基地和中医药健康养生示范园区，支持有条件地区建设大健康产业基地。举办中医药文化博览节事活动。

（五）全面提升养老消费。

16. 全面放开养老服务市场。出台放开养老服务市场、提升养老服务质量的实施意见，全面清理、取消申办养老服务机构不合理的前置审批事项，进一步降低养老服务机构准入门槛。营利性养老机构设立非法人分支机构或非营利性养老机构设立服务网点，分支机构（服务网点）设有集中住养床位的，可以实行“一照多址”，经民政部门核准并在养老机构设立许可证上签注后，纳入养老机构统一管理并享受相应扶持和优惠政策。积极营造公平竞争环境，民办与公办、营利性与非营利性、境外投资者和境内投资者、外地投资者与本地投资者举办的养老服务项目和养老机构，在政府投资和项目安排上，一律享受同等的政策待遇。研究制定社会养老机构等级评定管理办法，引导社会养老机构提升档次和服务质量。积极开发安全有效、方便快捷的休闲养生食品、康复辅具、日常照护、中医养生保健等老年人用品用具和服务产品。支持智能穿戴、智慧医疗、健康检测、物联网等数字化健康养老服务产品研发，每年在全省选择不少于2000户家庭进行智能物联网应用居家养老试点，重点解决空巢、独居、高龄老年人的家庭安防问题。支持商业保险机构参与政府各类养老福利机构的托管、社区服务计划、居家养老服务以及其他社会化共建工作，以投资兴建、参股、并购、租赁、托管等方式兴办养老社区、护理及医养结合等机构。

17. 利用闲置社会资源发展养老服务。充分挖掘闲置社会资源，将城镇中废弃的工厂厂房、事业单位改制后腾出的办公用房、乡镇区划调整后的办公楼，以及转型中的公办培训中心和疗养院，整合改造成养老服务设施。凡通过整合改造闲置社会资源建成的养老服务设施，按规定给予政府补贴和税费减免等政策扶持。建立部门联审机制，对整合改造闲置社会资源举办养老服务设施的，简化审批手续，缩短审批时限，提供便利服务。

18. 建立健全护理保险制度。加大对安庆市长期护理保险制度试点的指导，引入商业保险参与试点，探索建立由长期护理社会保险、商业性长期护理保险、护理补贴等相互衔接、互为补充的长期照护保障制度。重点解决重度失能人员基本生活照料和与基本生活密切相关的医疗护理等所需费用。全面建立特困供养人员医疗（住院）护理保险制度，对特困供养人员中生活不能自理人员提供照料护理服务。鼓励有条件的地方为经济困难老年人购买护理保险，引导商业保险公司开发满足社会需要的商业性长期护理保险产品和与养老服务相关的商业保险产品。

（六）持续扩大教育培训消费。

19. 强化人才支撑。深化省属企业所办教育机构改革，完善经费筹集制度，避免因企业经营困难导致优质职业培训机构等资源流失，加强相关领域人才培养。加强教育培训与“双创”的有效衔接，鼓励社会资本参与相关教育培训实践，建立由知名科学家、创业成功者、企业家、风险投资人等组成的万名优秀创新创业导师人才库，为“双创”提供更多人才支撑。

20. 努力扩大教育资源供给。出台鼓励社会力量兴办教育的意见，鼓励多元主体多种形式办学，营造民办教育公平发展政策环境。加强资源整合，推进市（县）域教育培训中心和职业技能培训中心建设，完善优质教育培训资源落户办学扶持政策。鼓励高校盘活教育资源，推动高校与各级政府、企业和科研机构合作建设创新创业学院、创客空间、科研成果孵化器等创新创业平台。重点围绕理工农医、我省急需的交叉前沿学科、薄弱空白学科等领域，开展高水平、示范性的中外合作办学。积极参与“一带一路”建设，推进与发达国家高等教育领域间的对话与合作，深化中德、中俄等教育合作交流，建设中德教育合作示范基地。完善来皖外国留学生奖学金制度，扩大来皖留学生规模、国别范围。

二、大力促进传统实物消费扩大升级

以传统实物消费升级为重点，通过提高产品质量、创新增加产品供给，创造消费新需求。

（一）稳定发展汽车消费。

21. 积极推动汽车销售管理。落实《汽车销售管理办法》，打破品牌授权单一模式，鼓励发展共享型、节约型、社会化的汽车流通体系。

22. 积极争创中国（安徽）自由贸易试验区，争取开展汽车平行进口试点。

（二）培育壮大绿色消费。

23. 鼓励购买绿色净化电器，执行空气净化器、洗衣机等家用绿色净化器具能效标准，积极推进能效领跑者计划，引导消费者优先购买使用能效领跑者产品。鼓励新能源汽车消费。

24. 推广使用绿色建材。加大节能门窗、陶瓷薄砖、节水洁具等绿色建材评价的推进力度，引导扩大绿色建材消费的市场份额。围绕绿色建筑需求和建材工业发展方向，大力推广低辐射镀膜玻璃、真（中）空玻璃、断桥铝合金等节能门窗，推进平板玻璃和铝型材生产线升级改造，鼓励太阳能光热、光伏与建筑装配一体化，促进光热光伏玻璃产业发展。在各类试点示范工程和推广项目中，加大绿色建材推广力度。积极推广绿色装配式住宅带动绿色建材消费。

25. 完善绿色产品认证制度和标准体系。推广落实国家统一的绿色产品标准、认证、标识，提升我省绿色产品认证话语权。加强认证检测机构能力建设，增加绿色产品市场供给。积极推广流通领域节能环保技术产品，鼓励流通企业采购和销售绿色产品。加大绿色产品生产企业监管力度。

三、持续优化市场环境

进一步加强消费基础设施建设，畅通流通网络，健全规范标准，创新监管体系，强化线上线下消费者权益保护，营造便利、安心、放心的消费环境，努力增强居民消费信心，并在实践中探索完善有利于发展新消费、新业态的监管方式。

（一）畅通城乡销售网络。

26. 加快铁路货运物流基础设施建设。加强与中国铁路总公司和上海铁路局衔接，积极推进我省具备条件的传统铁路货场改造成为城市物流配送中心。加快建成合肥一级铁路物流基地，积极推进芜湖、蚌埠、阜阳、淮北等二、三级铁路物流基地建设，扩大货运班列开行覆盖范围。

27. 加强冷链物流基础设施网络建设。完善冷链物流标准和操作规范体系，鼓励企业创新经营模式，加快先进技术研发应用，扩大冷链物流覆盖范围、提高服务水平。

28. 创新推动内贸流通。开展加快内贸流通创新推动供给侧结构性改革扩大消费专项行动，加大对农产品批发市场、农贸市场、社区菜市场、农村物流设施等公益性较强的流通设施支持力度。推进农民工生活服务站、农村综合服务中心和电商建设，促进农村服务业发展，扩大农村生活服务消费。

29. 推动实体零售创新转型。加快传统商圈提档升级，鼓励企业创新经营模式、加强技术应用、优化消费环境、提高服务水平，由销售商品向创新生活方式转变，做精做深体验消费。推进品牌消费集聚区创建，扩大品牌商品消费。积极培育区域消费中心城市。

30. 深入开展重要产品追溯示范建设。加强电商核心竞争力建设，发展线上线下相结合的新业态，推进全省76个县（市、区）电子商务进农村全覆盖工作，推进快递进社区、进农村。开展地域特色产品和电商平台产品追溯示范活动，支持龙头企业创立可追溯特色产品品牌，鼓励电商平台创建可追溯产品专区，形成城乡产品信息畅通、线上线下有效衔接的全程追溯网络，提升重要产品质量安全保障能力和流通、消费安全监测监管水平。进一步加大对电商领域违法行为的查处力度，着力优化电商消费环境。

（二）提升产品和服务标准。

31. 实施质量品牌升级工程。推进质量安徽建设，广泛开展“增品种、提品质、创品牌”专项行动，积极创建全国知名品牌示范区，支持企业主导质量标准制定，扩大高质量产品和服务供给。扩大内外销产品“同线同标同质”（相同生产线、相同标准、相同质量）实施范围，鼓励日用消费品生产企业采用国际标准和国外先进标准。加强重点消费品质量监督检查。

32. 加强农产品安全管理。坚持“产出高效、产品安全、资源节约、环境友好”发展理念，以标准化生产和基地创建为载体，大力发展“三品一标”产品（无公害农产品、绿色食品、有机农产品和地理标志农产品）。切实做好产品检测、产地监查和标志稽查，加强风险评估、动态监控和应急处置管理，持续提升“三品一标”产品总量规模和质量水平。

33. 加快推进生活性服务业标准体系和行业规范建设。推动养老服务等认证制度，提升幸福产业的标准化水平。

34. 加快智慧家庭综合标准化体系、虚拟/增强现实标准体系以及可穿戴设备标准推广应用。

35. 加大行政执法力度。建立健全“政府领导、部门联动、企业自律、社会监督”消费者权益保护工作机制。加强部门间、区域间执法协作，建立完善线索通报、证据移转、案件协查、联合办案等机制。完善消费领域诉讼调解对接机制，健全公益诉讼制度。健全消费领域惩罚性赔偿制度，建立重大消费安全事故预警防范和突发事件应急处置机制。深入推进商务诚信建设，着力提升诚信意识和信用水平。加强商品质量监管，严厉打击制假售假、商业欺诈等消费领域违法行为，依法查处垄断和不正当竞争行为，营造安全放心的消费环境。

四、强化政策措施保障

（一）切实强化组织领导。

各级、各有关单位要进一步落实扩大相关领域消费的责任，及时研究解决扩大消费特别是服务消费领域出现的新情况、新问题。各地要建立工作责任机制，结合本地实际制定具体实施方案，明确工作分工，落实工作责任，谋划和推进一批重点项目，确保国家促消费、稳增长措施见到实效。

（二）完善政策支持体系。

省有关单位要比照国家做法，及时出台我省推动相关产业发展的意见。结合国家出台的相关政策措施，落实休闲农业和乡村旅游配套设施建设、自驾车旅居车营地用地、境外运动员来华比赛免签、国际邮轮入境外国旅游团15天免签、商业健康保险个人所得税税前扣除、医疗旅游先行区等政策。

（三）营造公平竞争环境。

落实国务院有关公平竞争审查制度，深入推进简政放权、放管结合、优化服务改革，精简行政审批环节，破除扩大消费体制机制障碍，优化管理服务，降低准入门槛，以改革创新激发市场主体创新创造活力。

（四）加强督促检查。

加大检查指导力度，省有关单位要坚持分类指导，加强部门协同配合，采取日常检查与重点督查相结合、年中检查与年终检查相结合的方式，督促各项工作落到实处。

附件：重点任务分工

安徽省人民政府办公厅

2017年5月15日

附件

重点任务分工

序号	工作任务	负责单位	时限要求
1	实施旅游强省“五个一批”建设工程。开展全域旅游示范区创建活动，力争我省“十三五”期间有20个市和县（市、区）纳入国家试点。实施“工业设计＋文化创意＋互联网＋旅游特色产品开发”行动。深入实施知名旅游商品“五进”工程。加强高速公路服务区公共卫生管理。	省旅游局、省发展改革委、省经济和信息化委、省工商局、省商务厅、省质监局、省交通运输厅	持续实施
2	全面提升乡村旅游。加快特色小镇建设。建设乡村旅游互联网公共服务平台，推广“农业＋旅游”发展模式，创建“中国乡村旅游创客示范基地”。实施休闲农业和乡村旅游提升工程。制定乡村民宿服务地方标准。实施乡村旅游后备箱行动。实施皖南乡村旅游优化工程。加快推进环巢湖乡村旅游圈建设。实施大别山乡村旅游扶贫示范工程。实施皖北乡村旅游提质工程。开展休闲农业绿色体验模式示范攻关。	省旅游局、省农委、省扶贫办、省财政厅、省发展改革委、省商务厅和相关市人民政府	持续实施

续表

序号	工作任务	负责单位	时限要求
3	大力发展自驾车旅居车旅游。建设一批自驾车营地、房车营地、露营地和自驾车综合服务中心，形成皖南、环巢湖、皖江、大别山4大自驾车营地集中区。建设合肥、黄山、宣城、芜湖、蚌埠等自驾游中心城市。推出多样化的自驾游精品线路。	省公安厅、省旅游局、省住房城乡建设厅、省体育局、省交通运输厅、省国土资源厅和相关市人民政府	2020年
4	积极发展邮轮游艇旅游。依托长江黄金水道，优化邮轮港口码头布局，建设池州邮轮母港和马鞍山、芜湖、铜陵、安庆邮轮码头，形成结构合理的邮轮港口体系。力争创建2个国家级公共游艇码头和水上运动中心。	省旅游局、省交通运输厅、合肥海关、省公安厅、安徽出入境检验检疫局	2020年
5	加快发展体育旅游。积极发展体育观赏型、赛事参与型等体育旅游新业态。加强省级体育旅游基地建设，规划建设体育旅游产业集聚区。	省旅游局、省体育局	持续实施
6	推动实体书店转型发展。加强城乡实体书店网点建设，创新实体书店经营发展模式。	省新闻出版广电局、省文化厅	持续实施
7	引导城乡居民扩大文化消费。持续开展文化惠民消费季活动，巩固提升传统文化消费，培育拓展新型文化消费。扩大数字家庭、在线教育等信息消费。	省文化厅、省新闻出版广电局、省商务厅、省财政厅和合肥市人民政府	持续实施
8	实施贫困地区百县万村综合文化服务中心示范工程、基层公共文化“四扶一加强”行动计划，推进农民工文化驿站建设。	省文化厅、省新闻出版广电局、省财政厅、省住房城乡建设厅	持续实施
9	开展安徽博物院、省图书馆文化创意产品开发试点。	省文化厅、省新闻出版广电局、省教育厅、省工商局、省商务厅、省旅游局	2020年
10	出台推动文化娱乐行业转型升级的实施意见。出台推动数字文化产业发展的实施意见。	省文化厅、省新闻出版广电局	2017年
11	制定实施山地户外运动、冰雪运动、水上运动、航空运动等专项运动产业发展规划。	省体育局、省发展改革委、省经济和信息化委	2017年
12	统筹推进公共体育健身设施建设运营。加强健身步道、全民健身中心、青少年户外活动营地、体育生态公园和体育特色小镇建设。	省体育局、省教育厅、省财政厅、省住房城乡建设厅	持续实施
13	加快体育社团组织改革，推动体育社团组织与机关脱钩，扶持和引导基层体育社会组织发展。	省体育局	持续实施
14	完善全民健身网络。	省体育局、省教育厅、省财政厅	持续实施
15	扩大健康保险消费。	安徽保监局、省卫生计生委	持续实施
16	开展省级医养结合发展示范区（机构）建设试点，重点建设6个省级医养结合综合示范区、20个医养结合示范基地（园区）、100个医养结合示范项目、300个社区医养结合示范中心。探索制定医养结合机构建设标准和服务规范。	省卫生计生委、省民政厅、省发展改革委	2020年
17	促进健康医疗旅游。实施中医药养生旅游示范工程。支持有条件地区建设大健康产业基地。	省卫生计生委、省旅游局、省发展改革委	持续实施
18	出台放开养老服务市场、提升养老服务质量的实施意见。全面清理、取消申办养老服务机构不合理的前置审批事项。研究制定社会养老机构等级评定管理办法，引导社会养老机构提升档次和服务质量。	省发展改革委、省民政厅	2017年
19	每年在全省选择不少于2000户家庭进行智能物联网应用居家养老试点。	省民政厅	持续实施
20	利用闲置社会资源发展养老服务。	省民政厅、省发展改革委、省国土资源厅、省住房城乡建设厅、省地税局、省工商局	持续实施

续表

序号	工作任务	负责单位	时限要求
21	开展长期护理保险制度试点。	省人力资源社会保障厅、省卫生计生委、省民政厅、省财政厅、安徽保监局和安庆市人民政府	2017年
22	全面建立特困供养人员医疗（住院）护理保险制度。	省民政厅、省财政厅、省卫生计生委	2020年
23	深化省属企业所办教育机构改革。	省国资委、省教育厅	2017年
24	出台鼓励社会力量兴办教育的意见。	省教育厅、省人力资源社会保障厅	2017年
25	鼓励购买绿色净化电器。鼓励新能源汽车消费。	省发展改革委、省财政厅、省经济和信息化委、省科技厅、省能源局、省交通运输厅、省管局、省质监局	持续实施
26	推广使用绿色建材。	省住房城乡建设厅、省经济和信息化委	持续实施
27	完善绿色产品认证制度和标准体系。	省质监局、省商务厅	持续实施
28	加快铁路货运物流基础设施建设。积极推进我省具备条件的传统铁路货场改造成为城市物流配送中心。加快建成合肥一级铁路物流基地，积极推进芜湖、蚌埠、阜阳、淮北等二、三级铁路物流基地建设，扩大货运班列开行覆盖范围。	省发展改革委、省经济和信息化委、省商务厅和相关市人民政府	2020年
29	完善冷链物流标准和操作规范体系。	省商务厅、省质监局、省发展改革委	2018年
30	开展加快内贸流通创新推动供给侧结构性改革扩大消费专项行动。	省商务厅牵头	2018年
31	推进实体零售创新转型。推进品牌消费集聚区创建，扩大品牌商品消费。积极培育区域消费中心城市。	省商务厅牵头	持续实施
32	深入开展重要产品追溯示范建设。	省商务厅、省工商局、省食品药品监管局	持续实施
33	推进全省76个县（市、区）电子商务进农村全覆盖工作，推进快递进社区、进农村。	省商务厅、省邮政管理局、省农委	2017年
34	实施质量品牌升级工程。	省质监局、省工商局、省经济和信息化委、安徽出入境检验检疫局	持续实施
35	加强农产品安全管理。大力发展无公害农产品、绿色食品、有机农产品和地理标志农产品，持续提升“三品一标”产品总量规模和质量水平。	省农委、省质监局	持续实施
36	加快推进生活性服务业标准体系和行业规范建设。	省质监局、省发展改革委、省商务厅、省民政厅	持续实施
37	加快智慧家庭综合标准化体系、虚拟/增强现实标准体系以及可穿戴设备标准推广应用。	省经济和信息化委、省质监局	持续实施
38	建立健全消费者权益保护工作机制。	省工商局、省质监局、省食品药品监管局	持续实施

安徽省人民政府办公厅关于加快发展商业养老保险的实施意见

皖政办〔2017〕74号

各市、县人民政府，省政府各部门、各直属机构：

为深入贯彻落实《国务院办公厅关于加快发展商业养老保险的若干意见》（国办发〔2017〕59号）精神，经省政府同意，现就加快发展商业养老保险提出如下实施意见：

一、总体要求

（一）指导思想。全面贯彻党的十八大和十八届三中、四中、五中、六中全会精神，深入学习贯彻习近平总书记系列重要讲话精神和党中央治国理政新理念新思想新战略，认真贯彻习近平总书记视察安徽重要讲话精神，牢固树立创新、协调、绿色、开放、共享发展理念，以提高发展质量和效益为中心，以推进供给侧结构性改革为主线，以应对人口老龄化、满足人民群众日益增长的养老保障需求、促进社会和谐稳定为出发点，以完善养老保险风险保障机制、提升养老资金运用效率、优化养老金融服务体系为方向，坚持改革创新、提升保障水平，坚持政策引导、发挥市场作用，坚持以人为本、规范市场秩序，依托商业保险机构专业优势和市场机制作用，扩大商业养老保险产品供给，拓宽服务领域，延长服务产业链条，不断满足广大人民群众多层次、多样化养老保障需求。

（二）发展目标。到2020年，基本建成与我省经济社会发展水平相适应的商业养老保险服务体系，形成市场体系完备、运行机制完善、产品形态多样、持续适度盈利、经营诚信规范的现代商业养老保险服务业态，基本满足人民群众养老保障服务多层次需求。

二、创新商业养老保险产品和服务

（三）丰富商业养老保险产品供给。鼓励商业保险机构根据我省社会养老需求，开发多样化的商业养老保险产品，满足个人和家庭在风险保障、财富管理等方面的需求。积极发展安全性高、保障性强、满足长期或终身领取要求的商业养老年金保险。针对独生子女家庭、无子女家庭、计划生育困难家庭、“空巢”家庭等特殊群体养老保障需求，探索开发涵盖多种保险产品和服务的综合养老保障计划产品。积极争取开展个人税收递延型商业养老保险试点。支持商业养老保险机构依法合规发展具备长期养老功能、符合生命周期管理特点的个人养老保障管理业务。（牵头责任单位：安徽保监局，配合单位：省民政厅、省财政厅、省政府金融办）

（四）推动商业保险机构提供企业（职业）年金计划等产品和服务。鼓励商业保险机构发展与企业（职业）年金领取相衔接的商业保险业务，强化基金养老功能。支持符合条件的商业保险机构积极参与我省企业年金和职业年金基金市场化运营管理，在基金受托、账户管理、投资管理等方面提供优质高效服务。鼓励商业保险机构针对我省创新创业企业就业群体的市场需求，丰富产品供给，提供多样化养老保障选择。（牵头责任单位：安徽保监局、省人力资源社会保障厅）

（五）鼓励商业保险机构为社会基本养老保险提供商业服务和支持。鼓励商业保险机构发挥技术、人才和服务网络优势，参与我省社会基本养老保险制度改革，探索开展各类经办服务，提高基本养老保险运营效率。支持我省符合条件的商业保险机构利用资产管理优势，依法依规有序参与基本养老保险基金和社会保障基金投资运营，促进养老保险基金和社会保障基金保值增值。（牵头责任单位：安徽保监局、省人力资源社会保障厅，配合单位：省民政厅等）

三、健全养老保险服务体系

（六）支持商业保险机构做好养老机构风险保障服务。完善养老机构综合责任保险制度，支持商业保险机构发展针对社区日间照料中心、老年活动中心、托老所、互助型社区养老服务中心等老年人短期托养和文体休闲活动等机构的责任保险，积极鼓励各类养老机构参保，不断扩大保险覆盖面，提升养老机构抗风险能力。（牵头责任单位：安徽保监局，配合单位：省民政厅等）

（七）建立完善老年人综合养老保障计划。针对老年人养老保障需求，坚持保障适度、保费合理、保单通俗原则，大力发展老年人意外伤害、长期护理、住房反向抵押养老等适老性强的商业保险，完善保单贷款、多样化养老金支付形式等配套金融服务，提高老年人可支配收入，提升老年人养老水平。（牵头责任单位：安徽保监局，配合

单位：省民政厅、人行合肥中心支行等）

（八）加快发展老年人意外伤害保险。进一步完善政府引导、市场运作、体现公益、投保自愿相结合的老年人意外伤害保险制度。鼓励各地为低收入老年人购买意外伤害综合保险，积极探索企业捐赠、社会赞助、村集体出资以及个人购买等多种形式的意外伤害保险参保机制，探索开展特殊困难群体和重点优抚对象等老年人的意外伤害保险统保工作。鼓励保险公司开发更多适合老年人特点的意外伤害保险产品，加大优惠力度。逐步实现老年人意外伤害保险全覆盖，提高老年人及其家庭的抗风险能力。（牵头责任单位：安徽保监局，配合单位：省民政厅等）

（九）探索建立长期护理保险制度。探索建立由长期护理社会保险、商业长期护理保险、护理补贴等相互衔接、互为补充的长期照护保障制度。全面建立特困供养人员医疗（住院）护理保险制度，为生活不能自理的特困供养人员提供照料护理服务。鼓励各地通过购买商业长期护理保险等方式，为特困供养人员、计划生育困难家庭、孤老重点优抚对象、低收入老年人等困难老年人群提供必要的护理服务，探索建立困难老年人护理保险制度。（牵头责任单位：省民政厅、省人力资源社会保障厅，配合单位：省卫生计生委、安徽保监局等）

四、推进商业养老保险资金运用

（十）鼓励商业保险机构投资养老服务产业。鼓励商业保险机构以新建、参股、并购、租赁、托管等方式，在我省积极兴办养老社区以及养老养生、健康体检、康复管理、医疗护理、休闲康养等养老健康服务设施和机构，为相关机构研发生产老年用品提供支持，促进医养融合发展，增加养老服务供给。（牵头责任单位：省政府金融办、安徽保监局，配合单位：省民政厅、省卫生计生委等）

（十一）支持商业保险资金参与公办养老机构改革。支持商业养老保险资金参与公办养老机构改组改制，鼓励商业养老保险资金参股或控股公办养老机构。积极运用政府和社会资本合作（PPP）的建设和运营模式，通过特许经营、购买服务、股权合作等方式，支持商业养老保险机构与公办养老机构共同建设和运营养老机构。（牵头责任单位：省政府金融办、省民政厅，配合单位：省发展改革委、安徽保监局等）

（十二）拓展商业养老保险资金运用领域。支持商业养老保险资金通过债权投资计划、股权投资计划、不动产投资计划、资产支持计划、保险资产管理产品等形式，参与我省重大基础设施、棚户区改造、新型城镇化建设等重大项目和民生工程建设，服务科技型企业、小微企业、战略性新兴产业、生活性服务业等发展，助力国有企业混合所有制改革。（牵头责任单位：省政府金融办、安徽保监局，配合单位：省发展改革委、省住房城乡建设厅、省交通运输厅、省水利厅等）

五、提升商业养老保险管理服务水平

（十三）加强管理制度建设。健全商业养老保险管理运行制度，优化业务流程，提升运用效率，强化商业养老保险业务规范运营。制定商业养老保险服务地方标准，建立以保险消费者满意度为核心的商业养老保险机构考核办法。建立健全商业保险机构诚信记录制度，纳入全省信用体系建设。（牵头责任单位：省政府金融办、安徽保监局，配合单位：省发展改革委等）

（十四）提升商业养老保险机构服务能力。商业养老保险机构要加强人才队伍建设，完善从业人员职业教育，持续提升服务能力。发挥统一管理和机构网络优势，简化业务办理手续，积极运用现代技术手段，不断创新商业养老保险服务方式。优化服务网点布局，做好养老社区、老年公寓等老年群体较为集中区域的保险服务，积极开展营业网点亲老适老化改造，开辟老年客户服务专区，营造便捷、安全、舒适的服务环境。（牵头责任单位：安徽保监局，配合单位：省民政厅等）

（十五）加强监督管理。强化商业养老保险业务销售、承保、赔付等环节的监管，严肃查处销售误导、非理性竞争等行为，营造公平竞争市场环境，有效保护参保人员合法权益。完善多部门监管合作机制，加大监督检查力度，依法查处各类违法违规行为。（牵头责任单位：安徽保监局）

六、完善商业养老保险支持政策

（十六）加强组织领导和部门协同。在省金融工作领导小组领导下，各有关部门按职责分工共同推进商业养老保险工作。各市、各有关部门要把发展商业养老保险放在深化养老服务业体制改革和促进养老服务业发展整体布局中统筹考虑，细化完善配套措施，制定实施方案，促进商业养老保险持续健康发展。（牵头责任单位：省政府金融办、安徽保监局，配合单位：省发展改革委、省民政厅、省财政厅、省人力资源社会保障厅、省国土资源厅、省卫生计生委、省地税局、省国税局等）

（十七）落实投资和财税等支持政策。全面落实国家关于商业养老保险的各项支持政策。完善风险保障机制，为商业养老保险资金投资重大项目、支持民生工程建设等提供绿色通道和优先支持。按有关规定，对企业为本单位员工支付的补充养老保险费，在不超过职工工资总额5%标准内的部分，准予在计算企业所得税应纳税所得额时扣除；对商业保险机构一年期以上人身保险保费收入免征增值税。（牵头责任单位：各市人民政府，配合单位：省发展改革委、省财政厅、省地税局、省政府金融办、省国税局、安徽保监局等）

（十八）强化保障政策支持。支持商业保险机构依法依规在投资开办的养老机构内设置医院、门诊、康复中心等医疗机构，符合条件的可按规定纳入城乡基本医疗保险定点范围。支持商业保险机构开展住房反向抵押养老保险业务，在房地产交易、登记、公证等机构设立绿色通道，降低收费标准，简化办事程序，提升服务效率。依法保障养老服务业用地供给，加强对养老服务设施用地监管，严禁改变土地用途。（牵头责任单位：各市人民政府，配合单位：省发展改革委、省财政厅、省住房城乡建设厅、省国土资源厅、省卫生计生委、省地税局、省政府金融办、省国税局、安徽保监局等）

（十九）营造良好社会氛围。加强商业养老保险宣传力度，大力普及商业养老保险知识，增强人民群众商业养老保险意识。完善商业养老保险信息公开渠道和机制，建立社会多方参与的监督制度，自觉接受社会监督。加强保险业诚信体系建设，推动落实守信联合激励和失信联合惩戒机制。及时总结推广成功经验和典型做法，加强行业自律，倡导公平竞争与合作，积极营造发展商业养老保险的良好氛围。（牵头责任单位：省政府金融办、安徽保监局）

安徽省人民政府办公厅

2017 年 9 月 14 日

安徽省人民政府办公厅关于制定和实施老年人照顾服务项目的实施意见

皖政办秘〔2017〕265 号

各市、县人民政府，省政府各部门、各直属机构：

大力弘扬敬老养老助老社会风尚，做好老年人照顾服务工作，提升老年人的获得感和幸福感，是社会主义制度优越性的具体体现，是社会主义核心价值观的内在要求，是实现脱贫攻坚、全面建成小康社会的重要任务，是积极应对人口老龄化，推动民生改善、促进社会和谐的具体举措。根据《国务院办公厅关于制定和实施老年人照顾服务项目的意见》（国办发〔2017〕52 号）和《安徽省实施〈中华人民共和国老年人权益保障法〉办法》《“十三五”安徽省老龄事业发展和养老体系建设规划》（皖政办〔2017〕61 号），经省政府同意，现就制定和实施老年人照顾服务项目提出如下实施意见：

一、指导思想

全面贯彻党的十八大和十八届三中、四中、五中、六中全会精神，深入贯彻习近平总书记系列重要讲话精神和治国理政新理念新思想新战略，落实党中央、国务院关于老年人照顾服务工作的决策部署，从我省省情出发，立足老年人法定权益保障和服务需求，整合服务资源，拓展服务内容，创新服务方式，提升服务质量，让老年人享受到更多看得见、摸得着的实惠，使老年人共享改革发展成果，推动实现老有所养、老有所医、老有所为、老有所学、老有所乐。

二、重点任务

（一）县（市、区）以上人民政府应全面落实 80 周岁以上老年人高龄津贴制度，鼓励有条件的地方降低年龄，提高补贴标准，对百岁老人予以特殊照顾。建立健全经济困难的高龄、失能等老年人养老服务补贴制度，并做好与长期护理保险的衔接。（责任单位：省民政厅、省财政厅、省老龄办、省残联等，各市、县政府，列第一位者为牵头单位，下同）

（二）完善计划生育家庭老年人扶助制度，将符合农村计划生育家庭奖励扶助和计划生育家庭特别扶助条件的老年人全部纳入扶助范围，加强对失独家庭的关爱和帮助。（责任单位：省卫生计生委、省财政厅等）

（三）完善社会救助制度，确保所有符合条件的老年人按规定纳入最低生活保障、特困人员救助供养等社会救助制度保障范围。发展老年慈善事业，发挥社会慈善在老年人扶贫济困中的补充作用，鼓励社会组织和个人认捐、认助、认养孤寡或贫困老年人。（责任单位：省民政厅、省财政厅等）

（四）发展居家养老服务，健全社区居家养老服务网络。建立老年人需求评估标准，全面开展老年人需求评估工作。均衡配置不同功能的社区养老服务设施，优先发展嵌入式养老服务机构，推动专业化社区居家养老机构发展，鼓励与老年人日常生活密切相关的各类服务行业为老年人提供优先、便利、优惠服务。（责任单位：省民政厅、省财政厅、省老龄办等，各市、县政府）

（五）实施“互联网＋养老”工程，支持社区、养老服务机构、社会组织和企业利用物联网、移动互联网和云计算、大数据等信息技术，为居家老年人提供紧急呼叫、家政服务、生活照料、康复护理、健康咨询、精神慰藉、文体娱乐、物品代购、服务缴费、申请政府补贴和法律咨询等服务。（责任单位：省民政厅、省经济和信息化委、省科技厅、省老龄办等）

（六）老年人随赡养人异地居住的，可以将户口关系迁入赡养人户口所在地，依法依规享受迁入地基本公共服务。公安机关应当按规定办理户口迁移手续。（责任单位：省公安厅等）

（七）农村老年人不承担兴办公益事业的筹劳义务。农村困难老年人由本人提出申请，经村民会议或村民代表会议通过，可以减免筹资任务。（责任单位：省农委等，各市、县政府）

（八）通过基本公共卫生服务项目，为老年人免费建立电子健康档案，每年为计划生育特困家庭老年人和65周岁以上老年人免费提供一次生活方式健康状况评估、体格检查、健康指导等健康管理服务。（责任单位：省卫生计生委、省财政厅等）

（九）对享受最低生活保障、特困供养、建档立卡贫困对象的老年人和符合条件的低收入家庭老年人参加城乡居民基本医疗保险（新农合）所需个人缴费部分，由当地政府通过医疗救助资金按规定给予全额或部分补贴。（责任单位：省民政厅、省财政厅、省人力资源社会保障厅、省卫生计生委等）

（十）加大推进医养结合力度，统筹落实好医养结合优惠扶持政策，打通医疗机构和养老机构融合通道，建立健全医疗卫生机构与养老机构的业务合作机制。鼓励养老机构申办医疗机构执业许可证、医疗机构申办养老机构设立许可证，积极构建养老、医护、康复、临终关怀服务相互衔接的服务模式，实现老年人卫生健康服务在养老机构和医疗卫生机构之间的便捷对接。鼓励执业医师到养老机构设置的医疗机构多点执业。鼓励社会力量兴办医养结合机构。（责任单位：省卫生计生委、省民政厅、省发展改革委、省财政厅、省国土资源厅、省住房城乡建设厅、省老龄办等）

（十一）基层医疗机构要开展老年医疗保健服务，发展家庭病床，采取定点、巡回、上门等多种服务形式，为老年人提供预防、医疗、保健、护理、康复、心理咨询、临终关怀等服务。建立家庭医生制度，推行家庭医生签约服务，规范为居家老年人提供医疗和护理服务项目，对符合规定的医疗费用纳入医保支付范围。（责任单位：省卫生计生委等）

（十二）开展长期护理保险试点，探索建立长期护理保险制度，做好长期护理保险与重度残疾人护理补贴、经济困难失能老年人护理补贴等福利性护理补贴项目的整合衔接。鼓励商业保险公司开发适销对路的长期护理保险产品和服务，满足老年人多样化、多层次长期护理保障需求。（责任单位：省人力资源社会保障厅、省卫生计生委、省财政厅、省民政厅、省发展改革委、省保监局等）

（十三）加快推进基本医疗保险异地就医结算工作，2017年底前基本实现符合转诊规定的老年人异地就医住院费用直接结算。巩固完善城乡居民大病保险制度，鼓励发展补充医疗保险和商业健康保险、老年人意外伤害保险。（责任单位：省人力资源社会保障厅、省财政厅、省卫生计生委、省老龄办、省保监局等）

（十四）制定完善家庭养老支持政策，制定发布基本养老公共服务清单，巩固经济供养、生活照料和精神慰藉的家庭养老功能。弘扬孝亲敬老文化，引导全社会增强接纳、尊重、帮助老年人的关爱意识，增强不同代际间的文化融合和社会认同，实现家庭和睦、代际和顺、社会和谐，为老年人创造良好的生活氛围。（责任单位：省民政厅、省发展改革委、省委宣传部、省文化厅、省教育厅、省老龄办等，各市、县政府）

（十五）支持高等院校、中等职业学校和符合条件的职业培训机构设置相关专业或培训项目，加快培养老年医学、康复、护理、营养、心理和社会工作、经营管理、康复辅助器具配置等人才。（责任单位：省教育厅、省民政厅、省财政厅、省人力资源社会保障厅、省卫生计生委等）

（十六）落实70周岁以上老年人免费乘坐城市公共交通工具，有条件的地方可降低老年人免费乘车年龄，扩大优惠范围。鼓励公路、铁路、民航等公共交通工具为老年人交通出行提供便利服务。加大为老志愿服务力度，乘务和服务人员应为老年人提供礼貌友好服务。（责任单位：省交通运输厅、民航安徽监管局、上海铁路局合肥办事处等，各市、县政府）

（十七）结合城市道路、公共交通建筑、公共交通工具的建设与改造，合理布局交通站点，完善公共交通标志标线，重点对大型交叉路口的安全岛、隔离带及信号灯进行适老化改造。公共交通工具应按规定设置"老幼病残孕"专座，机场、车站、码头、旅游景区等人流密集场所应设立老年人等重点人群等候区域和绿色通道。强化对老年人的安全提醒，为无人陪同、行动不便等有服务需求的老年人提供便利服务。（责任单位：省交通运输厅、省住房城乡建设厅、省发展改革委、省旅游局等）

（十八）健全老年人法律援助网络，加强基层老年人法律援助工作站、联络点建设，畅通"12348"法律服务热线，实行电话和网上预约、上门服务等，方便老年人咨询和申请法律援助。进一步降低门槛，扩大老年人法律援助事项范围，逐步将法律援助对象扩展到低收入、高龄、失能等老年人。发挥人民调解化解民间纠纷的作用，组

织、指导广大人民调解组织及时化解涉及老年人的婚姻、继承、赡养等矛盾纠纷。（责任单位：省司法厅、省财政厅、省老龄办等）

（十九）贫困老年人因合法权益受到侵害提起诉讼的，依法依规给予其法律援助和司法救助，及时办理案件受理费的减、缓、免审批手续。鼓励律师事务所、公证处、司法鉴定机构、基层法律服务所等法律服务机构为经济困难老年人提供免费或优惠服务。免费为80周岁以上老年人办理遗嘱公证。（责任单位：省司法厅、省老龄办等）

（二十）充分发挥示范引领作用，组织开展“老年友好型城市”和“老年宜居社区”建设示范行动。重点做好居住区、城市道路、商业网点、文化体育场馆、旅游景点等场所的无障碍设施建设。优先推进社区路网、坡道、电梯等与老年人日常生活密切相关的公共设施改造。提倡在老年人出行较集中的公共场所、设施中，适当配备老年人出行辅助器具。加强社区、住宅小区、家庭的适老化设施改造，优先支持老年人居住比例高的住宅加装电梯等。（责任单位：省住房城乡建设厅、省民政厅、省发展改革委、省文化厅、省体育局、省旅游局、省老龄办等，各市、县政府）

（二十一）深化敬老月活动，各地要坚持每年组织开展走访慰问困难老年人活动。扎实推进基层服务型党组织建设，通过开展在职党员到社区报到、“双联系”等工作，引导机关党组织和党员积极开展为老服务活动。发挥基层党组织和工会、共青团、妇联等群团组织以及城乡基层社会组织的优势，开展经常性为老志愿服务活动。（责任单位：省老龄办、省民政厅、省委组织部、省总工会、团省委、省妇联等，各市、县政府）

（二十二）推动具有相关学科专业的院校开发老年教育课程，为社区、老年教育机构及养老服务机构等提供教学资源及教育服务。鼓励医学类职业院校和培训机构每年面向老年人及其亲属开设一定学时的老年人护理、保健课程或开展专项技能培训。支持兴办老年电视（互联网）大学，依托“安徽全民终身学习网”，打造老年教育信息化的学习平台、资源平台、服务平台。（责任单位：省教育厅、省民政厅、省卫生计生委、省财政厅等）

（二十三）推动老年大学面向社会办学，扩大老年大学的覆盖面，完善老年教育网络。到2020年，全省95%的乡镇（街道）建立老年学校，50%的行政村（居委会）建立老年学习点，初步建立起支撑全省老年教育发展的学习资源库。老年教育资源向老年人公平有序开放，贫困老年人进入老年大学（学校）学习的学费可予减免。鼓励支持社会力量举办或参与老年教育，为老年人开展学习活动提供便利和优惠服务。（责任单位：省教育厅、省委老干部局、省文化厅、省民政厅等）

（二十四）制定老年人参与社会发展支持政策，发挥老年人积极作用。鼓励各有关方面建立老年人专业人才库，为广大老年人参与经济社会发展搭建平台、提供便利。深入开展“银龄行动”，鼓励老年人参加志愿服务。支持基层老年协会建设，促进老年人通过社会组织实现自我管理、自我教育、自我服务和服务社会。（责任单位：省民政厅、省老龄办、省人力资源社会保障厅等）

（二十五）推进城乡社区老年人活动场所建设，配备适合老年人的文体器材，支持老年人开展科学、健康的文体娱乐活动。（责任单位：省文化厅、省体育局、省财政厅、省老龄办等）

（二十六）鼓励各类图书馆、博物馆、文化馆、美术馆等文化活动场所免费向老年人开放。有条件的公共图书馆应开设老年阅览区域，提供大字阅读设备、触屏读报系统等。（责任单位：省文化厅、省财政厅等）

（二十七）依托公共资源建设、实施政府定价或政府指导价管理的旅游景区、景点，65周岁以上老年人免票，不满65周岁的老年人享受半价优惠。鼓励其他旅游景区、景点对老年人实行优惠票价或免票。（责任单位：省旅游局等）

三、组织实施

（一）加强组织领导。各地要充分认识做好老年人照顾服务工作的重要意义，将其列入议事日程和民心工程，纳入目标管理绩效考核内容，及时研究解决工作中遇到的困难和问题，做到认识到位、部署到位、措施到位、检查到位、落实到位。各级各部门要进一步强化服务意识，推动公共服务行业履行社会责任，为老年人提供更多更好的照顾服务。各级各类媒体要广泛宣传老年人照顾服务政策，积极开展敬老养老助老宣传教育活动，大力宣传在老年人照顾服务工作中涌现出的先进单位和个人，按有关规定进行表彰奖励，努力营造全社会关心、支持、参与老年人照顾服务工作的良好氛围。

（二）健全保障机制。县级以上政府要把老年人照顾服务工作所需资金和工作经费纳入财政预算。建立多渠道资金筹措机制，积极引导社会组织和企事业单位以结对帮扶、设立公益基金、开展公益捐赠等多种形式参与和支持老年人照顾服务工作。创新和优化照顾服务提供方式，加大政府购买服务力度，依据相关规定，通过市场化方式，把适合的老年人照顾服务项目交由具备条件的社会组织和企业承担。督促指导照顾服务提供方制定服务清单和办事指南，简化流程，提高效率。

（三）强化督促检查。各地、各部门要加大对老年人照顾服务工作的检查指导力度，健全综合督查、专项督查、第三方评估等工作机制。充分发挥社会监督的作用，建立健全信息反馈机制，妥善解决照顾服务过程中老年人反映的问题。强化问责机制，对落实老年人照顾服务政策不力的单位和个人要严肃追究责任。

安徽省人民政府办公厅
2017 年 10 月 9 日

安徽省人民政府办公厅关于加快“十三五”期间老年教育发展的实施意见

皖政办秘〔2017〕46 号

各市、县人民政府，省政府各部门、各直属机构：

为贯彻落实《国务院办公厅关于印发老年教育发展规划（2016—2020 年）的通知》（国办发〔2016〕74 号），推进我省老年教育事业科学发展，经省政府同意，提出以下实施意见：

一、总体要求

（一）指导思想。

全面贯彻党的十八大及十八届三中、四中、五中、六中全会精神，深入贯彻习近平总书记系列重要讲话特别是视察安徽重要讲话精神，落实党中央、国务院和省委、省政府决策部署，按照“五位一体”总体布局和“四个全面”战略布局，牢固树立和贯彻落实五大发展理念，坚持“党委领导、政府主导、社会参与、全民行动”的老龄工作方针，结合安徽省情，以扩大老年教育供给为重点，以提高老年人的生命和生活质量为目的，加快健全体系，创新体制机制，整合社会资源，激发社会活力，提升老年教育现代化水平，让老年人共享改革发展成果，进一步实现老有所教、老有所学、老有所为、老有所乐，努力开创安徽老年教育发展新局面，促进安徽教育事业和老龄事业全面发展。

（二）基本原则。

坚持保障权益、机会均等，努力让不同年龄层次、文化程度、收入水平、健康状况的老年人都能享有接受教育的机会，最大限度满足各类老年群体学习需求。坚持政府主导、市场调节，发挥政府在统筹协调、制定规划、营造环境、加大投入等方面的作用，完善政府购买服务机制，引导社会参与、多元发展。坚持面向基层、协调发展，优化城乡老年教育布局，在办好现有老年教育的基础上，将老年教育的增量重点放在基层和农村。坚持因地制宜、开放灵活，与区域经济社会发展和人口老龄化相适应，整合各类社会资源服务老年教育，促进教育资源开放共享，运用互联网等手段，方便就近学习，办好家门口的老年教育。坚持以人为本、按需施教，以满足老年人日益增长的多样化教育需求为目的，增强老年教育的针对性、有效性和吸引力，提高老年教育质量和水平。

（三）主要目标。

到 2020 年，基本形成覆盖广泛、灵活多样、特色鲜明、规范有序的老年教育新格局。老年教育法规制度逐步健全，职责明确、主体多元、平等参与、管办分离的管理体制和运行机制得到完善。老年教育基础能力有较大幅度提升，城乡社区老年教育快速发展、老年大学进一步发展和开放、远程教育有效运用、各级各类学校积极参与、全社会资源不断集聚的老年教育体系基本形成。教育内容不断丰富，形式更加多样，各类老年教育机构服务能力进一步增强。以各种形式经常性参与教育活动的老年人占老年人口总数的比例达到 20%以上。

二、主要任务

（一）优先发展城乡社区老年教育。把老年教育作为发展社区教育的重点，完善城乡社区老年教育服务体系。建立健全“县（市、区）—乡镇（街道）—村（居委会）”三级社区老年教育网络，到 2020 年，95%的乡镇（街道）建立老年学校，50%的行政村（居委会）建立老年学习点，方便老年人就近学习。整合利用现有的社区教育机构、县级职教中心、县电大工作站、乡镇成人文化技术学校等教育资源，以及群众艺术馆、文化馆、体育场、全民健身活动中心、社区文化活动中心（文化活动室）、基层城乡社区老年协会、社区科普学校等，开展多种形式的老年教育活动。重视发展农村社区老年教育，加强对农村散居、独居老人的教育服务。推进城乡老年教育对口支援，鼓励城市老年大学以建立分校或办学点、选送教师、配送学习资源、提供人员培训等方式，为基层和农村社区老年教育提供帮扶支持。

（二）推动老年大学面向社会办学。扩大老年大学的覆盖面，到 2020 年，逐步实现县（市、区）老年大学全覆盖。提升老年大学的教学质量，各级各类老年大学要按照规范化、科学化、现代化的要求，规范教学管理、科学设置课程、丰富教学内容、创新教学形式，不断满足老年人多层次、多元化的学习需求。提高老年大学的开放度，省、市两级老年大学在开展教育教学工作的同时，要在办学模式示范、教学业务指导、课程资源开发等方面对区域内老年教育发挥带动和引领作用，使之成为区域内集教育科研、教学指导、师资培训和学习资源开发为一体的老年教育研究和指导中心，县（市、区）老年大学负责区域内老年教育学习资源共享配送、选送教师参加培训、开展示范教学、举办学习成果展示活动等。部门、行业企业、高校等举办的老年大学要树立新的办学理念，建立联动机制，积极创造条件，采取多种形式，逐步从服务本单位、本系统离退休职工向服务社会老年人转变。加强老年大学与社会教育机构、养老机构、医疗机构的合作，组建老年教育联盟（集团）或养、教、医一体化组织。

（三）促进各级各类学校开展老年教育。推动各级各类学校向区域内老人开放场地、图书馆、设施设备等资源，有条件的学校可接收有学习需求的老年人入校学习。鼓励支持院校、培训机构等利用自身教育资源举办老年大学、老年学校、老年课堂。鼓励普通高校或职业院校与老年教育机构结对开展支教活动，为其选送教师、开设讲座、共享课程资源；艺术类、医药卫生类、师范类院校和开设有养生保健、文化艺术、信息技术、家政服务、社会工作、医疗护理、园艺花卉、传统工艺等专业的职业院校，应积极开发老年教育特色课程，为社区、老年教育机构及养老服务机构等积极提供支持服务。有条件的中小学可充分利用假期及课余时间，与当地老年大学（学校）实现场地、师资等资源共享。支持安徽广播电视大学发挥远程教育和系统办学的优势，举办开放大学，参与老年教育。

（四）整合文化体育科技资源服务老年教育。深入推进美术馆、图书馆、文化馆（站、中心）、科技馆、博物馆、纪念馆、公共体育设施、爱国主义示范基地、科普教育基地等向老年人免费开放。推动工人文化宫、妇女儿童活动中心、青少年校外活动场所等免费提供基本公共文化服务项目，为老年教育提供便利条件。探索“全民阅读点”等公共文化场所为老年人学习提供服务的新途径。遴选、开发一批文物、戏剧方面通用型老年文化学习资源，印制普及读本，丰富老年文化学习内容。鼓励各地结合区域实际，依托文化、教育、体育、科技等设施和资源，建设一批不同主题、富有特色的老年教育学习体验基地，与社区教育机构密切合作，定期组织老年人开展体验式教育活动。各市、县（市、区）至少建立1个示范性老年教育学习体验基地。充分发挥广播电视、报刊杂志、门户网站等媒体作用，开设贴近老年人生活的专栏专题，丰富老年人精神文化生活。

（五）丰富老年教育内容和形式。进一步适应老年人多样化的学习需求，增强老年教育的吸引力。各级各类老年教育机构要组织开展针对老年人学习需求的调查研究，有针对性地开展老年人思想道德、科学文化、养生保健、心理健康、职业技能、法律法规、家庭理财、闲暇生活、代际沟通、生命尊严等方面的教育，帮助老年人提高生活品质，实现人生价值。创新教学方法，将课堂学习和实践活动相结合。积极探索体验式学习，设计老年人感兴趣的活动主题，利用可视、可听、可感的教学媒体，让老年人在亲身体验过程中学习知识。积极探索远程学习，运用互联网、广播、电视、多媒体等现代信息技术，整合数字化资源，开发符合老年人需求的数字化资源，为老年人网上学习提供支持服务。积极探索移动学习，有条件的老年教育机构可利用现代通讯终端开展移动学习，开发适合移动学习的教育资源，提供移动学习支持服务，满足老年人随时随地学习的需求。引导开展读书、讲座、研讨、参观、展演、游学和志愿服务等多种形式的老年教育活动。鼓励老年人自主学习，引导、支持他们根据各自的兴趣爱好建立学习团队，加强对老年学习团队的培育、指导、管理、服务，推进老年学习团队规范化建设，培育5000个学习团队，定期评选一批老年学习团队先进典型。对网上学习、移动学习的老年人加强引导、服务，培育网上学习圈、移动学习群等新型学习组织。

（六）利用养老资源推动老年教育。整合利用社区居家养老资源，在社区老年人日间照料中心、托老所等各类社区居家养老场所内，开展形式多样的老年教育学习活动。积极探索在各类养老院、城市社会福利院、农村敬老院等养老服务机构中设立老年课堂等固定的学习场所，配备教学设施设备，通过开设课程、举办讲座、展示学习成果等形式，推进养教一体化，推动老年教育融入养老服务体系，丰富住养老人的精神文化生活。关注失能失智及盲聋等特殊老人群体，提供康复教育一体化服务，组织开展特殊文体教育活动，提供生活技能培训、科技扫盲等服务。到2020年，建立300个养教结合学习点，32个养教结合示范学习点。

（七）积极开发老年人力资源。老年人既是知识的学习者，也是知识的传授者。用好老年人这一宝贵财富，充分发挥老年人的智力优势、经验优势、威望优势、技能优势，为其参与经济社会活动搭建平台、提供教育支持。发挥老年人在传承中华优秀传统文化、引导全社会特别是青少年培育和践行社会主义核心价值观等方面的积极作用，彰显长者风范。发挥老年社团的积极作用，鼓励老年人利用所学所长，在科学普及、环境保护、社区服务、治安维稳等方面积极服务社会、奉献社会，在服务社会的实践中实行自我教育、自我提高。鼓励引导各类离退休专业技术人员，特别是老学者、老专家、老教师、老艺术家志愿服务老年教育，参与老年教育课程开发、团队指导等各项服务；鼓励老年教育机构学员参加社区助学志愿服务，培育一批老年志愿服务品牌项目。

（八）创新老年教育发展机制。鼓励社会力量参与老年教育。充分激发市场活力，推进举办主体、资金筹措渠道的多元化，通过政府购买服务、项目合作等多种方式，支持和鼓励各类社会力量通过独资、合资、合作等形式举办或参与老年教育。运用市场机制调节供需关系，进一步优化老年教育的市场结构、内容和布局。加强规划指导和外部监管，营造平等参与、公平竞争的市场环境。充分发挥社会组织在老年教育中的作用，鼓励其通过提供师资、开发课程等方式支持开展老年教育。支持老年教育领域社会组织和老年志愿服务团队发展。扩大老年教育消费，发掘与老年教育密切相关的养老服务、旅游、服装服饰、文化等产业价值，促进老年教育与相关产业联动，推动投资增长和相关产业发展。

（九）运用信息技术服务老年教育。依托安徽广播电视大学“安徽全民终身学习网”，打造老年教育信息化的学习平台、资源平台、服务平台。推动信息技术融入老年教育教学全过程，推进线上线下一体化教学，支持老年人网上学习。加强数字化学习资源跨区域、跨部门共建共享，对现有老年教育课程进行数字化改造，建立数字化老年教育资源库。通过互联网、数字电视、新媒体等渠道，加强优质数字化学习资源对农村、边远、贫困地区的辐射。依托现代信息技术，提升老年教育信息化管理水平，加强老年教育数据的收集、统计、分析、应用，将各地老年教育实施情况纳入安徽省老龄信息管理系统。

（十）加强学科建设与人才培养培训。鼓励省内综合类高校、师范类院校、职业院校开设老年教育相关专业，其他高校也要加强老年教育相关专业建设。支持有条件的高校开展老年教育方向的研究生教育，加快培养老年教育教学、科研和管理人才。依托老年大学、普通高校、职业院校建立20个老年教育师资和管理人员培训基地。建立老年教育教师继续教育与培训体系，支持相关人员在职进修培训，不断提高业务水平、服务能力和创新能力，推进老年教育教师的专业化发展。分层推进教学骨干、专兼职教师、助学志愿者等老年教育师资培训，发挥名师和骨干教师的示范辐射作用。加快培养一支结构合理、数量充足、素质优良，以专职人员为骨干、兼职人员与志愿者相结合的教学和管理队伍。

（十一）加强理论政策研究和交流合作。坚持需求导向和问题导向，依托有关高校、科研院所、老年教育机构开展老年教育理论政策研究和应用性研究，探讨和解决老年教育发展中的理论和实践问题，推进研究成果的转化应用。加强老年教育报刊建设，建立省内各级各类老年教育机构间的交流合作展示平台，遴选并推广优秀老年教育课程、团队、项目，推进我省优秀老年教育经验与成果的展示、共享与交流。积极参与国内外老年教育相关活动，加强与国内外老年教育机构的交流与合作，借鉴发达地区老年教育先进理念和做法。

三、重点推进计划

（一）社会主义核心价值观培育计划。将培育和践行社会主义核心价值观作为老年教育的重要内容，编写相关读本，结合中华优秀传统文化和安徽地方文化，设计主题突出、形式多样的教育活动项目，将社会主义核心价值观融入老年人学习和生活中。积极推进社区、学校等老年人学习场所文化建设，加强基层党建工作和学员思想政治工作，发挥党员的模范作用，重视社会主义核心价值观和长者风范教育。县级以上老年大学要有宗旨鲜明的校训、校歌等文化内容，培育优良校风、教风、学风。打造一批在培育和践行社会主义核心价值观方面具有示范作用的老年学校、老年学习团队。

（二）老年教育机构服务能力提升计划。整合资源，改善基层社区老年教育机构设施设备。推进老年教育机构规范化建设，建设一批在本区域发挥示范作用的乡镇（街道）社区老年人学习场所，做到有人员、有经费、有场所、有计划、有教学；建设好村（居委会）老年社区学习点，做到有场所、有教学。改善现有老年大学的办学条件，提升其教学场所和设施的现代化、规范化水平，进一步增强其社会服务能力。到2020年，省老年大学校舍建筑面积不低于30000平方米，市老年大学校舍建筑面积原则上不低于5000平方米，县（市、区）老年大学校舍建筑面积原则上不低于3000平方米。探索“养、医、体、文”等场所与老年人学习场所的结合，推出一批创新老年教育办学模式的典型。

（三）学习资源建设整合计划。统筹安排，多方协作，开发适合老年人多样化学习需求的学习资源。制定课程、教材等各类学习资源的建设标准，促进资源建设规范化、多样化。通过遴选、开发、整合、推介、引进等方式，开发纸质、电子音像、网络、移动媒体等多种传播媒介的学习资源，形成系列课程推荐目录。促进学习资源的均衡配置，引进和研发50种老年普及读本，重点解决乡镇（街道）以下老年人学习资源不足的问题。鼓励多元主体共建共享老年教育学习资源。定期举办老年学习资源建设交流活动。到2020年，初步建立起支撑全省老年教育发展的学习资源库。

（四）老年教育师资储备计划。鼓励普通高校、职业院校相关专业毕业生及相关行业优秀人才到老年教育机构工作，普通高校、职业院校相关专业毕业生初次就业到老年教育机构工作或创办老年教育机构，享受有关政策扶持。各级各类学校要鼓励师生从事志愿服务、参与老年教育相关工作，要在工作考核、工作量计算等方面制定具体政策，支持教师在老年大学（学校）等老年教育机构兼职任教。老年教育机构专职人员在薪酬、福利、专业进修、职务（职称）评聘、绩效考核等方面享有同类学校工作人员的同等权利和待遇。建设具备老年教育师资信息储备、查询、配送与反馈功能的安徽省老年教育师资库。

（五）示范老年大学（学校）创建计划。继续开展省级示范校创建活动，进一步发挥示范校的引领、示范和带动作用，推进全省老年大学（学校）办学条件和办学水平的整体提升，努力建设一批环境优美、设施良好、制度完善、教学水平高、社会效益好的老年大学示范校。各级老年大学（学校）要以示范校创建为契机，改善办学条件，加强学校管理，提升办学水平和社会影响。

（六）远程老年教育发展计划。以安徽广播电视大学为基础开展老年开放教育，建设安徽老年教育网络学习平台，开发整合远程老年教育多媒体课程资源，建立远程学习指导服务中心，为老年教育机构开展远程老年教育提供数据支持、设备配置、技术培训、应用反馈等指导服务，为老年人远程个性化学习提供学习规划、课程推荐、辅导答疑、交互体验等指导服务。支持各市电大成立老年开放大学，各县电大工作站成立老年教育学院，为老年人远程学习提供支持服务，面向本地组织开展多种形式的老年教育活动，并向乡镇（街道）、村（居委会）延伸建立远程老年教育学习网点。加强各级老年大学（学校）远程教育教学点（收视点）建设，省老年大学协会继续与安徽广播电视台办好老年广播节目，提高节目质量。到2020年，力争远程老年教育覆盖全省各市、县（市、区），100%的乡镇（街道）建立老年学习网点，形成“省—市—县（市、区）—乡镇（街道）”四级远程老年教育网络。

（七）老有所为行动计划。组织引导离退休老干部、老同志积极参加为党的事业增添正能量活动，展示阳光心态、体验美好生活、畅谈发展变化，讲好中国故事、弘扬中国精神、传播中国好声音。推动各类老年社团与大中小学校合作，发挥老年人在教育引导青少年继承优良传统、培育科学精神等方面的积极作用。积极搭建服务平台，建立由离退休干部、专业技术人员及其他有所专长的老同志组成的老年教育兼职教师队伍。广泛开展老年志愿服务活动，到2020年，每所县级及以上老年大学至少培育2支老年志愿者队伍，其他老年教育机构普遍建有志愿者服务组织。

四、保障措施

（一）强化组织领导。建立健全党委领导、政府统筹，教育、组织、民政、文化、发展改革、财政、编制、老干部、老龄等部门密切配合，相关部门共同参与的老年教育管理体制，统筹、指导全省老年教育工作，定期研究解决老年教育发展中的重大问题。各地要高度重视老年教育工作，把老年教育纳入本地区经济社会发展规划和教育及老龄事业发展规划，结合实际提出落实加快发展老年教育的具体实施方案和举措，并抓好组织实施。各相关部门要按照职责分工，加强沟通协调，通过规划编制、政策制定、指导监督，共同推进老年教育发展。要进一步完善老年教育体制机制，发挥好已有的老年教育组织、老年大学协会以及基层老年协会在推进老年教育事业中的重要作用。加强老年教育基础设施建设，作为政府的养老工程、民心工程和德政工程予以高度重视、大力推进。

（二）加强队伍建设。加强老年教育机构教师、技术和管理队伍建设，加大培训和继续教育力度，提升老年教育人才队伍的整体能力和水平。制定人才激励制度，吸引更多优秀人才从事老年教育工作，鼓励高校毕业生、教师、专业社工、学有所长的志愿者为各类老年教育机构提供服务。加强老年大学（学校）领导班子建设，选好配强学校领导班子，努力培养一支热爱老年教育事业、守纪律、懂规矩和忠诚、干净、担当的优秀老年教育工作干部队伍。

（三）保障经费投入。各地要积极统筹各类资金支持老年教育事业发展，形成政府、市场、社会组织和学习者等多主体分担和筹措老年教育经费的机制。加大对老年大学（学校）的经费投入，将全省各级老年大学（学校）办学经费纳入同级财政预算，并结合老年大学在校学生人数，核拨专项办学经费。老年教育经费应主要用于老年教育公共服务。鼓励和支持行业企业、社会组织和个人设立老年教育发展基金，企业和个人对老年教育的公益性捐赠支出按照税收法律法规规定享受所得税税前扣除政策。

（四）推动制度建设。研究完善涉及老年教育的相关制度。推进制定相关地方法规，促进老年教育事业规范健康发展。老年教育工作要纳入对各级政府相关部门绩效考评内容，定期进行检查、督导。把老年教育纳入教育工作、老龄工作、老干部工作的评比表彰范围。探索开展老年教育发展情况调查统计工作，支持社会组织等第三方开展老年教育发展状况评估和研究。

（五）营造良好氛围。各地、各部门要广泛宣传党和国家关于发展老年教育的方针政策，广泛宣传老年教育发展中的典型经验、案例、做法和成效，努力使全社会关心、支持和参与老年教育的氛围更加浓厚。要充分调动老年人参与学习的积极性和主动性，积极培育老年学习文化，使学习风尚融入老年人生活，使老年教育成为增进老年人福祉的重要内容。

附件：重点任务分工表

安徽省人民政府办公厅
2017年3月2日

附件

重点任务分工表

序号	工作任务		负责单位	时间进度
一、主要任务				
1	优先发展城乡社区老年教育	建立健全社区老年教育网络，到2020年，95%的乡镇（街道）建立老年学校，50%的行政村（居委会）建立老年学习点。整合利用现有的各类教育资源，以及群众艺术馆、文化馆、体育场、全民健身活动中心、社区文化活动中心（文化活动室）、基层城乡社区老龄协会、社区科普学校等，开展多种形式的老年教育活动。鼓励城市老年大学以建立分校或办学点，为基层和农村社区老年教育提供支援。	各市、县（市、区，下同）人民政府，省教育厅、省文化厅、省民政厅、省体育局、省科技厅、省委老干部局	持续实施，2020年完成目标任务
2	推动老年大学面向社会办学	到2020年，逐步实现县（市、区）老年大学全覆盖。提高老年大学教学质量和开放度，发挥省、市老年大学带动和引领作用。部门、行业企业、高校等举办的老年大学要逐步从服务本单位、本系统离退休职工向服务社会老年人转变。	各市、县人民政府，省委老干部局、省教育厅	持续实施，2020年完成目标任务
3	促进各级各类学校开展老年教育	推动各级各类学校向区域内老人开放场地、图书馆、设施设备等资源，有条件的学校可接收有学习需求的老年人入校学习。鼓励支持院校、培训机构等利用自身教育资源举办老年大学、老年学校、老年课堂，与老年教育机构结对开展支教活动，为其选送教师、开设讲座、共享课程资源，开发老年教育特色课程，为老年教育提供支持服务。有条件的中小学可充分利用假期及课余时间，与当地老年大学（学校）实现场地、师资等资源共享。支持安徽广播电视大学举办"安徽老年开放大学"。	省教育厅、省委老干部局	持续实施
4	整合文化体育科技资源服务老年教育	深入推进公共文化设施免费开放，为老年教育提供便利条件。遴选、开发一批文物、戏剧方面通用型老年文化学习资源，印制普及读本，丰富老年文化学习内容。各市、县（市、区）至少建立1个示范性老年教育学习体验基地。充分发挥广播电视、报刊杂志、门户网站等媒体作用，开设贴近老年人生活的专栏专题，丰富老年人精神文化生活。	省文化厅、省教育厅、省体育局、省科技厅、省新闻出版广电局，各市、县人民政府	持续实施
5	丰富老年教育内容和形式	加强对老年学习团队的培育、指导、管理、服务，推进老年学习团队规范化建设，培育5000个学习团队，定期评选一批老年学习团队先进典型。对网上学习、移动学习的老年人加强引导、服务，培育网上学习圈、移动学习群等新型学习组织。	省教育厅、省委老干部局、省文化厅、省民政厅	持续实施

续表

序号	工作任务		负责单位	时间进度
6	利用养老资源推动老年教育	积极探索在各类养老院、城市社会福利院、农村敬老院等养老服务机构中设立固定的学习场所，推进养教一体化，推动老年教育融入养老服务体系。关注失能失智及盲聋等特殊老人群体，提供康复教育一体化服务，组织开展特殊文体教育活动，提供生活技能培训、科技扫盲等服务。到 2020 年，建立 300 个养教结合学习点，32 个养教结合示范学习点。	省民政厅、省教育厅、省老龄办、省残联，各市、县人民政府	持续实施
7	积极开发老年人力资源	充分发挥老年人的优势，为其参与经济社会活动搭建平台、提供教育支持。发挥老年社团的积极作用，鼓励老年人利用所学所长，在科学普及、环境保护、社区服务、治安维稳等方面积极服务社会、奉献社会。鼓励引导各类离退休专业技术人员志愿服务老年教育，参与老年教育课程开发、团队指导等各项服务；鼓励老年教育机构学员参加社区助学志愿服务，培育一批老年志愿服务品牌项目。	省民政厅、省委老干部局	持续实施
8	创新老年教育发展机制	通过政府购买服务、项目合作等多种方式，支持和鼓励各类社会力量举办或参与老年教育。加强规划指导和外部监管，营造平等参与、公平竞争的市场环境。充分发挥社会组织在老年教育中的作用，支持老年教育领域社会组织和老年志愿服务团队发展。扩大老年教育消费，发掘与老年教育密切相关的养老服务、旅游、服装服饰、文化等产业价值，促进老年教育与相关产业联动，推动投资增长和相关产业发展。	省发展改革委、省财政厅、省民政厅、省文化厅、省旅游局	持续实施
9	运用信息技术服务老年教育	打造老年教育信息化平台，对现有老年教育课程进行数字化改造，建立数字化老年教育资源库。加强老年教育数据的收集、统计、分析、应用，将各地老年教育实施情况纳入安徽省老龄信息管理系统。	省教育厅、省委老干部局	持续实施
10	加强学科建设与人才培养培训	鼓励省内综合类高校、师范类院校、职业院校开设老年教育相关专业，其他高校也要加强老年教育相关专业建设，加快培养老年教育教学、科研和管理人才。依托老年大学、普通高校、职业院校建立 20 个老年教育师资和管理人员培训基地。建立老年教育教师继续教育与培训体系，支持相关人员在职进修培训，推进老年教育教师的专业化发展。	省教育厅、省委老干部局	持续实施
11	加强理论政策研究和交流合作	依托有关高校、科研院所、老年教育机构开展老年教育理论政策研究和应用性研究，推进研究成果的转化应用。加强老年教育报刊建设，建立省内各级各类老年教育机构间的交流合作展示平台，推进我省优秀老年教育经验与成果的展示、共享与交流。积极开展国内外老年教育相关活动，加强与国内外老年教育机构的交流与合作。定期举办全省性积极应对人口老龄化论坛。	省委宣传部、省委老干部局、省教育厅、省新闻出版广电局、省外办	持续实施

续表

序号	工作任务		负责单位	时间进度
二、重点推进计划				
12	社会主义核心价值观培育计划	编写相关读本，结合中华优秀传统文化和安徽地方文化，设计主题突出、形式多样的教育活动项目，将社会主义核心价值观融入老年人学习和生活中。加强基层党建工作和学员思想政治工作，发挥党员的模范作用，重视社会主义核心价值观和长者风范教育。县级以上老年大学要有宗旨鲜明的校训、校歌等文化内容，培育优良校风、教风、学风。打造一批在培育和践行社会主义核心价值观方面具有示范作用的老年学校、老年学习团队。	省委宣传部、省文化厅、省委老干部局、省教育厅	持续实施
13	老年教育机构服务能力提升计划	推进老年教育机构规范化建设，乡镇（街道）社区老年人学习场所，做到有人员、有经费、有场所、有计划、有教学；村（居委会）老年社区学习点，做到有场所、有教学。到 2020 年，省老年大学校舍建筑面积不低于 30000 平方米，市老年大学校舍建筑面积原则上不低于 5000 平方米，县（市、区）老年大学校舍建筑面积原则上不低于 3000 平方米。	省委老干部局，各市、县人民政府	持续实施，2020 年完成目标任务
14	学习资源建设整合计划	制定课程、教材等各类学习资源的建设标准，促进资源建设规范化、多样化。开发纸质、电子音像、网络、移动媒体等多种传播媒介的学习资源，形成系列课程推荐目录。引进和研发 50 种老年普及读本，重点解决乡镇（街道）以下老年人学习资源不足的问题。到 2020 年，初步建立起支撑全省老年教育发展的学习资源库。	省教育厅、省委老干部局、省文化厅、省新闻出版广电局，各市、县人民政府	持续实施，2020 年完成目标任务
15	老年教育师资储备计划	普通高校、职业院校相关专业毕业生初次就业到老年教育机构工作或创办老年教育机构，享受有关政策扶持。各级各类学校要鼓励师生从事志愿服务、参与老年教育相关工作，要在工作考核、工作量计算等方面制定具体政策，支持教师在老年大学（学校）等老年教育机构兼职任教。老年教育机构专职人员在薪酬、福利、专业进修、职务（职称）评聘、绩效考核等方面享有同类学校工作人员的同等权利和待遇。建设老年教育师资库。	省人力资源社会保障厅、省教育厅、省委老干部局	持续实施
16	示范老年大学（学校）创建计划。	继续开展省级示范校创建活动，建设一批环境优美、设施良好、制度完善、教学水平高、社会效益好的老年大学示范校。各级老年大学（学校）要以示范校创建为契机，改善办学条件，加强学校管理，提升办学水平和社会影响。	省委老干部局，各市、县人民政府	分年度实施
17	远程老年教育发展计划	以安徽广播电视大学为主体建立安徽老年开放大学，建设安徽老年教育网络学习平台，建立远程学习指导服务中心。支持各市级电大成立老年开放大学，各县电大工作站成立老年教育学院，为老年人远程学习提供支持服务，并向乡镇（街道）、村（居委会）延伸建立远程老年教育学习网点。省老年大学协会继续与安徽广播电视台办好老年广播节目，提高节目质量。到 2020 年，力争远程老年教育覆盖全省各市、县（市、区）。	省教育厅	持续实施，2020 年完成目标任务
18	老有所为行动计划	组织引导离退休老干部、老同志积极参加为党的事业增添正能量活动。推动各类老年社团与大中小学校合作，发挥老年人在教育引导青少年教育方面的积极作用。积极搭建服务平台，建立由离退休干部、专业技术人员及其他有所专长的老同志组成的老年教育兼职教师队伍。到 2020 年，每所县级及以上老年大学至少培育 2 支老年志愿者队伍，其他老年教育机构普遍建有志愿者服务组织。	省委老干部局、省教育厅、省民政厅	持续实施，2020 年完成目标任务

续表

序号	工作任务		负责单位	时间进度
三、保障措施				
19	强化组织领导	各地要高度重视老年教育工作，要把老年教育纳入本地区经济社会发展规划和教育及老龄事业发展规划，结合实际提出落实加快发展老年教育的具体实施方案和举措，并抓好组织实施。各相关部门要按照职责分工，加强沟通协调，通过规划编制、政策制定、指导监督，共同推进老年教育发展。要进一步完善老年教育体制机制，发挥好已有的老年教育组织、老年大学协会以及基层老年协会在推进老年教育事业中的重要作用。加强老年教育基础设施建设，作为政府的养老工程、民心工程和德政工程予以高度重视。	省教育厅、省民政厅、省文化厅、省委老干部局，各市、县人民政府	持续实施
20	加强队伍建设	加强老年教育机构教师、技术和管理队伍建设，加大培训和继续教育力度，提升老年教育人才队伍的整体能力和水平。制定人才激励制度，吸引更多优秀人才从事老年教育工作，鼓励高校毕业生、教师、专业社工、学有所长的志愿者为各类老年教育机构提供服务。加强老年大学（学校）领导班子建设，选好配强学校领导班子，努力培养一支热爱老年教育事业、守纪律、懂规矩和忠诚、干净、担当的优秀老年教育工作干部队伍。	省人力资源社会保障厅、省委老干部局、省教育厅	持续实施
21	保障经费投入	各地要积极统筹各类资金支持老年教育事业发展，形成政府、市场、社会组织和学习者等多主体分担和筹措老年教育经费的机制。加大对老年大学（学校）的经费投入，将全省各级老年大学（学校）办学经费纳入同级财政预算，并结合老年大学在校学生人数，核拨专项办学经费。老年教育经费应主要用于老年教育公共服务。鼓励和支持行业企业、社会组织和个人设立老年教育发展基金，企业和个人对老年教育的公益性捐赠支出按照税收法律法规规定享受所得税税前扣除政策。	省财政厅，各市、县人民政府	持续实施
22	推动制度建设	研究完善涉及老年教育的相关制度。推进制定相关地方法规，促进老年教育事业规范健康发展。老年教育工作要纳入对各级政府相关部门绩效考评内容，定期进行检查、督导。把老年教育纳入教育工作、老龄工作、老干部工作的评比表彰范围，定期表彰老年教育先进单位和先进个人。探索开展老年教育发展情况调查统计工作，支持社会组织等第三方开展老年教育发展状况评估和研究。	省教育厅、省委组织部、省民政厅、省文化厅、省委老干部局、省统计局	持续实施
23	营造良好氛围	各地区各部门要广泛宣传党和国家关于发展老年教育的方针政策，广泛宣传老年教育发展中的典型经验、案例、做法和成效，努力使全社会关心、支持和参与老年教育的氛围更加浓厚。要充分调动老年人参与学习的积极性和主动性，积极培育老年学习文化，使学习风尚融入老年人生活，使老年教育成为增进老年人福祉的重要内容。	省委宣传部、省新闻出版广电局，各市、县人民政府	持续实施

安徽省民政厅、安徽省老龄办关于印发《安徽省智慧养老院建设规范（试行）》的通知

皖民办字〔2017〕183号

各市及广德县、宿松县民政局、老龄办：

为推进我省智慧养老院建设，建立完善养老院智慧化服务和管理标准，充分发挥养老院在保障老年人合法权益、满足老年人多样化养老服务需求等方面的积极作用，探索养老院对周边社区老人开展社会化服务新模式，根据《关于推进智慧养老建设的指导意见》（皖民办字〔2017〕177号）文件精神，特制定《安徽省智慧养老院建设规范（试行）》，现印发给你们，请遵照执行。

安徽省民政厅　安徽省老龄办

2017年10月27日

安徽省智慧养老院建设规范（试行）

总　则

一、智慧养老院是指利用互联网、物联网、云计算、大数据等现代科技，配置智能穿戴、智能床垫、服务机器人、智能照明、健康监测、人员定位、空气质量监测等智慧养老设备，为入住老年人提供信息管理、健康照护、生活照料、精神慰藉、安防管理、数据安全等服务，实现管理信息化和服务智能化的养老机构。

二、民政部门负责智慧养老院建设的指导、监督和管理。其他部门依照职责分工对智慧养老院实施监督。

三、智慧养老院除应符合本规范外，还应符合国家和省有关法律法规、行业标准规定。

信息管理服务

四、老年人信息管理。建立包括老年人个人和家属基本信息、能力评估信息、健康信息等基本信息电子档案，提升养老院老年人信息管理科学化水平。完善老年人出入院登记流程，加强养老机构之间信息共享，方便老年人转院养老。

五、来访信息管理。根据来访人员的性质、类别、访问对象进行分类登记、智能管理。通过院内定位管理系统对来访人员进行跟踪、定位，确保老年人安全。对来访时间、接待人员、处理结果等进行详细记录并上传至数据库，便于后期查询和统计。

六、人事信息管理。通过智能工作卡对院内员工的变动、考勤、排班、业务工作等进行记录、登记、统计、查询，提升院内员工管理信息化水平。

健康照护服务

七、健康状况监测。通过第三方医疗辅助设备、智能穿戴产品、智能床垫等，采集老年人的身体和心理特征如血压、脉搏、心跳、睡眠质量等数据信息，实时监测老年人健康状况。管理人员、护理员、家属可通过手机APP或PC终端查看老年人健康状况，当健康状况有异常，系统自动进行预警提示。

八、云健康服务。整合养老机构与医疗机构资源，加强入住老年人既往病历和实时健康相关信息共享，建立大健康数据库，通过云计算等方式为老年人提供“健康处方”、“运动处方”、“膳食处方”。借助高清视频交流等数据传输手段，为老年人提供远程医疗服务。

九、用药信息管理。将老年人用药信息录入系统，进行集中统一管理，通过系统智能提示用药情况，并将用药信息、药品剩余信息通过系统推送给家属，方便家属掌握老年人用药情况，并及时购买补充老年人所需药品。

生活照料服务

十、定位预警服务。为老年人佩戴具有SOS报警功能的电子定位标签，提供实时定位、追踪管理、特殊情况预警、一键求助等服务，提高养老机构紧急情况预警处置能力。加强对老年人活动轨迹信息的收集和分析，为老年人

定制更为精准、个性化的服务，提高养老机构为老服务水平。

十一、护理项目管理。严格按照养老机构服务标准设置各类护理项目，为护工配备手持设备终端，建立护理服务、日常巡检记录以及护理信息统计查询和护工评价等制度，实现护理项目智慧化管理。

十二、用餐信息管理。结合系统开出的“膳食处方”，为老年人提供科学配餐服务。将老年人每日用餐信息录入系统，并向老年人家属开放，让家属了解老年人在院内的生活情况。

精神慰藉服务

十三、亲情视频互动。配置大屏幕智能视频设备，实现老年人与亲人进行视频通话功能，满足老年人情感慰藉需求。鼓励应用智能服务机器人，提供情感陪护、娱乐休闲等精神文化服务，提高院内老年人生活质量。

十四、主动关怀服务。综合运用院内广播、LED屏幕、电话、短信等平台，向老年人推送天气状况、保健护理、疾病预防、节日慰问、为老服务政策等信息，使老年人感受到来自亲人、政府和社会的关爱。

十五、信息交流互动。对老年人的位置信息、预警信息、用药信息、用餐信息、健康状况等进行汇总、统计和分析，并将统计结果通过养老院信息发布系统（APP）发送给家属，使家属能够实时掌握老年人在养老院的生活和健康情况，解决养老院与家属之间的信息不对称，避免或者缓解两者之间的矛盾。

安防管理服务

十六、视频监控。院内公共场所应建立完整的视频监控系统，通过录像处理系统，实现多路监控设备切换，以及图像录入、回放、调出和存储等操作。老年人居室内安装视频监测设备需经护理对象和监护人同意。

十七、环境监测。通过温湿度、烟感、可燃气体等监测设备，对室内外环境里的各种有害气体、温湿度等环境参数指标进行无线采集并汇总到后台。

十八、安防联动。结合人员定位和视频监控系统，在预警系统发生报警时，自动打开报警位置的视频监控，便于工作人员及时掌握报警地点和老年人实际情况，辅助工作人员进行报警判断和开展援助工作。

数据安全服务

十九、信息安全。加强智慧养老院数据管理和安全管控，严格规范老年人个人信息的收集、存储、使用和销毁等行为。选取自主可控的信息技术产品和专业服务队伍，增强信息系统防攻击、防病毒、防窃密能力，确保信息系统安全可靠运行。

二十、系统兼容。对系统数据接口进行标准化设计，制定统一的数据传输协议，注重与第三方系统或智能应用产品的兼容，拓展智慧养老服务内容，加强各类资源信息共建共享。

二十一、数据分析。依托养老院智慧管理系统，对周边社区老年人提供信息采集、医疗救助、健康体检等服务，建立居家、社区、机构养老信息数据库，运用大数据分析功能，对各类数据进行加工处理、统计分析、分类上报，实现开放共享、精准推送。

安徽省民政厅、安徽省卫生计生委、安徽省老龄办关于推进智慧养老建设的指导意见

皖民办字〔2017〕177号

各市及广德县、宿松县民政局、卫生计生委、老龄办：

智慧养老是运用互联网、物联网、云计算、大数据等现代信息技术和智能终端产品，促进养老科学管理和服务智慧化的新理念、新模式。推进智慧养老建设，对贯彻落实创新、协调、绿色、开放、共享的发展理念，推进供给侧结构性改革，培育和发展养老服务新业态，不断满足老年人多层次多样化养老服务需求，提升养老服务质量效率水平，促进信息消费增长，建设“五大发展”美好安徽具有重要意义。为贯彻落实《国务院关于印发新一代人工智能发展规划的通知》（国发〔2017〕35号）、《国务院办公厅关于全面放开养老服务市场提升养老服务质量的若干意见》（国办发〔2016〕91号）、《工信部、民政部、国家卫生计生委关于印发〈智慧健康养老产业发展行动计划（2017－2020年）〉的通知》（工信部联电子〔2017〕25号）和《“十三五”安徽省老龄事业发展和养老体系建设规划》（皖政办〔2017〕61号）等文件精神，发挥新一代

信息技术产品在保障和改善民生工作中的积极作用，推动“互联网＋养老”创新发展，现就推进智慧养老建设工作提出以下意见。

一、总体要求

（一）指导思想。

加强和完善政府引导，统筹物质、信息和智力资源，引导养老机构、养老服务组织积极应用互联网＋、云计算、大数据、物联网等先进信息技术，强化网络安全保障，建设信息化、智慧化、精准化、定制化、规范化的管理服务体系，有效提高养老机构、养老服务组织综合承载能力和老年人幸福感受，促进养老服务科学管理水平和服务质量全面提升。

（二）基本原则。

1. 政府引导，社会参与。发挥政府在规划、设计、运行管理和经费保障方面的引领作用和服务职能，鼓励社会组织和企业参与建设，为智慧养老创新发展、养老服务提质增效营造良好的市场环境。

2. 创新应用、开放共享。在推广智慧养老产品应用的基础上，创新服务方式、拓展服务内容，实现新一代信息技术与养老服务深度融合。鼓励基础数据、服务渠道、服务终端等服务资源的整合共享，最大限度优化资源配置。

3. 智慧高效、安全可控。以新一代信息技术为支撑，实现个人、家庭、社区、机构与养老资源的有效对接，强化标准制定，建立健全信息安全保障体系，为老年人提供智慧高效、安全可控的养老服务。

（三）发展目标。

到2020年，多层次、多样化智慧养老服务体系基本形成，生活照料、医疗卫生、健康照护、文体娱乐、精神慰藉等养老服务智慧化水平显著提高，服务更加高效，管理更加精准，养老智能终端产品应用更加广泛。建立10家示范智慧养老机构，打造一批智慧养老社区和服务品牌。智慧养老服务业发展环境不断优化，智慧养老服务标准逐步完善，信息安全保障能力大幅提升。

二、重点任务

（一）促进智慧养老服务业发展。

1. 将智慧养老纳入养老服务业发展规划，加强智慧养老顶层设计，制定智慧养老建设规范，建立健全智慧养老评价体系，实现基础项目建设、数据资源传输、应用系统接入、养老服务内容规范化，促进智慧养老服务业健康稳定、可持续发展。

2. 发挥信息技术对智慧养老服务业提质增效的支撑作用，提高养老服务产品智慧化、智能产品适老化水平，拓展养老服务能力，降低服务人为风险。推进智慧养老产品推广应用，促进关键核心技术研发和产品创新，建设一批智慧养老应用示范企业、社区和服务品牌，从技术、品牌等多方面推动养老服务业智慧升级。

3. 利用智慧养老信息技术整合老年人养老保障、健康医疗、社会救助、管理服务等数据信息，运用大数据、云计算等科技手段，实现数据加工处理、动态指标分析、开放共享、精准推送，为政府决策、市场发力提供科学支撑。

（二）提升居家养老服务智慧化水平。

4. 基于智慧养老云平台建设，整合公共和社会服务资源，实现供需信息有效对接，坚持智慧手段和线上线下相配合，强化市场优胜劣汰，解决现有居家养老服务碎片化、资源利用率低下、覆盖面过窄、重复建设等问题，满足老年人居家养老服务需求，扩大社会参与度。

5. 促进智能物联网在居家养老领域的应用水平，鼓励、扶持服务机构和老年人家庭推广和使用服务定制、健康监测、安全防护、服务机器人等智能终端产品，探索建立远程居家照护服务系统，开发更加多元、精准的私人订制服务。

6. 发展集机构养老、日间照料、居家养老为一体，为居家老年人提供助餐、助浴、助医、助行、商品代购、亲情关爱等服务的嵌入式医养结合智慧养老模式，利用信息化技术和智慧养老产品，创新社区管理和服务理念，打造便捷高效、安全健康的智慧养老社区。

（三）推进智慧养老院建设。

7. 制定出台智慧养老院建设规范，明确服务内容和管理标准，开发智慧养老院服务管理系统，配置安全监控、健康护理、生活服务等智能设备，为老年人提供入院能力评估、无线定位救助、活动轨迹监测、行为智能分析、老年痴呆症患者防走失、亲情视频沟通、门禁系统联动等智慧养老服务；鼓励运用养老服务机器人，为老年人提供情感陪护、康复护理、夜间巡查等服务，提升养老院管理信息化和服务智慧化水平。

8. 开展智慧养老院创建行动。按照企业主导、政府扶持、市场运作的方式，鼓励养老机构参与智慧养老院创建，实现新一代信息技术和智能产品在养老领域的广泛应用，促进养老院管理服务提质增效。通过创建行动打造一批示范智慧养老院，2017年底力争创建全国首家智慧养老院。各地要按照智慧养老院建设规范要求，对示范智慧养老院严格方案评审、时时跟踪监测、逐项对标验收，积极争创省级示范，对符合省级示范要求的智慧养老院将给予奖补。

9. 依托智慧养老院服务管理系统，对周边社区老年人提供信息采集、医疗救助、健康体检等服务，探索对周边社区老年人开展养老服务、医疗服务新模式，实现居家、社区、机构三种养老模式融合发展、优势互补。

三、保障措施

（一）加强组织领导。各级民政局、卫生计生委、老龄办要高度重视智慧养老建设，结合本地实际制定实施方案，加强组织领导，强化责任分工，创新工作机制，统筹各方资源投入，研究解决意见落实过程中遇到的新问题新情况，确保意见的各项任务措施落实到位。

（二）加大扶持力度。制定完善智慧养老相关优惠政策，加大扶持力度，优化智慧养老服务业发展环境。积极推进政府购买智慧养老产品和服务，逐步扩大购买范围，完善服务内容，同等条件下优先采购本地化的智慧养老产品和服务。整合优化政府资源配置，完善多元投入机制，探索政府和社会资本合作（PPP）模式，积极引导社会资本参与智慧养老院建设。通过减免税费、拓展融资渠道等方式，鼓励有条件的科研机构、医疗机构、养老机构等合作建设智慧养老机构，开发智慧养老产品。培育智慧养老服务复合型人才，逐步提高智慧养老服务从业人员待遇水平。

（三）强化安全保障。建立健全智慧养老安全保障规范和风险评估机制。加强智慧养老云平台数据管理和安全管控，严格规范老年人个人信息的收集、存储、使用和销毁等行为。选取自主可控的信息技术产品和专业服务队伍，增强信息系统防攻击、防病毒、防窃密能力，确保信息系统安全可靠运行。综合考虑老年人生理特点和实际需求，研发生产易于操作、安全便捷的智慧养老应用产品，提高产品售后服务水平。

（四）注重宣传推广。全方位、多渠道宣传报道智慧养老建设的主要做法和取得的成效，加大涵盖智慧养老院、智慧社区、云平台等跨区域、跨行业、多类型的优质智慧养老项目推广力度，探索可推广、可复制的智慧养老模式，在全社会树立智慧养老新理念。鼓励培训机构、志愿服务组织等针对老年人开展信息技术培训，使老年人充分利用智慧养老产品，增强自主养老能力，提高生活质量。

安徽省民政厅　安徽省卫生计生委
安徽省老龄办
2017年10月27日

安徽省老龄办等26部门关于推进老年宜居环境建设的实施意见

皖老龄办〔2017〕20号

各市及广德县、宿松县老龄办、发展改革委、教育局、科技局、经济和信息化委、公安局、民政局、司法局、财政局、人力资源社会保障局、国土资源局、住房城乡建设局（委）、交通运输局、商务局、文广新局（文化委）、卫生计生委、国税局、地税局、体育局、旅游局（委）、总工会、团委、妇联、残联，阜阳保监分局：

根据全国老龄办等25部门《关于推进老年宜居环境建设的指导意见》（全国老龄办发〔2016〕73号），结合我省实际，现就推进全省老年宜居环境建设提出如下实施意见：

一、重要意义

近年来，各地、各有关部门认真贯彻落实《安徽省实施〈中华人民共和国老年人权益保障法〉办法》（以下简称《实施办法》），逐步完善养老服务设施，探索开展居住区和公共场所无障碍设施建设、改造，不断改善老年人居住、生活和社会文化环境，取得了明显成效。但随着我省人口老龄化快速发展和新型城镇化进程的不断加快，公共服务供给和老年人多样化需求之间的矛盾日益凸显，老年人居住、出行、就医、养老以及社会参与等方面不适老、不宜居问题较为突出。推进老年宜居环境建设有利于增进老年民生福祉，提升老年人生命生活质量；有利于扩大内需、拉动消费，促进经济增长；有利于增进社会和谐，促进社会共建、共享、包容发展；是积极应对人口老龄化、建设“五大发展”美好安徽的重要举措，也是贯彻落实新修订的《实施办法》和《安徽省人民政府关于加快发展养老服务业的实施意见》（皖政〔2014〕60号）、创新老龄工作的具体实践。各地、各部门要进一步提高认识，高度重视老年宜居环境建设工作，尽快建立较为完善的政策支持体系，推动老龄事业全面协调可持续发展。

二、总体目标

坚持规划先行、突出重点、多元参与、注重实效的原则，加强老年宜居环境建设前瞻性规划和制度安排，立足地方实际，突出城乡社区老年宜居环境建设的重点领域和薄弱环节，引导市场、社会、家庭、个人多元参与，共建共享，创新实现方式，统筹推进老年宜居环境建设协调发展。到2025年，全面建立安全、便利、舒适的老年宜居环境体系，老年宜居环境新理念普遍树立，老年群体的特征和需求得到充分考虑；老年人保持健康、活力、独立的软硬件环境不断优化，适宜老年人的居住环境、安全保障、社区支持、家庭氛围、人文环境明显改善；老年人社会参与障碍不断消除，老年人融入社会、自我价值实现的有利环境逐步形成；老年宜居环境建设长效机制建立健全，形成一批具有安徽特色的老年友好城市、老年宜居社区。

三、重点任务

根据现阶段老年人在日常生活和社会参与等方面存在的不适老、不宜居的问题，今后一个时期老年宜居环境建设的重点任务是建设适老居住、出行、就医、养老等的物质环境和包容、支持老年人融入社会的文化环境。

（一）适老居住环境。

1. 推进老年人住宅适老化改造。制定老年人住宅适老化改造年度计划，引导老年人家庭对日常生活设施进行适老化改造。对纳入年度改造计划的贫困老年人家庭，县级以上人民政府可以给予适当补助。开展老年人住宅室内设施安全隐患排查和改造工作，通过政府购买服务、动员社会力量支持等多种形式，优先开展对经济困难的高龄、失能等特困老年人住宅进行通行、助浴、如厕等适老化改造。鼓励发展老年人紧急呼叫产品与服务，鼓励安装独立式感烟火灾探测报警器等设施设备，完善老年人住宅防火和紧急救援救助功能。

2. 支持适老住宅建设。加强政策引导，支持开发老年宜居住宅和代际亲情住宅，满足各年龄段家庭成员，尤其是老年人对居住环境的必要需求。在推进老（旧）居住（小）区、棚户区、农村危房改造中，将符合条件的老年人优先纳入住房保障范围。加大对住宅小区消防安全保障设施建设力度，建立社区微型消防站，构建社区防火和紧急救援网络，完善公共消防基础设施建设，加强消防设施管理和维护工作。

（二）适老出行环境。

3. 强化住区无障碍通行。结合我省“两治三改”及民生工程工作要求，加强老年人居住区公共设施无障碍改造，重点对居住区缘石坡道、轮椅坡道、人行通道，以及建筑公共出入口、公共走道、地面、楼梯、电梯候梯厅及轿厢等公共建筑节点进行改造，满足老年人基本的安全通行需求。新建、改建、扩建公共建筑和其他公共场所应当建设无障碍设施，配备轮椅坡道、座椅、扶手等，方便老年人生活。建立健全居住区无障碍改造工作协调机制，加强对《无障碍环境建设条例》的执法监督检查，加强无障碍设施日常维护与管理，确保无障碍设施发挥功能。

4. 构建社区步行路网。遵循易识别、易到达、无障碍、保安全的原则，加强对社区道路系统、休憩设施、标识系统的综合性无障碍改造，确保无障碍设施建设规范、布局合理、舒适安全。结合海绵城市建设、绿道建设，加快城市绿道步道互联互通，共同构建社区步行路网。清除步行道路障碍物，保持小区步行道路平整安全，严禁非法占用小区步行道。

5. 发展适老公共交通。加强城市道路、公共交通建筑、公共交通工具的无障碍建设与改造。落实70周岁以上老年人免费乘坐城市公共交通工具，有条件的地方应降低老年人免费乘车年龄，扩大优惠覆盖范围和优惠力度，改善老年人乘车环境。在硬件环境方面，合理布局交通站点，注意与城市主要休闲空间紧密联系；完善公共交通标志标线，重点对大型交叉路口的安全岛、隔离带及信号灯进行适老化改造；按规定设置“老幼病残孕”专座，在机场、火车站、汽车站、港口码头、旅游景区等人流密集场所为老年人设立等候区域和绿色通道。在软件环境方面，鼓励老年人错峰出行，强化对老年人的安全提醒；实行老年人优先购买车船票、飞机票，优先上下车船、飞机，优先托运行李、物品等优待服务；加大为老志愿服务力度，乘务和服务人员应为老年人提供礼貌友好服务。

（三）适老健康支持环境。

6. 优化老年人就医环境。加强老年病医院、护理院、老年康复医院和综合医院老年科建设，完善老年医疗卫生服务网点建设，落实老年人卫生保健服务优待政策，为老年人特别是高龄、重病、失能、残疾老年人挂号（退换号）、就诊、转诊、综合诊疗提供优先服务，使老年人就医更加便利。建立家庭医生制度，全面推进医疗卫生机构和医务人员与社区、居家养老结合，与老年人家庭建立签约服务关系，规范为居家老年人提供的医疗和护理服务项目，为老年人提供连续性的社区健康支持环境。加强老年人健康档案信息动态管理，对辖区内65周岁以上的常住老年人进行健康指导和每年提供一次免费常规体检，到“十三五”末，65周岁以上老年人健康管理率力争达到80%。完善医养结合机制，打通医疗机构与养老机构融合通道，建立养老机构内设医疗机构与合作医院间双向转诊绿色通道，积极构建养老、医疗、康复、临终关怀服务相互衔接的服务模式，深入开展医养结合发展示范区（机构）建设试点，为入住老年人提供无缝对接的医疗服务环境。

7. 提升老年健康服务科技水平。按照企业主体、政府扶持、市场化运作的方式，调动各级医疗资源、基层组织以及相关养老服务机构、产业企业等方面力量，开展覆盖多级区域、多种类型的智慧家庭健康养老示范应用，提供智慧健康养老服务。研究制定鼓励性政策引导产业发展，鼓励运用云计算、大数据等技术搭建规范统一、互联互通的社区、家庭健康服务平台，提供实时监测、长期跟踪、健康指导、评估咨询等老年人健康管理服务。建立智慧健康养老标准体系，优先制定适用于个人、家庭和社区的血压、血糖、血氧、心律和心电五大类常用生理健康指标智能检测设备产品及数据服务标准，发展血糖、心率、脉搏监测等生物医学传感类可穿戴设备，开发适用于基层医疗卫生机构和社区家庭的各类诊疗终端和康复治疗设备。大力推进中医药健康养生服务，探索融健康文化、健康管理、健康保险为一体的中医药保障模式。

（四）适老生活服务环境。

8. 加快配套设施规划建设。在制定城市总体规划和控制性详细规划时，充分考虑人口老龄化发展因素，按照老年人口数量和分布情况以及老年人特点，将养老服务设施纳入城乡社区配套设施建设规划，统筹布局适合老年人的公共基础设施、生活服务设施、医疗卫生设施和文化体育设施，增强老年人生活的便利性。鼓励综合利用城乡社区中存量房产、设施、土地建设养老服务设施，优化老年人居家养老的社区支持环境，提高老年人就近就便获得养老服务的可及性。推动老年宜居环境建设绿色共享，养老机构、日间照料中心、老年人就餐点、老年人活动中心等各类生活服务设施与社区相关配套设施集约建设、资源共享。

9. 加强无障碍环境建设。将无障碍建设纳入经济社会发展规划和城乡规划，按照无障碍设施工程建设相关标准和规范，对新建、改建、扩建设施的规划、设计、施工、验收严格监管，进一步提高无障碍设施系统化、规范化、标准化和质量。开展无障碍环境市、县、村镇创建工作，将无障碍环境建设纳入文明城市创建和新农村建设、村庄环境整治内容。加强对银行、商业保险机构、商场、超市、便民网点、图书馆、影剧院、博物馆、体育场馆、公园、景区等与老年人日常生活密切相关的公共设施的无障碍设计与改造。

10. 健全社区生活服务网络。整合城乡社区服务资源，推进城乡社区居家养老服务信息化建设，扶持专业化居家养老服务组织，以需求为导向，创新居家养老服务模式，不断开发服务产品、提高服务质量，为老年人提供精准化个性化专业化服务。建立与居家老年人实际需求相适应、与我省居家和社区养老基本公共服务供给能力相匹配的20分钟居家养老服务圈，继续推进街道、社区“老年人生活圈”配套设施建设，为老年人提供一站式便捷服务。广泛发展睦邻互助养老服务，村（居）委会和城乡社区要建立日常联系、巡访制度，及时了解老年人特别是困难家庭和单独居住老年人的生活状况，帮助老年人解决实际困难。依托社区自治组织，发挥物业管理企业及驻区单位的积极作用，向有需求的老年人提供基本生活照料等多种服务。发挥为老服务公益平台和各类志愿服务组织的积极作用，促进供求信息互通，引导社会各界开展多种形式的助老惠老志愿服务活动。创新商业保险机构服务方式，做好养老社区、老年公寓等老年群体较为集中区域的保险服务。

11. 构建适老信息交流环境。进一步将无障碍信息交流建设纳入信息化建设规划，进行信息无障碍改造。推进影像制品、电视栏目加配字幕，鼓励有条件的电视台电视节目加配手语解说，省、设区市政府网站和主要社会公共服务机构网站无障碍服务能力达到基本水平，提升互联网网站等通信设施服务老年群体的能力和水平。全面促进和改善信息无障碍服务环境，鼓励公共文化活动场所提供老花镜、放大镜等方便老年人阅读的物品，有条件的可配备适合老年人读报、看书的大屏幕触摸式公共文化一体机，消除老年人获取信息的障碍，缩小“数字鸿沟”。

12. 繁荣老年用品市场。引导支持相关行业、企业围绕智能看护、应急救援、通信服务、电子商务、旅游休闲、服装服饰等领域，推进老年人适用产品、技术的研发和应用，提升老年用品科技含量。着力开发老年用品市场，重点设计和研发老年人迫切需求的食品、医药用品、日用品、康复护理、服饰、辅助生活器具、老年科技文化产品。支持康复辅助器具产业发展，统筹企业、科研院所、高等院校等创新资源，搭建康复辅助器具科技创新平台和基础共性技术研发平台，力争打造国家级康复辅助器具科研和生产基地。鼓励多元投资参与，构建统一开放竞争有序的现代养老市场体系，营造安全、便利、诚信的老年消费环境。研究制定老年用品规范标准，健全标准实施效果评估机制，加强监督管理。推进适宜老年人特点的通用产品及实用技术的研发和应用。

13. 大力发展老年教育。将老年教育纳入终身教育体系，落实老年教育发展规划。优先发展城乡社区老年教育，建立健全“县（市、区）—乡镇（街道）—村（居委会）”三级社区老年教育网络，到2020年，95%的乡镇（街道）建立老年学校，50%的行政村（居委会）建立老年学习点，改善基层社区老年人的学习环境，完善老年人社区学习网络。依托“安徽全民终身学习网”，推动信息技术融入老年教育教学全过程，推进线上线下一体化教育，支持老年人网上学习，建立健全“省—市—县（市、区）—乡镇（街道）”四级远程老年教育网络。建设一批在本区域发挥示范作用的乡镇（街道）老年人学习场所和老年大学，利用养老资源推动老年教育，建立养教结合学习点和养教结合示范学习点。到2020年，逐步实现县（市、区）老年大学全覆盖，基本形成覆盖广泛、灵活多样、特色鲜明、规范有序、具有安徽特色的老年教育新格局，提高老年教育的参与率和满意度。

（五）敬老社会文化环境。

14. 营造老年社会参与支持环境。引导老年人树立终身发展理念，始终保持自尊自爱自信自强的精神状态，积极面对老年生活。引导全社会正确认识、积极接纳、大力支持老年人参与社会发展。将老年人才开发纳入各级人才队伍建设总体规划，积极拓展老年人力资源开发的渠道，鼓励各有关方面建立老年人专业人才库，实现互联互通、资源共享，为广大老年人在更大程度、更宽领域参与经济社会发展搭建平台、提供便利。鼓励老年人自愿量力、依法依规参与经济社会发展，改善自身生活，实现自我价值。深入开展“银龄志愿行动”，鼓励老年人参加志愿服务，对维护老年人合法权益和敬老、养老、助老成绩显著的组织、家庭或者个人，对参与社会发展做出突出贡献的老年人，按照国家和省有关规定给予表彰或奖励。推进基层老年协会规范化建设，促进老年人通过社会组织实现自我管理、自我教育、自我服务和服务社会。

15. 弘扬敬老养老助老社会风尚。将敬老养老助老纳入社会主义核心价值观宣传教育，建设具有民族特色、时代特征的孝亲敬老文化。继续开展创建“敬老文明号”、全省福星孝星评选、敬老爱老助老模范人物评选等活动，弘扬中华民族孝亲敬老传统美德，营造敬老爱老、全民行动的社会氛围。落实国家、省“七五”普法规划要求，加强老年人权益保障法律法规普法宣传教育，推动普法宣传教育规范化、常态化，强化全社会维护老年人合法权益的法治观念。严厉打击针对老年人的歧视、侮辱、虐待、遗弃和家庭暴力类违法犯罪，依法惩处盗窃、诈骗、抢夺、敲诈勒索老年人财物和针对老年人的非法集资、电信网络诈骗、传销等违法犯罪行为。引导律师、公证、基层法律服务所和法律援助机构深入开展老年人法律服务和法律援助工作。

16. 推进代际和谐文化建设。逐步建立支持家庭养老的政策体系，完善80周岁以上高龄津贴制度和经济困难老年人居家养老服务补贴制度，落实带薪休假政策，巩固经济供养、生活照料和精神慰藉的家庭养老功能。加强家庭美德教育，开展寻找“最美家庭”活动、“五好家庭”评选表彰活动、全省文明家庭评选表彰活动和“好家风好家训”宣传展示活动，发挥老年人优良品行在家庭教育中的潜移默化作用，激励更多家庭见贤思齐、崇德向善，树立良好家风。弘扬孝亲敬老文化，引导全社会增强接纳、尊重、帮助老年人的关爱意识，增强不同代际间的文化融合和社会认同，统筹解决各年龄群体的责任分担、利益调处、资源共享等问题，实现家庭和睦、代际和顺、社会和谐，为老年人创造良好的生活氛围。

四、保障措施

（一）强化组织协调。老年宜居环境建设是一项跨领域、跨部门的战略性系统工程，加强老年宜居环境建设，既关乎当前，又关乎长远。各地、各有关部门要加强组织领导，强化部门协同，健全工作机制，制定具体的实施方案，确立基本目标和主要任务，明确责任，共同推进全省老年宜居环境建设工作。

（二）完善扶持政策。各地、各有关部门要将老年宜居环境建设纳入相关专项规划，制定出台老年宜居环境建设相关配套政策。运用更加灵活务实的财政政策，全面落实税收优惠政策，统筹政府资金、社会资本、集体收入及产业基金，以及政府和社会资本合作（PPP）等方式，鼓励社会资本参与老年宜居环境建设。对免费或优惠向老年人开放的公共服务设施，按照有关规定给予财政补贴。加大养老用地政策落实力度，各地要将各类老年宜居环境设施建设用地纳入土地利用总体规划和年度用地计划，合理安排用地需求，优化存量建设用地结构，统筹利用闲置资源支持老年宜居环境建设。鼓励金融机构面向老年宜居环境重点工程开发相关金融产品和服务，鼓励商业保险机构安全稳健地投资建设各类老年宜居环境服务设施。

（三）发挥示范作用。完善老年宜居环境建设评价标准体系，组织开展“老年友好型城市”和“老年宜居社区”建设示范行动，继续开展全国无障碍建设城市创建工作，充分发挥示范引领作用。鼓励有条件的地方结合本地实际，制定实施方案，明确责任分工，合理配置资源，加大财力保障，积极稳妥地开展老年宜居环境建设示范工作。省级有关部门要加强对地方老年宜居环境建设示范工作的指导，及时制定完善相关配套政策。到2020年，60%以上的城市社区达到老年宜居社区基本条件，40%以上的农村具备老年宜居社区基本条件，大部分老年人的基本公共服务需求能够在社区得到满足。

（四）加强宣传推广。充分发挥新闻媒体、老龄媒体等各类媒体的作用，整合涉老部门宣传资源，加大宣传工作力度，宣传老年宜居环境建设的重要意义，宣传老年宜居环境建设的新理念，宣传老年宜居环境建设的优秀典型和先进经验，使老年宜居环境建设理念深入人心。结合老龄政策专题调研，开展老年宜居环境建设方面的课题研究和政策调研，为老年宜居环境建设提供理论支持和数据支撑。积极拓展与外省市和相关组织的交流，开展在老年友好型城市、老年宜居社区建设等多领域、多形式的交流合作。

安徽省老龄办　安徽省发展改革委　安徽省教育厅
安徽省科技厅　安徽省经济和信息化委　安徽省公安厅
安徽省民政厅　安徽省司法厅　安徽省财政厅
安徽省人力资源社会保障厅　安徽省国土资源厅
安徽省住房城乡建设厅
安徽省交通运输厅　安徽省商务厅　安徽省文化厅
安徽省卫生计生委　安徽省国税局　安徽省地税局
安徽省新闻出版广电局　安徽省体育局
安徽省旅游发展委
安徽保监局　安徽省总工会　共青团安徽省委
安徽省妇联　安徽省残联
2017年11月28日

安徽省残联等 11 部门关于印发《安徽省无障碍环境建设“十三五”实施方案》的通知

皖残联〔2017〕7 号

各市及省直管县残联、住房和城乡建设局、教育局、公安局、民政局、交通运输局、经信委、新闻出版广电局、网信办、旅游局、老龄办：

现将根据省政府《安徽省“十三五”加快残疾人小康进程规划纲要》制定的《安徽省无障碍环境建设“十三五”实施方案》印发给你们，请认真贯彻执行。

安徽省残联　安徽省住房和城乡建设厅　安徽省教育厅
安徽省公安厅　安徽省民政厅　安徽省交通运输厅
安徽省经济和信息化委员会　安徽省新闻出版广电局
安徽省互联网信息办公室　安徽省旅游局
安徽省老龄工作委员会办公室
2017 年 2 月 6 日

安徽省无障碍环境建设“十三五”实施方案

一、背景

“十二五”期间，国务院颁布实施《无障碍环境建设条例》，为城乡无障碍环境建设开展提供法规保障。《安徽省残疾人保障条例》也对我省无障碍环境建设做出了相应的规定。全省的城市道路、公共建筑、公共交通设施、居住区、残疾人老年人服务设施、残疾人家庭、信息交流等无障碍建设及无障碍设施管理、宣传等取得积极进展，初步形成了城市环境建设无障碍化的基本格局。

虽然我省无障碍环境建设有了很大发展，但与残疾人、老年人的特殊需求，以及全体社会成员参与社会生活的无障碍环境需求相比还有很大差距，还存在建设不规范、无障碍改造滞后、发展不平衡的问题。残疾人、老年人家庭无障碍、信息交流无障碍、农村无障碍建设仍比较薄弱，无障碍设施的完善、使用和管理也亟待加强。

为进一步推进无障碍环境建设，依据安徽省人民政府印发的《安徽省“十三五”加快残疾人小康进程规划纲要》，制定本方案。

二、任务目标

——以解决残疾人、老年人以及有需求的其他社会成员无障碍日常出行、获取信息为重点，全面提升城乡无障碍环境建设水平。落实《无障碍环境建设条例》和《国家新型城镇化规划（2014—2020 年）》，推进无障碍设施规范化、系统化建设，加快推进政府机关、学校、社区、旅游景区、社会福利、公共交通等公共场所和设施的无障碍改造，深入开展信息交流无障碍建设，稳步推进农村地区无障碍环境建设。

——解决影响残疾人、老年人日常起居、基本生活的家庭环境障碍，为残疾人实现全面小康奠定物质基础。切实加大贫困重度残疾人家庭无障碍改造工作力度，通过多种措施，推动各地全面开展残疾人、老年人家庭无障碍改造。

三、主要措施

（一）依法开展无障碍环境建设。

切实贯彻《无障碍环境建设条例》，依法加强无障碍环境建设、管理。省住房城乡建设厅、省经信委、省残联等部门加强《无障碍环境建设条例》的宣传和实施情况监督检查。

结合我省实际，加快制定安徽省《无障碍环境建设规定》，并采取措施促进实施。

（二）健全无障碍建设工作机制。

各地要将无障碍建设纳入经济社会发展规划和城乡规划，切实采取措施，加强领导，创新方式，推广无障碍通用设计理念。

县级以上要建立政府统一领导、相关部门参加的无障碍建设组织协调机构，建立、完善相关工作机制。

积极引导社会力量参与无障碍建设，进一步加强对无障碍建设的社会监督。有条件的地方成立无障碍发展促进会。建立由人大代表、政协委员以及残疾人、老年人、媒体代表等参与的无障碍监督员队伍。相关部门应为促进会和无障碍监督员队伍开展工作创造条件。

（三）开展无障碍环境市、县、村镇创建工作。

落实《国家新型城镇化规划（2014—2020年）》，巩固创建全国无障碍环境市县工作的成果。将无障碍环境建设融入文明城市创建内容，全面推进我省城市无障碍化建设。

将无障碍环境建设纳入新农村建设、村庄环境整治内容，开展无障碍村镇创建工作，逐步推广农村地区无障碍环境建设。

（四）加大无障碍建设与改造力度。

按照无障碍设施工程建设相关标准和规范要求，对新建、改建设施的规划、设计、施工、验收严格监管，进一步提高无障碍设施系统化、规范化、标准化和质量。

对城镇已建成的不符合无障碍设施工程建设标准的道路、公共建筑、公共交通设施、居住建筑、居住区，县级以上人民政府应当制定无障碍改造计划并实施。

城市主要道路、主要商业区和大型居住区的人行天桥和人行地下通道，按照无障碍工程建设标准配备无障碍设施；人行道交通信号设施逐步完善无障碍服务功能。

城市大中型公共服务场所的公共停车场和大型居住区停车场，按照无障碍设施工程建设标准设置并标明无障碍停车位。

加快推进政府机关、学校、社区、旅游景区、社会福利、公共交通等公共场所和设施的无障碍改造。完善无障碍设施相关使用信息或指示标志。

（五）加强和完善无障碍设施的使用和管理。

加强无障碍设施日常维护与管理，并纳入城市管理内容，建立城市无障碍设施电子数据库，加大对占用、破坏无障碍设施等违法行为的处罚力度，确保无障碍设施发挥功能。

（六）推进信息交流无障碍。

进一步将无障碍信息交流建设纳入信息化建设规划，设区市以上政府新闻发布会逐步增加手语服务，推进影像制品、电视栏目加配字幕，鼓励有条件的电视台电视节目加配手语解说，省、设区市政府网站和主要社会公共服务机构网站无障碍服务能力达到基本水平，推广在公共服务机构和公共场所为残疾人提供语音和文字提示、手语、盲文等信息交流服务。推进聋人手机短信服务平台建设。图书和声像资源数字化建设实现信息无障碍。推进社区选举无障碍。加快推进食品药品信息识别无障碍。

（七）加强残疾人无障碍应急救助服务。

特殊教育、托养等残疾人集中的机构和相关行业系统要制定自然灾害和紧急状态下残疾人无障碍应急管理办法。全面实施方便聋人短信报警服务。

（八）广泛开展残疾人、老年人家庭无障碍改造。

规范家庭无障碍改造内容，推广残疾人、老年人家居无障碍设计，在城市保障房建设和农村危房改造中考虑残疾人、老年人家庭无障碍建设内容，对需要进行无障碍设施改造的贫困家庭，政府应给以适当补助。通过政府购买服务、动员社会力量支持等多种形式，切实加大贫困重度残疾人家庭无障碍改造工作力度，解决残疾人、老年人家庭生活障碍，为残疾人实现全面小康奠定物质基础。

（九）开展无障碍建设培训、宣传。

对无障碍环境规划、设计、施工、建设、管理、监督等人员开展无障碍知识培训，增强执行规范和开展无障碍监督的自觉性和能力。

多种形式、多种载体开展无障碍建设的宣传，发挥互联网作用，进一步普及无障碍知识，提高无障碍意识，扩大无障碍效应，营造全社会关心、支持、参与无障碍建设的良好氛围。

四、检查评估

各相关部门于2018年对本方案实施情况进行中期检查，2020年进行全面总结验收。

福建省老年人权益保障条例

（2017年1月22日福建省第十二届人民代表大会第五次会议通过）

第一章 总则

第一条 为了保障老年人合法权益，发展老龄事业，积极应对人口老龄化，弘扬中华民族敬老、养老、助老的美德，根据《中华人民共和国老年人权益保障法》等法律、法规，结合本省实际，制定本条例。

第二条 本条例所称老年人是指六十周岁以上的公民。

第三条 老年人依法享有人身、财产等权益，从国家和社会获得物质帮助的权利，享受社会服务和社会优待的权利，参与社会发展和共享发展成果的权利，任何单位和个人不得侵犯。

第四条 发展老龄事业，保障老年人的合法权益遵循政府主导、社会参与、全民行动的原则，促进应对人口老龄化与经济社会协调发展。

健全完善保障老年人权益的各项制度，改善和保障老年人生活、健康、安全以及参与社会发展的条件，关心老年人的精神文化需求，实现老有所养、老有所医、老有所学、老有所为、老有所乐。

建立和完善以居家养老为基础、社区养老为依托、机构养老为补充、医养相结合的多层次、可持续的社会养老服务体系，满足老年人多样化的养老服务需求。

第五条 全社会应当重视、珍惜老年人的知识、技能、经验和优良品德，为老年人参与经济、政治、社会活动创造条件，发挥老年人专长和作用。

第六条 县级以上地方人民政府应当制定本行政区域的老龄事业发展规划和年度计划，并将老年人权益保障工作列入政府绩效考核内容。

老龄事业经费应当列入本级政府年度财政预算统筹安排，建立与经济社会发展水平和老龄化程度相适应的稳定的经费保障机制。

省人民政府建立老年人口状况和老龄事业发展情况的年度监测统计与信息发布制度。

第七条 县级以上地方人民政府老龄工作委员会组织、协调、指导、督促有关部门做好老年人权益保障工作，其办事机构设在同级民政部门，应当配备专门的工作人员。

民政、发展改革、财政、人力资源和社会保障、卫生和计划生育、国土资源、住房和城乡建设、规划、经济信息化、交通运输、公安、司法行政、教育、文化、科技、旅游、医疗保障管理、新闻出版广电、体育等部门应当按照各自职责，做好老年人权益保障和服务工作。

乡（镇）人民政府和街道办事处应当确定专门人员负责老年人权益保障工作，并提供必要的工作条件。

村（居）民委员会以及依法设立的老年人组织应当反映老年人的要求，维护老年人合法权益，为老年人服务。

第八条 全社会应当保障老年人合法权益。把弘扬孝亲敬老纳入社会主义核心价值观宣传教育，每年老年节，社会各界应当开展敬老、养老、助老活动。广播、电视、报刊、网络等媒体应当开展维护老年人合法权益的宣传，积极刊播敬老、养老、助老公益广告。

工会、共产主义青年团、妇女联合会等群团组织、社会团体应当维护老年人合法权益，做好关爱老年人工作。

各类学校应当将敬老、助老和维护老年人合法权益教育纳入教育教学内容。

企业事业单位和其他组织应当依法履行保障老年人权益的相关义务。

鼓励社会力量参与发展老龄事业，开展老年慈善活动，为老年人提供志愿服务。

第九条 支持和保障老年人依法维护自身的合法权益。政府和社会应当加强法制宣传，增强老年人依法维护自身合法权益的意识和能力。

老年人应当遵纪守法，履行法律规定的各项义务，遵守社会公共道德，树立自尊、自立、自强的自爱意识。

第十条 地方各级人民政府、各类社会组织对维护老年人合法权益和敬老、养老、助老成绩显著的组织、家庭或者个人，以及对参与社会发展做出突出贡献的老年人，给予表彰或者奖励，并纳入道德模范等评选。

第二章 家庭保障

第十一条 老年人的子女以及其他负有赡养义务的人，应当履行赡养义务，保证老年人的基本生活需求，照顾老年人的特殊需要。赡养人的配偶以及其他家庭成员应当协助赡养人履行赡养义务。

赡养人不得以放弃继承权、老年人离婚或者再婚等理由，拒绝履行赡养义务；不履行赡养义务的，老年人有要求赡养人给付赡养费的权利；不得违背老年人意愿，将老年人与其配偶分开赡养。

老年人子女已经死亡或者丧失赡养能力的，其有负担能力的孙子女、外孙子女应当履行赡养义务。

第十二条 赡养人应当履行经济上供养老年人的义务，保证老年人享受不低于家庭平均生活水平。对无经济收入或者收入较低，与赡养人分开居住的老年人，赡养人应当给付赡养费，提供生活必需品。

赡养人应当确保老年人居住安全，不得强迫老年人居住或者迁居条件低劣的房屋。

第十三条 赡养人应当履行关心老年人健康的义务，保证患病的老年人得到及时治疗和护理；对经济困难的老年人，应当提供医疗费用；不得要求老年人承担力不能及或者有损健康的劳动。

第十四条 赡养人应当履行照料老年人生活的义务，对生活不能自理的老年人应当承担照料责任；确有原因不能亲自照料的，可以按照老年人的意愿，委托他人或者养老机构等照料。

第十五条 赡养人应当履行精神上慰藉老年人的义务，满足老年人健康的精神文化需要。对入住养老机构或者与其分开居住的老年人，赡养人应当经常探望；对较长时间未探望老年人的，赡养人所在的工作单位、村（居）民委员会或者养老机构应当督促其探望。

第十六条 老年人的婚姻自由受法律保护。子女或者其他亲属不得干涉老年人离婚、再婚以及婚后的生活。子女或者其他亲属不得因老年人离婚、再婚而索取、隐匿老年人的财产、有关证件或者限制老年人的居住权利。

第十七条　老年人对本人的财产，依法享有占有、使用、收益、处置的权利，子女或者其他亲属不得干涉。

有独立生活能力的成年子女或者其他亲属违背老年人意愿，要求老年人经济资助的，老年人有权拒绝。子女或者其他亲属不得以无业或者其他理由，骗取、克扣或者强行索取老年人的财物。

老年人有依法继承和接受赠予的权利。子女或者其他亲属不得侵吞、抢夺、转移、隐匿或者损毁应当由老年人继承或者接受赠予的财物。

第十八条　老年人与子女或者其他亲属共同出资购买、建造房屋的，依法享有相应的物权。调换、拆迁、改建共有房屋，应当依法保障老年人的权益，并照顾老年人的特殊需要。

居住老年人房屋的成年子女或者其他亲属，老年人不同意其继续居住的，应当迁出。法律另有规定的从其规定。

第三章　社会保障和社会优待

第十九条　县级以上地方人民政府健全职工基本养老保险制度和城乡居民养老保险等制度，不断扩大覆盖面，依法保障老年人的基本生活。

县级以上地方人民政府应当建立基本养老金正常调整机制，根据城乡居民收入增长、物价上涨等情况，适时提高基本养老保险待遇水平。

养老保险经办机构和有关组织应当按时足额支付老年人依法享有的养老金，不得拖欠、克扣或者挪用。

第二十条　县级以上地方人民政府建立健全职工基本医疗保险和城乡居民基本医疗保险等制度，依法保障老年人的基本医疗需求。

医疗保障管理、卫生和计划生育部门按照有关规定，逐步扩大老年人基本医疗保险支付范围，减轻老年人的医疗负担；完善社区用药政策，满足老年人常见病、慢性疾病的基本用药需求，并将其纳入基本医疗保险结算。

最低生活保障家庭和符合条件的低收入家庭中的老年人参加城乡居民基本医疗保险，其个人缴费部分由政府给予补贴。

第二十一条　鼓励用人单位依照规定为职工办理补充养老保险和补充医疗保险，提倡个人参加储蓄型养老保险和商业医疗保险。

鼓励地方各级人民政府或者企业事业单位为老年人购买意外伤害保险，或者对保险费给予适当补贴。支持老年人个人或者家庭成员自愿投保。鼓励商业保险机构开发适合老年人的险种。

第二十二条　地方各级人民政府应当努力为老年人提供全生命周期的卫生与健康服务。

县级以上地方人民政府建立老年人健康信息管理系统，为老年人免费建立健康档案；组织医疗卫生机构每年对辖区常住老年人进行一次免费体检；加快形成老年常见病、慢性疾病、康复等分级诊疗体系。

县级以上地方人民政府统筹推进老年医疗事业，建立涵盖老年医院、护理院、康复医院和综合医院老年病科等多层次的医疗机构服务体系。

第二十三条　医疗卫生机构应当为老年人特别是高龄、重病、半失能、失能老年人诊疗提供优先就诊、取药、结算等便利条件，不得拒绝诊治。鼓励医疗卫生机构减免老年人普通门诊挂号费和特困老年人诊疗费，提倡为老年人义诊。

支持各类医疗卫生机构为老年人提供多形式的健康服务。社区卫生服务中心（站）、乡镇卫生院、村卫生室等基层医疗卫生机构应当为辖区内老年人提供签约式医疗卫生服务，开展上门巡诊、中医诊疗、健康教育咨询，以及设立家庭病床等服务。

第二十四条　县级以上地方人民政府建立完善老年护理筹资、评估、支付、服务、监管体系，推进建立老年人长期护理保险制度；卫生和计划生育、人力资源和社会保障部门应当健全完善护理制度，加强对护理人员管理，满足老年人的长期照料护理需求。

对最低生活保障家庭和低收入家庭中生活不能自理的老年人，由县级以上地方人民政府根据其失能程度等情况给予护理补贴。

第二十五条　县级以上地方人民政府建立与经济社会发展水平相适应的老年津贴制度，向八十周岁以上的老年人发放高龄津贴，并根据本地区经济社会发展情况，逐步扩大发放范围，提高发放标准。

县级以上地方人民政府应当向老年人提供公共交通免费出行或者补贴。具体办法由地方各级人民政府制定。

对老年英模或者曾经为国家、社会作出突出贡献的老年人应当在生活照料、医疗、住房等方面给予优先保障和优待。

第二十六条　县级以上地方人民政府建立健全老年人生活救助和医疗救助制度。

无劳动能力、无生活来源、无赡养人和扶养人，或者其赡养人和扶养人确无赡养、扶养能力的老年人，由地方各级人民政府依照有关规定给予供养，供养标准由县级以上地方人民政府确定并适时公布。

对最低生活保障家庭中的老年人和因灾因病、流浪乞讨或者遭遇其他特殊困难等生活无着的老年人，由政府有关部门依照规定给予生活救助。

最低生活保障家庭、低收入困难家庭或者特困供养人员中的老年人，由政府有关部门依照规定给予医疗救助。

第二十七条　县级以上地方人民政府应当对独生子女伤残死亡家庭的老年人发放特别扶助金，并根据经济社会发展适时予以调整。政府投资的养老机构应当优先收住独生子女伤残死亡家庭的老年人。

独生子女的父母年满六十周岁，患病住院治疗期间，用人单位应当支持其子女进行护理照料，并给予每年累计不超过十天的护理时间，护理期间工资福利待遇不变。

第二十八条　住房和城乡建设部门应当为符合条件的老年人家庭提供保障性住房，并在选房、配房等方面给予帮助，对无子女老年人家庭，应当优先提供保障性住房。

地方各级人民政府在实施农村危旧房屋改造时，应当优先帮助符合条件的老年人家庭进行改造。

第二十九条　符合下列条件之一的老年人死亡的，基本丧葬服务费由政府承担：

（一）无劳动能力、无生活来源、无赡养人和扶养人，或者其赡养人和扶养人确无赡养、扶养能力的；

（二）属于最低生活保障对象的；

（三）属于重点优抚对象、革命“五老”人员的。

县级人民政府可以根据本地区经济社会发展水平，扩大由政府承担基本丧葬服务费的对象范围。

第三十条　政府投资的博物馆、美术馆、科技馆、纪念馆、图书馆、文化馆（站）、公共体育场、公园等公共服务设施，应当对老年人免费开放；实行政府定价或者指导价管理的动植物园、旅游景点等场所应当对老年人优惠开放。

第三十一条　供水、供电、燃气、通信和邮政等公共服务单位应当为老年人提供优先服务，并在服务场所设置明显的优待标识。

金融机构应当设置老年人优先窗口；对办理转账、汇款等业务或者购买金融产品的老年人，应当提示相应风险。

第三十二条　老年人为追索赡养费、扶养费、抚恤金、养老金、最低生活保障金、医疗费等向人民法院起诉，交纳诉讼费用有困难的，人民法院应当按照国家规定免收、减收或者缓收诉讼费用。

经济困难的老年人申请法律援助的，法律援助机构应当简化审批程序，优先、无偿提供法律援助；申请办理公证的，公证机构应当按照规定减免公证费。

老年人主张合法权益有困难的，其所在的乡（镇）人民政府、街道办事处和村（居）民委员会应当提供帮助。

第三十三条　老年人凭个人有效证件，享受相关优待。有关部门可以根据经济发展情况扩大优待项目，提高优待水平。

依照本条例规定为老年人提供优待服务的机构和组织，县级以上地方人民政府应当根据不同情况给予补贴。

第三十四条　任何单位和个人不得用虚假的手段或者不正当的方式，欺骗、误导老年人购买商品或者接受服务。工商等部门应当加大对无证营销老年商品以及虚假广告的打击力度，并予以曝光。

公安等管理部门、电信和金融机构应当加强预防和打击针对老年人的电信网络诈骗等违法犯罪行为。

第四章　养老服务

第三十五条　地方各级人民政府应当将基本养老服务纳入基本公共服务体系，并通过政府补贴、购买服务等方式，支持企业提供市场化养老服务，扶持社会力量兴办公益性养老服务。

第三十六条　全面放开养老服务市场，鼓励和支持社会力量兴办养老机构和其他养老服务组织，运营政府投资建设的养老服务设施，开展智慧养老服务和培训养老服务人员等。鼓励和支持企业研发、生产、经营老年人需求的家居、康复辅助等产品，开发养老服务项目。具体办法由地方各级人民政府制定。

第三十七条　鼓励为老年人提供志愿服务，倡导结对帮扶、邻里互助和健康老年人为高龄困难老年人服务，支持慈善组织为老年人提供慈善救助。

推行为老年人志愿服务登记制度，建立志愿服务时间储蓄等激励机制。

第三十八条　县级以上地方人民政府应当将养老服务资金列入同级财政预算，加大财政投入力度，并将同级福利彩票公益金本级留存部分的百分之六十以上用于发展养老服务。养老服务资金应当重点用于社区、农村和困难老年人的养老服务。每年使用情况向社会公布。

第三十九条　市、县人民政府民政、规划、发展改革、住房和城乡建设、国土资源等部门应当组织编制并落实本行政区域养老服务设施专项规划，综合考虑交通、医疗、生活便捷等因素，合理布局各类养老服务设施。

地方各级人民政府应当根据老龄人口比例以及分布情况，按照总人口人均用地不少于0.1平方米的标准，将养老服务设施用地纳入城乡规划和土地利用总体规划，在土地利用年度计划中优先安排，并合理控制地价。

非营利性养老服务机构符合规划要求的，可以采取划拨方式供地。营利性养老服务机构可以采取协议出让方式供地；同一宗养老服务机构用地有两个或者两个以上用地者的，应当采取招拍挂方式出让土地。

企业事业单位和社会组织可以通过整合或者改造企业厂房、商业设施和其他社会资源，建设养老服务设施。由当地政府负责协调规划、民政、国土资源、消防等部门办理相关手续。

第四十条　省人民政府民政部门会同有关部门制定养老服务统一标准，并负责监督执行。县级以上地方人民政府应当建立养老服务需求和养老服务质量评估制度，推进养老服务规范化、标准化建设。

第四十一条　从事养老服务的机构和社会化组织符合规定条件的，可以享受相应的税费减免、建设补助和运营补贴等优惠政策，用水、用电、用气等按照居民生活类价格执行，并免收相应配套费。

第四十二条　从事养老服务的机构和社会化组织的设施设备、人员配备和服务质量应当符合国家和本省相关标准、规范。

县级以上地方人民政府民政部门应当加强对从事养老服务的机构和社会化组织服务质量、运营情况的监督管理；建立评估体系和考核机制，评定养老机构、居家社区养老服务组织的等级、类型、补贴标准和政府购买服务标准，并向社会公开。其他有关部门依照职责分工实施监督。

建立从事养老服务的机构和社会化组织以及服务人员诚信管理制度，对诚实守信的养老服务机构和组织在政府购买服务等方面实行优先办理、简化程序等绿色通道支持激励政策，并对失信违法行为予以曝光。建立养老服务行业黑名单制度和市场退出机制，加强行业自律和监管。

第四十三条　县级以上地方人民政府应当建立健全居家社区养老服务体系，制定相关政策，合理配置社区养老服务设施，加强对居家社区养老工作的统筹协调和监督管理。

乡（镇）人民政府和街道办事处应当组织引导各类社会组织和个人依托社区资源，建立居家社区养老服务平台，为老年人居家社区养老提供生活照料、医疗护理、精神慰藉、紧急救援等服务。

第四十四条　推进居家社区养老服务全覆盖，在社区统筹设立居家养老服务照料中心、小型社区养老院，为老年人提供日间照料、临时托养、康复以及近家集中养老服务。居家养老服务照料中心可以由乡（镇）人民政府、街道办事处和村（居）民委员会兴办以及运营管理，也可以由社会力量兴办或者公建民营。

养老机构可以利用自身设施和服务资源，为社区老年人就近提供居家社区养老服务，为老年人的家庭成员或者家政服务人员提供技能培训。

鼓励机关、企业事业单位以及其他组织开放有关场所、设施，为邻近社区的老年人提供服务。

第四十五条　创新居家社区养老服务模式。地方各级人民政府应当推动移动互联网、云计算、物联网、大数据、人工智能等与养老服务业结合，对接户籍、医疗、社会保障等信息资源，促进养老服务公共信息资源向各类养老服务机构开放。

支持社会力量设立社区综合服务信息平台，连接各类专业化服务组织，推行全省统一的养老服务专用号，开展无线呼叫服务、远程监控、紧急救援等，为老年人提供助餐、助行、助医等服务。

第四十六条　县级以上地方人民政府民政部门、各类社会组织应当构建对失能、失独、空巢、孤寡、农村留守老人的关爱体系，建立失踪老人信息发布平台。

乡（镇）人民政府、街道办事处和民政等部门应当开展失能老年人需求评估，支持养老服务机构为失能老年人提供临时或者短期的托养照顾服务；对失能老年人的家庭照顾者提供生活照料、生活护理等技能培训。

第四十七条　发展适合农村特点的养老模式，农村集体经济组织可以依托农村社区综合服务设施，拓展养老服务功能；利用集体所有的房屋，为村民就近提供养老服务，加快农村幸福院和农村医疗点建设，并将农村集体经济、农村土地流转等收益的一定比例用于本村老年人的养老支出。

第四十八条　养老机构建设以护理型为重点、助养型为辅助、居养型为补充。

政府投资兴办的养老机构以护理型养老机构为主，优先保障孤老优抚对象和经济困难的孤寡、失能、失独、高龄等老年人的集中养老服务需求；建立健全公开、公平、公正的收住制度，向社会公开床位资源信息。

地方各级人民政府应当提高护理型床位占养老床位总数的比例，扶持养老机构增加护理型床位，逐步将家庭经济困难的失能老年人的养老床位费纳入医保结算。具体办法由地方各级人民政府制定。

第四十九条　养老机构应当与收住的老年人或者其代理人订立养老服务合同，明确双方的权利和义务，按照合同约定为收住老年人提供集中住宿、生活照料、精神慰藉、临终关怀等服务，不得侮辱、虐待、遗弃老年人。

老年人或者其代理人应当按照合同约定支付费用，遵守管理制度，不得扰乱养老机构的经营秩序。

鼓励养老机构投保责任保险。

第五十条　养老机构因分立、合并、改建、扩建等原因暂停服务的，或者因解散等原因终止服务的，应当向原许可机关提出申请，并提交老年人安置方案，经批准后实施。未经批准，不得擅自暂停或者终止服务。

任何单位和个人不得擅自改变养老机构性质，将养老服务设施挪作他用。

第五十一条　医疗卫生机构可以合理利用医疗资源，设立老年护理院、老年康复医院。

卫生和计划生育部门应当推进医疗卫生机构与养老机构签订合作协议。扶持养老机构内设卫生室，有条件的养老机构可以设置医疗卫生机构，卫生和计划生育等部门应当优先受理、优先审核。医疗保障管理部门应当将符合条件的医养结合机构纳入基本医疗保险定点范围。

在养老机构依法设立的医疗卫生机构从业的医师、护士、医技人员等卫生专业技术人员，在执业资格、注册考核、职称评定等方面，与在其他医疗卫生机构执业的专业人员享受同等待遇。

符合条件的执业医师可以到养老机构、居家养老服务照料中心内设的医疗卫生机构多点执业。

第五十二条　教育部门应当支持和指导高等院校和职业技术学校开设老年服务与管理相关专业，培养专业的养老服务人员。

人力资源和社会保障部门应当会同教育等部门组织开展对养老护理人员职业技能培训。

养老服务机构应当加强对养老服务人员的岗位培训，提高养老服务人员职业道德和业务技术水平。

第五十三条　建立健全养老服务人才使用、评价和激励机制。人力资源和社会保障部门应当建立当地养老护理人员职位工资指导价位定期发布制度，改善和提高养老护理人员的待遇。

鼓励养老服务从业人员取得相关职业资格证书，推行养老服务等级待遇制度，维护养老服务人员的合法权益。

第五十四条　台港澳侨以及其他境外投资者举办养老服务机构的，与境内投资者享受同等优惠扶持政策。地方各级人民政府应当提高审批效率，优化投资环境。鼓励有关机构、组织为台港澳侨以及其他境外投资者养老服务项目提供资金、场地、设备以及其他方面的支持。

第五章　宜居环境

第五十五条　地方各级人民政府统筹规划适宜老年人的居住、出行等设施建设，构建老年宜居环境标准体系，推进老年宜居环境建设。

第五十六条　新建、改建和扩建道路、公共建筑、公共交通设施、居住建筑、居住区，应当符合无障碍设施工程建设标准。

县级以上地方人民政府应当加快推进坡道、电梯、公厕等与老年人日常生活密切相关设施的无障碍改造，并在公共场所设立无障碍标识，推进建成的多层住宅、公共场所加装电梯。

有失能老年人的最低生活保障家庭、低收入家庭对家庭设施进行无障碍改造的，县级以上地方人民政府给予资金补助。

第五十七条　新建城区和住宅区应当按照每百户不少于二十平方米的标准配套建设养老服务设施，并与住宅同步规划、同步建设、同步验收，同步交付当地政府统筹使用；老城区和已建成住宅区无养老服务设施或者现有设施未达到标准的，当地政府应当按照每百户不少于十五平方米的标准通过购置、置换、租赁等方式配备养老服务设施。

第五十八条　专门为老年人设计的居住建筑，应当符合老年人居住建筑设计标准，满足老年人对居住场所的安全、卫生、便利、舒适等基本要求。

既有居住建筑应当开展适老性改造，建设社区步行路网，清除小区步行道路障碍物，方便老年人生活和出行。

第五十九条　公园、城区主要街道两侧、居民小区等公共场所，应当设置老年人休息座椅。火车站、汽车站、港口、机场、大型商场等应当设置老年人专用座椅。

公共汽车、轨道交通等公共交通工具应当设置老年人专用座椅。

第六章　参与社会发展

第六十条　老年人依法通过各种途径和形式，参与国家和社会事务管理。

制定法规、规章和公共政策涉及老年人权益重大问题的，应当听取老年人和老年人组织的意见。老年人和老年人组织有权向国家机关提出老年人权益保障、老龄事业发展等方面的意见和建议。

鼓励和支持各类老年人组织依法开展活动，推动老年人自我管理、自我教育、自我服务，引导和发挥老年人组织在经济、政治、社会和文化建设中的作用。

第六十一条　老年人在自愿和量力的情况下，可以发挥自身优势和专长，依法参与各类社会活动。有关部门、组织应当为其创造条件。

鼓励老年人依法开展优良传统教育、关心下一代成长、传授文化科技知识、维护社会治安、调解民间纠纷、科技开发应用、咨询服务、生产经营、社会公益活动等。

第六十二条　加强老年人才资源开发。人力资源和社会保障部门可以在人力资源市场中建立有专长的老年人信息档案。

老年人参加劳动的合法收入受法律保护。

用人单位不得要求老年人从事危害其身心健康的劳动或者危险作业。

第六十三条　县级以上地方人民政府应当保障老年人受教育的权利，健全政府统筹、教育等部门参与的老年教育管理体制；制定老年教育发展规划，把老年教育纳入终身教育体系；增加老年教育投入，建立市场、社会组织、个人经费分摊机制；完善老年教育设施和场所，优先在城乡社区设置老年学校和学习点；推动部门、行业协会、学校办好老年教育，建设县乡村三级社区老年教育网络，加强师资力量、课程开发、教材编写等方面的建设。

教育部门以及有关机构、学校应当发展老年远程教育，开发适合老年人的网络学习资源，为老年人学习创造条件。

第六十四条　县级以上地方人民政府应当将老年体育纳入全民健身实施计划，增加对老年体育投入，并将一定比例的体育彩票公益金用于发展老年体育事业；将老年体育设施建设纳入城乡总体规划，建设、改造城乡社区体育活动场所；建立健全老年人体育组织，加强对社会体育指导员、老年人健身辅导员的培养，构建健身服务体系，满足老年人就近体育健身需要。

体育部门和各类社会组织应当组织开展适合老年人的体育活动和健身知识培训，根据老年人的特殊需求，提供有针对性的公共体育休闲服务。

第六十五条　积极开展适合老年人的群众性文化、娱乐活动，鼓励广播、电视、网络等新闻媒体开设面向老年人的专栏，丰富老年人精神文化生活。

县（市、区）以及乡（镇）人民政府和街道办事处应当根据本行政区域内老年人口的分布状况，按照方便老年人的原则，合理设置文化活动室等场所。

依托各类文化科技场馆和基层综合性文化服务中心，完善公共文化服务网络，为老年人提供书报阅读、影视观赏、戏曲表演、普法教育、艺术普及、科学普及等公共文化服务。

第七章　法律责任

第六十六条　老年人与家庭成员因赡养、扶养或者房屋、财产发生纠纷，可以申请人民调解委员会调解，也可以直接向人民法院提起诉讼。人民调解委员会、人民法院对有过错的家庭成员，应当给予批评教育；人民法院可以予以训诫，责令具结悔过。

第六十七条　对老年人负有赡养义务而拒绝赡养，歧视、侮辱、虐待或者遗弃老年人，干涉老年人婚姻自由，侵害老年人财产权利、居住权利，由行为人所在单位、村（居）民委员会或者老年人组织给予批评教育，责令改正；构成违反治安管理行为的，依法给予治安管理处罚；构成犯罪的，依法追究刑事责任。

第六十八条　养老机构和其他养老服务组织有下列行为之一的，由有关主管部门责令改正，依法给予行政处罚；侵害老年人人身、财产权益的，依法承担民事责任；构成犯罪的，依法追究刑事责任：

（一）未与老年人或者其代理人签订服务合同，或者合同严重损害老年人合法权益的；

（二）擅自暂停或者终止服务的；

（三）未按照标准建设养老服务设施或者提供养老服务的；

（四）擅自改变养老机构性质，或者将养老服务设施挪作他用的；

（五）提供虚假材料，骗取补助、补贴和其他优惠政策的。

享受减免或者优惠政策的，有关部门可以中止优惠政策；情节严重的，收回已发放的补助、补贴和减免的费用。

第六十九条　涉及老年人的工程不符合国家规定的标准或者无障碍设施所有人、管理人未尽到维护和管理职责的，由有关主管部门责令改正；造成损害的，依法承担民事责任；对有关单位、个人依法给予行政处罚；构成犯罪的，依法追究刑事责任。

第七十条　有关机构或者组织不按规定支付养老金、报销医疗费用以及支付老年人依法享有的其他社会保险待遇的，或者不支付独生子女护理期间享有工资福利待遇的，由人力资源和社会保障部门或者有关部门责令限期给付。

不按规定履行优待老年人义务的部门或者组织，由有关主管部门责令改正；拒不改正的，当地人民政府应当通报批评，并督促其改正。

第七十一条　有关部门和组织未依法履行保护老年人合法权益职责的，由其上级主管部门给予批评教育，责令改正；情节严重的，由县级以上地方人民政府予以通报。

国家工作人员违法失职，致使老年人合法权益受到损害的，由其所在单位或者上级机关责令改正；情节严重的，依法给予处分；构成犯罪的，依法追究刑事责任。

第八章　附则

第七十二条　本条例自2017年3月1日起施行。1990年10月26日福建省第七届人民代表大会常务委员会第十七次会议通过的《福建省老年人保护条例》同时废止。

福建省人民政府关于印发“十三五”福建省老龄事业发展和养老体系建设规划的通知

闽政办〔2017〕140号

各市、县（区）人民政府，平潭综合实验区管委会，省人民政府各部门、各直属机构：

现将《“十三五”福建省老龄事业发展和养老体系建设规划》印发给你们，请认真贯彻执行。

福建省人民政府

2017年7月13日

“十三五”福建省老龄事业发展和养老体系建设规划

为积极开展应对人口老龄化行动，推动我省老龄事业全面协调可持续发展，健全养老体系，根据《中华人民共和国老年人权益保障法》《“十三五”国家老龄事业发展和养老体系建设规划》和《福建省老年人权益保障条例》《福建省国民经济和社会发展第十三个五年规划纲要》，制定本规划。

第一章　规划背景

第一节　“十二五”时期老龄事业发展成效

“十二五”时期是我省老龄事业发展取得较大提升的五年，“十二五”确定的目标任务基本完成。

养老保障方面。基本养老保险制度实现全覆盖，进一步健全企业职工基本养老省级统筹制度，顺利实现城乡居民基本养老保险制度一体化，稳步推进机关事业单位养老保险制度改革；农村最低生活保障标准年均增长率达到16.9%；农村五保集中供养标准年均增长率达到22.13%，分散供养标准年均增长率达到20.59%。

医疗保障方面。65岁以上老年人健康档案管理覆盖率达到75%；医疗费用报销比例不断提高，城镇职工、居民政策范围内住院医疗费用报销比例分别达到75%以上和70%左右；新农合政策范围内报销比例达到68.72%。

养老服务方面。每千名老年人拥有养老床位数达到30.1张；城市社区居家养老服务站基本实现全覆盖；市、县社会福利中心建设覆盖率达到97%；乡镇敬老院基本实现全覆盖。

精神文化生活方面。老年教育网络基本形成；全社会老年人入学率达到19.07%；经常参加文体健身活动的老年人口比例近60%；县级及以上老年人（老干部）活动中心规划用地面积达到44.79万平方米；乡镇（街道）、村（居）老年活动中心规划用地面积达到192.83万平方米。

老年优待方面。70周岁及以上老年人免费乘坐城市公交车政策全面落实；80周岁以上高龄老人补贴制度在县（市、区）实现全覆盖。

适老环境建设方面。新建公共设施和养老场所无障碍率达到100%；符合条件的城市既有住宅楼增设电梯工作进入全面实施阶段。

老年参与和老年社会管理方面。基层老年协会建设目标基本完成；全省规范化老年协会达到7107个；老年人体育协会组织基本覆盖城乡和机关企事业单位；基层老年法律援助实现全覆盖，县级以上均设有法律援助中心，乡镇（街道）均设有法律援助站。

专栏1　“十二五”期间老龄事业发展和养老体系建设主要指标完成情况

主要指标	目标值	完成值	完成率
城镇基本养老保险参保人数（万人）	760	883.65	116.27%
城乡居民基本养老保险参保人数（万人）	1475	1480.41	100.37%
企业退休人员社区化管理比例（%）	90	84.51	93.9%

续表

主要指标	目标值	完成值	完成率
城乡基本医疗保险参保人数（万人）	3728	3850.71	103.29%
农村老年人新农合参合率力争稳定在98%以上（%）	>98	99.9	101.94%
每千名老人拥有养老床位数（张）	30	30.1	100.33%
城市社区居家养老服务中心（站）覆盖率（%）	100	100	100%
老年教育参与率（%）	>18	19.07	105.94%
老年协会城镇社区创建率（%）	≥95	93.84	98.77%
老年协会农村社区（行政村）创建率（%）	≥90	89.75	99.71%
全省村（居）老体协创建率（%）	100	94.2	94.2%
基层老年法律援助覆盖率（%）	100	100	100%
70周岁以上老年人免费乘坐公交车的县（市、区）比例（%）	100	100	100%

第二节　“十三五”时期老龄事业发展的环境

面临形势。据预测，到2020年我省老年人口将达到616万人，占总人口的15.85%。随着我省人口老龄化程度的不断加深，老年人重点关注的社会保障、医疗服务、养老服务等任务将更加繁重；老龄事业发展的区域性差异将更加明显，社会参与不足、市场机制不健全等问题将更加凸显，这些都将是“十三五”时期要面对和解决的问题。

发展机遇。“十三五”时期是我国全面建成小康社会的决胜期。党的十八届五中全会将积极应对人口老龄化纳入经济社会发展全局；福建省“十三五”规划纲要提出积极应对人口老龄化，推进基本公共服务均等化，并对老龄事业发展提出具体要求；“十二五”时期老龄事业的长足发展等，都给“十三五”时期老龄事业发展提供了良好的机遇。《福建省老年人权益保障条例》的颁布施行将进一步促进我省老龄事业的发展。

第二章　总体要求

第一节　指导思想

高举中国特色社会主义伟大旗帜，全面贯彻党的十八大和十八届三中、四中、五中、六中全会精神，深入贯彻习近平总书记系列重要讲话精神和治国理政新理念新思想新战略，认真落实党中央、国务院决策部署，统筹推进“五位一体”总体布局和协调推进“四个全面”战略布局，牢固树立和贯彻落实创新、协调、绿色、开放、共享的发展理念，坚持党委领导、政府主导、社会参与、全民行动，着力加强全社会积极应对人口老龄化的各方面工作，着力完善老龄政策制度，着力加强老年人民生保障和服务供给，着力发挥老年人积极作用，着力改善老龄事业发展和养老体系建设支撑条件，紧紧围绕全面建成小康社会、建设健康福建和建设机制活、产业优、百姓富、生态美的新福建的要求，全面提升老龄事业发展水平，确保老龄事业发展和经济社会发展协调推进，确保全体老年人共享全面建成小康社会新成果。

第二节　基本原则

以人为本，共建共享。坚持保障和改善老年人民生，逐步增进老年人福祉，大力弘扬孝亲敬老、养老助老优秀传统文化，为老年人参与社会发展、社会力量参与老龄事业发展和养老体系建设提供更多更好支持，实现不分年龄、人人共建共享。

补齐短板，提质增效。坚持问题导向，注重质量效益，着力保基本、兜底线、补短板、调结构，不断健全完善社会保障制度体系，促进资源合理优化配置，强化薄弱环节，加大投入力度，有效保障面向老年人的基本公共服务供给。

改革创新，激发活力。坚持政府引导、市场驱动，深化简政放权、放管结合、优化服务改革，不断增强政府依法履职能力，加快形成统一开放、竞争有序的市场体系，保障公平竞争，改善营商环境，支持创业创新，激发市场活力。

统筹兼顾，协调发展。坚持把应对人口老龄化与促进经济社会发展相结合，促进老龄事业发展和养老体系建设城乡协调、区域协调、事业产业协调，统筹做好老年人经济保障、服务保障、精神关爱等制度安排，实现协调可持续发展。

第三节　发展目标

到2020年，老龄事业发展整体水平明显提升，养老体系更加健全完善，及时应对、科学应对、综合应对人口老龄化的社会基础更加牢固。

我省老龄事业发展达到全面建成小康社会的新要求，全面、综合、科学应对人口老龄化的机制基本建成。老年社会保障更加健全，保障水平不断提高。老年人教育、文化、体育加快发展，老年人精神文化生活更加丰富。老年社会服务不断完善，服务水平明显提升。老年社会优待有效落实，优待范围逐步扩大。老年社会环境明显优化，老年社会管理显著加强。老龄事业经费投入机制进一步建立，老龄产业发展不断壮大。以居家为基础、社区为依托、机构为补充、医养相结合、功能完善、规模适度、覆盖城乡的养老服务体系全面建成，确保人人享有基本养老服务。老龄事业主要指标优于全国平均水平，力争老龄事业整体水平居全国前列。

专栏 2 “十三五”期间老龄事业发展和养老体系建设主要指标

项目指标	“十二五”期末数	“十三五”目标数	责任单位
基本养老保险参保率（%）	84.35	90	省人社厅
城乡居民基本养老保险参保人数（万人）	1480.41	1502	省人社厅
城镇职工基本养老保险人数（万人）	883.65	1030	省人社厅
城镇基本医疗保险参保人数（万人）	1301.24	1390	省医保办
老年人基本医疗保险参保率（%）		>95	省医保办
政府运营的养老床位占比		<50%	省民政厅
65 岁以上老年人健康管理率（%）	75	≥75	省卫计委
每千名老年人拥有养老床位数（张）	30.1	>35	省民政厅
护理型床位占养老床位比例（%）		30	省民政厅
二级以上综合性医院设立老年病科比例（%）		>35	省卫计委
每万名老年人拥有医疗机构康复医学科床位数（张）		6.5	省卫计委
提供老年人康复服务的乡镇卫生院、社区卫生服务中心比例（%）		80	省卫计委
拥有护理型养老服务机构的市、县（区）比例（%）	93.1	100	省民政厅
建制村养老服务设施覆盖率（%）	37	>60	省民政厅
城市社区综合服务设施覆盖率（%）	92	98	省民政厅
拥有居家社区养老专业化服务组织的市、县（区）比例（%）		100	省民政厅
新建社区老年人日间照料中心（个）	38	300	省发改委 省民政厅
80 周岁以上老年人享受高龄津贴的县市区比例（%）	85.71	100	县市区政府
新建公共设施和养老场所无障碍率（%）	100	100	省住建厅
人均体育场地面积（平方米）		2	省体育局
基层老年人体育健身设施覆盖率（%）		100	省体育局
老年教育参与率（%）	19.09	>20	省教育厅
老年体育人口占比（%）	56.9	>65	省体育局
老年协会城市社区创建率（%）	95.7	98	省老龄办
老年协会农村社区创建率（%）	89.75	95	省老龄办
村（居）老体协创建率（%）)	94.2	98	省体育局
老年志愿者注册人数占比（%）	8.08	>12%	省民政厅
“老年人健身康乐家园”创建率（%）)		80	省体育局
同级福利彩票公益金本级留存部分用于发展养老服务的比例（%）		>60%	省民政厅

第四节 主要任务

强化应对措施。加强人口老龄化国情教育，广泛宣传《中华人民共和国老年人权益保障法》和《福建省老年人权益保障条例》。加强老年人权益保护，弘扬敬老、爱老、助老社会风尚。积极开展应对人口老龄化行动，构建以人口战略、生育政策、就业制度、养老服务、社保体系、健康保障、人才培养、环境支持、社会参与等为支撑的人口老龄化应对体系。

完善体系建设。促进养老服务体系、人才培养体系、标准评价体系、管理监督体系更加完善。全面建立针对经济困难、高龄、失能老年人的补贴制度。有利于政府和市场作用充分发挥的制度体系更加完备。老龄事业发展和养老体系建设的法治化、信息化、标准化、规范化程度明显提高。政府职能转变、“放管服”改革、行政效能提升成效显著。

促进医养结合。推动医疗卫生和养老服务相结合，医养结合政策体系、服务规范和管理制度基本建成。完善与人口老龄化相适应的管理机制、保障体系、福利慈善体系建设。

发展文体养老。统筹教育、文化、体育资源，加快老年人公共文化体育服务体系建设，加快发展老年教育、文化、体育，丰富老年人精神文化生活，充分发挥教育、文化、体育健身的养老服务功能。

加快人才培养。实施养老护理人员培训计划，加强专业化养老服务护理人员和管理人才队伍建设，鼓励社会工作专业人才参与养老服务，提升养老服务人员的专业素质和服务水平。

促进产业发展。重点扶持老年人生活照料、产品用品、健康服务、文化教育、体育健身、休闲旅游、金融服务等养老服务业发展。全面放开养老服务市场，通过购买服务、股权合作等方式支持各类市场主体增加养老服务和产品供给。市场活力和社会创造力得到充分激发，养老服务和产品供给主体更加多元、内容更加丰富、质量更加优良，以信用为核心的新型市场监管机制建立完善。

优化适老环境。营造与我省人口老龄化相适应的敬老、爱老、助老的社会氛围。推进居家、社区、公共生活环境和设施的适老化改造，为老年人营造安全、便捷、舒适、绿色的生活环境。统筹规划建设公益性养老服务设施，支持面向失能老年人的老年养护院、社区日间照料中心等设施建设。

第三章　提升社会养老保障水平

第一节　社会保险制度

到2020年，社会保险制度覆盖全体城乡居民，参加社会保险人数进一步增加，基本实现人人享有社会保险。基本养老保险参保率达到90%，城镇职工基本养老保险参保人数达到1030万人，城乡居民基本养老保险参保人数达到1502万人，城镇基本医疗保险参保人数达到1390万人，老年人基本医疗保险参保率稳定在95%以上。

完善社会统筹与个人账户相结合的，包括基本养老保险、企业年金和商业保险的多层次养老保险体系。继续推进以老年人意外伤害保险为主要内容的“银龄安康工程”，力争老年人意外伤害保险覆盖全省80周岁以上老年人。倡导建立养老服务机构综合责任保险，力争80%的养老服务机构建立综合责任保险。推进个人税收递延型商业养老保险试点，积极探索建立老年人长期护理保险制度。加大困难老人帮扶救助力度，全面落实高龄老人津（补）贴制度，全面落实计划生育家庭奖励扶助政策及特别扶助制度，奖励扶助金标准随着经济发展水平的提高而提高。

第二节　老年社会福利制度

制定和实施老年人照顾服务项目，立足老年人服务需求，整合服务资源，拓展服务内容，创新服务方式，提升服务质量。重点关注高龄、失能、贫困、计划生育特殊家庭等困难老年人的养老需求，力争使紧急救援（应急救助）、生活照料、康复护理、精神慰藉等居家社区基本养老服务覆盖全体老年人。在全省范围内基本建成针对经济困难的高龄、失能老人的补贴制度。对特困供养人员、低保对象、建档立卡的贫困人口、重点优抚对象、计划生育特殊家庭成员、重度残疾人中的老年人，以及80周岁以上老年人，各级政府按照每人每月不低于20元的养老服务补贴标准，制定政府购买服务方案。

第三节　老年社会救助制度

健全特困人员救助供养制度，符合条件的老年人全部按规定纳入特困人员救助供养。逐步缩小城乡供养差距，在标准制定、资金安排、服务供给等方面实现城乡统筹。完善临时救助制度，加强对老年人的“救急难”工作。加强对生活无着的流动老年人救助工作，救助范围由城市延伸到农村，逐步建立市、县、乡镇（街道）、村（居）四级联动的救助网络。依法实施医疗等专项救助，救助对象向低收入家庭、“支出型”贫困家庭中的老年人适度扩展。落实农村最低生活保障制度与扶贫开发政策有效衔接相关政策要求，确保现行扶贫标准下农村贫困老年人实现脱贫。

第四节　老年公益慈善事业

发动慈善组织、公益基金组织等各类公益慈善力量，依法依规参与养老助老服务。建立健全慈善表彰机制，优先考虑在养老领域作出突出贡献、社会影响力较大的慈善公益项目、人物和组织。加强民政部门与公益慈善组织、社会服务机构之间的信息对接和工作衔接，实现政府救助与社会帮扶有机结合。充分发挥工会、共青团、妇联、残联、红十字会等群团组织各自优势，结合实际开展公益慈善助老活动。培育壮大养老服务慈善组织，到2020年底各县（市、区）要成立1个以上扶老助老慈善组织，每年至少开展1个公益慈善扶老助老项目。加大政府向公益慈善组织购买助老服务力度。

第四章　完善养老服务体系

第一节　提升居家社区养老服务水平

逐步建立支持家庭养老的政策体系。支持成年子女与老年父母共同生活，履行赡养义务和承担照料责任。支持城乡社区定期上门巡访独居、空巢老年人家庭，帮助老年人解决实际困难。全面提升城市居家社区养老服务水平，拓展服务项目、提高服务水平、扩大服务人群。到2017年，每个县（市、区）引进或培育至少1家居家社区养老专业化服务组织落地服务，原则上每个社区对接1个养老服务组织，基本形成“低端有保障、中端有市场、高端有选择”的多层次养老服务格局。建立居家社区养老服务督查考评机制、定期评估机制、违规退出机制、星级评定机制。引导社区日间照料中心等养老服务机构依托社区综合服务设施和社区公共服务综合信息平台，创新服务模式，提升质量效率，为老年人提供精准化、个性化、专业化服务。鼓励老年人参加社区邻里互助养老。大力推行政府购买服务，推动专业化居家社区养老机构发展。

大力推进农村居家社区养老服务。通过邻里互助、亲友相助、志愿服务等模式和举办农村幸福院、养老大院等方式，大力发展农村互助养老服务。发挥农村基层党组织、村委会、老年社会组织等作用，积极培育为老服务社会组织，依托农村社区综合服务中心（站）、综合性文化服务中心、村卫生室、农家书屋、全民健身等设施，为留守、孤寡、独居、贫困、残疾等老年人提供丰富多彩的关爱服务。

加强社区养老服务设施建设。统筹规划发展城乡社区养老服务设施，新建城区和新建居住（小）区按要求配套建设养老服务设施，与住宅同步规划、同步建设、同步验收、同步交付。老城区和已建成居住（小）区无养老服务设施或现有设施未达到规划要求的，通过购置、置换、租赁、调剂等方式予以配备。加强社区养老服务设施与社区综合服务设施的整合利用。鼓励老年养护院、城市社会福利院、农村敬老院等养老服务机构和社区老年人照料中心、托老所等各类居家社区养老机构设立固定的活动、学习场所，配备必要的文体教学设施设备，推进养、乐、教一体化，不断丰富居家社区养老服务内容。支持在社区养老服务设施配备康复护理设施设备和器材。鼓励有条件的地方通过委托管理等方式，将社区养老服务设施无偿或低偿交由专业化的居家社区养老服务项目团队运营。

第二节　推动养老机构提质增效

加快公办养老机构改革。不断完善公办养老服务功能，着力发挥托底保障和示范引导作用，优先满足失能老年人养老需求。政府投资建设和购置的养老设施、新建居住（小）区按规定配建并移交给民政部门的养老设施、党政机关和国有企事业单位培训疗养机构等改建的养老设施，均可实施公建民营。加强农村养老服务规范化管理机制建设，推动运营主体多元化，将乡镇敬老院发展成功能较为齐全的区域性养老服务中心。探索近家短期住养服务模式，对社区养老服务设施进行网格化布局、标准化建设，整合优化现有社区公共服务设施，打造“15分钟养老服务圈”。

扶持民办养老机构建设。对社会资本兴办养老服务机构提供全面支持，通过优化简化设立许可手续、降低准入门槛、保障养老用地等方式吸引更多社会资本参与养老服务业建设。不断完善和落实民办养老机构投融资、税费、土地、人才等扶持政策，充分发挥民办养老机构在机构养老中的主渠道作用。到2020年底，民办（含公建民营）的养老机构床位数达到总床位数的50%以上。

提升养老机构服务质量。通过加快全省养老服务标准体系、评估体系、监管体系建设，不断完善养老机构在安全、服务、管理、设施等方面的建设标准、评估机制、质量监管。通过加快养老服务人才培养，实施养老护理人员培养培训计划，不断提升壮大养老服务人才队伍。在各类养老服务机构中，培养选拔优秀护理员，提供居住落户、住房保障、子女就学等方面的政策扶持。督促引导养老服务业行业自律和信用体系建设，支持发展养老机构责任险，提供养老机构抵御风险能力。到2020年底，基本建成全省统一的养老服务质量标准和评估体系，形成一批品牌形象突出、服务功能完备、质量水平一流的养老机构。

第三节　推进机构医养结合

围绕医养护一体化核心，更加聚焦医养结合，大力推动医养融合发展。加快发展护理型养老服务，保障失能、失智等特殊老年人服务需求。推动医疗机构与养老机构，综合医院与老年专科医院、老年护理院、老年康复疗养院机构建立协作关系。支持有条件的养老机构设置医疗机构。对养老机构设置的医疗机构，符合条件的按规定纳入基本医疗保险定点范围。统筹医疗服务与养老服务资源，合理布局养老机构与老年病医院、老年护理院、康复疗养机构等，形成规模适宜、功能互补、安全便捷的健康养老服务网络。对机构养老和居家养老医养护一体化分类施策。根据护理型床位需求，着力研究推动护理型养老院建设，政府兴办养老院应以护理型养老院为主，重点服务贫困家庭失能老人。

到2020年底，符合我省实际的医养结合体制机制基本建立，医疗卫生和养老服务资源实现有序共享，规模适度、覆盖城乡、功能合理、综合连续的医养结合服务网络基本形成。护理型床位占养老服务机构总床位比例达到30%以上。所有养老机构能够以不同形式为入住老年人提供医疗服务；80%以上社区卫生服务中心、乡镇卫生院向老年人提供康复服务。所有市、县拥有1所以上护理型养老服务机构。

开展创建医养结合示范单位活动，每年培育一批医养结合基地。探索政府和社会资本合作（PPP）的运营模式，鼓励和引导各类金融机构创新金融产品和服务方式，支持金融和产业资本共同筹资的健康产业基金投资医养结合发展。支持社会组织参与养老服务，承接政府转移的行业标准制定、服务质量评估、专业职称评定等有关事项。

第四节 强化社区健康支持

发展健康养老服务。建立老年人健康档案大数据平台，提高社区卫生服务中心为老年人提供日常护理、慢性病管理、康复、健康教育和咨询、中医养生保健等服务的能力。开展老年人健康教育，促进健康老龄化理念和医疗保健知识宣传普及进社区、进家庭，增强老年人的自我保健意识和能力。加强对老年人健康生活方式和健身活动的指导，将老年人健康素养水平提升至10%。

开展健康管理服务。基层医疗卫生机构为辖区内65周岁以上老年人普遍建立健康档案，每年至少提供1次免费体格检查和健康指导。大力推进慢性病管理进社区，探索家庭护理型床位管理。鼓励医疗机构将护理服务延伸至居民家庭，积极推行政府购买健康服务，鼓励养老机构与周边医疗卫生机构开展多种形式的协议合作。

第五节 提升康复护理能力

加强老年康复医院、护理院、临终关怀机构和综合医院老年病科建设。积极推动二级及以上综合医院设立老年专病门诊，有条件的设置老年病临床科室，开设老年专病门诊和老年病临床科室的医院比例达到35%，每万名老年人拥有医疗机构康复医学科床位达到6.5张。积极开展家庭医生签约服务，为老年人提供连续的健康管理和医疗服务。落实老年人医疗服务优待政策，为老年人特别是高龄、重病、残疾、失能老年人就医提供便利服务。鼓励各级医疗卫生机构和医务工作志愿者为老年人开展义诊。

加强康复医师、康复治疗师、康复辅助器具配置人才培养，广泛开展偏瘫肢体综合训练、认知知觉功能康复训练等老年康复护理服务。鼓励和支持大中专院校设立养老服务相关专业，鼓励社会各类培训机构开展养老护理人员培训，建立医养结合人才队伍轮训机制，提高养老护理员护理水平。通过闽台养老服务业合作和康复护理人员交流培训等方式，多渠道加强养老服务专业队伍建设。加大养老人才培训投入，保障和提高养老护理员待遇。

第五章 推进养老产业发展

第一节 培育养老产业链条

推动养老产业集聚区建设，依托现有的养老产品制造业基础和初步形成的养老服务体系，着力推动新技术、新产品研发应用。构建涵盖研发、生产、物流、交易、服务等内容更丰富的新型养老产业体系。鼓励扶持养老服务中小企业，支持发展龙头企业。创新技术支撑体系，构建“互联网+养老”平台，引导有条件的养老服务企业实行规模化、网络化、品牌化经营。加快养老与房地产、医疗、保险、旅游等融合步伐，大力发展候鸟式养老、旅居养老、健康医疗养老、农家养老、以房养老、会员制养老等新兴业态，拉长产业链条，提高产业聚集度。

第二节 提升产品供给能力

针对养老市场多样化、差异化、高端化、服务化需求，采取实体化运作、社区化载体、平台化对接方式，积极引导更多企业、资本进入养老服务领域投资发展，扩大老年用品市场规模，提高老年产品有效供给能力，丰富老年用品市场。推进老年用品产业领域科技创新与应用，支持相关行业、企业围绕健康促进、健康监测可穿戴设备、慢性病治疗、康复护理、辅助器具和智能看护、应急救援、通信服务、电子商务、旅游休闲等重点领域，开展老年人适用产品、技术的研发和应用，提升老年用品科技含量。

第六章 优化老年社会环境

第一节 弘扬敬老社会风尚

加强人口老龄化国情教育，广泛宣传《中华人民共和国老年人权益保障法》和《福建省老年人权益保障条例》。深入推进“敬老爱老助老”主题教育和“敬老文明号”“老年人维权示范岗”及“五好文明家庭”等创建活动。推动敬老养老助老教育进学校、进家庭、进机关、进社区。弘扬孝亲敬老传统美德，进一步营造关心、尊重老年人的社会风尚，把敬老养老助老纳入社会公德、职业道德、家庭美德、个人品德建设，纳入文明城市、文明村镇、文明单位、文明校园、文明家庭考评。

第二节 提升老年优待水平

县级以上人民政府及其有关部门应制定老年人优待具体办法。坚持因地制宜，积极推进；突出重点，适度普惠；统筹发展，和谐共融原则，实现优待工作管理进一步规范，优待项目进一步拓展，优待水平进一步提升，确保老年人所享受的社会保障、社会福利、社会服务水平与全省经济社会发展和城乡居民生活水平的提高相适应。建立和完善老年优待工作的投入保障机制，保障老年人优待工作所需经费。建立公共财政补偿机制，对城市公交、殡葬服务等单位承担公益事业和完成政府指令性任务增加的支出，给予适当的经济补偿，确保优待老年人各项规定的落实。推进非本地户籍常住老年人与本地户籍老年人享受同等优待。“十三五”期末，实现全省80周岁以上的高龄老人均可享受高龄津（补）贴。医疗卫生机构为老年人开设挂号、就医、取药等服务的绿色通道。开展法律援助和法律服务，继续推行和完善涉老案件“四优先”制度。

第三节 推动适老环境建设

严格执行无障碍环境建设相关法律法规，完善涉老工程建设标准规范体系，在规划、设计、施工、监理、验收、运行、维护、管理等环节加强相关标准的实施与监督。加强老年宜居环境建设，引导支持老年宜居住宅开发，推动适老化改造，为所有老年人营造支持性宜居环境，最大限度地保障老年人的生活独立、功能维持和社会融入，让老年人尽可能长时间地生活在熟悉的环境中，提升全体居民老年期的生活质量。到2020年，60%以上城市社区达到老年宜居社区基本条件，40%以上农村具备老年宜居社区基本条件，大部分老年人的基本公共服务需求能够在社区得到满足。统筹考虑适合老年人的公共基础设施、生活服务设施、医疗卫生设施和文化体育设施建设。加强与老年人自主安全的通行道路、出入相关建筑物、搭乘公共交通工具、交流信息、获得社区服务密切相关的公共设施的无障碍设计与改造，推动和扶持老年人家庭无障碍设施改造。探索鼓励市场主体参与无障碍设施建设和改造的政策措施。

第七章　丰富老年精神生活

第一节　发展老年教育

落实老年教育发展规划，创新老年教育发展机制，促进老年教育可持续发展。优先发展城乡社区老年教育，促进各级各类学校开展老年教育，部门、行业企业、高校举办的老年大学要进一步提高面向社会办学开放度，支持鼓励各类社会力量举办或参与老年教育。积极发展老年远程教育，继续支持乡镇（街道）、村（居）老年远程教育收视点建设，健全“县（市、区）—乡镇（街道）—村（居）”三级社区老年教育网络。老年教育基础能力有较大幅度提升，教育内容不断丰富，形式更加多样。各类老年教育机构服务能力进一步提升，全社会关注支持老年教育、参与举办老年教育的积极性显著提高。探索“养、医、体、文”等场所与老年人学习场所的结合。开展养教结合试点。鼓励老年养护院、城市社会福利院、农村敬老院、社区老年人日间照料中心、托老所等各类社区居家养老机构设立固定学习活动场所，配备教学设施设备，开展形式多样的老年教育，推进养教一体化，推动老年教育融入养老服务体系，丰富住养老人的精神文化生活。

到2020年底，每个乡镇（街道）均有1处较为规范的老年人（老干部）活动中心和老年教育场所，每个社区均有老年教育与老年活动场所。经常性参与教育活动的老年人占老年人口总数的比例达到20%以上。老年教育法规制度逐步健全，职责明确、主体多元、平等参与、管办分离的管理体制和运行机制较为完善。基本形成覆盖广泛、灵活多样、特色鲜明、规范有序的老年教育新格局。

第二节　丰富老年文化

完善覆盖城乡的公共文化设施网络，在基层公共文化设施内开辟适宜老年人的文化娱乐活动场所，增加适合老年人的特色文化服务项目。推动公共文化服务设施向老年人免费或优惠开放，为老年人提供基本公共文化服务。文化信息资源共享、农村电影放映、农家书屋等重大文化惠民工程增加面向老年人的服务内容和资源。广泛开展群众性老年文化活动，培育老年文化活动品牌。鼓励创作发行老年人喜闻乐见的图书、报刊以及影视剧、戏剧、广播剧等文艺作品。鼓励制作适合微博、微信、手机客户端等新媒体传播的优秀老年文化作品。加强数字图书馆建设，拓展面向老年人的数字资源服务。加强专业人才和业余爱好者相结合的老年文化队伍建设。鼓励生产更多优秀老年题材文化产品，创作适合老年人欣赏的戏曲作品。

第三节　发展老年体育

将老年体育纳入全民健身实施计划，加强社会体育指导员、老年人健身辅导员培养，普及健身知识，开展科学健身活动，构建覆盖城乡的健身服务体系，提供有针对性的公共体育休闲服务。依托公园、广场、绿地等公共设施及旧厂房、仓库、老旧商业设施等城市空置场所和旧办公楼、学校、礼堂等可利用的社会资源，进行整合改造，建设适合老年人体育健身的场地设施；引导基层敬老院、幸福院配套体育健身场所与设施，广泛开展老年人康复健身体育活动。支持乡镇（街道）综合文化站建设体育健身场地，配备适合老年人的设施和器材。支持公共和民办体育设施向老年人免费或优惠开放。加强老年人体育健身方法和项目研究，分层分类引导老年运动项目发展。继续办好全省老年人体育健身大会，推进常态化老年人健身活动的开展。进一步推动“老年人健身康乐家园”创建活动。

到2020年底，90%的街道和乡镇建立老年人基层体育组织；村（居）老体协建会率达到100%；经常性参加体育锻炼的老年人口达到65%；城乡社区普遍建立老年人健身活动站点和体育团队。

第四节　加强精神关爱

健全老年人精神关爱、心理疏导、危机干预服务网络，督促家庭成员加强对老年人的情感关怀和心理沟通；依托专业精神卫生机构和社会工作服务机构、专业心理工作者和社会工作者开展老年心理健康服务试点，为老年人提供心理关怀和精神关爱；支持企事业单位、社会组织、志愿者等社会力量开展形式多样的老年人关爱活动。鼓励城乡社区为老年人精神关爱提供活动场地、工作条件等支持。

第八章　支持老年社会参与

第一节　推动老年人才开发

将老年人才开发利用纳入各级人才队伍建设总体规划，鼓励各地制定老年人才开发利用专项规划。鼓励专业技术领域人才延长工作年限。鼓励各有关方面建立老年人才信息库，实现互联互通、资源共享。支持老年人才自主创业，帮助有意愿且身体状况允许的贫困老年人和其他老年人接受岗位技能培训或农业实用技术培训，通过劳动脱贫或致富。推动用人单位与受聘老年人依法签订书面协议。依法保障老年人在生产劳动过程中的合法收入、安全和健康权益。对老有所为贡献突出的老年人和在老有所为工作中贡献突出的单位、个人，可按规定给予表彰或奖励。

第二节 扩大老年志愿服务

引导老年人树立终身发展理念，始终保持自尊自爱自信自强的精神状态，积极面对老年生活，参与社会发展，发挥正能量，作出新贡献。支持老年人积极参与基层民主监督、社会治安、公益慈善、移风易俗、民事调解、文教卫生、全民健身等工作。发挥老年人优良品行传帮带作用，支持老党员、老专家、老军人、老劳模、老干部开展关心教育下一代活动。继续开展“银龄行动”，组织医疗卫生、文化教育、农业科技等老专家、老知识分子参与援助落后地区等志愿服务。推行志愿服务记录制度，鼓励老年人参加志愿服务，到2020年老年志愿者注册人数达到老年人口总数的12%。

第三节 规范老年社会组织

支持各类老年社会组织依法开展有益身心健康的活动，引导全社会正确认识、积极接纳、大力支持老年人参与社会发展。坚持扶持发展和规范管理并重，加强老年社会组织的培育扶持和登记管理。采取政府购买服务等措施加大对公益性、互助性、服务性、专业性基层老年社会组织的支持力度。继续推动老年社会组织加强能力建设和规范化建设，提高专业素质、服务能力和社会公信力，促进老年人通过社会组织实现自我管理、自我教育、自我服务。支持老年社会组织参加或承办人才培养、项目开发、课题研究、咨询服务等活动。支持关工委和老体协、计生协、老科协、老艺协、老促会、老年学学会等老年组织开展活动。到2020年，城市社区老年协会创建率达98%以上，农村社区老年协会创建率达95%以上。

第九章 强化保障落实

第一节 法制保障

落实国家“七五”普法规划要求，加强老年人权益保障法律法规普法宣传教育，深入开展《中华人民共和国老年人权益保障法》《福建省老年人权益保障条例》进机关、进乡村、进社区、进学校、进企业、进单位活动，推动普法宣传教育规范化、常态化，强化全社会维护老年人合法权益的法治观念。开展更多适合老年人的法治宣传活动，帮助老年人学法、懂法、用法，增强守法意识和依法维权意识。

各地各有关部门要根据《福建省老年人权益保障条例》，研究制定相关配套政策，特别是支持养老服务业发展的政策、法规、规范。要广泛听取老年人的诉求和建议，加快老年人社会服务、社会优待、社会参与等制度建设，研究、探索老年人监护等制度。健全优待老年人的财政投入、服务评价、检查监督、奖励表彰等政策。

依法开展联合执法、执法检查、执法调研等，充分发挥基层党组织、基层群众性自治组织、老年社会组织作用，完善维护老年人合法权益社会监督、矛盾纠纷排查调解、多部门快速反应、联合查处、综合治理等机制。做好老年人来信来访工作，开通老年人法律维权热线，加强老年人法律服务和法律援助，针对老年群体特点开展适应老年人特殊需求的专项法律服务活动。扩大老年人法律援助范围，拓展基层服务网络，推进法律援助工作站点向城市社区和农村延伸，方便老年人及时就近寻求法律帮助。重点做好农村和贫困、高龄、空巢、失能等特殊困难老年群体的法律服务、法律援助和司法救助。

第二节 基础保障

推进老龄工作信息化建设，落实促进大数据发展行动纲要，在切实保障数据安全的前提下，着力推动各有关部门涉及老年人的人口、保障、服务、信用、财产等基础信息分类分级互联共享，消除信息孤岛。推动搭建上下贯通的老龄工作信息化平台，加强涉老数据、信息的汇集整合和发掘运用，建立基于大数据的可信统计分析决策机制。支持各地积极推进为老服务综合信息平台在城市社区全覆盖、在农村地区扩大覆盖面，推进信息惠民服务向老年人覆盖、数据资源向社会开放，更好地服务于保障改善老年人民生和大众创业、万众创新。

各级政府要根据经济社会发展状况和老年人口增长情况，建立稳定的老龄事业经费投入保障机制。各级政府应当将养老服务资金列入同级财政预算，加大财政投入力度，并将同级福利彩票公益金本级留存部分的60%以上用于发展养老服务业，并随老年人口的增加逐步提高投入比例。落实和完善鼓励政策，引导各类社会资本投入老龄事业，倡导社会各界对老龄事业进行慈善捐赠，形成财政资金、社会资本、慈善基金等多元结合的投入机制。

完善老龄工作议事协调机构工作职责，健全县（市、区）、老龄工作机构建设，配备专门的工作人员。乡镇政府和街道办事处应确定专门人员负责老年人权益保障工作，并提供必要的工作条件。建立基层老龄工作先进典型激励机制。继续推进离退休人员管理服务社会化，建立健全老年人原工作单位、居住社区、老年社会组织和基层党组织齐抓共管的工作机制。总结创建离退休干部基层服务型党组织的好经验好做法，积极探索老年社会组织党建工作的新途径新办法。探索建立共青团、妇联、残联等群团组织参与老年人管理服务的常态化机制和制度化渠道。

完善老龄科学研究体系，加快老龄科学人才培养。在高校、研究机构、企业和一些地区，设立一批老龄科学理论研究基地、老龄产业实践研究基地、老龄政策创制试点基地。加强人口老龄化中长期应对策略研究。完善老龄事业统计指标体系，建立老龄事业统计公报定期发布制度。配合国家开展城乡老年人生活状况抽样调查工作。

第三节 实施保障

明确各级政府要承担落实老龄事业发展规划的主体责任，将老龄事业发展纳入当地经济社会发展总体规划和年度计划，统筹安排。坚持党委领导、政府主导、社会参与、全民行动相结合，坚持应对人口老龄化和促进经济社会发展相结合，坚持满足老年人需求和解决人口老龄化问题相结合，广泛动员社会组织共同营造良好的老龄工作大格局。各级老龄工作委员会要充分发挥组织、协调、指导的作用，及时研究部署工作任务，帮助解决实际工作问题。老龄工作委员会成员单位要履行职责，加强沟通、密切协作，强化执行力，加大督查力度，确保各项政策措施落到实处。加强财政预算与规划实施的衔接和协调，强化公共财政对规划实施的保障作用，以规划内容带动项目建设，以项目实施促进规划落实。

各地各有关部门要按照本《规划》要求，制定本地本部门实施方案，建立绩效评估和管理监督制度。本《规划》执行情况由省老龄工作委员会组织有关部门进行督促检查，适时对《规划》执行情况进行评估和通报。

福建省人民政府办公厅关于加快推进居家社区养老服务十条措施的通知

闽政办〔2017〕67号

各市、县（区）人民政府，平潭综合实验区管委会，省人民政府各部门、各直属机构，各大企业，各高等院校：

2016年，省政府办公厅印发了《“十三五”社区居家养老服务补短板实施方案》（闽政办〔2016〕125号）和《关于加快推进城乡社区居家养老专业化服务的通知》（闽政办〔2016〕126号），有力推进了居家社区养老服务发展。为更好地满足老年人居家养老服务需求，2017年，在上半年每个县（市、区）全面落地1家养老专业化服务组织的基础上，年内全面落实政府购买服务，城乡社区养老服务覆盖率分别达85%、60%以上；2018年，城乡社区养老服务覆盖率分别达90%、70%以上；2020年，居家社区基本养老服务覆盖全体老年人。经省政府研究同意，现提出如下措施，请认真贯彻执行。

一、完善居家社区养老服务设施

（一）统筹规划布局。各地应统筹考虑人口结构及变化趋势、增量建设和存量改造等因素，结合现有医疗卫生资源分布状况，按照新建住宅区每百户不少于20平方米、已建成住宅区每百户不少于15平方米的标准，同时执行《福建省城市控制性详细规划编制导则》附录中的街道、社区公共服务设施配置标准，将居家社区养老服务设施纳入本地区养老服务设施布局专项规划。至2017年底，专业化、市场化居家养老服务照料中心覆盖全省60%以上街道和中心城区乡镇，2018年达80%以上，2020年实现全覆盖。

统筹规划适宜老年人居住、出行等设施建设，构建老年宜居环境标准体系，推进老年宜居环境建设。加快推进坡道、公厕等与老年人日常生活密切相关设施的无障碍改造，并在公共场所设立无障碍标识，有条件的地方积极推进建成的多层住宅、公共场所加装电梯。

责任单位：各市、县（区）人民政府，平潭综合实验区管委会，省民政厅、住建厅、发改委、国土厅

（二）住宅区配建养老服务设施。新建住宅区配建的养老服务设施（指养老服务场所，下同），应与住宅同步规划、同步建设、同步验收、同步交付，由当地政府统筹使用。民政部门参与新建住宅区的规划设计审核和竣工验收，以保证养老服务设施配建到位。已建成住宅区现有养老服务设施未达到标准要求的，各级政府通过购买、置换、租赁、调剂等方式予以配备。到2020年实现城市社区每万人拥有养老服务设施达到500平方米以上。

责任单位：各市、县（区）人民政府，平潭综合实验区管委会，省民政厅、住建厅、国土厅

（三）提升农村居家养老服务水平。各级政府要支持村民委员会充分利用农家大院、闲置校舍等社会资源，建设农村幸福院等养老服务设施，重点为留守、孤寡、失能、失独等困难老年人提供便捷可及的居家养老服务。加快推进我省农村养老服务设施标准化、规范化建设。开展

星级评定，创建一批设施齐备、管理规范、环境整洁、服务优质的农村养老服务设施。

要创新服务管理模式，开展互助式服务，鼓励老年人日常活动自理自助、邻里互助、各界帮助。对县域范围内，位于城郊且经济条件较好的农村幸福院，可依托专业化服务组织运营服务。有条件的农村可建立稳定的筹资渠道，保障农村养老服务设施的正常运营。

依托农村基层党组织开展基层养老助老联络人登记制度，建立应急处置机制，加强对农村空巢、留守、失能、失独老人的关爱帮扶，提供必要的生活照料、紧急救援等服务。发挥农村基层老年协会作用，组织老年人开展文化娱乐、学习教育、体育健身等活动，引导低龄老人、健康老人对空巢、留守、失能、失独老人开展“一对一”帮扶活动，实现老年人自我管理、自我服务。构建志愿帮扶服务网络，为农村幸福院提供经济支持、为老年人提供照料服务。

责任单位：各市、县（区）人民政府，平潭综合实验区管委会，省民政厅、财政厅

二、培育壮大专业化服务组织

（四）扶持发展龙头企业。支持通过购买服务、公建民营、民办公助、股权合作、以奖代补等方式，鼓励专业化服务组织跨市跨县规模化承接、连锁化运营居家养老服务设施，培育和打造一批龙头企业或社会组织。鼓励专业化服务组织根据老年人个性化需求，运用市场化方式开展有偿服务。

责任单位：各市、县（区）人民政府，平潭综合实验区管委会，省民政厅、商务厅、经信委

（五）完善优惠政策。专业化服务组织运营居家养老服务站，由所在地政府无偿提供场所；运营居家养老服务照料中心，由所在地政府无偿提供场所 3 年。有条件的地方对专业化服务组织租赁场所或自建、购买场所开办居家养老服务照料中心的，予以场所租金补贴或建设补助。

从 2017 年起，民办营利性与非营利性居家养老服务照料中心提供失能老年人照料服务的，以实际入住的失能老年人数统计，按年平均给予每年每床 1200 元护理补贴，其中省级财政承担 50%。服务运营场所用电、用水、用气，按居民生活类价格执行。

从 2017 年起，对低保对象、计划生育特殊家庭中的完全失能老年人，按照每人每月不低于 200 元标准，以老年人服务券（卡）的方式发放护理补贴。所需资金非县级基本财力保障补助县由当地财政承担，县级基本财力保障补助县按省、市、县 3∶3∶4 比例承担。

责任单位：各市、县（区）人民政府，平潭综合实验区管委会，省民政厅、财政厅、物价局

三、提升居家社区养老服务质量

（六）完善居家社区基本养老服务。各级政府要加大投入力度，明确工作职责，制定服务标准，规范服务内容。以老年人的生活需求为重点，通过专业化服务组织提供紧急救援或应急救助服务、上门看病或康复护理服务、家政服务、日间照料服务、助餐助浴服务、代购代办服务、心理咨询或聊天服务、健康教育服务八类基本养老服务，精准对接服务需求；有条件的地方可增加服务内容和扩大服务对象。市、县（区）政府要结合当地实际，对专业化服务组织提供的养老服务制定出台激励和保障政策。

责任单位：各市、县（区）人民政府，平潭综合实验区管委会，省民政厅

（七）加快养老服务信息化建设。各地要加强老年人健康档案动态管理，全面掌握老年人的基本信息，建立全省统一的数据库进行信息化管理，并评估确定老年人服务需求类型、照料护理等级、入住轮候顺序等，为老年人提供精准化、个性化、专业化服务。

建立失踪老人信息发布平台，为有需求的列入政府购买服务范围的老年人免费配备防走失手环，提供实时定位、紧急呼叫、运动轨迹、安全区域等辅助服务，保障失智老年人出行安全。

责任单位：各市、县（区）人民政府，平潭综合实验区管委会，省民政厅、卫计委

（八）推进社区医养结合。鼓励居家社区养老专业化服务组织与社区卫生服务中心、乡镇卫生院等医疗机构开展签约合作，为老年人提供巡诊、健康养老宣教、慢性病管理、社区康复等基本公共医疗卫生服务。推进家庭医生签约服务，优先覆盖老年人群体。加快形成老年常见病、慢性疾病、康复等分级诊疗体系。

支持医保定点社区医疗机构与居家养老服务站、居家养老服务照料中心签约合作，设立诊疗延伸点，符合条件的，按规定纳入医保定点范围。

责任单位：各市、县（区）人民政府，平潭综合实验区管委会，省卫计委、医保办、民政厅

（九）提高从业人员服务能力。鼓励居家社区养老服务从业人员参加技能培训，对符合条件的给予职业培训补贴。各县（市、区）政府可通过向社会组织购买服务的方式，在每个社区设置 1—2 个社区助老员，承担入户登记老年人基本信息和服务需求、提供应急联动服务、协助开展文化娱乐活动及信息化平台服务链接等事务。

责任单位：各市、县（区）人民政府，平潭综合实验区管委会，省民政厅、人社厅、财政厅

四、推动工作落地落实

（十）建立工作机制。建立目标管理机制，按照“十三五”居家社区养老服务补短板目标任务，逐年细化指

标，实行目标管理；健全督查考评机制，对政策落实情况进行跟踪分析和监督检查。建立定期评估机制，按照有服务、有监督、有考评的要求，每年对城乡居家社区养老专业化服务组织的服务质量开展评估；建立星级评定机制，制定全省统一的星级评定标准，根据设施设备、人员配备、服务管理、用户评价等情况，对居家养老服务照料中心、农村幸福院开展星级评定；建立退出机制，对落地后3个月内不开展服务、转让转包服务或经评估服务质量不达标、内部管理不规范、服务对象不满意的养老专业化服务组织，予以退出。

责任单位：各市、县（区）人民政府，平潭综合实验区管委会，省民政厅

福建省人民政府办公厅

2017年6月27日

福建省人民政府办公厅关于进一步促进养老机构健康发展十条措施的通知

闽政办〔2017〕68号

各市、县（区）人民政府，平潭综合实验区管委会，省人民政府各部门、各直属机构，各大企业，各高等院校：

为进一步加强养老机构规范管理，促进养老机构健康发展，鼓励、引导和支持社会力量参与，满足多层次多样化的养老服务需求，经省政府研究同意，现提出如下措施，请认真贯彻执行。

一、限时完成已建养老机构安全达标和设立许可

（一）全面排查、分类处置。由各市、县（区）政府组织民政、住建、规划、国土、公安消防等部门，对辖区内尚未取得设立许可的已建养老机构，开展一次全面排查，重点检查房屋建筑安全、场所消防安全等情况，经鉴定后实施分类处置。排查鉴定工作在本通知下发之日起3个月内完成。排查鉴定工作完成后，按照“属地管理、业主负责、分类处置、限期完成”的要求，许可一批、整改一批、搬迁一批。

许可一批。通过排查鉴定，对房屋建筑安全、场所消防安全的养老机构，按照优化简化的流程在10个工作日内办理设立许可。

整改一批。通过排查鉴定，对能够通过整改实现安全达标的养老机构，所在地政府要组织并支持其立即整改。整改工作在本通知下发之日起6个月内完成并办理设立许可。整改期间，要妥善安置已入住老年人。

搬迁一批。无法通过整改达标的养老机构，要尽快寻找符合条件的场所搬迁，所在地政府要按照属地原则确定搬迁场所，并督促养老机构按时搬迁。在本通知下发之日起3个月内完成鉴定，鉴定后9个月内完成搬迁并办理设立许可。搬迁期间，要确保已入住老年人的安全。

通过这一轮排查、鉴定、处置后，未经许可和登记的机构不得接收老年人入住。

责任单位：各市、县（区）人民政府，平潭综合实验区管委会，省民政厅、住建厅、公安厅、国土厅

（二）优化简化设立许可手续。在确保房屋建筑安全、场所消防安全的前提下，当地政府组织相关部门按照“两优化、一简化、一提速”的要求，进一步简化前置审批、优化审批流程、缩短审批时限，为已建养老机构申办设立许可提供便利和支持。

“两优化”。一是无法提交建设单位竣工合格验收证明的养老机构，须委托有资质的检测机构对房屋建筑的可靠性出具鉴定报告，并由住建部门审核确认。确认合格的鉴定报告，作为申请设立养老机构的凭证。二是无法提交消防审验合格意见或备案凭证的养老机构，须委托有资质的消防技术服务机构出具消防安全评估报告，并由公安消防部门进行确认。评估报告和公安消防部门的确认意见，作为申请设立养老机构的凭证。

“一简化”。取消场所的自有产权证明或房屋租赁合同，资金来源证明文件、验资证明和资产评估报告，竣工环保验收报告或审查意见三类审批手续。

“一提速”。收到养老机构申请后，民政部门在10个工作日内办结设立许可。

对利用闲置资源改建设立养老机构的，参照已建养老机构办理设立许可。

责任单位：各市、县（区）人民政府，平潭综合实验区管委会，省民政厅、住建厅、公安厅、国土厅、环保厅等

二、促进新建养老机构健康发展

（三）强化规划设计。各市、县政府要组织民政、规

划、发改、住建、国土等部门，依据当地经济社会发展规划、城乡规划和土地利用总体规划，开展养老服务设施建设现状和需求的摸底调查，编制养老服务设施布局专项规划，纳入控制性详细规划实施。新建养老机构原则上要选址在交通便利、临近医疗机构、处于或靠近居住区的区域。

由省民政厅会同省住建厅、省国土厅制定监管办法，明确经济型养老项目的规划设计要求，合理控制容积率、绿地率、房间面积、配套设施等指标，杜绝养老机构变相开发房地产等。

责任单位：各市、县（区）人民政府，平潭综合实验区管委会，省民政厅、住建厅、发改委、国土厅

（四）保障养老用地。经济型养老机构用地土地用途应确定为医卫慈善用地。经民政部门认定的非营利性养老机构，可采取划拨方式供地。属于民间资本举办的非营利性养老机构与政府举办的养老机构，可以依法使用农民集体建设用地。营利性养老机构用地应当采取租赁、出让等有偿方式供应。土地出让（租赁）计划公布后，同一宗养老机构用地有两个或两个以上意向用地者的，应当以招标、拍卖或挂牌方式供地。经济型养老项目用地出让底价可参照工业用地基准地价确定。养老机构取得土地使用权后，应整体自持，不得擅自改变用途，不得分割出租、转让、抵押。

责任单位：各市、县（区）人民政府，平潭综合实验区管委会，省国土厅、民政厅

（五）规范审批手续。对新建养老机构，要整合审批流程，明确牵头部门，进一步规范审批报建手续。

在工商部门登记的营利性养老机构，可设立多个不具备法人资格的分支机构。在民政部门登记的非营利性养老机构，可依法在其登记管理机关管辖范围内设立多个不具备法人资格的服务网点。分支机构、服务网点纳入养老机构统一管理和享受相应扶持政策。

将投资建设养老服务设施工程项目审批流程整合为项目审批（或项目核准、备案）、用地审批、规划报建、施工许可 4 个阶段。发展改革部门负责牵头项目审批（或项目核准、备案）阶段工作。国土资源部门负责牵头用地审批阶段工作。城乡规划部门负责牵头规划报建阶段工作。住房城乡建设部门负责牵头施工许可阶段工作，公安消防部门负责建设工程消防设计审核（含备案抽查）。打破部门界限，压减和理顺审批事项的前置条件，每个审批阶段由牵头部门统一受理申请材料、统一组织其他审批部门开展并联审批、督促协调审批进度、在流程限定的时间内完成审批并统一告知项目建设单位审批结果。凡是符合已经批复的控制性详细规划的区域，不再对区域内具体养老投资项目进行交通影响、水影响、地震安全性等方面的评估审查。

养老机构的服务价格严格执行现行政策，必须向社会公开收费项目和标准。

责任单位：各市、县（区）人民政府，平潭综合实验区管委会，省民政厅、发改委、住建厅、公安厅、国土厅、环保厅、工商局、物价局等

三、盘活用好乡镇敬老院

（六）推动运营主体多元化。引导和支持社会力量承接运营政府投资建设的乡镇敬老院，鼓励国有企业、民营企业或社会组织规模化承接、连锁化运营。采取公建民营方式的，应向运营单位无偿提供乡镇敬老院的服务场所及附属设施，可以跨区域捆绑打包，并且可以按政策规定的最高年限与运营单位签订协议。运营单位应当优先保障生活不能自理特困人员的入住需求。

责任单位：各市、县（区）人民政府，平潭综合实验区管委会，省民政厅、国资委

（七）完善奖补激励机制。公建民营的乡镇敬老院享受民办非营利性养老机构床位运营补贴政策。对 2017 年底前，乡镇敬老院床位达到一定规模且使用率达到 50%以上的县（市、区），省级财政按每所 30 万元分档给予一次性奖补；对 2018 年底前达到 50%以上的，按每所 20 万元分档给予一次性奖补。经第三方评估达标后，奖补资金次年起分两年拨付。奖补资金由县（市、区）统筹用于当地敬老院建设改造和运营补助。

责任单位：各市、县（区）人民政府，平潭综合实验区管委会，省民政厅、财政厅

四、完善扶持政策

（八）加大资金投入。从 2018 年起，对上一年度投入运营的护理型床位补贴按以下标准执行。非营利性养老机构服务失能老年人的护理型床位运营补贴标准调整为每床 2400 元/年；营利性养老机构护理型床位达到 30%以上的，以实际入住的失能老年人床位数按上述标准给予床位运营补贴。有条件的地方，可适当提高标准。

从 2017 年起，对入住养老机构的低保对象、计划生育特殊家庭中的完全失能老年人，按照每人每月不低于 200 元的标准予以补贴，以老年人服务券（卡）的方式发放。所需资金非县级基本财力保障补助县由当地财政承担，县级基本财力保障补助县按省、市、县 3∶3∶4 比例承担。

责任单位：各市、县（区）人民政府，平潭综合实验区管委会，省民政厅、财政厅

（九）推进医养结合。养老机构内设医疗机构，符合条件的，按规定纳入医保定点范围，可实行单独序列审核管理。参保人员在医保定点养老机构发生的符合基本医疗保险规定的医疗费用，可使用社会保障卡结算。

入住医保定点养老机构的参保人员，属于70岁以上患慢性病行动不便、重度残疾患者发生的床位费，可使用医保个人账户按照基本医疗保险和价格管理政策规定的同档次普通病房床位费标准结算。

养老机构内设医疗机构不符合基本医疗保险定点条件的，就近的医保定点医疗机构要主动与养老机构签订合作协议，开展延伸医疗服务，纳入医保定点范围，就近的医保定点医疗机构由当地医保部门负责确定。符合医保规定的老年参保患者康复医疗费用，可按规定纳入医保报销范围。这项工作当地政府要作出安排，并督促限期尽快落实到位。

责任单位：各市、县（区）人民政府，平潭综合实验区管委会，省医保办、卫计委、民政厅

（十）加强养老服务人才队伍建设。加大对本科高校养老服务相关的学位授权点及本科专业建设的支持力度，在本科高校办学目标考核评价中给予绩效经费奖补，建设一批省级应用型学科。加强职业院校养老服务相关专业建设。将老年服务与管理、家政服务等养老服务相关专业列入普通高考高职院校降分录取专业范围。支持医药卫生类职业院校以健康管理、社区康复等特色优势专业为核心，打造一批养老服务特色专业。推动职业院校与养老机构联合开展现代学徒制试点。建立养老服务实训基地。鼓励养老服务从业人员参加技能培训，对符合条件的给予职业培训补贴。加强养老服务志愿者队伍建设。各地可结合实际探索建立养老从业人员激励机制。

责任单位：各市、县（区）人民政府，平潭综合实验区管委会，省民政厅、教育厅、人社厅、财政厅

福建省人民政府办公厅

2017年6月27日

福建省人民政府办公厅关于印发福建省老年教育发展规划（2017—2020年）的通知

闽政办〔2017〕138号

各市、县（区）人民政府，平潭综合实验区管委会，省人民政府各部门、各直属机构，各大企业，各高等院校：

《福建省老年教育发展规划（2017—2020年）》已经省政府同意，现印发给你们，请认真贯彻执行。

福建省人民政府办公厅

2017年11月16日

福建省老年教育发展规划（2017—2020年）

为深入贯彻落实《国务院办公厅关于印发老年教育发展规划（2016—2020年）的通知》（国办发〔2016〕74号），推进我省老年教育事业科学发展，特制定本规划。

一、规划背景

（一）发展现状。

我省是全国较早开展老年教育的省份之一。1985年成立福建老年大学，1992年省、市、县三级均已设立老年大学，以老年大学为主体开展老年教育。2004年，省委办公厅、省政府办公厅印发《关于进一步加强老年教育工作的意见》，明确做好老年教育是全社会的共同责任，要求各级党委、政府统一领导，有关部门各负其责、分工协作、齐抓共管，促进城乡老年教育发展。2005年，我省颁布实施《福建省终身教育促进条例》，率先以立法形式将老年教育纳入终身教育体系。目前，我省已形成老年大学教育、城乡社区老年教育、远程老年教育协调发展的办学格局。2016年，全省经常性参与教育活动的老年人占老年人口总数比例达到18%。

1. 设立老年教育机构。全省有县级以上老年大学119所，其中省级1所、设区市级9所、县级86所，部队、高校等其他单位23所，在校学员超过10万人。乡镇（街道）、村（社区）、企事业单位、社会团体举办的老年学校400多所、学习点5500多个，45%的乡镇（街道）设立了老年学校，30%的村（社区）设立了老年学习点。省、市和部分县成立了老年大学协会。

2. 创新老年教育学习形式。依托老年大学、老年学校、社区学校、农村党员现代远程教育网络等设立老年远程教育收视点4000多个，16个市、县（区）成为全国老年远程教育实验区。依托社区教育机构，开展灵活多样的社区老年教育，参与学习38万人次。建设“福建老年学习网”，累计上网学习60万人次。县级以上老年大学成立学习活动团队420个，参与人数2.5万人。

3. 丰富老年教育学习内容。开设老年人喜爱的思想道德、科学文化、养生保健、法律法规、家庭理财等专业课程。开发医学保健、书法、绘画等20大类6900多讲网络课程视频，并共享“福建终身学习在线”课程资源4万学时，免费向社会开放。创建了一批全国和省市示范校。

（二）面临挑战与问题。

人口老龄化呈加速趋势，2016年，全省60周岁以上老年人口532万，占总人口13.73%；预计2020年全省老年人口616万人，约占总人口15.85%，人口加速老龄化对老年教育的资源供给能力提出新挑战。老年人学习愿望更加迫切，经济社会快速发展，科学技术日新月异，深刻改变人们的生产方式、生活方式、行为方式，老年人需要通过再学习，接受新知识、新技能，才能更好地融入现代社会。老年人学习需求更加多元，不同知识水平、不同年龄层次、不同地域老年人对学习的需求呈现出差异化、多元化、多层次的特征。老年教育提供的学习内容、学习方式、学习渠道还不能完全满足老年人多元的学习需求和更高的质量要求。

面对新形势、新要求、新挑战，需要主动把握发展方向，破解发展瓶颈，着力解决我省老年教育存在的资源供给能力不够、办学条件薄弱、区域发展不平衡、社会力量参与度不高、师资队伍数量不足、保障机制不健全等问题，推动我省老年教育事业持续健康发展。

二、总体要求

（一）指导思想。

认真贯彻落实党的十九大精神，以习近平新时代中国特色社会主义思想为指导，紧紧围绕统筹推进“五位一体”总体布局和协调推进“四个全面”战略布局，牢固树立和贯彻落实五大发展理念，坚持“党委领导、政府主导、社会参与、全民行动”相结合，坚持应对人口老龄化和促进经济社会发展相结合，坚持满足老年人需求和解决人口老龄化问题相结合，以扩大老年教育供给为重点，以创新老年教育体制机制为突破口，以提高老年人的生命和生活质量为目的，以营造全社会关心支持老年教育的良好环境为保障，完善老年教育办学服务体系，提升老年教育现代化水平，为“再上新台阶，建设新福建”做出更大贡献。

（二）基本原则。

保障权益，促进公平。保障老年人受教育权利，推进城乡统筹发展，提高老年教育的可及性，努力让各类老年人享有接受教育的机会，最大限度满足各类老年群体学习需求，让老年人共享发展成果。

政府主导，多元参与。发挥政府在制定规划、营造环境、加大投入等方面的作用，统筹协调各部门老年教育工作。建立有效机制，充分利用各种资源，推动全社会共同参与老年教育。

做优存量，扩大供给。办好现有老年教育，提升办学质量，促进各类教育机构开放。推进老年教育重心下沉，将增量的重点放在基层。加强社区老年教育、远程老年教育建设。畅通学习渠道，方便就近学习，办好家门口的老年教育。

因地制宜，特色发展。在加强社会主义核心价值观和政治思想教育前提下，根据我省区域发展不平衡的特点和地方特色，因地制宜开展老年教育。支持结合当地历史、人文资源和民俗民风特点，推动老年教育特色发展。

（三）总体目标。

到2020年，老年教育协同推进机制更加健全，职责更加明确，内容更加丰富，供给能力、服务水平、社会活力和内涵品质显著提升，基本形成覆盖广泛、多元参与、灵活便捷、特色鲜明的现代老年教育服务体系。以各种形式经常性参与教育活动的老年人占老年人口总数比例达到20%以上。

三、主要任务

（一）理顺管理体制。

1. 加强统筹管理。按照党委领导、政府主导的原则，成立省老年教育工作领导小组，领导小组办公室设在教育厅。教育部门负责日常统筹协调，组织、老干、民政（老龄）、发改、财政、人社、体育、文化等部门共同参与，组织开展全省老年教育工作，形成“一方牵头、各方参与、分工负责、协同推进”的老年教育管理体制。

2. 明确职责分工。各级政府要成立相应机构推动本地区老年教育事业发展。各部门、各单位要认真履行好各自职责，积极参与和支持老年教育。教育行政部门负责老年教育业务指导和协调服务，组织开展老年教育资源建设、制订相关建设标准和老年教育信息统计等工作。其他举办老年教育的部门和机构要充分挖掘已有办学潜力，办好老年教育并向社会开放。

3. 完善功能定位。整合各部门老年教育资源，建立“省市县乡村”五级老年教育服务体系。发挥省、市、县三级老年大学（含部门、高校举办的老年大学，下同）示范引领作用，加强其指导服务功能，资源汇聚与服务能力，丰富乡镇（街道）、村（社区）老年学校（学习中心）的教育服务形式与内容。

（二）扩大资源供给。

4. 巩固提升老年大学办学水平。加强省、市、县三级老年大学机构、人员和师资队伍建设，改善办学条件，提升教学场所和设施的规范化、现代化水平，增强社会服务能力。推进老年大学教育教学改革、规范教学管理、创新教学方式，不断提高办学水平。充分发挥省、市、县老年大学协会的作用，促进老年大学之间的沟通交流。推动老年大学面向社会开放，逐步从服务本单位、本系统离退休职工向服务社会老年人转变。

5. 大力发展城乡社区老年教育。加强城乡社区老年学校（学习中心）场所、设施、队伍建设，提升服务能力，建成一批示范性老年学校（学习中心）。利用社区教育机构、县级职教中心以及社区文化活动中心、农村老人活动中心等资源开展老年教育，举办老年人喜爱的活动，方便老年人就近就地学习。鼓励优质老年大学在社区设立分校，开展送教下乡活动，以讲师团、选送教师、配送学习资源、提供人员培训等方式支持基层开展老年教育。力争到 2020 年，全省 90％以上的乡镇（街道）、60％以上的村（社区）建立老年学校（学习中心）。

6. 推进各级各类学校开展老年教育。探索建立各级各类公办学校开放场地、校舍、设施设备等使用管理机制，为老年人学习提供支持。推动具有相关学科的高等学校、中职学校开展老年教育，建立老年人活动中心或体验基地，为老年人及其亲属开设一定学时的老年人护理、保健课程或开展专项技能培训；为社区、老年教育机构及养老服务机构等提供支持服务，共享课程与教学资源。

7. 推动社会公共设施服务老年教育。鼓励图书馆、科技馆、博物馆、纪念馆、公共体育设施、乡村文化设施等，向公益性老年教育机构免费开放或提供优惠服务。鼓励各地结合区域实际，依托文化、教育、体育、科技等设施和资源，建设一批不同主题、富有特色的老年教育学习体验基地，定期组织老年人开展体验式教育活动。

（三）创新办学机制。

8. 鼓励社会力量参与。充分激发社会资本活力，引导和鼓励社会力量投资举办老年教育，建立政府购买服务机制，通过政府购买服务、委托管理、项目外包等形式，鼓励和支持社会组织、企事业单位和机构等各类社会力量以独资、合资、合作等形式举办或参与老年教育。探索“终身学习券”试点。社会力量所办的老年教育机构和公办老年教育机构依法享受国家规定的有关优惠政策。

9. 探索开展养教结合模式。整合利用社区居家养老资源，在居家养老服务照料中心、社区居家养老服务站、农村幸福院等场所内，开展形式多样的老年教育学习活动。积极探索在社会福利中心、乡镇敬老院等养老机构中设立老年课堂等学习场所，配备教学设施设备，通过开设课程、举办讲座、展示学习成果等形式，推进养教一体化，推动老年教育融入养老服务体系，丰富住养老人的精神文化生活。到 2020 年，建立 300 个养教结合学习点。

10. 加强闽台交流合作。借鉴台湾老年教育工作经验，引进优质的老年教育资源，探索共同开展老年教育服务人员的培训培养。支持闽台老年教育的管理人员、教师、专家、学者等开展交流研讨，提升专业能力和服务水平。鼓励闽台老年教育机构结对子、开展老年游学等活动。

（四）提升优质服务能力。

11. 创新学习形式。研究制定老年人学习发展指南，为不同年龄层次的老年人提供学习咨询服务，增强老年人学习的科学性和针对性。推动在线学习、移动学习、团队学习、体验学习、自主学习等多种学习形式，培育网上学习圈、移动学习群等各类学习型组织，引导开展读书、讲座、参观、展演、游学、志愿服务等多种形式的老年教育活动。到 2020 年，培育 1000 个学习活动团队、建立 1000 个网上学习圈或学习群等新型学习组织。

12. 加强学习资源建设。围绕社会主义核心价值观、思想道德、科学文化、养生保健、心理健康、职业技能、法律法规、家庭理财、闲暇生活、代际沟通、生命尊严等方面，遴选一批通用型老年教育学习资源；围绕我省优秀传统文化、非物质文化遗产、民俗文化等，开发一批地方特色老年教育学习资源；引进一批国内外优质学习资源，编辑出版一批科普知识和健康知识等普及性读本。到 2020 年，新增老年教育学习课程 5000 讲。

13. 推进“互联网＋老年教育”。充分运用信息技术，推动线上教学与线下互动结合，促进信息技术融入老年教育教学全过程。完善“福建老年学习网”，开发手机 APP、移动学习等功能。依托城乡社区老年学校（学习中心）和福建省农村党员干部现代远程系统等，建设远程老年教育收视点。建设老年教育数字化学习资源库，向社会开放共享。开展老年教育管理人员和教师的信息技术应用能力培训。到 2020 年，远程老年教育网点实现“省市县乡村”五级全覆盖。

（五）建立长效机制。

14. 加强学科专业建设和人才培养。支持高等学校加强老年教育相关专业建设，扩大人才培养规模，培养老年教育教学、科研和管理人才。将老年教育相关专业列入鼓励增设专业目录、五年制高职教育专业目录和紧缺专业目录。支持高等学校申请设置专业目录外的“老年教育”专业，办好社会工作（老年教育方向）的研究生教育。鼓励高等学校、中职学校相关专业毕业生到老年教育机构工作。鼓励老年教育机构的专任教师和管理人员在职进修老年教育专业课程，攻读相关学位。

15. 建立老年人学习激励机制。探索老年人学习成果积累、认证与转换工作，为老年学习者建立学习账户，依据相应标准颁发学历证书、培训证书、课程证书和荣誉证书。鼓励各类办学主体开展多形式的老年学习积分兑换和奖励活动。建立老年学习星级管理制度，对优秀老年学习者和团队带头人进行奖励。为老年人参与经济社会活动搭建平台、提供支持，鼓励老年人在政治宣传、关心下一代、科学普及、环境保护、社区服务、治安维稳等方面服务社会、奉献社会。

16. 加强理论研究。依托有关高校、科研院所、省市老年大学、老年教育机构等建立若干老年教育研究基地，开展老年教育理论、政策和应用研究，探讨和解决老年教育发展中的实践问题。搭建优秀成果共享和推广平台，鼓励开展老年教育优秀研究成果交流活动。

四、重点工程

（一）社会主义核心价值观培育工程。将培育和践行社会主义核心价值观作为老年教育的重要内容，编写相关读本，开展主题教育活动，把社会主义核心价值观融入老年人学习和活动中。积极推进校园文化建设，培育优良校风、教风、学风，县级以上老年大学要有宗旨鲜明的校训、校歌等文化内容。打造一批在培育和践行社会主义核心价值观方面具有示范作用的老年大学（老年学校、学习中心）、老年学习活动团队。

（二）老年大学提升工程。制定老年大学分级评价考核体系，推进老年大学达标校建设，开展高水平示范性老年大学创建工作，培育精品课程，坚持“两轮驱动”办学模式。到2020年，每个县至少建成1所达标老年大学，全省建成10所办学条件优良、教学管理规范、教学内容丰富、教学形式多样、办学效果显著的高水平示范性老年大学。

（三）城乡社区老年学校（学习中心）建设工程。推进城乡社区老年学校（学习中心）规范化建设，新建5000个社区老年学校（学习中心），在此基础上，打造100个集学习指导、资源提供、团队活动等功能于一体的示范性社区老年学校（学习中心）。

（四）高校老年大学建设工程。推动本科高校、成人高校和高职院校整合现有办学资源，面向社会举办老年大学，为老年人就近学习提供便利。到2020年，建设20所师资充足、设施齐全、开放共享的高校老年大学。

（五）老年开放（互联网）大学系统建设工程。支持广播电视大学系统建设老年开放（互联网）大学，探索实体办班与网络教学相结合、线上自主学习与线下体验学习相结合的老年教育新模式。到2020年，全省各设区市和60%的县（市、区）成立老年开放大学，参学老年人达到10万。

（六）队伍素质提升工程。建立具备老年教育师资信息储备、查询、配送与反馈功能的省、市、县分级老年教育师资库。实行老年教育教师、管理人员分级培训制度，依托高校、老年大学等建立10个老年教育队伍培训基地。到2020年，培训老年教育教师及管理人员5000人，学习活动团队带头人1000人。

（七）志愿者培育工程。鼓励科教文卫体工作者、其他有所专长人员以及在校学生等志愿服务老年教育，建设结构合理、数量充足、素质优良的老年教育志愿者队伍。到2020年，新增老年教育志愿者20000人。

（八）老有所为行动工程。充分发挥老同志智力优势、经验优势、威望优势、技能优势，开展服务社会志愿活动。推动老年教育机构与大中小学校合作，发挥老年人在教育引导青少年继承优良传统、培育科学精神等方面的积极作用。到2020年，每所老年大学至少培育2支老年志愿者队伍。

五、保障措施

（一）加强组织实施。各地要高度重视老年教育工作，把老年教育纳入本地区经济社会发展规划和教育及老龄事业发展规划，结合实际制定落实加快发展老年教育的实施意见，提出具体举措，并抓好组织实施。把老年教育工作纳入各级政府相关部门绩效考评内容。把老年教育纳入教育工作、老龄工作、老干部工作的评比表彰范围。

（二）加强办学管理。完善老年教育相关管理制度，促进老年教育规范健康发展。各部门要加强对老年教育办学机构的指导与管理，确保依法依规办学。老年教育办学机构要建立健全办学管理制度，规范办学行为，加强办学过程管理；明确办学主体和学习者责任，建立安全保障体系，采取有效措施，做好安全保障工作；根据老年人特点，提供便捷服务，严禁在老年教育过程中用虚假的手段或不正当的方式，欺骗、误导老年人购买商品或接受服务，损害老年人权益。

（三）加强队伍建设。通过“专兼职结合，兼职为主，志愿者辅助”的办法，多渠道加强老年教育教师队伍建设。制定人才激励制度，探索老年教育人才职业发展平台，吸引更多优秀人才从事老年教育工作。各级各类学校要鼓励教师参与老年教育相关工作。公办学校从开展老年教育获得的收入中，可安排一定比例的经费补贴教师。公办老年大学专职教师纳入教育系统教师单列管理。

（四）加强经费保障。各级政府将老年教育经费列入财政预算，并采取多种方式加大对老年教育的投入，形成政府、市场、社会组织、学习者等多主体分担和多渠道筹措老年教育经费的机制。完善老年教育收费制度，制订老年教育“差异化”收费标准，减免贫困老年人进入老年大学（学校）学习的费用。鼓励和支持行业企业、社会组织和个人设立老年教育发展基金，企业和个人对老年教育的公益性捐赠支出按照税收法律法规规定享受所得税税前扣除政策。

（五）加强氛围营造。各地、各部门要广泛宣传党和国家关于发展老年教育的方针政策和法律法规，依托“教师节”“重阳节”“9·28终身教育活动日”等重要节日，广泛宣传老年教育发展中的典型经验、案例、做法和成效，努力使全社会关心、支持和参与老年教育的氛围更加浓厚。充分调动老年人参与学习的积极性和主动性，积极培育老年学习文化，使学习风尚融入老年人生活，使老年教育成为增进老年人福祉的重要内容。

福建省人民政府办公厅关于加快发展商业养老保险的实施意见

闽政办〔2017〕140号

各市、县（区）人民政府，平潭综合实验区管委会，省人民政府各部门、各直属机构，各大企业，各高等院校：

为深入贯彻落实国务院办公厅《关于加快发展商业养老保险的若干意见》（国办发〔2017〕59号）精神，推动我省商业养老保险加快发展，经省人民政府研究同意，提出如下实施意见。

一、总体目标

深入贯彻党的十九大精神，以习近平新时代中国特色社会主义思想为指导，按照第五次全国金融工作会议部署和国办发〔2017〕59号文件要求，以推动供给侧结构性改革为主线，以应对人口老龄化问题为导向，推动扩大养老保险产品供给、优化养老金融服务体系、完善养老风险保障机制，进一步满足人民群众日益增长的养老保障需求，促进社会和谐稳定和地方经济提质增效、转型升级。到2020年，形成较为完善的商业养老保险运行网络和服务体系，养老保险产品供给更加丰富，商业保险机构运营更加稳健、服务领域更加广泛、专业能力明显提升，商业养老保险覆盖面和保障能力显著提高。

二、基本要求

（一）统筹规划，有序推进。商业养老保险是商业保险机构提供的以养老风险保障、养老资金管理等为主要内容的保险产品和服务。要充分认识发展商业养老保险对于健全多层次养老保障体系、进一步保障和改善民生的重要意义，将其纳入完善养老保障体系和加快发展养老服务业的总体部署，统筹协调规划，有序推进商业养老保险业健康稳定可持续发展。

（二）改革创新，提升服务。结合我省人口老龄化发展趋势和养老保障需求，从增加养老保险产品和服务供给出发，坚持问题导向，突出改革创新，深化商业养老保险体制机制改革，激发商业保险机构创新活力，丰富商业养老保险产品供给，拓展服务领域，提升服务质量和效率。

（三）加强引导，完善监管。更好地发挥政府引导和推动作用，给予必要的政策支持，推动市场主体充分运用市场机制，实现商业养老保险特色化、差异化发展。进一步完善市场监管制度，加强监管协同，营造规范发展、良性互动的市场环境，形成商业养老保险良好发展秩序，维护保险消费者合法权益。

三、重点任务及措施

（一）推动商业养老保险机构建设。支持符合条件的商业保险机构发起设立商业养老保险机构。支持专业能力强、市场信誉度高的台港澳等境外专业机构投资商业养老保险机构。用足总部经济优惠政策，对新设立商业养老保险法人公司或省级分公司，在开办补助、经营贡献奖励、规费减免返还、人才激励等方面予以政策支持。加大体制机制和服务产品创新力度，加快专业人才培养和引进，进一步提升商业养老保险从业人员的专业素质和服务质量，增强现有商业养老保险机构的市场竞争力。支持保险代理等中介机构专业化、规范化发展，进一步丰富商业养老保险产品和服务的供给主体。

责任单位：福建保监局、厦门保监局，省财政厅、金融办，各设区市人民政府、平潭综合实验区管委会。

（二）丰富商业养老保险产品供给。鼓励商业保险机构针对我省人口状况、职业特点开发多样化、多层次、多功能的商业养老保险产品和服务，满足个人和家庭在风险保障、财富管理等方面的需求。支持商业保险机构开发涵盖健康保险、养老保险在内的老年人综合保险保障产品，探索开发以高龄、失能、独生子女家庭、无子女家庭、“空巢”家庭等特殊群体为对象的，涵盖多种保险产品和服务的综合养老保障计划。积极争取个人税收递延型商业养老保险试点，鼓励符合条件的商业保险机构积极参与，扩大个人税收递延型商业养老保险产品和服务的供给。支持商业养老保险机构依法合规发展具备长期养老功能、符合生命周期管理特点的个人养老保障管理业务。

责任单位：福建保监局、厦门保监局，省民政厅、卫计委、财政厅、地税局。

（三）支持商业保险机构参与养老保障体系建设。鼓励商业保险机构积极参与基本养老保险、企业（职业）年金、商业养老保险等多层次养老保障体系建设，进一步完善全省养老保障服务体系。支持符合条件的商业保险机构切实发挥资产管理优势，依法依规有序参与基本养老保险基金投资运营，促进基金保值增值。支持具有资质的商业保险机构参与我省企业（职业）年金基金的受托、投资及账户管理。鼓励商业保险机构发展与企业（职业）年金领取相衔接的商业保险业务，推动发展安全性高、保障性强、满足长期或终身领取需求的商业养老年金保险。

责任单位：省人社厅、财政厅、民政厅、国资委，福建保监局、厦门保监局。

（四）进一步拓展老年人保险保障范围。推进以老年人意外伤害保险为主要内容的“银龄安康工程”，力争到2020年，全省60周岁以上老年人参保率达55%，80周岁以上老年人100%覆盖。研究为全省城乡特困供养老人、优抚老人、计划生育特殊家庭老年人及80周岁以上老人购买意外伤害保险，力争2020年实现100%覆盖。推动开展老年人长期护理保险试点，鼓励各地通过政府购买服务、委托管理及定制护理服务和产品等形式，引进商业保险机构经办老年人长期护理保险服务。探索基本医疗保险、医疗机构、养老护理等信息系统对商业保险机构的适度开放，提高商业保险机构经办管理的质量和效率。支持商业保险机构发展与老年人长期护理保险相衔接的商业护理保险。

责任单位：省老龄办、民政厅、卫计委、医保办，福建保监局、厦门保监局，各市、县（区）人民政府，平潭综合实验区管委会。

（五）支持商业保险机构投资养老服务产业。鼓励各地通过PPP模式、公建民营、民办公助、以奖代补、政府购买服务等方式，支持商业保险机构参与居家社区养老、农村幸福院服务，实现规模化、连锁化运营。保障养老服务设施用地供应，允许在办理农转用和土地征收手续时单独组卷报批，推动商业保险机构投资兴办营利性和非营利性养老机构。支持商业保险机构依法依规在投资开办的养老机构内设置医院、门诊、康复中心等医疗机构，符合条件的按规定纳入城乡基本医保定点范围。

责任单位：各市、县（区）人民政府，平潭综合实验区管委会，省民政厅、国土厅、住建厅、卫计委、医保办、老龄办，福建保监局、厦门保监局。

（六）增强养老服务机构风险保障。推动建立养老服务机构综合责任保险制度，力争到2020年，全省80%的养老服务机构建立综合责任保险。推进商业保险机构发展针对居家社区养老服务照料中心、养老服务站、农村幸福院等老年人短期托养机构、养老服务场所的责任保险。积极发展贷款保证保险，为中小民营养老服务机构运营贷款提供增信支持。

责任单位：各市、县（区）人民政府，平潭综合实验区管委会，省民政厅、老龄办，福建保监局、厦门保监局。

（七）推进商业养老保险资金运用。进一步完善保险资金与我省重大项目的常态对接机制，吸引商业养老保险资金在坚持风险可控、商业可持续的前提下，通过债权投资计划、股权投资计划、不动产投资计划、资产支持计划、保险资产管理产品等形式，参与我省重大基础设施、棚户区改造、新型城镇化建设等重大项目和民生工程建设。支持商业养老保险资金通过自贸试验区开展境外市场投资。鼓励创新商业养老保险资金投资运营方式，为科技型企业、战略性新兴产业、生活性服务业态等发展提供融资服务，进一步缓解小微企业融资难问题。

责任单位：省发改委，福建保监局、厦门保监局，各市、县（区）人民政府，平潭综合实验区管委会。

四、实施保障

（一）加强组织领导。各设区市、省直有关部门要把加快发展商业养老保险作为保险供给侧结构性改革、转变政府职能、助推养老服务业发展的一项重要任务，切实强化组织领导，结合实际创新体制机制，细化配套措施；各责任部门要根据职责分工，落实各项政策措施，并加大沟通协调力度，及时研究解决工作推进中存在的问题和困难，形成合力，确保各项政策措施落到实处。

责任单位：各设区市人民政府、平潭综合实验区管委会，省发改委、卫计委、民政厅、财政厅、人社厅、国土厅、住建厅、国资委、地税局、金融办、医保办，省国税局，福建保监局、厦门保监局。

（二）加大政策支持。落实国家支持现代保险服务业和养老服务业发展的税收优惠政策，对商业保险机构一年期以上人身保险保费收入免征增值税。落实保费补贴制度，对养老机构投保责任保险的保费由各设区市福彩公益金按不低于30%予以补贴，有条件地区可由同级政府给予一定补贴。研究制定全省城乡特困供养老人、优抚老人、计划生育特殊家庭老年人及80周岁以上老人意外伤害保险的保费补贴政策。有条件地区可对辖区老年人投保意外伤害保险给予一定保费补贴，或以政府购买服务方式统一投保。支持有条件地区探索老年人商业护理保险补贴制度。

责任单位：省国税局、财政厅、民政厅、老龄办，各市、县（区）人民政府，平潭综合实验区管委会。

（三）营造良好环境。大力普及商业养老保险知识，增强人民群众保险意识。加强保险业诚信体系建设，推动落实守信联合激励和失信联合惩戒机制，强化保险消费者权益保护。各设区市、省直有关部门要加强对政策措施执行情况特别是有关的土地保障、税费优惠、补贴、审批等方面政策落实情况的监督检查，并纳入年度重点工作加以考核，针对发现的问题及时采取整改措施，不断完善相关政策。保险监管部门要加强市场监管，督促商业保险机构严格执行商业养老保险监管政策，加强行业自律，形成公平竞争、规范发展的市场环境；定期检查各有关商业保险机构开展商业养老保险、参与经办管理业务以及投资养老服务业等情况，及时发现和整治违规及侵害消费者权益的行为，为商业养老保险市场发展创造良好监管环境。

责任单位：各设区市人民政府、平潭综合实验区管委会，省直有关部门，福建保监局、厦门保监局。

福建省人民政府办公厅

2017年11月25日

江西省无障碍环境建设“十三五”实施方案

江西省残疾人联合会　江西省住房和城乡建设厅　江西省教育厅
江西省公安厅　江西省民政厅　江西省交通运输厅　江西省新闻出版广电局
江西省互联网信息办公室　江西省旅游发展委员会
江西省老龄工作委员会办公室　江西省通信管理局
南昌铁路局　江西省机场集团公司

赣残联字〔2017〕58号

为做好“十三五”期间无障碍环境建设工作，根据省政府印发的《江西省“十三五”加快残疾人小康进程规划纲要》和中国残联、住房和城乡建设部等13部门联合印发的《无障碍环境建设“十三五”实施方案》，结合我省无障碍环境建设的实际，制定本方案。

一、背景

“十二五”期间，国务院颁布实施《无障碍环境建设条例》，为城乡无障碍环境建设开展提供法规保障。《江西省残疾人保障条例》第六章，也专门对我省无障碍环境建设做出了相应的规定。“十二五”期间，江西省高度重视无障碍环境建设工作，在全省范围内开展了“无障碍县（市、区）”创建活动，各部门多方联动，狠抓落实，全省的城市道路、公共建筑、公共交通设施、居住区、残疾人老年人服务设施、残疾人家庭、信息交流等无障碍建设，以及无障碍设施管理、宣传等取得一定的成效，100个县（市、区）已基本实现出行无障碍。住房和城乡建设部、工业和信息化部、民政部、中国残联、全国老龄办开展了创建全国无障碍环境市县工作，我省4个市（县）获选全国无障碍建设示范市县，20个县（市、区）获选全国无障碍建设创建市县。

尽管我省无障碍环境建设有了很大发展，但与残疾人、老年人的特殊需求，以及全体社会成员参与社会生活的无障碍环境需求相比还有较大差距，我省无障碍环境建设仍存在一些亟待解决的困难和问题：全社会无障碍意识有待进一步提高；一些新建无障碍设施不规范、不系统，无障碍改造滞后，各地无障碍环境建设发展不平衡；残疾人、老年人家庭无障碍、信息交流无障碍、农村无障碍建设仍比较薄弱，无障碍设施的完善、使用和管理也亟待加强。

二、任务目标

——以解决残疾人、老年人以及有需求的其他社会成员无障碍日常出行、获取信息为重点，全面提升城乡无障碍环境建设水平。落实《无障碍环境建设条例》和《国家新型城镇化规划（2014—2020年）》，推进无障碍设施规范化、系统化建设，加快推进政府机关、学校、社区、旅游景区、社会福利、公共交通等公共场所和设施的无障碍改造，深入开展信息交流无障碍建设，稳步推进农村地区无障碍环境建设。

——完善无障碍环境建设相关政策标准，促进基本公共服务均等化。加快制定《江西省无障碍环境建设办法》，结合各行业和各领域的实际，研究出台一系列无障碍环境建设的政策、标准，健全无障碍基本公共服务，为残疾人参与社会生活、获得公共服务创造更好的条件。

——解决影响残疾人、老年人日常起居、基本生活的家庭环境障碍，为残疾人实现全面小康奠定物质基础。切实加大贫困重度残疾人家庭无障碍改造工作力度，通过多种措施，推动各地全面开展残疾人、老年人家庭无障碍改造。

三、主要措施

（一）依法开展无障碍环境建设

切实贯彻《无障碍环境建设条例》，依法加强无障碍环境建设、管理。省住房和城乡建设厅、省民政厅、省通信管理局、省残联、省老龄办等部门，加强对《无障碍环境建设条例》的宣传和实施情况进行监督检查。

（二）健全无障碍建设工作机制

各地要将无障碍环境建设纳入经济社会发展规划和城乡规划，制定无障碍改造专项规划和“十三五”实施方案，明确无障碍设施改造责任主体，切实采取措施，加强领导，创新方式，推广无障碍通用设计理念。编制无障碍环境建设发展规划时，应当征求残疾人组织等社会组织的意见。乡（镇）人民政府、街道办事处应当对本辖区内的无障碍环境建设情况实施监督。

县级以上地方要建立政府统一领导、相关部门参加的无障碍建设组织协调机构，建立、完善相关工作机制。要根据人员变动和工作需要，及时调整补充无障碍建设领导小组成员，确保“十三五”期间无障碍建设领导小组及其办公室更好地履行职能。

积极引导社会力量参与无障碍建设，进一步加强对无障碍建设的社会监督。有条件的地方要成立无障碍发展促进会，建立由人大代表、政协委员以及残疾人、老年人、媒体代表等参与的无障碍监督员队伍。相关部门应为促进会和无障碍监督员队伍开展工作创造条件。

任何单位和个人，可以就无障碍环境建设向住房城乡建设、民政、通信管理、残联、老龄办等有关部门提出意见和建议；发现问题的，可以向有关单位反映或投诉，有关单位应当及时处理，并作出负责任的答复。

（三）严格执行国家无障碍环境建设相关政策、标准

贯彻执行国家无障碍环境建设相关的城市公共设施建设规划，落实促进无障碍设施研发和社会资本投入无障碍环境建设的优惠激励政策，严格执行国家加强学校无障碍改造、加强政府和社会公共服务网站无障碍改造、食品药品信息无障碍识别、金融无障碍、残疾人紧急避险和应急疏散等政策，推动盲人、聋人信息消费支持政策的落实。

严格执行铁道客车及动车组无障碍设施通用技术条件、移动互联网终端无障碍、导盲犬驯养管理等无障碍国家、行业标准及无障碍建设评价体系，为无障碍环境建设提供技术支持。

（四）开展无障碍环境市、县、村镇创建工作

落实《国家新型城镇化规划（2014—2020 年）》，巩固创建全国无障碍环境市县工作的成果，积极迎接国家对无障碍环境建设城市开展的复检复评。将无障碍环境建设融入文明城市创建内容，全面推进我省城市无障碍化建设。将无障碍环境建设纳入新农村建设、村庄环境整治内容，开展无障碍村镇创建工作，逐步推广农村地区无障碍环境建设。

（五）加大无障碍建设与改造力度

按照无障碍设施工程建设相关标准和规范要求，对新建（改建、扩建）设施的规划、设计、施工、验收严格监管，对不符合规划要求的建设项目不予批准，对违反设计要求的不予通过，对不按设计要求施工的不进行竣工验收，备案主管部门不予备案，并责令有关单位进行整改。进一步提高无障碍设施系统化、规范化、标准化和质量。

对已建成的不符合无障碍设施工程建设标准的城市道路、公共建筑、公共交通设施、居住建筑、居住区，制定无障碍改造计划，明确无障碍设施改造责任主体和分阶段任务目标，提高改造比例，提供资金保障。尤其要加快推进政府机关、学校、社区、旅游景区、社会福利、公共交通等公共场所和设施的无障碍改造。完善无障碍设施相关使用信息或指示标志。

航空、铁路、城市公共交通、医疗卫生、文化、体育、金融、邮政、商业、旅游等切实将无障碍建设纳入各相关行业建设内容，与行业公共服务设施建设同步推进，在达到无障要求的同时，做到与主体工程同步设计、同步施工、同步交付使用，并与建设项目周边已有的无障碍设施相衔接。有条件的还应当指派工作人员为残疾人、老年人以及有特殊需要的人提供必要的个性化服务。

城镇主要干道、主要商业区的人行道，都要建设盲道和进行无障碍坡化或设置缘石坡道。人行天桥、人行地下通道要设置方便残疾人使用轮椅的无障碍通道。人行横道红绿灯处应当加装过街音响提示装置。

公共汽车停靠站（点）应当符合国家无障碍设施建设标准，设置检票口轮椅通道，逐步设置供候车的视力残疾人识别车辆、线路的提醒装置。公共汽车应当提供语音报站服务，逐步实现字幕报站服务和无障碍乘坐。公共停车场、道路停车泊位应当按照无障碍设施工程建设标准设置无障碍停车位。无障碍停车位应当设立在方便残疾人通行的位置，并设置显著标识，供残疾人车辆免费停放。

住房和城乡建设部门要加强无障碍设施日常维护和管理，纳入城市管理内容，建设城市无障碍设施电子数据库，加大对占用、破坏无障碍设施等违法行为的处罚力度，确保无障碍设施发挥功能。

（六）推进信息交流无障碍

将无障碍信息交流建设纳入信息化建设规划。设区市以上政府新闻发布会逐步增加手语服务，推进音像制品、电视栏目加配字幕，鼓励有条件的电视台电视节目加配手语解说。各设区市人民政府网站、主要社会公共服务机构网站和各级残疾人组织网站无障碍服务能力达到基本水平。鼓励和支持食品药品添加无障碍识别标识。推广在公共服务机构和公共场所为残疾人提供语音和文字提示、手语、盲文等信息交流服务。加强信息无障碍通用产品、技术的研发、推广、应用。推进聋人手机短信服务平台建设。图书和声像资源数字化建设实现信息无障碍。推进社区选举无障碍，组织选举的部门应当为残疾人参加选举提供便利。全面实施方便聋人的短信报警服务。

（七）广泛开展残疾人、老年人家庭无障碍改造

规范家庭无障碍改造内容，推广残疾人、老年人家居无障碍设计，在城市保障房建设和农村危房改造中优先考虑残疾人、老年人家庭无障碍建设内容。对贫困重度残疾人、经济困难高龄老年人家庭无障碍改造给予补贴，除用好中央财政补助资金外，确保各级配套资金的落实，并通过政府购买服务、动员社会力量支持等多种形式，切实加大贫困残疾人、经济困难高龄老年人家庭无障碍改造工作力度。残疾人、老年人以及其他社会成员根据其实际需要对住房进行无障碍改造的，在不影响安全和他人使用的情况下，房屋管理部门应当允许其进行改造，物业服务者应当为其改造提供便利。争取在“十三五”期间使我省贫困重度残疾人家庭无障碍改造基本完成，为残疾人实现全面小康奠定物质基础。

（八）开展无障碍建设研究、人员培训、宣传

支持高等院校、科研机构成立相关研究机构，开设无障碍相关课程，开展无障碍建设研究，培养专门人才。鼓励、支持采用无障碍通用设计的技术和产品，推进残疾人专用的无障碍技术和产品的开发、应用和推广。鼓励支持服务残疾人的电子产品、APP、软件等开发应用。倡导无障碍环境建设理念，鼓励公民、法人和其他组织为无障碍环境建设提供捐助和志愿服务。

对无障碍环境规划、设计、施工、建设、管理、监督等人员开展无障碍知识培训，增强执行规范和开展无障碍监督的自觉性和能力。

多种形式、多种载体开展无障碍建设的宣传，发挥互联网作用，进一步普及无障碍知识，创新无障碍品牌，提高无障碍意识，扩大无障碍效应，营造全社会关心、支持、参与无障碍建设的良好氛围。

四、检查评估

（一）省住房和城乡建设厅、民政厅、通信管理局、残联、老龄办，根据国家有关规定、标准和要求，适时对全省无障碍环境市、县、村镇创建工作开展联合调研检查，并对创建工作先进单位进行通报表彰。同时可组织相关机构、无障碍环境建设专家和残疾人组织及代表等进行第三方评估。

（二）在国家进行无障碍环境建设中期检查前，住房和城乡建设、民政、残联、老龄办等有关部门依据本方案，于2018年进行中期检查。

（二）2020年对本方案实施情况进行全面总结验收，按国家要求推荐无障碍环境建设先进市、县、镇、村进行评比表彰。

江西省老龄办关于印发《江西省老龄信访工作管理办法（试行）》的通知

赣老龄办发〔2017〕12号

第一条　为做好全省老龄信访工作（以下简称老龄信访），妥善处理和及时化解各种涉老矛盾，保持社会稳定，营造和谐环境，根据《国务院信访工作条例》、《江西省信访条例》等相关法规政策，结合我省老龄工作实际，制定本试行办法。

第二条　本办法所称老龄信访，是指公民、法人或者其他组织采取书信、电话、电子邮件、传真、来访（含走访）、网电等形式，向全省老龄工作机构反映涉老情况，提出与老龄工作有关的意见建议或者诉求，按规定由老龄工作机构处理的活动。

第三条　老龄信访应遵循的原则：

（一）属地管理、分级负责。

（二）谁主管、谁负责。

（三）依法、及时、就地解决问题与疏导教育。

第四条　老龄信访的任务：

（一）受理老年人及相关人员、组织的来信来访。

（二）受理上级、本级党委、政府转办的涉老来信来访。

（三）老龄信访件的督办和反馈。

（四）定期分析老龄信访工作，及时做好情况汇报。

第五条 老龄工作机构应当完善依法、科学、民主决策机制、老龄信访问题排查化解机制、老龄信访督办工作机制，减少和预防老龄信访事项的矛盾纠纷，将矛盾纠纷化解在基层。

第六条 老龄工作机构应当畅通老龄信访渠道，领导要阅批重要来信，定期听取信访工作人员的汇报，接待重大群体性来访，妥善解决老龄信访中的突出问题。

第七条 老龄工作机构应当强化对老龄信访工作的考核，实行老龄信访责任制。对工作中失职、渎职的，要依法、依规追究有关责任单位和人员的责任，对工作中做出突出成绩的单位和个人应给予表彰。

第八条 各级老龄工作机构中从事信访工作人员，经本级政府信访、人社等相关部门认可，可享受本级人民政府有关信访工作岗位津贴。

第九条 老龄信访工作人员应履行下列职责：

（一）受理老龄信访事项。

（二）向来访者宣传有关法律、法规、规章和政策，提供有关老龄信访事项的咨询服务。

（三）向下级老龄工作机构转送、交办老龄信访事项。

（四）承办上级老龄工作机构、本级党委和政府、监管部门交办处理的老龄信访事项。

（五）督促、检查、协调老龄信访事项的处理和落实。

（六）研究、分析老龄信访情况，及时提出完善政策或者改进建议。

（七）总结交流老龄信访工作经验，指导下级老龄工作机构的老龄信访工作。

（八）向上一级老龄工作机构定期报送老龄信访情况、统计报告及有关数据等。

第十条 老龄信访工作人员应遵守下列规定：

（一）妥善保管信访材料，不得丢失、隐匿或者擅自销毁。

（二）尊重信访者，不得刁难、歧视信访者。

（三）恪尽职守，秉公办事，依法及时处理老年信访事项，不得推诿、敷衍、拖延。

（四）遵守保密制度，不得将信访者的检举、揭发材料及有关情况透露或者转给被检举、揭发的人员或者单位。

（五）与信访事项或者信访者有直接利害关系的，应当主动申请回避。

第十一条 采用群访形式提出共同老龄信访事项的，应当推选代表，代表人数应控制在5人以内。

第十二条 来信来访者提出老龄信访事项，应当对其所提供材料内容的真实性负责，不得捏造、歪曲事实、不得诬告、陷害他人。

第十三条 老龄信访过程中各方均应遵守法律、法规，自觉维护社会公共秩序和信访秩序，不得损害国家、社会、集体的利益以及其他公民的合法权益。来访者不得有下列行为：

（一）在办公场所及其周围、公共场所等非法聚集，围堵、冲击办公场所，拦截公务车辆，或者堵塞、阻断交通等。

（二）携带危险物品、管制器具。

（三）侮辱、威胁、殴打老龄信访工作人员，或者非法限制他人的人身自由。

（四）在信访接待场所滞留、滋事，或者将生活不能自理的老年人弃留在信访接待场所。

（五）煽动、串联、胁迫、以财物诱使、幕后操纵他人信访或者以信访为名借机敛财。

第十四条 处理来信（含电子邮件、传真、电话等）应及时拆封、详细阅读、认真登记、依规办理。其程序如下：

（一）拆封。及时拆封并保持信封和邮票等相关材料的完整。信中如有其他资料，要逐一清点核对。受理转办信件时，要检查转办手续是否完备。

（二）登记。详细阅读来信，做好来信登记。按照省委、省政府信访局统一规定的表格，在项目栏填写来信者姓名（或化名）、来信时间、工作单位或者家庭住址，以及来信的重要内容。对于匿名来信，要注明是匿名信件。转办的来信，要注明转办单位和处理时间。所有来信均应予以统一编号。

（三）呈批。按照来信中反映的问题，呈送相关领导审阅批示。

（四）转办。根据领导批示，及时转有关单位办理。信访转办单上应注明转办单位、转办单编号、办理意见、转办时间，要求限期回告的，还应注明回告时限。

第十五条 处理来访应做到热情接待，详细登记，认真接谈，恰当处理，并做好相应的解释说明工作。其程序如下：

（一）登记。对初次来访或者重复来访人员都要认真填写来访者的姓名、地址、单位、职务、来访时间、反映的主要问题和要求，并统一编号管理。

（二）接谈。在审阅来访者所提供的材料和听完来访者的陈述后，把来访者表达的主要内容归纳起来口述给来访者，以避免工作失误。

（三）处理。根据本办法第三条，区别不同情况进行处理。来访者：1. 反映的属于一般性问题，不需要转请有关单位处理的，按照有关政策规定，可当面给予解答；2.反映的问题，属于老龄工作机构职责范围内的，应按照职责范围及时交相关人员接谈处理；3.不属于老龄工作机构职责范围内处理的问题，要按照问题的性质，引导来访者到有关单位反映；4.反映的属于重大问题，应明确为重点来访案件及时呈批，按照领导批示，转有权处置的单位调查处理。

第十六条　全省各级老龄工作机构要加强老龄信访督办工作，通过限定办理时间，建立跟踪档案、定期清查、定期催办等措施，积极落实老龄信访事项办理情况。

第十七条　有下列情形之一的，应及时督办。

（一）无正当理由未按规定的办理期限办结信访事项的。

（二）未按规定反馈信访事项的。

（三）未按规定程序办理信访事项的。

（四）办理信访事项推诿、敷衍、拖延的。

（五）不执行信访处理意见的。

（六）其他需要督办的情形。

第十八条　对信访查办报告内容不清、处理结果避重就轻、敷衍塞责或者处理结果不明确的，应责成办理单位重新办理。

第十九条　对上级老龄工作机构、本级党委和政府、监管部门等交办的老龄信访事项，应在30日内办理完毕并反馈办理结果。不需要反馈办理结果的，办理单位应在一个月内办理完毕并将办理情况归档留存；情况复杂、难以按期办结的，办理单位应及时书面汇报办理进展情况及下一步的工作意见。

第二十条　根据办理结果和领导批示，向信访者进行答复。

（一）对知晓来信来访者真实姓名的信访件，老龄信访事项的办理单位经调查核实后，应当依照有关法律法规，对老龄信访请求事实清楚、符合法律法规和有关规定的，予以支持，并将正在办理的情况或办理的结果书面答复给信访者；请求缺乏事实根据或法规依据的，不予以支持，并向信访者及时做好解释说明工作，同时做好办理情况留存备查。

（二）对匿名信访件，老龄信访事项的办理单位经调查核实后，应将调查情况和处理建议呈报领导审阅批示，根据领导批示采取相应的反馈方式进行反馈，并将办理结果留存备查。

第二十一条　信访者对老龄信访办理单位做出的老龄信访事项处理意见不服的，可以自收到答复之日起30日内请求原办理单位复查。收到复查请求的单位应当自收到复查请求之日起30日内提出复查意见，并予以答复。

第二十二条　信访者对复查意见不服的，可以自收到复查答复意见之日起30日内，向复查单位的上一级老龄工作机构请求复核。收到复核请求的单位应当自收到复核请求之日起30日内提出复核意见。

信访者对复核意见不服，仍然以同一事实和理由提出投诉请求的，应做好解释说明工作。

第二十三条　加强对老龄信访工作的研究分析，发挥信息反馈和预警、预测作用，定期就以下老龄信访事项进行情况分析并形成分析报告。

（一）受理老龄信访事项的统计数据、信访事项涉及领域以及被投诉较多的单位、部门或个人。

（二）转办、督办情况。

（三）提出改进老龄信访工作的相关建议。

第二十四条　老龄工作机构要建立和完善老龄信访档案，对信访件及相关材料应及时归档，信访档案应做到长期保存。

第二十五条　老龄工作机构在办理老龄信访事项过程中违反本办法的规定，有下列情形之一的，由其本级党委和政府或者监管部门及上级老龄工作机构责令改正；造成严重后果的，要追究责任人的责任。

（一）对收到的老龄信访事项不按规定登记、转办的。

（二）对属于其职权范围的老龄信访事项不予受理的。

（三）未在规定期限内向信访者反馈办理情况的。

（四）推诿、敷衍、拖延老龄信访事项办理或者其他有关规定的投诉请求未予支持且无正当理由的。

第二十六条　老龄信访工作人员对检举、控告、投诉进行阻扰、压制，或者将检举、控告、申诉材料私自扣押、销毁，或者故意将其泄露给被检举人、被控告人的，根据情节轻重，将依据相关法规给予行政处分。

第二十七条　任何人不得打击报复或者陷害信访者，否则，将按照相关法律法规受到相应处分。

第二十八条　对因工作不力、失职引发重大老龄信访案件甚至群体上访事件，造成严重后果的，要追究有关领导和责任人的责任。

第二十九条　本办法适用全省各级老龄工作机构。

第三十条　本办法自下发之日起执行。本办法下发前的有关规定有与本办法不一致的，以本办法为准。

山东省人民政府关于印发“十三五”山东省老龄事业发展和养老体系建设规划的通知

鲁政发〔2017〕21号

各市人民政府，各县（市、区）人民政府，省政府各部门、各直属机构，各大企业，各高等院校：

现将《“十三五”山东省老龄事业发展和养老体系建设规划》印发给你们，请认真贯彻实施。

山东省人民政府

2017年8月11日

“十三五”山东省老龄事业发展和养老体系建设规划

为积极应对人口老龄化，推动老龄事业全面协调可持续发展，健全养老体系，根据《“十三五”国家老龄事业发展和养老体系建设规划》（国发〔2017〕13号）和《山东省国民经济和社会发展第十三个五年规划纲要》（鲁政发〔2016〕5号），制定本规划。

第一章　规划背景

第一节　“十二五”时期的成就

“十二五”时期，全省老龄事业和养老体系建设取得快速发展。《山东省老年人权益保障条例》修订实施，省委、省政府出台了一系列支持发展老龄事业、促进养老体系建设的政策文件，老龄法规政策体系不断完善；建立了覆盖全省、城乡一体的基本养老保险和基本医疗保险制度，推行和落实居民大病保险、失能困难老年人护理补贴制度，开展职工长期护理保险试点，推动老年人意外伤害保险工作，完善高龄津贴制度，养老保障和老年福利水平持续改善；加快养老服务业转型升级，不断加大政策支持力度，养老服务领域改革不断深化，社会养老服务体系建设持续推进；养老金融、养老地产、老年旅游、医养结合、“互联网＋”等养老产业迅猛发展，推动经济发展的巨大潜力日渐显现；开展老年人公益维权示范站创建活动，老年维权工作合力不断强化，老年人法律援助组织网络不断健全，老年人维权工作机制不断创新；修订颁布《山东省优待老年人规定》（鲁政发〔2011〕54号），增加了优待项目，拓宽了优待范围，提高了优待标准；基层老年文体设施建设成效显著，老年文体活动丰富多彩，老年人精神文化生活水平不断改善；齐鲁传统敬老文化得到进一步发扬，全社会敬老养老助老氛围更加浓厚，老年人的获得感、幸福感、满足感显著提升。

第二节　“十三五”时期的形势

“十三五”时期是我省全面建成小康社会的决胜阶段，也是全省老龄事业改革发展和养老体系建设持续推进的重要战略窗口期。

形势严峻。我省人口老龄化发展呈现快速化、高龄化、失能化的趋势。预计2020年，全省60岁以上的老年人将达到2208万人，占全省总人口的22.3%，高龄、失能、空巢老年人数量和比例也将大幅度增加，养老和医疗保障支出持续增长，农村养老形势更加严峻，家庭和社会养老压力进一步加大，应对人口老龄化任务十分繁重。

短板明显。全社会对人口老龄化严峻性和紧迫性的认识不足；涉老法规政策系统性、协调性、针对性亟待强化；养老服务业结构不合理，城乡、区域发展不平衡，产业化、市场化、社会化水平不高；农村老龄事业起点低、困难大；老年宜居环境建设基础弱、欠账多；老年人消费市场供需矛盾突出；老年人精神关爱不够、服务供给不足；老龄工作体制机制不健全，基层基础薄弱，人才队伍短缺。

条件有利。党中央、国务院高度重视老龄事业发展和养老体系建设，习近平总书记提出要及时、科学、综合应对人口老龄化，为老龄事业发展指明了方向。省委、省政府把健康养老作为新旧动能转换和经济转型升级的10大产业之一，发展环境和政策支持不断优化，为老龄事业发展和养老体系建设提供了重大机遇。我省属经济大省，产业体系完备，综合实力强，自然环境优美，区位优势明显，孝德文化底蕴深厚，为进一步发展老龄事业和建设养老体系提供了有力支撑。

第二章 基本要求和发展目标

第一节 基本要求

全面贯彻党的十八大和十八届三中、四中、五中、六中全会精神，深入贯彻习近平总书记系列重要讲话精神和治国理政新理念新思想新战略，坚持“党委领导、政府主导、社会参与、全民行动”的老龄工作方针，按照省委、省政府部署要求，牢牢把握走在前列的目标定位，及时、科学、综合应对人口老龄化，着力增强全社会积极应对人口老龄化的思想观念，完善老龄政策制度，健全与全面建成小康社会相适应的老年人社会保障体系、养老服务体系和健康支持体系，发展养老服务业和老龄产业，发挥老年人积极作用，健全老龄工作体制机制，努力推动老龄事业和养老体系建设全面协调可持续发展。

第二节 发展目标

到2020年，老龄事业发展和养老体系建设整体水平达到全面建成小康社会的要求并走在全国前列，全社会应对人口老龄化的能力显著提升，全省老年人同步迈入全面小康社会。

全社会积极应对人口老龄化的思想认识有较大提高，老年人尊严和权益得到更好维护和保障；多支柱、全覆盖、可持续的养老保障体系更加完善，老年人生活水平普遍提升；老年人医疗保障水平进一步提升，老年人健康素养提高，人均预期寿命达到79岁；全面建成以居家为基础、社区为依托、机构为补充、医养相结合的养老服务体系；对养老服务业和养老产业的相关规划和扶持政策更加完善，老年消费市场更加活跃；公共文化、教育、体育的为老服务功能显著提升，老年教育更加普及，老年人精神文化生活更加丰富；老年宜居环境建设的政策法规和标准规范体系基本形成，孝亲敬老的社会氛围更加浓厚，老年人生活更加安全、便捷、舒适；老龄事业发展环境和支撑条件得到显著改善，老龄工作体制机制更加健全，老龄事业的法治化、信息化、标准化、规范化程度明显提升；养老服务标准制定、实施和监管水平明显提升，人才培养、培训和激励机制全面建立，养老服务业社会化、市场化、产业化水平显著提升。

第三章 健全老年人社会保障体系

第一节 完善养老保险制度

落实国家基本养老保险制度总体方案。完善社会统筹与个人账户相结合的基本养老保险制度，构建包括职业年金、企业年金，以及个人储蓄性养老保险和商业保险的多层次养老保险体系。逐步建立覆盖全体参保人员的基本养老保险待遇合理调整机制，适当提高退休人员基本养老金和城乡居民基础养老金标准。建立更加便捷的养老保险转移接续机制。

第二节 健全医疗保险制度

健全基本医疗保险稳定可持续筹资和报销比例调整机制，完善缴费参保政策。继续完善医保关系转移接续办法，实现跨省异地安置退休人员住院费用直接结算。巩固完善居民大病保险和职工大病保险制度，探索向困难老年群体适当倾斜的具体办法。加强职工基本医疗保险个人账户支出管理，优化统账结构，提高统筹基金共济和支付能力。同步改革门诊费用支出方式，完善门诊保障制度，逐步提高门诊大病及慢性病保障水平。探索建立长期护理保险制度，完善长期护理服务标准、质量评价等规范体系，将符合条件的基层医疗卫生机构纳入长期护理保险定点范围。

第三节 完善老年社会福利和社会救助制度

实施老年人照顾服务项目，创新和优化照顾服务方式。保障特殊困难老年人需求，确保人人能够享有基本养老服务。统筹整合高龄津贴、护理补贴、养老服务补贴等困难老年人补贴制度，完善农村计划生育家庭奖励扶助和特别扶助制度，将符合条件的老年人按规定纳入最低生活保障、特困人员救助供养等社会救助制度保障范围。完善医疗救助制度，全面开展重特大疾病医疗救助，逐步将低收入家庭老年人纳入救助范围。完善临时救助制度，加强老年人“救急难”工作，对流浪乞讨、遭受遗弃及遭遇突发性、临时性生活困难等生活无着老年人给予救助。落实最低生活保障制度与扶贫开发政策有效衔接的有关政策要求，确保到2018年我省现行扶贫标准下农村贫困老年人全部脱贫。

第四节 发挥金融在养老保障体系中的重要作用

发展养老机构责任保险、老年人商业健康保险。鼓励企业、村居集体、社会组织、慈善机构等社会力量为老年人购买赠送商业健康保险。建立和完善特殊困难群体、重点优抚对象等老年人购买商业健康保险优惠政策。推进“银龄安康工程”为代表的老年人意外伤害保险工作深入开展。鼓励金融机构在风险可控和商业可持续的前提下，综合运用股票、债券、信托、保险等工具，探索和开发代际养老、预防式养老、第三方付费养老、以房养老、以地养老、养老信托、养老资产管理等养老模式和养老金融产品。鼓励开展住房返现抵押养老保险试点。

第五节 提高老年人优待水平

完善《山东省优待老年人规定》，发展普惠性老年人服务，提高老年人居住、出行、就医、旅游、生活服务等方面的优待水平。对具有本省户籍80周岁以上老年人逐步实现高龄津贴全覆盖。常住外埠老年人可与本地户籍老年人享受交通出行、文体娱乐、旅游休闲、维权服务等优待的同等待遇。鼓励社会力量兴办的文化场所、体育场所、旅游景点等对老年人免费或优惠开放。

第六节 发展养老公益慈善事业

培育和发展养老公益慈善组织。鼓励和扶持社会、企业、慈善组织和个人面向老年人开展募捐捐赠、志愿服务、慰问帮扶、文艺演出、健康教育、防诈骗宣传等形式多样的公益慈善活动，参与建设养老服务设施、开发养老产品、提供养老服务。全面实施志愿服务记录制度，引导低龄老年人参加各类为老志愿服务，为高龄老年人提供助老助困服务。切实加强对公益慈善组织和公益慈善活动的监管，依法及时查处涉老慈善活动中的违法违规行为。加强民政部门与公益慈善组织、社会服务机构之间的沟通协调，统筹开展涉老慈善援助活动。

第四章 健全养老服务体系

第一节 大力发展社区居家养老服务

突出社区居家养老。大力推行政府购买居家养老服务，推动社区居家养老服务组织发展，夯实社区居家养老基础。引导企事业单位、社会组织、医疗机构、家政物业企业等开展助餐、助浴、助洁、助急、助医、助行等服务。支持专业机构和社会组织托管运营城乡社区居家养老服务设施，打造涵盖日间照料、短期托养、上门服务、文化娱乐等功能于一体的养老服务中心，形成“十五分钟生活圈”。鼓励社区嵌入式和连锁型养老机构发展。鼓励老年人参加社区邻里互助养老。大力推行“互联网＋养老”，依托省级政务云平台，利用省级养老服务平台，对接养老需求，联结服务组织，打造线上线下相结合的服务模式。到2020年，城市社区老年人日间照料中心、农村幸福院分别达到5500处、12000所以上。

强化居家养老支持。探索建立支持家庭养老的政策，巩固家庭养老基础地位。加强社区适老化改造，推进无障碍通道、老年人专用服务设施建设。开展贫困重度残疾老年人家庭无障碍改造工作。支持子女与老年人共同居住或就近居住，研究探索鼓励子女照顾失能老人带薪休假、经济支持、喘息服务等政策，简化老年父母随子女迁移的落户政策，老年人可自愿随子女迁移户口，依法依规享受迁入地基本公共服务。各地可结合实际开展子女照料护理老年人培训，提升家庭成员的护理技能。

第二节 推动养老机构提质增效

加快公办养老机构改革，鼓励民间资本通过参资入股、收购、委托管理、公建民营等方式，参与公办养老机构改扩建和运营管理。实行老年人入住评估制度，公办或具有公办成分的养老机构优先保障特困供养人员集中供养需求和其他经济困难的孤寡、失能、高龄等老年人的服务需求。

全面放开养老服务市场，鼓励和支持企业、慈善组织、金融机构及境外资本采取独资、合资、合作、PPP等方式参与养老服务业发展。发展医养结合型养老机构，优化床位结构，完善服务功能。鼓励企事业厂房、办公用房、商业设施、培训中心、疗养院或休养机构转型用于养老服务。到2020年，全省政府运营的养老床位占比不超过20％。建立养老服务信息网络与服务网络，开展智慧养老、智慧社区建设，整合养老资源，推动互联网、物联网技术在养老服务全领域应用，形成较为完善的智慧化养老体系。

健全以机构为主体、社区为纽带、满足老年人需求的社区居家服务网络，推动居家、社区、机构无缝对接，一体化发展。发挥社区养老设施功能，提供日托、半托等喘息服务。提升养老机构辐射功能，鼓励成立社区居家养老服务组织，托管运营日间照料设施，将专业化服务延伸到社区居家老年人。

第三节 推进养老服务设施建设

制定和落实养老服务设施专项规划，并将其纳入城市总体规划和土地利用规划。按照“发展增量、盘活存量”原则，大力推进城乡基础养老服务设施建设。强化规划约束，各地在制定城市总体规划、控制性详细规划时必须按照人均用地不少于0.2平方米的标准分区分级规划设置养老服务设施。新建小区按每百户不少于20平方米的标准配套建设社区养老服务用房，已建成的住宅小区按每百户不少于15平方米的标准调剂解决。老旧居住区没有养老服务设施或现有设施达不到建设指标要求的，通过购买、置换、租赁等方式开辟养老服务设施，由当地政府统筹解决。

第四节 积极探索多元化的养老模式

整合养老资源，探索亲情互助式、虚拟养老院式等居家养老服务模式，盘活土地承包经营权、宅基地使用权和住房所有权等资源资产，依托风景区和生态旅游地，开展“候鸟式”“旅游式”“度假型”“安家型”和“互助型”等异地养老。

第五节 加强农村养老服务

推进农村养老服务设施和老年人活动场所建设，补齐农村养老发展短板。探索农村幸福院、老年人居住区、小型化养老机构、互助养老院等养老服务模式，为农村低收入老年人和失能、半失能老年人提供服务。到2020年，农村幸福院或日间照料设施服务功能覆盖全部农村社区。加大敬老院社会化改革力度，在保障特困供养人员的基础上，向全社会老年人开放，打造农村区域性养老服务中心。鼓励养老企业（机构）托管乡镇敬老院，推动乡镇敬老院连锁化、品牌化发展。发挥村民自治功能和老年协会作用，督促家庭成员承担赡养责任。探索通过子女缴纳、社会捐赠、集体经济支持等方式设立孝德基金、养老基金，解决老年人生活困难和养老问题。发挥农村基层党组织、村委会、老年协会作用，依托农村社区综合服务中心（站）、幸福院、卫生室、农家书屋、健身设施，为农村留守、孤寡、贫困、残疾等老年人提供关爱服务。

第五章 健全老年人健康支持体系

第一节 加强老年人健康促进和疾病预防

倡导健康老龄理念，推进以开展老年健康教育巡讲活动、编辑出版老年健康读物、老年人健康查体、建立高龄老年人健康档案为主要内容的“银龄健康教育工程”，开展老年人健康进社区、进家庭活动。加强对老年常见病、慢性病的指导和干预，引导老年人选择健康生活方式，老年人健康素养水平提升至10%以上。落实65周岁及以上老年人免费健康查体制度。到2020年健康管理率达到75%。建立老年人健康信息库，促进老年疾病早发现、早诊断、早治疗。开展中医药健康管理和服务，加强老年精神障碍患者管理和康复服务。

第二节 推进医养结合

推动医疗与养老服务融合发展。养老机构通过内设医疗机构、建立协作机制、设置医疗分点等方式提高医疗服务能力。建立养老机构内设医疗机构与合作医院间双向转诊、急诊急救等绿色通道，确保老年人能够得到及时有效的救治。对养老机构设置的医疗机构，符合条件的按规定纳入基本医疗保险定点范围。鼓励各级医疗卫生机构开展养老服务，推动医疗卫生服务向社区、家庭延伸，鼓励执业医师到养老机构设置的医疗机构多点执业，支持有专业特长的医师及专业人员在养老机构规范开展疾病预防、营养、中医调理养生等非诊疗行为的健康服务。鼓励各级医疗卫生机构和医务工作志愿者定期为老年人开展义诊。开发中医药与养老服务相结合产品，鼓励举办以中医药健康养老为主的护理院、疗养院，建设一批中医药特色医养结合示范基地。到2020年，实现县级以上养老机构医养结合全覆盖，全省护理型养老床位占养老床位总数的30%以上；所有医疗机构为老年人就医开辟绿色通道，所有养老机构能够以不同形式为入住老年人提供医疗护理服务。

第三节 发展老年医疗与康复护理服务

加强老年病医院、老年护理院、老年康复医院、安宁疗护机构和综合性医院老年病科建设，支持有条件的部分公立医院转为康复、老年护理医疗机构。依托基层医疗卫生机构，开展老年人医疗、康复、护理、家庭病床等服务，提高康复、护理床位占比。到2020年，全省二级以上综合性医院设立老年病科比例达50%以上，每万名老年人拥有专业机构康复床位5张。推动家庭医生签约服务，实现每个老年人家庭拥有一名合格的家庭医生，引导保障对象优先利用居家护理和社区护理服务。完善社区全科医生上门服务制度，重点保障失能失智、空巢老人医疗需求。加强老年康复医师、康复治疗师与康复辅助器具配置人才培养。

第四节 加强老年人体育健身

支持公办和民办体育设施免费或优惠向老年人开放，支持乡镇（街道）综合文化站建设体育健身场地，配备老年人设施和器材。老年大学（学校）开设体育健身课程，指导老年人科学健身。开展老年人体育公益活动，为空巢、留守老人提供健身志愿服务。举办全省老年人体育健身大会，鼓励发展老年人体育组织，到2020年，90%的街道和乡镇建立老年人基层体育组织，城乡社区普遍建立老年人健身活动站点和团队。

第六章 大力繁荣老年消费市场

第一节 丰富养老服务业态

鼓励连锁化经营、集团化发展，培育一批各具特色、管理规范、服务标准的龙头企业和知名品牌，形成产业链长、覆盖领域广、经济社会效益良好的产业集群。打造“孝润齐鲁·安养山东”服务品牌，扶持有实力的大型养老机构和社区居家养老服务组织走集团化发展道路。引导社会资本以独资、合资、合作等形式投资老龄产业，整合养老、医疗、康复、旅游等公共服务资源，推动健康、养老、保险、医疗、旅游等产业融合发展。发挥气候、交通、环境、文化、民俗、生态优势，打造特色养老养生产业带，加快“颐养山东”“福寿山东”“宜居山东”建设，整合“仙境海岸”“东方圣地”“平安泰安”“亲情沂蒙”“鲁风运河”“泉城济南”“水浒故里”“黄河入海”“齐国故都”“鸢都龙城”等十大文化旅游目的地品牌资源，发展集生活居住、文化娱乐、休闲体验、康复训练、医疗保健、医疗护理等为一体、多业态融合的养老养生社区和大型养老综合体，打造推出健康养生、快乐游学和休闲养老的老年旅游系列产品。

第二节 繁荣老年用品市场

增加老年用品供给。加大老年产品研发力度，开发和生产门类齐全、品种多样、经济适用的老年用品，编制扶持老年人产品、用品行业目录，扶持生活护理、监测呼救等产品、用品开发，优先发展健康促进、健康监测可穿戴设备，慢性病治疗、康复护理、辅助器具和智能看护、应急救援、旅游休闲等产品。鼓励商家设立老年用品专柜、专营店、连锁店，增强老年食品、药品、保健品和生态产品的供给能力。举办山东省老龄产业博览会，发挥博览会展示交流、供需对接、理论探讨和为老服务的作用。

提升老年用品科技含量。强化老年用品市场的开发研究和技术创新。支持技术密集型企业、科研院所、高校等加强适老科技研发和成果转化应用。引导企业向老年人用品延伸，研制适销对路的老年人用品。落实相关税收优惠政策，支持老年用品产业领域科技创新与应用。

第七章 推进老年宜居环境建设

第一节 推进公共设施和家庭适老化建设与改造

推进居住区和公共服务区的适老化设施建设，实施老年人家庭适老化改造，开展既有多层住宅加装电梯试点工作，加大已建居住小区公共场所、城市道路和涉老设施场所无障碍化改造力度。新建城市道路、社区公共场所和涉老设施场所无障碍化率达到100%。完善涉老设施建设标准，落实城乡各类公共设施、老年设施和建筑工程的建设标准、生态标准、技术标准。加强适老化技术标准的实施与监督。

第二节 营造安全、绿色、便利生活环境

支持老年宜居住宅和代际亲情住宅建设。倡导有自理能力的孤寡老人、空巢老人集中居住互助养老。加强老年人安全知识和急救技能宣传普及。推进老年人紧急救助、跟踪定位、健康监测等安全智能产品应用。实现全省城镇社区养老服务设施全覆盖，农村社区养老服务设施覆盖率达到70%。

第三节 营造敬老爱老助老社会环境

加强“孝德”文化建设，传承山东儒家“孝文化”，把弘扬孝亲敬老纳入社会主义核心价值观宣传教育，把敬老爱老助老纳入社会公德、职业道德、家庭美德、个人品德建设，纳入文明城市、文明村镇、文明单位、文明校园、文明家庭考评。开展“孝德”教育“进机关、进企业、进学校、进家庭”活动。开展“敬老月”“敬老文明号”“敬老爱老助老”主题教育实践活动。鼓励各级广播电台、电视台、报刊等主流媒体开设敬老文化专题栏目，在网站开设专题网页，利用微博、微信、客户端等新兴媒体进行广泛宣传，推动形成全社会尊重、关心、帮助老年人的风尚。

第八章 丰富老年人精神文化生活

第一节 发展老年教育

将老年教育纳入终身教育体系，落实老年教育发展规划，逐步建立覆盖广泛、规范有序的城乡老年教育网络体系。加大老年大学（学校）、社区老年学校建设力度，扩大老年大学办学规模，促进普通高校、职业院校等教育机构开展老年教育。政府、行业及高校举办的老年大学面向社会开放，支持社会力量举办或参与老年教育。提升老年教育机构规范化办学水平，推进现代传媒老年教育计划。到2020年，全省县级以上城市至少有1所老年大学，建有老年学校的乡镇（街道）比例达到50%，经常性参加教育活动的老年人口比例达到20%以上。

第二节 繁荣老年文化

完善城乡老年公共文化设施，推动公共文化活动场所优先向老年人免费或优惠开放。支持建立老年人文化、体育活动组织，扶持培养有影响的老年文艺、体育团体。定期举办老年文化艺术节、老年运动会、老年文艺大赛、老年书画大赛，培育老年文化品牌，促进基层老年文体活动。增加老年公共文化产品供给，鼓励创作发行老年人喜闻乐见的图书、报刊以及影视剧、戏剧等文艺作品。鼓励制作适合微博、微信、手机客户端等新媒体传播的优秀老年文化作品。加强数字图书馆建设，拓展面向老年人的数字资源服务。文体活动服务关注老年残疾人群体的特殊需要。完善覆盖城乡的公共文化设施网络，在基层公共文化设施内开辟适宜老年人的文化娱乐活动场所，增加适合老年人的特色文化服务项目。鼓励在公共文化服务机构与老年大学联合开办艺术分校。

第三节 推进老年人精神关爱服务

推动养老服务由生活照料向健康服务、精神关怀和心理慰藉扩展。有条件的市、县（市、区）建立心理学专家、专科医生、健康咨询师及志愿者组成的老年人关爱组织。开展老年人精神关爱行动，提供上门巡访服务，督促家庭成员履行心理关爱义务。依托居家养老信息服务平台，建立精神关爱服务网络。利用社区居家养老服务中心、文化活动室、卫生服务机构等社区公共服务资源，邀请心理咨询师、律师、养生专家组织开展老年精神关爱授课和咨询。有条件的社区建立老年人心理关爱站。

第九章 扩大老年人社会参与

第一节 培育积极老龄观

进一步提升全民人口老龄化意识，引导全社会树立积极、健康、主动、发展的养老观，正确对待和积极接纳老年人，尊重老年人的社会价值，为老年人发挥作用创造条件，以积极的态度、积极的政策、积极的行动应对人口老龄化。引导老年人树立终身发展理念，始终保持乐观自信的健康心态和奋发有为的进取精神，积极面对老年生活、参与社会发展、提高生活品质，发挥正能量，作出新贡献。

第二节 加强老年人力资源开发

将老年人才开发利用纳入人才队伍建设总体规划，制定老年人才开发利用专项规划。建立老年人力资源信息服务平台和老年人才信息数据库。加强老年人职业技能培训。帮助有意愿的老年人接受岗位技能培训或农村实用技术培训，推动用工单位与聘用的老年人签订协议，支持老年人才自主创业。支持老年专家、学者和各类专业人员参与科技开发和应用、咨询服务、生产经营活动。推进老年

志愿服务，支持老专家、老模范、老干部开展关心教育下一代活动。

第三节 鼓励老年人参与基层社会治理

加强村居（社区）老年协会和老年群众组织建设，发挥老年人自我教育、自我管理、自我服务作用。鼓励各类老年组织参与公共事务和公益事业，鼓励老年人参与基层民主监督、社会治安、公益慈善、文教卫生、移风易俗、民事调解等志愿服务。深入开展“乐龄工程”和“银龄行动”。到2020年，老年志愿者注册人数占老年人口比例达到12%。

第十章 加强老年人权益保障

第一节 加强法律法规的督导检查

落实《中华人民共和国老年人权益保障法》《山东省老年人权益保障条例》，把贯彻落实情况纳入各级政府工作目标管理体系，健全老年人权益保障综合考评机制，健全优待老年人的服务评价、检查监督、奖励表彰等政策，开展维护老年人合法权益考核。

第二节 健全老年人维权网络体系

完善市、县、乡、村四级老年人权益保障网络。建立老龄工作机构与法院、检察院、公安、民政、司法行政等部门的联动协作机制。推进山东省老年人公益维权服务示范站建设。发挥基层群众性自治组织、老年组织在老年维权方面的作用，畅通老年人诉求表达渠道，处理老年人信访事项和各种涉老纠纷。加强老年人法律援助、司法救助等工作，完善维权网络和服务机制，研究建立老年人监护制度。

第三节 加强老年人法律维权服务

加快推进公共法律服务体系建设，开通老年人法律援助绿色通道，到2020年全省乡镇（街道）、村居（社区）全部建有法律援助服务工作站点，老年人法律援助服务实现全覆盖。减免侵害老年人合法权益案件诉讼费。加大老年普法宣传力度，推动普法宣传规范化、常态化，提供更多服务老年人的宣传产品，帮助老年人学法、懂法、守法。组织公安、银行、电信等部门开展老年人防诈骗教育，依法加大对侵害老年人合法权益案件的查处力度。将保护老年人合法权益纳入法治建设工作重点，开通老年人诉讼绿色通道，加强涉老案件巡回审判服务，加大老年人司法救助力度，对涉老案件优先立案、优先审理、快速裁决、快速执行。

第十一章 强化工作基础和规划实施保障

第一节 强化工作基础保障

推进信息化建设。落实大数据发展行动纲要，在保障数据安全的前提下，着力推动涉及老年人的人口、保障、服务、信用、财产等基础信息互联共享，推动搭建全省互联、上下贯通的信息化工作平台。加强涉老数据、信息的汇集整合和发掘运用，建立大数据统计分析决策机制。

完善标准化建设。把养老服务标准纳入“山东标准”建设重点，完善养老服务标准体系，制定和实施老年人服务需求评估、服务规范、服务满意度测评、服务质量监管、等级评定、养老服务安全管理等标准。推进老龄产业信用体系和配套奖惩机制建设。建立老年用品和服务的质量、规格和标准体系。建立覆盖养老服务行业法人、从业人员和服务对象的行业信用体系，引入第三方征信机构，参与养老行业信用建设和信用监管。

完善投入机制。各级政府要根据经济社会发展状况和老年人口增长情况，建立稳定的老龄事业经费投入保障机制，将老龄事业发展和养老体系建设经费纳入财政预算。落实和完善鼓励政策，引导各类社会资本投入老龄事业，倡导社会各界对老龄事业进行慈善捐赠，形成财政资金、社会资本、慈善基金等多元结合的投入机制。发挥财政资金引导放大效应，通过贷款贴息、融资补贴、担保和风险补偿等办法，撬动更多信贷资金和社会资金投入。

壮大人才队伍。健全职业教育和继续教育相结合的人才教育体系，建设职业人才为骨干、志愿者为补充、家庭成员为基础的专业化为老服务队伍，发挥专业社工引领作用。加快培养老年医学、康复、护理、营养、心理、社会工作等专业人才。推动养老护理员在职培训，探索理论与实践相结合、课堂与远程相结合的培训手段。引入职业经理人，引进产业领军人才。引导提高养老服务从业人员社会地位，合理确定公办养老服务从业人员薪酬待遇。实施养老服务与管理专业的院校和入职养老服务的高校毕业生奖补制度，将养老服务与管理人员纳入“齐鲁和谐使者”评选，入选者管理期内享受省政府津贴。

加强基层工作。进一步完善老龄工作机制，保证城乡社区老龄工作有人抓、老年人事情有人管、老年人困难有人帮。推进离退休人员管理服务社会化，建立健全老年人工作单位、居住社区、社会组织和党组织齐抓共管的机制。加强养老服务机构党建工作，探索老年社会组织党建工作新形式。建立工会、共青团、妇联、残联等群团组织参与老年人管理服务的机制和制度。

加强科学研究和调查统计。支持老龄事业和养老服务业领域的科技创新、基础理论研究和政策应用研究。在高校、研究机构、企业设立老龄科学理论研究、老龄产业实践、老龄政策创制等基地。建立老龄问题智库，落实重大决策专家咨询制度。加强全省人口老龄化中长期应对策略研究，建立老龄事业和老年产业统计指标体系，落实老龄事业统计公报定期发布制度。推动城乡老年人生活状况抽样调查制度化、常态化、规范化。规范命名山东省长寿之乡，举办好山东省健康与长寿理论研讨会。

加强宣传和对外交流合作。坚持正确的舆论导向，加大对国情、省情及产业典型人物、事迹的宣传力度，提升舆情研判能力，营造全社会关注、关心、支持老龄事业的氛围。加强对外交流与合作，拓展养老服务领域合作渠道，加强与发达国家、地区和省份之间的交流，引入境外、省外资本技术和管理模式，坚持引进与吸收相结合，开展项目合作，内外联动、互利共赢。

第二节 强化规划实施保障

加强组织领导。坚持党对老龄工作的统一领导，发挥各级党委总揽全局、协调各方的领导核心作用。强化各级政府落实规划的主体责任，将本规划主要任务指标纳入当地经济社会发展规划，纳入为民办实事项目，纳入政府工作议事日程和目标责任考核内容。健全老龄工作体制机制，形成推进规划实施的合力。加强专家支持系统建设，建立由多学科、多领域专家参与的专家顾问制度，为规划实施提供技术咨询、评估和指导。

加强督促检查。省老龄办、省民政厅、省发展改革委会同有关部门，加强对各级执行规划的督促、指导、检查。各级、各部门要结合实际，明确目标，落实责任，各司其职，密切配合。强化社会监督，采取自查、督查、第三方评估并举方式，对本级规划的执行情况适时进行评估，并向社会公布评估结果。各级要结合实际制定实施细则，明确责任分工，强化督导考核，开拓进取，勇于创新，鼓励在关键指标和重点领域取得突破。

山东省人民政府办公厅关于试行职工长期护理保险制度的意见

鲁政办字〔2017〕63号

各市人民政府，各县（市、区）人民政府，省政府各部门、各直属机构，各大企业，各高等院校：

我省开展职工长期护理保险试点工作以来，各试点市高度重视，结合本地实际，精心组织实施，试点工作取得了良好效果。经省政府同意，决定在全省试行职工长期护理保险制度。现提出以下意见：

一、总体要求

全面贯彻党的十八大和十八届三中、四中、五中、六中全会精神，深入学习贯彻习近平总书记系列重要讲话精神，在认真总结试点经验的基础上，以解决失去生活自理能力的人员长期护理保障问题为重点，以基层医疗机构和老年护理机构为依托，建立长期护理保险制度，减轻参保患者家庭的事务性和经济负担，增进人民群众在共建共享发展中的获得感，促进社会和谐安定。

二、基本原则

职工长期护理保险坚持以人为本，提高人民群众的生活质量和人文关怀水平；坚持基本保障，根据当地经济发展水平和各方面承受能力，量力而行，合理确定基本保障范围和待遇标准；坚持责任分担，权利义务对等，建立多渠道筹资机制；坚持因地制宜，各市结合实际制定具体实施办法和政策标准，由点到面逐步推开；坚持机制创新，鼓励各地大胆探索，逐步完善可持续发展的体制机制，提升保障绩效和管理水平；坚持统筹协调，做好各类社会保障制度的功能衔接，协同推进健康产业和服务体系发展。

三、基本政策

（一）参保范围。参加职工基本医疗保险的职工和退休人员（以下简称“参保人员”）纳入长期护理保险覆盖范围。

（二）资金筹集渠道。职工长期护理保险资金通过职工医保统筹基金、单位补充医保资金、个人缴费及财政补助、福彩公益金等渠道解决。其中，个人缴费不低于筹资总额的30%，个人缴费可从职工个人医保账户代扣。各市要根据各方面的承受能力和职工长期护理保险待遇水平合理确定具体筹资办法、筹资比例和筹资标准。鼓励各地结合实际，探索拓宽包括用人单位缴费、接受社会捐助等资金渠道，建立动态筹资机制，并随经济社会发展逐步提高筹资水平。

（三）保障范围。职工长期护理保险重点保障长期处于失能或半失能状态的参保人员日常生活照料和与基本生活密切相关的医疗护理等所需服务费用。各市可根据当地保障需求和资金承受能力，低水平起步，科学确定重点保障人群和具体保障项目，并随经济发展和资金支撑能力提高逐步调整。

（四）待遇支付。职工长期护理保险资金支付协议护理服务机构和人员为参保人员提供的符合规定的长期护理服务费用，可对保障对象发生的护理服务费用进行直接补偿或通过购买方式向提供服务的机构或护理人员支付费用。护理服务费用由护理保险资金和保障对象个人按比例或按定额分担，对贫困人员可以给予适当照顾。长期护理保险待遇可按机构护理、家庭护理等不同形式、护理不同等级、提供护理服务不同方式等制定差别化的待遇保障政策，原则上规定范围内的护理服务费用支付标准掌握在75%左右。参保人员享受职工长期护理保险待遇的资格条件、支付范围和具体支付比例，由各市确定。各地要积极探索享受护理待遇与个人缴费适当挂钩的办法，强化个人责任。

四、管理服务

（一）资金管理。职工长期护理保险统筹层次原则上与职工医疗保险相一致，资金按照以收定支、收支平衡、略有结余的原则使用，执行现行社会保险基金管理制度，在职工基本医疗保险基金中单独管理，专款专用。建立举报投诉、信息披露、内部控制、欺诈防范等风险管理制度，提高监管水平。

（二）服务管理。各市要建立健全对护理服务机构和从业人员的协议管理和监督稽核等制度，明确服务内涵、服务标准以及质量评价等技术管理规范。建立长期护理需求认定和等级评定标准体系，制定待遇申请和资格审定及变更等管理办法。对护理服务费用支出，探索实行总量预算控制下的复合式付费方式和结算办法。

（三）经办管理。各市要加强长期护理保险经办管理服务能力建设，制定经办规程，优化服务流程，明确相关标准，创新管理服务机制。鼓励各地通过探索购买服务、委托管理以及定制护理服务和护理产品等多种实施路径、方法，在确保资金安全和有效监控前提下，与具有资质的商业保险机构等社会力量合作，提高经办管理服务能力。加强信息网络系统建设，逐步实现与养老护理机构、医疗卫生机构以及其他行业领域信息平台的信息共享和互联互通，提高经办管理质量和效率。

五、配套措施

（一）加强与其他保障制度之间的统筹衔接。搞好与其他社会保险制度在筹资、待遇等方面的政策与管理衔接。对应由现有社会保障制度和国家法律法规规定支付的护理费用，已经纳入残疾人保障、军人伤残抚恤、精神疾病防治等国家法律规定范围的护理项目和费用，长期护理保险资金不再给予支付。

（二）积极促进长期护理服务市场的发展。积极推进公立护理服务机构等护理服务体系建设，引导社会力量、社会组织参与长期护理服务，积极鼓励和支持长期护理服务机构和平台建设，促进长期护理服务产业发展。充分利用促进就业创业的政策和资金，鼓励各类人员到长期护理服务领域就业创业，对其中符合条件的，按规定落实相关补贴政策。加大对护理人员的职业培训力度，按规定落实职业培训补贴政策。逐步探索建立长期护理专业人才培养机制。充分运用长期护理保险费用支付政策对护理需求和服务供给资源配置的调节作用，引导保障对象优先采用居家护理和社区护理服务，鼓励机构服务向社区和家庭延伸。鼓励护理对象的亲属、邻居和社会志愿者提供护理服务。

（三）探索建立多层次长期护理保障制度。积极引导发挥社会救助、商业保险、慈善事业等的有益补充，解决不同层面护理需求。鼓励探索老年护理补贴制度，保障特定贫困老年人长期护理需求，发挥其“兜底”作用。鼓励商业保险机构开发适销对路的保险产品和服务，发展与长期护理社会保险相衔接的商业护理保险，满足多样化、多层次的长期护理保障需求。

六、组织实施

建立长期护理保险制度是应对人口老龄化的一项重要社会保障制度安排。各地要高度重视，切实加强领导，认真做好组织实施工作。先期开展试点的市，要按照本意见要求进一步调整完善政策措施，提高管理服务水平；其他市 2017 年要选择 1—2 个县启动实施，利用 3 年左右时间在全省全面建立职工长期护理保险制度。人力资源社会保障部门要发挥统筹协调作用，会同有关部门确定职工长期护理保险资金的筹集标准、支付范围和待遇标准，制定管理规范和基本流程，指导社会保险经办机构做好资金筹集、支付等日常经办服务工作。财政部门要按照相关规定，会同有关部门将职工长期护理保险财政补助资金和福彩公益金纳入年度预算，对职工长期护理保险资金管理中的财务列支和会计核算办法作出规定，加强对资金筹集、管理和使用的监督。民政部门要配合人力资源社会保障部门做好职工长期护理与养老服务的衔接。卫生计生部门要加强对医疗机构的管理，规范医疗服务行为，督促医疗机构不断提高护理服务质量。各有关部门要通力配合、密切协作，研究工作中出现的新问题、新情况，不断完善方案设计。要建立宣传机制，加强正面宣传，引导社会舆论，确保职工长期护理保险工作的平稳顺利开展。

各市具体实施方案请于 2017 年 6 月底前报省人力资源社会保障厅、省财政厅备案。

山东省人民政府办公厅

2017 年 4 月 6 日

山东省民政厅等5部门关于印发《山东省养老院服务质量建设专项行动实施方案》的通知

鲁民〔2017〕25号

各市民政局、公安局、卫生计生委、质量技术监督局、老龄办：

按照民政部等六部委《关于开展养老院服务质量建设专项行动的通知》（民发〔2017〕51号）要求，省民政厅、公安厅、卫生计生委、质监局、老龄办制定了《山东省养老院服务质量建设专项行动实施方案》，现印发给你们，请认真抓好贯彻落实。

山东省民政厅　山东省公安厅　山东省卫生计生委
山东省质监局　山东省老龄办
2017年4月13日

山东省养老院服务质量建设专项行动实施方案

为全面贯彻落实习近平总书记在中央经济工作会议上关于“开展质量提升行动”的部署要求和第14次中央财经领导小组会议关于提高养老院服务质量的重要讲话精神，加快建立全国统一的服务质量标准和评价体系，加强养老院服务质量监管，坚决依法依规从严惩处欺老、虐老行为，尽快在养老院服务质量上有明显改善，根据民政部等六部委《关于开展养老院服务质量建设专项行动的通知》（民发〔2017〕51号）和全国养老院服务质量建设专项行动动员部署视频会议精神，结合我省养老院服务质量现状，现制定如下实施方案。

一、指导思想

深入贯彻落实党中央、国务院决策部署，坚持以人民为中心的发展理念，按照以人为本、安全为先、诚信守法、以质取胜的工作原则，着力解决影响养老院服务质量的突出问题，建立以质量和效益为导向的养老院服务发展机制，塑造养老院“安全、诚信、优质”的服务品质，全面提升养老院的服务质量，打造人民群众住得起、住得好的养老院，让养老院中的每一位老年人得到精心的照护，尊严的生活，都能健康长寿、安享幸福晚年，创建形成“孝润齐鲁・安养山东”服务品牌。

二、工作目标

到2017年底，养老院服务质量明显改善，各项服务质量基础进一步夯实，全省统一的服务质量标准和评价体系初步建立，60%以上的养老院能够以不同形式为入住老年人提供医疗卫生服务，涌现一批质量有保证、服务有标准、人员有专长的规范化养老院，培育和表彰一批品牌化养老院。

到2020年，建立全省统一的养老服务质量标准和评价体系，养老服务质量治理和促进体系更加完善，养老院服务质量总体水平显著提升，所有养老院能够以不同形式为入住老年人提供医疗卫生服务，形成一批品牌形象突出、服务功能完备、质量水平一流的连锁化养老院，质量建设成果更好地惠及全体老年人及其家庭，为积极应对人口老龄化、全面建成小康社会奠定坚实基础。

三、重点行动内容

（一）开展全省养老院服务质量大检查、大整治活动。对照《养老院服务质量大检查指南》，全面排查养老院服务质量问题与不足，明确整治方向和内容时限，推进养老院服务质量大转变，夯实养老院服务质量可持续改善基础。

（二）加快养老院服务质量标准化和认证建设。建立全面覆盖养老院服务质量的标准化工作体系，按照改革要求推进政府标准和市场标准科学供给，积极推进养老机构在“企业标准信息公共服务平台”上公开服务标准，接受社会监督，推动形成养老院分类等级服务标准及监管机制，探索开展养老院服务质量认证工作。落实《养老机构等级划分》等养老服务标准，年内新编制应用一批养老服务地方标准，开展养老院等级评估。

（三）开展医疗卫生服务。通过在养老院内兴办医疗机构或与医疗机构开展多种合作等方式，提升养老院医疗卫生服务和健康管理水平，增强养老院服务失能、半失能老年人的能力。

（四）加强养老院安全管理。树立全员风险防范意识，加强消防、食品安全的管理，牢固树立安全第一的理念，加强安全设施改造和设施配备，完善安全应急应对机制，提升风险防范能力，把养老院服务质量建立在牢固的安全管理基础上。

（五）提高养老院管理服务人员素质能力。全面贯彻以人为本、以需求为导向的服务理念，发挥养老人才支撑作用，完善省、市、县、机构分级培训体系，落实专业人员保障和激励政策措施，支持养老院引入医生、护士、社会工作者等专业人员，壮大职业化护理员、专业技术人员和管理人才三支队伍。年内省级培训养老院长、养老护理员等人员5000人，市、县、机构培训7000人，养老机构护理员持证率达到40%。

（六）建立互联互通的养老院业务管理系统。启用“两台一网”（山东省养老管理平台、山东省养老服务平台、山东省养老服务信息网），对接全国养老机构业务管理系统，实时监控养老院服务质量动态，加强养老院运营管理及服务质量大数据管理。

（七）开展养老院服务质量宣传活动。充分利用各种宣传媒体，在山东省民政厅网站和养老服务信息网站开设专栏，加强养老院服务质量宣传，扩大专项行动影响力，培育质量第一的强烈意识。

（八）开展“敬老文明号”创建活动。把养老院服务质量建设专项行动作为“敬老文明号”的重要创建内容，对在提升养老院服务质量工作中成效明显的养老院，以及组织工作得力、推进有序的部门，优先纳入“敬老文明号”推荐范围，广泛培育并宣传专项行动中涌现的先进典型，努力形成争取先进、力创一流的气氛。弘扬敬老、养老、爱老、助老、孝老传统美德，表彰奖励一批优秀养老院、养老服务人员，形成敬老、为老、助老的良好社会氛围。

（九）加强养老院服务质量监督。建立养老机构、组织信用评价体系，完善养老服务举报和投诉等制度，依托各级养老服务协会、家政协会定期对养老院质量情况进行调查评价并向社会公布，形成政府指导、行业自律、社会监督相结合的监管体系。将存在严重违法违规行为且不整治以及因违法违规行为导致事故的养老院，及时向社会公告并通报相关部门。整合相关资源建立区域养老服务质量监督热线平台，建立养老院服务质量纠纷调解机制，加强老年人合法权益维护工作，防止欺老、虐老现象发生。

四、2017年主要任务

按照全国统一部署要求，养老院服务质量建设专项行动从2017年开始，暂定四年。根据工作需要，以问题为导向，每年确定专项行动主要任务并制定实施方案，逐一解决养老院服务质量建设中的重大问题，实现养老服务质量年年有提升。为贯彻落实习近平总书记关于尽快在养老院服务质量上有个明显改善的指示要求，2017年养老院服务质量建设专项行动以“五查五改、对标达标”为主要内容，对照影响养老院服务质量的运营管理、生活服务、健康服务、社会工作服务、安全管理等五个方面（具体见附件），开展养老院服务质量大检查、大整治，推进养老院服务质量大转变。2017年养老院服务质量建设专项行动从2017年3月开始，具体分为三个阶段。

（一）动员部署和自查自纠阶段（5月中旬完成）。

1. 各地民政牵头，联合公安、卫生计生、质量技术监督、老龄等部门成立领导机构，在调查摸底基础上，制定实施方案，层层动员部署，广泛宣传发动。4月15日前召开全省会议。

2. 4月20日前，开展养老院服务质量专项行动培训，重点学习习近平总书记关于全面提升养老院服务质量的重要指示精神，明确大检查大整治工作要求。培训对象为各级民政部门业务干部、养老院院长、养老院护理员，贯彻落实提高养老院服务质量规范及相关要求。省、市级培训4月15日完成，县、机构培训4月20日完成。

3. 5月10日前，依托全国养老院业务管理系统开展养老院信息第一轮摸底工作，并针对养老院服务质量存在的突出问题开展专项调研。各市、县要积极推行委托第三方机构开展养老院服务质量评估。

4. 5月15日前，组织辖区内所有养老院、包括未取得设立许可证的养老院对照“养老院服务质量大检查指南”认真自查，不符合相关法律法规规章、规范性文件、强制性标准的要立即整治；不能立即整治的，要确定整治方案及期限。养老院应向负责设立许可的民政部门报告自查结果及整治方案。各县、市逐级上报自查报告和整治方案。

（二）核查整治阶段（6月至9月底）。

1. 对照《养老院服务质量大检查指南》，对辖区内所有养老院自查情况进行逐一核查。核查结果应予公布，质量优秀的养老院要给予表彰，并在相关激励扶持措施中给予适当倾斜，不符合相关法律法规规章、规范性文件、强制性标准的养老院要督促指导整治，存在违法违纪违规的养老院，由民政、公安等部门建立联合执法组，进行依法处置。

2. 根据核查结果形成整治方案并组织实施。对普遍性问题，要统一部署研究解决；对个性化问题，要一院一策，针对性研究解决。

3. 自6月份开始，省民政厅联合公安厅、卫生计生委、质监局、老龄办对各地大检查、大整治进行不定期督促指导，对存在严重违法违规行为且不整治以及因违法违规行为导致事故的养老院进行集中曝光，纳入全国统一的信用信息共享交换平台。

（三）巩固深化阶段（10月至11月）。

1.10月，迎接民政部、全国老龄办联合公安部、卫生计生委、质检总局、国家标准委对各地养老院服务质量建设专项行动的督查。

2.10月底，依托养老院业务管理系统，对全省养老院进行第二轮基本情况摸底，并与第一轮摸底情况进行对比分析。对照整治方案，盘点整治进度及成果。

3.各市对开展专项行动情况进行全面总结，进一步完善相关制度措施，推动建立常态化工作机制。

五、组织领导和职责分工

（一）全省专项行动的组织领导。

省民政厅、公安厅、卫生计生委、质监局、老龄办成立领导小组，统一组织开展专项行动；省民政厅组成养老院服务质量推进工作小组，具体负责统筹协调和检查评估。

（二）有关职能部门的职责分工。

各级民政部门按照权限负责养老院设立许可和日常监管工作，牵头组织开展养老院服务质量检查和整治，对违反《养老机构设立许可办法》《养老机构管理办法》的行为依法进行处罚。

各级公安部门依法对养老院进行消防监督检查，加强对民政部门业务指导和培训，依法查处消防违法行为。对涉嫌犯罪的欺老、虐老案件及时介入，并依法移送检察机关提起公诉。

各级卫生计生部门负责养老院开办医疗机构的设立许可和日常监管工作，加强业务指导和培训，推进医养融合发展，落实医生多点执业政策，与民政部门联合推动建立健全医疗机构与养老院合作机制。

各级质量技术监督部门要加强养老院服务质量标准体系建设，完善服务质量满意度测评管理，加大养老服务标准在养老机构的实施力度，推动服务质量对比提升，对养老院服务质量认证进行监督管理。

各级老龄办负责组织、协调、指导、督促有关部门做好入住养老院的老年人权益保障工作，组织好养老院服务质量万里行和“敬老文明号”创建活动，会同民政部门统筹协调养老院服务质量专项行动。

六、有关要求

各市各有关部门要高度重视，认真组织开展好专项行动。对专项行动中发现的普遍性问题，需要当地党委政府支持整治的，应积极汇报。各级民政部门要争取当地政府财政投入，加大对养老院服务质量建设的支持。民政厅本级补助地方的福利彩票公益金及各地留成的福彩公益金应优先安排用于养老院服务质量建设。

河南省人民政府办公厅关于全面放开养老服务市场提升养老服务质量的实施意见

豫政办〔2017〕112号

各省辖市、省直管县（市）人民政府，省人民政府各部门：

为贯彻落实《国务院办公厅关于全面放开养老服务市场提升养老服务质量的若干意见》（国办发〔2016〕91号）精神，促进我省养老服务业更好更快发展，经省政府同意，现结合我省实际，提出以下实施意见。

一、总体要求

（一）指导思想。全面贯彻党的十八大和十八届三中、四中、五中、六中全会精神，紧紧围绕“五位一体”总体布局和“四个全面”战略布局，坚持以新发展理念引领经济发展新常态，持续深化简政放权、放管结合、优化服务改革，积极应对人口老龄化，坚持问题导向，创新工作思路，加快推进养老服务业供给侧结构性改革，进一步调动社会力量参与养老服务业发展的积极性，保障基本需求，繁荣养老市场，提升服务质量，让广大老年群体享受优质养老服务，切实增强人民群众获得感。

（二）基本原则。

1.深化改革，放开市场。坚持依靠改革创新推动发展，进一步降低准入门槛，营造公平竞争的养老服务市场环境，积极引导社会资本进入养老服务业，推动公办养老机构改革，充分激发各类市场主体活力。

2.突出重点，补齐短板。将养老资源向居家社区服务倾斜，向农村倾斜，向高龄和失能、半失能老年人倾斜。进一步扩充护理型服务资源，大力培育发展小型化、连锁化、专业化、品牌化服务机构。

3.鼓励创新，提质增效。树立健康养老理念，注重管理创新、产品创新和品牌创新，积极运用新技术，培育发展新业态，促进老年产品用品丰富多样、养老服务方便可及。

4. 强化监管，优化环境。完善监督机制，健全评估制度，推动行业标准化和行业信用建设，加强行业自律，促进规范发展，维护老年人合法权益。

5. 公益导向，保障兜底。突出公办养老机构和非营利性养老机构的公益属性，为特困供养对象和经济困难的孤寡、失能、高龄等老年人提供无偿或低收费的供养、护理服务。

（三）主要目标。到2020年，全省养老服务市场全面放开，养老服务和产品有效供给能力大幅提升，供给结构更加合理，养老服务政策法规体系、行业质量标准体系进一步完善，市场监管机制有效运行，信用体系基本建立，服务质量明显改善，养老服务业成为促进经济社会发展的新动能。

二、全面放开养老服务市场

（一）进一步放宽准入条件。完善和落实扶持优惠政策，降低社会力量开展养老服务的门槛，建立公平、开放、透明的市场规则，对所有投资者实施同等扶持政策。设立营利性养老机构应按“先照后证”的简化程序执行，在工商部门办理登记后，在当地县级以上民政部门申请设立许可。在民政部门登记的非营利性养老机构，可以依法在其登记管理机关的管辖范围内设立多个不具备法人资格的服务网点。鼓励省外（含境外）投资者在我省设立营利性养老机构和非营利性养老机构，并与省内投资者享受同等优惠政策，不得以任何名目加以限制。

（二）精简审批环节。全面清理申办养老机构的不合理前置审批事项，加强对筹建养老机构的指导服务，主动公开许可条件、审批程序和审批时限。加快推行养老机构中办一站式服务，建立“一门受理、一并办理”的网上并联审批平台，推进行政审批标准化，优化审批程序，简化审批流程，提高审批效率。相关部门要严格按照民政部等13部门下发的关于加快推进养老服务业放管服改革的通知，简化优化养老机构审批手续。申请设立养老服务类社会组织，符合直接登记条件的可直接向民政部门依法申请登记，不再经由业务主管单位审查同意。

（三）完善价格形成机制。建立以市场形成价格为主的养老机构服务收费管理机制。对民办营利性养老机构，服务收费项目和收费标准由经营者自主确定。对民办非营利性养老机构，服务收费标准由经营者合理确定，当地价格主管部门会同民政部门对其财务收支状况、收费项目和调价频次进行必要监管，同时加强对价格水平的监测分析。对政府运营的养老机构，以扣除政府投入、社会捐赠后的实际服务成本为依据，按照非营利原则，实行政府定价或政府指导价；对以公建民营等方式运营的养老机构，采用招投标、委托运营等竞争性方式确定运营方，具体服务收费标准由运营方依据委托协议等合理确定。

（四）推动公办养老机构改革。在确保国有资产不流失、养老公益用途不改变、服务水平不降低和满足特困对象集中供养需要的前提下，鼓励社会力量通过独资、合作、联营、参股、租赁和委托管理、服务外包等方式，参与公办养老机构改革。加快推动具备向社会提供养老服务条件的公办养老机构转制成为企业或开展公建民营，到2020年政府运营的养老床位数占当地养老床位总数的比例不超过50%。政府投资建设和购置的养老设施、新建居民区按规定配建并移交给民政部门的养老设施、国有单位培训疗养机构等改建的养老设施，均可实行公建民营。

三、大力发展居家社区和农村养老服务

（一）推进居家社区养老服务全覆盖。各地要严格落实养老服务用地政策，统筹规划发展社区养老服务设施，制定配建、移交和管理办法，确保社区养老服务设施按标准配建并有效使用。要以老年人需求为导向，开展老年人养老需求评估，加快建设社区综合服务信息平台，对接供求信息，为老年人提供助餐、助洁、助行、助浴、助医等上门服务，开展老年社会工作，提升居家养老服务覆盖率和服务水平。要依托社区服务中心（站）、社区日间照料中心、卫生服务中心等资源，为老年人提供健康、教育、文化、体育、法律援助等服务。要按照就近便利、功能齐全、配套完善、小型多样的原则，加快社区小型养老机构、日间照料中心等养老服务设施建设，鼓励建设社区小型养老院，满足老年人就近养老需求，方便亲属照护探视。

（二）提升农村养老服务能力和水平。各地要重视发展农村社会养老服务，推动养老公共服务向农村延伸。依托农村社区综合服务设施，拓展养老服务功能。加强与农村危房改造等涉农基本住房保障政策的衔接，建设农村幸福院等自助式、互助式养老服务设施。加强农村敬老院建设和改造，推动服务设施达标，在保障农村特困人员集中供养的基础上，优先为农村低收入老年人和失能、半失能老年人提供养老服务。建立城市与农村养老机构长期稳定的对口支援合作机制，采取人员培训、技术指导、设备支援等方式，提升农村养老服务能力。鼓励专业社会工作者、社区工作者、志愿服务者加强对农村留守、困难、鳏寡、独居、失独老年人的关爱保护和心理疏导、咨询等服务。充分依托农村基层党组织、自治组织和社会组织等，开展基层联络人登记，建立应急处置和评估帮扶机制，关注老年人的心理、安全等问题。

（三）提高老年人生活便捷化水平。各地要将推进老旧居住小区和老年人家庭无障碍改造纳入城乡建设规划，通过政府补贴、产业引导和业主众筹等方式，重点做好居住区缘石坡道、轮椅坡道、公共出入口、走道、楼梯、电梯候梯厅及轿厢等设施和部位的无障碍改造工作，优先安排贫困、高龄、失能等老年人家庭设施改造，组织开展多层老旧住宅电梯加装。对开发老年宜居住宅和代际亲情住宅的，要按有关规定在土地供应、税费减免等方面给予扶持。各地在推进易地扶贫搬迁以及城镇棚户区、城乡危房改造和配套基础设施建设等保障性安居工程中，要统筹考虑适老化设施配套建设。

四、大力推进优质养老服务供给体系建设

（一）加快智慧养老服务模式创新。各地要发展智慧养老服务新业态，开发和运用智能硬件，推动移动互联网、云计算、物联网、大数据等与养老服务业结合，开展智慧家庭健康养老示范应用，创新居家养老服务提供方式，重点开展老年人健康管理、实时监测、紧急救援、精神慰藉、服务预约、物品代购、餐饮递送、服务缴费等服务，开发更加多元、精准的私人定制服务项目，扩大养老服务有效供给。要充分运用现代信息技术手段创新居家养老服务模式，通过电话、网络等方式，实现老年人居家养老服务需求与企业、社会组织服务信息对接。支持适合老年人的智能化产品、健康监测可穿戴设备、健康养老移动应用软件（APP）等设计开发和引进。打通养老服务信息共享渠道，推进社区综合服务信息平台与户籍、医疗、社会保障等信息资源对接，促进养老服务公共信息资源向各类养老服务机构开放。

（二）推进医疗卫生和养老服务相结合。各地要根据《中共河南省委河南省人民政府关于印发〈“健康中原2030”规划纲要〉的通知》（豫发〔2017〕2号）和《河南省人民政府办公厅转发省卫生计生委等部门关于推进医疗卫生与养老服务相结合实施意见的通知》（豫政办〔2016〕133号）精神，积极推进医疗卫生与养老服务融合发展。支持养老机构开办老年护理院、康复院、安宁疗护中心、医务室等医疗机构，简化审批程序，并将符合条件的养老机构内设医疗卫生机构按规定纳入城乡基本医疗保险定点范围。鼓励符合条件的执业医师到养老机构、社区老年照料机构内设的医疗卫生机构多点执业。开通预约就诊“绿色”通道，推进养老服务机构、社区老年照料机构与医疗机构对接，为老年人提供便捷医疗服务。提升医保经办服务能力，切实解决老年人异地就医直接结算问题。探索建立长期护理保险制度，形成多元化的保险筹资模式，推动解决失能人员基本生活照料和相关医疗护理等所需费用问题。鼓励医疗机构将护理服务延伸至居家老年人家庭。推动开展远程服务和移动医疗，逐步丰富完善服务内容及方式，做好上门巡诊等健康延伸服务工作。提高基层医疗卫生机构为居家老年人提供家庭出诊、家庭护理、家庭床位等上门服务能力，并为65岁以上老年人提供健康管理服务。支持社会力量开展医养结合服务。

（三）推进“养老+”融合发展。各地要充分利用我省丰富的文化、旅游、中医药等资源，大力发展生态疗养、医养结合等健康养老产业，促进养老与生态、旅游、农业、保健等领域深度融合。要适应老年人养老需求，大力开展文化娱乐、体育健身、休闲旅游、健康服务、医疗康复等服务，丰富和繁荣养老产业市场。要依托资源优势，统筹要素，规划建设各具特色的养老产业示范园区，满足老年人多元化养老服务需求。

（四）促进老年产品用品升级。支持企业利用新技术、新工艺、新材料和新装备，开发为老年人服务的产品用品，关注残疾、失能、失智、高龄老人专业化、多样化服务需求，研发老年人乐于接受和方便适用的智能科技产品，丰富产品品种，提高产品安全性、可靠性和实用性。经认定为高新技术企业的上述企业，按规定享受企业所得税优惠。及时更新康复辅具配置目录，重点支持自主研发和生产康复辅助器具。

（五）发展适老金融服务。规范和引导商业银行、保险公司等金融机构开发适合老年人的理财、保险产品，满足老年人金融服务需求。加快发展商业养老保险，大力发展老年人意外伤害保险、养老机构责任保险，积极探索发展老年人住房反向抵押养老保险等适老性强的商业保险。鼓励金融机构建设老年人无障碍设施，开辟“绿色”通道。强化老年人金融安全意识，加大金融消费权益保护力度，积极开展加强老年人防范电信网络诈骗宣传教育活动。稳步推进养老金管理公司试点工作，按照国家有关规定，积极参与养老金管理相关业务，做好相关受托管理、投资管理和账户管理等服务工作。

五、切实增强政策保障能力

（一）加强统筹规划。发挥规划引领作用，分级制定养老服务相关规则，与城乡规划、土地利用总体规划、城镇化规划、区域规划等相衔接，系统提升服务能力和水平。各地要进一步扩充面向居家社区、农村和高龄、失能、半失能老年人的服务资源，结合实际制定鼓励护理型床位建设的政策措施。

（二）完善土地支持政策。将各类养老服务设施建设用地纳入城镇土地利用总体规划和年度用地计划，合理安排用地需求。统筹利用闲置资源发展养老服务，有关部门要按程序依据规划调整其土地使用性质。营利性养老服务机构利用存量建设用地建设养老设施，涉及划拨建设用地使用权出让（租赁）或转让的，在原土地用途符合规划的前提下，允许补缴土地出让金（租金），办理协议出让或租赁手续。企事业单位、个人对城镇现有空闲的厂房、学校、社区用房等进行改造和利用，举办养老服务机构，经有关部门批准临时改变建筑使用功能从事非营利性养老服务且连续经营1年以上的，5年以内土地使用性质可暂不作变更。民间资本举办的非营利性养老机构与政府举办的养老机构可依法使用国有划拨土地或农民集体所有土地。对采取政府和社会资本合作方式的养老服务项目，可以国有建设用地使用权作价出资或入股建设。

（三）加强养老服务人才队伍建设。各地要将养老护理员培训作为职业培训和促进就业的重要内容。对参加养老服务技能培训或创业培训且培训合格的劳动者，按规定给予培训补贴。推动普通高校和职业院校开发养老服务和老年教育课程，建立跨校、跨区域的老年教育资源共建共享联盟，建设老年教育资源库，为社区、老年教育机构及养老服务机构等提供教学资源及服务。完善职业技能等级与养老服务人员薪酬待遇挂钩机制。建立养老服务行业从业人员奖惩机制，提升养老护理队伍职业道德素养。积极开发老年人力资源，为老年人的家庭成员提供养老服务培训，倡导互助养老模式。

（四）完善财政和税费支持政策。各地要健全针对经济困难的高龄、失能老年人的养老服务补贴制度，统一设计、分类施补，提高补贴政策的精准度。对养老机构的运行补贴要根据接收失能老年人等情况合理发放。提供相同服务的经营性养老机构享受与公益性养老机构同等补贴政策。各级政府要加大投入力度，支持养老服务设施建设，切实落实养老机构相关税费优惠政策，落实彩票公益金支持养老服务体系建设政策要求。鼓励向符合条件的各类养老服务机构购买服务。

（五）拓宽投融资渠道。鼓励社会资本采取设立基金、发行企业债券等方式筹集资金，用于建设养老设施、购置设备和收购改造社会闲置资源等。鼓励银行业金融机构开展以养老服务机构有偿取得的土地使用权、产权明晰的房产等固定资产和应收账款、动产、知识产权、股权等抵质押业务，提供信贷支持，满足养老服务机构多样化融资需求。

六、加强组织实施和监督管理

（一）加强组织领导。各地、各有关部门要把全面放开养老服务市场作为进一步加强养老服务体系建设、保障和改善民生的重要工作，摆在突出位置，纳入政府重要议事日程，列入各地重点扶持产业、重点民生工程和绩效考核范围，形成齐抓共管的良好局面，推动养老服务业又好又快发展。

（二）加强服务监督。建立政府、市场、社会三位一体的养老服务监管体系，加强对市场经营主体的事中事后监管。各地要健全政府主导、民政部门和相关部门协同配合的监管机制，加强对养老机构运营和服务的监管。严禁以举办养老机构名义从事房地产开发，严禁利用养老机构的房屋、场地、设施开展与养老服务无关的活动，严禁改变机构的养老服务性质。加强养老服务领域非法集资信息监测和分析，做好政策宣传和风险提示工作。对养老服务中虐老、欺老等行为，对养老机构在收取保证金、办理会员卡和发行金融产品等活动中的违法违规行为，对未经许可的非法经营养老机构，要依法严厉查处。加强养老设施和服务安全管理，建立定期检查机制，确保老年人人身安全。进一步完善养老服务标准体系，推进养老服务标准化建设。建立老年人入住养老机构评估制度，综合评估申请入住老年人的情况，指导养老机构优先满足特困人员集中供养需求和其他经济困难的孤寡、失能、高龄等老年人的服务需求。

（三）加强行业信用建设。建立覆盖养老服务行业法人、从业人员和服务对象的行业信用体系。健全信用信息记录和归集机制，加强与河南省公共信用信息平台的信息交换和共享，通过“信用河南”网站向社会公示相关企业的行政许可、行政处罚等信息。引入第三方征信机构，参与养老行业信用建设和信用监管。建立多部门、跨地区的联合奖惩机制，将信用记录作为政府购买服务、享受建设运营补贴、债券发行等各项支持政策的重要衡量因素，建立养老服务行业黑名单制度和市场退出机制，加强行业自律和监管。

（四）加强宣传引导。坚持以社会主义核心价值观为引领，弘扬中华民族尊老、敬老的社会风尚和传统美德，开展孝敬教育，营造养老、助老的良好社会氛围。加强对养老服务业发展过程中涌现出的先进典型和先进事迹的宣传报道，及时总结推广养老服务业综合改革试点中的经验做法。依法打击虐待、伤害老年人及侵害老年人合法权益的行为。积极组织开展适合老年人的文化体育娱乐活动，引导老年人积极参与社区服务、公益活动和健康知识培训，丰富老年人精神文化生活。

（五）加强督促落实。各地要把全面放开养老服务市场、提升养老服务质量摆在重要位置，建立组织实施机制，及时制定配套政策，确保责任到位、工作到位、见到实效。省政府有关部门要加强协同配合，完善并落实相关优惠政策，严防政策棚架，共同促进养老服务提质增效。省发展改革委、民政厅要会同有关部门加强对各地的指导，及时督促检查并报告工作进展情况。

河南省人民政府办公厅

2017年9月24日

河南省民政厅、河南省发展和改革委员会关于印发河南省“十三五”养老服务体系建设规划的通知

豫民文〔2017〕175号

各省辖市、省直管县（市）民政局、发展改革委：

《河南省“十三五”养老服务体系建设规划》已经省政府同意，现印发给你们，请结合实际，认真贯彻实施。

河南省民政厅　河南省发展和改革委员会

2017年7月19日

河南省“十三五”养老服务体系建设规划

为积极应对人口老龄化，加快推进河南省养老服务发展，努力构建与全面建成小康社会相适应的养老服务体系，根据国务院《“十三五”国家老龄事业发展和养老体系建设规划》（国发〔2017〕13号）和《河南省国民经济和社会发展第十三个五年规划纲要》（豫政〔2016〕22号），制定本规划。

第一章　规划背景

第一节　“十二五”时期的主要成就

“十二五”以来，全省将养老服务业列为十大重点民生工程全力推进，聚焦重点、补足短板，不断完善养老服务体系，加快推进养老服务业发展，全省老年人的幸福感和满意度不断提升。

政策体系不断健全。积极发挥政府引导作用，出台了《河南省人民政府办公厅关于印发河南省社会养老服务体系建设规划（2011—2015）的通知》（豫政办〔2012〕72号）、《河南省人民政府关于加快发展养老服务业的意见》（豫政〔2014〕24号）等一系列政策文件，发展改革、民政、财政、人力资源社会保障、卫生计生等部门从简化审批程序、制定发展规划和用地、税费减免、投融资、人才培训、医养结合等方面，制定了促进养老服务业发展的具体扶持政策，形成了相互衔接、互为支撑的养老服务政策体系。

服务能力不断增强。在加大各级财政投入的同时，积极引进社会资本参与，推动了养老服务多层次、多元化发展。2015年底，全省养老床位总数达到47.3万张，每千名老年人拥有床位数从“十一五”末的17.6张增加到32.2张，增长了83%，如期完成“十二五”末每千名老人拥有30张养老床位的规划目标。城市社区和农村养老服务设施覆盖率进一步提高，覆盖城乡的养老服务网络逐渐完善，服务水平不断提高。医养融合稳步推进，2015年底，全省医养结合型养老机构188家。养老护理人才队伍建设稳步推进，确定专门培训机构，对养老护理人员进行了普遍培训。

产业规模不断壮大。异地养老、旅游养老、健康养生等服务模式逐步兴起，老年人旅游已占我省旅游市场人群的20%以上。失能老人护理床、轮椅、老年康复辅具、健身器材和保健用品食品等老年用产品产业势头良好，部分产品行销全国各地。涌现了一批大型养老集团和优秀养老服务品牌。规划建设了一批集医疗、康复、养老、休闲娱乐等于一体的养老健康产业园，初步形成对全省养老产业示范引领作用。

信息平台功能进一步健全。创新“互联网＋养老服务”模式，推进互联网、物联网、远程医疗等信息技术在养老领域的应用，实现了养老服务信息平台与养老服务实体的有效连接，为广大老年人提供紧急呼叫、生活照料、家政服务、康复护理等服务。全省已建成养老信息平台39个，入网老人200多万。

第二节　“十三五”时期面临的挑战和机遇

2015年底，我省60岁及以上老年人口1500多万，老龄化率15.82%。“十三五”时期，河南老龄化呈现基数大、增速快、寿龄高、空巢和失能比例高的特点，预计到2020年，我省60岁及以上老年人将达到1700万人以上，老龄化率将达到17.8%。人口老龄化问题将对我省经济社会发展产生深刻和长远的影响，顺应人口老龄化趋势，构建完备的养老服务体系，促进养老服务业更好更快发展，不断满足广大老年人日益增长的养老服务需求已成为我省一项长期的战略任务。

从挑战看，虽然我省养老服务体系建设取得了长足进步，但还存在以下制约因素。一是养老服务有效供给不足。城镇居家和社区养老服务基础不牢，服务设施、服务网络与全国平均水平还有相当差距；多数养老服务组织仅能提供传统生活照料服务，服务质量不高，服务方式单一，医养型、养护型、临终关怀型等养老服务组织偏少，难以满足老年人多层次、多元化养老服务需求；城乡发展不平衡，农村养老服务设施简陋、覆盖率低，服务功能不完善。二是体制机制不完善。医养融合有待深化，医疗机构与养老机构之间的业务协作机制尚未建立，医保报销渠道不通畅；社会资本进入养老领域仍然面临用地、融资等关键因素制约。三是人才队伍建设滞后。服务队伍文化素质偏低，职业化程度低，专业服务水平不高，专业化养老护理人员严重短缺，后继乏人。四是政策不够完善。养老服务标准体系不健全；养老机构综合评估、老年人入住评估和养老服务第三方评估存在缺失；养老服务监管体系不健全。

从机遇看，随着经济发展步入新常态，产业结构和消费结构调整升级，我省养老服务业已进入快速发展新阶段。一是政策体制不断优化。党和政府高度重视养老问题，习近平总书记就老龄工作做出了重要指示，国务院连续出台支持养老服务业发展的政策措施，国家“十三五”规划纲要指出，要积极应对人口老龄化，加强顶层设计，构建以人口战略、生育政策、就业制度、养老服务、社保体系、健康保障、人才培养、环境支持、社会参与等为支撑的人口老龄化应对体系。二是养老市场规模加速壮大。随着居民收入增长和消费结构升级，大批进入老年期的低龄老年人消费观念日益更新，消费能力大幅提升，将促进养老需求由“温饱型”向“小康型”转变，养老服务业发展将迎来广阔的市场发展空间。三是新技术新业态不断涌现。随着大数据、云计算、物联网等信息技术应用，智能穿戴装备、远程医疗服务、信息平台服务等加速推广，推动了传统养老服务向智慧化服务转型，也推动了养老与健康、文化、旅游、金融等产业融合发展。

养老服务业既是涉及亿万群众福祉的民生事业，也是具有巨大发展潜力的朝阳产业，我们必须紧紧抓住养老服务业加快发展的战略机遇期，以满足广大老年人养老消费为根本目的，大力推动养老服务供给侧结构性改革，创新体制机制，促进养老服务结构优化、质量提升和规模壮大，推动全省养老服务业健康有序发展。

第二章 指导思想、基本原则和发展目标

第一节 指导思想

全面贯彻党的十八大和十八届三中、四中、五中、六中全会和习近平总书记系列重要讲话精神，坚持“五位一体”总体布局和“四个全面”战略布局，牢固树立和贯彻创新、协调、绿色、开放、共享的发展理念，围绕决胜全面小康、让中原更加出彩，以推进养老服务供给侧结构性改革为主线，发挥河南丰富的人文景观、旅游资源和全国交通枢纽优势，激发市场活力，丰富养老产品，提升服务质量，不断构建和完善养老服务体系，不断提高养老服务业对全省国民经济和社会发展的贡献率，逐步提升河南养老服务业在区域内乃至全国的影响力，让全省老年人共享全面建成小康社会的发展成果。

第二节 基本原则

——多方参与，聚力发展。坚持党委领导、政府主导、社会参与、全民行动，充分发挥政府保障基本养老的主导作用、社会力量在养老服务中的主体作用、家庭和个人自身的基础作用，推进公民、法人和其他组织全方位、深层次地参与养老服务体系建设，形成全社会共同推动养老服务业发展的强大合力。

——深化改革，创新发展。深化简政放权、放管结合、优化服务改革。全面放开养老服务市场，营造公平竞争环境，积极引导社会资本进入养老服务业。支持整合改造闲置社会资源发展养老服务业，增加养老服务供给，积极探索养老与健康、旅游、文化等融合发展，形成一批可复制、可推广的好经验、好做法。

——因地制宜，特色发展。支持各地区从本地实际情况出发，创建一批运营规范的养老服务示范机构和连锁机构，打造一批养老服务和老年用品著名品牌，建设一批具有地方特色的健康养老产业发展示范园区。

——统筹兼顾，共享发展。统筹配置养老服务资源，将养老资源向居家社区服务倾斜，向农村倾斜，向失能、半失能老年人倾斜，促进居家养老、社区服务和机构养老的协调发展，促进养老服务的公平性与可及性。

第三节 发展目标

到“十三五”末，基本建成以居家为基础、社区为依托、机构为补充、医养相结合、多方参与、功能完善、服务优良、监管到位的多层次养老服务体系。

——居家社区养老主体地位夯实。到2020年，居家社区养老服务设施覆盖所有城市社区，90%以上的乡镇和60%以上的农村社区建立包括居家养老服务在内的社区综合服务设施和站点。

——机构养老补充作用明显。全面提升养老机构服务质量，建立健全养老机构分类管理和养老服务评估制度。进一步深化公办养老机构改革，保障公共养老服务资源均衡有效分配。民办养老机构快速发展，床位数占比达到50%以上，全省养老床位数达到平均每千名老人35张以上。医疗卫生和养老服务融合发展，护理型床位占社会养老床位总数的30%以上。

——事业产业协调发展的大养老格局初步形成。政府在养老服务中保基本的主导作用进一步凸显，老龄化社会福利水平不断提高。市场在资源配置中起决定性作用，发挥社会力量和民间资本在养老资源整合及经营服务上的优势，支持开展“PPP”合作模式，逐步使社会力量成为养老服务业发展的主体。全面放开养老服务市场，优化市场环境，调整养老服务业发展结构，逐步形成多领域、大规模、市场化的现代养老服务新格局。

“十三五”河南省养老服务体系主要指标

指标	名称	单位	2015年实际值	2020年目标值
居家社区养老	居家社区养老服务设施	%	—	城市100 乡镇90 农村60
	示范型居家养老照料中心	个	—	200
机构养老	千位老人床位数	张	32.2	35以上
	民办养老机构床位占比	%	29	50以上
	护理型床位占比	%	—	30—40
医养融合	养老机构医疗卫生服务覆盖率	%	—	90以上
	65岁以上老年人健康管理率	%	—	70以上
	二级以上综合性医院设老年病科比例	%	—	35以上
	老年人健康素养	%		10以上
	每个县（市、区）老年护理院个数	个		1个以上
人才队伍	养老护理人员岗前培训率（%）	%	50	95以上
产业发展	健康养老产业示范园区	个	—	50—60
	养老服务龙头示范企业	个	—	20

第三章 重点任务

第一节 夯实居家社区养老服务基础

构建居家社区养老服务网络。建设和完善社区养老服务信息平台，实现餐饮、家政、健康等各类养老服务实体和老年人供求信息的及时有效对接，为老年人提供助餐、助洁、助浴、助医、助行、助急等定制服务，推进居家养老服务社会化。依托社区服务中心（站）、社区日间照料中心、卫生服务中心等资源，为社区老年人提供生活照料、康复护理、文化娱乐、精神慰藉和短期托养等服务。鼓励通过政府购买服务方式，引导社会力量为经济困难的高龄老人、失能、半失能老人上门提供服务。

加强社区养老服务设施建设。重点建设社区日间照料中心、嵌入式中小微养老机构，实现合理配置，有序建设。鼓励政府无偿或低偿提供服务设施，给予开办支持，委托社会管理运营。支持在社区老年人日间照料中心、托老所、老年人活动中心、互助式养老服务中心等社区养老设施中配备护理床、护理设备、康复性活动器材、日常医疗设备、辅助性医疗康复设施以及文体活动类设备等。新建城区和新建居住社区，按要求配套建设社区养老设施，老城区和已建成居住社区无养老设施或现有设施没有达到规划和建设指标要求的，要通过购置、置换、租赁等方式开辟养老服务设施。加大适老化设施改造，推进无障碍通道、老年人专用服务设施、旧楼加建电梯建设，以及适老化路牌标识、适老化照明改造，增强老年人居家生活的安全性和便利性。

专栏一 居家社区养老服务提升工程

居家社区养老服务设施示范建设工程。将居家社区养老服务设施建设纳入到当地养老服务设施布局规划中，通过新建、购置、置换、租赁等方式打造200个示范型城市社区养老服务中心，建设城市社区15分钟养老服务圈。

居家社区养老助餐服务工程。支持餐饮企业、养老机构、社区老年人日间照料中心、专业送餐机构和单位内部食堂，为社区居家老年人提供餐饮服务。通过政府购买服务等多种方式，为餐饮服务单位和基层社区（村）提供设施改造、设备购置等补助，为经济困难老年人提供餐食和送餐服务补助。

老旧社区适老化改造工程。通过政府补贴、产业引导和业主众筹等方式，加快推进老旧居住小区和老年人家庭的无障碍改造，重点做好居住区缘石坡道、轮椅坡道、公共出入口、走道、楼梯、电梯候梯厅及轿厢等设施和部位的无障碍改造，优先安排贫困、高龄、失能等老年人家庭设施改造，组织开展多层老旧住宅电梯加装。

第二节 强化政府托底保障职责

强化政府基本养老服务兜底责任。各地要建立与当地经济社会发展总体水平相适应的基本养老服务制度，强化服务理念，创新基本养老服务的供给方式，逐步扩大基本养老服务覆盖的人群范围，丰富服务内容，提升服务水平，到“十三五”末，全省每个县（市、区）建立1所以上满足城乡失能、半失能特困老人集中供养的护理型养老机构。促进养老服务均等化，逐步缩小省内区域之间、城乡之间基本养老服务的差距。

发挥公办养老机构保障作用。明确公办养老机构职能定位，优先保障孤老优抚对象、经济困难的孤寡、失能、高龄、计划生育特殊困难家庭和做出特殊贡献的老年人等养老需求，充分发挥托底作用。鼓励公办养老机构延伸服务，为社会办养老机构和周边城乡社区提供养老服务人员和项目支持。探索建立公办养老机构入住评估制度，确保公办养老机构入住人员的公开透明。稳步推进公办养老机构改革改制试点。探索提供经营性服务的公办养老机构改制，积极稳妥地把专门面向社会提供经营性服务的公办养老机构转制成企业。建立健全管理办法，推行公建民营，鼓励社会力量运营。

推进政府购买养老服务。健全政府购买养老服务制度，以老年人基本养老服务需求为导向，重点安排与老年人生活照料、康复护理等密切相关的项目，优先安排为符合条件的特困供养老人、低收入老人、经济困难的失能半失能老人、计划生育失独困难家庭老年人购买相应的养老服务；为符合政府资助条件的老年人购买助餐、助浴、助洁、助急、助医、护理等上门服务，购买社区日间照料、老年康复文体活动等服务。建立健全由购买主体、养老服务对象以及第三方组成的综合评审机制，加强购买养老服务项目绩效评价。

第三节 推动医养融合发展

推动医疗卫生资源向社区、家庭流动延伸。推进基层医疗卫生机构和医务人员与社区、居家养老结合，与老年人家庭签订服务协议，建立契约式服务关系，为老年人提供连续性、便捷高效的健康管理服务和医疗卫生服务。基层医疗卫生机构要为失能半失能或行动不便的老年人，提供定期体检、上门巡诊、上门护理和家庭病床等服务，将符合条件的医疗护理费用纳入医疗保险基金支付范围。基层医疗卫生机构应为辖区内老年人提供健康管理服务，发挥卫生计生系统服务网络优势，结合基本公共卫生服务的开展为老年人建立健康档案，并为65岁以上老年人提供健康管理服务。

建立医养结合绿色通道。支持养老机构开办老年病院、康复院、医务室等医疗卫生机构，将符合条件的养老机构内设医疗卫生机构按规定纳入城乡基本医疗保险定点范围。鼓励利用我省中医药资源优势，建设以中医药健康养老为主的护理院、疗养院。鼓励符合条件的执业医师到养老机构、社区老年照料机构内设的医疗卫生机构多点执业。开通预约就诊绿色通道，推进养老服务机构、社区老年照料机构与医疗机构对接，为老年人提供便捷医疗服务。提升医保经办服务能力，逐步打通老年人异地就医结算渠道。

探索建立长期照护保险制度。开展长期护理保险制度试点，探索建立由长期护理保险、长期商业护理保险、护理补贴、护理救助等相互衔接、互为补充的长期照护制度，增强老年人接受护理照料的支付能力，促进照护制度持续发展。

专栏二 医养结合改革试点工程

深入推进医养结合改革试点，2017年，各省辖市50%以上的县（市、区）和一半以上的省直管县（市）开展医养结合试点。2018年年底，全省所有县（市、区）开展医养结合试点。2020年，基本建立符合我省实际的医养结合体制机制和政策法规体系，医疗卫生和养老服务资源实现有序共享，覆盖城乡、规模适宜、功能合理、综合连续、高效便捷的医养结合服务网络基本形成。护理型床位占养老床位的比例达到30%—40%。

第四节 强化社会力量主体作用

引导社会力量参与养老服务业发展。全面放开养老服务市场，降低准入门槛，精简行政审批环节，鼓励社会资本进入养老领域。加快投融资体制改革，支持采用政府和社会资本合作（PPP）等方式组建社会化养老服务企业或非营利性机构。通过补助投资、贷款贴息、运营补贴、购买服务等方式，引导社会资本举办规模化、连锁化养老机构，鼓励个人举办家庭化、小型化养老服务机构。支持民间资本对废弃厂房、闲置办公楼、存量商品房及其他可利用的社会资源进行整合和改造，增加养老服务设施供给。落实好社会兴办养老机构在用地、补贴、税费减免、人才培训等方面优惠政策。

支持社会力量加大中高端养老消费开发。鼓励社会资本投资开发老年公寓、候鸟式养老度假景区和大型医养结合综合体，重点发展供养型、养护型、医护型养老服务，提高服务质量，促进我省中高端养老消费市场的发育成长。

放宽外资准入。在鼓励境外投资者在我省举办营利性养老机构的基础上，进一步放开市场，鼓励境外投资者设立非营利性养老机构，其设立的非营利性养老机构与境内投资者设立的非营利性养老机构享受同等优惠政策。

第五节 积极发展养老服务产业

加强老年用品的开发。以老年人需求为导向，大力发展养老服务产品的研发与生产，重点支持老年生活用具、老年食品、老年服装、医药保健、康复辅具等老年用品的研发、生产和销售。大力推广老年文化、老年旅游、老年保险等服务产品。加强老年人智能化产品的人性化、适老化设计，支持开发养老养生实用技术，开发可穿戴设备、便携式医疗设备和智能照护康复产品。

培育壮大健康养老服务企业。积极引进国外先进的管理模式和服务理念，促进健康养老企业连锁化、集团化发展，打造20家各具特色、管理规范、服务标准的健康养老服务业龙头示范企业，形成一批产业链长、覆盖领域广、经济社会效益显著的产业集群和集聚区。

发展健康养老示范园区。鼓励健康养老产业与相关产业融合发展，规划建设一批休闲旅游、保健养生、医疗康复型健康养老产业基地，力争打造鄢陵健康养生养老基地、光大欧安乐龄医养中心等一批各具特色的区域性乃至全国性的健康养老基地。

专栏三　健康养老产业培育工程

老年产品用品开发销售。研发、生产一批保健用品、保健食品、服装服饰、康复辅具等涉老产品用品。构建覆盖全省城乡的老年产品用品仓储、配送和分销网络，重点做好农村地区的连锁化零售网点建设。

龙头企业培育。到2020年，培育20家省级健康养老龙头企业，通过规模发展、连锁经营，发挥其对健康养老服务业的带动作用。

健康养老示范园区。推进建设鄢陵健康养生养老基地、光大欧安乐龄医养中心等一批健康养老产业园区。到2020年，建成50—60个健康养老产业示范园区。

第六节　加强养老服务人才培训

加强养老服务人才教育培养。鼓励高等院校和职业院校增设老年服务管理、社会工作、医疗保健、护理康复、营养配餐、心理咨询等涉老专业学科点，通过订单培养、共建实训基地等方式，实现教学与就业的无缝对接，提高学生的实际操作能力和自我发展能力，实现上岗护理人员都经过专业技能培训。逐步建立养老服务业发展的职业经理人机制，造就一批养老服务领域的管理型领军人才。

提高养老护理人员福利待遇。探索建立养老服务人员入职补贴、培训补贴和岗位补贴等制度，加大职业培训、工资福利、社会地位等保障力度，打通养老服务人才职业发展上升渠道。鼓励地方政府为养老护理员购买社会保险提供补助。将养老护理员纳入公益性岗位。

创新养老人才激励机制。完善职业技能等级与养老服务人员薪酬待遇挂钩机制。对在养老机构就业的专业技术人员，执行与医疗机构、福利机构相同的职业评定和晋升政策。

专栏四　养老服务人才培养工程

推动有条件的职业院校（含技工院校）开设老年医学、康复、护理、营养、心理、社会工作等专业，支持产教融合、校企合作，大力开展订单式培训和在职培训。依托现有职业院校和企业资源，推动在大中城市建设一批养老护理职业培训示范基地。实现上岗护理人员都经过专业技能培训，对参加养老服务技能培训或创业培训且培训合格的劳动者，按规定给予培训补贴。不断提高养老从业人员的待遇和地位。完善职业技能等级与养老服务人员薪酬待遇挂钩机制。建立养老服务行业从业人员信用记录和奖惩机制，提升养老护理队伍职业道德素养。造就一批养老服务领域的管理型领军人才。

第七节　提升农村养老服务能力

加大农村养老服务支持力度。各地用于养老服务的资金应重点向农村倾斜。依托农村社区综合服务设施，拓展养老服务功能。农村集体经济、农村土地流转等收益分配应充分考虑解决本村老年人的养老问题。加速推进城镇与农村之间养老服务资源和要素的流动。城市公办养老机构与农村特困人员供养机构建立长期稳定的对口支援和帮扶关系，采取人员培训、技术指导、设备支援等方式，帮助其提高服务能力。

提升农村养老服务能力。加强农村敬老院建设和改造，推动服务设施达标，在满足农村特困人员集中供养需求的前提下，为农村低收入老年人和失能、半失能老年人提供便捷可及的养老服务。充分利用农村闲置的学校、村“两委”用房、医疗用房等资源，开展互助式养老服务设施建设。鼓励进城务工人员回乡创业，参与、培育和发展农村养老服务，结合脱贫攻坚工程的实施，在贫困县建设一批集旅游、生态、养老于一体的农村健康养老养生基地。

丰富农村养老服务内容。加强农村留守、困难、鳏寡、独居老年人关爱保护工作。推动建立农村留守老人联络人登记制度，完善应急处置和评估帮扶机制，开展农村老年人心理疏导和咨询等服务。发挥农村养老服务中心（站）、综合性文化服务中心、村卫生室、农家书屋等设施作用，开展丰富多彩的服务活动。组织开展邻里互助、亲友相助、志愿服务，帮助解决农村老年人实际困难。

第八节　创新养老服务模式

推进养老服务业综合改革试点。继续深化洛阳、漯河两市国家养老服务业综合改革试点工作，在健康养老产业园建设、社区养老服务设施建设及运营、智慧养老等方面创造典型经验和先进做法，出台可持续、可复制的政策措施和体制机制创新成果，为全省养老服务业发展提供示范经验。

推行“互联网＋养老”。加快养老服务信息化建设，支持企业和机构运用移动互联网、云计算、大数据、物联网等技术手段与养老服务深度融合，提升智慧养老服务水平。依托省电子政务公共云平台，整合养老、医疗、社保等涉老信息资源，构建全省统一的健康养老公共服务平台，完善数据库及其分析决策功能，推进网上政务办理和服务，开展养老服务大数据的深度挖掘与应用。

创新其他养老模式。坚持市场化运作，积极引进国内异地养老龙头企业，利用我省丰富的旅游资源和人文景观，稳步推进异地疗养、观光旅游、休闲度假等异地养老模式。积极发展储蓄型、保险型养老服务模式，探索开展住房反向抵押养老保险试点。

专栏五　养老服务信息化建设工程

养老服务云工程。依托省电子政务公共云平台，整合养老、医疗、社保等涉老信息资源，构建全省统一的健康养老公共服务平台，培育健康养老大数据应用新业态，支持养老机构利用互联网、物联网技术，为老年人提供智能养老服务。

养老服务信息惠民工程。发展智能化养老服务供给模式，依托养老信息服务平台，整合家政预约、医疗保健、商品代购、信息提示、紧急救助等线上、线下服务资源，建立老年人、家庭成员、街道社区和各类服务机构的多方联动机制，不断充实“互联网＋养老服务业”的发展内涵。加快推行居家养老服务智能化，继续推进郑州、洛阳国家养老服务和社区服务信息惠民工程试点建设。

第四章　规划实施

第一节　完善政策保障

深化投融资体制改革。充分发挥财政资金引导作用，通过政府和社会资本合作（PPP）、贷款贴息、直接融资补贴、融资担保和风险补偿等模式，撬动更多资金投向养老服务业。拓宽投融资渠道。鼓励社会资本采取建立基金、发行企业债券等方式筹集资金，用于建设养老设施、购置设备和收购改造社会闲置资源等。鼓励银行业金融机构以养老服务机构有偿取得的土地使用权、产权明晰的房产等固定资产和应收账款、动产、知识产权、股权等抵质押，提供信贷支持，满足养老服务机构多样化融资需求。稳步推进以房养老、养老信托、老年人理财等金融产品和服务方式。积极争取保险资金投资养老服务领域，引导慈善资金投向社会养老服务项目。

完善财税支持政策。加大政府对养老服务业发展的资金投入力度，鼓励民办养老机构增加床位，满足更多老人的入住需求。市、县级政府要根据各地经济社会发展状况和老年人口增长情况，建立稳定的老龄事业经费投入保障机制。省本级和市、县级政府用于社会福利事业的彩票公益金，要将50％以上的资金用于发展养老服务业，并随着老年人口的增加逐步提高比例。其中，支持民办养老服务发展的资金不得低于30％。各地政府对养老机构为老年人购买的意外伤害保险应给予补助。各地要切实落实养老机构相关税费优惠政策，落实彩票公益金支持养老服务体系建设政策要求。鼓励向符合条件的各类养老机构购买服务。

完善土地支持政策。统筹利用闲置资源发展养老服务，有关部门应按程序依据城乡规划调整其土地使用性质。营利性养老服务机构利用存量建设用地建设养老设施，涉及划拨建设用地使用权出让（租赁）或转让的，在原土地用途符合城乡规划的前提下，允许补缴土地出让金（租金），办理协议出让或租赁手续。企事业单位、个人对城镇现有空闲的厂房、学校、社区用房等进行改造和利用，举办养老服务机构，经有关部门批准临时改变建筑使用功能从事非营利性养老服务且连续经营一年以上的，五年内土地使用性质可暂不作变更。民间资本举办的非营利性养老机构与政府举办的养老机构可依法使用农民集体所有的土地。对在养老服务领域采取政府和社会资本合作（PPP）方式的项目，可以国有建设用地使用权作价出资或者入股建设。

完善养老服务标准规范和评估体系。逐步建立健全与国家标准、行业标准相协调，符合河南特点的科学合理、层次分明、全面配套、功能完备的养老服务标准体系框架，完善包括养老服务基础通用标准、服务技能标准、服务机构管理标准、社区居家养老服务规范、老年产品用品标准等在内的养老服务标准体系。落实养老机构综合评估和报告制度，开展第三方评估并向社会公布，评估结果应与政府购买服务、发放建设运营补贴等挂钩。

第二节　强化督促落实

各地要结合实际，抓好本规划组织实施，制定专项方案，细化目标任务，推动养老服务业向更高水平发展。加强规划实施检查和评估，省民政厅、发展改革委将会同有关部门加强对规划执行情况的监督检查，确保责任到位，任务落实到位。

河南省民政厅等5部门关于印发《2017年开展养老院服务质量建设专项行动实施方案》的通知

豫民文〔2017〕94号

各市（含定州、辛集市）民政局、公安局、卫生计生委、质量技术监督局、老龄办：

为全面贯彻落实习近平总书记关于“开展质量提升行动，提高养老院服务质量”重要指示精神，全面提升我省养老院服务质量，按照民政部、公安部、国家卫生计生委、质检总局、国家标准委、全国老龄办《关于开展养老院服务质量建设专项行动的通知》（民发〔2017〕51号）要求，研究制定了我省《2017年开展养老院服务质量建设专项行动实施方案》。现印发你们，请结合实际，认真抓好落实。

联系人：成浩、佟铭

电　话：0311－88615562

传　真：0311－88615565

河北省民政厅　河北省公安厅

河北省卫生和计划生育委员会　河北省质量技术监督局

河北省老龄工作委员会办公室

2017年4月12日

2017年开展养老院服务质量建设专项行动实施方案

为全面贯彻落实习近平总书记关于“开展质量提升行动，提高养老院服务质量”的重要指示精神，全面提升我省养老院服务质量，根据民政部、公安部、国家卫生计生委、质检总局、国家标准委、全国老龄办《关于开展养老院服务质量建设专项行动的通知》（民发〔2017〕51号）要求，结合我省实际，制定如下具体实施方案。

一、指导思想

深入贯彻落实党中央、国务院决策部署，坚持以人民为中心的发展理念，按照以人为本、安全为先、诚信守法、以质取胜的工作原则，着力解决影响养老院服务质量的突出问题，建立以质量和效益为导向的养老院服务发展机制，塑造养老院“安全、诚信、优质”的服务品质，打造人民群众住得起、住得好的养老院，让养老院中的每一位老年人都能生活得安心、静心、舒心，都能健康长寿、安享幸福晚年。

二、工作目标

按照到2020年的总体目标，2017年底应达到的目标是：全省养老院服务质量明显改善，各项服务质量基础进一步夯实；初步建立养老院等级评定标准、评估办法，完善养老院以服务质量为依据的奖补政策；50%以上的养老院能够以不同形式为入住老年人提供医疗卫生服务；培树一批质量有保证、服务有标准、人员有专长的专业化养老院。

三、主要任务

2017年养老院服务质量建设专项行动以“五查五改、对标达标”为主要内容，对照影响养老院服务质量的运营管理、生活服务、健康服务、社会工作服务、安全管理等五个方面，开展养老院服务质量大检查、大整治，推进养老院服务质量大转变。重点抓好以下七项任务完成。

（一）开展养老院服务质量大检查、大整治活动。对照《养老院服务质量大检查指南》，对全省养老院进行集中排查和整治，推进养老院服务质量大提升。

（二）建立养老院基础信息统计制度。依托“全国养老院业务管理系统”，建立全面翔实、准确的养老院业务数据库，做到底数清、情况明，实现对养老院服务质量实时监控。

（三）探索建立养老院服务质量标准和评价体系。制定符合我省实际的养老院服务和管理标准，推动养老院等级评定制度建设，探索通过政府购买服务形式，引进第三方机构对我省养老院开展服务质量评定工作，不断完善我省养老院奖补政策，并建立退出机制。

（四）深入推进医养结合工作。按照《医养结合重点任务分工方案》等相关要求，健全和完善医疗卫生机构与养老机构合作机制，畅通合作渠道，推动多种形式的医养合作模式。

（五）加强养老院安全管理。落实民政部、公安部《社会福利机构消防安全管理十项规定》等要求，增强风险防范意识，完善养老院安全设施改造和设备配备，提升养老院风险防范能力。

（六）提高养老院管理服务人员素质能力。依托专业院校和医疗机构，开展养老机构管理人员培训。各地可根据实际开展护理人员培训工作，鼓励有条件的养老院引入医生、护士、社会工作者等专业人员。

（七）加强养老院服务质量监督。各市民政部门整合资源，建立本行政区域内监督热线平台，将存在严重违法违规行为且不整治以及因违法违规行为导致事故的养老院，及时向社会公告。在省民政厅网站开辟专栏，持续报道各地专项行动的经验做法，开展养老院服务质量创优活动。

四、实施步骤

（一）动员部署和自查自纠阶段（5月底前完成）

1.4月20日前，印发具体实施方案，在省会举行“河北养老院服务质量建设专项行动”启动仪式。各市（含定州、辛集市）在4月底前制定具体落实措施，成立相应领导机构，做好宣传动员和部署。

2.4月30日前，省民政厅完成对各级民政、老龄部门业务干部、养老院院长、养老护理员专项行动业务培训。

3.5月10日前，完成我省养老院“全国养老院业务管理系统”信息录入工作。省民政厅、老龄办针对养老院服务质量存在的突出问题开展专项调研。

4.5月20日前，各市（含定州、辛集市）民政部门会同相关部门，组织对辖区内10张床位以上的养老院，对照《养老院服务质量大检查指南》认真自查，不符合相关法律法规规章、规范性文件、强制性标准的要立即整改；不能立即整改的，要确定整改方案及期限。养老院应向负责设立许可的民政部门报告自查结果及整改方案。各市（含定州、辛集市）民政部门请于5月20日前将开展自查整改情况上报省民政厅。

（二）核查整改阶段（6月至10月底）

1. 各市、县（市、区）组织对照《养老院服务质量大检查指南》，对辖区内养老院自查情况逐一核查，并公布核查结果，质量优秀的养老院要给予表彰，并在相关激励扶持措施中给予适当倾斜；不符合相关法律法规规章、规范性文件、强制性标准的养老院要督促指导整改；对违法违纪违规的养老院，要依法处置。

2. 根据核查结果形成整改方案并组织实施。对普遍性问题，要统一部署研究解决；对个性化问题，要一院一策，针对性研究解决。

3. 省民政厅、老龄办联合省公安厅、卫生计生委、质监局对各地大检查、大整改进行督促指导，对存在严重违法违规行为且不整改以及因违法违规行为导致事故的养老院进行集中曝光。

4. 由石家庄市先行开展养老院服务质量第三方机构评估试点，探索养老院等级评定标准、评估办法和奖补政策，力争年底前在全省试行。各市要加强第三方评估机构建设，为全省开展养老院评估做好准备。

（三）巩固深化阶段（10月至年底）

1.10月底，依托全国养老院业务管理系统，对养老院进行第二轮基本情况摸底。

2.11月底，省级对开展专项行动情况进行全面总结，推动建立常态化工作机制。

3.12月上旬，总结分析工作成效，推选一批养老院服务质量先进单位。确定2018年养老院服务质量建设专项行动主要任务。

五、组织领导和职责分工

（一）组织领导。省民政厅、公安厅、卫生和计生委、质监局、老龄办组成省养老院服务质量推进工作小组（人员名单附后），办公室设在省民政厅社会福利和慈善事业促进处，具体负责统筹协调和检查评估等日常工作。

（二）职责分工。各级民政部门要把提升养老院服务质量作为年度重点任务进行组织部署，牵头组织开展养老院服务质量检查和整改。社会办养老机构由各级民政社会福利部门牵头负责，农村特困人员救助供养机构由各级民政社会救助部门牵头负责，光荣院由各级民政优抚部门牵头负责。

各级公安部门依法对养老院进行消防监督，加强对民政部门业务指导和培训，会同民政部门指导养老院开展消防技术改造，依法查处消防安全违法行为。对涉嫌犯罪的欺老虐老案件及时介入，依法查处。

各级卫生计生部门做好医养结合型养老院的业务指导和培训，推动我省医养结合体制机制发展，实现养老服务和医疗卫生资源共享。

各级质量技术监督部门加强养老院服务质量标准体系建设，完善服务质量满意度测评机制，对养老院服务质量认证进行监督管理。

各级老龄办督促有关部门做好入住养老院的老年人权益保障工作，组织做好养老院服务质量万里行和“敬老文明号”创建活动，会同民政部门统筹协调养老院服务质量专项行动。

六、工作要求

（一）高度重视，加强领导。此次专项行动是落实习近平总书记关于提升养老院重要指示的具体举措，各级、各有关部门主要领导要从强化核心意识的高度认识其重要性，统一思想，按照职责分工，认真履职，密切协作，形成齐抓共管的局面。

（二）精心组织，统筹推进。各地要对照方案要求，结合本地实际，制定具体方案措施，健全工作机制，强力推进工作落实。要实行主要负责同志亲自抓、分管领导具体抓、相关单位齐心抓的工作机制，认真组织开展有针对性的专项行动自查检查工作，对发现的问题，要采取有效措施加以整改，好的经验和做法要及时总结上报。

（三）狠抓落实，严肃问责。各级各相关部门应按照重点任务和职责分工，以“撸起袖子加油干”的劲头，细致做好工作。省推进工作小组将对工作积极主动、成效明显的地区给予表彰，对工作落实不力、拖了全省后腿的，予以通报批评并追责。对养老院整改情况要采取一个一个过的方法进行检查验收，树立一批示范机构，整改一批典型机构，关闭一批问题机构，将存在严重违法违规行为且不整改以及因违法违规行为导致事故的养老院，及时向社会公告并通报相关部门，对不符合设立许可条件的，依法予以撤销或关停。

（四）广泛宣传，营造氛围。各部门、各单位要充分利用网络、报刊等媒体，及时报道专项行动进展情况，提高公众参与程度，拓宽公众参与渠道，扩大活动影响力，增强群众“人人为老、家家享老”的养老服务意识，形成全民参与、全民关注的良好氛围和格局。

各市（含定州、辛集市）民政局要于 10 月 30 日前，将专项行动总结报告报省民政厅。

附件：1. 河北省养老院服务质量推进工作小组人员名单（见下方）

2. 养老院服务质量大检查指南

附件 1

河北省养老院服务质量推进工作小组人员名单

组　长：赵风楼　民政厅厅长

副组长：许祯科　民政厅副厅长

张士良　公安厅巡视员

许钢柱　卫生计生委党组成员、省计划生育协会专职副会长

王普增　质量技术监督局副局长

吴进军　老龄办专职副主任

成　员：刘培志　民政厅办公室主任

蒲晓青　民政厅优抚处处长

段永昌　民政厅社会救助处处长

黄正权　民政厅社会福利和慈善事业促进处处长

董江永　民政信息管理中心主任

成　浩　民政厅社会福利和慈善事业促进处副处长

马　健　公安消防总队防火监督部监管处处长

武云秀　卫生计生委家庭发展与流动人口处处长

刘俊宽　质量技术监督局质量管理处处长

高德海　老龄办老年人权益保障处处长

王仁国　老龄办老龄事业发展处处长

工作小组办公室设在省民政厅，办公室主任由省民政厅社会福利和慈善事业促进处处长黄正权兼任。

广东省老年人权益保障条例

（2005年5月26日广东省第十届人民代表大会常务委员会第十八次会议通过 2017年9月28日广东省第十二届人民代表大会常务委员会第三十六次会议修订）

第一章　总　则

第一条　为了保障老年人合法权益，发展老龄事业，积极应对人口老龄化，弘扬中华民族敬老、养老、助老的美德，根据《中华人民共和国老年人权益保障法》和有关法律、法规，结合本省实际，制定本条例。

第二条　本条例所称老年人是指六十周岁以上的公民。

第三条　老年人的合法权益受法律保护，任何组织和个人不得侵犯。

老年人依法享有从国家和社会获得物质帮助的权利，享有获得社会服务和社会优待的权利，享有参与社会发展和共享发展成果的权利。

第四条　县级以上人民政府应当将老龄事业纳入国民经济和社会发展规划，根据国家老龄事业发展规划，制定本行政区域内的老龄事业发展规划和年度计划，保障老龄事业与经济社会协调发展。

各级人民政府应当将老龄事业经费纳入财政预算，建立稳定的经费保障机制，并在福利彩票公益金留成部分中安排一定比例的资金用于老龄事业。

第五条　县级以上人民政府负责老龄工作的机构，负责组织、协调、指导、督促有关部门做好老年人权益保障工作，贯彻实施老年人权益保障法律法规。

县级以上人民政府有关部门应当按照各自职责做好老年人权益保障工作。

乡镇人民政府、街道办事处负责本辖区老龄工作的组织和落实，并明确人员具体负责老龄工作。

第六条　村民委员会、居民委员会应当及时掌握本区域内老年人的养老情况和服务需求，配合政府和有关部门做好老年人权益保障工作，组织开展互助养老、以老年人为对象的志愿服务以及文化、体育活动，调解老年人纠纷，维护老年人合法权益。

第七条　国家机关、企业事业单位、社会组织和其他组织应当按照各自职责，做好老年人权益保障工作。

鼓励企业事业单位、社会组织和其他组织参与发展老龄事业，开展为老慈善活动和志愿服务。

第八条　各级人民政府和有关部门应当加强社会主义核心价值观宣传教育，开展人口老龄化国情教育、老龄法律法规和政策教育，引导全社会增强接纳、尊重、帮助老年人的关爱意识和老年人自尊、自立、自强的自爱意识。

广播、电视、报刊、网络等应当开展维护老年人合法权益的宣传，刊播敬老、养老、助老公益广告，弘扬敬老、养老、助老的美德。

青少年组织、学校和幼儿园应当对青少年和儿童进行敬老、养老、助老的道德教育和维护老年人合法权益的法制教育。

老年大学、老年活动中心、基层老年协会、为老年人服务的社会组织等应当面向老年人开展老年人权益保障法律法规以及身心健康知识、安全防范知识等宣传。

第九条　各级人民政府和有关部门应当将老年人权益保障工作纳入精神文明建设目标考核内容，对维护老年人合法权益和在敬老爱老助老活动中成绩显著的组织、家庭或者个人，以及参与经济社会发展有突出贡献的老年人，按照国家有关规定给予表彰奖励。

第十条　县级以上人民政府应当加强老龄信息化建设，推动各有关部门涉及老年人的人口、保障、服务、信用等基础信息分类分级互联共享，在老年人基本情况统计、老年人优待维权、养老服务业发展、养老信息化等领域推动大数据应用，支持老龄科学研究，优化公共资源配置，提高老龄事业公共服务水平。

县级以上人民政府统计部门应当会同负责老龄工作的机构将老年人状况纳入调查统计项目，建立定期信息发布制度。

第十一条　任何单位和个人对侵犯老年人合法权益的违法行为，可以向民政等部门投诉举报。接到投诉举报的部门应当依法受理并处理，对属于其他部门职责范围的事项，应当及时转交有关部门处理，并告知投诉举报人。

民政等部门应当建立健全投诉举报处理机制，采取公开投诉举报电话、电子邮箱、网络平台等方式，方便社会公众投诉举报。

第十二条　每年农历九月初九为老年节，农历九月为本省敬老月。

敬老月期间，国家机关、企业事业单位、村民委员会、居民委员会、社会组织应当组织开展敬老爱老助老活动。

第二章　家庭赡养与扶养

第十三条　老年人养老以居家为基础，家庭成员应当自觉承担家庭责任，尊重、关心和照料老年人。

赡养人应当依法履行对老年人的赡养义务，照顾老年人的特殊需要。赡养人的配偶以及其他家庭成员应当支持、协助赡养人履行赡养义务。

第十四条　赡养人及其他家庭成员应当关心老年人的精神文化生活，尊重老年人健康有益的生活方式，满足老年人精神方面的合理需求，支持老年人参加力所能及的社会活动。

鼓励家庭成员与老年人共同生活或者就近居住。

与老年人分开居住的家庭成员，应当经常看望或者问候老年人。对入住养老机构的老年人，应当经常探望；对较长时间未探望老年人的家庭成员，养老机构可以提出探望的建议。

用人单位应当按照国家有关规定保障赡养人探亲休假的权利。

第十五条　子女具有同等赡养老年人的义务。子女死亡或者无赡养能力的，有赡养能力的孙子女、外孙子女有同等赡养老年人的义务。

老年人有两个以上赡养人的，赡养人不得推诿、逃避赡养义务。经老年人同意，赡养人之间可以就履行赡养义务签订协议，赡养协议的内容不得违反法律的规定和老年人的意愿。村民委员会、居民委员会、老年人组织或者赡养人所在单位监督协议的履行。

第十六条　禁止歧视、侮辱、虐待、遗弃老年人。赡养人不得以老年人婚姻关系变化、老年人身体残疾、本人放弃继承权、一次性给付赡养费或者其他理由拒绝履行赡养义务；不得违背老年人意愿将共同生活的老年夫妻强行分开赡养。

第十七条　村民委员会、居民委员会发现赡养人、扶养人不履行对老年人的赡养、扶养义务，应当教育督促赡养人、扶养人履行赡养、扶养义务；根据老年人的要求，可以向赡养人、扶养人所在单位通报有关情况，组织调解纠纷，联系志愿服务，向民政、公安等有关部门报告，并指引和帮助老年人依法维护自身合法权益。

赡养人、扶养人不履行对老年人赡养、扶养义务的，其所在单位、老年人组织或者民政部门应当教育和督促赡养人、扶养人履行赡养、扶养义务，帮助老年人维护其合法权益。

第十八条　老年人的婚姻自由受法律保护。赡养人、扶养人或者其他亲属不得干涉老年人离婚、再婚及婚后的生活，不得因老年人离婚、再婚而强行索取、隐匿、扣压老年人的合法财产或者有关证件。

第十九条　有独立生活能力的成年子女以及其他亲属向老年人要求经济资助的，老年人有权拒绝。子女、其他亲属不得以无业或者其他理由强行索取、克扣老年人财物。

各级人民政府和有关部门应当将发放给老年人的补贴、津贴等直接发放给老年人本人。因特殊情形由子女或者其他亲属代领的，应当及时将代领的补贴、津贴等交付给老年人。未经老年人同意，不得擅自处分。

老年人依法享有权益的财产被征收、征用的，相应补偿应当交付给老年人本人，其子女、其他亲属不得侵占或者擅自处分老年人应得的合法权益。

第二十条　县级以上人民政府应当完善家庭养老支持政策，在老年人随配偶或者赡养人迁徙，异地生存认证及社会保险待遇异地领取、结算，享受基本公共服务等方面，为家庭成员与老年人共同生活或者就近居住、照料老年人提供方便。

第三章　社会保障

第二十一条　县级以上人民政府应当建立健全社会保险、社会救助、社会福利等社会保障制度，保障老年人的基本生活、基本医疗和基本社会服务。

县级以上人民政府应当建立社会保障标准调整机制，根据国家有关规定和本省经济发展、在岗职工平均工资增长、物价上涨等情况，适时提高老年人社会保障水平，按时足额发放待遇或者补贴。

第二十二条　县级以上人民政府应当按照有关规定对特困老年人、低保家庭老年人、低收入家庭老年人参加城乡居民基本医疗保险的个人缴费部分给予全额资助。

有条件的村集体经济组织可以对参加城乡居民基本医疗保险的老年人给予资助或者补助。

人力资源社会保障部门应当按照国家和省有关规定，逐步扩大老年人常用药品和医疗项目的基本医疗保险支付范围，减轻老年人的医疗负担；完善与分级诊疗相适应的基本医疗保险支付制度，为老年人提供便捷服务；建立慢性病患者长处方等机制，满足老年人常见病、慢性病的基本用药需求。

第二十三条　各级人民政府应当将符合社会救助条件的城乡老年人纳入供养救助范围。

特困老年人的供养标准应当不低于当地城乡最低生活保障标准的一点六倍且不低于当地现行特困人员基本生活

标准。

特困老年人门诊、住院费用按照医疗保险规定报销后，合规医疗费用的自付部分由医疗救助金全额报销。低保家庭老年人、低收入家庭老年人门诊、住院费用按照医疗保险规定报销后，合规医疗费用的自付部分由医疗救助金报销百分之七十以上。

其他经济困难老年人可以依法申请临时生活救助和医疗救助。

第二十四条 所有赡养人、扶养人具有下列情形之一的，无劳动能力、无生活来源的老年人可以向县级人民政府、乡镇人民政府或者街道办事处申请特困救助：

（一）属于全日制在校学生、特困人员、最低生活保障对象或者低收入家庭成员中任一情形的；

（二）残疾等级被评定为重度（一、二级）残疾人的；

（三）经县级人民政府认定为支出型贫困医疗救助对象的；

（四）无民事行为能力、被宣告失踪或者在监狱服刑的人员，且家庭财产认定符合当地最低生活保障对象财产认定标准的；

（五）其他按照有关规定被认定为无赡养、扶养能力的情形。

第二十五条 县级以上人民政府应当对八十周岁以上老年人按月发放高龄老人政府津贴，有条件的地方可以扩大发放范围。具体标准和发放办法由县级以上人民政府规定。

第二十六条 县级以上人民政府应当建立失能或者部分失能的特困老年人、低保家庭老年人、低收入家庭老年人、孤寡优抚老年人和计划生育特殊家庭老年人生活护理补贴制度。

前款规定老年人重度失能的，县级以上人民政府可以参照乡镇（街道）医院（卫生服务中心）一级护理标准每月给予生活护理补贴；轻、中度失能的，县级以上人民政府可以按照一定标准给予生活护理补贴。具体标准和补贴办法由县级以上人民政府规定。

第二十七条 独生子女父母六十周岁以上的，患病住院期间，独生子女所在单位应当对其护理照料父母给予必要照顾。

县级以上人民政府民政、财政、卫生计生、人力资源社会保障、住房城乡建设等有关部门应当按照国家和省有关规定，在生活保障、医疗服务、养老服务、住房保障、精神慰藉等方面，对计划生育特殊家庭老年人给予特别扶助。

第二十八条 县级以上人民政府应当逐步建立老年人长期护理保险制度，对特困老年人、低保家庭老年人、低收入家庭老年人参加长期护理保险给予资助。

第二十九条 县级以上人民政府应当逐步建立和完善政府支持、社会捐助、个人自费投保相结合的老年人人身意外伤害保险制度。有条件的地方，县级以上人民政府可以为特困老年人、低保家庭老年人、低收入家庭老年人购买人身意外伤害保险，并可以逐步扩大资助购买人身意外伤害保险老年人的范围。

鼓励老年人或者其家庭成员主动投保。鼓励企业事业单位、社会组织和个人捐资为老年人购买人身意外伤害保险。

第三十条 各级人民政府应当将符合本省住房保障条件的老年人优先纳入住房保障范围。

县级以上人民政府实施公共租赁住房等住房保障制度时，应当对特困老年人、低保家庭老年人、低收入家庭老年人减免租金；在实施老旧居住区、棚户区、农村危旧房屋改造时，应当优先保障特困老年人、低保家庭老年人、低收入家庭老年人等符合住房救助条件老年人的基本住房需求。

第四章 社会服务

第三十一条 县级以上人民政府应当建立和完善以居家为基础、社区为依托、机构为补充、医养相结合的养老服务体系。

第三十二条 县级以上人民政府在制定城乡规划和土地利用总体规划时，应当统筹规划养老服务设施，将养老服务设施用地纳入年度国有建设用地供应计划。

第三十三条 各级人民政府和有关部门应当通过购买服务等方式扶持专业服务机构以及其他组织和个人，为居家老年人提供生活照料、紧急救援、医疗护理、精神慰藉、心理咨询等服务。

乡镇人民政府、街道办事处及村民委员会、居民委员会可以采取多种方式为老年人提供居家照料服务。

第三十四条 各级人民政府投资设立的养老机构应当优先保障特困老年人、低保家庭老年人、低收入家庭老年人以及经济困难的孤寡、失能或者部分失能、高龄、计划生育特殊家庭老年人的养老服务需要。

各级人民政府和县级以上人民政府民政部门应当推动政府投资设立的养老机构改革管理体制，引入社会资本参与机构运营管理。

第三十五条 县级以上人民政府应当统筹布局本行政区域内的医疗卫生和养老服务资源，促进医疗卫生和养老服务融合发展，发展老年康复医疗事业。

第三十六条 县级以上人民政府应当加强养老服务人才队伍建设，采取有效措施鼓励和支持养老服务人才培养，促进养老服务人才素质和服务水平的提高。

第三十七条 禁止诱导、欺骗、强迫或者变相强迫老年人消费。

消费者权益保护委员会依法开展对老年人消费的社会监督，保护老年消费者合法权益。

第三十八条　各级人民政府和有关部门以及消费者组织、老年人组织等社会组织，应当做好老年人防范诈骗的宣传教育工作，加强个人信息安全、健康保健、投资消费安全等知识的宣传，增强老年人的防骗意识。

公安机关应当及时受理涉及老年人权益的报警、控告、检举，依法查处针对老年人的诈骗、传销、非法集资等违法行为，保障老年人人身和财产安全。

第三十九条　工商行政管理、食品药品监管、质量技术监督、价格、卫生计生、旅游等部门，应当加强对以老年人为主要消费主体的产品生产、经营行为和服务等的监督管理工作，依法对下列行为进行查处：

（一）未依法注册或者备案而生产、销售保健食品；

（二）未经审查发布保健食品广告，发布虚假、违法保健食品广告或者以介绍健康、养生知识等形式变相发布保健食品广告；

（三）销售假冒伪劣、标签不符合规定的保健食品；

（四）利用网络、会议营销、电视购物、直销、电话营销等方式虚假宣传、欺诈销售食品、保健食品、健康用品等；

（五）销售保健食品过程中的不正当价格行为、非法行医行为；

（六）虚假宣传、违法经营老年休闲旅游等产品或者服务。

为会议营销提供场地或者其他条件的开办者、出租者、举办者，以及保健食品交易网站、电视购物频道、第三方平台提供者等，应当依法审查入场食品经营者的许可证、进行实名登记，发现利用其所提供的平台、场所进行虚假宣传、欺诈消费者等违法行为，应当采取必要措施，并立即向有关监督管理部门报告。

第五章　社会优待

第四十条　县级以上人民政府应当建立健全老年人优待制度，在政务服务、卫生保健、文体休闲、交通出行、公共商业服务、维权服务等方面给予老年人优待，逐步提高优待水平。

县级以上人民政府应当建立健全老年人优待补偿机制，鼓励和支持社会各界为老年人提供优待服务。

第四十一条　各级人民政府和有关部门的政务服务场所、城乡社区为民服务机构应当为老年人提供咨询引导、操作指导、优先办理等优待服务，完善老年人服务设施，设置老年人优待标志、标识，公布优待服务项目和内容。

第四十二条　老年人在本省范围内享受下列卫生保健优待：

（一）基层医疗卫生机构应当为辖区内六十五周岁以上老年人建立健康档案，每年免费提供一次包括体格检查、辅助检查、健康状况评估和健康指导的健康管理服务；

（二）医疗卫生机构应当为老年人提供挂号、交费、取药等专用窗口服务，为老年人就诊、转诊、综合诊疗提供便利服务。

第四十三条　老年人在本省范围内享受下列文体休闲优待：

（一）免费进入政府投资主办或者控股的公园、博物馆（院）、公共图书馆、文化馆（站）、美术馆、科技馆、纪念馆（纪念陵园）、名人故居等公益性文化设施；

（二）六十五周岁以上老年人免费、不满六十五周岁的老年人半价购票进入依托公共资源建设、实施政府定价或者政府指导价管理的旅游景区、景点；

（三）免费享受体育部门组织的体质测试。

鼓励其他旅游景区、景点对老年人实行优惠票价或者免票。提倡公共体育场馆、设施为老年人健身活动提供方便和优惠服务。

第四十四条　城市公共交通、公路、铁路、水路和航空客运等交通服务单位应当给予老年人优先购票、进出站、检票，优先上下车船、飞机等服务。有条件的交通工具应当设置老年人专座。长途汽车客运站、火车站应当设置老年人候车室或者老年人专座。

老年人乘坐城市公共交通工具（包括乘坐公交城乡一体化公共交通工具），应当给予减免费优待，具体办法由县级以上人民政府制定。

第四十五条　供电、供水、供气、通讯、电信、有线电视等服务行业，应当为老年人提供优先、便利服务。

金融机构应当为老年人办理业务提供便捷服务，设置老年人优先窗口，提供引导咨询服务，对办理转账、汇款业务或者购买金融产品的老年人提示相应风险。鼓励金融机构对异地领取养老金的客户给予手续费减免优惠。

第四十六条　县级以上人民政府司法行政部门应当加强老年人法律服务和法律援助工作，鼓励针对老年群体特点开展适应老年人特殊需求的专项法律服务活动，为老年人及时就近寻求法律帮助提供便利条件。

司法机关应当采取电话、网络、上门服务等形式，为高龄、失能或者部分失能等行动不便的老年人报案、参与诉讼等提供便利。

经济困难的老年人因合法权益受到侵害提起诉讼的，按照有关规定给予法律援助和司法救助。鼓励律师事务所、公证处、司法鉴定机构、基层法律服务所等法律服务机构为经济困难的老年人提供免费或者优惠服务。

第六章 宜居环境

第四十七条 县级以上人民政府应当为老年人提供安全、便利和舒适的宜居环境，推进宜居社区建设。

第四十八条 县级以上人民政府城乡规划部门应当会同民政、财政、残联等单位，按照国家无障碍设施工程建设标准，制定无障碍设施改造计划，加强居住区公共设施无障碍改造，重点对坡道、楼梯、电梯、扶手、公共卫生间等公共建筑、设施进行改造。

市、县（区）人民政府及其有关部门应当为特困老年人、低保家庭老年人、低收入家庭老年人、孤寡优抚老年人和计划生育特殊家庭老年人自愿改造生活设施及无障碍设施提供资助。

第四十九条 县级以上人民政府及其有关部门应当将老年文化设施建设列入基本公共文化服务体系和城乡规划，按照城市文化活动设施和老年人设施规划标准，加强老年文化设施建设。

第五十条 县级人民政府、乡镇人民政府和街道办事处应当根据本行政区域内老年人口的分布状况，按照方便老年人的原则，合理设置老年活动室等文体娱乐场所。

村民委员会、居民委员会可以因地制宜开辟老年人文化体育活动点。

国家机关、社会团体、企业事业单位可以根据自身条件开辟老年人活动场所，鼓励文化、体育、公共娱乐、风景区、公园等场所建设适合老年人活动的设施。

第七章 参与社会发展

第五十一条 各级人民政府应当保障老年人参与经济、政治、文化和社会生活的权利。全社会应当重视、珍惜老年人的知识、技能、经验和优良品德，发挥老年人的专长和作用，支持和保障老年人参与社会发展。

鼓励老年人在自愿和量力的情况下，从事优良传统教育、传授科学文化知识、咨询服务、科学开发与应用、生产经营、志愿服务、兴办社会公益事业、维护社会治安、调解民间纠纷等活动。

第五十二条 制定地方性法规、规章和公共政策涉及老年人权益重大问题的，应当听取老年人和老年人组织的意见、建议。

第五十三条 各级人民政府应当制定老年人力资源开发利用政策。

县级以上人民政府有关部门应当统计本地区、本行业老年专业人才信息，建立老年人才资源库，推动老年人才与经济社会发展需求融合对接。

第五十四条 各级人民政府应当培育、发展和扶持老年人组织，加强老年人组织规范化建设，推动老年人自我管理、自我教育、自我服务、自我监督，促进老年人参与社会发展。

鼓励和支持老年人组织依法开展有益老年人身心健康的活动，引导老年人参与社会建设和管理，组织为老服务和老年互助活动，反映老年人的意见和诉求，维护老年人合法权益，发挥老年人在经济社会发展中的作用。

鼓励社会力量为老年人组织建设提供资金和设备支持。

第五十五条 县级以上人民政府应当将老年教育纳入教育发展规划，加大对老年教育的投入，建立健全老年继续教育机制，加强对老年教育设施、师资力量、课程开发等方面建设；整合利用城乡教育文化资源，逐步建立社区老年教育网络，方便老年人就近学习。

老年学习活动场所、老年教育资源应当对城乡老年人公平开放。鼓励老年大学面向社会办学。

鼓励和支持社会力量举办或者参与老年教育。鼓励高校及有关教育机构利用现代信息技术，发展远程教育，建设网络学习平台，开发网络学习资源，设置适合老年人学习的课程。

第五十六条 县级以上人民政府应当举办适合老年人特点的老年人体育运动会或者单项比赛。

各级人民政府应当支持开展有益于老年人身心健康的文化娱乐活动，支持老年文化团体开展活动，为老年人参与文化活动提供方便。

鼓励、支持老年人文化协会、老年人体育协会以及其他社会力量广泛开展内容丰富、形式多样的群众性老年文娱体育活动。

第八章 法律责任

第五十七条 赡养人、扶养人不履行赡养、扶养义务的，老年人有权通过调解、诉讼要求赡养人、扶养人履行赡养、扶养义务。

赡养人、扶养人或者其他亲属侵犯老年人其他合法权益的，老年人可以向村民委员会，居民委员会，老年人组织，赡养人、扶养人所在单位或者民政部门请求帮助，也可以通过调解、诉讼维护自身合法权益。

第五十八条 违反法律法规和本条例规定，歧视、侮辱、虐待或者遗弃老年人，将共同生活的老年夫妻强行分开赡养，干涉老年人婚姻自由，侵害老年人财产权益的，由有关单位给予批评教育。上述行为以及拒绝履行赡养、扶养义务的行为，构成违反治安管理行为的，由公安机关依法给予治安管理处罚；构成犯罪的，依法追究刑事责任。

第五十九条 任何单位和个人有本条例第三十九条第一款所列违法行为的，由有关行政主管部门依法从重处罚；构成犯罪的，依法追究刑事责任。

第六十条　具有为老年人提供优待服务义务的文化、体育、医疗、交通、旅游及其他公共服务单位未按照规定履行优待服务义务的，由其主管部门责令限期改正，未按照规定减免费用的应当退还多收的部分；逾期不改正的，可以处一万元以下的罚款。

第六十一条　有关部门或者组织未依法履行老年人权益保障职责的，由其上级主管部门责令改正。国家工作人员违反本条例规定，致使老年人合法权益受到损害的，由其所在单位或者上级主管部门责令改正；情节严重的，依法给予处分；构成犯罪的，依法追究刑事责任。

第九章　附　则

第六十二条　本条例自2017年11月1日起施行。

广西壮族自治区实施《中华人民共和国老年人权益保障法》办法

（2017年5月25日广西壮族自治区第十二届人民代表大会常务委员会第二十九次会议通过）

第一章　总　则

第一条　为了保障老年人合法权益，促进老龄事业发展，弘扬中华民族敬老、养老、助老的美德，根据《中华人民共和国老年人权益保障法》和有关法律、行政法规的规定，结合本自治区实际，制定本办法。

第二条　本自治区行政区域内老年人权益保障及其相关工作，适用本办法。

本办法所称老年人是指六十周岁以上的公民。

第三条　老年人权益保障工作遵循政府主导、社会参与的原则，各级人民政府应当加强对老年人权益保障工作的领导，建立健全保障老年人权益的各项制度。

县级以上人民政府应当履行下列职责：

（一）将老龄事业纳入国民经济和社会发展规划，制定本行政区域的老龄事业发展规划和年度计划；

（二）将老龄事业经费列入本级预算，并建立与老年人口增长和经济社会发展水平相适应的经费增长机制；

（三）将社会福利彩票公益金本级留成的百分之六十以上用于支持发展养老服务业；

（四）按照养老服务规范和标准，配置养老服务设施，建设养老服务信息网络；

（五）完善社会养老服务体系，培育和发展养老服务产业；

（六）支持和鼓励社会力量参与老龄事业发展。

第四条　县级以上人民政府负责老龄工作的机构具体负责组织、协调、指导、督促本行政区域的老年人权益保障工作。

县级以上人民政府民政、发展改革、教育、公安、司法行政、财政、人力资源社会保障、国土资源、住房城乡建设、交通运输、文化、卫生计生、旅游、体育、税务等有关部门按照各自职责，做好老年人权益保障工作。

乡镇人民政府、街道办事处应当确定专职人员负责老年人权益保障工作。

居民委员会、村民委员会应当组织制定敬老、养老、助老的居民公约、村规民约，开展敬老、养老、助老的相关活动，引导老年人成立基层老年协会等老年人组织，建立老年人信息档案和巡访制度，及时了解老年人特别是孤寡老年人、独居老年人和困难家庭中的老年人等的身体和生活状况。

第五条　县级以上人民政府及其有关部门应当在全社会开展人口老龄化国情、区情教育，老龄政策和法律法规教育，引导全社会增强尊重、关心、帮助老年人的关爱意识，引导老年人树立自尊、自立、自强的自爱意识。

广播、电视、报刊、网络等媒体应当开办老年人节目或者栏目，宣传保障老年人合法权益的法律法规和敬老、养老、助老的先进典型，并加强舆论监督，形成尊重、关心、帮助老年人的行为规范和社会风尚。

青少年组织、学校和幼儿园应当对青少年和儿童开展敬老、养老、助老的道德教育和维护老年人合法权益的法制教育。

第六条　县级以上人民政府应当建立老年人状况调查统计制度，由负责老龄工作的机构会同统计机构将老年人状况纳入调查统计项目，定期发布老年人状况统计信息。

第七条　各级人民政府应当依法保障老年人享有的人身、财产等权益，从国家和社会获得物质帮助的权利，享受社会服务和社会优待的权利，参与社会发展和共享发展成果的权利。

老年人应当遵纪守法，遵守社会公德，履行法律法规规定的各项义务。

第八条　各级人民政府和有关部门，对敬老、养老、助老以及维护老年人合法权益、发展老龄事业成绩显著的组织、家庭或者个人，对参与社会发展做出突出贡献的老年人，按照国家和自治区有关规定给予表彰或者奖励。

鼓励居民委员会、村民委员会、老年人组织以及其他组织，通过对敬老、养老、助老的子女和好家庭等先进典型的表彰，弘扬中华民族传统美德。

鼓励发掘和弘扬少数民族的敬老养老传统。

第九条　每年农历九月初九为老年节，老年节所在月为本自治区敬老活动月。

国家机关、社会团体、企业事业单位、居民委员会、村民委员会、城乡社区以及其他组织，应当开展敬老、爱老、助老活动。

第二章　家庭赡养

第十条　老年人养老以居家为基础，家庭成员应当自觉承担家庭责任，尊重、关心和照料老年人。

县级以上人民政府应当制定家庭养老支持扶助政策，为家庭成员照料老年人提供帮助，为老年人随配偶或者赡养人共同生活提供户口迁移、医疗保障等方面的便利，鼓励家庭成员与老年人共同生活或者就近居住。

第十一条　赡养人应当履行对老年人经济供养、生活照料的义务，保障老年人的基本生活水平。赡养人因外出务工等原因不能在身边照料的，应当委托有能力的个人、养老机构或者社会组织代为妥善照料老年人的生活。

对共同生活的老年人夫妇，需要分开赡养的，赡养人应当征得老年人夫妇的同意。

对无经济收入或者低收入单独居住的老年人，赡养人应当按月或者按照约定时间给付赡养费、提供生活资料，妥善安排老年人生活和家庭劳务事宜。

赡养人应当将代领或者代为管理的属于老年人的各种收入、政府补贴以及其他财产性收益全额交付老年人，或者在老年人授权下代为支付生活、医疗等费用。

第十二条　家庭成员应当履行对老年人精神慰藉的义务，满足老年人精神方面的合理需求。

与老年人分开居住的家庭成员，应当经常看望或者通过电话、网络、书信等方式问候老年人。

对入住养老机构的老年人，家庭成员应当经常探望；对较长时间未探望老年人的家庭成员，家庭成员所在单位或者养老机构可以提出建议，督促其前往探望。

第十三条　老年人与子女或者其他亲属共同出资购买、建造房屋的，应当保障老年人享有的居住等相关权益；调换、拆迁、改建共有房屋的，应当优先照顾老年人的需求。

子女或者其他亲属借用老年人房屋，老年人要求归还的，应当及时归还，不得以任何理由继续占用。

第十四条　丧偶、离婚的老年人有依法再婚、复婚的权利。提倡再婚老年人对婚前财产和婚姻关系存续期间所得财产进行公证或者书面约定。

老年人离婚、再婚后的家庭生活，赡养人或者其他亲属不得干涉。

赡养人的赡养义务不因老年人的婚姻关系变化而消除。

赡养人不得以老年人的婚姻关系变化为由，强占、分割老年人的财产或者限制老年人行使其占有、使用、收益和处分财产的权利。

第十五条　居民委员会、村民委员会、老年人组织和老年人所在单位、其他社会组织和个人发现有歧视、侮辱、虐待、遗弃老年人行为的，应当予以劝阻、调解或者采取临时保护等措施，必要时可以向公安机关报警。公安机关应当及时受理报警，并依法查处。

第三章　社会保障

第十六条　县级以上人民政府应当按照国家规定，逐步完善公平、统一、规范的老年人社会保险、社会福利、社会救助等社会保障制度，并根据经济社会发展、职工平均工资增长、物价上涨以及老年人生活需求等情况适时调整，逐步提高老年人社会保障水平。

第十七条　自治区通过职工基本养老保险和城乡居民基本养老保险等制度，依法保障老年人的基本生活。

第十八条　县级以上人民政府应当完善职工基本医疗保险、城乡居民基本医疗保险、大病保险和医疗救助制度，保障老年人的基本医疗需要。

自治区人民政府人力资源社会保障、卫生计生部门应当按照国家和自治区有关规定，逐步扩大老年人常用药品和医疗康复项目的基本医疗保险支付范围，通过完善社区用药政策，建立慢性病患者长处方等机制，保障老年人常见病、慢性病的基本用药。

对特困供养的老年人、享受最低生活保障的老年人和符合条件的低收入家庭中的老年人，参加城乡居民基本医疗保险所需个人缴费部分，由县级以上人民政府按照有关规定给予部分或者全额补贴。

第十九条　县级以上人民政府应当逐步建立老年人长期护理保障制度，对生活长期不能自理、经济困难的老年人，根据其失能程度等情况给予不同标准的护理补贴，或者为其购买护理服务。

逐步建立老年人长期护理社会保险制度。鼓励商业保险公司开展针对老年人的长期护理保险、人身健康保险和意外伤害保险等相关业务。

第二十条 县级以上人民政府应当完善经济困难的老年人基本生活救助和医疗救助制度。

对最低生活保障家庭中的老年人，由县级以上人民政府民政部门给予生活救助。

老年人无劳动能力、无生活来源且无法定赡养人和扶养人，或者其赡养人和扶养人确无赡养能力或者扶养能力的，由县级以上人民政府民政部门给予特困供养。

对特困供养的老年人、享受最低生活保障的老年人和符合条件的低收入家庭中的老年人，由县级以上人民政府民政部门按照国家和自治区有关规定给予医疗救助。

第二十一条 县级以上人民政府应当采取措施改善老年人住房条件。在实施公共租赁住房、经济适用住房、限价商品住房等住房保障计划时，优先向符合条件的老年人或者老年人与子女共同居住的家庭配租或者配售保障性住房，并在选房方面予以优先；在实施农村危旧房屋改造时，对符合条件的老年人居住的危旧房屋优先进行改造。

第二十二条 县级以上人民政府卫生计生、民政、财政、人力资源社会保障、住房城乡建设等有关部门应当按照国家和自治区有关规定，完善独生子女家庭老年人扶助制度，在生活保障、医疗服务、养老服务、住房保障、精神慰藉等方面，对符合条件的独生子女伤残、死亡家庭的老年人给予特别扶助。

独生子女父母年满六十周岁的，患病住院期间，用人单位应当给予其子女每年累计不超过十五天的护理假。护理期间的工资、津贴、补贴和奖金，其用人单位不得扣减。

第二十三条 老年人可以与居民委员会、村民委员会、集体经济组织、养老机构或者法定继承人以外的个人签订遗赠扶养、以地养老、以房养老协议或者其他扶助养老协议。

第四章 社会服务

第二十四条 县级以上人民政府应当制定社会养老服务发展规划和养老服务设施建设规划，推进养老服务业制度、标准、设施、人才队伍建设，构建居家为基础、社区为依托、机构为补充、医养相结合的养老服务体系，满足老年人养老服务需求。

第二十五条 县级以上人民政府应当在制定城市总体规划、控制性详细规划时，统筹规划发展城市养老服务设施，按照国家和自治区有关规定标准，分区分级规划设置养老服务设施。

县级以上人民政府应当将养老服务设施建设用地纳入城镇土地利用总体规划和年度用地计划，优先安排养老服务设施建设用地。

社会力量举办的公益性养老机构与政府举办的养老机构享受相同的土地使用政策，其养老服务设施建设用地可以依法使用国有划拨土地或者农民集体所有的土地。经营性养老服务设施建设用地，应当依法办理有偿用地手续，优先保障供应。

第二十六条 新建居住区的养老服务设施，应当与住宅同步规划、同步建设、同步验收、同步交付使用。已建居住小区没有养老服务设施或者现有养老服务设施未达到配建标准的，所在地县级人民政府应当通过新建、改建、购置、置换、租赁等方式达到养老服务设施配建标准。

公共养老服务设施未经县级以上人民政府批准，不得改变用途或者拆除；因国家建设需要，经批准改变用途或者拆除的，应当补建，补建的规模和标准不得低于原有规模和标准。

公共养老服务设施管理机构应当按照国家规定的标准，配置和更新必需的服务内容和设施，加强公共养老服务设施经常性维护管理工作，保障公共养老服务设施的正常使用和运转。

第二十七条 县级以上人民政府民政部门应当建立养老机构分类管理和养老服务评估制度。通过对养老机构等级评定和养老服务进行评估，建立健全养老服务的准入、退出机制，推进养老服务规范化、标准化建设，提高为老年人服务的能力和水平。

第二十八条 县级以上人民政府应当制定奖励、扶持办法，通过公建民营、民办公助、购买服务等多种方式，鼓励和引导社会力量投资兴办、运营养老机构和养老服务设施。

企业事业单位、社会团体、个人投资兴建和运营的公益性养老机构，或者向其他公益性养老机构的捐资捐赠，依照国家法律法规规定享受税收优惠。

县级以上人民政府及其有关部门对公益性养老机构建设免收行政事业性收费，经营性养老机构建设减半征收行政事业性收费，养老机构养老服务运营减半或者免收行政事业性收费，养老机构用水、用电、用气按照居民生活类价格执行，养老机构办理使用电信、邮政、广播电视有线传输业务享受优惠。

县级以上人民政府民政、财政等有关部门应当加强对政府养老设施、养老服务投入资金的监督管理。

第二十九条 县级以上人民政府应当整合社会资源，制定鼓励政策，扶持农村和社区养老服务设施建设，引导农村地区依托行政村、较大自然村，优先建设互助型养老服务设施；闲置的公共场所和设施，优先用于养老服务。

县级以上人民政府应当对符合条件的农村和社区养老服务设施给予运营补贴，并根据经济社会状况适时调整。

第三十条　县级以上人民政府应当将老年医疗卫生服务纳入当地医疗卫生服务规划，建立健全医疗卫生机构和养老机构合作机制。

支持有条件的养老机构开办医疗机构，开展医疗服务，自治区、设区的市人民政府人力资源社会保障部门应当将符合条件的养老机构内设的医疗机构，按照规定纳入城乡基本医疗保险定点范围，并逐步实现异地结算。

建立健全基层医疗卫生机构与居家老年人签约服务机制，推动基层医疗卫生机构和医护人员与社区养老、居家养老结合，为老年人提供定期体检、上门巡诊、家庭病床、社区护理等健康管理和医疗服务，并将符合规定的医疗费用纳入医保支付范围。

鼓励各级各类医疗卫生机构设立老年病医院、老年护理院、老年康复医院、临终关怀机构等医养结合机构，有条件的二级以上综合医院可以设立老年病科，建立家庭病床，为老年人提供家庭医疗服务。

鼓励社会力量通过市场化运作方式，投资兴办、运营医养结合的养老机构以及老年康复、老年护理等专业医疗机构。

第三十一条　鼓励和引导养老机构、老年人服务场所投保责任保险。

第三十二条　县级以上人民政府应当完善养老服务从业人员福利待遇制度，对在养老机构就业的专业技术人员，在执业职业资格、注册考核、职称评审等方面，执行与医疗机构、福利机构相同的政策。

养老机构应当改善养老护理员工作条件，加强劳动保护和职业防护，按照规定缴纳养老、医疗、工伤、失业等社会保险，提高工资福利待遇。

第三十三条　鼓励和支持高等院校、中等职业技术学校、职业培训机构设置养老服务相关专业或者课程，依托养老机构、医疗机构建立养老服务人员实习培训基地，培养养老服务专业人才；鼓励大中专院校毕业生从事养老服务工作。

县级以上人民政府应当把养老护理人员技能培训纳入城乡就业培训范围，对符合条件的参加养老护理职业培训和职业技能鉴定的从业人员按照国家和自治区有关规定给予相关补贴。

第三十四条　县级以上人民政府应当通过购买服务、委托运营等方式，发展社区养老服务，扶持专业服务机构以及其他组织和个人，运用互联网、物联网等建设居家服务网络平台，为居家老年人提供生活照料、紧急救援、医疗护理、精神慰藉、心理咨询、法律咨询、文化娱乐等服务。

逐步建立老年人日间照料制度。县级以上人民政府应当鼓励和支持农村、社区养老机构对孤寡、失能等特殊老年人提供托养、助餐等日间照料服务。

第三十五条　县级以上人民政府民政等有关部门应当加强对社区养老服务机构以及其他相关组织的管理和服务。

社区养老服务机构提供托养、助餐、医疗等服务的，应当遵守国家和自治区消防、食品安全、医疗卫生、环保等法律法规的规定，相关行业主管部门应当依法履行监督管理职责。

第三十六条　县级以上人民政府及其发展改革、人力资源社会保障、卫生计生等有关部门应当制定养老产业政策和措施，鼓励和引导社会资本发展休闲养生健康特色养老产业、老年健康服务管理产业、老年用品相关产业、中医药及壮瑶等民族医药产业，满足老年人不同层次、多样化的养老服务需求。

第三十七条　县级以上人民政府应当制定扶助老年人慈善支持政策，培育和发展各类为老年人服务的公益慈善组织，鼓励和引导公益慈善组织参与养老机构建设、养老产品开发、养老服务提供、帮助贫困老年人脱贫等活动。

县级以上人民政府民政、教育等有关部门应当建立健全为老年人志愿服务工作机制。鼓励和引导公益慈善组织以及国家机关工作人员、企业事业单位职工、大中小学学生等志愿者参加敬老、养老、助老志愿服务活动。

提倡结对帮扶、邻里互助和健康老年人帮助孤寡、高龄、患病老年人。

第三十八条　禁止以虚假宣传、夸大宣传等欺骗方式诱导老年人消费，或者以胁迫方式强制老年人消费。

县级以上人民政府公安、司法行政、工商行政、食品药品监督、新闻出版广电、金融监管、信息产业、质量技术监督、旅游行政等有关部门，应当对老年人开展防骗、维权等宣传教育活动，及时处理侵害老年人消费权益的控告、投诉和举报。

公安机关对针对老年人的电信、网络等诈骗和非法集资行为，应当及时受理相关的报警，并依法查处，保障老年人人身和财产安全。

第五章　社会优待

第三十九条　县级以上人民政府应当根据当地经济社会发展情况和老年人的特殊需要，不断完善老年优待政策，逐步提高优待水平。

第四十条　自治区建立八十周岁以上老年人高龄津贴制度。高龄津贴具体标准由设区的市、县级人民政府根据当地经济社会发展状况规定，并适时调整。

有条件的地方可以根据当地实际降低享受高龄津贴的年龄。

第四十一条　基层医疗卫生机构应当按照国家基本公共卫生服务的规定为辖区内老年人免费建立健康档案，每年至少提供一次免费体格检查和健康指导。

七十周岁以上老年人到各级各类医疗卫生机构就医，享受优先就诊、化验、检查、交费、取药的优待。鼓励医疗卫生机构减免老年人门诊诊查费和贫困老年人诊疗费。

鼓励基层医疗卫生机构对老年人开展巡回医疗、保健、护理、康复、临终关怀等服务。

第四十二条　城市公共交通、公路、铁路、水路和航空客运等交通场所和站点应当设置老年人优先购票、乘车等标志，有条件的地方设立“老幼病残孕”等候专区，对无人陪同、行动不便的老年人给予照顾，根据需要配备升降电梯、无障碍通道、无障碍洗手间、无障碍车厢和座位等设施。城市公共交通工具应当设立不低于坐席数百分之十的“老幼病残孕”专座，并为老年人提供票价优惠。

七十周岁以上老年人免费乘坐城市公共交通工具。鼓励有条件的市、县逐步降低免费乘坐城市公共交通工具老年人的起始年龄。

县级以上人民政府应当根据实际情况制定具体的优惠办法，对实行老年优待的公交企业给予相应经济补偿。

第四十三条　金融机构应当为老年人办理业务提供便捷服务，为患病残疾、行动不便的老年人提供特需服务或者上门服务；对办理转账、汇款或者购买金融产品等业务的老年人，应当提示相应风险。

商业餐饮服务网点以及供水、供电、燃气、通讯、电信、邮政等服务行业和网点，应当为老年人提供优先、便利服务。

第四十四条　财政支持的各类公园、博物馆、美术馆、科技馆、纪念馆、公共图书馆、文化馆等公共文化服务设施和体育场馆，应当向老年人免费开放。减免老年人参观文物建筑及遗址类博物馆的门票。各类旅游景点、风景名胜区和自然保护区对老年人实行门票优惠，鼓励景区内的观光车、缆车等代步工具对老年人给予优惠。

第四十五条　县级以上人民政府司法行政部门应当健全完善法律服务和法律援助体系，鼓励律师事务所、公证机构、司法鉴定机构、基层法律服务所等法律服务机构为经济困难的老年人提供免费或者优惠服务，为重病、重残造成行动不便的老年人提供上门服务。

司法机关应当通过开通电话和网络服务、上门服务等形式，为重病、重残造成行动不便的老年人报案、参与调解和诉讼等提供便利。

老年人所在的单位、乡镇人民政府、街道办事处、派出所、司法所应当为老年人维护合法权益提供帮助。

第四十六条　县级以上人民政府应当逐步建立和完善惠民殡葬政策，对困难家庭中的老年人去世后实行火葬的，减免基本殡葬服务等费用。

第四十七条　农村老年人不承担公益事业的筹资、筹劳任务以及各种社会集资。

第六章　宜居环境

第四十八条　县级以上人民政府应当适应老龄化社会的需求，为老年人提供安全、便利和舒适的宜居环境，按照国家和自治区相关标准，推进宜居社区建设。

第四十九条　各级人民政府应当为老年人开展文化体育活动提供必要的场所。设区的市、县（市、区）人民政府应当设立与辖区内老年人口规模相适应的老年活动中心；乡镇人民政府、街道办事处应当设立老年活动场所；居民委员会、村民委员会应当因地制宜，开辟老年人文化体育活动点。

政府投资建设的各类老年人活动场所，应当向老年人免费开放，不得擅自改变用途。

第五十条　县级以上人民政府应当组织住房城乡建设、民政、财政、残联、老龄工作机构等有关部门，制定无障碍设施改造计划，按照国家无障碍设施工程建设标准，推动和扶持老年人家庭无障碍设施和老年人居住区的公厕、道路、坡道、电梯、扶手、座椅等与日常生活密切相关的公共设施的改造，方便老年人生活。

实施老年人家庭无障碍设施改造计划，应当优先安排贫困、病残、高龄、独居、空巢、失能等特殊困难老年人家庭，并给予适当补助。

第五十一条　老年公寓等专门为老年人设计的居住建筑，应当符合老年人居住建筑设计标准，满足老年人对居住场所的安全、卫生、便利、舒适等基本要求。

第七章　参与社会发展

第五十二条　县级以上人民政府及其发展改革等有关部门应当完善老年人参与社会发展的政策，鼓励和引导老年人和老年人组织在化解社会矛盾、维护社会稳定、促进社会发展等方面发挥作用，为老年人参与社会发展创造条件。

第五十三条　县级以上人民政府及其人力资源社会保障等有关部门应当加强老年人力资源开发，建立老年人专业人才库，鼓励老年人发挥专业知识技能，从事力所能及的社会活动。

老年人参加劳动的合法收入受法律保护，任何单位和个人不得因老年人参加其他社会活动获得报酬，而扣减其养老金或者福利待遇。

第五十四条　县级以上人民政府应当制定扶持政策，培育和发展基层老年协会等老年人组织，加强老年人组织规范化建设，推动老年人自我管理、自我教育、自我服务，促进老年人参与社会发展。

第五十五条　县级以上人民政府应当加大对老年教育的投入，发展老年教育。

县级以上人民政府教育部门应当将老年教育列入教育

发展规划和终身教育体系，加强老年教育设施、师资力量、课程开发等方面建设，均衡配置各类老年学校和学习点，促进老年教育资源向城乡老年人公平开放；鼓励社会力量举办老年教育机构。

县级以上人民政府教育部门以及有关机构、学校应当利用现代信息技术，发展老年远程教育，建设网络学习平台，开发网络学习资源，设置适合老年人学习的课程，为老年人接受终身教育创造条件。

老年活动场所、老年教育资源应当对城乡老年人公平开放。对生活困难家庭中的老年人进入老年大学（学校）学习的，给予学费减免。

第八章　法律责任

第五十六条　违反本办法规定，《中华人民共和国老年人权益保障法》及其他有关法律、行政法规已有法律责任规定的，从其规定。

第五十七条　违反本办法第十三条第二款、第十四条第二款、第四款规定，有下列情形之一的，由有关单位给予批评教育；构成违反治安管理行为的，依法给予治安管理处罚；构成犯罪的，依法追究刑事责任：

（一）子女或者其他亲属借用老年人房屋，不及时归还继续占用的；

（二）赡养人或者其他亲属干涉老年人离婚、再婚后的家庭生活的；

（三）赡养人以老年人的婚姻关系变化为由，强占、分割老年人的财产或者限制老年人行使其对财产占有、使用、收益和处分权利的。

第五十八条　违反本办法第二十六条第二款规定，未经县级以上人民政府批准，擅自改变公共养老服务设施用途的，由上级主管部门或者所在地人民政府责令改正；未经县级以上人民政府批准，擅自拆除公共养老服务设施的，由上级主管部门或者所在地人民政府责令限期恢复。

第五十九条　违反本办法第四十九条第二款规定，擅自改变政府投资建设的各类老年人活动场所用途的，由上级主管部门或者所在地人民政府责令改正。

第六十条　违反本办法第五十三条第二款规定，单位因老年人参加其他社会活动获得报酬，而扣减其养老金或者福利待遇的，由其上级主管部门责令改正。

第九章　附　则

第六十一条　本办法自2017年9月1日起施行。1990年3月9日广西壮族自治区第七届人民代表大会常务委员会第十五次会议通过的《广西壮族自治区保护老年人合法权益的规定》同时废止。

中共海南省委办公厅、海南省人民政府办公厅印发《关于充分发挥“候鸟型”人才作用的意见》的通知

琼办发〔2017〕1号

各市、县、自治县党委和人民政府，省委各部门，省级国家机关各部门，各人民团体：

《关于充分发挥“候鸟型”人才作用的意见》已经省委、省政府同意，现印发给你们，请结合实际认真贯彻执行。

中共海南省委办公厅　海南省人民政府办公厅

2017年1月11日

关于充分发挥“候鸟型”人才作用的意见

随着海南国际旅游岛建设的不断推进，来我省季节性休养、生活、旅游的“候鸟”人群日渐增多，其中有许多是各行各业的专家和优秀人才，是海南得天独厚的人才资源。为深入挖掘这一宝贵资源，充分发挥“候鸟型”人才作用，助推人才强省和创新驱动发展战略，根据国家和省有关文件精神，结合我省实际，特提出以下意见。

一、“候鸟型”人才认定

“候鸟型”人才是指来我省季节性休养、生活、旅游，

具有一定专业知识或专门技能，在不改变其原有人事、档案、户籍、社保等关系的前提下，通过多种方式自愿为我省经济社会发展服务的省外人才。

“候鸟型”高层次人才认定标准参照《海南省高层次人才认定办法（试行）》（琼府办〔2015〕15号）执行，由主管部门认定，报省人力资源社会保障厅备案；“候鸟型”科技创新团队认定标准参照《海南省引进科技创新团队实施办法》（琼府办〔2015〕110号）执行，其带头人和核心成员应当为“候鸟型”人才。

二、基本原则

政府引导，市场配置。强化政府人才宏观管理、政策制定、公共服务、监督保障等职能，充分发挥市场在“候鸟型”人才资源配置中的决定性作用。

单位自主，个人自愿。以实现“双赢”为目标，保障和落实用人主体自主权与尊重“候鸟型”人才个人意愿相结合，创新工作机制，确保引得进、留得住、用得好。

需求牵引，注重效果。坚持从实际出发，结合我省经济结构转型升级的需要，引进“候鸟型”人才，优化人才环境，创造条件，做好保障，最大限度激发和释放人才活力。

三、主要目标

围绕我省十二个重点产业和重点领域，到2020年，全省使用“候鸟型”人才10000人左右，其中“候鸟型”高层次人才1000人左右、“候鸟型”科技创新团队10个以上。以此为牵引，吸引更多的“候鸟型”人才向海南聚集。

四、重点任务

（一）全面摸清“候鸟型”人才底数。建立“候鸟型”人才供需信息采集报送制度。各市县（区）指导社区对入岛“候鸟”人群实施动态跟踪，对旅居我省的“候鸟”人群，实行常态化登记统计，准确掌握有服务意愿的“候鸟型”人才信息，及时发现并主动联系“候鸟型”人才。各市县企事业用人单位要定期向属地人力资源开发局报送使用“候鸟型”人才的需求目录。由省人力资源开发局及时汇总、发布、更新“候鸟型”人才现状和需求信息，为做好“候鸟型”人才工作夯实基础。（牵头单位：省人才办；责任单位：省人力资源社会保障厅、省人力资源开发局、省民政厅，各市县）

（二）建立“候鸟型”人才服务平台。省人力资源开发局建立海南“候鸟型”人才服务网，使之成为各级政府职能部门采集、管理、发布“候鸟型”人才信息、政策的窗口，成为“候鸟型”人才与用人单位沟通交流的渠道，成为广大“候鸟型”人才推介自我、社群互动的载体。建立全省统一的“候鸟型”人才信息数据库，引入大数据技术，对“候鸟型”人才供需信息数据，分行业、分领域进行专项分析，分层次、分类别进行整合管理，为各级政府部门做好“候鸟型”人才工作提供决策依据，为供需双方准确对接提供参考。市县、行业主管部门建立的网络服务平台和信息数据库要与省级平台和数据库实现无缝链接和资源共享，解决用人单位与“候鸟型”人才对接不畅的问题。（牵头单位：省人力资源社会保障厅；责任单位：省人力资源开发局，各市县，各省级行业主管部门）

（三）拓宽“候鸟型”人才引进渠道。各市县、行业主管部门、用人单位要面向国内外人才密集地区，主动出击，寻找和吸引为我所需的“候鸟型”人才，并发挥好企事业单位、行业协会、社会组织、社区以及人力资源服务机构在挖掘“候鸟型”人才中的发现、联络、推荐、举荐等作用。同时，可通过自荐、互荐等方式，精准引进人才。（牵头单位：省人力资源社会保障厅；责任单位：省人力资源开发局，各市县，各省级行业主管部门）

（四）着力发挥好“候鸟型”人才作用。围绕我省十二个重点产业、六类园区、“五网”工程等建设需要，引进“候鸟型”高层次人才和“候鸟型”科技创新团队。各市县、行业主管部门要结合本地区、本行业实际，着眼为我所用、用有所成，引导“候鸟型”人才流向基层一线和人才急需紧缺领域，在我省新兴产业发展中，发挥技术创新、人才培养、引领示范等作用。要着眼引进“候鸟型”人才充实提高本地人才队伍素质，提升海南创新驱动发展的能力。要发挥好企业在吸引和使用“候鸟型”人才中的主体作用，吸引一批懂技术、会管理、善开拓的“候鸟型”人才，促进企业创新升级能力和管理水平的提高。引导“候鸟型”人才采取师资培训、疑难问题会诊、技术指导等方式，针对我省教育、卫生、文化、体育等社会性事业发展的薄弱环节，提供智力支持和服务。（牵头单位：省人力资源社会保障厅、省科技厅；责任单位：各市县，各省级行业主管部门）

五、保障工作

（一）进一步明确“候鸟型”高层次人才及“候鸟型”科技创新团队在服务期间的优惠政策。经确认的“候鸟型”科技创新团队中的带头人和经确认的“候鸟型”高层次人才中的大师级人才、杰出人才、领军人才，在科技项目立项、科研成果转化、人才项目申报、重大奖项参评、医疗保障等方面，享受我省同类人才相关待遇。（牵头单位：省科技厅；责任单位：省人力资源社会保障厅、省卫生计生委）

经确认的“候鸟型”科技创新团队，可按照《海南省引进科技创新团队实施办法》，享受创业启动经费支持、承担国家项目专项资金补助等相关优惠政策；“候鸟型”科技创新团队成员，可按照《海南省引进科技创新团队实施办法》，享受专业技术职称确认、子女入学、落户等相

关优惠政策。（牵头单位：省科技厅；责任单位：省财政厅、省人力资源社会保障厅、省教育厅、省公安厅）

（二）加大对“候鸟型”人才工作经费的保障力度。用人单位聘用“候鸟型”人才所需经费可在公用经费或成本费中列支。自2017年起，每两年开展一次绩效评估，由省人才开发专项资金对“候鸟型”人才工作成绩突出的市县、用人单位、社会组织进行奖励和补助。（牵头单位：省人才办；责任单位：省人力资源社会保障厅、省财政厅）

（三）全面提高对“候鸟型”人才的服务水平。将“候鸟型”科技创新团队带头人、“候鸟型”高层次人才列为各级党委、政府直接联系重点专家，加强人文关怀，为其解决在工作、生活中遇到的实际困难。（牵头单位：省人才办；责任单位：各市县）

鼓励和支持人才中介机构建立“候鸟型”人才服务平台，以市场化运作方式，为“候鸟型”人才在琼服务期间的生活、居住、出行等提供便捷、高效的服务。要发挥好我省与全国各省区市医保异地就医结算平台的作用，方便“候鸟型”人才在琼服务期间就医和医保结算。（牵头单位：省人力资源社会保障厅；责任单位：省卫生计生委，省人力资源开发局、省社会保险事业局）

（四）加强用人单位对“候鸟型”人才保障工作。用人单位要与“候鸟型”人才建立规范的劳务关系，明确双方的权利、责任、义务及其他需要约定的事项，具体明确“候鸟型”人才的服务内容和住房、交通等生活性补贴和劳务报酬事宜。可根据实际情况为“候鸟型”人才购买医疗补充保险，保障“候鸟型”人才在我省服务期间应有的权益。（牵头单位：省人力资源社会保障厅；责任单位：各市县）

六、组织领导

（一）健全工作机制。“候鸟型”人才工作由省人才办、省人力资源社会保障厅牵头，其他部门各负其责，密切协作，形成合力。各市县党委、政府要加强对本地区“候鸟型”人才工作的指导。要将“候鸟型”人才工作情况纳入市县、省行业主管部门人才工作考核项目。（牵头单位：省人才办、省人力资源社会保障厅；责任单位：各市县，各有关部门）

（二）营造良好氛围。坚持正确的舆论导向，营造“候鸟型”人才向海南聚集的良好氛围。通过报纸、电视、广播、网络等媒体，广泛宣传我省“候鸟型”人才政策，大力宣扬“候鸟型”人才在琼建功立业的先进事迹，增强他们服务海南的主动性、积极性和荣誉感，形成全社会善待“候鸟型”人才、善用“候鸟型”人才，共同推进“候鸟型”人才工作的良好局面。（牵头单位：省人才办；责任单位：省人力资源社会保障厅、各有关部门）

（三）加强监督检查。各市县党委、政府要将“候鸟型”人才工作纳入人才引进的重点工作进行监督检查，省有关部门也要加强对“候鸟型”人才工作推进情况的督促检查，发现问题及时研究解决。各市县、各有关部门每年底要对“候鸟型”人才工作及时总结，由省人力资源社会保障厅进行汇总后向省政府汇报。（牵头单位：省人力资源社会保障厅；责任单位：各市县、各有关部门）

海南省实施《中华人民共和国老年人权益保障法》若干规定

（2006年12月29日海南省第三届人民代表大会常务委员会第二十七次会议通过根据2017年7月21日海南省第五届人民代表大会常务委员会第三十一次会议关于修改《海南省实施〈中华人民共和国老年人权益保障法〉若干规定》的决定修正）

第一条　为了保障老年人合法权益，发展老龄事业，弘扬中华民族敬老、养老、助老的美德，构建和谐海南，根据《中华人民共和国老年人权益保障法》和有关法律、法规，结合本省实际，制定本规定。

第二条　本规定所称老年人是指六十周岁以上的公民。

第三条　各级人民政府应当加强对老年人权益保障工作的领导和组织协调，将老龄事业纳入国民经济和社会发展规划和年度计划，将老龄事业经费列入财政预算，建立与人口老龄化和经济社会发展水平相适应的稳定的经费保障机制。

县级以上人民政府应当将本级留成或返还的社会福利彩票公益金50%以上的资金用于支持发展养老服务业，并每年向社会公布使用情况。

本省建立和完善以居家为基础、社区为依托、机构为补充、医养结合的养老服务体系。

第四条　县级以上人民政府应当加强老龄工作机构建设。县级以上人民政府老龄工作机构负责联系、协调有关部门和组织做好老年人权益保障和服务工作，检查、督促老年人权益保障法律、法规的贯彻执行。

民政、劳动保障、财政、发展与改革、规划、建设、土地、教育、文化、卫生、计划生育、司法、交通、旅游等行政主管部门和工会、共青团、妇联等社会团体应当按照各自职责，做好老年人权益保障工作。

乡（镇）人民政府、街道办事处应当确定专门人员负责本辖区内维护老年人权益和为老年人服务的工作，并提供必要的工作条件。

居（村）民委员会应当协助乡（镇）人民政府、街道办事处建立健全社区老年管理和社区老年服务体系，反映老年人的要求，维护老年人合法权益，开展有益于老年人身心健康的活动。

国家机关、社会团体、企业事业单位及其他组织应当依法做好本单位的老年人权益保障工作，指定专人负责，并给予经费保障。

第五条　报刊、广播、电视等新闻媒体和新闻出版单位应当积极开展敬老、养老、助老宣传，并根据实际情况，开办适合老年人的节目或者栏目，出版有关老年人生活的书刊。

青少年组织、家庭、学校、幼儿园应当对青少年和儿童进行敬老、养老、助老的道德教育和维护老年人合法权益的法制教育。

老年人应当遵纪守法，履行法律规定的各项义务，遵守社会公共道德，树立自尊、自立、自强的自爱意识。

提倡义务为老年人服务，鼓励和支持社会志愿者为老年人服务。

第六条　省和市、县、自治县人民政府应当根据老龄人口比例以及分布情况，按照人均用地不少于0.1平方米的标准，将福利院、敬老院、老年公寓、老年养老医疗康复机构、老年人日间照料中心、老年文化教育体育活动场所等养老服务设施用地纳入省和市、县、自治县总体规划，在土地利用年度计划中优先安排。

鼓励和支持社会组织或者个人兴办养老服务设施，工商、土地、规划、建设、公安、税务等行政主管部门应当按照国家和本省的规定给予优惠。

社会力量举办的公益性养老机构与政府举办的养老机构享受相同的土地使用政策，可以依法使用国有划拨土地或者农村集体所有的土地。营利性养老机构建设用地，按照国家对经营性用地依法办理有偿用地手续的规定，优先保障供应。

非经法定程序不得改变养老服务设施用地用途。

第七条　新建城区和新建居住（小）区应当按照国家和本省有关规定，配套建设养老服务设施；配套建设的养老服务设施应当与住宅同步规划、同步建设、同步验收、同步交付使用。老城区和已建成居住（小）区无养老服务设施或者现有设施未达到规划和建设指标要求的，应当限期通过购置、置换、租赁、调剂、改造等方式建设养老服务设施，不得挪作他用。

鼓励城乡社区把闲置的公共服务资源改造成社区养老服务场所。

城市道路、车站、码头、机场等公共场所应当按照有关规范进行无障碍建设，为老年人出行创造无障碍环境。

鼓励符合条件的既有居住建筑开展加装电梯等适老性改造，方便老年人生活和出行。

第八条　老年福利设施未经县级以上人民政府批准，不得改变用途或者拆除；经过批准改变用途或者拆除的，应当补建，补建规模和标准应不低于原有规模和标准。

老年服务设施和活动场所的用水、用电、燃气等费用按照居民生活收费标准收取。

第九条　鼓励捐赠老年福利事业。企业事业单位、社会团体、其他组织和个人向公益性的老年服务机构捐赠，按照国家有关规定享受税收优惠。

各级人民政府对发展老龄事业的基金会、慈善组织等公益性社会团体、民办非企业养老机构给予扶持和优待。

第十条　老年人的婚生子女、非婚生子女、养子女、有抚养关系的继子女，以及老年人的孙子女和外孙子女，都有赡养老年人的义务。赡养人不得以放弃继承权、老年人婚姻关系变化或者其他理由，拒绝履行赡养义务。

赡养人的配偶应当支持、协助赡养人履行赡养义务。

赡养人及其配偶和其他家庭成员不得虐待、遗弃老年人。

第十一条　赡养人应当在经济上供养老年人，保障老年人的生活水平不低于其家庭成员的生活水平。对无经济收入或者收入低微的单独居住生活的老年人，赡养人应当按月付给赡养费。赡养人应当及时提供老年人就医需要赡养人提供的医疗费用。

赡养人应当在生活上照料老年人，不能亲自照料老年人的，可以按照老年人的意愿，请人代为照料或者托送养老机构，并及时支付所需费用。

赡养人应当在精神上慰藉老年人，尊重老年人的宗教信仰和生活方式，关心老年人心理健康，尽量满足其精神文化生活需要。

与老年人分开居住的家庭成员，应当经常看望、问候老年人。对入住养老机构的老年人，家庭成员应当经常探望；对较长时间未探望老年人的家庭成员，养老机构可以提出建议，督促其前往探望。

第十二条　赡养人之间可以就履行赡养义务签订协议，并征得老年人同意。老年人可以要求赡养人作出书面赡养保证。居（村）民委员会或者赡养人所在组织监督协议和赡养保证书的履行。

赡养人应当尊重老年人夫妇生活意愿，不得将老年夫妇强行分开赡养。

第十三条　老年人对自己合法的收入和其他财产，依法享有占有、使用、收益、处分的权利，子女或者其他亲属不得干涉。

有独立生活能力的成年子女要求老年人经济资助的，老年人有权拒绝。成年子女或者其他亲属不得以无业或者其他理由，强行索取、克扣老年人的财物。

老年人有依法继承父母、配偶、子女或者其他亲属遗产的权利，有接受赠予的权利。子女或者其他亲属不得侵吞、抢夺、转移、隐匿或者破坏应当由老年人继承的遗产和接受的赠予。

第十四条　任何组织和个人不得干涉老年人结婚、离婚、再婚以及婚后的生活。老年人有携带自有财产结婚、再婚、复婚的权利。

第十五条　子女利用老年人的宅基地建房的，应当征得老年人同意，并保证老年人在所建房屋居住的权利。

老年人与子女或者其他亲属共同出资购买、建造的住房，老年人依法享有相应的房屋所有权和居住权。

子女或者其他亲属出资购买老年人原来承租或者居住的住房，应当保证老年人有继续居住的权利。

老年人与子女或者其他亲属共有的住房调换、拆迁、改建后，老年人依法享有相应的房屋所有权和居住权。

第十六条　房产、土地、公安等行政主管部门在办理老年人自有或者承租的房屋产权变更、土地使用权转移、房屋使用权交换和户口迁移等手续时，应当核查老年人签名的相关材料；老年人居住在当地的，应当面征得老年人同意。

老年人在其产权或承租住房拆迁安置中，享受优先选择楼层的待遇。贫困老年人户优先纳入廉租住房保障范围。

第十七条　社会保险经办机构应当按照国家和本省的有关规定，按时足额为参加基本养老保险的老年人发放养老金，不得拖欠。

鼓励用人单位依照规定为职工办理补充养老保险和补充医疗保险，提倡个人参加储蓄型养老保险和商业医疗保险。

鼓励各级人民政府或者企业事业单位为老年人购买意外伤害保险，或者对保险费给予适当补贴。支持老年人个人或者家庭成员自愿投保。

第十八条　社会保险经办机构应当按照规定，为参加基本医疗保险的老年人及时报销医药费，不得拖欠。

各级人民政府应当逐步建立和完善农村合作医疗制度，为农村老年人提供医疗服务。

医疗卫生机构应当设立老年人优待服务窗口或通道，对老年人实行优先就诊、化验、检查、交费、取药，需要住院治疗的，优先安排床位；有条件的地方可以为老年人设立家庭病床、老年病专科、老年门诊，开展巡回医疗、义诊等服务。

第十九条　乡（镇）医疗机构及社区卫生服务机构应当按照国家和本省有关规定，开展老年人健康管理和常见病预防工作，为辖区内符合条件的老年人提供下列服务：

（一）建立健康档案、定期免费体检等基本公共卫生服务；

（二）健康指导、保健咨询、慢性病管理等家庭医生服务；

（三）为符合相关医疗指征的老年人提供上门诊视、设立家庭病床、居家护理等服务。

第二十条　对无劳动能力、无生活来源、无法定赡养人和扶养人，或者其法定赡养和扶养人确无赡养能力或者扶养能力的老年人，县级以上人民政府应当按照国家和本省的有关规定给予供养。

享受最低生活保障的老年人及属于重点优抚对象的老年人死亡的，其基本丧葬服务费由市、县、自治县人民政府承担。

对生活长期不能自理、经济困难的老年人，县级以上人民政府应当根据其失能程度等情况给予护理补贴。

对经济困难的老年人，在社会救助等方面应当优先给予照顾。

提倡各类社会组织、个人资助或者扶养生活困难的鳏寡孤独老年人。

第二十一条　本省老年人持当地县级以上人民政府老龄工作机构核发的优待证，可以享受下列待遇：

（一）优先购买车票、船票、飞机票，优先上车、上船、登机；

（二）免费使用公共体育场馆等设施开展健身活动；

（三）免费进入博物馆、展览馆、纪念馆等场所参观；

（四）进入公园、风景名胜区等景点参观游览门票半价优惠。

六十五周岁以上不满七十周岁的本省老年人除享有前款待遇外，还享受乘坐城市公共交通汽车半价优惠。

七十周岁以上的本省老年人除享有本条第一款第（一）至（三）项待遇外，还享有下列待遇：

（一）免交进入公园、风景名胜区等景点参观游览门票费；

（二）免费乘坐城市公共交通汽车；

（三）免交普通门诊挂号费。

在本省连续居住一年以上的外埠老年人，按照本省规定到县级以上人民政府老龄工作机构申请办理优待证，凭核发的优待证享受本条规定的相应待遇。

对因实行优待老年人政策形成城市公共交通企业、医疗卫生机构、旅游景点政策性亏损的，由省和市、县、自治县人民政府给予补助或减免有关费用。具体办法由省人民政府另行规定。

第二十二条　省和市、县、自治县人民政府按月发给八十周岁以上老年人高龄津贴，发给一百周岁以上老年人长寿补助金，具体标准和办法由省人民政府另行制定。

市、县、自治县卫生行政部门应当组织人员为本地一百周岁以上老年人每年提供一次免费体检。

第二十三条　各级人民政府和有关部门所属的服务窗口、社区事务受理服务机构应当为老年人办理相关事项提供咨询引导、操作指导、优先办理等服务。

依照本规定第二十一条第一款、第二款、第三款的规定为老年人提供优待服务的场所，应当明示优待服务内容，工作人员在提供服务时应当向老年人告知相关优待规定。车站、码头、机场等场所，应当设立老年人优待服务窗口。

商业、金融、供水、供电、供气、通信等各类服务行业，应当设立老年人优待服务窗口。

公共体育场馆、设施应当为老年人健身活动提供方便和优惠；公共文艺演出场所应当为老年文艺团体提供优惠的演出场地。

第二十四条　在国家提倡一对夫妻生育一个子女期间，自愿终身只生育一个子女家庭的老年人患病住院治疗期间，用人单位应当支持其子女进行护理照料，并给予每年累计不超过十五天的护理时间，护理期间工资福利待遇不变。

前款规定的老年人其独生子女伤残死亡的，县级以上人民政府应当发放特别扶助金，并根据经济社会发展适时予以调整。政府投资的养老机构应当优先收住独生子女死亡或者无子女的老年人。

县级以上人民政府应当对农村只有一个子女或者两个女孩，或者子女死亡现无子女的老年人发放计划生育奖励扶助金，并根据经济社会发展适时予以调整。

第二十五条　县级以上人民政府应当在政策体系、设施布局、人才培养、合作机制等方面推动医疗卫生和养老服务相结合，保障老年人的基本健康养老服务需求。

市、县、自治县人民政府应当以社区卫生服务机构为平台，整合各类医疗卫生和社会资源，与社区老年人托养机构、养老机构开展合作，为居家、社区与机构养老的老年人提供基本医疗护理服务。

卫生、民政等部门应当支持在养老机构内设置医疗机构，指导符合条件的养老机构设置老年护理床位。

鼓励社会力量举办提供医养结合服务的机构，满足老年人多层次、多样化的健康养老服务需求；将符合条件的养老机构内设的医疗机构纳入基本医疗保险定点范围。

第二十六条　各级人民政府应当通过购买服务、委托运营等方式，发展社区养老服务，扶持专业服务机构以及其他组织和个人，为居家的老年人提供生活照料、紧急救援、医疗护理、精神慰藉、心理咨询等多种形式的服务。

乡（镇）人民政府和街道办事处应当整合社区服务资源，建立社区为老年人服务综合平台，促进服务与需求信息的对接，方便老年人就近获取多样化的社区综合服务。

乡（镇）人民政府应当建立健全农村留守老年人关爱服务制度，扶持发展互助式养老等适合农村特点的养老模式。农村集体经济组织可以利用集体所有的房屋、设施等，为村民就近提供养老服务。

第二十七条　确因经济困难，无能力或无完全能力支付法律服务费用的老年人，可以向司法行政部门提出法律援助申请，司法行政部门应当依照规定为老年人提供法律援助。

老年人因合法权益受到侵害提起诉讼，交纳诉讼费确有困难的，人民法院应当按照有关规定给予缓交、减交或者免交诉讼费。

司法鉴定机构对因受不法伤害请求进行伤残鉴定而无力支付鉴定费用的老年人，应当免收鉴定费用。

提倡自愿为老年人维护权益提供法律服务。

第二十八条　各级人民政府应当将老年教育列入教育发展规划，加强老年教育设施的建设，鼓励和支持社会组织或者个人兴办各类老年学校，开展各种形式的老年教育。

第二十九条　国家机关、社会团体、企业事业单位、居（村）民委员会和老年人组织应当开展适合老年人的健康有益的文化、体育、娱乐活动，丰富老年人的精神文化生活。各级人民政府及其文化、体育部门对开展上述活动应当给予指导和帮助。

第三十条　各级人民政府应当加强老年人才资源的开发，为本地和外埠老年人发挥特长、参加社会活动创造条件。对社会有显著贡献的老年人，各级人民政府应当给予表彰和奖励。

鼓励老年人根据社会需要，在自愿和量力的情况下，从事关心教育下一代、传授科学文化知识、开展咨询服务、参与科技开发和应用、参与社会公益事业、维护社会治安、协助调解民间纠纷等各项社会活动和依法从事生产经营活动。

第三十一条 每年农历九月初九老年节，国家机关、社会团体、企业事业单位、居（村）民委员会、城乡社区以及其他组织应当开展敬老、助老活动。

第三十二条 任何单位和个人有权劝阻、制止或者检举侵害老年人合法权益的行为。

对侵害老年人合法权益行为的申诉、控告和检举，有关部门应当受理并及时调查处理，不得推诿、拖延。拒绝受理或者故意拖延的，由其上级主管部门对直接责任人员给予批评教育并责令改正，可以根据情节轻重给予行政处分；因违法行为造成老年人合法权益受到严重侵害，构成犯罪的，依法追究刑事责任。

老年人因其权益受到侵害而投诉，如因体衰、病残等原因行动不便的，受理部门应当上门调查处理。

第三十三条 对维护老年人合法权益和敬老、养老、助老成绩显著的组织、家庭或者个人，各级人民政府应当给予表彰和奖励。

第三十四条 依照本规定有义务为老年人提供优待服务的单位或个人拒绝向老年人提供优待服务的，有关行政主管部门应当按照各自职责责令限期改正；逾期不改正的，处以200元以上1000元以下罚款。

第三十五条 违反本规定侵害老年人合法权益的组织或者个人，由其上级主管部门或者所在组织给予批评教育并责令改正，或者给予行政处分；构成民事侵权的，侵害人应当承担相应的民事法律责任；违反《中华人民共和国治安管理处罚法》的，依法进行处罚；构成犯罪的，依法追究刑事责任。

第三十六条 本规定具体应用中的问题由省人民政府负责解释。

第三十七条 本规定自2007年3月1日起施行。

海南省人民政府办公厅关于全面放开养老服务市场提升养老服务质量的实施意见

琼府办〔2017〕144号

各市、县、自治县人民政府，省政府直属各单位：

为贯彻落实《国务院办公厅关于全面放开养老服务市场提升养老服务质量的若干意见》（国办发〔2016〕91号）精神，促进我省养老服务业更好更快发展，经省政府同意，提出如下实施意见。

一、总体要求

（一）指导思想

全面贯彻党的十八大和十八届三中、四中、五中、六中全会精神，按照国务院关于深化简政放权、放管结合、优化服务改革的部署要求，紧紧围绕“五位一体”总体布局和“四个全面”战略布局，以国际旅游岛建设为总抓手，坚持问题导向，创新工作思路，进一步调动社会力量参与养老服务业发展的积极性，降低创业准入的制度性成本，营造公平规范的发展环境，保障基本养老需求，繁荣养老市场，提升服务质量，让广大老年群体享受优质养老服务，切实增强人民群众获得感。

（二）基本原则

深化改革，开放市场。进一步降低准入门槛，优化养老机构相关审批程序，精简办事环节，明确标准和时限，营造公平竞争环境，积极引导社会资本进入养老服务业，推动公办养老机构改革，充分激发各类市场主体活力。

优化结构，突出重点。将养老资源向居家社区养老服务倾斜，向农村倾斜，向失能、部分失能老年人倾斜。进一步扩大护理型服务资源，大力培育发展小型化、连锁化、专业化服务机构。

鼓励创新，提质增效。注重管理创新、产品创新和品牌创新，积极运用新技术，培育发展新业态，促进老年产品用品丰富多样，养老服务方便可及。

强化监管，优化环境。完善监督机制，健全评估制度，探索建立退出机制，推动行业标准化和行业信用建设，加强行业自律，促进规范发展，维护老年人合法权益。

（三）主要目标

到2020年，全省基本实现养老服务市场全面放开，发展环境更加优化，社区居家养老服务供给能力明显增强，养老院服务质量大幅提升，医养融合模式更加成熟，政策法规更加健全、行业标准和信用体系基本建立，监管机制更加完善，信息技术有效应用，老年人生活更加便捷、满意度显著提高。

二、激发各类市场主体活力，鼓励社会力量进入养老服务业

（四）放宽准入条件

1. 设立营利性养老机构，按“先照后证”的简化程序执行；设立非营利性养老机构，可以依法在其登记管理机关管辖范围内设立多个不具备法人资格的养老服务网点。

2. 设立养老服务类社会组织，符合直接登记条件的，可以直接向民政部门依法申请登记，不再经由业务主管单位审查同意。

3. 支持新兴养老业态发展，对于养老机构以外的其他提供养老服务的主体，鼓励其依法办理法人登记并享受相关优惠政策。非本地投资者举办养老服务项目与当地投资者享受同等政策待遇。

4. 依据《外商投资企业设立及变更备案管理暂行办法》，及时为外商投资养老机构办理备案手续。鼓励境外投资者在我省设立养老机构，其设立的非营利性养老机构与境内投资者设立的非营利性养老机构享受同等优惠政策。

（五）简化优化审批手续

1. 简化设立养老机构的申请材料。申请设立养老机构许可时，能够提供服务设施产权证明的，不再要求提供建设单位的竣工验收合格证明。

2. 简化环境影响评价。对养老机构环境影响评价实施分类管理，对环境影响很小需填报环境影响登记表的养老机构实施备案管理。

3. 养老机构应当依法办理消防设计审核、消防验收或备案手续。国家规定不需要办理消防设计审核、消防验收或备案的，依照国家有关规定执行。

（六）改进政府服务

加快推行养老机构申办一站式服务，建立“一门受理、一并办理”的网上并联审批平台，进一步提高审批效率。养老机构审批涉及的有关部门，应主动公开审批程序和审批时限，推进行政审批标准化，加强对筹建养老机构的指导服务。根据《中华人民共和国消防法》和有关规定，制定既保障安全、又方便合理的养老机构设立和管理配套办法。

（七）完善价格机制

1. 民办营利性养老机构服务收费实行市场调节价，服务收费项目和标准由经营者自主确定。

2. 民办非营利性养老机构服务收费标准由经营者合理确定，价格主管部门会同民政部门对其财务收支状况、收费项目和调价频次进行必要监管，同时加强对价格水平的监测分析。

3. 政府投资举办的农村敬老院、市县中心养老机构，对特困供养人员实行免费服务，对其他困难老人提供养老服务，其床位费、护理费实行政府定价或政府指导价。

4. 以公建民营等方式运营的养老机构具体服务收费标准由运营方依据委托协议等合理确定，价格部门会同民政部门进行必要监管。

（八）加快公办养老机构改革

1. 推进养老服务业供给侧结构性改革。鼓励社会力量通过独资、合资、合作、联营、参股、租赁等途径，参与养老服务设施建设和公办养老机构运营。

2. 创新公办养老机构社会化运营管理。通过品牌连锁运营、单项服务外包、专项服务合作等方式推进社会化运营。

3. 转变运营补贴发放方式。各市县政府应依据养老机构实际服务属地户籍老年人数量发放养老机构运营补贴，并逐步提高运营补贴标准；对服务失能老年人的补贴标准应予以适当提高，对服务失能老年人的营利性养老机构给予与非营利性养老机构同等补贴。

4. 制定海南省公建民营养老机构管理办法。政府投资建设和购置的养老设施、新建居民区按规定配建并移交给民政部门的养老设施、国有单位培训疗养机构等改建的养老设施，均可实施公建民营。到2020年，社会力量举办或经营的养老机构床位数占比达到60%以上。

（九）加强行业信用建设

建立覆盖养老服务行业法人、从业人员和服务对象的行业信用体系。健全信用信息记录和归集机制，加强与全国信用信息共享平台的信息交换和共享，通过国家信用信息公示系统（海南）和省级信用信息共享平台向社会公示各类养老服务机构的信用信息。引入第三方征信机构，参与养老行业信用建设和信用监管。建立多部门、跨地区的联合奖惩机制，将信用信息作为各项支持政策的重要衡量因素，对诚实守信者在政府购买服务、债券发行等方面实行优先办理、简化程序等支持激励政策，建立养老服务行业黑名单制度和市场退出机制，加强行业自律和监管。

三、保障基本需求，努力补齐居家社区养老短板

（十）大力发展居家养老和社区养老服务

1. 加快社区养老服务设施建设，鼓励建设小型社区养老机构，提升其日间照料、居家养老服务、失能老年人托养等功能。

2. 鼓励企业、社会组织和个人参与社区养老服务，发展小型化、连锁化、专业化社区居家养老服务组织。

3. 开展老年人养老需求评估，建设社区居家养老服务信息平台，提供助餐、助浴、助洁、助行、助医等养老服务，提升居家养老服务覆盖率和服务水平。

4. 统筹社区范围内的各类养老服务机构、医疗卫生服务机构、社会工作服务机构、志愿服务组织和服务性企业等资源，为老年人提供健康、文化、体育、法律援助等服务。

（十一）进一步提升农村养老服务质量

1. 切实提高农村敬老院管理服务水平。加大年久失修敬老院的维修改造力度，推动服务设施达标，满足特困人员集中供养需求，积极动员城乡特困人员入住敬老院，为失能、部分失能特困人员提供便捷可及的养老服务。

2. 强化农村敬老院能力建设。各市县政府要合理编制预算，足额安排敬老院建设资金和管理运营经费。

3. 鼓励农村敬老院提供有偿服务。在满足特困人员集中供养需求，低收入老年人和失能、部分失能老年人养老服务需求的前提下，引入社会力量，通过公办民营的方式，为其他老年人提供有偿养老服务。

4. 利用农村闲置的学校、村集体用房，建设农村幸福院等自助式、互助式养老服务设施。农村集体经济、农村土地流转等收益分配充分考虑本村老年人的养老问题。

5. 发挥农村基层党组织堡垒作用。积极培育为老服务社会组织，鼓励社会工作者、志愿者参与对农村留守、困难、鳏寡、独居老年人的关爱保护和精神慰藉等服务。

（十二）提升老年人生活便捷化水平

推进老年宜居环境建设，通过政府补贴、产业引导和业主众筹等方式，加快推进老旧居住小区和老年人家庭的无障碍改造，重点做好居住区缘石坡道、轮椅坡道、公共出入口、走道、楼梯、电梯候梯厅及轿厢等设施和部位的无障碍改造，优先安排贫困、高龄、失能等老年人家庭设施改造，组织开展多层老旧住宅电梯加装。支持开发老年宜居住宅和代际亲情住宅。在推进易地扶贫搬迁以及城镇棚户区、农村危房改造等保障性安居工程中，要统筹考虑适老化设施配套建设。

四、鼓励创新，打造丰富多样、品质优良的养老服务产品

（十三）推进“互联网+”养老服务创新

整合社会养老服务资源，建立标准统一、互联互通、高效便捷的信息化养老服务网络，为老年人提供网上和电话预约挂号、家政预约、健康咨询、物品代购、服务缴费等针对性服务。打通养老服务信息互通共享渠道，实现养老综合服务信息平台与户籍、医疗、社会保障等信息资源对接。

（十四）推进医疗卫生和养老服务融合发展

1. 鼓励养老机构与医疗卫生机构开展多种形式的医疗养老合作，建立医疗卫生机构设置审批绿色通道，将养老机构内设医疗卫生机构按规定纳入城乡基本医疗保险定点单位和全国医保异地就医即时结算范围。支持养老机构开办老年病院、康复院、医务室等医疗卫生机构。

2. 鼓励养老机构与周边医院、基层医疗卫生机构通过签约方式建立急救、医疗转诊等合作机制，为老年人提供便捷医疗服务。

3. 鼓励符合条件的执业医师到养老机构、社区老年照料机构内设的医疗卫生机构多点执业。在养老机构内设医疗卫生机构服务的具有执业资格的医护人员，在职称评聘、专业技术培训和继续医学教育等方面，享有与医疗机构医护人员同等待遇。

4. 探索建立养老机构责任保险制度，提高养老机构应对意外突发事故的保障水平。

（十五）发展高端健康养老服务产业

加快实施“世界长寿岛”品牌战略，利用我省优良的生态环境、优越的旅游资源、热带养生资源和南药产地优势，加快培育运作规范的养老服务企业，形成一批有影响力的养老服务品牌，促进健康养老、旅游养老、度假养老产业的发展，为老年人提供品质优良的养老服务。

（十六）发展适老金融服务

鼓励金融机构积极创新适合老年人的金融产品和服务，满足老年人金融服务需求。鼓励金融机构优化网点布局，向老年群体集中区域延伸，建设老年人无障碍设施，开辟服务绿色通道。强化老年人金融安全意识，加大金融消费权益保护力度。

五、规划引领，提高政策保障能力

（十七）加强规划引导

各市县政府要以我省实施“多规合一”改革为契机，认真落实《海南省养老服务业发展“十三五”规划》和市（县）总体规划（空间类）以及其他相关规划，结合实际组织编制市县养老服务业发展规划和养老服务设施建设专项规划。要为旅游养老、健康养老预留空间，逐步开发。要按照人均用地不少于0.1平方米的标准，分区分级规划设置养老服务设施。新建城区和新建居住（小）区要按标准要求配套建设养老服务设施，并与住宅同步规划、同步建设、同步验收、同步交付使用；老城区和已建成居住（小）区无养老服务设施或现有设施没有达到规划和建设指标要求的，要限期通过购置、置换、租赁等方式开辟养老服务设施。进一步扩大面向居家社区、农村、失能和部分失能老年人的服务资源，确保到2020年护理型床位占全省养老床位总数的比例不低于30%。

（十八）完善土地支持政策

1. 市县政府要在土地利用总体规划和国有建设用地年度供应计划中统筹考虑养老服务用地布局，保障供应合理用地。新增养老服务用地涉及新增建设用地的，应当在土地利用年度计划指标中优先予以安排。

2. 统筹利用闲置资源发展养老服务，相关职能部门应按程序依据规划调整其土地使用性质。营利性养老服务机构利用存量建设用地建设养老设施，涉及划拨建设用地使用权出让（租赁）或转让的，在原土地用途符合土地利用总体规划、城乡规划的前提下，允许补缴土地出让金（租金），办理协议出让或租赁手续。企事业单位、个人对城镇现有空闲的厂房、学校、社区用房等进行改造和利用，举办养老服务机构，经有关部门批准临时改变建筑使用功能从事非营利性养老服务且连续经营1年以上的，5年内土地使用性质可暂不作变更。民间资本举办的非营利性养老机构与政府举办的养老机构可依法使用农民集体所有的土地。对在养老服务领域采取PPP（政府和社会资本合作）方式的项目，可以将国有建设用地使用权作价出资或者入股建设。

（十九）提升养老服务人才素质

各市县政府要将养老护理员培训作为职业培训和促进就业的重要内容。对培训合格的劳动者，按规定给予培训补贴。引导和鼓励高校和职业院校开设老年社会工作、老年护理、老年人保健与营养、老年医学、老年心理学等课程，为社区、老年教育服务机构等提供教育资源及服务。完善职业技能等级与养老服务人员薪酬待遇挂钩机制。建立养老服务行业从业人员奖惩制度，提升养老护理队伍职业道德素养。积极为老年人的家庭成员提供养老服务培训，倡导“互助养老”模式。完善养老服务机构消防人员培训机制，确保消防控制室从业人员持证上岗。

（二十）完善财政支持和投融资政策

1. 加大财政资金支持力度。各市县政府要加大对养老服务业的投入，积极支持养老服务设施建设，落实中央关于福利彩票公益金50%以上用于发展养老服务业的规定，提取一定比例为社区老年人活动场所配备健身器材。符合高新技术企业认定标准的，按照相关规定享受企业所得税优惠；养老服务领域应减免的行政事业性收费，一律减免到位。鼓励各市县向符合条件的养老机构和专业化服务组织等购买服务。

2. 拓宽投融资渠道。鼓励社会资本采取建立基金、发行企业债券等方式筹集资金，用于建设养老设施、购置设备和收购改造社会闲置资源等。鼓励银行业金融机构以养老服务机构有偿取得的土地使用权、产权明晰的房产等固定资产和应收账款、动产、知识产权、股权等抵质押，提供信贷支持，满足养老服务机构多样化融资需求。有条件的市县在风险可控、不改变养老机构性质和用途的前提下，可探索养老服务机构其他资产抵押贷款的可行模式。

六、加强组织领导，落实监管措施

（二十一）加强服务监管

各市县政府要加强对养老服务机构的事中事后监管。严禁以举办养老机构名义从事房地产开发的行为，严禁利用养老机构的房屋、场地、设施开展与养老服务无关的活动，建立养老服务机构诚信档案，记录其设立与变更、日常监督检查、违法行为查处、综合评估结果等情况，并通过政府网站等予以公开，接受社会查询；对有不良信用记录的养老机构，应当增加监督检查频次，加强整改指导；对以举办养老服务机构为名获取有关政策待遇，实际从事非养老服务经营的，应依法取消、收回其已获取的政策待遇。加强养老设施和服务安全管理，严格落实《社会福利机构消防安全管理十项规定》，规范养老服务机构消防安全标准化管理，确保老年人人身安全。

（二十二）加强行业自律

进一步完善养老服务标准体系，建立健全养老服务评估制度，科学确定老年人服务需求类型、照料护理等级和养老服务补贴领取资格，加快实现养老服务评估科学化、常态化和专业化。鼓励通过政府购买服务方式，委托第三方机构定期对养老服务机构的人员、设施、服务、管理、信誉等情况进行综合评价，评估结果应当向社会公布，并与政府购买服务、发放建设运营补贴等挂钩。政府运营的养老机构要实行老年人入住评估制度，综合评估申请入住老年人的情况，优先保障特困人员集中供养需求和其他经济困难的孤寡、失能、高龄等老年人的服务需求。

（二十三）加强宣传引导

坚持以社会主义核心价值观为引领，弘扬中华民族尊老、敬老的社会风尚和传统美德，开展孝敬教育，营造养老、助老的良好社会氛围。加强对养老服务业发展过程中涌现出的先进典型和先进事迹的宣传报道，及时总结推广养老服务业综合改革试点中的好经验、好做法。积极组织开展适合老年人的文化体育娱乐活动，引导老年人积极参与社区服务、公益活动和健康知识培训，丰富老年人精神文化生活。

（二十四）加强督查落实

各市县政府、各部门要将全面放开养老服务市场、提升养老服务质量作为重要任务纳入议事日程，建立组织实施机制，及时制定实施方案，确保各项工作落实到位。省政府有关部门要各司其职、密切配合，完善并落实相关优惠政策，共同促进养老服务提质增效。省发展改革委、省民政厅要会同有关部门指导各市县政府落实本实施意见精神，及时向省政府报告工作进展情况。

附件：重点任务分工及进度安排表

海南省人民政府办公厅

2017年9月18日

附件

重点任务分工及进度安排表

序号	工作任务	负责部门	时间进度
1	放宽准入条件，简化优化审批手续	省工商局、省民政厅、省商务厅、省住房城乡建设厅、省公安消防总队	2017年12月底前完成
2	主动公开审批程序和审批时限，推进行政审批标准化，加强对筹建养老机构的指导服务	省发展改革委、省国土资源厅、省住房城乡建设厅、省工商局、省民政厅	2017年12月底前完成
3	完善价格机制	省物价局、省民政厅	持续实施
4	加快公办养老机构改革	省民政厅、省发展改革委	持续实施
5	加强行业信用建设	省民政厅、省工商局、省政府金融办	持续实施
6	大力发展居家养老和社区养老服务	省民政厅、省发展改革委、省住房城乡建设厅、省工商局	持续实施
7	进一步提升农村养老服务质量	省民政厅、省消防总队、省卫生计生委、省质监局、省财政厅、省食品药品监管局	2020年12月底前完成
8	提高老年人生活便捷化水平	省发展改革委、省住房城乡建设厅、省工业和信息化厅、省民政厅	持续实施
9	推进医疗卫生和养老服务融合发展	省卫生计生委、省民政厅	2020年12月底前完成
10	发展高端健康养老服务产业	省发展改革委、省民政厅、省卫生计生委、省旅游委、省规划委、省住房城乡建设厅、省国土资源厅	持续实施
11	发展适老金融服务	省政府金融办、中国人民银行海口中心支行、银监会海南监管局、保监会海南监管局	持续实施
12	加强规划引导	省发展改革委、省规划委、省住房城乡建设厅、省民政厅	持续实施
13	完善土地支持政策	省国土资源厅、省住房城乡建设厅、省发展改革委	持续实施
14	提升养老服务人才素质，完善职业技能等级与养老服务人员薪酬待遇挂钩机制	省人力资源社会保障厅、省教育厅、省民政厅	持续实施
15	鼓励银行业金融机构为养老服务机构提供信贷支持，满足养老服务机构多样化融资需求	省政府金融办、中国人民银行海口中心支行、银监会海南监管局	持续实施
16	加强服务监管	省民政厅、省国土资源厅、省住房城乡建设厅、省公安厅、银监会海南监管局、省老龄办	持续实施
17	加强督查落实	省发展改革委、省民政厅	持续实施

海南省人民政府办公厅关于印发海南省无障碍环境建设“十三五”实施方案的通知

琼府办〔2017〕139号

各市、县、自治县人民政府，省政府直属各单位：

《海南省无障碍环境建设“十三五”实施方案》已经省政府同意，现印发给你们，请认真贯彻执行。

海南省人民政府办公厅

2017年9月4日

海南省无障碍环境建设“十三五”实施方案

为贯彻落实国务院《无障碍环境建设条例》，进一步推进国际旅游岛建设，提升我省无障碍环境建设和管理水平，使我省无障碍建设工作更加规范化、制度化。依据国家十三个部门联合印发的《无障碍环境建设“十三五”实施方案》，结合我省实际，制定本方案。

一、指导思想

以邓小平理论、“三个代表”重要思想、科学发展观为指导，深入贯彻习近平总书记系列重要讲话精神，全面落实党的十八大和十八届三中、四中、五中、六中全会和省第七次党代会精神，以海南国际旅游岛建设为抓手，遵循实用、易行、广泛受益、适度超前的原则，采取积极措施，推进无障碍环境建设，完善城乡社会功能，确保残疾人、老年人等社会特殊群体参与社会生活的环境舒适和方便，促进我省无障碍环境建设与经济社会建设协调发展，提升我省基本公共服务均等化水平和经济社会的文明程度。

二、总体目标

到2020年，我省机关、学校、社区、医院、A级旅游景区、大型商场、娱乐场所、城市主城区道路、公共交通等公共场所设施及敬老院、残疾人康复中心等特殊机构全面达到《无障碍设计规范》的要求。80%的市县达到全国无障碍市（县）建设标准。乡镇、农村无障碍环境建设水平明显提高，基本满足残疾人、老年人等群体参与社会生活的需要。贫困残疾人家庭无障碍改造基本完成，残疾人居家环境得到较大改善。

三、主要任务

（一）完善无障碍法规、政策，推动建立长效工作机制。

1. 加强无障碍立法工作。加强与省人大常委会相关部门的协调沟通，推动《海南省无障碍环境建设条例》的尽快出台。（牵头单位：省残联，配合单位：省住房城乡建设厅、省法制办）

2. 加强无障碍环境建设规划的编制工作。将无障碍环境建设纳入国民经济和社会发展规划以及城乡规划，加大财政支持力度，统筹安排，同步实施，促进无障碍环境建设与经济、社会协调发展。（责任单位：各市县政府）

3. 建立长效的工作机制。充分发挥政府残疾人工作委员会的综合协调作用，每年至少召开1次专题会议，研究解决无障碍环境建设工作中的重大问题。（责任单位：各市县政府）

（二）加强公共无障碍设施的建设和管理。

1. 加强对新建公共建筑无障碍设施建设的督导。全面落实《无障碍环境建设条例》（国务院令第622号）、《无障碍设计规范》等法规和标准的要求，加强对新建公共建筑无障碍设施的检查验收，严格落实同步设计、同步施工、同步验收制度，保证新建公共建筑无障碍设施的配套和完善。（牵头单位：省住房城乡建设厅，配合单位：省规划委、省残联）

2. 加快现有公共建筑和场所无障碍设施的改造。2018年前完成我省各级残疾人、老年人综合服务设施、特殊教育学校等特殊人群较为集中的公共场所无障碍设施的配套。到2020年，全面完成机关、学校、社区、医院、A级旅游景区、大型商场、娱乐场所、城市主城区道路、公共交通等公共场所无障碍设施的配套和完善。（牵头单位：各市县政府，配合单位：省住房城乡建设厅、省旅游委、省卫生计生委、省教育厅、省交通运输厅、省商务厅、省民政厅、省残联）

3. 完善公共交通系统的无障碍设施建设。加强无障碍交通信号提醒系统的建设。到2020年，各市县主城区道路80%的路口都要安装过街信号提醒装置；完善全省高铁系统无障碍设施，2018年前对全省高铁系统进行一次全面的无障碍设施的摸排检查，督导铁路运营企业完善各类无障碍设施，促进高铁场站无障碍设施与市政道路无障碍系统的无缝衔接；增配无障碍公交车辆，鼓励和引导市区运行的公交公司配备一定数量的无障碍公交车辆。途经特殊教育机构、医院、残疾人康复中心、各级残联、老年服务机构等残疾人、老年人相对集中的公共场所的公交线路，应当配备无障碍公交车辆；推进“互联网＋”平台建设。采取政府补贴、社会筹措的形式，推动网约车平台、出租车公司配备一定数量的残疾人专用车辆，为残疾人、老年人等需要的群体出行提供无障碍专车服务。（牵头单位：省交通运输厅、省住房城乡建设厅、省发展改革委（省铁路办），配合单位：省工业和信息化厅、省公安厅、省残联、粤海铁路公司、各市县政府）

4. 加强无障碍设施日常维护与管理。将无障碍设施管理纳入城市管理内容，建立城市无障碍设施电子数据库，加大对占用、破坏无障碍设施等违法行为的处罚力度，确保无障碍设施发挥功能。（责任单位：各市县政府）

（三）推进社区和家庭无障碍设施的改造。

1. 推进老旧小区无障碍设施的改造。制定既有住宅增设电梯的相关管理办法，采用拓展业主协商机制、提供费用分摊参考标准、拓宽资金来源、施行属地监管等方式，解决残疾人、老年人无障碍日常出行。（牵头单位：省住房城乡建设厅，配合单位：省财政厅、省民政厅、省残联）

2. 加快残疾人家庭无障碍的改造。规范家庭无障碍改造内容，推广残疾人、老年人家居无障碍设计。在制定和实施城市保障房建设、棚户区改造、农村危房改造、贫困户易地扶贫搬迁规划中同步做好残疾人、老年人家庭无障碍设施的规划与建设，形成政策合力，加大家庭无障碍改造力度，确保残疾人家庭无障碍改造项目的质量和效果，切实解决残疾人家庭生活障碍问题。（牵头单位：省残联，配合单位：省住房城乡建设厅、省财政厅、省民政厅、省扶贫办、洋浦经济开发区管委会、各市县政府）

（四）加强无障碍信息建设，保障特殊人群信息的获知权。

1. 推进公共服务网站无障碍建设。到2020年，各级政府门户网站、各级残疾人组织网站、省内主要新闻媒体网站的无障碍服务能力建设达到基本水平，能够满足残疾人浏览网站和在网上办理服务事项的基本需求。协调、引导金融服务、电子商务等网站的无障碍服务能力达到基本水平，为残疾人获取信息、享有公共服务提供便利。（牵头单位：省工业和信息化厅、省残联，配合单位：省直各单位、洋浦经济开发区管委会、各市县政府）

2. 完善公共场所盲文信息标识的设置。到2020年，各市县城区公交车站等重点公共场所全部安装盲文标识牌，保障视力残疾人共享信息。（责任单位：洋浦经济开发区管委会、各市县政府）

3. 推动建立特殊人群的信息获取优惠措施。了解残疾人的特殊需求，加强与通信运营企业的协调沟通，鼓励企业履行社会责任，指导企业制定针对盲人、聋人的特惠爱心套餐，为特殊人群通信消费提供便利。（牵头单位：省通信管理局、省残联，配合单位：省工业和信息化厅、海南移动公司、中国联通海南分公司、中国电信海南分公司）

（五）开展创建全国无障碍环境市县和乡镇试点工作。

贯彻落实《国家新型城镇化规划（2014—2020年）》和《海南省总体规划（空间类2015－2030）》，推广海口市、三亚市创建全国无障碍环境市县工作经验，组织指导各市县开展创建全国无障碍环境市县工作，将儋州、澄迈、琼海、文昌、陵水、东方等市县纳入我省“十三五”期间创建全国无障碍环境试点市县。将无障碍环境建设纳入我省特色产业小镇和生态文明村、美丽乡村建设的内容，与小城镇、公共服务设施同时规划、同时设计、同时施工、同时验收。各市县政府要抓好2－3个无障碍村镇创建试点工作，探索总结工作经验，以点带面，全面开展无障碍村镇创建工作，逐步推进农村地区无障碍环境建设。（责任单位：儋州市、澄迈县、琼海市、文昌市、陵水黎族自治县、东方市政府）

（六）加强人才培养和无障碍宣传工作。

1. 加强无障碍环境建设的研究。推动设立我省无障碍建设研究和决策咨询机构，建立无障碍环境建设专家库。支持高等院校、科研机构成立研究机构，开设无障碍相关课程，培养无障碍环境建设专门人才，为我省无障碍环境建设提供智力支持。（牵头单位：省住房城乡建设厅、省教育厅，配合单位：省残联、洋浦经济开发区管委会、各市县政府）

2. 加强无障碍环境建设的培训工作。每年要举办1期无障碍知识培训班，对无障碍环境规划、设计、施工、建设、管理、监督等人员开展无障碍知识培训，增强执行无障碍设计规范和开展无障碍监督的能力。各市县政府要结合无障碍环境建设工作的实际，有针对性地加强对具体实施人员的培训，提高无障碍建设工作的实施水平。（牵头单位：省住房城乡建设厅、省残联，配合单位：各市县政府）

3. 加强无障碍知识的宣传和普及。将国家和我省无障碍环境建设有关法律法规纳入普法宣传教育计划，进一步加大普法宣传的力度、深度和广度，积极策划和组织开展形式多样、寓教于乐、富有感染力和实效性的一系列无障碍知识和法规政策宣传教育活动，利用电视、报纸、网络等新闻媒体每年推出一批有广度、有深度的相关报道，充分展示我省无障碍环境建设的成果。开展“无障碍”文化建设，在中小学教育中增加无障碍相关内容，从小培养无障碍理念。进一步普及无障碍知识，组织开展无障碍知识竞赛，全面提高社会公众无障碍意识，创新无障碍品牌，营造全社会支持无障碍建设、关心残疾人的良好氛围。(牵头单位：省司法厅、省文化广电出版体育厅，责任单位：省教育厅、各市县政府)

四、保障措施

(一) 加强组织领导。各市县政府、省直相关部门要高度重视无障碍环境建设工作。要把无障碍建设作为落实省委第七次党代会精神、建设“美好新海南”的具体举措。要制定落实本方案的具体措施，明确责任人和完成时限，落实工作机制，确保本方案的贯彻实施和建设目标全面完成。

(二) 加大资金投入。各市县政府要将无障碍环境建设资金纳入年度公共预算，按照“先急后缓、重点突出”的工作思路，对社会公共场所、福利机构的无障碍设施优先进行改造和完善。要加强对残疾人困难家庭无障碍改造的资金补助，及时安排配套资金，落实工作经费，切实保障我省残疾人家庭无障碍改造任务的全面完成。

(三) 动员社会力量参与无障碍环境建设。推动建立我省无障碍建设发展的相关社会组织，成立由人大代表、政协委员以及残疾人、老年人、志愿者、媒体代表等参与的无障碍监督队伍，充分发挥社会的监督作用，建立问题举报、反馈和奖励机制，进一步纠正我省在无障碍环境建设过程中存在的问题，提升我省无障碍环境建设水平。

(四) 加强检查督导。省政府办公厅将不定期组织省直相关部门对各市县政府、各单位落实本方案情况进行检查，并于2020年对各市县建设情况进行全面验收；依照有关规定对落实年度无障碍环境建设目标任务严重滞后的市县政府、单位进行问责。

附件：海南省残疾人家庭无障碍改造任务分配表(2016—2020年)

海南省残疾人家庭无障碍改造任务分配表(2016—2020年)

单位：户

市县(区)	中央彩票公益金专项资金改造任务					省本级财政专项资金改造任务					市县(区)本级财政专项资金改造任务				总数
	2016年	2017年	2018年	2019年	2020年	2016年	2017年	2018年	2019年	2020年	2017年	2018年	2019年	2020年	
海口						200	200	400	400	400	400	400	400	400	3200
三亚						80	80	130	130	130	50	350	350	350	1650
儋州						80	80	200	200	200	50	150	150	150	1260
定安	35						30	180	180	180	20	20	20	20	685
文昌						50	50	200	200	200	100	150	100	100	1150
琼海						50	50	200	200	200	50	150	150	150	1200
万宁	40					50	50	150	150	150	50	50	50	50	790
屯昌	15					10	30	100	150	200	15	40	60	85	705
临高		50	59	59	59	50	50	200	200	200	50	50	50	50	1127
澄迈						50	50	120	120	120	100	200	200	150	1110
五指山	25	30	50	50	50		30	60	60	50	10	10	10	10	445
保亭	65	50	50	50	50		30	50	50	50	20	20	20	20	525
陵水	19					6	30	150	150	150	200	200	200	200	1305
乐东						50	50	200	200	200	100	100	100	100	1100
东方						50	50	150	150	150	150	150	150	150	1150
昌江		50				72	50	100	100	100	100	100	100	100	872
白沙		30	50	50	50	50	50	110	120	110	20	20	20	20	700
琼中	60	49	50	50	50		30	200	150	120	20	15	15	15	824
洋浦								20	20	20	30	50	32	30	202
总计	259	259	259	259	259	848	990	2920	2930	2930	1535	2225	2177	2150	20000

海南省人民政府办公厅关于加快发展老年教育的实施意见

琼府办〔2017〕213号

各市、县、自治县人民政府，省政府直属各单位：

老年教育是我国教育事业和老龄事业的重要组成部分。发展老年教育，是积极应对人口老龄化、实现教育现代化、建设学习型社会的重要举措。为贯彻落实《国务院办公厅关于印发老年教育发展规划（2016－2020年）的通知》（国办发〔2016〕74号）、《中共海南省委办公厅 海南省人民政府办公厅关于进一步加强和改进离退休干部工作的实施意见》（琼办发〔2016〕71号）精神，促进我省老年教育事业科学发展，满足老年人多样化学习需求，提升老年人生活品质，促进社会和谐，制定本实施意见。

一、指导思想

全面贯彻党的十九大和习近平总书记系列重要讲话精神，牢固树立和贯彻落实创新、协调、绿色、开放、共享的新发展理念，坚持“党委领导、政府主导、社会参与、全民行动”的老龄工作方针，全面落实国家老年教育发展规划要求，积极应对人口老龄化趋势，培育社会主义核心价值观，全面推进老年教育内涵发展，提升老年教育现代化水平，进一步实现老有所教、老有所学、老有所为、老有所乐，不断提高老年人的生活质量与幸福指数，促进社会和谐与文明进步。

二、总体目标

到2020年，基本形成覆盖广泛、灵活多样、特色鲜明、规范有序，远程网络教育有效运用、社会积极参与、全社会资源不断集聚的新时代老年教育体系。实现参与老年教育的人口占老年人口总数的20%以上。老年教育基础能力有较大幅度提升，各类老年教育机构服务能力进一步增强，城乡社区老年教育快速发展。老年教育内容不断丰富，形式更加多样。

三、基本原则

（一）坚持机会均等、灵活便利。从老年人根本利益出发，遵循老年教育规律，努力让不同年龄层次、不同文化程度、不同收入水平、不同健康状况的老年人，享有教育的机会和权利。畅通学习渠道，办好家门口的老年教育。

（二）坚持政府主导、协同推进。发挥政府在制定方案、营造环境、加大投入等方面的作用，统筹协调各部门老年教育工作，同时激发社会活力，继续探索和完善政府购买服务机制，引导社会力量积极参与，带动相关产业发展。

（三）坚持因地制宜、按需施教。根据地方实际和多样化的学习需求，因地制宜开展老年教育，增强老年教育的针对性、有效性和吸引力。

四、主要任务

（一）加快构建城乡社区老年教育服务体系。

把老年教育作为发展社区教育的重点，完善城乡社区老年教育服务体系。以海南省广播电视大学（海南社区教育指导中心、海南社区教育大学）、各级老干部活动中心、市县（区）职教中心（社区学院）、乡镇（街道）社区学校、村（居委会）学习点为主体，着力建设好海南老年教育体系。到2020年，50%的乡镇（街道）建有老年学校，30%的行政村（居委会）建立老年学习点，方便老年人就近学习。重视发展农村社区老年教育，推进城乡老年教育对口支援，为基层和农村社区老年教育提供帮扶支持。（责任单位：省教育厅、省委老干部局、省民政厅、海南广播电视大学，各市县政府）

（二）提升老年教育服务能力。

整合资源，加大力度扶持市县老年教育机构基础能力建设，提升办学水平。推进基层社区老年教育机构建设，不断完善设施设备，建设一批在本区域发挥示范作用的乡镇（街道）、村（居委会）社区老年人学习场所。丰富老年教育内容，坚持“适需性”课程与“引领性”课程的有机融合，开发适合各年龄段老年人需求的文化艺术、养老保健、心理健康、法律法规、家庭理财、代际沟通、生命尊严、职业技能等老年教育课程，鼓励基层老年教育机构开发开设乡土文化和实用技术课程。通过遴选、开发、整合、推介、引进等方式，开发纸质、电子音像、网络、移动媒体等多种传播媒介的学习资源，开发20－30种具有海南特色的老年普及读本及其视频教材，重点解决乡镇（街道）以下老年人学习资源不足的问题。到2020年，初步建立起支撑全省老年教育发展的学习资源库。创新老年教育形式，引导开展读书、讲座、研讨、参观、展演、游学和志愿服务等多种形式的老年教育活动，推动网上学习、移动学习、团队学习、体验学习等多种学习形式，加强对老年学习团队的培育、指导、管理、服务。（责任单位：省教育厅、省委老干部局、省民政厅、海南广播电视大学，各市县政府）

（三）打造老年教育信息化学习环境。

积极探索远程学习，运用互联网、广播、电视、多媒体等现代信息技术，整合数字化资源，开发符合老年人需求的数字化学习资源，为老年人网上学习提供支持服务。依托海南广播电视大学建设“海南终身教育网”，开设“老年教育在线开放学习平台”，支持老年人网上学习。加强数字化学习资源跨区域、跨部门共建共享，建立数字化老年教育资源库。积极探索利用现代通讯终端开展移动学习，开发适合移动学习的教育资源，提供移动学习支持服务，满足老年人随时随地学习的需求，培育网上学习圈、移动学习群等新型学习组织。研发“海南省老龄信息管理系统”，提升老年教育信息化管理水平。支持海南广播电视大学率先建设在全省发挥示范作用的老年健康养老艺术体验海南示范中心，推动有条件的市县建设具有地方特色的示范性老年教育体验基地。到 2020 年，全省所有的市县可通过远程教育开展老年教育工作。（责任单位：省教育厅、省委老干部局、省民政厅、海南广播电视大学，各市县政府）

（四）鼓励社会各方参与老年教育。

积极推动全省各级各类教科文卫体等机构服务老年教育，深入推进美术馆、图书馆、文化馆（站、中心）、科技馆、博物馆、纪念馆、公共体育设施、爱国主义示范基地、科普教育基地等向老年人免费开放。推动工人文化宫、妇女儿童活动中心、青少年校外活动场所等免费提供基本公共文化服务项目，为老年人教育提供便利条件。重视“候鸟”老年人教育工作，鼓励和支持各开发商将老年活动场所建设纳入住宅小区规划，为开展“候鸟”老年教育创造条件。鼓励全省各级各类学校以不同形式参与老年教育，有条件的学校可充分利用假期及课余时间，与当地老年教育机构（学校）实现场地、师资等资源共享。积极探索“养、医、文、体”等场所与老年人学习场所的结合。在各类养老院、社区老年人日间照料中心、城市社会福利院、农村敬老院等养老服务机构中，设立老年课堂等固定的学习场所，配备教学设施设备，建立一批养教结合的学习点，推进养教一体化，推动老年教育融入养老服务体系，丰富住养老人的精神文化生活。鼓励社会力量参与老年教育，通过政府购买服务、项目合作等多种形式，支持和鼓励各类社会力量通过独资、合资、合作等形式举办或参与老年教育。（责任单位：省教育厅，省人力资源社会保障厅、省文化广电出版体育厅、省卫生计生委、省民政厅、省科技厅，海南广播电视大学，各市县政府）

（五）加强老年人力资源开发。

积极开发老年人力资源，组织引导离退休老干部、老同志积极参加为党的事业增添正能量活动，发挥老年人在教育引导青少年继承优良传统、培育科学精神等方面的积极作用。鼓励引导各类离退休专业技术人员、“候鸟”专家参与老年教育课程开发、团队指导等各项服务，利用所学所长，在科学普及、环境保护、治安维稳、文化传承等方面服务社会，彰显长者风范。到 2020 年，县级及以上老年教育机构至少培育 1 支老年志愿者队伍，其他老年教育机构普遍建有志愿者服务组织。建立全省各级各类老年教育机构的合作展示平台，遴选并推广优秀老年教育课程、团队、项目，促进老年教育成果的展示、共享与交流。（责任单位：省教育厅、省委老干部局）

五、保障措施

（一）打造专业化的老年教育人才队伍。

支持普通高校、职业院校开设老年教育相关专业，鼓励其相关专业毕业生及相关行业优秀人才到老年教育机构工作。全省各级各类学校要鼓励师生参与老年教育相关工作，支持教师到校外老年教育机构兼职任教和志愿服务，并纳入本校相关工作考核。积极搭建服务平台，建立由专业技术人员、老专家及其他有所专长的社会人士组成的老年教育兼职教师队伍。建设老年教育师资库，搭建优质教师资源集聚和共享平台。加快培养一支结构合理、数量充足、素质优良、以专职人员为骨干、与兼职人员和志愿者相结合的教学和管理队伍。建立老年教育教师继续教育与培训体系，支持相关人员在职进修培训，不断提高业务水平、服务能力和创新能力，推动老年教育教师的专业化发展。老年教育机构专职人员在薪酬福利、业务进修、职务（职称）评聘、绩效考核等方面享有同类学校工作人员的同等权利和待遇。（责任单位：省教育厅、省委老干部局、省人力资源社会保障厅，各市县政府）

（二）建立多元经费投入机制。

各市县政府要积极统筹各类资金支持老年教育事业发展，切实拓宽老年教育经费投入渠道，形成政府、市场、社会组织和学习者等多主体分担和筹措老年教育经费的机制。老年教育经费应主要用于老年教育公共服务。继续探索和完善老年教育政府购买服务机制。鼓励和支持行业企业、社会组织和个人设立老年教育发展基金，企业和个人对老年教育的公益性捐赠支出按照税收法律法规规定享受所得税税前扣除政策。（责任单位：省财政厅、省教育厅，各市县政府）

（三）加强组织实施。

建立健全党委领导、政府统筹，教育、组织、发展改革、财政、人力资源社会保障、文化广电出版体育、卫生计生、民政、老龄等部门密切配合，相关部门共同参与的老年教育管理体制，统筹、指导全省老年教育工作。各市县政府要把老年教育纳入本市县经济社会发展规划和教育及老龄事业发展规划，要研究完善涉及老年教育的相关制度，在老龄事业相关政策措施中重视支持发展老年教育。要将老年教育工作纳入对各级政府相关部门工作考评内容，定期进行检查、督导。积极探索开展老年教育发展情况调查统计工作，支持社会组织等第三方开展老年教育发展状况评估和研究，促进老年教育事业规范健康发展。要广泛宣传党和国家关于发展老年教育的方针政策，宣传老年教育发展中的典型经验、案例、做法和成效，营造全社会重视和关心老年教育事业的浓厚氛围。（责任单位：省教育厅，各市县政府）

海南省人民政府办公厅

2017年12月19日

海南省老龄工作委员会关于调整海南省老龄工作委员会组成人员的通知

琼老龄委发〔2017〕1号

各市、县、自治县老龄工作委员会，省老龄工作委员会各成员单位：

由于省老龄工作委员会部分成员单位领导职务变化和工作需要，省老龄工作委员会决定对省老龄工作委员会组成人员进行相应调整。此次调整增补了省科技厅、省工业与信息化厅、省国土资源厅、省交通运输厅、省商务厅、海南保监局等6个单位为省老龄工作委员会成员单位。调整后的组成人员名单如下：

主　任：毛超峰（省委常委、省政府常务副省长）

常务副主任：何西庆（省政府副省长）

副主任：许　云（省政府副秘书长）

李　萍（省委组织部副部长、省委老干部局局长）

何　琳（省委组织部副部长、省人力资源社会保障厅厅长）

苗延红（省民政厅厅长）

委　员：符史霞（省委宣传部副巡视员）

叶晓飞（省直机关工委副巡视员）

符铁虎（省委老干部局副局长）

黄俊忠（省人大常委会内司工委巡视员）

王长仁（省发展改革委副主任）

陈铁军（省旅游发展委副主任）

包洪文（省财政厅副厅长）

林存斌（省人力资源社会保障厅副厅长）

吴开成（省国土资源厅副厅长）

李燕仪（省教育厅副厅长）

朱东海（省科技厅副厅长）

董学耕（省工业与信息化厅总工程师）

刘　曦（省文化广电出版体育厅副厅长）

周国明（省卫生与计划生育委副主任）

江　伟（省公安厅政治部主任）

孙书南（省司法厅副厅长）

倪陈兴（省民政厅副厅长）

杜一戎（省民宗委副主任）

陈孝京（省住房城乡建设厅副厅长）

周文雄（省交通运输厅副厅长）

李龙生（省商务厅副厅长）

陈康乐（省外事侨务办副主任）

周诗铜（省统计局副局长）

蒋焕民（省国税局副局长）

符祥光（省地税局副巡视员）

易细纯（海南保监局副局长）

陈宗云（省军区政治部副主任）

郑有基（省总工会副主席）

陈　屿（团省委副书记）

吴建萍（省妇联副主席）

林　峰（省科协副主席）

省老龄工作委员会下设办公室，办公室主任由苗延红同志兼任，常务副主任由倪陈兴同志兼任。

海南省老龄工作委员会

2017年1月10日

重庆市老年人权益保障条例

（2001年7月20日重庆市第一届人民代表大会常务委员会第三十四次会议通过 2017年11月30日重庆市第四届人民代表大会常务委员会第四十二次会议修订）

第一章 总 则

第一条 为了保障老年人的合法权益，发展老龄事业，积极应对人口老龄化，弘扬中华民族敬老、养老、助老的美德，根据《中华人民共和国老年人权益保障法》等法律、行政法规，结合本市实际，制定本条例。

第二条 本市行政区域内老年人权益保障和社会服务等相关工作，适用本条例。

第三条 本条例所称老年人，是指六十周岁以上的公民。

第四条 老年人有从赡养人获得经济供养、生活照料和精神慰藉的权利，有从国家和社会获得物质帮助的权利，有享受社会服务和社会优待的权利，有参与社会发展和共享发展成果的权利。

鼓励、支持和保障老年人依法维护自己的合法权益。

老年人应当遵守法律、法规和社会公德，依法行使权利、履行义务。

第五条 保障老年人合法权益是全社会的共同责任，倡导全社会优待老年人。禁止歧视、侮辱、诽谤或者虐待、遗弃老年人，禁止对老年人实施家庭暴力。

第六条 市、区县（自治县）人民政府应当采取措施，健全保障老年人权益的各项制度，实现老有所养、老有所医、老有所为、老有所学、老有所乐。

本市建立和完善以居家为基础、社区为依托、机构为补充、医养相结合的养老服务体系，满足老年人多元化养老服务需求。

第七条 市、区县（自治县）人民政府应当加强老年人权益保障工作的领导，建立多层次的社会保障体系，逐步提高对老年人的保障水平。

市、区县（自治县）人民政府应当将老龄事业纳入国民经济和社会发展规划，制定本行政区域的老龄事业发展规划和年度计划，将老龄事业经费列入财政预算，建立与经济社会发展水平相适应的经费保障机制，并鼓励社会各方面投入，使老龄事业与经济、社会协调发展。市、区县（自治县）人民政府应当将老龄工作纳入考核。

乡镇人民政府、街道办事处应当确定人员负责本辖区内的老年人权益保障工作，并安排必要的工作经费，提供必要的工作条件。

第八条 市、区县（自治县）人民政府老龄工作委员会负责组织、协调、指导、督促有关部门做好老年人权益保障工作，履行下列职责：

（一）宣传、贯彻保障老年人合法权益的法律、法规，并对实施情况进行检查；

（二）组织编制老龄事业发展规划和年度计划，并协调推动规划和计划的实施；

（三）健全老年人权益保障工作机制，组织协调有关部门做好老年人合法权益的保障工作；

（四）开展人口老龄化问题的调查研究，并提出对策建议；

（五）组织开展敬老、养老、助老宣传教育和敬老日活动。

民政部门负责本行政区域内养老机构的指导、监督和管理。

发展改革、财政、教育、城乡建设、交通、公安、司法、人力社保、国土房管、城乡规划、城市管理、文化、卫生计生和体育等部门依据各自职责，做好老年人权益保障工作。

第九条 工会、共产主义青年团、妇女联合会等群团组织应当结合自身职能和实际，做好老年人权益保障工作。

居民委员会、村民委员会和依法设立的老年人组织应当反映老年人的要求，维护老年人合法权益，组织开展为老年人服务的活动。

企业事业单位、社会组织应当依法履行保障老年人权益的相关义务。

鼓励社会力量参与发展老龄事业，开展老年慈善活动，为老年人提供志愿服务。

第十条 家庭、青少年组织、学校和幼儿园应当对青少年和儿童进行敬老、养老、助老的道德教育和维护老年人合法权益的法制教育。

广播、电影、电视、报刊、网络等应当开展维护老年人合法权益的宣传，引导全社会树立尊重、关心、帮助老年人的社会风尚。

第十一条　市人民政府建立老年人口状况和老龄事业发展情况年度监测统计与信息发布制度。

市、区县（自治县）人民政府应当统筹协调有关部门建立老年人信息库和信息共享机制，为保障老年人权益和优待老年人提供便捷服务。

市、区县（自治县）人民政府应当加强应对人口老龄化战略研究，增强全社会积极应对人口老龄化意识，鼓励和支持开展老龄科学研究。

第十二条　各级人民政府和有关部门对维护老年人合法权益和敬老、养老、助老成绩显著的组织、家庭或者个人，对参与社会发展做出突出贡献的老年人，按照国家有关规定给予表彰或者奖励。

鼓励居民委员会、村民委员会、老年人组织以及其他组织，对敬老、养老、助老的先进典型子女和家庭进行表彰，弘扬中华民族传统美德。

第十三条　每年农历九月初九为本市敬老日。

第二章　家庭赡养与扶养

第十四条　老年人的子女，包括婚生子女、非婚生子女、养子女、形成抚养关系的继子女和其他被抚养人，均有赡养老年人的义务。老年人的子女死亡后或者子女无力赡养的，有负担能力的孙子女、外孙子女有赡养老年人的义务。

赡养人的配偶应当协助赡养人履行赡养义务。

赡养人不得以放弃继承权、老年人离婚或者再婚等理由，拒绝履行赡养义务。

第十五条　赡养人应当履行对老年人的经济供养义务。对无收入或者低收入单独居住的老年人，赡养人应当按月或者按照约定时间给付赡养费。

赡养人有义务耕种或者委托他人耕种老年人承包的田地，照管或者委托他人照管老年人的林木和牲畜等，收益归老年人所有。

第十六条　赡养人应当在生活上照料被赡养的老年人。对患病或者生活不能自理的老年人，赡养人应当承担照料和护理的责任；不能亲自照料的，可以按照老年人的意愿，或者有利于保护老年人权益的原则，委托他人或者养老机构等照料、护理。对经济困难的老年人，赡养人应当提供照料、护理费用。

第十七条　赡养人以及其他家庭成员应当关心老年人的精神需求，尊重老年人的宗教信仰和生活方式，不得忽视、冷落老年人。

与老年人分开居住的赡养人以及其他家庭成员，应当经常看望或者以电话、网络、书信等方式问候老年人。

对委托他人照料或者入住养老机构的老年人，赡养人以及其他家庭成员应当定期探望。老年人提出探望要求的，受委托的照料人或者养老机构应当协助联系赡养人以及其他家庭成员。

第十八条　经老年人同意，赡养人与老年人之间、赡养人之间可以就履行赡养义务签订协议；没有签订赡养协议的，赡养人可以就赡养标准、赡养方式等内容向老年人作出书面承诺。赡养协议和书面承诺的内容不得违反法律、法规的规定和老年人的意愿。

第十九条　赡养人以及其他家庭成员不得因老年人离婚、再婚而索取、隐匿、扣押老年人的合法财产或者有关证件，不得限制老年人的合法居住权利。

赡养人以及其他家庭成员应当尊重老年夫妇共同生活的权利，不得强行或者变相让老年夫妇分居生活。

第二十条　有独立生活能力的成年子女或者其他亲属要求老年人给予其经济资助的，老年人有权拒绝。

提倡再婚老年人对婚前财产进行公证或者书面约定。

老年人依法订立遗嘱处分个人财产或者与个人、组织签订遗赠扶养协议，受法律保护，子女或者其他亲属不得干涉。

第二十一条　老年人与子女或者其他亲属共同出资购买、建造的房屋，老年人依法享有相应的房屋所有权和居住权。子女或者其他亲属出资购买老年人原来承租或者居住的唯一住房，应当保证老年人继续居住的权利。

子女或者其他亲属经老年人同意借用老年人房屋的，到约定期限应当及时归还。

第二十二条　老年人可以与集体经济组织、居民委员会、村民委员会、养老机构等组织或者个人签订遗赠扶养协议。

负有扶养义务的组织或者个人按照遗赠扶养协议，承担约定的义务，享有受遗赠的权利。

第三章　社会保障

第二十三条　市、区县（自治县）留存的福利彩票公益金应当按照不低于百分之五十的比例用于养老事业发展，其使用情况应当向社会公开，并接受监督。

鼓励农村集体经济组织安排一定比例的集体经济收入用于养老事业发展。

第二十四条　本市建立基本养老金正常调整机制，根据国家有关规定和本市经济发展、职工平均工资增长、物价上涨等情况，适时提高基本养老保险待遇水平。

第二十五条　人力社保、卫生计生部门应当按照国家和本市有关规定，逐步扩大基本医疗保险支付范围，逐步推进基层医疗机构与二、三级医院的用药衔接，保障基层医疗机构药物供应，满足老年人常见病、慢性病的基本用药需求。

第二十六条 支持老年人投保人身健康保险和意外伤害保险。区县（自治县）人民政府可以根据本地区经济社会发展水平，给予适当补贴。

鼓励商业保险机构开发适合老年人的险种。

第二十七条 人力社保、卫生计生、民政、财政等部门应当探索建立符合本市实际的长期护理保险制度，保障失能老年人的长期照料护理需求。

对具有本市户籍、生活长期不能自理且经济困难的老年人，市、区县（自治县）人民政府根据其失能程度等情况，按照国家和本市规定给予相应的护理补贴或者为其购买服务。

第二十八条 市、区县（自治县）人民政府社会救助管理部门应当按照国家规定，对经济困难的老年人给予基本生活、医疗、居住或者其他救助。

对无劳动能力、无生活来源且无法定赡养、扶养人，或者其法定赡养、扶养人确无赡养、扶养能力的老年人，由民政部门给予特困供养救助。

对流浪乞讨、遭受遗弃等生活无着的老年人，民政部门按照国家规定给予救助。

第二十九条 市、区县（自治县）人民政府在实施公共租赁住房等住房保障制度或者进行危旧房屋改造时，对符合条件的老年人，应当优先安排。

第三十条 老年人是独生子女父母的，患病住院治疗且需要二级以上护理时，用人单位应当支持其子女进行护理照料，并给予每年累计不超过十天的护理时间，护理期间工资福利待遇不变。

第三十一条 区县（自治县）人民政府可以根据本地区经济社会发展水平，对具有本地户籍的八十周岁以上低收入老年人发放高龄津贴。

第三十二条 对符合下列条件的老年人，减免基本殡葬服务费：

（一）属于特困人员供养的；

（二）经济困难并享受国家定期抚恤补助的优抚对象；

（三）享受最低生活保障的。

减免基本殡葬服务费的具体办法由市民政部门、市财政部门制定。

第三十三条 任何单位和个人不得用虚假的手段或者不正当的方式，欺骗、误导老年人购买商品或者接受服务。

工商行政管理、食品药品监督、质量技术监督等部门应当加强监督管理工作，营造安全、便利、诚信的老年人消费环境，及时处理侵害老年人消费权益的举报投诉。消费者权益保护委员会依法保护老年消费者的合法权益。

公安机关、工商行政管理部门和金融监督管理机构应当定期开展老年人预防诈骗的宣传教育，及时受理老年人及其家庭成员的报警、控告、检举，依法查处针对老年人的传销、诈骗和非法集资行为，保障老年人人身和财产安全。

第四章 社会服务

第三十四条 市民政部门会同市城乡规划、国土房管等部门根据本市人口、公共服务资源、养老服务需求状况等因素，组织编制主城区养老服务设施布局专业规划，经市人民政府批准后实施。

其他区县（自治县）的养老服务设施布局专业规划由当地区县（自治县）人民政府负责编制并组织实施。

第三十五条 市、区县（自治县）人民政府应当将养老服务设施建设用地纳入土地利用总体规划和年度计划，合理安排建设用地，可以将闲置的公益性用地依法调整为养老服务设施用地。

社会力量举办的公益性养老机构与政府投资兴办的养老机构享受相同的土地使用政策，可以依法使用国有划拨土地或者农村集体建设用地。

经营性养老机构用地，按照国家对经营性用地的规定，优先保证供应，并依法办理有偿用地手续。

养老服务设施被依法征收、征用，需要重建的，应当按照规划就近、优先安排用地。养老服务设施用地用途和容积率，非经法定程序不得改变。

第三十六条 新建城区、居住区应当按照人均用地不少于0.1平方米的标准，规划和建设配套养老服务设施；配套建设的养老服务设施，应当与住宅同步规划、同步建设、同步验收、同步交付使用；老城区、已建成居住区的养老服务设施未达到规划要求或者建设标准的，应当予以补充和完善。养老服务设施，未经法定程序不得改变用途或者拆除。

市、区县（自治县）人民政府和有关部门处置所属的培训中心、宾馆、招待所等场所，适宜用于养老服务的，应当优先改造为养老服务设施。

企业事业单位和社会组织可以通过整合或者改造城镇闲置企业厂房、商业设施和其他社会资源，建设符合标准的养老服务设施。

民政、国土房管、城乡规划和消防等部门应当按照有关规定办理手续。

第三十七条 市、区县（自治县）人民政府应当通过购买服务、委托运营等方式，发展城乡社区养老服务，为居家的老年人就近提供生活照料、紧急救援、医疗护理、精神慰藉、心理咨询等多种形式的服务，为老年人的家庭成员提供生活照料、生活护理等技能培训。

乡镇人民政府、街道办事处应当整合社区服务资源，通过社区综合养老服务平台、城乡社区市民学校等，促进服务与需求信息的对接，方便老年人就近获取多样化的社区综合服务。

农村集体经济组织可以利用集体所有的房屋、设施等，为村民就近提供养老服务。

第三十八条　鼓励老年人以及老年人家庭之间开展互助式养老。

市、区县（自治县）人民政府应当对互助式养老给予扶持。

第三十九条　居民委员会、村民委员会应当建立日常联系、巡访制度，及时了解老年人特别是困难家庭和单独居住老年人的生活状况，并及时给予必要的帮助。

第四十条　政府投资兴办的养老机构应当建立健全公开、公平、公正的收住制度，向社会公开床位资源信息，并优先保障经济困难的孤寡、失能、高龄等老年人的养老服务需求。

政府投资兴办养老机构，可以采取公建民营、委托管理、购买服务等方式，依法选定专业化的机构负责运营。

第四十一条　市、区县（自治县）人民政府应当建立和完善激励政策，鼓励、扶持社会力量参与养老服务设施和老年护理机构的建设、运营，提供适应老年人需要的生活服务、日间照料、疾病护理与康复等服务。

第四十二条　民政等部门应当加强对从事养老服务的机构和社会化组织服务质量、运营情况的监督管理，建立评估体系和考核机制，评定养老机构、居家社区养老服务组织的等级、类型、补贴标准和政府购买服务标准。市民政部门应当制定养老服务合同的示范文本。

财政、民政和审计等部门应当依法对政府投资兴办养老机构的资金和其他养老机构建设和运营补助使用情况进行监督管理。物价部门应当依法对养老机构的服务收费进行监督管理，及时查处价格违法行为。

第四十三条　养老机构不得以提供养老服务、销售商品或者投资养老建设项目等名义非法吸纳社会公众资金。

养老机构因支付老年人入住期间的医疗等应急费用，需要收取保证金或者押金等费用的，金额不得超过该老年人入住养老机构月服务费的六倍。服务关系终止后，养老机构应当在十日内退还保证金、押金等费用的余额，并支付银行同期活期存款利息。

养老机构收取的保证金、押金等费用应当建立专户存储。保证金、押金等费用的收支和使用情况，应当每半年向入住的老年人公布。民政部门每年应当对养老机构收取和使用保证金、押金等费用的情况进行监督检查。

第四十四条　从事养老服务的机构和社会组织符合规定条件的，可以享受相应的税费减免、建设和运营补助等优惠政策。养老服务机构用水、用电、用气等按照居民生活类价格执行，鼓励水、电、气安装服务企业按照优惠价格收取安装服务费。

政府出资的融资担保机构可以为城乡社区养老公共服务设施建设和公益性养老机构建设提供融资担保服务。

支持有条件的城乡社区养老公共服务设施建设企业和养老服务企业上市融资、发行债券。

第四十五条　卫生计生等部门应当支持在有条件的养老机构内设置医疗机构。养老机构设置的医疗机构符合医疗保险条件的，按照规定纳入医疗保险协议定点范围，并联网结算。鼓励其他各类医疗机构为养老机构提供医疗支持。

有条件的二级以上综合医院应当开设老年病科。基层医疗卫生机构、二级综合医疗机构应当根据需求和规划设置老年护理床位，提供保健、护理、临终关怀等服务。

第四十六条　建立基层医疗卫生机构与老年人家庭医生签约服务制度，优先满足社区高龄、重病、失能老年人签约服务需求，为老年人提供健康档案管理、健康教育、上门巡诊、家庭病床、社区护理等基本医疗和基本公共卫生服务。

鼓励通过基本公共卫生服务项目，每年为六十五周岁以上老年人，免费提供包括体检在内的健康管理服务。

第四十七条　民政部门应当建立养老服务信息平台，提供养老服务信息查询、政策咨询、网上办事等服务，接受投诉和举报。

支持社会力量运用互联网、物联网等技术，对接老年人服务需求和各类社会养老服务供给，为老年人提供各类信息产品和服务。

第四十八条　建立健全养老服务人员培养、使用和激励机制。

教育、民政、人力社保、卫生计生等相关行业主管部门应当鼓励高等学校、中等职业学校和职业培训机构设置养老护理等养老服务相关专业或者培训项目，培养养老服务专业人才。

参加养老服务职业技能培训和鉴定的从业人员，按照有关规定，享受相应的补贴。

人力社保部门应当建立养老服务人员劳动报酬指导价位定期发布制度，促进养老服务人员劳动报酬合理增长。

第四十九条　市、区县（自治县）人民政府及其有关部门应当支持老龄产业发展，扶持和引导企业研发、生产、经营适合老年人需求的家居、康复辅助用品及器具等产品，开发适合老年人的文化娱乐、旅游休闲等养老服务项目，鼓励企业举办老年产品展示会。

第五章　社会优待

第五十条　各级人民政府和有关部门的服务窗口、城乡社区为民服务机构应当为老年人提供咨询引导、操作指导、优先办理等服务。

对行动不便的老年人，公安机关为其办理居民身份证时，不动产登记机构为其办理土地房屋权属登记时，应当提供上门服务。但是，老年人不在户籍所在地或者不在登记机构所在地的除外。

不动产登记机构或者公安机关在办理老年人自有住房转移、抵押、变更等不动产登记和更改户主、户口迁移等涉及老年人权益的重大事项时，应当当面征得老年人的同意，并查验老年人签名或者盖章的书面材料。老年人委托他人办理上述手续时，工作人员应当验明老年人的委托法律文书。

第五十一条　医疗机构应当为老年人挂号、就诊、缴费、检验、取药、转诊、住院提供优先服务和便利条件，为高龄、重病、失能、残疾等特殊老年人开设专用窗口或者快速通道，并提供导医服务。

老年人到公立医疗机构就医，免交普通诊察费。鼓励民营医疗机构减免普通诊察费。

鼓励医疗机构减免享受最低生活保障家庭的老年人就医诊疗费。

提倡医疗机构和医务工作志愿者为老年人提供义诊服务。

第五十二条　公共交通运营单位应当为老年人乘坐公共交通工具提供便利服务，在公共交通场所、站点和公共交通工具设置老年人优待标志；在有条件的地方设立老年人等候专区，对无人陪同、行动不便的老年人给予照顾；根据实际需要配置方便老年人出行的无障碍公共交通工具。

公共交通工具应当设置不低于总座位席数百分之十的专座供老幼病残孕优先使用。六十五周岁以上老年人免费乘坐城市公共汽车、轻轨、地铁、过江索道等城市公共交通工具。

第五十三条　商贸、餐饮、供水、供电、燃气、有线电视、通信、邮政等服务行业，应当为老年人提供优先和便利服务。

有条件的金融机构应当设置老年人优先窗口，为老年人办理业务提供便捷服务，并提供引导服务；对办理转账、汇款等业务或者购买保险、理财等金融产品的老年人，应当进行风险提示；对有特殊困难、行动不便的老年人提供特需服务或者上门服务。商业银行应当按照国家有关规定，减免养老金异地取现手续费。

第五十四条　老年人在本市享受以下文体娱乐休闲优待：

（一）在免费的公共图书馆、文化馆、博物馆、纪念馆、美术馆等公共文化场馆享受优先服务，在收费的公共文化场馆六十五周岁以上老年人免购门票，不满六十五周岁的老年人半价购买门票，鼓励有条件的收费公共文化场馆实行不满六十五周岁老年人免购门票；

（二）在公园、旅游景区，六十五周岁以上老年人免购门票，不满六十五周岁的老年人半价购买门票，鼓励景区内的电梯、观光车、缆车、索道等代步工具对老年人实行优惠票价，鼓励有条件的公园、旅游景区实行不满六十五周岁老年人免购门票；

（三）政府投资兴办或者集体投资兴办的各类老年人活动场所向老年人免费开放，鼓励经营性文化体育单位为老年人提供优惠票价、为老年人文艺体育团体优惠提供场地；

（四）文化部门应当组织群众文化工作者免费指导老年人开展文化娱乐活动，体育部门应当组织社会体育指导员免费指导老年人开展体育健身活动。

财政部门应当安排适当资金用于开展老年人文体娱乐休闲活动。

第五十五条　调解组织或者仲裁机构应当优先受理老年人的调解或者仲裁申请。对经济困难的老年人，减半收取仲裁费用。

老年人为追索赡养费、扶养费、养老金、退休金、抚恤金、医疗费、最低生活保障金和人身伤害事故赔偿金等向人民法院起诉，交纳诉讼费用有困难的，人民法院应当按照国家规定免收、减收或者缓收诉讼费用。人民法院应当在立案、庭审、执行等环节，为老年人提供便利和优先服务。提倡对高龄、失能等行动不便的老年人上门立案、巡回审案。

法律援助机构应当按照有关规定为符合条件的老年人提供法律援助。对老年人符合条件的申请实行当日受理，并快速审查、办理。

鼓励律师事务所、公证机构、司法鉴定机构、基层法律服务所对经济困难的老年人减免法律服务费用，对行动不便、患病残疾的老年人实行电话或者网上预约，上门服务。

第六章　宜居环境

第五十六条　新建、改建和扩建道路、公共建筑、公共交通设施、建筑物、居住区等，应当符合国家和地方无障碍设施工程建设标准。

市、区县（自治县）人民政府应当加快推进坡道、电梯、扶手、座椅、公共厕所等与老年人日常生活密切相关设施的无障碍改造，在公共场所设立无障碍标识，推进建成的多层住宅、公共场所加装电梯。

无障碍设施的所有人和管理人应当对无障碍设施进行维护，保障其正常使用。

第五十七条　支持居民开展既有居住建筑适老性改造。符合条件的经济困难老年人进行家庭无障碍设施改造的，市、区县（自治县）人民政府可以给予适当补助。

第五十八条　鼓励建设老年宜居社区，引导开发老年宜居住宅，鼓励家庭成员与老年人共同生活或者就近居住。

第五十九条　乡镇人民政府、街道办事处应当支持利用村级公共服务场所、闲置校舍等建设村级养老服务站、幸福院、托老所等非营利性养老服务设施和公共文化体育设施。

第七章　参与社会发展

第六十条　市、区县（自治县）人民政府有关部门应当建立老年人专业人才信息库，为老年人参与社会发展创造条件。

第六十一条　各级人民政府应当鼓励和支持老年人在自愿和量力的情况下，依法从事社会公益、咨询服务、生产经营等活动，并为其创造条件、提供便利。

用人单位招用老年人的，应当依法与其订立书面劳务合同。

任何单位和个人不得安排老年人从事有毒、有害、重体力、高空、井下、水下、高温、低温等危害其身心健康的劳动或者危险作业。

老年人参加劳动的合法收入受法律保护，任何单位和个人不得因老年人参加劳动或者社会活动获得报酬，扣减其养老金或者福利待遇。

第六十二条　乡镇人民政府、街道办事处应当培育和扶持基层老年协会等老年人组织，加强老年人组织规范化建设，推动老年人自我管理、自我教育、自我服务，促进老年人参与社会发展。

第六丨三条　市、区县（自治县）人民政府应当加大对老年教育的投入，将老年教育列入教育发展规划和终身教育体系，加强老年教育设施、师资力量、课程开发等方面建设，均衡配置各类老年学校和学习点，促进老年教育资源向城乡老年人公平开放；鼓励和支持社会力量举办老年教育机构。

鼓励各类学校、教育机构利用现代信息技术，发展老年远程教育，建设网络学习平台，开发网络学习资源，设置并开放适合老年人学习的课程。

第六十四条　区县（自治县）、乡镇人民政府和街道办事处应当根据本辖区老年人口的分布状况，按照方便老年人的原则，合理设置老年活动中心等公共文化设施。

城市管理等部门应当加强公园、广场的建设和管理，为老年人提供户外交流、健身、娱乐等活动场所。

各级人民政府和文化、体育等部门以及居民委员会、村民委员会、老年人组织应当组织开展适合老年人的群众性文化、体育、娱乐活动，丰富老年人的精神文化生活。

第八章　法律责任

第六十五条　赡养人、扶养人有下列行为之一的，居民委员会、村民委员会、老年人组织或者赡养人、扶养人所在单位给予批评教育，责令履行相关义务；构成违反治安管理行为的，依法给予治安管理处罚；构成犯罪的，依法追究刑事责任。

（一）歧视、侮辱、诽谤老年人的；

（二）拒绝履行赡养、扶养义务的；

（三）不履行赡养、扶养协议的；

（四）虐待、遗弃老年人或者对老年人实施家庭暴力的；

（五）干涉老年人婚姻自由的；

（六）侵害老年人合法财产权和居住权的；

（七）侵占、挪用、冒领养老保障等资金的；

（八）其他侵害老年人合法权益的。

第六十六条　有关部门或者组织未依法履行保护老年人合法权益职责的，由其上级主管部门责令改正。

国家工作人员未依法履行职责，致使老年人合法权益受到损害的，由其所在单位或者上级主管部门责令改正，或者对直接负责的主管人员和其他直接责任人员依法给予处分；构成犯罪的，依法追究刑事责任。

第六十七条　养老机构向入住的老年人收取的保证金或者押金等费用，超过该老年人入住养老机构月服务费用六倍的，由民政部门责令立即退还超额部分本金，并支付银行同期活期存款利息；拒不退还的，处违法金额一倍以上三倍以下的罚款。

养老机构向入住的老年人收取的保证金或者押金等费用，超出范围使用的，由民政部门责令改正；拒不改正的，处违法金额一倍以上三倍以下的罚款。

第六十八条　违反本条例规定，不按照规定履行优待老年人义务或者不明示优待服务内容的，由其主管部门或者所在地人民政府责令改正，或者予以警告。拒不改正的，追究直接负责的主管人员和其他直接责任人员的责任。

第九章　附　则

第六十九条　本条例自2018年3月1日起施行。2001年7月20日重庆市第一届人民代表大会常务委员会第三十四次会议通过的《重庆市实施〈中华人民共和国老年人权益保障法〉办法》同时废止。

四川省“十三五”老龄事业发展和养老体系建设规划

川府发〔2017〕55号

为积极应对人口老龄化，推动老龄事业全面协调可持续发展，进一步健全养老体系，根据《中华人民共和国老年人权益保障法》《“十三五”国家老龄事业发展和养老体系建设规划》《四川省国民经济和社会发展第十三个五年规划纲要》，制定本规划。

第一章 规划背景

第一节 发展现状

“十二五”期间，在各级党委政府的高度重视和社会各界的大力支持下，《四川省老龄事业发展“十二五”规划》《四川省“十二五”社会养老服务体系建设规划》确定的目标任务基本完成，老龄事业发展和养老体系建设取得长足进步。

社会养老保障制度更加健全，城镇企业职工基本养老保险实现省级统筹，城乡居民养老保险实现制度全覆盖，机关事业单位工作人员养老保险制度初步建立，企业离退休人员平均基本养老金、城乡居民基础养老金分别年均增长12.88%、9.09%。养老服务体系建设加快推进，城乡居家养老服务覆盖率分别达到90%、50%，累计创建养老社会化服务示范社区303个，新建城乡社区日间照料中心4711个，新增公办、民办养老床位9.57万张、10.08万张，198家养老机构设置了医疗机构。老年精神文化生活日趋丰富，老年教育纳入终身教育体系，各级老年大学（学校）共2248所，在校学员达60万余人，99%的乡镇（街道）建有老年活动场所，经常参加体育健身活动的老年人达800余万人。敬老养老助老氛围日益浓厚，“敬老模范县（市、区）”“敬老文明号”创建和“孝亲敬老之星”评选持续开展，老年友好型城市和老年宜居环境建设启动实施，“银龄行动”深入开展。老龄法规政策体系不断完善，出台了老龄事业发展规划、社会养老服务体系建设规划等一系列政策措施，制定了养老设施规划建设、养老机构设立许可等近50个配套文件。

第二节 面临形势

“十三五”时期是我省同步全面建成小康社会的决胜阶段，也是我省老龄事业改革发展和养老体系建设的重要战略机遇期。

严峻形势。“十三五”期间，老年人口将以年均50万的规模持续增长，预计到2020年，全省60周岁以上老年人口将增加到1866.72万人，占总人口比重将达到22.66%，老龄化程度居全国前列，未富先老、未备先老的矛盾更为突出，尤其是农村老年人口数量多，且多分布在边远山区、革命老区、贫困地区和少数民族聚居区，应对老龄化任务艰巨而复杂。

主要挑战。涉老法规政策系统性、协调性、针对性、可操作性有待增强。居家社区养老滞后，社区日间照料中心的作用发挥不充分，农村和民族地区的养老体系建设严重滞后。养老服务供需矛盾突出，有效供给严重不足，质量效益不高。养老服务队伍文化素质偏低，专业化程度不高，专业护理人员严重短缺。老龄工作体制机制不健全，社会参与不充分，基层基础比较薄弱。

重大机遇。党中央国务院和省委省政府高度重视老龄事业发展和养老体系建设，省委省政府将积极应对人口老龄化纳入工作全局。供给侧结构性改革加快推进，全面创新改革试验深入推进，劳动力供给较全国更为充足，经济发展基本面长期向好。全省养老服务正孕育着大变革和大转型，养老健康服务业已纳入全省重点培育发展的五大新兴先导型服务业加快推进。

第二章 总体要求

第一节 指导思想

认真贯彻落实党中央国务院和省委省政府的决策部署，牢固树立和贯彻落实新发展理念，坚持党委领导、政府主导、社会参与、全民行动的老龄工作方针，积极应对人口老龄化，构建养老、孝老、敬老政策体系和社会环境，推进医养结合，加快老龄事业和产业发展，全面提升老年人生活质量，确保全省老年人同步进入全面小康社会。

第二节 基本原则

以人为本，共建共享。强化民生保障，努力满足老年人日益增长的物质文化需求，持续培育孝亲敬老文化，调动社会力量参与老龄事业发展和养老体系建设的积极性，改善老年人参与社会发展的条件，不断提升老年人的获得感和幸福感。

厚植优势，补齐短板。充分发挥资源、技术等方面的比较优势，大力培育发展养老新业态、新技术和新产品，推动老龄产业特色化、融合化、集群化发展。加大养老服务投入和整合力度，促进城市养老资源向农村延伸，加强重点领域和薄弱环节建设，提升养老服务质量和效率。

改革创新，激发活力。深化简政放权、放管结合、优化服务改革，破除制约老龄事业发展和养老体系建设的体制机制障碍，加快完善养老市场体系，充分激发民间资本发展潜力和活力。全面推进老龄领域政策、科技、文化和工作创新，改革养老服务管理体制，创新服务供给方式。

合理布局，分层分类。加快推进养老服务供给侧结构性改革，综合考虑我省地形地貌、老龄人口区域分布、生活习俗以及不同年龄阶段老年人需求特点等因素，科学合理布局各类养老服务设施。建立健全老年群体信息统计制度，为老年人提供精准化个性化专业化服务。

统筹兼顾，协调推动。加强老龄工作综合协调和政策衔接配合，将老龄事业发展与养老体系建设融入经济社会发展全局，努力挖掘人口老龄化带来的发展机遇。统筹城乡、区域老龄事业发展，促进老龄事业与产业双轮驱动、老年人物质保障与精神关爱协调推动。

第三节　发展目标

到2020年，老龄事业发展整体水平达到全面建成小康社会的新要求，养老体系更加完善，管理体制和服务机制运转更加高效，支持老龄事业发展和养老体系建设的社会环境更加友好，科学综合应对人口老龄化的能力显著提升。

社会养老保障体系更加完善。全面建立多支柱、全覆盖、更加公平、更可持续的社会养老保障体系，老年人优待范围不断拓展，优待水平不断提升，老年人的生活水平和质量普遍提高。城镇职工和城乡居民基本养老保险参保率达90%以上，基本医疗保险参保率稳定在98%以上，城乡特困老年人供养率达到100%。

社会养老服务体系更加健全。健全以居家为基础、社区为依托、机构为补充、医养相结合的多层次、智能化养老服务体系。高龄、失能、失智、贫困、伤残、计划生育特殊家庭老年人得到更好的照护，各类老年人养老服务需求得到更好满足。各类居家养老服务企业（机构）和社会组织达到3.5万个以上，护理型床位占养老床位总数的比例不低于30%，政府运营的养老床位数占养老床位总数的比例不超过50%。

政府和市场作用发挥更加充分。切实提高老龄事业发展和养老体系建设的法治化、信息化、标准化、规范化程度。政府职能转变、“放管服”改革、行政效能提升成效显著，政府引导性、兜底性作用进一步强化。市场活力和社会创造力得到充分激发，养老服务和产品供给主体更加多元、内容更加丰富、质量更加优良。老龄产业业态更加多元，产品更加丰富，老年消费市场繁荣活跃，对经济发展的拉动作用明显增强。以信用为核心的新型市场监管机制建立完善。

敬老养老助老社会风尚更加浓厚。全社会积极应对人口老龄化、自觉支持老龄事业发展和养老体系建设的意识意愿显著增强。公共文化、教育、体育等为老服务功能显著提升，老年人精神文化生活进一步丰富。安全绿色便利舒适的老年宜居环境建设扎实推进，60%以上城市老旧社区完成适老化改造，90%以上的城镇社区建立符合标准的日间照料机构、老年人活动中心等养老服务设施。老年人合法权益得到有效保护，老年人参与社会发展的条件持续改善，老年人才资源优势发挥更加充分。

专栏1　“十三五”期间老龄事业发展和养老体系建设主要指标

类别	指标	目标值
社会保障	基本养老保险参保率	90%以上
	基本医疗保险参保率	稳定在98%以上
养老服务	各类居家养老服务企业（机构）和社会组织数	3.5万个以上
	护理型养老床位占比	不低于30%
	政府运营的养老床位占比	不超过50%
健康支持	老年人健康素养	提升至10%
	二级以上综合医院设老年病科比例	40%以上
	65岁以上老年人健康管理率	达到90%
	人口预期寿命	77.3岁
精神文化生活	建有老年学校的乡镇（街道）比例	达到50%
	经常性参与教育活动的老年人口比例	20%以上
社会参与	老年志愿者注册人数占老年人口比例	12%以上
	城乡社区基层老年协会覆盖率	90%以上
投入保障	福彩公益金用于养老服务业的比例	50%以上

第三章　健全社会养老保障体系

第一节　完善社会保险制度

完善养老保险制度。全面推进企业职工基本养老保险省级统筹。完善城乡居民养老保险制度，鼓励有条件的进城灵活就业人员和农业产业化从业人员参加职工基本养老保险。推进和落实机关事业单位养老保险制度改革，建立与财政管理体制相适应的机关事业单位养老保险省级统筹。全面实施机关事业单位职业年金制度，扩大企业年金覆盖面，促进个人储蓄性养老保险发展，积极发展商业性养老保险，着力构建多层次养老保险体系。按照国家统一部署，推进个人税收递延型商业养老保险试点。建立更加便捷的社会保险转移接续机制。综合考虑社会经济发展水平和物价变动情况等因素，完善养老保险待遇合理调整机制，按照国家统一部署，逐步提高退休人员基本养老金和城乡居民基础养老金标准。

健全多层次医疗保险制度。完善医疗保险缴费参保政策，逐步建立城乡居民医疗保险个人缴费标准与居民收入相挂钩的动态筹资机制。健全与筹资水平相适应的基本医疗保险待遇动态调整机制，全面推进付费总额控制。巩固基本医疗保险市级统筹，探索推进省级统筹。推进医疗保险支付方式改革，发挥医疗保险在医疗改革中的基础性作用。扩大跨省异地就医直接结算范围，统筹安排市（州）接入国家工作平台，实现跨省异地安置离休干部和退休人员住院医疗费用直接结算，并逐步扩大到符合转诊条件的异地就医人员住院费用。探索将基本治疗性康复辅助器具按规定逐步纳入基本医疗保险支付范围。健全城乡居民大病保险制度，采取降低起付线、提高报销比例、合理确定合规医疗费用范围等措施，提高大病保险对困难群众支付的精准性。大力发展商业健康保险和老年人意外伤害保险，满足老年人多样化健康保障需求。

探索建立长期护理保险制度。按照国家统一部署，在总结试点工作经验基础上，探索形成适应经济社会发展和人民群众需求的长期护理保险制度政策框架。鼓励商业保险公司开发适销对路的长期护理保险产品，满足老年人多样化、多层次长期护理保障需求。建立健全长期照护项目内涵、服务标准、质量评价等行业规范，构建从居家、社区到专业机构等比较健全的专业照护服务体系。

第二节　积极发展社会福利

结合实际制定实施老年人照顾服务项目，创新优化照顾服务提供方式。根据城乡经济社会发展实际情况，兼顾不同年龄群体的利益诉求，分年龄、分层次、分类别确定老年人社会优待范围、优待对象和优待标准。重点关注高龄、失能、失智、贫困、伤残、计划生育特殊家庭等困难老年人的需要，逐步发展面向所有老年人的普惠性优待项目，提高老年人社会优待水平。全面推行80周岁以上老年人高龄津贴制度，为经济困难老年人发放养老服务补贴，探索建立长期护理补贴制度，并根据经济社会发展和居民消费水平的变化建立完善各项津贴、补贴标准动态调整机制。完善并落实好农村计划生育家庭奖励扶助和特别扶助制度。

第三节　健全社会救助体系

将符合条件的困难老年人全部纳入最低生活保障、特困人员救助供养，逐步提高保障标准和水平。完善医疗救助制度，全面开展重特大疾病医疗救助，逐步将低收入家庭老年人纳入救助范围。健全临时救助制度，加强对老年人的“救急难”工作，按规定对流浪乞讨、遭受遗弃等生活无着老年人给予救助。探索建立专项救助制度，对低收入老年人实施安全温暖过冬、生活照料等专项服务，将符合条件的低收入住房困难家庭纳入住房保障范围。落实农村最低生活保障制度与扶贫开发政策有效衔接有关政策要求，确保现行扶贫标准下农村贫困老年人实现脱贫。

第四节　发展公益慈善事业

鼓励社会力量依法面向老年人开展慈善捐赠、志愿服务、慈善信托、安全知识教育、急救技能培训、突发事故防范等公益慈善活动。推动省慈善总会、红十字会等机构设立专门针对老年群体的专项基金。加强对慈善组织和慈善活动的引导、扶持和监管，加大对违反法律法规行为的查处力度。强化民政部门与公益慈善组织、社会服务机构之间的信息对接和工作衔接，实现政府救助与社会帮扶有机结合。

第四章　完善社会养老服务体系

第一节　大力发展居家养老服务

加快完善支持居家养老的配套政策，探索制定子女照料失能老年父母的支持政策，在假期和用工制度方面进行适当倾斜。鼓励成年子女与老年父母共同居住或就近居住。建立以养老服务企业和社会组织为主体、以社区为纽带，满足老年人各种服务需求的县（市、区）、乡镇（街道）、村（居）委会居家养老服务网络。整合村、社区活动场地和公共功能。充分利用“互联网＋”和大数据技术建设居家养老服务信息平台，集成和优化社会养老资源，整合和畅通各类服务机构及商业网点，为老年人提供各类上门服务。支持城乡社区老年协会定期上门巡访独居、空巢老年人家庭，帮助老年人解决实际困难。鼓励有条件的地方推动扶持残疾、失能、高龄等老年人家庭开展适应老年人生活特点和安全需要的家庭住宅装修、家具设施、辅助设备等建设、配备、改造工作，对其中的经济困难老年人家庭给予适当补助。大力发展家政服务，为居家老年人提供规范化、个性化的服务，对高龄老人、失能老人提供上门服务。通过政府购买服务方式，为高龄、失能、失智、贫困、伤残、计划生育特殊家庭等困难老年人提供助餐、助浴、助洁、助急、助医等服务。

第二节　夯实社区养老服务基础

加快推动各类养老服务设施标准制定。加强老年人日间照料中心、老年人活动中心、嵌入式中小微养老机构建设，并配备医疗护理、康复辅具、文娱活动等设备。新建城区和新建居住（小）区按要求配套建设社区日间照料设施，并与住宅同步规划、同步建设、同步验收、同步交付使用。老城区和已建成居住（小）区无养老服务设施或现有设施没有达到规划要求的，通过购置、置换、租赁、利用闲置资源等方式建设。鼓励支持社会力量投资兴建和运营城乡社区老年人日间照料和活动中心，对符合要求建设的给予建设补贴和运营补贴。充分发挥城乡社区供需对接、服务引导作用，统筹协调社区范围内的各类养老服务机构、医疗卫生服务机构、基层老年协会、社会工作服务机构、志愿服务组织和服务性企业，提高社区居家养老服务能力和质量。鼓励有条件的地方通过委托管理等方式，将社区养老服务设施无偿或低偿交由专业化的居家社区养老服务项目团队运营。

专栏2　居家社区养老服务改革试点工程

实施“互联网+”养老工程。依托互联网建立养老服务信息化平台，以社区日间照料中心、托老所、卫生服务中心、居家服务中心等机构为据点，积极接入呼叫中心服务模式，将机构服务、社区服务向居家养老延伸，整合居家养老、社区养老和机构养老的优势资源，建立居家社区养老服务网络。到2020年，实现90%的城镇社区和60%的农村社区纳入居家社区养老服务网络。

探索居家社区养老服务项目化运作，采取购买服务、委托管理、连锁经营等方式，引入专业化养老服务运营团队，推动养老机构、养老服务供应商走进社区、服务家庭。

第三节　推动养老机构提质增效

加快推进公办养老机构改革。积极稳妥推进具备向社会提供养老服务条件的公办养老机构转制为企业或开展公建民营，完善法人治理结构。建立健全老年人入住评估制度，优先保障城乡特困人员、孤老优抚对象、经济困难的孤寡、失能、高龄等老年人的服务需求，增强公办养老机构托底功能，托底养老的公办养老机构原则上由政府运营。完善公建民营养老机构管理办法，鼓励社会力量通过独资、合资、合作、联营、参股、租赁等方式参与公办养老机构改革。政府投资建设和购置的养老设施、新建居住（小）区按规定配建并移交给民政部门的养老设施、党政机关和国有企事业单位培训疗养机构等改建的养老设施，均可实施公建民营。

支持社会力量兴办养老机构。贯彻落实全面放开养老服务市场、提升养老服务质量的有关政策要求，加快推进养老服务业“放管服”改革。落实支持社会力量兴办养老机构的投融资、税费、人才、土地等扶持政策，探索制定采取特许经营、政府购买服务、政府和社会资本合作等方式支持社会力量举办养老机构的政策措施，逐步使社会力量成为发展养老服务业的主体。通过补助投资、贷款贴息、运营补贴、购买服务等方式，积极鼓励社会力量投资兴办面向失能、失智、高龄老年人的养老机构。鼓励整合改造企业厂房、商业设施、存量商品房等用于养老服务。

全面提升养老机构服务质量。开展养老院服务质量建设专项行动，建立全省统一的服务质量标准和评价体系，制定全省统一的养老机构标志。建立健全养老机构分级标准，加强养老机构服务质量监管。优化存量养老机构的床位结构，降低空置率，提高护理型养老床位比例。完善养老服务第三方评估管理机制，强化评估结果运用。推进行业自律和信用体系建设，营造养老服务供需双方相互依赖、安全可靠的市场环境。探索制定养老服务机构责任和风险防控政策措施，积极推动养老机构责任保险工作，引导和鼓励养老机构投保、保险公司承保。认真执行《养老设施建筑设计规范》《建筑设计防火规范》，对符合消防安全规定而又未取得相关许可的养老机构，可通过地方政府一事一议的方式予以解决。

第四节　加快推进医养结合发展

完善医养结合机制。建立健全医养结合优惠扶持政策，全面建立医疗卫生机构与养老机构合作机制，支持养老机构和医疗机构按分级诊疗原则组建多种形式的医养联合体，鼓励养老机构与周边医疗机构建立合作关系，为老年人提供治疗期住院、康复期护理、稳定期生活照料以及临终关怀一体化服务。县级以上医院（含中医医院）要设立老年人挂号、诊疗服务、急诊急救绿色通道，建立与老年病专科医院、老年护理院以及养老机构内设医疗机构间的双向转诊与合作关系。发挥中（藏）医对健康养老养生的支持作用，支持有条件的中（藏）医医疗机构开展中（藏）医医养服务，鼓励社会资本建设中（藏）医药医养服务机构，建设一批中（藏）医药特色健康养老服务示范基地。支持社会力量开办医养结合机构及老年康复、老年护理等专业医疗机构。

支持养老机构开展医疗服务。支持有条件的养老机构开办（或内设）医疗机构，提高养老机构医疗服务能力。鼓励符合条件的执业医师到养老机构、社区老年照料机构内设的医疗卫生机构多点执业。对符合条件的养老机构的内设医疗机构按规定纳入基本医疗保险定点协议管理范围。

积极发展健康养老服务。推进老年康复医院、老年病医院、老年护理院、安宁疗护机构、临终关怀医院等医疗机构建设。支持有条件的二级及以上综合医院开设老年病科，开展老年慢性病防治和康复护理工作，到2020年，40%以上的二级以上综合医院设立老年病科。支持有条件的二级以上综合医院和中医医院开设老年康养护理院，开展失能、半失能老年人养护工作。制定老年人医疗服务优待政策，为老年人特别是高龄、重病、残疾、失能老年人就医提供便利服务。鼓励各级医疗卫生机构和医务工作志愿者为老年人开展义诊。加强康复医师、康复治疗师、康复辅助器具配置人才培养，广泛开展偏瘫肢体综合训练、认知知觉功能康复训练等老年康复护理服务。推动部分基层医疗机构向护理康复职能转型，提高基层医疗卫生机构康复护理型床位占比。鼓励社会力量创办医养一体的老年护理院、老年康复等专业医疗机构，有条件的地方可将部分公立医院转为康复、护理等机构。

加强健康促进和疾病预防。制定符合老年人群特点的健康教育计划，科学普及合理膳食、适量运动、戒烟限酒等方面的知识。加强老年心理健康知识宣传，提高社会对老年心理健康的认知水平和重视程度。推动基层医疗卫生机构为辖区内65周岁以上老年人建立健康档案，为70周岁以上老年人开展定期免费体检，为80周岁及以上老年人全面提供家庭医生签约上门服务。探索为失能、半失能老年人设立“家庭病床”，与老年人家庭建立签约服务关系，提供连续的健康管理与医疗服务。加强老年人常见病、慢性病、精神疾病的健康指导和综合干预。研究推广老年疾病防治适宜技术，及时发现健康风险因素，促进老年疾病早发现、早诊断、早治疗。面向老年人开展中医药健康管理服务项目。加强老年严重精神障碍患者的社区管理和康复服务。

专栏3 医养结合示范工程

支持50—100个医疗卫生服务机构增设护理型床位、老年人康复床位等医养结合床位，推动1000个社区卫生服务机构开展家庭医生、上门巡诊、社区和居家护理等服务。

支持50—100个养老机构内设医疗卫生服务机构配备医疗、康复、护理等专业设施设备，增加护理型床位，到2020年护理型床位占养老床位总数的比例不低于30%。

第五节 加大养老服务统筹力度

加强农村养老服务。发挥政府在农村养老中“保基本、兜底线”作用，加快推动农村特困人员供养服务机构服务设施和服务质量达标。推动农村中心敬老院在功能发挥上向区域养老服务综合体转变，管理模式向公建民营、合作经营、购买服务等方式转变，服务对象向农村老年人全覆盖转变，服务内容向基本生活保障、医疗护理、文体娱乐、精神慰藉等多层次转变。整合各类涉老服务资源，充分利用农村闲置的学校、村“两委”用房、医院用房以及民房等资源，推进农村小型互助式养老机构建设。鼓励城市资金、资产和资源投向农村养老服务业，建立完善城市公办养老机构与农村养老服务机构对口支援和合作机制。通过邻里互助、亲友相助、志愿服务等模式大力发展农村互助养老服务。发挥农村基层党组织、村（居）委会、老年协会等作用，积极培育为老服务社会组织，依托农村社区综合服务中心（站）、综合性文化服务中心、村卫生室、农家书屋、全民健身等设施，为留守、孤寡、独居、贫困、残疾等老年人提供丰富多彩的关爱服务。农村集体经济、农村土地流转等收益分配应充分考虑解决老年人养老问题。

加强民族地区养老服务。开展民族地区老龄问题研究，加强对民族地区人口老龄化形势的研判，因地制宜开展应对人口老龄化行动。支持民族地区加快养老服务体系建设。健全区域协调发展机制，共建合作平台，建立互利共赢、共同发展的互利机制，重点在异地养老、旅游养老等领域形成定向委托、战略合作、对口支援等对口发展联盟。

加强贫困地区养老服务。把贫困老年人纳入扶贫开发工程，加大对贫困地区、贫困村养老公共服务设施的扶持力度，切实改善贫困地区老年人生活条件，提高家庭对老年人的扶养赡养能力。按照脱贫攻坚整体规划，实现精准扶贫、精准脱贫政策与农村困难老年人帮扶政策相衔接。

第六节 强化养老服务分类供给

加强养老服务分类管理。满足不同年龄段老年人养老服务需求，提高养老服务供给精准性。针对60—69周岁低龄老年人，加强老年教育、老年旅游、老年金融、老年文化、老年休闲娱乐和社会参与等方面的服务供给；针对70—79周岁中龄老年人，加大老年用品、老年医疗保健、老年康复用具和老龄特色用品等方面的供给力度；针对80周岁以上高龄老年人养老服务需求，重点提供长期护理和临终关怀等服务。建立四川省居家失能、半失能、高龄老年人照护服务需求评估体系。

合理确定养老服务设施布局。综合考虑老年人口的构成、规模等因素，合理确定养老服务类型、布局和规模，实现养老服务设施的均衡配置。在城市社区逐步建立步行15分钟居家养老服务圈。大力发展物业养老服务模式，鼓励物业公司依托现有物业资源，为居家和社区老年人提供方便有效的养老服务。积极发挥农村基层老年协会作用，组织低龄、健康老年人广泛开展助老巡访、互助养老、抱团养老，为农村留守、残疾、失能老人提供必要的养老服务，并逐步扩大服务范围。鼓励各地结合地形、气候等优势，建设养老与健康产业园区（或康养小镇），因地制宜打造一批养老服务特色示范点或示范区，发展“候鸟式”“度假式”“生态休闲式”等多种养老模式。

> **专栏4 高龄、失能、失智、贫困、伤残、计划生育特殊家庭老年人关爱工程**
>
> 开展高龄、失能、失智、贫困、伤残、计划生育特殊家庭老年人摸底调查，分类纳入社会救助、社会福利及慈善项目扶助，符合条件的及时给予高龄津贴、养老服务补贴、护理补贴等保障。
>
> 大力发展精神慰藉服务，推动机构、社区、社会组织向居家的高龄、失能、失智、贫困、伤残、计划生育特殊家庭老年人提供精神文化服务。探索长期照护体系嵌入社区，为居家的高龄、失能、失智、贫困、伤残、计划生育特殊家庭老年人提供生活照料指导和专业护理服务。

第五章 加快推动老龄产业发展

第一节 丰富老龄产业业态

依托四川丰富独特的地质、物候、生态、医疗服务、保健养生、运动休闲等资源，大力发展养老服务企业。鼓励金融机构进入养老服务产业，开发适合老年人的储蓄、保险、投资等金融产品。推进互联网、物联网、大数据等信息技术支撑健康养老发展，创新健康养老服务模式，开展面向家庭、社区的智慧健康养老应用示范，提升健康养老服务覆盖率和质量。

第二节 优化老龄产业空间布局

以实现健康养老服务全覆盖为目标，依托现有发展条件，打造特色鲜明、布局合理、创新发展的“一区两片三带”发展格局。以成都为核心，由德阳、绵阳、遂宁、乐山、眉山、雅安和资阳等组成创新发展核心区，建成全省养老与健康服务业多业态布局的主要区域。依托泸州、南充优质医疗资源，打造由泸州、内江、自贡、宜宾组成的川南融合发展示范片区和由南充、广元、广安、达州、巴中组成的川东北融合发展示范片区。立足独特自然生态和民族特色文化，构建以安宁河谷为主体的攀西阳光康养服务业发展带、以大巴山脉为主体的秦巴生态森林康养服务业发展带、以藏羌地区为主体的川西民族特色康养服务业发展带，推动攀枝花建设中国阳光康养旅游城市、西昌创建全国国民旅游休闲示范城市。

第三节 培育老龄产业市场主体

依托区域产业集聚优势和资金、技术、人才等优势，打造一批主导产业突出、产业链条完整、服务功能完善的示范产业园区和生产基地。鼓励竞争力强、有实力的老龄服务企业走集团化发展道路，扶持中小型老龄服务企业连锁经营，培育一批生产老年人用品和为老年人提供服务的企业集团和龙头企业。加强老龄产业的技术集成和市场应用，引导企业开发、生产和经营老年护理用品、康复用品和辅助器具。培育发展老龄产业行业协会和中介组织，充分发挥其在行业交流、自律管理等方面的积极作用。

第四节 扩大老龄产业市场供给

增加老年用品供给。鼓励物业服务、家庭服务、社区服务、商务服务、餐饮住宿、健康服务、文化体育、休闲旅游、金融、物流等行业和领域积极拓展为老服务项目。支持研究、开发、生产老年系列用品，促进老年用品升级换代，推进智慧养老产品研发，打造全国老年服务领先产品。丰富老年护理、辅助、健身、理疗、电子呼救等特需用品，开发适合老年人使用的手机、计算机、游戏等电子产品和软件产品，丰富适合老年人的食品、药品、服装等供给。力争在每个市（州）建立一个老年人用品测试、展示、体验场所。鼓励商家设立老年用品专柜，培育老年用品专卖商店。举办中国（四川）老龄事业暨养老服务业国际博览会。大力发展老年电子商务。

提升老年用品科技含量。加强对老年用品产业共性技术的研发和创新。鼓励符合条件的老年用品企业牵头承担各类科技计划（专项、基金等）科研项目。支持技术密集型企业、科研院所、高校及老龄科研机构加强适老科技研发和成果转化应用。扶持和认定一批高科技创新型老年用品企业。

第五节 强化老龄产业政策支持

充分发挥政府的引导作用和市场的主体作用，深入推进养老健康服务业作为重点培育发展的新兴先导型服务业加快发展。构建老龄服务业分级准入制度，扩大老龄服务业社会供给平台，鼓励和支持社会组织从事老龄服务。充分发挥四川省健康养老产业投资基金的杠杆作用，扶持老龄服务企业发展。完善金融信贷支持政策，鼓励和引导老龄企业通过银行贷款、上市、发行债券、融资租赁等多种渠道筹措资金。研究制定扶持老龄产业发展的技术、贸易、人才政策。鼓励条件成熟地区编制老龄产业发展规划，注重体现区域特点和民族特色，增强产业竞争力。

第六章 营造敬老养老助老社会环境

第一节 丰富老年人精神文化生活

积极发展老年教育。将老年教育纳入教育发展规划和终身教育体系。优化发展城乡社区老年教育，到2020年，县级以上城市原则上至少有1所老年大学，50%的乡镇（街道）建有老年学校。促进各级各类学校开展老年教育，推动部门、行业企业、高校举办的老年大学（学校）向社会开放。持续推进全省老年大学（学校）评估定级，深入开展示范性老年大学创建活动。推动各类普通高校、职业院校结合办学特色开发老年教育课程，为老年人提供教学资源和服务。加强老年大学与社会教育机构的合作，组建老年教育联盟（集团）。支持和鼓励各类社会力量举办或参与老年教育。利用广播、电视、互联网等手段办好远程老年大学，为更多的老年人居家接受教育创造有利条件。实施社会主义核心价值观培育、老年教育机构基础能力提升、学习资源建设整合等行动计划。

专栏5 老年教育机构基础能力提升计划

整合资源，改善基层社区老年教育机构设施设备，建设好村、社区老年学习点。改善现有老年大学（学校）办学条件。探索“养、医、体、文”等场所与老年人学习场所的结合。开展养教结合试点。

繁荣丰富老年文化。通过新建、改造和整合等途径，增加老年活动设施和场所，支持各类公共场所为老年人开展文化活动提供便利。推动各级各类文化服务设施向老年人免费、优惠开放。增加文化信息资源共享、农村电影放映、农家书屋等重大文化惠民工程面向老年人的服务内容和资源。广泛开展群众性老年文化活动，结合当地习俗和文化，增加适合老年人的特色文化服务项目。支持创作发行面向老年人的优秀文化作品，加强公共数字文化资源建设，积极运用网络、手机等新媒体进行宣传推广。鼓励和支持老年人传承非物质文化遗产。加强专业人才和业余爱好者相结合的老年文化队伍建设，培育老年文化活动品牌。

重视老年精神关爱。坚持政府关爱为主导、社会关爱为主体、社区关爱为重点、家庭关爱为基础，推进老年精神关爱工作。社区、养老机构要积极引入社会工作者、心理咨询师等力量开展心理健康服务。加强社区对老年严重精神障碍患者的服务管理和康复治疗，开展老年心理健康服务示范项目试点。督促与老年人分开居住的家庭成员履行精神慰藉义务，加强与外出务工人员用人单位合作，督促外出务工人员经常与在家留守老人通过电话、书信等方式进行联系。支持企事业单位、社会组织、志愿者等社会力量开展读书看报、亲情陪伴等形式多样的老年关爱活动。加强对高龄、空巢、失能、失智、贫困、伤残、计划生育特殊家庭等重点老年人的精神关爱。鼓励城乡社区为老年精神关爱提供活动场地、工作条件等支持。

加强老年体育健身。实施全民健身计划，依托公园、广场、绿地等公共设施及旧厂房、旧仓库、老旧商业设施等城市空置场所，建设适合老年人体育健身的场地和设施。支持乡镇（街道）综合文化站建设体育健身场地，配备适合老年人的设施和器材。完善体育馆免费或优惠开放政策，支持公共和民办体育设施向老年人免费或优惠开放。广泛开展老年人体育健身活动，引导老年人养成健康、文明、科学的生活方式。加强老年人体育健身交流活动，持续举办四川省老年人运动会。推广适合不同年龄阶段老年人的体育健身方法和健身项目。鼓励发展多种类型的老年人体育组织，到2020年，90%的乡镇（街道）建立老年人基层体育组织，城乡社区普遍建立老年人健身活动站（点）和体育团队。

第二节 推进老年宜居环境建设

推动无障碍设施建设和改造。完善涉老工程技术标准规范体系，增强标准刚性，确保在规划、设计、施工、验收、运行、维护、管理等全过程得到贯彻实施。新建公共设施和涉老设施无障碍率保持100%。加强对居住小区、园林绿地、道路、建筑物，特别是与老年人日常生活密切相关的已建设施的无障碍改造。推进无障碍建设进家庭，优先为残疾、失能、高龄等特殊困难老年人家庭进行无障碍改造。加快小城镇、农村无障碍环境建设，积极参与全国无障碍城市创建活动。推进适宜老年人特点的通用产品、信息技术等无障碍实用技术的研发和推广。鼓励公民、法人和其他组织为无障碍环境建设提供捐助和志愿服务，探索鼓励市场主体参与无障碍设施建设和改造的政策措施。

营造安全绿色便利生活环境。在推进老旧居住（小）区改造、棚户区改造、农村危房改造等工程中优先满足符合住房救助条件的老年人的基本住房安全需求。加强对养老机构等涉老重点场所和设施的安全隐患排查治理，普及老年人安全知识和自救急救技能。强化养老服务设施的节能环保改造，将各类养老机构和社区养老服务设施纳入绿色建筑行动重点扶持范围。推动老年人共建共享绿色社区、美丽宜居村庄和生态文明建设成果。实施公共交通标志、安全岛、信号灯等交通设施的适老化改造，在公交站、地铁站、火车站、机场等交通枢纽设置老年人等候专区和优先通道。推进老年人紧急求助、跟踪定位、健康监测等安全智能产品的创新和应用。引导、支持开发老年宜居住宅和代际亲情住宅。支持多层老旧住宅加装电梯。加强街道、社区“老年人生活圈”配套设施建设，为老年人提供一站式便捷服务。

专栏6 开展老年宜居环境建设示范行动

推进“老年友好型城市”和“老年宜居社区”建设，积极参与全国无障碍建设城市创建活动。到2020年，60%以上城市社区达到老年宜居社区的基本条件，40%以上农村社区具备老年宜居社区的基本条件，大部分老年人的基本公共服务需求能够在社区得到满足。

弘扬敬老养老助老社会风尚。把敬老养老助老纳入社会公德、职业道德、家庭美德、个人品德建设，纳入文明城市、文明村镇、文明单位、文明校园、文明家庭考评，作为国民教育、干部教育和乡规民约的重要内容。利用春节、清明节、中秋节、老年节等传统和法定节日，营造敬老养老助老良好氛围。深入挖掘孝亲敬老典型人物及事迹，开展创意新颖、内容生动、形式多样的敬老养老助老宣传教育活动。推动敬老养老助老教育进学校、进家庭、进机关、进社区，大力开展“敬老模范县（市、区）”“敬老模范乡镇（街道）”“敬老模范村（社区）”“敬老文明号”“敬老模范单位”“敬老模范家庭”“敬老楷模（之星）”创建活动和“敬老养老助老”主题教育实践活动。

第三节　支持老年人参与社会发展

培育积极老龄观。加强全社会健康老龄化、积极老龄化观念的宣传教育。增强全社会接纳、尊重、帮助老年人的关爱意识，为老年人参与社会发展营造良好氛围。引导老年人树立终身发展理念，始终保持自尊自爱自信自强的精神状态，积极参与社会发展。

加强老年人力资源开发。将老年人才开发利用纳入各级人才队伍建设总体规划，鼓励各地制定老年人才开发利用专项规划。落实渐进式延迟退休政策，鼓励专业技术领域人才延长工作年限。支持技术型老年人参与科技开发和应用，开展咨询服务。推动建立老年人才和专家信息库，积极搭建老年人才市场。支持老年人才自主创业，帮助有意愿且身体状况允许的贫困老年人通过创业就业脱贫致富。依法保障老年人在劳动过程中的合法收入、安全和健康权益。对老有所为贡献突出的老年人和在老有所为工作中贡献突出的单位、个人，可按规定给予表彰或奖励。

大力发展老年志愿服务。支持老年人积极参加基层老年协会等社会组织，广泛参与基层民主监督、社会治安、环境保护、纠纷调解、邻里互助等志愿服务。鼓励老年人在关心教育下一代工作中发挥重要作用。鼓励老年人利用自身特长和社会资源参与积极应对人口老龄化行动，倡导和支持老年人广泛开展自助、互助，鼓励低龄健康老年人为高龄、失能老年人提供志愿服务，推进建立养老服务时间储蓄银行。组织医疗卫生、文化教育、农林科技等方面的老专家、老知识分子参与农村精准扶贫等志愿服务。壮大老年志愿者队伍，推行老年志愿服务登记制度，到2020年老年志愿者注册人数占老年人口比例的12%以上。

培育基层老年社会组织。坚持扶持发展和规范管理并重，加强老年社会组织的培育扶持和登记管理。采取政府购买服务等措施加大对公益性、互助性、服务性、专业性基层老年社会组织的支持力度。继续推动老年社会组织规范化建设，提高专业素质、服务能力和社会公信力。深入开展基层老年协会“乐龄工程”，鼓励和支持符合条件的老年社会组织承接政府购买居家养老服务，参与管理日间照料中心、社区服务中心、老年活动中心、老年大学（学校）教学点等涉老服务场所，促进老年人通过社会组织实现自我管理、自我教育、自我服务。

专栏7　基层老年协会建设工程

多渠道筹措资金支持基层老年协会建设，改善基层老年协会活动设施和条件，加强基层老年协会骨干培训和活动辅导，鼓励专业人士在基层老年协会建设中发挥骨干作用。城乡社区基层老年协会覆盖率达到90%以上。

第七章　切实保障老年人合法权益

第一节　推进老龄事业法规建设

贯彻落实《中华人民共和国老年人权益保障法》，修订《四川省老年人合法权益保护条例》，推动制定《四川省养老服务促进条例》，出台四川省关于制定和实施老年人照顾服务项目的意见。推动老年人监护制度试点。加快推动老年人社会服务、社会优待、社会参与、宜居环境建设等方面的法规创制。落实老年人优待政策，逐步提高老年人优待水平，稳步发展普惠性老年人优待服务，推进常住老年人与户籍老年人享受同等优待。

第二节　健全老年维权服务体系

健全多部门联合执法检查和综合评估制度。完善涉老矛盾纠纷排查和调解机制，以及多部门联合查处侵犯老年人合法权益行为的综合治理和快速反应机制。充分发挥基层党组织、群众性自治组织、老年社会组织在老年维权方面的作用。建立健全维护老年人合法权益的社会监督机制。提高老年人来信来访来电调处率，进一步提升老年维权服务质量。

第三节　加强老年人法律服务和法律援助

发挥“12348”法律服务热线作用，针对老年群体特点开展满足老年人特殊需求的专项法律服务活动。将敬老养老助老纳入个人诚信体系建设。加强老年人防范电信网络诈骗和非法集资宣传教育工作，提高老年人的防骗、识骗能力，严厉打击欺老、骗老、虐老等违法活动，对情节严重构成犯罪的，由相关部门依法追究刑事责任。健全老年人法律援助网络体系，推进法律援助工作站（点）向城市社区和农村延伸，方便老年人及时就近寻求法律帮助。落实针对经济困难老年人的司法救助政策。严格执行法律援助和司法救助的受案范围，重点做好农村和贫困、高龄、空巢、失能等特殊困难群体的法律援助和司法救助工作。开展更多适合老年人的法治宣传活动，提高老年人守法意识和依法维权意识。

第八章　加强老龄工作基础建设

第一节　推进信息化建设

落实国家促进大数据发展行动纲要，加快智慧养老社区、大数据养老服务和远程医疗服务信息平台建设，推进为老服务综合信息平台在城市社区全覆盖、在农村地区扩大覆盖。深入实施信息惠民工程，推进居民社会保障卡与健康卡、金融IC卡、老年优待卡等公共服务卡的应用集成。探索老龄工作信息共享和信息化建设协同推进机制，促进各部门涉老信息互联互通。建立上下左右联通的老龄信息网络，加大老龄政务信息公开力度。开展涉老大数据建设和应用试点示范，建成养老服务信息平台，实现涉老信息的高效采集、有效维护。制定规范“12349”民政专号的使用和管理办法。

专栏8 养老服务信息工程

支持研发和应用居家智能养老系统，利用互联网、物联网等技术手段，创新居家养老服务模式，重点拓展远程提醒和控制、自动报警和处置、动态监测和记录等功能，合理设置与社区、专业机构的服务平台接口，建设虚拟养老院。

进一步完善居家养老服务网络平台，以失能、独居、空巢老年人为重点，加强老年人数据库建设，拓宽大数据应用，建立呼叫服务系统和应急救援服务机制，整合接入养老服务供应商和为老服务组织，及时提供线上和线下服务。

建立养老服务管理信息平台，对服务机构、服务人员、服务场所进行系统管理，对服务情况、服务质量进行汇总分析。

到2020年，养老信息服务覆盖到乡镇（街道），全面建成全省养老服务信息系统，打通养老服务信息共享渠道，推进社区综合服务信息平台与户籍、医疗、社会保障等信息资源对接。

第二节 完善投入机制

充分发挥公共财政的主渠道作用，建立老龄事业发展和养老体系建设经费投入保障机制。各级政府用于社会福利事业的彩票公益金，50%以上要用于支持发展养老服务业，并随老年人口的增加逐步提高投入比例。支持符合条件的社会资本采取建立基金、发行企业债券等方式筹集资金，用于建设养老设施、购置设备和收购改造社会闲置资源等。支持发展养老机构责任保险、老年人意外伤害保险、养老保险等，降低养老机构经营风险。创新商业养老保险产品和服务，鼓励商业保险机构投资养老服务产业。建立完善特殊困难群体和重点优抚对象等老年人意外伤害险统保相关政策，鼓励有条件的地方为70周岁以上老年人购买意外伤害保险。

第三节 强化队伍建设

加强老龄事业发展和养老体系建设工作力量，充实干部队伍，提高履职能力。完善涉老专业教育体系建设政策措施，积极鼓励高等院校和中等职业学校加强养老服务相关专业建设，加快培养老年服务管理、老年医学、医疗保健、护理康复、老年教育、营养调配、心理咨询和社会工作、经营管理、康复辅具配置等专业人才，养老机构每100名老年人应配备1名老年社会工作者。依托院校、养老机构建立养老服务和管理实训基地，支持社会力量举办养老服务培训机构，加快省级养老实训示范基地建设。加快推进养老服务职业培训和技能鉴定工作，建立以品德、能力和业绩为导向的职称评价和技能等级评价制度，落实职业培训补贴政策，在养老机构和社区开发公益性岗位，拓宽养老服务专业人员职业发展空间。提高养老服务从业人员薪酬待遇，加强对养老服务从业人员的社会关怀。探索将养老护理员纳入公益性岗位，对符合条件的按规定给予公益性岗位补贴。探索建立养老服务从业人员年老后优先入住公办养老机构的制度。到2020年，养老护理员岗前培训率达到95%以上，养老护理员每年参加技能培训的比例不少于30%，累计培训养老护理专业人员40万人次。积极引入专业社工人才，开发养老服务公益性岗位，加快培育志愿者队伍，支持养老机构吸纳困难群体就业，形成专业人员引领志愿者的联动工作机制。

专栏9 人才培养工程

在养老服务、医养结合、科技助老等重点领域，每年培养造就一批高层次人才，符合条件的享受人才引进政策，示范带动养老服务业发展。

实施养老护理人员培养培训计划，“十三五”时期力争使全省养老机构护理人员都得到至少1次专业培训。到2020年，养老护理人员参加岗前培训率达到95%以上。

对各级老龄工作机构的人员定期开展老龄政策和相关知识培训。

第四节 夯实基层工作

进一步理顺老龄事业发展和养老体系建设工作机制，加强县（市、区）、乡镇（街道）民政和老龄工作机构建设，在村（居）委会配备专（兼）职老龄工作人员，保证城乡社区老龄工作有人抓、老年人事情有人管、老年人困难有人帮。加强离退休干部服务管理工作，继续推进离退休人员管理服务社会化，建立健全老年人原工作单位、居住社区、老年社会组织和基层党组织齐抓共管的工作机制。积极创建离退休干部基层服务型党组织，优化组织设置，探索在离退休干部集中居住地、活动学习场所、兴趣爱好团体、社会组织中集中建立基层党组织和临时党组织，加强老年社会组织党建工作。加强基层老龄工作机构业务台账建设。建立基层老龄工作激励机制，表彰基层老龄工作先进典型。探索建立工会、共青团、妇联、残联、红十字会等群团组织参与老年人管理服务的常态化机制和制度化渠道。

第五节 加强科学研究与调查统计

加强省级财政科研项目和相关科研资金对老龄事业领域科技创新、理论研究和政策应用研究的支持，激励老龄科学研究。在川高校、研究机构、企业和市（州）、县（市、区），探索设立老龄科学理论研究基地、老龄产业实践研究基地、老龄政策创制试点基地。组建四川省老龄问题专家智库，持续开展四川人口老龄化中长期应对策略研究。建立完善老年人状况统计调查和发布制度，完善老龄事业统计指标体系，加强老龄事业统计监测工作，建设老年人口信息基础数据管理和老龄事业发展数据直报体系，建立老龄事业统计公报定期发布制度。适时对全省城乡老年人生活状况进行抽样调查并对社会发布。

第六节 扩大老龄宣传与区域合作

整合各种宣传媒介资源，形成上下互通、横向联合、齐抓共管的老龄工作宣传格局。坚持正确的舆论导向，充分发挥各类媒体的作用，加大对人口老龄化国情省情、老龄政策法规、老龄事业发展以及老龄工作典型人物、事迹、经验等宣传报道，着力提升舆情研判引导能力，营造全社会关注老龄问题、关心老龄事业、支持老龄工作的良好氛围。积极参与国家老龄问题应对研究，加强与有关机构、涉老组织和其他省份的交流与合作。总结四川老龄事业发展与养老体系建设模式，为积极应对人口老龄化提供四川经验。

第九章 强化规划实施保障机制

第一节 加强组织领导

坚持党对老龄工作的统一领导，充分发挥各级党委的领导核心作用，加强对老龄工作的战略部署和统筹协调。强化各级政府落实规划的主体责任，将本规划主要任务指标纳入当地经济社会发展规划，纳入为民办实事项目，纳入政府工作议事日程和目标责任考核内容。各有关部门要切实发挥职能作用，根据本规划提出的各项任务和政策措施，研究制定配套政策和具体实施方案。建立老龄委成员单位目标责任制，量化工作任务，确保规划任务全面落实。完善各级老龄工作机构的决策参谋、综合协调、督查督办职能。

第二节 加强土地保障

将各类老龄事业发展和养老体系建设用地纳入城镇土地利用总体规划。优先安排利用存量建设用地或年度用地计划，充分保障养老服务用地需求。非营利性养老机构的养老服务设施用地可采取划拨方式供应，营利性养老服务设施用地应当以租赁、出让等有偿方式供应，原则上以租赁方式为主。土地出让（租赁）计划公布后，同一宗建设用地有两个或者两个以上意向用地者的，应当以招标、拍卖或者挂牌方式供地。在符合规划的前提下，允许利用和改造现有空闲的厂房、学校、社区用房等举办养老服务机构，经规划批准临时改变建筑使用功能从事非营利性养老服务且连续经营1年以上的，5年内土地使用性质可暂不作变更。农村集体建设用地可以依法用于兴办养老服务机构。

第三节 完善财税政策

对符合条件、提供基本养老医疗卫生服务的非公立医疗机构，其专科建设、人才队伍建设纳入财政专项资金支持范围，符合条件的非公立医疗机构纳入全省区域专病中心建设范围。民办医疗机构用电、用水、用气与公立医疗机构执行相同的价格政策，养老机构、老年大学（学校）、涉老学习活动阵地用电、用水、用气，按居民生活类价格执行，按规定享受税收优惠政策。对非营利性医疗养老机构建设免征有关行政事业性收费，对营利性医疗养老机构建设减半征收有关行政事业性收费。经认定为高新技术企业的养老健康服务业相关企业，符合税收优惠条件的依法享受高新技术企业税收优惠政策。

第四节 强化督查评估

省老龄办、民政厅、省发展改革委会同有关部门，加强对各地的指导、督促，及时检查并向省政府报告工作进展情况。要建立第三方评估机制，适时开展规划执行情况的评估，向社会公布评估结果。县级以上政府要结合实际制定本级规划或实施方案，细化工作要求、加强督促检查，确保工作落实到位。

四川省老年教育发展规划（2017—2020年）

川办发〔2017〕71号

为贯彻落实《国务院关于印发“十三五”国家老龄事业发展和养老体系建设规划的通知》（国发〔2017〕13号）和《国务院办公厅关于印发老年教育发展规划（2016—2020年）的通知》（国办发〔2016〕74号），促进老年教育科学发展，结合四川实际，特制定本规划。

一、规划背景

“十二五”期间，我省高度重视老年教育，老年教育事业取得长足进步。老年大学（学校）的办学条件进一步改善，办学水平不断提高，社会效益日益凸显。目前，全省有各级老年大学（学校）2468所（较2010年增加568所），在校学员62万人（较2010年增加17万人），老年人入学率3.71%（较2010年提高0.3个百分点）。上百万老年人通过社区教育、远程教育等形式参与学习，初步形成了多部门推动、多形式办学的老年教育发展格局。

"十二五"末，我省60周岁及以上人口达到1672万人，占常住人口的20.38%，高于全国人口老龄化平均水平。"十三五"时期，我省人口老龄化形势将更加严峻，预计2020年老年人口将达到1866万人。现有老年教育资源不能较好适应人口老龄化趋势，无法满足广大老年人精神文化生活需求。老年教育保障亟待加强，社会力量参与渠道不够畅通，学校教育对老年教育支持力度、老年教育信息化程度均有待提升，城乡、区域发展不平衡，偏远地区、民族地区老年教育发展缓慢。"十三五"期间，要进一步深化改革、创新发展，采取切实有效的措施，推动老年教育事业持续健康发展。

二、总体要求

（一）指导思想。坚持"党委领导、政府主导、社会参与、全民行动"的老龄工作方针，不断扩大老年教育供给，创新老年教育体制机制，整合社会资源、激发社会活力，提升老年教育现代化水平，让老年人共享改革发展成果，提高生命和生活质量，进一步实现老有所教、老有所学、老有所为、老有所乐，努力形成具有四川特色的老年教育发展新格局。

（二）基本原则。

坚持以人为本、机会均等。保障老年人受教育权利，努力让不同年龄层次、文化程度、收入水平、健康状况的老年人均有接受教育的机会。坚持灵活多样、开放便利，优化老年教育供给，办好家门口的老年教育，提高老年教育的可及性，最大限度满足各类老年群体学习需求。

坚持政府主导、协同推进。充分发挥政府在制定规划、营造环境、加大投入等方面的作用，统筹协调各部门老年教育工作。建立健全相关部门协调配合、共同参与的老年教育管理体制。建立有效机制，激发社会活力，继续探索和完善政府购买服务机制，推动全社会共同参与老年教育。

坚持因地制宜、按需施教。鼓励各地结合本地历史文化特点，丰富教育资源，创新教育手段，推动老年教育特色发展。加强老年教育的理论研究和规律探索，根据老年人多样化的学习需求，增强老年教育的针对性、有效性和吸引力，提高老年教育质量和水平。

（三）主要目标。到2020年，基本形成主体明确、体系完备、覆盖广泛、开放便捷、多方参与、规范有序的老年教育新格局。老年教育基础能力和服务能力有较大幅度提升，教育内容不断丰富，形式更加多样。全社会关注支持老年教育、参与举办老年教育的积极性显著提高。力争实现以各种形式经常性参与教育活动的老年人占老年人口总数的比例达到20%以上，老年人在校学习人数翻番。

三、主要任务

（一）优化老年教育体系结构，扩大资源供给。

优先发展基层老年教育。完善基层社区老年教育服务体系，整合利用现有社区教育机构、县级职教中心等教育资源，以及文化馆、图书馆、乡镇综合文化站、基层综合性文化服务中心、社区文化活动中心（文化活动室）、体育场等公共服务场所，开展老年艺术普及和科技普及活动。将老年教育作为社区教育的重点任务，改善基层社区老年人学习环境，建设一批在当地发挥示范作用的基层老年人学习场所。建立健全"县（市、区）—乡镇（街道）—村（居委会）"三级社区老年教育网络，服务区域老年群体。推动老年教育重心下移，积极为老年人提供稳定、便捷、丰富的教育服务，努力提高老年教育参与率和满意度。发展农村社区老年教育，有效整合乡村教育文化等资源，按照农村老年人的需求，以其喜爱、适应的形式开展教育活动。建立完善常态机制，鼓励以结对方式推进城乡老年教育对口支援。通过送教下乡，配送优质学习资源、提供人员培训等方式，为农村社区老年教育提供支援。

提升老年大学（学校）供给能力。加强老年大学（学校）的基础能力建设，推进学校教育、社区教育与老年教育资源共建共享，提高老年大学（学校）供给能力和办学水平。将老年大学建设纳入我省"敬老模范县（市、区）"创建内容。省、市两级老年大学要发挥在办学模式示范、课程资源开发等方面的带动和引领作用。乡镇（街道）老年学校和村（居委会）学习点要夯实基层资源汇聚与服务能力。部门、行业企业、高校等举办的老年大学（学校）要积极提高办学开放度，逐步从服务本单位、本系统离退休职工向服务社会老年人转变。加强老年大学（学校）与社会教育机构的合作，创新合作形式，组建老年教育联盟（集团）。扩大联盟资源共享与经验推广，探索老年教育集团化合作模式。

（二）创新老年教育发展机制，鼓励多方参与。

鼓励社会力量参与老年教育。发挥政府在老年教育中的主导作用，充分激发市场活力，推进举办主体、资金筹措渠道多元化，通过政府购买服务、项目合作等方式，支持和鼓励各类社会力量通过独资、合资、合作等形式举办或参与老年教育。支持老年教育领域社会组织和老年志愿服务团队发展。鼓励社会组织通过提供师资、开发课程等方式支持老年教育。在确保学校正常教学秩序的前提下，推动各级各类学校场地、图书馆、设施设备等资源对外开放，为老年人学习提供便利。结合老年人需求，推动普通高校和职业院校提供适合老年人的课程资源，结合学校特色开发、共享老年教育课程。鼓励学校教师和学生参与老年教育志愿服务。推动广播电视大学系统举办“老年开放大学”，并延伸至乡镇（街道）、城乡社区，建立老年学习网点。

鼓励公共资源为老年教育服务。推动美术馆、图书馆、文化馆（站、中心）、科技馆、博物馆、纪念馆、公共体育设施、爱国主义教育基地、科普教育基地等向老年人免费开放，为老年人提供更多更好的学习场所。鼓励有条件的地区结合实际，建设富有区域特色的老年教育学习体验基地。充分发挥广播电视、报刊杂志、门户网站以及微博、微信等媒体的作用，开设专题专栏，服务老年教育。

（三）拓宽老年教育发展路径，满足老年人多元需求。

丰富老年教育内容和形式。开展老年人思想道德、科学文化、养生保健、心理健康、职业技能、法律法规、家庭理财、闲暇生活、代际沟通、生命尊严、基本安全和逃生自救等方面的教育，帮助老年人提高生活品质。开发老年教育课程体系，鼓励老年人自主学习，培育网上学习圈、移动学习群等各类新型学习组织。创新老年教育形式，将课堂学习和各类文化活动相结合，积极探索体验式学习、远程学习、在线学习等模式，引导开展读书、讲座、参观、展演、游学、志愿服务等多种形式的老年教育活动，增强老年人学习的自主性和选择性。探索灵活有效的农村老年教育形式。

探索养教一体化新模式。推动老年教育机构与养老服务机构沟通合作，探索在各类社区居家养老场所内开展形式多样的老年教育，探索在老年养护院、城市社会福利院、农村敬老院等养老服务机构中设立学习场所，配备教学设施设备，通过开设视频课程、举办讲座等形式开展老年教育，丰富住养老人的精神文化生活。

促进老年教育与相关产业联动。促进与老年教育相关的养老服务、旅游、服装服饰、文化等产业提档升级，扩大老年教育消费，拉动内需。

（四）强化老年教育支持服务，促进可持续发展。

提升老年教育信息化水平。利用现代信息技术为老年人提供多元化学习途径和学习体验。推动信息技术融入老年教育教学全过程，推进线上线下一体化教学，支持老年人网上学习。提升老年人信息技术应用能力。鼓励多元主体共建共享老年教育学习资源，建立数字化老年教育资源库。推进老年教育教学机构信息化管理系统建设，提升老年教育信息化管理水平。

加强专业建设与人才培养培训。鼓励普通高校和职业院校加强养生保健、文化艺术、信息技术、家政服务、社会工作、医疗护理、园艺花卉、传统工艺等与老年教育相关的专业建设，加快培养老年教育教学、科研和管理人才。鼓励老年教育机构的专任教师和管理人员在职进修老年教育专业课程，攻读相关专业学位。

加强理论与政策研究。依托有关高校、科研院所、老年教育机构、老年教育协会等开展老年教育调研、理论研究和应用研究，有效指导老年教育科学实践。搭建优秀成果共享和推广平台，鼓励开展老年教育优秀研究成果交流活动。

四、重点推进工作

（一）实施社会主义核心价值观培育计划。将培育和践行社会主义核心价值观作为老年教育的重要内容，贯穿老年教育全过程。强化网络阵地建设，采取多种方式引导老年学员全面理解、正确对待重大理论和社会热点问题。广泛邀请老干部、老战士、老专家、老教师、老模范等到学校作专题报告，强化示范引领效应，使社会主义核心价值观内化于心、外化于行。着力加强爱国主义教育和民族团结教育。积极推进校园文化建设，培育优良校风、教风、学风，打造一批在培育和践行社会主义核心价值观方面具有示范作用的老年学校、老年学习团队。

（二）实施老年教育基础能力提升工程。整合资源，改善老年教育机构教学条件，增加教学设施设备，提升老年教育机构的现代化和规范化水平。建设一批在当地发挥示范作用的乡镇（街道）老年人学习场所，依托基层综合性文化服务中心（幸福美丽新村文化院坝）等建设好村（居委会）老年社区学习点。探索“养、医、体、文”等场所与老年人学习场所相结合，推出一批创新老年教育办学模式典型。各市（州）结合实际选取若干个养老服务机构，开展养教结合试点。到2020年力争全省县级以上城市原则上至少有1所老年大学，50%以上的乡镇（街道）建有老年学校，30%以上的行政村（居委会）建有老年社区学习点。

（三）实施老年教育学习资源建设计划。落实国家老年人学习发展指南，为不同年龄层次的老年人提供包括学习规划在内的咨询服务。建设完善我省数字化老年教育资源库，促进资源建设规范化、多样化。遴选、开发、整合一批优秀传统文化、非物质文化遗产、地方特色老年教育资源，推介一批科普知识和健康知识学习资源，引进一批国内外优质学习资源，形成系列优质课程推荐目录。鼓励普通高校、职业院校、社会专业机构参与老年教育资源建设。到2020年，建成支撑全省老年教育发展的数字化老年教育资源库以及若干具有地方特色的市（州）老年学习资源库。

（四）实施远程老年教育推进工程。开发整合远程老年教育多媒体课程资源。打造四川老年教育数字化公共服务平台，推动有条件的市（州）老年大学、广播电视大学建设具有地方特色的示范性老年教育体验基地。推动广播电视大学举办“老年开放大学”，到2020年，力争建成1所省级“老年开放大学”，10所市级“老年开放大学”，50%的县（市、区）可通过远程教育开展老年教育工作。

（五）实施老有所为行动计划。充分发挥老年人在助力党委政府中心工作、促进经济社会发展、培育社会主义核心价值观、传承优良传统、培育科学精神等方面的积极作用。鼓励老年人利用所学所长，在科学普及、环境保护、社区服务、治安维稳、关心下一代等方面积极服务社会、奉献社会。组织离退休干部、专业技术人员及其他有所专长的老同志成立老年教育兼职教师队伍。广泛开展老年志愿服务活动，鼓励老年人自主学习，引导老年人自发组建形式多样的学习团队，引导老年学习团队自我教育、自我管理、自我服务、自我发展。到2020年，力争每所老年大学培育1—2支老年志愿者队伍，老年学校普遍建有志愿者服务组织。新增老年人参与学习团队（含网上学习圈）1万个以上。

（六）推进示范性老年大学创建工作。积极发挥先进典型示范引领作用，营造老年教育创先争优浓厚氛围。创建一批现代化、规范化省级示范老年大学，引领带动全省老年大学发展，提升老年教育服务能力。到2020年，力争建成35所省级示范老年大学。

五、保障措施

（一）强化组织领导。建立健全由党委领导、政府统筹，教育、民政、组织、财政、文化、老龄部门密切配合，其他相关部门共同参与的老年教育管理体制。各地要高度重视老年教育工作，切实将老年教育纳入本地经济社会发展规划和教育及老龄事业发展规划，纳入对各级政府相关部门绩效考评内容。要结合实际，提出落实本规划、加快发展老年教育的具体实施方案和举措，分阶段、分步骤组织实施。各相关部门要按照职责分工，加强沟通协调，共同研究解决老年教育发展中的重大问题，通过规划编制、政策制定、指导监督等措施支持老年教育发展。

（二）加强队伍建设。建立激励机制，探索老年教育人才职业发展平台，吸引更多优秀人才从事老年教育工作，努力培养一支师德高尚、业务精湛、专兼结合、适应老年人学习需求的教师队伍。建立老年教育教师继续教育与培训体系，支持相关人员在职进修培训，不断提高业务水平、服务能力和创新能力，推动老年教育教师专业化发展。专职人员在薪酬福利、业务进修、职务（职称）评聘、绩效考核等方面享有同类学校工作人员的同等权利和待遇。各级各类学校要鼓励教师参与老年教育相关工作，支持教师到老年教育机构兼职任教或从事志愿服务。开发老年人力资源，使学有专长离退休人员成为老年教育的兼职教师队伍和志愿者队伍的重要力量。支持通过社会购买服务等途径充实老年大学（学校）工作人员，鼓励专业社工等参与老年教育工作。

（三）完善经费投入机制。各地要采取多种方式增加对老年教育的投入，切实拓宽老年教育经费投入渠道，形成政府、市场、社会组织和学习者等多主体分担和筹措老年教育经费的机制。老年教育经费应主要用于老年教育公共服务。鼓励和支持行业企业、社会组织和个人设立老年教育发展基金，企业和个人对老年教育的公益性捐赠支出按照税收法律法规规定享受所得税税前扣除政策。

（四）营造良好氛围。各地各部门要广泛宣传党和国家关于发展老年教育的方针政策，宣传老年教育工作取得的新突破、新成效，宣传先进典型、先进经验，努力形成全社会关心、支持和参与老年教育的浓厚氛围。充分调动老年人参与学习的积极性和主动性，使学习风尚融入老年人生活，切实提升老年人生活品质，促进社会和谐。

四川省老龄工作委员会办公室、四川省民政厅、四川省财政厅关于建立80周岁以上老年人高龄津贴制度的通知

川老龄办〔2017〕45号

各市（州）老龄办、民政局、财政局：

为积极应对人口老龄化，切实做好我省老年人优待工作，进一步增进老年人福祉，推动社会福利由补缺型向适度普惠型转变，确保老年人共享全面建成小康社会新成果，根据《中华人民共和国老年人权益保障法》，经省政府领导同志同意，决定自2017年起，全面建立80周岁以

上老年人高龄津贴制度。现将有关事项通知如下：

一、高龄津贴发放政策

（一）发放对象

具有四川省户籍，符合条件的80周岁以上老年人。

（二）发放标准

80—89周岁低收入老年人，每人每月不低于25元；

90—99周岁老年人，每人每月不低于100元；

100周岁以上老年人，每人每月不低于200元。

各地可根据经济发展水平，适当提高发放标准。鼓励有条件的地区建立80周岁以上老年人高龄津贴普惠制度。

（三）实施时间

2017年开始实施。2020年全省全面建立80周岁以上老年人高龄津贴普惠制度。

二、资金安排

按照事权与支出责任相匹配的原则，发放高龄津贴所需资金由市、县两级财政负担，省级财政给予适当补助。

三、申领程序

（一）自愿申请

凡具备领取高龄津贴条件的老年人，均可按照自愿申请的原则，向本人户籍所在地的村（居）委会提出申请；委托亲属等其他人员申请的，须提供本人和受托人的身份证明等相关材料。

（二）逐级审核

1. 村（居）受理。村（居）委会接到申请后，要及时比对申请人基本信息，对符合条件的进行公示，接受群众监督。公示无异议后，将有关材料报送至乡镇（街道）。

2. 乡镇（街道）审核。乡镇（街道）接到申请后，及时进行核实、登记、造册，核实无误后，报送至县（市、区）老龄或民政部门审批。

3. 县（市、区）审批。县（市、区）老龄或民政部门要认真审核申报材料，对符合条件的申请对象应当审批同意并纳入高龄津贴发放范围，对不符合条件的应当告知申请人并说明理由。

（三）津贴发放

高龄津贴应当自审批同意后次月计发，原则上实行社会化发放。

有下列情形之一的，应停止发放高龄津贴：

1. 高龄老年人死亡的；

2. 高龄老年人户籍迁出户籍所在地的；

3. 申请材料弄虚作假的；

4. 其他不符合发放条件的。

四、工作要求

（一）完善工作机制。各级老龄、民政、财政部门要高度重视老年人优待工作，将其纳入议事日程。要加强协作，共同做好高龄津贴发放工作。老龄工作部门要建立80周岁以上老年人数据库，要严格审批程序，确保发放公开、公正。民政部门要对低收入老年人进行认定。财政部门要做好发放高龄津贴的经费保障。

（二）加强基础管理。各级老龄、民政部门和乡镇（街道）民政工作机构要加强80周岁以上老年人基础数据的日常管理，建立完善老年人的动态管理制度；要规范高龄津贴发放档案管理，确保高龄津贴发放准确无误。

（三）加强监督检查。各级老龄、民政、财政部门要加强高龄津贴资金的监管，定期检查高龄津贴发放工作。要积极配合有关部门做好审计、监察等工作，确保专款专用。对弄虚作假骗取高龄津贴的应予以追回。

各地可结合本地实际，制定具体实施办法。

贵州省老年人权益保障条例

（2016年11月24日贵州省第十二届人民代表大会常务委员会第二十五次会议通过，自2017年1月1日起实施）

第一章　总　则

第一条　为了保障老年人合法权益，发展老龄事业，弘扬中华民族敬老、养老、助老的美德，促进社会和谐，根据《中华人民共和国老年人权益保障法》等法律法规的规定，结合本省实际，制定本条例。

第二条　本条例所称老年人是指60周岁以上的公民。

第三条　老年人权益受法律保护，任何组织和个人不得侵犯。

禁止歧视、侮辱、虐待或者遗弃老年人。

第四条　各级人民政府应当将老龄事业纳入国民经济和社会发展规划，将老龄事业经费列入同级财政预算，建立健全以居家为基础、社区为依托、机构为补充、医养相结合的养老服务体系，大力发展养老事业，保障老龄事业与经济社会协调发展。

第五条 县级以上人民政府老龄工作机构负责组织、协调、指导、督促有关部门做好老年人权益保障工作。发展和改革、民政、人力资源和社会保障、卫生计生、司法行政等部门按照各自职责，做好老年人权益保障工作。

工会、共青团、妇联等团体和企业事业单位应当按照各自职责，做好老年人权益保障工作。

乡镇人民政府、街道办事处（社区）应当明确人员负责老年人权益保障工作，并提供必要的工作经费和条件。

居民委员会、村民委员会和依法设立的老年人组织应当及时了解老年人生活、健康等状况，维护老年人合法权益，组织开展有益于老年人身心健康的活动。

第六条 县级以上人民政府应当在老年人状况统计、老年人优待维权、养老服务业发展、养老信息化等领域开展大数据应用，支持老龄科学研究，优化公共资源配置，提升老年人公共服务水平。

第七条 各级人民政府及有关部门应当开展人口老龄化国情教育和敬老、养老、助老宣传教育活动，引导全社会树立尊重、关心、帮助老年人的风尚。

青少年组织、学校和幼儿园应当对青少年和儿童进行敬老、养老、助老的道德教育和维护老年人合法权益的法制教育。

广播、电视、报刊、网站等应当开展维护老年人合法权益的宣传报道，为老年人服务。

鼓励志愿者为老年人提供帮助和服务。

第八条 各级人民政府和有关部门对维护老年人合法权益、发展老龄事业和敬老、养老、助老成绩显著的组织、家庭或者个人，对参与社会发展做出突出贡献的老年人，按照国家和省的有关规定给予表彰或者奖励。

第九条 鼓励单位和个人开展经常性的敬老、养老、助老活动。

老年节期间，有关国家机关、社会团体、企业事业单位和其他组织应当开展形式多样的敬老、养老、助老活动。

第十条 老年人应当遵纪守法，遵守社会公德、家庭美德，依法行使权利。

第二章 家庭保障和社会保障

第十一条 家庭成员应当尊重、关心和照料老年人。

赡养人应当履行下列义务：

（一）对老年人经济上供养、生活上照料和精神上慰藉；

（二）不得强行将老年夫妻分开赡养；

（三）给患病的老年人及时治疗和护理，为经济困难的老年人提供医疗费用；

（四）法律、法规规定的其他义务。

赡养人因外出务工等原因不能亲自履行赡养义务的，应当委托亲属等其他有能力的人代为照顾并妥善安排老年人生活。

赡养人不得以放弃继承权、老年人离婚或者再婚等为由，拒绝履行赡养义务。

老年人可以要求赡养人作出书面赡养保证或者赡养人之间就履行赡养义务签订协议。

赡养人的配偶以及其他家庭成员应当支持、协助赡养人履行赡养义务。

第十二条 有负担能力的孙子女、外孙子女，对于子女已经死亡或者子女无力赡养的祖父母、外祖父母，有赡养的义务。

第十三条 与老年人分开居住的赡养人及家庭成员，应当经常看望、问候老年人。

赡养人应当经常探望入住养老机构的老年人；较长时间未探望的，养老机构可以向赡养人居住地的居民委员会、村民委员会或者赡养人所在单位提出建议，督促其前往探望。

用人单位应当按照国家和省的有关规定保障赡养人探亲休假的权利。

第十四条 老年人依法订立遗嘱处分个人财产或者与他人签订遗赠扶养协议，子女或者其他亲属不得干涉。

有负担能力的子女要求老年人抚养、照料孙子女、外孙子女的，老年人可以拒绝。

有独立生活能力的成年子女要求老年人经济资助的，老年人可以拒绝。

第十五条 县级人民政府应当对符合条件的贫困老年人给予最低生活保障。对享受最低生活保障后生活仍有困难的，增发特殊困难补助金。

对无劳动能力、无生活来源且无法定赡养、扶养义务人，或者其法定赡养、扶养义务人无赡养、扶养能力的特困老年人，各级人民政府应当给予供养或者救助。

第十六条 县级以上人民政府应当将老年人纳入基本医疗保险保障范围，在老年人医疗保险待遇方面给予倾斜，并为医疗保险异地就医结算提供便利。

享受最低生活保障的老年人和符合条件的低收入家庭中的老年人，参加城乡居民基本医疗保险所需个人缴费部分，由县级以上人民政府给予补贴。

第十七条 享受最低生活保障的老年人和符合条件的低收入家庭中的老年人，以及特困供养的老年人，由县级以上人民政府给予医疗救助。

第十八条 县级以上人民政府应当逐步建立老年人长

期护理保障制度，通过发放护理补贴或者采取政府购买服务等方式，为经济困难、生活长期不能自理的老年人提供必要的护理保障。

第十九条 县级以上人民政府应当建立80周岁以上老年人高龄津贴制度，并根据经济社会发展状况适时调整津贴标准。

第三章 社会服务

第二十条 县级以上人民政府应当统筹医疗卫生与养老服务资源布局，推进医疗卫生与养老服务融合发展，发展健康养老产业。

鼓励和引导社会力量参与发展老龄事业。

第二十一条 县级以上人民政府用于社会福利事业的彩票公益金和省级福利彩票公益金，50%以上的资金应当用于支持发展养老服务业，并随老年人口的增加逐步提高投入比例。

第二十二条 县级以上人民政府在制定城市总体规划、控制性详细规划时，应当按照人均用地不少于0.1平方米的标准，分区域和级别规划设置养老服务设施。

新建居住区应当按照规划要求和建设标准，同步建成相应的养老服务设施；老城区和已建成居住区无养老服务设施或者现有设施达不到规划和建设指标要求的，应当通过购置、置换、租赁等方式建设养老服务设施。

第二十三条 各级人民政府应当采取措施，鼓励、引导、支持企业开发、生产、经营适应老年人需要的文化、体育、生活等产品和服务。

第二十四条 县级以上人民政府应当在公益性岗位控制规模内，根据实际需要合理开发养老服务辅助性岗位，鼓励就业困难人员和高校毕业生到养老服务业就业、创业。

第二十五条 各级人民政府应当通过购买服务、委托运营、以奖代补等方式，鼓励和引导医疗机构、专业服务机构、企业和社会组织发展社区居家养老服务，为居家的老年人提供生活照料、紧急救援、医疗护理、精神慰藉、心理咨询等服务。

鼓励医疗机构与养老机构合作，符合条件的养老机构可以设置医疗机构，为养老机构收住的老年人提供基本医疗服务，发生的医疗费用，按照基本医疗保险的规定结算。

第二十六条 满足特困供养对象集中供养需求的农村敬老院，可以收取适当费用向农村留守老年人开放，对经济困难的失能、半失能农村留守老年人提供低收费或者免费照料服务。

满足前款规定的人群需求后，仍可收住老年人的农村敬老院，可以收取适当费用向农村其他老年人开放。

第二十七条 政府投资兴办的养老机构，应当优先保障孤老优抚对象和经济困难的孤寡、高龄、失能、半失能等老年人的服务需求。鼓励、支持企业事业单位、社会组织或者个人兴办、运营养老机构。

养老机构变更或者终止的，应当妥善安置收住的老年人。

第二十八条 养老机构应当按照国家、行业、地方标准和服务协议为收住的老年人提供生活照料、康复护理、精神慰藉、文化娱乐等服务。

养老机构可以为居家养老和社区养老的老年人提供生活照料、精神慰藉等服务。

养老机构及其工作人员不得以任何方式侵害老年人的权益。

第四章 社会优待

第二十九条 提供公共服务、公共产品的政府部门、企业事业单位和其他组织，应当为老年人办理相关事项提供咨询引导、操作指导、优先办理等服务。鼓励为有特殊困难、行动不便的老年人提供特别服务或者上门服务。

享受特困供养、最低生活保障以及重点优抚对象的老年人死亡，由当地县级人民政府民政部门承担其基本丧葬费用。

第三十条 医疗机构应当为老年人就医提供方便和优先服务。

基层医疗卫生机构应当为65周岁以上常住老年人免费建立健康档案，提供免费体格检查。对辖区内90周岁以上常住老年人，开展上门健康巡诊。

鼓励基层医疗卫生机构为辖区内高龄、重病、失能、半失能的老年人提供上门巡诊、家庭病床、社区护理、健康管理等服务。

鼓励医疗机构为经济困难的老年人减免诊疗费。

第三十一条 城市公共交通和公路、铁路、水路、航空客运等企业应当为老年人提供便利服务。车站、码头、机场等客运站点应当设置老年人优先标志，设立老年人等候专区，对无人陪同、行动不便的老年人给予照顾。

70周岁以上老年人免费乘坐城市公共汽车，鼓励有条件的地方对65周岁以上的老年人乘坐城市公共汽车实行减免费。县级以上人民政府应当对执行老年人优惠乘车规定的城市公共汽车客运经营者予以补偿。

第三十二条 老年人凭有效证件免费优先进入政府投资的旅游景区、公园、动物园、植物园、纪念馆、科技馆、文化馆、图书馆、美术馆、博物馆、体育场馆等场所，80周岁以上老年人可以有1名陪护人员免费进入。鼓励非政府投资的相关场所对老年人实行免费。

鼓励旅游景区内实行收费的游览场所、交通工具等对老年人免费或者优惠。

第三十三条 供水、供电、供暖、燃气、通信、邮政、金融等服务行业应当在其服务场所设置老年人优先窗口，并提供优先、优惠服务。

鼓励商业保险公司开展老年人长期护理保险、人身健康保险、意外伤害保险和住房反向抵押养老保险等相关业务。

第三十四条 老年人合法权益受到侵害的，被侵害人或者其代理人有权要求有关部门处理，有关部门应当依法及时处理，不得推诿、拖延。

对因合法权益受到侵害提起诉讼，缴纳诉讼费确有困难的老年人，人民法院应当按照规定准予缓交、减交或者免交诉讼费。

法律援助机构应当按照规定，对申请法律援助的无固定生活来源的老年人免除经济困难审查。鼓励有条件的法律援助机构开辟快速通道，为老年人提供便利。

鼓励律师事务所、公证处、基层法律服务所和其他法律服务机构为经济困难的老年人提供免费或者优惠服务。

第五章 参与社会发展

第三十五条 县级以上人民政府应当为老年人参与社会发展创造条件。

鼓励老年人在自愿和量力的情况下依法从事关心下一代、传授文化和科技知识、提供咨询服务、参与科技开发和应用、协助调解民间纠纷等社会活动。

第三十六条 各级人民政府和居民委员会、村民委员会可以采取多种方式，征求老年人对本地经济、社会发展的意见。

乡镇人民政府和街道办事处应当培育和扶持基层老年人协会、老年人体育协会等老年人组织，促进老年人参与社会发展。

第三十七条 县级以上人民政府应当加大投入，发展老年教育事业，将老年教育列入教育发展规划和终身教育体系，均衡配置各类老年教育资源，优化老年教学课程设置，对经济困难的老年学员减免学费，为老年人接受终身教育创造条件。

鼓励高等院校、职业学校等教师到各类老年学校义务开展教学活动。

第三十八条 县级以上人民政府应当将老年文化体育设施建设纳入城市总体规划，建设与辖区老年人口规模相适应的老年文体活动场所。

文化、体育等相关部门应当采取措施，开展适合老年人的群众性文化、体育、娱乐活动，丰富老年人的精神文化生活。

鼓励老年人参与适宜的群众性文化、体育、娱乐活动。

第六章 法律责任

第三十九条 对不履行保障老年人权益职责的部门或者组织，由其上级主管部门给予批评教育，责令改正。

国家机关工作人员违法失职，致使老年人合法权益受到损害的，由其所在单位或者上级机关责令改正，或者依法给予处分。

第四十条 对老年人负有赡养、扶养义务而拒绝赡养、扶养，侮辱、虐待、遗弃老年人，干涉老年人婚姻自由，尚不构成犯罪的，由行为人所在单位、居民委员会、村民委员会或者相关组织给予批评教育；违反治安管理规定的，依法给予处罚。

第四十一条 养老机构有下列行为之一的，有关部门或者单位应当中止扶持、优惠措施；情节严重的，追回已经发放的补助、补贴和减免的费用，并依照相关法律法规予以处罚：

（一）未与老年人或者其代理人签订服务协议，或者协议严重损害老年人合法权益的；

（二）利用养老机构的场地、建筑物、设施，开展与养老服务无关活动的；

（三）未按照国家、行业、地方强制性标准开展服务的；

（四）歧视、侮辱、虐待或者遗弃老年人以及其他侵犯老年人合法权益行为的；

（五）擅自停止或者终止服务的；

（六）向民政部门隐瞒有关情况、提供虚假材料或者拒绝提供反映其活动情况真实材料的。

第七章 附 则

第四十二条 本条例自2017年1月1日起施行。1990年5月12日贵州省第七届人民代表大会常务委员会第十三次会议通过的《贵州省老年人保护条例》同时废止。

贵州省人民政府办公厅关于印发
贵州省“十三五”老龄事业发展规划的通知

黔府办发〔2017〕31号

各市、自治州人民政府，贵安新区管委会，各县（市、区、特区）人民政府，省政府各部门、各直属机构：

经省人民政府同意，现将《贵州省“十三五”老龄事业发展规划》印发给你们，请认真抓好贯彻落实。

贵州省人民政府办公厅

2017年8月2日

贵州省“十三五”老龄事业发展规划

为积极应对人口老龄化，推动我省老龄事业全面协调可持续发展，根据《“十三五”国家老龄事业发展和养老体系建设规划》和《贵州省国民经济和社会发展第十三个五年规划纲要》精神，制定本规划。

一、总体要求

（一）指导思想。全面贯彻党的十八大和十八届三中、四中、五中、六中全会精神，按照省第十二次党代会精神，围绕2020年与全国同步全面建成小康社会的奋斗目标，坚持党委领导、政府主导、社会参与、全民行动，坚持老龄事业与经济社会发展相适应、深化改革与创新发展相结合、保基本与兜底线相结合、家庭养老与社会养老相结合、统筹兼顾与分类指导相结合，努力改善老年人生活、健康、安全以及参与社会发展的条件，实现老有所养、老有所医、老有所为、老有所学、老有所乐，让广大老年人共享改革发展成果。

（二）主要目标。到2020年，全省老龄事业发展整体水平明显提升，养老体系更加健全完善，养老服务和产品供给结构更加趋于合理，老年人的参与感、获得感、幸福感明显增强。

——建立健全覆盖城乡居民的社会养老保障体系。城镇职工和城乡居民基本养老保险参保率达90%以上，城乡居民基本医疗保险参保率达95%以上。社会保险、社会福利、社会救助等社会保障制度和慈善事业有效衔接，老年人生活、医疗、护理和精神文化等基本需求得到切实保障。

——建立健全以居家为基础、社区为依托、机构为补充、医养相结合的多层次养老服务体系。全省每千名老年人拥有养老床位达到35张，其中护理型床位比例不低于30%；政府运营的养老床位数占当地养老床位总数的比例不超过50%。

——建立健全老年健康支持体系。三级综合医院要设置老年病科，有条件的二级以上医院应设置老年病科，有条件的地方建立老年病医院；县（市、区、特区）至少有1所医养结合型养老机构；60岁及以上老年人全部建立健康档案。

——加强老年教育文化体育活动建设。全省老年人入学率达到9%，乡镇老年大学覆盖率达100%；乡镇（街道）老年体育组织建立率达到90%，经常参加体育锻炼的老年人达到50%。

——加强老年人社会参与。城镇和农村基层老年协会覆盖率分别达到98%和96%；企业退休人员社会化管理率达81%；老年志愿者数量达到老年人口的12%。

——加强老年人权益保障。完善老龄法律法规和维权机制，强化全民关怀老年人的思想观念和助老意识，营造浓厚的孝亲敬老社会氛围，切实维护老年人合法权益。

二、主要任务

（一）加强老年社会保障体系建设。

1. 完善基本养老保险制度。完善社会统筹与个人账户相结合的基本养老保险制度，加快发展职业年金和企业年金，加强个人储蓄性养老保险和商业保险，进一步构建多层次养老保险体系。深化机关事业单位养老保险制度改革，建立与企业相统一的基本养老保险制度，形成城镇职工基本养老保险、城乡居民基本养老保险两大制度体系，实现基本养老保险全覆盖，老年人人人享有基本养老保险。完善缴费与待遇挂钩的城乡居民基本养老保险筹资机制。规范特殊工种提前退休政策，探索渐进式延迟退休年龄。探索城乡居民基本养老保险基金省级管理。根据国家有关政策，结合地方经济发展水平，适时调整基本养老保险待遇，不断提高退休人员基本养老保障水平。到2020年，城镇职工基本养老保险参保人数达到600万人以上，城乡居民基本养老保险参保人数达到1790万人，参保率达到90%以上。

“十三五”规划主要指标

指标	2015年	2020年
城镇职工基本养老保险参保人数（万人）	392.00	600
城乡居民基本养老保险参保人数（万人）	1649.03	1790
城乡基本医疗保险参保人数（万人）	955.45	1000
新型农村合作医疗参保人数（万人）	3292.33	3000
城乡养老机构床位数（万张）	16.4	23
老年大学（学校）在校学生（万人）	31	54
65岁及以上老年人健康管理率（%）	70	100（60岁及以上）
企业退休人员社会化管理服务率（%）	75	81
经常参加体育锻炼的老年人占老年人口比例（%）	40岁以上	50以上
城镇基层老年协会覆盖率（%）	96	98
农村基层老年协会覆盖率（%）	94	96
福彩公益金用于养老服务业的比例（%）	50	50

2. 健全基本医疗保险制度。整合城乡居民基本医疗保险制度，做到“统一覆盖范围、统一筹资政策、统一保障待遇、统一医保目录、统一定点管理、统一基金管理待遇”，实现城镇居民和农村居民医保制度并轨，逐步提高人均筹资标准和财政补助水平。完善职工医疗保险个人账户，建立全省统一的缴费年限政策。完善筹资机制，夯实医疗保险缴费基数，扩大参保范围，将老年人全部纳入基本医疗保险保障范围。建立健全重特大疾病保障机制，实现与城乡居民基本医疗保险、大病保险和医疗救助的无缝衔接。统筹推进省内异地就医即时结算，积极推进跨省异地就医即时结算。积极探索建立长期护理保险制度，选取3—4个市（州）进行试点。到2020年，城镇职工基本医疗保险参保人数达到400万人；城乡居民基本医疗保险参保人数达到600万人，参保率稳定在95%以上。

3. 发展完善社会福利制度。深入贯彻落实《贵州省老年人权益保障条例》和《贵州省老年人优待办法》，进一步扩大优待范围和内容，特别是在老年人养老、医疗服务、旅游景区门票和乘坐公共交通等方面，逐步放宽条件，覆盖全体老年人，不断提高老年人的社会福利水平。建立健全困难老年人养老服务补贴、护理补贴、80岁及以上老年人高龄津贴三项制度，并适时调整补贴标准。完善农村计划生育家庭奖励扶助和计划生育特殊家庭扶助等制度，将符合条件的老年人纳入城乡扶助范围。

4. 加大精准扶贫和社会救助力度。坚持精准扶贫和精准脱贫，全面了解和掌握城乡贫困老年人的数量和生活状况，强化精准帮扶。在实施异地扶贫搬迁、产业帮扶、教育扶贫、健康扶贫和医疗救助等帮扶措施时，要优先扶持贫困老年人。对无业可扶、无力脱贫的老年人要全部纳入城乡居民最低生活保障制度，获得最低生活保障后生活仍有困难的老年人，根据困难程度，按照当地低保标准的10%—30%增发特殊困难补助金给予生活保障；对无劳动能力、无生活来源且无法定赡养、扶养义务人，或者其法定赡养、扶养义务人无赡养、扶养能力的特困老年人，给予特困人员供养。构建基本医疗保险、大病保险、医疗救助相互衔接的“三重医疗保障”体系，保障老年人看得起病。实施“两提高、一减免、两降低”倾斜医疗救助政策，对确定为农村精准扶贫户的老年人，提高门诊报销和住院报销比例，逐步取消转诊普通住院大病保险起付线，降低医疗费用和个人支出，减免省级医疗机构住院起付线。对经基本医疗保险、大病医疗保险支付后仍有困难的贫困老年人，要通过医疗救助和慈善救助等给予帮助。

5. 积极发展公益慈善事业。鼓励老年人自愿参加慈善捐赠、慈善信托、扶贫济困、志愿服务等慈善公益事业活动，发挥老年人在弘扬慈善文化、促进慈善事业发展中的积极作用。慈善组织应当为老年人开展慈善志愿服务提供必要条件，依法保障他们的合法权益。对以公益慈善为名从事侵害老年人合法权益等违反法律法规和公序良俗的行为要依法查处。深入贯彻落实《中华人民共和国慈善法》，举办慈善项目推介会，建好慈善捐赠服务平台，加强慈善宣传，营造依法行善、慈善光荣、慈善可敬的社会氛围，推动慈善事业健康发展。

（二）健全养老服务体系。

1. 大力发展居家社区养老服务。充分发挥家庭养老的传统功能，优先发展居家养老服务。加快推进居家养老服务平台和服务网络建设，在城市社区要依托社区综合服务中心、日间照料中心、医疗机构、养老机构等开展居家养老服务，为居家老年人提供生活照料、家政服务、康复护理、精神慰藉、紧急援助等服务。在农村社区要依托乡镇敬老院、农村幸福院、村级组织活动场所等设施，开展以高龄、失能、独居、留守、特困老年人为重点的生活照料服务。加快推动“互联网＋养老服务”行动，支持各地社区、机构和企业利用互联网、物联网、大数据、云上贵州等技术手段，建立居家养老服务信息平台，为老年人提供精准化、个性化和专业化服务。支持社区引入社会组织和家政、物管企业兴办居家养老服务。鼓励有条件的社区通过委托管理等方式，将养老服务设施无偿或低偿交由专业化的居家社区养老服务团队运营。加强居家养老服务设施建设，新建城区和居住小区必须按照人均用地不少于 0.1 平方米的标准，配备建设养老服务设施；老城区和已建成居住区现有设施达不到指标要求的，应当通过购置、置换、租赁等方式建设养老服务设施。鼓励各地探索开展老年人互助养老，建立积分换算制度。到 2020 年，城市建成 500 个社区老年人日间照料中心，设施建设覆盖率和功能完善率达到 50%；农村建成 2500 个农村幸福院，城乡居家养老服务基本实现全覆盖。

2. 加快公办养老机构改革。加快推进具备向社会提供养老服务条件的公办养老机构转制为企业或开展公建民营。健全完善公建民营养老机构管理办法，鼓励社会力量通过独资、合资、合作、联营、参股、租赁等方式，参与公办养老机构改革。政府投资建设和购置的养老设施、新建居住区按规定配建并移交给民政部门的养老设施、党政机关和国有企事业单位培训疗养机构等改建的养老机构，均可实施公建民营。改革公办养老机构运营方式，鼓励实行服务外包。加强农村敬老院建设，进一步完善敬老院服务设施，提高服务质量，在保障农村特困人员集中供养服务需求下，积极为低收入、高龄、独居、残疾、失能农村老年人提供养老服务。到 2020 年，农村特困人员集中供养率达到 60%；政府运营的养老床位数占当地养老床位总数的比例应不超过 50%。

3. 支持社会力量发展养老服务。加快推进养老服务业“放管服”改革，对民间资本和社会力量兴办养老机构进一步降低准入条件和精简审批环节。加大政府对社会力量兴办养老机构投入力度，落实好对民办养老机构的投融资、税费、土地、人才培养和就业等各项扶持政策。鼓励和引导民间资本投资建设、运营专业化的养老服务设施，支持对企业厂房、商业设施及其他可利用的社会资源进行整合和改造。鼓励和支持个人举办家庭化、小型化的养老机构，社会力量举办规模化、连锁化、医养结合型的养老机构。鼓励、支持和引导社会力量参与养老基本公共服务供给，形成政府引导、社会主体和市场运作的养老基本公共服务供给机制。

4. 提升养老机构服务质量。在全国统一的养老机构服务质量标准和评价体系下，完善安全、服务、管理、设施等标准，加强养老机构服务质量监管。建立健全养老机构分类管理和养老服务评估制度，定期组织相关专家或者委托第三方专业机构，对养老机构的人员配备、设施设备条件、管理水平、服务质量、社会信誉等进行综合评估，并将评估结果向社会公布。加强养老服务行业自律和信用体系建设。支持发展养老机构责任保险，提高养老机构抵御风险能力。

（三）健全老年健康支持体系。

1. 大力推进医养结合。鼓励医疗卫生机构与养老机构、社会老年照料机构开展多种形式的合作。医疗卫生机构为养老机构开通预约就医绿色通道，为入院老年人提供医疗巡诊、健康管理、保健咨询、预约就诊、急诊急救、中医养生保健等服务，确保入院老年人能够得到及时有效的医疗救治。鼓励综合医院与养老机构开展对口支援、合作共建。有条件的医疗卫生机构可以通过多种形式依法依规开展养老服务。各地可因地制宜，通过建设医疗养老联合体等多种方式，整合医疗、康复、养老和护理资源，为老年人提供治疗期住院、康复期护理、稳定期生活照料以及临终关怀一体化的健康和养老服务。支持养老机构按规定开办老年病医院、康复医院、护理院、中医医院、临终关怀机构和医务室、护理站等。对养老机构设置的医疗机构，符合条件的按规定纳入基本医疗保险定点范围。到 2020 年，全省新建 30 个老年养护楼、50 个医养结合型养老服务设施项目。到 2017 年，50%以上的养老机构以不同形式为入住老年人提供医疗卫生服务。到 2020 年，通过转建或改造，每个县（市、区、特区）至少有 1 所医养结合型养老机构。

2. 提升医疗卫生机构服务能力。各地要把老年医疗卫生服务纳入卫生事业发展规划，强化基础设施建设，加强基层医疗卫生机构设备配置使用，加快信息化建设，着力完善省、市、县、乡、村五级卫生服务网络。有条件的医学院校和三甲医疗机构建立老年医学中心和老年医学重点学科临床基地，开展老年医学研究。三级综合医院要设置老年病科，有条件的二级以上医院应设置老年病科，有条件的地方建立老年病医院。各级医疗机构积极开展老年人医疗护理、卫生保健、健康监测等服务。基层医疗卫生机构结合基本公共卫生服务，开展为辖区内65周岁及以上老年人免费建立健康档案，每年免费提供1次生活方式和健康状况评估、体格检查、辅助检查和健康指导等健康管理服务。对辖区内90岁及以上老年人，每半年开展1次上门健康巡诊。鼓励为社区高龄、重病、失能半失能等行动不便或确实困难的老年人，提供定期体检、上门巡诊、家庭看护、社区护理、健康管理等基本服务。到2020年，60岁及以上老年人全部建立健康档案。

3. 加强老年人健康促进和疾病预防。各地依托老年学校、老年社会组织广泛开展老年健康促进和疾病预防健康教育，促进健康老龄化理念和医疗保健知识宣传普及进社区、进家庭，增强老年人自我保健意识和能力。加强对老年人健康生活方式的健身活动指导，重点关注高龄、独居、失能、半失能等老年人的心理健康状况。基层医疗卫生机构要积极开展老年疾病防控知识的宣传教育，做好老年人心脑血管疾病、糖尿病、恶性肿瘤、呼吸系统疾病、口腔疾病等常见病、慢性病、传染性疾病的健康指导和综合干预，做到早发现、早诊断和早治疗。实施中医治未病健康工程，加快发展中医药健康养老服务，坚持养老与养生结合，将中医治未病理念、中医药养生保健、中医药特色康复融入健康养老全过程。加强老年性痴呆、抑郁等精神疾病的预防和治疗。

（四）加快发展老龄产业。

1. 完善老龄产业政策。把发展老龄产业纳入经济社会的总体规划，列入政府重点鼓励和扶持的产业目录。对老龄健康业、老龄文化业、老龄宜居业、老龄金融业等产业，各地要研究制定相关配套扶持政策。

2. 丰富养老服务业态。充分利用生态、气候、旅游等资源优势，积极发展养老服务业。鼓励养老服务业连锁化经营、集团化发展，实施品牌战略，培养一批各具特色、管理规范、服务标准的龙头企业，加快形成产业链长、覆盖领域广、经济社会效益显著的产业集群。支持养老服务业与健康、养生、旅游、文化、健身、休闲等产业融合发展，开发适合老年人衣、食、住、行、医、文化娱乐等需要的各类老年产品；开发中医药与养老服务结合的系列服务产品，丰富养老服务业新模式、新业态。鼓励金融、地产、互联网等企业进入养老服务业，提升养老服务质量和效率，把我省打造成面向全国的养老服务基地。

3. 增加老年用品供给。引导和支持相关行业、企业围绕老年人多样化的需求，开发适合老年人特点的医疗诊治、康复护理、住宅家居、休闲娱乐、金融理财等项目，推进老年人产品的应用。支持老年用品制造业创新发展，采用新工艺、新材料、新技术，不断促进产品升级换代，丰富市场供给。依托我省大健康产业，大力开发具有民族特色的老年医药用品和贵州长寿之乡的长寿食品，着力打造知名品牌。引导商场、超市、批发市场开辟老年用品专区专柜。健全老龄产业市场规范和行业标准，加强老年用品测试和质量监管，确保老龄产业产品质量，营造安全、便利、诚信的老年消费市场。继续办好贵州老龄产业博览会。

（五）营造老年宜居环境。

1. 加强无障碍环境建设。新建城区严格执行国家无障碍环境建设相关法律法规，在规划、设计、施工等方面要按照无障碍设施工程建设标准，完善与老年人日常生活密切相关的公共服务设施。继续开展无障碍城市创建，加快推进旧城区无障碍设施改造，道路、建筑物、公共交通设施、公共场所应当符合国家无障碍设施工程建设标准。推动和支持老旧居住小区和老年人家庭的无障碍改造，重点做好石坡道、轮椅坡道、公共出入口、楼道等设施和部位的无障碍改造。优先安排贫困、高龄、空巢、失能等老年人家庭设施改造，组织开展老旧宅电梯加装，方便老年人出行和参与社会生活。研究制定《贵州省无障碍环境建设管理条例》，探索鼓励市场主体参与无障碍设施建设和改造的政策措施。分批次推进各县（市、区、特区）无障碍环境建设，争取2017年底前50%的老城区和已建成居住区达到配建指标要求，2020年底前全部达到。

2. 改善老年人居住环境。积极推动开展创建老年宜居社区活动，加强公共基础设施、社区服务设施、居家环境等建设，为老年人提供安全、便利和舒适的居住和生活环境。结合全省示范小城镇建设，精心打造、重点培育100个适合老年人居住的全国一流的特色小镇，努力把贵州建设成为独具特色的健康养生省和国际知名的宜居颐养胜地。加大困难老年群体居住条件改造，对城镇低收入老年家庭，从公共租赁住房中优先解决住房问题，并在地段、楼层等方面给予照顾；对符合条件的老年危房户优先纳入农村危房改造项目。引导支持开发老年宜居住宅和代际亲情住宅，鼓励家庭成员与老年人共同生活或就近居住。继续推进街道、社区“老年人生活圈”配套设施建设，为老年人提供一站式便捷服务。“十三五”期间，力争30%城市社区达到老年宜居社区基本条件，20%农村具备老年宜居社区基本条件，大部分老年人的养老服务需求能够在社区得到满足。

3. 弘扬敬老养老助老的社会风尚。把敬老养老助老纳入社会公德、职业道德、家庭美德、个人品德建设，纳入文明城市、文明村镇、文明单位、文明校园、文明家庭考评。充分利用“敬老月”、传统节假日和农村赶场日广泛开展敬老养老助老宣传教育活动，树立全社会尊重、关心、帮助老年人的良好风尚。青少年组织、学校和幼儿园，加强对青少年和儿童进行敬老养老助老的道德教育和维护老年人合法权益的法制教育。充分利用广播、电视、报刊、网络，加大反映老年人生活、维护老年人合法权益的宣传报道。继续开展敬老养老助老主题教育、“四个十佳”楷模评选表彰和创建“敬老文明号”活动。继续倡导开展签订《家庭赡养协议书》，强化家庭及子女赡养、照顾和关爱老年人的责任，巩固和发挥家庭养老保障功能。

（六）丰富老年精神文化生活。

1. 加强老年教育。落实老年教育发展规划，扩大老年教育资源供给，拓展老年教育发展路径，创新老年教育发展机制。加强老年大学（学校）建设，省、市、县、乡四级实现老年大学（学校）全覆盖。整合各类公共资源，支持机关、企事业单位、社会团体、高等院校、养老机构、社区等举办老年学校，因地制宜开展老年教育，提高老年教育覆盖面。推动现代信息技术在老年教育中的广泛应用，积极推广使用多媒体教育设施，推进老年教育教学现代化。充分利用广播、电视、互联网、微信等手段，建立开放、兼容、共享的全省老年教育网络系统，积极开展远程老年教育，为老年人提供方便、灵活、个性化的学习条件，满足更多的老年人就地参加学习。继续开展示范校创建活动，改善办学条件，加强学校管理，不断提升办学质量和社会影响力。“十三五”期间，省、市、县校舍建筑面积分别达到 1.2 万平方米、3000 平方米、1500 平方米以上。常年在校学员容量分别达到 1 万人、3000 人、1500 人以上，全省老年人入学率达到 9%。

2. 繁荣老年文化。完善覆盖城乡的公共文化设施网络，积极推进城乡文化站、文化活动室建设，为老年人参与文化活动搭建平台。推动公共文化服务设施向老年人免费或优惠开放，政府主办的文化馆、图书馆、科技馆、博物馆、美术馆等场所免费向老年人开放，为老年人开展文化活动提供便利。广泛开展群众性老年文化活动，培养文化品牌，鼓励新闻出版、广播电视等单位创作发行老年人喜闻乐见的图书、报刊以及影视剧、戏剧、广播剧等文艺作品。继续开展贵州“福彩杯”老年文化艺术节、书法、绘画、摄影、诗词楹联展和声乐舞蹈大赛、贵州“福彩杯”老年合唱大赛。继续办好《贵州老年报》。

3. 推进体育健身。结合贯彻落实全民健身计划，加快城乡老年体育设施建设。城市新建社区老年体育设施覆盖率达 100%；依托公园、广场、绿地等公共设施及旧厂房、仓库、老旧商业设施等空置场地，建设适合老年人体育健身场所设施。支持乡镇（街道）综合文化站建设体育健身场地，配备适合老年人的设施和器材。省内各类体育场馆和公园免费对 60 岁及以上老年人开放。完善老年体协组织，建立健全乡镇（街道）老年人基础体育组织，城乡社区普遍建立老年人健身活动站点和体育团体。广泛开展老年人体育健身活动，继续举办贵州省老年人体育健身大会。加强老年人体育健身方法和项目研究，分层引导老年运动项目的发展。到 2020 年，实现全省县级老年体育活动中心全覆盖，90%的乡镇（街道）建立老年人体育组织，经常参加体育锻炼的老年人达到 300 万人以上。

（七）扩大老年人社会参与。

1. 开发老年人力资源。充分重视、珍惜老年人的知识、技能、经验和优良品德，发挥老年人的专长和作用，支持老年人参与经济、政治、文化和社会各项生活。要大力支持老年人参与社会发展，健全政策措施，完善老年人才信息库建设，搭建服务平台，为老年人参与社会发展创造条件。引导老年人树立终身发展理念，鼓励老年人在自愿的情况下，开展关心教育下一代、提供咨询服务、传授文化和科技知识、维护社会治安、调解邻里纠纷和家庭矛盾、参与社区服务等活动。推动用人单位与受聘老年人依法签订书面协议，保障老年人在生产劳动过程中的合法收入、安全和健康权益。组织引导广大离退休干部参与全省“大扶贫”战略行动，在全省实施百名老专家创建“产业发展示范点”30 个、千名离退休干部党支部创建“党建扶贫示范村”100 个、万名离退休干部创建“脱贫攻坚示范户”1000 户等 311 工程。继续开展“银龄行动”，组织老专家、老技术人员下乡支农、支教和支医，不断探索“老有所为”的新形式。广泛开展老年志愿服务活动。到 2020 年，实现老年志愿者注册人员达到 60 万人。

2. 发展老年社会组织。培养和扶持老年社会组织，激发老年社会组织活力，促进老年社会组织健康有序发展。加强老年社会组织能力建设和规范化建设，推动社会组织社团登记或乡镇备案。采取政府购买服务等措施，加大对公益性、互助性、专业性老年社会组织的支持力度，鼓励老年社会组织开展人才培养、项目开发、课题研究、咨询服务等活动。加强基层老年协会建设，推动老年人实现自我管理、自我教育、自我服务。加强基层老年协会骨干培训和活动辅导，鼓励专业人士在基层老年协会能力建设中发挥骨干作用。积极推进基层老年协会党建工作。多渠道筹措资金支持基层老年协会建设，改善设施和条件。引导和支持基层老年协会组织老年人开展老年教育、文化体育、养老互助、社会公益等活动，鼓励基层老年协会在促进当地经济社会发展、维护社会治安、保障老年人合法权益、开展老年人互助服务、活跃老年人精神文化生活等方面发挥积极作用。继续开展“星级老年协会”创建活动。到 2020 年，城镇和农村基层老年协会覆盖率分别达到 98%和 96%。

（八）加强老年人权益保障。

1. 加大法制宣传。各地要贯彻落实《老年人权益保障法》等法律法规相关要求，加强对老年人社会保障、社会服务、社会优待、社会参与等权益保障方面的宣传。结合

“七五”普法宣传教育，深入开展法律进机关、进乡村、进社区、进学校、进企业、进单位等“法律六进”主题教育实践活动，推动老年普法教育规范化、常态化。采取各种形式广泛开展老年人权益保障的法治宣传活动，不断提高全社会敬老、养老、助老法治意识和老年人懂法、守法、依法维权意识。

2. 完善维权机制。做好老年人来电来信来访的接待和处理工作，不断提高老年维权质量。司法行政机关要完善公共法律服务供给机制，办好服务专线，有条件的地方开设针对老年人的维权热线，实行电话、网上预约和上门服务等，方便老年人咨询和申请法律援助。人民法院为老年人维权案件开辟绿色通道。检察机关在刑事、民事、行政检察中加强对老年人合法权益的保护，对老年人控告、举报、申诉案件要依法快速办理。公安机关对侵害老年人生命、财产安全，特别是针对老年人非法集资、电信网络诈骗、传销等违法犯罪案件加大打击力度，实行快立、快审、快结。健全实施老年人权益保障法律法规的联合执法、执法检查、综合评估等制度。充分发挥基层党组织、基层群众性自治组织和老年社会组织的作用，完善维护老年人合法权益监督、矛盾纠纷排查调解、多部门快速反应联合查处综合治理等机制。

3. 提升法律服务。扩大老年人法律援助范围，拓展基层服务网络，推进法律援助工作站点和人民法庭向城市社区和农村延伸，方便老年人及时就近寻求法律帮助。重点做好农村和贫困、高龄、空巢、失能等特殊困难老年群体的法律服务工作，对符合条件的经济困难老年人，法律援助机构应当无偿提供法律咨询、代理、刑事辩护等法律服务；对因合法权益受到侵害提起诉讼，缴纳诉讼费困难的老年人，人民法院应当给予缓交、减交或者免交诉讼费。在涉及老年人住房、婚姻、养老等方面的案件加大处理力度，为老年人提供及时、便利、高效、优质的法律服务，切实保障老年人的合法权益。

三、保障措施

（一）加强组织领导。坚持党对老龄工作的统一领导，发挥各级党委总揽全局、协调各方的领导核心作用，为规划实施提供坚强保证。各级党委和政府要把发展老龄事业纳入经济社会发展总体规划，摆上重要议事日程，高度重视、积极谋划、及时研究解决老龄事业发展中遇到的新情况、新问题。各级各有关部门特别是老龄工作委员会成员单位要加强协调、密切配合，抓好规划各项工作的贯彻落实。各级老龄办要切实履行工作职责，抓好推动、督促、沟通，发挥协调作用。

（二）加大经费投入。各级政府要根据经济社会发展状况和老年人口增长情况，建立健全稳定的老龄事业经费投入保障机制和资金增长机制。“十三五”期间，各级财政要继续按照辖区范围老年人每年每人不低于0.5元的标准安排老龄事业经费。用于社会福利事业的彩票公益金，每年要将50%以上资金支持发展养老服务业，并随老年人口的增加逐步提高投入比例。进一步完善和落实各项鼓励政策，积极引导社会资本投入老龄事业，形成政府资金、民间资本、慈善基金等多元投资机制，推动老龄事业发展。

（三）推进信息共享。以我省实施大数据战略行动为契机，加快搭建全国互联、上下贯通的全省老龄工作信息平台，形成省、市、县、乡四级信息服务网络，覆盖城市社区和部分农村社区。加强涉老数据、信息的汇集整合和发掘应用，建立基于大数据的可信统计分析决策机制，提升全省老龄工作部门履行职责和服务老年人的能力。着力推动有关部门在保障数据安全的前提下，涉及老年人的人口、保障、服务等基础信息分类分级互联共享，数据资源向社会开放，向老年人提供便捷完善的信息服务。

（四）健全体制机制。进一步健全完善党委领导、政府主导、部门推动、社会参与、全民行动的老龄工作体制，统筹推进老龄事业各项重点工作任务，研究解决规划推进中遇到的重点难点问题。完善老龄委议事规则和协调联络、监督检查等制度，形成上下贯通高效、部门协同有力的工作机制。健全老龄工作机构，明确职能定位，在编制、办公条件、工作经费等方面切实给予保证。健全基层老龄工作组织网络，乡镇（街道）要明确专人负责老龄工作，确保基层老龄工作有人抓、老年人事情有人管、老年人困难有人帮。加强老龄工作业务培训，不断提高老龄工作者的素质，努力建设一支讲政治、懂业务、作风实、讲奉献的老龄工作队伍。

省老龄工作委员会负责本规划年度评估、中期评估和终结评估，监督重大项目执行情况，向社会公布评估结果。各市、县级人民政府要根据本规划于年底前制定出台本地区老龄事业发展规划，将老龄工作纳入部门绩效考核管理，确保规划各项指标顺利实施。

云南省人民政府办公厅关于支持社会力量发展养老服务业的实施意见

云政办发〔2017〕114号

各州、市人民政府，省直各委、办、厅、局：

为尽快破除养老服务业发展瓶颈，加快养老服务供给侧结构性改革，激发市场活力和民间资本潜力，促进社会力量逐步成为发展养老服务业的主体，加快推进我省养老服务业健康发展，经省人民政府同意，现提出以下意见：

一、充分发挥社会力量的主体作用

（一）建立公开、透明、平等、规范的养老服务业准入制度，营造平等参与、公平竞争的市场环境，充分发挥市场在养老服务领域资源配置中的决定性作用，积极鼓励和引导社会力量进入养老服务产业，建立健全以居家为基础、社区为依托、机构为补充、医养相结合的养老服务体系。凡是法律法规没有明令禁止的养老服务领域，都允许社会力量进入。

（二）进一步规范养老机构设立许可程序，简化审批手续，及时发布机构设置和规划布局调整等信息，为社会力量兴办养老机构做好指导和服务工作。有条件的地区应将养老机构设立许可纳入当地行政审批服务中心实行窗口统一受理。简化优化康复医院、老年病医院、护理院、养老机构内设医疗机构等老龄型医疗机构的立项、开办、执业资格、医保定点等审批手续。建立健全养老服务机构分类管理和养老服务评估制度，引入第三方评估，实行评估结果报告和社会公示。加强养老服务行业自律和信用体系建设。

（三）引导养老机构和养老服务企业、社会组织为老年人提供优质高效、方便可及、价格合理的各类养老服务和产品。优先满足老年人基本养老服务需求，重点扶持以老年生活照料、产品用品、健康服务、文化教育、体育健身、休闲旅游、金融服务、宜居住宅为主的养老服务业发展。

二、整合社会闲置资源发展养老服务

（四）进一步深化“放管服”改革，加大简政放权力度。对整合改造社会闲置资源兴办养老服务设施的，尽量简化审批手续，缩短审批时限，提供便利服务，符合政策条件的均可按照有关规定享受养老服务建设补贴、运营补贴等资金支持和税费减免、水电气热费用优惠等政策扶持。

（五）在各级政府的统一领导下，联合开展城乡现有社会闲置资源的调查、整理和信息收集工作，防范人居环境风险，摸清底数和有关环境信息，建立台账向社会公开。支持有条件的地区，经主管部门、产权单位（个人）同意后，政府以购置、置换、租赁、收回等方式将社会闲置资源整合改造成养老服务设施，可由政府直接运营或以招投标方式提供给社会力量运营。鼓励社会力量通过股份制、股份合作制、政府与社会资本合作（PPP）等模式整合改造社会闲置资源发展养老服务。

（六）企事业单位、个人改造和利用城镇现有空闲厂房、学校、社区用房等用于建设养老服务设施，经规划批准临时改变建筑使用功能从事非营利性养老服务且连续运营1年以上的，5年内可不增收土地年租金或土地收益差价，土地使用性质可暂不作变更。在规划批准的前提下，已建成的住宅小区内增加非营利性养老服务设施建筑面积的，可不增收土地价款，后续调整为营利性养老服务设施的，应补缴相应土地价款。

（七）城市经济型酒店等非民用房转型成养老服务设施的，报民政、住房城乡建设、国土资源、城乡规划等部门备案后，5年内可暂不办理土地和房产功能变更手续。满5年后继续用于养老服务设施的，应由产权人按照有关规定办理使用功能变更手续。

三、鼓励“医养结合”养老模式

（八）支持社会力量兴办的养老机构、居家养老服务中心内设医疗机构或与医疗卫生机构签订协议，为老年人提供优质便捷的医疗卫生服务。社会力量兴办的养老机构设立医务室、护理站等医疗机构的，在符合设置条件和标准的前提下，要给予大力支持、积极提供便利，及时按照规定进行设置审批；在受理医疗机构执业许可申请后，要按照规定时间完成执业验收，合格的颁发执业许可。

（九）社会力量兴办养老机构的内设医疗机构，符合职工基本医疗保险、城乡居民基本医疗保险定点医疗机构条件的，可按照规定申请纳入定点范围。在定点医疗机构发生的符合规定的医疗康复项目费用，可按照规定纳入基本医疗保险支付范围。

（十）鼓励闲置、效率低下、床位利用率不足50%的厂企二级医院转型为“医养结合”机构，符合条件的纳入医保定点范围。鼓励和引导社会力量托管和运营。

四、扶持老年社区和老年地产建设

（十一）鼓励社会力量参与老年住宅、老年公寓等老年生活设施建设。对按照老年人居住建筑设计标准建设、有相应护理服务团队、配有200张以上床位的养老机构的新开发老年住宅和老年公寓项目，要积极保障合理用地需求，并在收取城市基础设施配套费等方面给予适当优惠，其配套的养老护理机构独立登记后享受相应的扶持政策。对老年地产项目涉及的物业开发、持续运营、护理服务、市场培育、资本运作等方面，给予鼓励引导。

五、发展养老旅游业

（十二）有条件的地区要将发展养老旅游业纳入当地经济社会发展总体规划，重点发展与旅游融合的养老健康服务业，以温泉康疗、乡村休闲、中医药（民族医药）、生物保健、民族文化等优势养老旅游资源为依托，积极拓展候鸟式养老、异地养生等养老旅游服务新业态。完善养老旅游宣传推广体系，采取政府购买服务等方式，逐步实现养老旅游宣传促销专业化、市场化。

（十三）鼓励各地大型养老机构、疗养机构和闲置的政府接待服务机构建设养老旅游接待基地，整合养老、旅游、医疗康复、交通运输等公共服务资源，发展养老旅游服务联盟。根据市场需求，鼓励社会力量积极参与，推出养老旅游套餐服务和特色品牌旅游线路、医疗旅游养老等特色服务产品。

（十四）搭建跨省际的异地养老协作平台，与异地养老服务实体或养老联盟组织建立“候鸟式”置换性服务合作机制。建立异地就医结算机制，探索异地养老的老年人就地就医、就地结算办法。为老年人提供符合身心特点的中长期季节性休闲旅游与康复疗养相结合的养老服务产品。

六、保障用地需求

（十五）各地要将养老服务设施建设用地纳入土地利用总体规划，按照《云南省国土资源厅关于印发〈养老服务设施用地实施意见〉的通知》（云国土资办〔2015〕49号）有关规定，积极做好用地保障和服务工作。

七、加大资金扶持力度

（十六）“十三五”期间，省级每年从养老服务体系建设补助资金中，对符合有关资质条件的社会力量兴办的养老机构，自建产权用房且床位数达到10张及以上的，按照核定床位一次性给予每张床位10000元补助；租赁用房租用期5年以上且床位数达到10张及以上的，按照核定床位一次性给予每张床位5000元补助。对社会力量自建产权用房兴办的护理型养老机构，护理老人入住率达到60%及以上的，在一次性床位建设补助的基础上，按照核定床位每张额外增加2000元补助；租赁用房、护理老人入住率达到60%及以上的，在一次性床位建设补助的基础上，按照核定床位每张额外增加1000元补助。以上补助资金由省级承担50%，其余由州、市、县、区承担；对社会力量兴办养老机构建成投入使用的，按照核定床位每年补助每张床位不少于600元运营经费，所需资金由州、市、县、区承担。各地要按照《云南省社会力量兴办养老服务机构省级专项补助资金使用管理办法（试行）》《云南省养老服务体系建设绩效考评办法（试行）》，加强资金使用监管，严格补助标准，定期开展绩效考评，提高资金使用效益。

（十七）省本级福利彩票公益金和各级政府用于社会福利事业的彩票公益金，用于支持发展养老服务业的比例不低于50%，并随老年人口增加逐步提高投入比例。其中，用于支持社会力量兴办养老服务机构的比例不低于30%。

（十八）建立养老服务业风险分担机制，宣传推广养老机构综合责任保险，引导和鼓励养老服务机构自愿参与，实现全省统一投保。

（十九）社会力量兴办的养老机构接收政府购买养老服务对象入住的，同级财政部门要将其生活费和床位费按照规定标准足额纳入预算，按时拨付。

八、支持融资信贷需求

（二十）鼓励有创业意愿的人员创办养老服务机构。自主创办养老服务机构的，可按照规定申请不超过10万元的创业担保贷款。合伙创办养老服务机构的，可根据合伙人数，申请不超过50万元的创业担保贷款。符合条件的小微养老服务企业，可申请不超过200万元的创业担保贷款。创业担保贷款按照规定给予财政贴息。

（二十一）符合条件的兴办养老服务机构的创业者，可在工商注册地向县级以上（含县级）就业服务机构、工商联、教育行政部门等具体承办单位按照规定申请不超过10万元的“贷免扶补”创业小额贷款，并可享受创业项目贷款评审、创业咨询培训、创业导师指导、跟踪服务等“一条龙”创业帮扶。申请“贷免扶补”创业小额贷款首次创业的，可按照规定减免有关税费；稳定运营1年以上的，根据招用云南省户籍劳动者就业并签订劳动合同的情况可享受1000—3000元的一次性创业补贴。

（二十二）拓宽养老服务业贷款抵押担保范围，鼓励银行业金融机构探索以养老服务机构有偿取得的土地使用权、产权明晰的房产等固定资产为抵押，提供信贷支持，不动产登记管理机构可办理抵押登记手续。鼓励银行业金融机构积极开展应收账款、动产、知识产权、股权等抵质押贷款创新，满足养老服务企业多样化融资需求。有条件的地区在风险可控、不改变养老机构性质和用途的前提下，可探索养老服务机构其他资产抵押贷款的可行模式。支持养老机构以包括股权融资在内的各种方式筹集建设发展资金，各级财政出资的融资性担保机构应优先为符合条件的营利性养老机构提供担保。

（二十三）鼓励多元资金支持养老服务业发展，支持各地采取 PPP 模式建设或运营养老机构，鼓励银行、证券等金融机构创新适合 PPP 项目的融资机制，积极探索与政府购买基本健康养老服务相配套的金融支持模式，为社会力量参与养老服务业提供融资支持。鼓励有条件的地区探索建立养老产业投资引导基金，通过阶段参股、跟进投资等方式，引导和带动社会力量加大对养老服务业的投入。鼓励保险公司在风险可控的前提下，通过股权、债权、基金、资产支持计划、保险资产管理产品等多种形式参与养老产业投资。支持境外资本投资养老服务业，有关金融机构提供配套人民币结算业务。

九、落实税费优惠政策

（二十四）社会力量兴办福利性、非营利性养老机构，经认定符合非营利组织条件的，可按照规定免征企业所得税。落实国家扶持小微企业有关税收优惠政策，符合条件的养老服务企业，按照有关规定给予增值税、所得税优惠。社会力量兴办的福利性、非营利性养老机构自用的房产、土地免征房产税、城镇土地使用税。经批准设立的社会力量兴办的养老院内专门为老年人提供生活照顾的场所免征耕地占用税。社会力量兴办的养老机构提供的养老服务免征增值税。养老机构在资产重组过程中，通过合并、分立、出售、置换等方式，将全部或者部分实物资产及相关联的债权、债务和劳动力一并转让给其他单位和个人的，不属于增值税征收范围，涉及的货物转让不征收增值税。家政服务企业由员工制家政服务员提供老年人护理等家政服务取得的收入，按照规定免征增值税。

（二十五）社会力量兴办的养老机构用电、用水、用气、用热按照居民生活类价格执行，有线电视基本收视维护费按照不高于所在地居民用户主终端收费标准给予优惠，优惠幅度不得低于10%，免收有线电视入网费、安装费。社会力量兴办的养老机构使用固定电话、宽带互联网的，运营商应按照企业制定的当地家庭住宅价格标准执行。民办非营利性养老机构建设免征有关行政事业性收费，营利性养老机构建设减半征收有关行政事业性收费。

（二十六）境外资本兴办的养老机构依法享受税费等优惠政策。

十、加强人才队伍建设

（二十七）鼓励和引导高校毕业生及其他未就业人员到社会力量兴办的养老服务机构中就业。积极为办理了城镇登记失业的零就业家庭人员、享受城乡居民最低生活保障人员、50 周岁以上男性和 40 周岁以上女性城市户籍人员、有劳动能力的残疾人、连续失业 1 年以上人员等就业困难人员和应届高校毕业生（含技师学院高级工班、预备技师班和特殊教育院校职业教育类毕业生）提供政策咨询、职业指导、就业援助等服务，引导帮助其到社会力量兴办的养老服务机构就业。

（二十八）社会力量兴办的养老服务机构负责人、养老护理员及其他各类提供养老服务的从业人员纳入政府培训教育规划，给予培训名额、培训经费等方面的保障。符合条件的社会力量兴办的养老机构可认定为培训、实训基地。发展养老服务业所需的各类技能劳动者，参加有关职业技能培训且符合条件的，按照规定给予职业培训补贴和职业技能鉴定补贴。

（二十九）建立多领域的养老服务人才联动机制。养老机构内设医疗机构和医护人员纳入卫生计生行政部门统一指导，在资格认定、职称评定、技术准入、推荐评优等方面与其他医疗机构同等对待。养老服务机构纳入医师多点执业范围，鼓励医师到社会力量兴办的养老服务机构内设医疗机构中开展多点执业，引导优质医疗资源向社会力量兴办的医养结合机构延伸。

（三十）依法保障养老护理员劳动报酬等劳动保障合法权益，用人单位应当依法足额缴纳社会保险费。对吸纳就业困难人员就业的养老机构按照规定给予社会保险补贴。就业困难人员以灵活就业方式从事居家养老服务的，可按照规定享受灵活就业社会保险补贴。不断改善养老护理员工作条件，加强劳动保护和职业防护。

云南省人民政府办公厅
2017 年 10 月 25 日

陕西省老龄事业发展“十三五”规划

（2016—2020 年）

为了积极应对人口老龄化，促进我省老龄事业全面协调可持续发展，根据《陕西省实施〈中华人民共和国老年人权益保障法〉办法》、《陕西省国民经济和社会发展第十三个五年规划纲要》，制定本规划。

一、指导思想、发展目标和基本原则

（一）指导思想

以习近平同志关于老龄工作的重要指示和系列重要讲话精神为指导，按照“五位一体”总体布局和“四个全面”战略布局，坚持党委领导、政府主导、社会参与、全民行动相结合，围绕实现“老有所养、老有所医、老有所学、老有所为、老有所乐”的目标，将“创新、协调、绿色、开放、共享”的理念融入老龄事业发展全局，促进全省老龄事业和经济社会和谐发展，奋力谱写追赶超越的新篇章。

（二）发展目标

进一步完善老年人福利制度，提高老年人保障服务水平。推动养老服务多元发展，全面构建居家为基础、社区为依托、机构为补充、医养相结合的养老服务体系，更好地满足老年人养老服务需求。加强政府对居家养老的引导和支持，推进医养结合、公建民营、政府购买服务等形式的养老服务业综合改革，促进城乡老龄人口服务均衡发展。加强互联网＋社区服务平台建设，完善老年人预防性家访和健康管理制度，延伸服务手臂和服务链条，提升社区综合服务功能，提高城乡社区老年人日间照料服务覆盖率。科学规划养老中心布局，合理配套服务设施，支持社会力量举办养老机构，培育市场发展和满足层次化养老需求。繁荣老龄人口服务消费市场，积极开发老年服务产品，形成一批覆盖领域广、经济社会效益显著的老年产业集群，逐步改善保障老年人生活、健康以及参与社会发展的条件。

1. 社会养老保障体系更加完善，覆盖范围进一步扩大，城乡差距进一步缩小，老年人社会福利和社会优待工作进一步增强，保障水平进一步提高。

2. 老年基本医疗卫生制度更加健全，实现市、县、乡三级定点医疗机构全覆盖，老年人享有医疗卫生服务，老年人健康水平进一步提高。

3. 全面构建居家为基础、社区为依托、机构为补充、医养相结合，功能完善、规模适度、覆盖城乡的养老服务体系，促进融合发展。

4. 建立健全老年法律维权网络、法律援助体系，老年人合法权益能够得到及时、有效维护，老年人生活得更加幸福和有尊严。

5. 老年宜居环境建设成效显著，公益性养老服务设施更加完善，老年人生活更加幸福，出行更加方便，精神文化生活更加丰富，社会敬老爱老氛围更加浓厚。

6. 树立依靠科技进步发展老龄产业的理念，加强智能养老顶层设计和统筹规划，推进医疗卫生与养老服务相结合，完善政策措施和标准规范，推进智能养老产业健康发展。

7. 老龄工作体系更加完善，履行“调查研究、综合协调、参谋助手、检查监督”职责的力度不断加大，提供决策依据更加科学，应对人口老龄化挑战的能力不断增强。

8. 老龄事业纳入全省国民经济和社会发展规划，建立健全老龄事业长效投入机制和自然增长机制，促进老龄事业健康持续发展。

（三）基本原则

1. 坚持老龄事业与经济社会发展统筹融合。老龄工作要适应我省经济发展新常态，围绕建设“富裕陕西、和谐陕西、美丽陕西”的目标，促进老龄事业和老龄产业融合发展。

2. 坚持物质保障、服务保障和精神保障统筹融合。在加强老年人物质需求的基础上，对老年人的精神需要予以充分的关注、引导和合理满足，提高其精神生活质量，促进其整体生活质量的提高。

3. 坚持政府、社会、市场三方力量统筹融合。发挥政府在政策引导、资金支持及监督管理方面的主导作用；调动社会各方面力量参与老龄事业发展；发挥市场机制配置资源的作用，健全市场规范和行业标准，营造平等参与、公平竞争的市场环境。

4. 坚持居家养老、社区养老和机构养老统筹融合。充分发挥家庭和社区功能，着力巩固家庭养老地位，优先发展社会养老服务，整合个人、家庭、社会和政府各方力量，促进家庭与社会养老相结合。

5. 坚持统筹协调与分类指导统筹融合。以居家为重点、立足社区，充分考虑地区特点和人群特征，稳步推进城市老龄工作，切实加强农村老龄工作，关注特殊老年群体。推动老年群体同其他社会群体之间，不同老年群体之间共享经济社会发展成果，促进社会公平正义。

6. 坚持道德规范与法律约束统筹融合。广泛开展孝亲敬老道德教育，加强老龄法制工作，为老龄事业和老龄工作全面发展提供保证。

二、主要任务

（一）完善社会养老保障体系

建立更加公平更可持续的社会保障制度，切实保障老年人的基本生活，加大老年人的社会救助力度，健全老年人的福利补贴制度。

1. 提高老年人养老和医疗保障水平。深化和完善养老保障制度改革，推进建立多层次养老保险体系。完善职工养老保险个人账户制度，健全多缴多得激励机制。根据社会经济发展水平和物价增长情况，健全机关事业单位和企业离退休人员基本养老金合理调整机制，适度提高城乡居民基础养老金和福利养老金水平，适度缩小不同群体之间的待遇保障差距。推进建立统一的城乡居民医疗保险制度。通过建立职工补充医疗，城乡居民大病保险制度，不断提高老年人医疗保障水平，同时坚持适度向大病和困难老年群体倾斜政策。建立完善城乡失能、失独、空巢等特殊老年群体帮扶制度，探索建立长期护理保险和护理补贴制度，使其基本解决养老、医疗和护理等方面的困难，确保老年人老有所养、病有所医。

2. 加大老年人社会救助力度。完善城乡最低生活保障制度，将符合条件的贫困老年人全部纳入最低生活保障范围；提升城市特困、农村五保和城乡残疾老年人的救助水平；完善城乡医疗救助制度，着力解决贫困老年人的基本医疗保障问题；规范老年人专项救助制度及临时救助制度，优先保障老年家庭基本住房需求，保障因灾因病等支出性生活困难老年人的基本生活；探索建立困难老年人综合帮扶工作机制。

3. 完善老年人社会福利制度。发展适度普惠型的老年社会福利事业，完善高龄、失能、贫困、空巢等困难老年群体护理补贴制度、长期护理保险制度及意外伤害保险制度，积极探索老年社会福利制度发展模式，研究制定政府为困难老年群体购买服务的相关政策。进一步完善老年人优待服务办法，根据城乡经济社会发展实际情况，兼顾不同年龄群体的利益诉求，分年龄、分层次确定老年人社会优待范围、优待对象和优待标准。引导社会各界为老年人提供优待服务，逐步提高老年人的社会福利水平。

（二）健全社会养老服务体系

1. 实施居家社区机构养老统筹融合工程。统筹规划发展城乡养老服务设施，完善省、市、县、乡、村五级基本养老服务网络建设。一是完善居家养老服务网络，支持多元主体参与居家养老服务。支持餐饮企业、养老机构、养老照料中心等送餐机构，为居家老年人提供餐饮服务。家政行业协会制定老年家庭家政服务标准，对从业者的能力和水平进行行业培训和考核，增强从业者责任心、道德感等行为规范，培训从业者掌握基本的老年人照顾和护理技能，全面发展照顾服务能力。完善老年人护理服务体系，合理规划居家社区式、医疗康复式、集中护理式等设施，统筹各类护理资源，形成养老护理完整链条。建立紧急救援服务网络，基层社区积极倡导志愿者为孤寡、独居、空巢老年人开展陪聊、读报、购物等服务，建立空巢老人定期探访制度。为高龄、失能、空巢等老年人提供呼叫设备、烟感（液化气、一氧化碳）报警器等紧急救援服务。到“十三五”末，城市社区居家养老服务设施全覆盖。二是突出社区养老服务设施建设。要对运行中的托老所、日间照料中心、老年活动场站等社区养老服务设施进行摸底评估，制定政府支持引导、改革管理方式等措施，提高其服务能力和水平。到“十三五”末，使社区生活照料、医疗护理、精神慰藉、紧急救援等养老服务覆盖所有居家老年人，符合标准的日间照料中心、老年人活动中心等服务设施覆盖所有城市社区，95%的乡镇和70%以上的农村社区建立养老服务在内的社区综合服务站点。三是推进农村互助幸福院建设，“十三五”期间，合理规划农村互助幸福院建设，在人口较多的行政村或自然村积极建设农村互助幸福院，全省每年资助建设农村互助幸福院1200个，到“十三五”末，覆盖75%的农村社区。四是开展公办养老机构改革，支持社会力量举办养老机构。各级福利彩票公益金用于养老服务体系建设的比例不低于50%。培育一批带动力强、品牌化经营的公办养老机构，逐步建立起功能明确、运行高效、权责明晰、监管有力的公办养老机构管理服务体系。营造公平市场环境，推广公建民营、民办公助的运营模式，支持采取股份制、股份合作制、政府和社会资本合作等模式建设或发展社会办养老机构。并根据经济发展、财政收入、物价变动等因素，建立科学合理的调整机制，到“十三五”末社会养老床位达到每千名老年人40张。

2. 推进“医养结合”健康养老工程。初步建立医养结合的政策体系、标准规范和管理制度，基本形成符合需求的专业化医养结合人才培养制度。一是建立健全医疗卫生机构与养老机构合作机制，鼓励养老机构与周边医疗卫生机构开展多种形式的协议合作，医疗卫生机构为养老机构开通预约就诊绿色通道，为老年人提供治疗期住院、康复期护理、稳定期生活照料以及临终关怀一体化的健康养老服务。二是支持养老机构开展医疗服务，养老机构可以按照相关规定申请设置医疗机构及内设医务室或护理站等，依法依规开展医疗卫生服务。三是有条件的二级以上综合医院应当开设老年病科，增加老年病床位量，做好老年病、慢性病防治和康复护理，并推动医疗卫生服务延伸至社区、家庭，为居家老年人提供连续性的健康管理服务。四是优化政策环境，缩短审批时限，鼓励社会力量兴办医养结合机构。五是鼓励医疗卫生机构与养老服务融合发展，统筹医疗卫生与养老服务资源布局，提高综合医院、基层医疗卫生机构为老年人服务的能力。完善以居家养老为基础、社区服务为依托、机构养老为补充、信息服务为辅助的社会养老服务体系，实现老有所养、老有所医。

3. 实施老年宜居环境工程。坚持绿色发展，创新老年型社会新思维，树立老年友好环境建设和家庭发展的新理念，为老年人居住、生活、出行、交往提供便利。一是推进公共基础设施无障碍建设。统筹建设面向城乡老年人的公用设施，规划建设适合老年人的生活服务、商业网点、医疗卫生、文化教育、休闲旅游等公共基础设施。推进无障碍交通设施与服务体系建设，在公交地铁、机场、火车站等交通枢纽区域设置老年人等候专区，优先通行。保障行人路权优先，合理设置交通步道、人行道、信号灯等交通设施。二是开展适老性社区和家庭设施改造。对新建或老旧小区，根据老年人的特点和需求对社区的布局结构、住宅建筑、生活服务设施、公共活动场地等进行优化设计和改造，使社区在使用、安全、无障碍、形象等因素上更符合老年人居住生活需求。住建、规划部门指导做好规划设计并制定支持性政策。制定老年人家庭无障碍设施改造计划，经过需求评估，优先安排贫困、病残、高龄、独居、空巢、失能等特殊困难老年人家庭开展改造，由财政给予适当补助。三是合理规划社区居家养老服务设施建设，要按照人均0.1平方米的标准分区分级规划设置，鼓励社会企业按照老年人住宅相关标准规范设计、开发养老社区，配套建设医院、老年活动中心、购物中心等公共服务设施，提供适老性物业服务和专业化养老服务，为老年人集中养老提供方便。试点开展农村闲置资产开发经营养老服务工作，将闲置农房盘活和农地流转改革用于建设乡村养老社区，推进城市老人到农村进行季节性养老、旅游休闲养老。在相关土地、规划、建设和运营支持、医养结合、贷款贴息、农村基础设施改造等方面予以政策突破试点，在封闭运行、风险可控的前提下，探索解决农村养老并使农民获得财产性收入有效模式。

4. 实施“互联网＋”智能养老工程。把握国家推进“互联网＋”、“宽带中国”战略的契机，推动互联网、物联网、云计算、大数据等信息技术在养老服务领域的广泛应用，提高养老服务能力。一是建立养老服务信息管理平台。建设、整合省、市、县（区）三级为老服务信息平台和养老服务业务管理平台，具备为政府提供决策参考、为市场提供发展方向、为社会提供就业咨询、为老人提供服务信息四大功能。推进政务信息资源共享，推动实现民政、公安、卫生、社保系统老年人口数据对接，开展老年人需求评估和养老服务项目登记，建立老年人口数据库。通过采集企业服务商、养老机构、养老照料中心等服务单位的服务信息，建立养老服务信息系统。二是开展智慧型养老社区建设。以智慧社区建设为核心，运用信息化手段，建立居民、家庭、社会组织、社区活动电子档案，完善社区服务设施、技术、网络环境，形成互联互通共享的信息服务系统，开展社区健康管理。充分运用云计算、大数据、移动互联等信息技术和智能健康检测、健康评估、康复理疗等软硬件设备设施，建立集医疗、养老、健康服务于一体的养老服务指导机构。鼓励开发和推广养老信息化相关的智能终端产品，利用移动信息技术，开展远程医疗、健康监测及居家护理等工作。三是推进智能养老产业发展。发挥智能养老科技含量高、产业链条长的优势，使智能养老成为“互联网＋”与养老服务融合发展的创新平台。融合养老服务新技术、新产品，发展养老服务新模式和新业态，加速提升产业发展水平，增强行业创新能力，改善老年服务设施设备和方法技术，提高服务的舒适性、可及性，实现老年人共享科技创新成果。不断丰富智能养老产业内容，推进智能老年住区、智能养老服务、智能健康服务、智能家居服务、老年智能用品、智能文化服务、老年智能教育等领域发展。

5. 实施养老服务队伍建设工程。将养老服务人才和队伍建设纳入本市人才教育培训规划，推进养老服务队伍的职业化、专业化建设，培养具有职业素质、专业知识和技能的养老服务人才。持续推进“千人培训”计划，每年免费培训不少于1000名养老护理员，逐步形成结构合理、技术达标、爱岗敬业、高中初级相匹配的养老服务队伍。一是开展养老服务职业化教育。开展职业院校养老服务类示范专业点遴选和建设工作，促进职业院校围绕本地区养老服务业发展需求，深化专业课程改革，强化师资队伍和实训基地建设，规范教学管理，创新人才培养模式，充分发挥示范引领作用，带动相关职业院校养老服务类专业点建设。支持职业学校增设养老服务和管理专业，引入老年医学、康复、护理、营养、心理和社会工作等专业人才。二是加强养老服务专业人员队伍建设。建立养老服务人员入职补贴、培训补贴和长期一线岗位补贴制度，加大职业培训、工资福利、社会地位等综合保障力度，打通养老服务人才职业发展上升渠道，解决养老服务人才队伍缺口大、工资待遇低、流失率高、社会地位低等问题，壮大养老护理员队伍。三是开展居家养老护理员培训工作。通过政府购买服务方式，为居家养老服务机构管理人员、服务人员和护理人员提供职业培训、职业教育和继续教育，为家庭照护者、为老服务志愿者提供相关技能培训，建设一支养老服务人员、社会工作者、志愿者相结合的养老服务队伍，完善养老服务专业人才的评价和激励机制。到“十三五”末，带动养老服务业就业岗位达到50万个以上。

6. 实施老龄产业促进工程。放开养老服务市场，构建公平竞争的市场环境，通过购买服务、股权合作等方式支持各类市场主体增加养老服务和产品供给，逐步满足多层次、多样化养老服务需求。一是多渠道筹集老龄产业发展资金。政策支持设立老龄产业投资引导基金，通过贷款贴息、以奖代补、投资入股、小额贷款、项目补贴等方式，发挥政府性资金的撬动放大效应，扶持社会力量投资养老服务。利用中小企业、科技创新、创业投资等方面的扶持资金以及医疗卫生资金、就业资金、社会保障基金等，发挥资金投入合力，引导社会资本加速进入养老服务领域。支持采取股份制、股份合作制等形式，探索以基础设施“建设—运营—移交”模式建设养老服务设施。鼓励和引导金融机构创新金融产品和服务方式，拓宽信贷抵押担保范围，探索信用担保等方式，加大对涉老企业及其建设项目的信贷投入。拓展市场化融资渠道，支持涉老企业上市融资，增强自身“造血”功能。二是培育老龄产业龙头企业发展。培育一批特色鲜明、功能突出、辐射面广、带动力强的龙头企业。鼓励涉老企业提高专业化、产业化程度，形成一批有影响力的大型养老服务企业集团，打造一批养老服务品牌。支持养老服务企业利用现代科技手段和信息技术，提升养老服务业发展水平，增强可持续发展能力。充分发挥区域资源优势，鼓励建设一批功能突出、特色鲜明、辐射面广、带动力强的休闲养生、特色医疗、文化教育、科技服务养老基地。在老龄产业领域推动“大众创业、万众创新”，打造老龄产业众创空间示范区，孵化富有创新活力的中小涉老企业。对一些实力强、服务优、信誉好的服务企业和社会组织要给予更优惠的政策，打破地区、行业壁垒，支持连锁化、规模化发展，使其成为有影响力的服务品牌。

7. 实施老年人精神关爱工程。根据老年人的身心特点，组织开展形式多样的老年人文化、教育、体育活动，加强老年人身心健康关爱服务工作，丰富老年人的精神文化生活。一是积极开展老年文化活动。健全和完善为老文化服务工作机制，丰富针对老年人的公共文化产品和服务，提供图书借阅、文化演出、文化活动、文化辅导和文化培训等配送服务，提升为老文化服务工作水平。创建文化养老平台，为老年人提供更多的文化娱乐场所和文化活动设施。开展符合老年人特点、适应老年人需求的会演、比赛、讲座、展览等丰富多彩的老年群众文化活动。继续打造更多的老年人品牌文艺团队，积极组织老年文化专业人才和业余爱好者创作老年题材节目，展示老年文化建设成果。二是大力发展老年教育事业。提高全社会对老年教育是全民终身教育重要组成部分的认识，理顺老年教育发展的管理体制，实现老年教育系统化发展。鼓励有条件的个人、企业、社会组织、养老机构、高校、群艺馆、文化馆（艺术中心、艺术指导中心）以及各级政府、基层群众自治组织创办老年大学或老年学校，为老年人提供学习机会和场所，形成以示范性老年大学为主，社区老年学校、老年电视大学、老年网络大学为辅的老年教育格局。“十三五”期间，每个区县建成一所区级老年大学，街乡镇建立一所老年学校，城乡社区普遍建立老年学校分校或办学点。创新教育载体，整合社会信息资源，积极发展数字化远程教育。积极组建老年教育志愿者队伍，开发老年人力、智力资源，激发老年人的潜能，使之成为开展老年教育活动的重要力量。三是加强老年体育健身工作。加强老年体育设施建设，完善老年体育组织网络，对符合条件的省、市、县（区）财政支持的公共体育场馆，加大老年人健身活动优惠力度，使全民健身成果更多更好地惠及广大老年人。广泛开展老年人群众体育品牌活动，打造高水平的老年人特色体育活动项目，开发研究符合老年人生活习惯和生理、心理特点的健身活动项目和方法，创编推广老年人健身项目。建立社区体育协会和社会体育指导员协会，充分发挥老年体育组织作用，培训发展老年体育指导员，为老年人提供科学健身指导，推进老年人体育工作社会化进程。四是关爱老年人身心健康。加强老年人身心健康关爱服务工作，引导、组织专业心理慰藉机构在街道（乡、镇）建立心理服务站，在社区（村）设立心理咨询室，培训基层社区心理辅导员。整合和开发辖区心理咨询服务资源，充分发挥各类心理咨询专业组织和社区市民学校、老年学校的作用，组织专业人员为老年人及其家庭成员提供心理咨询服务和知识培训。开展单身老年人婚姻咨询服务，为老年人重获婚姻和家庭幸福创造平台。鼓励邻里交往和互助，动员和组织城乡社区（村）志愿者，特别是社会工作者、大中小学生，为老年人提供聊天、读书看报和亲情陪伴等志愿服务。

（三）构建老龄社会管理体系

发挥政府、社会、家庭和个人各方作用，构建“人人参与、人人尽力、人人享有”的老龄社会新格局。

1. 支持涉老企业和社会组织发展。涉老企业和社会组织是发展养老服务的重要力量。进一步加大政府购买养老服务的力度，探索政府与企业开展股权合作等方式，支持涉老企业和社会组织发展。一是鼓励引导涉老企业壮大发展。制定扶持政策，鼓励竞争力强、有实力的养老服务企业走产业集团化发展道路，提高养老服务产业集约化经营水平。支持老年产品研发营销企业发展，建立老年产品网络商城，提供电话预约上门配送服务，拓展老年用品市场渠道。加大对中小型养老服务企业的扶持力度，营造有利于中小型养老服务企业发展的市场环境。鼓励中小型养老服务企业创新服务形式，开展多种方式的养老服务经营活动。二是积极培育养老服务社会组织。由政府牵头，按照市场化要求，积极推动老龄产业、老年金融、老年旅游、老年文化、养老服务培训和咨询等养老中介服务组织发展，充分发挥其自建自管能力。通过政府购买服务方式，支持老龄产业协会、养老行业协会等社会组织开展养老服务调查研究、行业标准制定、服务质量评估、服务行为监督及专业职称评定等事务，促进行业自律。

2. 增强家庭养老保障能力。发挥家庭养老基础作用，为家庭养老创造良好的社会环境和制度环境。一是加强家庭成员养老伦理道德方面的宣传教育，履行对老年人经济上供养、生活上照料和精神上慰藉的义务。鼓励用人单位支持员工在其老年长辈生日和老年节当天探亲休假，与老年长辈共享天伦之乐。倡导将孝亲敬老作为考察、选拔和任用干部的重要参考内容。动员和组织大中小学生为老年人提供聊天、读书看报和亲情陪伴等志愿服务。二是发挥家庭养老资源作用。开展老年家庭长期照护者关爱行动，通过政府购买服务方式，为长期照护者提供短期休整机会。在居家养老护理员培训工作中，有计划地免费培训家庭长期照护者，提升其照护失能老人能力。鼓励家庭成员与老年人共同居住生活，与老年人共同居住的家庭可优先挑选保障房和廉租房的楼层、户型，缩短轮候时间。

3. 支持老年人参与社会发展。老年人具有丰富的社会经验和职业技能，是社会的宝贵财富。支持老年人参与社会发展，有利于充分发挥老年人力和人才资源作用，提高老年人的生活质量，促进社会和谐进步和发展，为全面建成小康社会做出积极贡献。一是规范老年群众性组织建设，实施基层老年协会发展由数量增长向质量提升转变过程，加强登记管理与等级评审，加大各级财政预算资金，福利彩票公益金扶持等政策创制力度。推动基层老年协会规范发展和作用发挥。扶持建设老年人文化、教育、体育、志愿服务等方面的老年社团组织，发挥其示范引导作用，推动老年群众组织开展自我管理、自我发展、自我服务和服务社会活动。二是探索建立老年人才发展机制。重视老年人才资源开发和利用，有条件的部门建立本部门老年专业人才档案资料库，实现老年人才信息库联网，资源共享。拓展老年专业人员的服务领域，确保国家《关于进一步发挥离退休专业技术人员作用的意见》得到贯彻落实。根据老年人才的特点继续组织开展“银龄行动”，为基层老年人送医疗、送科技、送文化。三是拓展老年人社会参与渠道。根据自愿量力的原则，鼓励老年人根据自身特点，为社会做些力所能及的工作。在城镇，组织和动员各行各业退休老年人在开展教育下一代、科技开发、信息服务、维护社会治安、参与社区建设等方面开展社会公益活动；在农村，鼓励低龄健康老年人开展种植、养殖和加工业等经济活动。积极倡导和支持老年人广泛开展自助、互助和志愿活动，探索时间储蓄方式，组织低龄健康老年人为高龄、病残老年人提供服务。

（四）创制老龄政策法规体系

加强老龄科学研究，借鉴国际有益经验，搞好顶层设计，不断完善老年人家庭赡养和扶养、社会救助、社会福利、社会优待、宜居环境、社会参与等政策，增强政策制度的针对性、协调性、系统性。制定应对人口老龄化的政策措施，构建体系化的制度安排。

1. 切实维护老年人合法权益。一是加强老年人法律法规宣传工作。认真学习宣传和贯彻落实《陕西省实施〈中华人民共和国老年人权益保障法〉办法》，将老年法律法规宣传纳入普法重要内容，利用广播电台、电视台、报刊、新媒体在其法制专栏、专版、专题节目，经常性地播出和刊登老年人权益保障、赡养、养老、遗嘱、财产继承等与老年人相关的法律知识，让老年人深入了解法律赋予的权利义务。鼓励法治文艺作品围绕家庭道德、敬老爱幼、赡养扶养开展创作。对维护老年人权益工作先进典型予以表彰和奖励。加大执法检查力度，重点查处一批侵犯老年人合法权益的案件，及时纠正老龄政策在个别单位和部门得不到贯彻落实的现象。二是完善老年人维权网络体系。健全老年维权网络和工作机制，加强老年人权益保障部门、有关信访部门、审判机关、法律服务机构的联系，建立定期交流与信息共享机制，掌握老年侵权案件变化规律，及时做好调解纠纷、化解矛盾的工作。整合各种法制宣传教育资源，开展经常性的老年人学法用法活动，为老年人提供优质法律服务。三是加大老年人法律援助力度。推行法律援助信息化、网络化管理，对符合法律援助条件且行动不便的老年人，电话预约上门提供办理法律援助手续服务，提高法律援助工作效率和管理水平。要健全社会参与机制，发挥有关社会组织作用，发展为老志愿服务和慈善事业。在有条件的养老机构设立法律援助联系点，广泛开展老年人法律援助志愿服务活动，组织法律援助律师、基层法律服务工作站等，到社区托老所、养老照料中心、养老机构等老年人比较集中的场所开展上门法律服务。

2. 加大老龄事业宣传和老龄化研究力度。要把弘扬孝亲敬老纳入社会主义核心价值观宣传教育，建设具有民族特色、时代特征的孝亲敬老文化。要在全社会开展人口老龄化国情教育、老龄政策法规教育，引导全社会增强接纳、尊重、帮助老年人的关爱意识和老年人自尊、自立、自强的自爱意识。

一是弘扬尊老、敬老、爱老、助老社会风尚。认真贯彻中央有关部委《关于进一步加强老年文化建设的通知》和《关于培育和践行社会主义核心价值观加强老年宣传工作的通知》利用春节、重阳节和社会重大活动举办各种敬老慰问活动，开展以“关爱老人、构建和谐”为主题的“敬老文明号”创建活动，对在敬老、养老、助老做出贡献的组织、个人按有关规定给予表彰。开展年度“孝星”榜样评选命名活动，通过敬老典型事迹的宣传，营造尊老、敬老、爱老、助老、孝老的社会氛围。二是加大老龄工作宣传力度。坚持正确的舆论导向，充分发挥电视、广播、报刊、网络等各类媒体的作用，通过开设专栏、专题、专版、专刊，加大对老龄化发展形势、老龄政策、老龄工作和社会为老服务典型人物和事迹等内容的宣传报道力度，提高社会各界对老龄问题的认识，增强老龄意识和社会责任感。三是开展全面应对人口老龄化战略研究。立足本省实际，加强老年学学科和老龄事业相关专业建设，积极鼓励高等院校和科研院所开展老年学和老龄事业相关专业的学历教育，加强老龄事业人才培养。加大老龄科研经费投入，建立老龄工作部门和科研单位的研究合作机制。开展城乡老年人口基本状况的追踪调查，建立老龄事业发展决策分析系统，为老龄政策制定和业务工作高效运转提供信息化支撑。

三、保障措施

要完善党委统一领导、政府依法行政、部门密切配合、群团组织积极参与、上下左右协同联动的老龄工作机制，形成老龄工作大格局。要保证城乡社区老龄工作有人抓、老年人事情有人管、老年人困难有人帮。切实从顶层设计上解决老龄工作体制机制存在的问题，加强组织领导，创新投入机制，强化法制保障，提高队伍能力，加强督促检查。

1. 加强组织领导。进一步健全完善老龄工作体制，理顺发展机制，在党和政府的直接领导和关怀下，统一思想，提高认识，更有效地“积极开展应对人口老龄化行动”，切实发挥老龄工作机构综合协调、督促检查、参谋助手职责。一是发挥老龄工作机构职能作用。完善老龄委定期会议、监督考核和重大问题研究协商等制度，发挥老龄委对老龄事业发展中的重大问题进行调查研究，协调需由多部门参与解决的综合性问题，监督、检查有关维护老年人合法权益的法律、法规的实施等职能。强化老龄办组织、协调、指导、督促有关部门落实养老服务工作的职能，发挥为党委政府决策服务、为社会各界参与发展老龄事业服务、为广大老年群众服务的作用。二是形成成员单位发展老龄事业合力。调整老龄委成员单位组成，修订成员单位涉老职责任务，落实老龄委成员单位联席会议、年度述职评议和老龄工作督查督办等制度，将老龄事业发展目标和工作任务落实到成员单位部门规划和年度工作计划中，促进成员单位认真履职，形成发展老龄事业合力。

2. 创新投入机制。建立与积极应对人口老龄化需求、社会经济发展水平相适应的财政专项经费投入自然增长机制；老龄事业经费列入年度财政预算，发挥公共财政对老龄事业投入的主渠道作用，落实和完善鼓励政策，引导各类社会资金投入老龄事业和产业发展，形成财政资金、民间资本、慈善资金等相结合的多元投入机制。研究制定金融机构支持老龄事业发展的相关政策，发挥资本市场的融资作用，进一步落实和完善促进老龄事业发展的税收政策，加大各级福利彩票公益金用于老龄事业的投入。在审批方面，按照养老机构行政许可的要求，建立社会资本投资建设养老设施审批绿色通道。

3. 加强制度保障。将老龄法制建设纳入中国特色社会主义法律体系统筹推进，加强老龄事业专项配套法规建设。健全执法和法律监督机制，加强老龄法制体系研究，提高老龄事业发展的规范化和法制化水平。在就业方面，研究制定养老服务产业吸纳就业人员鼓励政策，对养老服务民非单位和企业拉动本市就业给予相应资金支持。在医保方面，研究制定养老服务机构内设医疗机构纳入医保定点的门槛标准和评定办法。在用地方面，将养老服务产业用地纳入城乡土地利用规划和年度建设用地计划，优先予以保证。

4. 提高队伍能力。整合管理资源，规范老龄工作机构和队伍建设，加强人员队伍力量，增强履职能力；理顺上下级隶属和工作关系，街道（乡、镇）应有专职或兼职工作人员负责老龄工作，优化老龄工作队伍结构，加强业务培训和能力培养，提升管理和服务水平；完善激励保障机制，培养和引进老龄事业发展亟须的各类专业人才，切实提高养老服务等技能人才的收入水平和社会地位，不断壮大为老服务社会工作者和志愿者队伍；形成专职干部、专业人才、技能人才和志愿者相结合的老龄事业发展人力支撑，建设一支综合素质好、业务水平高、工作能力强的老龄工作队伍。

5. 加强督促检查。各设区市老龄办、省老龄委各成员单位，要结合本规划的要求，结合部门职责和实际，做好督促检查和落实工作。各级老龄办要充分发挥好参谋助手、综合协调、督促检查作用，建立科学合理的评价考核机制，组织各成员单位和人大、政协、有关专家组成的评价考核小组，定期对同级老龄委成员单位和下级老龄工作部门的年度任务完成情况进行考核，适时表彰先进单位和先进个人，确保老龄事业发展各项任务得到落实。

各设区市、县（区市）老龄委可根据本规划，制定本地老龄事业发展规划。

陕西省人民政府关于加快发展康复辅助器具产业的实施意见

陕政发〔2017〕27号

各市、县、区人民政府，省人民政府各工作部门、各直属机构：

为贯彻落实《国务院关于加快发展康复辅助器具产业的若干意见》（国发〔2016〕60号），促进我省康复辅助器具产业持续健康发展，现提出如下实施意见。

一、总体要求

全面贯彻党的十八大和十八届三中、四中、五中、六中全会精神，立足追赶超越定位和“五个扎实”要求，以服务人的全面发展为导向，加强政策支撑，激发市场活力，增强自主创新能力，扩大有效供给，规范市场秩序，引导康复辅助器具产业稳步发展。到2020年，全省康复辅助器具产业创新能力明显增强，布局合理、门类齐全、产品丰富的产业格局基本形成，产业规模增长15%以上。产业发展环境更加优化，产业政策体系更加完善，市场监管机制更加健全，产品质量和服务水平明显改善，统一开放、竞争有序的市场环境基本形成。

二、主要任务

（一）增强自主创新能力。深入实施创新驱动发展战略，提高康复辅助器具产业关键环节和重要领域创新能力。统筹企业、高校、科研院所等资源，建立协同创新机制，加强基础技术、基础工艺、基础材料、基础元器件研发和系统集成能力建设，提升康复辅助器具技术研发水平。以“互联网+技术市场”为核心，充分利用现有技术交易网络平台，促进康复辅助器具科研成果线上线下交易和转化。鼓励境内外企业和科研机构在我省设立研发生产机构。在具有一定规模和影响力的康复辅助器具企业和单位开展双创示范工作。

（二）促进产业优化升级。根据资源环境承载能力，因地制宜发展以科技创新为引导，精细化服务为方向的劳动密集型康复辅助器具产业，使产业合作由加工制造环节向研发设计、市场营销、品牌培育等高附加值环节延伸。在经济与资源承载条件较好，交通便利、辐射面较广的西安、宝鸡、渭南等市，重点建设示范性康复辅助器具产业园区和生产基地。优先发展老年人、伤病人护理照料，残疾人生活、教育和就业辅助，残疾儿童抢救性康复等重点领域产业，积极拓展改善生活品质的产品。发展现代销售体系，增强产业链上下游企业协同发展能力。

（三）丰富产品有效供给。重点发展康复辅助器具研发设计、信息技术服务、检验检测认证、电子商务、服务外包、品牌建设等生产性服务，促进产业要素合理配置。推动“医工结合”发展，支持人工智能等新技术在康复辅助器具产品中的集成应用，支持外骨骼机器人、照护和康复机器人、仿生假肢、虚拟现实康复训练设备等产品研发，形成一批高智能、高科技、高品质的康复辅助器具产品。加强传统中医康复技术创新，开发推广一批具有自主知识产权、疗效确切、特色突出的康复辅助器具。开展康复辅助器具社区租赁和回收再利用服务试点。

（四）培育壮大市场主体。支持企业战略合作和兼并重组，培育一批资源配置完善、服务网络健全、市场布局合理的领军企业，促进规模化、集约化、连锁化经营。鼓励创新型、创业型和劳动密集型中小微企业与大型企业协作发展。提高康复辅助器具配置服务能力，发展现代销售与服务一体化体系，形成主体多元、覆盖城乡的配置服务网络。鼓励公办康复辅助器具配置服务机构与民营机构在服务设施、基础数据信息、技术能力等方面共享融合，发展产业联合体，完善产业链条。

（五）建立健全标准体系。充分发挥标准对市场的规范引领作用，建立标准分类实施和监督机制。支持康复辅助器具配置服务企业积极申报各级服务业标准化试点，不断提高服务质量和效益。培育我省康复辅助器具检验、检测机构。建立康复辅助器具产业服务信息平台，完善产品目录和配置指引，促进供需有效衔接。鼓励康复辅助器具产业领域社会组织发展，发挥其在行业规范、标准制定、数据统计等方面的积极作用。

（六）促进产业融合发展。促进康复辅助器具产业与医疗、养老服务行业融合发展。鼓励在养老服务与医疗机构建立康复辅助器具配置服务站点，开展康复辅助器具配置、失能半失能护理、老年病康复、术后康复等专业性服务。鼓励康复医师、康复治疗师与康复辅助器具服务人员团队协作，重点推进骨科、眼科、耳科、康复科、神经科和儿科等医疗服务与康复辅助器具配置服务衔接融合，促进康复辅助器具在养老、助残、医疗等领域广泛应用。

三、政策支持

（一）落实税收价格优惠政策。符合条件的康复辅助器具企业可依法享受研发费用加计扣除和固定资产加速折旧政策。对符合条件的公益性捐赠支出依法在所得税税前扣除。经认定为高新技术企业的康复辅助器具企业，按规定享受企业所得税优惠。符合《财政部国家税务总局民政部关于生产和装配伤残人员专门用品企业免征企业所得税的通知》（财税〔2016〕111号）要求的企业，免征企业所得税。康复辅助器具服务企业用水、用电、用气、用热享受工业企业同价政策。鼓励将闲置的厂房、学校优先优惠出租给康复辅助器具企业使用。

（二）加强财政资金引导。将康复辅助器具产业纳入众创、众包、众扶、众筹等相关财政以及新兴产业投资支持范围。各级财政可利用奖励引导、资本金注入、应用示范补助等方式，支持非营利性康复辅助器具配置服务机构建设，以及具有良好示范效应、较强公共服务性质的康复辅助器具项目。继续实施贫困残疾人辅助器具“民康计划”和残疾人辅助器具配置项目。加大政府购买服务力度，建立服务效果评价机制，提高配置产品与服务的质量。在同等条件下，政府采购优先购买安置残疾人就业的康复辅助器具企业产品。开展高端康复辅助器具产品首台（套）重大技术装备保险补偿试点。

（三）强化金融保险支持。探索将基本的治疗性康复辅助器具逐步纳入基本医疗保险支付范围。完善康复辅助器具工伤保险支付制度，合理确定支付范围。支持商业保险公司将康复辅助器具配置纳入保险支付范围。鼓励金融机构创新消费信贷产品，支持康复辅助器具消费。培育壮大创业投资和资本市场，提高信贷支持的灵活性和便利性，发展知识产权质押融资和专利保险。通过科技成果转化引导基金、中小企业发展基金、医药产业发展基金、工业技改投资基金等吸引社会资本投入，按照市场化方式支持符合基金投向的康复辅助器具产业创新。鼓励金融机构在风险可控的前提下开发适合康复辅助器具企业的金融产品。鼓励社会资本进入康复辅助器具生产、加工、销售、配置服务领域。

（四）加强人才队伍建设。鼓励有条件的院校开设康复辅助器具专业，将其纳入临床医学、康复医学、生物医学工程等专业教育范围。将康复辅助器具人才教育纳入医师、护士、特殊教育教师、社会工作者、养老护理员、孤残儿童护理员等专业人员继续教育范围。支持康复辅助器具企业、院校合作建立实用型人才培养基地，并为教师实践、学生实习提供岗位。鼓励康复辅助器具从业人员积极参与职称评定，逐步提高从业人员薪酬待遇。鼓励康复器具研发人员、技术骨干申报科学技术进步奖。

四、保障措施

（一）健全工作机制。建立由民政部门牵头的工作联席会议制度。民政部门要充分发挥综合协调作用，统筹推进康复辅助器具产业发展；发展改革部门要将康复器具产业纳入经济社会发展规划和专项规划；财政部门要加大资金支持力度；教育、科技、工业和信息化、人力资源社会保障、商务、卫生计生、税务、工商、质监、食品药品监管、知识产权、残联、人民银行、银监、证监、保监等有关部门和单位要各司其职，形成齐抓共管、整体推进的工作格局。

（二）强化质量管理。强化企业质量安全主体责任，开展质量管理示范活动，鼓励企业建立质量管理体系并通过相关认证，加强质量安全培训，优化质量控制技术。开展企业产品和服务标准自我声明公开和监督制度试点。加强产品质量监督抽查、风险预警和缺陷产品强制召回、产品伤害监测验证评估等工作，发布产品和服务质量“红黑榜”。

（三）规范市场秩序。健全统一规范、权责明确、公正高效、法制保障的市场监管体系。严格执行反不正当竞争法、反垄断法，严肃查处违法违规行为，打击侵犯知识产权和制售假冒伪劣商品行为，维护公平竞争的市场秩序。建立康复辅助器具企业信用信息公示、动态评价、守信激励和失信惩戒机制。

本实施意见自下发之日起实施，有效期至2022年8月1日。

陕西省人民政府
2017年7月27日

陕西省人民政府关于印发“十三五”全省老龄事业发展和养老体系建设规划的通知

陕政发〔2017〕46号

各设区市人民政府，省人民政府各工作部门、各直属机构：

现将《“十三五”全省老龄事业发展和养老体系建设规划》印发给你们，请认真组织实施。

陕西省人民政府
2017年10月10日

“十三五”全省老龄事业发展和养老体系建设规划

为积极应对人口老龄化，进一步促进我省老龄事业发展，根据《“十三五”国家老龄事业发展和养老体系建设规划》和《陕西省实施〈中华人民共和国老年人权益保障法〉办法》，制定本规划。

一、总体要求

（一）指导思想。

深入贯彻党中央、国务院决策部署，牢固树立创新、协调、绿色、开放、共享发展理念，认真落实省第十三次党代会精神，坚持党委领导、政府主导、社会参与、全民行动的老龄工作方针，围绕老有所养、老有所医、老有所学、老有所为、老有所乐的目标，加快全省养老服务体系建设，促进全省老龄事业持续健康发展。

（二）发展目标。

——社会保障体系更加完善。进一步推动社会保障制度改革，全面建成覆盖城乡居民的社会保障体系。到“十三五”期末，城镇职工基本养老保险参保人数达到890万人，城乡居民基本养老保险参保人数达到1737万人，城镇职工基本医疗保险参保人数达到1250万人。

——养老服务体系更加健全。全面构建居家为基础、社区为依托、机构为补充、医养相结合，功能完善、规模适度、覆盖城乡的养老服务体系。政府运营的养老床位占比不超过50%，护理型养老床位占比不低于30%。市、县、乡三级定点医疗机构实现全覆盖，老年人健康素养提升至10%，65岁以上老年人健康管理率达到95%。

——养老制度体系更加完善。到2020年全面放开养老服务市场，养老服务改革政策体系、行业质量标准体系进一步完善，信用体系基本建立，市场监管机制有效运行。

——老龄事业发展环境更加友好。敬老养老助老社会风尚更加浓厚，安全绿色便利舒适的老年宜居环境建设扎实推进，老年文化体育教育事业更加繁荣，老年人合法权益得到有效保护。

二、健全社会保障体系

（一）完善社会保险制度。

完善养老保险制度。深化养老保障制度改革，加快建立多层次养老保险体系。完善职工养老保险个人账户制度，健全多缴多得激励机制。按照国家统一部署，根据经济社会发展水平和物价上涨情况，适当提高退休人员基本养老金标准。

健全医疗保险制度。推进建立城乡统一的居民医疗保险制度。建立职工补充医疗保险、城乡居民大病保险制度，相关政策向经济困难群体适度倾斜，不断提高老年人医疗保障水平。

建立长期护理保险制度。鼓励有条件的地方开展长期护理保险制度试点，探索建立老年人长期护理保险及意外伤害保险制度，鼓励商业保险公司开发适销对路的长期护理保险产品和服务。

（二）健全社会福利制度。

全面建立针对经济困难、失能老年人的补贴制度。鼓励各地丰富照顾服务项目，创新和优化照顾服务方式。进一步完善老年人优待服务办法，根据城乡经济社会发展情况，分年龄、分层次确定老年人社会优待范围、优待对象和优待标准。推进非本地户籍常住老年人与本地户籍老年人享受同等优待。

（三）完善社会救助制度。

将符合条件的老年人按规定纳入最低生活保障、特困人员救助供养等社会救助制度保障范围。完善城乡医疗救助制度，逐步将低收入家庭老年人纳入救助范围。完善临时救助制度，加强对老年人的“救急难”工作，及时将遭遇突发性、紧迫性、临时性基本生活困难的老年人纳入救助范围。建立健全城乡失能、失独、空巢等特殊老年群体帮扶制度，保障特殊困难老年人基本生活。

（四）推进养老公益慈善事业发展。

鼓励面向老年人开展募捐捐赠、志愿服务、慈善信托、安全知识教育、急救技能培训、突发事故防范等公益慈善活动。依法加强对公益慈善组织和公益慈善活动的监管。加强民政部门与公益慈善组织、社会服务机构之间信息对接和工作衔接，实现政府救助与社会帮扶有机结合。

三、健全养老服务体系

（一）夯实居家社区养老服务基础。

加强居家社区养老服务设施建设。统筹制定实施本地区居家社区养老设施建设专项规划，新建居住区应按照建筑面积最低不少于每百户20平方米的标准，配建养老服务设施，与住宅同步规划、同步建设、同步验收、同步交付使用。对开发老年宜居住宅和代际亲情住宅提供相应政策扶持。统筹规划易地扶贫搬迁、城镇棚户区和城乡危房改造等保障性安居工程，按要求配套建设养老服务设施。

大力发展居家社区养老服务。建立以社区为平台、社会组织为载体、社会工作者和社区志愿者为骨干力量的为老服务模式。加快建设与户籍、医疗、社会保障等信息对接的社区养老服务信息平台，重点推进老年人健康管理、紧急救援、精神慰藉、服务预约、物品代购等服务。积极发展智慧养老，推动互联网、物联网、大数据等技术与居家养老服务业结合，让老年人获得“触手可及”的服务。

（二）推动养老机构提质增效。

加快公办养老机构改革。对具备向社会提供养老服务条件的公办养老机构，加快推进转制为企业或开展公建民营。完善公建民营养老机构管理办法，鼓励社会力量通过独资、合资、合作、联营、参股、租赁等方式参与公办养老机构改革。政府投资建设和购置的养老设施，党政机关和国有企事业单位培训疗养机构等改建的养老设施，均可实施公建民营。

支持社会力量兴办养老机构。全面清理申办养老机构的不合理前置审批事项，优化审批程序，简化审批流程。落实对民办养老机构的投融资、税费、土地、人才等扶持政策。鼓励采取特许经营、政府和社会资本合作等方式，支持社会力量兴办养老机构。允许养老机构依法依规设立多个服务网点，实现规模化、连锁化、品牌化运营。鼓励整合改造企业厂房、商业设施、存量商品房等用于养老服务。

提升养老机构服务质量。培育养老服务标准化示范机构，支持养老服务机构申报省级服务业标准化示范项目，提升养老机构服务质量。建立健全养老机构分类管理和养老服务评估制度，引入第三方评估，定期对养老服务机构的人员、设施、服务、管理、信誉等进行综合评价，评估结果向社会公布。全面开展养老机构星级评定，实行挂牌管理，接受社会监督。

（三）加强农村养老服务。

鼓励有条件的地方利用闲置资源开发农村互助幸福院等养老服务设施，开展自助式、互助式养老，提供临时短期托养、文化娱乐、助餐等服务。加快农村居家社区医养融合，推进乡镇卫生院、村卫生室与农村互助幸福院开展医养融合服务。支持市、县两级建立农村互助幸福院运行保障机制，提倡安排一定比例的农村集体经济、土地流转等收益用于解决本村老年人养老问题。

四、健全健康养老服务体系

（一）推进医养结合。

完善医养结合机制。建立健全医养结合的政策体系和管理制度，完善医疗卫生机构与养老机构合作机制，统筹落实医养结合优惠扶持政策。深入开展医养结合试点，建立养老机构内设医疗机构与合作医院间双向转诊绿色通道，为老年人提供治疗期住院、康复期护理、稳定期生活照料以及临终关怀一体化服务。

支持养老机构开展医疗服务。支持养老机构按规定开办康复医院、护理院、临终关怀机构和医务室、护理站等。鼓励执业医师到养老机构设置的医疗机构多点执业，支持有相关专业特长的医师及专业人员在养老机构开展疾病预防、营养、中医养生等非诊疗性健康服务。对养老机构设置的医疗机构，符合条件的按规定纳入基本医疗保险定点范围。

（二）发展老年医疗与康复护理服务。

开展老年人健康教育，促进健康老龄化理念和医疗保健知识宣传普及进社区、进家庭，增强老年人的自我保健意识和能力。加强对老年人健康生活方式指导，提升老年人健康水平。加强老年严重精神障碍患者的社区管理和康复服务。鼓励各级医疗卫生机构和医务工作志愿者为老年人开展义诊。加强康复医师、康复治疗师、康复辅助器具配置人才培养，广泛开展偏瘫肢体综合训练、认知知觉功能康复训练等老年康复护理服务。

（三）加强老年体育健身。

加强老年体育设施建设，财政支持建设的公共体育场馆，对老年人健身活动给予优惠。广泛开展老年人康复健身体育活动，研究开发符合老年人生活习惯和生理、心理特点的健身活动项目和方法，创新推广老年人健身项目。充分发挥老年体育组织作用，培训发展老年体育指导员，为老年人提供科学健身指导，推进老年人体育工作社会化进程。

五、繁荣老年消费市场

（一）大力发展养老产业和老年用品。

引导支持相关行业、企业围绕健康促进、慢性病治疗、康复护理、辅助器具和智能看护、应急救援、通信服务、电子商务、旅游休闲等重点领域，推进老年人适用产品、技术的研发和应用。支持老年用品制造业创新发展，采用新工艺、新材料、新技术，促进产品升级换代。丰富适合老年人的食品、药品、服装等供给，加强老年用品质量监管，鼓励开辟老年用品展示、体验场所，发展老年用品租赁市场。

（二）提升老年用品科技含量。

加强老年用品共性技术研发。支持推动老年用品产业领域大众创业、万众创新。支持符合条件的老年用品企业牵头承担各类科研项目。支持技术密集型企业、科研院所、高等院校加强适老科技研发和成果转化应用。落实相关税收优惠政策，支持老年用品产业领域科技创新与应用。

六、推进老年宜居环境建设

（一）推动设施无障碍建设和改造。

加强对社区道路、休憩设施、标识系统的综合性无障碍改造，重点做好居住区坡道、公共出入口、走道、楼梯、电梯等设施和部位的无障碍改造，优先安排贫困、高龄、失能等老年人家庭设施改造及基本生活辅助器具配置。

（二）营造安全绿色便利生活环境。

鼓励按照老年人住宅相关标准设计、开发养老社区，配套建设医院、老年活动中心、购物中心等公共服务设施，提供专业化养老服务。推进城市老人到农村进行季节性养老、旅游休闲养老。

（三）弘扬敬老养老助老社会风尚。

把敬老养老助老纳入社会公德、职业道德、家庭美德、个人品德建设，利用春节、清明节、中秋节、重阳节等传统节日，开展创意新、影响大、形式多的宣传教育活动，推动敬老养老助老教育进学校、进家庭、进机关、进社区。开展“敬老月”和敬老爱老助老评选表彰活动。

七、丰富老年人精神文化生活

（一）积极开展老年文化活动。

健全为老文化服务工作机制，丰富针对老年人的公共文化产品。创建文化养老平台，为老年人提供更多的文化娱乐场所和文化活动设施。开展符合老年人特点，适应老年人需求的会演、比赛、讲座、展览等丰富多彩的老年群众文化活动。

（二）大力发展老年教育事业。

理顺老年教育发展的管理体制，鼓励有条件的社会组织、单位和机构创办老年大学或老年学校，为老年人提供学习场所。“十三五”期间，每个县（区、市）建成一所老年大学，鼓励街道（乡、镇）建立老年人学习场所。创新教育载体，整合社会信息资源，积极发展老年学校数字化远程教育。

（三）关爱老年人身心健康。

引导、组织专业心理慰藉机构在街道（乡、镇）建立心理服务站，在社区（村）设立心理咨询室，培训基层社区心理辅导员。整合和开发辖区心理咨询服务资源，组织专业人员为老年人及其家庭成员提供心理咨询服务和知识培训。鼓励邻里交往和互助，动员和组织城乡社区（村）志愿者为老年人提供精神慰藉和亲情陪伴等服务。

八、构建社会参与体系

（一）积极培育养老服务社会组织。

坚持扶持发展和规范管理并重，加强老年社会组织的培育扶持和登记管理。采取政府购买服务等方式，支持公益性、互助性、服务性、专业性基层老年社会组织建设。按照市场化要求，积极推动老龄产业、老年金融、老年旅游、老年文化、养老服务培训和咨询等养老中介服务组织发展。

（二）支持老年人参与社会发展。

支持老年人积极参与基层民主监督、社会治安、公益慈善、移风易俗、民事调解、文教卫生、全民健身等工作。发挥老年人传帮带作用，支持老党员、老专家、老军人、老劳模、老干部开展关心教育下一代活动。根据自愿量力的原则，鼓励老年人根据自身特点，为社会做力所能及的工作。

（三）发展老年志愿服务。

鼓励老年人参加志愿服务，推行志愿服务记录制度，倡导和支持老年人开展自助、互助等志愿活动，组织低龄健康老年人为高龄、病残老年人提供服务。到2020年，老年志愿者注册人数达到老年人口总数的12%。

九、保障老年人合法权益

（一）切实维护老年人合法权益。

加强老年人法律服务和法律援助。推行法律服务信息化、网络化管理，对符合法律援助条件且行动不便的老年人，通过上门服务等方式，提高法律援助工作效率和管理水平。在有条件的养老机构设立法律援助联系点，组织基层法律服务工作站和法律援助律师开展上门法律服务。

（二）加大法规和政策宣传力度。

加强老年人权益保障法律法规普法宣传教育，大力宣传《陕西省实施〈中华人民共和国老年人权益保障法〉办法》。鼓励围绕家庭道德、敬老爱幼、赡养扶养创作文艺作品。加大对老龄化发展形势、老龄政策、老龄工作和社会为老服务典型人物和事迹的宣传力度，提高社会各界对老龄事业发展的认识，增强社会责任感。

十、强化保障措施

（一）加强组织领导。强化各级政府落实规划的主体责任，将本规划主要任务纳入当地经济社会发展规划，纳入为民办实事项目，纳入政府工作议事日程和目标责任考核。健全老龄工作体制机制，形成推进规划实施的合力。

（二）完善投入机制。根据经济社会发展状况和老年人口增长情况，建立稳定的老龄事业经费投入保障机制。各级政府用于社会福利事业的彩票公益金，50%以上用于支持发展养老服务业，并随老年人口的增加逐步提高投入比例。引导各类社会资本积极投入老龄事业，形成财政资金、社会资本、慈善资金等相结合的多元投入机制。

（三）加强队伍建设。加强老龄工作队伍建设。优化为老服务人员结构，加强业务培训，提升管理和服务水平。培养和引进老龄事业专业人才，发展为老服务社会工作者和志愿者队伍，形成专职干部、专业人才、技能人才和志愿者相结合的老龄事业发展人才队伍。

（四）加强督促指导。省民政厅、省发展改革委会同有关部门，加强对各地的督促指导。搭建社会监督平台，健全第三方评估机制，适时对规划执行情况进行评估，向社会公布评估结果。各地各部门要结合实际抓紧制定相关配套政策，建立健全老龄工作协调机制和工作绩效考核机制，确保工作到位、责任到位。

陕西省人民政府办公厅关于印发省贯彻落实老年教育发展规划（2016—2020年）实施方案的通知

陕政办发〔2017〕69号

各设区市人民政府，省人民政府各工作部门、各直属机构：

《陕西省贯彻落实〈老年教育发展规划（2016—2020年）〉实施方案》已经省政府同意，现印发给你们，请认真贯彻执行。

陕西省人民政府办公厅

2017年8月11日

陕西省贯彻落实《老年教育发展规划（2016—2020年）》实施方案

老年教育是教育事业和老龄事业的重要组成部分。为加强老年教育资源供给，大力发展以老年教育为主要内容的老龄服务事业，满足老年人多样化学习需求、提升老年人生活品质、推动老年教育持续健康发展，根据《国务院办公厅关于印发老年教育发展规划（2016—2020年）的通知》（国办发〔2016〕74号）精神，特制订本实施方案。

一、总体目标

坚持“党委领导、政府主导、社会参与、全民行动”的老龄工作方针，以扩大老年教育供给为重点，以提高老年人的生命和生活质量为目的，加快完善体系，创新体制机制，整合社会资源，激发社会活力，提升老年教育现代化水平，让老年人共享改革发展成果，努力形成陕西老年教育发展新局面。到2020年，基本形成广泛覆盖、灵活多样、供给丰富、特色鲜明、规范有序的老年教育新格局。老年教育法规制度逐步健全，职责明确、主体多元、开放灵活、平等参与的管理体制和运行机制得到完善。老年教育基础能力有较大幅度提升，城乡社区老年教育快速发展、老年大学进一步发展和开放、远程网络教育有效运用、各级各类学校积极参与、社区社会资源不断集聚的老年教育体系基本形成。适合老年学习的资源不断丰富，内容形式逐渐多样，各级各类教育机构广泛参与。以各种形式经常性参与教育活动的老年人占老年人口总数的比例达到20%以上。

二、重点工作

（一）发挥老年大学主阵地作用。建立健全“省、市（区）、县（市、区）、乡镇（街道）、村（居委会）”五级老年大学（学校）办学体系，发挥老年大学开展老年教育主渠道作用。改善现有老年大学（学校）的办学条件，提升其教学场所规范化和设施现代化水平，进一步增强其社会服务能力。重点推进老年教育机构服务能力提升计划，实施老年教育机构基础能力建设项目，整合现有资源，改善基层社区老年教育机构设施设备。各地老干部（老年）活动中心、老干部（老年）大学建设要纳入公益类文化事业发展总体规划。按照布局合理、规模适当的原则，加强基础设施建设，单位性质尚未明确的，结合实际情况划入公益类事业单位。到2020年，50%以上的乡镇（街道）建立老年学校，30%以上的村（居委会）建立老年学习点。老年大学设施配备应满足老年人学习需要，方便老年人就近学习。

（二）扩展社区教育功能。利用“省社区教育指导中心、市社区大学、县（市、区）社区学院、乡镇（街道）社区学校、村（居委会）社区教学点”社区教育五级网络，积极开展老年教育活动，完善城乡社区老年教育服务体系。重点推进老年教育学习资源建设整合计划，多方协作，开发适合老年人多样化学习需求的学习资源。通过遴选、开发、整合、推介、购买等方式，汇聚优质老年教育学习资源，建设纸质、电子音像、网络、移动媒体等多种传播媒介的学习资源。加强老年教育普及读本的编写，实施老年教育普及读本“双百”项目，即编写和研发适合省情，具有规范性示范性的100本纸质和100个配套数字化学习包（电子版或多媒体课件、微课程）的老年普及读本。到2020年，初步建立起支撑全省老年教育发展的学习资源库。

（三）搭建网络教育平台。推动现代信息技术与老年教育的深度融合，开展“陕西老年教育信息服务平台”建设，打造老年教育信息化的学习平台、资源平台、服务平台。重点实施远程老年教育推进计划，推动信息技术融入老年教育教学全过程，推进线上线下一体化教学，以信息技术为支撑，加强优质数字化学习资源对农村、边远、贫困地区的辐射。依托陕西广播电视大学成立“陕西老年开放大学”，建设陕西老年教育学习网，整合老年教育数字化学习资源，为远程老年教育提供数据支持和设备配置、技术培训、应用反馈等服务，为老年人远程个性化学习提供学习规划、课程推荐、辅导答疑、交互体验等服务。支持陕西广播电视大学市级分校、县级工作站向乡镇（街道）、村（居委会）延伸建立远程老年教育学习网点。到2020年，力争建成“省、市（区）、县（市、区）、乡镇（街道）、村（居委会）”五级远程老年教育网络平台。

（四）利用好公共文化设施。深入推进公共图书馆、博物馆（纪念馆）、文化馆（站）、美术馆、科技馆、爱国主义教育基地、科普教育基地等向老年人免费开放，推进大型体育场馆免费或低收费开放，推动工人文化宫、妇女儿童活动中心等免费为老年教育提供便利条件和基本公共文化服务项目，扩大老年教育供给。推进社会主义核心价值观培育计划，将培育和践行社会主义核心价值观作为老年教育的重要内容，编写相关读本，设计主题突出、形式多样的教育活动项目。依托文化、教育、体育、科技等设施和资源，建设一批富有特色、践行社会主义核心价值观的老年教育学习体验基地，与区域教育机构合作，定期组织老年人开展体验式教育活动。到2020年，各市（区）至少建立3个示范性老年教育学习体验基地，各县（市、区）至少建立1个示范性老年教育学习体验基地。

（五）推进老有所为行动计划。组织引导离退休老干部、老同志讲好中国故事、弘扬社会主义核心价值观。发挥老年人在传承中华优秀传统文化、引导全社会特别是青少年培育和践行社会主义核心价值观等方面的积极作用。鼓励引导各类退休专业技术人员，特别是老学者、老专家、老教师、老艺术家组建志愿者队伍，参与老年教育课程开发、团队指导等各项服务。鼓励老年教育机构学员参加社区助学志愿服务，培育一批老年志愿者服务品牌项目。到2020年，力争每个老年大学培育1—2支老年志愿者队伍，老年学校普遍建有志愿者服务组织。

三、保障措施

（一）强化组织领导。建立健全党委领导、政府统筹，教育、组织、民政、文化、老干局、老龄部门密切配合，其他相关部门共同参与的老年教育管理体制。各部门要按照职责分工，加强沟通协调，通过规划编制、政策制定、指导监督，共同推进老年教育发展。各级政府要把老年教育纳入本地经济社会发展规划和教育及老龄事业发展规划，提出落实加快发展老年教育的具体实施方案和举措，分阶段、分步骤组织实施。各地要将老年教育工作纳入对各级政府相关部门绩效考评内容，定期进行检查、督导。

（二）加强队伍建设。鼓励普通高校、职业院校相关专业毕业生及相关行业优秀人才到老年教育机构工作。各级各类学校要鼓励教师参与老年教育相关工作，并纳入本校工作考核，支持教师到校外老年教育机构兼职任教或从事志愿服务。建立老年教育教师岗位培训制度，支持老年教育机构教师、技术和管理人员的专业发展。专职人员在薪酬福利、业务进修、职务（职称）评聘、绩效考核等方面享有同类学校工作人员的同等权利和待遇。鼓励专业社工等参与从事老年教育工作。建立老年教育师资库。加快培养一支结构合理、数量充足、素质优良，以专职人员为骨干、与兼职人员和志愿者相结合的教学和管理队伍。

（三）保障经费投入。各地要统筹资金投入，支持老年教育事业发展，形成政府、市场、社会组织和学习者等多主体分担和筹措老年教育经费的机制。各级政府要加大对老年大学的经费投入力度，对办学经费予以适当补助。老年教育经费应主要用于老年教育公共服务。鼓励支持行业企业、社会组织和个人设立老年教育发展基金，企业和个人对老年教育的公益性捐赠支出按照税收法律法规规定享受所得税税前扣除政策。

（四）重视理论研究。坚持需求导向和问题导向，依托有关高校、科研院所、老年教育机构开展老年教育理论政策研究和应用性研究。鼓励社会组织开展老年教育优秀研究成果交流活动，总结推广我省发展老年教育的经验与成果，提升我省老年教育在全国的知名度和影响力。

（五）营造良好氛围。各地要广泛宣传党和国家关于发展老年教育的方针政策，宣传老年教育发展中的典型经验、案例、做法和成效，努力使全社会关心、支持和参与老年教育的氛围更加浓厚。要充分调动老年人参与学习的积极性和主动性，积极培育老年学习文化，使学习风尚融入老年人生活，使老年教育成为增进老年人福祉的重要内容。

陕西省人民政府办公厅关于全面放开养老服务市场提升养老服务质量的实施意见

陕政办发〔2017〕76号

各设区市人民政府，省人民政府各工作部门、各直属机构：

为贯彻落实《国务院办公厅关于全面放开养老服务市场提升养老服务质量的意见》（国办发〔2016〕91号），促进我省养老服务业持续健康发展，经省政府同意，现提出如下实施意见。

一、总体要求

（一）指导思想。全面贯彻党的十八大和十八届三中、四中、五中、六中全会精神，认真落实党中央、国务院决策部署，紧紧围绕“五位一体”总体布局和“四个全面”战略布局，立足追赶超越定位和“五个扎实”要求，积极应对人口老龄化，深化放管服改革，健全机制、补齐短板、提质增效，加快推进养老服务业供给侧结构性改革，激发市场活力，提升养老服务质量，让广大老年群体享受优质养老服务，切实增强人民群众获得感。

（二）发展目标。到2020年，养老服务市场全面放开，养老服务和产品有效供给能力大幅提升，供给结构更加合理，养老服务政策法规体系、行业质量标准体系进一步完善，信用体系基本建立，市场监管机制有效运行，服务质量明显改善，群众满意度显著提高，养老服务业成为促进社会发展的新动能。

二、全面放开养老服务市场

（一）放宽准入条件。

降低准入门槛。设立营利性养老机构，按照“先照后证”的简化程序执行，在工商行政管理部门办理登记后，在辖区县级以上人民政府民政部门申请设立许可。在民政部门登记的非营利性养老机构，可依法在其登记管理机关管辖范围内设立多个不具备法人资格的服务网点。

支持多元投入。鼓励境外、省外投资者在省内举办养老服务机构，与本省投资者享受同等优惠政策待遇。引导社会资本参与养老服务机构建设运营，开展PPP项目示范。支持保险机构在陕举办各种养老服务机构和服务园区。鼓励养老行业社团组织参与养老服务。

改进审批服务。精简行政审批环节，全面清理申办养老机构的不合理前置审批事项，优化审批程序，简化审批流程，提高审批效率。申请设立养老服务类社会组织，符合直接登记条件的可以直接向当地民政部门依法申请登记，不再经业务主管单位审查同意。

（二）优化市场环境。

推进公办养老机构改革。政府投资建设和购置的养老服务设施、新建居民区按规定配建并移交给民政部门的养老服务设施、国有单位培训疗养机构等改建的养老服务设施，均可实施公建民营。在明晰产权的基础上，鼓励社会力量以承包、租赁、联营、合资、合作等方式，实现公建民营养老机构市场化运行。到2020年政府运营的养老床位数占当地养老床位总数的比例应不超过50%。

推进完善价格形成机制。完善以市场形成价格为主的养老机构服务收费管理机制。民办营利性养老机构服务收费项目和标准由经营者自主确定。民办非营利性养老机构服务收费标准由经营者合理确定，有关部门对其财务收支状况、收费项目和调价频次进行必要监管，同时加强对价格水平的监测分析。政府运营的养老机构，按照非营利原则，实行政府定价或政府指导价，同时按照相关规定对特殊人群实行免费政策；对于以公建民营等方式运营的养老机构，采用招投标、委托运营等竞争性方式确定运营方，具体服务收费标准由运营方依据委托协议等合理确定。

推进行业信用体系建设。建立覆盖养老服务行业法人、从业人员和服务对象的行业信用体系。逐步将养老机构和从业人员信用记录纳入全国信用信息共享平台，建立健全信用信息记录和归集机制，通过企业信用信息公示系统向社会公示相关企业的行政许可、行政处罚等信息。引入第三方征信机构，参与养老行业信用评价和信用监管。完善奖惩机制，将信用信息作为各项支持政策的重要衡量因素，对诚实守信者在政府购买服务、债券发行等方面实行优先办理、简化程序等绿色通道支持激励政策，建立健全养老服务行业黑名单制度和市场退出机制，加强行业自律和监管。

三、大力提升居家社区养老服务能力

（一）加强居家社区养老服务设施建设。

各市、县（区）要分区分级规划设置居家社区养老服务设施，为开展居家养老和日间照料服务留足空间。新建小区养老服务设施建设纳入土地出让合同管理，多期建设的居住区养老服务设施应当在首期进行建设。老城区和已建成居住区无养老服务设施或现有设施没有达标的，当地政府应按照养老服务设施专项规划，限期通过购置、置换、租赁等方式配备养老服务设施，所需资金可列入土地出让收入使用范围。鼓励建设小型社区养老院，满足老年人就近养老需求，方便亲属照护探视。

（二）发挥居家养老服务组织作用。

积极培育为老服务社会组织，建立以社区为平台，社会组织为载体，社会工作者和社会志愿者为骨干力量的为老服务模式，提升多元化居家社区养老服务能力。开展老年人养老需求评估，全面提升养老服务质量。充分依托村（居）基层党组织、自治组织和社会组织等，开展基层联络人登记工作，建立应急处置和评估帮扶机制，关注老年人心理健康。

（三）提升农村养老服务水平。

依托农村社区综合服务设施，拓展养老服务功能。支持各地建设农村幸福院等自助式、互助式养老服务设施，逐步建立农村互助幸福院运营补贴机制。加强农村敬老院建设和改造，在满足农村特困人员集中供养需求的前提下，为农村低收入老年人和失能、半失能老年人提供便捷可及的养老服务。农村集体经济、农村土地流转等收益分配优先用于解决本村老年人的养老问题。

（四）加快老年人宜居环境建设。

通过政府补贴、产业引导和业主众筹等方式，加快推进老旧居住小区和老年人家庭的无障碍设施改造，重点做好居住区缘石坡道、轮椅坡道、公共出入口、走道、楼梯、电梯候梯厅及轿厢等设施和部位的无障碍改造，优先安排贫困、高龄、失能等老年人家庭设施改造，组织开展多层老旧住宅电梯加装，支持开发老年宜居住宅和代际亲情住宅。各地在推进易地扶贫搬迁以及城镇棚户区、城乡危房改造和配套基础设施建设等保障性安居工程中，要统筹考虑适老化设施配套建设。

四、创新养老服务供给模式

（一）推进医养结合发展。

推进基层医疗卫生服务延伸至社区、家庭，全面推行家庭医生与辖区老年人签约服务，提供定期体检、上门巡诊、康复护理、健康管理等服务。医疗机构特别是二级及以上综合性医院要开设老年病科、老年病门诊，并与养老服务机构开展合作共建、业务协作，开通转诊、接诊绿色通道。鼓励社会力量举办医养结合机构，提供康复、长期护理、慢性病管理、临终关怀等接续性医疗服务。到2020年护理型床位占当地养老床位总数的比例应不低于30%。探索开展长期护理保险制度试点，形成多元化养老保险筹资模式，推动解决经济困难失能老年人基本生活照料和相关医疗护理等费用问题。将符合条件的养老机构内设医疗机构，按规定纳入城乡基本医疗保险定点范围。提升医保经办服务能力，加快推进异地就医直接结算工作，切实解决老年人异地就医直接结算问题。大力推动符合条件的执业医师到养老服务机构、社区老年人照料机构内设的医疗卫生机构多点执业。

（二）推进“互联网+”养老服务。

充分依托智慧城市、智慧社区建设，发展智慧养老服务新业态。开发和运用智能硬件，推动移动互联网、云计算、物联网、大数据等与养老服务业结合，引导整合线上线下养老服务资源，创新居家养老服务模式。推广远程医疗服务试点，推进养老、保健、医疗服务一体化发展。打通养老服务信息共享渠道，推进社区综合服务信息平台与户籍、医疗、社会保障等信息资源对接，促进养老服务公共信息资源向各类养老服务机构开放。

（三）推进多样化养老。

依托度假区、疗养院以及生态资源优势，发展生态养老、田园养老、健康养老等模式，开发适合老年人特点的休闲旅游、生态健康等服务。依托老年大学等文化教育资源，丰富老年人文化供给。鼓励社会组织开展精神慰藉、法律维权等为老服务，满足养老多样化需求。

（四）发展适老金融服务。

规范和引导商业银行、保险公司等金融机构开发适合老年人的理财、保险产品，满足老年人金融服务需求，通过养老机构综合责任险、老年人意外伤害保险等方式，化解风险，提高老年人保障水平。探索养老金管理公司试点工作，强化老年人金融安全意识，加大金融消费权益保护力度。支持具有资质的机构按规定积极参与养老金管理相关业务，做好相关受托管理、投资管理和账户管理等服务工作。

（五）推进老年产品开发。

及时更新康复辅助器具配置目录，鼓励企业利用新技术、新工艺、新材料和新装备开发方便、可靠、安全的老年产品和适合老年人的智能化产品、可穿戴健康监测设备、健康养老移动应用软件等。上述企业经认定为高新技术企业的，按规定享受企业所得税优惠。

五、增强政策保障能力

（一）保障土地供给。

将各类养老服务设施建设用地纳入城镇土地利用总体规划和年度用地计划。统筹利用闲置资源发展养老服务，有关部门要按程序依据规划调整其土地使用性质。营利性养老服务机构利用存量建设用地建设养老设施，涉及划拨建设用地使用权出让（租赁）或转让的，在原土地用途符合规划的前提下，允许补缴土地出让金（租金），办理协议出让或租赁手续。企事业单位、个人对城镇现有空闲的厂房、学校、社区用房等进行改造和利用，举办养老服务机构，经有关部门批准临时改变建筑使用功能从事非营利性养老服务且连续经营一年以上的，五年内土地使用性质可暂不作变更。民间资本举办的非营利性养老机构和政府举办的养老服务机构可依法使用国有划拨土地或者农民集体所有的土地。对采取政府和社会资本合作（PPP）方式的养老服务项目，可以国有建设用地使用权作价出资或者入股建设。

（二）完善财政金融支持。

全省各级政府要加大投入力度，支持养老服务设施建设，切实落实养老机构相关税费优惠政策，落实彩票公益金支持养老服务体系建设政策要求。逐步建立健全针对低收入高龄、失能老年人的补贴制度，统一设计、分类施补，提高补贴政策的精准度。对养老服务机构的运行补贴应根据接收失能老年人等情况合理发放。完善政府购买社区居家养老服务指导性目录，培育和扶持合格供应商进入。

拓宽投融资渠道。鼓励社会资本采取建立基金、发行企业债券等方式筹集资金，用于建设养老服务设施、购置设备和收购改造社会闲置资源等。鼓励银行业金融机构以养老服务机构有偿取得的土地使用权、产权明晰的房产等固定资产和应收账款、动产、知识产权、股权等抵质押，提供信贷支持，满足养老服务机构多样化融资需求。有条件的地方在风险可控、不改变养老服务机构性质和用途的前提下，可探索养老服务机构其他资产抵押贷款的可行模式。

（三）加强人才培养。

将养老护理员培训作为职业培训和促进就业的重要内容。对参加养老服务技能培训或创业培训且符合补贴条件的劳动者，按规定给予培训补贴。推动普通高校和职业院校开发养老服务和老年教育课程，为社区、老年教育机构及养老服务机构等提供教学资源及服务。贯彻落实职业技能等级与养老服务人员薪酬待遇挂钩机制，建立养老服务行业从业人员奖惩机制，提升养老护理队伍职业道德素养。将养老护理员纳入企业新型学徒制试点和城市积分入户政策范围。积极开发老年人力资源，为老年人的家庭成员提供养老服务培训，倡导“互助养老”模式。

六、加强监管和组织实施

（一）强化服务监管。

各地要建立健全民政部门和相关部门协同配合的监管机制，采取“双随机、一公开”模式，加强对养老服务机构运营和服务的监管。在民政部门登记的非营利性养老服务机构，要对其设立的不具备法人资格的服务网点进行监管。严禁以举办养老服务机构名义从事房地产开发，严禁利用养老服务机构的房屋、场地、设施开展与养老服务无关的活动，严禁改变机构的养老服务性质。做好养老服务领域非法集资信息监测和分析工作，及时进行政策宣传和风险提示，严厉打击针对老年人的非法集资、传销等涉众型经济犯罪案件以及利用互联网组织串联的违法犯罪活动。对在养老服务中虐老欺老、收取保证金、办理会员卡和发行金融产品等活动中的违法违规行为，要依法严厉查处。加强养老服务设施安全管理，建立定期检查制度，确保老年人人身安全。

（二）完善标准体系。

民政、质监等部门要建立健全养老服务标准体系，加快制定养老服务机构管理和服务地方标准，开展养老服务机构星级评定，主动接受社会监督。建立健全养老服务评估制度，科学确定老年人服务需求类型、照料护理等级和养老服务补贴领取资格，加快实现养老服务评估科学化、专业化。

（三）加强宣传引导。

坚持以社会主义核心价值观为引领，弘扬中华民族尊老、敬老的社会风尚和传统美德，营造养老、助老的良好社会氛围，加强对养老服务业发展过程中涌现出的先进典型和先进事迹的宣传报道，及时总结推广养老服务业综合改革试点、医养结合试点、居家养老服务试点中的好经验、好做法。

（四）完善工作机制。

各地要把全面放开养老服务市场、提升养老服务质量摆在重要位置，建立组织实施机制，及时制定配套实施意见，对政策落实情况进行跟踪分析和监督检查，确保责任到位、工作到位、监管到位。各部门要加强协同配合，落实相关优惠政策，共同促进养老服务提质增效。对不落实养老服务政策，或者在养老服务机构运营和服务中有违反法律法规行为的，依法依规追究相关人员的责任。省发展改革委、省民政厅要会同有关部门加强督导检查，并报告工作进展情况。

本实施意见自2017年9月30日起施行，有效期至2022年9月30日。

附件：重点任务分工及进度安排表.pdf

陕西省人民政府办公厅

2017年8月30日

青海省关于推进老年宜居环境建设的实施意见

青老龄办〔2017〕16号

各市（州）、县（区、市、行委）老龄办、发展改革委、教育局、科技局、经济和信息化委、公安局、民政局、司法局、财政局、人力资源社会保障局、国土资源局、住房城乡建设局、交通运输局、商务局、文化局、卫生计生委、地税局、广电局、体育局、旅游局、保监局、总工会、团委、妇联、残联：

为改善老年人生活环境，提升老年人生活生命质量，增强老年人幸福感和获得感，根据《中华人民共和国老年人权益保障法》和《关于推进老年宜居环境建设的指导意见》（全国老龄办发〔2016〕73号），现就加强青海省老年宜居环境建设，制定如下实施意见。

一、重要意义

近年来，全省各地、各有关部门在推进老年宜居环境建设，改善老年人居住、生活和社会文化环境等方面进行了有效探索，并取得了一定成效，但在老年人居住、出行、就医、养老以及社会参与等方面依然存在着不适老、不宜居的问题。随着我省人口老龄化的快速发展，公共基础设施与老龄化社会要求之间不适应的矛盾将日益凸显。推进老年宜居环境建设，有利于增进老年民生福祉和社会和谐，是开展积极应对我省人口老龄化行动的重要举措，也是促进经济发展的重要措施，对推动全省老龄事业全面协调可持续发展具有重要意义。

二、基本原则和发展目标

（一）基本原则。

——理念引领，规划先行。在经济社会发展中，综合考虑人口老龄化的影响，树立适老宜居新理念。将老年宜居环境建设纳入经济和社会发展规划、土地利用总体规划、城乡规划及相关专项规划，提高规划的前瞻性和适老性，以规划带动老年宜居环境建设工作全面开展。

——城乡统筹，突出重点。统筹兼顾，全面推进，促进城乡老年宜居环境建设协调发展。树立问题导向，聚焦全省城乡社区老年宜居环境建设的重点领域和薄弱环节，有效利用保障民生的各方面资源，优先解决老年人生活环境中存在的突出问题。

——多元参与，共建共享。引导市场、社会、家庭、个人多元参与，形成合力，发挥财政资金撬动作用，推广政府和社会资本合作模式。弘扬孝亲美德，营造敬老风尚，使人人既是老年宜居环境建设工作的参与者，又是建设成果的受益者。

——改革创新，注重实效。既要加强顶层设计，又要尊重群众首创精神，积极推进老年宜居环境建设的理论创新、实践创新和制度创新。鼓励各地立足实际，创新实践方式，建立长效机制，因地制宜，形成地方特色。

（二）发展目标。

到2025年，安全、便利、舒适的老年宜居环境体系基本建立，“住、行、医、养”等环境更加优化，敬老养老助老社会风尚更加浓厚。

——老年宜居环境理念普遍树立，老年群体的特性和需求得到充分考虑，形成人人关注、全民参与老年宜居环境建设的良好社会氛围。

——老年人保持健康、活力的软硬件环境不断优化，适宜老年人的居住环境、安全保障、社区支持、家庭氛围、人文环境持续改善。

——老年人融入社会、参与社会的障碍不断消除，老年人信息交流、尊重与包容、自我价值实现的有利环境逐渐形成。

三、重点任务

根据现阶段老年人在日常生活和社会参与等方面存在的不适老、不宜居等问题，今后一个时期，全省老年宜居环境建设的重点任务是建设适老居住、出行、就医、养老等方面的物质环境和包容、支持老年人融入社会的文化环境。

（一）适老居住环境。

1. 推进老年人住宅适老化改造。各级政府要逐步完善报警、医疗急救等紧急呼叫系统，完善老年人住宅防火和紧急救援救助功能，鼓励发展老年人紧急呼叫产品与服务，鼓励安装独立式感烟火灾探测报警器等设施设备。引导和鼓励老年人家庭对日常生活设施进行适老化改造，对住宅室内设施中存在的安全隐患进行排查和改造，依托“福彩助老、助残健康行”项目，对符合条件的老年残疾人家庭进行无障碍设施改造和康复辅具配置。（住建、民政、残联、财政、公安、卫生、科技、老龄等部门）

2. 支持适老住宅建设。在城镇住房供应政策中，对开发老年公寓和有适老功能的新型住宅提供相应政策扶持。鼓励发展通用住宅，满足各年龄段家庭成员，尤其是老年人对居住环境的必要需求。在推进老（旧）居住（小）区、棚户区、农村危房改造中，将符合条件的老年人优先纳入住房保障范围；鼓励以保障性住房建设为试点，推行无障碍住房配建工程，适量设计符合乘轮椅者居住的住房套型。加大对老年人住宅消防安全保障设施的建设力度，着力改善住宅小区消防安全条件，确保消防车通道、人员疏散通道畅通，建筑消防设施完好有效。（住建、发改、残联、公安等部门）

（二）适老出行环境。

3. 强化住宅区无障碍通行。加强老年人住宅区公共设施无障碍改造，重点对轮椅坡道、楼梯、电梯、扶手、公厕等公共建筑节点进行改造，满足老年人基本的安全通行需求，对符合条件的小区公共活动区域进行无障碍设施改造。加强对《无障碍环境建设条例》的执法监督检查，新建住宅区应参考《老年人居住建筑设计标准》，严格执行无障碍设施建设相关标准，规范建设无障碍设施。（住建、残联、民政等部门）

4. 构建社区步行路网。遵循安全便利原则，加强社区路网设施规划与建设，加强对社区道路系统、休憩设施、标识系统的综合性无障碍改造。清除步行道路障碍物，严禁非法占用小区步行道，保持小区步行道路平整防滑安全。（住建等部门）

5. 发展适老公共交通。加强城市道路、公共交通建筑、公共交通工具的无障碍建设与改造。继续落实老年人乘坐公共交通工具免费或优惠政策，不断扩大优惠覆盖范围和优惠力度，改善老年人乘车环境，按规定设置“老幼病残孕”专座和爱心服务标识，鼓励老年人错峰出行。完善公共交通标志标线，强化对老年人的安全提醒，重点对大型交叉路口的安全岛、隔离带及信号灯进行适老化改造。（交通、住建、公安、老龄等部门）

6. 完善老年友好交通服务。要在机场、火车站、汽车站、旅游景区等配备应急药品、轮椅，并在人流密集场所设置老年人优先标志、等候专区和绿色通道，设立坡道式无障碍通道、无障碍洗手间等设施，实行老年人优先购票政策，并提供志愿服务，加大对老年人的服务力度，方便老年人出行。（交通、住建、旅游、团委、老龄等部门）

（三）适老健康支持环境。

7. 优化老年人就医环境。各地根据实际，统筹医疗卫生与养老服务资源布局，重点加强老年病、康复、养老护理、临终关怀机构和综合医院（含中藏医医院）老年病科建设，开通老年人就医绿色通道，积极推进乡镇卫生院和村卫生室一体化管理，为老年人提供便利的就医环境。推进基层医疗卫生机构和医务人员与社区、居家养老结合，优化与老年人家庭建立家庭医生签约服务关系，为老年人提供连续性的健康管理和公共卫生、基本医疗服务。有条件的二级及以上综合医院可与养老机构开展合作共建，通过建设医疗养老联合体等多种方式，充分利用医疗、康复、养老和护理资源，为老年人提供一体化的健康和养老服务。（卫生、民政、发改、住建、老龄等部门）

8. 提升健康养老服务信息技术水平。将健康养老纳入“健康青海 2030”行动计划，传播老年健康核心信息，广泛宣传健康养老知识。利用老年人基本信息档案、电子健康档案、电子病历等，充分依托社区各类服务和信息网络平台，推动社区养老服务信息平台与区域人口健康信息平台对接，整合信息资源，实现信息共享，为开展健康养老服务提供信息和技术支撑、加强公立医疗机构与养老机构、社区之间的信息互通，组织医疗机构开展面向养老机构的远程医疗服务。鼓励各地探索基于互联网的医养结合服务新模式，提高服务的便捷性和针对性。（卫生、民政、科技、经信等部门）

（四）适老生活服务环境。

9. 加快配套设施规划建设。在市政建设中，统筹考虑，统一规划，同步建设涉老公共服务设施，增强老年人生活的便利性。鼓励综合利用城乡社区中存量房产、设施、土地服务老年人，优化老年人居家养老的社区支持环境，养老机构、日间照料中心、老年活动中心等各类生活服务设施与社区相关配套设施集约建设、资源共享。（住建、发改、国土、民政、老龄等部门）

10. 加强公共设施无障碍改造。按照无障碍设施工程建设相关标准和规范，加强对银行、商场、超市、便民网点、图书馆、影剧院、博物馆、公园、景区等与老年人日常生活密切相关的公共设施的无障碍设计与改造。鼓励公共场所提供座椅、老花镜、放大镜等设施设备，有条件的可配备大字触屏读报系统，为老年人提供方便。（住建、残联、文化、商务、旅游、老龄等部门）

11. 健全社区生活服务网络。培育和扶持居家养老服务企业和社会组织，不断开发服务产品、提高服务质量。

鼓励社会组织和家政、物业等企业兴办或以加盟、参与、托管等方式运营社区日间照料、老年活动中心等养老服务设施，优先为居家老年人提供助餐、助浴、助洁、助急、助医等基本服务。鼓励社区建立健全居家养老服务网点，使居家老年人能够就近获得多样化养老服务。充分发挥各类志愿服务组织的积极作用，引导社会各界开展多种形式的助老惠老志愿服务活动。（民政、商务、卫生、团委、妇联、工会等部门）

12. 构建适老信息交流环境。各地要将无障碍信息交流建设纳入信息化建设规划，积极推进政务信息公开无障碍，市州以上政府新闻发布会逐步增加手语服务；图书、影像、电视栏目、网络、通信等公共传媒要针对特殊老年群体，采用加配盲文、手语、字幕、图像、声音等方式，提升服务老年人的能力。（住建、残联、经信、文化、广电、科技等部门）

13. 加强老年用品供给。着力开发老年用品市场，支持企业重点研发和经营老年人迫切需求的安全有效的康复辅具、食品药品、服装服饰等用品用具和服务产品，推进适宜老年人特点的通用产品及实用技术的研发和推广。鼓励商场、超市、批发市场设立老年用品专区专柜；引导和规范金融机构开发老年人储蓄、保险、投资、以房养老等金融产品。严格老年用品规范和标准，加强监督管理，确保产品质量。（商务、经信、科技、卫生、民政、残联、保监等部门）

14. 大力发展老年教育。结合多层次养老服务体系建设，改善基层社区老年人的学习环境，完善老年人社区学习网络。鼓励社区举办老年教育学校，注重社区教育与老年教育相结合。支持各级各类老年大学到乡镇（街道）举办老年大学（学校），并利用自身资源优势向社区（村）辐射办学，统筹现有资源，努力建设一批在本区域发挥示范作用的乡镇（街道）老年人学习场所和老年大学，加强硬件和网络建设，不断扩大老年教育覆盖面，提高老年教育参与率和满意度。（教育、老龄、民政、发改等部门）

（五）敬老社会文化环境。

15. 营造老年社会参与支持环境。树立老年人是社会财富的理念，破解制约老年人参与经济社会发展的法规政策束缚和思想观念障碍，各类人才市场、人才中介机构要把老年人力资源纳入服务范围，拓展老年人力资源开发渠道，为老年人在更大程度、更宽领域参与经济社会发展搭建平台、提供便利。倡导老年人树立积极老龄观，自尊自立自强，以“银龄行动”、“乐龄工程”等项目为依托，鼓励老年人老有所为，依法依规参与经济社会发展，实现自我价值。（人社、老龄、教育、团委、妇联等部门）

16. 弘扬敬老、养老、助老社会风尚。各级主流媒体要开设敬老文化专题栏目和网页，在全社会深入开展“敬老月”、敬老爱老助老主题教育评选宣传活动，大力弘扬中华民族孝亲敬老传统美德。开展老龄法律法规普法宣传教育，增强全社会依法保护老年人合法权益的意识，反对和打击对老年人采取任何形式的歧视、侮辱、虐待、遗弃和家庭暴力，引导律师、公证、基层法律服务所和法律援助机构深入开展老年人法律服务和法律援助工作。（老龄、广电、民政、教育、文化、司法、公安等各有关部门）

17. 倡导代际和谐社会文化。巩固经济供养、生活照料和精神慰藉的家庭养老功能，完善家庭养老支持政策，鼓励家庭成员与老年人共同生活或就近居住，履行赡养义务。加强家庭美德教育，开展寻找“最美家庭”、“文明家庭”和“好家风好家训”等宣传展示活动。引导全社会增强接纳、尊重、帮助老年人的关爱意识，增强不同代际间的文化融合和社会认同，统筹解决各年龄群体的责任分担、利益调处、资源共享等问题，实现家庭和睦、代际和顺、社会和谐，为老年人创造良好的生活氛围。（老龄、民政、教育、妇联、团委、工会等部门）

四、保障措施

（一）加强组织领导。老年宜居环境建设是一项跨领域、跨部门的战略性系统工程。加强老年宜居环境建设，既关乎当前，又关乎长远。各地、各有关部门要充分考虑人口老龄化发展因素，深入认识推进老年宜居环境建设的重要意义，加强组织领导，健全工作机制，强化部门协同，制定具体的实施方案，确立基本目标和主要任务，明确责任，切实抓好落实。（各有关部门）

（二）加强政策支持。各地各有关部门要运用更加灵活务实的财政政策，依法落实税收政策，统筹政府资金、社会资本等，鼓励社会资本参与老年宜居环境建设。鼓励金融机构面向老年宜居环境重点工程开发相关金融产品和服务。加大养老用地政策落实力度。对免费或优惠向老年人开放的公共服务设施，按照有关规定给予财政补贴。（财政、地税、保监、民政、发改、国土等部门）

（三）加强示范引导。在全省开展老年宜居环境建设工作的同时，鼓励有条件的地方，尤其是已被评为全国无障碍建设市县的地区，结合本地实际，选择不同类型的城市（社区），积极探索老年宜居环境建设的有效模式，稳妥有序地开展示范工作。示范地区要制定具体的实施方案，明确分工，落实责任，合理配置资源，加大财力保障，营造良好政策环境，积极推进建设工作的落实。（住建、残联、财政、发改等部门）

（四）加强宣传推广。各地各部门要组织利用广播、电视、报刊、网络等新闻媒体，采用专题专栏、宣传画册、公益广告等多种形式，大力宣传和普及老年宜居环境建设的重要意义，宣传老年宜居环境建设的新理念，宣传省内外老年宜居环境建设的先进经验，营造全社会关心、

支持、参与老年宜居环境建设的良好氛围。（各部门）

青海省老龄工作委员会办公室　青海省发展和改革委员会
青海省教育厅　青海省科学技术厅
青海省经济和信息化委员会　青海省公安厅
青海省民政厅　青海省司法厅
青海省财政厅　青海省人力资源和社会保障厅
青海省国土资源厅　青海省住房和城乡建设厅
青海省交通运输厅　青海省商务厅
青海省文化和新闻出版厅　青海省卫生和计划生育委员会
青海省地方税务局　青海省广播电影电视局
青海省体育局　青海省旅游发展委员会
中国保险监督管理委员会　青海监管局青海省总工会
中国共产主义青年团青海省委员会　青海省妇女联合会
青海省残疾人联合会
2017年7月24日

宁夏回族自治区人民政府办公厅关于全面放开养老服务市场加快养老服务业转型升级的实施意见

宁政办发〔2017〕106号

各市、县（区）人民政府，自治区政府各部门、各直属机构：

为深入贯彻落实《国务院办公厅关于全面放开养老服务市场提升养老服务质量的若干意见》（国办发〔2016〕91号）精神，加快养老服务业转型升级，不断扩大产业规模，逐步完善服务体系，促进全区养老服务业更好更快发展，经自治区人民政府同意，现提出如下实施意见：

一、总体要求

（一）指导思想。全面贯彻党的十八大和十八届三中、四中、五中、六中全会精神，深入学习贯彻习近平总书记系列重要讲话精神，认真落实中央、自治区关于养老服务业的决策部署，紧紧围绕经济繁荣、民族团结、环境优美、人民富裕，与全国同步建成全面小康社会的目标，坚持创新、协调、绿色、开放、共享新发展理念，坚持深化改革、放开市场，坚持改善结构、突出重点，坚持鼓励创新、提质增效，坚持强化监管，优化环境，持续深化简政放权、放管结合、优化服务改革，积极应对人口老龄化，在保基本、兜底线的基础上，充分发挥市场在资源配置中的决定性作用，调动社会力量参与养老服务的积极性，推进养老服务业供给侧结构性改革，保障基本需求，繁荣养老市场，让老年群体享受优质养老服务，切实增强人民群众获得感。

（二）工作目标。到2020年，全区养老服务市场全面放开，产业规模进一步壮大，供给结构更加合理，服务能力大幅提升，市场监管机制有效运行，服务质量明显改善，政策法规体系、质量标准体系更加完善。政府运营的养老床位数占养老床位总数的比例不超过50%，社会力量成为发展养老服务业的主体。打造“颐养宁夏”养老服务品牌，实现机构和居家相融合的社区养老、医疗和养生养护相融合的健康养老、数据和服务相融合的智慧养老、基本养老和产业养老相融合的幸福养老，全面建成以居家为基础、社区为依托、机构为补充、医养相结合的多层次养老服务体系，老年群体多层次、多样化的服务需求得到更好更充分的保障，养老服务业成为促进我区经济社会发展的新动能。

二、放宽准入条件

（三）降低准入门槛。进一步降低准入门槛，营造公平竞争环境，积极引导社会资本进入养老服务业，充分激发各类市场主体活力。在民政部门登记的非营利性养老机构，可依法在其登记管理机关管辖范围内设立多个不具备法人资格的服务网点。设立营利性养老机构，应按“先照后证”要求，在工商行政管理部门办理登记后，在辖区县级以上人民政府民政部门申请设立许可。区外（境外）投资者举办养老服务项目与区内投资者享受同等政策待遇。

（四）精简审批环节。全面清理申办养老机构前置审批事项，优化审批流程，压缩审批时限。申请设立养老服务类社会组织，符合直接登记条件的可以直接向民政部门依法申请登记，不再经由业务主管单位审查同意。支持新兴养老业态发展，对于养老机构以外的其他提供养老服务的主体，鼓励其依法办理法人登记并享受相关优惠政策。

三、优化市场环境

（五）优化政府服务。加强对筹建养老机构的指导服务。公开办事指南，推进阳光审批，实施行政审批服务标准化，加快推行养老机构申办一站式服务，建立“一门受理、一网通办”的网上并联审批平台，进一步提高审批效率。积极妥善解决老旧养老服务设施的消防、环保、卫生防疫等问题，对因年代久远或其他客观原因无法办理土地证明、规划、施工、建设、消防许可及环保等前置证明的，由县级人民政府协调出具土地性质、房屋权属、消防手续等相关文件，住房城乡建设部门协调专业机构进行房屋质量检测，环保部门协调完善环保手续，公安消防部门指导相关单位依法办理消防设计审核、消防验收或备案手续。

（六）完善价格机制。加快建立以市场形成价格为主的养老机构服务收费管理机制。对于民办营利性养老机构，服务收费项目和标准由经营者自主确定。对于民办非营利性养老机构，服务收费标准由经营者合理确定，由民政部门联合相关部门对其财务收支状况、收费项目和调价频次进行必要监管，同时加强对价格水平的监测分析。对于政府运营的养老机构，以扣除政府投入、社会捐赠后的实际服务成本为依据，按照非营利原则，实行政府定价或政府指导价。对于公建民营的养老机构，采用招投标、委托运营等竞争性方式确定运营方，入住人员属于政府兜底保障对象的，由民政部门和运营方协商确定收费标准；属于社会老人的，由运营方依据委托协议、合同等合理确定收费标准。

（七）推进产业化发展。加快养老与房地产、医疗、保险、旅游等融合步伐，大力发展候鸟式养老、旅游养老、农家养老、会员制养老等新兴业态，拉长产业链条，提高产业聚集度。以老年人服务需求为导向，搭建供需对接平台，支持康复辅具、食品药品、服装服饰等老年用品用具和老年旅游、老年保险等服务产品的研发、生产和销售。引导社会力量投资休闲健康养生养老基地，开发老年住宅、老年公寓，建设能够满足老年人教育、健身、娱乐、保健、医疗、康复、护理等多种需求的老年社区和大型养老综合体。支持成立养老产业协会，发挥行业协会在信息咨询、行业自律、标准制定、产业发展等方面的作用。

（八）加快公办养老机构改革。积极、稳妥、有序推进具备向社会提供养老服务条件的公办养老机构转制成为企业或开展公建民营。鼓励社会力量通过独资、合资、合作、联营、参股、租赁、委托管理等方式，参与公办养老机构改革。政府投资建设和购置的养老设施、新建居民区按规定配建并移交给民政部门的养老设施、国有单位培训疗养机构等改建的养老设施，均可实施公建民营，所有权方可收取相应的管理费用，用于本养老机构建设发展、设施设备维修等，具体标准由民政部门会同相关部门核定。运营方利用公办养老机构现有土地和房屋设施，采用政府和社会资本合作模式，引导社会力量参与公办养老机构改扩建和运营管理。

（九）加强行业信用建设。建立覆盖养老服务行业法人、从业人员和服务对象的行业信用体系。建立健全信用信息记录和归集机制，加强与全国信用信息共享平台的信息交换和共享，通过国家企业信用信息公示系统向社会公示相关企业的行政许可、行政处罚等信息。引入第三方征信机构，参与养老行业信用建设和信用监管。建立多部门、跨地区的联合奖惩机制，将信用信息作为各项支持政策的重要衡量因素，对诚实守信者在政府购买服务、债券发行等方面实行优先办理、简化程序等绿色通道支持激励政策，建立养老服务行业黑名单制度和市场退出机制，加强行业自律和监管。

四、提升居家社区养老品质

（十）推进居家社区养老一体化。开展居家社区养老服务改革试点，探索适合我区实际，可复制、易推广的居家社区养老新模式；逐步健全以企业和社会组织为主体、社区为纽带、信息平台为手段、满足老年人各种养老服务需求的社区居家养老服务体系。开展养老服务需求评估，对具有本地户籍的“三无”老人，低收入的高龄、独居、失能等困难老年人给予护理补贴和养老服务补贴。加快建设智能化社区综合服务信息平台，对接供求信息，提供助餐、助洁、助行、助浴、助医等上门服务。整合社区服务中心（站）、社区老年人日间照料中心、卫生服务中心等资源，打造嵌入式社区养老院和社区综合服务中心，为居家社区老年人提供健康保健、文化娱乐、临时托养、法律援助等服务。鼓励支持社会力量以独资、合资、承包、合作、租赁等方式参与社区养老服务设施公建民营。将专业化居家社区养老服务组织纳入家政服务业、扶持社会组织发展等政策扶持范围。各类营利性和非营利性社区居家养老服务组织、小型养老机构，同等享受小微企业税费减免、投融资支持等优惠扶持政策。到2020年，全区城镇社区养老服务设施实现全覆盖。

（十一）提升农村养老服务能力。整合改造农村闲置校舍、公共用房等资源，用于建设农村幸福院（老饭桌）、互助养老院等自助式、互助式养老服务设施，加强与农村危房改造、扶贫开发等涉农基本住房保障政策的衔接。探索“以地养老、以权养老”新模式，农村集体经济、农村土地流转等收益分配应充分考虑解决本村老年人的养老问题。加强农村敬老院建设和改造，推动服务设施达标，在满足农村特困人员集中供养需求基础上，为农村低收入老年人和失能、半失能老年人提供便捷可及的养老服务。鼓励支持农村敬老院发挥服务优势，辐射周边提供居家社区养老服务。鼓励专业社会工作者、社区工作者、志愿服务者开展对农村留守、困难、独居老年人的关爱保护服务。依托农村基层党组织、自治组织和社会组织等，建立应急处置和评估帮扶机制，关注老年人的心理、安全等问题。到2020年底，全区农村养老服务设施覆盖行政村的60%以上。

（十二）提高老年人生活便捷化水平。通过政府补贴、产业引导和业主众筹等方式，加快推进老旧居住小区和老年人家庭的无障碍改造，重点做好居住区缘石坡道、轮椅坡道、公共出入口、走道、楼梯、电梯候梯厅及轿厢等设施和部位的无障碍改造，优先安排贫困、高龄、失能等老年人家庭设施改造，组织开展多层老旧住宅电梯加装。支持开发老年宜居住宅和代际亲情住宅。各地在推进易地扶贫搬迁以及城镇棚户区、城乡危房改造和配套基础设施建设等保障性安居工程中，要按标准同步规划建设社区养老服务设施。

五、优化养老服务供给体系

（十三）推进医养融合发展。健全完善医疗卫生机构与养老机构合作机制，医疗卫生机构要为养老机构开通预约就诊绿色通道，为入住老年人提供医疗巡诊、健康管理、保健咨询、预约就诊、急诊急救、中医养生保健等服务。鼓励二级以上综合医院（含中医医院）与养老机构开展对口支援、合作共建，公立医院资源丰富的地区可积极稳妥地将部分公立医院转为康复、老年护理等接续性医疗机构，提高基层医疗卫生机构康复、护理床位占比，根据需求增设老年养护、临终关怀病床。支持养老机构根据需求和能力开办老年病院、康复护理院、医务室等医疗卫生机构，具备条件的可作为医院（含中医医院）收治老年人的后期康复护理场所。将符合条件的养老机构内设医疗机构按规定纳入基本医疗保险定点协议范围，对养老机构和医疗卫生机构中的医护人员同等对待。扩大护理型服务资源，大力培育发展小型化、连锁化、专业化服务机构。推动医疗卫生服务向社区、家庭延伸，社区老年照料机构要与周边医疗卫生机构建立业务协作机制，为老年人提供便捷服务。规范为居家老年人提供的医疗和护理服务项目，将符合规定的医疗费用纳入医保支付范围。支持社会力量举办医养结合机构，凡符合规划条件和准入资质的，不得以任何理由加以限制。探索建立长期护理保险制度，形成多元化的保险筹资模式，切实保障老年人长期护理服务需求。到2020年，全区护理型床位占养老床位总数的比例不低于30%。

（十四）发展智慧养老服务新业态。推动移动互联网、云计算、物联网、大数据等与养老服务业结合，创新居家养老服务模式，重点推进老年人健康管理、紧急救援、精神慰藉、服务预约、物品代购等服务，开发更加多元、精准的私人订制服务。支持适合老年人的智能化产品、健康监测可穿戴设备、健康养老移动应用软件（APP）等设计开发。打通养老服务信息共享渠道，推进社区综合服务信息平台与户籍、医疗、社会保障等信息资源对接，促进养老服务公共信息资源向各类养老服务机构开放。推广应用独立感烟报警器等最新技术手段，探索选用联网型产品，同步发送提示信息，保障养老服务机构消防安全。

（十五）加快老年产品用品升级。支持企业利用新技术、新工艺、新材料和新装备开发为老年人服务的产品用品，研发老年人乐于接受和方便使用的智能科技产品，丰富产品品种，提高产品安全性、可靠性和实用性。上述企业经认定为高新技术企业的，按规定享受企业所得税优惠。

（十六）发展适老金融服务。规范和引导商业银行、保险公司等金融机构开发适合老年人的理财、保险产品，满足老年人金融服务需求。鼓励金融机构建设老年人无障碍设施，开辟服务绿色通道。强化老年人金融安全意识，加大金融消费权益保护力度。

六、完善政策措施

（十七）强化规划约束。把养老服务业发展纳入自治区空间规划和经济社会发展规划、土地利用总体规划，在编制实施城乡规划、土地利用总体规划、新农村建设规划和基本公共服务规划时，充分考虑养老服务发展需要。制定城市总体规划、控制性详细规划，按照人均用地不少于0.1平方米的标准，分区分级规划设置养老服务设施，并在规划条件中予以载明，列入土地出让合同，与住宅同步规划、同步建设、同步验收、同步交付使用，未按要求配建、不能同步交付使用的住宅小区，住房城乡建设部门不予办理竣工验收备案。

（十八）保障土地供应。民间资本举办非营利性养老机构与政府举办的养老机构享受同等土地使用政策，可以依法使用国有划拨土地和农村集体所有土地。积极探索以租赁或先租后让方式保障营利性养老机构建设土地需求。营利性养老服务机构利用存量建设用地建设养老设施，涉及划拨建设用地使用权出让（租赁）或转让的，在原土地用途符合规划的前提下，允许补缴土地出让金（租金），办理协议出让或租赁手续。企事业单位、个人对城镇现有空闲的厂房、学校、社区用房等进行改造和利用，举办养老服务机构，经有关部门批准临时改变建筑使用功能从事非营利性养老服务且连续经营一年以上的，五年内土地使用性质可暂不作变更。对依法以协议价格取得养老服务设施用地，基准地价已覆盖地区，按不低于出让地块所在级别相同用途基准地价的70%比例且不得低于成本价确定土地出让底价；基准地价未覆盖地区，按不低于新增建设用地有偿使用费、征地（拆迁）补偿费及国家规定应缴纳的有关费用之和确定土地出让底价。对采取招拍挂方式出让的，可探索通过双向竞价、综合评标等方式合理控制地价。支持利用农村闲置土地、房屋建设养老服务设施。鼓励市场存量房产和过剩房源通过租赁、改造等方式，转为养老地产、养老机构、日间照料中心等养老设施，符合条件的可同等享受政府有关扶持政策。对在养老服务领域采取政府和社会资本合作（PPP）方式的项目，可以国有建设用地使用权作价出资或者入股建设。

（十九）加大财政扶持力度。自治区每年安排50%以上的福彩公益金支持养老服务业发展，重点向居家、社区、农村和医养结合型倾斜。加大护理型（医养结合型）养老机构扶持力度。从2018年起，在落实《自治区人民政府关于加快发展养老服务业的实施意见》（宁政发〔2014〕44号）中有关民办非营利性养老机构开办补助标准的基础上，对用房自建并投入使用的护理型床位，再给予每张床位5000元的一次性开办补助（其中，自治区财政预算内资金和自治区本级福彩公益金各承担2000元，县（市）财政承担1000元，市辖区由地级市和辖区财政各承担500元）。租用房且租期5年（含）以上及自有房屋改造的护理型床位，再给予每张床位3000元的一次性开办补助（其中，由自治区财政预算内资金和自治区区本级福彩公益金各承担1000元，县（市）财政承担1000元，市辖区由地级市和辖区财政各承担500元），分3年给予补助。落实经济困难失能失智老年人护理补贴，完善与经济社会发展水平相适应的补贴制度，合理确定补贴对象和补贴标准，解决经济困难失能失智老年人实际困难，提高其生活质量。加大对社区居家养老的支持力度，推动社区日间照料中心向社区养老服务中心转型，对具备日间照料、居家养老服务功能的社区日间照料中心、农村幸福院（老饭桌），经当地民政部门或其委托的第三方专业机构评估确认，每年给予适当运营补助。鼓励和支持本科、专科毕业生以及技工学院高级工班、预备技师班毕业生从事养老服务工作，与符合条件的养老服务机构签订5年以上劳动合同、实际工作满3年的，一次性给予6000元补助，所需资金从就业补助资金中列支。鼓励和支持养老机构投保养老机构责任保险和老年人意外伤害保险，对投保的养老机构给予保费补贴，有效防范化解养老机构风险责任，提升老年人保险保障。

（二十）创新投融资支持政策。积极利用财政贴息、小额贷款等方式，加大对养老服务业的有效信贷投入。鼓励银行业金融机构以养老服务机构有偿取得的土地使用权、产权明晰的房产等固定资产和应收账款、动产、知识产权、权股等抵押，提供信贷支持。推动符合条件的养老企业上市融资。探索开展养老产业债券发行工作，对相关手续齐备、偿债保障措施完善的养老产业发债申请项目，适当放宽审核政策及准入条件；对具有稳定偿债资金来源的养老产业项目，可按照融资—投资建设—回收资金封闭运行的模式，开展项目收益债券试点。探索将政府支持社会力量建设养老服务设施的优惠土地和补助资金作价记账，政府不参与养老机构运营管理、收益分红和债务承担，对改变养老用途的，依法进行追偿和处置。

（二十一）加大人才培养力度。加快培养老年医学、康复、护理、营养、心理、社会工作等专业人才。高等院校、中等职业院校（含技工院校）要围绕社会对养老服务领域专门人才的需求，设置养老服务相关专业，加大培养力度，满足社会需求。“十三五”期间，全区设立养老服务专业的高等院校、职业学校达到15处以上。教育部门按照国家专业设置要求，进一步明确设置标准、培养目标和内容，加快开发相关课程体系，加强师资队伍建设和双师型人才使用。高等院校可对养老服务专业学生在执行国家奖学金等政策过程中，给予奖励奖学金倾斜等优惠照顾。建立养老服务行业从业人员奖惩机制，提升养老护理队伍职业道德素养。开展养老服务专业人才、管理人员在职培训，制定康复、护理人员服务标准，推行养老服务管理人员持证上岗。积极开发老年人力资源，倡导“互助养老”模式。

七、加强组织领导

（二十二）健全工作机制。各地要建立务实高效的工作推进、落实和保障机制，对工作落实情况进行跟踪分析和监督检查，确保养老资源向居家社区服务倾斜，向农村倾斜，向失能失智、半失能老年人倾斜，确保各项工作措施落实到位、见到实效。民政部门要切实履行监督管理、行业规范、业务指导职责，发挥牵头协调作用。发展改革部门要将养老服务业发展纳入经济社会发展规划、专项规划和区域规划，支持养老服务业发展。财政部门要加大投入力度，优化资金补助结构和使用效益。教育、经济和信息化、科技、公安消防、卫生计生、国土资源、住房城乡建设、人力资源社会保障、商务、环保、税务、工商、质检、金融、价格、老龄、银监、保监等部门要各司其职、协同配合，及时研究解决工作中遇到的问题，形成齐抓共管、整体推进的工作格局。

（二十三）加强服务监管。建立健全民政部门和相关部门协同配合的监管机制。严禁以举办养老机构名义从事房地产开发，严禁利用养老机构的房屋、场地、设施开展与养老服务无关的活动，严禁改变机构的养老服务性质。认真做好养老服务领域非法集资信息监测和分析工作，做好政策宣传和风险提示工作。依法打击虐待、伤害老年人及侵害老年人合法权益的行为，严厉查处养老机构在收取保证金、办理会员卡和发行金融产品等活动中的违法违规行为。加强养老设施和服务安全管理，建立定期检查机制，确保老年人人身安全。加强养老服务行业自律，民政、质检等部门要研究制定养老服务业发展急需的地方标准体系。落实养老机构综合评估和报告制度。

（二十四）加大宣传力度。充分利用各种宣传媒体，加强对“颐养宁夏”养老服务品牌宣传推介，扩大品牌效应，使“颐养宁夏”养老服务品牌深入人心、家喻户晓，成为传承孝道文化、引领养老服务业发展的强大动力。鼓励各地因地制宜，丰富服务内容和形式，拓展服务领域和载体，创建一批富有地域特色的子品牌。大力弘扬敬老、养老、爱老、助老、孝老传统美德，广泛宣传养老服务业的重要意义及各项扶持政策，总结推广各地经验做法，表彰奖励优秀养老服务品牌、养老服务项目和养老服务人员，形成敬老、为老、助老的良好社会氛围。

（二十五）加强督导检查。将养老服务业纳入自治区政府重点督查事项，重点督导发展养老服务业部门任务分工以及养老设施资金扶持、用地保障、价格优惠、税费减免等有关政策落实情况，清理不合理行政事业性收费，解决养老服务设施项目“落地难”问题。各地要结合工作实际，制定配套实施措施。自治区发展改革委、民政厅要加强对本意见执行情况的督促指导和监督检查，及时向自治区人民政府报告工作进展情况。

宁夏回族自治区老龄办等6部门关于进一步加强老年法律维权工作的实施意见

宁老龄办发〔2017〕13号

各市、县（区）老龄办、人民法院、检察院、公安局（分局）、民政局、司法局：

根据全国老龄办、最高人民法院、最高人民检察院、公安部、民政部、司法部《关于进一步加强老年法律维权工作的意见》（全国老龄办发〔2016〕102号）和习近平总书记关于加强老龄工作的重要指示讲话精神，为进一步加强老年法律维权工作，健全党政主导、社会参与、法制保障、便捷高效的老年人权益维护和矛盾纠纷排查化解机制，强化老年维权服务和优待，提高老年人社会地位，切实保护好老年人合法权益，更好地落实《中华人民共和国老年人权益保障法》和《宁夏回族自治区老年人权益保障条例》（以下简称《条例》），提出以下意见：

一、进一步加强老年法律维权工作的重要意义

近年来，以习近平同志为核心的党中央对加强老龄工作、推动老龄事业发展作出一系列重要指示批示，国务院印发《“十三五”老龄事业发展和养老服务体系建设规划》明确“健全老年人权益保障制度”。自治区党委、政府以及《宁夏回族自治区国民经济和社会发展第十三个五年规划纲要》对老年人权益保障工作提出了新的更高要求。截至2016年底，全区60岁及以上户籍老年人口达到87.95万，占全区户籍总人口的13.1%。预计到“十三五”末，全区60岁及以上老年人口数量将突破百万大关，比重将上升到16%，呈现出人口老龄化程度持续加深，高龄、独居、失能老人持续增加等特征，老年人利益诉求呈多元化趋势，依法维权意识愈发强烈。近年来，各地贯彻落实《条例》，采取了很多积极有效的措施举措，老年法律维权工作取得显著成绩。

同时，针对老年人的财产、赡养、婚姻、诈骗和非法集资等侵权案件时有发生，老年人合法权益保护工作仍需加强。面对新形势、新要求，进一步加强老年法律维权工作，是贯彻落实党中央、国务院和自治区党委、政府决策部署的积极行动，是加强老龄工作的重要举措，是推进老龄事业全面协调可持续发展的有力保障，有利于提高老年人生活和生命质量，有利于促进家庭和睦、社会和谐，有利于实现社会公平正义，对全面建成“四个宁夏”和小康社会具有重要意义。

二、总体要求

（一）指导思想。深入贯彻党的十八大和十八届三中、四中、五中、六中全会精神，以习近平总书记关于加强老龄工作的重要指示和重要讲话精神为遵循，全面落实自治区党委、政府关于加强老龄工作的决策部署，按照全面推进依法治区的要求，加强工作创新，完善老年人法规政策，做好普法宣传教育，切实增强老年人合法权益保护力度，努力开创老年法律维权工作新局面，促进老年人共享改革发展成果。

（二）基本原则。坚持以人民为中心，强化服务。围绕老年人广泛关注和亟待解决的财产、赡养、婚姻等问题，为老年人提供优先、及时、便利、高效的法律维权服务。坚持学用结合，普治并举。坚持法治宣传教育与依法治理有机结合，把法治宣传教育融入老年法律维权工作实践，引导司法人员依法维护老年人合法权益。坚持创新发展，注重实效。总结经验，把握规律，推动老年法律维权工作理念、机制和方式方法的创新，提高工作的针对性和实效性。

三、主要任务分工

加强《条例》的贯彻落实，建立健全各相关部门通力协作的老年维权机制，完善司法、人民调解、信访等领域的维权程序。

（一）各级人民法院要为老年维权案件开辟绿色通道，对老年人因追索赡养费、扶养费、养老金、退休金、抚恤金、医疗费等提出的诉讼要通过繁简分流，严格遵守审限要求，缩短涉老案件审理时间，实行快立、快审、快结。加大对老年人的举证指导，积极提供帮助，提高老年人应诉、参诉能力。加强对经济困难老年人的司法救助，及时办理案件受理费的减、缓、免审批手续。对行动不便的老年人，提供预约立案、上门立案等服务，开展就近开庭、巡回审判等工作。在有条件的基层人民法院设立“老年维权合议庭”，对老年人常见的婚姻、赡养、合同等纠纷，加大调解力度和教育引导，对于调解不成的，要在司法裁判中依法重点保护老年人合法权益。对虐待、遗弃老年人构成犯罪的，严格依法追究刑事责任。

（二）各级检察机关要在刑事、民事、行政检察工作中加强对老年人合法权益的保护，综合发挥惩治、预防、监督、教育、保护等职能作用。改进办案方式方法，对老年人控告、举报、申诉案件，要依法快速办理，缩短办理周期。进一步加大对侵害老年人合法权益的各类职务犯罪行为查办力度。贯彻宽严相济的刑事政策，在履行审查逮捕、审查起诉职能时，体现对老年人的特殊保护，做到依法少捕、慎诉、少羁押。依法保障老年犯罪嫌疑人的合法诉讼权利，逐步探索老年人强制辩护制度。积极发挥基层检察室作用，通过检察建议和纠正违法通知书等手段，督促派出法庭、派出所等加强老年法律维权工作。

（三）各级公安机关对老年人的申诉、报警和求助，要做到反应迅速、处置妥当。加大打击力度，依法惩处盗窃、诈骗、抢夺、敲诈勒索老年人财物和针对老年人的非法集资、电信网络诈骗、传销等违法犯罪行为。在交管、治安、户政、出入境等窗口单位完善老年人扶助举措，配置适老化设施设备，提供预约等照顾性服务。关注辖区内养老机构和服务设施，指导做好安全防范工作。依托基层派出所和警务室，大力宣传防火、防盗、防诈骗等常识，提高老年人风险防范意识和能力。

（四）各级民政部门要在社会救助体系和养老服务体系建设中逐步提高老年人保障水平。完善城乡最低生活保障、特困人员救助供养、医疗救助和临时救助制度，确保符合条件的老年人应保尽保、应养尽养、应救尽救。建立和完善老年人福利制度，逐步提高低收入老年人高龄津贴标准，全面建立针对经济困难高龄、失能老年人的补贴制度，探索建立长期照护社会保险制度。全面贯彻落实《宁夏回族自治区养老服务促进条例》，加快建设居家为基础、社区为依托、机构为补充、医养相结合的多层次养老服务体系。建立健全养老机构分类管理和养老服务评估制度，规范养老服务收费项目和标准。大力发展老年社会工作，通过政府购买服务等方式，支持引导社会工作专业力量在老年法律维权工作中发挥积极作用。发展志愿服务组织，壮大志愿者队伍，在城乡社区建立志愿服务站点，开展面向老年人的志愿服务。逐步发展面向全体老年人的普惠性优待项目，提高老年人社会优待水平。

（五）各级司法行政机关要把老年人作为法律援助工作的重点人群，推动进一步降低门槛，扩大老年人法律援助事项范围，逐步将法律援助对象扩展到低收入、高龄、空巢、失能、农村留守等老年人。完善法律援助便民服务机制，简化手续、程序，加快办理速度。建立健全老年人法律援助服务网络，加强基层老年人法律援助工作站、联络点建设。加强“12348”法律服务热线建设，有条件的地方开设针对老年人的维权热线，实行电话和网上预约、上门服务等，方便老年人咨询和申请法律援助。加强对律师事务所、公证处、基层法律服务所、司法鉴定机构的管理和业务指导，积极为老年人提供诉讼代理及法律咨询、代书、调解、公证、司法鉴定等诉讼和非诉讼法律服务。发挥人民调解化解民间纠纷的作用，组织、指导广大人民调解组织及时化解涉及老年人的婚姻、继承、赡养等矛盾纠纷。

（六）各级老龄办要充分发挥综合协调职能，组织相关部门共同做好老年法律维权工作。要结合《中华人民共和国老年人权益保障法》和《宁夏回族自治区老年人保障条例》的实施，积极协调相关部门加快推动出台配套政策措施。要深入调查研究，积极建言献策，加大政策创制力度。要进一步规范基层老年协会建设，强化其自我管理、自我教育、自我服务功能，发挥基层老年协会在调处家庭赡养等涉老矛盾纠纷方面的积极作用。要会同有关部门做好入住医养机构和接受居家医养服务老年人的合法权益维护工作。要进一步加强老年人优待工作，对老年人的社会优待项目进行全面梳理，进一步细化、分解老年优待政策制定和实施责任，推动地方和部门、单位出台政策，逐步拓展优待范围，优化优惠、优先、优待措施，到2020年，在政务服务、文体休闲、维权服务、交通出行、卫生保健、商业服务等方面优待制度普遍建立完善，依法维护老年人享受社会优待的权利。加强老年人法律维权信息的收集、分析和上报工作，不断提高涉老维权舆情的研判能力。

四、保障措施

（一）注重宣传引导，增强维权意识。要把老年法律维权相关内容融入到人口老龄化国情教育和普法宣传教育之中，结合“养老院服务质量万里行”宣传和监督活动，大力弘扬敬老养老助老社会风尚。各级老龄办、人民法院、检察机关、公安机关、民政部门、司法行政机关要结合自身职责，要切实增强宣传工作的针对性，在敬老月、老年节等期间，要广泛开展老年人维权、法律援助服务等现场咨询或宣传活动。要采取各种有效媒介手段，依托各类媒体平台，加大经常性的老年法律维权宣传力度。要重视宣传《老年人权益保障法》、《条例》等法律法规、优待政策和典型案例的宣传，进一步提高全民法治意识和广大老年人依法维权意识，进一步提高各级机关、企事业单位、社会组织依法维护老年人合法权益的自觉性。

（二）完善工作措施，深化协作配合。各地、各相关部门要按照职责任务分工、保障措施和总体要求，建立健全信息交流和定期沟通机制，安排有关人员负责老年法律维权工作的信息联络，逐步建立老年法律维权联席会议制度和涉老工作重大事项会商制度。要聚焦工作难点，探索开展老年人监护工作，推动农村留守老年人关爱服务体系建设，研究加强农村留守老年人法律维权工作的有效机制，建立区域养老服务质量监督热线平台，深入开展老年公益维权服务示范站创建活动。建立养老院服务质量纠纷调解机制，加强老年人合法权益维护工作，防止欺老、虐老现象发生。有条件的基层组织和单位要指定专人或设立专门小组负责老年法律维权工作。

（三）加强调查研究，强化监督检查。各相关部门、单位要坚持问题导向，深入调查研究，排查盲区和薄弱环节，梳理老年人维护自身权益的合理诉求，有针对性地明晰工作目标，改进工作方法，提升工作成效。要关注老年人的现实需求，不断拓宽信息获取渠道，广泛了解社情民意，发现苗头性、倾向性问题，及时回应社会关切。要逐步建立定期督查制度，经常对本系统、本单位开展老年法律维权工作情况进行检查并提出改进意见及措施。各级老龄办要积极协同相关部门做好本地区老年法律维权工作的指导、督促、检查工作。各级人民法院、检察机关、公安机关、民政部门、司法行政机关要全力配合，确保监督检查不走过场、取得实效。

（四）认真总结经验，完善激励措施。各级相关部门要不断丰富老年法律维权工作内容，为全区老年人权益保障工作创造更多新的经验。各级老龄办要主动做好相关工作信息、数据的收集、整理和上报工作。注重典型发掘、培养和提升，把加强老年法律维权工作作为“敬老文明号”、“老年法律维权工作先进集体或先进个人”的重要创建内容，对在老年维权工作中成效明显的单位或个人，优先纳入评选表彰推荐范围。要发挥榜样模范的示范引领作用，树立为老年人提供法律服务、法律援助和开展法治宣传的先进典型，激发和调动司法行政干部和法律服务工作者参与老年法律维权工作的积极性、主动性，形成全社会关心老年人、尊重老年人、扶助老年人的良好氛围。

自治区老龄办　自治区高级人民法院　自治区人民检察院
自治区公安厅　自治区民政厅　自治区司法厅
2017年5月24日

宁夏回族自治区老龄办等26部门关于推进老年宜居环境建设的实施意见

宁老龄办发〔2017〕18号

各市、县（市、区）老龄办、老干部局、发展改革委、经济和信息化主管部门、教育局、科技局、公安局、民政局、司法局、财政局、人力资源和社会保障局、国土资源局、住房城乡建设局、交通运输局、商务主管部门、文化局、卫生计生委、旅游发展委员会、总工会、团委、妇联、残联、新闻出版广电局、体育局、国家税务局、保监局：

为着力改善老年人生活环境，提升老年人生活生命质量，增强老年人幸福感、获得感，根据全国老龄办等25个部委联合下发的《关于推进老年宜居环境建设的指导意见》（全国老龄办发〔2016〕73号）和《自治区人民政府关于加快养老服务业的实施意见》（宁政发〔2014〕44号）精神，现就加强我区老年宜居环境建设，提出如下实施意见：

一、总体要求

近年来，我区在坚持政府主导的同时，充分发挥社会力量的积极作用，社会养老服务体系建设进程不断加快，初步形成以居家为基础，社区为依托、机构为补充、医养相结合的养老服务体系，老年人的基本养老需求得到保障。但是随着我区人口老龄化发展速度和新型城镇化进程的不断加快，公共基础设施与老龄社会需求之间不相适应的矛盾日益凸显，特别是在居住、出行、就医等方面与老年人的养老需求不相适应。推进老年宜居环境建设是开展积极应对人口老龄化行动的重要举措，有利于增进老年民生福祉，有利于促进经济发展、增进社会和谐，有利于扩大内需、拉动消费、促进经济增长，对推动老龄事业全面协调可持续发展具有重要意义。为此，各级各有关单位要站在事关国家发展全局，事关百姓福祉，确保到2020年全面建成小康社会的高度，重视和支持老年宜居环境建设，要以不断满足老年人日益增长的养老服务需求为出发点和落脚点，坚持从区情出发，因地制宜，体现特色，充分发挥各级政府主导作用和社会力量参与的主力军作用，不断创新体制机制，健全完善养老服务设施建设，着力改善老年人居住、出行、就医、养老等问题，实实在在为老年人提供更加便民、安全、舒适的居住环境。

二、基本原则和发展目标

（一）基本原则

科学规划，狠抓落实。老年宜居环境建设事关千家万户，涉及社会经济发展的方方面面。要综合考虑人口老龄化的影响，树立适老宜居新理念。将老年宜居环境建设纳入经济和社会发展规划、城乡规划及相关专项规划，加强前瞻性规划和安排，以规划带动老年宜居环境建设工作的全面开展。要狠抓规划的落实，经审定的规划必需坚决执行。

城乡统筹，协调发展。统筹兼顾，全面推进，促进城乡老年宜居环境建设协调发展。树立问题导向，在聚焦城市社区老年宜居环境建设的同时，加大农村老年宜居环境建设。集合运用保障民生的各方面资源，创新供给方式，提升资源使用效率，优先解决老年人生活环境中存在的突出问题。

政府主导，社会参与。坚持政府主导，社会参与的原则，不断创新公共基础设施投融资体制，推广政府和社会资本合作模式。引导市场、社会、家庭、个人多元参与，形成合力，使人人既是老年宜居环境建设工作的参与者，又是建设成果的受益者。

因地制宜，创新发展。既要加强顶层设计，又要尊重群众首创精神，积极推进老年宜居环境建设的理论创新、实践创新和制度创新。鼓励各地立足实际，创新实现方式，建立长效机制，促进老年宜居环境建设持续健康发展。

（二）发展目标

到 2025 年，安全、便利、舒适的老年宜居环境体系基本建立，“住、行、医、养”等环境更加优化，敬老养老助老社会风尚更加浓厚。

——老年宜居环境理念普遍树立，老年群体的特性和需求得到充分考虑，形成人人关注、全民参与老年宜居环境建设的良好社会氛围。

——老年人保持健康、活力、独立的软硬件环境不断优化，适宜老年人的居住环境、安全保障、社区支持、家庭氛围、人文环境持续改善。

——老年人融入社会、参与社会的障碍不断消除，老年人信息交流、尊重与包容、自我价值实现的有利环境逐渐形成。

——各地普遍开展老年宜居环境建设工作，形成一批各具特色的老年友好城市、老年宜居社区。

三、主要任务

今后一个时期老年宜居环境建设的重点任务是建设适老居住、出行、就医、养老等的物质环境和包容、支持老年人融入社会的文化环境。

（一）适老居住环境

1. 统筹发展城镇适老服务设施。各地在制定城市总体规划、控制性详细规划时，要按照人均用地不少于 0.1 平方米的标准，分区分级规划建设养老服务用房和设施。新建城区和新建居住（小）区，要根据规划要求和建设标准，配套建设养老服务设施，并与住宅同步规划、同步建设、同步验收、同步交付使用。老城区和已建成居住（小）区无养老服务设施或现有设施没有达到规划和建设指标要求的，要限期通过购置、置换、租赁等方式建设养老服务设施。

2. 加强老年人住宅安全建设。加强新建小区缘石坡道、轮椅坡道、人行通道以及建筑公共出入口、公共走道、地面、楼梯、扶手、电梯候梯厅及轿厢等与老年人日常生活密切相关的公共设施的规划和建设。采取政府补贴、产业引导、业主众筹等方式加快推进老旧社区和老年人家庭的无障碍改造，优先安排贫困、高龄、失能等老年人家庭设施改造。对老年人口较多的老旧小区住宅，可采取高层加装电梯、老年人住宅楼层置换、二层及以上楼道设休息座椅等适老化改造。有计划地对本地户籍、有需求的经济困难、失能、失独等特殊困难老年人家庭的通道、居室、卫生间等生活场所进行适老化改造，增强老年人居家生活的安全性。

3. 支持适老住宅建设。在城镇住房供应政策中，对开发老年公寓、老少同居的新社区和有适老功能的新型住宅提供相应政策扶持。鼓励发展通用住宅，注重住宅的通用性，满足各年龄段家庭成员，尤其是老年人对居住环境的必要需求。在推进棚户区、农村危房改造中，将符合条件的老年人优先纳入住房保障范围，优先选择适老居住楼层。

4. 加强消防安全建设。加大对住宅小区消防安全保障设施建设力度，完善公共消防基础设施建设。普遍建立社区防火和紧急救援网络，完善老年人住宅防火设施设备和紧急救援救助功能，鼓励发展老年人紧急呼叫产品与服务，鼓励安装独立式烟感火灾探测报警器等设施设备。对老年人住宅室内设施中存在的安全隐患进行排查和改造，有条件的市、县（区）可对于特困老年人家庭的改造给予适当补助。引导老年人家庭对日常生活设施进行适老化改造。

（二）适老出行环境

5. 强化住区无障碍通行。加强对《无障碍环境建设条例》的执法监督检查，新建住宅要严格执行无障碍设施建设相关标准，规范建设无障碍设施。加强对老年人居住区公共设施规划、建设与改造，构建社区步行路网。遵循安全便利原则，加强对社区道路系统、休憩设施、标识系统的综合性无障碍改造。清除步行道路障碍物，保持小区步行道路平整安全，严禁非法占用小区步行道设置停车位。

6. 发展适老公共交通。加强城市道路、公共交通建筑、公交车停靠站台、公共交通工具的无障碍建设与改造。继续落实老年人乘车优惠政策，按规定设置“老幼病残孕”专座，司乘人员应为老年人提供礼貌友好服务，改善老年人乘车环境。采取交通费月补贴办法，鼓励老年人错峰出行。完善公共交通标志标线，强化对老年人的安全提醒，重点对大型交叉路口的安全岛、隔离带及信号灯进行适老化改造。要在机场、火车站、汽车站、旅游景区等人流密集场所为老年人设立等候休息区域和绿色通道，工作人员要为老年人提供文明礼貌、优质周到的服务。鼓励支持社会组织、广大青少年为老年人提供志愿服务，方便老年人出行。

（三）适老健康支持环境

7. 优化老年人就医环境。充分利用现有医疗服务资源，创办老年康复中心、老年病医院、护理院等康复护理专业服务机构。到2020年，全区二级以上综合医院、中医医院老年病科开设率达到50％以上。积极推进乡镇卫生院和村卫生室一体化管理，加强社区卫生服务机构、乡镇卫生院医疗康复功能建设，为小型养老机构、社区日间照料中心、居家养老服务站和社区老年人提供基本医疗卫生服务。鼓励二级以上综合医院（含中医医院）与养老机构开展对口支援、合作共建，通过建设医疗养老联合体等多种方式，整合医疗、康复、养老和护理资源，为老年人提供治疗期住院、康复期护理、稳定期生活照料以及临终关怀一体化的健康和养老服务。

8. 提升老年健康服务科技水平。推进智能化社区居家养老服务信息平台建设，调动各级医疗资源、基层组织以及相关养老服务机构、产业企业等方面力量，开展健康养老服务。研究制定鼓励性政策引导产业发展，鼓励运用云计算、大数据等技术搭建社区、家庭健康服务平台，提供实时监测、长期跟踪、健康指导、评估咨询等老年人健康管理服务。发展血糖、心率、脉搏监测等生物医学传感类可穿戴设备，开发适用于基层医疗卫生机构和社区家庭的各类诊疗终端和康复治疗设备。

（四）适老生活服务环境

9. 加快配套设施规划建设。在市政建设中，统筹规划、同步建设涉老公共服务设施，增强老年人生活的便利性。鼓励综合利用城乡社区中存量房产、设施、土地服务老年人，优化老年人居家养老的社区支持环境，社区日间照料中心、老年人活动中心、老年人就餐点、农村互助养老院、幸福院等各类生活服务设施与城乡社区相关配套设施集约建设、资源共享。

10. 优化城镇社区服务环境。大力推进公建民营、民办公助等发展模式，提升城镇社区养老服务设施整体覆盖率，完善相应服务设备，保障运营管理经费。各地通过考试、遴选等方式在社区配备政府购买的公益性岗位人员，专职从事养老服务工作，并强化监督管理。鼓励社会力量参与养老服务业发展，增强社区养老服务功能，为老年人提供生活照料、医疗保健、康复护理、心理疏导、信息咨询、休闲娱乐、锻炼健身等多种优质服务，满足社区老年人日益增长的多元化养老服务需求。

11. 提升农村居家养老服务能力。充分发挥农村敬老院示范引领作用，大力发展农村互助养老服务设施建设，采取政府补助、集体、社会和个人出资的办法，增加农村养老服务设施供给。充分发挥农村基层党组织、村委会作用，积极动员邻里互助、亲友相助、志愿服务和社会力量参与养老服务，为老年人提供就餐服务、生活照顾、日间休息、休闲娱乐等综合性日间照料服务，积极为低收入老年人、高龄老人、留守老人和失能半失能老年人提供便捷可及的养老服务。智能化社区居家养老服务信息平台要向农村延伸，逐步满足农村老年人多层次、多样化的养老服务需求。

12. 加强公共设施无障碍改造。按照国家和自治区无障碍设施工程建设相关标准和规范，加强对医院、银行、商场、超市、便民网点、图书馆、影剧院、博物馆、公园、景区、餐厅等与老年人日常生活密切相关的公共设施进行无障碍设计和改造。鼓励公共场所提供老花镜、放大镜等方便老年人阅读的物品，有条件的可配备大字触屏读报系统，使公共设施更适合老年人使用。

13. 健全社区生活服务网络。培育扶持专业化居家养老服务企业和机构，开发适合本地养老服务需求产品、提高服务质量。广泛发展睦邻互助养老服务。依托社区自治组织，发挥物业管理企业及驻区单位的积极作用，向有需求的老年人提供基本生活照料等多种服务。发挥各类志愿服务组织的积极作用，引导社会各界开展多种形式的助老惠老志愿服务活动。

14. 构建适老信息交流环境。进行信息无障碍改造，提升互联网网站等通信设施服务老年群体的能力和水平，全面促进和改善信息无障碍服务环境，消除老年人获取信息的障碍，缩小“数字鸿沟”。

15. 加强养老服务和老年用品供给。加快养老与房地产、医疗、旅游、金融保险、老年教育、咨询服务等融合步伐，大力发展候鸟式养老、旅游养老、农家养老、会员制养老等新兴业态，拉长产业链条，提高产业聚集度。着力开发老年用品市场，积极引导企业在老年人衣、食、住、行、医、文化娱乐等需要的各类老年产品方面加大研发、生产、供给力度，不断丰富养老服务和老年人产品供给。严格老年用品规范标准，加强监督管理。

16. 大力发展老年教育。在老年人活动较为集中的街道（乡镇）、社区，因地制宜地建设老年人学习场所、老年大学、老年书屋等。增强自治区、市、县（区）三级老年大学教育辐射功能，将触角延伸到街道（乡镇）和城市社区，具备条件的老年大学根据老年人的不同兴趣爱好设立分校或教学点。要结合多层次养老服务体系建设，改善基层社区老年人的学习环境，完善老年人社区学习网络，搭建多种形式的老年教育平台，改善城乡老年人学习环境，提高老年教育的参与率和满意度。

（五）敬老社会文化环境

17. 营造老年社会参与支持环境。树立积极老龄观，充分调动老年人的积极性，让他们发挥余光、散发余热。老年人在长期的社会实践中积累了丰富的经验，老年群体中蕴藏着丰富的人才资源，让有知识、有技术、有经验的老年人参与力所能及的工作，发挥他们的特长。鼓励老年人自愿量力、依法依规参与经济社会发展，改善自身生活，实现自我价值。倡导老年人自尊自立自强，倡导社会以积极的态度看待老年人，破解制约老年人参与经济社会发展的法规政策束缚和思想观念障碍，积极拓展老年人力资源开发的渠道，为广大老年人在更大程度、更宽领域参与经济社会发展搭建平台、提供便利。

18. 弘扬敬老、养老、助老社会风尚。全社会积极开展应对人口老龄化行动，弘扬敬老、养老、助老社会风尚。开展“敬老养老助老”主题教育活动，弘扬中华民族孝亲敬老传统美德。开展老龄法律法规普法宣传教育，广泛宣传《中华人民共和国老年人权益保障法》《宁夏回族自治区老年人权益保障条例》《宁夏养老服务促进条例》等老年人权益保障政策法规，增强全社会依法维护老年人合法权益的意识。要坚决反对和打击对老年人采取任何形式的歧视、侮辱、虐待、遗弃和家庭暴力，引导律师、公证、基层法律服务所和法律援助机构深入开展老年人法律服务和法律援助工作，维护老年人合法权益。

19. 倡导代际和谐社会文化。巩固经济供养、生活照料和精神慰藉的家庭养老功能，完善家庭支持政策。加强家庭美德教育，开展寻找“最美家庭”活动和“好家风好家训”宣传展示活动。引导全社会增强接纳、尊重、帮助老年人的关爱意识。增强不同代际间的文化融合和社会认同，统筹解决各年龄群体的责任分担、利益调处、资源共享等问题，实现家庭和睦、代际和顺、社会和谐，为老年人创造良好的社会文化生活氛围。

四、保障措施

（一）加强组织领导。老年宜居环境建设是一项跨领域、跨部门的战略性系统工程。加强老年宜居环境建设，既关乎当前，又关乎长远。各地、各有关部门要充分认识推进老年宜居环境建设的重要意义，加强组织领导，健全工作机制，强化部门协同，制定具体的实施方案，确立基本目标和主要任务，结合各自职责，明确责任，形成工作合力，切实抓好落实。

（二）加强政策支持。要按照《自治区人民政府关于加快养老服务业的实施意见》（宁政发〔2014〕44号）精神，落实税收政策，统筹政府资金、社会资本、集体收入及产业基金，切实加强老年宜居环境建设。鼓励金融机构面向老年宜居环境重点工程开发相关金融产品和服务，鼓励和支持社会资本参与老年宜居环境建设。在规划实施公共基础、公共安全、生活服务、养老服务、医疗卫生、教育服务、文化体育等设施建设时，充分考虑人口老龄化发展趋势、老年人口分布和老年人特点，加大政策倾斜和用地落实力度，切实推进我区老年宜居环境建设。对免费或优惠向老年人开放的公共服务设施，各市、县（区）按照有关规定给予财政补贴。

（三）加强示范引导。有条件的地级市结合本地实际，组织开展老年友好城市示范活动，各地要积极稳妥地开展老年宜居社区示范活动。示范地区要制定具体的实施方案，明确工作分工，落实工作责任，合理配置资源，加大财力保障，营造良好政策环境，积极推进建设工作的落实。以建设“老年友好城市、老年宜居示范社区”为抓手，推进老年宜居环境建设。自治区有关部门要加强对各地老年宜居环境建设示范工作的指导，及时制定完善相关配套政策。条件成熟的示范城市，积极推荐纳入全球老年友好型城市网络平台。

（四）加强宣传推广。各级各有关部门要组织新闻媒体，加大宣传工作力度，宣传老年宜居环境建设的重要意义，宣传老年宜居环境建设的新理念，宣传老年宜居环境建设的优秀典型和先进经验，使老年宜居环境建设理念深入人心。积极利用全球老年友好型城市网络等平台，拓展与其他城市、其他国家和相关国际组织的交流，开展老年友好型城市、老年宜居社区建设等多领域、多形式的交流合作。

自治区老龄办　自治区老干部局　自治区发展改革委
自治区经济和信息化委　自治区教育厅　自治区科技厅
自治区公安厅　自治区民政厅　自治区司法厅
自治区财政厅　自治区人力资源社会保障厅
自治区国土资源厅　自治区住房城乡建设厅
自治区交通运输厅　自治区商务厅
自治区文化厅　自治区卫生计生委　自治区旅游发展委
自治区总工会　自治区团委　自治区妇联
自治区残联　自治区新闻出版广电局　自治区体育局
宁夏国税局　宁夏保监局
2017年6月14日

新疆维吾尔自治区人民政府办公厅关于印发“十三五”新疆维吾尔自治区老龄事业发展和养老体系建设规划的通知

新政发〔2017〕132号

伊犁哈萨克自治州，各州、市、县（市）人民政府，各行政公署，自治区人民政府各部门、各直属机构：

现将《“十三五”新疆维吾尔自治区老龄事业发展和养老体系建设规划》印发给你们，请认真贯彻执行。

2017年10月8日

“十三五”新疆维吾尔自治区老龄事业发展和养老体系建设规划

为积极应对人口老龄化，切实保障老年人合法权益，推动老龄事业全面协调可持续发展，健全养老体系，根据《中华人民共和国老年人权益保障法》、《“十三五”国家老龄事业发展和养老体系建设规划》和《新疆维吾尔自治区国民经济和社会发展第十三个五年规划纲要》，结合新疆实际，制定本规划。

第一章　规划背景

第一节　“十二五”取得的主要成绩

“十二五”时期，在党中央、国务院的亲切关怀下，在自治区党委、自治区人民政府的坚强领导下，自治区老龄事业和养老体系建设得到快速发展。统筹城乡、覆盖全民的养老服务体系基本建成，城镇职工基本养老保险制度、城乡居民养老保险制度、职工和居民基本医疗保险制度实现全覆盖，连续五年调整退休人员基本养老金，新型农村合作医疗参合率稳步增长；老年人福利和救助制度正在逐步建立，符合条件的老年人纳入城乡低保，实现了“应保尽保、分类施保”，城市“三无”对象和农村“五保”对象集中供养率不断提高，建立了城镇无收入困难老年人生活补贴制度，实施了城乡计划生育家庭养老保障政策，全区对80周岁以上老年人予以高龄补贴和免费体检；养老服务体系建设扎实推进，出台了加快发展养老服务业、推进养老服务体系建设和支持社会力量兴办社会福利机构的政策措施。截至2015年底，全区共有各类养老床位7.8万张，每千名老年人拥有养老床位数达到25张；老年教育、文化、体育事业得到较快发展，县级以上老年大学（学校）教育网络逐步形成，老年文艺团体数量不断增长，老年人精神文化生活更加丰富；老年法律服务、优待政策、合法权益得到较好维护；通过开展“银龄行动”、“基层老年协会建设”，广大老年人积极参与经济社会建设和公益活动，在构建社会主义和谐社会中发挥了重要作用；全社会敬老养老助老氛围日益浓厚，老有所养、老有所医、老有所为、老有所学、老有所乐等各项工作得到较好发展，为我区老龄事业发展和养老体系建设奠定了坚实基础。

第二节　“十三五”面临的形势与挑战

“十三五”时期是我区全面建成小康社会的决胜阶段，也是我区经济社会发展的重要战略机遇期，是全面深化改革的攻坚时期，是全面推进依法治疆、维护社会稳定和长治久安的重要时期。积极应对人口老龄化，加快老龄事业发展和养老体系建设改革发展，机遇与挑战并存。

我区自2010年进入人口老龄化社会。截至2015年底，自治区60周岁以上老年人口已达258万人，占总人口的比重为11.15%。“十三五”时期人口老龄化程度将持续加深，到2020年，60周岁以上户籍老年人口将达到330万人。高龄、空巢、失能老人数量日益增多，社会保障、医疗卫生和养老服务等方面的任务更加繁重。人口老龄化与经济发展新常态、城镇化等现象相伴随，老龄事业发展和养老体系建设与实现全体老年人同步进入全面小康的新要求、与各族老年人养老服务需求还存在许多不适应，主要表现在：一是涉老法规政策系统性、协调性、针对性、可操作性有待增强；二是城乡、南北疆老龄事业发展和养老体系建设发展水平差距较大；三是养老服务社会参与度不高，有效供给不足，质量效益不高，人才队伍短缺，监管机制不健全；四是民办养老机构融资难、用地难、运营难；五是公办、民办养老机构资源分配不均，医养融合度不高；六是老龄工作体制机制不健全，社会参与不充分，基层基础比较薄弱。上述问题是我区老龄事业和养老体系建设的“短板”，是我们要着力解决的问题。

制定实施“十三五”新疆维吾尔自治区老龄事业发展和养老体系建设规划是贯彻落实党中央、国务院关于积极应对人口老龄化决策部署的重要措施，对于保障和改善民生，增强老年人参与感、获得感和幸福感，实现社会稳定和长治久安新疆工作总目标、全面建成小康社会奋斗目标具有重要战略意义。

第二章 指导思想、基本原则和发展目标

第一节 指导思想

高举中国特色社会主义伟大旗帜，全面贯彻党的十八大和十八届三中、四中、五中、六中全会精神，深入贯彻习近平总书记系列重要讲话精神，贯彻落实第二次中央新疆工作座谈会议和自治区第九次党代会、九届二次全体（扩大）会议精神，紧紧围绕社会稳定和长治久安总目标及全面建成小康社会奋斗目标要求，坚持“党委领导、政府主导、社会参与、全民行动”，按照“五位一体”总体布局和“四个全面”战略布局，着力解决涉及广大老年人的养老保障、老年服务、老年健康、宜居环境、社会参与和管理问题，全面提升老龄事业发展和养老体系建设水平，努力实现老有所养、老有所医、老有所为、老有所学、老有所乐，让全疆各族老年人共享经济社会发展成果。

第二节 基本原则

以人为本，共建共享。坚持保障和改善老年人民生，逐步增进老年人福祉，大力弘扬孝亲敬老、养老助老优秀传统文化，为老年人参与社会发展、社会力量参与老龄事业发展和养老体系建设提供更多更好支持，实现不分年龄、人人共建共享。

补齐短板，提质增效。坚持问题导向，注重质量效益，着力保基本、兜底线、补短板、调结构，不断健全完善社会保障制度体系，促进资源合理优化配置，强化薄弱环节，加大投入力度，有效保障面向老年人的基本公共服务供给。

改革创新，激发活力。坚持政府引导、市场驱动，深化简政放权、放管结合、优化服务改革，不断增强政府依法履职能力，加快形成统一开放、竞争有序的市场体系，保障公平竞争，改善营商环境，支持创业创新，激发市场活力。

统筹兼顾，协调发展。坚持把应对人口老龄化与促进经济社会发展相结合，促进老龄事业发展和养老体系建设城乡协调、区域协调、事业产业协调，统筹做好老年人经济保障、服务保障和精神关爱等制度安排，实现协调可持续发展。

第三节 发展目标

到2020年，老龄事业发展整体水平明显提升，养老体系更加健全完善，老龄事业发展和养老体系建设整体水平基本适应全面建成小康社会的新要求，居家为基础、社区为依托、机构为补充、医养相结合的养老服务体系更加健全，积极应对人口老龄化的基础条件基本具备。

一、保障制度更加完善。“十三五”期间，城镇职工和城乡居民基本养老保险参保率达到95%，基本医疗保险参保率稳定在95%以上，老年人健康素养提升至10%，65岁以上老年人健康管理率达到70%以上，家庭医生与辖区65岁以上老年人签约服务比例达70%以上。探索建立老年人长期护理保险制度，困难老年人社会救助力度逐步加大，社会保障水平进一步提升。

二、养老体系更加健全。城乡社区居家养老服务基本实现全覆盖，“十三五”末，政府运营的床位数占比不超过50%，生活照料、医疗护理、精神慰藉和紧急救援等养老服务覆盖城乡所有有需要的老年人。

三、医养资源深度融合。养老机构实现医疗卫生服务全覆盖，“十三五”末，各地（州、市）将老年医疗服务体系建设纳入医疗服务体系建设，合理布局老年病医院、老年护理院（站）、康复医院、疗养院。二级以上综合医院设老年病科比例达到35%以上。全区护理型养老床位占养老床位总数达到50%以上。

四、服务队伍更加专业。养老服务专业人才培养制度全面建立，养老护理人员岗前培训率达到90%以上、持证上岗率达到80%以上。养老护理人员劳动报酬的合理增长机制初步形成，经济待遇和社会地位得到提升。

五、产业规模显著扩大。以老年生活照料、老年医疗护理、老年产品用品、老年健康养生、老年体育文化、老年精神娱乐、老年金融服务、老年旅游等为主要内容的养老服务业全面发展。养老服务提供的就业岗位达到5万个以上。

六、法规措施逐步完善。老年维权四级网络进一步健全，初步形成比较完备高效的法律规范、法治实施、法治监督、法治保障体系，全社会维护老年人合法权益的意识普遍增强。

七、发展环境更加友好。全社会积极应对人口老龄化、自觉支持老龄事业发展和养老体系建设的意识意愿显著增强，敬老养老助老社会风尚更加浓厚，安全绿色便利舒适的老年宜居环境建设扎实推进，老年文化体育教育事业更加繁荣发展，老年人合法权益得到有效保护，老年人参与社会发展的条件持续改善。

“十三五”期间新疆老龄事业发展和养老体系建设主要指标

类别	指标	目标值
社会保障	基本养老保险参保率	95%以上
	基本医疗保险参保率	稳定在95%以上
养老服务	政府运营的养老床位占比	不超过50%
	护理型养老床位占比	不低于30%
健康支持	老年人健康素养	提升至10%
	二级以上综合医院设老年病科比例	35%以上
	65岁以上老年人健康管理率	达到70%
精神文化生活	建有老年大学的地州市比例	达到100%
	建有老年大学的县市区比例	达到100%
	建有老年学校的乡镇（街道）比例	达到50%
	经常性参与教育活动的老年人口比例	20%以上
社会参与	老年志愿者人数占老年人口比例	达到12%
	城乡社区基层老年协会覆盖率	90%以上
	农村行政村基层老年协会覆盖率	达到60%

第三章　主要任务和重点工程

第一节　主要任务

一、健全完善社会保障体系

完善社会统筹与个人账户相结合的基本养老保险制度。建立基本养老金合理调整机制，适当提高退休人员基本养老金标准。加快健全社会保障管理体制和经办服务体系。健全稳定可持续医疗保险筹资和报销比例调整机制，完善参保政策，完善基本医疗保险异地就医结算办法。巩固完善大病保险。鼓励发展补充医疗保险和商业健康保险、老年人意外伤害保险。探索建立长期护理保险制度，做好长期护理保险与重度残疾人护理补贴、经济困难失能老年人护理补贴等福利性护理补贴项目的整合衔接。着力保障特殊困难老年人的养老服务需求，确保人人能够享有基本养老服务。完善农村计划生育家庭奖励扶助和特别扶助制度。确保所有符合条件的老年人按规定纳入最低生活保障、特困人员救助供养等社会救助制度保障范围。完善医疗救助、临时救助制度，鼓励社会力量面向老年人开展各类慈善帮扶。

二、大力发展社区居家养老

加快推进城乡社区居家养老服务设施建设，积极探索“居住宜老、设施为老、活动便老、服务助老、和谐敬老”的方式和路径。社区居家养老服务重点关注经济困难的高龄、独居、空巢、失能、失智等老年人群体。在满足老年人的助餐、日间照料的基础上，逐步向其他服务拓展，实现养老服务供给与老年人需求的精准对接。推进基层医疗卫生机构与社区养老、日间照料中心建立合作关系，与居家养老的老年人家庭建立签约服务关系，为老年人提供连续性的健康管理和医疗服务。大力培育发展居家养老服务企业和机构，为社区居家养老提供专业服务支撑。到2020年，城乡社区居家养老服务实现全覆盖。加强养老服务信息系统建设与应用，2018年底，依托自治区民政综合信息平台，建立全区统一的养老服务信息平台，实现“一个平台、服务全区”。各地以“智慧社区”为依托，利用互联网、物联网技术，进一步挖掘提升基层养老服务信息系统的功能。在充分利用现有养老服务机构、企业和社会组织的同时，培育整合更多的线下服务实体。各级人民政府组织开展护理知识免费进家庭活动，向家庭成员提供免费的照料、护理、关爱老年人等技能培训。制定子女与老人共同或相邻居住亲情养老模式的配套政策。对于承担主要养老责任的在职家庭成员，其所在单位应在工作内容、工作地点、工作时间和休假等方面给予便利和照顾。居（村）委会等基层组织应当引导、督促和协助家庭成员照料、关爱老年人。老年人家庭进行生活设施无障碍改造的，政府相关部门应当给予指导，对其中的经济困难老年人家庭给予适当补助。鼓励邻里互助养老和低龄健康老年人为高龄、独居、空巢老年人服务，积极探索推广“志愿型”“储蓄型”和“市场型”相结合的互助养老模式。统筹规划发展城乡社区养老服务设施，新建城区和新建居住（小）区按要求配套建设养老服务设施，老城区和已建成居住（小）区无养老服务设施或现有设施未达到规划要求的，通过购置、置换、租赁等方式建设。加强社区养老服务设施与社区综合服务设施的整合利用。支持在社区养老服务设施配备康复护理设施设备和器材。鼓励有条件的地方通过委托管理等方式，将社区养老服务设施无偿或低偿交由专业化的居家社区养老服务项目团队运营。

三、加快公办养老机构改革

积极推进公办养老机构“公建民营”“公办民营”，在确保服务质量的前提下，以总体承包、分部承包、合资合作、政府购买服务等方式，依法合规地委托给社会组织、企业或有能力的个人进行运营。政府投资建设和购置的养老设施、新建居住（小）区按规定配建并移交给民政部门的养老设施、党政机关和国有企事业单位培训疗养机构等改建的养老设施，均可实施公建民营。在推进公建民营过程中，要突出社会效益，淡化经济指标。公办养老机构在完成基本保障职能的基础上，应面向社会开展多样化服务，公平参与市场竞争。鼓励社会资本与政府开展合作，参与公办养老机构的建设、运营。公办养老机构应根据服务对象、服务内容的不同，执行差别化的收费标准。入住公办养老机构并享受基本养老服务的对象，应经过以经济状况、身体状况为重点的评估审核及公示程序。推动公办养老机构非托底保障性服务与社会力量办养老机构同类服务进行价格接轨。公建民营、公办民营养老机构承担基本养老服务可用政府购买服务方式。由公办养老机构提供无偿或低偿托底保障服务的对象，可通过政府购买服务的方式委托给民办养老机构供养。

四、支持社会力量兴办养老机构

贯彻全面放开养老服务市场，加快推进养老服务业“放管服”改革政策。进一步降低社会力量举办养老机构的准入门槛和许可条件，取消法律、行政法规未设定的所有前置许可和审批手续，并在土地供应、购买服务、税收、公用事业收费、融资等方面给予支持。推动政府购买养老服务，完善以实际入住人数、护理级别和综合评定结果为主要标准的养老服务机构建设。通过市场化运作方式，举办医养结合机构以及老年康复、老年护理等专业医疗机构。在制定医疗卫生和养老相关规划时，要给社会力量举办医养结合机构留出空间。积极引进疆外养老服务的品牌、专业人才、管理模式和经营理念，鼓励疆外投资者在我区独资或合资、合作举办设立营利性养老服务机构。鼓励引进外资开发、生产老年用品产品。

五、全面提升养老机构服务质量和安全管理

深入开展养老院服务质量建设专项行动，开展养老院服务质量大检查、大整治；加快养老院服务质量标准化和认证建设；促进医疗卫生与养老服务融合发展；加强养老院安全管理；提升养老院管理服务人员素质能力；建立全区养老院业务管理系统；组织开展养老院服务质量万里行活动；开展“敬老文明号”创建活动；加强养老院服务质量监督，确保每一位入院老人都能安心、静心、舒心生活。建立健全养老机构分类管理和养老服务评估制度，引入第三方评估，实行评估结果报告和社会公示。支持发展养老机构责任保险，提高养老机构抵御风险能力。树立全员风险防范意识，严格落实养老机构安全防范措施，完善安全应急应对机制，规范和落实门卫值班和安检制度，加强安全应急演练，提升风险防范能力，确保养老机构服务设施安全运营。养老服务设施的新建、改建、扩建必须严格遵循国家、行业的标准和规范要求。已建成投入使用的养老服务设施不符合安全要求的，要在落实临时性防范措施的基础上，加紧改造，确保安全；对于许可手续不全的，要加快补办，确保合法。建立完善的消防安全、卫生安全、食品安全、医疗安全、设备安全、保卫安全、职业健康安全等内部制度，强化责任约束。要配足配强安保力量，加强安全人防物防技防设施改造和设施配备，做好各种突发安全事故的应急预案，定期开展演练，提高对各类安全事故的防范和控制能力。各级人民政府要建立安全隐患排查机制和安全工作督导制度，重点对安全制度执行情况、责任人员教育培训情况进行考核，把养老院服务质量建立在牢固的安全管理基础上。

六、加强农村养老服务

建立广覆盖、保基本、多层次的农村养老服务供给体系，满足广大农村老年人尤其是经济困难老年人的养老服务需求。按照城乡一体化要求，加速推进城镇与农村之间养老服务资源和要素的流动。充分利用集体土地流转租赁等方式，发展农村养老服务设施。充分利用农村闲置的学校、村（居）组织阵地用房、医院用房等资源，开展“农村互助幸福院”等互助式养老机构建设，使农村老年人离家不离村、就近得到居家养老服务。大力推进农村敬老院改造提升工程，统筹推进农村区域性中心敬老院，采取购买服务方式，引入社会力量参与养老服务，不断满足广大农村老年人尤其是经济困难、半失能老年人的养老服务需求。农村敬老院挂牌养老服务中心，在保障供养五保对象的基础上，积极面向社会老年人开展养老服务。到2020年，农村敬老院的床位使用率力争达到95%以上。进一步落实《中华人民共和国老年人权益保障法》中有关农村可以将未承包的集体所有的部分土地、山林、水面、滩涂等作为养老基地，收益供老年人养老的要求。各级人民政府用于养老服务的财政性资金应重点向农村倾斜。城市公办养老机构与农村五保供养机构建立长期稳定的对口支援和帮扶关系，采取人员培训、技术指导、设备支援等方式，帮助其提高服务能力。发挥农村基层党组织、村委会、老年协会等作用，积极培育为老服务社会组织，为留守、孤寡、独居、贫困、残疾等老年人提供关爱服务。

七、推进医疗卫生与养老服务相结合

统筹落实好医养结合优惠扶持政策，深入开展医养结合试点，建立健全医疗卫生机构与养老机构合作机制，建立养老机构内设医疗机构与合作医院间双向转诊绿色通道，为老年人提供治疗期住院、康复期护理、稳定期生活照料以及临终关怀一体化服务。支持养老机构按规定开办康复医院、护理院、临终关怀机构和医务室、护理站等。鼓励执业医师到养老机构设置的医疗机构多点执业，支持有相关专业特长的医师及专业人员在养老机构开展疾病预防、营养、中医民族医养生等非诊疗性健康服务。对养老机构设置的医疗机构，符合条件的按规定纳入基本医疗保险定点范围。基层医疗卫生机构应为辖区内老年人提供健康管理服务，免费为65岁以上老年人建立健康档案，提供一般体格检查和健康指导。探索建立政府、社会、单位和个人多方筹资，符合当地实际的长期护理保险制度，着力解决失能半失能的老年人长期护理保障问题。按照收支平衡、可持续发展的要求，建立长期护理需求等级评估标准和使用规范。开展老年人健康教育，促进健康老龄化理念和医疗保健知识宣传普及进社区、进家庭，增强老年人的自我保健意识和能力。加强对老年人健康生活方式和健身活动指导，提升老年人健康素养水平至10%。大力发展中医民族医药与养老服务相结合的系列服务产品，推广中医民族医养生保障等方面的知识，为老年人提供健康养生、预防保健服务。加强老年康复医院、护理院、临终关怀机构和综合医院老年病科建设。积极开展家庭医生签约服务，为老年人提供连续的健康管理和医疗服务。落实老年人医疗服务优待政策，为老年人特别是高龄、重病、残疾、失能老年人就医提供便利服务。鼓励各级医疗卫生机构和医务工作志愿者为老年人开展义诊。

八、全面推进养老服务产业发展

按照集中、集聚、集约发展的要求，合理规划布局社会福利园区和特色产业基地。因地制宜，培育打造一批主导产业突出、产业链条完整、服务功能完善的养老服务业基地。“十三五”期间，全区培育5个自治区级养老服务业综合发展示范基地、10家自治区级养老服务创新示范企业（机构）。每个县（市、区）培育连锁3家养老机构、5家社区居家养老服务的品牌各1个以上。开展自治区级养老服务创新示范企业评选认定，鼓励企业向经营方式灵活化、服务品种多样化、服务形式特色化、服务质量精细化的方向发展。以满足多样化养老消费需求为出发点，以互联网、物联网和大数据等技术手段为支撑，提高养老服务供给的多元化、智能化和精准化水平。

九、构建养老服务人才培养激励机制

鼓励高等院校和职业院校增设老年服务管理、社会工作、医疗保健、护理康复、营养配餐、心理咨询等涉老专业学科点。对养老护理专业的在校学生，给予专业学习相关扶持政策。将符合条件的高校和职业院校毕业生纳入现行就业服务和就业政策扶持范围。鼓励学校通过订单培养、共建实训基地等方式，实现教学与就业的无缝对接，提高学生的实际操作能力和自我发展能力。鼓励专业对口毕业生从事养老服务业。对在养老机构内设医疗机构就业的专业技术人员，实行与医疗机构、福利机构相同的执业资格、注册考核制度。继续实施养老护理员免费培训，各地要积极支持引导养老护理员参加养老护理职业技能培训，确保到2020年，全区养老护理人员岗前培训率达到90%以上，所有养老服务机构（组织）负责人轮训一遍。引导社会舆论增强对养老服务工作的理解与认同，正面宣传养老服务工作方面的先进典型事迹，利用宣传媒体为养老服务业人员营造良好的从业环境。各地定期开展“优秀养老护理员”“优秀养老院长”和养老服务先进（示范）单位等评选创建活动。

十、推进老年宜居环境建设

严格执行无障碍环境建设相关法律法规，完善涉老工程建设标准规范体系，加强与老年人自主安全地通行道路、出入相关建筑物、搭乘公共交通工具、交流信息、获得社区服务密切相关的公共设施的无障碍设计与改造。在推进老旧居住（小）区改造、棚户区改造、农村危房改造等工程中优先满足符合住房救助条件的老年人的基本住房安全需求。加强对养老服务设施的安全隐患排查和监管。把敬老养老助老纳入社会公德、职业道德、家庭美德、个人品德建设，纳入文明城市、文明村镇、文明单位、文明校园、文明家庭考评。推动敬老养老助老教育进学校、进家庭、进机关、进社区。继续开展“敬老月”“敬老文明号”和全国敬老爱老助老评选表彰活动。推进非本地户籍常住老年人与本地户籍老年人同等享受优待。

十一、丰富老年人精神文化生活

落实老年教育发展规划，扩大老年教育资源供给，拓展老年教育发展路径，加强老年教育支持服务，创新老年教育发展机制，促进老年教育可持续发展，到2020年，基本形成覆盖广泛、灵活多样、特色鲜明、规范有序的老年教育新格局。全区县级以上城市至少应有一所老年大学，建有老年学校的乡镇（街道）比例达到50%，经常性参与教育活动的老年人口比例达到20%以上。完善覆盖城乡的公共文化设施网络，在基层公共文化设施内开辟适宜老年人的文化娱乐活动场所，增加适合老年人的特色文化服务项目。推动公共文化服务设施向老年人免费或优惠开放，为老年人开展文化活动提供便利。文化信息资源共享、农村电影放映、农家书屋等重大文化惠民工程增加面向老年人的服务内容和资源。广泛开展群众性老年文化活动，培育老年文化活动品牌。加强专业人才和业余爱好者相结合的老年文化队伍建设。结合贯彻落实全民健身计划，依托公园、广场、绿地等公共设施及旧厂房、仓库、老旧商业设施等城市空置场所，建设适合老年人体育健身的场地设施，广泛开展老年人康复健身体育活动。支持公共和民办体育设施向老年人免费或优惠开放。鼓励发展老年人体育组织，到2020年，90%的街道和乡镇建立老年人基层体育组织，城乡社区普遍建立老年人健身活动站点和体育团队，经常参加文体活动的老年人达到老年人总数的60%以上。健全老年人精神关爱、心理疏导、危机干预服务网络，督促家庭成员加强对老年人的情感关怀和心理沟通。支持企事业单位、社会组织、志愿者等社会力量开展形式多样的老年人关爱活动。鼓励城乡社区为老年人精神关爱提供活动场地、工作条件等支持。

十二、扩大老年人社会参与

引导老年人树立终身发展理念，始终保持自尊自爱自信自强的精神状态，积极面对老年生活，参与社会发展，发挥正能量，作出新贡献。建设新疆维吾尔自治区老年人才信息管理系统。依法保障老年人在生产劳动过程中的合法收入、安全和健康权益。对老有所为贡献突出的老年人和在老有所为工作中贡献突出的单位、个人，可按规定给予表彰或奖励。支持老年人积极参与基层民主监督、社会治安、公益慈善、移风易俗、民事调解、文教卫生、全民健身等工作。发挥老年人在化解社会矛盾、维护社会稳定中的经验优势和威望优势，支持老党员、老专家、老军人、老劳模、老干部开展关心教育下一代活动。扩大省际和区域内“银龄行动”工作范围，组织医疗卫生、文化教育、农业科技等老专家、老知识分子参与援助落后地区等志愿服务。到2020年老年志愿者人数达到老年人口总数的12%。坚持扶持发展和规范管理并重，加强老年社会组织的培育扶持和登记管理。采取政府购买服务等措施加大对公益性、互助性、服务性、专业性基层老年社会组织的支持力度。支持老年社会组织参加或承办政府有关人才培养、项目开发、课题研究、咨询服务等活动。“十三五”末，城乡社区基层老年协会覆盖率达到90%以上，农村行政村基层老年协会覆盖率达到60%以上。

十三、保障老年人合法权益

修订新疆维吾尔自治区保护老年人合法权益条例，健全优待老年人的财政投入、服务评价、检查监督、奖励表彰等政策。充分发挥基层党组织、基层群众性自治组织、老年社会组织作用，完善维护老年人合法权益社会监督、矛盾纠纷排查调解、多部门快速反应联合查处综合治理等机制。做好老年人来信来访工作。建立老年人法律维权热线，加强老年人法律服务和法律援助，针对老年群体特点开展适应老年人特殊需求的专项法律服务活动，重点做好农村和贫困、高龄、空巢、失能等特殊困难老年群体的法律服务、法律援助和司法救助。落实自治区“七五”普法规划要求，按照“谁执法、谁普法”的要求，加强老年人权益保障法律法规普法宣传教育，结合“法律六进”活动，强化全社会维护老年人合法权益的法治观念。鼓励广播、电视、报刊、网络等媒体开辟涉老法律法规宣传专栏。

第二节 重点工程

一、养老服务质量工程

建立民政、老龄、公安消防、质量技术监督、食品药品、卫生计生和市场监管等部门的联查联治、隐患抄告、信息共享等机制，共同强化对养老服务的监督管理。落实安全管理责任制、服务机构主体责任、行业安全监管职责和安全管理工作考核奖惩制度。加强标准化建设，制定服务标准和工作流程。加强养老服务机构安全设施建设。建立评估制度，定期组织或委托第三方对养老服务机构进行综合评估。设立投诉举报电话，加大社会监督力度，促进安全管理水平有效提升。

二、养老服务改革试点工程

继续推进乌鲁木齐、昌吉、喀什等地州中心城市综合养老服务试点，积极申报全国养老服务业综合改革试点，创造一批各具特色的典型经验和先进做法，出台一批可持续、可复制的政策措施和体制机制创新成果，形成一批竞争力强、经济社会效益显著的服务机构和产业集群，为全区养老服务业发展提供示范经验。支持乌鲁木齐、昌吉、巴州开展全国医养结合工作试点，先行先试，积极探索，率先构建起覆盖城乡、规模适宜、功能合理的医养结合服务网络，探索建立符合区情的医养结合体制机制，创新医养结合管理机制和服务模式，为全区医养结合工作提供示范经验。

三、养老服务人才培养工程

大力推行学历教育，加快培养老年医学、康复、护理、营养、心理、社会工作等专业人才。高等院校、中等职业学校要围绕社会对养老服务人才的需求，设置养老服务相关专业，加大培养力度，满足社会需求。教育部门按照国家专业设置要求，进一步明确设置标准、培养目标和内容，加快开发相关课程体系，加强师资队伍建设。鼓励医护人员到医养结合机构执业，促进人才有序流动。继续开展养老服务专业人才、管理人员免费培训。组织区内养老从业人员赴区外学习培训。制定康复、护理人员服务标准，设立与报酬挂钩的职业技能级别。

四、智慧养老服务工程

以“一键化、一体化、综合化”为目标，提升养老信息服务平台的软硬件建设水平，不断拓展服务功能，扩大服务范围。依托养老信息服务平台，整合家政预约、医疗保健、商品代购、信息提示、紧急救助等线上、线下服务资源，建立老年人、家庭成员、街道社区和各类服务机构的多方联动机制，不断充实“互联网＋养老服务业”的发展内涵。加快推行“虚拟养老院”和居家养老服务智能化，努力构建以居家社区养老服务为重点的信息支持系统。

五、失能失智老人照料工程

针对失能失智老人的特殊服务需求，构建以长期照护服务为重点的养老服务补贴制度，完善长期医疗护理制度，增加养老机构中失能失智老人的护理床位比例，提升康复护理专业化水平。各个养老机构都应配备与其服务规模相适应的康复护理设备、器具。为经济困难的失能失智老人家庭免费提供康复护理设备，免费开展护理技能培训，普及护理知识，并为符合条件家庭的无障碍设施改造提供资助。将经济困难家庭的失能失智老人的护理纳入政府购买服务内容。支持各地探索建立失能失智老人长期照护体系。

六、老年教育机构基础能力提升工程

改善现有老年大学（学校）办学条件。建设一批在本区域发挥示范作用的乡镇（街道）老年人学习场所。改善基层社区老年教育机构设施设备，建设好村、社区老年学习点。探索“养、医、体、文”等场所与老年人学习场所的结合。开展养教结合试点。编辑出版有时代特色、科学内涵、文化品位，适应社会需要的老年教育系列教材。

七、基层老年协会规范化建设工程

多渠道筹措资金支持基层老年协会建设，改善基层老年协会活动设施和条件，加强基层老年协会骨干培训和活动辅导，探索发挥基层老年协会在促进当地发展、维护社会稳定、调解涉老纠纷、开展互助服务、活跃老年人精神文化生活等方面积极作用的有效方式和途径。

第四章　保障措施

第一节　强化工作基础保障

一、完善投入机制

各级政府要根据经济社会发展状况和老年人口增长情况，建立稳定的老龄事业经费投入保障机制，按照分级投入的要求，加大资金投入。自治区本级彩票公益金和地方各级政府用于社会福利事业的彩票公益金，优先支持发展养老服务业，并随老年人口的增加逐步提高投入比例。落实和完善鼓励政策，引导各类社会资本投入老龄事业，倡导社会各界对老龄事业进行慈善捐赠，形成财政资金、社会资本、慈善基金等多元结合的投入机制。

二、加强基础保障

进一步完善老龄工作机制，保证城乡社区老龄工作有人抓、老年人事情有人管、老年人困难有人帮。加强自治区人口老龄化中长期应对策略研究。完善老龄事业统计指标体系，建立老龄事业统计公报定期发布制度。推动城乡老年人生活状况抽样调查制度化、常态化、规范化。

第二节　强化规划实施保障

一、加强组织领导

坚持党对老龄工作的统一领导，发挥各级党委总揽全局、协调各方的领导核心作用，为规划实施提供坚强保证。强化各级政府落实规划的主体责任，将本规划主要任务指标纳入当地经济社会发展规划，纳入为民办实事项目，纳入政府工作议事日程和目标责任考核内容。健全老龄工作体制机制，形成推进规划实施的合力。

二、加强督促检查

县级以上地方政府要结合实际制定本规划实施方案，细化相关指标，确保责任到位、工作到位、投入到位、见到实效。自治区老龄办、民政厅、发展改革委会同有关部门，加强对各地的指导、督促，及时检查并向自治区人民政府报告工作进展情况。2018 年，对规划实施情况进行中期评估。2020 年，对本规划的执行情况进行全面评估。对落实有力、成效显著的地区或部门予以表彰，对推进工作不力的地区或部门，督促整改落实。鼓励各地积极探索，勇于创新，创造性地实施规划。

中共厦门市委、厦门市人民政府印发《关于加快养老事业发展的实施意见》的通知

厦委发〔2017〕25 号

各区委、区政府，各开发区党工委、管委会，市直各部、委、办、局，各人民团体，各大专院校，市属各企事业单位：

《关于加快养老事业发展的实施意见》已经市委、市政府同意，现印发给你们，请结合实际认真贯彻执行。

中共厦门市委
厦门市人民政府
2017 年 10 月 11 日

关于加快养老事业发展的实施意见

为深入贯彻落实《国务院办公厅关于全面放开养老服务业市场提升养老服务业质量的若干意见》和省委十届三次全会通过的《关于加快社会事业发展补齐民生短板确保如期全面建成小康社会的决定》、《中共福建省委、福建省人民政府印发〈关于加快养老事业发展的实施意见〉的通知》及市委十二届五次全会通过的《中共厦门市委关于加快补齐民生短板确保全面建成小康社会的决定》文件精神，积极应对我市人口老龄化，加快补齐养老事业发展短板，为老年人基本生活提供服务，满足老年人多层次多样化养老需求，提升老年群体的获得感和幸福指数，确保老年人共享全面建成小康社会新成果，结合我市实际，特制定本实施意见。

一、总体目标

大力推进我市作为首批“全国养老服务业综合改革示范城市”、“全国医养结合试点城市”的改革探索，力争到2020年，让老年人社会保障更加健全，精神生活更加丰富，供给水平明显提升，养老主要指标高于全国平均水平，走在全国副省级城市前列。全市基本建成以居家为基础、社区为依托、机构为补充，医养结合的覆盖城乡的社会养老服务体系；基本形成政府主导、市场运作、放管结合、优化服务的发展机制；每千名老年人养老床位数达40张，护理型床位占机构养老床位总数的95%以上，所有养老机构均提供医疗服务；实现城乡居家社区养老服务覆盖率100%，基本养老服务保障全体老年人；推动医养结合高端养老产业健康发展，形成“低端有保障、中端有市场、高端有选择”的新格局，让全市老年人共享厦门经济特区改革发展成果。

二、重点任务

按照保基本、托底线、补短板、调结构、惠老年的要求，加快实施居家社区养老服务、机构养老服务、兜底保障、医养结合、精神关爱、智慧养老、养老产业培育、养老服务队伍建设等八大工程。

（一）居家社区养老服务工程。

1. 实现城乡居家社区养老服务设施全覆盖。要将居家社区养老设施建设列入为民办实事项目，推进网格化布局、标准化建设、适老化改造，提供日间照料、临时托养、康复护理和近家集中养老服务。到2020年，全面建成全市38个街（镇）社区老年人日间照料中心，每个照料中心每年补贴运营经费5万元，新建项目每个补助建设经费150万元；全面建成全市151个农村幸福院，每个幸福院每年补贴运营经费2万元，新建项目每个补助建设经费20万元；对已建成的全部城市社区366个居家养老服务站，要以政府购买服务方式为每个居家养老服务站（含农村幸福院）配备1－2名助老员，进一步完善为老服务功能；统筹规划建设适宜老年人居住、活动、出行的相关设施，新建公共设施和养老场所无障碍率达到100%。

2. 培育居家社区养老专业化服务组织。通过购买服务、公建民营、民办公助、股权合作、提供场所、补贴租金、以奖代补等多种方式，支持专业化服务组织规模化承接、连锁化运营居家社区养老服务设施，培育和打造有一定规模和实力的专业化服务组织。根据《福建省人民政府办公厅关于加快推进居家社区养老服务十条措施的通知》（闽政办〔2017〕67号）的具体要求，出台我市贯彻意见，加强对专业化服务组织的服务质量评估和日常监管，建立健全准入和退出机制。

3. 整合完善居家社区养老服务功能。充分发挥社区综合公共服务平台作用，统筹行政资源、社会资源、市场资源等，实现服务效益最大化和服务功能多样化。依托社区老年人日间照料中心和农村幸福院，通过整合社区内教育、科技、文化、体育、康复、餐饮等为老服务资源，为老年人提供生活照料、医疗卫生、康复护理、文化娱乐、教育、精神慰藉、体育健身、餐饮等形式多样、内容丰富的服务项目。

责任单位：各区党委和政府，市民政局、市财政局市建设局、市发改委、市规划委、市国土房产局

（二）机构养老服务工程。

1. 建设多层次养老服务机构。加强公办保障性养老机构全面建设，重点保障特困人员中的老年人、经济困难老年人、计划生育特殊家庭老年人和做出特殊贡献老年人的养老需求，切实发挥政府托底作用。积极打造综合型养老社区、医养结合型护养中心，发展健康养老、生态养老、旅居养老等养老模式，满足有经济能力老年人的个性化需求。

2. 发展医养结合的高端养老产业。出台《厦门市关于社会资本举办高端养老服务机构的指导意见》政策文件，统筹确定高端养老服务设施建设项目计划，推动社会资本投资建设医养结合的高端养老机构，建设集医疗、保健、康复、颐养为一体的养老设施，做到适老化、智能化、专业化、产业化。高端养老用地要纳入土地利用总体规划、年度土地供应计划，每年力争推出2－3块土

地，采取招、拍、挂方式出让。支持社会资本通过PPP项目模式参与投资养老服务工程包建设。鼓励整合改造企业厂房、商业设施、存量商品房等用于养老服务。到2020年，全市高端养老机构床位数我市养老床位总数比例达15%。

3. 加强对养老机构的服务监管。坚持“放管服”相结合，根据《福建省人民政府办公厅关于进一步促进养老机构健康发展十条措施的通知》（闽政办〔2017〕68号）的具体要求，限时完成已建养老机构安全达标和设立许可。加快建立全市统一的服务质量标准和评价体系，依法依规加强对从事养老服务的机构和社会组织的全过程监管，推动养老服务规范化、标准化。大力推行养老机构服务合同制度，切实保护老年人的合法权益，坚决依法依规严厉查处欺老、虐老行为。

责任单位：各区党委和政府，市民政局、市公安局（消防支队）、市卫计委、市质监局、市老龄办、市建设局、市规划委、市国土房产局

（三）兜底保障工程。

1. 加大社会救助力度。确保所有生活困难、符合条件的老年人按规定纳入最低生活保障、特困人员救助供养、医疗救助等社会救助制度保障范围，实现应保尽保。完善困难群众基本生活保障标准动态调整机制，实现各类困难群体基本生活保障水平有效衔接、科学合理增长。城乡低保标准统按最低工资标准的42%确定。完善医疗救助制度，全面开展医疗救助“一站式”即时结算服务，推进人工录入向系统自动对接转变，将经过认定的低收入家庭、支出型贫困家庭中的老年人全部纳入救助范围。完善临时救助制度，加强老年人“救急难”工作，按规定对流浪乞讨、遭受遗弃等生活无着老年人给予救助。

2. 保障基本养老服务。加快建立养老服务需求评估机制，立足老年人服务需求，整合服务资源，拓展服务内容，制定并实施切合我市实际的老年人照顾服务项目。重点关注高龄、失能、贫困、计划生育特殊家庭等困难老年人的养老需求，努力使紧急救援、生活照料、康复护理、精神慰藉等居家社区基本养老服务覆盖全体老年人。

3. 落实老年人补贴政策。逐步提高80周岁以上老年人高龄津贴标准，对其中的低保老年人，按每人每月100元的标准增发高龄津贴。逐步提高对困难家庭老年人的养老服务补贴，从2017年起，对低保对象、计划生育特殊家庭中的完全失能老年人，按照每人每月不低于200元的标准，通过厦门市民养老卡直接发放相关补贴。对符合条件的低收入家庭老年人参加城乡居民基本医疗保险所需个人缴费部分，按规定给予适当补贴。

责任单位：各区党委和政府，市财政局、市医保局市人社局、市民政局、市老龄办

（四）医养结合工程。

1. 推进医疗机构和养老机构合作共建。医疗机构要积极主动将医疗服务延伸至养老机构、社区老年人日间照料中心、社区居家养老服务站、农村幸福院等养老服务设施。建立健全签约合作和服务机制，搭建双向转诊绿色通道，鼓励医疗卫生机构为高龄老年人提供挂号、就医等便利服务的绿色通道。对经卫生和计生部门批准的、具备医疗服务从业资质的养老服务机构由市财政给予50万元的一次性医疗设备补助。支持养老服务机构、社区老年人日间照料中心等以不同的形式为入住老年人提供医疗卫生服务，实现“养中有医、医中办养”，逐步提高医养结合水平。同时，创新社区医养融合，有效整合社区照料中心和社区卫生服务中心、镇卫生院资源，加强合作，推进医养服务社区化。到2020年，所有养老机构都能以不同形式为入住老年人提供医疗卫生服务，95%以上社区卫生服务中心向老年人提供康复服务。

2. 加强居家社区养老医疗服务。将居家社区养老的老年人纳入家庭医生签约服务重点人群，优先签约并提供健康管理和基本医疗服务。积极运用“互联网+医疗”模式，提供个性化、全过程、连续性诊疗服务，提高老年人的生活质量和水平。支持社区医疗护理和专业化服务组织整合资源，加快推进医疗卫生服务延伸至社区、家庭。到2020年，65周岁以上老年人健康管理率达到85%。

3. 构建城乡老年人长期照护保障体系。建立居家、社区、机构“三位一体”的老年人长期照护服务体系，保障失能、半失能、高龄老人的生活照料、康复护理、精神慰藉和安宁疗护等长期照顾服务。对60周岁以上的城镇最低保障家庭和低收入家庭中失能和半失能老年人，政府给予护理补贴，标准参照当年度重度残疾人护理补贴标准执行。贫困失能老年人入住养老服务机构的，护理补贴由各区民政部门支付给相应的养老服务机构；居家接受服务的，护理补贴由各区民政部门支付给为其提供服务的居家养老服务企业或从事居家养老服务的机构。失能护理补贴保障对象以户籍为基础，实行属地化管理，保障资金由各区财政负担。重点支持发展护理型养老机构，到2020年，全市医养护结合机构占全部养老机构的比例达到95%。探索建立由政府、用人单位和个人共同分担的老年人长期照护保险制度，积极发展老年人长期照护商业保险，为失能、半失能、高龄老人的基本生活照料、医疗护理、康复服务等提供资金和服务保障。

责任单位：各区党委和政府，市卫计委、市财政局市医保局、市人社局、市金融办、市保监局、市民政局

（五）精神关爱工程。

1. 发展老年教育。依托广播电视大学网络和党员干部现代化远程平台发展老年远程教育，进一步完善老年教育

设施场所，支持市、区老年大学（学校）建设，充分利用部分合并撤销后符合条件的农村中小学闲置校舍，改建成老年学校。大力发展城市社区和镇（街）老年学校。建立市、区、镇（街）、村（居）委会四级老年教育服务体系。到2020年，实现全市90%的镇（街）、70%的村（居）建立老年学校（学习中心），100%的镇（街）、村（居）建立远程老年教育学习网点，基本形成覆盖广泛、多元参与、灵活便捷、特色鲜明的现代老年教育服务体系，参与学习的老年人规模超过8万人，学习参与率达到25%以上。

2. 推动老年文化繁荣发展。广泛开展群众性老年文化活动，支持社会组织举办丰富多彩的“老年春晚”活动，培育老年文化活动品牌。完善覆盖城乡的公共文化设施网络，在基层公共文化设施内开辟适宜老年人的文化娱乐活动场所，开发老年人特色文化服务项目和服务产品。鼓励发行老年人喜闻乐见的图书、报刊，创作适合老年人的影视剧、戏剧、广播剧等文艺作品。到2020年，我市老年类报刊品种达到1报1刊。

3. 加快老年健身设施建设。加强老年体育设施建设规划，新建居住区和社区要按相关标准配套建设老年人体育健身设施，积极构建城市社区15分钟健身圈。统筹康乐家园创建工作，实施全民健身计划，力争参与体育运动的老年人口占所有老年人口比例不低于75%。

责任单位：各区党委和政府，市老干局、市建设局、市体育局、市教育局、市文广新局、市民政局、市老龄办

（六）智慧养老工程。

1. 建设智能养老信息化平台。继续办好“厦门市民养老服务中心”，建立全市统一的养老服务信息化平台，完善老年人基本信息库，发展“互联网+养老”，打造线上与线下互联互通的养老“O2O”新模式，形成健康管理、紧急救援、医疗康复、生活服务、机构管理“五大功能”。推广使用12349养老服务专用号，结合老年人智能腕表、血压仪、老年人手机、跌倒报警器等终端穿戴设备打造养老“三通”，即养老业务“一号通”，为老服务“一卡通”，紧急救援“一键通”，充分满足老年人养老服务需求。

2. 开展智能养老应用试点。按照企业主体、政府扶持、市场化运作的方式，在全市开展覆盖城乡的应用试点，到2020年，培育3家智慧养老示范企业，建设15个智慧养老示范社区，创建2个具有区域特色、产业联动的智慧养老示范基地，为广大老年群体提供新型养老方式。

3. 开发智能养老运用产品。支持企业利用物联网、云计算、大数据、智能硬件等新一代信息技术和产品，发展智慧养老产业，实现个人、家庭、社区、机构与健康养老资源的有效对接，推动健康养老服务智慧化升级，提升健康养老服务质量与效率。在全市推动建设一批智慧养老工程，促进现有医疗、健康、养老资源优化配置和效率提升。

责任单位：各区党委和政府，市发改委、市经信局市老龄办、市民政局、市卫计委

（七）养老产业培育工程。

1. 开发老年用品产业。鼓励和引导相关行业积极拓展适合老年人特点的文化娱乐、体育健身、休闲旅游、健康服务、精神慰藉、家政等服务产品，支持企业积极开发安全有效的康复辅具、食品药品、服装服饰等老年用品用具；引导商场、超市、批发市场设立老年用品专区专柜；开发老年住宅、老年公寓等老年生活设施；继续办好老年用品博览会，打造养老产品的展销示范区。

2. 培育养老产业集群。培育一批产业链长、覆盖领域广、经济效益显著的养老产业集群。建设养老产业孵化中心，促进形成一批带动力强的龙头企业和大批富有创新活力的养老企业，培育2—5个规模较大的养老服务集团和连锁服务机构。建立品牌激励机制，培育一批养老服务、老年产品、健康服务、文化休闲、养老金融等养老知名品牌，推动品牌企业资源整合、协同发展。

3. 发展养老关联产业。引导养老与医疗、教育、健康、旅游、文化、保险等产业融合发展，开发建设一批生态养老特色的项目，打造面向海内外老年群体“候鸟式”养老、旅居养老、养生养老目的地。充分发挥我市气候、生态、温泉、滨海等资源优势，让全市老年人安享晚年。

责任单位：各区党委和政府，市发改委、市旅游局、市商务局、市民政局、市卫计委

（八）养老服务队伍建设工程。

1. 加强专业教育。厦门医学院、厦门华厦学院、厦门安防科技职业学院、厦门东海职业技术学院开设养老护理专业，培养老年医学、康复、护理、营养、心理和社会工作等方面的专门人才，为我市养老服务机构定向输送养老护理人才。到2020年，全市养老护理专业在校生不少于3000人；引导职业高中“校院合作”，为大型养老院定向委培专业养老护理员。

2. 加大培训力度。鼓励养老服务从业人员参加技能培训，加强养老护理员职业技能鉴定，提高社会和养老服务机构持有养老护理员国家职业资格证书人员比例。实施“养老从业人员培训计划”，建立分级分类培训体系，加强养老服务实训基地建设，扩大养老从业人员培训范围，提高培训频次。到2020年，全市每万名老年人拥有经营管理人员不少于5人、养老护理人员不少于30人，超过全国平均水平。

3. 完善激励机制。推动逐步提高养老服务从业人员薪酬水平。按照初级、中级、高级、技师等四级分类管理，

畅通养老护理员晋级渠道，逐步建立与职业技能相挂钩的薪酬和奖励制度。对参加厦门市职业技能培训定点机构养老护理员培训，取得我市核发的养老护理员职业资格证书的人员，落实好培训补贴政策。实行定向学生培养补助、引进专业人才由市财政给予奖励补助每人4万元，分5年拨付，每工作服务年限满1周年核发8000元。

责任单位：各区党委和政府，市发改委、市民政局、市财政局、市卫计委、市教育局、市人社局

三、保障措施

（一）强化组织领导。各区党委、政府要高度重视养老事业补短板工作，将发展养老事业纳入经济社会发展规划，制定年度目标，做到同步研究、同步部署、同步落实，及时解决工作中遇到的困难和问题，确保各项工程有序推进。各有关部门要各司其职，协同配合，形成合力。

（二）统筹布局规划。各级政府要统筹考虑人口结构及变化趋势、医疗资源分布状况、增量建设和存量改造等因素，加快编制养老服务设施和服务项目布局专项规划，并纳入控制性详细规划实施。保基本养老机构的选址要尽量选在交通便利、邻近医疗机构、处于或靠近居住区的区域。

（三）加大资金投入。各级政府要建立完善稳定的财政投入保障机制，将发展养老事业所需资金列入年度财政预算。探索采取贷款贴息、直接融资补贴、融资担保、风险补偿、政府和社会资本合作（PPP）等方式，引导和鼓励更多信贷资金和社会资本投向养老事业。鼓励倡导慈善组织等社会各界捐赠，共同推动养老事业发展。

（四）营造良好氛围。发挥报刊、广播电视、网站、微信、微博、手机客户端等的宣传作用，深入开展养老事业相关法规政策宣传，提高老年人维权意识，保障老年人合法权益，努力在全社会营造尊老、爱老、敬老的良好氛围。

（五）加强监督检查。各级党委政府和有关职能部门要加强督查考核，将推进养老事业发展的工作实绩列入党政领导班子综合考核评价的重要内容。加强对补齐养老事业短板八项工程推进情况的督促检查，建立第三方评估机制，及时通报进展情况，对工作成效明显的给予表扬，对工作推进不力的进行约谈、问责，促进养老事业更好更快发展。

责任单位：各区党委和政府，市直有关部门

中共厦门市委办公厅

2017年10月12日印发

厦门市人民政府办公厅关于印发社会资本举办高端养老服务机构指导意见的通知

厦府办〔2017〕194号

各区人民政府，市直各委、办、局，各开发区管委会：

《厦门市关于社会资本举办高端养老服务机构的指导意见》已经市政府研究同意，现印发给你们，请认真贯彻执行。

厦门市人民政府办公厅

2017年11月31日

厦门市关于社会资本举办高端养老服务机构的指导意见

根据《国务院关于加快发展养老服务业的若干意见》（国发〔2013〕35号）、《国务院办公厅关于全面放开养老服务市场提升养老服务质量的若干意见》（国办发〔2016〕91号）和《福建省人民政府办公厅关于全面放开养老服务市场提升养老服务质量的实施意见》（闽政办〔2017〕78号）等文件精神，积极顺应老龄化社会发展趋势，探索建立与我市经济社会发展相适应的社会养老服务体系，拓展高端养老服务，满足多样化养老服务需求，推动养老服务

业健康持续发展。现结合我市实际，就社会资本举办高端养老服务机构提出指导意见如下：

一、概念设定

高端养老是指按国家规范标准建设，由一流团队运营管理，运用先进互联网＋养老服务管理技术，专注适老化、智能化、专业化、医养融合，打造集老年人生活、医疗、文化、娱乐于一体的高品质养老服务。

（一）高端养老服务机构是指由国有企业、民营企业、外商投资企业（含香港、澳门、台湾地区）、混合所有制企业以及其他社会组织以独资、合资、合作、联营等模式建设，自筹资金举办，自行经营管理，其性质定为营利性养老服务机构，产权按“谁出资，谁所有”的原则界定，产权归投资者所有，为老年人建立生活服务、医护康复、活力文化体系，全面满足老年人养老需求服务的机构。但老年酒店、宾馆、会所、商场、俱乐部等商业性服务的机构，不属于高端养老服务机构。

（二）高端养老服务机构应具有境内外优质品牌的服务管理团队运营管理，具备丰富的物联网应用经验和先进的养老大数据开发管理技术实力，形成健康管理、紧急救援、医疗康复、生活服务机构管理“五大系统”运作模式；提供生活照护、餐饮服务、亲情服务、商业金融服务、医疗康复护理服务、活力文化服务，全面满足入住老年人的六大需求。

（三）高端养老服务机构应符合国家、省、市相关规范要求，并按照《福建省养老服务机构等级评定办法（试行）》五星级标准来打造该项目。落实医疗康复与养老服务相结合，配套建设医疗、保健、康复等设施，开办老年专科医院或二级及以上康复医院、护理院、综合医院等医护康复机构，开办二级及以上综合性医院必须设置相应的老年病科室，并作为重点科室。医疗配套设施面积大于20％的建筑面积。

二、规划要求

2017至2020年，我市拟建设高端养老服务机构不少于5个，床位不少于4000张，到2020年末，全市新增高端养老服务的床位数占我市养老床位总数的比例力争达到15％。

（一）规划布局。

高端养老服务（园区）项目布局于适宜举办高端养老的区域，按照高端养老功能需求定位，十三五期间原则上在岛外选址五个地块用于高端养老服务机构项目建设。

（二）规划条件。

（1）高端养老服务项目建设应符合《城镇老年人设施规划规范》（GB50437－2007）、《老年养护院建设标准》（建标144－2010）、《建筑无障碍设计规范》（GB50763－2012）、《护理院基本标准》（卫医政发〔2011〕21号）、《康复医院基本标准》（卫医政发〔2012〕17号）和老年病专科医院相关标准等要求，满足国家相关消防规范标准，满足适老化需求。建设高端养老服务机构，需向公安消防机构申报行政许可审批，并提供规划部门明确其作为高端养老服务机构使用功能的许可证明文件。

（2）高端养老服务项目建设应根据产业功能定位，项目容积率控制在2.0以内，单个项目养老服务床位不少于800张。

（3）高端养老服务项目建设应符合我市养老产业项目准入资格，具体由市民政局负责审查，并出具《符合产业项目准入审查确认书》。

（三）土地供给。

（1）用地指标。市发改、规划、国土、民政等部门统筹确定高端养老服务设施建设项目计划。养老服务项目用地由市规划部门予以充分考虑预留，纳入土地利用总体规划、年度土地供应计划，在年度用地计划指标分配上应保障高端养老服务项目用地需求。

（2）供地方案。高端养老服务项目用地依据规划单独办理供地手续的，其宗地面积原则上控制在5公顷左右（高端养老园区用地可适当放宽）。建设用地使用权出让年限为40年，土地性质为营利性医疗教育用地，具体按照我市现行招拍挂出让规定实施。

（3）供地程序。高端养老服务项目用地，采取招拍挂出让方式供地。在供地前，由出让人将土地使用权出让合同、监管协议书，与高端养老服务项目用地出让公告一并公示；高端养老服务项目用地申请人的产业项目准入资格经市民政主管部门审查确定后方可参加竞买。

（4）用地监管。高端养老服务项目用地，因企业自身原因造成土地闲置浪费的，由国土部门依法依规处置；高端养老服务项目用地，设计方案应经过规划部门和民政部门严格把关，施工过程由建设部门监管，建成后开办由民政部门监管，供地后4年内必须实质开办；高端养老服务项目开办后，因企业自身原因提出申请终止合同并退还土地的，经市政府批准后，由国土部门收回项目用地使用权，土地使用权价款按原土地出让价款结合剩余土地使用权折算退还，已建建筑物（构筑物）按重置价格结合成新进行适当补偿。高端养老服务机构要严格履行中标合同及监管协议，否则，经民政等部门确认后，列入不良记录企业，并由国土部门收回项目用地使用权，涉及违反相关法律法规的，由主管部门另行立案查处。按规范程序报市政府批准后，可以整体转让、整体抵押和整体转租。涉及整体转让和整体转租的，新受让人是否符合相关规定，由市民政主管部门负责认定重新签订监管协议。

三、相关事项

（一）审批登记。按照《养老机构设立许可办法》（民政部令第48号），在我市申请办理高端养老服务机构，由举办人向市场监督管理部门申请办理企业登记手续并领取营业执照；开展经营活动前，向市民政部门申请办理相关养老机构设立许可手续，向市、区卫计部门申请医疗机构执业许可手续，凭许可文件方可经营。

（二）限定事项。竞买申请人应具有相应的养老服务机构运营管理经验和养老设施投资实力。高端养老服务项目用地，不得进行住宅、商业、办公、酒店等房地产开发，不得分割转让、分割抵押和分割出租；高端养老服务用房不得“以租代售”、签订长期租赁合同；与养老服务当事人签订合同，应约定服务期限最长不得超过5年；高端养老服务机构不得改变养老服务性质及服务设施用途。

四、保障机制

（一）健全工作制度。成立厦门市高端养老服务项目工作领导小组，由市政府分管副市长担任组长，市政府办公厅分管领导担任副组长，各区人民政府、各指挥部及市发改委、市规划委、市卫计委、市国土房产局、市财政局、市建设局、市民政局、市老龄办、市场监督管理局、市商务局、市公安消防支队等担任成员。真正形成政府领导、民政牵头、相关部门、单位统筹配合、合力推进的工作格局。

（二）强化监督检查。市民政部门应会同市场监督管理、公安消防、卫计、物价等部门对高端养老服务机构项目的依法履行法定消防安全职责情况、建筑消防设施、运营宗旨、方式、床位数量、服务对象、卫生条件、服务管理水平等事项进行依法监管，并加强养老服务机构的运行管理监督检查工作。

（三）落实保障措施。按照省委省政府、市委市政府的部署要求，加快补齐养老事业发展短板，正确引导社会资本投资建设高端养老服务机构，努力推行各类养老服务机构享受同等优惠待遇，扎实推进我市养老服务事业健康可持续发展。

本意见自发布之日起执行。

厦门人民政府办公厅

2017年11月8日印发

厦门市老龄委办公室
关于推进适老化改造工作的通知

厦老龄办〔2017〕16号

各区老龄办：

根据全国老龄办、国家发展改革委等25个部委联合印发的《关于推进老年宜居环境建设的指导意见》要求，我市先行先试适老化改造，确定思明、湖里两区4个试点小区，并于4月18日在海滨新村举办适老化改造试点启动仪式，副市长、市老龄委主任卢江出席并讲话，对适老化改造有效提升老年人居家养老环境的安全性、便利性、舒适性给予充分肯定，同时要求加强示范引导、加强宣传推广，使老年居家环境建设在全市铺开。现就全面推进全市适老化改造工作通知如下。

一、工作目标

推进老年宜居环境建设，从老旧小区适老化改造入手，通过政策引导、舆论宣传和知识普及，提升全社会对适老化改造的认识水平，增强老年人及其家庭对适老化改造需求意识；不断优化现有小区和居住空间的适老水平，创建适老宜居环境，提升老年人生活品质；逐步将适老化改造纳入居家养老服务体系，通过政府引导、财政支持，扩大政策实施效果，推动适老化改造市场化和特殊群体财政重点支持的同步运作。

二、改造内容

1. 对老旧小区的改造：进行小区路面平整和楼梯坡化改造，安装楼道扶手，在楼层间设置挂壁式休息椅，建设休闲凉亭、坐椅；在物业处配备公共轮椅等设施设备。

2. 对老人家庭的改造：一是地面：对室内门槛、出入口、通道无障碍改造；进行地面防滑处理（例如防滑砖、防滑贴、防滑垫等）。二是墙体：在老年人经常活动的区域安装扶手、安全抓杆。三是卫生间：水盆、马桶、花洒边加装扶手及握杆；加装安全浴凳或增设助浴椅；蹲坑加装坐便椅等。四是家具和辅具改造：床边加装扶手，增设室内坐便椅，餐桌四角圆滑处理，抽屉推拉方便处理。五是灯光等改造：配置声控灯或自动智能感应小夜灯；安装用于防火和紧急救援救助的“居家宝”等。

三、资金保障

市级适老化改造试点小区和工作推进经费由市老龄办协调市财政局落实。各区适老化改造项目由区、街财政提供保障，鼓励各区福利协会和社会力量积极参与。

四、进度安排

（一）试点改造

1.4月下旬—5月底，调查摸底。各区确定适老化改造试点小区1—2个；初步确定参与适老化改造施工单位，提出改造方案；在拟改造试点小区张贴适老化改造告知书，摸底适老化改造意愿家庭、签订改造协议书。各区老龄办请于5月25日前报送改造试点小区名单。

2.6月—8月中旬，改造施工。严格按改造方案进行有序安全施工，做好施工期间的跟踪督查和协调沟通工作。

3.8月下旬，工程验收和入户回访。做好施工情况审核验收和材料备案工作，对改造家庭开展满意度调查，收集意见和建议，形成简要报告。

（二）全面铺开

在试点改造的基础上，逐步向全区老旧小区推开。

五、工作要求

1. 高度重视，加强统筹。适老化改造是一项战略性系统工程，要站在积极应对人口老龄化的高度，切实加强组织领导，将其列入养老服务基本建设项目，统筹安排和推进。要建立主要领导负责制和跨部门协商协同推进机制，区老龄办要发挥综合协调作用，主动作为，协调区财政局和相关街道提供资金保障，协调区建设局提供技术指导和支持，统筹多部门力量形成合力。

2. 严格程序，加强监管。要制定切实可行的适老化改造方案，改造对象重点向老年人聚集小区和特殊困难老人家庭倾斜，规范实施流程，严格政府采购，加强信息管理，加大信息公开，强化改造质量监控，切实保障适老化改造的质量与效率。

3. 加强宣传，总结经验。要加大对适老化改造目的、意义和内容的宣传，认真做好老年人和小区业主的解疑释惑工作，改造工作进展情况适时报送市老龄办。要借助新闻媒体力量，及时总结宣传优秀典型和先进经验，使老年宜居环境建设理念深入人心，为有效推进我市适老化改造营造良好氛围。

厦门市老龄委办公室
2017年4月24日

厦门市财政局、厦门市民政局、厦门市残疾人联合会关于扶持社会资本举办养老服务机构有关财政政策问题的通知

厦财社〔2017〕4号

各区财政局、民政局、残联，各有关单位：

为了进一步促进我市非公有制养老服务机构的发展，形成投资主体多元化、投资方式多样化的养老服务新机制，根据《国务院关于加快发展养老服务业的若干意见》（国发〔2013〕35号）、《福建省人民政府关于加快发展养老服务业的实施意见》（闽政〔2014〕3号）精神，经研究，决定进一步调整完善我市扶持社会资本举办养老服务机构有关财政政策。现就有关问题通知如下：

一、凡在我市辖区内经市、区民政部门批准由社会资本（包括国有企业、民营企业、外商投资企业、混合所有制企业以及其他非政府投资、经营主体等）举办为老年人提供住养、护理等服务（包括养老院、托老所、老年公寓、老人护理院以及日间照料）并且床位数在50张以上的养老服务机构均可享受以下财政扶持政策：

（一）通过结算土地成本获得划拨土地使用权举办的养老服务机构以抵押方式融资在1亿元贷款总额内，从向财政申请贷款贴息当年起，财政按不超过基准利率给予五年期限的贴息，实际贷款利率低于基准利率的按实际贷款利率计算贴息数额。同一抵押物对应的银行贷款只能申请一次财政补助，不得以借新还旧等形式重复申请。

（二）对经卫生计生部门批准社会资本举办具备医疗服务从业资质的给予每个养老服务机构不超过50万元的一次性医疗设备补助。

（三）适当提高社会资本举办养老服务机构的床位建设补助标准。

对新建规模在50张床位以上的养老服务机构，按新建每张床位一次性补助2万元、租赁每张床位补助1万元进行补助，分五年平均拨付。

以上各类新增床位5年内改变用途的，全额收回床位建设补贴。养老服务机构因更名、转接、移交等原因不纳入新增床位建设补贴。财政贴息与建设补助不重复享受。

二、凡符合上述条件的养老服务机构向所在区民政局申请，经市民政局审核汇总后报市财政局，所需支出除省财政专项补助外，其余从福利彩票公益金等渠道安排解决。

三、为了鼓励社会资本举办养老服务机构提高服务水

平，市财政每年安排一定的资金用于开展对社会资本举办养老服务机构的考核和奖励，具体考核指标和考核办法由市民政局、市财政局另行制定。

四、对社会资本举办养老服务机构接收我市残疾人养老可对残疾人所需的特殊护理和康复设施设备给予适当补助，具体补助标准由市财政局和市残联另行制定。

五、社会资本举办养老服务机构以虚报、冒领等方式骗取财政资金或不按照规定使用财政资金的，按照《财政违法行为处罚条例》有关规定执行。

六、本通知有效期为五年，自发文之日起执行。之前涉及财政扶持社会资本举办养老服务机构政策与本通知规定不一致的，以本通知规定为准。

厦门市财政局　厦门市民政局　厦门市残疾人联合会

2017 年 3 月 17 日

厦门市民政局、厦门市财政局、厦门市教育局、厦门市人力资源和社会保障局关于印发开展养老医护学生定向培养引进专业人才奖励补助实施意见的通知

厦民〔2017〕272 号

各区民政局、财政局、厦门医学院、厦门华厦学院、厦门安防科技职业学院、厦门东海职业技术学院及全市养老服务机构：

现将厦门市民政局、厦门市财政局、厦门市教育局、厦门市人力资源和社会保障局《关于开展养老医护学生定向培养引进专业人才奖励补助的实施意见》印发给你们，请遵照执行。

厦门市民政局　厦门市财政局

厦门市教育局　厦门市人力资源和社会保障局

2017 年 11 月 24 日

关于开展养老医护学生定向培养引进专业人才奖励补助的实施意见

为推进我市养老服务业发展，根据《国务院关于加快发展养老服务业的若干意见》（国发〔2013〕35 号）、《中共福建省委 福建省人民政府印发〈关于加快养老事业发展的实施意见〉的通知》（闽委发〔2017〕17 号）及《中共厦门市委 厦门市人民政府印发〈关于加快养老事业发展的实施意见〉的通知》（厦委发〔2017〕25 号）等文件精神和厦门市第 63 次市政府常务会议的有关要求，切实加强我市养老服务队伍建设，采取相应奖励补助措施，吸引更多的人才从事养老服务工作，充实我市养老服务机构医养护专业人才队伍，全面提升养老服务专业化水平，不断提高服务质量，保障老年人的合法权益。现就加强养老服务队伍建设和相关奖励补助工作，制定本实施意见：

一、目标任务

着眼建设一支专业化、标准化、职业化的养老护理队伍，进一步拓宽养老服务职业技能培养提升渠道，完善相关奖励措施。2018 年至 2022 年，采取定向培养、引进专业人才、组织护理培训和考核等办法，充实养老服务机构医养护专业人才队伍。在厦门医学院、厦门华厦学院、厦门安防科技职业学院、厦门东海职业技术学院等四所院校（以下简称“四所院校”）定向招收养老护理专业大专学生。对在院校就读养老护理专业及方向的大专以上学历应届毕业生在我市从事养老护理岗位人员给予奖励和补助。

二、基本原则

1. 坚持以人为本。从老年人的需求出发，为老年人提供高质量、专业化、职业化的服务。

2. 坚持专业化培训。以院校专业教育为载体，加快培养和引进医学、护理、营养、心理和社会工作等岗位服务人员。

3. 坚持因地制宜。紧密联系美丽厦门共同缔造实际，与各区人文环境和老年人需求相适应，循序渐进，稳步推进。

4. 坚持社会化方向。完善“政府主导、部门协作、社会参与”的工作机制，以“政府补助为主，先学后奖为辅”，创新路径，调动从事养老服务工作的积极性。

三、途径类型

（一）立足本市定向招生、定点培养。“四所院校”设立养老服务相关专业和课程，培养老年医学、康复、护理、营养、心理和社会工作等方面的专门人才。从2018年开始，用人单位（我市养老服务机构）按年度用人需求向“四所院校”提出申请并签订协议。“四所院校”依据申请和协议确定年度定向招生名额。

（二）面向全国引进录用专业骨干人才。鼓励全国各地各类职业院校就读有关养老护理专业及方向的应届大专以上学历优秀毕业生到我市养老服务机构从事养老护理工作。自2018年起，与用人单位（我市养老服务机构）签订岗位服务聘用合同，并由用人单位向市民政局报备和市教育局审查确认。

四、补助标准

（一）定向学生培养补助：对“四所院校”定向招收就读有关养老护理专业及方向的学生，毕业后与定向用人服务单位（我市养老服务机构）签订岗位聘用合同，服务年限不少于5年（从就业时间算起），给予奖励补助为每人4万元，分5年拨付，每工作服务年限满1周年核发8000元。

（二）引进专业人才补助：对我市养老服务机构招收引进各类职业院校就读有关养老护理专业及方向的应届大专以上学历毕业生，由我市养老服务机构与其签订岗位聘用合同，服务年限不少于5年（从就业时间算起），给予奖励补助每人4万元，分5年拨付，每工作服务年限满1周年核发8000元。

五、标准要求

（一）“四所院校”定向招收就读有关养老护理专业及方向的学生必须按照协议完成学业，获得毕业证书后，按协议定向就业。

（二）“四所院校”定向招收就读有关养老护理专业及方向的学生必须清楚知悉定向养老护理专业学生培养的内容，志愿参加“定向养老护理专业学生培养”项目，并承诺：

1. 完成养老服务相关专业课程，取得全日制高职高专的应届大专学历毕业证书；

2. 注册后及时到定向服务单位工作，并与定向服务单位签订岗位聘用合同。

3. 按时到定向服务单位就业并连续工作5年以上，认真履行岗位职责，遵守规章制度，服从定向服务单位的领导与管理。在服务期内不得擅自改变服务单位，不以升学、培训等为由不履行服务期限的约定。

（三）各类职业院校就读有关养老护理专业及方向的应届大专以上学历学生获得毕业证书后，签订岗位聘用合同，承诺按时到服务单位就业并连续工作5年以上，在服务期内不得擅自改变服务单位，不以升学、培训等为由不履行服务期限的约定。

六、保障措施

（一）部门配合，各司其职

1. 市民政部门要鼓励和支持“四所院校”定向招生工作，督促指导用人服务单位（我市养老服务机构）与定向招收就读有关养老护理专业及方向的学生签订《厦门市定向养老护理专业学生培养定向就业协议书》和岗位聘用合同（含各类职业院校引进专业人才）。落实定向培养、引进专业人才的奖励补助的经费预算编制工作，切实做好专项补助资金使用情况的使用管理。

2. 市教育局要协助“四所院校”养老护理专业及方向招生计划报批；督促指导学校做好定向就业招生的宣传工作，并通过招生章程向社会公布。做好定向生的思想教育工作，定期了解定向生的学习、生活情况，加强同定向生的联系，制订必要的政策，鼓励支持定向生毕业后到定向用人服务单位工作。负责对我市养老服务机构引进从事养老护理工作的全国各地各类职业院校应届大专以上学历毕业生进行学历审查确认。

3. 市财政局负责落实定向培养、引进专业人才的奖励补助等经费审核结算拨付工作。

（二）奖励补助费用申请发放程序和要求

1. 申请定向培养、引进专业人才的奖励补助采取按年结算办法，凡在服务单位就业工作不满一年不予申报奖励补贴。

2. 申请时间为每年8月份，由用人服务单位（我市养老服务机构）向所在区民政部门提交申请，具体包括以下内容：

①《厦门市养老服务机构聘用定向培养毕业生、引进专业人才奖励补助申请表》（详表见附件1）一式三份；

②《厦门市定向养老护理专业学生培养定向就业协议书》复印件（定向培养学生）；

③《厦门市养老服务机构聘用引进专业人才报备审查

确认申报表》复印件（详表见附件2）一式三份；

④社保缴费证明，身份证、毕业证复印件

3. 各区民政局会同区财政局，采取书面审查、实地抽查、公示等形式做好审核工作，每年8月将审核后的奖励补助资金申请报送市民政局；市民政局将审核汇总后的全市奖励补助资金申请以每年9月报送市财政局，市财政局按规定程序予以审核、批复，每年10月通过体制下达各区，由各区民政局统一拨付给用人服务单位（我市养老服务机构）下发各补助对象（定向学生、引进专业人员），用人服务单位（我市养老服务机构）不得以任何理由抵扣其正常待遇。

4. 对市社会福利中心招收定向培养、引进专业人才的奖励补助采取按年结算办法，每年8月份向市民政局提交申请，由市民政局采取书面审查、实地抽查、公示等形式做好审核工作，市财政局按规定程序予以审核拨付给市社会福利中心，由市社会福利中心下发各补助对象（定向学生、引进专业人员），市社会福利中心不得以任何理由抵扣其正常待遇。

5. 市民政局要加强对专项补助资金使用情况的使用管理，并接受财政部门和审计部门的监督检查。市财政局可根据专项补助资金使用管理的有关规定和要求，将养老医护学生定向培养、引进专业人才的奖励补助专项经费管理纳入绩效考评。

6. 对弄虚作假骗取奖励资金，不按规定使用以及挪用、挤占、截留奖励资金等违法行为，按照《财政违法行为处罚处分条例》等规定予以处理；构成犯罪的，移送司法机关处理。

本意见自公布之日起实施，有效期5年。

附表：1. 厦门市养老服务机构聘用定向培养毕业生、引进专业人才奖励补助申请表（略）

2. 厦门市养老服务机构聘用引进专业人才报备审查确认申报表（略）

厦门市民政局办公室　2017年11月24日印发

厦门市民政局、厦门市财政局关于印发厦门市社会资本举办养老服务机构财政扶持资金使用管理办法的通知

厦民〔2017〕236号

各区民政局、财政局：

现将《厦门市社会资本举办养老服务机构财政扶持资金使用管理办法》印发给你们，请遵照执行。

厦门市民政局　厦门市财政局　2017年9月28日

厦门市社会资本举办养老服务机构财政扶持资金使用管理办法

第一章　总则

第一条　为加强我市养老服务机构（营利性和非营利性）财政扶持资金的管理，规范政府扶持补贴社会资本举办养老服务机构行为，促进我市非公有制养老服务机构的发展，形成投资主体多元化、投资方式多样化的养老服务新机制，各类养老服务机构享受同等待遇，加快形成统一开放、竞争有序的养老服务市场体系建设，根据《国务院关于加快发展养老服务业的若干意见》（国发〔2013〕35号）、《福建省人民政府关于加快发展养老服务业的实施意见》（闽政〔2014〕3号）、《中共福建省委 福建省人民政府印发〈关于加快养老事业发展的实施意见〉的通知》（闽委发〔2017〕17号）、《厦门市人民政府关于印发加快发展养老服务业实施意见的通知》（厦府〔2014〕128号）文件精神和《厦门市财政局 厦门市民政局 厦门市残疾人联合会关于扶持社会资本举办养老服务机构有关财政政策问题的通知》（厦财社〔2017〕4号）等有关规定，特制定本办法。

第二条　本办法所称的养老服务机构（营利性和非营利性）财政扶持资金是指由市财政部门从预算安排的，用

于扶持我市社会资本举办养老服务机构建设和发展的专项资金，包括床位建设补贴、床位运营补贴和床位综合责任险补贴、特定服务对象补贴、内设医疗机构一次性医疗设备补贴以及土地结算成本银行贷款贴息财政补助等专项资金。

第三条　本办法适用于在本市依法批准设立的养老服务机构（营利性和非营利性），包括由政府机构以外的法人、公民个人以及其他社会组织、国有企业、民营企业、外商投资企业（含香港、澳门、台湾地区）、混合所有制企业利用非国有资产、企业资产和社会资本，以独资、合资、合作、联营、参股、租赁等模式建设举办，为老年人提供住养、护理、托管、医疗等服务的机构（包括养老院、托老所、老年公寓、老人护理院以及日间照料等）。

政府投资兴建，委托社会力量采取承包、租赁、合作等方式举办经营管理的非营利性养老服务机构适用本办法。

第四条　市、区民政、财政部门应当坚持养老服务社会化方向，通过政策引导、加强监管和适当的资金扶持，鼓励社会资本进入社会养老服务业。

第二章　申请程序

第五条　申请床位建设补贴应当符合以下条件：

（一）通过新建、改建和扩建养老服务机构而增加床位或通过租赁房屋等方式增加床位。

（二）所提供的养老床位数达到50张以上。

（三）如属租赁房屋的，租赁期限在5年以上。

第六条　养老服务机构享受建设补贴后5年内不得改变用途，如改变养老用途的所享受的补贴应予收回。

养老服务机构因更名、转接、移交等原因不纳入新增床位范围。

第七条　申请床位运营补贴应当符合以下条件：接收的养老对象需具有本市户籍。

第八条　申请床位综合责任险补贴应当符合以下条件：

（一）所承保的对象为本市户籍人员；

（二）与商业保险公司签订承保合同。

第九条　申请特定服务对象补贴的对象应当属于以下人员：

（一）年满60周岁以上（含60周岁，下同）本市户籍的城市“三无”人员；

（二）农村“五保”人员；

（三）享受最低生活保障家庭生活不能自理的老年人、低收入家庭中因遭受严重自然灾害、重大交通事故或重大疾病突然致贫的生活不能自理的老年人；计划生育特殊家庭困难的老年人。

第十条　申请内设医疗机构一次性医疗设备补贴应当符合以下条件：获得市或区卫计部门批准医疗机构执业许可证。

第十一条 申请土地结算成本银行贷款贴息财政补助应当符合以下条件：

（一）通过结算土地成本获得划拨土地使用权举办的养老服务机构以抵押方式融资在一亿元贷款总额内；

（二）获得政府部门批复的养老服务机构使用土地划拨文件证明；

（三）固定资产贷款合同；

（四）贷款利息明细表。

第十二条 每年2月份，为上述项目补贴申请时间，养老服务机构向所在区民政部门提交申请，具体包括以下内容：

（一）书面申请报告。包括建设审批、投入运营、床位使用、规章制度建设、内部管理等情况，以及市级补贴资金申请数额；

（二）《厦门市养老服务机构新增床位建设补贴申请表》（详表见附件1）一式三份；

（三）《营业执照》或《民办非企业单位（法人）证书》复印件；

（四）房地产权证或房地产权权属证明书或者新建、改扩建立项、验收等证明复印件；

（五）租赁合同或承包经营管理合同等有关证明材料。

（六）《厦门市养老服务机构床位运营补贴审批表》（详表见附件2）一式三份；

（七）《厦门市养老服务机构床位综合责任险补贴审批表》（详表见附件3）一式三份；

（八）《厦门市养老服务机构入住本市户籍老人花名册》（详表见附件4）一式三份；

（九）保险费单发票收据的复印件；

（十）本市户籍入住老人身份证与户口簿和低保证等复印件；

（十一）《厦门市养老服务机构接收“三无”、“五保”和“特困”老年人补贴申请表》（详表见附件5）一式三份；

（十二）《厦门市养老服务机构入住老人信息表》（详表见附件6）一式三份；

（十三）养老服务合同复印件；

（十四）本市户籍所在地的区民政局出具的厦门市“三无”、“五保”和“特困”老年人认定证明；

（十五）《厦门市养老服务机构内设医疗机构一次性医疗设备补贴审批表》（详表见附件7）一式三份；

（十六）市或区卫计部门批准医疗机构执业许可证（正、副本）复印件；

（十七）《厦门市养老服务机构土地结算成本银行贷款贴息财政补助审批表》（详表见附件8）一式三份；

（十八）政府部门批复的养老服务机构使用土地划拨文件证明复印件；

（十九）固定资产贷款合同；

（二十）贷款利息明细表。

第十三条 各区民政局应当会同区财政局，采取书面审查、实地抽查、公示等形式做好审核工作，每年3月底前将审核后的市级补贴资金申请书面报送市民政局。

市民政局将审核汇总后的全市补贴资金，会同市财政局按规定程序予以审核、批复。

第三章 补贴标准

第十四条 养老机构床位建设补贴、运营补贴、床位综合责任险、特定服务对象、内设医疗机构一次性医疗设备补贴以及土地结算成本银行贷款贴息财政补助标准如下：

（一）床位建设补贴。对用房自建（含通过购买、新建、改建并拥有房屋合法自有产权），提供社会老年人养老的床位数达50张以上，取得《民办非企业单位（法人）证书》或《营业执照》，投入使用的新增养老服务机构，按核定的床位给予一次性开办床位建设补贴，每张床位补贴20000元；用房属租用（含公建民营承包的用房）且租用期5年以上、核定床位数达50张以上的，取得《民办非企业单位（法人）证书》或《营业执照》，并投入使用的新增养老服务机构，按核定的床位给予一次性开办床位建设补贴10000元，分五年拨付。

（二）床位运营补贴。按接收本市户籍老年人入住满一个月的实际占用床位数计算全年平均数每年每张床位补贴2400元。

（三）床位综合责任险补贴。按公共资源市场化配置规定所确定的保费补贴80%。

（四）特定服务对象补贴。按全护理对象每人每月补贴800元，半护理对象每人每月补贴600元，自理对象每人每月补贴400元。

（五）一次性医疗设备补贴。对经市或区卫生计生部门批准获得医疗机构执业许可证的养老服务机构给予一次性医疗设备补贴50万元。

（六）土地结算成本银行贷款贴息财政补助。通过结算土地成本获得划拨土地使用权举办的养老服务机构以抵押方式融资在一亿元贷款总额内，从向财政申请贷款贴息当年起，财政按不超过基准利率给予五年期限的贴息，实际贷款利率低于基准利率的按实际贷款利率计算贴息数额。同一抵押物对应的银行贷款只能申请一次财政补助，不得以借新还旧等形式重复申请。

第十五条 床位建设补贴、床位运营补贴、床位综合责任险补贴、特定服务对象补贴、内设医疗机构一次性医疗设备补贴、土地结算成本银行贷款贴息财政补助皆由市财政承担。养老机构补贴所需资金由市财政通过体制下达各区，并由各区民政局统一拨付。

第四章 监督管理

第十六条 养老服务机构应当建立健全内部规章制度，严格收支管理，规范会计核算，并自觉接受财政、民政和审计等部门的监督检查。

第十七条 各区民政、财政部门应当加强对补贴资金使用情况的监督检查，确保补贴资金的合理使用，对骗取、截留、挪用专项资金、擅自变更项目内容的，市财政局、市民政局将视具体情况，采取缓拨、停拨补贴资金，追缴已拨补贴资金等措施，并依法追究有关人员的责任。

第五章 附则

第十八条 各区民政、财政部门应根据本办法，结合实际，制定本区的社会资本举办养老服务机构财政扶持资金管理办法。

第十九条 本办法由厦门市民政局、厦门市财政局负责解释。

第二十条 本办法自印发之日起施行，有效期5年。《厦门市民政局 厦门市财政局关于印发〈厦门市非营利性民办养老服务机构财政扶持资金使用管理办法〉的通知》（厦民〔2013〕186号）同时废止。

附件：

1. 厦门市养老服务机构新增床位建设补贴申请表（略）

2. 厦门市养老服务机构床位运营补贴审批表（略）

3. 厦门市养老服务机构床位综合责任险补贴审批表（略）

4. 厦门市养老服务机构入住本市户籍老人花名册（略）

5. 厦门市养老服务机构接收“三无”、“五保”和“特困”老年人补贴申请表（略）

6. 厦门市养老服务机构入住老人信息表（略）

7. 厦门市养老服务机构内设医疗机构一次性医疗设备补贴审批表（略）

8. 厦门市养老服务机构土地结算成本银行贷款贴息财政补助审批表（略）

厦门市民政局办公室
2017年9月28日印发

老龄工作综述

中央组织部

综　述

一年来，在赵乐际同志、陈希同志和部务会的坚强领导下，老干部工作紧紧围绕迎接党的十九大和学习贯彻十九大精神这条主线，以习近平新时代中国特色社会主义思想为指导，突出重点、精心谋划、统筹推进、合理安排、狠抓落实，较好完成了各项工作任务。

一是精心组织开展“畅谈十八大以来变化、展望十九大胜利召开”和“建言十九大”两项活动。认真学习贯彻中央领导和部领导在2016年底全国老干部工作“双先”表彰大会和老干部局长会议上的部署要求，在全国离退休干部中深入开展“畅谈”“建言”活动。上半年，组成11个调研督查组，深入15个省区市、56个市县实地调研督查，与老同志面对面访谈座谈，召开64个调研督查座谈会，覆盖了31个省区市、新疆生产建设兵团、大部分中央单位及99个市县，对两项活动进行督促指导。各级党委高度重视，广大离退休干部展现出很高的政治热情和责任担当，全国共开展相关活动近百万场次，近千万老同志以不同形式参与，其中有许多省部级老同志和“两院”院士，老同志的许多建议、期望得到各级党委政府采纳。十九大召开前夕，分别起草上报了两项活动的报告，得到中央领导同志的充分肯定。

二是认真组织广大老同志和老干部工作者迎接十九大、学习贯彻十九大精神。举办好老同志专题报告会，加强对老同志思想政治引领。精选报告主题、时间节点和主讲人，先后围绕脱贫攻坚、“一带一路”建设、全面从严治党、科技创新和学习贯彻十九大精神举办了5场专题报告会，来自180多家单位、6000余人次的老同志现场聆听了报告。及时反映全国广大老同志收听收看、认真学习十九大报告的情况，相关新闻稿在十九大期间，通过《人民日报》、中央电视台新闻联播、《中国组织人事报》等媒体播发。参与起草有关通知，指导全国老干部工作部门抓好十九大精神的学习宣传贯彻。认真做好《老干部工作情况交流》《离退休干部党支部学习参考》《晚枫苑》的编辑工作，对老干部工作部门主管主办的刊报和“老干部之家”网站等加强指导，迅速兴起学习宣传贯彻十九大精神的热潮。

三是深入开展中办发〔2016〕3号文件贯彻落实情况调研督查。印发中办发〔2016〕3号文件被列入《党的十八大以来大事记》。起草刊发言论稿《调研督查是推动工作落实的好方法》。以部办公厅名义印发通知，下半年，组成6个调研督查组，分赴8个省市区和部分中央单位调研督查，共召开4个片会，覆盖了31个省区市及所属113个市县、新疆生产建设兵团和54家中央单位。采取交流与点评相结合的方式，做到有成绩讲成绩，有问题讲问题，推动文件精神贯彻落实。认真汇总各地各部门具体落实文件精神情况，起草上报了调研督查情况报告。

四是积极主动为老同志办实事做好事。及时制定出台相关政策，会同财政部、人社部，制定出台提高部分离休干部护理费标准有关规定，惠及一大批离休干部。积极协调解决有关问题，特别是推动解决了移交地方老干部工作部门管理的部分军队离休干部住房未达标面积货币补差问题。协调国资委等单位，妥善解决拖欠离休干部医药费等问题，受到老同志及家属的好评。认真做好老同志的信访工作，努力为老同志排忧解难。精心组织老同志参加重大庆典活动，不断丰富他们精神文化生活。组织老同志代表参加纪念抗战爆发80周年、建军90周年、向人民英雄敬献花篮等活动，做好春节团拜会相关工作。组织老同志参加春节联欢、游园、庙会等活动。精准做好老同志的具体服务工作，中央组织部老干部局为部机关老同志设立24小时值班电话，及时把大字版的十九大报告、党章等学习辅导材料和精心制作的连心卡送到部机关老同志手中。

五是认真开展离退休干部党建工作调研。坚持把加强党建工作作为老干部工作的重要任务和有力抓手。10月下旬至11月上旬，派出3个调研组，分赴4个省市和3家中央单位调研，召开17个座谈会，重点了解了各地各部门的主要做法、创新举措、实际效果、难点问题和意见建议，为进一步增强工作针对性、实效性及筹备全国老干部局长会议积累了第一手资料。

六是扎实抓好离退休干部工作队伍自身建设。举办全国老干部局长轮训班和老干部工作部门中青年干部培训班，培训省区市和中央单位新任老干部局长和地市老干部局长。

此外，认真总结了党的十八大以来的老干部工作。积极做好剥离国有企业办社会职能和解决历史遗留问题专项小组、全国老龄委成员单位、中国关工委成员单位相关工作。认真做好有关丧事审批工作，组织老同志代表参加纪念吴阶平、姚依林等同志的诞辰座谈会。

重要会议和活动

3月：中央组织部老干部局负责同志与民政部优抚安置局、财政部社会保障司负责同志谈移交地方老干部工作部门管理的军队离休干部住房货币补差工作，人力资源社会保障部工资福利司有关同志参加。

4月：①举办中央和国家机关老同志专题报告会，中央组织部常务副部长陈希主持。国务院扶贫办主任刘永富作“全面贯彻中央决策部署，坚决打赢脱贫攻坚战”专题报告。中央和国家机关司局级以上老同志参加。②中央组织部常务副部长、全国老龄工作委员会副主任陈希，老干部局局长、全国老龄工作委员会联络员李炎溪到国务院参加全国老龄工作委员会第十九次全体会议。

5月：举办第18期全国老干部局长轮训班，来自各省区市、新疆生产建设兵团和部分中央单位老干部工作部门负责同志参加培训。

6月：举办中央和国家机关老同志专题报告会，中央组织部常务副部长陈希主持。外交部副部长李保东、国家发改委副主任王晓涛作“一带一路”建设专题报告，中央和国家机关司局级以上老同志参加。

7月：①中央组织部部务会研究审议关于提高生活长期完全不能自理离休干部护理费标准的政策。②组织部分参加过抗日战争的在京老同志代表到中国人民抗日战争纪念馆参加党中央举行的纪念全民族抗战爆发80周年仪式。③组织部分老同志代表到人民大会堂观看庆祝建军90周年文艺晚会。

8月：①举办中央和国家机关老同志专题报告会，中央组织部副部长姜信治主持，中央纪委副书记、监察部部长杨晓渡作“学习贯彻习近平总书记‘7·26’重要讲话精神，推动全面从严治党向纵深发展”专题报告，中央和国家机关司局级以上老同志参加。②组织部分在京老同志代表到人民大会堂参加庆祝中国人民解放军建军90周年大会。

9月：①举办中央和国家机关老同志专题报告会，中央组织部常务副部长陈希主持。科技部党组书记、副部长王志刚作“实施创新驱动发展战略，加快建设世界科技强国”专题报告，中央和国家机关司局级以上老同志参加。②组织在京老同志代表到天安门广场参加烈士纪念日向人民英雄敬献花篮仪式。③举办全国老干部工作部门中青年干部培训班，部分地市党委老干部局主要负责同志参加。

10月：①在党的十九大召开前夕，中央组织部向党中央报送“建言十九大”活动报告，得到中央领导同志的充分肯定。②党的十九大召开期间，及时搜集梳理广大老同志对十九大报告的反映，起草上报了广大老干部收听收看十九大盛况的情况报告。《人民日报》、人民网以《桑榆齐赞新时代——十九大报告在2000万老干部中引发强烈反响》为题摘登了相关内容，《中国组织人事报》以劳甘文名义刊发了稿件，《中国老年报》转发了《人民日报》文章。

12月：举办中央和国家机关老同志专题报告会，中央组织部秘书长臧安民主持。国务院发展研究中心副主任、党组成员王一鸣作“迎接新时代，开启新征程”专题报告。中央和国家机关司局级以上老同志参加。

科技部

综　　述

习近平总书记在党的十九大报告中指出“积极应对人口老龄化，构建养老、孝老、敬老政策体系和社会环境，推进医养结合，加快老龄事业和产业发展”，在全国科技创新大会上指出“要想人民之所想、急人民之所急，聚焦重大疾病防控、食品药品安全、人口老龄化等重大民生问题，大幅增加公共科技供给，让人民享有更宜居的生活环境、更好的医疗卫生服务、更放心的食品药品”。根据《国务院关于加快发展养老服务业的若干意见》、《国务院关于促进健康服务业发展的若干意见》和《国务院关于加快发展康复辅助器具产业的若干意见》等重要文件精神，科技部着力加强科技支撑老龄化工作部署。2017年围绕科技应对老龄化加强规划布局、技术攻关、基地建设和成果转化等方面扎实推进相关工作，有关情况如下。

一、加强老龄化科技应对部署

在《“十三五”卫生与健康科技创新专项规划》中加强老年健康工作的部署，开展大型队列研究，研发可穿戴老人健康支持技术和设备，探索老年综合征和共病的发病过程与规律，研发综合防治适宜技术、指南和规范，构建老年健康管理网络。《“十三五”健康产业科技创新专项规划》中重点部署老年人群健康促进、疾病防控和以主动健康为方向的医疗健康一体化服务等相关核心关键技术的研究，以及新型康复辅助器具的研发。在“精准医学研究”、“重大慢性非传染性疾病防控研究”重点专项加强老年心脑血管等老年疾病防控技术研究的基础上，2017年新启动了“主动健康和老龄化科技应对”重点项目，在实施方案中重点部署了增龄过程生物学机制及影响因素基础研究、主动健康技术和产品研发、老年常见疾病防控和康复护理技术研究，以及健康管理、科学健身、老年失能康复、医疗与照护支持等技术和解决方案的应用示范。

二、推进老龄化应对科技创新平台建设

针对老年疾病的防控需求，2016年科技部会同原卫生计生委、军委后勤保障部和原食品药品监管总局批准了中国人民解放军总医院、中南大学湘雅医院、四川大学华西医院、北京医院、复旦大学附属华山医院、首都医科大学宣武医院6家为国家老年疾病临床医学研究中心，面向我国老年疾病防治需求，以临床应用为导向，以医疗机构为主体，以协同网络为支撑，开展联合攻关、学术交流、人才培养、成果转化、推广应用。以国家临床医学研究中心为龙头和引领，在整合资源、转化研究、成果产出、服务民生等多方面都取得了明显成效。针对老龄疾病特点和服务需求，聚焦老龄问题研究，为强化老年健康主要危险因素防控研究，2017年定向组织6家国家老年疾病临床医学研究中心开展了老年疾病防控技术服务体系研究。

三、加强中医药养老服务

会同国家中医药管理局发布《“十三五”中医药科技创新专项规划》（国科发社〔2017〕146号），重点布局小型数字化中医治疗设备、中医推拿和康复机器人、中医特色老年康复辅具、中医智能化养老设备等产品研发，搭建医养结合的养老信息服务网络平台，发展中医特色的智能健康产品及个性化健康管理服务，推进中医药智慧养生养老科技示范。在“中医药现代化研究”重点专项中部署了构建基于中医健康状态的重大慢病风险评估和预警模型、中医治未病、老年人个体化健康管理、老年慢病早防早控适宜技术等研究任务。

四、助推康复辅具产业发展

推动《老年残疾服务领域技术成果目录》的编制，筛选出康复机器人、移动助行、假肢矫形器、康复护理等84项技术成果，积极促进康复辅具产品的转化推广、促进老年残疾服务领域先进技术成果的转化和产业化，实现科技成果的社会共享。积极落实《国务院关于加快发展康复辅助器具产业的若干意见》的要求，配合民政部开展国家康复辅助器具产业综合创新试点的建设工作，加快康复辅助器具产业的创新发展，服务我国养老事业。

公安部

综　　述

2017年，全国公安机关将继续按照老龄委的要求，认真贯彻落实党的十八大和十八届六中全会精神，进一步贯彻落实全国老龄委第十八次会议精神，立足公安机关职能，履行成员单位职责，积极探索应对人口老龄化问题的方法和途径，切实维护好老年人的合法权益，进一步为老年人提供优质服务。

一、进一步提升服务水平，努力为老年人提供更加优质高效的服务

进一步增强治安、交管、消防等部门警种的为老服务意识，不断拓宽为老年人服务的工作范围，主动推出一些符合实际的方便老年人的服务措施，努力为老年人提供更加优质高效的服务和帮助，确保老年人群体能够充分享受改革红利。积极配合民政等部门对辖区内的老年人实行重点帮扶，提供上门服务，及时帮助老年人解决生活中的实际困难。

二、加强宣传，依法打击，强化对老年弱势群体合法权益的保障

各地公安机关将继续严厉打击侵害老年人合法权益的违法犯罪活动，积极与当地老龄办、扶贫办、民政部门等部门建立快速通报和及时预警的工作机制，重点加强电信诈骗涉及老年人的预警宣传工作，对老年人等弱势群体开展“点对点”的精准宣传，提高防范意识。进一步指导各地治安部门和公安派出所，紧密结合创新完善立体化社会治安防控体系的部署要求，继续集中开展偏远农村等薄弱地区的治安整治工作，强化对老年弱势群体合法权益的保障。

三、进一步加强服务意识，全面做好部机关离退休干部工作

认真落实离退休干部的政治、生活待遇，积极探索离退休干部进入“两高期”和退休干部比例增大的情况下的服务和管理工作。针对离退休干部高龄、高发病、空巢老人增多的特点，进一步细化服务内容，拓展服务渠道，搞好特殊服务、个性化服务。着力满足老同志在物质、文化、政治等方面的愿望和需求，努力让他们过一个幸福安宁、有尊严的晚年。

各项业务进展

2017年全国公安机关在各级党委、政府的领导下，以党的十九大精神为指导，积极落实老龄委第十九次全体会议精神，切实履行成员单位职责，认真贯彻实施《老年人权益保障法》等法律法规，充分发挥刑事司法保护的强大作用，坚决打击侵犯老年人权益的各种违法犯罪活动，不断出台更加便利高效的为老服务措施，有力维护了老年人合法权益，老龄工作取得了显著成效。

一、加强法制保障，维护老年人合法权益

一是重拳出击侵害老年人的违法犯罪活动，保障老年人生命财产安全。全国公安机关多年来始终保持对涉老违法犯罪高压严打态势，刑事侦查部门坚持"命案必破"奋斗目标不动摇，始终保持打击命案犯罪的高压态势。2017年，全国共发生侵害老年人命案1767起，同比减少74起，下降4%，破案率达到98%，同比提高了0.2个百分点。经济犯罪侦查局部署各地及时侦破侵害老年人的侵财案件，开展专项打击整治养老服务领域犯罪活动，严厉查处养老服务领域犯罪。积极参与互联网金融风险专项整治工作，将"养老投资"作为重点深入摸排针对老年人群体的非法集资苗头性线索，会同银监会等部门开展防范处置非法集资专项行动，成功侦破"怡养爱晚公司非法吸收公众存款案"等一批重特大案件。2017年2月，吉林省吉林市公安机关成功打掉一个针对老年人群体实施电信诈骗犯罪的特大犯罪团伙，抓获涉案人员240人，涉案金额过亿元。2017年10月，马凯副总理在我部《关于打击防范养老服务领域金融犯罪活动情况及下步工作意见的报告》（公安部专报〔2017〕第333号）上批示："对公安部门采取的措施及取得的成效，应予充分肯定。请民政、公安、老龄等有关部门继续通力合作，严厉打击养老领域金融犯罪行为，保护老年群体合法权益，维护正常的金融秩序。"

二是加大涉老诈骗犯罪的打击力度。刑侦部门对涉老诈骗活动保持"零容忍"态度。2017年，充分利用国务院打击治理电信网络新型违法犯罪工作部际联席会议平台，依托各级反诈骗中心和专业打击研判队伍，紧紧围绕"两降两升"的工作目标，结合全国公安机关"三打击一整治"专项行动，坚持打击、整治、治理三大机制，深入推进打击治理电信网络新型违法犯罪工作。2017年全国共破获电信网络诈骗案件13.1万起，同比上升57.8%，查处违法犯罪人员5.3万人，同比上升53.09%；共立电信网络诈骗案件59.6万起、同比下降5.2%，造成损失131亿元、同比下降29.1%，初步实现了"两升两降"的目标。部署各地开展严厉打击以养生为名义的涉老诈骗活动，揭露此类案件的作案手段和特点，提高人民群众特别是老年群体的防范意识，有效遏制案件多发、高发态势。2017年1月，督办破获了浙江省蜂胶诈骗案件，打掉一个作案区域涉及20余省、成员数百人的特大蜂胶诈骗团伙，成功抓获162名犯罪嫌疑人，破获案件211起，涉案价值1062万元。

三是多措并举强化涉老法律宣传。各级公安机关积极通过社区和辖区治保组织对老年人发布预警信息，采取案例宣传、入户宣传等方式，切实提高老年人的防范能力，努力减少侵害老年人合法权益的案件发生。联合人民银行、银监会等部门开展防范非法集资宣传月、"5·15"全国公安机关打击防范经济犯罪宣传日等活动，协调中央电视台、新华社等主流媒体报道"善心汇"、"五行币"等一批重大案件，揭露犯罪手法，引导群众正确的投资理念。各地公安机关还与基层老龄工作部门、司法部门、人民调解组织密切配合，加强对涉老纠纷的调解工作。积极开展摸情况、排重点、查隐患工作，认真研究和掌握涉老纠纷发生的原因、规律，不断提高涉老纠纷调解的成功率，增强涉老纠纷调解的社会效果。

二、发挥职能作用，强化涉老领域服务监管和消防治理工作

会同民政部等13个部委联合印发《关于加快推进养老服务业放管服改革的通知》（民发〔2017〕25号），取消了部分养老机构消防审验和消防设计、竣工验收备案手续。会同民政部等7部委联合下发《关于做好全国养老院服务质量整治工作的意见》（民发〔2017〕157号），明确对符合相关安全标准要求但因不动产登记、土地规划等行政手续问题不能通过审验审批的养老院，由养老机构所在省级民政部门提请省级人民政府组织有关部门集中研究解决。以公安部消防局名义下发《关于加强养老院消防监督管理工作的通知》（公消〔2017〕267号），指导各地消防部门加强对筹建养老院的消防审批指导服务，主动公开养老院消防审批条件、审批程序和审批时限，进一步简化审批流程，提高审批效率。在冬春火灾防控、夏季消防检查、电气火灾综合治理工作中，将养老机构消防安全作为重要内容，统筹推进。连续4年将社会福利机构消防安全管理，作为国务院对省级政府消防工作考核的重要内容，有力推动了各级民政部门及养老机构落实消防安全责任。2017年全国公安消防部门共检查养老院3.3万余家，督促整改火灾隐患5.6万余处，全国共发生养老院火灾35起，比2016年下降了27.7%。

三、提升服务质量，为老年人提供优质高效服务

全国各级公安机关围绕服务人民这一根本宗旨，不断推出有针对性的、更加人性化的涉老优待政策和便利措施。积极为老年人的户籍审批、身份证办理、出入境通关、驾照申请审验等提供更优质、高效、便捷的服务。为方便老年人就近办理出入境审批手续，我部经过一系列前期工作，决定自2017年2月1日起实行8项出入境便利措施，其中，“符合条件的外省居民可就近办理出入境证件”这一举措实施后，各市户籍居民的外省籍父母（登记备案的国家工作人员、现役军人除外），可在该户籍居民所在城市就近申请办理普通护照、往来港澳通行证及签注、往来台湾通行证及签注，免于在居住地和户籍地之间往返奔波。

司法部

综　　述

2017年，司法部和各地司法行政部门认真落实党中央关于老龄工作的决策部署和全国老龄工作委员会第十九次全体会议精神，认真贯彻中办发〔2015〕37号文件、国办发〔2017〕52号文件精神，深入贯彻落实《关于进一步加强老年法律维权工作的意见》（全国老龄办发〔2016〕102号）和《司法部关于进一步做好老年人照顾服务工作的通知》（司发通〔2017〕100号）文件精神，牢牢遵循以人民为中心的发展思想，充分发挥法律服务、法律援助和法治宣传职能作用，努力为老龄事业发展服务。

（一）深入开展老年人法律服务工作，切实增强老年人法律服务实效。一是服务重点日益突出。组织引导广大律师、公证、基层法律服务机构及人员参与涉及老年人合法权益的诉讼、调解、仲裁和法律咨询等法律服务活动。兼顾不同年龄特点，重点关注高龄、失能、贫困、伤残、计划生育特殊家庭等困难老年人的特殊需求，着力解决医疗、保险、救助、赡养、婚姻、财产继承和监护等老年人最关心、最直接、最现实的法律问题。认真办理涉老不动产公证事项，严格审查核实相关证明材料，切实维护老年人财产权益。2017年4月25日，中国公证协会、中国社会保险学会在京举行战略合作协议签约仪式，围绕构建全方位、综合化、多样性的公证养老法律服务体系，整合相关社会力量，合作开展“综合性公证养老”法律服务机制试点工作，针对老年人的不同需求，提供综合性、个性化的公证法律服务方案，为充分发挥好公证工作在服务老龄方面独特的法律职能和作用构建了重要平台。二是惠民力度不断加大。各地律师事务所、公证处、基层法律服务所等法律服务机构对不符合法律援助条件但确有经济困难的老年人提供免费或者优惠服务，对无固定生活来源的老年人追索赡养费案件，予以费用减免；积极推动各地对80岁以上的老年人免费办理遗嘱公证；鼓励各地结合实际，进一步降低老年人免费遗嘱公证年龄门槛；对经济困难的老年人提供免费政策咨询、慈善捐助等服务。建立和完善各项便老助老措施，引导广大法律服务和法律援助工作者对老年人，特别是70岁以上以及行动不便、患病残疾的老年人实行电话和网上预约、上门服务。北京、上海、江苏等地推行小额遗产继承公证费用减免制度。辽宁、黑龙江将老年人免费遗嘱公证的年龄降低到70岁，并对65岁以上的老年人实行遗嘱公证减半收费。一些省份还积极探索办理意定监护公证等服务老龄新领域，为高龄老人解决后顾之忧，帮助其享受到更加有尊严、有温度的老龄生活。三是专项法律服务活动成效显著。下发《司法部关于进一步做好老年人照顾服务工作的通知》（司发通〔2017〕100号），在2017年重阳节期间，开展以“关爱老年人　欢庆十九大”为主题，以“法治护航夕阳红”为重点的“敬老月”活动。充分发挥“老年人维权示范岗”作用，搭建服务平台，在老年人较为密集的场所，集中开展服务活动，方便老年人进行法律咨询和寻求法律服务，努力为老年人提供适应其群体特点、满足其特殊需求的法律服务。北京、河北、福建、湖南、陕西、贵州、宁夏、新疆等地组织律师事务所、公证机构通过举办老年人法律讲座、上街宣传、深入社区、敬老院等形式，为老年人在赡养、继承、住房等方面提供法律咨询服务，提高老年人的维权意识。

（二）大力推进老龄法律援助工作，切实保障老年人合法权益。一是老年人法律援助覆盖面进一步扩大。各地结合实际，逐步扩大老年人法律援助范围，进一步放宽经济困难标准，降低老年人法律援助门槛，把民生领域与老年人权益保护密切相关的事项纳入法律援助范围，最大限度满足老年人法律援助需求。江苏放宽了对老年人的经济状况审查，苏州、宿迁等地对70周岁以上老人申请法律援助的，免于经济状况审查。宁夏修订《宁夏回族自治区法律援助条例》，将“老年人请求确认继承权和请求人身损害赔偿”等9类案件或事项纳入法律援助补充范围，对“年龄在70岁以上且患有重大疾病的老年人”等4种情形免于经济困难审查，使更多老年人能够获得法律援助服务。二是“便老助老”服务机制进一步建立健全。在健全服务网络方面，各地在健全省市（地）县（区）三级法律援助中心和乡镇（街道）法律援助工作站的同时，积极依托老龄委和在社区、老年公寓、老年大学等老年人较为集中的场所建立老年人法律援助工作站或联系点，方便老年人就近寻求法律帮助。安徽在各级老龄委设立法律援助工作站 79 个，积极畅通法律援助申请渠道。在优化服务方式方面，对老年人申请法律援助普遍实行优先接待、优先受理、优先审查、优先指派的服务模式。开通法律援助绿色通道。辽宁指导各地简化并优化申请、审查、指派程序，对高龄、空巢老人、城市“三无”老年人、农村五保老年人和城乡低保老年人提出的法律援助申请，简化程序、优先受理、优先审核、优先指派。在拓展法律咨询平台方面，各地按照司法部的统一部署，将“12348”法律援助专线升级改造为公共法律服务热线，积极为特殊群体提供优质高效的法律咨询、释疑解惑、维权指导、路径指引、相关政策信息等服务，进一步方便特殊群体法律咨询、快捷便利申请和获得法律援助。上海加强公共法律服务平台建设，积极做好法律援助业务进驻和实施工作，将“12348 上海法网”微信公众号、微信小程序、服务网站、手机客户端与法律援助窗口受理职能有效对接，实现网上预约、实时查询、网上咨询等功能；完成“12348”公共法律服务热线的扩容升级工作，随时为老年人提供法律咨询服务。三是专项法律援助服务活动力度不断加大。在重阳节等老年人节日，组织开展形式多样的法律援助活动，通过举办老年人法治讲座、现场受理申请、提供法律咨询、发放法治宣传材料等方式，增强老年人法治意识、维权意识。浙江省司法厅会同省老龄办出台《关于开展“敬老月”法律援助专项服务进一步做好老年人法律援助工作的通知》，要求指派有爱心、擅长与老年人沟通、有丰富办案经验的人员承办涉老案件。在“敬老月”期间，各级法律援助机构联合老龄工作部门，组织熟悉老年人法律需求、身心特点的法律援助工作人员，深入农村社区、老年活动中心、敬老院、“敬老文明号”等场所或涉老服务窗口，开展赠送法律书籍、老年权益法律知识讲座、法律咨询和现场受理法律服务申请等专项服务活动。推动法律援助人员与高龄、残疾、重病、空巢老人结成帮扶对子，开展定期志愿服务活动，更好地满足老年人的法律援助和心理疏解需求。四是涉老法律援助服务质量不断提升。开展法律援助服务标准化建设，优化法律援助案件受理审批流程，大幅缩短法律援助案件受理审批期限，为老年人提供更加高效的法律服务。2017 年，上海通过制定老年人维权案件规范、法律援助骨干律师队伍分类规范、法律援助案件办理动态监控机制、法律援助案件专家评估规范、法律援助案件庭审旁听规范、法律援助案件回访规范等一系列制度，实施服务质量控制，加强案件质量监督，不断提高老年人法律援助案件质量。陕西法律援助机构严把质量关，指定专业水平高的律师办理老年人法律援助案件，并对老年人法律援助案件，特别是老年人赡养维权等案件重点督办、重点督查，收到良好的社会效果。

（三）不断深化老年人法治宣传教育，营造尊老爱老的社会氛围。一是大力加强对老年人权益保障法治宣传工作的指导力度。根据“七五”普法规划部署，把加强老年人权益保障法治宣传作为重要任务纳入年度普法工作内容，会同中宣部印发《关于开展尊法学法守法用法主题法治宣传实践活动的意见》，对加强老年人权益保障相关法律法规宣传提出明确要求。指导各地各部门认真贯彻落实中共中央办公厅、国务院办公厅印发的《关于实行国家机关“谁执法谁普法”普法责任制的意见》，把老年人权益保障法治宣传列入相关部门“谁执法谁普法”责任清单，积极开展以案释法。二是深入开展老年人权益保障法治宣传主题活动。指导各地、各部门依托“法律六进”平台，广泛开展老年人权益保障法治宣传进机关、进乡村、进社区、进学校、进企业、进单位活动。在社区，利用老年活动中心等场所，深入开展《老年人权益保障法》等相关法律法规宣讲活动。在农村，组织普法宣讲团、文艺宣传队、志愿者，深入田间地头开展送法下乡活动，不断提高老年人依法维权意识。在各机关、企业、单位、学校，利用展板图片、法治讲座、法律咨询、公益广告等多种形式，大力开展老年人相关法律法规宣传，在全社会营造了关爱老年人、保障老年人合法权益的良好法治氛围。三是不断创新老年人权益保障法治宣传形式。充分发挥广播、电视、报刊等各类媒体作用，把老年人权益保障法治宣传融入健康养生、文体活动中，推动老年人法治文化产品创作展播，引导老年人学习法律知识，感受法治氛围。加强新媒体新技术在老年人权益保障法治宣传中的运用。在中国普法网、中国普法官方微博、微信、手机客户端等开设了老年人权益保障法治宣传教育专题。在全国百家网站暨微信公众号法律知识竞赛、全国法治动漫微电影作品征集展播（映）、“我与宪法”微视频征集展播等活动中，加强老年人权益保障相关内容的宣传，吸引了广大网民积极参与，取得良好宣传效果。

人力资源和社会保障部

综　　述

2017年，各级人力资源社会保障部门紧紧围绕迎接和学习宣传贯彻党的十九大这一中心任务，坚持以人民为中心的发展思想，坚持稳中求进工作总基调，砥砺奋进、攻坚克难，锐意改革、扎实工作，全面落实党中央、国务院决策部署，相关老龄工作取得了积极进展。

一、基本养老保险方面

（一）养老保险覆盖面进一步扩大。深入推进全民参保计划，全面完成年度扩面任务。截至2017年底，全国参加城镇职工基本养老保险40293万人，比上年底增加2364万人。其中，参保职工29268万人，比上年底增加1441万人；参保离退休人员11026万人，比上年底增加922万人（其中企业离退休人员99460万人，比上年底增加436万人）。全国参加城乡居民养老保险人数51255万人，比年底增加408万人，其中60周岁以上实际领取待遇人数15598万人。

（二）养老保险待遇水平进一步提高。一是同步调整企业和机关事业单位退休人员基本养老金。经国务院批准，从2017年1月1日起，为2016年底前退休人员提高基本养老金水平，总体调整水平为2016年退休人员月人均基本养老金的5.5%左右，共有1亿多退休人员受益。二是城乡居民养老保险缴费水平和基础养老金标准均有提高。强化缴费激励约束机制，引导有条件的城乡居民选择高档缴费。截至2017年底，全国已有8个省份和部分市县提高了最低缴费档次标准，参保人均缴费282元。北京、天津、河北、内蒙古、黑龙江、上海、江苏、浙江、河南、湖北、湖南、广东、云南、青海、宁夏等15个省级政府发文提高当地城乡居民养老保险基础养老金标准。全国城乡居民养老保险人均养老金达到125元，其中基础养老金111元。

（三）养老保险关系跨省转续政策进一步完善。会同财政部印发《关于机关事业单位基本养老保险关系和职业年金转移接续有关问题的通知》（人社部规〔2017〕1号），进一步完善了职工养老保险关系转移接续政策。

二、基本医疗保险方面

（一）医疗保险覆盖面继续扩大。截至2017年底，全国参加城镇基本医疗保险人数117681万人，比上年底增加43290万人；其中，参加职工基本医疗保险30323万人，比上年底增加791万人；参加城乡居民基本医疗保险87359万人，比上年底增加42499万人。参加职工基本医疗保险人数中，参保职工22288万人，比上年底增加568万人；参保退休人员8034万人，比上年底增加223万人。

（二）医疗保险待遇水平稳步提高。一是提高财政补贴标准。2017年各级政府对城乡居民医疗保险补助标准提高到每人每年450元。二是提高医保基金支付待遇水平。目前，职工医保政策范围内住院费用支付比例82%左右，居民医保政策范围内住院费用支付比例接近70%，个人卫生支出占卫生总费用的比例降低至30%以下。三是扩大保障范围。2017年发布了新版国家医保药品目录，共收载药品2571个，较2009年版目录增加了375个，增幅约17.1%。其中，对36种临床价值较高但价格昂贵的专利、独家药品通过谈判确定医保支付标准后纳入医保药品目录，治疗范围覆盖多种恶性肿瘤和老年黄斑病变，显著提高了用药保障水平。

（三）长期护理保险制度试点顺利。15个试点城市全部正式出台文件启动实施试点工作，山东、吉林2个重点联系省份印发文件在全省推开试点。截至2017年底，长期护理保险制度试点覆盖3800万参保人员，6.4万参保人员享受到了长期护理保险待遇，减轻了失能老人个人和家庭的经济负担。同时，试点在拉动就业创业、发展养老护理专业、支持家政服务等方面的效应也初步显现。

三、社保信息化建设方面

（一）全国统一的社会保障卡实现省份全覆盖。社会保障卡持卡人数达到10.88亿人，普及率达到78.7%。目前，持社会保障卡，291个地市实现领取养老金，311个地市实现养老保险待遇查询，294个地市实现养老保险待遇申请，288个地市实现待遇领取资格认证。32个省（含新疆生产建设兵团）均已完成省级持卡人员基础信息库部署上线运行工作，实现人员基础信息全国唯一和“一人一卡”，并可使用社会保障卡作为异地就医身份凭证。

（二）基本形成部省两级全民参保数据库。组织开展部省系统对接、上报数据、整理数据入库等工作。截至2017年底，全国全民参保登记数据库共接收13.28亿条实际有效人员基础信息，为整体推进全民参保计划和参保扩面提供了数据支撑。

（三）整合城乡居民基本医疗保险信息系统。截至2017年底，北京等18个省市自治区和直辖市全面完成城乡居民医保信息系统整合建设，其他省份正在整合过程中。

（四）全国建成国家异地就医结算系统。截至2017年底，全国所有省份、所有统筹地区均已接入国家异地就医结算系统，全年累计结算14.78万笔，日最大结算量2683笔。

（五）异地领取社会保险待遇资格认证工作进入常态化。全国所有省份均已纳入部级统一认证平台，2017年全国利用退管系统共计上传协助认证通知143.2万笔，认证95.7万笔，社会效应逐步显现。建设并推广应用异地人脸识别自助认证系统，支持异地居住退休人员足不出户完成资格认证。

四、养老服务人才培养方面

截至2017年底，全国共有23所技工院校开设家政服务专业，在校生7172人；共有161所技工院校开设护理专业，在校生36589人。全国共有24万人参加养老护理员职业技能鉴定，21.8万人获得相应等级的职业资格证书。

五、社会保险扶贫工作方面

8月，人力资源社会保障部、财政部、国务院扶贫办联合印发《关于切实做好社会保险扶贫工作的意见》（人社部发〔2017〕59号）。截至2017年底，有23个省份制定出台了社会保险扶贫具体实施办法，1682万60岁以上的贫困老年人享受城乡居民养老保险待遇。

国土资源部

综　　述

原国土资源部高度重视我国老龄工作。作为全国老龄委成员单位，认真学习领会和贯彻落实习近平总书记、李克强总理、王勇国务委员等党和国家领导同志有关涉老工作指示精神，深入贯彻党的十八大和十八届六中、七中全会特别是十九大精神，强化“四个意识”，不断加大工作力度，坚定维护以习近平同志为核心的党中央权威。

一、积极参与国家涉老政策研究制定、宣传贯彻和落实情况督察

一是全力配合有关部门代国务院完善涉老政策，做好学习宣传和贯彻落实。配合有关部门代国务院、国办起草《国务院关于印发“十三五”国家老龄事业发展和养老体系建设规划的通知》（国发〔2017〕13号）、《国务院办公厅关于关于制定和实施老年人照顾服务项目的意见》（国办发〔2017〕52号）、《国务院办公厅关于加快发展商业养老保险的若干意见》（国办发〔2017〕59号），并在上述文件下发后及时要求原国土资源系统提高认识，结合自身工作抓好学习宣传和贯彻落实。

二是认真协同相关部门制定出台有关老龄政策工作。落实全国老龄委第十九次全体会议工作部署，对照《全国老龄工作委员会2017年工作要点》（全国老龄委发〔2017〕2号）明确的原国土资源部职责分工，与原卫生计生委、发展改革委、你办等部门联合印发《“十三五”健康老龄化规划》（国卫家庭发〔2017〕12号），推动医养结合服务，要求各地加大政策支持力度，在土地供应、政策保障等方面对老年健康服务工作予以支持和倾斜。与民政部、发展改革委、你办等部门联合印发《关于加快推进养老服务业放管服改革的通知》（民发〔2017〕25号），进一步激发市场活力和民间资本潜力，整合审批流程。配合发展改革委研究项目审批流程再造工作。

三是积极推动落实党中央国务院关于老龄工作的决策部署。落实中央要求，参与《关于进一步加强老龄工作的意见》稿的完善，推动该《意见》尽快出台。参与就《国务院办公厅关于全面放开养老服务市场提升养老服务质量的若干意见》（国办发〔2016〕91号）落实情况的督察，由我部王广华副部长任组长，牵头司局主要负责人任副组长，会同发展改革委等部门组成联合督察组，完成对陕西省、内蒙古自治区落实情况的督察；同期参加你办负责同志带队赴上海市的实地督察，按期提交督察报告。督察中当面做好涉老用地政策的宣传引导和解疑释惑，促进老年人照顾服务相关政策措施落实、落地。

四是结合推动养老服务业“放管服”改革加强调研。原国土资源部于6月19日至20日在天津市召开养老用地政策研讨会，通报学习国家最新养老政策和要求，交流典型经验和做法，研讨养老用地支持政策和现存主要问题，提出相关工作意见建议，部署下一阶段养老用地相关工作。7月18日至21日，原国土资源部土地利用管理司组织有关单位赴福建省福州、厦门、漳州三市开展社会资本进入养老服务业用地问题专题调研，通过实地考察和座谈交流等方式，深入了解社会资本进入养老服务领域的现状和供地用地方面存在的突出问题，听取省、市国土资源等主管部门、基层政府和社会资本、个体投资者对现行养老用地管理政策措施的意见建议。在做好政策宣讲、经验总结交流和问题梳理分析的同时，着手研究完善养老用地政策，进一步促进党中央国务院涉老大政方针政策的贯彻落实。

五是按照全国老龄委统一部署，组织开展了原国土资源系统2017年全国“敬老月”活动，共同营造老年人照顾服务的良好社会氛围。

此外，原国土资源部积极派员参加了你办组织召开的全国老龄联络协调工作座谈会、医养结合专家研讨会；参加了原卫生计生委、民政部联合组织召开的2017年全国医养结合工作会议，及时传达会议精神，向有关方面提供养老用地政策执行和用地服务保障情况，并从政策层面和角度提出加强和改进工作的意见建议。

二、切实加强养老服务设施建设用地支持保障

对于纳入土地利用总体规划和年度用地计划的养老设施用地，原国土资源部指导地方纳入城市建设用地范畴，依法依规办理建设用地审批手续，提高工作效率，做好用地服务保障工作。落实国务院批准的《全国土地利用总体规划纲要（2006—2020年）调整方案》，合理调整各省（区、市）建设用地规模，要求重点做好建设用地结构与布局优化，优先安排养老等社会民生项目用地。

住房和城乡建设部

综　　述

2017年，住房城乡建设部认真落实《国务院办公厅关于制定和实施老年人照顾服务项目的意见》（国办发〔2017〕52号）有关要求，在住房城乡建设工作中认真落实分工任务。

一、明确规划编制要求

一是要求各地在编制城市总体规划时，完善养老、医疗等公共服务设施配置，制定反映公共服务设施配置水平的指标体系；统筹养老、医疗等公共服务设施，构建宜居社区生活圈。二是组织完成国家标准《城市居住区规划设计标准》（原《城市居住区规划设计规范》）修订和《城市公共服务设施规划标准》养老设施专项前期研究。其中，在《城市居住区规划设计标准》修订中调整居住区配套设施控制指标，要求形成网络化的公共服务设施体系，构建社区“生活圈”，在各级“生活圈”中配置老年人活动场地、养老院、老年养护院、日间照料中心等。《城市公共服务设施规划标准》中明确城市养老文化设施的类型和规划建设要求。

二、组织编制标准规范

2016年，制定实施《既有住宅建筑功能改造技术规范》，从建筑设计、建筑结构、设备管线、消防安全等方面，对加装电梯技术要求作出规定，为既有住宅加装电梯提供技术依据。2017年，修订发布《老年人照料设施建筑设计标准》和《建筑设计防火规范》，为社会资本建设老年人全日制照料设施和日间照料设施提供专门技术措施。

三、推进老旧小区改造

印发《住房城乡建设部关于推进老旧小区改造试点工作的通知》（建城函〔2017〕322号），在厦门、广州等15个城市开展老旧小区改造试点。以2000年以前建成的住宅小区为改造重点，以完善配套设施为切入点，坚持先民生后提升，重点解决居民用水、用电、用气等问题。试点的目的是研究有效推进老旧小区改造的方式方法，探索老旧小区改造在工作组织、资金筹措、项目建设、长效管理等方面的机制，形成一批可复制可推广的经验。截至目前，试点工作进展顺利。各试点城市正陆续印发实施方案，并启动改造工作。

四、加快无障碍设施建设

按照全面建成小康社会各项要求，紧扣我国社会主要矛盾变化，不断推进无障碍环境建设。一是会同民政部、中国残联、全国老龄办组成5个检查组，赴河北等15个省（区、市）开展《无障碍环境建设条例》贯彻实施情况检查。二是会同相关部门研究部署“十三五”无障碍环境市县创建等工作，促进我国无障碍环境建设工作不断深入开展。三是在全国政协双周协商座谈会上专题介绍无障碍环境建设工作有关情况。组织研究全国政协“关于无障碍环境建设的建议”的办理措施，会同27个部门召开座谈会，部署开展相关工作。

卫生计生委

重要会议和活动

【全国医养结合工作会议】 2017年4月26日，我委联合民政部在四川成都召开全国医养结合工作会议。会议围绕进一步贯彻落实《国务院办公厅转发卫生计生委等部门关于推进医疗卫生与养老服务相结合指导意见的通知》（国办发〔2015〕84号）精神，对医养结合下一步工作进行全面部署。国家卫生计生委副主任王培安、民政部副部长高晓兵出席会议并讲话。

四川省等7个省（区、市）在会上以专题片形式进行了经验交流。部分全国人大代表、国家发展改革委、工业和信息化部等相关司局负责同志，国家卫生计生委老龄工作领导小组成员单位负责同志、各省（区、市）卫生计生委、民政厅（局）的分管领导及相关处室负责同志、90个国家级医养结合试点市（区）党委政府分管领导参加了会议。

【安宁疗护试点工作启动会】 为适应老龄化社会需求，2017年我委选取北京市海淀区、吉林省长春市、上海市普陀区、河南省洛阳市和四川省德阳市5个市（区）安宁疗护试点工作。2017年9月7日，在上海召开安宁疗护试点工作启动会，5个试点市（区）分别介绍了本地区安宁疗护工作进展情况、存在的问题及意见建议。

国家卫生计生委医政医管局、基层司相关负责同志、长期从事安宁疗护专家从国内外安宁疗护政策、工作机制、服务模式等方面进行了介绍与指导。共计30余人参加了启动会。

【智慧健康养老基地示范项目座谈会】 2017年11月13日，我委在山东省青岛市召开智慧健康养老基地示范项目座谈会。浙江省杭州市、福建省厦门市、山东省青岛市、湖北省武汉市、广东省广州市和四川省绵阳市6个试点城市卫生计生委负责同志就开展智慧健康养老工作的进展情况、遇到的困难、存在的问题，以对下一步工作提出意见建议。

工业和信息化部电子信息司相关负责同志与会指导，智慧健康养老基地示范项目试点所在省卫生计生委家庭处（或项目试点工作负责处室）负责同志，试点市卫生计生委分管领导和家庭处（或项目试点工作负责处室）负责同志等30余人参加了座谈会。

各项业务进展

【开展医养结合数据监测工作】 2017年，我委联合民政部开展医养结合监测工作，重点监测医疗卫生、养老资源供应及利用情况、机构建设情况、服务提供及利用情况。截至2017年底，全国30个省份出台了省级医养结合实施意见并设立了省级试点单位，90个国家级医养结合试点市中78个出台了贯彻实施意见。全国共有近4000家医养结合机构，共100多万张床位。其中养老机构设立医疗机构的2800多家，医疗机构设立养老机构的1000多家。医疗机构与养老机构建立合作关系或签约合作协议的有11500多对。医养结合工作的开展，为机构、社区、居家老年人提供了优质、便捷、高效的健康养老服务，老年人生活质量逐步得到改善，对健康养老服务的满意度不断提高。

【开展医养结合机构医疗卫生服务管理专项检查】 2017年3月至7月，我委按照“全覆盖、零容忍、严执法、重实效”的总体要求，开展医养结合机构医疗卫生管理专项检查，全面排查医养结合机构医疗卫生管理工作存在的问题和隐患，及时整改、防范风险，依法严肃查处违法违纪行为，为入住医养结合机构的老年人提供安全、可靠、便捷的医疗卫生服务。选取天津等10省市进行现场专项检查，10省市全面落实任务，消除安全隐患，取得明显效果，并进一步强化管理制度保障，积极探索安全、可靠、便捷、有效的服务管理模式。

【开展智慧健康养老工作】 2017年，我委与工信部、民政部联合印发《智慧健康养老产业行动计划（2017—2020）》，依托智能设备和产品，开展智慧化服务，提升健康养老服务的水平和效率；联合遴选示范企业53家、示范街道82个、示范基地19个，并联合召开智慧健康养老产业发展大会，交流经验，部署工作，表彰授牌；联合遴选智慧健康养老产品和服务推广目录；在杭州、青岛、武汉、厦门、广州和绵阳等6个示范城市开展智慧健康养老应用示范项目。

【开展医养结合培训工作】 2017年在山东省青岛市举办三期医养结合工作培训班。31个省（区、市）卫生计生委家庭处或医养结合工作所在处室负责同志、国家级医养结合试点所在市（区）卫生计生委分管副主任和家庭处（医养结合工作所在处室）负责同志，共约240人参加了培训。

开展“老年医学人员队伍能力提升项目”，提高医养结合机构为老年人提供健康养老服务的能力。在桂林、杭州、武汉、延安、长沙举办了5场培训班，共2000多名老年医学专业技术人员参加了培训。

【开展安宁疗护试点工作】2017年，我委启动安宁疗护试点工作，选定北京市海淀区等5市（区）作为第一批安宁疗护工作试点市（区）。明确8项试点任务：1. 开展基线调查；2. 建设服务体系，包括机构、社区和居家服务体系建设；3. 明确服务内容，包括为临终患者减少痛苦的诊疗、护理服务以及人文关怀等；4. 建立工作机制，即机构和居家服务有序衔接；5. 探索制度保障，包括构建价格体系、保障药物配备、加大资金支持、支持社会力量参与等；6. 加强队伍建设，建立专家库、加强培训等；7. 研究制定标准规范；8. 加强宣传教育。通过政府引导，鼓励试点地区积极稳妥地推进安宁疗护工作，探索研究安宁疗护相关政策和工作机制，逐步积累，不断完善，形成有价值、可借鉴的经验做法，并向更大范围推广。

【开展“敬老月”活动】全国卫生计生系统积极响应《关于深入开展2017年全国“敬老月”活动的通知》，精心组织，广泛宣传，深入开展以“关爱老年人 欢庆十九大”为主题的“敬老月”活动。一是各地卫生计生部门积极协调当地主流媒体和新媒体，充分利用宣传栏、展板横幅、LED显示屏、广播电视，结合微信公众号、微信群等新媒体平台，紧紧围绕活动主题，广泛宣传。二是建立“老年优待服务窗口”，落实优待服务政策。各地医疗机构结合“敬老文明号”创建活动，设立“老年优待服务窗口”，为老年人提供优先、优惠、优质服务。三是各地卫生计生部门开展了系列送温暖活动，深入社区、乡村，走进敬老院、老年社会组织和老年人家庭，看望慰问高龄、空巢、困难老人以及计划生育特殊家庭中的老人，为他们送去了生活必需品和慰问金，帮助解决实际困难。四是“敬老月”期间，各地卫生计生部门组织文艺会演、体育活动、社区活动等，集中展示老年人风采和才艺，丰富老年人精神文化生活。

【顺利完成中国—世卫2016—2017双年度项目】与世界卫生组织开展2016—2017双年度合作项目《中国医养结合现状及推进策略研究》。项目在文献研究的基础上，选择部分地区开展调研，梳理现状，总结最佳实践、亮点及面临的问题等，提出推进工作的政策建议，为中国其他地区或其他国家开展健康老龄化和医养结合工作提供借鉴和参考。选择上海等4个不同经济发展水平的典型地区开展现场调研。项目历时15个月，最终形成了《中国医养结合现状及推进策略研究总报告》《中国医养结合政策述评及文件汇编》等多项项目成果。项目总结会上，世卫组织项目官员及专家对该项目的运行管理和取得的项目成果给予充分肯定。

国家旅游局

综　　述

（一）落实离退休人员政治待遇。按照定期通报情况、传达文件、社会考察、走访慰问、邀请老同志参加重要会议和重大活动等一系列制度规定，抓好离退休人员的各项政治待遇的落实。围绕庆祝中国共产党成立96周年、党的十九大胜利召开、“一带一路”国际合作高峰论坛、全域旅游战略等党和国家重大事件，在全体离退休人员中持续开展“感党恩颂党情，为党的事业增添正能量活动”，并及时小结活动情况。

（二）组织好离退休人员学习。在中央办公厅、国务院办公厅《关于进一步加强和改进离退休干部工作意见》（中办发〔2016〕3号，以下简称《意见》）下发后，我办把学习宣传和贯彻落实《意见》精神作为近几年工作的重点，领导带头，多形式多途径组织学习。把《意见》精神传达到全体老同志中，让广大老同志充分感受到党和政府的关怀和温暖。党的十九大胜利闭幕后，我办迅速作出部署，离退休党员把学习贯彻十九大精神作为重大政治任务，迅速在老干部系统和离退休干部中掀起学习全会精神的热潮。及时购买学习书籍，编发辅导资料。对部分行动不便身体不好的离休和困难党员采取上门的方式宣讲党的十九大精神。以离退办工作人员为主体，部分退休党支部骨干参加组成党的十九大精神宣讲组，结合走访慰问困难党员，上门宣讲党的十九大精神、党章修正案、中央领导重要讲话精神及李金早局长关于贯彻十九大精神的讲话等，保证了学习精神全覆盖。

（三）加强离退休党委支部党建工作。年初，离退办党委举办了离退办党委委员和党支部委员培训班（读书班），组织播放VCD形式专题辅导授课，学习党章修正案、全面从严治党等主题内容。组织了离退休干部党支部书记座谈会，传达中央、局党组重要会议精神以及部署要求，交流工作，并组织了离退休支部书记、委员专题参观考察，学习其他兄弟单位好的经验做法。定期召开三个退休党支部党员大会，以党支部为单位传达学习贯彻上级精神，程文栋、陈有生、张希钦、王军、刘金平等原局党组成员、中管干部经常以普通党员身份参加会议。

（四）推进《红色典藏　生命礼赞》行动。一是挖掘以弘扬和展望建设旅游强国“三步走”，坚定理想信念为主题，深入挖掘老同志的从业经历，庆祝建党96周年系列访谈活动，以访谈和《离退休干部通讯》杂志系列报道的形式进行资料搜集、整理，广泛宣传老同志的先进事迹和老旅游人的奋斗故事，老同志也积极投稿达160篇，离退办选取了其中70余篇刊登。二是开展“铭记历史，情暖老干部”关爱活动，利用爱老敬老月考察暨集体祝寿活动，慰问今年年满80周岁的老同志，聆听他们的开拓事业的故事，传承红色经典，营造关爱老同志、尊重老同志、学习老同志的良好氛围。

（五）深入开展“走、看、促”活动。围绕局党组中心工作，组织广大离退休人员参观考察、座谈交流等，感受经济社会发展和生活的变化，感受旅游产业战略快速发展。组织好七一、元旦春节走访慰问和离退休干部迎春团拜会活动。组织实施了200人规模的离退休人员赴陕西社会考察和赴北戴河金山宾馆350人规模三批次的暑期健康疗养。

（六）实施“银色人才志愿”行动。今年组织了赴河北承德大杖子乡和山东省惠民县开展旅游志愿服务活动，建言献策助力旅游发展。针对基层旅游业现状，志愿者们结合多年旅游工作经验，认为要积极转变旅游发展思路，创新旅游发展战略，加快旅游厕所革命步伐，大力推动全域旅游发展，并提出了创新旅游产品、做好市场定位。志愿服务活动期间，老同志志愿者们纷纷表示，绝不辜负国家旅游局党组和李金早局长对旅游志愿者工作的嘱托，发挥自身优势，为党和人民的事业增添正能量。

（七）落实离退人员生活待遇。加强有关统筹项目经费审核、申报工作的动态管理，协助有关部门加强统筹经费的管理。2017年度，近60名位离退休老同志享受了生活困难补助费。与局医务室一起，审核报销年度报销医药费302余万元。我们及时向局人事司劳资处和国管局财务司社保处了解离退休干部干部增资的情况，在老同志中做好宣传解释工作，并督促财务部门及时补发。关注老同志利益诉求，充分发挥党支部委员的联络作用，把握老干部思想脉搏，从而增强落实离退休老同志生活待遇工作的前瞻性、主动性和创造性。针对个别老同志的诉求，积极联系有关部门协助解决，因政策暂时无法解决的做好答复和解释工作。

（八）完善多层次“倾情关爱”。一方面，以政府购买服务形式，依托96345社区服务求助中心，向国管局申请离退休人员移动应急呼叫系统，24小时为老干部提供紧急呼叫救助服务；通过开展社区“四就近”服务，建立社区就近救急服务平台，利用社会、社区资源帮助老干部解决生活中遇到的突发困难。另一方面，将接听、接待老同志及其遗属的来电来访作为了解情况、解决问题的有效形式和接受监督、集中智慧、促进工作的一条重要渠道。

全国总工会

综　　述

一、全总领导高度重视服务离退休人员工作

全总领导高度重视服务离退休人员工作，多次作出批示，要求全总机关离退休干部局用心用情做好离退休人员服务工作。春节前，全总党组书记、副主席、书记处第一书记李玉赋等全总领导同志、各驻会全国产业工会、全总各部门和各离退休党支部分别看望慰问全总原领导及遗属（孀）57人、机关离退休人员780人。举办全总机关离退休人员春节团拜会，全总原领导和离退休人员近500人参加。全总党组书记、副主席、书记处第一书记李玉赋和全总在京的领导同志出席团拜会。全总分管领导参加各离退休活动站茶话会，慰问老同志、听取老同志意见建议，增进与老同志的感情交流和沟通。

二、全总机关2017年度老龄事业发展情况

（一）认真落实离退休人员政治待遇

完善和落实离退休人员阅读文件、参加重要会议、出席重大活动和学习等制度；适时举办专题报告会或学习辅导会，对离退休人员普遍关注的社会热点、难点问题及时解疑释惑；健全与离退休人员沟通交流工作机制，认真听取和研究离退休人员提出的意见和建议，及时反馈落实情况。

（二）认真落实离退休人员生活待遇

认真落实离退休人员离休费和公用经费、特需经费标准。去年，全总机关离退休干部局根据有关政策规定，为全体离退休人员调整计发离退休费和补贴以及年度采暖费补贴；为84名离休干部调整计发护理费。为全总机关647名退休人员（“老人”615人、“中人”32人）完成在京中

央国家机关事业单位工作人员首次参保信息采集工作。组织近560名机关离退休人员参加健康体检。坚持在“春节”“五一”“十一”等传统节日为老同志发放节日物品。积极协调解决机关老旧小区改造施工中老同志反映的问题和困难，局成立老旧小区改造协调小组，主动为老同志排忧解难，解决难点和棘手问题50多件。落实离休干部服务保障用车，为离休干部看病就医等提供方便。

（三）建立和完善困难离退休人员帮扶机制

对离退休人员生病住院、常年患严重疾病且自费药支出较多的；离退休人员的父母或配偶病故的，本人或家庭直系成员发生突发事件、造成经济损失、影响正常生活的；本人养老金偏低、配偶无经济收入以及有特殊困难的同志，及时给予生活困难补助和进行慰问。

（四）注重精神慰藉，体现关心关爱

坚持每年“五一”“十一”及传统节日慰问机关离退休人员。每季度组织活动。根据机关离退休人员意愿，逢70、80周岁及90周岁以上生日时进行生日慰问。坚持每年举办金婚纪念活动和春节团拜会。加强与长期居住国（境）外和京外离退休人员的联系，了解他们的思想和生活情况。坚持定期上门看望老领导，安排专人看望长期居住在广州、乌鲁木齐、西安和南昌等地的5位老同志。

（五）积极探索养老服务模式

顺应老龄事业发展趋势，指导机关离退休活动站加强与老同志居住街道、社区的沟通联系，通报政府购买服务、公共资源、社区资源等情况，及时反映离退休人员养老服务需求，主动为老同志提供养老机构、社会居家养老助老有关信息，探索对老同志个性化的贴心服务方式。2017年，根据老同志养老需求，组织部分离退休人员到北京爱慕家、京津生态新城“锦绣香江健康小镇”和燕郊燕达国际养老公寓、北京丰台养合老年公寓、房山康怡养生养老庄园等养老机构，实地考察地理位置和环境、体验服务设施和保障条件等，为老同志提供养老需求参考。邀请宣武医院进行“认识老年期痴呆”专题讲座、邀请北京首善为老服务中心进行“老年权益保障与财产继承”法律普及专题讲座；携手北京首善为老服务中心，由专业律师通过电话义务解答有关法律方面问题，受到老同志欢迎。

（六）积极开展丰富多彩的文化体育、健康休养活动

开展有益于离退休人员身心健康的丰富多彩的活动，充实离退休人员的晚年生活。全总机关院内设有老干部活动中心，供活动站（党支部）开展活动。活动中心设有阅览室、棋牌室、乒乓球室、台球室、计算机室、多功能厅和3个活动室。在阅览室为老同志订阅了60多种报纸、刊物；在台球室，为老同志购买了3个台球桌；多功能厅配备有全套影视设备；计算机室配备了15台电脑和投影仪、音响等讲课设施，为老同志提供了集学习、娱乐、活动为一体的场所，使老同志有发挥特长和展示兴趣的环境。

机关离退休同志以自愿为原则，成立了18个兴趣小组，定期举行各种活动。兴趣小组有：合唱团、京剧团、霞光诗社、台球协会、象棋协会、书画协会、桥牌协会、集邮收藏协会、太极拳小组、老年舞协、摄影协会、养生协会、经络拍手操、乒乓球小组、钓鱼协会、电脑小组、手工小组和自行车协会。

举办机关老同志运动会，充分展示老同志阳光心态和良好精神风貌。

离退休老同志健康休养与机关在职人员一样，可携同三名亲属到五家疗休养机构进行自费疗休养活动，只要交纳相应费用，就可享受住宿、用餐等方面的优惠服务。

组织机关离退休老同志京郊游览活动时交通委托旅行社承办，里程把控1个半小时左右，位置上选择便于停车和游览活动的公园。同时在安全防范上采取购买保险、年龄控制85岁以下、医务人员随行等措施。

共青团中央

2017年，共青团中央作为全国老龄工作委员会成员单位，深入学习贯彻习近平新时代中国特色社会主义思想和党的十九大精神，特别是以习近平同志为核心的党中央对志愿服务工作系列重要指示精神，贯彻落实全国老龄委第十九次全会精神，积极履行成员单位职能，按照全国老龄委的相关部署，多措并举、扎实工作，组织青年志愿者和少先队员开展多种形式的为老助老志愿服务，着力营造敬老爱老氛围，推动青少年与老年人共同参与社会发展。

综　　述

按照《全国老龄工作委员会2017年工作要点》（全国老龄委发〔2017〕2号）要求，及全国老龄工作委员会整体工作部署，团中央积极组织和指导各地团组织，围绕老年人的精神和物质需求，以开展为老助老志愿服务为工作抓手，整合各方社会资源，完善为老服务阵地建设，深化青少年敬老爱老主题教育活动，积极吸纳健康低龄老年人

加入志愿者队伍，提升青年与老年群体的融合程度。推动全社会形成“敬老之情、爱老之责、助老之行”的良好氛围。

一是健全服务网络，完善工作机制。共青团组织积极发挥组织优势，依托各级团组织、青年志愿者协会和志愿服务站（服务中心、服务基地），建立健全为老志愿服务组织网络，推动各地共青团组织完善为老服务工作机制。各地团委积极推进养老服务社会化示范社区、区域性养老服务中心、社区老年人日间照料中心、农村幸福院等阵地建设。在加强自身建设的基础上，联合民政等部门力量，在福利院、养老院、救助站等助老服务需求较多的机构挂牌助老志愿服务点，在各社区服务站注入志愿服务力量。

二是创新工作形式，强化宣传阵地。引领并指导各地团组织把引导青少年弘扬孝亲敬老传统美德作为助推精神文明建设、培育和践行社会主义核心价值观的重要内容，坚持宣传教育、榜样引领和文化育人相结合，通过开展一系列内容丰富、形式多样的主题教育活动，推动孝亲敬老传统美德内化于心、外化于行，在全社会营造弘扬传统美德、传播正能量，提升全民老龄意识和尊老敬老的社会氛围。

三是广泛开展服务，注重青少年参与。将尊老敬老教育内容融入大中小学教育活动中，纳入行为规范，通过宣扬先进典型，营造良好风尚，引导青少年自觉传承中华传统美德。各地团组织针对老年人的实际需求，依托阵地实施各种服务项目，为老年人开展生活照料、医疗保健、法律援助、文化娱乐等形式多样的志愿服务活动。

四是培养为老服务项目，搭建资源对接平台。团中央进一步加强对前四届中国青年志愿服务项目大赛获奖的敬老为老志愿服务项目的宣传和推介，定期在中国青年志愿者网、官方微信、官方微博上有序推送，及时报道敬老为老服务项目在实施过程中涌现出来的先进组织、感人事迹、优秀个人。积极争取将优秀项目通过阿里、腾讯等公益平台推介到社会，实现项目自我造血功能。同时强化对敬老为老项目的日常指导工作，定期组织项目负责人进行项目运营、组织管理、产品营销、媒体宣传等方面的专业培训，并结合社会组织年度评估等工作加强对优秀项目的持续跟踪管理，充分发挥优秀项目的示范性、影响力。

各项重要活动

1. 组织开展了2017年“全国向上向善好青年”推选活动。创新活动设计机制，从各行各业和基层一线，寻找和推选出爱岗敬业、创新创业、崇义友善、诚实守信、孝老爱亲5个类别100名“全国向上向善好青年”和3个“全国向上向善好青年”集体，其中包括陈勋虎等“孝老爱亲好青年”20余人。

2. 部署全团在线上线下广泛开展“全国向上向善好青年”“圆梦中国人”分享活动。通过各类媒体、团属网站和微博、微信等渠道，对这些典型模范人物及其先进事迹进行了广泛宣传，邀请10位青年典型录制了5期第三季《中国好青年》电视节目。

3. 各级少先队组织积极落实，聘请“五老”担任少先队志愿辅导员，开展了“五老讲历史”“五老传文化”“五老教科学”“五老助成长”等系列活动；部分地区少先队员走进敬老院、老年活动中心，开展文艺表演、爱心陪伴、卫生清扫等尊老敬老和奉献爱心活动。

4. 2017年第四届中国青年志愿服务项目大赛中，将“邻里守望与为老服务”作为公益创业赛和示范项目创建的十三个领域之一，单独进行申报、评审。共有7个项目进入全国120个示范项目创建名单，共有9个项目在阿里、腾讯公益平台发布，团中央将联合基金会通过注入启动资金等形式，激发社会对敬老为老服务项目的资金支持，有力促进了敬老为老社会服务组织的发展。

北京市

综　　述

2017年，北京市老龄工作坚持党委领导、政府主导、社会参与、全民行动相结合，围绕“巩固、完善、创新、提高”的工作主线积极推进各项工作任务。

一、加强顶层设计，出台并推进重点政策落实

印发《关于全面放开养老服务市场进一步促进养老服务业发展的实施意见》。对《北京市“十三五”时期老龄事业发展规划》和《关于全面放开养老服务市场进一步促进养老服务业发展的实施意见》进行任务分解。明确责任分工、工作任务和完成期限。

二、加大老龄工作协调督查力度

召开全市老龄委2017年第一次全体会议，部署安排全年47项工作任务；召开市老龄委主任扩大会、联络员会，推进扶持专业运营等重点工作；组建老龄委成员单位委员、联络员工作微信群，促进成员单位之间的沟通联络及工作交流。建立年度老龄重点工作督查台账和各区老龄工作重点任务双月报制度。梳理、修订老龄委成员单位涉老工作职责；与市科委、工商局、市教委、市食药局、市商委、市住建委等相关委办局对接，合作推进涉老项目，促进老龄工作全面发展。配合市委改革办开展“养十条”落实情况督查工作，形成自查报告。协调国管局与东城、西城、朝阳、海淀区进行央地养老服务对接。组织督查组赴十六区开展2017年老龄重点工作推进调研督查。加强市老龄委第二届专家委员会的协调联络工作，邀请专家到各区实地调研，征集各区对专家指导的需求，对试点区工作进行重点指导。组织参加2017年京台智慧社区居家养老交流会。

充分发挥市老龄委作用，商29个委办局和16区共同办理，先后开展专题调研、座谈近10场，顺利完成7月20日市人大常委会第四十次会议审议《关于扶持专业运营、发展居家养老服务业情况的专项工作报告及议案办理情况报告》并开展专题询问的相关工作。按期完成市人大代表、政协委员建议提案49件。

三、完善“三边四级”居家养老服务体系，充分发挥街道、社区平台作用

着力加强区级养老服务指导中心建设。截至年底，全市16区已建成并运营6家；正在建设中10家。

强力推进社区养老服务驿站建设。出台《北京市2017年社区养老服务驿站建设工作方案》、《关于明确养老服务驿站建设相关问题的通知》，与市民政局、市农委等11部门印发《关于加强农村养老服务工作的意见》，与市民政局印发《关于做好农村幸福晚年驿站建设工作的通知》等文件。截至年底，全市已建成并运营养老服务驿站380家，包括2016年在城六区试点建成的150家，2017年建设230家，超额完成2017年市政府实事项目200家任务。

积极开展养老机构辐射居家服务工作。2016年度，全市在148个养老服务机构启动731个辐射完善功能项目，提供服务总量达126万人次。2017年，继续开展养老机构辐射居家服务工作，全市421家养老服务机构开展994个辐射服务项目。

四、加快完善居家养老服务标准体系

在通则、助餐服务、助医服务、助洁服务、助浴服务、助急服务、康复服务七项居家养老服务规范通过地方标准立项基础上，进行居家养老服务标准（草案）试点，在东城区、海淀区、丰台区和石景山区选择7个街道展开为期一年的标准试点工作，并引导其他区参考执行。今年继续委托第三方编制十项居家养老服务标准，包括五项居家养老服务规范和五项管理规范。

五、全面推进北京通—养老助残卡工作

2017年全面推进“北京通—养老助残卡”工作，组织了新卡的全面启用工作，保障了新卡1月1日起在全市的顺利应用。为完善卡的服务，本着手续简单、申请便利、服务完善的原则对业务流程进行了规范与优化，制定《北京通—养老助残卡业务流程管理规范》和《临时卡管理办法》，完善了业务管理系统，建立了常态化运行机制。为提升项目实施效率，我们通过社会资源整合与养老数据管理，全面提升项目的运营管理能力，不断拓展卡的应用服务体系，运用大数据管理为各项社会福利与社会优待政策的制定、实施与调整提供了翔实、精准、全面的数据支持，按月制作《北京通—养老助残卡运营报告》，为老龄事业发展提供了重要决策参考。截至2017年底，已累计为我市常住老年人制发北京通—养老助残卡达到253万张。

六、探索发展农村互助养老

认真贯彻落实《关于开展农村养老服务改革试点工作的方案》，在密云、平谷、怀柔区开展农村养老改革试点工作，探索农村养老服务模式，鼓励邻里互助、倡导“老年扶助”因地开展互助养老，成立邻里互助服务队，对互助员进行培训和管理。3个区共1939名互助员为11789名老年人提供互助服务，超额完成1000人次的农村互助养老服务任务。

七、加强资金监管和诚信体系建设工作

加强和完善养老服务转移支付资金管理机制。一是建立养老资金监管机制。二是实行市、区两级民政、财政、老龄三部门联席会商管理机制。三是建立全市养老服务资金执行动态报表制度。四是市民政、财政、老龄联合印发《关于统筹分配拨付各区2017年居家养老服务专项资金有关工作的通知》，强化各区专项转移支付预算执行管理。五是市民政、老龄制定《转移支付养老服务资金专项考评细则》，建立绩效导向机制。六是联合研究机构，探索建立本市老龄事业经费投入统计全口径机制，现已基本完成调研工作。

委托专业结构完成《北京市养老服务单位诚信体系建设研究报告》。起草《养老服务业诚信体系建设指导意见》和《养老服务单位诚信评价管理办法（试行）》，经修改完善后拟以相关单位名义联合印发。

扎实开展2017年居家养老服务项目申报福利彩票资金工作。使用福利彩票公益金用于开展失能、失智、独居

等老年人关爱服务，在部分区进行城乡独居老人巡视探访服务、居家失能老年人家庭照护培训、社会组织开展老年人与养老服务单位需求对接服务项目试点，三类服务 20 个项目共涉及 11 个区。

八、聚焦重点人群，加强基本养老公共服务

督促各区按计划推进困难家庭适老化改造，截至 2017 年 11 月底，全市已完成经济困难老年人家庭入户评估 5586 户，实际改造 4519 户。

在全市范围深入推进老年维权服务，不断加大法律援助、法律咨询、普法宣传教育、法律培训、与维权专项行动力度，老年人的维权意识与维权能力显著提升。010—83811699 和 96156 转接的法律咨询热线，全年共解答涉老法律咨询 2451 人次，其中来电咨询 1966 人次，来访咨询 485 人次。案件类型家事类约占老年人咨询总量的 35%，家事类纠纷中以继承、遗嘱、赡养和分家析产为主。财产权益方面以投资理财和保健品为主。老年热线中的侵权纠纷主要表现在人身损害赔偿、合同欺诈和违约、消费者权益保护、相邻权和物业纠纷等方面。通过各类媒体加大普法宣传教育，在北京人民广播电台、警法在线等栏目做直播节目，与中央电视台焦点访谈、今日说法、平安 365 节目合作对老年维权服务工作站的多个典型案例跟踪拍摄，引导社会关心、关注老年人权益保护。编发《老年维权手册》《老年防骗手册》《非法集资宣传折页》等宣传材料发放到社区。7—8 月开展“防范非法集资宣传月”维权专项行动。组织“老年人精准法治防护网”专项活动。组织重点知识系列普法培训 88 场，覆盖全市 16 个区。

细化落实北京市老年人优待工作的责任和措施，落实好各项老年福利津贴待遇。2017 年，共发放 80 周岁及以上老年人居家养老服务补贴约 614.69 万人次，发放补贴金额约 6.22 亿元，消费补贴金额约 6.02 亿元；共发放 90 周岁以上老年人高龄津贴约 69.56 万人次，发放金额约 8404.36 万元；为 95 周岁以上老年人按医疗报销要求发放医疗补助 3131 人次共 835.44 万元。敬老月期间继续开展困难老年人慰问工作。

继续统一为我市特殊困难群体老年人购买意外伤害保险，并将保险范围扩大到无赡养人或赡养人无赡养能力的独居老年人，保险总人数达到了 7.5 万，年度保险缴费标准为每份 16 元/人。

完成为失智老年人配备防走失手环、为独居老年人安装紧急医疗救援呼叫器和感烟报警器项目，对项目实施情况进行了专项调研和满意度调查。项目实施以来，共安装了近 6 万台紧急医疗救援呼叫器、约 1.4 万个独立式感烟报警器、约 1.7 万个防走失手环。

九、夯实养老工作基础

大力做好老龄宣传工作。一是开展 2017 年度“孝星”命名和“孝星榜样”命名活动，命名“孝星”2000 名，命名“孝星榜样”10 名。二是开展系列孝道宣传活动，在电视台和北广传媒屏幕播放公益广告宣传片；与广播电台合作播出全国“敬老文明号”、老有所为典型报道 50 期；在北京电视台对“孝星榜样”进行事迹宣传；开展“孝星”、老有所为、“敬老文明号”典型图片展。三是对特色养老专业化运营公司在 40 多家媒体进行集中宣传报道。四是开展第三届全国“敬老文明号”创建和 2017 年“老有所为”先进典型人报送、宣传活动。五是以“关爱老年人，欢庆十九大”为主题开展老年节“敬老月”活动，10 月份全市共开展 448 项活动。

推进养老服务信息化建设。探索总结“互联网＋养老——北京模式”，开展顶层设计，启动“智慧养老工程”。一是完成“互联网＋养老——北京模式”和相关养老服务体系构建、社会化运营、产业扶持等方面的课题研究。二是完成北京市养老服务与管理信息平台 2 期建设工作。三是协助完成智慧民政中智慧养老项目需求调研。四是制定北京市养老政务信息系统整合及数据共享实施方案等文件，完成全市已建社区养老服务驿站地图标注工作。五是筹备建设北京市养老服务事务中心，启动北京市养老大数据服务工作。

建立健全老年人能力评估体系。截至目前建立了约 16.5 万经评估认定为失能老人的数据库。建立老年人能力评估体系，加强对评估过程和结果的监督管理。组织数据开发，推进我市失能及高龄老年人评估调查数据分析项目。

推进养老政策实施效果评估研究。组织开展北京市 2017 年中国城乡老年人生活状况监测调查；拟对 2015、2016 年调查数据进行分析整理，汇总相关课题研究成果。实施 2017 年“居家养老政策应用研究及实施效果评估项目”，将项目分解为 6 个子项目并全部开题。编制完成《北京市老龄事业和养老服务发展报告（2016—2017）》向社会发布。开展老年监护制度试点建设、基层老年协会社会组织发展、老年人福利津贴制度改革、老年人社会优待政策、老年人照顾服务项目实施情况等项目调研。

重要会议和活动

【召开市老龄委员 2017 年第一次全体会议】 2 月 28 日，北京市老龄委召开 2017 年第一次全体会议。北京市副市长、市老龄委主任王宁出席会议并讲话。市政府副秘书长、市老龄委常务副主任尹培彦主持会议。会议部署安排 2017 年全市老龄工作任务。市人大内司委副秘书长、内司委主任委员、内司办主任刘维林介绍市人大常委会听取和审议市政府关于扶持专业运营、发展居家养老服务业情况及议案办理情况报告并开展专题询问的工作安排。副市长、市老龄委主任王宁与老龄委成员单位代表及区老龄委代表签订了2017年老龄工作任务书。市人力社保局、市卫计委、石景山区、密云区就落实2017年老龄任务安排进行了汇报交流。市人大内司委、市政协社法委领导，市老龄委领导、成员单位委员，各区主管老龄工作的副区长（区老龄委主任）、各区民政局长等100余人参加会议。

【全国老龄办调研北京市居家养老服务工作】3月14日至15日，全国老龄办副主任吴玉韶带队调研北京市居家养老服务。调研组实地调研了北京通养老助残卡数据服务中心、北京市老年用品展示中心和西城区、海淀区、石景山区、丰台区的基层为老服务设施及组织的为老服务情况，并就北京居家养老服务工作进行座谈交流。北京市人大常委会副秘书长、内司办主任刘维林出席座谈会。调研组听取北京市汇报居家养老服务工作开展情况，部分区民政、老龄部门负责同志和养老服务商代表就失能评估补贴、长期护理保险、农村养老模式、老年维权、服务质量监管、适老化改造和养老服务连锁化经营等方面进行了交流发言。

【召开2017年社区养老服务驿站建设部署会】3月30日，北京市在西城区召开全市2017年社区养老服务驿站建设部署会。会议组织各区民政局、老龄办负责同志现场观摩学习牛街社区养老服务驿站运营服务情况，西城区、朝阳区、石景山区分别介绍了2016年驿站建设先进经验。会议并就驿站建设工作进行了部署和政策解读。

【召开北京市老龄委2017年第一次联络员工作会】4月27至28日，北京市老龄委召开2017年第一次成员单位联络员工作会。会议组织与会人员实地参观北京市老年用品展示中心和海淀区四季青敬老院，邀请中国老龄科学研究中心副主任党俊武就习近平总书记关于老龄工作的指示和当前全国老龄工作形势进行解读，北京市民政局副局长李红兵以《北京市应对人口老龄化的实践与问题的思考》为题进行讲座，会议并听取了市人力社保局、市卫生计生委、市规划国土委和市住房城乡建设委汇报2017年老龄工作牵头任务进展情况。

【召开养老服务资金管理工作会】5月19日，北京市民政局、市财政局、市老龄办联合召开养老服务资金管理工作会，结合各区实际工作情况，对养老服务资金下达及预算安排情况进行讲解，就完善养老服务转移支付资金管理机制，加快推进落实2017年养老重点工作提出具体要求。各区民政、财政、老龄主管领导以及科室负责人，市财政局社保处、市民政局计财处、福利处，市老龄办班子成员、相关业务处室处长参加了会议。

【参加2017年京台智慧社区居家养老交流会】6月1日至7日，组织北京市老龄协会、市福利事务管理中心、部分区老龄办和社区服务中心以及部分养老服务企业代表约20人组成交流团赴台湾参加“2017京台智慧社区居家养老交流会”。此次活动由中国台商发展促进会、北京市老龄协会、北京海峡两岸民间交流促进会主办，医养康（北京）健康管理有限公司、台湾中华两岸促进会承办。交流会于6月5日在台湾康宁大学举行，两地近百名智慧社区、健康养老等领域专家学者及产业代表就社区整合照顾实践、三级养老服务体系建设合作、大数据与物联网在社区养老领域应用等内容进行了主题交流。在台期间，交流团还走访了台南市金华社区、高雄长青综合服务中心、凤山老人健康照护协会和佛光山大慈育幼院，深入了解了台湾老年人的生活情况以及当地在养老服务方面的做法和经验。

【王宁副市长调研养老专业化运营工作】6月29日，北京市副市长、市老龄委主任王宁到朝阳区调研养老专业化运营工作。市发展改革委、市财政局、市民政局、市人力社保局、市商务委、市卫生计生委、市工商局、市公安局消防局、市老龄办等有关部门负责同志参加调研。王宁一行实地察看了朝阳区2017年新开办的潘家园华威西里社区养老服务驿站、松榆里社区养老服务驿站、劲松和谐雅园社区养老服务驿站运营情况，听取了朝阳区养老服务重点工作情况汇报，并就扶持专业化运营、发展居家养老服务业与养老服务商代表、市区相关部门负责人进行了座谈。

【召开“老年人法治防护网”建设启动会】7月4日，北京市老龄办联合丰台区司法局、丰台区老龄办组织“老年人法治防护网”建设活动，在丰台区西罗园街道召开启动会。活动现场召集了各部门相关负责人及80多名社区干部、社区志愿者、老年居民代表等进行了工作部署，发放普法教材，为志愿者颁发聘书，进行《防范非法集资保护老年人权益》专题讲座，为老年人提供法律咨询服务。

【召开2017年第一次主任扩大会暨老龄重点工作推进会】7月19日，北京市老龄委召开2017年第一次主任扩大会暨老龄重点工作推进会。北京市副市长、市老龄委主任王宁出席会议并讲话。市政府副秘书长、市老龄委常务副主任尹培彦主持会议。会议听取了市民政局、市发展改革委、市财政局、市人力社保局、市商务委、市卫生计生委、市住建委和东城、西城、朝阳、海淀、丰台、石景山、房山、密云区关于“扶持专业运营，发展居家养老服务业”议案办理和2017年老龄重点工作进展情况的汇报，并就贯彻落实《北京市“十三五”时期老龄事业发展规划》和《关于全面放开养老服务市场进一步促进养老服务业发展的实施意见》进行了部署。市人大副秘书长、内司办主任刘维林介绍了市人大就“扶持专业运营，发展居家养老服务业”工作听取汇报并开展专题询问的相关情况。市民政局、市发展改革委、市财政局、市人力社保局、市商务委、市卫生计生委、市金融局、市住房城乡建设委、市工商局、市国资委、市公安消防局、市中医局、市教委主管领导，各区主管老龄工作的副区长、各区民政局局长参加会议。

【北京市市委副书记、代市长陈吉宁调研养老工作】8月30日，北京市市委副书记、代市长陈吉宁到朝阳区调研养老工作，现场考察了朝阳区养老指导中心、劲松街道养老照料中心、松榆西里社区养老服务驿站、双桥恭和家园等为老服务情况，听取了全市养老工作情况汇报。陈吉宁强调，要深入学习贯彻习近平总书记视察北京重要讲话精神，认真落实市第十二次党代会精神，完善以居家为基础、社区为依托、机构为补充、医养相结合的养老服务体系，探索形成专业化运营新模式，通过更加专业精准的服务，不断提高养老服务水平。

【举办全市老龄工作培训会】9月28日至29日，北京市老龄办举办全市老龄工作培训会。培训会邀请中国老龄科学研究中心副主任党俊武、民政政策理论研究所所长成海军就学习贯彻习近平总书记关于加强老龄工作的重要指示精神，明确当前老龄工作的形势和任务、国内养老工作及养老政策亮点分析解读进行了专题辅导培训。与会人员围绕贯彻落实习近平总书记关于老龄工作的重要指示、市老龄委2017年老龄重点工作落实、老龄工作当前面临的主要困难及应对办法及2018年老龄工作重点进行了分组讨论。市老龄办机关全体人员、局福利处，各区老龄办主任（民政局主管工作副局长）和科室负责人及承担2017年养老试点任务相关街道乡镇负责人共120余人参加学习。

【开展2017年老龄重点工作任务专项调研督查】11月，北京市老龄办组成三个调研督查工作组，通过查看自查报告、听取工作汇报、实地查看养老设施、现场走访老年群众、查阅资金支出账表、召开专题座谈会等形式，对十六区2017年社区养老服务驿站的建设情况运营、养老服务指导中心的建设、辐射项目、养老助餐、家庭适老设施改造、老年维权服务、基层老年协会组织发展、各类试点项目开展、制发各类涉老政策文件等重点工作情况和2016、2017年度市级转移支付养老项目资金执行情况及存在问题开展专项调研督查工作，汇总各区在推进工作过程中反映的问题及意见建议，形成调研督查情况报告。

【召开“学习宣传贯彻党的十九大精神深入推进首都老龄工作全面发展”专家委员会座谈会】11月8日，北京市老龄办召开学习宣传贯彻党的十九大精神深入推进首都老龄工作全面发展座谈会，市老龄委专家委员会委员唐钧、乌丹星、陆杰华、党俊武、成海军、佟丽华、石明磊、陈功及市民政局福利处、老龄办各处室负责人参加会议。会议总结了市老龄委专家委员会2017年工作情况，与会专家结合学习宣传贯彻党的十九大精神，特别是结合十九大对民生、老龄工作的总体部署和具体要求，深入推进首都老龄工作全面发展进行了座谈交流并提出了意见建议和应对举措。

【举办“《我只认识你》电影首映礼暨‘认知症好朋友’倡议”党日活动】11月11日，北京市老龄协会党委围绕学习宣传贯彻党的十九大精神，结合老龄实际工作，联合清华大健康（养老）产业联盟，举办了“《我只认识你》电影首映礼暨‘认知症好朋友’倡议”党日活动。《我只认识你》讲述了上海一位患有阿尔茨海默症的老人与她年近90岁的丈夫，在生活中遇到的实际问题与具体困境。观看影片后，主创人员介绍了影片拍摄相关情况，市老龄协会党员、养老照护机构代表、志愿者代表及阿尔茨海默症患者的家庭照护者代表一起宣读了关爱认知障碍老人的倡议书，呼吁社会各界人士给予该群体更多的关爱。

【组织开展农村养老服务调研活动】11月16日，北京市老龄办组织全体干部职工前往房山区窦店村，开展深入学习宣传贯彻党的十九大精神，走近十九大代表身边，农村养老服务调研活动。集体调研了窦店镇板桥村幸福晚年驿站建设运营情况、窦店村老年活动中心老年人活动开展情况；参观了窦店村党建活动室，全体党员在党旗下重温了入党誓词；邀请十九大代表宣讲十九大精神并介绍了民族村养老服务工作；与窦店镇政府工作人员、农村党支部代表、窦店村少数民族老年人代表针对养老工作发展不平衡不充分的问题，就如何做好农村养老和民族地区养老工作进行了座谈，并征求了老年人对养老工作的意见建议。

【召开北京市老龄委2017年第二次全体会议】12月8日，召开北京市老龄委2017年第二次全体会议。副市长、市老龄委主任王宁出席会议并讲话。市政府副秘书长、市老龄委常务副主任尹培彦主持会议。会议通报了各区2017年老龄重点工作任务推进情况。市卫生计生委、市住房城乡建设委、顺义区作了典型发言。部分成员单位、区老龄委总结了一年来取得的工作成绩，提出工作推进中存在的问题，对2018年工作思路提出了意见建议。市老龄委副主任、各成员单位委员、联络员，各区主管老龄工作的副区长，区民政局局长参加会议。

【全国老龄办调研北京市“互联网＋”养老工作】12月27日，全国老龄办常务副主任王建军一行5人赴北京市清檬春荫园社区养老服务驿站、清檬养老服务有限公司实地进行考察，专题调研“互联网＋养老”工作，并现场召开座谈会，听取相关企业工作情况的汇报。市人大常委会委员、副秘书长，市人大内司委主任委员刘维林，市民政局副局长李红兵，市老龄办常务副主任王小娥陪同调研。

各项业务进展

【加大老龄工作协调督查力度】年内，分别于2月、12月召开市老龄委全体会议，对全年工作任务进行部署和总结；召开市老龄委主任扩大会、联络员会，推进扶持专业运营等重点工作。建立年度老龄重点工作督查台账和各区老龄工作重点任务双月报制度。修订老龄委成员单位涉老工作职责。与市科委、市工商局、市教委、市食药局、市商委、市住建委等相关委办局对接，合作推进涉老项目。配合市委改革办开展“养十条”落实情况督查工作，形成自查报告。协调国管局与东城区、西城区、朝阳区、海淀区进行央地养老服务对接。加强市老龄委第二届专家委员会的协调联络工作，征集16区对专家指导需求，邀请专家到各区实地调研，重点指导试点工作。举办全市老龄工作培训会；组成调研督查组对十六区2017年重点工作开展专项调研督查。

【完成市人大议案办理情况报告及专题询问】 1月，市十四届人大五次会议主席团确定了“扶持专业运营，发展居家养老服务业”议案交市政府办理，市政府委托市民政局牵头，市老龄办具体实施办理工作，并将议案办理工作列入督查事项和绩效考核任务。发挥市老龄委作用，同29个委办局和16区共同办理，先后开展专题调研、座谈近10场，顺利完成7月20日市人大常委会第四十次会议审议《关于扶持专业运营、发展居家养老服务业情况的专项工作报告及议案办理情况报告》并开展专题询问的相关工作。

【建设区级养老服务指导中心】 年内，朝阳区、房山区、顺义区、怀柔区、密云区、延庆区已建成区级养老服务指导中心并运营；另10区正在建设中。

【出台《关于全面放开养老服务市场进一步促进养老服务业发展的实施意见》】 3月2日，以市政府办公厅名义印发《关于全面放开养老服务市场进一步促进养老服务业发展的实施意见》的通知。《实施意见》以习近平总书记视察北京重要讲话精神为奋斗纲领和行动指南，以坚持全面放开市场、坚持突出发展重点、坚持提质增效创新、坚持统筹协调发展为基本原则。《实施意见》提出，在全面放开养老服务市场方面，进一步放宽准入条件、优化市场环境；在支持重点领域发展方面，扶持老年照护服务发展、促进老年产品用品升级、发展适老金融服务、推进老年宜居环境建设、提升农村养老服务能力和水平、支持养老与相关领域融合发展；在增强保障能力方面，加强规划引领、完善土地支持政策、壮大养老服务组织、培养专业人才、完善财政和税费支持政策、加大融资信贷支持。《实施意见》通过加强服务监管、行业自律、宣传引导、督促落实进行监管和组织实施，实现到2020年，本市养老服务区市场全面放开的发展目标。7月，对《北京市“十三五”时期老龄事业发展规划》和《关于全面放开养老服务市场进一步促进养老服务业发展的实施意见》进行任务分解。

【推进社区养老服务驿站建设】 年内，出台《北京市2017年社区养老服务驿站建设工作方案》、《关于明确养老服务驿站建设相关问题的通知》，从养老驿站名称、“一事一议”评审、驿站安全检测、驿站经费支持、驿站档案管理等方面进行规范；召开全市社区养老服务驿站建设部署会，组织各区民政局、老龄办负责同志现场观摩学习牛街社区养老服务驿站运营服务情况，并对驿站建设工作进行部署和政策解读。截至2017年12月，全市已建成并运营养老服务驿站380家，包括2016年在城六区试点建成的150家，2017年建成并运营230家，超额完成2017年市政府实事项目200家任务。启动为养老服务驿站培训医疗辅助护理员（中医健康养老护理员）培训项目。

【开展养老机构辐射居家服务工作】 年内，印发《关于做好养老机构、社区养老服务驿站辐射社区居家养老服务工作有关事项的通知》，全市421家养老服务机构开展994个辐射服务项目。

【完善居家养老服务标准体系】 年内，开展“北京市居家养老服务规范”7项标准（草案）试点，在东城区、海淀区、丰台区和石景山区选择7个街道展开为期一年的标准试点工作，并引导其他区参考执行。继续编制十项居家养老服务标准，包括呼叫服务、短期照料服务、健康指导服务、文化娱乐服务、家庭适老化改造等五项居家养老服务规范和服务流程管理、服务商准入与退出管理、信息平台服务与管理、质量评价与考核管理、入户服务管理等五项管理规范。

【全面推进北京通—养老助残卡工作】 2017年1月1日起，北京通—养老助残卡业务进入常规化运作模式，组织新卡全面启用工作。制定《北京通—养老助残卡业务流程管理规范》和《临时卡管理办法》。截至2017年12月31日，已累计为本市常住老年人制发北京通—养老助残卡达到253万张。新卡实施以来截至12月31日，共统计全市老年人持卡产生3.47亿笔一卡通消费交易，其中公交刷卡笔数占比98.98%，地铁刷卡笔数占比0.19%，公园刷卡笔数占比0.83%。

【探索发展农村互助养老】 年内，在密云区、平谷区、怀柔区开展农村养老改革试点工作，探索农村养老服务模式，成立邻里互助服务队，对互助员进行培训和管理。3个区共1939名互助员为11789名老年人提供互助服务，超额完成1000人次的农村互助养老服务任务。

【推进养老服务信息化建设】 探索“互联网＋养老——北京模式”，启动“智慧养老工程”。完成“互联网＋养老——北京模式”和相关养老服务体系构建、社会化运营、产业扶持等方面的课题研究。完成北京市养老服务与管理信息平台2期建设工作。协助完成智慧民政养老项目需求调研。制定北京市养老政务信息系统整合及数据共享实施方案，完成全市已建社区养老服务驿站地图标注工作。筹备建设北京市养老服务事务中心，启动北京市养老大数据服务工作。

【加强老年维权工作】年内，共接听电话、接收来信、接待来访1628人（次、封），其中接听电话1196人（次），接收来信416封（北京市网上信访信息系统来信75封、12345非紧急救助中心来信235封、民政信息系统来信47封、政风行风热线来信46封，群众邮寄来信13封），接待来访16人（次）。编发《老年维权手册》、《老年防骗手册》、《非法集资宣传折页》等宣传材料。7—8月开展“防范非法集资宣传月”维权专项行动，专门针对涉老非法集资领域重点问题进行普法宣传教育，组织律师团队走进社区开展专题讲座、法律质询服务、媒体座谈会；向全市印发7万册宣传资料下发到社区；对老龄行业从业人员及老年人开展法律知识培训；组织“老年人精准法治防护网”专项活动；协调司法机关，加大案件盯防，建立联动机制，集中处理、剖析一批非法集资的重大典型案件。充分发挥法律咨询热线作用，全年共解答涉老法律咨询2451人次。

【落实老年优待政策和福利待遇】2017年，共发放80周岁及以上老年人居家养老服务补贴约614.69万人次，发放补贴金额约6.22亿元，养老服务补贴消费6.02亿元；共发放90周岁以上老年人高龄津贴约69.56万人次，发放金额约8404.36万元；为95周岁以上老年人按医疗报销要求发放医疗补助3131人次共835.44万元。敬老月期间继续开展困难老年人慰问工作，按照逐级保障、精准慰问原则，由市、区两级按照困难类型逐级保障；其中市级慰问对象为2015—2016年期间经评估的本市户籍80周岁及以上经济困难中度、重度失能老年人，慰问标准为每人1000元，符合慰问条件的老年人3017人。

【开展老龄宣传工作】年内，开展2017年度“孝星”命名和“孝星榜样”命名活动，命名“孝星”2000名，命名“孝星榜样”10名。开展系列孝道宣传活动，在电视台和北广传媒屏幕播放公益广告宣传片；与广播电台合作播出全国敬老文明号、老有所为典型报道50期；在北京电视台对“孝星榜样”进行事迹宣传；开展“孝星”、老有所为、“敬老文明号”典型图片展。对特色养老专业化运营公司在40多家媒体进行集中宣传报道。开展第三届全国“敬老文明号”创建和2017年“老有所为”先进典型人报送、宣传活动。以“关爱老年人，欢庆十九大”为主题开展老年节“敬老月”活动，10月份全市共开展448项活动。

【建立健全老年人能力评估体系】持续推进老年人能力评估工作，建立了约16.5万经评估认定为失能老人的数据库；建立起评估标准、评估队伍、评估流程、督导审核和信息安全管理制度的老年人能力评估体系，对评估过程和结果进行监督管理；组织数据开发，推进本市失能及高龄老年人评估调查数据分析项目。

【推进养老政策实施效果评估研究和调研】组织开展北京市2017年中国城乡老年人生活状况监测调查。实施2017年“居家养老政策应用研究及实施效果评估项目”，将项目分解为6个子项目并全部开题。编制完成《北京市老龄事业和养老服务发展报告（2016—2017）》向社会发布。开展老年监护制度试点建设、基层老年协会社会组织发展、老年人福利津贴制度改革、老年人社会优待政策、老年人照顾服务项目实施情况等项目调研。

【继续开展老年人意外伤害保险项目】年内，继续统一为我市经济困难、享受优抚待遇、计划生育困难家庭等特殊困难老年人群体购买意外伤害保险，并将保险范围扩大到无赡养人或赡养人无赡养能力的独居老年人，保险总人数达到了7.5万，年度保险缴费标准为每份16元/人。年度自主参保老人50.36万人，自付保费864.35万元。年度共受理老年人意外险理赔案件3458件，累计理赔金600.75万元，意外医疗费用理赔3464件，赔款金额493.95万元（件均1438.41元）；身故、残疾理赔30件，赔款金额106.8万元（件均3.56万元），有效提升特殊困难老年人抵御风险的能力。

【开展紧急救援服务项目】完成为失智老年人配备防走失手环、为独居老年人安装紧急医疗救援呼叫器和感烟报警器项目，项目实施以来，共安装了近6万台紧急医疗救援呼叫器、约1.4万个独立式感烟报警器，配发约1.7万个防走失手环。已配发防走失手环中，老年人子女或监护人通过实时定位功能查看老人实时位置次数总计为560余万次；使用紧急呼叫功能在紧急情况向紧急联系人呼叫通话54余万次；通过运动轨迹功能查看老人活动范围10.4余万次；通过安全区域提醒功能为家属提供提醒服务8.4余万次，为失智老年人家庭提供服务支持。继续开展为经济困难老年人家庭实施适老化改造工作，截至2017年底，全市已完成经济困难老年人家庭适老化改造4682户。

【开展志愿为老服务活动】出台《关于开展为老志愿服务活动的通知》，倡导大中院校学生开展陪护等为老志愿服务活动，重点为独居老人、高龄老人、失能老人、贫困老人提供生活照料、心理慰藉、法律援助、科技助老、健康养生、文化活动、咨询陪护等服务；倡导低龄、健康老年人志愿扶助高龄老年人，鼓励以家庭邻里为主互助结对，或者低龄、健康老年人以社区为单位形成互助团队，为本社区高龄老年人进行帮扶。市级通过购买服务的方式，以养老机构、街（乡镇）养老照料中心、社区养老服务驿站为平台，累计组织开展为老志愿服务2.4万人次。

【启动城乡独居老年人巡视探访服务试点工作】印发《关于开展城乡独居老年人巡视探访服务试点工作的通知》

（京老办发〔2017〕3号），在东城区、朝阳区、海淀区、昌平区、大兴区、怀柔区、房山区、通州区、延庆区开展试点。按照“政府主导，社会参与，购买服务，重点帮扶”的原则，以全市单独居住在家的独居老年人为巡视探访服务对象，其中，重点关注无子女或子女不在北京的独居老年人，尤其身体状况和精神状态均较差的独居老年人。巡视服务要以老年人自愿、子女支持为前提，通过签订委托书的形式加以明确。

【启动居家失能老年人家庭照护人员技能培训试点工作】 印发《关于开展居家失能老年人家庭照护人员技能培训试点工作的通知》（京老办发〔2017〕4号），在东城区、西城区、朝阳区、海淀区、房山区、通州区、顺义区、大兴区、怀柔区开展试点。按照“市级统筹、区级组织、试点先行、逐步推广”的原则，以本市居住的失能老年人家庭护理人员为培训对象，自愿报名参加培训。培训内容涵盖老年家庭护理的基础知识和实操经验，包括老年日常护理、慢病护理、康复护理、心理慰藉、临终关怀等方面。

【启动养老服务单位需求对接试点工作】 印发《关于开展老年人与养老服务单位需求对接服务试点的通知》（京老办发〔2017〕5号），在东城区开展社会组织服务对接项目。试点主要通过政府购买服务方式，支持社会组织，联合养老照料中心、养老服务驿站等社区居家养老服务机构，在街道（乡镇）建设为老服务需求对接机制，重点解决居家老年人与养老服务单位需求对接，让辖区老年人需求清单化，促进推动老年人服务需求的及时、准确、挖掘和有效回应，内容包括平台建设、需求汇集、资源整合、服务评价等。

【加强资金监管和诚信体系建设】 加强养老服务转移支付资金管理，建立养老资金监管机制；实行市、区两级民政、财政、老龄三部门联席会商管理机制；建立全市养老服务资金执行动态报表制度；市民政、财政、老龄联合印发《关于统筹分配拨付各区2017年居家养老服务专项资金有关工作的通知》，强化各区专项转移支付预算执行管理；市民政、老龄制定《转移支付养老服务资金专项考评细则》，建立绩效导向机制；启动“北京市养老服务资金管理信息平台”建设；联合研究机构，探索建立本市老龄事业经费投入统计全口径机制，完成调研工作。委托专业结构完成《北京市养老服务单位诚信体系建设研究报告》，起草《关于建立北京市养老服务业诚信体系的指导意见》和《北京市养老服务单位诚信评价实施办法（试行）》。

天津市

综　　述

截至2017年底，我市户籍60周岁及以上老年人口数为246.06万，占全市户籍总人口的比例为23.43%；80岁以上高龄老人31.05万，占老年人口的12.62%；100周岁及以上的老年人399位，其中男性老年人107位，女性老年人292位，最年长者107周岁。

2017年11月，市人民政府办公厅印发《天津市“十三五”老龄事业发展和养老体系建设规划》（津政办发〔2017〕106号）（以下简称《规划》），《规划》立足我市老龄事业发展和养老体系建设的现实基础，着眼于全面建成高质量小康社会建设社会主义现代化大都市的目标要求，明确提出了一个总目标和四个方面分目标。一个总目标：到2020年，实现我市老龄事业发展整体水平明显提升，养老体系更加健全完善，及时应对、科学应对、综合应对人口老龄化的社会基础更加牢固。四个分目标：一是多支柱、全覆盖、更加公平、更可持续的社会保障体系更加完善。二是居家为基础、社区为依托、机构为补充、医养相结合的养老服务体系更加健全。三是有利于政府和市场作用充分发挥的制度体系更加完备。四是支持老龄事业发展和养老体系建设的社会环境更加友好。《规划》在部署老龄事业发展的基础上，突出了养老体系建设的内容，从健全完善社会保障体系、扩大养老服务有效供给、健全健康支持体系、繁荣老年消费市场、建设老年宜居环境、丰富老年人精神文化生活、扩大老年人社会参与、保障老年人合法权益等八个方面提出了涵盖老龄事业和养老体系发展的主要任务，着力增进老年人福祉。

天津市老龄办分别与南开大学、天津财经大学、天津师范大学签署天津市老龄科研基地的框架合作协议，设立5个天津市老龄科研基地，即：人口老龄化战略研究基地、老年人法律和权益保护研究基地、老龄经济与产业发展研究基地、老龄统计与调查工作研究基地、老年心理健康研究基地。旨在从老年人口学、社会学、统计学、经济学、心理学以及社会保障、权益保障等多学科、多角度开展研究，了解我市老年人的养老需求，参与论证我市老龄事业的中长期规划；针对养老的热点难点问题进行调研，为有关部门提出工作建议；搜集、整理和利用国内外老龄问题科研成果、信息和资料，为政府和有关部门提供决策参考；组织开展抽样调查工作，汇总分析调查数据，建立我市老龄数据资料库。2017年，我市报送全国老龄办的6篇调研报告，经专家委员会评审，全部列入“2017年度全国老龄专题政策调研优秀成果奖”。其中《天津市人口老龄化趋势与对策研究》和《推进天津市老年人意外伤害商业保险研究》获得了一等奖；《青岛、南通、上海等城市试行老年人长期照护保险的对比研究》获二等奖；《我市“第四次中国城乡老年人生活状况抽样调查”报告》和《基于资源整合视角的京津冀智能养老服务业一体化发展研究》获得三等奖；《关于赴台参加“2017年乐龄教育产学融合论坛”和考察情况的报告》获得优秀奖。

开展“打击防范非法集资、防范电信诈骗、非法直销及传销的金融、法律知识宣讲活动”，通过典型案例讲解、防范知识有奖问答、宣讲电信网络诈骗的手段、讲解日常预防方法、发放宣传单等方式，对广大老年人进行防范电信网络诈骗宣传，提醒老年人遇到电信网络诈骗时不透露、不轻信、不转账，遭遇电信诈骗及时报110。牢记“四要，四不要”，保证财产安全。活动共发放防范电信网络诈骗资料2000余份，解答群众咨询500余人次。宣讲活动还深入社区、老年大学为老年人讲解防范电信网络诈骗，化解金融风险的知识，提供金融咨询，结合日常生活实际，宣讲防范非法集资、防范电信诈骗、防范非法直销及传销等要点及需要掌握的金融风险防范技能。

开展以“关爱老年人·欢庆十九大”为主题的敬老月系列庆祝活动，在全市范围内营造尊老敬老、爱老助老的良好社会氛围。集中宣传习近平总书记关于加强老龄工作重要讲话和指示精神，集中宣传党中央、国务院关于加强老龄工作的决策部署，集中宣传十八大以来我国老龄事业取得的辉煌成就，集中宣传中华民族敬老爱老助老传统美德，集中宣传敬老爱老助老先进事迹，进一步增强全社会积极应对人口老龄化的思想观念。开展“法治阳光温暖老龄”主题活动，20余名律师为老年人进行了义务法律咨询，引导老年人合理有序地表达利益诉求，得到了前来咨询的老年朋友们的普遍好评。组织开展“欢庆十九大·乐龄贺重阳——天津市2017年敬老月文艺展演”活动，从全市各区选拔优秀作品，近400位基层老年文艺骨干参加展演，820多位老年人代表观看了演出。举办“唱响中国梦·喜迎十九大”天津市第八届老年文化艺术节，举办“放飞艺术·绽放光彩”中老年合唱比赛、中老年模特比赛、“翰墨传情·夕阳璀璨”中老年书画大赛、群众社区文艺展演等多项活动。开展全国老有所为楷模及老有所为先进典型人物的宣传活动。

河北省

综　　述

【老年社会保障制度进一步完善】连续三年提高退休人员基础养老金，我省企业职工基础养老金平均达到2387元，机关事业单位退休人员月人均增加养老金175元，城乡居民最低标准达到月人均90元，60周岁以上城乡居民平均养老金99.4元。截至2017年12月，全省参加城乡居民养老保险的人数达3474.14万人，参保率98.69%，60周岁以上领取待遇人员1032.03万人。全省参加基本医疗保险6819.58万人，其中职工基本医疗保险996.71万人，城乡居民基本医疗保险5822.87万人。社会救助体系进一步健全。截止2017年12月底，全省共保障城乡低保对象196万人，城乡平均低保标准分别达到每人每月544元和每人每年3829元；城乡低保补差标准达到每人每月320元和每人每月191元。全省农村特困人员22.98万，集中和分散供养标准分别达到6712元/年和5503元/年。

【老年医疗卫生保健服务加速发展】二级以上综合医院设老年病科比例27.18%。截至目前，全省65岁以上老年人健康管理率达到74.3%。出台《河北省国民营养计划（2017—2030年）实施方案》，全省所有县（市、区）全部启动“三减三健”全民健康生活方式行动。出台《家庭医生签约服务包指导意见》，各地老年人的生活习惯与身体指标均有明显好转，群众健康意识和健康水平有大幅提高。

【老年人生活环境逐步优化】认真执行《无障碍环境建设条例》《无障碍设计规范》，将养老服务设施建设规划纳入城市、镇总体规划，按照市级、区级、社区级等不同区域范围，明确老年养护院、养老院、老年公寓等设施配置和建设标准，并要求配置比例和布局应满足当地居民和区域老年人群需求。强化家庭养老政策支持，城镇独生子女父母计划生育奖励、农村部分计划生育家庭奖励、计划生育家庭特别扶助等政策的落实力度加大。

【养老服务体系基本建立】印发了《关于深化财政支持养老服务体系建设改革的实施意见》，代省政府起草了《加快推进养老服务业放管服改革发展二十条措施》。截至2017年12月，我省已建成投入运营的养老机构1526家，其中，社会办养老机构达到908家，公办养老机构617家；建成城市社区日间照料中心等居家养老设施3600多家、农村幸福院3.1万个，社区和行政村覆盖率达70%。拥有床位数42万张，每千名老年人拥有养老床位数达到35张以上。深入开展养老院服务质量提升行动。共培训养老机构负责人1800余人，抽查25个县（市、区）、164家养老院，不合格养老院整治率达100%，整治合格率达83%。

【老年文教体育事业蓬勃发展】 全省共建有市级老年大学（分校）21所，实现市级以上城市拥有一所老年大学的指标。老年体育协会创建活动深入开展。市、县老年人体育协会覆盖率达到54.76%。积极开展体育交流展示活动。"银龄行动"在我省深入推进。

【老年人权益保障体制日臻成熟】 2016年和2017年两年共为老年人办理法律援助案件11428件，免费提供法律咨询34147人次，有效维护了老年人的合法权益。认真落实《河北省老年人优待办法》，11个设区市全部落实了70周岁以上老年人免费乘坐市内公交车。继续落实旅游场所对老年人免费或优惠优待政策。对70岁以上老年人旅游门票实行全免；对60岁以上老年人的门票实行半价。

【老年社会管理能力不断提升】 以学习宣传贯彻十九大精神为契机，扎实开展各种学习培训，狠抓老龄干部队伍作风建设和实力培养。基层老年协会建设稳步推进。

重要会议和活动

【召开加强老年法律维权工作座谈会】 2017年2月28日，河北省老龄办组织召开加强老年法律维权工作座谈会，省民政厅党组成员、省老龄办副主任吴进军主持会议，省高院、省检察院、省公安厅、省司法厅等相关部门负责同志参加座谈。座谈会中，与会人员围绕全国老龄办、最高人民法院、最高人民检察院、公安部、民政部、司法部等六部门印发的《关于进一步加强法律维权工作的意见》进行了广泛交流，并就河北省如何贯彻落实《意见》提出了合理的意见和建议，就建立老年法律维权联席会议制度、开展老年法律维权先进集体和个人常态化评选表彰、组织联合督导调研等问题达成普遍共识。

【中国老龄科学研究中心赴冀开展养老院服务质量调研活动】 2017年3月14日，中国老龄科学研究中心主任王深远率队赴河北省廊坊市，就京津冀养老服务一体化的前景和问题、河北承接北京市养老服务潜力和规划等情况，开展京津冀养老机构服务质量情况调查研究。省民政厅党组成员、省老龄办副主任吴进军，廊坊市民政局局长薛宏，三河市副市长卢金力等陪同调研。调研组一行先后来到三河市优抚医院、得亨仁厚社区居家养老服务中心、厚德养护康复托管院等地实地考察，并就调研课题与相关人员进行座谈。吴进军主任就河北省有关老龄事业发展情况与调研组进行了交流。

【河北省2017年老龄工作会议】 2017年3月27日，河北省老龄办主任会议在石家庄市召开。会议深入学习贯彻习近平总书记关于开展积极应对人口老龄化重要指示精神，按照全国老龄办和省委省政府决策部署，对2017年老龄工作任务进行了统筹安排。省民政厅厅长、省老龄办主任赵风楼出席会议并讲话，省民政厅党组成员、省老龄办副主任吴进军主持会议并做工作报告。邯郸、保定、唐山和任丘、行唐、武强等市（县）民政局、老龄办负责同志作了典型发言。各市民政局分管副局长、老龄办主任，部分省级涉老组织负责人，省老龄委各成员单位联络员参加了会议。

【河北省老龄工作委员会全体会议】 2017年6月21日，河北省老龄工作委员会全体会议在石家庄召开。副省长、省老龄委主任张古江出席会议并讲话。会议学习了习近平总书记关于加强老龄工作的重要指示精神，传达贯彻全国老龄委第十九次全体会议精神，安排部署当前和今后一个时期的重点工作。省委书记、省人大常委会主任赵克志，省委副书记、省长许勤对加强河北省老龄工作作出批示。

赵克志在批示中指出，有效应对人口老龄化，是关系全局、影响深远的一件大事。各级党委、政府要深入学习贯彻习近平总书记重要指示精神，认真落实全国老龄会议精神，牢固树立以人民为中心的发展思想，切实把老龄工作摆上重要议事日程，坚持党委领导、政府主导、社会参与、全民行动，加强顶层设计，推进改革创新，强化政策支撑，健全服务体系，培育壮大养老服务产业，积极弘扬尊老养老助老的社会风尚，推动河北省老龄事业全面协调可持续发展，在全面建成小康社会的进程中，让所有老年人老有所养、老有所依、老有所乐、老有所安。

许勤在批示中指出，老龄工作事关千家万户、事关民生福祉。近年来，河北省老龄事业发展取得长足进步，全社会尊老敬老、养老助老的氛围日益浓厚。新形势下，各级政府要认真学习领会习近平总书记关于加强老龄工作的重要指示精神，按照总书记提出的"三个应对""五个着力"要求，更加科学有效应对人口老龄化挑战，进一步完善多层次的养老体系，大力推进养老服务供给侧结构性改革，促进养老与旅游、健康、体育等产业融合发展，努力让老人们生活得更有质量、更有品位、更加幸福安康。

张古江充分肯定了河北省老龄工作取得的成绩。近年来，省委省政府高度重视老龄工作，在有效应对人口老龄化、发展老龄事业、加快建设社会养老服务体系、发展养老服务产业等方面作出一系列新部署。各地区、各有关部门以党中央、国务院的决策部署为行动指南，深化学习、狠抓落实，对老龄问题的认识深度和重视程度大幅提升，推动老龄事业发展的工作举措和工作力度空前加强，有力地推动河北省老龄事业全面协调可持续发展。

张古江强调，要深入学习领会习近平总书记关于加强老龄工作的重要论述，把老龄工作放在大局中去谋划、去推进。要强化责任担当，充分认清人口老龄化的严峻形势、深刻影响、艰巨任务和存在的薄弱环节，切实增强做好老龄工作的责任感和紧迫感。要突出工作重点，扎实做好当前和今后一个时期老龄工作，努力在完善老龄工作政策体系、健全养老服务体系建设、提升养老院服务质量、落实老年人优待保障政策、丰富老年人精神文化生活等方面实现新突破。要密切协作配合，强化责任落实、宣传引导、督导检查，形成推动老龄事业发展的工作合力。

省民政厅厅长、省老龄委副主任赵风楼作了关于2016年老龄工作和2017年工作安排的报告。会议审议通过了《河北省"十三五"老龄事业发展和养老体系建设规划重点任务分解》《河北省老龄工作委员会2017年重点工作及任务分工》。

省人社厅、省卫计委、省住建厅等单位分别作重点发言。省老龄工作委员会32个成员单位负责同志出席会议。

【举办全省老年人生活状况监测调查培训班】2017年7月28日，河北省老龄办在石家庄市举办了全省老年人生活状况监测调查培训班。此次培训邀请了中国老龄科学研究中心老龄统计与调查研究所副所长翟德华到班授课。2017年监测调查河北省所涉及五个市的市、县（市、区）以及乡镇（街道）的工作人员参加了此次培训，共计65人。此次监测调查业务培训的主要内容为熟悉调查问卷内容，掌握手持终端App问卷调查访问技巧，以及做好调查督导工作要领。今年全国老龄办开展的中国城乡老年人生活状况监测调查的主要目的是为了全面掌握"十三五"期间全国城乡老年人生活状况和养老服务需求现状与变化情况，加强老龄事业统计调查基础工作，为党中央、国务院和各级党委政府统筹制定应对人口老龄化战略、规划和政策提供科学支撑，为评估"十三五"老龄事业发展规划实施情况提供基础数据支持。通过培训，参训人员掌握了相关业务，为搞好河北省中国城乡老年人生活状况监测调查打下了坚实基础。此次调查将于8月1日开始，8月31日结束。

【精心组织"敬老月"系列活动】2017年"老年节"期间，全省各地、各有关部门积极开展丰富多彩的尊老敬老和惠及老年群体的爱老助老活动。10月26日上午，省民政厅、省司法厅、省老龄办、石家庄市老龄办在"老年节"即将到来之际，组织省级涉老组织、律师，在省会西清公园法制宣传广场，联合举办了以"关爱老年人·欢庆十九大"为主题，以宣传老年人权益保障法、老年人防诈骗常识、老年人法律咨询等为主要内容的敬老月普法宣传活动。省民政厅厅长、老龄办主任赵风楼，省民政厅党组成员、省老龄办副主任吴进军以及省司法厅、石家庄市老龄办有关负责同志参加了普法活动。10月27日上午，老年节前夕，省民政厅厅长、省老龄办主任赵风楼，省民政厅党组成员、省老龄办副主任吴进军，到石家庄市裕华区慰问了百岁老人陈莲、低保老人闫小荣，为她们送上节日的问候和政府的关怀。10月28日，省老龄办向全省老年人发出慰问信。据统计，各地共走访慰问高龄、特困、空巢、失能、功勋和养老机构老年人9000多人次，走访慰问了575所敬老院、社区日间照料站、农村互助幸福院，发放慰问金、慰问品、保健品总计518.3万元。

【河北省第四届中老年才艺风采大赛颁奖典礼】2017年11月14日，河北省第四届中老年才艺风采大赛颁奖典礼活动在石家庄市以岭健康城举行。活动紧紧围绕学习宣传贯彻党的十九大精神，以老年群体喜闻乐见的文艺形式，充分展现了当代河北老年人精神风采。经过层层选拔、激烈角逐，大赛最终评出金奖3名、银奖6名、铜奖11名。省民政厅党组成员、省老龄办副主任吴进军、省委老干部局副局长靳平世、省新闻出版广电局副局长范红潮等领导莅临大赛，并为获奖选手颁奖。

各项业务进展

【老龄政策研究】积极推动《河北省老年人权益保障条例》立法工作。为贯彻落实习近平总书记对老龄工作的系列重要指示和《中华人民共和国老年人权益保障法》，积极应对人口老龄化，经反复、多次与有关部门汇报、协调和沟通，《河北省老年人权益保障条例》立法工作于2017年列入省政府立法计划。一年来，在深入省内外广泛调研、征求各方意见和建议、召开立法论证会等前期准备工作的基础上，结合我省实际完成了《条例》（送审稿）起草工作。该稿内容涵盖了家庭赡养扶养、社会保障、养老服务、社会优待、宜居环境、老年人参与社会发展等方面，增强了老年人权益保障工作的针对性和可操作性。目前，《条例》（送审稿）已经报省政府，待省政府常务会会议通过后，将以省政府议案形式，提请省人大审议。

制定河北省《关于老年人照顾服务项目的实施意见》。《国务院办公厅关于制定和实施老年人照顾服务项目的意见》出台后，为抓好《国务院办公厅关于制定和实施老年人照顾服务项目的意见》落实落地，让我省老年人共享改革发展成果，享受到更多看得见、摸得着的实惠，在深入调研、广泛征求各方意见和建议的基础上，我们研究起草了《关于老年人照顾服务项目的实施意见》。《实施意见》从总体要求、主要任务、措施保障等方面全面部署了老年人照顾服务工作，内容包含孝亲、敬老、爱老、助老方方面面的老年人照顾服务项目。目前，已经省政府常务会议审议通过，《实施意见》已经以省政府办公厅的名义于2018年2月11日印发全省。

【老年维权工作】为扎实做好老年人的法律维权工作，确保老年人的合法权益得到保障，由省老龄办牵头，与省高院、省检察院、省公安厅、省民政厅、省司法厅共同制定出台了河北省《关于扎实推进老年法律维权工作的实施意见》，《实施意见》对各级法院、检察院、公安、民政、司法等相关部门明确了具体任务，建立了河北省老年法律维权工作联席会议，成立了河北省老年法律维权工作联席会议办公室，为推进老年法律维权工作提供了组织保障。

为规范老年人信访接待工作，制定了《河北省老龄办信访工作制度》。全年处理来信、来电、来访100余人次，均做到了让信访者100%满意，有效维护了老年人的合法权益。

【基层老龄社区老龄工作】为推动新时代城乡社区老年协会规范化建设再上新台阶，增强协会服务能力，充分发挥典型引路、辐射带动作用，实现基层老龄工作有人抓、老年人事情有人管、老年人困难有人帮，组织了老年人协会示范建设评选表彰活动。全省有96个示范性城乡社区老年协会被命名表彰。有效地推动了基层老年协会规范化建设，提高了为老服务能力和水平。

【老龄新闻宣传】我省老龄系统始终坚持遵循“把握大局、围绕中心、突出重点、服务决策”的工作原则，不断建立健全信息、宣传组织网络，通过建立完善新闻报送、情况通报、考核奖惩等制度，紧紧围绕人口老龄化国情教育及重点工作、重大典型和热点难点问题，在多出品、出精品上下功夫，努力提升老龄新闻宣传工作质量，构筑更加坚实的老龄工作宣传阵地。在《燕赵都市报》开辟了老年专栏“夕阳周刊”，《燕赵老年报》发行范围更加广泛，联合省广播电视台播出的涉老专题栏目《爸妈的生活圈》，收听范围覆盖京津冀地区近2亿多人口，《金色年华》电视栏目吸引了更多的老年受众。召开老龄宣传年度推进会议，石家庄、承德、秦皇岛、邯郸和保定市等单位介绍了工作经验。

【老年文体活动】举办了首届“河北省老年春晚”及以快乐、健康为主题的第四届“中老年才艺风采大赛”和“中老年健康之星评比”活动，吸引了全省5000多支老年人文娱组织、超过10万人参加，有力推动了全省老年文化的传承与创新。建成省级老年体育示范县（市、区）22个，省级示范乡镇（街道办）96个，省级示范村745个，省级示范社区65个。老年健身实现生活化、常态化，各级老年体协均实现了天天有活动、周周有安排、月月有展示、节假日显高潮的活动部署。组织河北省省直老干部合唱团、河北省太行之声和避暑山庄团队参加“永远的辉煌”第十九届中国老年合唱节比赛。河北省体育局举办了以“情满重阳·健康同行”为主题的河北省老年群众体育公益活动。参加第三届全国老年人体育健身大会取得优异成绩，17支代表队、202名运动员共获得集体项目：19个优胜奖、7个优秀奖；个人项目36个优胜奖、11个优秀奖、17个队均获得体育道德风尚奖，河北省代表团获得大会组委会颁发的优秀组织奖。

【敬老文明号创建】始终把“敬老文明号”创建活动作为全省老龄工作的一张名片、一个品牌来打造。强化协调联动，精心设计创建活动的内容、标准和载体、方法，确保创建活动有序深入开展；强化典型培养，树立创建活动示范标杆。在典型培养主题上，注重突出鲜明特色。在典型培养面上，重点培养点多面广的窗口行业。在典型培养方式上，具体指导、提高层次；强化宣传动员，充分动员全社会参与创建活动的积极性，不断浓厚氛围。第二届全国“敬老文明号”创建工作开展以来，我省37个单位获得“全国敬老文明号”、80名个人获得“全国敬老爱老助老先进模范”，一批单位和个人获得省、市级“敬老文明号”和“敬老爱老助老先进模范”，有力扩大了社会影响。9月份又及时启动了我省第三届全国“敬老文明号”创建工作，再次修订了具体标准和办法，力争取得更大成效。

【老龄综合性基础工作】2017年，全省老龄系统深入学习贯彻习近平新时代中国特色社会主义思想和党的十九大精神，按照党中央、国务院和省委、省政府决策部署，在省老龄委的领导和全国老龄办的指导下，勇于担当、主动作为、改革创新，重点任务求突破，常规工作重提升，努力构建养老孝老敬老政策体系和社会环境，着力推动我省老龄事业发展取得新突破。

（ ）认真学习贯彻党的十九大精神和习近平总书记关于老龄工作重要指示，各级党委政府对老龄工作重视程度不断提高。习近平总书记多次就加强老龄工作，积极应对人口老龄化作出重要指示批示。为抓好学习贯彻，我们向省委、省政府及省老龄委报送了《关于深入学习习近平总书记重要指示贯彻落实全国老龄委全体会议和老龄办主任会议精神有关情况的报告》，专题汇报我省老龄工作现状或专项工作，就加强我省老龄工作提出意见建议，原省委书记赵克志和省长许勤在阅读报告后对加强我省老龄工作作出了重要批示，对做好我省老龄工作提出了明确要求。这是对全省老龄工作者巨大的鼓舞和鞭策，对我省老龄事业发展起到了积极的推动作用。在去年6月份召开的老龄委成员单位全体会议上，与会同志又专题学习了习近平总书记近年来关于老龄工作的重要指示。党的十九大召开以后，按照中央和省委统一部署安排，我们坚持把学习宣传贯彻党的十九大精神作为首要政治任务，以鲜明的态度、坚定的决心和周密的部署狠抓落实，组织召开了全省老龄系统学习贯彻党的十九大精神会议专题学习班，系统学习了党的十九大精神、习近平新时代中国特色社会主义思想，重点学习了十九大关于老龄工作的新理念新观点。通过学习，全省老龄系统统一了思想，明确了方向，坚定了信心，工作作风进一步转变，精神面貌有了很大提升。

（二）重点任务求创新突破，老龄法规政策体系建设不断完善。一是制定出台《河北省“十三五”老龄事业发展和养老体系建设规划》。省老龄办深入调研，充分论证，反复协商，多次修改完善，拿出了规划稿上报，得到了许勤省长的表扬。省政府于2017年8月23日研究通过，正式印发全省。“十三五”规划的出台，为今后一个时期全省老龄事业发展和养老体系建设明确了方向、任务、目标，有力地推进了我省老龄和养老事业的快速发展。为确保规划制定的发展目标、主要任务落到实处，还印发了《河北省“十三五”老龄事业发展和养老体系建设规划重点任务分解》。各地老龄办也积极制定本地的老龄“十三五”规划，沧州市紧贴本地实际，委托第三方出台了较高质量的“十三五”规划。截至2017年年底，全省已有石家庄、唐山、秦皇岛、邯郸、邢台、保定、承德、沧州、廊坊、衡水等地制定出台“十三五”规划。二是制定出台《河北省人民政府办公厅关于老年人照顾服务项目的实施意见》。根据《国务院办公厅关于制定和实施老年人照顾服务项目的意见》，在征集各市和老龄委各成员单位的意见建议基础上，经过充分调研，如期完成我省《关于老年人照顾服务项目的实施意见》（送审稿）的起草工作，省政府于2018年2月研究通过，正式印发全省。三是积极推动《河北省老年人权益保障条例》立法工作。2017年《条例》正式列入省政府立法计划。经过深入调研、认真起草修改、广泛征求意见，及时完成了《条例》（送审稿）起草工作，并与省政府法制办共同调研论证，形成了《条例》（草案），报送省政府研究。今年，《条例》已列入省人大年内提请常委会审议的立法项目。《条例》的修改完善，必将为发展我省老龄事业，积极应对人口老龄化提供强有力的法律支撑。

（三）老年维权和优待政策得到有效落实，老年人幸福感和获得感不断提升。一是建立了我省老年法律维权工作联席会议制度。省老龄办联合相关部门共同制发了《关于扎实推进老年法律维权工作的实施意见》。各地以各种形式开展老年维权和老年防诈骗教育活动，保定市以宣讲团的形式深入到8个县（市、区）开展防范电信网络诈骗知识讲座，与有关单位开展有奖竞赛活动。二是不断强化对老年政策落实的督导力度。老年优待政策不断丰富完善，各地老年人的乘车、参观、旅游、医疗等方面的优待力度不断加大，秦皇岛市所有国有景区对60—69岁老年人给予优惠价，对70岁以上老年人实行免费。高龄津贴工作也取得新的成绩，发放资金59597万元，全省享受高龄津贴人数167.7万人，与2016年比，增加37.7万人，老年人获得感幸福感日益提升。三是协调推进老年宜居环境建设，为老年人提供更多的安全和便利，使老年人从多方面享受改革发展的成果。

（四）常规老龄品牌项目持续推进，敬老社会环境不断优化。一是用心做好评选表彰工作。在第二届全国“敬老文明号”创建活动中，我省37个单位获得“全国敬老文明号”、80名个人获得“全国敬老爱老助老先进模范”。2017年9月份，及时启动了我省第三届全国“敬老文明号”创建工作，修订了具体标准和办法，力争取得更大成效。同时，认真开展“老有所为”先进典型人物评选表彰，2名同志被全国老龄办评选为“全国老有所为先进典型人物”，16名同志被评为“河北省老有所为先进典型人物”，省老龄办获全国优秀组织奖。完成了“河北省老龄系统先进集体”和“河北省老龄系统先进工作者”表彰工作。二是积极开展“敬老月”活动。开展了大规模的敬老月普法宣传活动，首次以省老龄委名义发出“致全省老年人的一封信”，向全省手机用户发送敬老公益短信100多万条，倡议大家孝敬老人、关爱老人。石家庄市连续第五年精心打造敬老节系列活动，有方案有措施，效果良好。“敬老月”期间，全省各级领导共走访慰问高龄、特困、空巢、失能、功勋和养老机构老年人9000多人次，发放慰问金、慰问品合计500多万元。约有1000余支志愿者队伍，组成医疗保健、文体娱乐等多种服务小分队，为近百万老年人提供了各种形式的爱心服务，这些举措在全社会尤其是老年群体中均引起强烈反响。三是扎实推进“爱心护理工程”，建设基地和示范基地进一步规范有序发展。截至去年年底，全省建设基地和示范基地已经实现全覆盖。目前，“爱心护理工程”基地共拥有床位1.8万余张，年收住失能半失能老人9000余人，为解决老年人，特别是失能半失能老年人的生活照料、康复医疗、临终关怀发挥了重要作用，受到社会各界的广泛赞誉。四是深入推进老年人意外伤害保险。进一步落实国家四部委关于推进老年人意外伤害保险的指导意见，与中国人寿和中国人保分别签订战略协议，推动老年人意外伤害保险再上新台阶。全省老年人投保意外伤害保险人数达到270多万，比2016年增长40万，保险覆盖率达到25%，比2016年提高了2个百分点，投保金额突破8500余万元，比2016年增加1000万，赔付金额4700万元，比2016年增加200万。为全省老年人撑起一道更加安全的民生保障网。邯郸市、唐山市参保人数最多，参保率达到30%，在全省范围内处于领先地位。五是打造“中老年才艺风采大赛”、“中老年健康之星”评比两个活动品牌。联合省文明办、省委老干部局等多部门先后举办了河北省第四届中老年才艺风采大赛、中老年健康之星评选活动"，吸引全省上万老年文体组织、十万以上老年人参与其中，在全省老年人中产生广泛影响。各地市积极营造老龄工作氛围，邯郸市成功举办了"美丽邯郸·最美夕阳红"评选表彰活动，产生较大的社会影响力。

（五）日常工作重规范提升，老龄工作基础进一步夯实。一是推进示范性基层老年协会建设。完成了全省96个示范性城乡社区老年协会的评选、命名表彰工作。通过示范引领，推动基层老年协会规范化建设，提高为老服务能力和水平。衡水市扎实推动基层老年协会建设，统一了示范点建设标准，在落实老年协会的章程、制度、常设活动内容上进行了积极探索，成效明显。二是整理老龄办历年文件资料。收集整理了自老龄工作机构成立以来所有资料，并编印《养老服务业文件汇编》，为了解国家及我省养老服务业发展相关政策提供了较为全面的资料参考。三是圆满完成第四次中国城乡老年人生活状况监测调查工作。此次调查从8月1日开始，8月31日结束，各地认真开展工作，如期完成了12个县48个乡镇1140名老人的调查任务，为制定老龄政策法规提供了科学依据。

（六）持续不断推进党风廉政建设和反腐败工作。不断加强政治理论学习，严格落实学习制度，提高政治理论素养，提升党性修养。巩固作风建设，增强政治责任感和历史使命感，严格落实中央"八项规定"精神，持续不断反四风，不断将风清气正作为保证工作落实的重要抓手。严肃党内政治生活，严格落实"三会一课"制度，按规定召开组织生活会，积极参加民政厅组织的"提升素质、转变作风、为民爱民、争创一流"主题实践活动。严格遵守党内纪律，坚持不懈抓好党风廉政建设，始终坚持把纪律和规矩挺在前面，确保老龄办持续保持清正廉洁的良好风气，为大力推进我省老龄事业健康发展提供坚强保障。

山西省

综　　述

2017年，在全国老龄工作委员会办公室的科学指导下，在省委、省政府的坚强领导下，全省各级老龄部门和老龄工作者深入学习贯彻党的十九大精神、习近平新时代中国特色社会主义思想、习近平总书记关于老龄工作重要指示批示精神、习近平总书记视察山西重要讲话精神，及时、科学、综合应对人口老龄化，着力加强老龄政策创制，全面健全养老医疗保障制度，有效维护老年人合法权益，扎实开展老龄宣传工作，切实推进基层社区为老服务工作，大力发展老年文化、教育、体育事业，积极组织老龄调研、特困帮扶、志愿服务、"银龄行动"、"敬老月"等系列活动，不断丰富和满足老年人日益增长的美好生活需要，推进全省老龄事业取得新发展，为增进三晋老年人福祉做出了新贡献。

重要会议和活动

【《山西省实施〈中华人民共和国老年人权益保障法〉办法》培训班】4月6日，2017年《山西省实施〈中华人民共和国老年人权益保障法〉办法》培训班在太原市召开。各市、省直机关老龄办主任，综合科、权益科负责人等50余人参加会议。会议由省老龄办副主任续爱峰主持，省民政厅党组成员、省老龄委专职副主任吴建强作重要讲话，各市、省直机关老龄办主任研讨了《山西省实施〈中华人民共和国老年人权益保障法〉办法》贯彻落实情况，并就2016年的亮点工作、2017年工作安排进行了汇报交流。

【山西省2017年中国城乡老年人生活状况监测调查骨干培训班】7月20日，山西省2017年中国城乡老年人生活状况监测调查骨干培训班在太原举行。全省被抽中的市、县（区）老龄办督导员、乡镇（街道）、村（居）委会调查员等130余人参加了培训。这次监测调查属于追踪调查，调查对象为曾参加过第四次中国城乡老年人生活状况抽样调查、年满62周岁的老年人。调查范围涉及我省大同等5个市、朔州市平鲁区等6个县（区）的576名老年人。

【山西省2017年度"暖心关爱行动"启动仪式暨护理知识培训】7月28日，省老龄办联合省老龄事业发展基金会在大同市举办了山西省2017年度"暖心关爱行动"启动仪式暨护理知识培训。省老龄办各部门负责人及相关人员，各市、省直机关老龄办主任，项目县（市、区）老龄办负责人，爱心护理建设（示范）基地负责人，失能、半失能老年人代表等80余人参会。会议由省老龄办综合部部长李喆主持，省老龄事业发展基金会理事长李光烈介绍项目开展情况，并启动2017年"暖心关爱行动"。大同市家怡养老院院长马淑芳和运城市枫之逸养老服务中心院长闫淑玲对参会人员进行了护理知识培训。

【丝路沿线城市旅居养老合作与发展论坛】7月29日，丝路沿线城市旅居养老合作与发展论坛在大同市举办，省老龄办综合部部长李喆，各市、省直机关老龄办主任，鄂尔多斯老龄办主任、省社科院专家、协办单位代表等40余人参加了论坛。

【山西省“一法一办法”培训会暨老年普法知识总决赛】10月12日，2017年山西省“一法一办法”培训会暨老年普法知识总决赛在太原举行。来自全省12支代表队参加了总决赛。经过角逐，晋城市代表队获一等奖，朔州、晋中代表队获二等奖，阳泉、吕梁、长治代表队获三等奖。省民政厅党组成员、副厅长张瑞出席总决赛并讲话。

【省领导慰问老年人】省委常委、常委副省长、省老龄委主任高建民深入山西省老年公寓走访看望了入住的老年人，同老年人共度“敬老月”。省民政厅厅长、省老龄委常务副主任薛维栋，省民政厅副厅长张瑞及省老龄办综合部部长李喆陪同慰问。

各项业务进展

【老年人权益保障工作】《山西省实施〈中华人民共和国老年人权益保障法〉办法》于2017年1月1日起施行，这是一部将上位法《中华人民共和国老年人权益保障法》与我省老年维权工作实际紧密结合的重要地方性法规，标志着我省老龄事业法制化进程迈出重要而坚实的一步，对于进一步弘扬尊老敬老传统美德、促进社会和谐稳定、全面建成小康社会具有重要的现实意义和深远的历史意义。省老龄办以此为契机，全力推进老年法律法规的贯彻落实，为进一步维护和保障老年人合法权益做出了积极贡献。一是以制定释义推进法规实施。省老龄办与省人大法制委员会、省人大常委会法制工作委员会共同编写了《实施办法释义》，对《实施办法》条款逐项进行了详细的解释说明，提高了对法规每一条款内容的理解和认识，增强了法规的实践操作性和运用准确性。二是以学习培训提升执法水平。4月6日，省老龄办举办了2017年全省老龄系统《实施办法》培训班，省老龄办全体干部、各市老龄办主任及权益科科长参加培训，进一步提高了老龄系统工作人员的执法用法能力和水平。晋中市老龄办、朔州市老龄办分别组织所辖各县乡老龄干部、成员单位联络员、大型企业老龄工作者等，就《实施办法》进行学习、解读和培训，使学员们受益匪浅。运城市老龄办组织市、县、乡三级老龄干部职工近百人，开展老年法律法规专题培训，围绕家庭财产继承、子女赡养、老年人再婚、建立遗嘱等方面进行讲解辅导，提高了老龄干部对老年人权益保障方面热点难点问题的处理能力。三是以多种形式扩大社会影响。从4月底开始，省老龄办在各市和省直系统设12个赛区，组织开展了全省老龄系统《实施办法》知识竞赛。经过层层选拔淘汰，10月12日在太原举行了总决赛，来自11市和省直机关老龄办的共12支代表队参加比赛，最终晋城代表队夺得一等奖，朔州、晋中代表队获二等奖，阳泉、吕梁、长治代表队获三等奖。按照全国老龄办《关于开展加强老年人防范电信网络诈骗宣传教育活动的通知》精神，省老龄办于1月25日至5月31日，以“谨防电信网络诈骗，提高老年人防骗意识”为主题，组织全省各地开展宣传教育活动，从源头上有效遏制电信网络诈骗案件的发生，切实维护老年人的切身利益。晋城市开展“维护老年人合法权益，防范电信网络诈骗”宣传活动，现场发放《老年人权益保障法及安全知识手册》和《老年人防范电信网络诈骗宣传海报》2000多份，吕梁市老龄办发放了以“谨防电信网络诈骗，提高老年人防骗意识”为内容的宣传扑克，市老年大学在编排课程中加入谨防电信网络诈骗的内容，取得了很好的宣传效果。太原市老龄办联合生活晨报社、太原市法律援助中心举办老年普法进社区系列活动，每周1场，在20个社区开展了20场普法宣传活动。忻州市老龄办联系《忻州日报》全文刊发了《实施办法》，临汾市老龄办在“微孝临汾”微信公众平台及“临汾传媒”、“临汾资讯”等20多家新媒体、自媒体上宣传《实施办法》，收到了良好的社会效应。各地通过多种形式，提高了老年法律法规的群众知晓度，扩大了社会影响力，促进了全社会维护老年人合法权益良好氛围的形成。四是以督促检查确保法规落实。《实施办法》第三十七条“65周岁以上老年人免费乘坐市内公共汽（电）车和市内轨道交通”的规定是广大老年人最关心、最直接的权益保障问题，省老龄办组织专人，深入各市了解情况、督促解决，并向未落实的部分市政府发函督办。截至2017年12月底，除大同、临汾两市外，其他各市已全部落实。各市老龄办会同有关部门开展执法检查，推进《老年法》和《实施办法》的贯彻实施。朔州市老龄办联合市人大开展“一法一办法”执法检查，由市人大常委会副主任带队，赴市公交公司、市人民医院、应县文物管理所、平鲁区人民医院等单位就老年人乘车、就医、旅游等情况进行检查。晋中市老龄办印发《关于开展老年人优待维权工作检查的通知》，联合市发改委、司法局、交通运输局等8家单位组成检查组，对所辖各县区老年优待政策落实情况进行检查。阳泉市老龄办协助市人大开展《老年法》执法检查，保障了老年法律法规的落实到位。

【老龄宣传工作】省老龄办精心打造《生活晨报》、《山西老龄》和“山西省老龄网”三大宣传平台，发挥重要的舆论引导作用。借助《生活晨报》广泛的公共媒体影响力，创建“老龄动态”专版，每周一公布全国、全省最新工作情况；设立“老龄工作”内刊，按市分月宣传当地老龄工作亮点；推出“重点政策解读”专访，对全省老龄工作会议精神、《实施办法》贯彻落实等专题进行了深入翔实的报道。改版后全新的《山西老龄》刊物，版面更加紧凑，内容更加丰富，是老龄系统内部工作交流、信息共享的有效载体。“山西省老龄网”网站建设进一步规范，开展了重点网站安全自查工作，查找隐患、整改问题，在公安部门完成了网站安全等级保护定级审核备案工作，并严格按照全国政府网站普查评分要求，按时保质对网站进行日常维护更新。多层次、全方位的老龄宣传平台和不断健全完善的老龄宣传通联工作机制，为弘扬尊老敬老主旋律，传播爱老助老正能量，形成帮老扶老良好社会风尚和舆论氛围发挥了积极的作用。

【特困老年人救助工作】为解决特困失能、半失能老年人这一社会弱势群体的基本生存权利问题，有效改善其生活条件、解决其现实困难，2017 年，省老龄办在 2016 年基础上，继续联合省老龄事业发展基金会，在全省开展“暖心关爱行动暨全省特困失能、半失能老人照料及护理资助试点项目”。项目申请中央财政支持社会组织参与社会服务项目资金 50 万元，筹集省福利彩票公益金配套资金 50 万元，通过政府购买服务的方式，共资助全省各地特困失能、半失能老年人 460 人。各市老龄办也积极开展特困老年人救助工作。吕梁市老龄办救助 120 位农村特困老年人，每位发放救助金 500 元；晋城市为 31 名特困老年人发放救助款 4700 元；忻州市老龄办对 300 余名特困老年人进行救助，每人发放 300 元救助金，使越来越多的特困老年人得到了救助和帮扶。

【爱心护理工程建设（示范）基地帮扶工作】针对我省爱心护理工程建设（示范）基地经费紧张、运行困难的现实情况，省老龄办申请省福利彩票公益金 50 万元、筹措业务经费 60 万元，合计 110 万元，对全省 27 家爱心护理工程建设（示范）基地中，表现突出、具有示范带动作用的晋城市城区晓庄社区老年公寓、临猗县温泉老年公寓、太原市杏花岭区比家美托老院、运城市盐湖区康福乐老年公寓和太谷县福康老年公寓 5 家爱心护理工程建设（示范）基地进行资助帮扶，购置医疗器械、消防设施等，有效提升了其服务质量和医疗护理水平。

【“2017 年中国城乡老年人生活状况监测调查”工作】“2017 年中国城乡老年人生活状况监测调查”是“2015 年第四次中国城乡老年人生活状况抽样调查”的延续项目，是经全国老龄办、民政部、财政部批准开展的全国性法定调查，涉及我省大同县、阳高县、文水县、洪洞县、长治市城区和朔州市平鲁区，共 6 个县（区）、24 个乡镇、96 个村（居）委会的 576 名老年人。省老龄办按照全国老龄办要求，认真组织各市、县开展调查工作，7 月 20 日举办了全省监测调查培训班，邀请中国老龄科研中心副研究员董彭滔博士就问卷内容、手持设备的使用等进行了讲解，全省各级督导员、调查员共 120 多人参加了培训。在全国老龄办规定的标准调查时间 8 月 1 日至 31 日，各调查地区认真开展入户调查工作，省老龄办通过实地抽查督导和网络督导检查相结合的方式，对调查工作进行指导、纠错、监督、检查，确保各地按时保质完成调查任务，各项数据全部按规定按要求报送全国老龄科研中心。

【老龄政策调研工作】省老龄办组织各地开展紧扣改革发展难点、社会关心热点、老年民生改善重点的调研工作，共收集各市、省直机关老龄办调研报告共 56 篇，经审核精选高质量的 8 篇，参加了全国老龄办组织开展的“2017 年全国老龄系统主题政策调研评比”。太原市老龄办落实市委市政府“万名干部大调研”要求，历时 1 个月，对所辖 10 县区老龄办、部分大型企业和养老院进行调研，每位班子成员都撰写了 5000 字的调研报告。晋中市老龄办扎实开展调研，每月调研不少于 4 天，为市政府制定政策、推动老龄事业发展提供了重要依据。

【老年志愿服务工作】各级老龄办积极开展“银龄行动”，为欠发达地区经济社会发展和解决基层群众实际困难做出积极贡献。省老龄办以医疗援助为重点，组织省荣军医院数十名医护人员深入国家级贫困县阳高县的东小村镇，开展“送医送药送温暖”大型义诊活动。共走访 5 个贫困村，为 1000 余人进行了免费诊疗，免费发放价值十万余元的常用药品和物资，并入户走访了 5 户优抚对象，为他们送去所需药品，送去党和政府的关怀和温暖。晋城市老龄办继续开展第九期“银龄行动”暨开发式扶贫助老活动，投资 5 万元支持城区、陵川、沁水、泽州等县区发展为老服务、光伏发电、种植养殖和旅游业。晋中市老龄办分别于 3 月和 10 月组织两次“银龄行动”义诊活动，服务群众数百名，免费提供药品价值 1 万多元，受到贫困地区农民朋友们的热烈欢迎。临汾市 415 支老龄志愿服务队、3.5 万名队员在特困救助、医疗保健、法律咨询、民事调解、文化娱乐、社会治安等各 12 个方面开展形式多样的志愿服务活动，打造了临汾市老龄工作的一张亮丽名片，得到了市委市政府和广大市民群众的充分肯定和一致好评。

【评选表彰活动】省老龄办积极组织参加全国老龄系统评选表彰活动。一是参加了 2017 年度全国“十大老龄新闻”和“老龄新闻宣传好作品”评选活动，向全国老龄办选送了生活晨报和临汾日报两家单位的 14 篇优秀老龄新闻宣传作品。二是参加了全国“老有所为”先进典型人物宣传活动，经过层层推荐评选，晋城市的张和先、忻州市的贾宣生荣获“2017 年全国‘老有所为’先进典型人物”。各市老龄办结合实际，组织开展各种类型的评选表彰活动。忻州市老龄办与市文明办联合开展“孝亲敬老”先进典型和“杰出老人”网络投票评选活动，根据投票结果并结合专家评审意见，最终评选出“十佳孝亲敬老”先进集体10个、“十佳孝亲敬老”模范个人10名、“十佳杰出老人”10位和“孝亲敬老”先进集体20个、“孝亲敬老”模范个人37名、“杰出老人”18位。晋中市老龄办开展第三届“时代老人”老有所为典型人物评选宣传系列活动，历时6个月，选出11名“时代老人”，在《晋中日报》、《晋中电视台》开设专版专栏进行系列宣传，为引导全社会进一步提高扶老助老意识和责任做出了积极的贡献。大同市老龄办联合市精神文明办开展“倡导新健康观·争做健康老人”活动，通过新闻媒体报道300多位健康老人的事迹，并于重阳节前夕在华严寺广场隆重举行了颁奖典礼，全市评选出的12位“健康之星”和50位“健康老人”受到表彰，使“思想健康、心理健康、行为健康、习惯健康、身体健康”五位一体的新健康观植入到了越来越多的老年人心中。

【“敬老月”活动】 2017年10月是全国、全省第八个“敬老月”，主题是“关爱老年人·欢庆十九大”。省老龄办动员引导全省各级老龄组织、成员单位、涉老部门和社会各界积极为老年人办实事、做好事、献爱心，传播尊老敬老正能量，增强社会老龄意识，展示老龄工作新形象。一是扩大宣传影响，引领舆论导向。省老龄办在《生活晨报》、《山西老龄》、《山西省老龄网》进行宣传报道的基础上，及时向各地网络、电台、电视台、报纸杂志等新闻媒体提供信息，邀请参加现场报道，不断扩大“敬老月”的社会影响。太原市老龄委与市文明办在《太原日报》专版刊登了《2017“敬老月”——关爱老年人倡议书》和《关于深入开展2017年“敬老月”活动的通知》，鼓励倡导社会各界和全体市民共同关注和支持老龄事业，关心关爱老年人，将中华民族尊老敬老传统美德发扬光大。运城市老龄办在《黄河晨报》专版刊登了“敬老月”活动方案，大同市老龄办会同市精神文明办、民政局、文化局举办“2017中国大同孝文化节暨‘孝文化、禅宗玄奘文化’论坛”，有效提升了全社会对老龄工作的关注度。二是层层走访慰问，送上敬老深情。“敬老月”期间，全省各级政府、老龄组织、成员单位、涉老部门积极行动起来走访慰问老年人。10月26日，重阳节来临之际，省委常委、常务副省长、省老龄委主任高建民深入省老年公寓走访看望入住的老年人，向老年人致以节日的问候，同老年人共度“敬老月”。晋中市委书记胡玉亭、市长王成走访慰问百岁老人，为他们送去党和政府的关怀，并于重阳节当天联名在《晋中日报》、晋中电视台发表慰问信，向全市老年人致以节日的祝贺。长治市副市长、市老龄委主任郜双庆带队走访慰问百岁老人，向老年人送去深深的“敬老月”问候和浓浓的敬老之情。三是开展文体活动，丰富晚年生活。各级各部门突出主题，开展了丰富多彩的文体活动和系列庆祝活动，传承尊老敬老传统文化，弘扬敬老文明新风，营造爱老助老社会氛围。省老体协组队参加“第三届全国老年人体育健身大会”，荣获20个团体优胜奖、35个个人优胜奖的历史最好成绩，展示了我省老年人的风采。省委老干部局、省老龄办联合主办的“金秋迎重阳·颂歌献给党”长征组歌大型交响音乐会在省老年公寓隆重上演，公寓老人、休养荣军等500余人观看了演出。晋中市老龄办联合市委宣传部、文化局等部门举办“喜迎十九大，欢庆重阳节”老年书画展，太原市老龄办举办“喜迎党的十九大·彰显老年新风采”老年书画展和摄影展系列活动，充分表达了全市广大老年群众对党的热爱和对党的十九大胜利召开的喜悦心情。

辽宁省

综　　述

2017年，全省老龄工作在各级党委和政府的领导下，以习近平总书记新时代中国特色社会主义思想为指引，认真学习贯彻落实党的十九大精神，紧紧围绕省委省政府重点工作部署，注重加强统筹谋划、完善政策法规、强化督导调查、狠抓工作落实，老龄政策法规建设、维护老年人权益、老龄宣传教育、老龄产业发展、老龄品牌工程等工作取得长足进步和发展。

一、老年人生活水平持续提高

全省养老保险基本实现应保尽保。2017年末，参加城镇职工基本养老保险人数为1949.8万人，城乡居民基本养老保险参保人数1036.2万人，城乡居民基本养老保险参保人员中老年居民人数414.4万人。全省企业退休人员基本养老金连续十三年增长，并按时足额发放。社会救助水平全面提高，救助政策体系进一步完善。2017年末，全省共有低保对象126.87万人。其中，60周岁及以上老年人口有41.44万人，其中城镇老年人口7.25万人、低保平均标准557元/月，农村老年人口34.19万人、低保平均标准 4293 元/年。全省农村特困人员年集中和年分散供养标准分别达到 7260 元和 4831 元。

二、老年人医疗服务有新提升

全省城乡居民医疗保障进一步完善，城镇职工医疗保险、城镇居民医疗保险、新型农村合作医疗等制度全面推开。截至 2017 年末，参加城镇职工基本医疗保险人数 1575.9 万人、退休人员人数 608.4 万人，参加城镇居民基本医疗保险人数为 701.6 万人。2017 年末，全省参加新型农村合作医疗人数为 1794.65 万人，统筹区域政策范围内住院费用补偿比例达到 75.0%，农村参合人员住院医疗费用实际报销比例达到 50.72%。老年人基本公共卫生服务水平不断提高。2017 年，65 周岁及以上老年人健康体检 353.88 万人次、健康档案立档 459.77 万人、健康管理率达到 67%。

三、老龄政策法规建设进一步完善

3 月 1 日，重新修订的《辽宁省老年人权益保障条例》正式实施；省政府印发了《“十三五”辽宁省老龄事业发展和养老体系建设规划》、《关于制定和实施老年人照顾服务项目的实施意见》；省老龄办与省发改委、省教育厅、省民政厅、省卫计委等部门联合印发了《关于全省养老院服务质量问题集中整治方案》、《关于进一步加强心理健康服务工作的通知》、《关于推进医疗卫生与养老服务结合发展的实施意见》、《关于全面放开养老服务市场提升养老服务质量的实施意见》，参与制定了《辽宁省人口发展规划（2016—2030）》、《辽宁省老年教育发展规划（2017—2020 年）》等。各地围绕省政府出台的涉老政策，积极完善配套措施。沈阳、大连、鞍山、营口、丹东、辽阳等 6 个市出台了《“十三五”老龄事业发展规划》。以《条例》为主体，涵盖养老服务业发展、无障碍建设、老年照顾服务、养老机构管理、医养结合、老年教育、老年心理健康等诸多方面的老龄法规政策体系已基本完善，为发展老龄事业提供强有力政策支持。

四、老年人养老服务有新进展

全省以居家为基础、社区为依托、机构为补充、医养相结合的养老服务体系进一步健全完善。新建、改扩建养老机构和日间照料室 8 个。实施农村敬老院维修改造和公办养老机构消防设施改造，提高全省养老机构服务设施水平和防灾抗患能力。推动健康养老服务业供给侧结构性改革，开启农村留守老年人关爱服务体系建设试点。2017 年末，全省各类养老机构达到 1842 家，千名老人拥有床位达到 31.06 张。全面落实了《辽宁省人民政府办公厅关于推进医疗卫生与养老服务结合发展的实施意见》，按照“老有所医、老有所养”目标要求，通过多种方式大力推动、科学合理统筹卫生和养老两方面资源，实现医疗卫生和养老服务资源共享。医养结合开展以来，医疗、养老机构积极参与，根据要求并结合实际，采取签订协议、机构转型、拓展服务等多种方式推进医养结合快速发展，进一步满足老年人医养需求。2017 年，全省二级以上医院开设老年病科 87 家，参加医养结合的医院 525 家，设立临终关怀医院 3 家。医养结合机构 221 家，其中医疗机构设立养老机构 40 家、养老机构设立医疗机构 181 家，纳入医保定点医养结合机构 38 家。医养结合机构床位总数约 3.01 万张，其中养老床位约 2.59 万张。

五、老年人合法权益得到保障

在各级老龄部门努力下，老年人享受的优惠优待政策越来越多、面越来越广。全省 90 周岁以上老年人高龄津贴全部实行普惠，80—89 周岁经济困难的老年人高龄津贴不断进行提标、扩面；经济困难的高龄、失能老年人养老服务补贴正有序推进。各地公共文化、体育设施（场所）、旅游景点等在规定时间向老年人免费（或优惠）开放，公办医疗机构免收老年人普通门诊挂号费；老年人乘坐城市公共交通工具享受半价或免费待遇政策全面实施。省办与省高法、高检、公安厅、民政厅、司法厅联合转发《关于进一步加强老年法律维权工作意见》，与省司法厅联合开展“服务夕阳·法援护航”专项活动，加强老年维权网络体系建设，建立健全维权工作程序和办法，老年人维权更加方便快捷。截至 2017 年末，全省老年法律援助中心 2137 家，建立老年人维权机构 2691 家，各级老龄机构接待、受理老年人来信来访 24433 件（人次），各级法院审结涉老案件 7646 起，切实保障老年人合法权益。省老龄办与省民政厅共同组织防范非法集资宣传月和涉嫌非法集资风险专项排查活动，以及养老院服务质量整治专项行动。基层老年协会建设得到进一步推进，管理更加规范，在维护老年权益、组织活动开展等方面作用发挥更加明显，目前全省共有村和社区 15736 个，成立老年协会 14597 个，建会率为 92.8%。

六、老年文教体育事业蓬勃发展

各地各单位积极加大老年文化教育投入力度，老年人“老有所学、老有所乐”无论从场所、学习内容还是师资力量、教学水平等均有了显著提高。2017 年，全省县（市、区）共有老年大学、老年学校 3887 所，参加学习的老年人有 30.4 万人。老年人文体娱乐活动更加丰富多彩。省老龄办先后组织了全省老年人乒乓球比赛、“银龄杯”中老年广场舞大赛，有 9165 支代表队、38.5 万名老年人参加了预赛、决赛。同时，各地各单位利用重大节假日组织老年人开展种类繁多的各种文体活动和比赛，极大地丰富了老年人精神文体生活。截至 2017 年，全省各地共建有各类老年活动中心 4688 个，经常参加活动的老年人有

108.38万人；老年文艺团体13968个，参团老年人数有34.44万人；各级各类老年体育协会、其他老年社团组织共有6028个，参加活动的老年人有41.45万人。

各项业务进展

【老龄政策研究工作】与辽宁大学、省委党校、沈阳师范大学合作，就老年人口状况、医养结合、老年权益保障、老年教育等方面，开展理论研究，撰写5篇高质量调研报告。省老龄办组成4个调研组分赴14个市，围绕老龄工作先进经验、重点任务进展、优待政策落实等开展调研。全省各市也深入基层调研，针对老年人养老意愿、农村老年人生活状况、养老服务业发展和养老服务平台建设、养老产业现状、养老机构服务管理等问题进行深入研究，形成了数十篇调研报告。

【老年维权工作】与省高法、高检、公安厅、民政厅、司法厅联合转发《关于进一步加强老年法律维权工作意见》，与省司法厅联合开展"服务夕阳·法援护航"专项活动，与省民政厅共同组织防范非法集资宣传月和涉嫌非法集资风险专项排查活动，以及养老院服务质量整治专项行动，切实保障老年人合法权益。全省各地公共文化、体育设施（场所）、旅游景点等在规定时间向老年人免费（或优惠）开放，公办医疗机构免收老年人普通门诊挂号费；老年人乘坐城市公共交通工具享受半价或免费待遇政策全面实施。覆盖城乡的老年维权网络基本形成，工作程序更加规范。

【出台政策应对人口老龄化】3月1日正式实施了《辽宁省老年人权益保障条例》，以省政府名义印发了《"十三五"辽宁省老龄事业发展和养老体系建设规划》；与省发改委、省教育厅、省民政厅、省卫计委等部门联合印发《关于全省养老院服务质量问题集中整治方案》、《关于进一步加强心理健康服务工作的通知》、参与制定了《关于全面放开养老服务市场提升养老服务质量的实施意见》、《辽宁省老年教育发展规划（2017—2020年）》等多项涉老政策措施。

【关爱老年人健康工程】此项工作写入省政府工作报告，纳入省委省政府工作要点。省老龄办与省财政厅、民政厅联合印发文件，召开推进会，规范工作程序，促进了关爱老年人健康工程有效落实。各地全部完成了为城乡分散供养特困老人免费提供意外伤害保险的工作任务，部分市还扩大了受益老年人范围，为低保、低保边缘户老年人免费办理意外伤害保险，全省31.9万名困难老年人受益。全省共有267万人次参加老年人意外伤害保险，赔付金额2548万元，赔付率达到37.7%。

【"敬老文明号"创建】全省各地加强对参创单位督查指导，组织有关部门联合检查验收第二届"敬老文明号"创建成果，为验收合格单位发放奖牌。启动第三届"敬老文明号"创建活动，制发活动方案；第三届创建活动吸取前两届的好经验好做法，为老服务措施更加完善、为老服务内涵更加丰富，为老服务质量有较大提升。全国老龄办给予肯定和好评，在大连召开的第三届全国"敬老文明号"启动会上，我省做了经验介绍。

【敬老爱老活动】各地各单位围绕"关爱老年人·欢庆十九大"主题，下发宣传单10多万张、制作宣传板报3000多块、悬挂宣传条幅3000多条；组织乒乓球、秧歌、绘画书法等活动或比赛1000多场次，30多万老年人参加。各级党政机关的领导深入600多所养老机构及近8万名高龄、困难、失独、失能老年人家中走访慰问，组织20多万名志愿者走进城乡社区、养老服务机构和老年人家庭，开展法律咨询、送医送药、家政等服务活动，组织法律、健康养生等讲座2000多场次。

【银龄行动】自5月份开始，省办组织40余名老专家和老科技工作者，开展一系列医疗、科技援助活动。深入抚顺、营口、葫芦岛3市的11个县、14个乡镇，开展农业种植技术咨询、专业指导活动，举办讲座和培训班200余场次，培训人员4000余人次；聘请中国医科大学附属第一医院和何氏眼科离退专家赴沈阳、大连等7市的25个县（区）面向医务人员和老年人开展技能培训、健康讲座、眼病义诊等服务，为5000余名老年人进行眼病筛查。

【老龄宣传】围绕"一法一条例"、"十三五"老龄事业发展规划等政策法规，利用印发《条例》单行本、在辽宁老年报上设立解读宣传专栏、《老龄工作简报》等加强宣传，做到家喻户晓。围绕全省老龄重点工作，利用中国老年报、辽宁日报、辽沈晚报及人民网、新华网、省老龄工作网等，积极宣传报道老龄事业发展状况、亮点工作，打造全社会支持参与老龄工作的良好舆论环境。围绕营造孝亲敬老氛围，与省委宣传部进行"辽宁好人·最美老人"评选，配合省新闻出版广电局开展以"敬老养老助老"为主题的公益广告作品征集展播活动。

【老龄统计】全省老年人口信息统计工作主动与民政、人社、卫计、公安、统计等部门协调，核对有关数据，确保数据真实有效。撰写了《2016年度辽宁省老年人口信息和老龄事业发展状况报告》，并召开新闻发布会向社会公布。涉及我省7个市144个村（社区）864名老年人的第四次全国城乡老年人生活状况监测调查工作保质保量顺利完成。

重要会议和活动

【关爱老年人健康工程推进会】5月11日，2017年全省"关爱老年人健康工程"工作会议在沈阳召开。会议深入学习全国老龄办主任会议精神，总结回顾了2016年全省"关爱老年人健康工程"工作情况，并对2017年工作作出安排。会上，各市老龄办主任交流汇报了各项工作进展情况；省老龄办事业发展处处长赵宝贵作了2016年关爱老年人健康工程总结和2017年工作安排的报告。各市老龄办主任和分管同志，省老龄办机关全体同志、辽宁老年报社总编等40余人参加了会议。

【走访慰问活动】春节前，组织办内各处室分别走访慰问了沈阳、本溪、铁岭、朝阳等市百岁、贫困及养老机构老年人。3月份和6月份，分别结合学雷锋活动和党员进社区活动，组织办内各支部深入社区和老年人家庭开展了两次走访慰问活动，为社区工作者带去了《老年法》、《条例》、《关爱老年人健康工程》宣传册等业务资料，现场指导基层工作。敬老月期间，慰问了沈阳市大东区百岁老人，老有所为先进人物和养老院的老年人。

【老龄统计信息新闻发布会】6月，在沈阳召开2016年辽宁省老年人口信息和老龄事业发展状况新闻发布会，发布2016年全省老年人口数据、养老、医疗等方面信息，省老龄委各成员单位、驻沈阳新闻媒体出席会议。

【全省老年人乒乓球大赛】6月，在鞍山市成功举办了全省第五届老年人乒乓球比赛，来自全省14个市级、2个省直老干部代表队的48名老年乒乓球选手和来自省办及8个市老龄办的33名老龄工作者参加了比赛。

【全省2017年中国城乡老年人生活状况监测调查督导员、调查员培训班】12月，2017年中国城乡老年人生活状况监测调查督导员、调查员培训班在沈阳举办。对130余名督导员、调查员围绕调查问卷填写和访问技能等进行培训，部署了工作任务。

【全省老龄宣传信息统计工作培训班】12月，全省老龄宣传信息统计工作培训班在沈阳举办。培训期间，围绕老龄宣传信息统计进行经验交流，讲解《老年人口信息和老龄事业状况调查表》填写注意事项，专家就新闻报道知识、技能进行专题授课，总结部署工作任务。全省市、县（区）老龄办分管领导，负责信息统计、宣传等工作人员150人参加了培训。

吉林省

综　　述

2017年，全省总人口为2717.43万人，60周岁及以上人口525.28万人，占总人口19.33%，65周岁及以上老年人口336.42万人，占总人口12.38%。人口老龄化形势日益严峻。全省老龄系统在习近平总书记重要讲话精神鼓舞下，围绕贯彻实施《吉林省老年人权益保障条例》，积极开展应对老龄化行动，各项工作扎实推进，老龄事业取得新发展。一是老年社会保障力度不断加大。全省城镇基本养老保险覆盖总人数达到722.94万人，比上年末增加16.11万人，增长2.3%。全省城镇医疗保险参保人数达到1380.88万人，与上年末基本持平。对低保家庭中的老年人、城乡“三无”老人实行重点保障，实现了生活困难老年人保障全覆盖。城市低保月保障标准和月人均补助水平分别达到484元和400元，比上年分别增长8.8%和5.5%；农村低保年保障标准和年人均补助水平分别达到3734元和1836元，分别增长9.4%和7.0%。农村特困人员集中供养年人均补助标准为4900元，分散供养年人均补助标准为3300元；城市特困人员集中供养年人均补助标准为5400元，分散供养年人均补助标准为5340元。二是养老服务设施建设不断推进。各级政府不断加大投入，养老机构设施建设进一步加强，居家养老服务稳步推进。全省养老机构1383个，床位11.9万张，入住老人6.63万人，服务人员1.75万人。其中，城市公办养老机构86个，农村社会福利服务中心522个，单独设立的光荣院12个，民办养老机构763个。建有城镇社区居家养老服务中心1007个，城市社区老年人日间照料中心1416个，农村养老服务大院4270个。全省老年医疗护理机构76个，床位数4015张。其中，老年医院5个，床位数1069张；二级及以上医院开设老年科42个，床位数2706张；临终关怀医院29个，床位数240张。全省养老护理员职业技能培训机构20个，培训学员1731人。三是老年人优待政策进一步落实。继续贯彻落实《吉林省老年人权益保障条例》和《吉林省优待老年人规定》。市（州）中心城区和县（市）全部落实65周岁以上老年人免费乘坐城市公共交通工具的规定，年度财政补贴资金1.26亿元。为老年人办理免费乘车卡（券）47.92万个，以补贴方式发放现金补助406.7万元。免费向老年开放文化场馆213个，对老年人减免费公园园林景点数量146个。向老年人免费体育场所146个，老年人半价场所35个。发放高龄津贴7784.49万元，享受高龄津贴老年人数50561人，部分县（市）百岁老人的月生活津贴标准达到1000元。全年免费为老年人办理《老年人优待证》31.57万个。四是基层老年群众组织建设进一步加强。省政府将城乡基层老年协会规范化建设列入重点工作目标责任制。吉林省老龄办制定印发了《吉林省基层老年协会规范化建设2017年推进计划》，按照“全省已建基层老年协会规范化率达到90%以上”要求，明确了工作目标，细化了工作任务。采取分片培训的方式，在松原市、辽源市、长春市举办了第三、四、五期基层老年协会会长培训班，培训人数达600多人。吉林省老龄事业发展基金会连续三年向基层老年协会捐赠音响、轮椅、图书等设备，支持协会发展。全省累计建成规范化基层老年协会9588个，规范化率91.6%，全省参加基层老年协会活动的老年人数58.25万人。此外，全省建有老年文艺活动团队5881个，老年体育健身团队3376个，举办基层老年文体活动7470场次，老年人参加人数18.3万人。五是养老孝老敬老氛围更加浓厚。加强了老年文化宣传工作，召开了全省老龄宣传工作会议，下发了《关于加强老龄宣传工作的意见》。开展了2017年“吉林最美老人”先进典型人物评选活动，在《吉林日报》《东方老年报》专版刊发宣传了最美老人先进典型事迹。同省民政厅、中国老年书画研究会、省老年书画研究会联合组织“孝亲敬老吉林行”活动，向国家和省级媒体记者和社会各界展示了全省老龄事业发展成就，营造了全社会关心老年人、支持和参与发展老龄事业的良好氛围。扎实开展老年文体活动，与省民政厅联合举办了“喜迎十九大·颂歌献给党”全省老年大型文艺会演，会同省体育局、省老年体协联合组织了“吉林省第三届老年人体育健身大会”。扎实开展慰问老年人活动，春节期间在《东方老年报》以通版形式刊发了全省各地老龄办主要领导的新春贺词，“老年节”当天在《吉林日报》刊发致全省老年人的慰问信，协调通信管理部门群发敬老公益短信，请各级党政领导慰问了贫困高龄老人、百岁老人和养老机构。协调省公安厅，通过广播、电视、报刊等媒体，开展老年人防电信网络诈骗宣传活动。六是老龄信息化建设进一步加强。全面建成“吉林省老龄综合管理信息系统”，联合省民政厅召开了部署实施工作会议，在全省老龄系统和民政系统推广应用，年底正式上线运行。信息系统的建成使用，实现了老龄基础数据由“宏观把握”向“微观掌控”、由“经验推测”向“数据预测”转变。

重要会议和活动

【重要会议】1月20日，全省老龄办主任会议在长春召开。总结2016年老龄工作，部署2017年任务。省民政厅厅长、省老龄办主任乔恒在会上发表讲话。来自全省各市（州）、县（市、区）的老龄办专职主任、代管老龄工作的民政局局长，省老龄办机关和信息中心全体干部，所属社团和基金会负责人参加了会议。

2月15日，省老龄办召开部分地区基层老年协会组建情况座谈会，听取了各地区强化基层老年协会组织建设情况，重点是村（社区）老年协会注册登记及备案情况；征求了对《吉林省基层老年协会规范化建设2017年推进计划》的修改意见。

7月10日，省民政厅、省老龄办召开吉林省老龄综合管理信息系统部署实施工作会议。省民政厅厅长、省老龄办主任乔恒，中国老龄科学研究中心主任王深远出席会议并讲话，省老龄办常务副主任杜文革主持会议。

10月30日，省老龄办召开全省老龄宣传工作会议。全国老龄办党组成员、副主任朱耀垠出席会议，并为全体与会人员作学习习近平总书记关于老龄工作的重要论述专题辅导。省民政厅厅长、省老龄办主任乔恒出席会议并讲话，省老龄办常务副主任杜文革主持会议。

【重要活动】1月16日，省老龄办副主任初晓姝带队，一行7人到精准扶贫帮扶村——汪清县东光镇永新村开展扶贫慰问活动。对包保的26个贫困户进行了走访慰问，为每人送去500元慰问金。

5月9日至12日，全国老龄办副主任朱耀垠一行4人到吉林省就老龄工作创新发展情况进行专题调研。调研组一行到延边州视察走访了龙井市文化社区、东盛涌镇东盛涌村，延吉市朝阳川镇长青村和珲春市板石镇板石村基层老年协会建设及居家养老服务建设。到长春市视察调研了二道区东盛街道鑫旺社区“幸福里”助老之家、长春市老年大学、“博友多代屋幸福家庭（融创社区）项目”、南关区怡康园。组织召开了省民政厅、省人社厅、省卫计委等部分成员单位、部分县（市）党政领导、长春市老龄办以及长春市街道、社区代表参加的座谈会，就吉林省老龄工作创新发展、当前存在问题及对策等方面进行了讨论、交流。调研组组长、全国老龄办副主任朱耀垠对吉林省在构建老龄工作大格局、健全老龄政策法规体系、加强养老服务体系建设等方面的创新经验给予充分肯定。

10月30日，省老龄办、省民政厅、中国老年书画研究会、省老年书画研究会联合组织开展为期三天的“孝亲敬老吉林行”活动。活动在吉林省颐乐康复中心举行启动仪式，全国老龄办党组成员、副主任朱耀垠出席了仪式，省民政厅厅长、省老龄办主任乔恒，中国老年书画研究会常务副会长王吉出席仪式并发表致辞。启动仪式由省老龄办常务副主任杜文革主持。来自全省各市（州）、县（市、区）老龄办主任，中国社会报、中国老年报、吉林人民广播电台、吉林电视台、吉林日报、东方老年报等媒体的领导、记者全程参加了活动。各媒体记者以参观颐乐康复中心为首站，随即开始了为期三天的走进机构、社区、乡村、家庭参观采访活动。活动向国家和省级媒体记者和社会各界展示了吉林省老龄事业发展成就，营造了全社会关心老年人、支持和参与发展老龄事业的良好氛围。

各项业务进展

【制定老龄事业发展“十三五”规划】着眼与国家规划相

衔接，与全省经济社会发展总体规划相协调，会同省民政厅完成规划制定工作，9月30日，省政府办公厅印发《吉林省老龄事业发展和养老体系建设“十三五”规划》。《规划》的制定实施，是贯彻落实党中央、国务院和省委、省政府关于积极应对人口老龄化决策部署的重要措施，对于保障和改善民生，加快实施“五大发展”战略，增强老年人参与感、获得感和幸福感，实现全面建成小康社会奋斗目标具有重要战略意义。

【老年人权益保障和维权工作】在《吉林省老年人权益保障条例》实施一周年之际，对全省贯彻《条例》工作成绩突出的5个市（州）老龄办和22个县（市、区）老龄办进行了表彰。同时，对各地贯彻实施《条例》情况进行了“回头看”，定期调度，跟踪督导，推动《条例》贯彻落实。延边州和长春市相继完成了“本级条例”的立法修订工作。各地加大老年维权力度，降低老年人法律援助门槛，畅通老年人法律援助渠道。全省共建有维权机构1541个。其中，法律援助中心70个，法律援助工作站1471个。各级法律援助机构共办理涉及老年人法律援助案件1807件，服务老年人1829人次。

【基层老年协会规范化建设】省政府将城乡基层老年协会规范化建设列入重点工作目标责任制。全省完成规范化建设的基层老年协会9588个，占现有协会总数的91.6%，超额完成省政府确定的目标任务。在松原市确定6个村开展农村居家养老服务试点工作，借助“大院＋协会＋志愿者”模式，探索政府购买农村基层老年协会服务，发挥农村老年协会作用，补齐农村居家养老服务短板。基层老年协会规范化建设工作在全国城乡社区老年协会建设暨加强基层老龄工作会议上作了交流发言。

【老年文化活动】9月14日，省民政厅、省老龄办联合举办，吉林电视台承办，吉林省福利彩票发行管理中心协办的“喜迎十九大·颂歌献给党”全省老年文艺会演在吉林电视台一号演播大厅隆重举行。文艺会演以歌颂党为主题，展现了全省老年人对党的十九大的热切期盼，表达了对党的无限热爱和崇敬之情。整场演出17个节目历时80分钟，来自全省各地20余支老年文艺表演团队、约700人参与演出。

【老年体育活动】4月22日，吉林省第三届老年人体育健身大会在延吉市开幕。这届全省老年人健身大会，是首次采取分期、分地，由各市（州）承办。全省125支代表队参加大会设置的12个项目，1300多名老年人直接参加交流展演。大会历经近5个月的时间，评定出延边州、长春市赛区获突出贡献奖，四平市、通化市、白山市、梅河口市赛区获贡献奖，长春市、四平市、辽源市、通化市、白城市、松原市、延边州获最佳组织奖。

派出14个代表队近180人，参加了第三届全国老年人体育健身大会。参加了除钓鱼以外的11个项目的交流活动，吉林省获得总成绩第12名，获得体育道德风尚奖，团体和个人共获得优胜奖牌28块（其中团体13块、个人15块）。在贵州省兴义市举行的闭幕式上，吉林省老年人体育代表团被全国第三届老健会组委会授予最佳组织奖。

【老龄政策研究】下发了《关于开展老龄政策专题调研的通知》，提出16个课题，在全省范围内开展了专题调研活动，完成调研报告41篇，择优上报全国老龄办8篇。委托吉林大学东北亚研究院人口所对吉林省“第四次中国城乡老年人生活状况抽样调查”数据进行全面研究开发，形成《吉林省城乡老年人生活状况抽样调查报告》，并刊印下发。

【老龄意外伤害保险工作】贯彻落实省老龄办、民政厅、财政厅、中国保监会吉林监管局等4部门联合印发《关于开展老年人意外伤害保险工作的实施意见》，加强了老年人意外伤害保险工作。全省各地积极开展“关爱老年人健康行动”，长春、吉林、白山、白城、延边等地全面启动老年人意外伤害保险工作。

【走访慰问活动】元旦、春节、重阳节等重大节日期间，全省各地、各部门组织开展慰问百岁老年人、养老机构老年人和帮扶特困老年人活动，资金达316.63万元。1月22日，副省长、省老龄委主任隋忠诚走访慰问了长春市部分高龄、特困老年人及民办养老机构，向他们致以新春问候和良好祝愿。省老龄办印发了《关于元旦春节期间开展走访慰问老年人活动的通知》，并在春节前夕，由省老龄办常务副主任杜文革、副主任初晓姝各自带队，走访慰问部分贫困、高龄老人和基层老年协会。

【敬老月活动】2017年“敬老月”活动时间为10月1日至10月31日，其中10月28日为“老年节”。吉林省老龄工作委员会印发了《关于深入开展2017年“敬老月”活动的通知》，在全省开展以“关爱老年人·欢庆十九大”为主题的“敬老月”活动。在“敬老月”“老年节”期间，省老龄办和各级老龄部门广泛开展宣传、慰问活动。利用广播、电视、报刊、网络等媒体，播发公益广告；协调移动、联通、电信等部门通过发手机短信开展敬老宣传；老年节当天，在《吉林日报》发老年专版，以省老龄委名义发《致全省老年人慰问信》；积极开展以“关爱老年人·服务老年人”为主题的走访慰问和为老志愿服务活动，副省长金育辉带队走访慰问了长春市百岁老人张洪志、特困老人柏喜峰和吉林省颐乐康复中心，为老人们送去节日祝福。

【评选表彰】吉林省老龄办在全省评选出50名“吉林最美老人”先进典型人物，并在《吉林日报》《东方老年报》专版刊发宣传先进事迹。吉林省老龄办对长春市绿园区合心镇东安村老年协会等48个基层老年协会进行了表彰。吉林省老龄办对2017年度全省老龄系统先进集体和先进个人进行表彰，吉林市老龄办等16个单位和长春市老龄办黎进等24名同志受到了表彰。

【百岁以上老年人情况】全省共有百岁以上老年人703人，其中：男性278人，女性425人。全省最长寿老人为大安市大岗子镇双岗子村114岁的张玉环（女）老人，出生于1903年3月16日。

江苏省

综 述

2017年末，江苏省60周岁以上老年人口达到1756.21万人，占户籍人口比例为22.51%，人口老龄化程度进一步加深。全省各级老龄工作部门和老龄委成员单位以党的十九大精神为引领，进一步贯彻习近平新时代中国特色社会主义思想，认真落实省委、省政府关于加强老龄工作的有关决策部署，积极应对人口老龄化，不断加大各项涉老工作力度，推动全省老龄事业展现了新作为，取得了新发展。

一、老龄政策法规进一步完善

省政府出台《江苏省“十三五”老龄事业发展规划》并配套规划责任分解方案，统领“十三五”时期全省老龄事业整体布局和发展，出台《关于全面放开养老服务市场提升养老服务质量的实施意见》，推动养老服务业重点领域改革步伐；省政府办公厅出台《关于制定和实施老年人照顾服务项目的实施意见》，进一步完善老年人照顾服务体系；省老龄办联合多个省级部门出台《关于推进老年宜居环境建设的指导意见》和《关于进一步加强老年法律维权工作意见的通知》，合力加强老年宜居和维权工作力度。进一步完善了以《江苏省老年人权益保障条例》《江苏省养老服务条例》两部地方性法规为主体的老龄政策法规网。

二、老年社会保障进一步健全

以基本养老、基本医疗、最低生活保障为重点，以长期照护、慈善事业、商业养老保险为补充的老年人社会保障体系进一步构筑完善。全省老年人社会保险、社会福利、社会救助覆盖面持续扩大，参保人员待遇水平不断提高，有力推动了老年人的基本生活、基本医疗、基本照护等需求得到切实保障。全省对所有符合低保条件的老年人实现应保尽保，对所有特困老人实行政府供养，对所有80岁以上高龄老人发放尊老金，养老服务补贴和护理补贴分别惠及41万和14万困难老人，“安康关爱行动”老年人意外伤害保险覆盖了全省56%的老年人，老年人长期护理保险取得突破进展，南通、苏州、徐州三市相继建立了长期护理保险制度，分别引领苏中、苏南、苏北长期照护服务体系的构建。

三、养老服务业进一步发展

养老服务能力持续提升，全省全年新建街道日间照料中心127个，社区老年人助餐点2007个，新建或改建城乡社区居家养老服务中心1200个，新建、改建适老住区11个，养老床位总数达到63.7万张，组织全省2463家养老机构开展了养老院质量提升专项行动，全年培训各类养老服务人才1万余名。医养融合进一步发展，护理型床位占养老机构床位总数的比例超过40%，全省建有护理院135家，康复医院99家，设置医疗设施的养老机构240家，位居全国前列。全省基本建成“15分钟健康圈”，基层医疗卫生机构采取多种方式向城乡社区和各类养老服务组织延伸，65岁以上老年人健康管理率达到68.25%。养老服务产业加速发展，成功举办国际养老服务业博览会，不断培育养老服务业集聚区和创新企业。

四、老年维权和优待进一步加强

老年人权益保障法制化水平不断提高，“一法两条例”等老年法普法教育活动广泛开展，打击电信诈骗、非法集资、非法保健品传销等典型涉老犯罪的力度不断加大，老年人法律援助服务网络进一步健全，援助门槛进一步降低。全年，全省各级法律援助机构办理老年人法律援助案件5259件，为老年人提供法律咨询24793次，针对老年人的法治讲座1500余场，发放宣传资料5万余份，调处涉老纠纷1200余件，为老年人办理遗嘱和遗赠抚养协议公证约10000件，减免办证费用约120万元。老年优待工作不断深入，老年人在卫生保健、交通出行、文体休闲、商业服务、政务服务等方面的优惠程度逐步加大，切实保障和维护了老年人的合法权益。

五、老年精神文化生活进一步丰富

推进建设以老年大学协会等老年社会组织为纽带，以老年大学为骨干，以开放大学和社区教育机构为依托，以各种老年学习共同体为基础的老年教育体系，开展养生保健、文化艺术、信息技术等丰富多样的老年社区教育培训活动。全省依托各级开放大学开办的老年开放大学、老年教育学院已达36所，养教联动基地参与老年教育的学员达到2300多人，老年学历教育共招收学员44人。举办老年人喜闻乐见的电视广播节目，“晚霞”“美丽夕阳”等一批老年人专业栏目持续播出，以电视为主的“孝乐神州”老年电视综合服务专区试运营上线。出版《老年人饮食宜忌全书》《中老年常见疾病防治》《老年人安全合理用药读本》《老年人学电脑》等一大批涉老精品读物。举办江苏省老年人体育节，开展老年气排球、柔力球、门球、太极拳（剑）、健身球操、健身气功、持杖健步走、柔乐球、手杖操、乒乓球、棋类和富有各地方传统文化的创新特色项目等多项大型健身展示交流（比赛）活动。参与全民健身活动的老年人达800万次。

重要会议和活动

【江苏省第五届“中国人寿杯”老年春晚】1月12日，江苏省第五届“中国人寿杯”老年春晚在南京保利大剧院举行。晚会以“金鸡唱晓·乐在夕阳”为主题，18个精心编排的歌舞、戏曲、小品、服饰走秀等节目，充分展示了老年人热爱生活、积极乐观的精神风貌。省政协副主席许津荣等出席了晚会，现场2000多名观众观看了演出。本届春晚启动海选以来，吸引了3000多支老年艺术团队，3万名老年人的热情参与，分别在南京、常州、泰州、盐城举办了四次专场会演，最终一批精品节目脱颖而出，600多名老人登上了春晚舞台。

【全省“安康关爱行动”总结表彰会】1月13日，省老龄办和中国人寿江苏省分公司在南京联合召开2016年度全省“安康关爱行动”总结表彰会。会议回顾总结了2016年全省“安康关爱行动”实施情况，全面部署了2017年工作任务，表彰了全省老龄和国寿系统的先进单位。省民政厅党组成员、省老龄办主任夏春青出席会议并讲话。各设区市、受表彰的县（市、区）老龄和国寿系统负责人近百人参加会议，扬州、淮安、张家港、阜宁做了先进经验交流发言。

【省涉老组织新春联谊会】1月16日，省涉老组织2017年新春联谊会在南京西康宾馆举行。省老领导陈焕友、顾浩、凌启鸿、李佩佑、李仁等以及30多个省级老年团体和涉老单位代表约100人出席了联谊会。陈焕友老书记发表了热情洋溢的讲话，充分肯定了全省老龄工作取得的丰硕成果。省民政厅党组成员、省老龄办主任夏春青通报了过去一年全省老龄工作取得的成效和今年的工作打算。夕阳红老年大学“夕阳红”艺术团献上了一台精彩的文艺演出。

【全省老龄办主任会议】3月7日，全省老龄办主任会议在徐州召开。会议贯彻全省民政工作会议精神，回顾总结过去一年的老龄工作，研究分析老龄事业发展面临的新形势，谋划部署当前及今后一段时期的老龄工作任务。省民政厅党组成员、省老龄办主任夏春青出席会议并讲话，强调做好2017年全省老龄工作，要着力加强规划设计，以科学的政策指导工作落实；着力补齐短板，以问题难点的突破推进工作落实；着力聚焦本职，以压实自身职责倒逼工作落实。各设区市、省管县民政局分管局长、老龄办专职主任，部分县（市、区）民政局分管局长参加会议。徐州市、南京市、无锡市、常州市、泰州市、宿迁市老龄办等单位作了交流发言。

【江苏省“十三五”老龄事业发展规划新闻发布会】3月29日，省老龄办联合省发改委、省人社厅、省教育厅、省财政厅、省民政厅、省住建厅、省卫计委等七部门举行《江苏省“十三五”老龄事业发展规划》新闻发布会，省民政厅党组成员、省老龄办主任夏春青对《规划》的出台背景、主要内容以及突出特点进行了说明和解读。新华社、中新社、新华日报、人民网等16家新闻媒体参加了本场发布会。夏春青及省民政厅福善处负责人就家庭养老支持政策、老年权益维护、老年精神关爱、整合社会资源发展养老服务、提升养老院质量等社会关注的热点问题回答了记者提问。

【《老年周报》创刊30周年座谈会】6月28日，《老年周报》创刊30周年座谈会在南京举行。省民政厅党组书记、厅长、省老龄委副主任侯学元出席会议并讲话，充分肯定了《老年周报》创刊30年来所取得的成绩，并对今后工作提出要求和希望。省新闻出版广电局领导对《老年周报》创刊30周年表示祝贺并讲话。江苏工人报社社长、民政系统代表、《老年周报》读者和记者代表分别作了精彩发言。《老年周报》社还启动了“周报记者走基层”、关爱老人微公益“圆梦行动”“安康关爱大讲堂”等活动。同时，免费赠送《老年健康100条》等四本书1万册，承诺为在乡老复员军人免费赠阅2018年《老年周报》6000份。

【全省老龄宣传工作会议暨老龄工作业务培训班】9月7日至8日，全省老龄宣传工作会议暨老龄工作业务培训班在南京举办。会议回顾总结了去年以来全省老龄宣传工作取得的成绩，表彰了老龄宣传工作先进单位，研究部署了下一步老龄宣传工作任务。省民政厅党组成员、省老龄办主任夏春青出席会议并讲话。各设区市民政局分管局长、老龄办主任，各县（市、区）民政局分管局长参加了会议和培训。会议还邀请了在老龄方面进行深入研究、具有丰富经验的专家、学者就全省老年精神关爱标准化，长期照护保险制度，江苏养老服务业发展的现状，江苏人口老龄化的现状、趋势、影响及对策，全省养老服务人才队伍现状及应对等方面内容进行了专题授课和交流。南京市、徐州市、宿迁市、常熟市、盐城市大丰区、丹阳市老龄办等单位作了交流发言。

【江苏国际养老服务业博览会暨高峰论坛】 9月21日至23日，2017江苏国际养老服务业博览会暨高峰论坛在南京国际博览中心举办。民政部党组成员、全国老龄办常务副主任王建军，江苏省政府副省长陈震宁，意大利对华友好协会主席艾琳·皮维蒂出席高峰论坛并致辞。江苏省民政厅厅长侯学元，中国人民大学副校长杜鹏教授，英国政府养老产业行业专家罗杰·巴特斯比，中国医促会健康养老分会会长乌丹星教授，南京大学林闽钢教授等专家学者围绕“养老服务业创新与发展”主题分别作了精彩的主旨演讲。国内外养老领域的嘉宾代表，省内外民政、老龄系统，贸促会，对外友协的代表400余人参加了高峰论坛。博览会设养老服务区、康复辅具区、境外展区、养老服务人才交流区、健康产品区和公益展区六大展区，共有境内外210家机构和企业参展，展区面积达18000平方米，累计到会观众约30000人次。

【江苏省老年人口信息和老龄事业发展状况新闻发布会】 10月24日，召开新闻发布会，发布《江苏省2016老年人口信息和老龄事业发展状况报告》。省民政厅党组成员、省老龄办主任夏春青对报告作了说明。《江苏省2016老年人口信息和老龄事业发展状况报告》包括老年人口信息和老龄事业发展状况两个部分。其中老年人口信息部分主要发布户籍老年人口概况、设区市和县（市、区）老年人口情况、重点服务对象情况、百岁老人情况、人口预测等内容，老龄事业发展状况部分主要发布养老保障、医疗保障、政策服务、文化宣传、权益维护、教育体育等内容。其中老年人口预测、各县（市、区）老年人口情况、空巢独居老人等重点服务对象情况、养老服务人才队伍情况均属首次发布。

【省领导老年节走访慰问老年人】 10月27日，重阳节前夕，副省长陈震宁看望慰问了南京社区高龄老人代表，并走访了部分养老服务机构，代表省委、省政府向全省老人和老龄工作者致以节日的祝福和诚挚的问候。省政府副秘书长杨勇、省民政厅厅长侯学元等陪同走访。慰问组还走访了银城红日养老公寓、佰仁堂、南京侨馨护理院等养老服务机构，仔细了解了机构的总体运营情况，参观了机构的老人房间、餐厅、公共活动空间、失智照护区、侨馨护理院等，与老人们进行了亲切交流。

【江苏省老年诗歌朗诵会】 10月31日，2017江苏省老年诗歌朗诵会在南京举行。朗诵会以“喜庆十九大·夕阳花正红”为主题，为全省老年朋友献上了一台精彩的演出。省老领导顾浩，省民政厅党组成员、省老龄办主任夏春青，省委宣传部，省委老干部局等领导出席并观看了演出。朗诵会分为“我的国”、“我的家”、“我的梦”三个篇章，以诗歌朗诵为主要形式，辅以歌舞表演、昆曲演唱等艺术形式，歌颂了伟大富强的祖国、和谐幸福的生活、“强富美高”的新江苏。朗诵会为丰富和活跃老年人的精神文化生活，营造养老、孝老、敬老的社会环境发挥了积极作用，现场近3000名老年人观看了演出。

【江苏省老年健步走南京玄武湖站】 11月4日，2017江苏省老年健步走南京玄武湖站成功举办。本次活动以“关爱老年人·欢庆十九大”为主题。省民政厅党组成员、省老龄办主任夏春青和省财政厅、省体育局、省福利彩票发行中心有关负责同志出席活动，并为参加健步走的老年健身俱乐部和协会授旗。此次活动响应“积极应对人口老龄化”号召，欢庆党的十九大胜利召开，旨在推动科学健步走的普及和提高，提升广大老年人的生命生活质量。近万名老年人参与了健步走活动。

【江苏省老龄工作委员会全体会议】 11月10日，江苏省老龄工作委员会全体会议在南京召开。会议深入学习贯彻党的十九大精神，总结回顾省老龄委前期工作，分析形势，部署新一届老龄委重点任务。副省长、省老龄委主任陈震宁出席会议并讲话。省委组织部副部长、省委老干部局局长、省老龄委副主任郑跃奇，省民政厅厅长、省老龄委副主任侯学元，省人社厅副厅长、省老龄委副主任相伯伟出席会议。省民政厅厅长、省老龄委副主任侯学元作了全省老龄工作情况和下一步工作安排的报告。省发改委、省财政厅、省人社厅、省卫计委等省老龄委成员单位作了交流发言。江苏有线演示了全国第一个专为老年人打造的全服务平台——“孝乐神州”。省老龄委40个成员单位的委员、联络员共80余人参加了会议。

各项业务进展

【养老服务人才队伍建设】 实施养老护理员免费培训工程，2017年，江苏省各地分期、分级、分类举办养老护理员、中级营养配餐师、养老机构负责人等培训班180余期，培训各类养老服务人员10000余人次。举办江苏省养老服务人才交流对接会，组织国内外设立老年服务与管理、康复护理、社会工作、社区管理等专业的40多个院校与全省多家养老机构、社区居家养老服务中心、护理院、日间照料中心等交流对接，破解养老服务人才供需矛盾。提高养老服务从业人员工资待遇水平，逐步建立健全养老服务人才培养、使用、评价和激励机制。南京市、无锡市先后出台《养老护理岗位工作人员入职奖励暂行办法》，进一步明确从事养老护理服务的入职补贴和奖励标准。

【老龄宣传】 突出老龄宣传阵地建设，办好“一报、一网、一简报”。2017年，江苏省《老年周报》创刊30周年，开展一系列提升品质行动，全年共出版102期，发行量超过

15万份；《江苏老龄工作简报》编发12期，发稿38万多字；“江苏老龄工作网”20个栏目累计发稿超过3000篇。加强与主流媒体合作，《中国社会报》“新华网”“交汇点”等发表涉老专题报道150多篇，《新华日报》整版报道江苏老龄事业发展4篇。健全宣传机制，建立重大事项新闻发布制度，全年举办江苏省老年人口信息和老龄事业发展状况报告、江苏省“十三五”老龄事业发展规划、江苏省国际养老服务业博览会暨高峰论坛、“康养十”产业推介会4场新闻发布会，让各级党委政府和全社会更加了解江苏老龄事业和产业发展情况。

【老龄政策调研】2017年，开展“找补改提、固底强网”调研行动。对句容市下辖的部分乡镇、村进行实地走访，了解当地的社会救助和养老服务工作情况。重点对华阳街道南亭村全村24户低保家庭进行一户不落地入户走访慰问，了解他们的生活状况，并与村干部、村民代表座谈交流，了解农村救助和养老工作的开展情况、遇到的困难，共同研究解决办法。形成了《农村失能失智老人关爱服务研究——以句容市华阳镇南亭村为例》的调研报告。

【安康关爱行动】2017年，江苏省“安康关爱行动”老年人意外伤害保险进一步“扩面提标”。全省共有956.39万老年人参保，覆盖率达到55.63%，同比增长11.22个百分点，5个设区市覆盖率突破50%。保险扩充了交通意外、燃气意外、骨折等多项保障责任，全省人均保费（个人出资部分）达到44元，5个设区市人均保费（个人出资部分）超过50元。全省共支付保险赔款2.28亿元，同比增长7800万元，简单赔付率达到71%。

【老年精神关爱项目】2017年，通过政府购买服务方式，投入1000万元在全省重点扶持了老年公益广告、老年精神关爱志愿服务、老年媒体宣传、老年健康维权大讲堂、老年精神关爱示范教材、老年健步走、老年诗词朗诵会、老年春晚等21个老年精神关爱项目。通过社会力量为全省有需要的各类老年人提供精神关爱服务。

【“敬老月”活动】2017年10月，江苏省开展以“关爱老年人·欢庆十九大”为主题的“敬老月”活动。省老龄办举办老年健步走、老年诗词朗诵会、老年防诈骗讲座等“十个一”大型系列活动。各地、各相关部门积极开展宣传教育、走访慰问、老年维权优待、敬老爱老助老、老年文化体育等形式多样、内容丰富的各类活动。“敬老月”期间，全省共举办各类敬老爱老助老活动1434场，走访慰问老年人128.80万人，发放慰问金、各类物品及举办活动投入1.58亿元。

【“敬老文明号”创建】2017年，推进第二届“敬老文明号”创建和敬老爱老助老评选表彰活动。江苏省71个单位被命名为全国“敬老文明号”，106人被表彰为全国“敬老爱老助老模范人物”，2人被评选为全国“老有所为”先进典型人物，其中1人被评为“老有所为”楷模。

浙江省

综　　述

2017年，全省老龄工作在省委、省政府的正确领导下，各地、各成员单位加强老龄工作创新，加快推进各项制度建设，大力发展老龄事业和产业，应对人口老龄化的基础更加扎实、制度更加完善、措施更加有力。

一、老龄政策法规体系进一步完善

2017年，省老龄办加强政策创制，不断完善老龄政策法规体系。一是根据《国家“十三五”老龄事业发展和养老体系建设规划》的要求，进一步修改完善《浙江省老龄事业发展“十三五”规划》文本，并提请省政府印发，同时，以省老龄委名义印发了规划的主要指标和重点任务分工方案。二是加快推进加强老年人照顾服务工作。6月国务院办公厅印发《关于制定和实施照顾服务项目的意见》，根据意见精神，省老龄办及时草拟了《关于加强老年人照顾服务工作的实施意见》，并专门召开座谈会听取省直相关部门的意见。12月，在进一步征求相关单位和各市政府意见的基础上，提请省政府办公厅审核。三是积极推进老龄政策调研。坚持问题导向，聚焦老龄重点、难点和热点问题，动员高校、科研机构力量，展开理论研究，收到全省各市老龄办推荐论文90多篇，同时组织专家进行评审，并推荐上报全国老龄办评选。

二、养老和医疗保障水平进一步提高

截至2017年底，企业基本养老保险参保人数为2500.66万人（其中企业离退休人数为684.23万人），正常缴费人员养老金月均水平超过3085元。城乡居民基本养老保险参保人数1200.70万人，其中60周岁以上领取养老金人数为538万人，基础养老金最低标准135元/人月。享受高龄补贴的老年人有138.83万人，按县（市、区）高龄补贴标准统计，80～89岁老年人月人均为43.87元，90～99岁老人月人均为90.3元，百岁及以上老人月人均为513.27（含长寿保健金）。不断完善医疗保障和医

疗救助制度，全省城镇基本医疗保险参保人数达到5251.64万人，其中城镇职工医保2117.44万人、城乡居民医保3134.20万人，参保率达98%以上，老年人基本达到应保尽保。资助特困供养人员、低保家庭和低保边缘家庭中的老年人参加城乡居民医保，其中个人缴费部分由当地财政负责解决。全省得到医疗救助521万人次，其中有49.15万老年人得到医疗救助。截至2017年末，全省有在册低保对象82.7万人，其中老年人31.4万人，城乡低保平均标准分别为每人每月739元和730元。

三、社会养老服务体系建设加快推进

截至2017年末，全省共有各类养老机构2183家，养老床位39.56万张，百名老人拥有养老床位3.7张；其中民办养老机构1164家，床位22.79万张，民办养老床位占总床位的57.61%。全省已建市、县（市、区）养老服务指导中心100个，城乡社区居家养老服务照料中心23600个，日间照料及托老床位28.75万张，专职护理人员3.19万名；建有老年食堂14208个；建立居家养老志愿者服务队伍18021支，参与志愿者43.50万人。享受政府购买养老服务的老年人达到33.2万人，各级政府补贴总额达3亿多元。

四、老年活动设施建设加快，管理和服务水平进一步提高

截至2017年末，全省共有各类老年活动中心（室）3.4万个，总建筑面积1198.87万平方米。全省进一步加强老年活动中心规范化建设，各级老年活动中心（室）建设和管理水平不断提高，“四星级”、“三星级”、“二星级”、“一星级”老年活动中心（室）分别达到54个、1557个、9829个和3263个。

五、老年教育健康发展，文体活动日趋活跃

截至2017年末，全省已建立老年电大分校及教学点14897个（所），比上年同期增加2000个（所），增加13.43%。注册学员人数92.69万人，本年止累计毕（结）业学员479.67万人次。全省老年大学及分校超过216所，在校学员19.07万人；老年学校1873所，在校学员69.38万人。各类老年文艺团队1.73万个，参加活动老年人达50.35万人；老年体协2.86万个，有会员378.77万人，经常参加体育活动的老年人有656.54万人。

六、老年人依法维权意识增强，基本权益得到有效保障

2017年，各级人民法院按照涉老案件“三优先”的原则，受理涉老案件5779起，比上年同期增加551起，上升了10.54%，共审结案件5339起，占受理案件总数的92.39%；执行3823起，占审结案件总数的71.61%。全省各级已建老年法律援助中心376个，援助涉老案件3879件；已建各类老年维权机构4241个，从事老年维权工作的专兼职工作人员6451人。各级老龄办和基层老年组织收到涉老群众来信3391件，比上年减少24.32%，得到妥善处理的3260件，占总数的96.14%；接待涉老来访31468人次，比上年增加27.35%，反映问题得到妥善处理的30283人次，占总数的96.23%。2017年，全省救助经济困难老年人54.13万人（含纳入“低保”30.93万人），比上年增加10.79%。救助总金额23.93亿元，比上年增加23.16%。

七、基层老年组织规范化建设进一步加强

截至2017年末，全省共建立31320个老年人协会，其中309个街道办事处和514个乡（镇）建立了老年人协会。共有3839个社区建立老龄工作小组，占社区总数的93.32%。有3975个社区建立老年人协会，占社区总数的96.62%。全省社区老年人入会总人数247.52万人，占社区老年人口总数的66.68%，入会率最高的是台州市，为85.54%。社区老年人协会达到规范化建设标准的有3724个，占已建社区老年人协会总数的93.69%。

重要会议和活动

【全省老龄重点工作推进会在杭召开】8月8日，省老龄办在杭州召开全省老龄重点工作推进会。会议传达贯彻全国老龄委第十九次全会和全国老龄办主任会议精神，总结交流各地工作经验，研究部署《浙江省老龄事业发展“十三五”规划》任务落实，并启动新一轮“老年友好城市”、“敬老文明号”创建。

【“孝行为善——关怀特殊困难老人”活动启动仪式】10月27日，“孝行为善——关怀特殊困难老人”活动启动仪式在缙云县举行。本次活动由省老龄办、中国人寿浙江省分公司联合举办，旨在通过“孝行为善——关怀特殊困难老人”这个平台，打造的特色服务品牌，营造全社会关爱老人的良好氛围。

【2017年“敬老月”活动】10月—11月，省老龄办组织开展2017年“敬老月”暨第十七届老年文化艺术周开幕式演出、2017年“敬老月”法律援助专项服务、2017年浙江省“老龄新闻宣传好作品”评选活动、“同筑中国梦·共舞夕阳红”老年书画优秀作品展、“喜迎十九大”浙江省老年集邮展览、浙江省第六届长者情“永远跟党走”声乐、舞蹈比赛等一系列活动。

【第六届浙江国际养老服务业博览会】10月12—15日，第六届浙江国际养老服务业博览会在白马湖国际会展中心成功举办。本次博览会，既有养老服务产品展示，又有跨界养老交流，还有公建民营项目对接，内容丰富，形式多样，在开阔养老从业人员视野、繁荣养老服务市场、对接供需两端、促进地区合作等方面发挥了重要作用。

【“浙江省老年照顾服务的资源整合与机制创新”研讨会】12月19日，浙江省民政研究中心、省老年学学会联合举办的“老年照顾服务的资源整合与机制创新”研讨会在杭召开，重点研究探讨如何从国情省情出发，立足老年人服务需求，整合服务资源，拓展服务内容，创新服务方式，提升服务质量，让老年人享受到更多看得见、摸得着的实惠。

各项业务进展

【习近平总书记系列讲话精神的学习贯彻】2017年，省老龄办结合“两学一做”活动，将总书记系列讲话精神作为重要学习内容，制定具体学习方案，组织专题学习，通过处室集中学习、个人自学等方式认真学习，深入交流学习体会，深刻领会总书记系列讲话精神的丰富内涵、精神实质和重大意义，联系我省老龄工作实际，抓好贯彻落实。11月份的全省老龄干部培训班，邀请了省委党校教授重点解读了党的十九大报告，进一步理解和领悟了新时代中国特色社会主义新思想、新战略、新目标、新要求。

【老龄政策创制】2017年6月，根据《国家“十三五”老龄事业发展和养老体系建设规划》的要求，以省政府名义印发《浙江省老龄事业发展“十三五”规划》文本，同时以省老龄委名义印发了规划的主要指标和重点任务分工方案。6月上旬，国务院办公厅印发《关于制定和实施老年人照顾服务项目的意见》，为抓好贯彻落实工作，省老龄办及时启动《实施意见》的起草工作，并专门召开座谈会听取省直相关部门的意见。12月，在进一步征求相关单位和各市政府意见的基础上，提请以省政府办公厅审核。

【老年宜居环境建设】2017年，省老龄办围绕贯彻落实全国老龄办等25部委《关于推进老年宜居环境建设的指导意见》，委托浙江工业大学等专家教授参与编写全省“老年友好城市”和“老年宜居社区”建设标准。同时，认真总结老年宜居环境建设经验，办领导在全国老龄办主任会上就老年宜居环境建设作经验交流发言。上半年，省老龄办会同省建设厅完成了杭州西湖区等9个市、县（区）首批“老年友好城市”创建验收工作，并根据创建情况对测评体系作了修改完善，于下半年，启动了第二批“老年友好城市”创建工作。

【老年人意外伤害险工作】2017年，年初省老龄办将老年人意外伤害险工作列为对市老龄工作年度考核一类目标，10月会同中国人寿浙江分公司在丽水召开座谈会，督促全省各地全力推进。到年底，县（市、区）覆盖面超过94.38%全省参保人数达到511.83多万。

【“敬老文明号”创建】2017年8月，完成了第二届省级“敬老文明号”、省级“敬老爱老助老模范人物”评选表彰工作，共评选出40家全国“敬老文明号”、100家省级“敬老文明号”。9月，省老龄办及时启动了第三届“敬老文明号”创建工作。

【老年维权工作】2017年9月，省司法厅、省老龄办联合印发《关于开展2017年“敬老月”法律援助专项服务　进一步加强老年人法律援助工作的通知》，将法律援助专项服务作为“敬老月”活动的一项重要内容进行部署和推进。

【银龄行动】省老龄办面向社会公开征集“银龄行动”项目，通过定向委托、合同管理、评估监督等运作模式，评定了7个“银龄行动”项目（主要的服务方向包括经济服务、文化服务、健康服务三大类），较好发挥涉老社会组织在“老有所为”中的积极作用。

【老龄新闻宣传】2017年5月，省老龄办发布全省老年人口和老龄事业统计公报，在浙江日报、钱江晚报、浙江在线等省级主要媒体及时进行了报道。9月，省老龄办在《浙江老年报》、浙江华数961老年电视平台等省级媒体打造了“爱聚乐”、《老龄访谈》等涉老频道和专栏。依托东方老年网平台开设了“最多跑一次”改革专栏、制作推送了防金融诈骗、电信诈骗的宣传短片。11月，省老龄办与省新闻工作者协会开展浙江省“老龄新闻宣传好作品”评选，进一步推动新闻媒体支持参与老龄宣传。

【老年文体活动】2017年10月，省老龄办与文化厅开展了2017年“敬老月”暨省第十七届老年文化艺术周系列活动，在全省开展了“送文化”下乡活动。全省各类老年文艺团队1.73万个，参加活动老年人达50.35万人；老年体协2.86万个，有会员378.77万人，经常参加体育活动的老年人有656.54万人。

【特殊困难老年人社会工作服务】2017年6月，省老龄办在9个县（市、区）全面推进浙江省特殊困难老年人社会工作服务示范性项目，下发通知明确了服务主体、服务对象、服务内容、服务目标和工作要求。在每个试点县（市、区）开展了社会工作实务培训，培训骨干社工和志愿者近千人，引领带动了基层社会工作人才建设，推动建构了为老服务的专业社会支持与保护网络。

安徽省

综　　述

2017年全省60岁以上人口1135.9人，占总人口的18.16%，65岁以上人口774.3万人，占总人口的12.38%。2017年，全省各级老龄部门深入贯彻习近平总书记关于加强老龄工作的重要论述，按照省委省政府决策部署和老龄工作年度任务安排，坚持以老年人为中心的发展理念，坚持党委领导、政府主导、社会参与、全民行动相结合，围绕“五个老有”工作目标，创新思路方法，强化基层基础，全省老龄事业和老龄工作取得了较好发展。

一、持续健全老年社会保障制度

截至2017年底，全省城乡居民养老保险参保人数近3429.5万（其中领取待遇的老年人952万人），参保率达95%以上。全省机关事业单位共有166万人纳入参保范围，参保率达97.1%。全省城镇职工养老保险参保人数913.4万（其中离退休人员265万人）。全省城乡居民基础养老金月人均87元，企业退休人员基本养老金月人均2232元；全省城镇基本医疗保险参保人数达2107.5万人。其中，城镇职工参保人数为809.2万人（退休人员237.7万人）；城镇居民参保人数为1298.3万人，新型农村合作医疗参合人数达4653.7万，参合率103.1%；全省农村特困人员集中供养、分散供养水平分别达到月人均631元、494元；共160万人享受高龄津贴，23万老年人享受居家养老服务补贴，9.2万特困老年人享受护理补贴；积极推进“银龄安康行动”，全省参加意外伤害综合保险老人达322.4万人，参保率近30%，共享保额达677.0亿元，39757人次获得理赔服务，理赔总额达到8554.70万元。

二、加快推进养老服务体系建设

一是健全养老服务政策。7月出台《“十三五”安徽省老龄事业发展和养老体系建设规划》（皖政办〔2017〕61号），明确了“十三五”时期老龄事业发展的指导思想、基本原则、目标任务及具体要求。在全国率先出台老年人照顾服务项目实施意见《安徽省人民政府办公厅关于制定和实施老年人照顾服务项目的实施意见》（皖政办秘〔2017〕265号）。又陆续颁布《关于推进智慧养老建设的指导意见》（皖民办字〔2017〕177号）等规范性文件。二是加快老年服务设施建设。截至2017年底，全省共有城市社区养老服务设施2581个、农村社区养老服务设施9979个。各类养老机构总数达到2501家，床位共33万张。三是提高养老服务质量。开展养老院服务质量专项行动，组织全省2501家养老院完成自查和对标整改，1096家养老院整改达标。推进医养结合，全省现有754家养老机构完成内设医疗机构，332家养老机构纳入医保定点。智慧健康养老试点破题起步，全力支持合肥市静安养亲苑建设成为全国一流的智慧养老院。全省3家企业、3个街道、1个示范基地入选2017年国家智慧健康养老应用试点示范名单。开展以市场化方式发展养老服务产业试点，设立养老产业发展基金，募集首期养老试点产业基金15亿元，撬动社会投入12亿元，完成投资项目11个。

三、充分保障老年人合法权益

一方面，推进相关配套政策法规出台。相继出台《关于推进智慧养老建设的指导意见》（皖民办字〔2017〕177号）、《关于推进老年宜居环境建设的实施意见》（皖老龄办〔2017〕20号）等规范性文件；另一方面，加大宣传力度。开展《安徽省实施〈中华人民共和国老年人权益保障法〉办法》实施一周年主题宣传活动，重点宣传习近平总书记关于老龄工作的重要讲话和指示精神、《实施办法》全文解读及修订亮点阐释和《实施办法》配套政策法规文件。

四、进一步丰富老年人精神文化生活

一是推动老年教育事业发展。截至2017年底，全省共有各级各类老年大学（学校）6505所，在册学员达47.1万人次，98%的县（市、区）建立老年大学，52.7%的乡镇（街道）建立老年学校，33.4%的乡镇（街道）建立远程教育老年学习网点，31.5%的村（居）建立老年学习点。二是开展老年文娱活动。举办第四届安徽省老年人书画艺术展，展出书画作品1031幅；举办第二届安徽省老年文化艺术节。艺术节咨询人数近2万人，报名人数近9000人，报名团队超800支，覆盖所有设区的市，238个节目获奖；与安徽电视台合作，成功举办了首届老年春晚。

五、积极促进老年参与社会发展

截至2017年底，全省共有基层老年协会15231个，建会率85%，符合规范化建设标准的老年协会达到2958个；深入开展银龄志愿行动，组织老科技工作者、老专家40余人赴霍邱县、怀宁县、含山县等10个较为贫困地区，开展“卫生科普报告”、“法律知识讲座”、“农业科技培训”等报告会12场，直接参与群众2500余人；全省共有关心下一代工作组织45714个，会员总数达到79.9万人。

重要会议和活动

【“银龄安康行动”视频总结表彰会】1月10日，省老龄办、中国人寿安徽省分公司联合召开2016年度安徽省“银龄安康行动”视频总结表彰会。会议的主要任务是总结2016年“银龄安康行动”工作成绩，表彰年度先进单位，安排部署2017年工作任务。会议对合肥市老龄办等37家2016年度“银龄安康行动”先进单位进行了表彰。

【《安徽省实施〈中华人民共和国老年人权益保障法〉办法》施行一周年活动启动】3月1日，省老龄办联合合肥市老龄办在安徽省针灸医院举行庆祝《安徽省实施〈中华人民共和国老年人权益保障法〉办法》施行一周年活动启动仪式。启动仪式现场为爱心企业、爱心人士和志愿者授予绶带，并开展义诊接待等志愿服务活动。除广场庆祝活动外，省老龄办还组织百余名大学生志愿者在合肥市人流量较为集中的19个区域发放《实施办法》及《实施办法问答一百题》宣传手册。据统计，本次活动共发放宣传手册14000本。

【新版老年人优待证制作座谈会】4月6日，省老龄办召开部分市新版老年人优待证制作相关事宜座谈会。会议的主要任务是讨论新版老年人优待证制证设备终端布点问题，研究科学合理的布点方案。座谈会上，技术合作方详细介绍了新版老年人优待证制证设备终端布点初步方案。各市县参会代表分别汇报了本地区旧版老年人优待证办理及使用情况，并针对三种方案，提出意见和建议。

【全省养老院服务质量建设专项行动动员会】4月19日，省民政厅、省公安厅、省卫计委、省质监局、省老龄办共同召开全省养老院服务质量建设专项行动动员部署视频会，就全省养老院服务质量建设专项行动进行动员部署。会议要求各级民政部门按照省级工作协调小组的安排部署，认真做好2017年养老院服务质量建设专项行动期间各项工作。

【第二届安徽省老年文化艺术节】4月21日，省老龄办下发《关于举办第二届安徽省老年文化艺术节的通知》（皖老龄办〔2017〕7号）。5月20日上午，第二届安徽省老年文化艺术节启动仪式在合肥市滨湖新区万达文旅城举行。10月21日下午，第二届安徽省老年文化艺术节闭幕式暨汇报演出在合肥市中铁四局文化宫成功举行。此次艺术节，报名人数近9000人，报名团队超800支，12个节目获金奖，18个节目获银奖，32个节目获铜奖，176个节目获优秀奖。

【第四届全省老年人书画艺术展】5月15日，省老龄办下发《关于举办第四届全省老年人书画艺术展的通知》（皖老龄办〔2017〕11号），正式启动第四届老年书画展。书画展共设书法奖组5个，绘画奖组4个。累计报送作品1031幅，其中9幅作品获金奖，18幅获银奖，30幅获铜奖，948幅获优秀奖。10月26日上午，第四届安徽省老年人书画艺术展在中国徽文化艺术馆隆重开幕。

【全省老龄办主任会议】5月27日，全省老龄办主任会议在合肥召开。会议的主要任务是传达贯彻全国老龄办主任会议精神，总结交流2016年以来老龄工作，安排部署今年工作任务。会议要求，各级老龄办当前和今后一段时间，要把学习贯彻习近平总书记关于积极应对人口老龄化的重要思想和学习宣传国务院《“十三五”国家老龄事业发展和养老体系建设规划》当作首要的政治任务、学习任务。同时，各地要把会议布置的具体工作开展好，注重用宣传的手段来推动老龄事业的发展。

【省老龄基本信息库建设验收座谈会】6月22日，安徽省老龄基本信息库建设验收工作论证座谈会在合肥召开。会议介绍了安徽省老龄基本信息库建设基本情况，老龄信息库技术合作单位对系统设计进行了解读，与会同志围绕《安徽省老龄基本信息库验收标准（试行）》进行交流讨论，对信息库的设计验收工作、存在的困难和问题，以及下一步工作计划进行了深入细致的研讨。

【《“十三五”安徽省老龄事业发展和养老体系建设规划》专家评审会】6月23日，省老龄办组织召开《“十三五”安徽省老龄事业发展和养老体系建设规划》专家评审会。会议要求《规划》起草小组要根据评审专家所提意见和建议，对《规划》文本进一步修改完善。

【2017年中国城乡老年人生活状况监测调查动员培训】7月18日上午，安徽省2017年中国城乡老年人生活状况监测调查（以下简称“监测调查”）动员会暨骨干培训会在合肥召开。全省6个市及12个县（市、区）老龄办负责人、调查骨干参加了会议。培训期间，省老龄办业务处对监测调查的问卷内容、调查技巧、流程以及手持设备使用方法进行了详细讲解，并与参会学员进行了认真的互动交流。

【全省老龄基本信息抽样复审】9月1日，省老龄办下发《关于开展全省老龄基本信息抽样复审工作的通知》（皖老龄办〔2017〕19号），在全省范围内部署开展老龄基本信息抽样复审工作。共回收填答有效的抽样6228份，调查信息与样本信息完全一致以及基本一致的占样本总量的89.58%。

【敬老月及敬老文明号创建】10月10日上午，以“关爱老年人·欢庆十九大”为主题的2017省暨合肥市“敬老月”活动暨“敬老文明号”创建启动仪式在合肥市和平广场举行。启动仪式主要内容包括合肥市“敬老月”活动表态发言，蚌埠市“敬老文明号”创建表态发言，安徽国寿支持关爱“祝福百岁老人活动”捐赠仪式，向“银龄行动”志愿者授旗等。同时，现场设置省、市、区老龄事业成果展板和机构养老、居家养老、银龄安康等老龄工作展台，开展义诊接待、保健咨询、生活服务等志愿服务活动，发放宣传手册。同期还举行了广场文艺演出和才艺展示。据统计，启动仪式现场共接待老年群众及社会各界超过6000人次。

【全省老龄宣传工作会议】10月10日，2017年全省老龄宣传工作会议在合肥召开。会议要求，全省老龄工作者要不断更新观念，努力实现宣传工作新突破。会议还表彰了巢湖市老龄办等108家2017年度全省老龄宣传工作先进单位和季萍等126位先进个人。

【卫生科普报告活动】10月24日，安徽省老龄办组织老科技工作者、老专家赴含山县开展卫生科普报告活动，2017年“银龄行动”正式拉开序幕。2017年“银龄行动”共组织了老科技工作者、老专家、老法律工作者40余人，赴霍邱县、怀宁县、含山县等10个较为贫困地区，开展“卫生科普报告”、“法律知识讲座”、“农业科技培训”等报告会12场，直接参与群众2500余人。

【“银龄安康行动”总结表彰会】12月29日，省老龄办、中国人寿安徽省分公司联合召开2017年度安徽省“银龄安康行动”视频总结表彰会。会议的主要任务是总结2017年“银龄安康行动”工作成绩，表彰年度先进单位，安排部署2018年工作任务。会议对合肥市老龄办等77家2017年度“银龄安康行动”先进单位进行了表彰，合肥市老龄办、中国人寿马鞍山分公司、蚌埠市老龄办、中国人寿合肥团险支公司、六安市老龄办作经验交流。

各项业务进展

【全力强化政策创新创制】一是着力深化《规划》引领作用。由省老龄办牵头起草的《“十三五”安徽省老龄事业发展和养老体系建设规划》（皖政办〔2017〕61号）于7月中旬正式印发实施。二是发布《安徽省老龄事业发展状况报告（2016)》。《报告》是我省第一部老龄事业发展报告，是向全社会介绍全省人口老龄化情况和老龄事业最新发展成就、提升全民应对老龄化意识的重要举措。三是加快推动《安徽省人民政府办公厅关于制定和实施老年人照顾服务项目的实施意见》（皖政办秘〔2017〕265号）颁布实施。我省是全国第一家出台《实施意见》的省份。四是牵头起草我省老年宜居环境建设实施意见。联合省发展改革委等25家单位共同出台《关于推进老年宜居环境建设的实施意见》（皖老龄办〔2017〕20号）。

【加快推动养老服务体系建设】一是倾力打造全国首家智慧养老院。联合合肥市民政局、科大讯飞和静安养亲苑开展智慧养老院建设工作。二是配合开展养老院服务质量建设专项行动。联合省民政厅、省公安厅、省质监局、省卫生计生委印发《安徽省养老院服务质量建设2017年专项行动方案》，组织好“养老院服务质量江淮行”和“敬老文明号”创建活动，会同民政部门统筹协调养老院服务质量专项行动。

【提升老年人权益保障法治水平】一是加大宣传力度。3月“老龄法治宣传月”期间，全省老龄系统以“依法保障·快乐老年”为主题，组织开展了形式多样、深入基层的宣传活动。二是加快配套政策出台。省级层面共印发政策文件20余个，市级83个，县级190个。三是加快老年证制证终端布点。截至2017年底，全省有50个县（市、区）已顺利安装制证终端，办证量累计近7万张。

【深化老龄事业发展和对策理论研究】一是组织成立安徽省老龄事业专家咨询委员会。首批31名专家分别来自卫生、教育、民政、保险、大学院校等多个系统。二是专项部署老龄调研。各地围绕“互联网＋老龄工作”、农村老龄事业发展、农村留守老年人和城市空巢老年人关爱服务等主题，扎实开展调查研究，共上报调研报告71篇。三是开展2017年老年人生活状况监测调查工作。涉及我省12个县（市、区）共1152名老年人。四是做好全国医养结合调研组来皖调研工作。调研组实地调研了合肥、池州、芜湖三个市，走访了九久夕阳红老年城、九华山茶溪健康小镇、大富社区健康养老服务中心等11家医养结合机构。

【扎实做好四项基础工作】一是完成全省老龄基本信息库数据入库归集工作。建成覆盖城乡精准到每一位老年人的全省老龄基本信息库，以此为基础发布了《安徽省老龄事业发展状况报告（2016)》，并逐步实现信息库数据与老龄险参保信息、老年优待证办理、高龄津贴发放的精准对接。二是提速“银龄安康行动”。全省参加意外伤害综合保险老人达322.4万人，参保率近30%，共享保额达677.0亿元，39757人次获得理赔服务，理赔总额达到8554.70万元。三是推动基层老年协会规范化建设。向省民政厅申报福彩公益金30万元，用于开展“基层老年协会业务知识培训”项目，在阜阳、淮南、铜陵、黄山、池州市5个市分别举办1期基层老年协会业务知识培训班，培训总人数500余人。四是启动“银龄志愿行动”。组织老科技工作者老专家40余人赴霍邱县、怀宁县、含山县等10个欠发达地区，开展“卫生科普报告”、“法律知识讲座”、“农业科技培训”等报告会12场，直接参与群众2500余人。

【广泛开展“敬老月”系列活动】10月“敬老月”前后，全省各级老龄委及涉老单位，围绕“关爱老年人·欢庆十九大”这一主题，以丰富多彩的活动为老年人送温暖、办实事、做好事、解难事，层层传递以习近平同志为核心的党中央对老年人的关心关爱。一是举行2017省暨合肥市“敬老月”活动暨“敬老文明号”创建启动仪式。二是举行第四届安徽省老年人书画艺术展。三是开展“祝福百岁老人活动”。四是印制发布《安徽省老龄事业发展状况报告（2016）》。五是10月21日，举行第二届安徽省老年文化艺术节闭幕式暨汇报演出。

福建省

综　　述

2017年，是福建省老龄事业发展具有里程碑意义的一年。省委十届三次全体会议把发展养老事业作为补齐民生事业短板重大举措进行研究部署，省十二届人大五次会议表决通过新修订的《福建省老年人权益保障条例》，省政府召开养老工作会议部署补短板工作。省委省政府出台涉老政策文件10份，省直部门出台涉老政策文件30多份，省级财政（含中央）累计投入52亿元以上，保障老年人老有所养为主的多种需求。2017年，全省还实施养老服务工程重大项目31个，完成投资22.69亿元，全省各项老龄事业齐头并进，推动老龄工作跨入新时代。

到2017年末，福建省常住人口3911万人，其中：60周岁及以上老年人口555万，占总人口的14.19%；65周岁及以上老年人口344万，占总人口的8.80%，全省老年人口抚养比为20.5%。截至2017年7月31日，全省有百岁及以上老年人口2181人，占全省人口总数的十万分之5.58。最高寿女性老人为三明市三元区中村乡杜水村邓发姬，2017年当年为120岁；最高龄的男性为福州市连江县浦口镇的郑传梓和龙岩市长汀县莲峰镇新兴村的范必祯，2017年当年均为107岁。

一、社会保障

继续健全完善基本养老保险制度，深化机关事业单位养老保险制度改革，完善企业职工基本养老保险省级统筹制度，制定《福建省职业年金基金管理实施办法》。实施全民参保计划，持续扩大基本养老保险覆盖范围，基本建成全民参保登记基础数据库。到2017年底，全省基本养老保险参保人数为2515.81万人，比上年增加58.84万人。

机关事业单位养老保险。全省参加机关事业单位养老保险人数为138.72万人。其中，参保在职职工92.61万人，参保离退休人员46.11万人。全省缴纳职业年金的人数为92.61万人，职业年金基金累计结余93.25亿元。

企业职工基本养老保险。全省参加企业职工基本养老保险人数为883.35万人。其中，参保在职职工747.44万人，参保离退休人员135.91万人。按照总体上调幅度5.5%左右的标准，全省企业退休职工月人均增加养老金135.54元，调整后月人均养老金为2460.62元，比上年增加101.62元。

城乡居民基本养老保险。全省城乡居民养老保险参保人数1493.74万人，比上年增加4.63万人，参保率为97.96%。2017年，省级（含中央）财政共筹集补助资金39.75亿元，为全省446.27万名60周岁以上的老年居民发放每月不低于100元的基础养老金。此外，全省有242.5万人纳入被征地农民养老保障制度，其中有83.48万人领取被征地农民养老保障金，月人均达210元。

老年人社会救助。到2017年底，全省有老年人特困供养对象50428人，占特困供养对象总数的70.8%。其中，城市特困供养标准为15216元/年，农村特困供养标准为13560元/年。到2017年底，全省有60周岁以上老年人低保对象132378人，占全省低保对象总数的29%。其中，城市老年人低保对象16560人，占城市低保对象总数的24%，城市低保生活保障标准为家庭人均7080元/年，较上年度增加900元；农村老年人低保对象115818人，占农村低保对象总数的30%，农村最低生活保障标准为家庭人均5054元/年，较上年度增加1213元。

计划生育家庭奖励扶助。为全省382246名计生家庭老年人发放奖励扶助金，2017年共兑现奖励扶助金超过5亿元。

涉老保险产品。2017年，出台《关于加快发展商业养老保险的实施意见》。全省（不含厦门）各类保险公司共有涉老保险产品32个，比上年增加10个。全省购买保险的老年人为269080人次，累计销售保单46123单，累计保费6721.84万元，当年获得理赔529人，理赔总金额2718万元。其中，各类保险公司销售老年人意外伤害保险26828份，保费总额1188万元，为249412名老人提供65亿元意外伤害保障，当年获得理赔296人，理赔总金额161万元；各类保险公司累计承保91笔养老机构责任险，支付赔款57.42万元。

住房保障。全省累计解决了1.92万户老年家庭住房困难问题，其中公租房实物保障 1.37 万户，租赁补贴保障 0.55 万户。

二、卫生健康

积极调整优化医疗卫生资源布局，鼓励各地加快发展服务老年人专业医疗机构，建设涵盖老年病医院、护理院、康复医院和综合医院（含中医医院）老年病科等多层次的老年病医疗服务体系；鼓励乡镇卫生院、社区卫生服务中心发展社区康复、中医保健等特色科室，设置和提高康复、护理床位比例。到 2017 年底，全省现有老年医院 5 家，开设老年科室的医院 55 家。同时，针对 97%的居家养老和社区养老群体，通过深化基层医疗卫生机构管理体制、补偿机制、药品供应、人事分配等方面综合改革，提升基层医疗机构的卫生服能力。积极开展主要对象以高血压、糖尿病等慢性病患者和老年人等特殊群体的家庭医生签约服务，为老年人提供便捷的基本医疗服务和国家规定的免费基本公共卫生服务以及健康咨询评估等服务。截至 2017 年底，全省建立并管理 65 周岁及以上老年人健康档案 319.01 万份，高血压、糖尿病患者健康规范化管理率分别达到 77.5%和 73.6%，当年为老年人开展免年费健康体检 227.39 万人次。此外，以引导性项目、软科学项目和自然科学基金项目等各类科技计划项目为支持，开展了“老年慢性病患者社区居家护理适宜技术研究”“闽台养老服务业跨界金融与包容性发展研究”“基于 PPP 模式的福建省城乡社区居家养老服务设施规划布点优化研究”等 8 个项目的老年人身心健康科研。

城镇职工基本医疗保险。全省参加城镇职工基本医疗保险 819.34 万人，较上年增加 27.22 万人，其中退休人员 155.09 万人。目前，全省职工政策范围内统筹基金住院费用支付比例稳定在 81.47%以上。

城乡居民基本医疗保险。全省参加城乡居民基本医疗保险 2949.27 万人，其中老年居民合计 483.66 万人。筹资标准为每人每年 600 至 650 元。其中，个人缴费 150 至 180 元，政府补助不低于 450 元。政策范围内统筹基金住院费用支付比例稳定在 62.0%以上。

医养结合。2017 年，出台《关于推进医疗卫生与养老服务相结合的实施意见》和《福建省卫生计生委深化“放管服”改革激发卫生计生领域活力实施方案》，取消养老机构内设诊所的设置审批，实行备案制；鼓励养老机构根据不同规模和实际需求，开办老年医院、康复医院、护理院、中医医院和临终关怀医院等医疗机构，或内设医务室、护理站。截至 2017 年底，全省医疗结构设立老年护理院 2 家，老年康复医院 4 家，医养结合机构（兼具医疗与养老资质的机构）71 家，纳入医保定点单位的 38 家。全省养老机构独立设置医疗卫生机构的有 35 家，养老机构内设诊所、医务室、护理站的有 95 家，养老机构与医疗卫生机构签订合作协议的有 638 家，全省能够以不同形式为入住老人提供医疗卫生服务的养老机构占比达 51%。

医疗保障异地就医结算。建立全省统一的医疗保障异地就医结算系统，已与全国所有省份互联互通。全省有 157 家医疗机构对接全国异地结算系统，实现对接省外 8485 家医疗机构。在签约备案的医疗机构实现即时结算，对符合条件的跨省就医参保患者全面实现直接结报。同时，实现省本级省内异地就医购药即时刷卡结算，各地市参保人员备案后省内异地就医即时结算。

三、养老服务

2017 年，中共福建省委召开的十届三次会议研究养老事业发展议题，在全国尚属首例。省政府召开全省养老工作会议部署养老补短板工作，中共福建省委、省人民政府出台《关于加快养老事业发展的实施意见》，明确按照保基本、托底线、补短板、调结构、惠老年的要求，加快实施居家社区养老服务、机构养老服务、兜底保障、医养结合、精神关爱、智慧养老、养老产业培育、养老服务队伍建设等“八大工程”的建设目标。2017 年，全省新供应养老服务设施用地 30.55 公顷。国税部门落实促进老龄事业发展税收政策 2 项，累计减免增值税 329.3 万元，减免企业所得税 29.78 元；地税部门为符合条件的 17 个养老服务企事业单位减免税费 232.57 万元。

居家养老。2017 年，省人民政府办公厅印发《关于加快推进居家社区养老服务十条措施的通知》。当年全省新建 100 个社区老年人日间照料中心和 300 个农村幸福院。在已实现每个城市社区建立一个居家养老服务站的基础上，全省建设了 196 所居家社区养老服务照料中心、34 个社区老年人日间照料中心，覆盖全省 38.6%的街道和中心城区乡镇。此外，全省现有农村居家养老服务站、农村幸福院等养老服务设施 6685 所，农村养老服务设施覆盖率达到 47%。目前，全省所有县（市、区）均已落地居家社区养老服务专业化服务组织，约有 160 家。

机构养老。2017 年，省人民政府办公厅出台《关于进一步促进养老机构健康发展十条措施的通知》。全省现有养老机构 1046 家。其中，公办养老机构 710 家，民办养老机构 336 家（公办民营 109 家）。全省拥有各类养老床位 17.8 万张，每千名老年人拥有床位约 32 张。

人才培养。2008 至 2017 年底，全省开展养老护理员职业资格鉴定 26877 人次，有 25852 人次获得职业资格证书。其中，初级工 2867 人、中级工 18516 人、高级工及以上 4469 人。全省现有各类养老服务管理人员 4012 人，护理服务人员 6341 人。目前，全省有 7 所本科高校、17 所高职院校、35 所中职学校开设了与老年护理或管理相关的专业，在校学生 2.51 万人。其中，本科高校 0.36 万人、职业院校 2.15 万人。2017 年向社会输送了 0.75 万名相关专业学员。

家政服务。到2017年底，全省注册登记家政服务市场主体12425个，家政从业人员约50万名，其中持有国家职业资格证的人员为52868名。

四、权益保障

立法普法。2017年，福建省第十二届人民代表大会第五次会议高票通过《福建省老年人权益保障条例》，于当年3月1日起正式施行，是我省首部由人代会审议通过的实体性地方法规。《条例》中，独生子女“带薪护理假”的规定，为地方立法首创，引起了社会舆论的广泛关注，社会好评如潮，成为当年全国地方最受关注的老龄新闻事件。2017年，省人大常委会开展老年人权益保障工作调研2次，开展老年人权益保障工作督查1次；全省司法部门有普法宣传教育队伍127支、队员1076名，开展《中华人民共和国老年人权益保障法》和《福建省老年人权益保障条例》普法宣传教育活动485场次。

司法救助。2017年，全省共受理涉老诉讼案件61629件，其中，刑事案2145件，民事案55158件（含赡养纠纷案249件），行政案4326件。全年共为生活困难老年人减免、缓交诉讼费案21件，累计免交、缓交诉讼费9218元。2017年，全省司法部门共受理老年人法律援助案2022件，获得法律援助的老年人2022名。2017年，全省公安机关共受理侵害老年人人身权案816件，侵害老年人财产权案6632件；破获受害者为70岁以上老年人的刑事案件1881起，其中虚假信息诈骗案件247起、故意伤害案件118起。全省老龄办系统共接待老年人信访6063人次，办结5892人次，办结率达97.18%。

五、敬老优待

交通优待。2017年，全省发放《福建省老年人优待证》17.22万张。其中，60至69周岁老年人优待证7.31万张，70周岁及以上老年人优待证9.91万张。已开通城市公交线路的所有县（市、区）均落实70周岁及以上老年人免费乘坐市内公交车优待（其中，厦门市、晋江市、大田县、尤溪县将免费乘公交车优待年龄降低到65周岁，泉港区、安溪县降低到60周岁，泉州市其余各县区、华安县实行60至69周岁老年人乘公交车半价的优待）。福州地铁对70周岁及以上老年人实行错峰免票优待，厦门地铁对65周岁及以上老年人实行免票优待（早、晚高峰实行半价优待）。2017年，全省老年人享受免费（优惠）乘坐城市公交、地铁约9700万人次，累计减免交通费1.26亿元。此外，全省公共汽车、轨道交通等公共交通工具设置老年人专用座椅率达20%。

门票优待。到2017年末，全省所有280个A级旅游景区（点）均向70周岁及以上老年人实行首道门免票优待，其中有5A级景区9个。全省现有960个城市公园，其中有8个收费公园（主要为动物园）均向老年人免费或优惠开放。

高龄津贴。截至2018年3月底，全省84个县（市、区）均落实高龄津贴制度。其中，落实70周岁及以上高龄津贴制度的区1个，落实80周岁及以上高龄津贴制度的县（市、区）75个（含泉州市台商投资区），落实90周岁及以上高龄津贴制度的县（市、区）9个。从2015年1月起，我省建立80周岁以上低保老年人高龄补贴制度，2017年为28265名高龄低保老年人发放每人每年1200元的高龄补贴。此外，全省有3238个村（居）建立老年人固定生活补贴制度，受惠老人达51万人。

长寿补贴。全省所有县（市、区）均建立百岁老人长寿营养补贴制度。其中，每人每月补贴1100元的有6个、1000元的1个、900元的1个、800元的1个、500元的7个、400元的2个、350元的6个、300元的43个（含泉州市台商投资区）、200元的18个。在老年节期间，各级政府均为百岁老人发放了数额不等的慰问金，其中省政府为每位百岁老人发放1000元。

重点优抚。2017年，为全省17.7万名重点优抚对象老人发放补助金，其中革命“五老”人员3767名。

六、文体活动

文化艺术。到2017年底，全省共出版涉老图书379种，共计179万册。全省有老年合唱团体260个，参加老年人1.3万人。全省有相对固定的激情广场群众性文化活动点2000多处，经常参加活动的老年文化队伍1万支、约10万人。2017年，全省共组织老年人文化艺术活动30场次，开展闽台老年文化交流15场次，参加老年人1.5万人次。

老年教育。到2017年底，全省共创办各类老年大学（学校）5397所。其中：省级1所，地级市10所，县（市、区）级85所，乡镇（街道）级620所，村（居）级4660所，部队1所，企事业单位20所。全省累计在校学员60.66万人，占全省老年人口总数的10.93%。

老年体育。2017年，各级体彩公益金投入老年体育场所建设资金累计1.47亿元（其中，省级投入3277万元），新建或修缮老年人体育活动场所598处，面积62.9万平方米。目前，全省拥有老年人健身活动中心（室）10377座（间），比上年新增798座（间）；老年体育活动场地27139处，同比新增7813处。20人以上纳凉点3.8万余处，同比新增2170处。全省有77.25%的县（市、区）建有老年人活动中心，78.53%的乡镇（街道）和58.6%的村（社区）建设了老年文体中心（室）及活动场地；88.1%的机关、事业单位建有离退休人员文体活动中心（室）。全年经常参加体育锻炼的老年人口达340万人，占全省经常参加体育锻炼居民的61.26%。2017年全省共组织老年体育活动14872场次，参与活动的老年人达298.3万人次。

七、社会氛围

老龄工作宣传。2017年，有30多家中央、境外和省市主要媒体共刊发我省老龄原创报道400多条，百度搜索关键词显示相关信息35.7万个，覆盖了报纸、广播、电视、网络、微信、微博、新闻客户端等全媒体平台。其中，省主要媒体刊播老龄原创新闻报道140余条，全省通信企业共发送尊老敬老公益信息219.5万条。

精神文明建设。全省共有五类精神文明测评设置了与老龄事业发展相关的考核指标，具体项目有：省级文明城区、省级文明县城、省级文明村镇、省级文明单位、省级文明校园、省级文明城市（地市级、县区级）、省级文明社区、省级文明行业。2017年评选的福建身边好人、中国好人、省级道德模范中有老年人31人，占获奖总数的16%。全年开展"孝亲敬老"类评选2项，表彰7人。

为老志愿服务。2017年，全省文明办系统组织开展为老服务11万次，志愿者服务队伍500多支，注册为老服务志愿者3.2万人，受益老年人达7万人次。全省共青团组织累计开展为老志愿服务1868余次，参与志愿服务人数41673人，服务老年人10万余人次。全省妇联组织累计开展为老志愿服务177次，参与人数达3380人，共服务老年人2500名。全省还有中老年人妇女志愿者队伍1800支，人数5万余人。

八、社会管理

老龄工作机构。到2017年底，省、市、县（区）三级共有老龄工作机构95个，工作人员290人。其中，专职人员200人，兼职人员90人。设有老龄委的乡镇（街道）1100个，其中配有工作人员的老龄委1019个。

离退休党组织。到2017年末，全省有离退休干部党委119个，离退休干部党总支167个，离休干部单独成立党支部86个，退休干部单独成立党支部1246个，离休干部和退休干部合编党支部1500个，社区离退休干部党支部533个。全省现有离退休党员251553人。其中，离休党员6596人，退休党员244957人。

老年群众组织。全省有基层老年协会14670个，会员223.5万人。其中：乡镇（街道）老年协会1013个、22.8万人，城市社区老年协会2261个、51万人，农村社区老年协会11396个、149.7万人。有规范化基层老年协会5633个，规范化建设率为38.40%。全省有老年体育协会组织17573个，会员298.2万人。其中：省、设区市及行业系统18个，县（市、区）级108个，乡镇（街道）和村（居）老年体育协会13926个，机关、企事业单位3521个。全省有各级关心下一代工作委员会组织34551个，在关心下一代委员会中发挥余热的老年人约42万人。2017年各级关心下一代工作委员会累计开展关心帮扶工作20777次，关心帮扶少年儿童20.3万人次，赠送图书等各类实物11.3万件，发放慰问金1.99亿元。

老年人社会化管理。截至2017年底，全省企业退休人员进入社会化管理人数131.58万人，社会化管理率96.81%。其中，纳入社区管理的人员114.3万人，社区化管理率84.1%。

重要会议和活动

【省人大审议通过《福建省老年人权益保障条例》】 1月22日下午，省十二届人大五次会议审议通过《福建省老年人权益保障条例》，这是我省第一部在人代会上通过的实体性法规。这部法规从我省1990年颁布实施的《福建省老年人保护条例》升级而来，条款从44条增加到72条。其中，"独生子女陪护假"的规定为全国首例，引起全社会广泛关注。

【举办庆祝《福建省老年人权益保障条例》施行宣传活动】 3月1日上午，我省举办庆祝《福建省老年人权益保障条例》施行暨"爱老助老·与法同行"志愿者队伍授旗仪式。省人大常委会党组副书记、副主任苏增添出席活动，并为10支志愿者队伍授旗。活动由福建省省民政厅厅长、省老龄办主任池秋娜主持。

【省政府研究通过《"十三五"福建省老龄事业发展和养老体系建设规划》】 6月30日，于伟国省长主持省政府第98次常务会议，研究通过《"十三五"福建省老龄事业发展和养老体系建设规划》。会上，于省长指出，老龄办不是边缘部门，而是省委、省政府关心关注的部门，要切实掌握情况，推动相关部门每年取得实实在在、看得见的成效。

【中共福建省委全会专题研究部署养老事业发展】 8月3日，中共福建省委召开十届三次全会，将养老事业发展作为补齐民生事业短板的四项重大内容之一，进行研究部署，在全国首开先河，会议提出围绕构建多层次养老服务体系，优先发展居家养老，更好发挥机构养老作用，推进医养深度结合，大力发展老龄产业。中共福建省委、福建省人民政府出台《关于加快养老事业发展的实施意见》，福建省人民政府出台《加快推进居家社区养老服务十条措施》《进一步促进养老机构健康发展十条措施》等，部署实施全面放开养老服务市场，提升养老服务质量。

【省老龄委召开第十三次全体会议】 7日7日上午，省老龄委召开第十三次全体会议，副省长、省老龄委主任黄琪玉主持会议并讲话。会议主要任务是深入学习贯彻习近平总书记关于加强老龄工作的重要指示和重要讲话精神，传达贯彻全国老龄委第十九次全体会议精神，回顾总结2016年老龄工作，研究部署2017年老龄工作。会上，省民政厅厅长、老龄委副主任池秋娜作了工作报告。省老龄委37个成员单位负责人参加了会议。

【举行2017年“敬老月”活动启动仪式】 9月30日，我省举行2017年“敬老月”活动启动仪式。副省长、省老龄委主任黄琪玉出席仪式，并为我省荣获第二届全国“敬老文明号”称号的28家单位授牌。今年我省“敬老月”活动主题为“关心关爱老年人，争创敬老文明号”。活动要求立足基层，注重实效，以争创第三届全国“敬老文明号”为契机和手段，组织开展以丰富养老服务内容，提高老年人幸福感、获得感为核心的敬老活动。

江西省

综　　述

2017年，江西省老龄办认真学习贯彻党的十八届六中全会、十九大精神以及习近平总书记关于老龄工作的重要指示、“5·27”重要讲话精神和全国老龄委第十九次全会精神，紧紧围绕及时、科学、综合应对人口老龄化，较好地完成了老龄法规政策创制、加强基层老龄和老年优待工作、开展“敬老文明号”创建和“敬老月”活动等各项工作任务，并取得明显成效。被全国老龄办评为“2016年全国‘老龄新闻宣传好作品’评选优秀组织单位”“2017全国‘老有所为’推选优秀组织单位”。

（一）政治思想建设有新提升。组织全省老龄系统认真学习贯彻党的十八届六中全会、十九大精神以及习近平总书记关于老龄工作的重要指示和“5·27”重要讲话精神，深化落实中央“八项规定”精神和纠正“四风”工作，坚持不懈抓好党风廉政建设，把从严治党贯穿老龄工作的全过程。自觉用党的最新理论武装头脑，统一思想，提高认识，进一步增强做好老龄工作的使命感、责任感和紧迫感，不断提升老龄工作能力，确保重点任务、难点问题实现新突破。

（二）老龄政策创制上有新进步。省老龄办参与编制并以省政府名义印发了《江西省老龄事业发展“十三五”规划》，以省政府办公厅名义印发了《关于做好我省老年人权益保障和照顾服务工作的实施意见》，以省老龄委（办）名义印发了《关于印发〈江西省老龄事业发展评估办法（试行）〉的通知》《贯彻实施〈江西省实施中华人民共和国老年人权益保障法办法〉主要任务责任分工意见》《江西省老龄信访工作管理办法（试行）》，转发了《全国老龄办关于加强联络协调工作的指导意见》《转发全国老龄办等25部门〈关于推进老年宜居环境建设的指导意见〉的通知》等文件，联合有关单位共同出台了《关于进一步加强老年法律维权工作的实施意见》。充分发挥综合协调、联系沟通和议事协商的职能作用，印发了《江西省老龄工作委员会2017年工作要点》，积极推动省老龄委成员单位出台一系列涉老法规政策，为全省老龄事业发展提供了政策理论遵循。

（三）落实省政府民生工程有新突破。根据省老龄办、省民政厅、省财政厅、江西保监局联合出台了《关于转发全国老龄办等四部门有关开展老年人意外伤害保险工作指导意见的通知》，将“70周岁以上老年人免费乘坐市内公交车意外伤害保险”，拓展为老年人意外伤害保险。省老龄办加强了对老年人意外保险工作的指导和统保对象基本信息登记督查工作，召开了省级承保公司座谈会和全省老年人意外伤害保险工作会议，组织开展了老年人意外伤害保险工作情况执法检查，并就2017年老年人意外伤害保险执行情况，向省财政、省保监局提出了具体意见建议，签定了《2018年度全省老年人意外伤害保险协议》。先后2次对各地老年人意外伤害保险等工作进行了督查检查，确保各地、各承保公司履行工作职责。截至11月底，全省共发生案件6677起，理赔金额1707.2万元，理赔率达93%，较好地保障了老年人的合法权益。

（四）老年人权益保障落实有新提高。依据《江西省实施〈中华人民共和国老年人权益保障法〉办法》和省政府办公厅批转的《关于进一步加强我省老年人优待工作的意见》，省老龄办积极督促指导各地出台本地政策，要求各地要统筹推动老年优待、高龄津贴发放等工作，确保65周岁以上老年人免费乘坐公交车、免费进入景区景点的优惠政策落实。4月份省老龄委下发了《关于开展老年法律维权督查工作的通知》，联合省公安厅、省检察院、省高院、省司法厅、省民政厅成立5个督察组，对全省老年法律维权工作进行了督查，并向省老龄委呈送了《关于开展我省老年法律维权工作专项督查的报告》，省老龄委主任、省人民政府副省长吴晓军在报告上批示：“同意下步工作意见，继续做好老年法律维权工作。”配合省民政厅在全省组织开展了防范非法集资宣传月和涉嫌非法集资专项排查活动，有效地保护广大老年群众的切身利益。按照全国老龄办《关于开展老年人优待服务工作绩效评估的通知》，组织省老龄委成员单位和各设区市老龄办报送了老年人优待服务政策绩效评估指标表、老年人优待服务政策目录和老年人优待服务的典型案例。配合省发改委、省民政厅共同组织开展了《国务院办公厅关于全面放开养老服务市场提升养老服务质量的若干意见》落实情况督查工作。制定了《〈江西省老年人优待证〉印制、发放管理办法（暂行）》，规范了老年人优待证印制发放工作，全年印制发放老年人优待证46万多本。全年收到老年人来信8件，来访3件，来电30件，现已全部办结，没有出现老年人因工作处理不当重复上访、缠访等事件。

（五）基层老龄工作有新成效。按照“设施完善、制度健全、班子得力、经费落实、作用明显”五条标准，认真抓好老年协会规范化建设，并积极探索老年协会建设新模式，做到登记备案依法实施管理。总结推广了景德镇鹰潭两市“协会＋中心＋站点＋巡访”的模式，即将居家养老服务中心交由农村老年协会进行日常管理服务，在远离居家养老服务中心的自然村设立服务站点，对中心（站点）辐射不到的偏远村庄采取巡访的方式上门为老年人服务。举办了全省基层老龄干部和全省基层老年协会管理人员培训班，进一步提高了基层老龄干部和基层老龄协会人员的履职尽责能力。7月底举办了有关设区市、县（市、区）老龄办联络员和乡镇督导员及村级调查员参加的培训班，8月1日零时，正式开展入户调查，同时对上门入户调查情况进行了现场督导，圆满完成了全国老龄办统一组织的老年人生活状况监测调查工作任务。

（六）老龄宣传工作有新拓展。为弘扬中华民族传统美德，省老龄办加大宣传力度，营造敬老爱老社会氛围。一是运用新闻媒体进行宣传。认真组织全省各地在《中国社会报》《中国老年报》《中国社会工作·老龄》《江西日报》等省部级以上媒体上刊稿92篇，编发《江西老龄工作》12期，较好地反映了我省老龄工作成绩和老年人的风采。二是抓住重要时机宣传。重阳节在八一广场联合江西省广播电视台开展了江西省2017年九九重阳庆祝活动，并组织老年法律、老龄政策、老年卫生、老年消费、老年金融、老年保障等内容的咨询服务和老年文艺演出活动。三是广泛开展“敬老月”活动。全省各地把新修改《老年法》的宣传教育与弘扬中华民族尊老敬老传统美德结合起来、与庆祝“老年节”活动结合起来，通过印发《老年法》单行本、举办学习班、组织宣讲组、张贴宣传画等多种形式和采取广播、电视、报刊、网络等多种手段，广泛开展《老年法》宣传教育进机关、进乡村、进社区、进学校、进企业、进单位活动。通过大造声势、广造舆论，加大了宣传教育力度，使新修改的《老年法》家喻户晓，深入人心，进一步增强了全社会的老年法律意识和敬老意识。四是组织开展“敬老文明号”创建活动。按照《江西省“敬老文明号”创建活动实施方案》，组织全省各涉老部门、医疗机构、旅游景点、城市公交等公共服务窗口行业和养老机构开展了创建活动。通过明确创建目标、拓展服务内容、制定服务标准、完善服务制度、公开服务承诺，提升了基层单位为老服务水平，营造了尊老敬老爱老助老的社会氛围。五是组织全国老龄系统先进典型评选宣传工作。按照全国老龄办的部署，省老龄办严格标准、注重质量，共推选1名老龄先进工作者、2名“全国老有所为”典型人物和1个老龄工作先进集体受到全国老龄委的表彰。

重要会议和活动

【召开全省老龄办主任会议】6月1日，全省老龄办主任会议在景德镇市乐平召开。各设区市老龄办负责人和业务科长等30余人参加了会议。省民政厅党组成员、省老龄办专职副主任罗良意讲话，景德镇市副市长徐耀纯到会并致辞。会议首先传达了2017年全国老龄办主任会议精神。南昌市、景德镇市、新余市、赣州市、抚州市的老龄办相关负责人作交流发言。省老龄办专职副主任罗良意作了讲话，他强调，要深入学习贯彻以习近平同志为核心的党中央关于加强老龄工作的重要指示批示精神和重大决策部署；要统一思想、提高认识，把思想和行动统一到中央的决策部署上来；要加创新思路、总结经验，完善老龄事业发展体制机制建设。要切实发挥各级老龄办的职能作用，把握积极应对人口老龄化的主攻方向，推进我省老龄事业全面协调发展。尤其是在基层老年人协会工作上，要加强政府引导和社会参与，在老年协会建设上要立足实现让老年人有物质上的帮助，精神上的慰藉，社会上的扶持。在老年协会建设中要立足打造一个好的班子、队伍和寻求好的合作伙伴，进一步夯实老年协会建设的基础，进一步加强老龄工作队伍培训和建设；要进一步加强资金和项目督查，扎实做好基层老龄的党建工作，提高从严治党的意识和水平；要突出从严治党，站在政治高度，严肃党内政治生活，实现一岗双责，转变作风，以身作则，保证老龄工作各项任务的顺利完成。

【开展老年法律维权督查工作】为认真贯彻全国老龄办等六部门《关于进一步加强老年法律维权工作的意见》，从4月中旬到5月中旬，由省老龄办牵头，联合省公安厅、省人民检察院、省高级人民法院、省司法厅、省民政厅，在全省开展一次老年人法律维权工作专项督查活动。此次督查，以开展老年法律维权调研，了解社情民意，发现倾向性问题，围绕各地对涉老案件实行快立、快审、快结、快执和受理费用减、缓、免情况及设立老年合议庭情况，对老年人控告、举报、申诉案件及审查逮捕、起诉时，体现对老年人特殊保护情况；国家工作人员对侵害老年人合法权益的贪污、侵权等行为立案与查办情况；了解各地公安机关开展涉老防火、防盗、防诈骗等安全防范预警提示与提升老年人风险防患意识情况；针对盗窃、诈骗、抢夺、敲诈勒索老年人财务和涉老非法集资、电信网络诈骗、传销等违法犯罪行为依法惩处、维护老年人合法权益情况；了解涉及交管、治安、户政、出入境等公安机关窗口单位为老服务情况、为有需求的困难老年人上门提供为老服务及措施情况。各地落实老年人福利制度和养老机构分类管理及养老服务评估制度等情况。彻落实省委办公厅、省政府办公厅《关于完善法律援助制度的实施意见》、进一步扩大涉老法律援助覆盖面和法律援助便民服务机制建设情况。省公安厅党委委员、副厅长张冬庆，省民政厅党组成员、副厅长龚建辉，省民政厅党组成员、省老龄办专职副主任罗良意，省高级人民法院副巡视员何大新，省人民检察院副巡视员谭显厚分别带队督导全省 11 个设区市 27 个县（市、区）40 个点，在各地召开了由当地党委、政府领导，老龄委、法院、检察院、公安局、民政局、司法局等相关单位人员参加的座谈会，听取了他们的汇报和介绍，并到实地进行了查看及督查单位提供了书面报告。

【举办全省基层老龄干部和基层老年协会管理人员培训班】为推进老龄事业健康发展，强化认识、提高素质，增强全省基层老龄干部、基层老年协会管理人员履职尽责的能力和素质，进一步提升为老服务能力和业务工作水平，省老龄办分别于 6 月 12—16 日，6 月 19—22 日在南昌市赣江宾馆举办了全省基层老龄干部培训班和全省基层老年协会管理人员培训班，全省各设区市老龄办和各县（市、区）老龄办的基层老龄干部和基层老年协会管理人员共计 280 余人参加了此次培训。此次培训，省老龄办安排了一批政策精通、业务熟练、经验丰富的各项业务负责同志授课。罗良意副主任亲自讲授《增强法制意识　提高履职能力》，其他同志也分别就贯彻“5·27”习近平总书记重要讲话精神、解读《江西省实施〈老年法〉办法》、抓好城乡基层老年协会规范化建设，运用新媒体开展老龄宣传工作等方面与培训学员展开交流。

【开展“老年节”庆祝活动】10 月 28 日，由江西省老龄办、江西广播电视台主办，南昌市老龄委、江西广播电视台经济生活频道、江西广播电视报社承办的“2017 年江西省九九重阳庆祝活动”在南昌八一广场隆重举行，喻根华等 10 人被授予江西省“孝亲敬老之星”称号，王晓阳等 10 人被授予江西省“老有所为之星”称号。省老龄委常务副主任、省民政厅厅长刘金接，南昌市委常委、副市长华清，部分省老龄委委员和成员单位联络员出席了活动。活动现场，“孝亲敬老之星”代表宜春市上高县镇渡乡江东村保洁员喻根华和抚州市南城县建昌镇敬老院院长刘丽群；“老有所为之星”代表鹰潭贵溪市滨江镇“黄新发工作室”主任黄新发和九江市人民检察院驻村扶贫工作队队员王晓阳的感人事迹和精彩访谈深深打动了现场观众，很多观众潸然落泪。特邀嘉宾江西卫视《金牌调解》调解员胡剑云和第 39 届国际南丁格尔奖章获得者、“章金媛爱心奉献团”顾问章金媛，为获奖代表黄新发和刘丽群带了神秘礼物，将现场气氛推向高潮。省老龄办在现场还发布了我省百岁老老人的权威数据。截至 2017 年 9 月份，我省 60 岁以上的老人 654.86 万，占总人口的 14.26%，领取高龄津贴的百岁老人总数 1444 人，其中男性 316 人、女性 1128 人。江西最高寿的百岁老人是吉安市吉州区中山西路 8 号的刘飞兰老人，今年 117 岁。活动还邀请了江西省肿瘤医院、南昌市第九医院、省法律援助中心、省消费者保护委员会、兴业银行和 5 家江西省老年人意外伤害险承保公司，到现场为广大老年人提供医疗保健、金融理财、消费维权、老年人意外伤害保险、法律知识等免费咨询服务。来自江西老年大学艺术团和江西阳光艺术团的老人们带来了八一组歌序曲《第一枪》、模特秀《国色天香》、歌曲《常回家看看》、舞蹈《再唱山歌给党听》和《青花叠翠》等精彩节目，活动共吸引各界群众约 500 人到现场观看，体验浓厚敬老氛围。

各项业务进展

【着力提升养老院服务质量】4 月 11 日，省民政厅联合省卫生计生委、省公安厅、省发改委、省工信委等 13 个省直单位出台《江西省养老院服务质量专项行动实施方案》，并将提升养老院服务质量工作列为全年民政联合抓点示范工作首要任务。4 月 18 日，省民政厅组织全省民政系统主要负责人以及相关工作人员、养老院院长等 2800 余人召开动员部署会议并开展专题培训，重点学习了习近平总书记重要指示精神以及大检查大整治工作要求。为全面摸底排查当前养老院存在的突出问题和普遍性问题，省民政厅将养老院服务质量纳入全省基层民政能力建设重点调研内容之一，派出 11 个工作组，开展为期一个月的蹲点调研工作，并形成蹲点调研专项报告。根据摸底情况，省民政厅制定了《养老院服务质量大检查操作手册》，明确了大检查的内容和范围、检查流程、时间节点，将分为基础指标和提升指标，其中基础指标 54 项为强制性指标，不符合条件的必须限期整改到位。7 月 25 日，省民政厅印发《关于开展全省民政系统综治消防安全生产及提升养老院服务质量等涉老工作大检查的通知》，派出 6 个工作组对全省 11 各设区市提升养老院质量建设等工作进行专项督查，并形成专项督查报告，并联合省公安消防、卫生计生、食品药品等 6 部门于 9 月 6 日，再次召集全省民政系统主要领导和有关负责同志、养老院长 3000 余人召开部署推进视频会议，通报各地在54项基础性指标达标情况、大检查情况、存在的主要问题，部署下一步下一阶段工作。10月27日，省发改委等12部门共同就开展全面放开养老服务市场、提升养老院服务质量的若干意见落实情况启动督查工作。省公安消防部门印发《关于进一步加强养老院消防安全监督管理和服务工作的通知》，明确了取消部分养老院消防验收审批事项以及养老院消防安全管理要求。11月10日省政府召开新闻发布会，专门就养老院质量建设等问题答记者问。经过一年的养老院服务质量专项行动，全省培训养老行政管理人员、养老院负责人、养老护理员6000余人次；全省1761家养老院参与专项行动。54项目基础性指标不合格养老院整治率100%，整治合格养老院达到73%。

【推动养老服务改革创新】省民政厅会同省商务厅编印健康养老项目招商手册，会同省财政厅推广PPP模式，14个大型养老项目入选财政部PPP项目库，26家公办养老院入选国家第二批公办养老机构改革试点名录。南昌、赣州、新余等地投资1亿元以上的社会福利中心项目和86家大型公办养老院成功实现“公建民营”。通过争取，南昌、抚州、赣州被列入全国医养结合试点城市。10月11日—13日，省卫生计生委、省民政厅共同在赣州市召开全省医养结合会议暨养老院质量建设高峰论坛，召集全省卫生计生、民政系统以及部分养老机构负责人广泛开展讨论研究。推广家庭医生签约服务，汇编典型案例，开展动态监测。全省已审批设置老年病医院、护理院和康复医院等老年专科医疗机构25家，建成养老、医疗一体机构78家，739家养老机构通过与医疗机构签约、托管、对口支援、合作共建等方式建立合作关系，全省65岁以上老年人签约252万，签约率达61%。护理型床位占总床位比重提高5%，达到20%，54%以上的养老院能够以不同形式为入住老年人提供医疗卫生服务。支持省内企业、街道（社区）、基地开展智慧健康养老试点示范。省工信委、省民政厅、省卫生计生委组织省内相关企业、单位申报智慧健康养老试点示范，经过申报对象自愿上报、地市初评初审、专家审核、实地考察等程序，最终萍乡市都市农庄生态园开发有限公司列为智慧健康养老应用试点示范企业，宜春市樟树市阁山镇、鹰潭市梅园街道、宜春市上高县南港镇列为智慧健康养老应用试点示范街道（乡镇）等4个单位被国家列入2017年智慧健康养老应用试点示范名单。2017年5月在全国率先出台《关于进一步做好房地产市场调控工作指导意见》，鼓励房地产企业开发养老住宅、养老公寓等多种类型养老住宅项目；提出了允许未开发房地产用地和已建成非住宅商品房转型利用，用于国家支持的养老产业、体育产业等项目用途的开发建设。养老服务产业基金试点取得实质性进展。

【基层老龄工作】2015年省老龄办与省民政厅联合下发了《关于进一步加强城乡老年协会建设的通知》，明确民政部门要降低门槛，放宽条件，简化手续，对已建协会做到能登尽登，暂时不具备条件的，也要在乡镇（街办）备案。探索“院会合一”模式，将敬老院（幸福院、光荣院）部分空置资源有效利用，使老年协会活动场所和活动设施问题得以解决。探索“会会合一”模式，把老年人体育协会资源共建共享，以解决老年协会经费难、设施弱的问题。探索“站会合一”模式，城乡社区居家养老服务中心（站）、农村颐养之家建成后，委托给老年协会进行管理，并加挂老年协会牌子，不仅可以发挥基层老年协会的作用，还可以促进养老服务资源的管理和可持续发展。11月初，吉安市老龄办在全国城乡社区老年协会建设暨加强基层老龄工作会议上，作了《着眼全局　面向基层提升老龄工作效益》的典型发言。

【老年维权工作】2017年，全省公安机关充分发挥职能作用，重点以农村突出治安问题专项整治为抓手，及时、认真受理对涉及老年人的报警和求助，对伤害老年人人身安全和侵犯老年人财产安全的违法犯罪行为，坚决依法查处，特别加大了对“两抢一盗”、诈骗、涉食药环等侵害老年人利益的民生案件的打击力度，坚持快侦快破，最大限度地保障老年人权益，维护良好治安秩序。2017年，共查破涉老违法犯罪案件1771起，救助和赞助受困老人156人。全省各级法律援助机构及工作站点共接待老年人来信、来访、来电29199人次，占总咨询人数的9.9%；全省共办理各类涉老法律援助案件3668件，占总案件数的10.6%，受援老年人3886人，占受援人总数的10.9%，为老年人挽回损失或取得利益1500多万元，较好地维护了老年人合法权益。全省各级法院加强对涉老案件的法律援助和司法救助，为贫困老年人提供优质的法律服务，针对一些老年人缺乏法律知识，行动不便，不能很好地保障自己的诉讼权益的情况，全省各级法院高度重视老年当事人的诉讼代理，鼓励老年当事人聘请律师或法律工作者，对于无力聘请的，动员老年当事人的亲友为其担任诉讼代理人，或者帮助联系法律援助中心请求法律援助。针对一些老年人没有独立经济来源，生活拮据的情况，全省各级法院依法减、缓、免老年当事人的诉讼费用。

【老龄新闻宣传】10月28日重阳节当天，由江西省老龄办、江西广播电视台主办，南昌市老龄委、江西广播电视台经济生活频道、江西广播电视报社承办的“2017年江西省九九重阳庆祝活动”在南昌八一广场隆重举行，喻根华等10人被授予江西省“孝亲敬老之星”称号，王晓阳等10人被授予江西省“老有所为之星”称号。活动期间，江西电视台经济生活频道全程手机直播，并在敬老月播放庆祝活动实况。江西电视台卫视频道、都市频道、公共频道也对庆祝活动给予了大篇幅的报道和人物专访。其中“照顾百岁婆婆的好儿媳”喻根华的感人故事，还登上了中央电视台法制频道的《道德观察》专栏。《南昌日报》和《南昌晚报》分别用了超过1个版面以上的篇幅集中报道“敬老月”活动信息。抚州市成立了由分管副市长为组长，市委老干部局、市教育局、市财政局、市人社局、市广播电视局等成员单位领导为组员的“敬老月”活动领导小组，指导各县（区）老龄委和市老龄委成员单位开展“敬老月”活动。抚州广播电视台、抚州日报、抚州全媒体中心等派出精干力量全程实施宣传报道。宜春市老龄委通过编辑手机短信、微信向社会各界发送敬老短信60余万条，号召全社会尊老敬老，关爱老年人。赣州市举办了首届泰康养老杯“敬老爱老助老”微视频创作大赛获奖作品颁奖仪式，市委常委、副市长张晓宁出席活动并致辞。获奖作品在赣州市电视台、赣南日报等媒体进行了展播。宜丰县以县委、县政府、县老龄委的名义在宜丰电视台表示节日祝贺。

【敬老爱老助老活动】一是举办大型庆祝活动。宜春市组织开展了“养老宜春·御湖晚情”敬老助老宣传活动。南昌市文明办联合南昌县委、县政府主办了“九九重阳千叟登高宴之爱在重阳”大型公益活动；市红十字会联合江西省江苏商会、江西双德集团在青云谱区开展“九九重阳·敬老爱老”公益助老服务活动。二是组织志愿者开展为老服务。团省委积极组织动员各设区市、省属各高校、省直各单位团委志愿者工作机构等青年志愿服务组织，走进老年人家庭、老年人社区、养老机构、老年大学等，倾听老年人心声，关心老年人生活，解决老年人实际困难。特别是以南昌大学和江西师范大学为代表的18所省属各高校，共招募600余名青年志愿者，累计服务时长820个小时，走进敬老院、走进社区，开展了一系列形式多样、效果显著的志愿服务活动。三是开展老年法律医疗咨询活动。九江市联合平安产险九江支公司开展老年节敬老宣传活动。抚州市各级各部门开展了老年法律维权知识讲座，举办讲座23场次，法律援助服务站为老年人提供法律咨询、调解纠纷、为困难老人代理官司等服务。萍乡市司法局结合“精准法律援助专项行动”活动、上街、进社区向老年人发放《法律援助服务指南》、《空巢老人12个怎么办》等法律援助宣传服务资料。

【敬老爱老主题教育】今年，省老龄办联合江西广播电视台经视频道推出了第二季“百善孝为先”系列报道。从8月份起，深入全省11个地市挖掘报道孝亲敬老、老有所为先进事迹。在全省近百位候选中，通过层层核实与遴选，最终评选产生了10位“孝亲敬老之星”和10名“老有所为之星”，并在重阳节当天开展了庆祝表彰活动，收到了很好的社会反响。上饶团市委组织开展“红领巾孝心行动，传承我的好家风”活动，组织上饶市中小学志愿者开展志愿服务活动岗前动员培训，将敬老爱老的理念融入到课堂中去，从小培养学生对老年人的关心关爱，增强青年志愿者和老年人幸福感、满足感。南昌市委宣传部、市旅发委、江西南昌旅游集团有限公司在滕王阁景区举行“金婚夫妻庆典”活动。

【老年文体活动】全省各地各单位在敬老月期间广泛组织老年人开展各类文体庆祝活动。新余市联合市文化馆、市人寿财险公司举办庆祝重阳节文艺晚会，以丰富多彩的节目宣传十九大精神、弘扬尊老敬老美德、倡导健康生活方式。抚州市组织了重阳节庆典活动，近千名老人参加了老年人文艺演出和游园活动。上饶市组织市直单位近千名老同志代表在森林公园广场参加游艺活动。鹰潭市举办了第七届老年人健身体育运动会，设置了门球、气排球和健身气功等20多项符合老年人身心特点的健身体育活动。

山东省

综　述

截至2017年底，山东省60岁以上老年人口达到2137.3万，占全省总人口的21.36%。其中，65岁以上老年人口1399.8万，占总人口的14.0%；80岁以上高龄老年人约为248.1万，占老年人口的11.61%；全省百岁老人6153人。党的十九大报告提出“积极应对人口老龄化，构建养老、孝老、敬老政策体系和社会环境，推进医养结合，加快老龄事业和产业发展”的要求，为老龄事业和产业发展指明了方向。2017年，全省各级以习近平新时代中国特色社会主义思想为指导，认真贯彻落实党的十九大精神，牢牢把握“走在前列”的目标定位，依托新旧动能转换重大工程，持续改善老年民生，大力推进养老服务业转型升级，完善老年优待政策措施，提升老年权益保障水平，丰富老年人精神文化生活，全省老龄事业发展取得了新的成绩。

一、社会养老保障

截至2017年11月，山东省城乡居民养老保险和居民医疗保险参保人数分别达到4529.3万人和7272.5万人。城乡居民基本养老保险基础养老金标准为每人每月100元，企业和机关事业单位退休人员养老金每人每月比上年增加55元，总体上调比例达到5.77%；城乡居民基本医疗保险政府补助标准提高到450元，大病保险最高支付限额为30万元。城镇特困老人享受每月752元的生活补贴，并按照失能、半失能和自理的标准，由政府分别给予每年5529元、3096元、1610元的护理补贴；农村特困老人享受每年5811元的生活补贴，并按照失能、半失能和自理的标准，由政府分别给予每年4866元、2646元、1383元的护理补贴。高龄津贴制度覆盖全省90岁以上老年人，有8个设区市、74个县（市、区）建立了80至89岁老年人高龄津贴制度，省财政共向16个市（不含青岛）拨付百岁老人长寿补贴金1253.35万元。截至2017年底，全省参加“银龄安康”老年人意外伤害组合保险的人数847.42万人，占应投保老年人总数的46%，为8万余受险参保人提供理赔资金1.58亿元。65岁以上老年人免费乘坐市内公共交通工具政策得到全面落实，全省老年人健康管理率达到67%，高血压和糖尿病患者规范管理率达60%以上。

二、社会养老服务体系建设

以加快推进“医养结合”为重点，进一步完善社会养老服务体系。截至2017年底，全省共有养老服务机构3300余家，各类养老床位70万张，千名老人拥有床位数近36张。城市社区日间照料中心和农村幸福院分别达到4400余个和1.1万个。全省共有279家公立医院开设养老病科，358家医院设立老年就医绿色通道；可提供医疗服务的养老机构达到1200余家，其中110家纳入了医保定点。全省25所院校设立了养老服务相关专业，在校生2000余人。全省建有省级养老服务培训基地7处，省、市两级全年培训养老服务管理和从业人员1.5万人次。2017年，省老龄办会同省财政厅，通过以奖代补形式拨付省级财政扶持资金810万元，扶持了45家优秀民办养老服务机构。

三、老年人权益保障

省老龄办、省法院、省检察院、省公安厅、省民政厅、省司法厅联合开展了第三批山东省老年人公益维权服务示范站创建工作，命名了183个基层单位。截至2017年底，全省已有省级老年人公益维权服务示范站522个，为保障老年人合法权益发挥了积极作用。同时，健全老年人合法权益保护工作考核机制，以政府部门涉老民生约束性指标落实情况为依据，以老年人法律援助、养老院服务质量、社区居家养老服务设施、老年人游览景点优惠为重点实施了考核。省老龄办等4部门召开2016年山东省保护老年人合法权益典型案例新闻发布会，发布7类20件典型案例；协调省公安厅策划并开展了老年人防电信诈骗宣教活动，充分利用各种阵地开展防范非法集资、反金融诈骗宣传，编发了《山东省保护老年人合法权益典型案例》《山东省老年人防范电信网络诈骗知识手册》。继续开展老年普法维权大篷车进社区公益行动，全年发放法律宣传手册5.6万余册，提供法律咨询3400余人次，免费帮助老年人成功维权近百起，节省律师咨询费用100多万元。

四、老龄产业发展

6月16日至18日，由省老龄办、省外办、省旅发委、省工商联、省贸促会联合主办的第九届山东老龄产业博览会在济南舜耕国际会展中心举办。本届“老博会”共有来自全国20个省（市、自治区）的306家企业和46家养老机构参展，展出面积近1.2万平方米，折合标准展位431个。参展内容涉及养老产品研发制造、养老地产、家庭服务、健康养生、信息通讯、汽车制造、休闲旅游、医疗器械等与老年人生活密切相关的行业和领域。“老博会”期间，举办了“2017老龄产业创新与发展研讨会”，组织评选了最具影响力品牌、最具人气参展商和最佳组织工作奖。本届“老博会”实现交易额2000万元，现场签订合同额4500多万元，意向协议金额6000多万元，为繁荣老年消费市场，推动全省老龄产业发展搭建了良好平台。省民政厅等5家单位下发了《山东省养老院服务质量建设专项行动实施方案》，对部分市养老院管理情况进行了督导检查。

五、老年文化体育事业

省老龄办与省文化厅、省体育局、省文联、省老年体协等部门、单位联合举办了第五届山东省银龄风采艺术大赛、第六届全省老年书画大赛、第四届老年摄影大赛、第三届“邮爱夕阳·幸福银龄”全省中老年人广场舞大赛、“致敬英雄”庆祝中国人民解放军建军90周年慰问演出、“齐鲁夕阳红·五彩中国梦”大型文艺展演等活动。2017年，全省共举办垂钓、门球、乒乓球、书画摄影等赛事和健身秧歌、健身球操、太极拳剑表演等文化活动1.6万多次，约500万老年人参与。“敬老月”期间，县级以上共举办庆祝老年节专场文艺演出940多场，近10万群众演员参演。加强基层老年文化设施队伍建设，实施了经济贫困村老年活动室建设扶助项目，为部分基层老年组织和活动场所购买发放拉杆音箱260台；开展了“银龄之家”和优秀老年艺术团体评选活动，确定了145个村（居）为“山东省银龄之家”，55个老年团体为“山东省优秀老年艺术团体”。

六、老龄宣传工作

全省各级老龄部门紧紧围绕全省老龄工作重点，充分利用各级各类媒体，拓展宣传的深度和广度。2017年，省级以上新闻媒体共采用老龄宣传报道稿件200余篇、老龄信息稿件700余篇。省老龄办联合山东广播电视台生活频道开设了老年栏目《幸福银龄》，全年编辑播出364期。大力弘扬齐鲁孝德文化，组织开展了第十二届“山东省十大孝星”评选、山东省敬老文化教育基地（示范点）建设和敬老助老公益广告作品征集活动，参加全国老有所为楷模和典型人物推选。扎实开展敬老月活动。10月1日至31日开展了以“关爱老年人·欢庆十九大”为主题的敬老月活动。其间，省级在职领导参加各类涉老活动达20多人次，17市在职市级领导参加敬老月活动360多人次，全省137个县（市、区）参加敬老月有关活动的党政领导2600多人次；省级层面先后策划了6大类30项省级重点活动，17市市级筹划设计各类活动510多项；各级各界走访慰问老年人30余万人，赠送慰问品、慰问金合计2.36亿元；全省县级以上各类媒体开设老龄专版、专栏共1100余个，发表各类稿件6000余篇。

七、老龄科研调研工作

为推动健康老龄化研究，助力健康山东战略，8月18日至20日，省老龄办、省老年学学会联合举办了以“山东省长寿区域分布及构成要素”为主题的第六届老年健康与长寿理论研讨会，与会专家学者和老龄工作者分别从不同的领域、学科、层次、视角探索了老年健康长寿的自然规律，提出了促进老年健康长寿的对策建议，特别围绕山东省人口高龄化区域演变、老年人参与社会的现状、医养结合与老人长期照护服务、长寿区域老龄产业发展等问题进行了研讨交流。省老龄办结合贯彻落实习近平关于老龄工作重要讲话精神，从5月起组织开展了全省老龄系统专题政策调研活动，共收到全省各级涉老部门、科研机构、社团组织上报的调研报告90余篇，并与有关高校和科研机构合作开展了4个涉老重大课题研究。积极组织参加全国老龄科研学术交流活动，2017年，山东向全国性的老龄综合学术论坛推荐论文33篇，全部获奖。

重要会议和活动

【1月2日，山东省首档公益类老年综合栏目《幸福银龄》正式开播】该栏目由省老龄办、中国人寿山东省分公司和山东广播电视台生活频道主办，自2017年1月2日起，每天上午9：30在山东电视台生活频道播出。栏目定位关爱老年健康，维护老年权益，展示老年风采，内容主要包括老年健康知识宣讲、老年维权话题访谈、老年人风采展示和老龄事业发展资讯等。

【1月12日，2017年山东省老年人迎春音乐会在济南举办】“银龄之春—2017年山东省老年人迎春音乐会”由省老龄办主办、济南市老干部活动中心承办，省里老领导赵志浩、陆懋曾、曹学成、李德强出席音乐会，省委老干部局副局长吕德义、山东老年大学副校长任德强，省老龄办领导丁希滨、钟永诚、肖培树、于振业出席音乐会，并与济南市300余位各界老年朋友共同观看演出。

【3月24日，省老龄委第25次全体会议在济南召开】会议总结了2016年全省老龄工作情况，分析老龄工作面临的形势，安排部署了2017年各项重点工作。副省长王随莲出席会议并讲话，全国老龄办党组成员、副主任朱耀垠就贯彻落实习近平总书记重要讲话精神和编制《“十三五”国家老龄事业和养老体系建设规划》做了解读，省老龄委副主任、省老龄办主任丁希滨报告2016年全省老龄工作情况。省老龄委副主任、委员和成员单位联络员参加会议，省老龄办机关人员、各市老龄办负责人列席了会议。

【5月24日，全省老龄事业发展情况及第四次中国城乡老年人生活状况抽样调查（山东省）成果新闻发布会召开】省政府新闻办主任魏长民主持发布会，省老龄办主任丁希滨向与会媒体介绍了全省老龄事业发展情况和第四次中国城乡老年人生活状况抽样调查（山东省）相关成果，省老龄办巡视员钟永诚现场回答了记者提问。

【6月16日至18日，第九届山东老龄产业博览会在济南舜耕国际会展中心举办】本届展会由省老龄办、省外办、省旅发委、省工商联、省贸促会联合主办，共有来自全国20个省（市、自治区）的306家企业和46家养老机构参展。

【8月1日，由省老龄办指导支持，省老龄事业发展基金会主办的“致敬英雄—庆祝中国人民解放军建军90周年暨沂蒙老功臣爱心护理工程”实施五周年慰问演出在兰陵县举办】省人大常委会原副主任、省老年人体育协会主席曹学成，省政协原副主席、省老年学学会会长李德强，省老龄办主任丁希滨、副主任牟善勇等出席有关活动。

【10月12日，山东省庆祝老年节大会在济南南郊宾馆礼堂召开】会前，省委书记、省人大常委会主任刘家义，省委副书记、省长龚正向全省老年人和老龄工作者致慰问信。副省长王随莲出席会议并讲话，省人大常委会副主任温孚江、省政协副主席赵润田和省里老领导曹学成、崔曰臣、李德强出席会议。大会命名表彰山东省敬老文化教育基地、山东省十大孝星、山东省老年人公益维权服务示范站、山东省银龄之家和山东省优秀老年文艺团体，并为新命名的“山东省长寿之乡”授牌。全国敬老文明号、山东省十大孝星、山东省老年人公益维权服务示范站、老有所为代表做了典型发言。

【10月12日，“孝行齐鲁·大爱山东”重阳晚会暨第十二届“山东省十大孝星”颁奖典礼在山东广播电视台演播大厅举行】晚会由省委宣传部、省老龄办指导，山东广播电

视台、山东省老龄事业发展基金会主办。省政府副省长王随莲、省委宣传部副部长王少杰、省政府副秘书长卢杰、省老龄办主任丁希滨、山东广播电视台台长吕芃出席并为第十二届“山东省十大孝星”颁奖，省老龄办巡视员钟永诚、副主任肖培树出席。

【10月25日，副省长王随莲到平阴县走访慰问老年人】在平阴县光荣院、老年公寓，王随莲与老人亲切交谈，详细了解他们的身体状况和生活情况，并向老年人致以节日的祝福和问候。

【11月10日，全国老龄办在山东烟台市召开全国城乡社区老年协会建设暨加强基层老龄工作会议】会议深入学习贯彻党的十九大精神和习近平新时代中国特色社会主义思想，总结交流各地城乡社区老年协会建设及加强基层老龄工作经验，研究部署今后一个时期的城乡社区老年协会和基层老龄工作。全国老龄办副主任吴玉韶出席会议并讲话，烟台市副市长张波致辞，省老龄办巡视员钟永诚出席并代表山东省作了交流发言。会议期间，与会代表现场观摩了烟台市基层老年协会规范化建设成果。

河南省

综　　述

2017年，我省全面贯彻党的十八大和十八届三中、四中、五中、六中全会精神以及中央领导同志、省委省政府主要领导重要指示批示和讲话精神，牢固树立和贯彻创新、协调、绿色、开放、共享的发展理念，坚持党委领导、政府主导、社会参与、全民行动相结合，积极开展应对人口老龄化行动，紧紧围绕服务业供给侧结构改革，大幅提升养老院服务质量。全省建成各类养老机构3200多家，养老床位达51万张，每千名老年人拥有养老床位数33.2张。

（一）召开2017年全省老龄工作会议。3月30日，省民政厅在洛阳市召开了2017年全省老龄工作会议，总结工作，交流经验，安排部署了全年的工作任务。省民政厅副厅长孟超出席会议并讲话。会议要求：深入推进养老服务业“放管服”改革；全面提升养老院服务质量；大力加强城乡社区养老服务设施建设；积极推动医养相结合。

（二）召开全省养老院服务质量推进会。11月8日，省民政厅在武陟县召开了全省养老院服务质量推进会，省民政厅副厅长孟令武出席会议并讲话。会议传达贯彻党的十九大精神，进一步落实全国养老院服务质量推进会议要求，总结交流经验，对深化大走访大调研和养老院服务质量建设专项行动成果，聚焦问题，抓好整治，持续提升全省养老服务质量作出安排部署。

（三）推进《河南省老年人权益保障条例》制定工作。省人大将《河南省老年人权益保障条例》列入2017年度立法计划，省民政厅负责条例草案的起草工作，11月8日，省政府常务会议研究通过了《河南省老年人权益保障条例（草案）》，11月27日，省人大常委会议对条例草案进行了第一次审议。

（四）推动医养融合发展。省卫计委、省民政厅下发了《关于做好2017年医养结合试点工作的通知》（豫卫家庭〔2017〕8号）。6月27日，省卫计委、省民政厅在商丘市召开了2017年全省医养结合工作会议，传达贯彻2017年全国医养结合工作会议精神，总结工作、交流经验，安排部署2017年全省医养结合工作任务。省卫生计生委巡视员刘绍杰、省民政厅副厅长孟令武出席会议并讲话。全省医养结合发展势头良好，近80%的养老机构能够以不同形式开展医疗服务，全省新建和正在规划中的规模型养老机构一般都是医养结合型。

（五）完成了中国城乡老年人生活状况监测调查工作。根据全国老龄办《关于开展中国城乡老年人生活状况监测调查的通知》（全国老龄办发〔2017〕36号）安排部署，2017年我省被抽中9个省辖市、1个省直管县，涉及16个县（市、区）、64个乡（镇、街道）、256个村（居）委会的1536名老人。7月26日，省民政厅在郑州市举办了全省中国城乡老年人生活状况监测调查督导员培训班，被抽中省辖市及县（市、区）民政局老龄办具体负责监测调查工作人员和联络员参加了培训。通过省、市、县（市、区）共同努力，圆满完成了河南省2017年度中国城乡老年人生活状况监测调查工作。

（六）举办全省养老护理员职业技能大赛。根据民政部职业技能鉴定指导中心《关于举办2017年中国技能大赛第七届全国民政行业职业技能竞赛的预通知》（民职鉴发〔2017〕8号）要求，我省下发了《河南省民政厅关于举办第七届全国民政行业职业技能竞赛暨全国第四届养老护理员职业技能竞赛河南省预选赛的通知》（豫民明电〔2017〕66号），于8月8日至11日在郑州市成功举办了第七届全国民政行业职业技能竞赛暨全国第四届养老护理员职业技能竞赛预选赛，选拔出四名优秀选手，于9月2

日赴南宁市参加全国总决赛，荣获个人一等奖、个人二等奖、个人三等奖各1名，河南省代表队荣获团体三等奖，为我省争得了荣誉。

（七）宣传活动：开展了“敬老月”系列活动、启动第三届河南省“敬老文明号”创建活动。

湖南省

综　　述

2017年，全省老龄工作紧紧围绕党中央国务院的决策部署，贯彻落实全国老龄办的工作要求，将积极应对人口老龄化提至战略层面，融入全面建成小康社会进程，注重顶层设计，深化改革创新，推动任务落实，促进了全省老龄事业和产业发展。

一、省老龄委工作成效显著

省老龄委充分发挥综合协调作用，进一步加强与成员单位的协调联络，密切与社会组织、企事业单位、科研机构、新闻媒体的协作配合，党委领导、政府主导、社会参与、全民行动相结合的大老龄工作格局逐步形成。

一是养老保障日趋完善。省人社厅推动城镇职工基本养老保险实现全覆盖，企业退休人员基本养老金“十三连涨”，城乡居民基本养老保险实现制度全覆盖，有效破解“老有所养”问题。省民政厅着力健全社会救助制度，城乡低保实现对符合条件的老年人“应保尽保”。全面实现农村低保与国家扶贫标准“两线合一”，城乡低保标准分别提高到443元/月、298元/月，月人均救助296元、153元。省人社厅、省民政厅、省卫计委等部门全面落实城乡独生子女父母奖励、困难残疾人生活补贴和重度残疾人护理补贴等制度，为年满60周岁且符合相应条件的老年乡村医生、原中小学民办教师和代课教师、乡镇老放映员等发放生活困难补助。

二是老年医疗加快发展。省人社厅不断健全医保制度，城镇职工医保、城乡居民医保政策范围内报销比例不断提高，老年人常见的慢性疾病纳入了特殊门诊补助范围，有效保障了老年人的基本医疗需求。省民政厅推动建立城乡医疗救助制度，将低保家庭老年人、城乡特困人员中的老年人全部纳入医疗救助范围。省民政厅、省卫计委推动养老服务体系与医疗卫生体系加速融合，长沙、湘潭、岳阳纳入国家级医养结合试点城市。省本级开展医养结合示范试点，全省已有医疗资质的养老机构150所，能提供医养服务的64所，基本摸索出机构融合型、社区嵌入型和居家服务型医养融合模式。

三是养老服务改革创新。省民政厅积极推进居家为基础、社区为依托、机构为补充、医养相结合的养老服务体系建设。加强敬老院、五保之家、福利院等公办养老机构建设和提质改造，充分发挥公办养老机构示范引领和兜底保障作用。开展城乡社区日间照料中心、城乡养老服务示范点建设，为老年人提供日间照料、居家养老、休闲娱乐和互助式养老等多种服务。推进社区小型养老机构建设，打造“家门口的养老院”。截至2017年底，全省养老床位32万张，每千名老人养老床位达到30张，民办养老床位占比超过20%。推动出台《关于加快推进养老服务业发展的实施意见》《关于引导扶持社会力量投资举办养老服务机构的若干意见》等文件，放宽准入条件，完善养老服务土地供应、税费减免、投融资、水电气等方面的优惠政策。推进养老服务业综合改革试点、公办养老机构运营体制改革、养老服务“放管服”改革等7项改革试点，全面放开养老服务市场，引导社会力量参与，不断提高养老服务供给能力和水平。省住建厅推进老年宜居环境建设、无障碍环境城市创建和既有设施的无障碍改造工作，长沙市、常德市获评“全国无障碍建设先进城市”。

四是优待维权有效落实。省交通厅积极推动老年人优惠乘车政策落实，122个县市区全部实现65岁以上老年人免费乘坐城市公交车。省司法厅不断完善老年维权网络和法律援助体系，对涉老案件优先受理、优先审查、优先指派，基层老年法律援助覆盖面达到100%。省公安厅在治安管理、户政审批、出入境管理、涉老案件查办等工作中，主动维护老年人合法权益。省旅发委指导各类景区加强老年旅游设施建设，落实老年旅游优惠政策，推进老年旅游产业发展。

五是敬老孝老氛围形成。省委办公厅、省政府办公厅在重要时间节点，积极协调领导走访慰问高龄、孤寡、特困老人及老党员、离退休老干部。省委宣传部、省文明办、省民政厅、省卫生计生委等部门深入开展“敬老文明号”创建活动。省文化厅、省体育局将老年文化体育纳入全民健身发展规划，加强老年文体设施建设，举办老年合唱赛、老年人气排球赛、乒乓球赛、广场舞大赛等活动。省委老干部局加强老年大学、老年学校、老年学习（活动）室建设，创办老年教育网站和老年教育电视栏目，不断创新老年教育模式，取得明显成效。

二、省老龄办作用充分发挥

一是老龄政策不断完善。出台《“十三五”湖南省老龄事业发展和养老体系建设规划》，提出了目标任务和量化指标，明确了发展任务和保障措施，做到既符合中央战略部署，又体现地方特色。研究起草了《湖南省关于实施老年人照顾服务项目的意见》，整合了各部门涉老优待政策，细化了经济困难高龄和失能老年人补贴制度、老年宜居社区建设、医养结合等重点任务。我省基本养老服务补贴、老年人意外伤害保险、居家养老服务信息平台等政策创制走在全国前列，得到民政部、全国老龄办领导的充分肯定和批示推介。

二是涉老补贴提标扩面。推动全省122个县市区提标百岁老人长寿保健补贴，大部分地区达到300元/人/月及以上水平，天元区补贴标准全省最高，达到700元/人/月。推动各地建立高龄津贴制度，全省115个县市区为90岁以上老人发放高龄津贴，补贴标准达50－100元/人/月；其中60个县市区为符合条件的80岁以上老人发放高龄津贴，补贴标准达20－100元/人/月。率先在全国建立基本养老服务补贴制度，截至2017年底全省122个县市区发放基本养老服务补贴，补贴人数由2013年的23.6万增长到24.7万，覆盖率由28.8%增长到94.88%，有103个县市区覆盖率达到100%。逐步建立和完善政府支持、社会捐助、个人自费投保相结合的老年人意外伤害保险制度，2017年老年人意外伤害险工作综合排名全国第六，政府为特殊困难老人购买意外伤害保险覆盖率达100%，进一步提高了老年人抵御意外风险能力。

三是居家养老拓展延伸。省老龄办积极开展城乡养老服务示范点建设，指导示范点在具备日间照料功能的基础上，进一步完善服务设施、拓展服务内容、健全服务队伍，每年都超额完成了重点民生实事项目床位建设任务。省级福彩公益金采取“以奖代补”的形式资助城乡养老服务示范点建设，资助力度从2009年的70万元增至2016年的3000万元。2015年，我省启动居家养老服务信息平台建设，截至目前共建设信息平台135个，促进了老年人的服务需求和企业、社会组织的服务供给有效对接，打造了“互联网＋养老服务”新业态。2017年，我省启动农村社区居家养老服务示范县建设，省福彩公益金投入2000万元，资助39个县市区开展示范县建设，进一步整合了养老服务资源，提高了养老服务设施覆盖率。

四是老年协会规范发展。将老年协会建设作为创新社会管理和发展居家养老的重要内容，推动基层老年协会在民政部门登记备案，开展示范性老年协会建设，进一步提高老年协会覆盖率和服务能力。目前，全省有城乡基层老年协会2.8万个，建会率达到90%以上。指导各地充分发挥老年协会作用，成功探索出引入专业社会力量，指导老年协会开展阵地建设、制度建设和特色服务的基层协会发展模式。以政府购买服务的形式，支持基层老年协会参与居家养老，为老年人提供上门探视、生活照料、健康帮扶、文体娱乐等多样化服务。指导老年协会通过发展老年志愿者，推动低龄老人服务高龄老人，形成了邻里守望相帮、有事互助的环境。

五是老龄宣传立体推进。加强与湖南经视、湖南日报、红网等省内主流媒体合作，发挥湖南民政网主阵地作用，深入宣传老龄政策法规和最新成果，多次荣获全国老龄办新闻宣传好作品优秀组织奖。组织开展“敬老文明号”“敬老爱老助老模范人物”等评选表彰，进一步弘扬敬老爱老优秀传统文化。开展“老有所为”先进人物评选表彰，组织“银龄行动”活动，引导广大老年人参与经济社会发展，发挥老年人在建言献策、科技攻关和维护社会稳定中的经验威望优势。

六是老年活动丰富多彩。连续五年举办湖南国际老年产业博览会，充分展示了老年产业发展成果，推动了养老机构企业交流合作，促进了养老产品服务供需对接。配合福慈处举办湖南省首届老年服务产品设计大赛，以“为老设计·康享生活”为主题，面向全国征集生活辅助、智能养老、综合设计三大系列作品，引导年轻人将创意融入为老服务领域，促进了设计产品的成果转化，带动了老龄产业创新发展。发动中国人寿、省老龄基金会等社会力量，开展了“乐享银龄”大型敬老公益活动，涵盖爱心慰问、健康讲座、孝道宣传等五类主题活动。走进城乡社区、养老机构、老年人家庭，开展“金秋惠老”活动，为高龄、空巢、贫困老人送去关怀和温暖。开展湖南省老年消费教育“进社区、进单位、进家庭”活动，发放《老年人防诈骗手册》《老年消费教育指导手册》，提高了老年人的消费维权能力和自我保护意识。

七是统计调查深入推进。2011年以来，每年编发全省老龄事业发展统计公报，举办新闻媒体通气会，为积极应对人口老龄化提供科学翔实的数据。贯彻落实习近平总书记关于“建立老年人状况统计调查和发布制度”的指示，2015年以来，每年配合全国老龄办开展城乡老年人生活状况统计调查，重点了解城乡老年人健康、家庭经济、社会参与等方面的状况，为老龄政策的制定和产业发展提供依据。每年组织全省老龄工作者和有关人员开展老龄政策调研，了解目前的实际情况，提出具体的推动措施，多篇调研报告在全国老龄办评选中获奖，省老龄办获评“优秀组织单位”。

重要会议及活动

【湖南省召开老龄工作委员会全体会议】10月29日，湖南省老龄办主任会议在长沙召开。会议传达学习十九大报告关于老龄工作的最新思想和新时代发展的方向定位，全面总结2016年和2017年以来全省老龄工作取得的成绩，安排部署2017年后一阶段的工作。省民政厅分管老龄工作的副厅长、省老龄办全体成员和14个市州老龄班主任等参加了会议。

【湖南举办首届老年服务产品设计大赛】2017年6月12日，为促进湖南养老服务产业转型升级发展，首届湖南省老年服务产品设计大赛在长沙启动。大赛面向国内高校师生、设计公司、行业人员、自由设计者等，征集与“大养老产业”相关的服务设计和产品设计。本次大赛由湖南省民政厅、省老龄工作委员会、康乃馨养老产业集团主办。大赛以“为老设计·康享生活”为主题，分为作品征集、评选评审、展览及颁奖典礼等阶段。大赛作品分为“产品组”和“概念组”，着重体现新理念、新材料、新技术在涉老产品、设施及为老服务中的运用以及节能低碳、环保产品的设计。征集生活辅助类、智能养老类、综合设计类三大系列的作品。

全国30个省市、91所大专院校的1007名师生，351家专业设计机构及工作室的415位才华横溢的自由设计师参加了设计大赛。经过来自工业设计界和养老行业领域的专家评委的严格评审，最终遴选出31组作品入围终评。

【湖南省启动老年消费教育“进社区、进单位、进家庭”活动】10月27日，湖南省老年消费教育“进社区、进单位、进家庭”活动在湖南湘潭市正式启动。本活动由湖南省消费者委员会、省老龄办等单位共同发起，在全省范围内开展老年消费教育“进社区、进单位、进家庭”暨老年人消费维权状况调查活动，旨在通过呼吁全社会共同关注老年人消费问题，切实履行《中华人民共和国消费者权益保护法》赋予消协组织的法定职责，依法整治侵害老年人合法权益的违法行为，引导老年人科学理性消费，切实维护老年人合法权益，维护社会和谐稳定。

各项业务进展

【基本养老服务补贴】截至2017年底，全省122个县市区全部建立了基本养老服务补贴制度，补贴人数达到24.7万，覆盖目标人群的94.8%，有103个县市区的目标人群覆盖率达到100%。

【高龄津贴及百岁长寿保健补助】全省122个县市区全部对百岁老人长寿保健补贴提标，大部分地区达到300元/月及以上水平。全省百岁老人长寿保健补助标准总体上高于全国大部分省份。截至2017年底，全省有115个县市区建立了高龄津贴制度。115个县市区为90岁以上符合条件的老人发放高龄津贴，补贴标准达到50－100元/月；其中60个县市区为符合条件的80岁以上老人发放，补贴标准为20－100元/月。

【农村社区居家养老服务示范县】2017年，全省39个县市区启动农村社区居家养老服务示范县建设，推动农村养老服务设施建设，力争到2020年实现农村社区居家养老服务设施覆盖率达60%。

广东省

综　述

2017年，广东省老龄办在全国老龄办的领导下，深入学习贯彻习近平总书记系列重要讲话精神，全面贯彻党的十八大、十九大会议精神，落实省委、省政府和全国老龄办的工作部署，坚持“党委领导、政府主导、社会参与、全民行动”，坚持稳中求进，注重统筹协调，强化制度规范，突出工作重点，破解工作难点，彰显工作亮点，坚持党建与业务两手抓、两不误、两促进，不断推进在新的起点上开创广东老龄事业发展新局面，全省老年人的幸福感、获得感和安全感显著增强。

（一）加强顶层设计，着力完善老龄政策法规

一是修订出台《广东省老年人权益保障条例》。2017年9月28日，省第十二届人大常委会第三十六次会议审议通过新修订的《广东省老年人权益保障条例》，自2017年11月1日起施行。《条例》的颁布实施，标志着我省维护老年人权益工作在法制化轨道上又迈出了新的步伐。12月13－14日，在全国老龄办在京召开的全国老年人权益保护工作座谈会上，我省就如何推动出台新修订的《广东省老年人权益保障条例》作了经验介绍。

二是出台“十三五”国家老龄事业发展和养老体系建设规划的配套文件。为贯彻落实国务院印发《“十三五”国家老龄事业发展和养老体系建设规划》（国发〔2017〕13号），根据省委常委、常委副省长、省老龄委主任林少春同志批示精神，我办起草了省实施方案送审稿上报省政府。8月3日，省政府办公厅印发《广东省促进老龄事业发展和养老体系建设实施方案》（粤府办〔2017〕53号）。

三是出台贯彻国办发〔2017〕52号配套文件。按照省

政府办公厅要求，我办积极协调教育、公安、人社、卫生计生等10家责任分工牵头部门，提出相关国办发〔2017〕52号文贯彻意见。10月3日，省政府办公厅出台《转发国务院办公厅关于制定和实施老年人照顾服务项目意见的通知》（粤府办〔2017〕60号）。

（二）大力推进“银龄安康行动”，保持全国领先地位

2017年全省“银龄安康行动”工作卓有成效，截至12月底，全省21个地级市投保人数超过1005万人次，其中政府统保人数828万人，总体覆盖率达到76%，保费达3.5亿元，投保人数、覆盖率和保费规模位列全国第一，超额完成了年初提出的“确保全省投保率达到50%以上，争取达到60%，鼓励有条件的市率先实现70%”年度预期目标。其中，广州、佛山、清远、梅州、中山5个地市覆盖率达100%；广州成为全国率先实现“银龄安康行动”全覆盖的省会城市，保费规模和参保人数位居全省第一；湛江自付费规模和人数均居全省第一，自付费业务连续四年全省第一。全省发生意外理赔10万人次，赔付金额超过1.5亿元，赔付率50%，从一定程度上减轻了出险老年人及其家庭的经济负担。今年5月，广东省“银龄安康行动”的经验做法在全国老龄办主任会议上推广。6月份，中央电视台、经济日报、金融日报等10余家中央媒体到广东省实地采访报道，被国家发改委、民政部、全国老龄办评为养老服务业创新典型案例。

（四）落实高龄津贴制度，共享社会发展成果

落实省政府关于深化收入分配制度改革工作部署，继续推动各地特别是欠发达地区高龄津贴制度提标扩面，今年上半年，省老龄办到全省各地对高龄津贴制度落实情况进行督导。截至目前，全省21个地级以上市实现了普惠型高龄老人津贴制度全覆盖。其中，广州、深圳、东莞等地惠及70周岁以上老年人；汕头重新修订80周岁以上老人高龄津贴发放方案，全面提高发放标准；珠海、佛山、中山推进老年人信息管理平台建设，对高龄津贴发放工作实现了信息化管理。

（五）助力扶贫攻坚，扎实开展“银龄行动”

落实省财政100万资金，组织省老科联专家志愿服务团队24批次162人次开展第十四期“银龄行动”，对乳源、梅县、广宁、揭西四个山区县进行智力帮扶，举办各类专业培训课、科普讲座、田间指导课69场，直接受益群众7447人，受到当地热烈欢迎。其中，指导乳源县一六镇团结村种植300亩贡柑四年结果，实现增产2倍以上，总产量达25万斤、创收70万元左右。2017年5月，原省委常委、省纪委书记黄先耀高度评价乳源县柑橘种植项目是我省精准扶贫的典范。另外，帮助梅县、广宁县高考升学率提高近20%。

（六）大力开展老龄宣传，积极营造养老、孝老、敬老良好环境

一是加强老龄普法宣传。围绕新修订《广东省老年人权益保障条例》，发挥各类新闻媒体的宣传导向作用，开展多形式的宣传活动。11月1日，在新修订的《广东省老年人权益保障条例》正式实施之日，省老龄委隆重召开了《广东省老年人权益保障条例》新闻发布会，省政府副秘书长张爱军、省民政厅厅长卓志强以及省人大法工委、省委老干局、省人社厅有关领导出席发布会。12月13日，南方日报刊登了卓志强厅长的题为“新修订的《广东省老年人权益保障条例》11月1日起施行——为老年人幸福生活保驾护航》”的专访。二是深入开展以“关爱老年人·欢庆十九大”为主题的“敬老月”活动。省老龄委下发通知要求全省要声势浩大、轰轰烈烈开展好“敬老月”活动，全力营造欢庆十九大胜利召开的社会氛围。卓志强厅长亲自接受媒体专访，对全省开展“敬老月”活动进行动员部署，阐释深入开展好今年“敬老月”的重要意义、工作安排。同时，依托省内老年主流媒体连续推出5期专刊，集中报道全省“敬老月”活动。三是开展“养老院服务质量万里行”活动。根据民政部专项行动部署，我办组织媒体深入省内21个市41家优秀养老院采访，突出宣传我省开展专项行动以来所取得的成绩和经验做法等，反映基层在提升养老院服务质量中取得的明显进展，营造共同提升养老院服务质量的良好氛围。四是根据省政府十件民生实事以及民政部、全国老龄办和省金融办有关工作部署，组织全省开展老年人防范电信网络诈骗和非法集资宣传教育月活动，受到全国老龄办的充分肯定和广大群众的好评。五是举办广东首届老年春晚。1月20日，“银舞春潮”——广东首届老年春晚在广东粤剧院隆重举行。广东首届老年春晚以倡导孝亲敬老文化、弘扬社会主义核心价值观为宗旨，展示了新时期广东省老年人乐观向上、热爱生活的精神面貌。六是老龄宣传工作再创佳绩。省老龄办被评为“2016年全国老龄新闻宣传好作品”优秀组织单位、2017年全国“老有所为”先进典型人物推选工作优秀组织单位，两次受到全国老龄办通报表扬。我办起草的新闻稿获“2016年全国老龄新闻宣传好作品”三等奖。

（七）积极发挥参谋助手作用，加强老龄调研工作。根据全国老龄办通报，省老龄办本级组织撰写的论文获2016年度老龄政策调研优秀成果一、二等奖各一篇。今年，我省主要开展以下调研：一是圆满完成老年人生活状况监测调查工作。2017年中国城乡老年人生活状况监测调查涉及我省9个地级以上市14个县（区）56个乡镇（街道）222个村（居）共1332名老年人，调查样本量位居全国被调查的31个省（自治区、直辖市）中第5位。我省高度重视，邀请中国老龄科研中心的专家对全省市、县（市、区）乡镇（街道）及村（居）四级调查人员共290

人进行了培训。全国老龄办督导组对我省监测调查工作给予了充分肯定，表示我省高度重视此次监测调查工作，组织有力、培训到位，虽是首次使用手持设备但访问员的操作比较熟练，为全国统计数据的应用打下扎实的基础，对于推动建立我省老龄调查统计系统，帮助各级党委政府统筹制定应对人口老龄化战略提供科学支撑，以及扩大老龄工作社会影响，都具有现实意义和长远影响。二是协助"全国农村养老服务问题研究课题组"完成在我省的调查问卷工作。组织对我省8个县市10个观测点村庄驻村入户调查，累计完成10份基础村庄问卷、8份老年人村庄问卷、150份固定跟踪观察农户问卷以及120份老年人农户问卷。三是参加了省人大老年权益保障立法调研、省政协常委会养老护理重点专题调研，省政府参事室老年教育专题调研座谈会，以及省发改、民政、卫计、旅游、中医药局等多个部门涉及健康养老业务的各项"十三五"意见征求工作或座谈会，提出相关参考建议。四是组织开展2017年度老龄政策理论专题调研工作。

（八）举办中国国际老龄产业博览会，推动老龄产业发展

第四届中国国际老龄产业博览会于11月16日—18日在广州举办。本届博览会规模达22000平米，现场汇聚300家来自全球知名领军品牌，接待海内外观众3万多人次，博览会的规模和行业影响力进一步扩大，相比往年，本届展会进一步凸显高水准、国际化，全方位贯通养老全产业链，集品牌展示、新品发布、商贸合作、行业交流为一体，成功缔造多重合作价值，促进产业多元融合、国际化交流与发展，催生养老产业迸发巨大发展活力，构筑业内最具影响力的互通平台。

重要会议和活动

【举办广东首届老年春晚】1月20日晚，"银舞春潮"——广东首届老年春晚在广东粤剧院隆重举行。张帼英等省老领导，省委组织部副部长、省委老干部局局长郭跃文，省民政厅厅长卓志强、副厅长王长胜、副巡视员方炎松，团省委党组成员、副巡视员林乔林，省文明办副主任刘海斌，省老龄办主任潘正钦以及省文化厅、省旅游局有关部门负责同志和部分全国人大代表出席了晚会。来自全省各地200多名老年文艺爱好者，载歌载舞，在欢乐祥和的气氛中，共话盛世、共叙晚晴、共迎鸡年新春。晚会由广东省委老干部局、省民政厅、省老龄办指导，广东省文化厅、广州市老龄办支持，广东电视台现代教育频道《康乐年华》栏目承办，广东省老干部艺术团协办。

【召开2017年全省老龄工作会议】5月18日，2017年全省老龄工作会议在广州召开。会议深入学习贯彻习近平总书记对广东工作重要批示精神和关于加强老龄工作重要讲话精神，回顾总结2016年度工作，安排部署2017年工作。省民政厅党组成员、副厅长王长胜出席会议并讲话，省民政厅副巡视员方炎松传达全国老龄办主任会议精神，省老龄办主任潘正钦作工作报告。

【举办中国国际老龄产业博览会】11月16—18日，中国老龄产业协会、中国保利集团公司、广东省老龄工作委员会共同在广州举办了第四届中国国际老龄产业博览会。本届老博会规模达22000平方米，吸引来自荷兰、澳大利亚、日本、美国、德国、法国、英国、新西兰、台湾、香港等12个国家和地区的300余家企业参展，其中国际展商近100家。博览会聚合了国内知名企业和国际领先品牌联袂呈现无障碍、智能化、康复护理、养老地产等健康养老领域新产品、新技术。

各项业务工作进展

【老年政策研究】省老龄办本级组织撰写的论文获2016年度老龄政策调研优秀成果一、二等奖各一篇。圆满完成2017年中国城乡老年人生活状况监测调查工作。协助"全国农村养老服务问题研究课题组"完成在我省的调查问卷工作。参加了省人大老年权益保障立法调研、省政协常委会养老护理重点专题调研，省政府参事室老年教育专题调研座谈会，以及省发改、民政、卫计、旅游、中医药局等多个部门涉及健康养老业务的各项"十三五"意见征求工作或座谈会，提出相关参考建议。组织开展2017年度老龄政策理论专题调研工作。

【老龄新闻宣传】一是加强老龄普法宣传。围绕新修订《广东省老年人权益保障条例》，发挥各类新闻媒体的宣传导向作用，开展多形式的宣传活动。11月1日，在新修订的《广东省老年人权益保障条例》正式实施之日，省老龄委隆重召开了《广东省老年人权益保障条例》新闻发布会，省政府副秘书长张爱军、省民政厅厅长卓志强以及省人大法工委、省委老干局、省人社厅有关领导出席发布会。12月13日，南方日报刊登了卓志强厅长的题为"新修订的《广东省老年人权益保障条例》11月1日起施行《为老年人幸福生活保驾护航》"的专访。二是深入开展以"关爱老年人·欢庆十九大"为主题的"敬老月"活动。省老龄委下发通知要求全省要声势浩大、轰轰烈烈开展好"敬老月"活动，全力营造欢庆十九大胜利召开的社会氛围。卓志强厅长亲自接受媒体专访，对全省开展"敬老月"活动进行动员部署，阐释深入开展好今年"敬老月"的重要意义、工作安排。同时，依托省内老年主流媒体连续推出5期专刊，集中报道全省"敬老月"活动。三是开展"养老院服务质量万里行"活动。根据民政部专项行动部署，我办组织媒体深入省内21个市41家优秀养老院采访，突出宣传我省开展专项行动以来所取得的成绩和经验

做法等，反映基层在提升养老院服务质量中取得的明显进展，营造共同提升养老院服务质量的良好氛围。四是根据省政府十件民生实事以及民政部、全国老龄办和省金融办有关工作部署，组织全省开展老年人防范电信网络诈骗和非法集资宣传教育月活动，受到全国老龄办的充分肯定和广大群众的好评。省老龄办被评为“2016年全国老龄新闻宣传好作品”优秀组织单位、2017年全国“老有所为”先进典型人物推选工作优秀组织单位，两次受到全国老龄办通报表扬。我办起草的新闻稿获“2016年全国老龄新闻宣传好作品”三等奖。

【第十四期“银龄行动”】组织省老科联专家志愿服务团队24批次162人次开展第十四期“银龄行动”，对乳源、梅县、广宁、揭西四个山区县进行智力帮扶，举办各类专业培训课、科普讲座、田间指导课69场，直接受益群众7447人，受到当地热烈欢迎。其中，指导乳源县一六镇团结村种植300亩贡柑四年结果，实现增产2倍以上，总产量达25万斤、创收70万元左右。2017年5月，原省委常委、省纪委书记黄先耀高度评价乳源县柑橘种植项目是我省精准扶贫的典范。另外，帮助梅县、广宁县高考升学率提高近20%。

广西壮族自治区

2017年5月26日，自治区人大常委会在广西人民会堂举行《广西壮族自治区实施〈中华人民共和国老年人权益保障法〉办法》新闻发布会。

2017年7月31日，自治区老龄委成员单位联络员会议在南宁市召开。

重要会议和活动

【《广西壮族自治区实施〈中华人民共和国老年人权益保障法〉办法》新闻发布会】5月26日，自治区人大常委会在广西人民会堂召开新闻发布会，介绍自治区实施中华人民共和国老年人权益保障法办法相关情况。自治区人大常委会办公厅副主任黄锦锋主持新闻发布会。自治区人大常委会法制工作委员会副主任唐政介绍法规的立法情况；自治区人大法制委员会副主任委员于娃宪，自治区人大内务司法委员会副主任委员谭和平，自治区民政厅党组成员、自治区老龄办主任梁丽玲出席发布会并回答记者提问。

【全区老龄委办公室主任会议】6月13日，全区老龄办主任会议在南宁召开。会议传达学习全国老龄委第十九次全体会议以及2017年全国老龄办主任会议精神，贯彻落实《实施办法》，总结上一阶段全区老龄工作，部署下一阶段全区老龄工作任务。自治区民政厅党组成员、自治区老龄办主任梁丽玲出席会议并讲话，桂林市、梧州市，横县、陆川县、八步区等2个设区市，3个县（区）代表在会上作经验发言，各市、县（市、区）老龄办负责人共149人参加会议。

【自治区老龄委成员单位联络员会议】7月31日，自治区老龄委成员单位联络员会议在南宁市召开。会议传达学习全国老龄委第十九次全体会议精神；学习解读《实施办法》；各成员单位就如何贯彻落实全国老龄委第十九次全体会议精神和《实施办法》进行座谈交流。自治区老龄委各成员单位联络员30多人参加会议。

【广西老龄工作系统学习贯彻《实施办法》培训班】8月22日，自治区老龄办在南宁市举办广西老龄工作系统学习贯彻《实施办法》第一期培训班。各设区市、县（市、区）老龄办主要负责人及工作人员共230多名学员参加培训。12月19日，自治区老龄办在南宁市举办广西老龄工作系统学习贯彻《实施办法》第二期培训班。各设区市、县（市、区）、南宁铁路局老龄办干部职工共100多名学员参加培训。

【广西“敬老月”活动】10月，广西各地以“关爱老年人，欢庆十九大”为主题，积极开展敬老慰问、志愿服务、法律维权、老年优待、文体活动等活动，极大丰富了广大老年人的精神文化生活，全社会敬老爱老氛围更加浓厚，有力提升了老年人的幸福感和获得感。一是营造敬老爱老社会氛围。“敬老月”期间，广西老龄办通过广西日报、广西电视台、广西新闻网、广西老年报等主流媒体和互联网新媒体，全方位、多视角宣传报道全区各地各有关部门以“敬老爱老·八桂行动”为主题，广泛开展主题宣讲、走访慰问、敬老教育、文化惠老等活动以及老龄工作成就、法规政策和尊老敬老典型事迹，在社会上引起强烈的反响。二是开展走访慰问活动。“敬老月”期间，自治区民政厅、老龄办深入到西林县扶贫联系点八达镇周帮村开展扶贫工作调研及“一帮一联·重阳敬老”结对帮扶活动；自治区老龄办组成慰问组深入南宁、桂林、贺州等地慰问基层老年协会和高龄、困难老人；自治区老龄办、南宁市老龄办联合举办2017年度“关爱老年人·欢庆十九大”敬老月系列活动。据不完全统计，“敬老月”期间全区共慰问老年人7万多人次，送去的慰问品和慰问金价值800多万元。

【全国老龄办副主任王绍忠率领调研督导组到广西调研督导老年权益保障和优待政策贯彻落实情况】为全面了解全国老龄办等24部委《关于进一步加强老年人优待意见》的贯彻执行情况，推进督促各地更好地贯彻落实《国务院办公厅关于制定和实施老年人照顾服务项目的意见》和老年人优待政策，11月8日，全国老龄办副主任王绍忠率领调研督导组到广西调研督导。其间，调研督导组一行先后在南宁市、桂林市分别召开了老龄工作座谈会，听取自治区、市两级老龄办及人力资源社会保障、公安、文化、交通运输、民政、卫生计生、司法、住房城乡建设、旅游、体育等相关成员单位的工作汇报，并到桂林市实地考察调研。

各项业务进展

【老年人权益保障立法】为贯彻落实《中华人民共和国老年人权益保障法》，2013年以来，自治区老龄办积极争取自治区人大常委会将《实施办法》列入五年立法规划，积极配合自治区人大、自治区法制办做好立法工作，大力协调老龄委成员单位，广泛深入开展立法调研，组织立法论证，反复修改完善《实施办法》（草案）。经过4年多的积极努力，2017年5月25日，《实施办法》经自治区人大常委会审议通过并于2017年9月1日正式实施。《实施办法》全文共九章六十一条，涵盖了家庭赡养、社会保障、社会服务、社会优待、宜居环境、参与社会发展等内容，在推进医养结合、完善养老服务体系、关爱老年弱势群体、加强老年优待服务等方面取得突破。

【老龄事业发展“十三五”规划编制】为贯彻落实《“十三五”国家老龄事业发展和养老体系建设规划》，根据自治区人民政府办公厅要求，2017年3月以来，自治区老龄办、民政厅、发展改革委共同成立规划编制工作办公室，深入开展调研，反复征求自治区老龄委成员单位意见和建议，认真组织专家评审论证，形成《广西壮族自治区老龄事业发展“十三五”规划（草案）》，并于2017年9月28日报自治区人民政府。2017年12月5日，自治区人民政府正式印发《广西壮族自治区老龄事业发展“十三五”规划》（桂政发〔2017〕68号），明确了“十三五”时期广西老龄事业发展和养老体系建设的指导思想、基本原则、发展目标和主要任务，对正确引导社会各界关注老龄问题的发展预期，提升老年人的参与感、获得感和幸福感，确保老年人同步进入小康社会等具有十分重要的意义。

【社区为老服务信息平台】创新“互联网+”养老服务思维，利用民政部“12349”为老服务公益热线等平台，以社区养老服务设施为依托，以信息网络技术为支撑，深度融合移动互联网、健康物联网、大数据、智能终端等新一代信息技术，在南宁、柳州、桂林、梧州、北海、贵港等地搭建社区为老服务信息平台，为广大居家老年人提供信息咨询、生活照料、家政服务、紧急救援、医疗保健、精神慰藉、预防走失等十大类百余项服务。目前，12349社区为老服务信息平台呼叫坐席达到50个，采集老年人信息数据超过40万份，签约服务加盟商达3000家，志愿机构30多家，志愿者超过3000名。

【基层老年协会规范化建设】根据自治区统一部署，2017年自治区老龄办继续扶持建设100个示范性村级老年协会，为确保工作成效，自治区老龄办于11－12月期间组成督查工作小组，分别到南宁、桂林、贵港、百色、贺州、来宾等市对获得2017年自治区财政资金扶持的老年协会进行监督检查，指导相关老年协会做好注册登记、基础设施建设工作，规范扶持资金管理和使用，将基层老年协会打造成自我管理、自我教育、自我服务的示范性老年群众组织，不断提高基层老年协会规范化水平。

【城乡老年人生活状况监测调查】为全面掌握“十三五”城乡老年人生活状况和养老服务需求现状与变化情况，根据全国统一部署，组织开展2017年中国城乡老年人生活状况监测调查。经全国抽样，广西柳江、鹿寨、荔浦等9

个县（市、区）被确定为监测调查样本县（市、区），涉及7个地级市，36个乡镇（街道），144个村（居）委会，共调查864名老年人。为做好监测调查工作，自治区老龄办认真制定工作方案，落实监测调查经费，建立自治区、市、县、乡镇、村（居）五级工作网络，并于7月组织各级监测调查督导员进行业务培训，相关市、县（市、区）、乡镇（街道）督导员共50多人参加培训。各相关县（市、区）高度重视，在自治区统一培训基础上，对入户调查员进行全面培训，并于8月1日—31日组织开展入户调查。9月下旬，自治区老龄办举办监测调查问卷审核培训班，对广西监测调查问卷进行集中汇总、审核后上报全国老龄科研中心，完成入户调查任务。

【老龄新闻宣传】针对老龄宣传工作的新形势、新要求，广西老龄办积极创新工作方式，开展立体化、全方位、全覆盖的宣传，努力构建“电视有影，报刊有文，网络有言，广播有声”的宣传工作格局，不断提升老龄工作社会影响力。一是开展《广西壮族自治区实施〈中华人民共和国老年人权益保障法〉办法》（以下简称《实施办法》）宣传活动。自治区老龄办、自治区民政厅、自治区司法厅、广西法治建设工作领导小组办公室联合印发通知，在全区各地各部门深入开展学习宣传贯彻活动。广西日报、广西老年报、南国早报全文刊登《实施办法》公告和条文，广西卫视广西新闻对广西老龄工作系统学习贯彻《实施办法》持续进行跟踪报道，广西人民广播电台、广西新闻网等推送制作宣传，广西老年报社开展《实施办法》有奖知识问答活动，吸引众多群众参与，在全社会掀起学习《实施办法》热潮，进一步营造维护老年人合法权益的良好社会氛围。二是开展尊老爱老主题教育宣传。围绕“敬老月”、敬老文明号创建、敬老爱老专项活动、银龄行动等老龄重点工作、重大节日、重要活动积极开展敬老爱老主题宣传教育活动。在广西人民广播电台通过以“案例＋法律条文”“公益广告＋10秒报时提醒”以及“暖新闻”等“敬老爱老助老”主题活动宣传，与广西电视台联合制作和播出“关爱老年人·欢庆十九大”公益广告，在广西新闻网开展为期一个月的“孝亲敬老”主题宣传活动，进一步营造浓厚的社会舆论氛围。广西报送的《平民英雄劳高智》《广西医养平台落户　社区养老更安心》等2件新闻作品获评2016年全国“老龄新闻宣传好作品”优秀奖。

海南省

7月19日下午，海南省民政厅副厅长、省老龄办常务副主任范高净到托老院开展养老服务质量调研工作，详细查看、了解托老院办公区域、老年人活动区域、老年人居住环境等区域的分布及设备设施现状。

10月12日上午，民政部副部长高晓兵在海南省民政厅厅长、省老龄委副主任、省老龄办主任苗延红的陪同下对省托老院开展了养老服务质量调研工作。

综　　述

依据省公安厅提供的户籍人口统计数据，截至2018年3月8日，海南省60周岁及以上户籍老年人口135.23万人，占全省户籍总人口的14.80%；65周岁及以上户籍人口94.98万，占户籍总人口的10.4%；80岁及以上户籍老年人口28.78万，占户籍总人口的3.15%。年末，全省先后有2066名申报享受百岁长寿保健补助金。全省年龄最大的117岁，彭春金，女，1900年出生，文昌市锦山镇人。人口老龄化规模不断扩大，老龄化、高龄化、失能化、空巢化叠加态势日益加剧。

2017年，海南省老龄工作在省委省政府的正确领导下，海南省老龄委的关心支持下，在社会各界的大力支持下，全省各级深入学习贯彻以习近平新时代中国特色社会主义思想和党的十九大精神、习近平总书记老龄工作系列重要论述为根本遵循和行动指南，扎实开展人口老龄化国情省情教育，积极协调社会各方齐抓共管，着力构建党委领导、政府主导、社会参与、全民行动相结合的老龄工作格局，站位新时代、践行新思想、适应新形势、落实新要求，抢抓机遇、乘势而上，在积极应对人口老龄化、加快推进老龄事业和产业发展上不断展现新作为。

一、老龄政策体系进一步完善

新修订的海南省地方性法规《海南省实施〈中华人民共和国老年人权益保障法〉若干规定》（以下简称《若干规定》），经海南省第五届人民代表大会常务委员会第三十一次会议于2017年7月2日通过，2017年9月1日起正式施行。《若干规定》通过“四梁八柱”全方位维护老年人合法权益。四梁指党委领导、政府主导、社会参与、全民行动。八柱指家庭赡养、养老保障、养老服务、社会优待、宜居环境、老年教育、老年文化、法律责任。通篇贯彻了习近平总书记关于加强老龄工作的重要指示精神，遵循了党中央国务院积极应对人口老龄化的决策部署，紧扣海南省第七次党代会的战略目标，进一步细化了政府、社会、家庭和个人的责任和义务，是省委省政府及时、科学、综合应对人口老龄化的行动纲领和重要法制保障。为做好贯彻实施工作，省政府先后出台了《关于全面放开养老服务市场　提升养老服务质量的实施意见》《关于进一步扩大旅游文化体育健康养老教育培训等领域消费的实施意见》、《关于加快发展老年教育的实施意见》《关于完善法律援助制度的实施意见》《海南省无障碍环境建设“十三五”实施方案》等多个涉老规范性文件，推动老龄事业和产业政策体系逐步完善。

二、养老保障水平进一步提高

截至2017年底，全省参加企业职工基本养老保险207.65万人，其中领取待遇58.06万人；参加机关事业单位基本养老保险33.24万人，其中领取待遇10.82万人；参加城乡居民基本养老保险285.89万人，其中领取待遇77.7万人。完成退休人员养老金调整工作，月人均增加养老金137元，并按时发放到位。提高企业退休人员基本养老金水平，确保基本养老金按时足额发放。连续13年调整企业职工养老保险基本养老金标准。2017年，从2016年的2067元/人·月提高至2231元/人·月，进一步改善企业退休人员基本生活。2017年，将城乡居民基本养老保险最低缴费档次由100元/人·年提高到200元/人·年，财政补贴标准从30元/人·年提高到40元/人·年。完善城乡居民基本养老保险政策。为提高城乡居民个人账户养老金水平，巩固城乡居民基本养老保险制度，提高我省城乡居民个人账户养老金水平，加大政府缴费补贴力度。城乡最低生活保障金标准得到提高。2017年末，全省包括城乡老年人在内低保对象24.3万人，其中城市低保3.2万人，农村低保18.1万人。全省城乡低保月平均标准分别为485元、356元。其中，海口城乡低保月平均标准分别为520元、460元；三亚城乡低保月平均标准分别为590元、480元；其他市县城乡低保月平均标准分别为450元、300元。全省五保户27286人，发放补助金600元/月。全面完成老年人意外伤害综合保险工作任务，为全省5.25万名60岁以上特困老年人、65岁以上的低保家庭老年人购买老年人意外伤害综合保险，获得省政府2017年度为民办实事测评满意度取得全省第二名的佳绩。为老年人增加一份抵御风险的保障，减轻政府、家庭和个人负担，提升了老年人的安全感、获得感和幸福感，提高老年人的生活质量。2017年1月，省卫计委和省财厅联合下文调整计划生育家庭特别扶助标准，全省1389人享受计划生育家庭特别扶助金，发放资金1080万元。

三、老年医疗保障能力进一步加强

基本医疗保障水平大幅提升，城镇职工基本医疗保险参保人数209.53万人；其中，在职人员149.15万人，退休人员60.38万人。包括老年人在内参加新型农村合作医疗农民468.67万人，比上年增长1.4%；新农合人均筹资达到每人每年600元。全省重点人群家庭医生签约率53.98%。社会资本办医力度不断加大，全省社会办医疗机构1273家、床位数4695张，分别占全省医疗机构数的25.3%和13.6%。在我省参加城镇医疗从业人员基本医疗保险并累计缴费达到医疗保险条例规定年限的退休人员统筹基金支付比例为90%。在我省参加城乡居民基本医疗保险的老年人可按规定享受相应的医疗保险待遇。截至2017年1月12日，海南异地就医结算平台在全国第一个实现与国家平台联网，并且与除西藏以外的所有省份（不含港澳台地区）实际发生了异地就医结算。异地安置退休人员和异地长期居住的老人在参保地做备案后，持社会医保障卡就可实现异地就医住院医疗费用直接结算，解决了个人“垫资”和报销“跑腿”问题。提高新型农村合作医疗和城镇居民医疗保险补助标准。“两项保险”财政补助标准从2011年的200元/人提高到2017年的420元/人。截至2017年12月末，已下达城镇居民基本医疗保险和新农合补助资金259197万元。全年实施医疗救助包括老年人在内44.25万人次；其中，城市医疗救助13.68万人次，农村医疗救助30.57万人次。博鳌乐城国际医疗旅游先行区这个中国医疗健康开放新领域的先行者，目前先行区已有101个项目达成投资意向，39个项目通过医疗技术评估，27个项目开工建设，一期引进国外新技术15项。主要大力发展健康事业，为广大老百姓健康服务。

四、养老服务水平进一步提升

为提升我省老龄事业和产业发展水平，加强养老服务质量建设，联合五部门开展养老院服务质量建设专项行动，对全省173家养老服务机构进行排查整治，养老机构安全形势明显好转。2017年末，全省共有各类养老机构203家，床位38225张。其中，公办养老机构178家，床位数10253张，民办养老机构25家，床位数9712张；其它养老服务设备设施床位数18260张；每千名老年人拥有养老床位达28.27张。全省共有558个城乡社区开展居家养老服务，比2016年增长21.3%，海口市被列为全国第二批中央财政支持开展居家和社区养老改革试点城市。城乡社区老年人日间照料中心165个。

五、医疗和养老进一步融合

截至2017年末，初步建成一批兼具医疗卫生、养老服务资质和能力的医疗卫生机构或养老机构（以下统称医养结合机构），实现医疗和养老资源的有效融合。全省60%的养老院能够以不同形式为入住老年人提供医疗卫生服务，行业质量不断增强，服务水平显著提升；建立健全养老机构与社区卫生服务中心（包括乡镇卫生院，下同）或其他医疗机构签约服务机制，80%以上的医疗机构开设为老年人提供优先挂号、优先就医、康复护理等便利服务的绿色通道；逐步提升基层医疗机构为居家老年人提供上门服务的能力，65岁以上老年人健康管理率达到65%以上。海口、三亚、儋州我省第一批开展医疗卫生与养老服务融合发展试点城市。建立基层医疗卫生机构与敬老院签约合作关系，医疗机构为敬老院中所有老年人建立健康档案，全面监测、分析、评估老人的健康数据，及时为有健康问题的老人进行指导、咨询和危险因素干预，制定针对性的综合诊疗方案。同时还专设医生每周定期到敬老院进行巡诊，为老人提供医疗、保健、心理疏导等服务。建立基层医疗卫生机构与老年人家庭医生签约服务关系，鼓励入住敬老院和居家的老人（优先满足65岁以上老年居民和高龄、失能、部分失能以及计划生育特殊家庭的老年人）与家庭医生建立签约服务关系，为老年人提供健康档案管理、健康教育、上门巡诊、家庭病床、社区护理等基本医疗和基本公共卫生服务。对贫困和低收入老年人，逐步给予养老服务补贴；对生活长期不能自理、经济困难的老年人，根据其失能程度等情况给予护理补贴；2017年省财政下达7619.97万元，全面建立经济困难的高龄、失能老年人补贴制度，缓解经济困难高龄、失能老人养老难题。

六、老年权益进一步得到有效保障

2017年全省办理老年人法律援助案件780件，接待老年人来访咨询法律问题1566人次，为老年人权益保障撑起了一片蓝天。为进一步做好老年人权益保障工作，推动省人大修改《海南省法律援助规定》、省委办公厅和省政府办公厅印发《关于完善法律援助制度的实施意见》等，在原有的请求给付赡养费、老年人请求损害赔偿等法律援助事项基础上，新增主张农村土地承包经营权及其流转中合法权益受到侵害产生的民事权益；请求征地、房屋拆迁补偿等与老年人权益保障紧密的法律援助事项。同时，将法律援助经济困难标准降低至最低工资标准，对年满70周岁以上老年人的请求事项符合法律援助事项范围的，经济困难审查的标准放宽至最低工资标准的2倍。免费办理老年人优待证。为本地65周岁以上老年人及在本省连续居住1年以上的外埠老人制发老年人优待证，持证老人可以享受免交普通门诊挂号费优先就医、免景点门票和公交免费出行等方面的社会优待。加大宣传力度，提高老年人的法律援助率。在全省开展针对老年人等重点援助对象的“绿岛法援”宣传专项活动，把法律援助送到老年人身边。在“敬老月”期间以“学法知责、关爱老人”为主题在全省开展新修改《海南省实施〈中华人民共和国老年人权益保障法〉若干规定》“宣传周”活动。在新华网、法制日报、海南日报等主要新闻媒体宣传法律援助服务老年人的工作情况等，印发《海南省实施〈中华人民共和国老年人权益保障法〉若干规定》3万册、印制《老年人法律援助服务手册》2万册和一批《法律援助便民卡》，并发放到老年人等群众手中。本着“贴近群众、方便群众、服务群众”的指导思想，在全省部署开展法律援助指示牌“村村通”活动，积极营造法律援助助老的社会氛围，有效化解了老年人“打不起官司”的后顾之忧。健全完善各项服务措施，便捷老年人申请法律援助。设立功能齐全的省级“12348”法律援助便民服务大厅，设置了助老通道和配备轮椅、拐杖、老花镜等助老设施，为老年人等提供接待法律咨询、案件受理审查、组织法律援助案件调解和案件质量投诉受理等“一站式”温馨服务。发挥了市县老龄办、乡镇（街道）司法所的法律援助工作站职能作用，联合多部门开展联合服务，积极开展老年人法律援助工作，更好地满足老年人多层次、多形式的法律援助服务需求。全省共设立法律援助工作站643个，其中依托老龄办设立法律援助工作站6个，极大方便老年人就近申请和获得法律援助。涉老案件立审立结。对符合条件的老年人申请法律援助开通优先接待、优先受理、优先指派的“绿色通道”，并提供预约服务、上门服务、电话服务等助老服务，确保老年人享受无差别的法律援助便捷服务。各级人民法院对涉老年人纠纷的案件，坚持按照“优先立案、优先审理、优先执行”的原则办理。在审理涉老年人民事、行政案件时，在不违反法律政策的前提下，本着适当照顾老年人的原则，尽量维护老年人的合法权益。在审理侵害老年人人身财产权益的刑事案件中，依法严惩侵害老年人权益的犯罪分子，充分发挥司法保障的功能。营造了老年消费环境。工商行政管理、食品药品监督、质量技术监督等部门加强监督管理工作，营造安全、便利、诚信的老年人消费环境，及时处理侵害老年人消费权益的举报投诉。公安机关及时受理、依法查处针对老年人的传销、诈骗和非法集资等行为，保障老年人人身和财产安全，在治安管理、户政审批、出入境管理、涉老案件查办等工作中，主动维护老年人权益。

七、老年优待范围进一步扩大

进一步充实和丰富老年人优待和照顾服务内容，拓展优待照顾服务范围，提高了老年优待的法律位价，进一步保障了老年人获得社会优待的权益。立足当前老年人对美好生活的需求和全省实际，《规定》从政务服务、卫生保健、交通出行、商业服务、文化休闲等方面，对老年人优待内容进行了丰富拓展。政务服务优待。全面落实了老年人在最低生活保障、医疗救助、住房保障和救助、基本殡葬费用免除等方面优待内容，高龄津贴、养老服务补贴和护理补贴等制度覆盖面逐步扩大。全省普遍建立了高龄津贴制度，并区分75—79、80—89、90—99、100周岁及以上四个年龄段，逐步提高津贴额度。三沙市和陵水县高龄津贴从75周岁起每人每月分别为300元、100元，洋浦经济开发区的老年人津贴从60周岁起每人每月发放210元；三亚市、澄迈县百岁老年人高龄津贴分别每人每月700元、800元标准。全省对失能、半失能老年人实行护理补贴和生活补贴；对经济困难老年人通过政府购买服务提供预约和上门服务。卫生保健优待。老年人健康档案建立、免交普通门诊挂号费、免费体检和健康巡查、就医便捷优先服务等内容全面落实，老年人健康指导、保健咨询、慢性病管理、上门诊视、家庭病床、居家护理等逐步推行，老年人服务窗口、老年病科逐步建立。养老机构普遍设立诊所（室）、康复护理院或与医疗机构开通绿色通道。交通出行优待。公共交通为老年人广泛提供了优先便利服务，“老幼病残孕”专座全部设立，65—69岁老年人免半票乘坐城市公交车，70岁以上老年人免费乘坐城市公交车有效落实，在海南居住满一年的外埠老年人享受同等待遇，无障碍设施建设全面铺开。商业服务优待。老年人优先、便利、优惠服务在各类商业饮食服务点、日常生活用品经销单位、金融机构逐步落实，导银员、服务人员能够耐心为老年人开展服务，特别在老年人办理金融服务时主动进行风险温馨提示，部分金融机构还为老年人减免异地领取养老金手续费。文体休闲优待。政府投资主办的公共体育场馆、博物馆、展览馆、纪念馆、旅游景区、景点、公园等场所免费向省内外老年人开放。老年人活动场地、老年教育资源对城乡老年人公平开放，公共文艺演出场所为老年人提供优惠演出场地。对经济困难老年人进入老年大学（学校）给予学费减免。以“老年节”为载体，老年兴趣爱好大赛、老年广场舞大赛、老年合唱大赛、老年体育健身活动等平台不断丰富满足老年人文化需求。

八、高龄津贴制度进一步完善

2017年末，全省先后共有2066名百岁及以上老年人领取了长寿补助金，补助标准为每人每年1800元。在此基础上，全省各市县根据当地经济社会发展情况，为高龄老年人配套发放高龄津贴，高龄津贴制度实现全省覆盖并得到不断完善。2017年末，全省28.78万名80周岁及以上老年人享受高龄津贴。洋浦和个别市县为实现惠及全体老年人高龄津贴发放降低了年龄段，如洋浦为60—79岁老年人发放210元、80—89岁老年人发放510元、90—99岁老年人发放660元、100岁及以上老年人810元（不含省级补贴300元）；三沙市为75—79岁老年人发放300元、80—89岁老年人发放400元、90—99岁老年人发放500元、100岁及以上老年人1000元（不含省级补贴300元）；陵水县也为75—79岁老年人发放100元、80—89岁老年人发放150元、90岁及以上老年人发放200元。

九、老年宜居环境进一步改善

全省各市县的新、改、扩建城市主干道均按照《无障碍设计规范》标准，同步配建无障碍设施，无障碍设置率达100%。新建住宅小区基本按照《无障碍设计规范》标准，同步配建无障碍设施，设置率达100%。海口改造10层以上居住建设筑126幢，完成无障碍设施改造的10层以上居住小区238个。为进一步完善无障碍环境建设，根据“建改同步”原则，在城市新、改、扩建道路同时按标准配建无障碍设施，同时推动全省城市道路无障碍设施改造。

十、老年文体活动进一步丰富

各地以“敬老月”、“敬老文明号”创建活动和重大节庆为契机，举办一系列形式多样的老年文体活动，充分展示老年人积极健康、乐观向上的精神风貌，丰富老年人的精神文化生活，提高老年人晚年生活的幸福指数。海南红棉合唱团和海南红星合唱团代表我省参加了“第十九届中国老年合唱节——永远的辉煌”，获评为“最受欢迎合唱团”。全省现有老年学校7个，在校人数3366人。老年人大学主要分为授课学习和文艺表演两部分。学习的内容有健康养生、书法绘画、乐器、舞蹈、黎族织锦等，内容丰富多彩，深受老年人喜爱。老年人大学的学员除了学习之外，还经常到乡村开展送文化下乡活动，到周边市县开展文化活动交流，到省外参加老年人各类文艺比赛，并获得优异的成绩。老年体育活动日益活跃，举办了第十届全省老年人体育运动会、全省老年人广场操（舞）展示交流大赛等各项活动，活动范围已从街道、庭院向广场、公园、体育馆延伸，突出展现了党政主导、协会协调、老人参与、社会支持的新格局。

十一、养老孝老敬老社会环境进一步优化

认真组织开展全国老龄工作先进集体和先进个人评选推荐工作，昌江黎族自治县老龄办被国家人力资源社会保障部、全国老龄工作委员会授予“全国老龄工作先进集体”，琼海市老龄办庞青智被国家人力资源社会保障部、全国老龄工作委员会授予“全国老龄工作先进个人”。开展全国和海南第二届“敬老文明号”创建评比表彰活动，经各级老龄办严格按照评选程序推荐，8个单位被授予全国“敬老文明号”先进集体，24个单位被授予海南省“敬老文明号”先进集体。开展2017年度全国“老有所为”先进典型人物评选活动，三亚市启正园园主王启正被评为2017年度全国“老有所为楷模”，临高海丰养殖有限公司董事长黄达灵被评为2017年度全国“老有所为”先进典型人物。在全省开展“敬老月”活动，省老龄办和海口市老龄办主办的第三届敬老爱老助老创建活动启动仪式暨海口市第五届老年节广场文艺会演在海口市人民公园举行，现场对获得海南省第二届“敬老文明号”荣誉称号的武警海南省边防总队医院、海口市120急救中心等7家单位进行了授匾牌表彰。“敬老月”期间，全省各级党政领导和各相关部门、为老服务组织、爱心企业、青年志愿者相继走访慰问百岁、高龄、特困、留守老人、空巢老人、提供法律咨询、巡回义诊、送药送演出进养老服务机构等关爱老年人志愿服务活动。海南日报、三亚日报、南海网等媒体多次播报“敬老月”系列活动相关报道，扩大老龄宣传影响力，收到良好社会效果，营造了养老、孝老、敬老的社会环境。

十二、老年人参与社会积极性进一步增强

采取以点带面、示范推进的方式，不断推进全省城乡社区老年协会建设。全省目前已建立城乡社区老年协会693个，参加人数12.68万人，其中，村（居）老年人协会532个，乡（街道）老人协会127个，县（市）老年人协会26个。全省共有老年基金会1家，其他老年社团组织13个，参加人数4042人。老年大学、老年体育协会、老教授协会、老科技工作者协会、异地养老协会、旅居养老协会和各类老年社会团体，开展形式多样内容丰富的活动，在老年维权、生态保护、海洋环保、扶贫助困、社区教育、医疗帮扶、教育扶持、创文巩卫、整治村容村貌等方面的社会治理活动，发挥了积极作用。

重要会议和活动

【开展新修改《海南省实施〈中华人民共和国老年人权益保障法〉若干规定》颁布实施的“宣传周”活动】同时与海口市老龄办于9月1日起至9月6日，在全省组织开展《若干规定》颁布实施“宣传周”活动，各地以“学法知责、关爱老人”为主题开展“宣传周”活动，同时，启动第三届海南省“敬老文明号”创建活动仪式；举办文娱演出，发放宣传资料，请律师现场进行法律法规政策解读。同时在《海南日报》、《海口日报》、《南国都市报》、《南海网》等主流媒体上进行解读和报道，全省各地也相应举办形式多样“宣传周”活动，使人民群众对《若干规定》有了进一步的了解，让新修改的老年法规入脑、入心，家喻户晓。

【“敬老月”活动】10月1—30日，以“欢庆十九大·关爱老年人”为主题开展“敬老月”活动，全省各级党政领导和各相关部门、为老服务组织、爱心企业、青年志愿者相继走访慰问百岁、高龄、特困、留守老人、空巢老人、提供法律咨询、巡回义诊、送药送演出进养老服务机构等关爱老年人志愿服务活动和开展一系列老年文体活动，充分展示老年人积极健康、乐观向上的精神风貌，丰富老年人的精神文化生活，提高老年人晚年生活的幸福指数。授予海南省托老院等24个单位海南省“敬老文明号”先进集体。开展2017年全国“老有所为”先进典型人物评选推荐活动，三亚启园园主王启正获得全国“老有所为楷模”、临高县海丰养殖有限公司董事长黄达灵获得全国“老有所为”先进人物。积极开展结对帮扶精准扶贫活动。海南日报、三亚日报、南海网等媒体多次播报“敬老月”系列活动相关报道，收到良好社会效果。

【开展养老院服务质量建设专项行动】3—12月，根据国家统一部署要求，省加强养老服务质量建设，联合五部门开展养老院服务质量建设专项行动，对全省173家养老服务机构进行排查整治，养老机构安全形势明显好转，全省60%的养老院能够以不同方式为入住老年人提供医疗卫生院服务，行业职业意识不断增强，服务水平显著提升。

各项业务进展

【关于充分发挥“候鸟型”人才作用的意见】1月12日，海南出台《关于充分发挥“候鸟型”人才作用的意见》，明确了候鸟型高层次人才及科技创新团队在服务期间的优惠政策，为候鸟人才做好相关保障工作。主要有4方面优惠政策：一是保障候鸟型高层次人才及其团队在科技项目立项、科研成果转化、人才项目申报、重大奖项参评等方面享受我省同类人才相关待遇。二是加大对候鸟型人才工作经费的保障力度，支持用人单位在公用经费或成本费中列支候鸟型人才聘用费用，通过绩效评估方式对引才成绩突出的用人单位、社会组织进行奖励。三是全面提升候鸟型人才服务水平，将候鸟型高层次人才代表纳入各级党委政府直接联系专家范围，完善我省与全国各省区市医保异地就医结算业务，支持人才中介机构建立候鸟型人才服务平台等。四是规范候鸟型人才合同化管理，通过建立劳务关系，明确用人单位和候鸟型人才之间的责权利关系，保障候鸟型人才服务期间的应有权益。

【海南候鸟人才政务服务网正式上线】3月28日，海南候鸟人才政务服务网正式上线运行。这是我省为充分发挥候鸟人才的智力资源优势，由省政务服务中心依托全省政务服务中心窗口和公共服务平台资源开发建设的网站。海南候鸟人才政务服务网可为来海南的候鸟人群提供登记注册，形成海南候鸟人才资源库，并根据海南十二个重点产业发展建立关键标签，将候鸟人才资源根据专业、特长、经验进行分类，同时，提供检索查询功能，并滚动公布候鸟人才库信息，以便有需求的政府部门、企业及时找到相关人才。

【新修改《海南省实施〈中华人民共和国老年人权益保障法〉若干规定》】7月21日，海南省第五届人民代表大会常务委员会第三十一次会议审议通过，从2017年9月1日起正式施行。该规定通过"四梁八柱"全方位维护老年人合法权益。四梁指：党委领导、政府主导、社会参与、全民行动。八柱指：家庭赡养、养老保障、养老服务、社会优待、宜居环境、老年教育、老年文化、法律责任。

【海南省无障碍环境建设"十三五"实施方案】9月4日，省政府办公厅出台《海南省无障碍环境建设"十三五"实施方案》，到2020年，我省机关、学校、社区、医院、A级旅游景区、大型商场、娱乐场所、城市主城区道路、公共交通等公共场所设施及敬老院、残疾人康复中心等特殊机构全面达到《无障碍设计规范》的要求。80%的市县达到全国无障碍市（县）建设标准。乡镇、农村无障碍环境建设水平明显提高，基本满足残疾人、老年人等群体参与社会生活的需要。贫困残疾人家庭无障碍改造基本完成，残疾人居家环境得到较大改善。

【全面放开养老服务市场提升养老服务质量的实施意见】9月18日，省政府办公厅出台《全面放开养老服务市场提升养老服务质量的实施意见》，首次提出加快推进养老服务业供给侧结构性改革，繁荣养老市场，提升服务质量，到2020年，全省基本实现养老服务市场全面放开，发展环境更加优化，社区居家养老服务供给能力明显增强，养老院服务质量大幅提升，医养融合模式更加成熟，政策法规更加健全、行业标准和信用体系基本建立，监管机制更加完善，信息技术有效应用，老年人生活更加便捷、满意度显著提高。

【开展中国城乡老年人生活状况监测调查工作】8月1—31日，圆满完成了澄迈和乐东县共8个镇的32个社区的192名城乡老年人口生活状况监测调查工作任务。

【老年人意外伤害综合保险工作】截至11月底，全面完成老年人意外伤害综合保险工作任务，为全省5.25万名60岁以上特困老年人、65岁以上的低保家庭老年人购买老年人意外伤害综合保险，获得省政府2017年度为民办实事测评满意度取得全省第二名的佳绩。

【加快发展老年教育的实施意见】12月19日，省政府办公厅出台《关于加快发展老年教育的实施意见》（以下简称《意见》），满足老年人多样化学习需求，提升老年人生活品质。到2020年，50%的乡镇（街道）建有老年学校，30%的行政村（居委会）建立老年学习点，方便老年人就近学习。到2020年，我省将基本形成覆盖广泛、灵活多样、特色鲜明、规范有序，远程网络教育有效运用、社会积极参与、全社会资源不断集聚的新时代老年教育体系。实现参与老年教育的人口占老年人口总数的20%以上。老年教育基础能力有较大幅度提升，各类老年教育机构服务能力进一步增强，城乡社区老年教育快速发展。老年教育内容不断丰富，形式更加多样。

重庆市

综　述

全市养老机构共有1400所，养老床位达21.2万张，每千名老年人拥有床位数达30.1张；城镇社区养老服务设施增至1000所，各区县均建立了社区居家养老服务信息平台。建立了养老机构综合责任保险制度，为280所依法成立的养老机构购买了养老机构综合责任保险，全面提升其运营风险防控能力。实施养老院服务质量建设专项行动，对1084家养老机构进行整改，关停不合格养老机构64所，并出台重庆市养老机构、社区养老服务及设施标准，委托第三方对社区养老服务设施进行绩效评价，督导社区养老服务设施建设和运营。此外，在渝北区7个社区开展“互联网＋养老服务”试点，为老年人提供餐饮、保洁、护理、医疗等100多项上门服务。

【老年人健康支持】2017年，全市人口平均预期寿命77.3岁。38个区县及两江新区、万盛经开区实行了65岁以上老年人免费体检等制度，全年接受免费体检老年人262万人，344万老年人建立了健康档案。以家庭医生签约、基层养老服务中心签约为抓手，为208.48万老年人及其家庭提供健康养老服务。全市80%以上公立医疗机构开通老年人看病就医绿色通道并落实减免普通挂号费等优诊措施。支持医疗机构与养老机构开展多种方式合作，促进医养融合发展，全市共建立医养联合体479对，签订医养合作协议医疗机构473个，能提供医疗护理的养老机构数量54个。开展医养结合服务的医疗机构中，建成护理院（站）18个，康复医院15个，开设老年病科的二级以上综合医院52个，提供养老护理服务的医疗机构78个，医养结合床位数达1.85万张。

【老年人权益保障】一是强化老年法制宣传。把老年人普法宣传教育作为千万市民学法律“十个一”项目和“法律八进”活动的重要内容。结合“1·10”和“12·4”等法制宣传日，通过编印法律手册、解读宣传挂图、现场咨询答复等形式，丰富老年普法宣传教育活动载体。指导银行业金融机构以网点阵地宣传为主，共劝阻老年人汇款66起，直接避免损失125万元。

二是畅通老年人权益维护渠道。全市三级45家法院的诉讼服务中心全部开通老年人诉讼绿色通道，全年依法减免4千余件涉老案件讼费用180万余元。全市司法系统推开三级公共法律服务实体平台建设，41个法律援助中心已基本建成临街一层便民接待窗口，接近70%的接待窗口设立了无障碍通道。建立法律援助工作站（点），为办理老年人法律援助案件开辟绿色通道。

三是推动老年人优待政策落实。全年办理发放老年人乘坐公共交通工作免费卡数83.56万张，全年由政府财政为70岁以上老年人免费乘坐公共交通购买公益服务3.3亿元。全市公证行业在“为80岁以上老人免费办理遗嘱公证”的基础上，增加了“为五保户、孤寡老人免费办理遗赠扶养协议、为年满60岁以上的老年人免费保管遗嘱”、“失独老人免费办理遗赠扶养协议”等内容，老龄公益服务月活动范围及对象的覆盖面越来越广，受益老年群众越来越多。

【敬老养老助老氛围】一是精心组织各类评选活动。开展“家风润万家”主题实践活动，以家风正党风、淳民风、促政风，全市80多万个家庭、280多万人参与活动，评出各级各类最美家庭1万多个，其中孝老爱老家庭近3000个。并推出“我们的乡贤我们评”主题活动，评出“爱国爱家、勤劳善良、崇德尚法、诚信重义”的新乡贤2.5万人（其中孝老爱亲类新乡贤4000余人）。深入推进寻找重庆最美家庭活动，将孝老爱亲、家庭和睦作为评选“最美家庭”的必备条件，产生重庆“十大最美家庭”10户、重庆“最美家庭”200户，并利用各类主流媒体集中宣传报道“最美家庭”典型事迹。

二是广泛开展“敬老月”活动。2017年“敬老月”活动期间，全市各区县、各有关单位面向基层、面向群众，以老年群体为重点关爱对象，广泛开展了志愿服务、走访慰问、文艺表演、孝文化宣传等形式多样、内容丰富的主题活动。以尊老敬老爱老为主题，开展千万市民做公益主题实践活动，实施“响应一个关爱老人倡议、践行一个关爱老人善举，观看一场关爱老人微展览”等十个一活动，并依托第三届“爱·重庆”微电影大赛，创作展播反映敬老爱老助老主题的微电影10部，网络点击量超过千万人次。市文化系统举办了“庆国庆、迎中秋、话重阳”暨重庆市第七届老干部艺术节“杂技魔术专场演出”、“点赞十九大　迎重阳　健步走”主题游园、重阳节系列健康讲座等活动。首次于“敬老月”期间在主城解放碑、观音桥、九龙坡、沙坪坝等主要商圈和龙头寺火车站等重要公共场所的大型LED屏滚动播出敬老公益广告1543则，播放了敬老微电影274场次。据不完全统计，活动期间共刊发“敬老月”活动新闻稿件946篇，印发敬老宣传资料30.56万份，慰问困难老人15.31万人次，走访老年人社区、养老机构、老年大学1530个，发放慰问金2181.53万元。

【老年人体育】强化政策引领，以市政府办公厅名义出台《关于进一步加强新形势下老人体育工作的实施意见》。市体育局、市老体协、市老龄委办等部门联合组织动员全市符合条件的老年人参加了第三届全国老年人体育健身大会，重庆市代表团荣膺最佳组织奖，体育比赛荣获23个集体优胜奖、5个集体优秀奖、51个单项优胜奖、15个优秀奖和12个项目的体育道德风尚奖。加强老体协组织自身建设，全市建有8644个基层老体协组织、191万会员，会员同期增加5.1万。

【老年人教育】依托高校资源推动老年大学建设，拓展老年教育。西南大学老年大学被重庆市老年大学协会评为示范老年大学，成为重庆市第一家高校办示范老年大学。着力开发老年教育课程资源，对17000余人采用随机抽样的方式，调研了解老年人的学习需求。并对重庆市老年教育教材及数字化教学资源进行开发和研究。开展中医药健康、养老科普教育，重庆三峡医药高等专科学校为万州老年大学开展中医药健康知识培训350余人次，学校中医药文化馆和中药科技馆年均接受20000余人次参观。

【老年人作用发挥】引导低龄老年志愿者开展志愿服务，围绕群众需求，设计老年人便于参与、乐于参与的志愿服务项目，促进老年人实现社会价值。目前全市60至70岁的低龄老人注册志愿者有35万，主要开展了调解纠纷、关爱帮扶、教育引导、便民服务等志愿服务活动。积极开展“银龄行动”，组织老年科技工作者在璧山、江津、南川等地开展科普宣传、科技咨询、技术指导等活动。

四川省

综　　述

2017年，在四川省委、省政府的坚强领导下，四川省老龄工作机构和老龄委成员单位深入学习贯彻习近平新时代中国特色社会主义思想，认真落实习近平总书记对老龄工作的重要指示精神，按照省委、省政府积极应对老龄化的战略部署，统一思想，提高认识，聚焦重点难点问题，突出重要领域，积极谋划新时代四川老龄工作，不断提升老年人的幸福感、获得感，四川省老龄事业发展再上新台阶。

（一）老年人社会保障制度日趋完善。2017年以来，四川省社会保险、社会福利、社会救助覆盖面持续扩大，参保人员待遇水平不断提高，有力推动老年人的基本生活、基本医疗、基本照护等需求得到切实保障。

基本养老保险工作成效显著。全年下达的企业职工养老保险补助资金和城乡居民养老保险补助资金较2016年有所增长。连续第十三年调整企业退休人员基本养老金水平，全省企业退休人员月人均基本养老金由1871.12元增至1994.49元，增幅为6.59%，惠及全省约685万名企业退休人员。全力推进机关事业单位养老保险制度改革相关工作，财政厅牵头研究制定了机关事业单位一次性退休补贴、视同缴费指数、过渡期中人待遇计发相关参数、改革中相关问题的处理意见等配套文件，完成机关事业单位退休人员与企业退休人员第2次同步调整基本养老金水平，机关事业单位退休人员月人均基本养老金由4223.1元增至4417.47元，增幅为4.6%，惠及全省约93万名机关事业单位退休人员。

医疗保险待遇水平明显提高。城乡居民基本医疗保险财政补助标准2017年从2016年的420元提高到450元。符合医保政策规定范围的住院费用城镇职工医保报销比例超过81%，城乡居民报销比例超过76%。着力推进公立医院按病种收付费改革，按病种收费的病种全部纳入医疗保险支付范围，切实减轻参保患者的经济负担。印发并组织实施《关于执行国家药品目录（2017年版）和36种国家谈判药品有关问题的通知》，进一步扩大参保人员的医保报销药品范围，提高参保群众的保障水平。

异地就医即时结算持续推进。深化医保支付方式改革，推进医保信息联网，全省21个市（州）全部接入国家异地就医结算平台，完成与重庆、新疆等地的点对点跨省直接结算向国家平台直接结算的切网工作。2017年，四川省内异地联网医院达到500多家，完成四川省内异地住院直接结算20多万人次，实现参保人员异地就医即时结算，基本解决异地居住退休人员医疗费用报销周期长、垫支压力大的问题。

老年健康生活水平不断优化。持续推进基本公共卫生服务均等化，实施国家基本公共卫生服务项目全覆盖，人均补助经费增加至50元/人·年。全省健康档案规范化电子建档率和家庭医生签约覆盖率逐年提高，印发《四川省防治慢性病中长期规划（2017—2025年）》，加大慢性病防控工作力度。

涉老商业保险功能有效增强。深化商业养老保险供给侧改革，鼓励商业保险公司提供涉老保险产品及服务，开发老年人专属意外伤害保险及疾病医疗保险，涵盖老年人特定意外伤害、公共交通意外、重大疾病等多种风险保障。成都市长期照护保险制度试点工作正式启动，约有1.6万长期失能人员得到长期照顾护理。2017，全省通过专属保险产品受到保障的老年人群近200万人次，包含老年人意外伤害保险在内的意外伤害保险赔付总额支出达8亿元。

社会救助惠及范围逐步扩大。进一步完善困难群众基本生活保障制度，城市居民、农村居民最低生活保障标准逐年提高，确保符合条件的困难老年人“应保尽保”，全年下达困难群众基本生活救助补助资金90多亿元。进一步完善医疗救助制度，扩大医疗救助范围，全面开展重特大疾病医疗救助，提高政策范围内医疗救助水平，最大限度减轻困难群众基本医疗支出负担，确保符合条件的困难老年人“应救尽救”。认真落实计划生育老年人奖励优待政策，加强对年老计划生育特殊家庭的扶助关怀，开展疾病救治授权，推行免费殡葬基本服务，将符合条件特殊家庭对象纳入政府购买居家养老服务范围。2017 年，开展上门医疗服务 40 多万次，农村计划生育奖励扶助和特别扶助累计发放资金 20 多亿元。

（二）养老服务业发展势头良好。进一步深化养老服务“放管服”改革，着力破除制约老龄事业发展和养老体系建设的体制机制障碍，加快完善养老市场体系，有效缓解了养老服务供需矛盾。

政策法规保障力度持续增强。省政府印发了《四川省“十三五”老龄事业发展与养老体系建设规划》，中国人民银行成都分行、省民政厅等 5 个部门联合转发了《关于金融支持养老服务业加快发展指导意见的通知》，为养老服务业健康发展提供了有力的制度保障。

养老服务体系建设稳步推进。2017 年，共争取中央预算内资金 1 个多亿元，支持全省 18 个养老服务体系项目建设。省级安排专项资金 10 多亿元用于推进发展养老服务业，重点支持公办养老机构建设、公办养老机构维修改造、民办养老机构建设、城市社区日间照料中心建设、农村社区日间照料中心建设以及构建居家养老服务支持机制等“五硬一软”重点任务，积极扩大养老服务有效供给。全面推行政府购买服务，积极开展民办公助试点，探索建立康养产业基金，2017 年基金总规模已超过 30 亿元，带动社会资金投资 10 亿元以上，进一步撬动社会资源参与养老服务业发展。全面建立了政府购买居家养老服务制度，2017 年为 200 多万名符合条件的困难老年人提供了居家养老服务。养老服务社会组织发展有了新突破，出现了晚霞、小蚂蚁等一批连锁经营、规模发展的养老服务企业。居家（社区）养老服务设施不断完善，2017 年建成城乡社区日间照料中心 2508 个，目前全省共有日间照料中心 10235 个、农村区域性养老服务中心 405 个、农村互助养老幸福院 5070 个，城乡居家养老服务覆盖率分别达 90％、50％。机构养老规模不断壮大，2017 年新增民办公办养老机构床位 5.3 万张，目前全省有养老机构 3270 个、床位 50.7 万张；民办养老机构 859 个、床位 16.1 万张。

养老服务市场放开力度加大。全省普遍实行设立营利性养老机构“先照后证”，凡是法律法规没有明令禁入的领域，都向社会资本开放。进一步简化养老服务项目申请审批手续，提高行政审批效率，促进民间资本积极参与养老服务发展。进一步保障养老服务设施用地供应，在统筹各类用地总量和结构、时序上优先安排供地。明确了在一定条件下为非营利性养老服务设施提供供地方式、土地价款、土地年租金等方面的优惠。着力完善税收优惠手段，针对国家尚未出台专门的养老服务业所得税优惠政策，省国税局向国家税务总局提出制定单项所得税优惠政策的建议，对专门从事养老服务的企业给予降低税率或其他形式所得税的优惠。推进居家和社区养老服务改革试点，成都市作为全面居家和社区养老服务改革试点城市，正按照政府主导、社会参与、市场推动、城乡统筹的发展思路，积极推动居家养老服务信息平台建设，通过政府购买服务、社会组织参与等方式，为老年人提供各类服务。继续推进运用新型民办公助机制支持社会资本建设非营利性养老机构试点，省级试点项目已达 24 个，省级财政累计投入 9088 万元。积极稳妥地推进公办养老机构改革试点，全省已有 66 家公办养老机构实行公建民营，第一批 20 个国家级公办养老机构改革试点已完成，第二批 6 个试点单位正在推进。

“互联网＋养老”优势凸显。大力推动养老服务信息平台建设，开展智慧健康养老应用试点示范，国家部委确定四川省示范企业 3 个、示范基地 3 个、示范街道 8 个。居家服务信息平台已覆盖全省 15 个市（州）、70 个县（市、区），线下加盟服务商已有 1 万余个，为 120 余万名社会老年人提供了生活照料、信息咨询、精神慰藉、健康管理、紧急救援等服务。以“健康四川”服务云平台为龙头，各级医疗机构为主体，门户网站、手机 APP、微信、电视等多种方式为载体的“互联网＋医疗”健康服务格局已初步形成，可有效优化就医流程，改善老年人就医体验。2017 年，四川省农村敬老院管理信息系统、省级养老服务信息平台和老龄信息管理平台分别进入上线运行和试运行阶段，未来将为全省健康医疗大数据建设提供有力支撑。

养老服务专业人才培养加速。推动普通高校和职业院校加强养老服务相关专业建设，加大养老服务职业技能培训力度，把养老护理员等养老服务技能培训纳入城乡就业技能培训范围。鼓励劳动者参加养老服务技能培训或创业培训，并按规定给予培训补贴。推行职业资格认证制度，初步建立了以专业养老护理员为骨干，社工、志愿者为补充的养老服务队伍。召开了全省养老人才培养研讨会，举办首届养老护理员职业技能竞赛，实施“百千万养老人才队伍建设工程”。全省有 100 所学校开设养老服务相关专业 120 余个，在校生近 15 万人，全省取得养老护理员职业资格人员近 3 万人。省级养老示范实训基地加快建设，预计 2019 年投入使用。

（三）一些重点领域改革取得新突破。2017 年以来，四川省大力推动养老服务业改革，突出重点领域，加快创新步伐，为养老服务业发展增添新动力。

医养结合建设提质增速。2017 年 4 月，出台《四川省“十三五”服务业发展规划》，明确打造养老健康服务产业集群、构建养老与健康服务业发展格局、大力发展养老市场等举措，并对改善和扩大养老健康服务供给、推动医养结合发展、筑牢养老健康服务业发展基础等做了详细的规划。将医养结合推进工作纳入养老服务业发展总体部署，大力推进雅安、攀枝花、德阳、广元等4个国家级医养结合试点和自贡、遂宁、内江、乐山、南充省级医养结合试点。德阳市成功申报国家级安宁疗护试点市，为疾病终末期或老年患者提供居家和住院安宁疗护服务。继续完善四川省医疗卫生与养老服务相结合发展规划，建立了四川省健康服务业统计监测报表制度，明确了《四川省医养结合机构服务规范（试行）》。加大医养结合项目建设力度，提升医养机构服务能力，2017年省财政补助1.04亿元建设医养结合示范中心项目9个、老年病科项目16个，全省医养结合机构223家，医疗机构与养老机构建立合作关系1178家，三级和二级综合医院开设老年病科比例分别为59.55%和13.77%，882个养老机构内设门诊、医务室，2114个养老机构与邻近医疗机构建立协作机制，护理型床位达10.17万张。

养老产业发展前景可观。建立完善省养老健康服务业重大项目库储备制度，在全省初步形成了“储备一批、开工一批、建设一批、使用一批”的重点养老项目管理格局。进一步丰富重大养老健康服务业项目库内容，建立了“四川省养老健康服务业重大项目库”。推进国家康复辅助器具西南区域中心和西部现代康复辅助器具研发制造基地建设。10月27—29日，成功举办首届中国（四川）老龄事业暨养老服务业博览会。

农村养老服务有所创新。推进农村中心敬老院实现“四个转变”，即发展定位向区域养老服务综合体转变，运营方式向公建民营、合作经营、购买服务等转变，服务对象向农村所有老年人全覆盖转变，服务内容向生活照顾、医疗护理、文体娱乐、精神慰藉等全方位发展转变。加强对现有5070个农村幸福院建设管理，推动老年活动中心、托老所、日间照料中心等社区养老服务设施建设，积极推行农村互助养老。开展农村居家养老服务，拓展农村居家养老服务对象和服务内容，按照“跟着土地走、跟着牛羊走、跟着亲戚走”农村养老思路，探索建立居家养老有支持、社区养老有服务、机构养老不离乡的农村养老照顾模式。

（四）有效保障老年人合法权益。围绕《四川省依法治省纲要》和《老年人权益保障法》的深入实施，广泛开展老年人权益保护法制宣传，老年维权工作力度不断加大，老年优待和志愿服务工作持续深入，切实维护了老年人的合法权益。积极参与并推动《四川省老年人合法权益保护条例》的修订工作，组织参与省内外立法调研3次，先后5次组织较大修改，组织召开立法听证会。《四川省老年人权益保护条例（修订草案）》经省政府常务会通过后，四川省第十二次人民代表大会常务委员会第三十七次会议一审通过。

老年普法宣传持续深化。将普法工作与老年人学法、守法、用法、老年维权等工作相结合，大力开展普法宣传。组织法律服务人员和司法行政人员，常年为老年群众进行义务法律咨询服务，举办老年维权专场咨询服务，发放《老年人权益保护法》《继承法》等相关法律资料，汇编涉老案件读本、《老年人权益保护法知识问答》《消费维权实用手册（2017年版）》等宣传资料，满足老年人群体多元普法需求。2017年全省接受普法教育老年人达900多万人次。

老年维权力度不断加大。着力构建“一小时法律援助服务圈”，扩大老年人法律援助服务网络。2017年，全省接受普法教育老年人900多万人次，各级法律援助机构为老年人提供法律援助5万余人次；为老年人提供法律咨询6万余人次。公安厅、检察院、法院采取多种便民服务措施，提高涉老案件办理效率。省工商局整治涉老产品和服务广告市场，切实维护老年消费者权益。省旅游发展委建立全省统一旅游投诉受理电话“96927”，7个市县（区）成立了旅游警察支队和工商旅游分局，12个市（县）成立了旅游法庭，依法维护老年游客权益。

老年优待工作不断深入。省旅游发展委、文化厅、林业厅等部门继续做好各类旅游参观景点的优待工作，加大门票减免优惠力度，设置专用窗口通道和急救用品。省体育局继续对体育场馆免费对公众开放实施补助，引导、鼓励市（州）公共体育场馆向包括老年人在内的群众免费开放。各地建立老年人高龄津贴制度，目前四川省80－89周岁老年人高龄津贴多数能达到每人每月20—50元，90－99周岁老年人高龄津贴多数能达到每人每月50－100元，100周岁及以上老年人高龄津贴多数能达到每人每月300元，最高的达到了每人每月2000元。

（五）老年人精神文化生活丰富多彩。2017年以来，全省老年教育发展更加贴近实际，老年文化服务更加贴近基层，老年体育活动更加贴近群众，老年人更广泛地共享改革发展成果。省政府办公厅印发《四川省老年教育发展规划（2017—2020年）》，明确提出要大力发展老年教育，推进学校教育、社区教育与老年教育资源共建共享。目前，四川老年大学已整体搬迁至原省民政干部学校，教学设施条件得到进一步改善，全年招生约2万人次，开设班级256个。全省已有5所老年大学获得“全国示范老年大学”称号。各级各类公共文化设施基本实现了免费向老年人开放，服务老年人的公共文化设施网络进一步完善。积极推动老年文化产品的创作生产，2017年共出版面向老年人图书1252种，音像电子制品68种，约占全省出版物品种类数量9.6%，《晚霞报》成为反映全省老龄事业发展和老龄工作成果的重要宣传阵地，发行量位居全省前十名。省新闻出版局、省体育局等部门组织开展了老年体育健身比赛、优秀涉老报刊图书导读、“读播微电台”等老年文体活动，充分展现出老年群体积极向上的精神风貌。省老龄委举办了首次年度“四川最美老人”评选活动，并在首届中国（四川）老龄事业和养老服务业博览会上集中展现10位“四川最美老人”事迹。各地各级继续开展“敬老月”等活动，营造孝老爱亲的良好社会氛围。

重要会议和活动

【首届中国（四川）老龄事业暨养老服务业国际博览会】8月4日，首届中国（四川）老龄事业暨养老服务业国际博览会新闻发布会在成都召开。为及时、科学、综合应对人口老龄化，推动老龄事业和养老体系建设全面协调可持续发展，由四川省民政厅、四川博览事务局、四川省老龄办倡导，中国老龄事业发展基金会主办，四川国际会展有限公司、四川省博览经济发展有限公司、西南交通大学国际老龄科学研究院、四川养老服务业协会具体承办的中国（四川）老龄事业暨养老服务业国际博览会，将于10月27—29日在成都世纪城新会展中心举办。

10月27－29日，中国（四川）老龄事业暨养老服务业博览会在成都世纪城新会展中心举行。31个国家和地区、国内11个省（区、市）、省内21个市（州）参展参会。300余家境内外企业和机构参展。1.3万余名专业观众到会洽谈，5.2万人次观众现场观展。57家媒体、177名记者到会采访报道。与以色列、日本、瑞士等境外知名企业签订多个战略协议，老龄产业得到高度关注，为四川省养老产业发展起到了引领推动作用。“四川老博会”已被省政府正式纳入我省“十三五”会展业发展规划。2018年将正式纳入西部产业博览会举办。

【《四川省老年人权益保障条例》（修订草案）立法听证会】9月1日，省政府法制办、民政厅、省老龄办在金堂县举行《四川省老年人权益保障条例》（修订草案）立法听证会。通过发布公告、接受报名、人员遴选等程序，确定了老年人、老年组织、养老机构、社区、企业、专家学者、人大代表和乡镇干部八个方面15名代表参加听证会。代表们在会上围绕条例中提出的独生子女的照料假设置、老年人到景区参观的门票减免和全面放开养老服务市场等热点问题作了发言，并对条例的修改完善提出了意见和建议。省政府法制办、民政厅、省老龄办、成都市老龄办和金堂县纪委、县法制办、县民政局、县老龄办有关人员参加了听证会，四川日报、四川电视台、四川新闻网、《成都商报》《成都晚报》《晚霞报》、金堂电视台等媒体记者旁听了听证会。

【首届中国（四川）养老服务创新论坛暨积极应对人口老龄化宣传教育培训会】10月26日至29日，首届中国（四川）养老服务创新论坛暨积极应对人口老龄化宣传教育培训会在成都举办。全省各市（州）民政局、老龄办负责人，部分县（市、区）民政局、老龄办负责人，部分市（州）、县（市、区）老年大学负责人和养老机构负责人共200多人出席会议。

【2017年四川“最美老人”事迹展示会】10月28日，2017年“四川最美老人”事迹展示会在成都新国际会展中心7号馆举行。

各项业务进展

【《四川省老年人合法权益保障条例》修订】积极参与并推动《四川省老年人合法权益保障条例》的修订工作，组织参与省内外立法调研3次，先后5次组织较大修改，组织召开立法听证会。《四川省老年人权益保障条例（修订草案）》经省政府常务会通过后，四川省第十二次人民代表大会常务委员会第三十七次会议一审已通过。

【四川省制定和实施老年人照顾服务各项目的意见】组织起草了四川省制定和实施老年人照顾服务项目的意见，省委深改组第二十六次会议已审议通过，省政府办公厅近日即将下发。

【积极推动全面构建老龄工作大格局试点工作】为及时、科学、综合应对人口老龄化，四川省在绵阳市开展构建老龄工作大格局试点工作。2017年10月，绵阳市委办公室、市政府办公室印发了《绵阳市全面构建老龄工作大格局试点工作实施方案》，全面启动了老龄工作大格局试点工作。目前，老龄工作大格局试点工作稳步推进，并取得初步成效。

【80周岁以上老年人高龄津贴制度建立】省老龄办、民政厅、财政厅联合印发《关于建立80周岁以上老年人高龄津贴制度的通知》，标志着全省80周岁以上老年人高龄津贴制度建立。

【积极推动老龄工作信息化建设】为积极应对老龄化决策提供依据，四川省老龄信息管理平台上线于省政府云平台，全省各地利用此平台基本完成了80周岁以上老年人信息和60周岁以上老年人分段数据录入工作。

【组织开展2017年全省城乡老年人生活状况监测，首次使用APP开展无纸化问卷调查】目前通过四川在线网站正在进行老年人生活状况调查、老龄产业状况调查，争取尽快形成综合调研报告。

【开展2017年四川最美老人评选展示】倡导积极老龄观，开展了2017年四川最美老人评选，并举行了2017年四川最美老人评选事迹展示会，活动期间先后有近百万人次参与投票，社会反响强烈。开展“老有所为”和“全国老龄系统先进集体和先进个人”典型事迹宣传。

【敬老文明号创建】持续开展了四川省敬老模范县（市、

区）和敬老文明号创建活动，印发了《四川省第五轮敬老模范县（市、区）考核验收标准》。《四川省第五轮敬老模范县（市、区）考核验收标准》含社会养老服务、社会养老保障、老年健康支持、老龄产业发展、老年宜居环境建设、老年人精神文化生活、老年人社会参与、老年人权益保障、老龄宣传、组织领导等十大项，34个子项，146个分项。

【加大老龄工作宣传，推动构建养老孝老敬老社会环境】围绕"关爱老年人·欢庆十九大"主题，认真组织开展"敬老月"活动。借势借力，主动与中央、四川重要主流媒体建立工作交流机制，推动主流媒体对四川老龄事业发展的宣传，四川电视台主动无偿承接了每年一度的全省老年人歌咏比赛。四川日报报业集团试运行四川老友手机报。改版了《四川老龄》和四川老龄网站，推出四川老龄微信公众号，宣传效果明显、各界反响良好。编发《四川老龄工作简报》17期，其中被省委办公厅、省政府办公厅、民政部、全国老龄办和民政厅采用多条。《晚霞报》进一步贴近老龄工作、贴近老龄事业、贴近老年群体，发行量稳定，影响不断扩大。

【充分发挥老龄办综合协调和督查督办作用，提升老龄工作水平】新一届老龄委主任副主任组成人员名单已报省政府同意。征求相关省级部门意见后形成了新一届35个老龄委成员单位名单和工作职责。加强了与成员单位相关领导和业务处（室）的联系，及时了解工作动态，争取工作支持。起草拟定了省老龄委工作规则，拟提交省老龄委第十二次全会上讨论。印发了《关于加强督查督办工作的意见》，加强了对市（州）老龄办的督促检查。派出多个检查组督查部分市（州）基层老龄工作开展情况，专题听取汇报，研究对策，及时推广工作经验做法。在全省老龄系统确定了42个重点调研课题，收到各地上报调研文章154篇，开展了优秀调研文章评选，评出一、二、三等奖，并将优秀调研文章编印成册。

贵州省

综　　述

2017年，在全国老龄办精心指导下，在省委、省政府的领导下，省老龄工作委员会各成员单位深入贯彻落实党的十九大和习近平总书记关于加强老龄工作的重要指示批示精神，积极发挥成员单位职能作用，锐意创新，开拓进取，全省老龄事业呈现持续快速健康发展的新局面。

一、以落实惠老政策为根本，养老保障体系建设取得新成效

老年人社会救助力度不断加强。进一步完善城乡低保制度，做到符合条件的城乡老年人及特困老年人应保尽保。2017年全省城乡低保平均标准分别提高到561元/月增幅59.3%、3580元/年增幅94.4%。计划生育家庭补助"四项制度"投入资金26693万元，"失独家庭"扶助标准从每月135元提高到400元每月。人社部门对年满60周岁无力缴纳城乡居民基本养老保险费建档立卡贫困搬迁移民，由政府资助其参保后于60周岁次月起计发养老金。

城乡社会保障继续扩面提标。截至2017年底，全省城镇职工基本养老保险、城乡居民基本养老保险和基本医疗保险参保人数分别达到583.47万人、1737.88万人和994.61万人，同比分别增长38.7%、2.3%和2.7%；全省企业和机关事业单位135.25万退休人员基本养老金水平较去年进一步提高，月人均增加174.23元；新型农村合作医疗参合农民2023.25万人，参合率99.2%，同比增长0.1%；人社部门在普调的基础上再对年满70周岁的退休人员继续实施倾斜政策，每增长1岁增加6元养老金。城镇（乡）居民大病保险基金支付1.14亿元，2.8万人享受待遇，实际报销比例在基本医疗保险报销的基础上提高12%。城镇居民基本医疗保险政府补助标准提高到450元并实现跨省就医即时结算。

高龄老人补贴制度基本完善。全省9个市（州）81个县（市、区）建立80周岁以上高龄津贴制度，83个县（市、区）建立90周岁以上高龄津贴制度，84个县（市、区）在省级百岁老人津贴制度基础上建立了百岁老人补贴制度。

老年人优待工作力度大见效快。继续贯彻落实《进一步加强老年法律维权工作的意见》，抓好老年人福利、服务工作；严格按照《国务院办公厅关于制定和实施老年人照顾服务项目的意见》中的20项重点任务制定时间表、路线图及保障措施，优待工作成效明显：全省70岁以上老年人免费乘坐市内公共交通工具实现全覆盖；医疗卫生服务网络基本健全、服务能力不断提高，老年人社区卫生健康管理率达41%；旅游景点老年人及陪护人员门票优惠、老年人优待服务窗口和服务场所设置明显优待标识等政策落实取得更大突破。

二、以维护老年人合法权益为宗旨，老年人权益保障迈上新台阶

以《贵州省老龄事业发展“十三五”规划》为推进老龄事业发展的重要抓手，大力宣传贯彻落实《贵州省老年人权益保障条例》，在大数据运用和扶贫开发助推老龄事业发展、老年人精神慰藉和生活照料、彩票公益金保障养老服务业发展、医养融合发展、农村留守老人关爱服务体系建设、老年人文体休闲等方面加强和维护了老年人合法权益。

扎实开展老年人法律援助工作，解决服务老年人“最后一公里”问题。省司法厅通过开通“12348”司法服务热线、建立覆盖全省城乡的法律援助网络等，不断向全社会传递敬老爱老新风尚，加强高龄、独居、空巢、失能和行动不健全的弱势老年人社会保护工作，受理、调解涉老案件等约13557件，处理犯罪人员69人，开辟“绿色通道”为老年人办理公证3768余件，减免公证费12.86万元；省公安厅处理老年人出国、出境、探亲、旅游中遇到的涉外问题2万余起。

三、以推动养老服务项目建设为重点，社会养老服务事业发展取得新成就

大力拓宽融资渠道发展贵州养老服务业。积极争取世界银行结果导向型贷款约5亿美元支持贵州养老服务业发展。建成农村居家养老服务站3203个，覆盖全省19%的农村社区；建成农村互助幸福院4200个，覆盖全省所有乡镇。建立城市社区居家养老服务中心（站）1051个，覆盖49.6%城市社区。投入农村五保供养机构建设资金24.8亿元建设供养机构683所，新增床位6.7万张，基本建成覆盖农村所有乡镇的供养机构网络，基本满足全省农村五保特困人员的集中供养需求。将社会力量兴办养老服务项目纳入县、市（州）和省级重点项目，给予每张床位6000元的一次性建设补助。

加大资金投入发展养老服务设施项目建设。争取中央专项基金12.34亿元支持全省109个养老服务设施建设。省级财政每年预算的1亿元、民政部门每年留存的3亿元福彩公益金的50%以上均用于养老服务体系建设。

抓好试点示范推动养老服务业发展。贵阳市、遵义市、铜仁市被列入国家级医养结合试点单位，6个医养结合项目受省政府命名为“贵州省大健康医药产业示范基地（园区、企业）”；在开展国家级试点基础上，明确10个医养结合试点，示范引领医养结合全面发展。各级共投入资金1.46亿元用于民办养老机构整治。投入1.4亿元补助830所特困供养机构提升特困人员救助供养机构服务水平。

四、以丰富老年人精神文化生活为目标，老年文体事业开创新局面

整合老年教育资源，基本形成省、市、县、乡、村五级办学网络。全省建成老年大学3419余所，学员逾35万人，较上年增长11.5%。老年人入学率达7.1%，市、县老年大学（学校）实现全覆盖，乡镇建校率达95.3%。创新办学特色，形成多层次、多形式、多学制、多学科的老年教育体系，进一步满足老年人日益增长的知识更新和兴趣发展要求，将老年教育工作推上优质发展之路。

实现公共文化设施全免费，发挥阵地优势丰富老年人精神文化生活。依托文体活动场所广泛开展书画、文体健身等辅导150余次，讲座12次，参与老年人11000余人次，大力营造“老有所为、老有所乐”的和谐社会环境。

五、以加大老龄工作宣传力度为抓手，敬老爱老助老掀起新高潮

利用《贵州老年报》、《贵州老龄工作》等刊物对重点老龄工作进行宣传报道。在2016年全国“十大老龄新闻”和“老龄新闻宣传好作品”评选中，我省获三等奖1个、优秀奖3个，省老龄办获优秀组织奖。《医养结合是健康养老的新方向》获全国老年报第26届年会好新闻评比三等奖。

搭建平台，多部门形成合力营造浓厚宣传氛围。重点抓好《贵州省老年人权益保障条例》宣传工作，开展《条例》宣传活动若干场次。招标印制《条例》挂图和单行本共18万余套，覆盖至村（居）级。“敬老月”期间在贵州电视台黄金时段滚动播放公益广告，并组织开展活动1002台（次），报道涉老新闻1449篇（条）；累计584万名老年人参与；全省各级慰问老年人83281人，发放节日慰问金1073.29万元。举办贵州省第五届“福彩杯”老年文化艺术节，近6000名老年人参与。书法、绘画、摄影、诗词楹联展、声乐、舞蹈比赛等共评出各类奖项700名，全面反映了我省近年来老年文化艺术的最新成果。2017年，陈培正老人获“老有所为”先进典型人物称号并被推选为“全国老有所为楷模”，蒋洪施老人获“全国老有所为先进典型人物”称号，省老龄办在“全国老有所为楷模座谈会”对此项工作作经验交流。

六、以积极引导基层老年协会发挥作用为依托，老有所为展现新高度

加大扶持力度，整合资源促进基层老年协会建设多元化发展。全省成立老年协会17147个，村（居）建会率94.2%，“双登记”率60%以上，老年协会会员达130余万人。划拨老龄事业发展经费45万元投入基层老年协会建设，推动农村老年协会规范化、制度化、常态化、科学化建设。开展“星级”基层老年协会评比活动、“银龄互助”活动，助力基层老年协会成为农村养老服务队伍重要力量，实现老年人自我管理、互助服务。把身体好、威望高的老年人充实到各地人民调解组织，有力地促进矛盾纠纷化解。团省委依托志愿者“微笑小屋”搭建各级各类为老志愿服务平台。省老年大学组成8个贵州新时代老干部讲习所宣传小分队分赴各地开展“十九大”主题巡演18场，成为深受群众欢迎的“红色宣传队”。老年人参与社会管理和各类活动的热情日益高涨，老年人才资源得到更加合理地开发和利用。

重要会议和活动

【全省老龄办主任会议】2017年4月14日，贵州省召开全省老龄办主任会议，会通报了2016年各市（州、地）老龄工作业务目标考核完成情况，传达了省老龄委第十七次全体会议精神；省民政厅厅长、省老龄办主任罗宁在会上作工作报告；黔西南州老龄办、毕节市老龄办、铜仁市老龄办分别作了经验交流。

会议指出：总的来看，2016年各市（州、地）老龄部门都作了大量卓有成效的工作，成绩斐然，亮点纷呈。整个会议主题鲜明、思路清晰、部署有力；但也存在着困难与问题，对老龄工作面临的形势研究不够深入、各县（市）区老龄事业发展不平衡、老年家居环境建设滞后、老龄工作基础还比较薄弱等。

会议强调：针对老龄工作中存在的问题和困难，各市（州）老龄办要高度重视，采取有效措施，立足人口老龄化国情、省情及各市（州、地）实际情况开展好各项工作。要紧紧围绕“七个一”工作目标，强力打造社区居家养老服务升级版（“建设一个社区老年人日间照料中心，搭建一个居家养老服务信息平台，组建一支专业化和志愿者相结合的服务队伍，探索一个社区居家养老服务模式，制定一套菜单式服务内容，建立一个政府购买服务机制，健全一套科学规范的管理制度开展示范项目建设”）；要以“乐龄工程”为抓手，完善“双登记”管理制度，强力推进基层老年协会建设规范化；要建管融合、资源共享，强力推进农村互助幸福院健康运行持续化；要认真贯彻落实《贵州省老年人权益保障条例》，强力推进老年人权益保障工作常态化；要丰富载体、营造氛围，提升老龄工作地位，扩大老龄工作社会影响力。

会议强调：会后，各市（州、地）要进一步统一思想，高度重视老龄工作的统一协调，定期分析老龄工作的新情况、新问题，研究推进老龄工作的有效措施，认真落实老龄事业发展的任务要求；要进一步明确工作责任目标，制定切实可行的工作计划，加强管理和考核。要注重社会调查研究，了解掌握民意，使为老服务的各项政策和措施真正符合实际，符合广大老年人的需求。要进一步健全老龄工作机构，组织协调各相关部门各司其责，形成社会广泛参与的老龄工作大格局。

会议强调：各市（州）老龄办要抢抓“十三五”规划有利时机，积极争取党委、政府关注老龄工作，将其纳入经济社会发展规划和政府民生实事项目；鼓励、引导和支持社会力量积极参与老龄事业发展。要加强对老龄工作的督办督查，将定期对老龄工作落实情况进行专项检查作为推促老龄工作的重要措施固定下来，推动老龄事业发展执行和常规性工作的开展。要加强对老龄事业的投入保障，要提前规划，积极协调财政部门把老龄事业作为公共财政支出的重要内容，加大为老服务设施、老年文化教育、老年活动等方面的投入，切实保障老龄工作经费，科学优化经费使用结构，支持和保障工作重点，难点，引导鼓励社会资金支持老龄事业，促进各类以老龄事业为宗旨的公益性组织的发展。

【全省老龄工作干部培训班】9月11—15日，省老龄工作委员会在湖南省长沙民政职业技术学院举办全省老龄工作干部培训班。省民政厅党组成员、省老龄办专职副主任皮宇飞作开班讲话。省老龄委各成员单位的联络员、部分市（州）和县（市、区）老龄办负责人及省老龄办各处室相关人员近百人参加培训。

培训目的：面对我省老年人队伍越来越庞大、老年人需求越来越多样化、老龄工作任务越来越重的新形势，不断加强老龄工作干部培训，贯彻落实好习近平总书记关于老龄工作的系列重要指示，增强做好新时期老龄工作的责任感和紧迫感，提高老龄工作干部的理论素养和业务能力，培养一帮懂业务、能创新、善谋划的老龄工作行家里手，“保证城乡社区老龄工作有人抓、老年人事情有人管、老年人困难有人帮”。

培训内容：人口老龄化的形势与任务、老龄工作的联络与协调、养老保障与服务体系建设、老年社会工作和老龄工作法规与政策等，从树立人口老龄化国情意识、认识政府市场和社会的关系、认识居家、社区和机构的关系、大力发展社区居家养老服务业、践行健康老龄化和积极老龄化理念、构建老龄工作大格局六个方面对推动老龄事业创新发展作了深入浅出的分析和讲解。

培训方式：精心设计和安排授课人员及课程设置。邀请全国老龄办吴玉韶副主任讲授题为《深入贯彻习总书记重要讲话精神推动老龄事业创新发展》的课程。采取集中培训，搭建交流平台。

培训效果：开阔了视野，加强了交流，进一步理清了工作思路，明确了工作目标，找到了工作方向，学到了工作方法，达到了预期效果。

各项业务进展

2017年，在全国老龄办的指导下，在省委、省政府、省老龄委的领导下，省老龄办深入贯彻落实党的十九大会议精神和习总书记关于老龄工作的重要指示批示精神，紧紧围绕“五个老有”，积极开展各项老龄工作，圆满完成各项业务目标任务。

【安排部署2017年全省老龄工作】1月8日，下发了省老龄办2017年工作要点，以指导各地开展老龄工作。4月14日，2017全省老龄工作会议在贵阳召开。会议总结回顾2016年全省老龄工作，通报2016年各市（州、地）老龄工作业务目标考核完成情况，安排部署2017年老龄工作。会后各市（州）老龄办及时召开老龄工作会议，安排部署各项工作。

【扎实推进农村幸福院项目建设】进一步加强农村幸福院项目建设管理，指导各市州老龄办做好2017年度农村幸福院预报统计工作。按季度、半年、年终等时间节点，采取多种形式，通过电话跟踪督办、询问工作进度、现场督查等，重点对农村幸福院项目建设情况、项目资金落实情况和项目储备情况进行督查和指导。2017年中央福彩专项资金500万元已全部到位，省级投入650万余元，各地投入607.2万元，193个农村幸福院项目建设工作全面完成。

【积极推进基层老年协会规范化建设】积极推动城乡基层老年协会建设工作逐步从数量增长向质量提升转变，大力推行老年协会与农村幸福院结合建设模式，着力整合各种资源促进老年协会多元化发展。一是全省各级加大协会建设资金投入，省级划拨45万元老龄事业发展经费资助各市（州）基层老年协会建设，各市（州）也按自身财力和项目情况加大了资金投入力度。二是加强老年协会“双登记”制度管理，下发了《省老龄办、省民政厅关于进一步促进城乡社区基层老年协会规范化建设的通知》，降低登记门槛，简化登记流程。截至目前，全省城乡社区（村）已成立老年协会17147个，老年会员130余万人。其中，村（居）建会15582个，建会率94.2%；全省16857个基层老年协会中已有11960个进行注册和备案登记，注册和备案登记率达71%，比去年增长21%，在促进老年人参与社会、服务社会、维护社会稳定等方面发挥的作用越来越重要。三是针对在当前农村养老服务力量薄弱的实际，积极引导基层老年协会发挥作用，拓展服务功能，开展“银龄互助”活动，参与养老服务，通过邻里互助、精神关爱、志愿服务活动，开展互帮互助、以老助老等力所能及的为老服务活动，实现老年人自我管理、互助服务，使基层老年协会成为农村养老服务队伍的一支重要力量。四是坚持示范引领，开展第三批农村“星级”基层老年协会创建活动，全省共评选出50个“设施完善、制度健全、班子有力、经费落实、作用明显”的“星级”基层老年协会先进典型，推动了农村老年协会规范化、制度化、常态化、科学化建设。

【及时出台《贵州省老龄事业发展“十三五”规划》】依据《“十三五”国家老龄事业发展和养老体系建设规划》，结合我省实际，组织开展《贵州省老龄事业发展“十三五”规划（代拟稿）》的草拟、完善、意见征求、审查等工作。8月，报请贵州省人民政府办公厅印发了《贵州省老龄事业发展“十三五”规划》（黔府办发〔2017〕31号）。同时，省老龄办及时下发《关于做好老龄事业发展“十三五”规划编制工作的通知》，督导各地抓紧谋划组织本地区老龄事业发展规划的编制工作。目前，铜仁、遵义、毕节等市已出台当地老龄事业发展“十三五”规划。

【积极开展调查研究】印发《贵州省老龄工作委员会办公室关于开展2017年度专题政策调研的通知》，围绕“农村贫困老年人精准脱贫措施”课题，广泛深入开展调查研究，为省委、省政府研究制定农村贫困老年人精准脱贫措施提供对策建议。省老龄办与省政府发展研究中心年中围绕“贵州省农村老年人贫困现状调查及对策研究”开展专题调研，形成《贵州省农村老年人贫困现状调查及对策研究报告》，助力脱贫攻坚。组织开展政策调研论文评选，从各市（州）报送的调研论文中评选出35篇优秀论文进行了表彰；向全国老龄办推荐了优秀调研成果8篇，《关于农村留守老人关爱服务体系建设的调研报告》等5篇调研文章分获二、三等奖和优秀奖。

【全面推进城市社区居家养老服务】一是印发《关于开展2017年度全省城市社区居家养老服务示范项目建设的通

知》，以社区老年人日间照料中心项目建设为抓手，开展全省城市社区居家养老服务示范项目建设。审核确定20个城市社区居家养老服务示范项目，其中7个获得800万元的省级彩票公益金资助。二是继续做好全省城市社区居家养老服务示范项目建设工作现场观摩会的筹备工作，在贵阳市选取基础条件较好、积极性高、具有一定代表性的11个社区进行项目建设。三是对各地开展城市社区居家养老服务示范项目建设工作进行实地调研和具体指导，进一步促进了社区居家养老服务水平的提升。

【切实维护老年人合法权益】全国老龄办《关于进一步加强老年法律维权工作的意见》下发后，省老龄办联合省高级人民法院、省人民检察院、省司法厅等，将《意见》转发至各市（州），督导抓好落实，确保政令畅通、工作落地。认真处理来访老年人在养老服务、涉法涉诉、福利待遇等方面的问题并得到妥善解决。在大数据运用和扶贫开发助推老龄事业发展、老年人精神慰藉和生活照料、彩票公益金保障养老服务业发展、医养融合发展、农村留守老人关爱服务体系建设、老年人文体休闲优待等方面加强维护老年人合法权益。

【不断加大老龄工作宣传力度】一是充分利用贵州老年报社为宣传阵地，紧密围绕全党、全国工作大局和省老龄事业中心工作，全力以赴做好有关报道；做好《贵州省老年人权益保障条例》宣传，刊载条例全文、省老龄办领导专访、《条例》解读等。

二是抓好《贵州省老年人权益保障条例》宣传工作，省老龄办印发《条例》宣传漫画挂图24000套，《条例》单行本16万册，各市老龄办加印《条例》单行本若干册，发送至村（居）级。

三是“敬老月”活动期间全省共组织开展活动1002台（次），累计584万名老年人参与，报道涉老新闻1449篇（条），各级走访慰问老年人83281人，发放节日慰问金1073.29万元。省老龄办制作了《贵州省老年人权益保障条例》公益广告“敬老月”期间在贵州电视台黄金时段滚动播放。四是成功举办贵州省第五届“福彩杯”老年文化艺术节，近6000名老年人参展、参赛、观看联展和演出。

四是在2016年全国“十大老龄新闻”和“老龄新闻宣传好作品”评选中，我省获得1个三等奖、3个优秀奖，省老龄办获优秀组织奖，《医养结合是健康养老的新方向》获全国老年报第26届年会好新闻评比三等奖。陈培正老人获“老有所为”先进典型人物称号并被推选为“全国老有所为楷模”，蒋洪施老人获“全国老有所为先进典型人物”称号。省老龄办在“全国老有所为楷模座谈会”作经验交流。

【充分发挥综合协调作用】进行了省老龄委成员单位年度老龄工作目标考核和联络员考评情况通报，评选出12名2016年度优秀联络员，以促进推动省老龄委各成员单位积极履职尽责，发挥职能作用。下发《关于认真做好2017年市（州）老龄办业务目标绩效管理工作的通知》（黔老龄办〔2017〕8号）和《关于印发2017年省老龄委成员单位老龄工作目标的通知》（黔老龄〔2017〕2号），加强目标任务过程管理，开展季度督导、半年考核、年终考评，确保各项目标任务的圆满完成。

【积极开展老龄工作干部培训】省老龄工作委员会于9月11日起在湖南省长沙民政职业技术学院举办了为期5天的全省老龄工作干部培训班。培训在授课人员及课程设置上作了精心设计和安排，全国老龄办吴玉韶副主任亲临长沙授课，皮主任作开班讲话。省老龄委各成员单位的联络员、部分市（州）和县（市、区）老龄办负责人及省老龄办各处室相关人员近百人参加培训。培训的主要内容包括：人口老龄化的形势与任务、老龄工作的联络与协调、养老保障与服务体系建设、老年社会工作和老龄工作法规与政策等。培训达到了预期效果，广大老龄工作干部进一步理清了工作思路，明确了工作目标，找到了工作方向，学到了工作方法。

【认真开展中国城乡老年人生活状况监测调查】按照全国老龄办的统一部署和要求，省老龄办认真组织实施中国城乡老年人生活状况监测调查。转发了《全国老龄办关于开展中国城乡老年人生活状况监测调查的通知》（全国老龄办发〔2017〕36号），召开了2017年中国城乡老年人生活状况监测调查我省各级督导员培训会，并对被监测县在调查经费上予以补助。在监测调查的当月，加强调查指导，实时跟踪督查，全面掌控情况，及时解决问题，确保了我省监测调查任务的顺利完成。

【认真做好老龄信息和统计工作】积极与省民政厅信息中心对接，加快全省老龄工作信息平台建设。做好全省老龄事业统计和全省百岁老人统计工作，发放百岁老人生活补贴1644000元，编制了《2016年贵州省老龄事业发展统计公报》。

【不断加强机关作风建设】1. 加强政治理论学习。健全党员干部政治理论学习制度，落实“三会一课”制度，通过领导干部带头学、党员干部集中学、党课教育专题学、讨论交流重点学、参观体验实地学等方式，围绕十九大精神宣讲、省委第十二次党代会精神学习贯彻、“两学一做”教育活动、党风廉政教育等主题开展专题教育，及时传达学习全国和省“两会”、中纪委十八届七次全会、省委第十二次党代会、习近平总书记“7·26”讲话精神、党的十九大召开等重要会议精神，引导党员干部牢固树立“四个意识”。

2. 加强党支部建设。制定了《省老龄办党总支建设管理制度（暂行）》，确保总支和5个支部班子健全，管理有序，作用发挥正常。

3. 开展脱贫攻坚“五千行动”。建立了结对帮扶机制，选派干部到晴隆县紫马乡新洋村担任第一书记；办领导多次带队赴新洋村调研，指导新洋村党组织建设、帮助村支两委理清发展思路；2017年，省老龄办共安排14.5万元帮助改善村支两委办公条件、慰问老党员、支持困难老人发展生产，向15名行动不便老年人赠送助残拐杖。

4. 加强党风廉政建设。以贯彻落实《中国共产党党员领导干部廉洁自从政若干准则》、《中国共产党问责条例》、《贵州省严格党员领导干部纪律约束十条规定》等党内法规为重点，进一步加强惩防体系建设，推进反腐倡廉各项工作。严格执行中央“八项规定”和省委“十项规定”，认真落实机关干部作风行为规范和省民政厅、省老龄办各项规章制度，把党风廉政建设作为加强自身建设、推动业务工作的重要内容，纳入处室年度目标任务。

云南省

综　述

2017年，云南省各级老龄部门以党的十九大精神和习近平新时代中国特色社会主义思想为指导，坚持“党委领导、政府主导、社会参与、全民行动”的老龄工作方针，认真贯彻落实《老年法》等法律法规政策，采取有力措施积极应对人口老龄化，积极营造敬老爱老养老助老的良好社会氛围，推进全省老龄事业和老龄产业持续、健康、协调发展。

一、党委、政府高度重视，高位推动老龄事业发展

全省各级党委政府高度重视老龄事业发展，切实将健全完善社会保障体系、养老服务体系、健康支持体系和推进宜居环境建设等主要指导纳入本地区国民经济和社会发展“十三五”规划，纳入各级政府重要议事日程和目标责任考核内容。省政府常务会议先后5次专题研究部署有关老龄事业发展和养老服务体系建设，设立了“十三五”养老服务设施建设专项资金，省政府连续7年将加强城乡养老服务机构建设列入20项重要工作和10件惠民实事内容，各级政府督查室每年均将城乡养老服务机构建设等纳入重点督查内容。省、州、县三级政府层层签订养老服务体系建设目标责任书，细化分解城乡养老服务机构建设任务，确保了老龄事业发展和养老服务体系建设重点目标任务的顺利完成。

二、加强政策创制，老龄政策体系逐步完善

各级党委、政府统筹推进经济、政治、文化、社会、生态文明建设和党的建设，针对老龄事业发展和养老体系建设出台了一系列政策措施。省政府出台了《关于支持社力量发展养老服务业的实施意见》；省级相关部门也相继出台了《云南省关于金融支持养老服务业加快发展的实施意见》《关于贯彻落实“十三五”健康老龄化规划的实施意见》《关于建立和完善医疗机构为老年人和计划生育特殊家庭提供就医服务绿色通道的通知》等一系列政策文件；州县两级政府结合各地实际，出台了140个老龄事业发展和养老体系建设规划、实施意见，相继出台了一系列涵盖规划用地、医养结合、民办公助、社会参与、人才培养等内容的加快养老服务业发展的务实政策和改革举措，有力促进了各地老龄事业的健康快速发展和养老服务体系建设。

三、健全社会保障制度，提高老年人养老医疗保障水平

坚持以构建覆盖城乡社会保障体系为目标，以深化社保制度改革为引领，从增强公平性、适应流动性、保障可持续性出发，不断健全完善基本养老保险制度和城乡居民医疗保险制度，进一步织密扎牢社会保障安全网。截至2017年底，全省基本养老保险参保人数2870.96万人，基本养老保险参保率达84%；基本医疗保险参保人数4483.46万人，基本医疗保险参保率达94%，全省五大保险参保人数达8305.79万人次，基本实现各类群体全覆盖；退休人员基本养老金标准连续提高，基本养老金按时足额发放率达100%；全省17个统筹区提前接入国家异地就医结算系统，实现异地住院医疗费用全部实现直接结算，全省医保定点医疗机构8031家、定点零售药店12053家实现省内异地就医联网结算，全省异地就医直接结算累计1844.14万人次，发生费用累计135.3亿元。进一步健全完善高龄津贴制度，2017年全省共为70余万80周岁以上高龄老人领取高龄补助近4.5亿元。

四、完善社会救助制度，切实保障城乡困难老年人的基本生活

截至2017年底，全省17.1万城镇贫困老年人和118.2万农村贫困老年人纳入城乡最低生活保障范围，分别占城乡低保总数23.64%、35.92%，城乡低保月人均补助水平分别为348元、168元；9.94万城乡特困老人全部纳入财政供养保障范围，临时救助17.29万老年人，占临时救助人员总数的30.12%。积极做好医疗救助参与健康扶贫工作，取消农村贫困人口医疗救助起付线，年度累计救助封顶线不低于10万元，对建档立卡贫困人口符合转诊转院规范住院发生的医疗费用，到2017年底全省建档立卡贫困人口已实现100%参保，建档立卡人员住院医保政策范围内报销比例达到95.86%，确保贫困群众看得起病。实施县级行政区域内定点医疗机构住院先诊疗后付费，并依托基本医保系统，实现基本医疗保险、大病保险、医疗救助和兜底保障“四重保障”政策在定点医疗机构窗口实现“一站式”即时结算。

五、全面放开养老服务市场，进一步拓宽养老服务发展渠道

认真落实省政府十件惠民实事，积极推进养老服务“放、管、服”改革，全面放开养老服务市场，统筹社区居家和机构养老互补发展、城乡养老服务均衡发展和民办公办养老同步发展。2016年以来，中央和省级累计投入28.63亿元，大力开展养老服务设施建设。到2017年底，全省建成和在建城市公办养老机构146个、农村敬老院844所、城乡社区居家养老服务中心2186个、农村幸福院3512个，全省养老总床位达15.95万张，每千名老年人拥有养老床位28张。积极完善相关优惠政策，探索实行“公建民营”、PPP等方式，鼓励引导社会资本参与养老服务机构建设和管理运行，推进全省公办养老机构社会化改革工作，每年安排不少于1000万元用于政府购买养老服务，省级投入补助资金4600万元鼓励社会力量兴办养老服务机构。社会参与、功能齐全、服务多样、可持续发展的养老服务体系初步形成，养老服务领域有效供给持续改善。积极开展养老服务机构服务质量建设专项行动，及时排查整改存在的安全隐患和突出问题，养老机构服务质量明显改善。

六、稳妥推进医养结合工作，进一步提高老年人的健康保障水平

省级成立医养结合协调工作领导小组及办公室，召开了医养结合协调工作领导小组会议。昆明市、曲靖市、西双版纳州等3个国家级试点、官渡区等19个省级试点和107个州（市）级、县级试点单位，结合各地实际积极摸索医养结合经验，全面落实医养结合工作重点任务。全省登记有老年病科的二级以上综合医院42家、二级以上综合医院设有老年病专业的比例为15.56%；有护理院4家，床位200张；有康复医院11家，床位869张；有老年病医院14家，床位1636张，其中二级以上5家，设床位502张；全省70%以上民政系统登记运营的养老机构，采取内设医疗机构、与医疗机构签订合作协议等模式，为老年人提供不同程度医疗服务。鼓励二级以上中医医院开设老年病科和社会力量举办以中医药健康养老为主的护理院、疗养院，全省各级医疗机构开通60周岁及以上老年人就医绿色通道和养老院入住老年人转诊就医的绿色通道达到90%。积极开展老年人健康教育，加强对老年人健康生活方式和健身活动指导，增强老年人的自我保健意识和能力，提升老年人健康素养水平。2017年全省65岁以上老年人健康管理率达到67.08%，老年人家庭医生签约249万人，签约率65.09%。开展医养结合监测工作和医养结合机构质量安全大检查，规范和落实了医养结合机构内部医疗卫生管理工作，建立长效管理机制，进一步提升医疗机构的服务质量。

七、大力发展老年宣传教育文体事业，全社会敬老助老氛围更加浓厚

进一步完善党委宣传与老龄部门联署联动共同开展老龄宣传工作的新型机制，建立了以《云南老年报》《金色时光》《云南老龄》为重要载体的宣传工作组织体系；先后组织了《云南省老年人权益保障条例》修订意见征集宣传、预防电讯诈骗、老年节专项活动、刊发以省委省政府名义的《给老年人的慰问信》、普法宣传、老年人生活质量跟踪调查、老年文艺大赛、云南老年春晚等多领域、多层次、多手段的宣导活动，广泛宣传老龄工作成效和孝亲敬老模范，扩大我省老龄工作的社会影响。老年节前，积极组织实施“彩云百岁寿星关爱行动”、评选表彰“云岭十大孝星”等敬老节系列活动，积极开展老年维权、文化体育、宣传教育和敬老爱老等志愿服务活动。各地以宣传贯彻“一法一条例”为主线，积极采取与报社、电台联办专栏、评选表彰、征文评比等方式，广泛宣传老龄法规政策和敬老先进典型，组织开展老年文体活动，大力弘扬孝亲敬老传统美德。老年文化设施网络进一步完善，针对老年人的文化服务不断增多，老龄图书出版有了一定发展。全省建有老年大学165所，目前在读学员17万人，累计毕业学员近100万人次。老年体育事业健康发展，成功举办老年体育健身大会和老年人健步走大联动等活动。

八、全面落实老年优待政策，保障老年人合法权益

各地采取有力措施，督促相关部门在医院、旅游景点、公厕、商业网点等主要服务窗口设置老年人优先、优惠和免费的标志，全面实现60周岁以上老年人持老年有效证件免费乘坐城市市内公交车、进公园公厕和就医减免挂号费等减免乘坐市内公交车、进公园、公厕、公共文化场所的优待政策，部分县（市、区）还将老年优待延伸到乡村公交。不断加大老年人法律保障和服务工作力度，公安机关严厉打击侵害老年人合法权益的不法分子，司法部门依托贫困弱势群体公益法律服务体系，为贫困老年人办理各类案件、代书、法律咨询，调处涉及老年人的矛盾纠纷；法律援助工作网络覆盖全省，为老年人提供刑事、民事、行政案件的法律援助。加快《云南省老年人权益保障条例》修订进程。全省各地不断加强敬老先进村（社区）创建活动，基层老年协会的覆盖面不断扩大，基层老年协会的规范化建设水平不断提升，基层老年协会的积极作用日益突出。

九、注重提升老龄干部队伍的综合素质

各级老龄部门认真学习党的十九大、省十次党代会精神和习总书记系列重要精神，切实增强党员干部的政治理论素养和责任担当意识。省老龄办把加强队伍能力建设作为推动工作、促进发展的重要抓手，先后委托浙江大学、复旦大学、云南大学组织培训各级老龄干部近400人参加综合能力提升、养老机构管理知识培训，自办、联办近千人养老护理员培训，组织部分州市老龄办主任赴美国开展养老服务交流。各州县也积极组织开展老龄干部、老协骨干和成员单位联络员、信息员的业务培训。通过各类培训和组织外出学习考察，进一步拓展了各级老龄干部的视野，提高了老龄干部队伍的综合素质，推动了各级老龄工作的创新发展。

重要会议和活动

【协助召开全国老龄宣传工作会议】9月20日至21日，2017年全国老龄宣传工作会议在昆明召开。民政部党组成员、全国老龄办常务副主任王建军到会并作专题报告，云南省政府副秘书长普建辉出席会议并致辞，云南省老龄办等单位交流发言。全国老龄办副主任吴玉韶、全国老龄办党组成员、中国老年杂志社社长李耀东及云南省民政厅厅长、省老龄办主任段丽元出席会议。各省、自治区、直辖市、计划单列市和部分省会城市及新疆生产建设兵团老龄办负责同志140余人参加会议。

【组织召开省老龄委全会和全省老龄办主任会议】经过积极汇报和精心筹备，6月21日，顺利组织召开了2017年度省老龄委全会和全省老龄办主任会议，省老龄委主任、副省长张祖林出席省老龄委全会并作重要讲话。两个会议分别传达学习了全国老龄委第十九次全体会议精神和2017年全国老龄办主任会议精神，总结了2016年度全省老龄工作，部署安排了下一步工作任务。

【组织召开省老龄委联络员、信息员会议】8月18日，省老龄委36家成员单位的联络员、信息员参加会议，省老龄委专职副主任和向群到会并讲话。会议深入学习习近平总书记关于加强老龄工作的系列重要精神，传达全国和云南省2017年度老龄工作委员会全体会议精神，研讨《云南省老龄事业发展“十三五”规划（草案）》和《云南省老年人权益保障条例（草案）》以及《云南省关于进一步加强老年人照顾服务项目实施意见》，省财政厅、省司法厅、省卫计委、省保监局四家成员单位交流发言。

【筹备召开云南省老龄事业发展基金会第六届理事会第五次全体会议】1月17日，云南省老龄事业发展基金会召开第六届理事会第五次全体会议。省老领导、基金会理事长孟继尧，省民政厅党组成员、省老龄委专职副主任和向群出席会议，基金会其他领导、全体理事，以及相关单位负责同志共40余人参加会议。会议审议并通过了《云南省老龄事业发展基金会慈善组织认定和慈善组织公开募捐资格认定申请书》。

【筹备召开云南省老龄事业发展基金会第六届理事会第六次全体会议】3月24日，云南省老龄事业发展基金会召开第六届理事会第六次全体会议。省老领导、基金会理事长孟继尧，省老领导、基金会顾问祁山出席会议，基金会副理事长高祖兴，省民政厅副巡视员和丽川，基金会办公室主任成翰谷，全体理事，省老龄办各处负责人以及相关部门、单位负责人共50余人参加会议。会议听取并审议通过了《2016年工作报告》、《2016年度财务收支情况报告》、《监督情况报告》等。

【举办全省老龄系统干部综合能力提升培训班】6月26日至7月2日，省老龄办联合云南大学在昆明成功举办了全省老龄系统干部综合能力提升培训班，全省125名各级老龄系统干部参加了为期一周的学习培训。

【举办养老机构中高级管理人员能力提升研修班】7月1—10日，2017年云南省养老机构中高级管理人员能力提升研修班在浙江大学举办，来自全省16个州市的80名学员参加了培训。

【张祖林副省长入户慰问百岁寿星】10月27日，省老龄委主任、副省长张祖林在省民政厅厅长、省老龄办主任段丽元，省民政厅党组成员、省老龄办专职副主任和向群等领导陪同下，代表省委、省政府在昆明看望慰问百岁老人李蕴姝、施竹云，传递了党和政府的温暖和关怀，并向全省老年人致以节日祝福和慰问。

【成立《云南省老年人权益保障条例》修订工作领导小组】根据云南省政府第108次常务会议通过的《云南省人民政府2017年立法工作计划》，云南省法制办将《云南省老年人权益保障条例》修订列为2017年立法一档计划，成立《云南省老年人权益保障条例》修订工作领导小组。省人大常委会副主任李培任组长，省人大内司委副主任委员何剑文、省政府法制办副主任杨瑞碧、省民政厅厅长段丽元、省老龄委专职副主任和向群任副组长，成员由法制专家和立法部门、业务部门的同志组成，修订工作领导小组办公室设在省老龄办宣传调研处。

【组织开展全省老龄工作目标管理责任制考核】2月27日至3月4日，在各级老龄办认真自检自查的基础上，省老龄办成立考核工作领导小组，组成八个考核小组，深入全省各州市和部分县（市、区）、乡（镇、街道）、基层老年协会、项目点进行检查考核，检查各地贯彻落实2016年度老龄工作目标管理责任制情况，总结老龄工作取得的新成绩，查找存在的问题和困难，进一步推动老龄工作发展。

【成功举办首届中国（昆明）国际养生养老产业博览会】 12月8日至12日，云南省老龄办指导举办了主题为“七彩云南·养老福地”的首届中国（昆明）国际养生养老产业博览会，9个国家18个省市230家单位参展，12万人次参观，现场成交1774万元，现场达成合作意向2280项；14位国际国内养生养老产业的专家、学者、企业领军人物出席云南省养老服务高层论坛并作主旨演讲；300支中老年艺术团体7000人参加了中老年艺术大赛；探索出了“党政主导、社会组织搭台、企业唱戏、市场运作，专家支招、服务对象参与，共同推进云南养老产业发展”的博览会举办模式。

【圆满承办2017年全国抗战老兵照护中心工作经验交流会】 4月18日至19日，2017年全国抗战老兵照护中心工作经验交流会在腾冲举办，江苏、安徽、山东、江西、广东、湖南、陕西、四川、云南作交流发言，并到腾冲“国殇墓园”和滇西抗战博物馆缅怀先烈。中国老龄事业发展基金会章国荣副理事长、卢亚美副秘书长、华夏人寿保险股份有限公司刘冬副总裁和云南省老龄办专职副主任和向群出席会议。

各项业务进展

2017年，云南省始终坚持党委领导、政府主导、社会参与、全民行动相结合，坚持满足老年人需求和解决人口老龄化问题相结合，紧紧围绕实现“五个老有”的工作目标，以保障和改善民生为重点，真抓实干，开拓进取，务求实效，各项老龄事业呈现出持续健康发展的良好局面。

【老龄政策创制】 全力推进《云南省老年人权益保障条例》修订和制定《云南省老龄事业发展“十三五”规划》、老年人照顾服务项目实施意见，参与研究制定《关于支持社会力量发展养老服务业的实施意见》、省医养融合发展实施意见等老龄法规政策。昆明、曲靖、文山、红河、大理等州市相继出台了涉及养老服务业、居家养老服务管理、鼓励社会力量兴办养老服务、促进老龄产业等方面的政策文件。

【老年优待工作】 充分利用省委深改组把“出台高龄津贴制度管理办法，落实老年人服务照顾性政策”列为深改任务之一的有利契机，主动对接民政部和全国老龄办，广泛深入开展调研，探索建立了与全省经济社会发展水平相适应的高龄津（补）贴标准自然增长机制，确保这项普惠性政策持续发挥爱老惠老的功能作用，彰显共享发展理念。继续推进现行全省高龄津（补）贴信息化管理和社会化发放，不断提升管理水平。

【老年维权工作】 协调人大、政府有关部门加大以老年人权益保障执行落实情况的执法检查工作。加强老年维权司法援助协作，发挥司法维权机构组织的援助服务作用。继续指导基层做好老年维权工作，维护老年人的合法权益，做好案卷评查工作。

【敬老文明号创建】 组织召开第三届云南省“敬老文明号”创建活动启动仪式，下发《关于开展第三届云南省“敬老文明号”创建活动的通知》，明确创建活动要求，规范创建工作方法，在全省各级涉老部门、为老服务组织、公共服务窗口行业单位开展“敬老文明号”创建活动和文明为老服务活动，注重调查研究和分类指导，加强宣传发动和监督检查，主动加强与有关单位部门、行业组织协作配合，及时研究新情况、解决新问题，形成大力推进“敬老文明号”创建活动的整体合力，推动创建活动健康持续发展。

【养老服务业发展】 认真落实省政府十件惠民实事，积极推进养老服务“放、管、服”改革，全面放开养老服务市场，统筹社区居家和机构养老互补发展、城乡养老服务均衡发展和民办公办养老同步发展。全省建成和在建城市公办养老机构146个床位28055张，农村敬老院844所、床位66295张，城乡社区居家养老服务中心2186个、床位28750张，农村幸福院3512个，全省养老总床位达15.95万张，每千名老年人拥有养老床位28张。指导昆明市开展居家和社区养老服务改革试点工作，并做好第二轮试点的申报工作。组织开展养老服务机构服务质量建设专项行动，及时排查整改存在的安全隐患和突出问题，养老机构服务质量明显改善。

【医养融合发展】 指导昆明市、曲靖市、西双版纳州等3个国家级试点、昆明市官渡区等10个省级试点和107个州（市）级、县级试点单位，结合各地实际积极摸索医养结合经验。全省70%以上民政登记运营的养老机构，为老年人提供多形式的医疗服务，各级医疗机构开通60周岁及以上老年人就医绿色通道和养老院入住老年人转诊就医的绿色通道达到90%。全省65岁以上老年人健康管理率达到67.08%，老年人家庭医生签约249万人，签约率65.09%。开展医养结合监测工作和医养结合机构质量安全大检查，进一步提升医疗机构的服务质量。

【敬老月活动】 围绕“关爱老年人，欢庆十九大”主题，省老龄办开展了一系列精彩的“敬老月”活动：一是慰问百岁老人，二是发表《慰问信》，三是召开新闻通气会，四是表彰云南省第八届“云岭十大孝星”，五是向社会公开征集“敬老公益短信”影视作品和“孝亲敬老·爱在身边”微博爱心传递活动，六是举办云南省首届“中国人寿杯老年春晚活动”。

【“银龄行动”】联合上海市老龄办组织开展“云海银辉”工程。上海市老龄办组织老医生、老科技工作者等深入德宏州开展为期1个月支持工作。

【老龄新闻宣传】进一步完善党委宣传与老龄部门联署联动共同开展老龄宣传工作的新机制，建立以《云南老年报》、《云南老龄》、《云岭先锋》为重要载体的宣传工作组织体系，先后组织了《云南省老年人权益保障条例》修订意见征集宣传、预防电讯诈骗、老年节专项活动、刊发省委省政府《给老年人的慰问信》、普法宣传、老年人生活质量跟踪调查、老年文艺大赛、云南首届中国人寿杯老年春晚等多领域、多层次、多手段的宣传活动。

【老龄问题研究】全面加强我省老龄科研中心建设，建立全省老龄科研工作智库，充分发挥专家学者智囊作用，提升老龄科研能力水平。依托全国老龄办开展的中国城乡老年人生活状况监测调查工作，深入研究我省应对人口老龄化所面临的新情况、新问题，重点围绕老龄工作体制机制、农村老龄工作、医养融合发展、长期照护保障制度、老年人脱贫等领域开展专题调研，为党委政府从全局高度做出应对我省人口老龄化的科学规划和战略部署提供决策参考。

【老龄统计工作】认真组织开展老龄事业基础数据统计分析。组织各级老龄办开展一年一度的老龄事业发展情况统计工作；根据全国老龄办通知要求，组织填报“省级老龄办所属单位情况统计表”、“老龄工作系统机构情况统计表”和“市、县（区）老龄办编配情况调查登记表”，加强数据统计分析。

【老龄财务工作】切实加强财务制度建设和财务管理。根据年初省财政厅预算批复，认真制定预算执行项目进度计划表，认真落实预算执行倒逼制度和月通报制度，加快预算执行进度，按时完成年度预算执行任务；定期不定期开展财务工作自检自查，组织开展历年遗留账务清理销账工作；严格控制“三公”经费开支，加强政府采购备案，集体研究制定资金使用方案，依法依规使用各项资金。

【老龄产业博览】12月8—12日，首届中国（昆明）国际养生养老产业博览会成功举办，成功组织了一展览、一论坛、一大赛。9个国家、18个省市和我省养生养老产业企业（机构）共230家单位参展，我省养老产业龙头企业全部参展。据不完全统计，5天共接待参观人数12万人次，现场成交金额1774万元，现场达成合作意向2280项。300支中老年艺术团体7000人参加了中老年艺术大赛。博览会充分展示宣传党的十九大报告对发展养老产业的要求，推介云南省发展养生养老产业的亮点、潜力和优势，有力促进了云南省养生养老产业招商引资工作。

陕西省

综　　述

2017年陕西省老龄工作紧紧围绕全省经济社会发展大局，以满足老年人对美好生活的需要为目标，对标先进，追赶超越，取得了明显成绩。年末，全省60周岁以上老年人口645万人，占常住人口的比重达到16.81%，比上一年度增加0.57个百分点。全省共计为280万70周岁以上老人发放了高龄津补贴23.2356亿元，全年共计为32万老年人制发了“陕西省敬老优待证”。

为推动陕西老龄事业充分、协调发展，我省相继颁布实施了《陕西省老龄事业发展“十三五”规划》《“十三五”全省老龄事业发展和养老体系建设规划》《陕西省关于加快发展社区居家养老服务的意见》及《陕西省人民政府办公厅关于制定和实施老年人照顾服务项目的实施意见》等涉老政策。陕西省老龄工作委员会办公室与陕西省高级人民法院、人民检察院、公安厅、司法厅等15个部门联合出台《关于建立家事审判方式和工作机制改革联席会议制度的意见》，与省残联、住建厅、教育厅等12部门联合下发了《关于印发〈陕西省无障碍环境建设“十三五”实施方案〉的通知》，与中国人寿保险股份有限公司陕西省分公司合作开展“孝善为先　爱满三秦”关爱老年人送保险活动，为3000名“失能”和“五老”老人赠送意外伤害保险。通过这一系列举措，进一步提升了全省老年人的幸福感、获得感、安全感。

2017年10月，在全国第八个“敬老月”活动中，省老龄办筹集慰问资金220多万元，按照每名老人500元、每个养老机构3万元的标准，由省老龄委领导及委员带队赴12个市20多个县（区）对全省2320名老年人以及28家养老机构进行慰问。“敬老月”期间，省老龄办在西安市人流密集的雁塔北路打造“老龄宣传一条街”，在近3公里长的街道两旁城市灯杆上悬挂上千条鲜艳醒目的老龄宣传标语，并在沿街繁华的万达广场、西安建筑科技大学、省历史博物广场等六个人流密集点设立服务站（点），向老年人及来往群众发放《老年人防诈骗手册》《老年服务指南》《中华人民共和国老年人权益保障法》《陕西省实施〈中华人民共和国老年人权益保障法〉办法》等宣传资料1万多份，还为全省百岁老人精心制做了“百岁寿星纪念章”，由省、市、县主要领导发放到全省1158位百岁老年人手上。

重要会议和活动

1.2017年5月31日，邀请中国老龄科学研究中心副主任党俊武在人民大厦作《习总书记关于老龄工作指示论述解读——关于应对人口老龄化顶层设计若干重大问题》报告，省老龄办、民政厅和西安市老龄系统200余人参加了讲座。

2.2017年8月10日，召开《陕西省老龄事业发展状况报告》研讨座谈会。

3.2017年8月17日，9月29日分别两次举办2017年全省老龄政策专题调研培训工作会议。

4.2017年11月13日—15日，召开2017年陕西省老龄工作管理信息系统培训会暨老龄基本国情教育。

5.2017年11月30日，由中央财政支持社会组织参与社会服务的农村老年人健康养老试点项目总结会在渭南市蒲城县召开。

各项业务进展

1.2017年4月份开始筹划编制《陕西省老年人口和老龄事业发展状况报告》，在10月份“敬老月”期间通过《陕西日报》《陕西老年报》等多家媒体向社会公开发布，填补了陕西省老龄事业权威数据的空白，引起社会各界高度关注。

2.9月上旬，主动协调省财政厅争取追加专项经费33万元用于“陕西省老龄工作管理信息系统”升级改进，11月上旬对全省县（区市）级150多名系统升级改进操作人员进行了业务培训。

3. 在开展《陕西省老年人优待服务办法》执法检查过程中，我们及时与有关部门联合开展专题调研，对原优待办法中老年人交通、旅游、就医等六个方面14项内容进行了补充修订，进一步扩大了优待范围，提升了优待标准。

4. 省老龄办法援工作站联合省高等法院、律师事事务所专业律师和法援工作人员要敬老月期间为群众免费提供法律咨询服务16场次，开展了多场专题讲座，强化了全社会维护老年人合法权益的法治观念。

5. 邀请国家和省内知名专家学者对全省各市县（区）老龄办负责人和工作人员开展老龄基本国情和业务技能培训，近200人参训，得到基层的高度认可。

6. 全年共完成老龄专题政策调研成果140多项，经专家集中评审，共评出全省优秀调研成果一等奖3个，二等奖5个，三等奖12个，优秀奖23个，优秀组织奖5个，对获奖的单位和个人进行了通报表彰和奖励。16项优秀调研成果参加2017年度全国老龄专题政策调研评比，其中西安市老龄办的《西安市农村幸福院养老服务创新发展调研报告》获得一等奖；渭南市福利会的《渭南市民营养老机构发展情况调查报告》获得三等奖；西安市老龄办的《西安市“十三五”社区居家养老服务发展对策研究》和榆林市改革办的《榆林市养老服务业发展调研报告》获得优秀奖。

7. 以第三届（2017—2019）“敬老文明号”创建活动为契机，加大老龄宣传力度和广度，真正使“敬老文明号”创建活动成为培育敬老爱老风尚、培育和践行社会主义核心价值观的老龄宣传工作重要抓手，成为推动政府各部门发展老龄事业、促进社会方方面面的力量为老服务的重要平台，带动更多的单位和个人把优待、优先、优惠的理念融入工作实践，切实提升为老服务水平，让老年人真正得到实惠。

8. 年初，下发了《2017年基层老年协会建设工作安排》的通知，明确了推动全省基层老年协会发展由数量增长向质量提升转变的四项具体措施。3月份，联合中国老龄科研中心深入商洛、宝鸡、渭南、咸阳4市开展基层老年协会调研，完成并印发了《陕西基层老年协会调查报告》。与陕西助老汇社会工作发展中心合作在渭南市蒲城县6个基层老年协会实施农村老年人健康养老服务试点项目。目前，全省共建成基层老年协会18523个，省市县三级规范化协会5703个，城乡覆盖率分别达到95.1%和89.2%，城乡老年人总体入会率达到33.5%。

9. 结合我办工作实际，制定了《陕西省老龄工作委员会办公室工作规则》，促进全办不断提升工作制度化、规范化、程序化。

甘肃省

省政府副省长、省老龄委常务副主任杨子兴，为甘肃省“十大孝星”、颁奖。

梁言顺慰问兰州市高龄困难老人王丁香。省委组织部副部长、省委老干局局长、省老龄委副主任万鹏举，省民政厅党组成员、省老龄委副主任、省老龄办主任卢琼华陪同慰问。

综　　述

【政策创制】制定出台了《甘肃省“十三五”老龄事业发展规划》，在征求省老龄委相关成员单位和市州老龄办意见后，和《“十三五”国家老龄事业发展和养老体系建设规划》对接，上报省政府办公厅印发，规划从甘肃实际出发，突出民生保障，注重顶层设计，同时又适应发展趋势，体现改革要求，兼顾了前瞻性和科学性相统一的特点；出台了《关于开展老年宜居环境建设的实施意见》（甘老龄办发〔2017〕32号），文件由省老龄办牵头，省直26个部门印发。《意见》从适老居住环境、适老出行环境、适老健康支持环境、适老生活服务环境、敬老社会文化环境等方面详细规定了老年人享受社会生活、接受社会服务的具体内容，是对老年人共享改革发展成果的有效保障。

【老年维权】联合省高法、省检察院、省公安厅、省司法厅积极开展老年人防范电信网络诈骗宣传教育活动，全省各地高度重视，精心组织，创新宣传方式，面向基层社区、面向农村，通过发放传单、利用公众微信号、制播公益广告、录制专题节目等方式，进一步增强了我省老年人防范电信网络诈骗意识和能力；联合省司法厅下发《关于在全省开展“爱系陇原　情暖夕阳”法律进社区活动的通知》，开展为期三年的法律进社区活动。各市州结合实际，制定活动实施方案，依托全省“法律八进”活动，开展了涉老法律宣传、法律咨询、维权服务、法律援助等活动，拓宽了普法宣传领域，增强了涉老法律知晓度，提高了老年人法律素质和维权意识；通过政府购买服务方式，与省老年法律工作者协会联合开通省级老年人法律维权热线（8477411），由专业律师团队为老年人提供法律咨询服务，专业律师接听电话咨询50多人次，办理了诉讼法律援助1人次。

【老年人意外伤害保险工作】在开展老年人意外伤害保险试点工作经验的基础上，联合省财政厅、省民政厅、省保监局下发《关于开展老年人意外伤害保险工作的意见》，采取政府扶持、政策引导、适当补贴、自愿投保、多方参与的形式，在全省启动老年人意外伤害保险工作。9月中旬，召开全省老年人意外伤害保险工作推进会，通过兰州市、金昌市经验交流发言、专家授课等形式，破解难题、总结经验，全面推进了全省老年人意外伤害保险工作有效开展。

【养老院服务质量提升专项行动】配合省民政厅在全省开展“养老院服务质量提升专项行动”，对全省养老机构质量建设活动开展了督查，严肃查处了虐老、弃老行为，并向社会公布举报电话，进一步加强对入住老年人合法权益的维护。同时将“敬老文明号”创建与“养老院服务质量提升专项行动”相结合，在全省“十佳孝亲敬老”表彰活动中，对评选出的两位敬老院院长进行了表彰，通过宣传养老机构服务质量管理的先进典型，努力构建养老孝老敬老的社会环境。

【社会氛围营造】制作省内首档老年栏目《情满夕阳》，录制老龄工作专题，插播《老年法》宣传、老年人防诈骗、老年人遗嘱签订、“银龄行动”助推精准扶贫等专题节目，广泛宣传老龄工作的新成就；携手读者集团《老年博览》杂志社，通过甘肃电视台、《甘肃日报》、每日甘肃网、《读者》杂志、《老年博览》等省内各大主流媒体，宣传我省老龄工作特色亮点和工作进展情况。运用“互联网+”，开通甘肃微老龄微信公众号，通过老龄要闻、微展播等栏目，引导公众参与投票，进一步扩大社会影响力和我省老龄工作的知晓度。编印2016甘肃省老年人书法美术摄影展作品集1500本，发放至各市州及参展单位；在甘肃电视台都市频道《情满夕阳》栏目中开设“敬老月”专题节目，全程跟踪报道“敬老月”系列活动情况。

【慰问活动】组织开展春节、“敬老月”慰问活动，对高龄、困难和做出突出贡献的老年人进行走访慰问，在“敬老月”期间，省委常委、省委组织部部长、省老龄委主任梁言顺和副省长、省老龄委常务副主任杨子兴专门走访慰问了高龄困难老人及老年教育科技工作者，省民政厅党组成员、省老龄办主任卢琼华走访慰问了“情暖夕阳”、“老来乐”、“颐瑞康”等民办养老机构和老人，送去了政府对老人们的关心和祝福。

【“敬老月”活动】制定下发了《省老龄办关于开展2017年“敬老月”活动实施方案》，成立领导小组，开展各项主题活动。10月27日在甘肃大剧院举办了“爱在陇原 孝感天下”甘肃省“十大孝星”、“十佳敬老模范”颁奖晚会，省委常委、省委组织部部长、省老龄委主任梁言顺，省政府副省长、省老龄委常务副主任杨子兴出席晚会并为获奖人员颁奖，省老龄委其他副主任及成员单位相关领导参加了表彰晚会，每日甘肃网全程直播晚会实况，甘肃电视台经济频道对晚会进行了录播，起到了很好的带动作用。

【老龄调查研究和统计】积极开展老龄工作调研，组织全省老龄部门、省老龄办各处、涉老单位开展课题调研，共提交老龄工作专题调研报告近100篇，经过筛选评定37篇优秀成果，一等奖8篇，二等奖10篇，三等奖10篇，优秀奖9篇，并将一等奖8篇论文报送全国老龄办参加评选；评选出兰州市老龄工作委员会办公室等9个优秀组织奖；委托兰州大学哲学社会学院完成了2017年全国城乡老年人生活状况监测调查工作，调查问卷准确无误，已上报全国老龄办；积极与省民政厅、省统计局、省人社厅联系沟通，进一步完善各市（州）、各县（区）老龄办的老龄基础数据统计办法，规范统计流程，细化老年人口分类，强调汇总审核准确到位，实现老龄基础数据动态管理。

【敬老文明号创建和主题表彰活动】根据全国老龄工作委员会统一要求，在省、市（州）、县（市、区）三级涉老部门、为老服务组织、机构、公共服务窗口行业开展创建活动，全省共上报创建甘肃省“敬老文明号”单位106个，在创建活动领导小组审核通过后授牌创建，接受社会监督；组织开展“老有所为”先进人物评选活动，经过推荐评选，2名同志获2017年全国“老有所为”先进典型人物，省老龄办获优秀组织奖，2个集体获得2017年全省第四届“老有所为”先进集体，36人获得2017年全省第四届“老有所为”先进典型人物；组织开展“十大孝星、十佳敬老模范”评选活动，评选出各20人提名奖获奖人员；人力社会资源保障部、全国老龄委联合组织开展全国老龄系统先进单位和先进工作者评选表彰活动，经过自下而上层层推荐，三审核三公示，最终评选酒泉市老龄办全国老龄系统先进单位，陇南市成县老龄办主任周小文为全国老龄系统先进工作者（省部级全国奖项），其表彰决定印发省老龄委各成员单位和各市州老龄委，有效扩大了影响力。

【协会建设】为完成5年建成1000个示范协会的目标，印发了《关于开展城乡社区老年协会规范化示范点建设的通知》（甘老龄办发〔2017〕21号），决定省市县三级联合开展规范化协会示范点建设，每年创建200个以上。今年省老龄办在基层创建的基础上选取30个基础条件好、作用发挥好的协会作为省级示范点，同时确定精准扶贫联系村和银龄行动项目村等12个重点扶持协会，给予经费支持，树立样板，辐射带动全省协会健康发展。

【银龄行动】与省老教授协会合作，实施银龄行动助推精准扶贫项目，在临夏州东乡县祁杨村、兰州市榆中县新窑坡村、平凉市庄浪县陈堡村、庆阳市镇原县南三镇等4个点开展养殖、花椒种植、中药材种植、农技推广等项目，促进贫困村老年人增加收入。7月，举行了挂牌启动仪式。

【脱贫攻坚帮扶工作】按照省委省政府和省民政厅的安排，对平凉市庄浪县郑河乡阴洼村和上寨村开展脱贫攻坚帮扶工作，派驻村帮扶工作队长，制定计划，入户对精准脱贫户进行摸底调研，制定计划，宣讲政策，激发群众脱贫“正能量”，增强自主创业、劳动增收、力争脱贫意识；通过协调资金，调研论证，落实帮扶项目，加强基础设施建设，修建村级综合服务中心、村民文化广场和乡村舞台，已投入使用；立足实际，大力发展种植养殖业，为每户贫困户免费提供一头基础母牛。同时，对自愿加入养牛合作社的贫困户按照每户不少于1万元入股的模式年底分红，政府按每1万元不少于0.12万元进行补贴；通过土地流转，按照每亩地400元的价格整合村民耕地，完成规模种植大蒜；聘请甘肃省老教授协会专家进行考察调研养殖种植业情况；组织医疗专家为全村村民进行义诊，免费发放药品；省老龄办下拨阴洼村、上寨村各5万元，用于村老年协会规范化建设，丰富老年人精神文化生活。

【加强老龄队伍建设】召开全省老龄办主任会议和全省老

龄工作座谈会，积极探索应对我省人口老龄化的方向和措施，全面提高我省老龄干部队伍的能力素质和业务水平，为推动我省老龄事业创新发展打下了良好基础；制定印发了《2017 年老龄工作目标任务及考核标准》和《甘肃省老龄工作委员会办公室工作制度汇编》、《甘肃省老龄工作委员会办公室内部控制制度汇编》等文件资料，修订完善省老龄办处室工作职责，健全省老龄办工作规章制度体系，确保老龄系统全体干部依规办事；联合中共甘肃省委党校举办全省老龄干部培训班，深入学习贯彻党的十九大精神和习近平总书记关于老龄工作重要论述，贯彻落实《“十三五”国家老龄事业发展和养老体系建设规划》和《甘肃省“十三五”老龄事业发展规划》，特邀中国老龄科学研究中心党俊武、省卫计委安平和省委党校的教授进行授课，内容丰富，形式多样，全面提高了全省老龄系统干部的政治理论水平和专业技能。

【存在的问题】2017 年全省老龄工作取得了较为显著的成绩，但与省委省政府的要求相比，与新时代老龄工作的新要求，以及广大老年人对美好生活的热切期盼相比，仍然存在着差距，具体表现在：一是理论学习不深入，思想认识不高，对党中央国务院和省委省政府关于老龄工作的决策部署理解不够透彻，对涉老法律政策文件掌握不够全面，从全局角度思考谋划工作能力不足；二是老龄部门职能作用发挥不够到位，与成员单位、基层老龄部门、涉老单位等的沟通协调不到位，联系不够紧密，对老龄工作了解不够深入；三是老龄宣传有待进一步加强，宣传手段、方式单一，社会关注度不高、支持参与氛围不浓厚；四是个别老龄干部思想保守，观念落后，不能主动适应老龄工作新形势新要求，工作缺乏主动性、积极性、创造性，有时存在畏难情绪。

重要会议和活动

【春节慰问活动】1 月 9 日，省老龄委副主任、省民政厅党组书记、厅长李志勋和省老龄委副主任、省民政厅党组成员、省老龄办主任卢琼华深入兰州市部分社区看望慰问辖区高龄、空巢和困难老人。厅党组成员、省老龄办主任卢琼华赴通渭县什川乡八里村开展春节慰问活动。

【全省老龄办主任会议】3 月 16 日，全省老龄办主任会议在兰州召开。省老龄委副主任、省民政厅党组成员、省老龄办主任卢琼华，省民政厅党组成员、副厅长王福德出席会议并讲话。

【全省老龄工作座谈会】5 月 10 日，全省老龄工作座谈会在兰州召开。省老龄委副主任、省民政厅党组成员、省老龄办主任卢琼华出席会议并讲话。

【“爱系陇原情暖夕阳”法律进社区活动启动仪式】8 月 1 日，省老龄办、省司法厅在兰州举办“爱系陇原 情暖夕阳”法律进社区活动启动仪式。

【全省基层老年协会业务培训暨陇西观摩会】8 月 27 日—30 日，省老龄办举办全省基层老年协会业务培训暨陇西观摩会。开班式上定西市委常委、市委组织部部长、市老龄委主任寇明春代表定西市委市政府致辞。省老龄委副主任、省民政厅党组成员、省老龄办主任卢琼华作了动员讲话，开班式由省老龄办副主任文新农主持。此次培训采取政策理论讲授解读和现场观摩相结合的方式进行。邀请了全国老龄办政策研究部主任李志宏、陕西省社会工作协会副会长邓学艺、省民政厅福慈处副处长王进才、酒泉市民政局局长马顺虎等 4 名来自全国、兄弟省份以及我省在老龄和养老领域造诣深厚的专家和领导从政策理论和业务工作方面进行解读和讲解。培训期间现场观摩了陇西县老年活动中心、文峰镇东铺社区、云田镇敬老院。

【开展精准扶贫帮扶工作】9 月 6 日至 8 日，省民政厅党组成员、省老龄办主任、厅第二和第三帮扶小组组长卢琼华带领省老龄办和省军休站干部 22 人，赴庄浪县郑河乡阴洼村和盘安镇托神村开展精准扶贫帮扶工作。在两天的入户调研中，两个小组共入户访问和采集信息超过 100 户。

【全省老年人意外伤害保险工作推进会】9 月 14 日，省老龄办在兰州召开全省老年人意外伤害保险工作推进会。省民政厅党组成员、省老龄办主任卢琼华、省保监局副局长石富覃出席会议并讲话，各市州老龄办主任、业务科长、市州所在县市区老龄办主任及省民政厅、省老龄办、省保监局相关处室近 70 余人参加了会议。会上省老龄办还邀请中国人寿保险公司团体业务部副总经理罗建军就老年人意外伤害保险进行了业务培训。

【“敬老月”慰问】10 月 12 日，在第八个“敬老月”和第五个老年节来临之际，省委常委、省委组织部部长、省老龄委主任梁言顺和副省长、省老龄委常务副主任杨子兴，分别带队走访慰问了我省高龄、困难和有突出贡献的老人，向他们致以节日的祝福和亲切的问候。梁言顺先后慰问了兰州大学原校长胡之德教授和高龄困难老人王丁香。杨子兴先后慰问了高龄困难老人王德香和中科院老专家金运范，详细询问老人的身体和生活状况。兰州大学党委书记袁占亭参加慰问活动。

17 日、20 日，在全国第八个“敬老月”和第五个“老年节”（重阳节）期间，按照省老龄委安排部署，省民政厅党组成员、省老龄委副主任、省老龄办主任卢琼华及省老龄办有关处室负责人走访慰问了街道社区的高龄、困难老人，慰问了情暖夕阳老年公寓、颐瑞康老年公寓和老来乐养老综合服务中心 3 家民办养老机构的老人，以及单位老党员。

【甘肃省“十大孝星”“十佳敬老模范”颁奖晚会】10 月 27 日，由甘肃省老龄工作委员会主办，甘肃省委宣传部、甘肃省精神文明办、甘肃省民政厅、甘肃省文化厅、甘肃省新闻出版广电局协办，甘肃省广播电影电视总台承办的爱在陇原．孝感天下——甘肃省“十大孝星”“十佳敬老模范”颁奖晚会在甘肃省大剧院隆重举行。省委常委、省委组织部部长、省老龄委主任梁言顺，省政府副省长、省老龄委常务副主任杨子兴出席晚会，省政府副秘书长、省老龄委副主任郭春旺，省委组织部副部长、省老干局局长万鹏举，省老龄委副主任、省民政厅党组成员、省老龄办主任卢琼华，省民政厅党组成员、巡视员郭华峰，省民政厅党组成员、省减灾委专职副主任蔡仲爱，省民政厅党组成员、驻厅纪检组组长袁秀智，以及省老龄委 31 个成员单位主要领导或分管领导参加了晚会，观看了演出。

【《甘肃省“十三五”老龄事业发展规划的通知》】 10 月 31 日，甘肃省人民政府办公厅印发《甘肃省“十三五”老龄事业发展规划的通知》。

【全国老龄系统干部培训班】 10 日至 12 日，深入学习宣传贯彻党的十九大精神全国老龄系统干部培训班在北京举行。全国老龄办党组书记、常务副主任王建军出席培训班并作了题为“站位新时代　加快老龄事业和产业发展”的专题报告。来自各省（自治区、直辖市）、计划单列市、新疆生产建设兵团、各省会城市、部分老龄办负责同志及相关业务处长，全国老龄办机关处级以上干部及直属单位班子成员，有关涉老社会组织负责人共 190 余人参加了培训。

【全省老龄干部培训班】 10 日至 15 日，省老龄办在省委党校举办了全省老龄干部培训班。全省 14 市州老龄办、甘肃矿区老龄办、兰州新区社会保障局负责人和综合科负责人，86 个县（市、区）老龄办负责人、部分企业离退管中心负责人、西北师大社会发展与公共管理学院的教授和省老龄办各处负责人及全体干部共计 130 余人。中国老龄科学研究中心副主任党俊武、省卫计委巡视员安平应邀授课。

青海省

综　　述

一是老年社会保障体系基本建成，老年人民生福祉得到切实改善。2017 年，覆盖城乡居民的以社会保险、社会救助、社会福利为基础，以基本养老、基本医疗、最低生活保障制度为重点，以公益慈善事业、商业保险为补充的社会保障体系基本建成，覆盖面不断扩大，保障水平稳步提高。在基本养老方面：全省城乡居民养老保险参保人数达到 237 万人，参保率为 97%，每人每月养老金标准达到 155 元；全省企业退休人员月人均养老金达到 3440 元，机关事业退休人员月人均养老金达到 6387 元。在基本医疗方面：全省城镇职工和城乡居民医保参保人数分别达到 97.88 万人和 454.61 万人，参保率均达到 98%；城乡居民医保人均筹资标准统一提高到 680 元，贫困人口大病医保起付标准由 5000 元降低到 3000 元，切实减轻了贫困老年人的个人负担。在社会救助方面：全面建立了覆盖城乡的社会救助制度体系，将符合条件的老年人全部纳入城乡低保。城镇低保标准达到每人每月 450 元，农村达到每人每年 3320 元；将城市“三无”和农村“五保”人员统一纳入特困救助供养保障范围，供养标准达到 7200 元/年，对于轻、中、重度失能人员，分别按月发放一定的护理补贴，用于提供照料护理服务。在社会福利方面：健全高龄补贴制度，全省高龄老人补贴标准月人均提高 20 元，达到 110－180 元，全年发放高龄补贴资金 4.24 亿元，近 31.25 万名老年人享受到这一惠民政策；下达省级补助资金 622 万元，继续推进老年人意外伤害保险和养老机构综合责任保险工作。

二是养老服务体系建设持续加强，养老服务保障水平明显提升。报请省政府印发全面放开养老服务市场提升服务质量、制定和落实老年人照顾服务项目两个实施意见，下发农牧区困难老年人代养服务工作方案和推进老年宜居环境建设的实施意见。指导海东市出台居家和社区养老服务改革国家级试点工作实施意见，年内完成全市 9 万老年人筛查评估、带动孵化养老服务组织 80 家、培养服务人员 2100 名，并圆满通过国家验收；成功申报西宁市为第二批试点城市。以西宁、海东和藏区六州州府所在地为重点，下拨省级补助资金 1.04 亿元，政府购买养老服务超过 30 万人（次），承接政府购买居家养老服务的社会组织、家政公司达 120 多家，有效带动了全省家政服务业发展。在六州全面推行农牧区困难老人代养服务，为重点服务对象老年人提供意外伤害保险补贴。开展全省养老机构质量建设排查整治专项行动，安排养老服务机构建设项目 17 个，实现新增机构养老床位 1000 张的目标。建设城镇社区老年人日间照料中心项目 30 个，建设农村互助幸福院项目 257 个，建成医养结合服务机构 10 个。以居家为基础、社区为依托、机构为补充、医养相结合的养老服务体系逐步建立，社会养老服务能力大幅提升。

三是老年宜居环境建设初见成效，老年人参与社会发展力度明显提升。近年来，我省老年人居住环境不断改善，“老年人生活圈”持续优化，老年宜居环境建设的新理念逐渐形成。统筹开展全省无障碍设施建设管理工作，强化对无障碍设施的建设和管理，推进老年人综合服务设施和无障碍设施建设。持续开展实施“青海省福彩助残、助老建康行”——家庭、小区无障碍设施改造项目，对老年人家庭进行无障碍设施安装、无障碍通行条件改造工作，为贫困及失能、半失能老年人等配备各类康复辅助器具；印发《青海省开展既有居住建筑加装电梯试点工作的指导意见》，重点支持在老年人居住比例高的既有多层住宅试点加装电梯。进一步健全老年人优待政策，着力完善老年人在政务服务、卫生保健、交通出行、商业服务、文体休闲、维权服务等方面的优惠措施。在城市全面落实老年人免费乘坐市内公交车、享受游园、参观公共文化设施等优待，西宁市、海西州、海北州等部分市县对65岁以上老年人乘坐市内公交车免费或优惠；公共图书馆、文化馆（站）、博物馆全部免费开放。各行业举办的老年大学（老年活动中心）针对老年人开设各类文体培训班，通过寓教于乐、乐中健身、学中养老的方式，丰富老年人的文化生活。组织开展十大“孝亲敬老”之星、“老有所为”先进典型人物评选、“贴心保姆”扶老助残志愿服务、“银龄行动”、基层老年协会“乐龄工程”项目建设等系列活动，全社会敬老爱老助老社会风尚日益浓厚，老年人更多地享受到发展成果。

四是老年权益保障机制更加完善，老年人平等参与社会获得普遍认同。2017年以来，老年人法律保障和服务工作力度不断加大，老年人法律援助工作被列入为民办实事工程。全省已成立各类法律援助工作站921个，各级法律援助机构均受理开展老年人法律援助工作，形成了五级法律援助服务网络；将老年人列为法律援助工作重点，明确70岁以上老人可免除经济困难审查，直接享受法律援助服务。通过成立省法律援助基金会、进一步畅通老年人法律援助绿色通道、升级“12348”法律服务热线、发放法律援助爱心联系卡等方式，为老年人提供了更加便捷的法律援助服务。同时，将《老年人权益保障法》的宣传纳入“七五”普法规划和“12.4法制宣传日”、“敬老月”等活动中，把维护老年人合法权益、提升维权意识作为“法律七进”的重要内容，进一步加大涉老法制宣传力度。一年来，全省法律援助机构共办理各类法律援助案件9490件，其中为老年人等弱势群体提供法律咨询1619人（次），受援人697名，切实维护了老年人合法权益。为充分鼓励老年人参与社会发展，继续加强基层老年协会建设，全省基层老年协会已发展到3000多个，老年人在服务社区、关心教育下一代、调解邻里纠纷和家庭矛盾、维护社会治安等方面的积极作用得到进一步发挥。

各项业务进展

【扎实开展涉老政策贯彻落实督促检查】为依法保障老年人合法权益，在全省组织开展了老年人权益保障专题调研和农村留守老年人生活状况调研，并形成调研报告，在分析我省老年人权益保障工作现状和存在问题的基础上，紧紧围绕热点、重点、难点问题，对下一步工作推进提出了意见建议。

【积极发挥职能作用加强统筹协调力度】组织召开省老龄委第十二次全体会议，总结分析我省老龄工作取得的成效、面临的形势和存在的问题，谋划安排部署当前老龄工作中心任务，并印发任务分工安排，督促部门履行职责，确保工作任务落实到位；为提高工作效率，提升老龄工作专业化、科学化水平，拟定了《青海省老龄工作委员会工作制度》和《青海省老龄工作委员会专家委员会工作制度》，待老龄委全体会议审议通过后印发执行。

【健全制度推进老年人关爱照顾服务工作】为积极推进全省老年宜居环境建设，会同省住建厅等25个部门制定印发了《青海省关于进一步加强老年宜居环境建设的实施意见》；为让老年人享受到更多看得见、摸得着的实惠，代省政府拟定了我省《关于制定和落实老年人照顾服务项目的实施意见》，明确了22项老年人照顾服务重点任务，涵盖老年人医、食、住、用、行、娱等多方面内容。

【兑现落实高龄补贴提升老年人福利水平】将70周岁以上老年人高龄补贴发放标准，在原基础上月人均提高20元，达到70—79周岁110元、80—89周岁120元、90—99周岁140元、100周岁以上180元的标准，完成了省政府民生十项实事和民政厅“百日攻坚”中的高龄补贴提标任务，年发放资金达4.24亿元，全省31.25万名老年人享受到惠民政策。

【强化宣传大力营造敬老爱老助老社会氛围】制定下发了“敬老月”活动方案，动员和鼓励社会各界广泛开展为老年人送温暖献爱心慰问活动和志愿服务；利用《青海老龄》刊物、开通微信公众平台、《青海日报》专版宣传等方式，广泛宣传发展老龄事业的新理念和积极应对人口老龄化的政策制度；会同相省文明办、省民政厅等部门，组织开展了青海省第二届十大“孝亲敬老”之星评选表彰工作；为进一步提高老年人防诈骗和消费防范能力，联合省公安厅开展了加强老年人防范电信网络诈骗宣传教育活动，联合省消费者协会启动了老年消费教育流动课堂进基层宣传活动。

【搭建为老服务平台促进老年人参与社会】利用省本级福利彩票公益金在全省100个村（社区）实施“乐龄工程”

建设项目，充分发挥基层老年协会在维护老年人权益、参与社会公益事务、丰富老年人精神文化生活等方面的积极作用；组织开展“银龄援农”、“银龄助教”、“银龄义诊”等活动，引导老年专业技术人员发挥特长、服务社会，为实现老有所为搭建平台；组织开展了“老有所为”先进典型人物评选宣传活动，两人获此殊荣。

【做好老年人基础数据信息库建设工作】完成了第四次城乡老年人抽样调查监测工作，如实反映了国家抽选地湟中县96位老人的生活状况，为国家层面制定老龄事业政策法规提供了基础性数据；完成2017年度全省60岁以上老年人数据统计工作，为我省老龄工作科学决策提供依据；依托“青海省老龄信息管理系统”在全省启动开展老年人卡式优待证网络化换发工作。

【加大培训力度提升老年保障服务水平】3月份和11月份，分别举办了全省老龄业务和老年人维权服务工作两期培训班，就老龄化国情省情教育、老年人维权服务、老龄具体业务工作以及老龄信息化建设等方面进行培训，进一步提升基层老龄工作能力素质，增强了老龄工作的责任感和使命感。

宁夏回族自治区

综　　述

截至2017年底，我区60岁以上户籍老年人口达到90.96万，占总人口的13.4%。预计到2020年老年人口将达100万以上，占总人口的15%左右。全区各级老龄部门深入贯彻习近平总书记关于加强老龄工作的重要指示和讲话精神以及全国、自治区老龄工作会议精神，紧紧围绕年初确定的目标任务，坚持“党委领导、政府主导、社会参与、全民行动”的老龄工作方针，充分发挥“参谋助手、综合协调、调查研究、督促落实”的职能作用，加强老龄工作研究，不断推动老龄事业全面协调可持续发展。

一、发挥职能作用，着力构建老龄工作大格局

深入贯彻落实习近平总书记关于“要完善党委统一领导、政府依法行政、部门密切配合、群团组织积极参与、上下左右协同联动的老龄工作机制，形成老龄工作大格局”的重要讲话精神，报请自治区人民政府将自治区老龄委成员单位从20个调整为31个，并召开自治区老龄委第八次全体会议，自治区政府副主席、老龄委主任许尔锋对十八大以来全区老龄工作进行了总结，对今后的老龄工作进行了安排部署。召开全区老龄办主任会议，安排部署“维护老年人权益、健全养老体系建设、加强政策法规创投、加强自身能力建设”等12项重点工作任务。主动与各成员单位沟通对接，着力构建大老龄工作格局，推动各级老龄委和成员单位共同做好全区老龄事业发展各项工作。

二、加强《老年法》配套法规建设，依法维护老年人权益

为贯彻落实《全国老年人权益保护工作座谈会》精神，积极争取人大内司委将《自治区老年人权益保护条例》修订列入2018年自治区人大立法计划。积极推动各部门按照执法、管理、服务职能，落实普法责任制，将《老年人权益保护法》《宁夏回族自治区法律援助条例》等法律法规列入普法责任清单，采取多种形式，加大宣传力度，提高老年人的学法用法意识。重点针对医疗、保险、救助、赡养、婚姻、财产继承和监护等老年人遇到的最直接、最现实的法律问题，深入开展以案释法，提供法律咨询和服务，切实维护老年人的合法权益不受侵犯。

三、完善社会保障体系，增强老年人幸福感获得感

坚持兜底线、织密网、建机制，全力推进社会保障体系建设，社会保障网进一步织密扎牢。城乡居民养老、医疗保险参保分别达185.48万人、494.76万人。养老保险制度改革进一步深化，参保人员达29.9万人（在职职工20.1万人，退休人员9.8万人）。19.18万被征地农民按新政策参加养老保险。第4次上调城乡居民基础养老金，最低标准达到120元，企业退休人员养老金实现“十三连增”，人均调增162元。第2次调增机关事业单位退休人员养老金，人均调增193元。将城乡居民基础养老保险原12个缴费档次调整为100元、300元、500元，1000元、2000元、3000元6个，“多缴多得、长缴多得”激励机制进一步完善。医疗保险综合保障绩效进一步提升。制定出台城镇职工基本医疗保险自治区级统筹经办规程和调剂金管理办法，“三医联动”和医保支付方式改革协调推进，颁布实施2017版药品目录，城乡居民医保财政补助标准由472元调整到502元，个人缴费一、二、三档分别由90元、250元、505元调整到130元、270元、545元，大病保险筹资标准由32元提高到37元。

四、加强养老服务体系建设，确保老有所养

基本建立了以居家为基础、社区为依托、机构为补充、医养相结合的社会养老服务体系。探索开展多种形式的居家养老服务，老年人健康养老服务的可及性不断提升。城市社区老年人日间照料中心达到111个，床位2220张，城镇社区养老服务设施共计397个，覆盖率73.66%；农村幸福院1282个，农村老饭桌434个，农村养老服务设施覆盖1585个行政村，覆盖率69.8%。建成市县级智能化社区居家养老服务信息平台22个，提供15个生活服务大类、52个平价收费服务项目，服务老人4万余人次。加强机构养老设施建设，养老机构达到175个，总床位29417张，其中，农村互助院34所，床位1882张；护理型床位5160张，护理型床位占养老床位总数17.7%；生活不能自理的特困供养人员集中供养率达到28.2%，每千名老人拥有的养老床位数32张；已运营的养老机构中通过不同形式为入住老年人提供医疗卫生服务的占78.6%。探索推进政府购买居家养老服务，开启了“互联网+养老服务”新模式，引导鼓励民营资本积极参与社会养老服务，落实补贴支持政策，不断拓宽社会力量参与养老服务投融资渠道。2017年至2020年，开展全区养老院服务质量建设专项行动，通过“五查五改、对标达标”，实现养老机构标准化服务、规范化管理。加快养老服务业人才培养，取得初级、中级、高级职业资格证书人数为6476人。各类养老机构中养老护理员培训率达80%，持证上岗率达60%。每年为辖区65岁以上老年人提供1次健康管理服务，包括生活方式和健康状况评估、体格检查、辅助检查和健康教育、指导，提供中医药管理服务等活动。老年人健康管理率达到78.77%；接受家庭医生签约式服务老年人45687人次。70%以上的县（市、区）设有精神障碍社区康复或通过政府购买服务等方式委托社会组织开展康复工作。医养结合的养老机构有103个，提供居家医养服务的机构有44个。

五、聚焦时代主题，深入开展“敬老月”活动

报请自治区老龄委下发了《关于深入开展2017年全区“敬老月”活动的通知》《关于开展第三届全区“敬老文明号”创建活动的通知》，在《宁夏日报》上刊登了自治区老龄委向全区老年人“重阳节”慰问信，邀请自治区政府领导和自治区老龄委领导慰问百岁老人和养老服务机构，并为全区102名百岁老人发放1000元的长寿保健金。联合自治区有关单位举办了“庆祝十九大　欢度重阳节”老年书画展。各级老龄工作部门共开展形式多样、内容丰富的“敬老月”活动1200多场次，各级领导走访慰问老年人895人，发放慰问金、活动经费等各类资金340余万元，媒体报道200余篇（次）。“敬老月”活动的开展，丰富了老年人的精神文化生活，不断增强老年人的获得感和幸福感，全力营造了庆祝十九大胜利召开的社会氛围。

六、积极组织协调，老年保险成效显著

联合自治区民政厅、中国人寿保险宁夏分公司下发了《关于进一步推进老年人意外伤害综合保险工作的通知》，取消80岁以上老年人参保年龄上限，积极争取自治区财政预算内资金120万元，各地配套相应资金，为全区低保、五保、优抚对象中的老年人以及享受高龄津贴人员购买老年人意外伤害综合保险，提高他们抵御风险的能力。鼓励社会老年人参保，目前，全区承保老年人数达977317人（次），投保金额1286.70万元。积极争取自治区财政预算内资金20万元，会同中国人民保险宁夏分公司和中国平安保险宁夏分公司，为全民26家民办养老机构核定的2171张床位补助17.39万元参加民办养老机构综合责任保险，提高了民办养老服务机构和入住老人抵御风险能力。

重要会议和活动

【第四次城乡老年人生活状况抽样调查新闻发布会暨宁夏老龄官网开通仪式在银川召开】1月18日，第四次宁夏城乡老年人生活状况抽样调查成果新闻发布会暨宁夏老龄官网开通仪式在银川召开。自治区民政厅党组成员、老龄办常务副主任李作忠在新闻发布会上对第四次全国城乡老年人生活状况抽样调查宁夏研究成果进行发布。自治区民政厅副厅长余瑞东、国家统计局宁夏调查总队副巡视员王旭明、自治区财政厅社保处处长马春梅、北方民族大学管理学院副教授李艳军出席了新闻发布会和宁夏老龄官网开通仪式。

【自治区老龄办党支部换届选举】2月15日，自治区老龄办召开支部党员大会，选举新一届党支部书记及支部委员会组成人员。自治区民政厅党组成员、自治区纪委派驻民政厅纪检组组长李雪芳出席会议，民政厅党组成员、老龄办常务副主任李作忠主持会议并讲话。

【全区养老院服务质量建设专项行动动员部署视频会议在银川召开】4月19日，自治区民政厅、公安厅、卫生计生委、质监局和老龄办联合召开了全区养老院服务质量建设专项行动动员部署视频会议，并举办了培训班。

【自治区老龄工作委员会第八次全体会议在银川召开】5月3日，自治区老龄工作委员会第八次全体会议在银川召开。会议传达学习了习近平等中央领导同志关于加强老龄工作的重要指示、重要讲话及全国老龄工作委员会第十九次全委会精神；审议通过了《宁夏回族自治区老龄工作委员会工作制度》和《自治区老龄委2017年工作要点》。自治区副主席、自治区老龄工作委员会主任许尔锋主持会议并讲话。自治区老龄委副主任、民政厅厅长杜正彬作了题为《抢抓机遇　攻坚克难　奋力开创老龄事业改革发展新局面》的工作报告。

【举办2017年第一期养老护理员职业技能鉴定】6月21日至22日，民政行业职业技能鉴定第012站（宁夏老龄办承建）在民政部职业技能鉴定指导中心和自治区民政厅、财政厅、人力资源和社会保障厅的正确领导和大力支持下，顺利完成了今年第一期养老护理员职业技能鉴定。

【开展老年人防范电信网络诈骗宣传教育活动】7月5日，按照全国老龄办加强老年人防范电信网络诈骗宣传教育活动的统一部署，自治区老龄办高度重视，协调行动，紧紧围绕“谨防电信网络诈骗，提高老年人防骗意识”的主题，在全区各地广泛开展老年人防范电信网络诈骗宣传教育活动。

【全国老龄办督查我区中国城乡老年人生活状况监测调查工作】9月6日，全国老龄办事业发展部副主任贺常梅一行4人赴沙坡头区督导检查我区中国城乡老年人生活状况监测调查工作。督导组实地查看了本次监测调查工作的宣传情况，入户走访了滨河镇向阳社区和官桥村的两位被访老人，与他们交谈，了解调查数据的真实性和有效性，听取沙坡头区开展老年人监测调查工作情况汇报，并围绕监测调查工作中遇到的问题和解决问题的措施展开了交流讨论。

【举办《自治区“十三五”老龄事业发展和养老体系建设规划》新闻发布会】9月19日，组织召开了《自治区“十三五”老龄事业发展和养老体系建设规划》新闻发布会，就全区老龄事业发展和养老体系建设目标任务、战略重点等进行公开发布。自治区民政厅党组成员、副厅长李俊章主持了会议，民政厅党组成员、老龄办常务副主任李作忠介绍了《规划》编制的背景意义、主要内容、保障措施及特点，自治区民政厅、人社厅、卫计委、住建厅有关处室负责人回答了记者提问。

【开展“重阳节”慰问活动】10月24日，在我国传统节日“重阳节”来临前夕，自治区副主席、老龄委主任许尔锋在自治区政府办公厅副秘书长黄明旭，自治区民政厅党组书记妥永苍，老龄办常务副主任李作忠的陪同下慰问了银川市两位百岁老人及两所养老服务机构的老人们。10月25日至30日，自治区民政厅厅长杜正彬，副厅长王万虎，老龄办常务副主任李作忠先后对石嘴山市大武口区、平罗县，吴忠市利通区，以及银川市兴庆区的5所养老服务机构和6位百岁老人进行了走访慰问，为老人们送去慰问金和节日祝福。

【举办“庆祝十九大　欢度重阳节”全区老年书画展】10月26日，由自治区老龄办、文明办、民政厅、文化厅、文联联合举办的“庆祝十九大　欢度重阳节”全区老年书画展在宁夏文化馆开展。全区各级老龄工作部门积极响应，精心安排，在全区范围内广泛开展了宣传教育、走访慰问、文体娱乐、为老年人办实事做好事等活动，深受老年朋友称道，得到社会广泛认同。

【举办全区社区老年人日间照料中心运营管理暨老年人意外伤害保险推进会】12月5日，自治区民政厅、老龄办、中国人寿保险宁夏分公司在银川市西夏区联合召开了全区社区老年人日间照料中心运营管理观摩暨老年人意外伤害综合保险推进会议。自治区老龄委副主任、民政厅厅长杜正彬出席会议并作重要讲话。

各项业务进展

【涉老政策和制度建设】为贯彻落实习近平总书记关于加强老龄工作重要讲话指示精神和全国老龄委十九次全委会、全国老龄办主任会议精神，着眼我区老龄事业发展顶层设计，提请自治区政府印发了《宁夏回族自治区“十三五”老龄事业发展和养老体系建设规划》《关于全面放开养老服务市场加快养老服务业转型升级的实施意见》。先后印发了《关于进一步加强老年法律维权工作的实施意见》《关于推进老年宜居环境建设的实施意见》《关于开展全区养老服务质量建设专项行动的通知》，联合有关部门下发了《宁夏回族自治区无障碍环境建设“十三五”实施方案》《关于加快推进养老服务业放管服改革的通知》等政策文件。

【养老服务设施建设】各地完成25所老年活动中心项目建设，开工建设了宁夏老年人服务中心爱心养护楼、关爱护理楼、实训楼和灵武市老年养护院项目，总投资近2.5亿元，设置总床位950张。将宁夏老年人服务中心、灵武市第二敬老院、大武口区老年活动中心、吴忠市康乐养老中心等4所公办养老机构纳入国家第二批改革试点，积极落实民办非营利性养老机构一次性开办补助和运营补贴政策，对符合条件的11家民办养老机构1819张床位，核拨一次性床位建设补贴经费834.6万元，有效调动了社会力量兴办养老服务机构的积极性。

【居家养老服务工作】2015—2017年，中央福利彩票公益金和国家发改委计划内资金支持我区建设综合性社区老年人日间照料中心项目共计111个。目前，111个日间照料中心项目已全部建成，项目完成率100%。规划建设的5个县级居家养老信息服务平台基本完成，覆盖了自治区全部县区（22个）。

【老年人权益保障】为贯彻落实《全国老年人权益保护工作座谈会》精神，积极争取人大内司委将《自治区老年人权益保护条例》修订列入2018年自治区人大立法计划。建立法律援助服务网络，推进城乡社区法律援助工作站和村居联络点建设，全区27个法律援助中心下设法律援助站共计485个，形成横向到边、纵向到底、覆盖全区的法律援助网络覆盖城乡村居。

【老龄宣传工作】举办《“十三五”老龄事业发展和养老体系建设规划》和老年人生活状况抽样调查新闻发布会，在《宁夏日报》专版刊发老龄事业发展情况。丰富老龄宣传载体，形成了《宁夏老龄工作》杂志、《宁夏老年报》《宁夏老龄工作信息》简报和老龄办官方网站四项宣传工作载体，免费赠阅杂志4800份，发行宁夏老年报100余万份，编发简报41期4510份。采取多种形式，组织全区老龄系统深入开展敬老爱老助老主题教育活动和老年人防范诈骗活动，弘扬孝亲敬老传统美德，营造了良好的社会氛围。

新疆维吾尔自治区

综　述

2017年，在新疆维吾尔自治区党委、人民政府的正确领导下，各级老龄工作部门扎实推进老龄工作发展，取得了诸多成绩。

大力推动规划制定。针对国务院发布的《“十三五”国家老龄事业发展和养老体系建设规划》，我办将老龄事业发展规划和养老体系建设规划进行合并，在多次研究和讨论的基础上，起草了《“十三五”新疆维吾尔自治区老龄事业发展和养老体系建设规划》征求意见稿，结合各单位和各地州市提出的修改意见，对《规划》征求意见稿再次进行了修改完善，经自治区人民政府批准正式向各地印发。与新疆老年大学协会共同组成调研组赴12个地州调研老龄教育工作，取得大量翔实的资料，撰写了《新疆老年教育发展规划2016—2020》，并已经提请自治区人民政府常务会议审议。

积极营造敬老社会氛围。我办积极与自治区党委宣传部、新疆电视台等主流宣传媒体单位联系，通报自治区老龄委“敬老月”开展各项活动的安排。“敬老月”期间，要求各地深入老年社区、老年公寓，老模范、老党员、老军人及高龄、困难老人家中，帮助他们解决生产生活中遇到的困难，为他们送去“老年节”真诚的祝福，让老人们真切地感受到了党和政府的关怀。自治区副主席、自治区老龄委常务副主任吉尔拉·衣沙木丁代表自治区党委政府，分别走访了部分养老机构和老年人家庭，向他们致以节日问候和祝福，为他们送上了慰问金。

不断丰富老年人精神文化生活。举办了第三届自治区区直单位老年乒乓球邀请赛，自治区67家区直单位，497名老年乒乓球爱好者参加了比赛，为老年人提升自尊、自立、自强意识搭建了平台。以喜迎党的十九大为主题，组织了老年书画摄影展，共展出老年书画摄影作品619幅，从不同角度和侧面集中反映了老年人热爱党、热爱祖国、热爱家乡的高尚情怀和昂扬向上的精神风貌。开展第十五期疆沪“银龄行动”，16名上海老年志愿者到喀什、克拉玛依受援地开展援助。共接待门诊3716人次，查房会诊139次，指导协助手术172例，开设学术讲座61次，进行“访惠聚”下乡义诊10余次，受惠群众3500余人次。组织“健康中国2030—营养与健康新疆科普大会”，150多家区直单位、大中型企业和高校的2200多名离退休老干部参加讲座，受到广大老年人的普遍欢迎。

提升老年维权和优待力度。认真组织好自治区“敬老文明号”创建活动，研究修改拟制了开展第三届“敬老文明号”创建活动方案，并按照领导批示下发了通知，各地、州、市老龄办以为老志愿服务活动作为贯彻落实党的十九大精神为重要内容，把创建第三届“敬老文明号”活动作为工作抓手，大力组织机关、企业、学校、医院等单位，为老年人办实事、做好事。各“敬老文明号”创建单位、部门，为老年人医、食、住、用、行、娱提供更加优先、优惠和便利服务。为加大老年人权益保护工作，在第十四个宪法法律宣传月期间，赴昌吉、吉木萨尔、奇台、木垒等县市开展《老年人权益保障法》宣讲活动，与成员单位共同开展老年人优待服务项目绩效评估工作，取得较好反响。与卫计委联合印发《关于印发自治区医养结合试点工作实施方案的通知》，与民政厅联合印发《关于印发〈关于加强养老服务人才队伍建设的意见〉的通知》和《印发〈关于开展养老院服务质量建设专项行动实施方案〉的通知》等一系列涉老文件，提升为老服务质量。

推动业务工作创新。为发挥老年人才在新疆和谐稳定建设中的作用，我们组织研发“新疆老年人才信息管理系统”项目，进行了填报试点培训和老年人才填报工作。加强老龄事业统计工作，提高了数据的准确性，为自治区党委政府和各部门出台政策提供了依据。在部分县市开展了中国城乡老年人生活状况监测调查培训和督导，全国老龄办督查组对我区调查工作完成情况给予了充分肯定。大力开展老龄调研工作，推荐8篇优秀调研报告参加全国交流与评选，将23篇获奖优秀调研报告和新疆城乡老年人生活状况调查报告汇编成册。

重视老年信访工作，大力开展法治宣传。领导班子把老年人信访工作作为做好老龄工作的切入点，建立了信访工作领导负责制。经常听取老年人信访工作情况汇报，研究解决信访工作中存在的问题和困难。制定信访业务工作制度，健全信访事项登记、受理、承办、转办、答复等规范接访程序，严格按照规定时限办结信访案件，使老年人信访问题“件件有着落、事事有回音”。我办认真贯彻落实自治区依法治区办普法计划，组织干部职工重点学习相关法律法规，参加公职人员无纸化网络学法，90%以上的参加了网上考试。全年印刷各类法治宣传资料1000余份，利用电子屏、展板、横幅、标语和宣传单等方式进行全方位不间断宣传。

支持直属单位独立开展工作。顺利完成新疆老年大学建设项目。目前，新疆老年大学已全部完工，投入使用后辐射到了全区，为各地培养老年教育师资力量，开设老年远程教育课堂，提供精品共享课程，推动我区老年教育事业的健康发展。同时，极大缓解了首府老年人入学压力，成为对老年人进行思想政治教育的重要阵地，为实现新疆社会稳定和长治久安总目标发挥重要作用。全年共104个教学班，学员人数达6000人次。积极推动《老年康乐报》进南疆四地州村（居委会）工作，紧贴中心，营造新闻宣传强势，全力做好党的十九大宣传报道，深入揭批“三股势力”“两面人”发声亮剑活动，采写“为了把脱贫攻坚落实到最末端”等反映“访惠聚”驻村工作纪实的稿件。班子成员先后对克拉玛依、昌吉州、塔城地区等地进行调研，了解老年教育工作开展情况，落实协会工作部署情况，同时学习宣传老年教育发展规划和习近平对老龄工作指示和讲话精神，协调解决各地老年大学困难。支持新疆老龄事业发展基金会拓展募捐渠道，确保工作正常开展。

重要会议和活动

【老龄工作会议】2017年2月24日，自治区召开老龄工作会议，各地州市老龄办负责人，自治区老龄工作委员会成员单位领导80余人参加会议。自治区人民政府副秘书长郭景平宣读了自治区副主席、自治区老龄委常务副主任吉尔拉·衣沙木丁的书面讲话。自治区老龄委副主任、老龄办常务副主任任继民作工作报告。会上，还宣读了自治区第二届“敬老文明号”表彰决定，并为荣获第二届敬老文明号单位颁发了奖牌。

【健康中国科普大会】2017年4月11日，自治区老龄办在新疆人民大会堂举办了“健康中国2030——营养与健康新疆科普大会”。该次科普大会，自治区老龄办共组织了自治区区直单位、大中型企业、大中专院校150多家单位，2200多名离退休老干部参加。

【老年乒乓球邀请赛】2017年5月12日—14日，由自治区老龄委主办的第三届自治区区直单位老年乒乓球邀请赛在新疆师范大学开展。乒乓球邀请赛自2017年4月17启动，历时近1个月，自治区67家区直单位参与活动，497名老年乒乓球爱好者积极参与。

【疆沪“银龄行动”】2017年6月13日，第十五期疆沪“银龄行动”上海16名专家来到新疆，奔赴喀什市、叶城县、巴楚县和克拉玛依市开展志愿者服务，其中医疗卫生专业12人及政工师、经济师、机械工程师、教师各1人。共接诊2000多人，培训医护人员1260多人。

【“喜迎十九大”老年书画摄影展】2017年8月9日—11日，自治区老龄办在新疆国际会展中心组织开展“喜迎十九大”老年书画摄影展，本次展览以深入贯彻落实习近平总书记关于新疆工作总目标，喜迎党的十九大胜利召开为主题，共展出老年书画摄影作品619幅，其中书法作品318幅，绘画作品175幅，摄影作品126幅。作品从不同角度和侧面集中地反映和宣传了老年书法绘画摄影爱好者热爱党、热爱祖国、热爱家乡的高尚情怀和昂扬向上的精神风貌。

各项业务进展

【老年优待】2017年，全区发放老年优惠服务证9598个，累计发放189021个。2017年，全区发放老年优惠待遇证76312个，累计发放1417482个。2017年，享受生活补贴的老年人共计244744人，其中79岁以下老年人享受补贴人数为48449人，80—89岁享受补贴的人数为177450人，90—99岁享受补贴的人数为18086人，100岁及以上享受补贴的人数为789人。

【老年教育】认真贯彻落实自治区人民政府《关于加强老年教育工作的意见》，稳步推进老年大学规范化建设，截止2017年底，全区共有老年大学1050个，在校学员71369个，其中地州市级老年大学18个，在校学员18672人，县市区级老年大学65个，在校学员21659人。乡镇和村、居委会开办老年学校967个，在校学员31038人。

【老年民生保障】把老年民生保障作为老龄工作的出发点和落脚点，切实采取措施实现老有所养、老有所医。各地依托社区开展老年病预防、医疗、康复、保健工作，对全区65岁以上老年人开展健康体检、咨询指导和干预服务。社区居家养老逐步实现设施覆盖、服务覆盖、平台辐射，建成老年人托养、照料、活动站点700多个，有近200个社区可提供日间照料和托老服务。新型农牧区合作医疗制度扩大覆盖面和受益程度，65岁以上老年人享受到“零起付”和补偿比例提高5个百分点的优惠待遇。老龄办、民政厅、保监会与中国人寿保险公司新疆分公司合作，共同推出老年人综合意外伤害保险工作，拓宽了养老保障渠道。

【敬老宣传月】加大老龄宣传工作力度，发挥广播、电视、报纸、网络等媒体的作用，广泛开展宣传教育，在全区评选表彰98件老龄“好新闻”、“好栏目”、“好作品”。《老年康乐报》通过大量有影响的报道，宣传各族老年人自觉维护民族团结和社会稳定先进事迹，产生广泛的社会反响。认真安排部署全区组织开展“敬老宣传月”活动，向全区各族老年人发出慰问信，努力营造全社会共同关爱老年人的良好氛围。敬老月期间，全区县级以上媒体播发老龄工作内容2300多次，刊发稿件1200多篇，宣传敬老公益广告13000多次，发送敬老公益短信790多万条，组织各类老年文体活动2600多场次，参与18万多人次。

【老年维权】广泛开展调查研究，积极建议有关部门把《新疆维吾尔自治区保护老年人合法权益条例》纳入修法规划。各地重视老年维权工作，贯彻落实《中华人民共和国老年人权益保障法》和自治区《保护老年人合法权益条例》、《优待老年人规定》等涉老法规政策，提高全社会维护老年人合法权益的法律意识。各级认真落实老年人高龄补贴和免费体检，不断拓宽优待领域，提高优待水平，持证老年人享受到了各种优待、优惠，基本实现了持老年优待证普通门诊免挂号费、风景区门票减免、图书馆公园免费开放。截至2017年底，地州县级老年维权机构1416个，专兼职老年维权工作人员2079人，涉老法律援助案件1328个，涉老法律服务17573人次，接待来信来访6172个。

【银龄行动】各地积极探索“老有所为”新途径，拓宽老年人参与社会发展渠道。组织实施上海援助新疆的第十五期“银龄行动”，上海老年志愿者在喀什地区、克拉玛依市顺利开展了为期两个月的医疗志愿服务，接诊2000多人，培训医护人员1260多人，产生了良好的社会效益。乌鲁木齐市积极开展区域内银龄援医、援农、援牧工作，为受援单位培养了大批的技术骨干，组织的银龄宣讲团在社区、学校开展宣讲120多场，充分发挥了老年人才的重要作用。

【老龄工作调研】针对老龄工作中亟待解决的问题，组织调研组赴部分地州市开展专项调研，赴部分省市学习老龄工作先进经验，组织召开各地州市老龄办负责人座谈会，认真分析老龄工作现状和存在的突出问题，研究提出加强老龄工作、发展老龄事业的新思路。确定调研课题，组织开展专题调研，各地撰写的一批针对性强、具有可操作性的优秀调研报告，为各级党委、政府加强老龄工作提供了对策建议，在全区进行优秀调研报告评比，32篇优秀调研报告获奖。推进社区为老服务信息化平台建设，调研分析部分地州市为老服务信息平台建设状况，向全国老龄办专题报告，争取中央彩票公益金补助地方项目资助。

【老年活动场所】截至2017年底，全区共有老年活动场所10768个，地州市及老年活动场所30个，县市区老年活动场所143个，乡镇街道老年活动场所1181个，村、居委会老年活动场所9414个。

【老年人才库项目】自治区老龄办委托中国老龄科学研究中心负责研发“新疆老年人才信息管理系统”项目，2017年5月，项目完成开发并通过验收，6月起在伊犁州及所属县市进行填报试点培训和老年人才填报工作。在开展老年人才库建设的同时，自治区老龄办又与全国老龄科研中心再次合作，启动了自治区老年人口及老年特殊群体信息管理系统研发工作。

【老年人生活状况抽样调查】2017年8月，自治区老龄办分别在乌鲁木齐市天山区、吐鲁番市高昌区开展了中国城乡老年人生活状况监测调查培训及调查督导工作，共对192名老年人开展了调查。

新疆生产建设兵团

综　　述

【概况】兵团历史的特殊性决定了人口老龄化呈现出老年人口增速加快；高龄老人、失能半失能老人增速加快；空巢老人增速加快的显著特点。截至2017年底，兵团现有人口300.53万人，60岁以上老年人口49万余人，占兵团总人口的16.56%，老龄事业发展面临严峻的挑战。老年人口的增速及特殊群体老年人的增加，对社会养老服务要求将越来越高。兵团党委已将积极应对人口老龄化作为一项长期战略任务来抓，并积极构建养老、孝老、敬老政策体系和社会环境，推进医养结合，加快老龄事业和产业发展战略部署，全面落实习近平总书记提出的“事关国家发展全局、事关百姓福祉”的战略高度，让兵团所有老年人老有所养、老有所依。

【喜迎十九大“畅谈、建言”活动成果展】2017年9月14—21日，兵团党委老干部局与兵团文联联合举办兵团喜迎十九大“畅谈、建言”活动成果展，展览以“传承红色基因、弘扬兵团精神、奉献赤子之心”为主题，分为前言、亲切关怀篇、部署推进篇、成果展示篇和结束篇5个部分23块展板，在兵团机关和14个师市同步展出，通过展出“畅谈、建言”图片，播放兵团老干部增添正能量公益宣传片、兵团领导看望老红军新闻、10名兵团老领导“畅谈、建言”专题访谈等形式，动员广大离退休干部积极参加“畅谈、建言”活动。累计展出350余场，观展

2.5万余人次。

【老龄新闻好作品】2017年6月13日，全国老龄办通报表扬2016年全国老龄新闻宣传好作品，《生活晚报》2016年5月20日发表的《克力木的两个牵挂》（作者：梁赟、于锋）获得优秀奖，兵团老龄办获优秀组织单位。

【老年人防范电信网络诈骗宣传】2017年，兵团老龄办开展加强老年人防范电信网络诈骗宣传教育活动。活动以“谨防电信网络诈骗，提高老年人防骗意识”为主题，举办活动25场次，参与人数近2000人。

【敬老月】“敬老月”活动是一项全国性敬老爱老助老社会活动，兵团老龄委于10月1日至31日（10月28日是“老年节”），与全国老龄工作委员会同步开展以“关爱老年人　欢庆十九大”为主题的“敬老月”活动，各级党政机关、企事业单位、社会组织以及其他社会力量，聚焦主题，贴近实际，创新形式，广泛开展敬老爱老助老活动，为老年人送温暖、办实事、做好事、解难事，据不完全统计，“敬老月”期间，全兵团共组织开展老年文体活动80余场次，参与活动的老年人达28000余人次；各级领导走访养老院52所，慰问老人2000余人次，发放慰问金（品）价值约100余万元；近1000名志愿者走进养老院，开展“感恩心连心　敬老手牵手”活动，层层传递以习近平同志为核心的党中央对老年人的关心关爱，不断增强老年人的获得感和幸福感，全力营造喜迎十九大胜利召开的社会氛围。

【“老有所为”先进】2017年12月14日，第七师一二五团康乐社区支部委员、居委会委员高明忠，第六师五家渠市青湖路街道猛进社区第三党支部被全国老龄办评选为全国老有所为先进典型人物。

【老有所乐】2017年4月11日—8月25日，兵团举办第六届老年人体育运动会，前后历时137天，先后有101支代表队、1171名运动员参加气排球、门球、太极拳（剑）、乒乓球、象棋、健身气功、柔力球、健身球、健步走等9个项目的比赛。5月25—27日，第三届全国老年人体育健身大会门球交流活动在江西省九江市老年体育活动中心举行，兵团代表队以第七名的成绩获得优胜奖。7月18日，“七彩夕阳幸福中国行——走进夏日冰城”第十二届全国中老年才艺大赛在黑龙江省哈尔滨市举办，兵团老军垦舞蹈团获得优秀组织奖，舞蹈《欢乐的麦西来甫》获凤凰金奖。9月21—24日，“永远的辉煌”——第十九届中国老年合唱节比赛在湖南省株洲市举办，兵团老军垦合唱团演绎的歌曲《花儿为什么这样红》获得银奖。（于锋）

【基层老年协会建设】截至2017年底，兵团有基层老年协会345个，老年活动场所56万平方米，日均活动人数达到50775人次，配备专职工作人员1029人。年内，兵团民政局投入福利彩票公益金100万元，分配到师市、院校，专款用于购买老年文体用品，扶持基层老年协会建设。

【老年书画展开展】2017年9月22日，由兵团党委老干部局和兵团文联主办、兵团老年书画学会承办的以“喜迎十九大凝聚正能量”为主题的兵团老干部（老年）书画展在兵团机关大楼开展。书画展在兵团机关和14个师同步开展，展出兵团老年书画学会及各师市、院校和直属机构离退休干部书画作品157幅，其中书法作品103幅、绘画作品54幅，共展出350余场，2.5万余人次观展。

【欢庆老年节文艺晚会】今年的重阳节恰逢党的十九大胜利召开。11月2日，兵团老干部“庆祝党的十九大”文艺演出在乌鲁木齐和平都会举行。兵团离退休老同志欢聚一堂，兵团老年文艺团体的演员们为600名观众献上一场精彩纷呈的文艺盛宴。

【最美五老】12月15日，兵团“最美五老”颁奖典礼在兵团广播电视台演播大厅举行。兵团党委常委、副政委、组织部部长、兵团关心下一代委员会主任刘见明出席并致辞。“最美五老”评选活动是兵团关心下一代工作委员会、兵团党委老干部局深入学习贯彻兵团第七次党代会精神，充分发挥先进典型的榜样引领、示范带动作用，广泛动员更多“五老”参与兵团关心下一代工作，团结教育广大青少年听党话、跟党走，积聚正能量、传递正能量，服务新疆工作总目标，履行好兵团特殊职责使命、发挥积极作用的一项重要举措。

【敬老文明号】全国“敬老文明号”评选表彰为国家评选表彰常设项目。为贯彻落实习近平总书记关于加强老龄工作重要指示和讲话精神，进一步推动落实老年优待政策，提升基层涉老单位为老服务水平，营造全社会尊老敬老良好氛围，兵团老龄办根据全国老龄办要求于2017年启动第三届全国“敬老文明号”创建活动。创建范围为兵团基层涉老部门、为老服务组织、公共服务窗口单位。创建时间为2017年至2019年。

【老年人权益保障】为贯彻落实党中央、国务院关于应对人口老龄化的决策部署，兵团老龄办、兵团法院、兵团检察院、兵团公安局、兵团民政局、兵团司法局联合转发《〈关于进一步加强老年法律维权工作的意见〉的通知》，要求各级老龄工作机构、人民法院、检察机关、公安机关、民政部门、司法行政机关要结合自身职责，全面落实习近平总书记关于加强老龄工作的重要指示和重要讲话精神，弘扬社会主义法治精神，做好普法宣传教育，提高老年人依法维权的法律意识，加大老年人合法权益保护力度，形成全社会关心老年人、尊重老年人、扶助老年人的良好氛围。努力开创老年法律维权工作新局面，促进老年人共享改革发展成果。

【守边戍边52载的“活界碑”老人魏德友】以全国“时代楷模”魏德友的先进事迹改编创作而成的电影《守边人》10月17日在北京举行了首映仪式。2017年11月，魏德友获得第六届全国道德模范诚实守信奖。

大连市

综　　述

截至2017年底，大连市户籍人口总数5948873人，60周岁及以上户籍老年人口1486569人，比上一年新增52237人，占户籍总人口的24.99%，增速3.64%，其中，百岁及以上老年人457人（男性144人，女性313人）。2017年，全市老龄工作在市委、市政府的正确领导下，紧紧围绕“党委领导、政府主导、社会参与、全民行动”的老龄工作方针，以宣传《老年法》和新修订的《辽宁省老年人公益保障条例》为抓手，完善社会保障和养老服务体系，落实老年人权益保障，进一步营造敬老爱老助老社会氛围，老龄工作不断取得新进展、新成效。

（一）政策创制步伐不断加快。“十三五”以来，全市不断探寻老龄事业和养老服务体系发展新路径，积极构建与人口老龄化发展相适应的格局体系，从理论上、政策上、实践上，寻找适合大连特点的老龄发展模式。以《大连市老龄事业发展规划纲要（2014—2020年）》和《关于加快发展养老服务业的实施意见》为基础，出台了《大连市人民政府办公厅关于推进医疗卫生与养老服务结合发展的实施意见》《大连市企业退休人员社会化管理服务工作办法》《关于印发〈大连市养老护理员培训实施方案〉的通知》等一系列推动全市老龄事业和养老服务业发展的规范性文件。从顶层谋划布局、加快机构建设、加大优惠扶持、强化规范管理、扩大普惠群体等多方面布局，完善了较为系统的老龄事业政策保障体系，为今后一个时期推动全市老龄事业和养老服务业发展奠定了基础。

（二）养老服务社会保障制度不断完善。一是老年群体社会保障水平不断提高。截至2017年底，全市养老保险参保人数达到425.59万人，其中企业职工养老保险参保人数为286.51万人，城乡居民养老保险参保人数为112.36万人。连续13年提高企业退休人员养老金水平，企业退休人员月平均养老金2，571元，城市和农村低保月人均分别为670元、450元，企业退休人员养老金标准及城乡低保标准均居全省首位。二是职工基本医疗保险、城镇居民基本医疗保险、新型农村合作医疗制度进一步完善。全市基本医疗保险参保515万人，其中退休职工107万人，老年居民13.6万人，占参保总量的23.4%。全市医疗机构与养老机构签署合作协议73份，已实现医养结合的医疗卫生及养老机构35所，已纳入医保定点的20所，医养结合机构床位总数为4493张。三是关爱老年人政策措施不断丰富。2017年7月1日，将百岁老人高龄补贴标准提高至每人每月不低于670元（主城区高于1000元）、90—99周岁老年人的高龄生活补贴每人每月不低于200元标准（部分县区300元）；积极与地铁公司勾通协商，扩大老年人享受半价、免费优惠线路（大连到旅顺轻轨线路），并实现了外埠老年人乘坐地铁与户籍老年人同等优待；解决了多年来老年人乘坐个体承包线路公交车不优待的难题，实现了全市公交汽车线路老年人全域优待；政府出资为全市城乡分散供养的13463名特困老年人办理了意外伤害保险。

（三）社会养老服务体系建设提质增效。全市现有养老机构300家，养老床位总数4.5万张，每千名老人拥有养老床位33张。依据《大连市2017年开展养老院服务质量专项行动实施方案》，组织开展养老院服务质量大检查、大整治专项行动，有效地规范、提高了养老机构的服务质量，养老院服务质量建设得到省联合督查组充分肯定。第二批中央财政支持开展居家和社区养老服务改革试点地区工作持续开展，下发了《大连市人民政府关于印发大连市推广社区居家养老服务“林海模式”实施方案的通知》，全市完成51所社区养老服务中心的建设和复制推广。为全市140所养老机构，7848张床位投保团体责任险，市以上财政发放保险补贴资金76万元。组织各区市县申报非营利性养老机构新增床位、运营补贴及困难老年人居家养老和入住养老机构补贴，共发放养老服务各项市级补贴资金3789.5万元。

（四）老年人精神文化生活更加丰富。老年书画协会、老年艺术团体、老年体育团体等各类老年组织在全市普遍建立，老年群众性文体活动广泛开展。目前，全市建有市级老年大学1所，县区级老年大学16所，县区级以上老年教育机构204家，老年文艺团体2088个。“敬老月”期间，各级老龄部门以及部分社区、老年协会纷纷举办老年人广场文艺演出，老年人自编自演，通过舞蹈、歌曲、小品、曲艺等表演形式，欢庆重阳，展现出老年人良好的精神风貌，对美好生活的追求和对祖国的美好祝福。成功举办大连市第三届老年书画大赛；普兰店区举办了“全民健身日”广场展示活动；瓦房店市开展了老年操舞展演活动；沙河口区举办了老年健身运动会；同时，在第三届全国老年人体育健身大会上，市老年乒乓球代表队勇夺混合团体第一名，市老年健身秧歌队荣获“集体规定套路”优胜奖、“集体自编套路”优秀奖、“体育道德”风尚奖；在省气排球比赛中，市男女老年代表队双双夺冠；在第五届辽宁省老年人乒乓球赛中实现团体五连冠。

（五）敬老助老社会氛围更加浓厚。一是开展“敬老月”走访慰问活动。10 月 24 日，大连市市长肖盛峰、副市长郝明，市发展改革委、市民政局、市卫生计生委等相关部门负责人深入沙河口区、甘井子区基层社区，对社区居家养老服务“林海模式”项目完成情况进行调研督导，并对社区养老的老年人致以“敬老月”问候。10 月 27 日，市老龄委主任、副市长郝明，市民政局、市老龄办、区政府有关部门负责人等，走访慰问了百岁老人、特困老人代表近 200 人，累计发放慰问金 17 万元。二是开展老年法宣传。市老龄办会同相关部门按照《关于深入开展老年人法律服务和法律援助工作的通知》《全国老龄办关于开展加强老年人防范电信网络诈骗宣传教育活动的通知》要求，大力宣传《中华人民共和国老年人权益保障法》和新修订颁布的《辽宁省老年人权益保障条例》。10 月 9 日至 11 月 10 日，在大连广播电台开设特别直播节目《“夕阳红，法理情”——〈老年人权益保障法〉宣传》，以直播、互动的方式，宣传《老年法》及《省老年人保障条例》。三是开展“敬老文明号”创建活动。完成第二届“敬老文明号”表彰、总结工作，推动“双关爱”活动的广泛、深入开展。高标准承办了全国老龄办召开的“贯彻落实《国务院办公厅关于制定和实施老年人照顾服务项目的意见》暨第三届全国‘敬老文明号’创建活动启动会”。按照全国、省老龄办要求，下发了《转发全国老龄办关于开展第三届全国“敬老文明号”创建活动的通知》，筹划部署了第三届“敬老文明号”创建活动的工作开展。

重要会议和活动

【召开全市老龄工作会议】年初，组织召开全市老龄系统工作会议。学习贯彻“十三五”老龄事业发展规划，传达全国、省老龄工作会议精神，听取各区市县老龄办的工作汇报，总结全市老龄工作情况，部署 2017 年老龄工作安排。通过老龄工作会议、专题培训、下发文件等形式，组织市老龄委成员单位和老龄系统工作人员学习领会习近平总书记关于加强老龄工作系列重要讲话及十九大报告中关于老龄工作的总要求。

【组建新一届市老龄委成员成员单位】按照《全国老龄工作委员会关于调整组成人员的通知》（全国老龄委发〔2016〕7 号）要求，4 月 18 日，经肖盛峰市长审批同意，对大连市老龄工作委员会成员进行了调整，5 月 27 日，大连市老龄工作委员会办公室印发了《关于调整大连市老龄工作委员会组成的通知》，郝明副市长担任大连市老龄工作委员会主任，41 个委办局成为新一届大连市老龄工作委员会成员单位。

【老龄宣传工作】广泛开展敬老文化宣传教育及为老志愿服务活动。开展《中华人民共和国老年人权益保障法》《辽宁省老年人权益保障条例》以及人口老龄化基本国情等宣传教育，积极倡导敬老文明，培育社会良好风尚。组织社会各界开展多种形式的为老服务和送温暖、献爱心活动。继续深入开展“困难老年人精神关爱”示范项目——精神关爱惠老人，情暖夕阳送爱心，用精彩的文艺节目丰富了老年人的日常生活。

【为老办实事工作】积极与地铁公司沟通协商，扩大老年人享受半价、免费优惠线路——大连到旅顺轻轨线路；积极与公交部门协调，解决了多年来老年人乘坐个体承包线路公交车不优待的难题，实现了全市公交汽车对老年人全域优待；下发了《关于在全市实行老年证（优待证）全域通办的通知》（大老委办发〔2017〕14 号），在全市范围内实行老年证、老年优待证跨行政区域办理，在大连市常住的外埠老年人，可凭《大连市居住证》在连办理老年证、老年优待证，享受与本市户籍老年人同等优待

【老龄维权工作】大连市法律援助中心秉承“应援尽援、应援优援”的服务理念，以服务民生为重点，以服务大局为目标，认真履行法律援助工作职责，始终将老年人维权作为工作重点，满足老年人的法律援助需求。2017 年度，中心共办理老年人法律援助案件 53 件，其中刑事案件 5 件，民事案件 48 件，接待老年人法律咨询 196 人次，代写法律文书 121 份，受益的老年人约 400 余人。

【承办全国老龄会议】2017 年 7 月 20—21 日，全国老龄办在大连棒棰岛国宾馆召开“贯彻落实《国务院办公厅关于制定和实施老年人照顾服务项目的意见》暨第三届全国‘敬老文明号’创建活动启动会”。会议由全国老龄办副主任吴玉韶主持，辽宁省政府副秘书长段君明致辞，全国老龄办常务副主任王建军出席会议并讲话。

【老年书画大赛】成功举办大连市第三届老年书画大赛。大赛由大连市老龄工作委员会办公室、大连晚报社、大连市文学艺术界联合会主办。活动吸引了广大的老年书画爱好者，参赛作品更多，作品质量更高，共收到了大连各区市县以及省外老年书画爱好者 2164 幅书法、绘画作品。不仅为全市老年书画爱好者和艺术家们搭建起了一个相互交流和学习的平台，更体现出了全市老年人丰富多彩的文化生活和积极向上的精神风貌，营造了浓厚的文化氛围。

青岛市

综　述

截至2017年底，全市60岁以上户籍老年人口175.9万，占总人口的21.9%，比上年增长0.61%。其中80岁以上老年人口26.6万人，占老年人口的15.1%。2017年，全市老龄工作在市委、市政府和上级老龄部门的正确领导下，紧紧围绕习近平总书记关于老龄工作的系列讲话和指示精神，围绕中心、服务大局，改革创新、锐意进取，推动老龄调查研究、老龄宣传、老年维权、助老惠老、精神关爱、基础建设等各项老龄工作和老龄事业取得了新的进展。

一、老龄宣传成效显著

全年编发《青岛老龄》杂志6期，全国老龄系统范围内赠阅1.8万册。录播《老龄好时光》电视专题节目52期，每期30分钟。制作、播出广播敬老公益广告《敬老爱老，真情相伴》30天（次）、电视敬老公益广告《敬老爱老助老，做中华美德的传承者》60天（次）。向各类媒体发布新闻稿件30余篇，刊发300余篇次。“青岛市财政为全部户籍老年人购买意外伤害保险”入选2016年度“山东省十大老龄新闻”，20件作品获全国、省老龄新闻宣传好作品奖。节日期间，协调了三大移动通讯公司向全市手机用户发送敬老短信200余万条，社会反响良好。

二、老龄调查研究成果丰硕

一是完成老年人权益保障工作地方性立法前期调研工作。联合青岛大学法学院，开展了青岛市老年人权益保障地方性立法前期调研工作，起草了调研报告，对未来出台青岛市老年人权益保障地方性立法的可行性、必要性和主要内容，以及未来立法方向提出了具体的富有建设性的意见，调研报告已经通过专家评审，提报有关部门。

二是在市老龄委成员单位、各级老龄部门、高等院校及社会组织中广泛开展老龄工作专题调研。今年收到调研报告论文62篇，经专家评审，分别评出《青岛市医养结合养老模式的问题与对策研究》等10篇论文获一等奖，《关于莱西市社会养老事业发展的探索与实践》等10篇论文获二等奖，《关于农村留守老年人关爱服务体系建设情况的调查》等20篇论文获三等奖。经推荐，《青岛市医养结合养老模式的问题与对策研究》获2017年度全国老龄政策专题调研优秀成果二等奖，《从照护管理角度谈养老机构服务质量提升》获三等奖，还有两篇获优秀奖，在全省各地市中获奖等级和数量双双名列第一。组织8篇论文参加全省第六届老年健康与长寿理论研讨会论文评选，其中1篇获二等奖，3篇三等奖，其他论文获优秀奖。市老龄办荣获优秀组织奖。组织参加的全省老龄政策专题调研活动，我市获一等奖1篇，二等奖4篇，三等奖1篇，市老龄办荣获优秀组织奖。

三、敬老爱老助老活动广泛开展

一是启动了青岛市第三周期（2017年—2019年）“敬老文明号”创建活动，评选命名2017年度青岛市“敬老文明号”80个，5个单位被授予“全国敬老文明号”荣誉称号。目前，我市有15个单位荣获全国“敬老文明号”、36个单位荣获山东省“敬老文明号”、443个单位荣获市级“敬老文明号”荣誉称号。二是在全市组织开展了2017年度孝亲敬老先进典型人物推选活动，收到社会各界推荐的孝亲敬老先进典型人物58个，其中，何冰等10名同志获2017年度“青岛市十大孝星”荣誉称号，薛伟等10名同志获2017年度“青岛市十大孝星”提名奖。2人获第十二届“山东省十大孝星”提名奖，8人获“全国敬老爱老助老模范人物”称号。2个单位被命名为“山东省敬老文化教育基地（示范点）。

三是在全市组织开展了2017年度青岛老人先进典型人物推选活动，收到社会各界推荐的“青岛老人”先进典型人物74个，确定30位“青岛老人·2017”先进典型人物，拍摄了30辑《青岛老人·2017》系列专题片，“敬老月”期间在青岛电视台综合频道进行了展播。

四是组织开展敬老爱老助老志愿服务活动。一是会同《青岛日报》深入开展“爱心陪伴空巢老人”活动，注册志愿团队182支，志愿者19200多名，城乡社区“爱心陪伴志愿服务基地”209处，近1.5万多空巢老人接受“爱心陪伴”志愿服务。二是会同《半岛都市报》公益工作室组织开展了以“代际和谐”为主题的系列敬老志愿服务活动，包括“我给老人送报卡”、“春节、元宵节温暖行”走访慰问老年公寓、“我给老人唱支歌”、“我给老人包饺子”、“我帮老人摘樱桃”、“我给老人包粽子”等活动，数百名志愿者参与，社会爱心组织捐助款物价值10万余元，千余名老年人受益。三是会同《青岛早报》办好“学会爱老一起敬老”专栏，对老有所为先进人物、“十大孝星”和“敬老使者”先进典型、优秀老年人文化团队等进行了重点宣传报道。四是“敬老月”期间，组织开展了“我陪爸妈过中秋”、“我陪老人过重阳”、“爱心陪伴助老回家”、“关爱空巢老人健康”等系列活动，千余名老年人和志愿者参与，弘扬了敬老爱老的传统美德。

四、老年人合法权益得到有效维护

一是推动新修订的《青岛市优待老年人规定》出台并抓好贯彻落实。《青岛市优待老年人优待规定》修订稿，于1月22日由市政府颁布，并于3月1日正式实施。首先，召开了新闻发布会，通过媒体向全社会发布了《规定》的全部条款，并进行了政策解读和问题解答。同时，在主要媒体开办专栏，进行了系列宣传报道和政策问答，并举办了《规定》知识答题活动。编印了数万份宣传册、宣传挂图等，向全市基层发放，在街道、社区张贴。通过专门发文、上门协调、开展执法检查等方式，及时督促各有关单位贯彻好《规定》要求。

二是开创成立青岛老龄问题与老龄法治研究平台。依托青岛大学法学院，成立了我市老龄问题与老年法治研究中心，构建老龄事业发展中理论研究、政府管理和老龄实践三方结合的高端平台，发挥老龄智库作用，聚焦现实问题进行专业研究，为党委政府决策提供建议。

三是开展了老年法律法规服务和宣传活动。联合司法等部门在全市开展“老年法律志愿服务暨宣传月”活动，发挥各主要媒体作用，连续九期大篇幅整版版面进行了老年法律法规政策宣传，通过活动报道、政策解读、以案说法、知识竞赛等形式，大张旗鼓地宣传保护老年人合法权益光荣、侵害老年人利益可耻的行为，发动了全市各级老龄工作机构、法律服务单位和志愿服务队伍，紧密围绕“一法一条例两规定”等涉老法律法规政策的贯彻落实，为老年人提供及时有效的法律服务优待，着重解决老年人在法律方面的困难和忧虑，老年人的合法权益得到了较好的保障。

四是认真做好了老年信访维权工作。加大各老年维权中心办理老年维权案件的督查力度，最大限度发挥作用。全市各级办理老年信访案件1500余件，全部办结。同时，继续开展山东省老年公益维权示范站的创建活动，14个单位荣获“山东省老年公益维权示范站”称号。

五是联合有关部门开展了老年消费维权系列活动。联合消保、药监、工商、公安等部门开展了青岛市老年消费维权系列宣传活动，通过向全市老年消费者致公开信、编印《老年消费教育指导手册》、曝光一批在投资理财、医疗保健、旅游出行、电信网络和养老生活等方面侵害老年消费者合法权益的典型案例、举办大型老年消费维权公开课暨中消协老年消费教育启动仪式和老年消费维权主题文艺会演、召开老年消费维权研讨会、组织老年消费品经营企业公开诚信承诺活动等形式，引导老年人科学理性消费。

五、老年文体活动精彩纷呈

一是组织举办系列老年文体比赛活动，包括青岛市“喜迎十九大，银龄展风采”老年文艺会演、青岛市“颐养青岛，幸福银龄”老年主题摄影大赛、青岛市“银龄心向党，喜迎十九大”老年书法美术大赛、第六届山东省老年书法美术大赛青岛地区作品征集、青岛市中老年人广场舞大赛、量贩式KVT老年人免费娱乐暨银龄欢唱K歌赛等，10万余名老年人参与，极大活跃了老年人文化生活。有564件作品在青岛市获奖，117件作品获省级奖项。

二是办好“空中老年大学”。“空中老年大学”设在青岛经济广播FM99.5快乐603长书频率，每周一至五上午10：05—11：00首播，19：00—20：00重播。课程设法律维权、家庭理财、声乐表演、诗歌朗诵和文学鉴赏等课程，聘请专业老师和专家任教244个课时，目前登记注册学员已达6000余人。

三是开办“银龄欢动社区课堂”。2017年，“银龄欢动社区课堂”由20个社区增加到40个社区，聘请专业老师到基层授课1200课时，培育打造基层老年协会特色文体活动队伍80余支5000余人，促进了基层老年文化活动的开展。我市11个社区被评为2016年度“山东省银龄之家”，4个团体被评为“山东省优秀老年艺术团体”。

四是圆满完成了“银龄欢歌大舞台”年度演出任务。组织“银龄欢歌大舞台”各类公益演出58场。先后举办了“青岛之歌”原创音乐会、银龄之声民族音乐会、“舞动银龄”原创广场舞专场演出、七彩风男声合唱团成立八周年音乐会、“银龄欢歌大舞台”助力老博会文艺演出（开幕式、合唱、广场舞、民族音乐会四个专场）等12场剧场演出。深入红岛街道、湛山街道、兴城路街道、延安路街道、市北消防大队、土山干休所等社区单位演出8场。深入全市老年公寓演出38场。

五是积极参与上级和相关单位组织举办的相关文艺比赛与展演活动。参加山东省银龄风采艺术大赛，选送的12个节目获得表演一等奖8个、二等奖3个，创作一等奖2个、二等奖2个、三等奖1个。参加青岛市“喜迎十九大，银龄展风采”老年人文艺会演，单位获得组织奖，选送的27个参赛作品获得一等奖9个，二等奖3个，三等奖1个，优秀奖14个。参加“起舞中国梦，更尚夕阳红”第二届全国公益广场舞大赛，获得青岛赛区第二名以及全国总决赛三等奖。参加“银龄华夏情　舞动中国梦”华夏银行杯青岛中老年广场舞大赛获得一等奖。组织七彩风艺术团和老年艺术专修大学五支老年合唱队伍参加了青岛合唱节公益演出。

六、惠老政策落到实处

积极开展走访慰问老年人活动。积极协调各级党委、政府春节、老年节期间走访慰问老年人活动：一是春节期间，市领导在市老龄办和区市有关领导的陪同下，走访慰问了市北区的四方福彩养老院和困难老人代表，为老人们送去党和政府的温暖。二是老年节期间，走访慰问了崂山区的社会福利服务中心养老院和百岁老人代表，通过他们向全市老年人送去了节日祝福。

完成了百岁老人长寿补贴申报统计及发放工作。收集整理全市百岁老人基本资料，进行了百岁老人长寿补贴资金测算工作，协调市财政部门将百岁老人的长寿补贴及时拨付到了各区市，及时为百岁老人送去党和政府的关怀和温暖。2017年，统计有资格申报百岁长寿补贴金的老人共1017人，资金全部拨付到位。

七、老龄基础工作不断强化

一是完成“十三五”青岛市老龄事业发展规划年度评估工作。对10个区（市）和相关市直单位承担的“十三五”老龄事业发展规划主要定量目标完成情况进行了年度评估，促进了“十三五”老龄事业规划的有序推进。

二是完成了第四次中国城乡老年人生活监测调研工作。根据全国老龄办监测调查的抽查结果，我市黄岛区滨海街道、泊里镇、大村镇、王台镇等4个街道（镇），共16个村（居）被抽中参与调查活动。保质保量圆满完成了调查任务，受到上级部门表扬。

三是完善建设青岛市老年人口信息统计分析系统。在莱西市启动建设青岛市老年人口信息统计采集分析系统，新增老年人口基本信息5万余人，为摸清老年人底数，制定针对性更强的老龄政策奠定了坚实基础。

各项业务进展

【老龄宣传工作】全年编发《青岛老龄》杂志6期，全国老龄系统范围内赠阅1.8万册。录播《老龄好时光》电视专题节目52期，每期30分钟。制作、播出广播敬老公益广告《敬老爱老，真情相伴》30天（次）、电视敬老公益广告《敬老爱老助老，做中华美德的传承者》60天（次）。向各类媒体发布新闻稿件30余篇，刊发300余篇次。“青岛市财政为全部户籍老年人购买意外伤害保险”入选2016年度“山东省十大老龄新闻”，20件作品获全国、省老龄新闻宣传好作品奖。节日期间，协调了三大移动通讯公司向全市手机用户发送敬老短信200余万条，社会反响良好。

【老龄调研工作】一是完成老年人权益保障工作地方性立法前期调研工作。联合青岛大学法学院，开展了青岛市老年人权益保障地方性立法前期调研工作，起草了调研报告，对未来出台青岛市老年人权益保障地方性立法的可行性、必要性和主要内容，以及未来立法方向提出了具体的富有建设性的意见，调研报告已经通过专家评审，提报有关部门。

二是在市老龄委成员单位、各级老龄部门、高等院校及社会组织中广泛开展老龄工作专题调研。今年收到调研报告论文62篇，经专家评审，分别评出《青岛市医养结合养老模式的问题与对策研究》等10篇论文获一等奖，《关于莱西市社会养老事业发展的探索与实践》等10篇论文获二等奖，《关于农村留守老年人关爱服务体系建设情况的调查》等20篇论文获三等奖。经推荐，《青岛市医养结合养老模式的问题与对策研究》获2017年度全国老龄政策专题调研优秀成果二等奖，《从照护管理角度谈养老机构服务质量提升》获三等奖，还有两篇获优秀奖，在全省各地市中获奖等级和数量双双名列第一。组织8篇论文参加全省第六届老年健康与长寿理论研讨会论文评选，其中1篇获二等奖，3篇三等奖，其他论文获优秀奖。市老龄办荣获优秀组织奖。组织参加的全省老龄政策专题调研活动，我市获一等奖1篇，二等奖4篇，三等奖1篇，市老龄办荣获优秀组织奖。

【老年维权工作】一是推动新修订的《青岛市优待老年人规定》出台并抓好贯彻落实。《青岛市优待老年人优待规定》修订稿，于1月22日由市政府颁布，并于3月1日正式实施。首先，召开了新闻发布会，通过媒体向全社会发布了《规定》的全部条款，并进行了政策解读和问题解答。同时，在主要媒体开办专栏，进行了系列宣传报道和政策问答，并举办了《规定》知识答题活动。编印了数万份宣传册、宣传挂图等，向全市基层发放，在街道、社区张贴。通过专门发文、上门协调、开展执法检查等方式，及时督促各有关单位贯彻好《规定》要求。

二是开创成立青岛老龄问题与老龄法治研究平台。依托青岛大学法学院，成立了我市老龄问题与老年法治研究中心，构建老龄事业发展中理论研究、政府管理和老龄实践三方结合的高端平台，发挥老龄智库作用，聚焦现实问题进行专业研究，为党委政府决策提供建议。

三是开展了老年法律法规服务和宣传活动。联合司法等部门在全市开展“老年法律志愿服务暨宣传月”活动，发挥各主要媒体作用，连续九期大篇幅整版版面进行了老年法律法规政策宣传，通过活动报道、政策解读、以案说法、知识竞赛等形式，大张旗鼓地宣传保护老年人合法权益光荣、侵害老年人利益可耻的行为，发动了全市各级老龄工作机构、法律服务单位和志愿服务队伍，紧密围绕“一法一条例两规定”等涉老法律法规政策的贯彻落实，为老年人提供及时有效的法律服务优待，着重解决老年人在法律方面的困难和忧虑，老年人的合法权益得到了较好的保障。

四是认真做好了老年信访维权工作。加大各老年维权中心办理老年维权案件的督查力度，最大限度发挥作用。全市各级办理老年信访案件1500余件，全部办结。同时，继续开展山东省老年公益维权示范站的创建活动，14 个单位荣获山东省老年公益维权示范站称号。

五是联合有关部门开展了老年消费维权系列活动。联合消保、药监、工商、公安等部门开展了青岛市老年消费维权系列宣传活动，通过向全市老年消费者致公开信、编印《老年消费教育指导手册》、曝光了一批在投资理财、医疗保健、旅游出行、电信网络和养老生活等方面侵害老年消费者合法权益的典型案例、举办了大型老年消费维权公开课暨中消协老年消费教育启动仪式和老年消费维权主题文艺会演、召开了老年消费维权研讨会、组织了老年消费品经营企业公开诚信承诺活动等形式，引导老年人科学理性消费。

【老年文化工作】一是组织举办系列老年文体比赛活动，包括青岛市“喜迎十九大，银龄展风采”老年文艺会演、青岛市“颐养青岛，幸福银龄”老年主题摄影大赛、青岛市“银龄心向党，喜迎十九大”老年书法美术大赛、第六届山东省老年书法美术大赛青岛地区作品征集、青岛市中老年人广场舞大赛、量贩式 KVT 老年人免费娱乐暨银龄欢唱 K 歌赛等，10 万余名老年人参与，极大活跃了老年人文化生活。有 564 件作品在青岛市获奖，117 件作品获省级奖项。

二是办好“空中老年大学”。“空中老年大学”设在青岛经济广播 FM99.5 快乐 603 长书频率，每周一至五上午 10：05—11：00 首播，19：00—20：00 重播。课程设法律维权、家庭理财、声乐表演、诗歌朗诵和文学鉴赏等课程，聘请专业老师和专家任教 244 个课时，目前登记注册学员已达 6000 余人。

三是开办“银龄欢动社区课堂”。2017 年，“银龄欢动社区课堂”由 20 个社区增加到 40 个社区，聘请专业老师到基层授课 1200 课时，培育打造基层老年协会特色文体活动队伍 80 余支 5000 余人，促进了基层老年文化活动的开展。我市 11 个社区被评为 2016 年度“山东省银龄之家”，4 个团体被评为“山东省优秀老年艺术团体”。

四是圆满完成了“银龄欢歌大舞台”年度演出任务。组织“银龄欢歌大舞台”各类公益演出 58 场。先后举办了“青岛之歌”原创音乐会、银龄之声民族音乐会、“舞动银龄”原创广场舞专场演出、七彩风男声合唱团成立八周年音乐会、“银龄欢歌大舞台”助力老博会文艺演出（开幕式、合唱、广场舞、民族音乐会四个专场）等 12 场剧场演出。深入红岛街道、湛山街道、兴城路街道、延安路街道、市北消防大队、土山干休所等社区单位演出 8 场。深入全市老年公寓演出 38 场。

五是积极参与上级和相关单位组织举办的相关文艺比赛与展演活动。参加山东省银龄风采艺术大赛，选送的 12 个节目获得表演一等奖 8 个、二等奖 3 个，创作一等奖 2 个、二等奖 2 个、三等奖 1 个。参加青岛市“喜迎十九大，银龄展风采”老年人文艺会演，单位获得组织奖，选送的 27 个参赛作品获得一等奖 9 个，二等奖 3 个，三等奖 1 个，优秀奖 14 个。参加“起舞中国梦，更尚夕阳红”第二届全国公益广场舞大赛，获得青岛赛区第二名以及全国总决赛三等奖。参加“银龄华夏情　舞动中国梦”华夏银行杯青岛中老年广场舞大赛获得一等奖。组织七彩风艺术团和老年艺术专修大学五支老年合唱队伍参加了青岛合唱节公益演出。

【老龄基础工作】一是完成“十三五”青岛市老龄事业发展规划年度评估工作。对 10 个区（市）和相关市直单位承担的“十三五”老龄事业发展规划主要定量目标完成情况进行了年度评估，促进了“十三五”老龄事业规划的有序推进。

二是完成了第四次中国城乡老年人生活监测调研工作。根据全国老龄办监测调查的抽查结果，我市黄岛区滨海街道、泊里镇、大村镇、王台镇等 4 个街道（镇），共 16 个村（居）被抽中参与调查活动。保质保量圆满完成了调查任务，受到上级部门表扬。三是完善建设青岛市老年人口信息统计分析系统。在莱西市启动建设青岛市老年人口信息统计采集分析系统，新增老年人口基本信息 5 万余人，为摸清老年人底数，制定针对性更强的老龄政策奠定了坚实基础。

厦门市

综　　述

截至 2017 年底，全市 60 周岁以上户籍老年人口 33 万人，占全市户籍总人口的 14.35%。全市基本养老保险参保人数达到 273.79 万人，其中城乡居民基本养老保险参保人数 23.87 万人。全市基本医疗保险参保人数 366.83 万人，其中城乡居民 130.53 万人。

一、养老保障日益健全

企业退休人员月平均养老金 3422 元，城乡居民月人均基础养老金 262 元，被征地人员月人均退养金 1521 元。

80周岁以上的户籍老年人均享受高龄津贴，其中80—89岁每月100元，90—99岁每月200元，100周岁以上1100元，且全市统一标准，年发放高龄津贴6300万元。老年节90周岁以上的老年人还可领到500元的过节费。机关、企事业离退休人员70周岁起还可享受100元以上的高龄津贴。独生子女或农村两个女孩的父母年满60周岁每人每年可领取奖励扶助金1800元。城乡居民养老保险参保人身故丧葬补助金标准为2500元。市、区财政共同出资为60周岁以上的户籍老年人购买意外伤害险。企业离休干部、“5·12”退休干部的待遇得到进一步落实。

二、医疗保障制度更加完善

成立厦门市医疗保障管理局及医疗保健基金管理中心。全市城乡居民基本医疗保险筹资标准增至每人每年650元。职工、城乡居民医保综合保障水平分别为50万元、45万元。全市有725家医保定点医疗机构，1306家医保定点零售药店，基本满足老年人就医即时刷卡结算费用需求。在全国首推“线上长处方续方”诊疗服务，实行家庭健康账户共享，试运行中医体质辨识系统，推行家庭医生签约服务，65岁以上老年人签约12.08万人，签约率61.37%。厦门人口平均期望寿命80.45岁，其中男性78.03岁，女性83.41岁。

三、社会救助力度持续加强

全市城乡低保标准统一为每人每月720元，低保家庭中70周岁以上老年人本人每人每月增发20%保障金，其中80周岁以上老年人再发100元高龄补贴。城市“三无”人员、农村五保对象统一纳入特困人员救助供养制度适用范围。特困人员基本生活供养标准为每人每月1080元，全自理、半护理、全护理照料护理标准分别为每人每月260元、510元、850元。革命“五老”人员定期生活补助标准提高为1320元，“五老”遗孀补助标准提高为700元。特困人员医疗救助比例为100%，其他救助对象住院年累计救助金额10万元，门诊年累计救助金额2万元。市老年基金会联合区老年福利协会向困难失能老人发放护理补助金，其中失能老人每人每年2400元，半失能老人每人1600元。

四、老年服务设施建设力度加大

投资13.25亿元，落实2017年度省、市级养老服务工程包项目，建设市爱鹭老年养护中心、市爱心护理院扩建、湖里区社会福利中心、厦门迦南地安养中心、厦门市蔡塘养老院，以及3个社区老年人日间照料中心和21个农村幸福院。市老年活动中心改扩建一期项目竣工。全市共有各类养老床位数11463张，其中养老机构35所床位9304张，农村幸福院1054张，社区日间照料中心450张，居家养老服务站655张，每千名老人养老床位数达34.86张。已有23家养老机构内设医疗机构（其中19家养老机构纳入医保定点服务范围），占养老机构的65.7%。护理型床位7602张，占养老服务机构总床位的81.7%。全市已建成居家养老服务站366个，日间照料中心15个、农村幸福院93个、村老年活动中心（室）61个，实现了城区居家养老服务的全覆盖。

五、老年文化丰富多彩

举办厦门市首届老年春节联欢晚会。组织庆元宵游园，庆祝老年节文艺演出等系列活动。举办“金秋圆梦·晚霞生辉”老年文化下基层暨老年学校教育成果展示，老年文化下基层走遍岛内外六个区。举办以喜迎党的十九大、金砖厦门会晤、纪念建军90周年等为主题的系列文化活动。举办中老年交谊舞交流展示、厦漳泉同城联谊老年文艺演出等活动。继续办好“美丽夕阳”文化点、“幸福老人乐园”、“厦门市美丽夕阳老年服务中心”，组织百名老人看世遗、百名老年人夜游鹭江。

六、老年体育蓬勃发展

联合有关部门举办老年体育健身交流系列比赛、第二届厦门市轻器械健身项目交流展示大会、“老少同乐”中国象棋对弈赛、2017年乒乓球、台球季度积分赛等。推进老年人健身康乐家园建设，全市获评市级以上的活动点有206家，其中省级63家。开展“金秋老年乐园”评选，有17家基层老年活动点获评。

七、老年教育方式灵活多样

开展基层老年学校分类统计。开发老年云课堂手机微信版，邀请专家进社区老年学校开展“老年云课堂”课程线下体验活动。举办老年教育理论研讨。开展助老上网活动，举办电脑、微信、智能手机使用培训班。开设声乐摄影、健康医疗、手工制作、体育健身等老年特色讲座。集美大学教授组成讲师团，到街道巡回讲授老年人喜闻乐见的课程。开展创建基层老年学校一级校活动，评选出16所一级校。目前全市老年大学（学校）392所，其中基层老年学校381所，占街镇社区的70%。具备“五有”的一类校77所，占老年学校的20%。全市参加老年教育的人数达5.55万人，占户籍老年人口的17%。

八、老年人权益得到维护

开展景区老年人优待情况调研，鼓励社会服务窗口设置老年人优先标志。简化《福建省老年人优待证》审批程序，办证制卡点增加到91个。全年办理《福建省老年人优待证》13797张，办理市老年活动中心活动IC卡952张，办理离退休职工“公园风景点门票优惠证”7691张。老年人持有效证件可享受免费乘车，免费进公园景点，免费活动等多项优待。开展“无讼社区”建设，成立“社区法官”工作室。开设老年人法律服务窗口，设立值班律师制提供免费法律咨询。全年审理各类涉老案件 87 件，办理老年人法律援助案件 600 余件。排查调处各类涉老矛盾纠纷 302 件，成功率达 98.6%。免费办理老年人遗嘱公证 137 件。办理涉老人大建议、政协提案 12 件，受理各类信访 100 多件，有效维护老年人的合法权益。

九、老年人参与社会发展更为踊跃

市老年志愿者协会有 3200 多名志愿者。2017 年，开展文明督导等志愿服务 62 次，发放各类宣传材料 15000 份，走访慰问困难老人家庭 300 户，举办志愿服务文艺演出和书画交流 8 场，举办“创文明　迎金砖　献爱心”志愿服务系列培训 6 场。刘瑞文等 5 人获评全国“敬老爱老助老模范人物”。陈垂康等 2 人获评 2017 年全国“老有所为先进典型人物”。

重要会议和活动

【举办首届老年春晚】由市民政局、市老龄办、厦门广播电视集团主办，厦门老来俏影视文化传媒有限公司、厦门广播电视广告有限公司承办的“鹭岛美·夕阳俏”厦门市首届老年春晚，吸引 800 多名中老年朋友报名参与海选。从中选出舞蹈、器乐、时装表演、小品等近 20 个节目。春节期间在厦门电视台播出，收视率破 1。

【推出老年云课堂手机微信版】3 月 1 日，市老龄办在厦门银龄官方微信平台上推出老年云课堂手机微信版，包含迎厦门会晤做文明长者、爱我厦门当好东道主、老年养生、老年安全四大专题内容，更加便捷地满足了老年人个性化的学习需求。

【开展老年文化下基层暨老年学校教育成果展示】3 月 3 日，由市老龄办主办的“金秋圆梦·晚霞生辉”美丽上杭摄影作品展在市老年活动中心展厅开展，拉开 2017 年“金秋圆梦·晚霞生辉”系列活动帷幕，系列活动包括摄影展、书画展、文艺演出，到六个区巡回开展，展示我市老年教育成果。

【召开市老龄委全体扩大会议】5 月 10 日，市老龄委召开全体（扩大）会议，传达中央领导重要指示批示精神、全国老龄办主任会议精神，总结 2016 年全市老龄工作，部署 2017 年工作。

【召开老年节新闻发布会】9 月 29 日，召开 2017 年老年节新闻发布会，发布了全市老龄事业发展状况、老年人口状况、敬老月惠老项目以及市老龄办 2017 年惠老举措。

【举办老年节庆祝大会】10 月 24 日，由市老龄委主办，市老龄办承办的厦门市 2017 年老年节庆祝大会在市老年活动中心举行，会后举行“金秋圆梦·晚霞生辉”文艺演出。“敬老月”期间全市开展各种慰问活动，惠老项目有 200 多项。

【举办老龄产业博览会】10 月 27—29 日，在厦门国际会展中心举办第二届海峡两岸老龄产业博览会，同期举办“推进供给侧改革　提高养老服务质量”高峰论坛、2017 国际传统中医与道家养生养老产业论坛和 2017 中国适老产业设计交流论坛。本届老博会共有 400 多个展区，180 多家涉老企业参展。

【举办十九大精神辅导报告会】12 月 1 日，市老龄办举办“全市老龄系统学习党的十九大精神辅导报告会”。市老龄办、市老年活动中心全体干部职工以及各区老龄办领导和工作人员近 70 人参加了报告会。

各项业务进展

【开展适老化改造试点】以适老化改造为切入点，推动老年宜居环境建设。选取高龄老人较多的小区进行试点，率先在思明区海洋新村完成首个市级老旧小区适老化改造，探索适老化改造工作机制，召开现场会推广经验做法。在思明、湖里两区 9 个社区开展适老化试点工作，共完成 117 户 641 个改造项目。

【组织实施厦门市老年人幸福安康险】市老龄办继续组织实施厦门市老年人幸福安康险，每人年保费 45 元，保障范围涵盖意外伤害引起的身故（含猝死）、伤残、骨折及医疗保障，中国平安财产保险股份有限公司厦门分公司承保。市区财政年投入 1400 多万元为 33 万 60 周岁以上的本市户籍老年人投保意外伤害险，3460 位非户籍老人自费参保。

【开展预防诈骗宣传】联合市反诈骗中心，制作防诈骗、防非法集资宣传手册，编演防诈骗小品，并将 2017 年 5 月的第二周列为“老年人防范诈骗宣传周”。全市共开展防诈骗宣传 120 多场，举办相关讲座 22 场。市老龄办还在厦门老龄网开辟“老年人防诈骗”宣传专栏，开展“老年人防范诈骗”网络调查；在厦门银龄微信平台推送电信网络诈骗案例及防范措施；在《海西晨报·夕阳红周刊》，开辟“谨防电信网络诈骗，提高老年人防骗意识”专栏；在《厦门晚报·老年周报》制作专版。全市形成报刊、广播、电视、网络、短信、微信、微博、宣传栏、宣传手册的立体宣传氛围。全方位多元化的宣传提高了老年人防诈骗的意识。

【老龄调研工作】联合院校对我市养老产品市场供需情况进行调研，完成《厦门市养老产品市场供需分析与对策研究》调研报告。联合厦大公共卫生学院作好认知功能障碍后续跟踪调研。编辑出版第 24 期《厦门老龄问题研究》论文集，收录调研报告、论文 98 篇。我市有 9 篇论文在全国获奖。

【开展第三届敬老文明号创建】启动第三届“敬老文明号”创建工作，首次把市委文明办纳入活动领导小组，创建采取全部提前预申报、全程参与创建、全面接受监督的新模式。发动全国、省级“敬老文明号”与空巢困难老人开展“一对一”结对扶贫行动。“厦门全新模式启动第三届敬老文明号创建”被《福建老年报》头版头条采用，省政府网站也进行了刊载。

【打造老龄宣传阵地】继续与媒体联办《厦门晚报·老年周报》、《海西晨报·夕阳红周刊》、厦门银龄微信公众号，开辟厦门移动电视“银龄之窗”，改版厦门老龄网。同时推动老龄宣传进政府机关，通过移动电视的“银龄之窗”在市政府大院宣传老龄重点工作。推动老龄形势教育纳入市委党校教学内容，协调市委党校将老年法规、政策资料、老龄国情教育的相关视频资料作为学员学习的内容。此外，通过《厦门日报》、《海峡导报》、厦门电视台、厦门广播电台等综合媒体以及全国、省、市老年媒体平台，省、市级简报，全方位宣传我市老龄工作。

【基层老年组织建设】全市有26万退休人员（含征地退养人员）移交社会化管理服务。已累计完成退休人员档案数字化扫描11.24万卷。企业退休人管理活动费标准提高到每人每年不少于300元。全市502个村（社区）均成立老年协会，其中登记（备案）的有499个，登记（备案）率接近百分百。

宁波市

综　述

截至2017年末，宁波市60岁及以上老年人口145万，占总人口的24.3%，较上年增加6.3万人，增幅4.5%。其中，65岁以上老年人口96.3万，70岁以上老年人口58.7万，80岁以上老年人口21.2万，90岁以上老年人口2.6万，分别占老年人口总数66.4%、40.5%、14.6%和1.8%，百岁老人317人。

2017年在市委、市政府的正确领导下，市老龄委各成员单位和各级老龄工作部门认真贯彻中央关于加强老龄工作的指示精神为指引，围绕“六个老有”目标，统筹谋划，突出重点，开拓进取，扎实工作，推动全市老龄工作和老龄事业实现新发展。

一、不断完善老年社会保障体系

（一）稳步提高社会养老保障水平。养老保障实现由“制度全覆盖”向“人群全覆盖”推进，全市各类养老保障待遇水平稳步提高，截至2017年底，全市参加职工基本养老保险人数达到429.6万人，其中60周岁以上人数64.1万人；参加城乡居民基本养老保险人数123万人，其中60周岁以上人数67.4万人；参加被征地人员养老保障人数34.4万人，其中享受人数27.4万人。同时，2017年实施全市退休人员养老金调待工作，其中企业退休人员月平均养老金水平比上年增加5.5%，惠及全大市98.98万名企业退休人员；各类养老保险（障）待遇稳步提高，市辖各区城乡居民基础养老金从每月220元提高到每月230元。

（二）不断深化老年医疗保障服务。全市参加职工基本医疗保险人数380.8万人，60岁以上参加城乡居民医疗保险人数为98.9万人。70岁以下（不含70岁）、70岁以上退休人员职工医疗保险个人帐户的划入金额分别是2640元和2940元，均比上年增加120元。退休人员门诊医疗费年度个人自负段标准为300元，比在职人员低300元至600元不等；门诊医疗费进入统筹基金支付段后，在社区卫生服务中心就医医保基金支付92%，比在职人员高6个百分点；住院时7万元以下医疗费基金支付比例为85%至90%，比在职人员高5个百分点。此外，全市（主要是市六区）有26.6万名退休人员参加了总工会设立的医疗互助保障项目，全年有有52832人、63458人次享受互保理赔金3074万元。全面提升老年人电子健康档案质量，老年人健康规范管理率86.9%，高血压和糖尿病规范管理率为65.1和65.5%以上。

二、加快推进养老服务体系建设

（一）大力提升机构养老服务质量。全市共有养老机构266家，拥有养老床位63756张，平均每百名老年人拥有养老床位4.4张；59家养老机构内设医疗机构，144家养老机构与医疗卫生机构建立合作关系，252家养老机构参加了政策性综合保险。开展养老服务质量建设专项行动，对180家服务质量指标不合格的养老机构进行了整治，整治率100%，整治后合格率达71%。成功举办了首届中国（宁波）国际健康养老服务业博览会，现场签约养老产业项目7个，资金总额超过112亿元。

（二）全面深化居家养老服务体系改革。以贯彻落实养老服务业发展“十三五”规划为主线，大力开展中央财政支持居家和社区养老服务改革试点和居家养老服务地方立法工作，9月25由市政府出台了《关于宁波市居家和社区养老服务改革试点工作实施意见》（甬政发〔2017〕69号），《宁波市居家养老服务条例（草案）》经市政府常务会议审议并通过市人大常委会进行了一审、二审。全市建有各级各类居家养老服务中心（站）2853 个，其中区域性中心 63 个、城镇社区服务站点 538 个、村服务站点 2252 个，覆盖了 90%以上的城乡社区；建有老年食堂 1043 个，每天约 1 万余名居家老年人享受助餐服务。全面实施居家养老服务机构等级评定制度，全市有 A 级以上居家养老服务机构 2438 个，其中 AAA 级 158 个。推进居家养老服务设施社会化运营，32 个区域性居家养老服务中心和 203 个城镇社区居家养老服务站实现社会化运营，比例分别达到 50%、34%；大力推行社区医养服务机构签约合作，2100 多个居家养老服务机构与基层医疗卫生机构签约，签约率超过 70%。建立了覆盖全市、城乡一致的基本居家养老服务项目清单，困难和特殊老年人养老服务补贴大幅扩面和提标，老年人意外伤害保险、困难失能老年人家庭无障碍设施改造和家庭照护人员培训等老年人福利保障政策纳入制度轨道。

三、推动老年文化体育蓬勃发展

（一）不断丰富老年文体娱乐活动。全市有各类文体组织 7933 个，其中老年文艺团队 3288 个，参加活动老年人达 10.4 万人。全市新建门球场、气排球场、地掷球场 39 个，新增各类老体健身场地 3150 平方米。全市共举办县以上老年人运动会 10 次，参加人数 0.8 万人次；举办各级各类单项比赛活动 1350 次，参加人数 11.37 万人次。全市经常参加体育活动的老年人达 87.7 万人，占老年人口的 64.6%。

（二）不断拓展老年教育覆盖面。截至年底，全市有老年大学 75 所，在校学员 3.9 万人；有浙江老年电大分校及教学点 1176 个（所），在校学员 8.7 万人。宁波老年电视大学开设三门课程，在线注册教学点 137 个，注册学员 1950 余人，举办了“微笑永驻・夕阳灿烂”老年教育网上教学成果展，通过多种形式的艺术作品展现了老年学员健康、快乐、时尚的精神风貌。继续推进县（市）区分校实体化办学。积极组织参加浙江老年电视大学省级示范教学点评选工作，江北区慈城镇老年电大教学点、鄞州区老年电视大学直属教学点等 6 个教学点被评为省级示范教学点。

四、切实维护老年人合法权益

（一）建立法律援助“绿色通道”。全市建立老年人法律援助中心 11 个，2579 个行政村、372 个社区建立了法律援助联络点，街镇老年法律服务点覆盖率达到 100%，为老年人提供就地、就近、及时的法律援助服务。进一步优化老年人申请援助服务，对持有低保证、特困证、“五保户”等证件的老年人申请法律援助不设案件范围，辖区内 70 岁以上老年人办理遗嘱公证费用予以减免。全市各级法律援助机构共承办老年人法律援助案件 300 余件，办理各类涉及老年人权益的来访法律咨询人 2000 余人次。

（二）多渠道健全法律援助维权网络。在充分发挥工、青、妇等群团组织力量，共同维护老年人合法权益的同时引导扶持品牌化的专业普法工作室，开展涉及老人的法治宣传活动。目前，宁波已成立 30 余家社会普法组织，社会普法组织对老人的普法工作各具特色。如，余姚市“和谐号”法律维权服务工作室，主要针对社区居民在生活中经常遇到的老年人赡养义务问题、财产继承分割、婚姻问题、债务纠纷、家庭暴力、外来务工者工资福利纠纷等问题提供一对一咨询和法律援助，并定期开展社区法治宣传活动。

五、营造尊老敬老社会氛围

（一）组织开展“敬老月”系列活动。深入开展老年节走访慰问活动，市长裘东耀及市四套班子领导分别带队，对百岁老人以及养老机构、居家养老服务机构进行了走访慰问；组织举办了宁波市庆祝全国第五个老年节暨“敬老月”主题汇演活动，副市长卞吉安出席活动并致辞；开展了“为老服务，宁波这五年”主题宣传活动、“感谢党，颂党恩”老年征文活动、“银龄送祝福，对党话恩情”微祝福征集活动等敬老主题系列活动。

（二）部署启动第三届“敬老文明号”创建活动。在总结前两届创建工作经验的基础上，提请市老龄委印发了《关于开展第三届“敬老文明号”创建活动的通知》，明确创建活动的指导思想、创建范围和内容、创建活动安排，修改完善了宁波市“敬老文明号”创建和管理办法。在“敬老文明号”单位中组织开展“双关爱”活动。

（三）加强老龄宣传工作。积极与媒体合作，依托宁波报业集团旗下的《宁波老年》报和宁波电台老少广播频道等专业宣传平台，有计划开展老年宣传工作，向全社会进行敬老、助老、爱老宣传教育。邀请全国老龄办领导来甬，在党员领导干部养老服务专题培训班上宣讲人口老龄化形势。做好全国“老龄新闻宣传好作品”的评选推荐工作，老龄办被全国老龄办评为优秀组织单位。此外，加强政策调研，《善用各方资源，创建多项载体，推动老龄宣传工作跃上新水平》的典型经验先后在省老龄工作年中分析会和全国老龄宣传工作会议上作了交流发言。《〈宁波市居家养老服务条例〉立法调研报告》、《人口老龄化形势下建立健全基本养老服务制度的战略研究》分别获得 2017 年全市民政系统调研论文一等奖、二等奖，后者还获得了宁波市党政系统优秀论文三等奖。